共建二十一世紀海上絲綢之路書系

策劃:廣東省佛教協會

主編:明生

編委:明生　界權　妙一　寬德　吕建福

《不空全集》

2012年國家社會科學基金重大項目"密教文獻文物資料整理與研究"(12&ZD129)成果

國家古籍整理出版專項經費資助項目

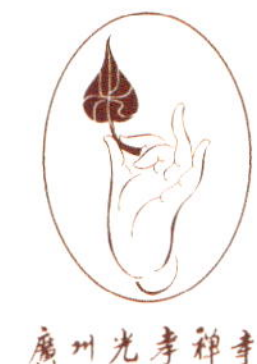

〔唐〕不空撰
呂建福編

上

中華書局

圖書在版編目(CIP)數據

不空全集/(唐)不空撰;吕建福編. —北京:中華書局,
2021.1(2025.6 重印)
ISBN 978-7-101-14864-0

Ⅰ.不… Ⅱ.①不…②吕… Ⅲ.佛經 Ⅳ.B94

中國版本圖書館 CIP 數據核字(2020)第 207234 號

書　　名　不空全集(全二册)
撰　　者　〔唐〕不　空
編　　者　吕建福
封面題簽　明　生
責任編輯　鄒　旭
裝幀設計　周　玉
責任印製　管　斌
出版發行　中華書局
(北京市豐臺區太平橋西里 38 號　100073)
http://www.zhbc.com.cn
E-mail:zhbc@zhbc.com.cn
印　　刷　北京盛通印刷股份有限公司
版　　次　2021 年 1 月第 1 版
2025 年 6 月第 3 次印刷
規　　格　開本/787×1092 毫米　1/16
印張 135½　插頁 5　字數 2582 千字
印　　數　2501-3000 册
國際書號　ISBN 978-7-101-14864-0
定　　價　690.00 元

大廣智不空金剛三藏寫真

目　録

正　編

緒　論

一、不空的生平

(一)祖籍家鄉與早年事蹟

不空(705—774),法名智藏,登壇灌頂密號不空金剛,梵文 Amogha-vajraḥ,音譯阿目佉跋折羅,唐肅宗爲表示尊崇,不直指其名,但稱其號,故至德二年(757)十二月之後行用“不空”之號。

關於不空的祖籍和早年事蹟,唐代文獻記載中就有分歧。圓照《貞元録》説不空爲南天竺執師子國人,又説:“不聞氏族,故不書之。”[①]嚴郢《唐大興善寺故大德大辨正廣智三藏和尚碑銘并序》(下簡稱《碑銘》)籠統地説:“西域人也,氏族不聞於中夏,故不書。”[②]而趙遷《大唐故大德贈司空大辨正廣智不空三藏行狀》(下簡稱《行狀》)和飛錫《大唐故大德開府儀同三司試鴻臚卿肅國公大興善寺大廣智三藏和上之碑》(下簡稱《大廣智三藏和上之碑》),則説法一致,且明確指明爲北天竺人。碑文稱其爲北天竺之婆羅門子,“早喪所天,十歲隨舅氏至武威郡”[③]。此隨舅氏至武威郡,《宋高僧傳》不空本傳作隨叔父觀光東國。《行狀》稱其本西涼府北天竺之婆羅門族,並説其母爲康氏,“先門早逝,育于舅氏,便隨母姓”[④]。可知不空原籍北天竺,種姓婆羅門。至於其祖籍的具體國度,飛錫《唐贈司空大興善寺大弁正廣智不空三藏和上影贊》有言:“道傳上國,家本耆闍。”[⑤]耆闍,即耆闍崛山,以贊詞字數所限,故作省略。耆闍崛

---

① 〔唐〕圓照撰《貞元新定釋教目録》卷十五,《中華藏》第 55 册,第 719 頁下。

② 〔唐〕嚴郢撰《唐大興善寺故大德大辨正廣智三藏和尚碑銘并序》,《代宗朝贈司空大辨正廣智三藏和上表制集》卷六,《卍續藏》第 59 册,第 88 頁中。

③ 〔唐〕飛錫撰《大唐故大德開府儀同三司試鴻臚卿肅國公大興善寺大廣智三藏和上之碑》,《代宗朝贈司空大辨正廣智三藏和上表制集》卷四,《卍續藏》第 59 册,第 75 頁下。

④ 〔唐〕趙遷撰《大唐故大德贈司空大辨正廣智不空三藏行狀》,《大正藏》第 50 册,第 292 頁中。

⑤ 〔唐〕飛錫撰《唐贈司空大興善寺大弁正廣智不空三藏和上影贊》,《代宗朝贈司空大辨正廣智三藏和上表制集》卷四,《卍續藏》第 59 册,第 77 頁上。

初會，金剛智來中國傳授密教，其内容也僅此而已，甚至其經本也不全，故譯稱“略出”。可知不是金剛智不給不空傳授全部教法，而是金剛智當時所有的也衹有初會的教法，且其經本不全，尊師終亡，也正是不空親自前往印度求法的原因。後人不明其故，遂附會托夢故事。

開元二十九年（741），金剛智得敕准歸國，不空隨侍前往。自長安而洛陽，至河南廣福寺，金剛智滅寂，不空爲之料理後事，時年三十有七。

（二）初傳嶺表與求法天竺

天寶元年（742），不空前往師子國、印度求法。其動機，《行狀》説奉先師遺命而往師子國，《大廣智三藏和上之碑》説有詔令齎國信使師子國。而不空自己在遺書中説：從金剛智纔受得四千頌瑜伽教法，惜“先師壽終，栖託無依，憑何進業？是以遠遊天竺”①。説明不空是爲了進一步求取廣大瑜伽教法而前往師子國的。但遠航求法，交通諸國，當然也有奉詔令、齎國信的使命。

是年初，不空率弟子含光、惠䂮及俗弟子李元琮等一行三十七人，從京師出發，初至南海郡（治今廣州），因船舶未至，應南海郡採訪使劉巨鱗的再三請求，在法性寺建立道場，灌頂傳法。據載此次不空灌頂度人億千，《宋高僧傳》本傳説，相次度人千萬衆，可能受其灌頂傳度的人相當多。還有記載説，不空在法性寺作法，入曼荼羅，對本尊像，金剛三密加持，念誦經行未逾旬日，感文殊師利菩薩現身②。這是不空首次傳法度人，也是密宗初傳嶺南的最早記録。

不空在廣州傳法數月，至十二月，登昆侖商船啓程。據《宋高僧傳》載，臨行前，俗弟子劉巨鱗告誡番禺界蕃客大首領伊習賓等，説：“今三藏往南天竺、師子國，宜約束船主，好將三藏并弟子含光、慧䂮等三七人，國信等達彼，無令踈失。”③《行狀》記載，出發之日，不空率門人杖錫登舟，“採訪已下，舉州士庶大會。陳設香花，遍於海浦，蠡梵栝於天涯，奉送大師，凡數百里”④，可見其送别之景象蔚爲壯觀。

不空一行駛離廣州，經訶陵國界，於次年（743）末，到達師子國海口城，受到國王尸羅迷伽的熱情歡迎。據載國王遣使迎接，入城之時，步騎羽衛駢羅衢路。及至入宫會見，國王大悦，留住宫中，供養七日。據説國王常以真金浴斛滿貯香水，親爲不空澡浴。次及太子、後妃、輔相，一如國王之禮，敬奉不空。後敕不空住佛牙寺，該寺

① 〔唐〕不空撰《三藏和上遺書》，《代宗朝贈司空大辨正廣智三藏和上表制集》卷三，《卍續藏》第59册，第71頁上。

② 〔唐〕趙遷撰《大唐故大德贈司空大辨正廣智不空三藏行狀》，《大正藏》第50册，第292頁下。

③ 〔宋〕贊寧撰《宋高僧傳》卷一，范祥雍標點本，中華書局1987年版，第7頁。

④ 同②。

爲三十年前金剛智居住並傳播金剛乘的地方。是時金剛乘在當地已有很大發展，有普賢阿闍梨者，“位隣聖地，德爲時尊”[①]。不空便拜其爲師，供獻金寶、錦繡等物，從受十八會金剛頂瑜伽教法及其五部灌頂，含光、惠䂮等同受五部灌頂。嚴郢《大唐大廣智三藏和上影讚并序》説，授不空十八會金剛乘法的是龍智阿闍梨。但龍智是金剛智之師，半個世紀前金剛智從其受法時，龍智已是高齡，傳説已有八百歲，故此説當系誤傳。另外，還説不空受大悲胎藏法，也可能是附會，因爲後來不空從未傳授此法。其所譯之此類經軌，是從善無畏遺留的梵夾中搜撿所得。

不空從普賢阿闍梨受得瑜伽教法之後，又遍訪師資，研習密教儀軌，探討顯教經論，無不盡性入相。《行狀》説：“自爾學無常師，遍更討尋諸真言教，并諸經論五百餘部。本三昧諸尊密印、儀形色像、壇法標幟、文義性相，無不盡源。”[②]還傳説師子國王作調象之戲，以試不空功力。不空密誦佛眼真言，並結佛眼大印，住於慈定，當街而立。狂象十餘，數步之内，頓倒忙走。舉國驚奇，王甚敬異。《大廣智三藏和上之碑》評論説此“與夫指降醉象，有何殊哉！則知七葉之花本無香氣，五陰之舍豈有我人，三摩地中示其能慧”[③]。

不空自師子國渡海到印度遊歷，並没有具體記載。其碑文中没有提及，《行狀》衹説“又遊五天，巡歷諸國。事跡數繁，闕而不記”[④]。但其遊歷印度，廣求教法，則有史可徵。他自己説：“越度南海，周遊五天。”[⑤]“杖錫挈瓶，行邁天竺，尋歷川谷，跋涉邦方。”[⑥]“孤遊萬里，遍學五天。”[⑦]可以肯定不空從師子國渡海到印度，巡禮各地，尋訪佛教遺跡，可惜没有記載下來。

不空在師子國等地求法兩年多，于天寶五年(746)，攜帶尸羅迷伽國王奉進的國書及金瓔珞、《般若》梵夾、諸寶、白氎、毛皮等，尤其是所求的佛教經論五百餘部，又從海路返國。至年底，回到長安。

---

① 〔唐〕飛錫撰《大唐故大德開府儀同三司試鴻臚卿肅國公大興善寺大廣智三藏和上之碑》，《代宗朝贈司空大辨正廣智三藏和上表制集》卷四，《卍續藏》第59册，第76頁上。

② 〔唐〕趙遷撰《大唐故大德贈司空大辨正廣智不空三藏行狀》，《大正藏》第50册，第293頁上。

③ 同①。

④ 同②。

⑤ 〔唐〕不空撰《三藏和上臨終陳情辭表》，《代宗朝贈司空大辨正廣智三藏和上表制集》卷四，《卍續藏》第59册，第73頁下。

⑥ 《制許翻譯經論祠部告牒》，《代宗朝贈司空大辨正廣智三藏和上表制集》卷一，《卍續藏》第59册，第54頁中。

⑦ 〔唐〕不空撰《謝恩賜香陳情表》，《代宗朝贈司空大辨正廣智三藏和上表制集》卷一，《卍續藏》第59册，第53頁上。

《菩提場所説一字頂輪王經》5 卷。

《一字頂輪王瑜伽經》1 卷。

《一字頂輪王念誦儀軌》1 卷。

以上三部均由節度判官、監察御史田良丘筆受。

至天寶十四年(755)初，安西四鎮、伊西庭節度使、安西副大都護、攝御史大夫、知節度使、上柱國封常清在赴長安途中，停留於武威，住龍興寺及報德寺。封常清亦請不空在此二寺譯經，《貞元録》載封常清等"同案譯經"。按《舊唐書·封常清傳》記載，封常清于天寶十三年(754)自安西入朝，攝御史大夫，不久權知北庭都護持節，充伊西節度。十四年(755)又入朝，十一月在華清宫入見玄宗，是先後兩度進京。《貞元録》載十三年十月發牒，十一月二十二日發自安西，十四年二月十日到達武威城，則《舊唐書》所記或指出發日期。

不空在河西"請福疆埸"，傳法譯經，當時影響之大，無庸置疑。但對當地後來産生過什麽影響，尤其是否有弟子留下來繼續傳法，未見直接的史料記載。不過從敦煌寫經和石窟造像中可以看出，不空所傳的密教在河西一帶確有重要影響。在敦煌發現的唐代寫經中，也流傳有不空譯的經軌，如署名不空譯的《金剛頂瑜伽迎請儀》(全稱《金剛頂經一切如來真實攝大乘現證大教王經深妙秘密金剛界大三昧耶修習瑜伽迎請儀》)1 卷，即 P. 3920、BD07666(北餘 19)以及普散 1280、1281，S. 2144、S. 4510 等，其正題雖異，尾題則寫明《金剛頂蓮華部心念誦儀軌》。也有一些寫經署名不空譯，實爲後世禪宗改編不空所譯經軌内容爲其行持儀則。其中如《金剛峻經四十二種壇法軌則》(全稱《金剛峻經金剛頂一切如來深妙秘蜜金剛界大三昧耶修行四十二種壇法經作用威儀法則大毗盧遮那佛金剛心地法門秘法戒壇法儀則》)4 卷，即 P. 3913、BD15147、甘博 015 以及 BD02301V、S. 2316V+BD02431V、BD06329V、S. 2144V 等[①]，其内容根據不空譯《金剛頂真實攝經》等以及《梵網經》和禪宗譜系傳説等改編而成。經名稍異的《金剛峻經四十九種壇法儀則》(全稱《金剛峻經金剛頂一切如來深妙秘蜜金剛界大三昧耶修行四十九種壇法經作用儀則大毗盧遮那佛金剛心地法門秘法戒壇法威儀法則》)1 卷，即 BD02074 號，也是根據不空譯《金剛頂真實攝經》等有關儀軌改編而成，偏重諸尊壇位、身色、手印等内容。

敦煌寫經中還有其它重要經軌如《大日經》、《佛説大輪金剛總持陀羅尼神咒經》(《圓仁録》作不空譯)、《如意輪摩尼别行法印》(《圓行録》作不空譯)、《念誦結護普通諸部》以及大輪金剛、金剛童子、八大金剛等真言，也在敦煌流行。

盛唐及中晚唐時期，密教造像和繪畫在敦煌很流行，還出現密教題材的石窟。

① 參見侯冲校勘本題解，《藏外佛教文獻》第十一輯，中國人民大學出版社 2008 年版。

除大多屬持明密教内容之外，也有一些屬於密宗傳持的兩部大法，如P.4518佛畫之七，色繪佛像五尊，中尊高，兩旁四尊等高，但較中低，顯然屬兩界五佛。又如P.3937佛畫，繪佛若干尊圍繞毗盧遮那佛組成曼荼羅，可能是胎藏界或金剛界曼荼羅圖像。

敦煌盛行密教，開鑿密教石窟寺，其地又偏近不空活動的武威，種種跡象表明，不空在武威傳譯經軌，弘傳密法，在河西地區有一定影響。

天寶十四年(755)七月，發生安禄山叛亂事件，哥舒翰、田良丘等入朝平叛。翌年(756)正月，皇太子李亨監國。五月，皇太子下敕河西，急詔不空入朝。不空立即起程，趕赴長安。不空自此結束長達七年之久的流放充邊生活，開始了他一生中的輝煌時期。

不空到長安後，敕住大興善寺。但時隔不久，長安失守，玄宗逃往巴蜀，皇太子擁兵北上，並在靈武建號稱帝。不空也就在此緊急關頭，暗中爲肅宗出謀劃策，取得政治資本。《行狀》記載説："至德中(757)，鑾駕在靈武、鳳翔，大師常密使人問道，奉表起居，又頻論剋復之策。肅宗皇帝亦頻密諜使者到大師處，求祕密法，并定收京之日，果如所料。"[①]《大廣智三藏和上之碑》亦載："至德中(757)，肅宗皇帝行在靈武，大師密進《不動尊八方神旗經》，并定收京之日，如符印焉。"[②]這些記載爲檔案史料所證實，後來不空在至德三年(758)正月二十三日的上表中説到："及陛下北巡，不空雖不獲陪侍，弟子僧含光等歸從西出，又得親遇鑾輿，崎嶇戎旅之間，預聞定册之議。不空雖身陷胡境，常心奉闕庭，頻承密詔，進奉咸達。"[③]充分證明不空在長安淪陷期間，確與肅宗有過密切往來，爲肅宗提前登上皇位並克復長安進行過出謀劃策。他的弟子含光等後來從武威東來時，正遇肅宗北上，便隨侍左右，效力駕前。

不空與肅宗李亨很早就有密切的關係，肅宗尚在皇太子位時，不空爲其灌頂。不空曾自稱他以前"每布字觀心，投身請護，願乘弘誓之力，得值輪王出興，潔誠十年，累會明聖"[④]。而肅宗亦説："師現身西方，開法中國，在昔弘誓，朕心悉知。經行恒沙，致大福力。自頃跋涉，常念因緣。"[⑤]不空在河西邊陲之時，亦得李亨慰問，"前載函關未啓，陛下養德春宫，早奉德音，曲垂省問，兼賚香藥，密遣加持"[⑥]。肅宗定册收京之日，不空致心效力，"進奉咸達"[⑦]。兩京克復，不空上表稱賀，並爲肅宗極力鼓吹，説："竊聞惟天爲大，非元聖無以順天行誅；惟王法天，非興王無以代天育物……自京輦肅清，樓臺望幸，陛下俯從人欲，仰叶天心，山川不移，園苑如舊。今鑾輿既

① 〔唐〕趙遷撰《大唐故大德贈司空大辨正廣智不空三藏行狀》，《大正藏》第50册，第293頁中。

② 〔唐〕飛錫撰《大唐故大德開府儀同三司試鴻臚卿肅國公大興善寺大廣智三藏和上之碑》，《代宗朝贈司空大辨正廣智三藏和上表制集》卷四，《卍續藏》第59册，第76頁中。

③④⑤⑥⑦ 〔唐〕不空撰《謝恩賜香陳情表》及肅宗批文，《代宗朝贈司空大辨正廣智三藏和上表制集》卷一，《卍續藏》第59册，第53頁中。

四月，保壽寺臨壇大德慧徹等人奏請不空開壇授戒。其奏文稱："伏以三藏國師，釋門墻塹，四海瞻仰，兩京宗承，清淨戒壇，事資宿德。伏請登壇秉法，爲衆授戒。"①祠部下牒敕准。翌年(772)六月，不空奏請修葺薦福寺戒壇院，代宗敕賜院額，抽諸寺名行大德、律師七人，四季爲僧敷唱戒律，六時奉敕爲國修行三密法門，每年爲僧置立戒壇。《行狀》記載，不空之登壇受戒弟子有二千。據《表制集》，廣德二年(764)降誕日，不空奏請度僧 7 人，請住大興善寺及静法寺。大曆二年(767)三月，奏請度五臺山住僧 14 人。同年降誕日，奏請度僧 5 人，均密宗念誦僧，住莊嚴寺、廣福寺、西明寺等。三年(768)六月，奏請度僧 4 人，充龍門金剛智塔所念誦僧。同年十月降誕日，度僧 3 人，住西明寺、化度寺、千福寺等。

不空大興念誦講經活動，爲李氏王朝祈福。大曆二年(767)二月，不空奏請在化度寺文殊師利護國萬菩薩堂，置念誦僧 14 人，於每年三長齋月建道場，爲國念誦。所選大德，"或業茂真言、學通戒律，或敷宣妙旨、轉讀真乘"②者。三月二十六日，奏請在五臺山金閣、玉華、清涼、華嚴、吴摩子五寺，各置行道僧 21 人，常轉《仁王護國般若經》和《大乘密嚴經》。大曆五年(770)，奏請在太原大唐興國大崇福寺淨土院，置灌頂道場，簡擇 14 僧爲國常誦《佛頂尊勝陀羅尼》。三長齋月、每年十齋日，號令堂合寺僧奉爲高祖至肅宗七聖轉《仁王經》。

不空宣導講經演法，亦成一時風氣。大曆六年(771)二月，奏請章敬寺大德惠林在保壽寺開講諸經。七年(772)八月，奏請超悟法師在化度寺開講《大涅槃經》。八年(773)，奏請京城兩街各置一寺，講新譯《大虚空藏經》。其中章敬寺大德元盈法師在保壽寺開講，資聖寺大德道液法師在西明寺開講。不空譯出《文殊功德經》之後，奏請天下新置的文殊院中長時宣講，大寺 7 僧，小寺 3 僧，宣講念誦。此外，大曆二年(767)三月，不空奏請原五臺山吴摩子寺改名大曆法華之寺，常爲國轉《法華經》。

從這裏可以看出，當時凡國家舉行較大佛教法事活動，大都由不空奏請進行。而這些活動也完全超出密宗的教法範圍，當然密宗的勢力和影響也由此得到發展和擴大。

不空在代宗時期大力建造寺院，永泰二年(766)，不空上表呈請，願捨衣鉢於五臺山建造金閣寺，得到敕准，由其弟子含光主持興建。《宋高僧傳・道義傳》載，是年"蒙敕置金閣寺，宣十節度助緣"③。《舊唐書・王縉傳》載，"縉爲宰相，給中書符牒，

① 《請廣智三藏登壇祠部告牒》，《代宗朝贈司空大辨正廣智三藏和上表制集》卷二，《卍續藏》第 59 册，第 65 頁上。

② 《請抽化度寺萬菩薩堂三長齋月念誦僧制》，《代宗朝贈司空大辨正廣智三藏和上表制集》卷二，《卍續藏》第 59 册，第 61 頁上。

③ 〔宋〕贊寧撰《宋高僧傳》卷二十一，范祥雍標點本，中華書局 1987 年版，第 538 頁。

令臺山僧數十人分行郡縣,聚徒講説,以求貨利"[①],供給金閣。從大曆元年(766)開始建造,由含光檢校,那爛陀寺純陀及西域僧道仙、法達設計,俟璨、谷禮、釗遺欽、檀命暉、五茂林、陽喜子、雍日新等當地能工巧匠建造[②],經五年時間建成。其規模之宏偉壯觀,花費之資金巨大,爲史稱道。《舊唐書·王縉傳》記載説:"五臺山有金閣寺,鑄銅爲瓦,塗金於上,照耀山谷,計錢巨億萬。"[③]後來日本入唐僧圓仁巡禮至五臺山,親見金閣寺規模,在其《入唐求法巡禮行記》中描述説:"閣九間、三層,高百尺餘。壁簷椽柱,無處不畫。内外莊嚴,盡世珍異。顒然獨出杉林之表,白雲自在下而靉靆,碧層超然而高顯。次上第二層,禮金剛頂瑜伽五佛像。斯乃不空三藏爲國所造,依天竺那蘭陀寺様作,每佛各有二脇士,並於板壇上列置。次登第三層,禮頂輪王瑜伽會五佛金像,每佛各一脇士菩薩。二菩薩作合掌像,在佛前面向南立。佛菩薩手印、容貌與第二層像各異。粉壁内面,畫諸尊曼荼羅,填色未了,是亦不空三藏爲國所造。"[④]金閣寺有堅固菩薩院、七佛教誡院、普通道場、經藏閣、持念曼荼羅道場、普賢堂等院堂道場。可見,不惜巨億而建造的金閣寺,規模宏偉,尊像雕飾富麗堂皇,獨出五臺諸寺。

在建造金閣寺的同時,不空又奏請在五臺山另建玉華寺。大曆元年(766)十一月敕准,由興善寺上座行滿准金閣例檢校營造。另外,又奏請修造五臺山六處普通供養舍。

大曆七年(772),不空奏請天下寺院置文殊院。翌年(773)冬,奏請在大興善寺建造文殊閣。《行狀》載,凡出庫財約三千萬數,代宗自爲閣主。上梁之日,特賜千僧齋飯,並上梁赤錢食物。不空謝表中稱:上梁之日"天澤曲臨,特賜千僧齋飯、上梁赤錢二百貫、餻餅二千顆、胡餅二千枚、茶二百串、香列湯十甕、蘇蜜食十合槃、甘橘子十五箇、甘蔗四十莖。中使相繼於道路,飯食盈溢於街衢,御膳珍羞悉飽大會,天厨湯茗普洽士庶"[⑤]。不空稱:"自佛法東來,向欲千載,古之王者豈不修福? 弘益廣大,實未有如今之皇上。"[⑥]代宗崇佛之極,此話不爲過。

不空在肅、代二朝,以大興善寺翻經院爲中心,翻譯了大量經典。大曆六年(771)十二月,上表陳請譯出目録,共 77 部 101 卷。此後三年,又陸續譯出數部。他

---

① 〔後晉〕劉昫等編《舊唐書》卷一百一十八,中華書局 1975 年版,第 3418 頁。

② 《請修臺山金閣玉華寺等巧匠放免追呼制》,《代宗朝贈司空大辨正廣智三藏和上表制集》卷二,《卍續藏》第 59 册,第 61 頁中。

③ 同①。

④ [日]圓仁撰《入唐求法巡禮行記》卷三,顧承甫、何泉達點校本,上海古籍出版社 1986 年版,第 126—127 頁。

⑤⑥ 〔唐〕不空撰《恩賜文殊閣上梁餻餅見錢等物謝表》,《代宗朝贈司空大辨正廣智三藏和上表制集》卷三,《卍續藏》第 59 册,第 70 頁中。

96 卷，之後譯 40 部、44 卷，前後共譯 111 部、140 卷[①]。其中顯教經典 13 部、20 卷，密教經軌 88 部、120 卷。密典中屬於金剛頂系的有 29 部、33 卷，持明系的有 23 部、31 卷，以瑜伽法改編的經法系的有 14 部、14 卷，陀羅尼系的有 12 部、15 卷，胎藏系的有 3 部、3 卷，其它的有 2 部、2 卷。另外，其中有 8 部、8 卷屬不空撰述。現據《入録表》《貞元録》及《續開元録》等將不空譯著分別考訂如下：

（一）十八會《金剛頂經》

按《十八會指歸》，不空節譯、選譯十八會《金剛頂經》中的一部分，包括：

1.《金剛頂一切如來真實攝大乘現證大教王經》3 卷、6 品，屬第一會，按施護譯本，爲第一會第一品，與金剛智譯《金剛頂瑜伽中略出念誦經》同本異譯，亦與施護譯《佛説一切如來真實攝大乘現證三昧大教王經》第一分《金剛界大曼荼羅廣大儀軌分》相當。

2.《金剛頂瑜伽降三世成就極深密門》1 卷，内稱“是甚深秘密，降三世瑜伽。首依真實王”，按《十八會指歸》，其内容屬第一會第二品《降三世品》的選譯。

3.《金剛壽命陁羅尼念誦法》1 卷，按《指歸》第一會第二品的介紹，亦屬第二品《降三世品》的選譯。

4.《金剛頂降三世大儀軌》1 卷，經内亦題《金剛頂降三世大儀軌法王教中觀自在菩薩心真言一切如來蓮華大曼荼羅品》1 卷，按《指歸》，當屬第四會《降三世金剛瑜伽》中觀世音菩薩法的節譯。

5.《金剛頂瑜伽般若理趣經》1 卷，經内題《大樂金剛不空真實三麼耶經》。按《指歸》，屬第六會《大安樂不空三昧耶真實瑜伽》的略譯。此經原由《大般若經》中的第十會（或者説收入《大般若經》爲第十會）逐漸改編而成。玄奘初譯，題《般若理趣分》；菩提流志第二譯，題《實相般若波羅蜜經》；金剛智第三譯，題《金剛頂瑜伽理趣般若經》；不空譯本爲第四譯；宋代施護第五譯，題《佛説遍照般若波羅蜜經》；法賢第六譯，題《佛説最上根本大樂金剛不空三昧大教王經》。其中玄奘譯本末附神咒三段，第一段 28 句，第二段 13 句，第三段 8 句。菩提流志譯本在每個段落之後有 13 個陀羅尼字，末段前增加一段 20 句的偈頌，突出大樂思想。金剛智譯本與施護譯本相同，另增 27 句神咒，並將原文中“一切如來普光明相”改作“毗盧遮那如來之相”。不空譯本完全以毗盧遮那如來作爲説法之佛，還增加了曼荼羅、印相等密法内容。按不空釋文，梵文原本共 13 品。法賢譯本則將原經徹頭徹尾改造成密教儀軌，内容擴

① ［日］空海撰《御請來目録》著録不空譯著 118 部、150 卷，其中 13 部、15 卷注明爲《貞元録》未著録者。

大爲25品、7卷，當在不空所譯原梵文本基礎上擴編而成。

6.《金剛頂瑜伽他化自在天理趣會普賢修行念誦儀軌》1卷，按經題，當亦屬第六會之選譯。

7.《大樂金剛不空真實三昧邪經般若波羅蜜多理趣釋》，略作《般若理趣釋》，原作一卷，今本上、下兩卷。按其釋文所注，所釋之經非不空譯本，當另有梵本。按注文所列有《大樂不空金剛薩埵初集會品》《毗盧遮那理趣會品》《降三世品》《觀自在菩薩般若理趣會品》《虛空藏品》《金剛拳理趣會品》《文殊師利理趣品》《纔發意菩薩理趣品》《虛空庫菩薩理趣品》《摧一切魔菩薩理趣品》《降三世教令輪品》《外金剛會品》《七母天集會品》《三兄弟集會品》《四姊妹集會品》15品及囑累流通分。

8.《般若波羅蜜多理趣經大樂不空三昧真實金剛薩埵菩薩等一十七聖大曼荼羅義述》1卷，略作《大曼荼羅一十七尊釋》，不空撰著。房山石經本、《高麗藏》本末云："出《金剛頂經》第十三會《大三昧耶真實瑜伽》，略抄大意。"[①]所謂"略抄大意"者，就有據以解釋的意味。但文中所釋爲理趣十七清淨句所表之十七尊義，應爲第六會的釋文部分。撰著者後有注文"并依釋略序"，則釋文最初幾句序文爲譯者所釋。

9.《金剛頂勝初瑜伽經中略出大樂金剛薩埵念誦儀》1卷。

10.《金剛頂勝初瑜伽普賢菩薩念誦法》1卷。

11.《大樂金剛薩埵修行成就儀軌》1卷。

以上三部均出第八會《勝初瑜伽》，《大樂金剛薩埵修行成就儀軌》題注"出《吉祥勝初教王瑜伽經》"[②]。

12.《略述金剛頂瑜伽分别聖位修證法門》1卷，並前有序文一篇。按經首説法處及内容，當屬第十一會《大乘現證瑜伽》的選譯。其序文不題撰者名，據《中華藏》校勘《石》《南》《徑》《清》作不空譯，但按内容非譯文甚明。

金剛頂十八會中具體出處不明，但明確標明出自《金剛頂經》或與之有關的譯經尚有：

13.《金剛頂瑜伽經十八會指歸》1卷，題不空譯，實爲不空撰述。

14.《金剛頂瑜伽三十七尊禮》1卷，題不空譯，實爲不空撰述。

15.《瑜伽金剛頂經釋字母品》1卷，題不空譯。

16.《金剛頂瑜伽護摩儀軌》1卷。

17.《金剛頂經觀自在王如來修行法》1卷。

18.《金剛頂經一字頂輪王瑜伽一切時處念誦成佛儀軌》1卷，内稱："我依金剛

① 〔唐〕不空譯《般若波羅蜜多理趣經大樂不空三昧真實金剛薩埵菩薩等一十七聖大曼荼羅義述》，《中華藏》第65册，第875頁下校勘記。

② 〔唐〕不空譯《大樂金剛薩埵修行成就儀軌》，《中華藏》第66册，第68頁中。

14.《菩提場莊嚴陁羅尼經》1 卷。
15.《佛説一髻尊陁羅尼經》1 卷。
16.《八大菩薩曼荼羅經》1 卷。
17.《聖迦抳忿怒金剛童子菩薩成就儀軌經》3 卷。
18.《毗沙門天王經》1 卷。
19.《末利支提婆華鬘經》1 卷。
20.《佛説摩利支天菩薩陁羅尼經》1 卷。
21.《佛説穰麌梨童女經》1 卷。
22.《大聖天歡喜雙身毗那夜迦法》1 卷。
23.《訶哩底母經》1 卷,亦名《大藥叉女歡喜母并愛子成就法》。
24.《文殊師利菩薩根本大教王經金翅鳥王品》1 卷。
25.《速疾立驗摩醯首羅天説阿尾奢法》1 卷。
26.《佛説大孔雀明王畫像壇場儀軌》1 卷。
27.《訶利帝母真言法》1 卷。

(四)改編儀軌

1.《阿閦如來念誦供養法》1 卷。
2.《無量壽如來修觀行供養儀軌》1 卷。
3.《仁王護國般若波羅蜜多經陁羅尼念誦儀軌》1 卷。
4.《仁王般若陁羅尼釋》1 卷,當屬不空撰。
5.《仁王般若念誦法》1 卷。
6.《觀自在大悲成就瑜伽蓮華部念誦法門》1 卷。
7.《瑜伽蓮華部念誦法》1 卷。
8.《大聖曼殊室利童子五字瑜伽法》1 卷。
9.《成就妙法蓮華經王瑜伽觀智儀軌》1 卷。
10.《甘露軍荼利菩薩供養念誦成就儀軌》1 卷。
11.《聖閻曼德迦威怒王立成大神驗念誦法》1 卷。
12.《大威怒烏芻澀麼儀軌經》1 卷。

(五)陀羅尼密教經咒

1.《佛母大金曜孔雀明王經》3 卷。
2.《大雲輪請雨經》2 卷。
3.《佛説出生無邊門陁羅尼經》1 卷。

4.《大吉祥天女十二契一百八名無垢大乘經》1 卷。

5.《一切如來心祕密全身舍利寶篋印陀羅尼經》1 卷。

6.《金剛壽命陀羅尼經法》1 卷。

7.《佛説雨寶陀羅尼經》1 卷。

8.《佛説大吉祥天女十二名號經》1 卷。

9.《文殊師利菩薩及諸仙所説吉凶時日善惡宿曜經》2 卷。

10.《除一切疾病陁羅尼經》1 卷。

11.《能淨一切眼疾病陁羅尼經》1 卷。

12.《佛説救拔焰口餓鬼陁羅尼經》1 卷。

(六)提要與戒儀

1.《陀羅尼門諸部要目》1 卷,不空編撰,介紹五部密典。

2.《受菩提心戒儀》1 卷,不空編撰,屬密宗律。《圓仁録》《惠運録》或題《授灌頂金剛最上乘菩提心戒儀》《授菩提心戒儀》,今本内附《最上乘教受發菩提心戒懺悔文》,《安然録》注明同本。

(七)大乘經典

1.《大方廣如來藏經》1 卷。

2.《大乘密嚴經》3 卷。

3.《慈氏菩薩所説大乘緣生稻𦼮喻經》1 卷。

4.《文殊問經字母品第十四》1 卷。

5.《大集大虚空藏菩薩所問經》8 卷。

6.《大方廣佛華嚴經入法界品四十二字觀門》1 卷。

7.《佛説三十五佛名禮懺文》1 卷。

8.《百千頌大集經地藏菩薩請問法身讚》1 卷。

9.《大聖文殊師利菩薩佛刹功德莊嚴經》3 卷。

10.《仁王護國般若波羅蜜多經》2 卷。

11.《普賢菩薩行願讚》1 卷。

12.《佛爲優填王説王法政論經》1 卷。

13.《大乘緣生論》1 卷。

14.《大聖文殊師利菩薩讚佛法身禮并序》1 卷。

(八)小乘經典

1.《佛説木槵經》1 卷。

2.《薩路荼王經》1 卷。

(九)疑僞譯著

以上譯著均見録於《請入目録表》《續開元録》《貞元録》和《續貞元録》,並爲敕准入藏者。但還有許多譯著後世題作不空譯,《大正藏》多收入。有的可能就是經録遺漏的不空譯作,而更多的則是託名之作,甚至有的根本就是僞經。現略作考證如下:

1.《毗盧遮那五字真言修習儀軌》1 卷,題三藏不空金剛奉詔譯,《圓仁録》著録,作不空譯,並見《宗睿録外》《八家密録》。

2.《金剛頂瑜伽略述三十七尊心要》1 卷,題大廣智三藏和上於含暉院承明殿道場説。《圓仁録》《圓行録》作大廣智三藏説,經内稱:"國師大三藏和上於含暉院承明殿大道場,頃因餘暇,披讀梵經,忻然熙顔,法樂虚適,開大慈之户,誘諸童朦,大啓良緣,令使知見。我之秘教浩汗無涯,法體幽微,實難窮際,今且依瑜伽教跡,略爲指南。"①又説:"弟子等既蒙法施,喜躍增深,虔蒙一心,佇立而聽。依口抄寫,而私記焉。"②末云:"已上六段親於阿闍梨所決擇也。"③則知該著爲不空口述,其弟子所集。又文中依據《真實攝經》不空譯本,主要對金剛界三十七尊觀修作義理上的解釋,爲密宗重要著作。

3.《金剛頂瑜伽三十七尊出生義》1 卷,題特進試鴻臚卿大興善寺三藏沙門大廣智不空奉詔譯。《惠運録》《八家密録》著録,但不題作者名。文内有金剛界法傳付之記,並説"金剛智阿闍梨……傳不空金剛阿闍梨,然後其枝條付囑,頗有其人"④,則顯系不空之後所作。文中對三十七尊之義作簡略的闡述,爲晚唐密宗重要著述。

4.《蕤呬耶經》3 卷,空海《求法録》中作不空譯,實則早見於《大日經疏》,應爲善無畏譯。

5.《總釋陀羅尼義讚》1 卷,其中"讚",《八家密録》作"經",題三藏沙門大廣智不空奉詔解釋。見於《圓行録》《惠運録》,均作不空釋或譯。按内容屬釋文,當屬不空釋。

6.《大佛頂如來放光悉怛多鉢怛囉陀羅尼》1 卷,並音譯,題大興善寺三藏沙門不空奉詔譯,末題"大唐青龍寺内供奉沙門曇貞修建真言碑本"。《不空表制集》卷一有不空《進摩利支像并梵書大佛頂真言狀》一首,則此文當屬寶應元年(762)十月十三日奉進梵本之後譯出,見於《八家密録》。

---

① 〔唐〕不空説《金剛頂瑜伽略述三十七尊心要》,《卍續藏》第 2 册,第 275 頁中。

② 同①,第 276 頁上。

③ 同①,第 276 頁中。

④ 〔唐〕佚名撰《金剛頂瑜伽三十七尊出生義》,《大正藏》第 18 册,第 299 頁上。

7.《佛説熾盛光大威德消灾吉祥陀羅尼經》1 卷，經首有元代越溪沙門性澄所作序，内稱“爰自不空傳譯，歷代寶之”[①]云云，遼希麟《續一切經音義》著録有《最勝無比大威熾盛光陀羅尼經》1 卷，附不空譯著末[②]，《至元録》作不空譯。

8.《觀自在菩薩心真言一印念誦法》1 卷，《圓仁録》著録，作不空譯[③]，《八家密録》同。

9.《藥師如來念誦儀軌》1 卷。

10.《九品往生阿彌陀三摩地集陀羅尼經》1 卷。

11.《金剛頂經一字頂輪王儀軌音義》1 卷。

12.《如意寶珠轉輪祕密現身成佛金輪呪王經》1 卷、9 品。

13.《寶悉地成佛陀羅尼經》1 卷。

14.《大雲經祈雨壇法》1 卷。

以上六部均不見經録著録。

15.《佛頂尊勝陀羅尼注義》1 卷，其中音譯爲不空譯本。

16.《法華曼荼羅威儀形色法經》1 卷，題中京大興善寺大廣智不空奉詔譯。

17.《佛説出生無邊門陀羅尼儀軌》1 卷。

18.《大方廣佛華嚴經入法界品頓證毗盧遮那法身字輪瑜伽儀軌》1 卷，非譯文，出自《四十二字觀門》。

19.《觀自在菩薩大悲智印周遍法界利益衆生薰真如法》1 卷，非譯文。

20.《千手千眼觀世音菩薩大悲心陀羅尼》1 卷，内有陀羅尼釋文、印契圖。

21.《攝無礙大悲心大陀羅尼經計一法中出無量義南方滿願補陀落海會五部諸尊等弘誓力方位及威儀形色執持三摩耶標幟曼荼羅儀軌》1 卷。

22.《聖賀野紇哩縛大威怒王立成大神驗供養念誦儀軌法品》2 卷。

23.《七星如意輪祕密要經》1 卷。

24.《青頸觀自在菩薩心陀羅尼經》1 卷，題大興善寺三藏沙門大廣智不空奉詔注釋義。

25.《大慈大悲救苦觀世音自在王菩薩廣大圓滿無礙自在青頸大悲心陀羅尼》1 卷。

26.《佛説一切諸如來心光明加持普賢菩薩延命金剛最勝陀羅尼經》1 卷。

27.《轉法輪菩薩摧魔怨敵法》1 卷，非譯文。

28.《金剛頂瑜伽最勝祕密成佛隨求即得神變加持成就陀羅尼儀軌》1 卷，有釋

---

① 〔唐〕不空譯《佛説熾盛光大威德消灾吉祥陀羅尼經》，《中華藏》第 66 册，第 372 頁上。

② 〔遼〕希麟撰《續一切經音義》卷六，《中華藏》第 59 册，第 391 頁中。

③ [日]圓仁撰《入唐新求聖教目録》，《大正藏》第 55 册，第 1081 頁上。

文,與不空譯隨求咒不同。

29.《北方毗沙門天王隨軍護法儀軌》1 卷。

30.《北方毗沙門天王隨軍護法真言》1 卷。

31.《毗沙門儀軌》1 卷。

32.《北方毗沙門多聞寶藏天王神妙陀羅尼別行儀軌》1 卷。

以上四種見於最澄、宗叡、圓仁諸録,並《八家密録》,其中第二種見於《圓行録》,作不空三藏别行翻譯,第三種文内有關於不空行法退敵的一段故事。按内容均非不空譯作。

33.《摩利支菩薩略念誦法》1 卷,《八家密録》引《惠運録》作不空譯。

34.《冰揭羅天童子經》1 卷,《八家密録》引《空海録》作不空譯。

35.《摩訶毗盧遮那如來定惠均等入三昧耶身雙身大聖歡喜天菩薩修行祕密法儀軌》1 卷,《大正藏》收,原建久四年(1193)寫東寺三密藏本。

36.《佛説金毗羅童子威德經》1 卷,《八家密録》引《常曉録》作不空譯,題目中"經"作"要法"。

37.《深沙大將儀軌》1 卷,《常曉録》有《深沙神記並念誦法》1 卷,不題譯者名。

38.《供養十二大威德天報恩品》1 卷,《八家密録》引《圓仁録》有《供養十二天法》1 卷。

39.《施諸餓鬼飲食及水法》1 卷,末題《施燋面餓鬼一切鬼神陀羅尼經要决》,《八家密録》作不空三藏口訣。

40.《瑜伽集要救阿難陀羅尼焰口儀軌經》1 卷。

41.《瑜伽集要焰口施食起教阿難陀緣由》1 卷。

三、不空的思想

不空是中國佛教史上與鳩摩羅什、真諦、玄奘、義淨等並稱的著名翻譯家。不空也是唐代密宗的中興之主,他不僅翻譯了大量的顯密經軌,還傳法授徒,廣弘密教,由善無畏、金剛智及其共同的弟子僧一行創建的密宗至此發展到頂峰。不空生爲三朝帝師,位列公卿;死後輟朝舉哀,爵贈一品,以一個僧人的身份所享有的崇高地位和特殊禮遇,也是中國佛教史上絶無僅有的。不空一生之所以取得這樣高的成就和地位,其中最直接的和最重要的因素,便是他所具有的思想和秉持的理念,是他的思想和理念指引着他的人生道路和宗教實踐。

(一)不空的思想體系

1. 思想體系的形成

不空通過譯經、著述以及奏表等書面形式和宗教活動所表達的思想,自成體系,也具有鮮明的個性。不空思想體系的形成,與其人生經歷和宗教實踐息息相關。不空的思想歷程,可分爲三個時期:

奠基期:從童年至 37 歲,即神龍元年至開元二十九年(705—741)。不空祖籍北印度,居家耆闍崛山一帶,婆羅門種姓。因父母早逝,童年養育於康居(今屬烏茲別克斯坦之撒馬爾罕)舅氏,遂習染西域胡人文化。十歲入唐,隨舅氏僑居河西武威郡的昭武城。自後長居中原,深受中原文化薰陶。十三歲遊歷太原府,不久觀光長安,南下廣府,前往印度。途徑南海闍婆國,師事金剛智,返回中國,落髮出家,從習聲明,諷誦梵經。二十歲受具足戒,習一切有部律。開元十八年(730)後,金剛智翻譯密教經軌,不空常充任譯語以及筆受。並從金剛智登壇灌頂,習金剛界五部密法,專事密教。不空出生於印度,少長於西域,而成人於中原,深受三方文化薰陶,爲其思想奠定了文化基礎。而出家學法,擅長語文,助譯經軌,習從有部律,專事瑜伽密教,則爲其思想和人生奠定了發展方向。

形成期:從 38 歲至 52 歲,即天寶元年至十五年(742—756)。天寶元年(742),不空前往師子國(今斯里蘭卡)求法,次年到達海口城,受到國王禮遇,敕住佛牙寺,從普賢阿闍梨習十八會金剛頂瑜伽密法。隨後又巡禮五印度,尤其在南印度一帶遍習瑜伽密教。不空求法師子國及五印度,專習十八會瑜伽教,確定了他後來傳譯教法的性質和基本内容。天寶六年(747),不空留學歸來,入内建壇,灌頂祈雨。然而正欲弘法遂願之際,因故許還本國。遂外出帝京,養疾韶州。一時沉淪間,必定潛思内省,探研教理,建構其思想。直到天寶十二年(753),爲邊將迎至河西,請福疆場,稍有譯事。安史之亂,不空應詔入京,效力肅宗,移位换代間,順應時勢,實踐佛法護國,促成其思想之傾向。

成熟期:從 52 歲以後,直至大曆九年(774)70 歲圓寂。肅宗、代宗兩朝,不空以大興善寺爲中心,翻譯顯密經軌,諷誦講經,興隆義學。又廣開灌頂道場,傳法授徒,光大門庭。還建寺造院,度僧授戒,頻修功德,效力皇室,地位尊高,成爲一代釋門領袖,而其思想亦隨之趨於成熟。這一時期不空的思想重心有四,一是全面推進密教化運動,普及密教信仰與思想,二是由佛法護國進而發展到佛法理國,三是所傳密法由瑜伽密教擴展到真言密教以及持明與陀羅尼密教,四是以佛教爲中心兼及儒道思想。

不空所處時代，正值唐朝國運從開元盛世的巔峰，經安史之亂以及吐蕃東侵、皇權更迭等事件，跌落到了一個低谷。盛世清明和内憂外患的强烈反差，鑄就了不空思想的性格，影響了不空思想的個性發展。

2. 思想體系的結構

不空思想的體系，以大乘顯密思想爲基本架構，以密教思想爲其核心，以中國佛教實踐的現實需要爲建構思路，儒道等中國傳統思想也成爲其組成部分。他的本體論思想，以瑜伽密教思想爲主，結合真言密教思想，尤其吸收《大日經》及其疏釋的思想。如對菩提心的解釋依據《大日經》及其疏釋的阿字本不生理論，所譯著的《金剛頂瑜伽發菩提心論》《理趣釋》等則直接引據了《大日經》三句義。他的佛身論、成佛論主要以瑜伽密教建構，世界觀、佛國論以大乘顯教思想尤其結合佛國本土論思想建構。其密法思想，則以瑜伽密教爲主，將持明密法和陀羅尼密教以及一部分真言密法、大乘經法納入其體系，形成密教教法的整體觀念。與此相關，不空以整體的密教觀與顯教並列，形成其大乘顯密理論。其戒律思想，顯密兼取，以密教持明律爲主，結合一切有部律思想和大乘菩提心戒。而其護國護法思想、大乘理國思想，集大小乘及中國佛教思想之大成，並融入了中國儒道等傳統思想内容。

3. 思想特點

不空雖不是佛教理論家，卻一生翻譯經軌，實踐佛法，具有豐富的思想和精神世界，他提出的思想往往具有創發性，也頗具個性。不空的思想特點，表現出鮮明的實踐性和現實性，濃厚的密教中心論，强烈的護國護法傾向，深厚的本土思想。不空的思想注重實踐，關切現實，强調教義理論與修行實踐相結合，强調理論爲現實服務。注重實踐向來是密教的傳統，密教以修行成佛爲旨趣，建曼荼羅壇，護摩灌頂，三密行法，構成了密教教法的主要内容。密教當然也有本派的理論建構，祇是它的理論簡潔明瞭，用於指導其修行實踐，也往往融會於儀軌行法之中。不空繼承了密教的這一傳統，重視修行實踐，他的一生就是躬行密教理想的一生，即便是他提出的理論，也具有很强的實踐意義。如他提出的即身成佛論，既是密教修行實踐的理論總結，也是密教修行實踐的指導思想。他闡釋密教的本體論，也重在説明本體與事相、理論與實踐的辯證關係。如以阿字本不生論菩提心，强調法本無生而心體自如，心源空寂而萬德斯具。既説一切萬法舉體皆空，又認爲無一事而不真，無一物而不實，真空妙有，實相圓明。主張以事顯理，即事即理，理事不礙，即凡即聖，性相同一真如。不空闡釋的這些創發性理論，思想内涵深邃，邏輯結構嚴密，也具有很强的針對性，不致使修行者惑於空論，囿於事相。

不空關切現實，悲願深廣，不僅以度脱衆生、即身成佛爲終極目的，而且也以消解現實災難、護國禦敵爲己任。密教本來就以度災禦難之法見長，息災、增益、降伏、歡喜是其道場的四大功能。不空正是發揮密教的特長，開灌頂道場，度人數萬；入内建壇，王室受法；宣導尊勝陀羅尼，舉國誦習。如自己所稱："所翻聖典四十餘年，三朝已來贊修功德，志在宣傳，上資王室，下潤生靈。"[①]不空關切現實政治和社會穩定，他深感宗教與政治的密切關係，深感弘傳教法與社會穩定的密切關係。認爲設教者如來，弘傳者君王，施行佛事，非帝王而誰。提出護國與護法互爲利益，佛法護佑國家，纔能得到國家的扶持。加之不空親身經歷安史之亂，對唐朝的盛衰榮辱有切身的體會，因而他的思想表現出强烈的護國傾向，極力維護唐朝的政治統治和社會穩定局面，一切宗教活動都圍繞護國爲中心而展開，不論建壇作法還是譯經傳誦，都要看是否有益於王化，有利於護持國家和帝王統治。事實上不空再譯《護國仁王經》，祈福河西疆場，遣弟子效力肅宗，爲穩定安史之亂後的政局而行法助益，都是將護國理念直接化爲實際行動，並因此贏得了帝王的崇信和支持，使密教得到弘傳和發展，在此基礎上他提出的大乘理國的理想也在很大程度上得以實現。

不空以佛法護國，實際上就是擁護唐王朝的政治統治，而護持唐朝統治是基於他深厚的佛國本土論思想。不空在五臺山建立金閣寺，還在京城和天下寺院建立文殊閣、供奉文殊像，又翻譯《文殊佛刹功德經》，設立文殊法儀軌，將文殊信仰從五臺山推行到全國，也在佛教世界樹立起中國爲文殊佛刹的信仰。不空重譯《密嚴經》，宣傳密嚴國土，也有以五趣生死世間爲密嚴國土、文殊化境的意藴。不空從少年時起就一直活動於中國，深受漢文化的薰陶，從心底就懷著對中土的一份情愫。他屢言久沾王化，重覩漢儀；來歸帝鄉，福地行化。始終抱着一種報效國家的心願，這是不空具有佛國本土化思想的情感根源。

不空作爲密宗傳人，以傳譯密教經軌、弘揚密教教法爲已任，其密教中心論的思想顯而易見。不空判釋五乘二教，菩薩大乘教分顯密，以大小、頓漸、遲速、權實判釋密教之優越，認爲毗盧遮那包括萬界，密印真言吞納衆經，密教是詣極之夷途，入佛之正位。瑜伽教法是成佛速疾之路，曼荼羅灌頂乃萬行之宗、密證之主，將登覺路，何莫由斯。但不空並不因此排斥顯教，而是相容並蓄，以顯教爲密教的基礎，取顯教補益密教。不空再譯《護國仁王經》，改編大乘經法，化顯爲密。翻譯《如來藏》《虚空藏》《文殊佛刹》《密嚴》諸經，取顯補密。不空弘傳佛法，也吸收中國傳統思想，尤其將儒道的忠孝觀、道德觀等融入到佛教思想。

① 〔唐〕不空撰《謝恩許新翻經論入目録流行表》，《代宗朝贈司空大辨正廣智三藏和上表制集》卷三，《卍續藏》第 59 册，第 67 頁中。

密教的這一思想傳統，不空則進一步融會了《大日經疏》的解釋。他在《金剛頂瑜伽發菩提心論》中明確引據《大日經》的因根究竟三句義，又進而以《大日經疏》的阿字本不生義爲據，並舉《大日經疏》所釋阿字五義，即阿字之菩提心、菩提行、證菩提、般涅槃、具足方便智。

2. 佛身論

不空的佛身論，主要闡釋瑜伽密教的神靈關係。瑜伽密教的神靈關係中，傳統的法身觀有一些變化，如法身與五方五佛的關係、法身佛與普賢菩薩和金剛薩埵的關係等。瑜伽密教的佛身論突出毗盧遮那法身佛和五方五佛的地位，以五方佛象徵如來五智。不空則結合唯識經論的佛身觀和轉依説來闡釋，認爲毗盧遮那法身有四種身相，即自性身、受用身、變化身、等流身。《金剛頂瑜伽經十八會指歸》中概括説："圓證四身，所謂自性身、受用身、變化身、等流身，是能作頓利樂一切有情，諸菩薩、聲聞、緣覺及諸外道，名瑜伽金剛乘教法。"①《金剛頂瑜伽發菩提心論》中也説："欲求妙道，修持次第，從凡入佛位者，即此三摩地者，能達諸佛自性，悟諸佛法身，證法界體性智，成大毗盧遮那佛自性身、受用身、變化身、等流身。"②《略述金剛頂瑜伽分別聖位修證法門序》説："夫真言陁羅尼宗者，是一切如來秘奥之教，自覺聖智，頓證法門……一切煩惱及諸罪障念念消融；證佛四種身，謂自性身、受用身、變化身、等流身，滿足五智、三十七等不共佛法。"③毗盧遮那法身四種身相，或用能所二分法，四種身相總稱受用身："受用身有二種，一自受用，二他受用。毗盧遮那佛於内心證得自受用四智：大圓鏡智、平等性智、妙觀察智、成所作智，外令十地滿足菩薩他受用故。"④

關於佛身論，一般經論中或三身説或四身説，多有不同。以自性身、受用身、變化身爲三身者，主要是唯識經論的説法⑤。不空之四身説也來自於唯識經論，他在《略述金剛頂瑜伽分別聖位修證法門》中指出："梵本《入楞伽・偈頌品》云：'自性及受用，變化并等流，佛德三十六，皆同自性身。'并法界身，揔成三十七也。"⑥漢譯本《入楞伽經》此偈，實叉難陀譯作："自性及受用，化身復現化，佛德三十六，皆自性所成。"⑦可見漢譯本没有譯出等流身。漢譯唯識經論中也有等流身之説，如無著《攝大

① 〔唐〕不空譯《金剛頂瑜伽經十八會指歸》，《中華藏》第 65 册，第 477 頁中。
② 〔唐〕不空譯《金剛頂瑜伽中發阿耨多羅三藐三菩提心論》，《中華藏》第 66 册，第 294 頁上。
③ 〔唐〕不空譯《略述金剛頂瑜伽分別聖位修證法門》，《中華藏》第 65 册，第 531 頁上。
④ 同③，第 531 頁下。
⑤ 參見玄奘譯《佛地經論》卷七、《成唯識論》卷十、《大乘法苑義林章》卷七等。
⑥ 同③，第 535 頁中。
⑦ 〔唐〕實叉難陀譯《大乘入楞伽經》卷七，《中華藏》第 17 册，第 800 頁中、下。

乘論本》中説:“佛受用身及變化身既是無常,云何經説如來身常? 此二所依法身常故。又等流身及變化身以恒受用無休廢故,數數現化,不永絶故,如常受樂,如常施食。如來身常,應知亦爾。”①

四身的基本含義,《佛地經論》解釋三身名義説:“論曰:有義此顯五法所成,三身差别。有義此顯六種相中差别之相,雖諸如來所依清淨法界體性无有差别,而有三身種種相異轉變不同,故名差别。自性法者,即是如來初自性身,體常不變,故名自性;力無畏等諸功德法所依止故,亦名法身。受用,即是次受用身,能令自、他受用種種大法樂故。變化,即是後變化身,爲欲利益安樂衆生,示現種種變化事故。體義、依義,衆德聚義,總名爲身。”②《成唯識論》就前三身解釋説:“法身有三相别:一自性身,謂諸如來真淨法界,受用、變化,平等所依;離相寂然,絶諸戲論;具無邊際真常功德,是一切法平等實性;即此自性,亦名法身,大功德法所依止故。二受用身,此有二種:一自受用,謂諸如來三無數劫修集無量福慧資糧,所起無邊真實功德,及極圓、淨、常、遍色身,相續湛然,盡未來際,恒自受用廣大法樂;二他受用,謂諸如來由平等智,示現微妙淨功德身,居純淨土,爲住十地諸菩薩衆,現大神通,轉正法輪,决衆疑網,令彼受用大乘法樂。合此二種,名受用身。三變化身,謂諸如來由成事智,變現無量隨類化身,居淨、穢土,爲未登地諸菩薩衆、二乘、異生,稱彼機宜,現通説法,令各獲得諸利樂事。”③等流身,《佛地經論》中提到,並解釋説:“顯示世尊窮生死際,常現起作一切有情利益安樂殊勝功德,謂此法界善清淨故,窮生死際,常起等流契經等法,爲當來世所化有情,如應如時,恒現起作,利益安樂。”④不空所説等流身,與之相當,他在《總釋陀羅尼義讚》中解釋法持時提到:“法持者,由得此持,摧滅一切雜染之法,證得清淨法界等流教法。”⑤在《仁王般若陁羅尼釋》中解釋文殊種子時也提到:“達字者一切法界無所得義,由住無所得心,阿賴耶識中俱生我執,俱生法執種子。以文殊大聖金剛利劍,永截斷無餘義,則流出清淨法界等流教法,則成法海出生義。”⑥可知不空的等流身來自于清淨法界等流教法,於佛身應與《佛地經論》所説一致,就當來世所化有情利益安樂而言。故《金剛頂瑜伽發菩提心論》説:“等流身,爲行人未證故,理宜修之。”⑦修行人未證故所修者,即爲當來世有情。

唯識經論根據轉依説,主張轉識成智,束智成身。《成唯識論》説:“以五法性攝

---

① 〔唐〕玄奘譯《攝大乘論本》卷下,《中華藏》第 30 册,第 61 頁下。
② 〔唐〕玄奘譯《佛地經論》卷七,《中華藏》第 27 册,第 63 頁下。
③ 〔唐〕玄奘譯《成唯識論》卷十,《中華藏》第 30 册,第 778 頁上。
④ 〔唐〕玄奘譯《佛地經論》卷二,《中華藏》第 27 册,第 13 頁上。
⑤ 〔唐〕不空撰《總釋陀羅尼義讚》,《大正藏》第 18 册,第 898 頁上。
⑥ 〔唐〕不空譯《仁王般若陁羅尼釋》,《中華藏》第 66 册,第 314 頁上。
⑦ 〔唐〕不空譯《金剛頂瑜伽中發阿耨多羅三藐三菩提心論》,《中華藏》第 66 册,第 294 頁上、中。

賢，削地位之漸階，開等妙之頓旨，從普賢金剛性海，出塵數加持色身。然後演普賢金剛語業之密言，示普賢金剛身業之密印，啓普賢金剛意業之意慧，成有情金剛三業之度門。”①可見説秘密教法的毗盧遮那佛是受用報身佛，與法身毗盧遮那佛同體而異用，同爲法身而用之有異，金剛界毗盧遮那佛即是法身毗盧遮那佛之用。

不空以密教之毗盧遮那佛爲受用報身之説，具有重要意義，它解決了本體法身與受用法身的邏輯矛盾，爲密教的大日法身説開闢了理論前景。但按唯識經論的説法，自性身即是實性法身，不空的佛身論中既有實性毗盧遮那法身，也有報身毗盧遮那佛身，又另以阿閦佛爲自性身，其間就存在着理論上的矛盾。爲此不空提出毗盧遮那佛與東方阿閦佛及其眷屬金剛薩埵和普賢菩薩三位一體的法身説，阿閦佛爲毗盧遮那内受用身，普賢菩薩、金剛薩埵是毗盧遮那佛他受用身②。普賢菩薩與金剛薩埵的同體關係，《金剛頂瑜伽金剛薩埵五祕密修行念誦儀軌》説：“金剛薩埵者是普賢菩薩，即一切如來長子，是一切如來菩提心，是一切如來祖師，是故一切如來禮敬金剛薩埵。”③按照瑜伽密教的説法，普賢菩薩從毗盧遮那雙手接受金剛杵，並得灌頂，而稱爲金剛手④。不空《般若理趣釋》解釋説：“金剛手菩薩摩訶薩者，此菩薩本是普賢，從毗盧遮那佛二手掌親受五智金剛杵，即與灌頂，名之爲金剛手。”⑤金剛薩埵與毗盧遮那佛的同體關係，《金剛頂瑜伽金剛薩埵五祕密修行念誦儀軌》中説：“金剛薩埵者是自性身，不生不滅，量同虚空，則是徧法界身。”⑥同樣，普賢菩薩在金剛乘中也具有法身的特性，甚至可徑稱普賢爲法身。金剛智譯《金剛頂瑜伽中略出念誦經》闡釋説：“普賢法身遍一切，能爲世間自在主。無始無終無生滅，性相常住等虚空。一切衆生所有心，堅固菩提名薩埵。心住不動三摩地，精勤決定名金剛。”⑦普賢既爲法身，金剛薩埵亦是法性身。又法身者是毗盧遮那佛，則金剛薩埵與毗盧遮那佛亦爲同體。普賢與阿閦佛的同體關係，《金剛頂經一字頂輪王儀軌音義》解釋受命金剛界一句時説：“‘普賢’者，是理也，即是爲一字攝在下‘諸佛’故。或分爲二佛，謂普賢與諸佛轉輪王是也。或分爲三佛，先二加‘現證大菩提’是也。或分作四智，謂普賢者

① 〔唐〕佚名撰《金剛頂瑜伽三十七尊出生義》，《大正藏》第 18 册，第 297 頁下。

② 〔唐〕不空譯《金剛頂瑜伽金剛薩埵五祕密修行念誦儀軌》序説“若依毗盧遮那佛自受用身所説内證自覺聖智法，及大普賢金剛薩埵他受用身智，則於現生遇逢曼荼羅闍梨”云云，則知普賢與金剛薩埵爲同體之他受用身，《中華藏》第 65 册，第 762 頁中、下。

③ 〔唐〕不空譯《金剛頂瑜伽金剛薩埵五祕密修行念誦儀軌》，《中華藏》第 65 册，第 762 頁中、下。

④ 有關普賢菩薩與金剛薩埵及其在金剛乘中的地位，詳見拙文《普賢菩薩在金剛乘教法中的地位》，《普賢與中國文化》，中華書局 2006 年版。

⑤ 〔唐〕不空譯《大樂金剛不空真實三昧邪經般若波羅蜜多理趣釋》卷上，《中華藏》第 65 册，第 855 頁上。

⑥ 同③，第 766 頁上。

⑦ 〔唐〕金剛智譯《金剛頂瑜伽中略出念誦經》卷四，《中華藏》第 23 册，第 733 頁中。

是大圓鏡智即阿閦佛，次一句妙觀察智即阿彌陀佛也，次一句平等性智即寶生佛也，'爲轉教勅輪'一句成所作智即不空成就佛是。或分作五智，先四加法界體性智，所謂'受名金剛界'一句是也。"①

不空在佛身論上還建立了兩種輪身説，與其四身説相應。在《般若理趣釋》中解釋説："毗盧遮那佛轉輪，輪有四種，所謂金剛輪、寶輪、法輪、羯磨輪。其四輪皆攝在二輪中，所謂正法輪、教令輪。即彼毗盧遮那於閻浮提化相成佛，度諸外道，即於須弥頂示現威猛忿怒形，降伏魔醯首羅等驕佚我慢、妄自恃具一切智。"②此所謂毗盧遮那佛四種轉輪，指金剛界四部，非輪身而言。正法、教令二輪身，不空譯《仁王護國般若波羅蜜多經陁羅尼念誦儀軌》解釋《仁王經》中五菩薩時説："五菩薩依二種輪現身有異。一者法輪，現真實身，所修行願報得身故。二教令輪，示威怒身，由起大悲現威猛故。"③此正法輪所現真實身，即指菩薩端嚴身，是菩薩以大慈心所修行願得到的報身。教令輪示顯威怒身，指明王極怖身，是毗盧遮那佛以大悲心敕令外道諸魔受教所現之忿怒身。以此説法，普賢之正法輪爲金剛手菩薩，普賢之教令輪爲降三世明王。不空解釋説："此金剛手即普賢菩薩也，手持金剛杵者，表起正智猶如金剛，能斷我法微細障故。依教令輪，現作威怒降三世金剛，四頭八臂，摧伏一切摩醯首羅大自在天諸魔軍衆，侵害正法、損惱衆生者，令調伏故。放青色光者，顯能除遣魔等衆也。與彼東方持國天王及將無量乾闥婆衆、毗舍闍衆而爲眷屬，與四俱胝菩薩往護其國。"④兩種輪身就四身説而言，正法輪身應爲受用身，教令輪身應爲等流身。

3. 成佛論

在成佛論上，不空提出即身成佛論，成爲密宗的一個特色理論。不空譯《金剛頂瑜伽發菩提心論》中明確説："唯真言法中即身成佛故。"⑤即身成佛的基本内涵，同論中《讃菩提心偈》解釋説："若人求佛慧，通達菩提心，父母所生身，速證大覺位。"⑥又設問答解釋説："問：前言二乘之人，有法執故，不得成佛。今復令修菩提心三摩地者，云何差别？答：二乘之人，有法執故，久久證理，沈空滯寂，限以劫數。然發大心，又乘散善門中經無數劫，是故足可厭離，不可依止。今真言行人既破人法二執，雖能

① 〔唐〕佚名撰《金剛頂經一字頂輪王儀軌音義》，《大正藏》第19册，第327頁上。

② 〔唐〕不空譯《大樂金剛不空真實三昧邪經般若波羅蜜多理趣釋》卷下，《中華藏》第65册，第860頁中。其中四輪在《金剛壽命陁羅尼念誦法》中作金剛界輪、降三世教令輪、遍調伏法輪、一切義成就輪，《中華藏》第65册，第770頁上。

③ 〔唐〕不空譯《仁王護國般若波羅蜜多經陁羅尼念誦儀軌》卷一，《中華藏》第65册，第1019頁上。此段文字，希麟《續一切經音義》卷六作："《瑜伽經》云，諸佛菩薩依二種輪現身有異。一者法輪，現真實身，所修行願報得身故。二者教令輪，現忿怒身，由起大悲，現威猛故也。"《中華藏》第59册，第397頁下。

④ 〔唐〕不空譯《仁王護國般若波羅蜜多經陁羅尼念誦儀軌》卷一，《中華藏》第65册，第1019頁下。

⑤⑥ 〔唐〕不空譯《金剛頂瑜伽中發阿耨多羅三藐三菩提心論》，《中華藏》第66册，第291頁中。

正見真實之智，或爲無始閒隔，未能證於如來一切智智。欲求妙道，修持次第，從凡入佛位者，即此三摩地者，能達諸佛自性，悟諸佛法身，證法界體性智，成大毗盧遮那佛自性身、受用身、變化身、等流身。”[①]另在《般若理趣釋》中解釋自性清淨説：“清淨者表離垢清淨。由瑜伽法一念淨心相應，便證真如實際。不捨大悲，於淨穢土受用身、變化身成佛。”[②]

按此解釋，所謂即身成佛，即身，是就父母所生之身而言，現身、現世即可成佛。如《佛頂尊勝心三種悉地真言儀軌》所闡釋：“若有最上根人，常日夜三時持念，若時時剋剋憶念，定此人不捨父母所生身，現身當得不思議難得佛身。”[③]成佛者，就佛性而言，即達諸佛自性清淨；就佛智而言，破除人法二執，自證法界體性智；就佛理而言，證真如實際；就佛身而言，成就諸佛法身，於淨穢土以受用身、變化身成佛。

即身成佛的要領，就是通達菩提心，亦即發菩提心、修菩提行、知菩提相、證菩提義。如《金剛頂瑜伽發菩提心論》所説：“此菩提心能包藏一切諸佛功德法故，若修證出現，則爲一切導師；若歸本，則是密嚴國土，不起于座，能成一切佛事。”[④]

即身成佛的時間和速度，不受劫數限制，不暇劫難苦行，速成速覺，一念頃即可相應成佛。《總釋陀羅尼義讚》中説：“於大乘修菩薩道二種修行，證無上菩提道，所謂依諸波羅蜜修行成佛，依真言陀羅尼三密門修行成佛。”[⑤]但陀羅尼、真言、密言、明義，“復于顯教修多羅中稱説，或於真言密教中説。如是四稱，或有一字真言，乃至二字、三字，乃至百字、千字、萬字，復過此數，乃至無量無邊，皆名陀羅尼、真言、密言、明。若與三密門相應，不暇多劫難行苦行，能轉定業，速疾易成安樂成佛速疾之道”[⑥]。不空認爲顯密之間在成佛論上的一個根本區别，在於顯教歷經劫數，多世多身修行，久久成佛，甚或不得成佛，而密教則現身現世成佛，無須經歷三世劫數。

即身成佛的途徑，則爲瑜伽三密之道。《金剛頂瑜伽發菩提心論》所説：“欲求妙道，修持次第，從凡入佛位者，即此三摩地者。”[⑦]三摩地，有廣狹二義，廣義指三密修法，狹義指三密之意密或心密，亦即瑜伽觀想法。在此則就廣義而言，也包括身密和語密，衹是瑜伽密教更注重心密觀想，自稱瑜伽教法，實則結印、誦咒必不可少，故不空强調與三密門相應，稱三摩地者猶説修瑜伽教法。

---

① 〔唐〕不空譯《金剛頂瑜伽中發阿耨多羅三藐三菩提心論》，《中華藏》第66册，第291頁上。

② 〔唐〕不空譯《大樂金剛不空真實三昧邪經般若波羅蜜多理趣釋》卷上，《中華藏》第65册，第853頁中。

③ 〔唐〕善無畏譯《佛頂尊勝心破地獄轉業障出三界祕密三身佛果三種悉地真言儀軌》，《大正藏》第18册，第914頁上。

④ 同①，第294頁中。

⑤⑥ 〔唐〕不空撰《總釋陀羅尼義讚》，《大正藏》第18册，第898頁上、中。

⑦ 同①，第294頁上。

即身成佛的概念，早見於顯教經典，如姚秦時竺佛念譯《菩薩從兜術天降神母胎説廣普經》提到男女正邪四種人可捨身受身即身成佛，並説梵天不捨受身而現身得成佛道故事。《法華經》有龍女即身成佛的故事，《觀世音授記經》也提到大勢至菩薩即身成佛故事。顯教之即身成佛，與現身成佛、一生成佛寓意大同，湛然《法華文句記》即稱龍女之即身成佛爲現身成佛①，智儼《華嚴經内章門等雜孔目章》、法藏《華嚴經問答》等解釋《華嚴經》五種成佛時，稱現身成佛爲一生成佛或一身成佛②。但顯教之即身成佛或是現身成佛、一生成佛、一身成佛，須經歷劫數修得或有特殊因緣，總之都有殊勝的修行基礎和因緣關係。密教的成佛論，以其修行方法的特殊性，强調無須經歷累世修行而現身成佛。一行《大日經疏》就説：真言行人"若以淨菩提心爲出世間心，即是超越三劫瑜祇行"，"若一生度此三妄執。則一生成佛，何論時分耶！"③又説：若真言行人與毗盧遮那秘密加持之胎藏界三重曼荼羅五位三昧相應，"皆可一生成佛。何淺深之殊！"④一行認爲顯教中勤修十地，越度三劫，或能成佛，或不得成佛。而密教則以三密方便，一生滿足十地，超越三劫，一生便可成佛。不空的即身成佛論，應該説受到了顯密經疏中即身成佛、現身成佛、一生成佛諸説的啓發，尤其受到一行的一生成佛論的影響。

當然，不空的即身成佛論建立在瑜伽密教成佛論的理論基礎上，尤其現證菩提和五相成佛觀是其即身成佛論的直接思想來源。按瑜伽密教的理論，即身成佛是現證菩提的另一種説法，現證菩提是《金剛頂經》類的基本理論，《金剛頂經》初會的全稱，不空就譯爲《金剛頂一切如來真實攝大乘現證大教王經》。金剛智譯《金剛頂瑜伽中略出念誦經》解釋説："論曰：我是金剛身、三摩耶身、摩訶三摩耶身。一切如來現證菩提，爲金剛身。"⑤宋代翻譯的瑜伽密教經軌中，專設現證菩提分⑥。因而金剛乘的教法也往往稱爲大乘現證法，不空譯《金剛頂經一字頂輪王瑜伽一切時處念誦成佛儀軌》説："稽首禮普賢，諸佛轉輪王，現證大菩提，受名金剛界。"⑦後來施護譯的《佛説秘密相經》也以之概括説："所有諸佛秘密門，大乘現證法皆攝。"⑧現證菩提是在瑜伽觀想中完成的，所謂現證，質言之，不過是三昧、三摩地、瑜伽、相應現前的另

① 〔唐〕湛然撰《法華文句記》卷八，《大正藏》第 34 册，第 314 頁中、下。

② 〔唐〕智儼撰《華嚴經内章門等雜孔目章》卷四，《大正藏》第 45 册，第 585 頁下。〔唐〕法藏撰《華嚴經問答》卷二，《大正藏》第 45 册，第 612 頁下。

③ 〔唐〕一行撰《大毗盧遮那成佛經疏》卷二，《大正藏》第 39 册，第 600 頁下。

④ 同③，第 649 頁上。

⑤ 〔唐〕金剛智譯《金剛頂瑜伽中略出念誦經》卷二，《中華藏》第 23 册，第 710 頁中。

⑥ 如〔宋〕施護譯《佛説一切如來金剛三業最上秘密大教王經》等，《中華藏》第 57 册，第 320 頁下。

⑦ 〔唐〕不空譯《金剛頂經一字頂輪王瑜伽一切時處念誦成佛儀軌》，《中華藏》第 66 册，第 196 頁中。

⑧ 〔宋〕施護譯《佛説秘密相經》卷一，《中華藏》第 67 册，第 898 頁下。

場於大興善寺,可"嚴淨花以開覺,使有識而歸真。庶邊境肅淨,聖躬萬壽"①。寺内置大德四十九員,也是"永脩香火,以福聖躬","報國行道"②。永泰二年(766)五月一日上表,發心在五臺山爲國修造金閣寺,"庶霧神照明,以介景福,康寧寰宇,保祐聖躬"③。大曆二年(767)初不空上表祝賀平定周智光,代宗批復中説"宗社威靈,大聖敷佑,師之護念,氛祲永清"④。大曆六年(771)三月二十八日不空上《謝恩賜大興善寺施戒方等并糧料表》中也説:"謹孿求受戒僧衆等,於三七日懇誠念誦,精馳行道,奉爲國家,以修勝福,冀無邊功德,上資聖躬。"代宗批復中肯定説:"三藏慈惠精誠,念深家國,弘修福利,廣被生靈。開建壇場,闡揚妙典,發揮後學,封植良緣。"⑤大曆七年(772)六月十六日,不空奏請在東都金剛智塔院及石戒壇院置常住大德,"六時懺念,爲國進修三密瑜伽","六時奉爲國修行三密法門"⑥。大曆八年(773)六月在大興善寺修造文殊閣,稱爲"大聖文殊鎮國之閣"。並奏請天下寺院設文殊閣,置三至七僧,"長時爲國講宣讀誦。有闕續填,務使法音傳燈不絶,永康孿土,長護聖躬"⑦。

不空所譯顯密經典,在很大程度上就是從護國目的出發的,即所謂"有助皇化"者。乾元初(758),不空奏請搜集天下寺院梵夾,選擇"有堪弘闡助國揚化者,續譯奏聞,福資聖躬,最爲殊勝"⑧。大曆六年(771)十月十二日所上《三朝所翻經請入目録流行表》中説:"奉爲國家詳譯聖言,廣崇福祐","爲國譯經,助宣皇化","詳譯真言及大乘經典,冀效涓微,上資皇道。其所譯金剛頂瑜伽法門,是成佛速疾之路。其修行者,必能頓超凡境,達于彼岸。餘部真言,諸佛方便,其徒不一。所譯諸大乘經典,皆是上資邦國,息滅灾厄,星辰不愆,風雨順序,仰恃佛力,輔成國家","庶得真言福祐,

---

① 〔唐〕不空撰《請置灌頂道場》,《代宗朝贈司空大辨正廣智三藏和上表制集》卷一,《卍續藏》第59册,第55頁下。

② 〔唐〕不空撰《請置大興善寺大德四十九員》,《代宗朝贈司空大辨正廣智三藏和上表制集》卷一,《卍續藏》第59册,第56頁下。

③ 《請捨衣鉢助僧道環修金閣寺制》,《代宗朝贈司空大辨正廣智三藏和上表制集》卷二,《卍續藏》第59册,第60頁中。

④ 〔唐〕不空撰《賀平周智光表》代宗批文,《代宗朝贈司空大辨正廣智三藏和上表制集》卷二,《卍續藏》第59册,第60頁下。

⑤ 〔唐〕不空撰《謝恩賜大興善寺施戒方等并糧料表》及代宗批文,《代宗朝贈司空大辨正廣智三藏和上表制集》卷二,《卍續藏》第59册,第64頁下。

⑥ 《東都先師塔院及石戒壇院請抽大德制》,《代宗朝贈司空大辨正廣智三藏和上表制集》卷三,《卍續藏》第59册,第68頁上。

⑦ 《請京城兩街各置一寺講制》,《代宗朝贈司空大辨正廣智三藏和上表制集》卷三,《卍續藏》第59册,第69頁中。

⑧ 《請搜撿天下梵夾脩葺翻譯制書》,《代宗朝贈司空大辨正廣智三藏和上表制集》卷一,《卍續藏》第59册,第53頁下。

長護聖躬，大乘威力，永康國界”，“但有護持於國，福潤生靈者，續譯奏聞”①。其中不空還特地重譯了護國的專門經典《仁王護國經》，永泰元年（765）四月二日所上《請再譯仁王經》表説，“如來妙旨，惠矜生靈；《仁王》寶經，義崇護國。前代所譯，理未融通。潤色微言，事歸明聖”，“望依梵匣再譯舊文。貝葉之言，永無漏略；金口所説，更益詳明”，使其“福資聖代，澤及含靈，寇濫永清，寰區允穆，傳之曠劫，救護實深”②。

《仁王護國經》譯出後，據慧靈《新譯仁王般若經陁羅尼念誦儀軌序》記載：“詔資聖、西明百座敷闡，下紫微而五雲抱出，經長衢而萬姓作禮，阡郭充滿，猶牆堵焉。”並評論説：“稽緇衣，覽青史，自摩騰入漢，僧會游吴，瑞法之來，莫與京者。”③可見時人對此經崇拜之盛況。按載，代宗又令諸寺常時念誦，不空更作修持儀軌《仁王護國般若波羅蜜多經陁羅尼念誦儀軌》《仁王般若念誦法》《仁王般若陁羅尼釋》等，令密宗諸寺弟子依法修持。

前後兩譯《仁王護國經》，内容出入不大，衹是後譯明顯强化了護國的特點和密教色彩。該經在性質上屬於般若類，其中衹有《護國》一品，宣揚該經有護國的功用。説世尊曾向十六大國王宣説護國法，若國土欲亂，賊兵刀起，受持讀誦此經，置百佛像、百菩薩像，請百法師宣講，並廣大供養，則有無量鬼神前來護持，災難即滅。還講了一個國王如何受持此經而化解殺身之禍的故事。不空譯本《奉持品》中更具體地説，衹要讀誦此經陀羅尼，金剛手等五方菩薩一念頃便至所詣，守護正法，令其國界無諸災難。不空譯本還增加了一段陀羅尼，説此陀羅尼能加持擁護，是一切佛修行速疾之門，若人得聞，所有罪障悉皆消滅，而誦習通利，則以法威力，當令國界永無衆難。如慧靈《新譯仁王般若經陁羅尼念誦儀軌序》所介紹：“經云：‘若未來世有諸國王建立正法，護三寶者，我令五方菩薩往護其國，令無災難。’又云：‘五菩薩自於佛前發弘誓言：我有陁羅尼能加持擁護，是一切佛本所修行速疾之門。若人得聞一經於耳，所有罪障悉皆消滅，況復習誦而令通利。佛即讚言：若誦持此陁羅尼者，我及十方諸佛悉常擁護，諸惡鬼神敬之如佛，不久當得阿耨菩提。’則知此陁羅尼，諸字母之根底，衆瑜伽之藪澤，如彼水木歸其本源。故菩薩演之，王者建之，黎人念之，諸佛讚之。俾尒昌而熾，俾尒福而利。”並説其儀軌：“凡我道俗，將保厥躬。遂求願踐菩提之路，登仁壽之域者，何莫由斯之道哉！”④

---

① 〔唐〕不空撰《三朝所翻經請入目録流行表》，《代宗朝贈司空大辨正廣智三藏和上表制集》卷三，《卍續藏》第59册，第66頁下—67頁上。

② 《請再譯仁王經制書》，《代宗朝贈司空大辨正廣智三藏和上表制集》卷一，《卍續藏》第59册，第57頁中。

③④ 〔唐〕慧靈撰《新譯仁王護國般若經陁羅尼念誦儀軌序》，《中華藏》第65册，第1019頁上、中。

十月二十四日上《賀收復西京表》稱肅宗:“演沙劫而轉法輪,朗千界而懸佛日。”[①]永泰元年(765)十一月五日所上《謝贈故金剛三藏官號等表》稱代宗:“陛下廣運金輪,曲收瓦礫,引安禪於中禁,旌褒崇之殊禮。”[②]不空認爲肅宗、代宗作爲以正法理國的轉輪聖王,是中國佛教史上少有的法王。永泰元年(765)九月二日上《謝御製新仁王經序表》稱:“陛下撥開慧日,布蔭慈雲,睿思風飛,龍章玉潤,躬爲序述,照焕大千,流法雨於九天,竪勝幢於百座。威儀容衛,宛釋迦之下鷲峰;士庶駢闐,猶波斯之詣王舍。慶雲呈瑞,嘉氣浮空,足表大階之平,自叶無疆之祐。”[③]大曆六年(771)十月十二日所上《三朝所翻經請入目録流行表》稱:“伏惟陛下纘承皇運,大庇含靈,廣闢福田,重明日月,恩波遠被,法雨分流,四海宅心,萬方欣戴,是知佛之付囑,允在聖君。”[④]大曆七年(772)正月二十七日所上《謝恩許新翻經論入目録流行表》稱:“伏惟陛下承法王之付屬,滿人心之志願;持普賢之密印,行天子之正教。浹辰之際,朗惠日於八方;在於頃刻,注洪澤于萬物。斯乃普天幸甚。”[⑤]大曆八年(773)十月十三日進所譯《文殊師利佛刹功德經》説:“幸因輪王降誕之辰,天人嘉會之日,冀兹景福,上益壽山,願以法流,添於聖海。”[⑥]大曆八年(773)十二月十日奏表中説:“自佛法東來向欲千載,古之王者豈不修福?弘益廣大,實未有如今之皇上。”[⑦]就天下寺院建立文殊院一事稱道:“伏惟陛下開法王之玄造,闢非常之福田,建文殊真容,使普天瞻仰。”[⑧]

如何以正法理國,不空特地翻譯了《佛爲優填王説王法政論經》,該經是一部議論王政的經典,其中説王政之十大過失和十大功德、五種衰損門和五種可愛法。十大過失爲:一種姓不高,二不得自在,三立性暴惡,四猛利憤發,五恩惠賒薄,六受邪妄言,七所作不順古先王制,八不顧善法,九不鑒是非、勝之與劣,十一向縱蕩,專行

---

① 〔唐〕不空撰《賀收復西京表》,《代宗朝贈司空大辨正廣智三藏和上表制集》卷一,《卍續藏》第59册,第52頁中、下。

② 〔唐〕不空撰《謝贈故金剛三藏官號等表》,《代宗朝贈司空大辨正廣智三藏和上表制集》卷二,《卍續藏》第59册,第59頁下。

③ 〔唐〕不空撰《謝御製新仁王經序表》,《代宗朝贈司空大辨正廣智三藏和上表制集》卷一,《卍續藏》第59册,第58頁上。

④ 〔唐〕不空撰《三朝所翻經請入目録流行表》,《代宗朝贈司空大辨正廣智三藏和上表制集》卷三,《卍續藏》第59册,第67頁上。

⑤ 〔唐〕不空撰《謝恩許新翻經論入目録流行表》,《代宗朝贈司空大辨正廣智三藏和上表制集》卷三,《卍續藏》第59册,第67頁中。

⑥ 〔唐〕不空撰《進文殊師利佛刹功德經狀》,《代宗朝贈司空大辨正廣智三藏和上表制集》卷三,《卍續藏》第59册,第69頁下。

⑦ 〔唐〕不空撰《恩賜文殊閣上梁饈餅見錢等物謝表》,《代宗朝贈司空大辨正廣智三藏和上表制集》卷三,《卍續藏》第59册,第70頁中。

⑧ 〔唐〕不空撰《謝勑置天下寺文殊院表》,《代宗朝贈司空大辨正廣智三藏和上表制集》卷三,《卍續藏》第59册,第68頁下。

放逸。十大功德爲:一種姓尊高,二得大自在,三性不暴惡,四憤發輕微,五恩惠猛利,六受正直言,七所作諦思善順先教,八顧戀善法,九善知差别,十不自縱蕩、不行放逸。初一爲種姓功德,後九爲自性功德。五種衰損門爲:一不善觀察而攝群臣,二雖善觀察而無恩惠,縱有恩惠不得及時,三專行放逸,不思國務,四專行放逸,不守府庫,五專行放逸,不修善法。五種可愛法是:一人所敬愛,二自在增上,三能摧寃敵,四善攝養身,五能修善事。又有五種能發起可愛法之法:一恩養世間,二英勇具足,三善權方便,四正受境界(善理財政),五勤修善法。該經中充分表現了不空的正法理國思想,經中説,如果國王不信因果,不信當來善惡果報,隨意造作三業罪行,不能持齋修福、受陀羅尼業灌頂法門,則稱不顧善法。不顧善法,不受保護。反之,建立曼荼羅,受灌頂法,而設護摩,供養聖衆等,稱爲顧戀善法,受佛護持。説:"若諸國王任持正法,與諸内宫王子、大臣共修惠施,行好善事,持齋受戒,慈三摩地門上妙梵行,頻作護摩,息災增益,建曼荼羅,具受灌頂,是爲功德圓滿。若能如是行者,是名淨慧具足。"又説:"大王每日晨朝若讀、若誦此祕密王教,依之修行,即名聖王,即名法王。諸佛、菩薩、天龍八部日夜加持,恒常護念,能感世間風雨順時,兵甲休息,諸國朝貢,福祚無邊,國土安寧,壽命長遠,是故當獲一切利益,現世安樂。"①可見不空所謂的仁王、法王、聖王和正法理國,實際上則是信奉密教,供養聖衆。

3. 佛國本土理念

佛國本土論是試圖將佛國聖地本土化的一種理想,其目的在於提高本國在佛教界中的地位和在信衆中的影響。在中國最早建立起來的是文殊菩薩道場,從武則天時期開始把中國的五臺山作爲文殊菩薩道場。在中國建立文殊道場的過程中,密教起了關鍵性作用。最早由陀羅尼密教的《文殊師利法寶藏陀羅尼經》的具體指證和《尊勝陀羅尼經》的傳譯故事,促成了五臺山文殊道場的興起。而至不空,通過建寺譯經,闡發瑜伽密教的文殊法,不但鞏固和强化了五臺山文殊道場的地位與信仰,而且還進一步將文殊信仰推廣到全國,尤其把中國作爲文殊菩薩的化境,以實現其佛國本土化的宗教理想。不空宣揚中國爲文殊道場,其意即視中國爲佛國淨土,於人間穢土建立清淨佛國。

創造聖跡是佛國本土化的主要途徑,五臺山之被看作文殊道場,也是通過這種途徑來實現的。文殊菩薩在五臺山顯現靈跡的傳説不斷出現,不空則把文殊靈跡變爲現實的道場。永泰二年(766)五月一日,不空上表奏請在五臺山按衢州僧道義所見文殊金閣院聖跡建造金閣寺,表中説:"准開元二十四年(736)衢州僧道義至臺山所見文殊聖跡寺,號金閣院。有十三間,居僧衆云有萬人,臺殿門樓,玆金所作。登

① 〔唐〕不空譯《佛爲優填王説王法政論經》,《中華藏》第66册,第192頁下—193頁上。

時圖畫一本，進入在內。天下百姓咸欲金閣寺成，人誰不願？今澤州僧道環日送供至山，逷慕道義禪師所見之事，發心奉爲國家依圖造金閣寺，院宇多少，一如所見。今夏起手，工匠、什物茲自營辦。將滿先聖御額，終成道義感通。觀夫此僧志願非小，或謂文殊所假，俾樹勝因。"[①]寺成之後，不空又上表説："文殊聖跡，自古攸仰，今遇陛下，特更增修，精建伽藍，恩命稠疊。是可百神潛祐，萬聖來歸，靈蹤建興，於斯爲盛。"[②]不空認爲文殊菩薩至今"鎮在臺山，福滋兆庶"[③]。代宗也認爲："大聖文殊久登正覺，拯生人於三界，鎮毒龍於五峯。慈悲道深，弘濟功遠，故令釋衆同此歸依。"[④]大曆五年(770)夏，不空親身巡禮五臺山，並在太原等地同修功德。

大曆四年(769)十二月十九日，不空上表奏請天下寺院食堂供奉的賓頭盧像之上特置文殊形像爲上座。大曆七年(772)，又奏請在大興善寺和京城及天下寺院增建文殊閣，供奉文殊像，長時講誦《文殊佛刹功德經》《密嚴經》《仁王護國經》等。還在京城化度寺等處按文殊眷屬聖跡設立的護國萬菩薩堂，繪飾文殊所現萬菩薩聖跡景象，置念誦僧講誦。不空在京城及全國寺院建立文殊閣，天下寺院食堂供奉文殊像，其用意無非是想把中國作爲文殊菩薩的化境。

不空爲了宣傳文殊菩薩的佛國功德，特地重譯了《大聖文殊師利菩薩佛刹功德莊嚴經》，大曆八年(773)十月十三日奏表中説："文殊事跡，緣起根由，始于發心，至成正覺，莊嚴淨土，此經具載。諸佛理體，菩薩行門，法界有情，無生實相，分明表示。功德廣大，餘經罕儔。"[⑤]不空還編譯了多部有關文殊的密教儀軌，如《金剛頂經瑜伽文殊師利菩薩法》《金剛頂經瑜伽文殊師利菩薩儀軌供養法》《金剛頂超勝三界經説文殊五字真言勝相》《五字陀羅尼頌》《大聖曼殊室利童子菩薩五字瑜伽法》以及《文殊師利菩薩根本大教王金翅鳥王品》《文殊師利菩薩及諸仙所説吉凶時日善惡宿曜經》等。不空重譯《文殊佛刹功德經》以及密教文殊儀軌，是爲文殊菩薩在中國的化境尋找理論根據，樹立文殊菩薩的信仰。

不空推進文殊佛刹本土化理想的舉措，大大提高了文殊菩薩的地位。不空認爲

---

① 《請捨衣鉢助僧道環修金閣寺制》，《代宗朝贈司空大辨正廣智三藏和上表制集》卷二，《卍續藏》第59册，第60頁上。

② 《請臺山五寺度人抽僧制》，《代宗朝贈司空大辨正廣智三藏和上表制集》卷二，《卍續藏》第59册，第61頁下。

③ 《天下寺食堂中置文殊上座制》，《代宗朝贈司空大辨正廣智三藏和上表制集》卷二，《卍續藏》第59册，第63頁下。

④ 〔唐〕不空撰《謝勑置天下寺文殊院表》代宗批文，《代宗朝贈司空大辨正廣智三藏和上表制集》卷三，《卍續藏》第59册，第69頁上。

⑤ 〔唐〕不空撰《進文殊師利佛刹功德經狀》，《代宗朝贈司空大辨正廣智三藏和上表制集》卷三，《卍續藏》第59册，第69頁下。

文殊菩薩是一切如來的祖師，説："文殊聖者，即諸佛祖師，大悲弘願，不取正覺，大乘引導，利樂無期。昔釋迦如來先有懸記，一乘典語，興在中華。"[①]唐代宗也有類似的説法，他在批復不空奏請天下食堂置文殊形像的御文中説："大聖文殊師利菩薩，法王之子，威德特尊，爲諸佛之導師，洗群生之心目，康我兆庶，是拯無邊，不有尊崇，人何瞻仰?"[②]稱文殊菩薩爲諸佛祖師、諸佛導師以及法王之子的説法，自《法華經·序品》輾轉而出，但明確直稱文殊即諸佛祖師、諸佛導師的，則是不空以及代宗師徒，其有意之推崇顯而易見。又不空《般若理趣釋》説：文殊菩薩以四智菩提對治凡夫四種妄識，成熟法智，斷除四種成佛能取所取障礙，得四種覺悟，是故文殊師利菩薩得法自在，故曰法王之子[③]。文殊以大悲弘願，不取正覺，以大乘引導有情，利樂無期的故事，出自《文殊佛刹功德經》。而文殊現跡中華的一乘典語，則指《文殊師利法寶藏陀羅尼經》中明指的文殊在大振那國五頂止住的釋迦牟尼懸記。不空不僅推崇文殊爲諸佛祖師，而且將其在菩薩中的地位也置於首位，他奏請代宗在天下寺院食堂置文殊上座，而以普賢菩薩和觀音菩薩爲之執拂侍奉，聲聞、緣覺則更擁篲而居後。不空説這種式樣"乃天竺國皆然，非僧等鄙見，仍請永爲恒式"[④]。又不空所譯《文殊佛刹功德經》説，文殊佛刹大如海水，觀音所在無量壽佛刹比之如一滴水。但觀音菩薩在中國的地位向來很高，普賢菩薩的地位也以其普賢行願而不斷提高，尤其在瑜伽密教中其地位和影響達到頂峰，故不空以普賢、觀音執拂侍奉文殊，則無疑是一件驚天動地的事情。不空之所以在全國寺院推行這種樣式，正是出於中國爲文殊化境的這個特殊緣故，也就是説在文殊菩薩的佛刹淨土中，文殊菩薩當然是聖境的主人。所以不空説"僧祇如來尚承訓旨"[⑤]，更何況菩薩、二乘之衆呢!

不空自己也對文殊菩薩崇奉備至，自稱："不空何幸！生遇聖朝，分修大乘，奉事文殊師利，常以此聖真言奉爲國家持誦。"[⑥]並且不空以文殊菩薩爲密教祖師，把文殊改造成密教菩薩。他説："大聖文殊師利菩薩，大乘密教皆周流演。"[⑦]文殊菩薩周流傳演密教者，按《不可思議大日經供養次第法疏》的説法，善無畏在北天竺乾陀羅國金粟王塔邊受文殊師利加被，《大日經供養法》炳現空中而記之爲文。又按海雲《兩

① 〔唐〕不空撰《謝勑置天下寺文殊院表》，《代宗朝贈司空大辨正廣智三藏和上表制集》卷三，《卍續藏》第59册，第68頁下。

② 《天下寺食堂中置文殊上座制》，《代宗朝贈司空大辨正廣智三藏和上表制集》卷二，《卍續藏》第59册，第63頁下。

③ 〔唐〕不空譯《大樂金剛不空真實三昧邪經般若波羅蜜多理趣釋》卷下，《中華藏》第65册，第864頁上。

④⑤ 同②。

⑥ 同①。

⑦ 同②。

部大法相承師資付法記》的説法，金剛界法由大日如來生前付囑普賢金剛薩埵，普賢金剛薩埵付妙吉祥菩薩，妙吉祥菩薩復經十二代，付囑龍猛菩薩，再經龍智阿闍梨傳付金剛智云云，則文殊菩薩（妙吉祥菩薩）與密宗兩部大法的流傳均有關係①。而善無畏、金剛智之傳記中都記載，他們是因文殊菩薩在中國而來拜謁。

不空佛國本土論，還宣傳密嚴國土。不空重譯《大乘密嚴經》，代宗親自爲之作序，説："欽哉密嚴！迹超三有，量周乎法界，相離於極微，非聲聞之所聞，豈色見之能見！嘗潔已至妙，允恭付屬！是欲泉静識浪，珠清意源，窮賴耶能變之端，照自覺湛然之境，深詣心極，其唯是經！"②大曆二年(767)三月二十六日，不空奏請五臺山金閣寺、玉華寺、清涼寺、華嚴寺、五摩子寺等五寺常轉《仁王護國經》《密嚴經》《法華經》③。代宗還請義學沙門良賁講解，良賁因有《密嚴經對御記》一卷。關於密嚴國土，《大日經疏》解釋説："悉地宫有上、中、下。上謂密嚴佛國，出過三界，非二乘所得見聞。中謂十方淨嚴。下謂諸天修羅宫等。"④又説："密嚴佛土，法界大圖。"⑤不空在《金剛頂瑜伽發菩提心論》中説："此菩提心能包藏一切諸佛功德法故，若修證出現，則爲一切導師；若歸本，則是密嚴國土，不起于座，能成一切佛事。"⑥密嚴國土是密教追求的理想境界，不起於座而能成辦一切事。《密嚴經》與《文殊佛剎經》即事而真的思想比較一致，均有以五趣生死世間爲密嚴國土、文殊化境的意藴。《般若理趣釋》解釋説："清淨者表離垢清淨。由瑜伽法一念淨心相應，便證真如實際，不捨大悲，於淨穢土受用身、變化身成佛。"⑦又説："是故諸契經説三界唯心，由心清淨，有情清淨。由心雜染，有情雜染。又説有情界是菩薩淨妙佛國土，由修得十七清淨句門是也。"⑧

（三）不空的判教思想

1. 顯密論

顯密本來是判釋教相的一對概念，從不空開始則把它擴展爲判别教派的概念，以之主要判别大乘和密乘。不空也把密乘包括在大乘之内，因此顯密主要是判别大乘内部兩派的一個概念，以顯教指稱經典派，所謂修多羅教，或多稱大乘波羅蜜多

① 海雲有關妙吉祥菩薩傳承金剛界法的説法，並不見於金剛智、不空的傳記，此説顯系後出。

② 〔唐〕不空譯《大乘密嚴經》代宗序文，《中華藏》第66册，第16頁上。

③ 《請臺山五寺度人抽僧制》，《代宗朝贈司空大辨正廣智三藏和上表制集》卷二，《卍續藏》第59册，第61頁下。

④ 〔唐〕一行撰《大毗盧遮那成佛經疏》卷三，《大正藏》第39册，第608頁上。

⑤ 〔唐〕一行撰《大毗盧遮那成佛經疏》卷八，《大正藏》第39册，第667頁上。

⑥ 〔唐〕不空譯《金剛頂瑜伽中發阿耨多羅三藐三菩提心論》，《中華藏》第66册，第294頁中。

⑦⑧ 〔唐〕不空譯《大樂金剛不空真實三昧邪經般若波羅蜜多理趣釋》卷上，《中華藏》第65册，第853頁中。

派;以密教指稱儀軌派,所謂真言陀羅尼三密門,主要包括持明、真言、瑜伽諸派。

不空的判教觀念中,小乘一般另稱二乘,與菩薩乘相對,菩薩乘則包括顯密二教。不空《總釋陀羅尼義讚》説:"於大乘修菩薩道二種修行,證無上菩提道,所謂依諸波羅蜜修行成佛,依真言陀羅尼三密門修行成佛。陀羅尼者梵語,唐翻名爲總持義,有四種持:法持、義持、三摩地持、文持,此四種持,多依顯教大乘教中所説也。"[①]又説:"陀羅尼、真言、密言、明義,依梵文,復於顯教修多羅中稱説,或於真言密教中説。如是四稱,或有一字真言,乃至二字、三字,乃至百字、千字、萬字,復過此數,乃至無量無邊,皆名陀羅尼、真言、密言、明。若與三密門相應,不暇多劫難行苦行,能轉定業,速疾易成安樂成佛速疾之道。"[②]可知不空所説的顯教、密教都屬於大乘菩薩道,衹是兩者修行成佛的方法不同,顯教依據修多羅修行,密教依據真言三密門修行。於此也可知,不空將陀羅尼宗判屬顯教,目爲顯教經典中所説者。而專門的陀羅尼經典被納入諸部真言教中,認爲顯教陀羅尼如與密教之三密相應,即作爲三密之一來使用,則同樣具有密教諸部真言的功能。

不空在大乘之内判釋顯密,稱顯教爲顯教大乘教,簡稱顯大乘;稱密教爲大乘密教。簡稱顯大乘者,如《般若理趣釋》説:"如上所釋諸菩薩,包括一切佛法真言門及一切顯大乘。"[③]顯教或稱顯教諸波羅蜜,或稱顯教修多羅。波羅蜜,即波羅蜜多的簡略,其義爲到彼岸、度無極、事究竟,意指度衆生從生死此岸到達涅槃彼岸的菩薩修行道。諸波羅蜜者,即大乘顯教各派及其教説。修多羅者,意譯契經,按契經也包括小乘四部阿含,但不空所指稱的顯教中不包括小乘。

密教,不空也稱大乘密教,如其奏表《天下寺食堂中置文殊上座》稱:"大聖文殊師利菩薩,大乘密教皆周流演。"[④]密教,全稱秘密教、秘密乘[⑤]。秘密教又有多種不同,稱諸秘密教。如《金剛頂一字頂輪王瑜伽一切時處念誦成佛儀軌》譯稱:"三世三界中,一切大供養。衆多種差别,如金剛頂經,及諸秘密教,一切衆大乘,契經等所説。"[⑥]又如《金剛頂瑜伽護摩儀軌》中説:"護摩説多種,略説有五類,廣説大瑜伽,於

---

①② 〔唐〕不空譯《總釋陀羅尼義讚》,《大正藏》第18册,第898頁上、中。

③ 〔唐〕不空譯《大樂金剛不空真實三昧邪經般若波羅蜜多理趣釋》卷上,《中華藏》第65册,第853頁上。

④ 《天下寺食堂中置文殊上座制》,《代宗朝贈司空大辨正廣智三藏和上表制集》卷二,《卍續藏》第59册,第63頁下。

⑤ 秘密乘,如不空譯《金剛頂一切如來真實攝大乘現證大教王經》卷上,《中華藏》第65册,第294頁中。

⑥ 〔唐〕不空譯《金剛頂一字頂輪王瑜伽一切時處念誦成佛儀軌》卷一,《中華藏》第66册,第198頁中。

祕密教説。我今則略説，持明之遊戲。”[①]其中大瑜伽、持明就是秘密教中之分派。大瑜伽者，即《金剛頂經》所説教法大瑜伽教及其派系，一般簡稱瑜伽教，再簡爲瑜伽，又稱金剛乘。如《仁王般若陁羅尼釋》解釋婆字時説：“密句釋婆字一字爲種子，婆字者一切法有不可得，有者三有義。是故三界唯心，由心雜染，有情雜染；由心清淨，有情清淨。若依顯教，觀行般若，作爲生因、顯因，能生一切佛菩薩，是故名佛母。從前即説已，後至佛母句，於瑜伽教中成普賢行十六行，如聲聞乘見道中十六行也。”[②]此中所謂密句釋，即按密教意義上解釋，與顯教的般若觀行相對。瑜伽教之普賢十六行，與聲聞乘見道之十六行相當。又《般若理趣釋》中稱：“金剛修多羅者，指瑜伽教金剛乘法也。”[③]

持明教，一般通稱《蘇悉地經》《蘇婆呼經》《蕤呬耶經》等注重護摩、供養、成就法的經軌及其教法，或稱蘇悉地教。如《諸部陀羅尼目》稱《蘇悉地經》爲蘇悉地教，介紹此三部經内容。《大樂理趣釋》説：“供養門者有多種，依蘇悉地教，有五種供養，又有二十種供養。於瑜伽教中有四種供養，所謂菩提心供養、資糧供養、法供養、羯磨供養。”[④]

真言密教，不空作爲密教的通稱，其著述中自稱爲真言行人、真言行菩薩。如其奏表《三朝所翻經請入目録流行表》稱，“所譯金剛頂瑜伽法門，是成佛速疾之路。其修行者，必能頓超凡境，達于彼岸。餘部真言，諸佛方便，其徒不一”[⑤]云云。所謂餘部真言者，即言其餘真言派别。由於不空自稱所傳派别爲瑜伽教、金剛乘，並視爲諸派中最勝，又另稱蘇悉地教、陀羅尼宗，加之傳習《大日經》者往往自稱真言教法、真言乘，如此真言密教後來逐漸成爲《大日經》系統的專稱。

2. 五乘論

不空判釋教相，或分别三乘，或分别五乘。三乘者，就佛教内部而言，指聲聞乘、緣覺乘、菩薩乘，前二者總稱二乘，後者又稱大乘。不空判釋五乘，除三乘之外，又有天乘、梵乘二乘。《般若理趣釋》解釋真實心時説：“真實心者，毗欲字，是毗字一切法三有不可得，欲字一切乘不可得。由三有情種種愛樂勝解不同，是故如來出興于世説五乘，所謂天乘、梵乘、聲聞乘、緣覺乘、大乘。是故佛《楞伽經》中伽佗説：乃至心

① 〔唐〕不空譯《金剛頂瑜伽護摩儀軌》，《中華藏》第 65 册，第 876 頁上。

② 〔唐〕不空譯《仁王般若陁羅尼釋》卷上，《中華藏》第 66 册，第 314 頁下。

③ 〔唐〕不空譯《大樂金剛不空真實三昧邪經般若波羅蜜多理趣釋》卷下，《中華藏》第 65 册，第 869 頁中。

④ 同③，第 865頁上。

⑤ 〔唐〕不空撰《三朝所翻經請入目録流行表》，《代宗朝贈司空大辨正廣智三藏和上表制集》卷三，《卍續藏》第 59 册，第 67 頁上。

流轉，我説爲諸乘，若心得轉依，無乘及乘者。”[①]不空所謂五乘及引據的《楞伽經》偈語，菩提流支譯本作：“天乘及梵乘，聲聞緣覺乘，諸佛如來乘。我説此諸乘，以心有生滅，諸乘非究竟，若彼心滅盡，無乘及乘者。無有乘差别，我説爲一乘，引導衆生故，分别説諸乘。”[②]

天乘與梵乘，《大寶積經·善臂菩薩會》解釋説：“即知三乘，所謂天乘、梵乘、聖乘。云何天乘？初禪、二禪、三禪、四禪，是名天乘。云何梵乘？慈、悲、喜、捨，是名梵乘。云何聖乘？正見、正思惟、正語、正業、正命、正精進、正念、正定，是名聖乘。”[③]《菩提資糧論》解釋説：“若有衆生，喜樂生死，憎惡解脱，不堪以聲聞、獨覺及大乘化者，應當教化置於梵乘四梵行中。若復不堪梵乘化者，應當教化置於天乘十善業道及施等福事中，不應捨棄。”[④]可知天乘者，指行十善業道者；梵乘者，指行慈、悲、喜、捨四梵行者。

此五乘與通常所稱人乘、天乘、聲聞乘、緣覺乘、菩薩乘五乘相當，天乘即人乘，梵乘即天乘。《大日經疏》解釋説：“祕密主，彼離違順八心相續業煩惱網者，如前所説種子、根、疱等，及歸依三寶，爲人、天乘行齋施善法，皆名順世八心。若三乘初發道意，迄至拔業煩惱根本無明種子，生十二因緣，名違世八心。或可就見道、修道等諸位分之，各自有八心也。”[⑤]密教之所以把天乘、梵乘納入判釋範圍，是因爲密教認爲外道也是法身佛的化現，密教諸神中就有人天種種神祇，如《大日經疏》將諸天、諸神乃至羅刹主等均釋作佛所化身。既然所有内外諸乘均爲法身佛所説所化，則諸宗諸乘總歸一乘。不空認爲瑜伽密教則理事具全，即爲法佛之一乘。如《金剛頂瑜伽一切如來真實攝大乘現證大教王經》説：“瑜伽大教王，開演一佛乘，如來三密藏，是乘無比喻，最上最第一，唯佛不共智，相應成佛門。爲令悟入者，圓成淨法身。三世薄伽梵，皆依此法成。”[⑥]

3. 教相論

不空認爲如來出興於世，説五乘二教，其差别在於心識流轉之不同，如心得轉依，則諸乘同證無上菩提，並無差别，可謂一乘。所謂心之流轉不同，就是對心相的

---

① 〔唐〕不空譯《大樂金剛不空真實三昧邪經般若波羅蜜多理趣釋》卷下，《中華藏》第 65 册，第 867 頁中、下。

② 〔北魏〕菩提流支譯《入楞伽經》卷四，《中華藏》第 17 册，第 662 頁中。

③ 〔後秦〕鳩摩羅什譯《善臂菩薩經》，《大寶積經》卷九十四，《中華藏》第 9 册，第 219 頁上、中。

④ 〔隋〕達磨笈多譯《菩提資糧論》卷三，《中華藏》第 29 册，第 456 頁下。

⑤ 〔唐〕一行撰《大毗盧遮那成佛經疏》卷二，《大正藏》第 39 册，第 601 頁下。

⑥ 〔唐〕不空譯《金剛頂瑜伽一切如來真實攝大乘現證大教王經》卷上，《中華藏》第 69 册，第 600 頁上。

認識不同,也就是對勝義菩提心的認識差别,勝義菩提心的具體内容則是一切法無自性。按《金剛頂發菩提心論》所説,天乘之"凡夫執著名聞、利養、資生之具,務以安身,恣行三毒五欲",對此"真言行人誠可厭患,誠可棄捨";梵乘之"諸外道等戀其身命,或助以藥物,得仙宫住壽;或復生天以爲究竟",對此"真言行人應觀彼等業力若盡,未離三界,煩惱尚存,宿殃未殄,惡念旋起。當彼之時,沈淪苦海,難可出離,當知外道之法亦同幻、夢、陽焰也";而"二乘之人,聲聞執四諦法,緣覺執十二因緣,知四大、五陰畢竟磨滅,深起厭離,破衆生執,勤修本法,剋證其果,趣本涅槃已爲究竟",對此"真言行者當觀二乘之人,雖破人執,猶有法執,但静意識,不知其佗,久久成果位,以灰身滅智,趣其涅槃,如太虚空湛然常寂。有定性難可發生,要待劫限等滿,方乃發生;若不定性者,無論劫限,遇緣便迴心向大。從化城起,爲以超三界,謂宿信佛故,乃蒙諸佛、菩薩而以方便,遂發大心,乃從初十信下徧歷諸位,經三無數劫難行苦行,然後得成佛。既知聲聞、緣覺智慧狹劣,亦不可樂"①。

大乘顯教"發大乘心、行菩薩行,於諸法門無不徧修,復經三阿僧祇劫,修六度萬行,皆悉具足。然證佛果,久遠而成,斯由所習法教致有次第",大乘密教則"復發利益安樂無餘衆生界一切衆生心,以大悲决定,永超外道、二乘境界。復修瑜伽勝上法,能從凡入佛位者,亦超十地菩薩境界。又深知一切法無自性,云何無自性?前以相説,今以旨陳。夫迷途之法,從妄想生,乃至展轉,成無量無邊煩惱,輪迴六趣者。若覺悟已,妄想止除,種種法滅,故無自性。復次諸佛慈悲,從真起用,救攝衆生,應病與藥,施諸法門,隨其煩惱,對治迷津,遇栰達於彼岸,法亦應捨,無自性故。如《大毗盧遮那成佛經》云:諸法無相,爲虚空相。作是觀已,名勝義菩提心。當知一切法空,以悟法本無生,心體自如,不見身心,住於寂滅、平等、究竟、真實之智"②。

但五乘二教的不同還不止於此,不空認爲各自之間尚有大小、頓漸、遲速、理事方面的差别。其中二乘與大乘的不同,在於大小、頓漸有别。不空認爲大乘之所以有别小乘者,"大乘有七義,一者法大,二者心大,三者勝解大,四者意樂大,五者資粮大,六者時大,七者究竟大。由諸菩薩承此大乘,證得無上正等菩提"③。由智慧來判定,小乘不能了别辨明法相。《金剛頂三十七尊心要》解釋智慧波羅蜜時説:"智慧波羅蜜者,智能了别,慧乃辨明,由如明鏡能鑒衆色,大小乘法無有差謬。除其我執二

① 〔唐〕不空譯《金剛頂瑜伽中發阿耨多羅三藐三菩提心論》,《中華藏》第 65 册,第 291 頁下—292 頁上。

② 同①,第 292 頁上、中。

③ 〔唐〕不空譯《大樂金剛不空真實三昧邪經般若波羅蜜多理趣釋》卷上,《中華藏》第 65 册,第 854 頁中。

相，住大乘心，圓滿菩提，證真如際，即是如來平等法身。”①

密教與大小乘以及外道之間還有頓漸之不同，不空説：“毗盧遮那包括萬界，密印真言吞納衆經。准其教宜有頓有漸，漸謂聲聞小乘登壇學處，頓謂菩薩大士灌頂法門，是詣極之夷途，爲入佛之正位。”②而大乘頓教中又有顯密之别，密教之灌頂法門更爲成佛捷徑。不空説：“曼荼羅灌頂壇者，萬行之宗，密證之主，將登覺路，何莫由斯！”③又説灌頂：“頂謂頭頂，表大行之尊高；灌謂灌持，明諸佛之護念。超昇出離，何莫由斯！”④其意是説大乘顯教雖也能頓悟成佛，卻歷經三劫修行，或進或退，尚難確定。實則因修行方法之不同，大乘顯教也是漸修漸悟，與密教之頓悟有所差别。而密教之所以頓悟成佛，是因爲“如來於百千俱胝阿僧祇劫積集菩提資糧，加持陀羅尼真言文字，令頓悟菩薩與此相應，頓集福德智慧資糧”⑤。《略述金剛頂瑜伽分别聖位修證法門》説：“以此三十七内證無上金剛界分智威力加持，頓證毗盧遮那之身。從無見頂相流出無量佛頂法身，雲集空中，以成法會，光明遍覆如塔相輪，十地滿足莫能覩見，冥加有情，身心罪障悉令殄滅，無能知者，雖不能覺知，能息諸苦而生善趣。從光明流出十六菩薩及八方等内外大護，展轉出光，照觸惡趣，以成窣覩波階級，衛護諸佛窣覩波法界宫殿，成爲相輪令身，現證金剛界如來毗盧遮那遍照之身也。”⑥

故頓漸、顯密之間還有遲速之别。不空認爲小乘雖能證得道果，卻不能利益有情。大乘顯教雖能證成無上菩提，但經歷劫數，久久纔能到達，或未必能達。而密教則是速疾成佛之道，入曼荼羅，得如來灌頂，則可須臾頃現證菩提，得成佛身。不空所譯《金剛頂瑜伽金剛薩埵五祕密修行念誦儀軌》説：“二乘之人雖證道果，不能於無邊有情爲作利益安樂。於顯教修行者，久經三大無數劫，然後證成無上菩提。於其中間十進九退，或證七地，以所集福德智慧，迴向聲聞、緣覺道果，仍不能證無上菩提。”⑦而密教則以真言陀羅尼法門速疾成佛，如來於百千劫積集資糧加持之“一字真言，乃至二字、三字，乃至百字、千字、萬字，復過此數，乃至無量無邊，皆名陀羅尼、真言、密言、明。若與三密門相應，不暇多劫難行、苦行，能轉定業，速疾易成安樂成佛

① 〔唐〕不空説《金剛頂瑜伽略述三十七尊心要》，《卍續藏》第 2 册，第 275 頁中。

② 〔唐〕不空撰《請置灌頂道場》，《代宗朝贈司空大辨正廣智三藏和上表制集》卷一，《卍續藏》第 59 册，第 55 頁下。

③ 〔唐〕不空撰《謝御題先師塔額并設齋表》，《代宗朝贈司空大辨正廣智三藏和上表制集》卷二，《卍續藏》第 59 册，第 62 頁下。

④ 同②。

⑤ 〔唐〕不空譯《總釋陀羅尼義讚》，《大正藏》第 18 册，第 898 頁上。

⑥ 〔唐〕不空譯《略述金剛頂瑜伽分别聖位修證法門》，《中華藏》第 65 册，第 536 頁中、下。

⑦ 〔唐〕不空譯《金剛頂瑜伽金剛薩埵五祕密修行念誦儀軌》，《中華藏》第 65 册，第 762 頁中。

速疾之道”①。又《般若理趣釋》也說：“由真言行菩薩，以入輪壇得灌頂者，得聞如來三業密教修行，獲得世出世殊勝悉地，淨除無始十種不善惡業，證得無障礙究竟智。”②又說：“成無上菩提要妙速疾法門，雖有多種，皆攝四種法。所謂大慧，是般若波羅蜜也；二大静慮，是大三摩地也；三大悲，於生死苦不疲倦；四大精進，濟拔無邊有情，令證金剛薩埵。是故現自在位，同一蓮華，同一圓光。體不異故，輔翼悲智，不染生死，不住涅槃。是故：大欲得清淨，金剛。大安樂富饒，寶。三界得自在，蓮。能作堅固利。羯磨。則成金剛薩埵毗盧遮那佛大悲行願身也。”③

但密教諸部中，不空認爲瑜伽教法又有殊勝之處，最爲便捷，説：“所譯金剛頂瑜伽法門，是成佛速疾之路。其修行者，必能頓超凡境，達于彼岸。餘部真言，諸佛方便，其徒不一。”④《金剛頂瑜伽經十八會指歸》中説：“修行者善達此瑜伽中大意，如徧照佛一一身分、一一毛孔、一一相、一一隨形好、一一福德資糧、一一智慧資糧，住於果位，演説瑜伽二乘不共佛法，説曼荼羅三昧耶法門事業，量同虚空，證者如上所説，各各分劑，各不雜亂，圓證四身，所謂自性身、受用身、變化身、等流身，是能頓作利樂一切有情、諸菩薩、聲聞、緣覺及諸外道，名瑜伽金剛乘教法。”⑤《般若理趣釋》説：“是故釋迦牟尼佛告金剛手言‘若有人聞此理趣，受持讀誦，設害三界一切有情不墮惡趣，爲調伏故，疾證無上正等菩提’者：害三界一切有情，一切有情者由貪、嗔、癡爲因，受三界中流轉。若與理趣相應，則滅三界輪迴因，是故害三界一切有情不墮惡趣，爲調伏貪等三毒也，故得速證無上菩提，是故如來密意作如是説。”⑥

顯密之不同還在於事理、權實之不同，密教理事俱備，顯教則有理而無事，有實而無權。理事論是不空關於本體與現象關係的思想，也是對密教事相——曼荼羅儀軌、三密修法的理論詮釋和對其内涵的揭示。不空認爲事相是顯現理的，所以事理相即，即事即理。理與事互相涉入，並非二體，所以從根本上説凡即是聖，即凡即聖。“以事顯於理故，即事即理，理事不相礙故，即凡即聖。性相同一真如也。”⑦以事顯理者，如《般若理趣釋》解釋説：“佛寶者是金剛薩埵，法寶者是觀自在菩薩，僧寶者是虚

① 〔唐〕不空譯《總釋陀羅尼義讚》，《大正藏》第 18 册，第 898 頁中。

② 〔唐〕不空譯《大樂金剛不空真實三昧邪經般若波羅蜜多理趣釋》卷上，《中華藏》第 65 册，第 852 頁下。

③ 〔唐〕不空譯《大樂金剛不空真實三昧邪經般若波羅蜜多理趣釋》卷下，《中華藏》第 65 册，第 869 頁中、上。

④ 〔唐〕不空撰《三朝所翻經請入目録流行表》，《代宗朝贈司空大辨正廣智三藏和上表制集》卷三，《卍續藏》第 59 册，第 67 頁上。

⑤ 〔唐〕不空譯《金剛頂瑜伽經十八會指歸》，《中華藏》第 65 册，第 477 頁中。

⑥ 同③，第 861 頁下—862 頁上。

⑦ 同③，第 867 頁中。

空藏菩薩。此三者皆從毗盧遮那心菩提心中流出，亦名三法兄弟，以事顯理也。”[①]《金剛頂一切如來真實攝大乘現證大教王經》説：“事理俱相應，如來寂稱讚。”[②]

(五)不空的儒道思想

1. 天命觀

不空童年就到了中國，在漢文化的薰陶下長大成人，除後來去過一次師子國和印度之外，他一直住在中國，因而深通中國的傳統文化。代宗就説他“傍達義趣，博通儒玄”[③]，“妙印度之聲明，洞中華之韻曲”[④]。義學大德良賁也説他“言善兩方，教傳三密”[⑤]。不空所具有的文化素養，是一般來華宣教的外僧所不能比擬的。由於他通曉中國文化，懂得中國人的思想和心理，進言深得皇帝的歡心，他的話往往起到意想不到的效果。

不空的儒道思想中，最突出的是儒家的天命觀和忠孝思想以及忠君報國思想，道家的道的思想也有表現。但不空的儒道思想主要體現在他的奏表中，也就是有些話是説給皇帝聽的，是在某種特定條件下的表達，並不貫穿於他的整個思想。如天命觀就是衹在迎合皇帝的奏摺中表現的，在他的全部著述中所反映的世界觀仍然是佛教思想，而忠孝報國思想則貫穿於其思想的全體，是他的一個基本立場。

天命觀是儒家的一個基本思想，不空也按中國人的觀念，認爲天是最高的存在，具有人格和意志，並通過自然的和社會的預兆來表達其意志，主宰着世界，操縱人類命運。人間世事和社會活動也體現天的意志，這主要借助上天在地上的代言人皇帝來實現。皇帝是上天之子，“承天踐祚”[⑥]，因之也往往尊稱皇帝爲“天”，如説“清天步而仍延法駕”[⑦]等。故皇帝是上天在人間的唯一代表，替天行道，效法天意。至德二年(757)十月二十四日不空所上《賀收復西京表》中就説：“惟天爲大，非元聖無以順

① 〔唐〕不空譯《大樂金剛不空真實三昧邪經般若波羅蜜多理趣釋》卷下，《中華藏》第65册，第867頁下—868頁上。

② 〔唐〕不空譯《金剛頂一切如來真實攝大乘現證大教王經》卷上，《中華藏》第69册，第600頁中。

③ 《贈司空謚大辨正三藏和上制》，《代宗朝贈司空大辨正廣智三藏和上表制集》卷四，《卍續藏》第59册，第75頁中。

④ 〔唐〕代宗撰《大唐新翻護國仁王般若經序》，《中華藏》第65册，第970頁中。

⑤ 〔唐〕良賁撰《仁王護國般若波羅蜜多經疏》卷一，《大正藏》第33册，第429頁中。

⑥ 〔唐〕不空撰《進摩利支像并梵書大佛頂真言狀》，《代宗朝贈司空大辨正廣智三藏和上表制集》卷一，《卍續藏》第59册，第55頁中。

⑦ 〔唐〕不空撰《賀上皇還京表》，《代宗朝贈司空大辨正廣智三藏和上表制集》卷一，《卍續藏》第59册，第53頁上。

天行誅；惟王法天，非興王無以代天育物。”[①]不空認爲肅宗登基皇位，是受之於天命，承繼先王之位，所謂“膺天纘堯，從人復禹”[②]。而平定叛亂，恢復江山，就是替天行誅，效法天命，當然也是順應時勢。故又説肅宗“俯從人欲，仰叶天心”[③]。但天子也不能違背上天的意志，否則會受到懲罰。自然界出現乾旱、洪澇等災害現象，是表達上天意志的預兆，天子尚須檢討失誤，服膺天意。大曆九年（774），春旱後得雨，不空上《賀雨表》，説：“頃以去年終冬罷雪，今春正盡，猶自愆陽，比屋熬然。皇情憂軫，爲人引咎，精思祈天，果得應時。春澤普洽，川原滂霈，草木滋華。是知聖德動天，神應如響；一人有感，萬類照蘇。不勝忻悦之至！”[④]不空認爲久旱後得雨是皇帝引咎祈天的結果，是皇帝的聖德感動了上天，神明因之作出了反應，纔普降甘雨，不空天人感應的思想於此可見一斑。

2. 道德觀

不空的道德觀，吸收了道家的思想，融儒道兩家於一體。不空認爲道是世界的本原，出現在天帝之前，是更爲根本的存在。天帝的意志與道是和諧一致的，道的作用永恒不變。不空説：“道冠混元。”[⑤]又説：“道惟帝先，帝道洽則神功不宰。”[⑥]那麽道是什麽呢？不空認爲道就是世界得以運行的動力，這個動力來自於陰陽兩極的相互作用。陰陽之間的作用造就了天地，有了天地纔形成萬事萬物，人類社會也是陰陽之道的産物，所以道也就是世界的規律，陰陽兩極是道的具體内容。不空説：“有天有地是生萬物，一陰一陽故爲之道，所以神化庶品，母育群黎。”[⑦]不空認爲在於人生也須“二儀貞觀”，陰陽和諧，順應自然。乾元元年（758）四月八日不空上《賀册皇后張氏表》，祝賀册封張皇后説：“陛下上符景命，下叶坤儀，順蒼生之心，爲天下之母。二像已定，萬萬克禎，凡在寰區，孰不稱慶。”[⑧]

德是人合乎道理、順乎天意、遵循人倫的倫理規範，是儒道思想的一個重要内容。不空所謂的德也融會了儒道兩家的思想，尤其以儒家父慈子孝的倫理思想和内

---

① 〔唐〕不空撰《賀收復西京表》，《代宗朝贈司空大辨正廣智三藏和上表制集》卷一，《卍續藏》第59册，第52頁中。

② 〔唐〕不空撰《賀上皇還京表》，《代宗朝贈司空大辨正廣智三藏和上表制集》卷一，《卍續藏》第59册，第53頁上。

③ 同①。

④ 〔唐〕不空撰《賀雨表》，《代宗朝贈司空大辨正廣智三藏和上表制集》卷三，《卍續藏》第59册，第70頁下。

⑤ 同①。

⑥ 同②。

⑦⑧ 〔唐〕不空撰《賀册皇后張氏表》，《代宗朝贈司空大辨正廣智三藏和上表制集》卷一，《卍續藏》第59册，第54頁上。

聖外王的帝王標準作爲其具體内容。認爲德的根本是孝,孝包括父慈子孝、兄友弟恭。不空提出"孝爲德本"①,故德有時也稱爲"孝德",如説代宗"孝德感于天地,文明齊於日月"②,"惟聖作法,其德動天,澤潤生靈,懸之日月"③。"德"是指人的合乎標準的倫理道德,因而人性也就是德性,完善的德性稱爲"至德"。不空認爲作爲帝王,其人倫道德應該做到盡善盡美,達到"至德",達到德性的最高境界,纔能感動天地,受命馭衆,故説"至德茂而克受元符"④。不空稱讚肅宗"功格昊穹,德超列辟","乘時至德,冠興王之首"⑤,稱讚張皇后"德彰柔範,功佐春闈"⑥,稱讚代宗"聖德動天,神應如響"⑦。都把德作爲人倫的最高標準,把"至德"也作爲最高統治者的人格標準。同時,德也是以孝爲核心的人倫道德的總稱。如作爲皇帝要賢明英武,遠見卓識,俯察民情,崇本務農,也是德性的具體内容。不空説肅宗"睿謀廣運,英略殊常,聖力匡持,特高列辟"⑧,説代宗"明四目,達四聰,天高聽卑,憂心稼穡,可謂元首之至明矣"⑨。而他們能夠"纘堯寶圖,復禹丕績"⑩,"暉范史册,高視唐虞"⑪,也是至德的表現。

3. 忠孝觀

不空具有濃厚的忠孝觀念,於國忠誠、於親孝順是他一生秉持的理念,貫穿於他護國護法的宗教實踐中。不空的忠孝觀融會了儒釋兩家的思想,是建立在大乘佛教慈悲思想的基礎上,因而顯得更加深厚寬廣。忠是就國家而言,古代國家是家天下,忠於國家就是忠於皇帝,就是維護皇室家族的根本利益。不空認爲僧人就應該忠於

---

① 〔唐〕不空撰《賀上皇還京表》,《代宗朝贈司空大辨正廣智三藏和上表制集》卷一,《卍續藏》第59册,第53頁上。

② 〔唐〕不空撰《請惠林法師於保壽寺講表》,《代宗朝贈司空大辨正廣智三藏和上表制集》卷二,《卍續藏》第59册,第64頁中。

③ 〔唐〕不空撰《謝勑置天下寺文殊院表》,《代宗朝贈司空大辨正廣智三藏和上表制集》卷三,《卍續藏》第59册,第68頁下。

④⑤ 同①。

⑥ 肅宗批復也稱張皇后"德被宫闈,功成輔佐"。《賀册皇后張氏表》,《代宗朝贈司空大辨正廣智三藏和上表制集》卷一,《卍續藏》第59册,第54頁中。

⑦ 〔唐〕不空撰《賀雨表》,《代宗朝贈司空大辨正廣智三藏和上表制集》卷三,《卍續藏》第59册,第70頁下。

⑧ 〔唐〕不空撰《賀收復東京表》,《代宗朝贈司空大辨正廣智三藏和上表制集》卷一,《卍續藏》第59册,第52頁下。

⑨ 〔唐〕不空撰《恩命祈雨賀雨表》,《代宗朝贈司空大辨正廣智三藏和上表制集》卷三,《卍續藏》第59册,第67頁下。"明四目,達四聰",典出《尚書・堯典》。

⑩ 〔唐〕不空撰《賀收復西京表》,《代宗朝贈司空大辨正廣智三藏和上表制集》卷一,《卍續藏》第59册,第52頁中。

⑪ 同①。

國家，爲皇帝和衆生效力報國是應盡的義務。他説："潔誠報國，僧者通規。"[1]不空一生所作的護國實踐也充分表現了他的忠君愛國思想，不空的每一份奏表中幾乎都表達了他對皇帝的感恩戴德和報恩效忠的情感。如大曆六年(771)九月二十四日所上《謝恩賜乳牛表》中就説："伏惟寶應元聖文武皇帝陛下，日月光臨，恩過雨露。雖復精勤四時，豈酬萬一！罄力竭忠，實難仰謝。撫心脩己，有泱面目。不勝寵渥優深之至。"代宗批復中也説："和上深入秘藏，護念勤誠。顧乃精修，宜承渥命。"[2]大曆五年(770)十月，不空巡禮五臺山，取道太原，瞻禮大唐興國大崇福寺唐高祖起義處，奏請在號令堂安置普賢菩薩像，在淨土院設灌頂道場，簡擇二七僧，奉爲國長誦佛頂尊勝陀羅尼，並奏請"高祖太宗起義聖跡並在此寺，實爲國家皇業所興之源，固不合同諸寺例。伏乞天慈，蠲免一切差科及地税，便迴充高祖、太宗七聖忌日設齋行香，及修號令堂，安置普賢菩薩，仍於三長齋月、每月十齋日，令合寺僧奉爲高祖至肅宗七聖，轉《仁王護國般若經》。庶得無疆之福，永資七聖；無盡法音，上符皇壽"[3]。可見不空的忠心廣及皇室七代皇帝。不空即使在翻譯經軌時，也表現出忠孝思想。如《金剛頂經一字頂輪王瑜伽一切時處念誦成佛儀軌》的譯文中，阿闍梨對弟子也提出忠孝的要求，説："傳法阿闍梨，先簡擇弟子，淨信决定者。宿植諸善根，族姓具相好，孝忠義德備，深敬重三寶。"[4]顯然，以孝、忠、義、德來衡量出家弟子並非釋典應有之義，是譯者借用了儒家思想。不空臨終遺囑中也念念不忘教導弟子忠於國家，説："吾百年後，汝等依國，於國須忠，努力虔誠，爲國持念，國安人泰，吾願滿焉。"[5]

不空把孝順作爲德的根本，稱德爲孝德。孝的範圍也擴展至師徒關係，孝成爲衡量弟子的一個基本標準。但不空的孝順觀主要針對世俗關係而言，如遺書中説俗弟子功德使李元琮"依吾受法三十餘年，勤勞精誠，孝心厚深"[6]，説侍從"寶金剛事吾日深，小心孝順"[7]。而就一般出家師徒關係而言，不空認爲法緣與親緣關係不同，處理師徒關係應該依法不依親。他在臨終遺書中特别囑咐弟子們説："吾重告諸弟子，汝等須知，人代無常，誰免此也。師資之道，以法義情親，不同骨肉，與俗全别。汝等若依吾語，是吾法子。若違吾命，則非法緣。吾壽終後，並不得著服及有哭泣攀慕。

① 〔唐〕不空撰《謝贈故金剛三藏官號等表》，《代宗朝贈司空大辨正廣智三藏和上表制集》卷二，《卍續藏》第59册，第59頁下。

② 〔唐〕不空撰《謝恩賜乳牛表》及代宗批文，《代宗朝贈司空大辨正廣智三藏和上表制集》卷二，《卍續藏》第59册，第65頁上、中。

③ 《請太原號令堂安像淨土院抽僧制書》，《代宗朝贈司空大辨正廣智三藏和上表制集》卷二，《卍續藏》第59册，第64頁中。

④ 〔唐〕不空譯《金剛頂經一字頂輪王瑜伽一切時處念誦成佛儀軌》，《中華藏》第66册，第196頁中。

⑤⑥⑦ 〔唐〕不空撰《三藏和上遺書》，《代宗朝贈司空大辨正廣智三藏和上表制集》卷三，《卍續藏》第59册，第71頁中、下。

憶吾即勤加念誦，是報吾恩。亦不得枉破錢財，威儀葬送。亦莫置其塋域，虛弃人功。唯持一床，盡須念誦，送至郊外，依法荼毗，取灰加持，便即散却。亦不得立其靈机，圖寫吾形。儒生七十二子，尚有心喪，吾教灌頂相傳，都不然也？汝等諸子是從佛口生，從法化生，得佛法分，即同普賢身，行普賢行，住普賢心，圓明廓周，五智齊現。修行如此，是契吾心，何勞駈駈營營、非法不益之事！吾所告焉，汝等須依吾此處分。”[①]有趣的是與不空的遺願恰恰相反，唐代宗卻按儒禮喪儀給不空舉行了隆重的葬禮。詔書直稱諸弟子爲諸孝子，並按孝子之禮，著喪服，哭泣葬送，立靈塔威儀，圖寫真影。而其弟子們也自以孝子身份致祭，如慧勝祭文説：“謹以乳藥之奠，敢昭告于亡和尚之靈。竊惟父母之孝，師資亦然。況乎親事，深感前緣。侍其几杖二十餘年，自慚愚滯，沐眷殊偏。恩載我兮如地，德覆我兮如天；慧照我兮如日，法潤我兮如泉。何一朝而天裂？何中路而地翻？何一晝而日落？何中路而枯泉？觸目淚盈，攀號氣噎。雖生滅而是常，終酸慟而交切。”[②]弟子曇貞也説：“捧戴殊旨，咸被哀榮。使有展敬之地，始起舍利之塔。竊謂微言尚存，聖朝增福。蓋陛下之道崇著，豈門人之孝克招！曇貞等不勝號擗哀荷之至！”[③]

（六）不空思想的地位和影響

不空在中國佛教史上佔有重要的地位，其思想影響則廣被中、日、韓三國佛教。佛教史家曾評論其地位和影響，唐圓照論曰：“自古高僧碩德寵遇殊恩，生時則榮，歿則已矣。今大辯正三藏和上則不如是，生承恩渥，歷事三朝，授以列卿，品加特進。及卧疾也，勞問相仍，中使名醫，晨夕相繼，特加開府，封肅國公。洎乎薨焉，上弥震悼，輟朝三日，賜贈增優。授以司空，謚大辯正，仍号和上，先古未聞。城外荼毗，寺中起塔，不日不月，悉成就焉。兼樹豐碑，紀其德行，冠絶今古，首出僧論。亞相作文，王傅書字，斯乃萬代不朽也。”[④]宋贊寧歎曰：“代宗加不空三藏至開府儀同三司、肅國公，階爵之極，唯不空矣！”[⑤]不空“生榮死哀，西域傳法僧至此，今古少類矣！”[⑥]至於肅宗、代宗的褒獎之辭，弟子信衆的贊仰之語，更有甚者而無不及，此諸不論。

---

① 〔唐〕不空撰《三藏和上遺書》，《代宗朝贈司空大辨正廣智三藏和上表制集》卷三，《卍續藏》第59冊，第72頁上。

② 〔唐〕慧勝撰《弟子苾蒭慧勝祭文》，《代宗朝贈司空大辨正廣智三藏和上表制集》卷四，《卍續藏》第59冊，第75頁上。

③ 〔唐〕曇貞撰《恩賜絹七百五十二匹造塔謝表》，《代宗朝贈司空大辨正廣智三藏和上表制集》卷四，《卍續藏》第59冊，第74頁下。

④ 〔唐〕圓照撰《貞元新定釋教目録》卷十六，《中華藏》第55冊，第739頁上、中。

⑤ 〔宋〕贊寧撰《大宋僧史略》卷三，《大正藏》第54冊，第250頁中。

⑥ 〔宋〕贊寧撰《宋高僧傳》卷一，范祥雍點校本，中華書局1987年版，第12頁。

就對後世佛教的影響而言，不空開一代風氣之先，是中國佛教乃至整個東亞佛教轉型的一個標誌，代表了東亞佛教發展的一個新方向。中國佛教自安史之亂後有一個根本性的轉變，傳統的宗派佛教轉向新型的民俗佛教，也就是説傳統佛教進一步本土化、世俗化、御用化、儀式化，並逐漸融入中國文化，稱爲三教合一。而中國佛教的這一轉型是密教自上而下，南禪則由下而上，匯合成中晚唐以後中國佛教的兩大主流。安史之亂後，由不空領導的密教化運動不僅佔領了宫廷道場和王公貴戚們的信仰領域，而且也極大地影響了民衆的日常信仰。不空通過翻譯密教經軌，改編顯教經典，舉行灌頂受戒，建立道場行法，宣導誦習陀羅尼等一系列活動，推動了密教化運動，從此中國佛教向功利化、儀式化、御用化、世俗化方向發展，立壇護國、科儀齋懺、施食放生、誦咒念經、刻石立幢等佛事活動成爲中國佛教的主要形式，講經、誦咒、坐禪是僧衆的三大必修課，教、禪、密成爲佛教三科定制。《宋高僧傳》論曰："夫教者不倫，有三疇類：一顯教者，諸乘經律論也；不同《瑜伽論》中顯了教，是多分大乘藏教。二密教者，瑜伽灌頂、五部、護摩、三密、曼拏羅法也；瑜伽隱密教，是多分聲聞藏教。三心教者，直指人心，見性成佛，禪法也。次一法輪者，即顯教也，以摩騰爲始祖焉。次二教令輪者，即密教也，以金剛智爲始祖焉。次三心輪者，義加此輪。即禪法也，以菩提達磨爲始祖焉。是故傳法輪者，以法音傳法音；傳教令輪者，以祕密傳祕密；傳心輪者，以心傳心。此之三教、三輪、三祖，自西而東，化凡而聖，流十五代。漢、魏、晉、宋、齊、梁、陳、隋、唐、朱梁、後唐、石晉、劉漢、郭周、今大宋。"①韓國佛教和日本佛教是中國佛教的再傳和延續，無不受中國佛教發展方向的影響，安史之亂後的新思潮、新趨向直接促成了韓、日佛教的特點，高麗朝的祈禳佛教、平安朝的東台密教成爲一代佛教的主流，並延及後世。

而不空思想對後世影響最著者，是其護國思想。前代佛教自梁武帝時集諸經鬼神護國，或行《金光明經》護國法，或有或無，不過佛教附帶之事。而自不空再譯《仁王護國經》，開設百座《仁王》講壇，頻頻舉行護國法會，闡明政教互益、護法先護國的思想，護國思潮深入人心，護國法會幾成諸國歷朝佛事活動的主要内容，佛教的御用化、儀式化、密教化充分體現於此。唐、五代、宋、遼諸朝把佛教作爲一種修功德的活動，元、明、清三朝以藏密補益佛事，高麗朝佛教被稱爲祈禳佛教，平安朝佛教被稱爲真言天台的佛教，無不是不空護國思想在中日韓三國佛教中影響的結果。

不空明確提出教派的顯密概念，自後以顯密分别教派成爲一種定式。中國佛教以兼通顯密兩教爲尚，《宋高僧傳》稱唐潛真："兼稟承不空祕教，入曼拏羅，登灌頂

① 〔宋〕贊寧撰《宋高僧傳》卷三，范祥雍點校本，中華書局 1987 年版，第 56 頁。

壇,受成佛印。顯密二教,皆聞博贍。”①並載宋時設譯場分職,“此務所司,先宗譯主,即賫葉書之三藏明練顯密二教者充之”,因“有河中府傳顯密教沙門法進請西域三藏法天譯經于蒲津”②云云。遼道㲀《顯密圓通成佛心要集》明其述作因緣説:“原夫如來一代教海,雖文言浩瀚,理趣淵沖,而顯之與密,統盡無遺。顯謂諸乘經律論是也,密謂諸部陀羅尼是也。爰自摩騰入漢,三藏漸布於支那;無畏來唐,五密盛興於華夏。九流共仰,七衆同遵,法無是非之言,人析修證之路。暨經年遠,誤見彌多。或習顯教,輕誣密部之宗;或專密言,昧黷顯教之趣;或攻名相,鮮知入道之門;或學字聲,罕識持明之軌。遂使甚深觀行變作名言,祕密神宗翻成音韻。今迺不揆瑣才,雙依顯密二宗,略宗成佛心要,庶望將來悉得圓通。”③道㲀因有顯密圓通法師之號。明憨山德清《刻瑜伽佛事儀範序》亦説:“教有顯密,顯則直指衆生本元心體,令其了悟,以脱生死之縛。密乃諸佛心印,是爲神呪,誦演則加持,令諸衆生頓脱劇苦,皆度生之儀軌也。”④

而日本則有弘法大師空海著《辨顯密二教論》,廣論顯密教相,顯密教説於此蔚然大成。又不空的即身成佛論,也是影響後世的密教學説。此説亦以弘法大師空海爲弘揚廣大者,空海曾著《即身成佛義》,闡揚不空之説,並建立其學説體系,成爲一宗綱領。

① 〔宋〕贊寧撰《宋高僧傳》卷五,范祥雍點校本,中華書局 1987 年版,第 104 頁。

② 〔宋〕贊寧撰《宋高僧傳》卷三,范祥雍點校本,中華書局 1987 年版,第 56—57 頁。

③ 〔遼〕道㲀撰《顯密圓通成佛心要集》卷上,《大正藏》第 46 册,第 989 頁下。

④ 〔明〕德清撰《刻瑜伽佛事儀範序》,《憨山老人夢遊集》卷二十,《卍續藏》第 73 册,第 603 頁下。

整理凡例

此次編輯整理《不空全集》，於《中華大藏經》以及《大正藏》《卍續藏》等已有校勘的基礎上，再行校勘並判斷，加以全式標點。收録範圍以"有聞必録"爲原則，除不空譯、著外，凡託名疑僞以及有關經軌、著述一併編入，以資參考。

一、版本

1. 底本，以《中華大藏經》及其所據《趙城金藏》廣勝寺本以及所補《高麗藏》再刻本等爲主，缺少者以《大正藏》《卍續藏》及《大藏經補編》《房山石經》等補足。

2. 大藏經版本使用簡稱如下：《中華大藏經》簡稱《中華藏》，《大正新修大藏經》簡稱《大正藏》，《大藏新纂卍續藏經》簡稱《卍續藏》，《趙城金藏》簡稱《金藏》，《高麗大藏經》簡稱《麗藏》。引用《中華大藏經》校勘記時一般使用最簡稱，如《房山雲居寺石經》簡稱《石》，《資福藏》簡稱《資》，《影印宋磧砂藏》簡稱《磧》，《普寧藏》簡稱《普》，《永樂南藏》簡稱《南》，《徑山藏》簡稱《徑》，《清藏》簡稱《清》，《高麗大藏經》簡稱《麗》等。

3. 底本中，凡屬雕刻説明文字及帙號字函，均從略。正文之外附注校勘文字，衹在有必要時予以保留。

二、校勘

1. 以《中華藏》校勘記以及《大正藏》《卍續藏》校勘注文爲基礎，再加校勘，並判斷取捨。

2. 凡底本有誤者，據底本校勘記及校本等加以改正、删補，注明依據。

3. 凡底本正確、校本有誤者，一般不再注出校勘文字。

4. 凡底本、校本文字對錯兩可者，注明異文，但不作判定。

三、版面

1. 一般段落前空兩格，偈頌體前空四格，陀羅尼音譯文字另起段並頂格。

2. 陀羅尼如有梵文字，音譯字與梵字對照排列。

四、文字

1. 異體字、通假字、俗字等一般不作改動，以保持底本原貌及其學術研究價值。

2. 凡宋代刻版時改動的城體梵文，均據《大正藏》原版還原爲唐代悉曇字體，並參考 CBETA 電子佛典在括弧内標明其拉丁體轉寫字母。

五、標點符號

1. 凡偈頌體，句中不斷句、不加標點，前後亦不加引號。

2. 陀羅尼音譯文，僅小注各項内容間以逗號隔開，音譯文字概不標點，但有時用間隔表示。

正　编

翻譯經軌·顯教經典·經

佛説木槵經[①]

唐大興善寺三藏沙門大廣智不空奉詔譯[②]

聞如是:一時佛遊羅閲祇耆闍崛山中,與大比丘衆一千二百五十人俱,菩薩無數,名稱遠聞,天人所敬。時有難國王名波瑠璃[③],遣使來到佛所,頂禮佛足,白佛言:"世尊,我國邊小,頻歲寇賊,五穀勇貴,疾疫[④]流行,人民困苦,我恒不得安卧。如來法藏多悉深廣,我有憂務,不得修行。惟願世尊特垂矜[⑤]愍,賜我要法,使我日夜易得修行,未來世中遠離衆苦。"

佛告王言:"若欲滅煩惱障、報障者,當貫木槵子一百八[⑥],以常自隨。若行、若坐、若卧,恒當至心,無令[⑦]分散,意稱佛陀、達摩、僧伽名[⑧],乃過一木槵子。如是漸次度木槵子,若十、若二十、若百、若千,乃至百千萬。若能滿二十萬徧,身心不亂,無[⑨]諸諂曲者,捨命得生第三炎[⑩]天,衣食自然,常安樂行。若復能滿一百萬徧者,當得斷除百八結業,始名背生死流,趣向泥洹,永斷煩惱根,獲無上果。"使[⑪]還啓王,王大歡喜,遥向世尊,頭面禮拜[⑫],云:"大善!我當奉行。"即勑吏民營辨木槵子,以爲千[⑬]具,

---

① 底本,《中華藏》第1497號,第66册第243頁中、下,原《金藏》廣勝寺本。校本,《中華藏》第936號,第36册第405頁《佛説木槵子經》(簡稱"别本")。

② 譯名,别本作"失譯人,今附東晉録","人",别本校勘《資》《磧》《普》無,《南》《徑》《清》作"人名"。

③ 瑠璃,别本作"流離"。

④ 疾疫,别本作"疾病",别本校勘《資》《磧》《普》《南》《徑》《清》作"疫疾"。

⑤ 矜,别本作"慈"。

⑥ 八,别本校勘《資》《磧》《普》《南》《徑》《清》作"一八"。

⑦ 令,别本無。

⑧ 名,别本無。

⑨ 無,原脱,據别本補。

⑩ 炎,别本作"焰"。

⑪ 使,原作"信",據别本校勘《南》《徑》《清》改。

⑫ 拜,别本作"佛"。

⑬ 千,别本校勘《資》《磧》《普》《南》作"一"。

六親國戚皆與一具。王常誦念，雖親軍旅，亦不廢置。又作是念："世尊大慈，普應一切。若我此善，得免長淪苦海，如來當身現我[①]，爲我説法。"願樂迫[②]心，三日不食。

佛即應形，與諸眷屬來其宫内。而告王曰："莎斗比丘，誦三寶名，經歷十歲，得成斯陀含果。漸次習行，今在普香世界作辟支佛。"王聞是已，倍復修行。佛告阿難："何况能誦三寶名[③]，經歷萬數，但能聞此人名，生一念隨喜者，未來生處，常聞十善。"

説是法[④]時，大衆歡喜，皆願奉行。

佛説木槵經

---

① 身現我，别本作"現我身"，别本校勘《資》《磧》《普》《南》《徑》《清》作"現身"。

② 迫，别本作"迮"。

③ 名，别本作"經"，别本校勘諸本作"名經"。

④ 法，别本校勘《資》《磧》《普》《南》《徑》《清》作"語"。

大方廣如來藏經[①]

開府儀同三司特進試鴻臚卿肅國公食邑三千户賜紫贈司空
謚大辨正[②]號大廣智大興善寺三藏沙門不空奉詔譯

如是我聞：一時婆伽梵住靈鷲山寶蓋鹿母宅，於栴檀藏大樓閣中成等正覺。十年之後，當熱時際，與大苾蒭衆千人俱，有學、無學，聲聞、羅漢，諸漏已盡，無復煩惱，皆得自在。心善解脱，慧善解脱，獲得正智。猶如大龍，所作已辦，捨弃重擔，逮得己利，盡諸有結，到於彼岸。所謂具壽大迦葉波、具壽漚樓頻蠡迦葉波、具壽那提迦葉波、具壽伽耶迦葉波、具壽大迦旃延、具壽俱郗羅、具壽薄俱羅、具壽離波多、具壽須菩提、具壽滿慈子、具壽語自在、具壽舍利子、具壽大目揵連、具壽憍陳如、具壽烏陁夷、具壽羅呼羅、具壽難陁、具壽鄔波難陁、具壽阿難陁，與如是等上首苾蒭一千人俱。

復有六十殑伽河沙數菩薩摩訶薩俱，從種種佛刹而來集會，皆是一生補處，得大神通力無所畏，已曾承事無量俱胝那庾多百千諸佛，悉皆能轉不退法輪。若有無量阿僧祇世界有[③]情纔稱名者，皆於阿耨多羅三藐三菩提得不退轉，所謂法慧菩薩、師子慧菩薩、虎慧菩薩、義慧菩薩、勝慧菩薩、月光菩薩、寶月光菩薩、滿月光菩薩、大勇健菩薩、無量勇健菩薩、無邊勇健菩薩、三世勇健菩薩、得大勢菩薩、觀自在菩薩、香象菩薩、香悦菩薩、香悦吉祥菩薩、吉祥藏菩薩、計都菩薩、大幢菩薩、無垢幢菩薩、無上幢菩薩、極解寶刹菩薩、無垢寶刹菩薩、歡喜王菩薩、常歡喜菩薩、虚空庫菩薩、迷盧菩薩、大迷盧菩薩、蘇迷盧菩薩、功德寶光菩薩、陀羅尼自在王菩薩、持地菩薩、除一切有情病菩薩、歡喜意菩薩、憂悲意菩薩、無憂菩薩、光藏菩薩、栴檀菩薩、於此無争[④]菩薩、無量雷音菩薩、起菩提行菩薩、不空見菩薩、一切法自在菩薩、慈氏菩薩、曼

---

① 底本，《中華藏》第1490號，第66册第204頁中—212頁上，原《金藏》廣勝寺本。首殘，以《麗藏》本補。

② 大辨正，《麗》均作“大鑒正”，據文意改，以下各篇同。

③ 從經題至此，《金藏》原缺，《中華藏》據《麗》補。

④ 争，原作“事”，據《中華藏》校勘《麗》改。

殊室利童真菩薩,如是等而爲上首,有六十殑伽沙數菩薩摩訶薩俱。

復有無量世界中,無量阿僧祇天、龍、藥叉、健達嚩、阿蘇羅、蘗嚕荼、緊那羅、摩呼羅伽、人、非人等皆來集會,復有國王、大臣、寮佐、長者、居士及諸人衆皆來集會。

尒時世尊與百千衆前後圍遶,恭敬供養。尒時世尊於栴檀藏大樓閣中食時之後,入佛神力故,從栴檀藏忽然涌出俱胝那庾多百千蓮華,一一蓮華有俱胝那庾多百千葉,量如車輪,色香具足。是諸蓮華上昇虚空,徧覆一切諸佛刹土,共相合成,如寶宫殿,安住虚空。彼一切俱胝那庾多百千蓮華皆悉開敷,於一一華中皆有如來結加趺坐,具三十二大丈夫相,放百千光。是時以佛威神力故,諸蓮華葉忽然萎悴,形色臰穢,而可猒惡,皆不悦意。於華胎中諸如來等各放無量百千光明,普現一切諸佛刹土,皆悉端嚴。

尒時一切菩薩及四部衆皆悉驚愕,生奇特想,恠未曾有。以佛世尊現作如是神通之事,大衆見斯,咸懷疑惑,作是念言:"以何因緣現俱胝那庾多百千蓮華,於須臾頃形色變壞,甚可猒惡,無復悦意;於蓮華中現如來相,結加趺坐,放百千光明,如是光明令人愛樂?"

尒時金剛慧菩薩摩訶薩及諸大衆皆悉雲集於栴檀藏大樓閣中,恭敬而坐。尒時世尊告金剛慧菩薩摩訶薩言:"汝善男子,今應可問如來應正等覺甚深法要。"

尒時金剛慧菩薩摩訶薩承佛聖旨,普爲一切天、人、世間菩薩摩訶薩及四部衆懷疑惑故,白佛言:"世尊,以何因緣一切世界現於俱胝那庾多百千蓮華,一切於華胎中皆有如來結加趺坐,放百千光;是諸蓮華忽然之間形色可惡而令生猒,於彼華中俱胝那庾多百千如來合掌而住,儼然不動?"尒時金剛慧菩薩摩訶薩以伽佗問曰:

我曾不見如是[①]相,而作神通之變化,
現佛無量千俱胝,住蓮華胎寂不動。
放千光明而影現,悉皆映蔽諸佛刹,
奇特於法而遊戲,彼諸佛等悉端嚴。
猶如妙寶而顯現,於惡色蓮華中坐,
是蓮華葉皆可惡,云何作是大神通?
我曾見佛如恒沙,見彼殊勝神通事,
我未曾見如是相,如今遊戲之顯著。
惟願天中尊説示,何因何緣而顯現?
惟願世利作哀愍,爲除一切諸疑惑。

尒時世尊告金剛慧等上首菩薩及一切衆菩薩言:"諸善男子,有《大方廣如來藏

① 是,《中華藏》校勘《麗》作"來"。

經》甚深法要，如來欲説，是故先現如是色相。汝等善聽，極善諦聽，作意思惟。”

尒時金剛慧菩薩等一切菩薩摩訶薩言：“善哉！世尊，願樂欲聞。”佛言：“諸善男子，如此如來變化蓮華，忽然之間成惡色相，臭穢可惡，令不愛樂，如是華中而現佛形，結加趺坐，放百千光明，相好端嚴，人所樂見。如是知已，有多天、龍、藥叉、健達嚩、阿蘇羅、孽路茶、緊那羅、摩呼羅伽、人、非人等禮拜供養。如是如是，善男子，如來應正等覺以佛自己智慧光明，眼見一切有情欲、瞋、癡、貪、無明、煩惱。彼善男子、善女人爲於煩惱之所凌没，於胎藏中有俱胝百千諸佛，悉皆如我。如來智眼觀察彼等有佛法體，結加趺坐，寂不動摇，於一切煩惱染汙之中，如來法藏本無摇動，諸有趣見所不能染。是故我今作如是言：彼等一切如來如我無異。善男子，如是如來以佛智眼，見一切有情如來藏。善男子，譬如以天妙眼見於如是惡色、惡香諸蓮華葉纏裹逼迫，是以天眼見彼華中佛真實體結加趺坐。既知是已，欲見如來，應須除去臰穢惡業，爲令顯於佛形相故。如是如是，善男子，如來以佛眼觀察一切有情如來藏，令彼有情欲、瞋、癡、貪、無明煩惱藏悉除遣故而爲説法，由聞法故則正修行，即得清淨如來實體。善男子，如來出世、若不出世，法性法界一切有情如來藏常恒不變。復次，善男子，若諸有情可猒煩惱藏纏，爲彼除害煩惱藏故，淨如來智故，如來應正等覺爲於菩薩而説法要，作如是事，令彼勝解。既勝解已，於法堅持，則於一切煩惱、隨煩惱而得解脱。當於是時，如來應正等覺於其世間而得其數，是能作於如來佛事。”

尒時世尊説伽佗曰：

如彼蓮華可猒惡，并其胎葉及鬚蘂，
譬如天眼而觀見，是如來藏無所染。
若能除去萎華葉，於中則見如來身，
復不被諸煩惱染，則於世間成正覺。
今我悉見諸有情，内有如來微妙體，
除彼千俱胝煩惱，令猒惡如萎蓮華。
我爲彼等而除遣，我智者常説妙法，
佛常思彼諸有情，悉皆願成如來體。
我以佛眼而觀見，一切有情住佛位，
是故我常説妙法，令得三身具佛智。

“復次，善男子，譬如蜜房懸於大樹，其狀團圓，有百千蜂遮護其蜜，求蜜丈夫以巧方便，驅逐其蜂而取於蜜，隨蜜所用。如是如是，善男子，一切有情猶如蜜房，爲俱胝百千煩惱、隨煩惱之所藏護，以佛智見能知此已，則成正覺。善男子，如是蜜房，智者丈夫既知其蜜，亦復了知於俱胝百千衆煩惱蜂之所守護；如是一切有情以如來智見知已成佛，於彼爲俱胝百千煩惱、隨煩惱之所遮覆。善男子，如來以巧方便力爲害蜂者，教諸有情驅逐欲、瞋、癡、慢、憍、覆、怒、忿[①]、嫉、慳、煩惱、隨煩惱故，如是説法，令諸有情不爲煩惱之所染汙，無復逼惱，亦不附近。善男子，云何此等有情我以如來智見爲淨除故，於諸世間而作佛事？善男子，以清淨眼見諸有情如是清淨。”

尒時世尊説伽佗曰：

猶如蜜房狀團圓，衆蜂護而所隱覆，
求蜜丈夫而見已，悉皆驅逐於衆蜂。
我見有情在三有，亦如蜜房無有異，
俱胝衆生煩惱蜂，彼煩惱中如來住。
我佛常爲淨除故，害彼煩惱如逐蜂，
以巧方便爲説法，令害俱胝衆煩惱。
云何成佛作佛事，常於世間如蜜器，
猶如辯才説好蜜，令證如來淨法身。

“復次，善男子，譬如稻、麥、粟、豆，所有精實爲糠所裹，若不去糠，不堪食用。善男子，求食之人，若男若女，以其杵臼，舂去其糠，而充於食。如是如是，善男子，如來應供正徧知以如來眼觀見一切有情具如來體，爲煩惱皮之所包裹，若能悟解，則成正覺，堅固安住自然之智。善男子，彼如來藏處在一切煩惱之中，如來爲彼有情除煩惱皮，令其清淨而成於佛，爲於説法，常作是念：何時有情蜕去一切煩惱藏皮，得成如來出現於世？”

尒時世尊説伽佗曰：

譬如稻穀與粟黍，大小麥等及於豆，
彼等爲糠之所裹，是不堪任於所食。
若能舂杵去於糠，於食種種而堪用，
精實處糠而不壞，不壞有情爲作利。
我常觀見諸有情，以煩惱裹如來地[②]，
我爲除糠説妙法，願令速悟證菩提。
與我等法諸有情，住百煩惱而藏裹，
爲令淨除我説法，何時速成諸佛身？

“復次，善男子，譬如臭穢諸惡積聚，或有丈夫懷挾金甎於傍而過，忽然悮落，墜于穢中，而是金寶沈没臭穢，或經十年，或二十年，或五十年，或百千年，處於糞穢，是其本體不壞不染，亦不於人能作利益。善男子，有天眼者見彼金甎在於臭穢，告餘人

① “怒、忿”，《中華藏》校勘《麗》作“忿、怒”。
② 地，《中華藏》校勘《麗》作“智”。

言:‘丈夫,汝往於彼糞穢之中,有金勝寶。’其人聞已,則便取之,得已淨洗,隨金所用。善男子,臭穢積聚者,是名種種煩惱及隨煩惱;彼金甎者,是名不壞法性[①];有天眼者,則是如來應正徧知。善男子,一切有情如來法性真實勝寶,没於煩惱臭穢之中,是故如來應正等覺,爲於有情除諸煩惱臭穢不淨而説妙法,當令成佛,出現世間而作佛事。”

尒時世尊説伽佗曰:

譬如有人懷金甎,忽然悞落於糞穢,
彼處穢中多歲年,雖經久遠而不壞。
有天眼者而觀見,告餘人言此有金,
汝取應洗隨意用,如我所見諸有情。
没煩惱穢流長夜,知彼煩惱爲客塵,
自性清淨方便説,令證清淨如來智。

“復次,善男子,譬如貧窮丈夫,宅内地中有大伏藏,縱廣正等一俱盧舍,滿中盛金,其金下深七丈[②]量。以地覆故,其大金藏曾不有言語彼丈夫:‘丈夫,我在於此名大伏藏。’彼貧丈夫心懷窮匱,愁憂苦惱,日夜思惟,於上往來,都不知覺,不聞不見彼大伏藏在於地中。如是如是,善男子,一切有情住於執取,作意舍中,而有如來智慧力無所畏諸佛法藏。於色、聲、香、味、觸躭著受苦,由此不聞大法寶藏,況有所獲。若滅彼五欲,則得清淨。

“復次,善男子,如來出興於世,於菩薩大衆之中開示大法種種寶藏;彼勝解已,則便穿掘,入菩薩住。如來應供正徧知爲世間法藏,見一切有情未曾有因相,是故譬喻説大法藏,爲大施主,無礙辯才,無量智慧,力無所畏,不共佛法藏。如是,善男子,如來以清淨眼見一切有情具如來藏,是以爲於菩薩宣説妙法。”

尒時世尊説伽佗曰:

譬如貧人家伏藏,金寶充滿在於中,
是彼不動不思惟,亦不自言是某物。
彼人雖復爲主宰,受於貧乏而不知,
彼亦不説向餘人,而受貧窮住苦惱。
如是我以佛眼觀,一切有情處窮匱,
身中而有大伏藏,住諸佛體不動揺。
見彼體爲菩薩説,汝等穿斯大智藏,

---

① 性,《中華藏》校勘《麗》無。

② 丈,原作“丈夫”。夫,《中華藏》校勘《麗》作“大”,疑衍,删。

獲得離貧作世尊，能施無上之法財。

我皆所説而勝解，一切有情有伏藏，

若能勝解而精勤，速疾證於最勝覺。

“復次，善男子，譬如藤子、多羅子、瞻部果子、阿摩羅果子，由其子牙展轉相生，成不壞法，若遇地緣種植，於其久後成大樹王。如是如是，善男子，如來以如來眼見一切有情欲、瞋、癡、貪、無明、煩惱乃至皮膚邊際，彼欲、瞋、癡、無明、煩惱藏中有如來藏性，以不悟[①]此，名爲有情[②]。若能止息，名爲清涼，則名涅槃。若能淨除無明煩惱，是有情界是則名爲大智聚體，彼之有情名大智聚。若佛出現於天、世間，説微妙法，若見此者則名如來。善男子，若彼見如來應正等覺，令諸菩薩摩訶薩咸皆悟解如來智慧，令顯現故。”

尒時世尊説伽佗曰：

譬如藤子之中樹，藤牙一切而可得，

於根瞻部咸皆有，由其種植復得生。

如是我見悉無餘，一切有情喻藤子，

無漏最勝佛眼觀，是中備有如來體。

不壞是藏名有情，於中有智而不異，

安住在定處寂静，亦不動摇無所得。

爲彼淨故我説法，云何此等成正覺？

猶如種子成大樹，當爲世間之所依。

“復次，善男子，譬如貧人，以一切寶作如來像，長可肘量。是貧丈夫欲將寶像經過險路，恐其盜劫，即取臭穢故破弊帛以纏其像，不令人測。善男子，是貧丈夫在於曠野忽然命終，如來寶像在於臭穢弊惡帛中，棄擲于地，流轉曠野，行路之人往來過去，踐踏跳驀，不知中有如來形像。由彼裹在臭穢帛中，棄之在地，而皆猒惡，豈生佛想？是時居住曠野諸天以天眼見，即告行路餘人[③]言：‘汝等丈夫，此穢帛中有如來像，應當速解，一切世間宜應禮敬。’如是如是，善男子，如來以如來眼見一切有情如彼臭穢故帛煩惱，長於生死險道曠野之所流轉，受於無量傍生之身，彼一切有情煩惱臭穢故弊帛中有如來體如我無異，如來爲解煩惱穢帛所纏裹故，爲諸菩薩而説妙法，云何得淨如來智見，去離煩惱，得一切世間之所禮敬[④]，猶如於我。”

尒時世尊説伽佗曰：

① 不悟，《中華藏》校勘《麗》無。

② 情，《中華藏》校勘《麗》作“性”。

③ 人，原作“人之”。之，《中華藏》校勘《麗》作“而”，疑衍，删。

④ 敬，《中華藏》校勘《麗》作“故”。

譬如穢帛令猒惡，纏裹彼之如來體，

寶像穢帛之所纏，棄於曠野險惡處。

諸天天眼而見已，即告行路餘人言，

寶像在彼臭帛中，應當速解而恭敬。

我以天眼如是見，我觀一切諸有情，

被煩惱帛之所縛①，極受憂惱生死苦。

我見煩惱穢帛中，結跏趺坐如來體，

安住寂然不傾動，皆無所有解脱者。

爲見彼已而驚悟，汝等諦聽住勝覺，

一切有情法如是，於怖畏中常有佛。

即解彼已現佛智②，彼時一切煩惱静，

是故號名於如來，人天歡喜而供養。

“復次，善男子，或有孤獨女人，惡形臭穢，容貌醜陋，如畢舍支，人所見者猒惡恐怖。止於下劣弊惡之家，偶然交通，腹中懷娠，决定是爲轉輪王胎。然彼女人雖復懷娠，亦曾無有如是思念，唯懷貧匱下劣之心。由心羸劣，常作是念：‘我形醜陋，寄於下劣弊惡之家而過時日，亦不定知是何人類生於我腹。’如是如是，善男子，一切有情無主無依，生三有中，寄於下劣弊惡之舍，爲生死苦之所逼迫。然一一有情有如來界，具如來藏，是彼有情不覺不知。善男子，如來不令一切有情而自欺誑，佛爲説法。善男子，汝等莫自欺誑，發大堅固精進之心，汝等身中皆有佛體，於其後時畢成正覺。汝今已入於菩薩數，即非凡夫。久後亦墮於如來數，即非菩薩。”

尒時世尊説伽佗曰：

譬如婦人無依主，形容醜惡令猒怖，

寄於弊惡下劣家，或時而有王胎孕。

彼懷如是之胎孕，决定是爲轉輪王，

其王威德七寶圍，統領四洲爲主宰。

彼愚醜女曾不知，於己腹中有如是，

在於賤貧弊惡舍，懷貧窮苦心憂惱。

我見一切諸有情，無主受於窮迫苦，

旅於三界中躭樂，身中法藏如胎藏。

如是見已告菩薩，一切有情具法性，

① 縛，《中華藏》校勘《麗》作“纏”。

② 智，《中華藏》校勘《麗》作“身”。

胎中世利有光明，應生恭敬勿欺誑。
發堅精進以修持，不久自身成作佛，
不久當坐菩提場，解脱無量俱胝衆。

“復次，善男子，譬如以蠟作模，或作馬形、象形、男形、女形，泥裹其上而用火炙，銷鍊真金，鑄於模内，候其冷已，是其工匠將歸舍宅。其模外爲黑泥覆蔽，形狀燋惡，内有金像，或工匠及工匠弟子知其模冷，即壞其泥。既淨持已，於須臾頃，是金寶像則便清淨。如是如是，善男子，如來以如來眼觀見一切有情如金像模，外爲煩惱泥所覆裹，於内虚沖滿有佛法無漏智寶。善男子，我今觀見一切有情悉皆如是，在菩薩衆而説妙法。若菩薩摩訶薩若得寂静清凉，如來爲彼有情以金剛器仗淨其法眼，除其煩惱及隨煩惱，爲淨如來智寶藏故。善男子，如來猶如持寶像者，善男子，而破彼色及隨煩惱，令得解脱，是名如來。善男子，如來應正等覺見一切有情如來藏，爲無邊俱胝煩惱藏中之所沈没，爲彼有情破煩惱藏，於佛智見安立無上正等菩提。”

尒時世尊説伽佗曰：

譬如外色泥作模，於内空虚無所有，
銷鍊真金滿鑄瀉，其數或百或一千。
工匠之人知冷已，則破其泥現於像，
泥除則淨其寶像，匠意琱琢皆成就。
我見一切諸有情，猶如金像在泥模，
煩惱於外而蓋覆，如來之智處於内。
若得寂静及清凉，前際清淨智菩薩，
以法器仗而搥擊，煩惱由斯悉摧壞。
所有如來之佛子，猶如金像令可愛，
常得天世而[①]供養，圓滿身相具十力。
我見一切諸有情，如是清淨成善逝，
成就善逝成佛眼，滿足無上薩婆若。

佛告金剛慧菩薩言：“善男子，若在家出家善男子、善女人，於此如來藏經典法要，受持、讀誦、書寫經卷，爲佗廣説，得福無量。或有善男子、善女人，或餘菩薩，爲於積集如來智故，精勤供養一切如來，於一一世界成就如是色三摩地，由此色三摩地威力，過恒河沙諸佛世界，過恒沙數俱胝那庾多現在諸佛，於一一佛所供養承事，并及菩薩、聲聞僧衆。如是乃至過五十恒河沙諸佛世尊，當於和暢安樂之時，各送百千珍妙樓閣，一一量高十踰繕那，縱廣正等一踰繕那，如是一切皆以寶成，天妙香器，散

① 而，《中華藏》校勘《麗》作“人”。

種種華，成辨種種受用之具，日日如是，乃至千劫。金剛慧，若苾芻苾芻尼、鄔波索迦鄔波斯迦發菩提心，於此如來藏經取其一喻，或在於身，或在經卷。金剛慧，以此福業與前福業，如來安立百分、迦羅分、千分、百千分、俱胝分、俱胝百分、俱胝千分、俱胝百千分、俱胝那庾多百千分，不及於此迦羅一分，乃至筭數譬喻所不能及。金剛慧，若有善男子、善女人求無上菩提者，於彼諸佛世尊，并及菩薩、聲聞大衆，取曼陀羅華百千斛，日日供養，復滿千劫。金剛慧，若餘苾芻苾芻尼、鄔波索迦鄔波斯迦發菩提心，聞此如來藏經法要，乃至合掌禮敬，作隨喜語。金剛慧，以此勝福善根，與前善根獻華功德，如來安立，比前功德百分、迦羅分、千分、無數分，不如一分。”

尒時世尊説伽佗曰：

或有樂求菩提者，聞此經典而受持，
乃至書寫於經卷，若能恭敬於一偈，
應聽彼福而無量，發生無量福德藏。
得聞如來之藏經，若能求勝菩提行，
以神通力住上乘，供養恭敬人中尊，
并及十方聲聞衆，乃至滿足於千劫，
多千劫數如恒沙，超於彼數不思議。
一一世間行無量，純以寶作妙樓閣，
其量高十踰繕那，縱廣有一踰繕那，
塗香燒香而供養，於中七寶微妙座，
以妙繒綵敷其上，及餘妙座皆敷設，
其數猶如恒河沙，一一供養於諸佛。
一一送彼如來所，所有刹中諸如來，
其數猶如恒河沙，悉皆供養而承事。
若有智者聞此經，取於一喻而正行，
若能受持及讀誦，此福超過前福聚。
有情歸依於此經，疾證於彼無上覺，
此如來藏相應法，若智菩薩能思惟，
一切有情勝法性，速疾覺悟自然智。

佛告金剛慧：“以此得知如是法門，於諸菩薩摩訶薩成多利益，能引薩婆若智。金剛慧，我念過去無量無數廣大不思議無量不可説劫，從此已後，當於是時有佛名常放光明如來應正等覺、明行圓滿、善逝、世間解、調御士、無上丈夫、天人師、佛、婆伽梵。金剛慧，以何因緣彼佛世尊名常放光明？金剛慧，彼佛世尊常放光明，如來應正等覺爲菩薩時，在母胎中以身光明透徹于外，普照東方十佛刹土微塵等百千世界，如是照已，乃至南、西、北方，四維上下，各十佛刹微塵等百千世界普皆照曜。金剛慧，彼諸世界由於菩薩在母胎中身光普照，而是光明令人適悦，發生歡喜。金剛慧，由彼菩薩身光照故，微塵數百千世界是中有情爲光照觸，獲大威德，色相具足，具念、具慧、具行、具智、具於辯才。是彼諸世界中一切有情墮于地獄、傍生、閻摩羅界、阿蘇羅趣者，由彼菩薩身光明照，光纔觸已，一切皆捨惡趣之身，生於人天。是彼諸世界中[①]所有人天，由於菩薩身光照觸，皆於無上菩提得不退轉，獲五神通。是彼諸世界所有不退轉菩薩，以彼菩薩身光照觸，光纔觸已，悉皆成就無生法忍，各各獲得名五百功德轉陀羅尼。如是微塵百千世界，由彼菩薩身光明照成吠瑠璃，黄金爲繩，以界八道，一切寶樹八行布列，華果莊嚴，色香殊異。是諸寶樹，微[②]風摇擊，從其樹出和雅悦意微妙之聲，所謂佛聲、法聲、僧聲、菩薩聲、菩提聲，根、力、覺分、解脱、等持、等至之聲。由寶樹聲，彼微塵數百千界中一切有情悉皆獲得法喜禪悦，是諸世界中所有一切有情遠離地獄、傍生、閻魔羅界、阿蘇羅趣。是彼菩薩在母腹中光明如月，合掌而住，晝夜六時常放光明，乃至誕生。金剛慧，是彼菩薩亦初生已便成正覺。彼佛世尊既成佛已，而於身中常放光明，乃至般涅槃時常放光明。彼佛世尊般涅槃後，所有舍利置於塔中常放光明。金剛慧，以是因緣，彼時人天號彼世尊名爲常放光明如來。

“復次，金剛慧，彼佛世尊常放光明如來住世之時，有一菩薩名無量光，與二十俱胝菩薩以爲眷屬。是時無量光菩薩於彼常放光明如來應正等覺已，曾問此如來藏法門。金剛慧，是彼常放光明如來應正徧知，於五百劫不起于座，廣宣説此《如來藏經》，以種種句於法了别，無礙辯才，百千譬喻，哀愍攝受彼菩薩故，是故廣演此如來藏甚深法要。於彼十方各十佛刹微塵數俱胝百千世界中，菩薩以少功力而皆驚覺。金剛慧，彼中菩薩聞此《如來藏經》法[③]，乃至得聞此經名號，一切漸次善根成熟。已成熟已，各於異國而成正覺，除四菩薩摩訶薩不取菩提。金剛慧，勿生異念，當彼之時，無量光菩薩豈異人乎？即汝身是。何以故？汝金剛慧於彼往昔爲菩薩時，名無量光。金剛慧，彼佛世時，其四菩薩不取菩提者，所謂曼殊室利菩薩、得大勢菩薩、觀自在菩薩，則汝金剛慧是爲第四。金剛慧，如是大利益如來藏法要，菩薩摩訶薩由聞此故，佛智成就。”

尒時世尊説伽佗曰：

昔常放光明世尊，過去之世無量劫，
以身常放大光明，照曜俱胝百千界。
初成無上正覺已，彼時無量光菩薩，

① 中，《中華藏》校勘《麗》無。
② 微，《中華藏》校勘《麗》作“香”。
③ 法，《中華藏》校勘《麗》無。

問彼世尊此法王，如是經典彼時説。
當彼佛時聞此經，從於彼佛而聞已，
悉皆獲得勝菩提，唯除於此四菩薩。
得大勢及觀自在，曼殊室利爲第三，
第四即汝金剛慧，當於是時聞此經。
昔時無量光菩薩，即是於汝金剛慧，
當於彼時爲佛子，我曾於先行勝行。
聞此妙經之名號，從師子幢如來所，
恭敬合掌聞此經，我昔由此善根業，
速得最勝菩提位，是故智者持此經。

尒時世尊復告金剛慧菩薩言："若善男子、善女人，被於業障之所纏縛，得聞此《如來藏經》，受持讀誦，爲佗敷演，由彼聞此經典，讀誦受持，諷誦敷演，書寫經卷，以少勤勞，業障銷滅，佛法現前。"

尒時具壽慶喜白佛言："世尊，若有善男子、善女人纏縛業障，彼得幾佛世尊加持説法，獲得多聞，得與如是法要相應?"佛言："慶喜，若善男子、善女人於百佛所得加持説法，或有二百，或三、四、五百，或千，或二千，或三、四、五、六、七、八、九，或十千佛所加持説法，或有二百千，或有俱胝那庾多百千佛所得説法聞持。慶喜，若有菩薩得此如來藏法，書寫經卷，讀誦受持，思惟其義，爲佗廣説，而彼菩薩應作是念：我今獲得無上菩提，其人應受人、天、阿蘇羅供養恭敬。"

佛説是已，唯然歡喜。尒時世尊復説伽佗曰：

菩薩聞此修多羅，我是思惟獲勝覺，
若有人手得此經，人天禮拜應恭敬。
諸佛世尊大導師，稱讚彼人人中最，
亦名最勝之法王。若經入于彼人手，
是人照曜如滿月，應受禮敬如世尊，
能持法炬爲世雄，由入此經於彼手。

尒時世尊説是經已，金剛慧菩薩摩訶薩等，并諸菩薩、諸大聲聞衆、人、天、阿蘇羅等聞佛所説，歡喜奉行。

大方廣如來藏經

大乘密嚴經[①]

大唐新翻[②]密嚴經序

唐代宗皇帝製[③]

朕聞西方有聖人[④]焉，演不言之言，垂無教之教；啓迪權實，發披聾瞽；遷其善者不疾而速，階其益者即聖自凡；擊蒙求以娑婆丘陵，示達觀以密嚴世界。匪染淨在我，實是非遊，而楚越生於念中，及[⑤]缺頓於目下。彼魚藏鳥逝，其若是乎？欽哉密嚴！迹超三有，量周乎法界，相離於極微，非聲聞之所聞，豈色見之能見！嘗潔已至[⑥]妙，允恭付屬！是欲泉靜識浪，珠清意源，窮賴耶能變之端，照自覺湛然之境，深詣心極，其唯是經！夫翻譯之來，抑有由矣，雖方言有異，而本質須存。此經梵書並是偈頌，先之譯者多作散文。虵化爲龍，何必變於鱗介？家成於國，寧即改乎姓氏？矧訛略輕重，或有異同，再而詳悉，可爲盡善。大興善寺三藏沙門不空，像教棟梁，愛河舟檝。戒珠在握，明鏡入懷。雪涉雲征，窮鹿野之真諦；帆飛海宿，究馬鳴之奧旨[⑦]。聲詠八轉，言善兩方，足[⑧]可窺鑒闕如，抑揚了義。詔令集京城義學沙門飛錫等[⑨]、翰林學士柳抗等，詳譯斯文及《護國經》等。對執貝多，翻諸簡牘。憑其本夾，依以頌言，大羹之味不遺，清月之魄恒滿，豈不美歟！豈不美歟！朕詞乏清華，文非遒麗，志流

---

① 底本，《中華藏》第1474號，第66册第16頁上—50頁上。序及卷上，原《麗藏》本；卷中、下，原《金藏》廣勝寺本，卷下《金藏》本首殘，以《麗藏》本補。

② 大唐新翻，《中華藏》校勘《徑》《清》無，《南》無“大”。

③ 作者名，底本無，據《中華藏》校勘《徑》《清》補，《資》《磧》《普》《南》作“御製”。

④ “聖人”前，《中華藏》校勘《磧》《南》《徑》《清》有“大”。

⑤ 及，疑爲“盈”之形訛。

⑥ 至，原作“主”，據《中華藏》校勘《磧》《南》《徑》《清》改。

⑦ 旨，原作“音”，據《中華藏》校勘《磧》《南》《徑》改。

⑧ 足，原作“之”，據《中華藏》校勘《磧》《南》《徑》改。

⑨ 等，《中華藏》校勘《磧》《南》《徑》《清》無。

衍於祕賾,將布灌於無窮,聊課虚懷,序之篇首云尒。

大乘密嚴經卷上

開府儀同三司特進試鴻臚卿肅國公食邑三千户賜紫贈司空
謚大辨正號大廣智大興善寺三藏沙門不空奉詔譯[①]

密嚴道場品第一

如是我聞:一時佛薄伽梵住於超越欲、色、無色等想,於一切法自在無礙,神足力通之所,遊戲密嚴世界,而此世界非彼外道、聲聞、緣覺所行之境。與諸修習勝瑜伽者十億佛刹微塵數等菩薩摩訶薩俱,其名曰摧一切外道異論菩薩摩訶薩、大慧菩薩摩訶薩、一切佛法如實見菩薩摩訶薩、聖觀自在菩薩摩訶薩、得大勢菩薩摩訶薩、神通王菩薩摩訶薩、曼殊室利菩薩摩訶薩、金剛藏菩薩摩訶薩、解脱月菩薩摩訶薩、持進菩薩摩訶薩而爲上首,皆超三界心意識境,智[②]成身轉於所依,成就如幻首楞嚴法雲三摩地,無量諸佛手灌其頂,處離三有[③]蓮華宫。

尒時如來應正遍知從現法樂住自覺聖智甚深境界,微妙奮迅無量衆色之所現顯三摩地起,出帝雷[④]光妙莊嚴殿,與諸菩薩入於無垢月藏殿中,昇密嚴場師子之座。世尊坐已,觀察四方,從眉閒珠髻光明莊嚴出於無量百千淨光,圍遶交映,成光明網。是光網流照之時,一切佛刹莊嚴之相分明顯現,如一佛刹,餘諸佛土嚴飾細妙,同於微塵。密嚴世界超諸佛國,遠離星宿及日月,如無爲性,不同微塵。此密嚴中佛及佛子[⑤],并餘世界來此會者,皆如涅槃及以虚空、非擇滅性。

尒時世尊現彼世界佛及菩薩威神功德勝妙事已,復以佛眼遍視十方諸菩薩衆,告一切佛法如實見菩薩摩訶薩言:"如實見,今此世界名曰密嚴,是中菩薩悉於欲、色、無色、無想有情之處,以三摩地力生智慧火,焚燒色、貪及以無明,轉所依止,得意成身,神足力通以爲嚴飾,無竅隙,無骨體,猶如日月、摩尼、電光、帝弓、珊瑚、紇利多羅、黄金、瞻蔔、孔雀、花月、鏡中之像。如是色身住於諸地,修無漏因,由三摩地而得自在,十無盡願及以迴向,獲殊勝身,來密嚴刹。"尒時一切佛法如實見菩薩摩訶薩從

---

① 譯名,《中華藏》校勘《磧》《南》作"三藏沙門大廣智不空奉詔譯",《徑》《清》作"唐三藏沙門大廣智不空奉詔譯"。

② 智,《中華藏》校勘《磧》《南》《徑》《清》作"智意"。

③ "有"後,《中華藏》校勘《磧》《南》《徑》《清》有"住"。

④ 帝雷,《中華藏》校勘《清》作"帝弓雷",《磧》《南》《徑》作"帝弓電"。

⑤ 佛子,《中華藏》校勘《徑》作"弟子"。

座而起，偏袒右肩，稽首佛足，右膝著地，合掌白佛言："世尊，我於今者欲有所問，唯願如來應正遍知哀許爲説。"佛告如實見言："善哉！善哉！恣汝所問，當爲汝説，令汝心喜。"

尒時一切佛法如實見菩薩摩訶薩承佛開許，即白佛言："世尊，唯此佛刹超越欲、色、无色及以无想有情界耶？"佛言："善男子，從此上方過百億佛刹，有梵音佛土、娑羅樹王佛土、星宿王佛土，過如是佛土，復有无量百千佛刹，廣博崇麗，菩薩衆會之所莊嚴。彼中諸佛咸爲菩薩説現法樂，住自覺聖智，遠離分别，實際真如大涅槃界究竟之法，是故當知此界外有如是等無量佛刹。如實見，匪唯汝今於佛國土菩薩衆會心生限量，請問如來。有此[①]菩薩摩訶薩名曰持進，曾於佛所生限量心，便以神通昇于上方，過百千俱胝乃至殑伽沙等諸佛世界，不能一見如來之頂[②]，心生希有，知佛菩薩不可思議。還至娑訶世界名稱大城，來於我所，悔謝己過，讚佛功德无量无邊，猶如虚空，住自證境，來密嚴刹。"

尒時會中金剛藏菩薩摩訶薩善能演説諸地之相，微妙决定盡其源底，從座而起，偏袒右肩，頂禮佛足，右膝著地，合掌白佛言："世尊，我於如來應正遍知欲少諮問，唯願哀愍，爲我宣説。"佛言："金剛藏，汝於我所欲有問，如來應正等覺隨汝所疑，爲汝開演。"尒時金剛藏菩薩摩訶薩承佛許已，而白佛言："世尊，佛者是何句義？所覺是何？唯願世尊説勝義境，示法性佛，令除[③]過去、未來、現在修菩薩行者於諸色相積集之見，及餘外道異論執著行分别境，起微塵、勝性、自在[④]、時方、虚空、我意、根境和合如是諸見。復有計著[⑤]無明、愛、業、眼色與眼[⑥]，是時復有觸及作意，如是等法而爲因緣、等无間緣、增上緣、所緣緣，和合生識執著，行者起有无等種種惡覺於我法中，復有諸人於藴有情墮空性見。爲斷如是妄分别覺，唯願世尊説離五種識所知相，能於諸法最自在者佛大菩提所覺知義，令得聞者如其了悟所知五種而成正覺。"

尒時佛告金剛藏菩薩摩訶薩言："善哉！善哉！金剛藏，十地自在超分别境，有大聰慧，能欲顯是法性，佛種最勝瑜祇，匪唯汝今於佛菩提所覺之義生希有念，請問於我。有賢幻等無量佛子，咸於此義生希有心，種種思擇而求佛體。如來者是何句義？爲色是如來耶？異色是如來耶？如是於藴、界、處諸行之中内外循求不見如來，

① 有此，《中華藏》校勘《磧》《南》《徑》《清》作"此有"。

② 頂，原作"頃"，據《中華藏》校勘《磧》《南》《徑》《清》改。

③ 除，原脱，據《中華藏》校勘《磧》《南》《徑》《清》及文意補。

④ "勝性、自在"，原作"勝自在性"，據《中華藏》校勘《磧》《南》《徑》《清》改。

⑤ 著，原作"者"，據《中華藏》校勘《磧》《南》《徑》《清》改。

⑥ 眼，《中華藏》校勘《磧》《南》《徑》《清》作"明"。

皆是所作滅壞法故，蘊中無如來，乃至分析至於極微，皆悉不見。所以者何？以妙智慧定意諦觀无所見故，蘊麁鄙故，如來者常法身故。善哉！佛子，汝能善入甚深法界，諦聽諦聽，善思念之，當爲汝説。”金剛藏菩薩摩訶薩唯然受教。

佛言：“善男子，三摩地勝自在金剛藏如來，非蘊亦非異蘊，非依蘊非不依蘊，非生非滅，非知[①]非所知，非根非境。何以故？蘊、處、界諸根境等皆鄙陋故，不應内外而見如來。且色无覺知，无有思慮，生已必滅，同於草木、瓦礫之類，微塵積成，如水[②]聚沫，受以二法，和合而生，猶如水泡、瓶、衣等。想亦二和合因緣所生，猶如陽燄，譬如盛熱，地氣蒸涌，照已日光，如水波浪，諸鳥獸等爲渴所逼，遠而望之，生真水解。想亦如是，无有體性，虚妄不實。分别智者如有性見，各别體相、名字可得。定者審觀，猶如兔角、石女兒等，但有假名。如夢中色，唯想妄見，覺悟非有，无明夢中見男女等種種之色，成於正覺，即无所見。行如芭蕉，中无堅實，離於身境，即无體性。識如幻事，虚僞不實。譬如幻師，若幻師弟子依草木、瓦礫示現色像，幻作於人及諸象馬種種形相，具足莊嚴，愚幻貪求，非明智者。識亦如是，依餘而住，遍計分别能取、所取二種執生。若自了知，即皆轉滅，是故无體同於幻士。金剛藏，如來常住，恒不變易，是修念佛觀行之境名如來藏，猶如虚空不可壞滅，名涅槃界，亦名法界，過、現、未來諸佛世尊皆隨順此而宣説故，若如來出世，若不出世，此性常住，名法住性、法界性、法尼夜摩性。金剛藏，以何義故名尼夜摩？遠離後有一切過故，又此三摩地能決定除後有諸惡，以如是故名尼夜摩。若有住此三摩地者，於諸有情心無顧戀，證於實際，及以涅槃，猶如熱鐵投諸冷水，棄於有情故，諸菩薩捨而不證。所以者何？捨大精進、大悲諸度，斷于佛種，趣聲聞乘，行於外道邪見之徑，猶如老象溺在淤泥，爲三摩地泥所沉没。味定境界亦復如是，退轉一切諸佛法門，不得入於究竟之慧，是故菩薩捨而不證，近住而已。以究竟慧入佛法身，覺悟如來廣大威德，當成正覺，轉妙法輪。智境衆色而爲資用，入如來定，遊涅槃境，一切如來令從定起，漸次加行，超第八地，善巧决擇，乃至法雲，受用如來廣大威德。入於諸佛内證之地，與无功用道三摩地相應，遍遊十方，不動本處，而恒依止密嚴佛刹，金剛自在，具大變化，示現佛土而成自在。轉於所依智三摩地，及意成身，力通具足，行步威德猶如鵝王，譬如明月影遍衆水。佛亦如是，隨諸有情普現色相，於諸衆會所益不空。復令當詣密嚴佛刹，如其性欲而漸開誘，爲説一切欲界天王、自在菩薩，清淨摩尼、寶藏宫殿、諸安樂處，乃至諸地次第，從一佛刹至一佛刹，示現富樂功德莊嚴，盡於未來，隨機應現。猶如成就持明仙等，及諸靈仙宫殿之神，與人行止而不可見。如來變化所爲事畢，住於真

① 知，原作“智”，據《中華藏》校勘《磧》《南》《徑》《清》改。

② 水，原作“來”，據《中華藏》校勘《磧》《南》《徑》《清》改。

身，隱而不現，亦復如是。”

尒時世尊而說偈言：

根蘊如虵聚，境界緣所觸，
無明愛業生，薰習縛難解。
心心所惡覺，纏繞如蟠龍，
怒毒因之興①，焞②如炎盛火。
諸修觀行者，常應如是觀，
捨諸蘊法故，一心而不懈。
如於虚空中，無樹而有影，
風衢及鳥③跡，此見悉爲難。
於能造所造，色及非色中，
欲求見如來，其難亦如是。
真如實際等，及諸佛體性，
内證之所行，非諸語言境。
涅槃名爲佛，佛亦名涅槃，
離能所分别，云何而可見？
碎末於金礦，礦中不見金，
智者巧融鍊，真金方乃顯。
分剖於諸色，乃至爲極微，
及梡求諸蘊，若一若異性，
佛體不可見，亦非無有佛。
定者觀如來，勝相三十二，
苦樂等衆事，施作皆明顯，
是故不應説，如來定是无。
有三摩地佛，善根善巧佛，
一切世勝佛，及正等覺佛，
如是五種佛，所餘皆變化。
如來藏具有，三十二勝相，
是故佛非无，定者能觀見。
超越於三界，無量諸佛國，

① 興，原作“與”，據《中華藏》校勘《磧》《南》《徑》《清》改。
② 焞，《中華藏》校勘《徑》作“悖”。
③ 鳥，原作“馬”，據《中華藏》校勘《磧》《南》《徑》《清》改。

如來微妙刹，淨佛子充滿。
定慧互相資，以成堅固性，
遊於密嚴刹，思惟佛威德。
密嚴中之人，一切同佛相，
超越刹那壞，常遊三摩地。
世尊定中勝，衆相以莊嚴，
得於如夢觀，顯現於諸法。
衆謂佛化身，從於兜率降，
佛常密嚴住，像現從其國。
住真而正受，隨緣衆像生，
如月在虚空，影監於諸水。
如摩尼衆影，色合而明現。
如來住正定，現影亦復然。
譬如形與像，非一亦非異，
如是勝丈夫，成於諸事業。
非極微勝性，非時非自在，
亦非餘緣等，而作於世間。
如來以因緣[①]，莊嚴其果體，
隨世之所應，種種皆明現，
遊戲三摩地，内外無不爲。
山川及林野，朋友諸眷屬，
衆星與日月，皎鏡而垂像。
如是諸世間，身中盡苞納，
復置於掌内，散擲如芥子。
佛於定自在，牟尼最勝尊，
無能作世間，唯佛之所化。
愚翳無智者，惡覺惑所縛，
著於有無論，見我及非我。
或言壞一切，或言於少分，
如是諸人等，常自害其身。
佛是遍三有，觀行之大師，

① 緣，《中華藏》校勘《磧》《南》《徑》《清》作“性”。

觀世如乾城，所作衆事業。
亦如夢中色，渴鹿見陽焰，
屈伸等作業，風繩而進退。
佛於方便智，自在而知見，
譬如工巧匠，善守於機發，
亦如海船師，執柂而摇動。
無邊最寂妙，具足①勝丈夫，
利根者能證，鈍根者遠離。
是修行定者，妙定之所依，
一切定慧人，明了心中住。
佛體最清淨，非有亦非无，
遠於能所覺，及離於限②量。
妙智相應心，殊勝之境界，
諸相妄所現③，離相是如來。
能斷諸煩惱，於定無所染，
無動及所動，住於無染路。
微妙諸天俱，乾闥脩羅等，
衆仙及外道，讚歎常供養，
於彼不驚喜，心無所動摇。
由瑜伽本淨，是故超彼岸，
以化佛現跡，爲天人示④業。
佛非彼此現，猶如於日月，
住於圓應智，離欲現人間。
異類諸外道，隨宜悉調伏，
種種衆智法，王論四吠陁，
悉是諸如來，定力而持⑤説。
現國王朝會，及諸國法令，
山林修道處，悉皆佛示化。

① 足，原作"定"，據《中華藏》校勘《磧》《南》《徑》《清》改。
② 限，原作"根"，據《中華藏》校勘《磧》《南》《徑》《清》改。
③ 現，原作"境"，據《中華藏》校勘《磧》《南》《徑》《清》改。
④ 示，原作"亦"，據《中華藏》校勘《磧》《南》《徑》《清》改。
⑤ 而持，《中華藏》校勘《磧》《南》《徑》《清》作"持而"。

十方衆寶藏，出生清淨寶，
悉是天中天，自在威神故。
三界善巧慧，種種諸才智，
所作方便業，因佛而成就。
持鬘爲群品，業行者示因，
戲笑衆善巧，常説歌詠論。
或現降兜率，天女衆圍遶，
歌舞交歡娯，日夜常遊集；
或現如魔王，寶冠以嚴首，
執世之所繩，與奪而招放。
雖於[①]一切衆，現爲明智者，
常在密嚴中，寂然無動作。
此大牟尼境，凡愚妄分别，
如人患翳目，如鹿見陽焰，
如世觀於幻，夢中諸[②]所取。
天中天境界，佛子悉見[③]真，
由見殊勝故，如從於夢覺。
那羅伊舍梵，珊那單妙喜，
童子劫比羅，首迦等亦[④]想，
或亂彼境界，不見正瑜伽。
當來苦行仙，過去及現在，
習氣覆心故，悉亦不能了[⑤]。
善哉金剛藏，普行諸地中，
復以佛威神，而居密嚴土。
此之金剛藏，示現入等持，
正定者境界，由此相應故。
或有妄分别，勝性與微塵，
如工匠製物，種種相差别。

① 於，原作“放”，據《中華藏》校勘《磧》《南》《徑》《清》改。
② 諸，《中華藏》校勘《徑》《清》作“之”。
③ 見，原作“具”，據《中華藏》校勘《磧》《南》《徑》《清》改。
④ 亦，《中華藏》校勘《磧》《南》《徑》《清》作“示”。
⑤ 了，《中華藏》校勘《磧》《南》《徑》《清》作“知”。

生唯是法生，滅亦唯法滅，
妄計一切物，細塵能造作。
譬如燈顯物，因能了於果，
初无所得相，後壞亦復然。
非於過去中，有體而可得，
未來亦如是，離緣無有性。
一一諸緣内，遍求無有體，
不[①]見有無性，亦無無有見。
分别微細我，有情瓶衣等，
邪宗壞正道，三百有六十。
往來生死中，無有涅槃法。

入密嚴微妙身生品第二[②]

尒時一切佛法如實見菩薩摩訶薩無量威力，世中自在，寶冠[③]瓔珞莊嚴其身，從座而起，右膝著地，白金剛藏而作是言："尊者善能通達三乘世間，心得無違，現法樂住内證之智，爲大定師，於定自在，能隨順説諸地之相，常在一切佛國土中，爲諸上首演深妙法。是故我今勸請佛子説諸聖者不隨他行，現法樂住内證之境，令[④]我及諸菩薩摩訶薩衆得見斯法，安樂修行，趣於佛地，獲意成身，及言説身，自在力通，皆得具足，轉所依止，不住實際。猶如衆色真多摩尼現諸色像，能於諸趣天王宫殿及一切佛密嚴國中説密嚴行。"尒時金剛藏菩薩摩訶薩以偈答曰：

善哉天人主，菩薩中殊勝，
請説入密嚴，無我之法性。
應覺分别境，心之所取相，
若捨於分别，即見世分别。
了於世所緣，即得三摩地，
我今爲開演，仁主應諦聽。
熱時見陽焰，世間相亦然，

① 不，原作"亦"，據《中華藏》校勘《磧》《南》《徑》《清》改。

② 品名前，原有經名，後文或有或無，此據前品及《中華藏》校勘《徑》《清》略。第二，《中華藏》校勘《徑》《清》作"第二之一"。

③ 冠，原脱，據《中華藏》校勘《磧》《南》《徑》《清》補。

④ 令，原作"今"，據《中華藏》校勘《磧》《南》《徑》《清》改。

能相所相因，而無[1]妄分別。
能覺生所覺，所覺依能現，
離彼則無此，如光影相隨。
無心亦無境，能所量俱无，
但依於一心，如是而分別。
能知所知法，唯心量所有，
所知心既无，能知不可得。
心爲法自性，有性所擾濁，
八地得清淨，九地獲静慮。
覺慧爲十地，灌頂證如來，
法身得無盡，是佛之境界。
究竟如虚空，心識亦如是，
無盡無所壞，衆德已莊嚴。
恒在不思議，諸佛密嚴土，
譬如瓶破已，瓦體而顯現。
瓦破微塵顯，枏塵成極微，
如是因有爲，而成無漏法。
如火燒薪盡，復於餘處然，
證如得轉依，遠離於分別。
住於不動智，密嚴中顯現，
無生現衆色，不住諸世間。
能斷一切見，歸依此無我，
相續流注斷，無壞亦無生。
能盡一切見，歸依此無我，
諸惑皆已滅，寂静不思議。
能淨一切見，歸依此無我，
世間種種法，本來無我性。
非由擊壞無，乃喻之所顯，
如火燒薪已，於中自息滅。
觀察於三有，無我智亦然，
是名現法樂，内證之境界。

① 而無，《中華藏》校勘《磧》《南》《徑》《清》作“無而”。

依此入諸地，淨除無始惡，
捨離世所依，出世而安住，
其心轉清淨，恒居密嚴土。

尒時如實見菩薩摩訶薩及諸王等向金剛藏咸作是言："我等今者皆欲歸依，唯願示我歸依之處。"於是金剛藏菩薩摩訶薩以偈答曰：

佛體非有無，已焚燒蘊樹，
超勝魔王衆，而住密嚴國，
所覺淨無垢，仁主可歸依。
遠離於覺量，證於無所有，
密嚴諸定者，仁主可歸依。
淨勝密嚴刹，衆聖所依處，
觀行者充滿，應歸於密嚴。
當觀於世間，如畫①有高下，
夢中見美色，石女忽②誕生，
亦如乾闥城，火輪空中髮，
如種種幻形，人馬花菓樹，
幻師③所變化，一切悉非真。
如奔電浮雲，皆爲而非實，
如匠作瓶等，由分别所成。
仁主應諦聽，世間諸有情，
習氣常覆心，生種種戲論。
末那與意識，并餘識相續，
五法及三性，二種之無我，
恒共而相應，如風擊暴水，
轉起諸識浪，浪生流不停。
賴耶亦如是，無始諸習氣，
猶如彼暴水④，爲境風所動，
而起諸識浪，恒無斷絶時。
八種流注心，雖無若干體，

① 畫，原作"盡"，據《中華藏》校勘《磧》《南》《徑》《清》改。
② 忽，原作"急"，據《中華藏》校勘《磧》《南》《徑》《清》改。
③ 師，原作"歸"，據《中華藏》校勘《磧》《南》《徑》《清》改。
④ 水，《中華藏》校勘《磧》《南》《徑》《清》作"流"。

或隨緣頓起，或時而漸生，
取境亦復然，漸頓而差別。
心轉於舍宅，日月與星宿，
樹枝葉花菓，山林及軍衆，
於如是等處，皆能漸頓生，
多分能頓現，或漸起差別。
若時於夢中，見昔所更境，
及想念初生，乃至於老死，
筭數與衆物，尋思於句義，
觀於異文彩，受諸好飲食。
於如是境界，漸次能了知，
或有時頓生，而能取之者。
心性本清淨，不可得思議，
是如來妙藏，如金處於礦，
意生從藏識，餘六亦復然。
識六種或多，差別於三界，
賴耶與能熏，及餘①心法等，
染淨諸種子，雖同住無染。
佛種性亦然，定非定常淨，
如海水常住，波潮而轉移。
賴耶亦復然，隨諸地差別，
修有下中上，捨染而明顯。

金剛藏復言：如實見菩薩，
見聞覺悟者，自性如實慧，
十方一切國，諸王衆會中，
汝已從我聞，隨應廣爲説。
若人聞法已，漸淨阿賴耶，
或作人中王，轉輪四天下。
或復爲帝釋，兜率蘇焰等②，

① 餘，《中華藏》校勘《徑》作“諸”。
② 等，《中華藏》校勘《磧》《南》《徑》《清》作“摩”。

乃至化樂宮，欲界自在主。
或生[1]色界處，或生無色天，
無想有情中，静慮受安樂。
證真而不住，猶如師子吼，
於諸定自在，法喜以相應。
一心求密嚴，不染著三界，
至於密嚴已，漸次而開覺。
轉依獲安樂，寂静常安住，
無量諸佛子，圍遶以莊嚴。
爲法自在王，衆中之最上，
非如外道説，壞滅爲涅槃。
壞應同有爲，無[2]有復生過，
十業上中下，三乘以出生。
最上生密嚴，地地轉昇進，
得解脱智慧，如來微妙身。
云何説涅槃，是滅壞之法？
涅槃若滅壞，有情有終盡，
有情若有終，是亦有初際。
應有非生法，而始作有情，
無有非有情，而生有情界。
有情界既盡，佛無所知法，
是則無能覺，亦無有涅槃。
妄計解脱者，而説於解脱，
如燈滅薪盡，亦如芭蕉種。
彼證[3]解脱性，是壞有成無，
於解脱妙樂，遠離不能説[4]。
遍處及静慮，無色無想定，
逆順而入出，力通皆自在，
於彼不退還，亦不恒沉没。

---

① 生，原作“王”，據《中華藏》校勘《磧》《南》《徑》《清》改。
② 無，《中華藏》校勘《磧》《南》《徑》《清》作“死”。
③ 證，《中華藏》校勘《磧》《南》《徑》《清》作“説”。
④ 説，《中華藏》校勘《磧》《南》《徑》《清》作“證”。

了達於法相，諸地得善巧，
如是而莊嚴，當來密嚴刹。
若言解脱性，壞有以成無，
斯人住諸有，畢竟不能出。
既壞三和合，因等四種緣，
眼色内外緣，和合所生識。
世間内外法，互力以相生，
如是等衆義，一切皆違反。
若知唯識現，離於心所得，
分别不現前，亦不住其性。
尒時所緣離，寂然心正受，
捨於世間中，所取能取見。
轉依離麁重，智慧不思議，
十種意成身，衆妙爲嚴好，
作三界之王①，而生於密嚴。
色心及心所，所相應無爲，
於内外世間，諦觀無别異，
如是諸智者，來於密嚴國。
名相與分别，正智及如如，
牟尼三摩地，體性皆平等，
應當往密嚴，佛所稱讚土。
若壞三和合，及以四種緣，
不固於自宗，同諸妄分别。
惡習分别者，彼之五種論，
譬喻不成立，諸義皆相違。
彼五悉成過，惑亂覺智眼，
著喻及似喻，顛倒不顛倒。
如是虚妄執，一切於②此壞，
捨離於自宗，依止他宗法，
初際等諸見，皆從滅壞生。

① 王，《中華藏》校勘《磧》《南》《徑》《清》作“主”。
② 於，《中華藏》校勘《磧》《南》《徑》《清》作“依”。

大王應當知，有情在三界，
如輪而運轉，初際不可得。
如來以悲願，普應諸有緣[①]，
如淨月光明，無處不周遍。
隨彼先業類，應機而説法，
若壞於涅槃，佛有何功利？
增上有三種，解脱亦復然，
四諦及神足，念處無礙解，
四緣無色住，根力及神通，
覺支諸地等，有爲無爲法，
乃至衆聖人，皆依識而有。
苦法忍法智，苦類忍類智，
集智四亦然，滅道亦如是，
如是十六種，名之爲現觀。
學人數有十，第八七返有，
家家一往來，一間而滅度。
中槃與生般，有行及無行，
上流於處處，然後般涅槃。
如是一切種，諸智之品位，
修行觀行者，下中上不同。
菩薩增上修，功德最殊勝，
十一與十二，及以於十六。
此諸修定者，復漸滅於心，
所盡非是心，亦非心共住。
未來心未至，未至故非有，
心緣不和合，非此非彼生。
第四禪無心，有因不能害，
有因謂諸識，意識及五種。
妄想不覺知，流轉如波浪，
定者觀賴耶，離能所分别，
微妙無所有，轉依而不壞，

① 緣，《中華藏》校勘《磧》《南》《徑》《清》作“情”。

住密嚴佛刹，顯現如月輪。
密嚴諸智者，與佛常共俱，
恒遊定境中，一味無差别。
難思觀行境，定力之所生，
王應常修習，相應微妙定。
欲界有六天，梵摩復十二，
無色及無想，一切諸地中，
若生密嚴國，於彼爲天主。
欲求密嚴土，應修十種智，
法智及類智，他心世俗智，
苦集滅道智，盡智無生智。
仁主汝所生，捨軍怛[1]羅族，
月王與甘蔗，種姓而平等，
雖於彼族中，汝族最殊勝。
當求密嚴國，勿懷疑退心，
如羊被牽拽，喘懼而前却。
末那在身中，似幻鹿而住，
亦如幻樹影，河中之葦荻。
如王戲園苑，運動身支分，
意及於意識，心心法共俱，
此法無自性，猶雲聚非實。
藏識一切種，習氣所纏覆，
如彼摩尼珠，隨緣現衆色。
雖住有情身，如鵝王無垢，
是決定種性，亦爲大涅槃。
名從於相生，相從因緣起，
以諸形相故，而起於分别。
分别由二因，外想[2]心習氣，
第七末那識，應知亦復然。
諸根意緣會，發生於五識，

① 怛，原作"恒"，據《中華藏》校勘《磧》《南》《徑》《清》改。
② 想，《中華藏》校勘《磧》《南》《徑》《清》作"相"。

與心所相應，住身如宫室。
正[①]智常觀察，一切諸世間，
從於如是因，而生彼諸果，
真如非異此，諸法互相生。
與理相應心，明了能觀見[②]，
此即是諸法，究竟圓成性，
亦爲妄所計，一切法不生。
諸法性常空，非無亦非有，
如幻亦如夢，及乾闥婆城，
陽焰與毛輪，煙雲等衆物，
種種諸形相，名句及文身，
如是執著生，成於遍計性。
根境意和合，熏習成於種，
與心無别異，諸識由此生，
資於互因力，是謂依他起。
善證自覺智，現於法樂住，
是即説圓成，衆聖之境界，
佛及諸佛子，證此名聖人。
若人證斯法，即見於實際，
唱言我生盡，梵行亦已立，
所作無不成，不受於後有，
解脱一切苦，斷滅於動摇。
熏習皆已焚，劫盡猶不轉，
生法二無我，照見悉皆空。
無始來積集，種種諸戲論，
無邊衆過患，一切皆已除。
譬如熱鐵團，熱去鐵無損，
如是解脱者，惑盡得清涼，
入於無漏界，密嚴之妙國。
此土最微妙，非餘者所及，

① 正，原作“王”，據《中華藏》校勘《磧》《南》《徑》《清》改。
② 見，《中華藏》校勘《徑》作“化”。

唯佛與菩薩，清淨之所居，
三摩地現前，以此而爲食。
欲生斯刹者，善習勝瑜伽，
復爲諸有緣，分别廣開示。
名本從相生，相復從緣起，
從相生分别，不契圓成性。
根境瓶衣等，假法共和合，
分别從此生，了知而别異。
若動若非動，一切諸世間，
皆因癡闇生，愚冥以爲體。
短長等諸色，音聲與香界，
甘苦堅滑等，意識因[①]所緣。
所有諸善惡，有爲無爲法，
乃至於涅槃，斯爲智之境，
念念常遷轉，皆因識以生。
末那緣藏識，如磁石吸鐵，
如蚰有二頭，各别爲其業。
染意亦如是，執取阿賴耶，
能爲我事業，增長於我所，
復與意識俱，爲因而轉謝。
於身生煖觸，運動作諸業，
飲食與衣裳，隨物而受用。
騰躍或歌舞，種種自嬉遊，
持諸有情身，皆由意功力。
如火輪垂髮，乾闥婆之城，
不了唯自心，妄起諸分别。
身相器世間，如動鞦韆勢，
無力不堅固，分别亦復然，
分别無所依，但行於自境。
譬如鏡中像，識種動而見，
愚夫此迷惑，非諸明智者。

① 因，《中華藏》校勘《磧》《南》《徑》《清》作“同”。

仁主應當知，此三皆識現，
於斯遠離處，是即圓成實。
持進等菩薩，及聖目乾[①]連，
尋聲與遍觀，百千萬億刹，
種種寶嚴飾，綺麗無等雙，
於彼微妙境，密嚴最殊勝。
極樂妙喜刹，下方俱胝國，
一切諸世尊，皆讚如斯土，
謂無有終始，威德化自然。
本昔佛所居，超出於三界，
豐樂非執受，寂静自无爲，
自利及利他，功業悉成滿。
不於欲界中，成佛作佛事，
要往密嚴土，證於無上覺。
俱胝諸世尊，欲中施佛事，
先從於此國，化爲無量億。
正定常相應，神通以遊戲，
遍於諸國土，如月無不見，
隨諸衆生類，所應而化益。
十地花嚴等，大樹與神通，
勝鬘及餘經，皆從此經出。
如是密嚴經，一切經中勝，
仁主及諸王，宜應盡恭敬。
欲色無色界，無想等天宫，
如來迥已超，而依密嚴住。
此土諸宫殿，如蓮被[②]衆飾，
是一切如來，淨智之妙相，
佛及諸菩薩，常在於其中。
世尊恒住禪，寂静最無上，
依自難思定，現於衆妙色，

① 乾，原作"軋"，據文意改。
② 被，《中華藏》校勘《磧》《南》《徑》《清》作"備"。

色相無有邊，非餘所能見。
極樂莊嚴國，世尊無量壽，
諸修觀行者，色相皆亦然。
或見天中天，赫奕含衆彩，
瞻蔔雌黄色，真金明月光；
孔雀頸如蓮，相思子之聚，
虹電珊瑚色，或現清羸身；
或著蒭摩衣，或寢草茅等，
或處蓮華上，猶如千日光；
或見諸菩薩，頂飾盤[①]龍髻，
金剛帝青寶，莊嚴爲寶冠；
或見輪幢文，魚商佉等相，
或見光麗色，如蜺而拖空；
或以須彌山，置之於掌内，
或持大海水，安於牛跡中；
或現作人王，冕服當軒宇，
輔佐皆恭敬，共宣於國化；
或現密嚴場，寂靜修定者，
説於自證境，先[②]佛所知法；
或説得轉依，心慧皆解脱，
自在三摩地，如幻無礙身；
或現境不染，斷諸取著業，
以智燒見薪，不受於諸有。
譬如膏炷盡，燈滅而涅槃，
或示修諸度，大會施無遮，
持戒苦行等，種種諸儀則。
極樂莊嚴國，人非胎藏生，
微妙金色身，光明淨圓滿。
彼衆之境界，皆悉具瑜伽，
若比於密嚴，百分不及一。

---

① 盤，《中華藏》校勘《磧》《南》《徑》《清》作“蟠”。
② 先，原作“光”，據《中華藏》校勘《磧》《南》《徑》《清》改。

極樂界中人，自然隨念食，
牟尼勝自在，定爲甘露味。
種種寶樹林，遊憩於其下，
金沙布其地，顯現殊勝刹，
淨妙之寶蓮，開敷功德水，
如是殊勝境，不可得爲喻。
彼皆蓮華生，恭敬無量壽，
善修三摩地，愛樂佛功德，
專精迴向者，悉皆生彼國，
衆相以莊嚴，皎鏡無塵垢。

金剛藏説已，自現於己身，
或如於指節，或復如芥子，
或[①]細如毫端，百分之一分。
或現善逝身，聲聞與緣覺，
衆色及餘類，乃至種種形，
各隨其所宜，而説於諸法。
或説於菩薩，入諸地了知，
五法三自性，八識二无我。
得於如幻定，隨意所成身，
自在諸神通，十力四無畏。
住於不退轉，得淨之所依，
入於佛地中，無漏之蘊界，
永離餘變易，寂然而常住。
或説於菩薩，善妙而遊履，
猶夢像水月，瑜祇所行道。
得首楞嚴定，十種如幻身，
十無盡願圓，證成等正覺。
據妙蓮華座，相好甚端嚴，
無量諸佛子，恭敬而圍遶。
或説諸菩薩，願力現衆形，

① 或，《中華藏》校勘《磧》《南》《徑》《清》作“漸”。

遍遊於十方，歷事恒沙佛。
是諸菩薩等，其身甚微妙，
出入常自在，不住有無中。
譬如天神仙，及諸健達縛，
依彼妙高住，或處於虚空，
地行諸有情，對之而不見。
如是諸菩薩，現形亦復然，
非修觀行人，無能覩之者。
或説諸菩薩，得於勝静慮，
處處現受生，示入無餘界。
或説諸菩薩，能以於定力，
自在轉所依，不住真實際，
無量有情處，隨現差别身。
身雖種種殊，其心一平等，
猶如於地水，亦如於日月。
或説諸菩薩，常以大悲心，
憐愍諸有情，輪迴處生死。
跉跰①受窮獨，貪病衆苦煎，
下賤與形殘，安之不憂惱。
如蜂處舶上，飃然大海中，
沿泝而往來，須臾數萬里。
爲説非我法，生死速無常，
令其知滅壞，刹那蹔不住。
或説於諸佛，及以諸菩薩，
明見衆有情，醉在於渴愛。
爲分别苦逼，於無相②法中，
妄取種種相，計著能所取。
心恒被縲紲，不能得解脱，
溺生死海中，馳蕩無休息。
貧賤而孤露，往來無所依，

① 跉跰，《中華藏》校勘《磧》《徑》《清》作"竛竮"。

② 相，原作"於"，據《中華藏》校勘《磧》《南》《徑》《清》改。

譬如大海中，蛛蝥網難住。
諸佛及菩薩，如彼住船者，
普憐諸有情，運出生死難，
隨其若干類，爲現差别身，
説施戒等門，種種諸勝行。

大乘密嚴經卷上

大乘密嚴經卷中

大興善寺三藏沙門大廣智不空奉詔譯[①]

入密嚴微妙身生品之餘[②]

尒時大會中有普賢衆色大威德菩薩摩訶薩，與其同類持世菩薩摩訶薩、持進菩薩摩訶薩、曼殊室利菩薩摩訶薩、神通王菩薩摩訶薩、得大勢菩薩摩訶薩、解脱月菩薩摩訶薩、金剛齊菩薩摩訶薩、大樹緊那羅王菩薩摩訶薩、虚空藏菩薩摩訶薩等，乃至摩尼大寶藏殿無量諸天。復有密嚴土中諸瑜祇衆，與彼無量俱胝佛刹來聽法者，聞説密嚴甚深功德，於法恭敬，定得轉依，恒居此土，不生餘處。咸共悲愍未來世中一切有情，普欲等慈，爲作饒益，各共瞻仰金剛藏菩薩摩訶薩，一心同聲，以偈問曰：

尊者具辯才，唯願見開示，
世閒諸色像，其誰之所作？
爲如工造缾，泥輪以埏埴？
爲如奏樂者，擊動所成音？
爲如一物體，有三種自性？
爲[③]已成未成，咸在於一物？
云何種種色，一物而建立？
爲兜率所作？夜摩所作邪？
佗化自在作？大樹緊那羅？
善見天所作？色究竟天邪？

① 譯名，《中華藏》校勘《磧》《南》作"三藏沙門不空奉詔譯"，《徑》《清》作"唐三藏沙門不空奉詔譯"，《麗》作"開府儀同三司特進試鴻臚卿肅國公食邑三千户賜紫贈司空謚大鑒正號大廣智大興善寺三藏沙門不空奉詔譯"。

② 之餘，《中華藏》校勘《徑》作"第二之三"，《清》作"第二之二"。

③ 爲，原作"謂"，據《中華藏》校勘《磧》《南》《徑》《清》改。

螺髻梵王作？無色天作邪？
一切天主作？自然所作邪？
變化之所作？諸佛所作邪？
爲餘世界中，佛子之所作？
是諸作衆色，惑亂而建立，
所起於惑亂，如鹿見陽焰。
譬如於缾處，爲德之所依，
一切諸世間，能住於處者。
非德者屬德，非德依德者，
展轉和合故，衆德所集成。
諸色唯惑亂，爲亦有住邪？
爲梵王所作？那羅延作邪？
雄猛及勝論、數論自作邪？
勝性之所作？自在自然邪？
時無明所生？愛業所作邪？
天仙及世定，皆悉懷疑惑。
爲先無有體，猶如於幻夢，
亦如熱時焰，及乾闥婆城？
無始妄分別，隨彼彼相續，
起能取所取，如蛇有二頭。
亦如起屍行，木人機所轉，
空中見垂髮，及旋火輪邪？

尒時金剛藏菩薩摩訶薩告普賢衆色大威德菩薩摩訶薩及餘大衆，而説偈言：

世間衆色像，不從作者生，
亦非劫比羅，因陀羅等作，
亦非祠祭果，亦非[①]圍陀教。
彼有多種因，修行不常住[②]，
亦復非無有，能持世間因，
謂第八丈夫，是名爲藏識。
由此成衆色，如輪轉[③]衆缾，

① 非，《中華藏》校勘《麗》作“如”。
② 不常住，《中華藏》校勘《麗》作“常不住”。
③ 輪轉，《中華藏》校勘《麗》《徑》作“轉輪”。

如油徧在麻，鹽中有鹹味，
如無常徧色，丈夫識亦然，
如香在沈麝，及光居日月，
遠離能所作，及以有無宗。
亦離於一異，一切外道過，
非智所尋求，不可得分別。
定心解脱者，自覺之所證，
若離阿賴邪，即無有餘識。
譬如海波浪，與海雖不異，
海静波去來，亦不可言一。
譬如修定者，内定清淨心，
神通自在人，所有諸通慧，
觀行者能見，非餘之所了。
如是流轉識，依彼藏識住，
佛及諸佛[①]子，定者常觀見。
藏識持於世，如以線貫珠，
如輪與車合，業風之所轉。
陶師運輪杖，器成隨所用，
藏識與諸界，共力無不成，
内外諸[②]世間，彌綸悉周徧。
譬如衆星象，布列在虚空，
風力之所持，運行常不息。
如空中鳥跡，求之莫能見，
若離於虚空，飛翔不可得，
藏識亦如是，不離自佗身。
如海起波濤，如空含萬象，
丈夫識亦爾，藴藏諸習氣。
譬如水中月，及以諸蓮華，
與水不相離，不爲水所著。
藏識亦如是，習氣莫能染，

① 佛，《中華藏》校勘《磧》《南》《徑》《清》作“弟”。
② 諸，《中華藏》校勘《麗》作“識”。

如目有童子，眼終不自見。
賴邪住於身，攝藏諸種子，
徧持壽暖識，如雲覆世間，
業用曾不停，有情莫能見。
身者衆色成，又能作諸色，
如陶師不依，以泥成衆器。
世間妄分別，見牛等有角，
不了角非有，因言兔角無，
分析至極微，求角無所有。
要待於有法，而起於無見，
有法本自無，無見何所待。
若有若無法，展轉互相因，
有無二法中，不應起分別，
若離於所覺，能覺即不生。
譬如旋火輪，翳幻乾城等，
皆因少所見，而生是諸覺，
若離於所因，此覺即無有。
名相互相繫，習氣無有邊，
一切諸分別，與意而俱起，
有情流轉故，圓成則不證。
無始時[①]積集，沈迷諸妄境，
戲論而熏習，生於種種心。
能取及所取，有情心自性，
缾衣等諸相，見實不可得。
一切唯有覺，所覺義皆無，
能覺所覺性，自然如是轉，
愚夫不除斷，習氣心迷惑。
賴邪及七識，有時而頓生，
猶如海波浪，風緣之所動，
洄澓而騰轉，無有斷絶時。
識浪亦如是，境界風所擊，

① 時，《中華藏》校勘《磧》《南》《徑》《清》作“有”。

種種諸分別，自内而執取。
如地無分別，庶物依以生，
藏識亦復然，衆境之依處。
如人以己手，還自捫其身，
亦如象以鼻，取水自霑灑，
復似諸嬰孩，以口含其指。
是知識分別，現境還自緣，
是心之境界，普徧於三有。
久修觀行者，而能善通達，
内外諸世間，一切唯心現。

尒時金剛藏，説是妙法已，
默然而止住，思惟於法界，
微妙普徧定，則入諸佛境，
見無量佛子，當修住密嚴。
即從禪定起，放光而普照，
欲色與無色，及無想天宫。
如是光明中，復現諸佛剎，
悉見無量佛，相好妙端嚴，
種種微妙色，皆從佛身出。
隨其所愛樂，世間作利益，
皆使彼佛子，稱讚密嚴名。
欣然相顧視，復作如是説：
密嚴妙無垢，能除一切罪，
觀行者勝處，其土最殊妙。
我等聞名字，心生大喜悦，
各從其所住，俱來詣密嚴。
色盡螺髻梵，及與淨居天，
希慕此密嚴，佛子所生處。
同心而共聚，咸請梵王言：
我等今云何，得至密嚴土？
天王若往彼，我等當營從。
尒時螺髻梵，聞諸天衆言，

遽即與同行，中路迷所適。
梵王先覺悟，以慧審觀察：
彼勝觀行境，何階而可至？
欲色自在者，非彼所能詣，
非空處諸[①]處，及與非非想，
并餘外道宗，邪定者能往，
云何作善巧，得至於密嚴？
或以天中天，威神力加護，
能令至亟往[②]，得會密嚴宫。
螺髻梵發聲，即時盡歸命，
見佛滿空界，威光而熾然。
告彼梵王言：汝當還本殿，
如來密嚴剎，是觀行之境，
非想尚難階，色者何能往？
梵王從諸佛，聞如是告已，
退還於本處，尋至梵天宫。
時淨居諸天，各各相共議：
螺髻梵天主[③]，威神不能往，
當知密嚴土，勝妙難思議，
自非如幻定，誰能詣斯剎？
此會聞天衆，稱讚功德聲，
生於奇特心，乃白[④]金剛藏：
我等皆樂聞，惟垂演深法。

尒時金剛藏，即告大衆言：
如來所説法，誰能盡敷演？
自覺之聖智，境界不思議，
非深觀行人，云何可開示？
時持進夜摩，自在諸佛子，

① 諸，《中華藏》校勘《磧》《南》《徑》《清》《麗》作“識”。
② 往，《中華藏》校勘《麗》作“行”。
③ 主，《中華藏》校勘《磧》《南》《徑》《清》作“王”。
④ 白，原作“自”，據《中華藏》校勘《磧》《南》《徑》《清》《麗》改。

異口同音言：唯願速宣説。
神通與曼殊，慈氏緊那王，
及餘修定者，咸皆作是請。
諸天持明仙，空中奏衆樂，
同心而勸請：唯垂爲宣説。
如是勸請已，各坐於勝座。
梵王承佛力，還來此會中，
復白金剛藏，作於如是問：
今此諸大會，嚴飾未曾有，
悉是尊者[①]子，聰慧無等倫，
皆於尊者處，渴仰而求法。
我今猶未知，所問爲何等？
憍臘與勝墮，及頂生輪王，
爲是少年焉？爲是古仙傳？
甘蔗種之子，千弓持國王，
欲色無色中，人天等之法，
爲是菩薩行，獨覺及聲聞？
乃至修羅明，星象等衆論，
唯願如其事，次第而演説。
我等及天人，一心咸聽受。

尒時解脱月、持世虚空藏、
大勢觀自在、總持自在王、
寶髻與天冠、金剛手寂慧，
及寶手大士，并諸最勝子，
皆從俱胝刹，來坐蓮華宫，
咸請金剛藏：唯願大慧説，
過去及未來，牟尼清淨智。
仁於佛親受，明了心不疑，
此衆皆樂聞，願尊時演説。
定王金剛藏，普告大衆言：

① 者，《中華藏》校勘《麗》作“弟”。

如來所説法，非我具能演，
唯除佛菩薩，威神之所護。
我今至心禮，自在清淨宫，
摩尼寶藏殿，佛及諸佛子。
我以敬心説，如來清淨智，
能令紹佛種，汝等應諦聽。
此非諸王論，及輪王軌儀①，
但示於密嚴，如來之種性，
正定者境界，諸佛之勝事。
如來微妙智，離於能所覺②，
是故非我力，能演此甚深，
但以佛威神，從佛而聽受。
此智甚微妙，是三摩地華，
佛在密嚴中，正受而開演。
遠離諸言説，及以一切見，
若有若無等，如是四種邊，
是名最清淨，中道之妙理。
密嚴諸定者，於此能觀察，
離著而轉依，速入如來地。
時諸佛子衆，從尊聞是語，
頭面禮雙足，恭敬而白言：
我等愛樂法，如渴人思飲，
如遊蜂念蜜。瑜伽自在尊，
唯願正宣説，令諸菩薩衆，
於定得自在，智慧大威德。
及諸刹土王，深解觀行者，
咸欲聞如來，所説甚深法。
皆願聽尊者，微妙梵帝聲，
如來所悦可，深遠善巧聲，
演説殊勝義，悉令得明了。

① 軌儀，《中華藏》校勘《磧》《南》《徑》《清》作“儀軌”。
② 能所覺，《中華藏》校勘《徑》作“所能覺”。

金剛藏告言：如來所説義，
真實甚希有，離相難可見。
如空中無物，見影爲希有，
如來所説義，希有亦復然。
空中風鳥跡，其形不可見，
牟尼演妙理，難見亦復然。
世閒之事喻，智者能明了，
諸佛所宣説，譬喻不能知，
令[①]我之所見，如夢乾城等。
此會有觀行，具大智慧者，
通達真實義，無不皆明了。
云何爲是人，説佛難思境？
然今所開演，憑佛威神力，
一切最勝子，至心應諦聽。
如來妙言説，句義皆相應，
超越心境界，遠離於譬喻。
猶如蜂採華，先者取精粹，
是諸後至者，皆悉味其餘。
勝牟尼亦然，先得妙法味，
我則飲其餘，今爲衆宣説。

天中天境界，增悦諸明智，
實非意測量，言象所[②]能表。
示同人形色，相好以嚴身，
現於勝妙宫，寶冠以爲飾。
圓光及輪輻，種種皆成就，
照曜於宫殿，能除外道憍。
諸佛四時中，恒依密嚴住，
而於一切處，現生及涅槃。
純善少減時，惡生及濁亂，

① 令，《中華藏》校勘《磧》《南》《徑》《清》作"今"。
② 所，原作"可"，據《中華藏》校勘《磧》《南》《徑》《清》改。

隨彼之意樂，利益諸有情。
業用無蹔停，常住密嚴剎，
此之清淨處，瑜祇安樂宫。
濁亂少減[①]時，顯示如來相，
譬如淨滿月，影徧於衆水。
佛以一切身，隨宜而應化，
如來淨智境，觀行者皆見。
或現大自在，或現那羅延，
或現迦毗羅，住空而説法；
或現圍陀者，常行及妙喜，
童天及尸棄，羅護都牟盧；
或現緊那羅，甘蔗日[②]種姓，
及諸國王等，一切所瞻奉；
或作大醫王，示現於衆人，
金剛等衆寶，銅鐵及諸礦，
明珠與鈆錫，紅碧二頗梨，
隨彼諸有情，愛樂而顯現，
由佛加持力，令彼悉安樂。
天女及龍女，乾闥婆之女，
欲界自在女，不能動其心。
超勝欲境界，及勝色界色，
空處及識處，無所有之處。
非想非非想，於彼不迷惑，
無想諸定者，未離於惑纏。
非安非清淨，流轉於諸有，
有身者所生，非如密嚴國。
密嚴微妙土，清淨福爲嚴[③]，
解脱知見人，最勝之依處。
具十種自在，六通三摩地，
皆以意成身，如佛於彼現。

---

① 減，《中華藏》校勘《徑》作"滅"。
② 日，原作"月"，據《中華藏》校勘《磧》《南》《徑》《清》改。
③ 嚴，《中華藏》校勘《磧》《南》《徑》《清》作"報"。

修行於十地，檀等波羅蜜，
一切相好華，常以爲嚴飾。
遠離於分别，亦非無覺了，
無有我意根，慧根常悦樂。
施等諸功德，淨業悉圓滿，
得佛勝所依，密嚴之淨國。
此土最微妙，不假日月明，
佛及諸菩薩，清淨光恒照。
密嚴中衆聖，其光逾聚日，
無有晝夜時，亦無老死患。
殊勝密嚴宫，諸天所希慕，
最上瑜伽者，地地而進修，
了知一切法，皆以心爲性。
善説阿賴邪，三性法無我，
其身轉清淨，而生密嚴國。

胎藏生品第三

尒時金剛藏，菩薩摩訶薩，
復告螺髻梵：天主應當知，
一切有情身，九物以爲性。
有爲相遷動，能造所造俱，
精血共和合，增長於不淨。
爲無量諸業，之所常覆纏，
如毒樹所生，扶疎而蓊欝，
貪瞋等煩惱，增長亦如是。
九月或十月，生於滿足時，
既從胎藏出，顛危受諸苦。
天主應當知，此諸有情類，
皆由業力故，驅馳運動生。
或自人中來，或以傍生趣，
非天與羅刹，龍及於諸鬼。
或以持明族，天趣之勝身，
或於瑜祇中，退失三摩地，

輪王之貴族，而來生此中。
如是既生已，諸根遂增長，
隨親近宿習，復造於諸業，
由斯業力故，輪迴諸趣中。
若有諸智者，聞法得覺性[①]，
離文字分別，入三解脱門。
得證真實理，清淨之殊勝，
上上最清淨，即住於密嚴，
能徧俱胝刹，隨宜而應現。
天主如是生，永脱諸險趣，
是名爲丈夫，亦名爲智者，
亦名天中天，佛子衆圍繞。
天主應當知，胎藏身虚僞，
非從自性生，非從癡愛業；
以皆因相有，了達滅無餘，
亦離於分别，及以於文字，
能如斯觀者，即住[②]密嚴場。
若諸修定人，住定攀緣境，
即便爲聲色，誑惑生取著，
不能得堅固，亦名散動心，
以斯邪定縛，流轉生三界。
若有勝瑜祇，善住三摩地，
遠離能所取，寂然心不生，
是名真實修，無相觀行者，
欲生密嚴土，常應如是觀。

自作境界品第四

尒時金剛藏，菩薩摩訶薩，
復告螺髻梵：天主應當知，
八種九種心，常與無明轉，

---

① 性，《中華藏》校勘《磧》《南》《徑》《清》《麗》作“悟”。
② 住，原作“往”，據《中華藏》校勘《清》改。

能生諸世間，皆心心法現。
由彼流轉故，諸識與諸根，
無明所變異，本心堅不動。
世間及根境，皆從十二支，
能生及所生，刹那而滅壞①。
梵世至非想，亦從於因緣，
唯有天中天，能離作所作。
有情及無情，動與不動法，
皆如於缾等，滅壞以爲性。
天主應當知，諸識甚微細，
遷流而速疾，是佛之境界。
諸仙及外道，假稱是牟尼，
以言互相縛，而貪種種色，
於此生滅識，悉皆不能知。
假使一千歲，思惟四吠陀，
行施得梵天，還當有退落。
或四月苦行，祠祭所獲果，
或修異類壇，事火所求福，
或修三趣法，宰羊以祈禱，
得果還有退，梵王何不悟？
三德果繫屬，不堅如芭蕉，
唯以智解脱，得生密嚴土。
定者證斯境，方能往彼宫，
是故大梵天，應當善修習。
密嚴中之人，無生死眷屬，
一切有情識，不斷亦不壞。
諸業無染著，亦無染熏習，
如蓮不著水，猶空不染塵。
日月無雲翳，瑜伽者亦尒，
速修是觀行，如來所攝持。
沐之淨戒流，飲以智慧液，

① 滅壞，《中華藏》校勘《磧》《南》《徑》《清》作“壞滅”。

由修勝[①]戒智，生死得解脱。
天主應當知，有情藴處界，
衆法所合成，悉皆無所有。
眼色等爲[②]緣，而得生於識，
猶火因薪熾，識起亦復然。
境轉隨妄心，猶鐵逐磁石，
如乾城陽焰，愚渴之所取。
中無能造物，但隨心變異，
復如乾城人，往來皆不實。
衆生身亦尒，進止悉非真，
亦如夢中見，寤後即非有，
妄見藴等法[③]，覺已本寂然。
四大微塵聚，離心無所得，
世間可持物，孰非四大成。
譬如風疾緣，或緣[④]見諸境，
起屍無作者，世間法亦然。
汝等諸佛子，應當善觀察，
世間諸動植，猶如水聚沫。
缾衣等妄想[⑤]，不實如陽焰，
苦樂等諸受，方之水上泡。
衆行如芭蕉，中無有堅實，
是識如幻事，虚僞悉非真。
於彼三界中，動與不動法，
皆同於夢境，迷心之所現。
亦如幻化事，及乾闥婆城，
但誑於愚夫，初無有真實。
佛子覺此法，其心無所畏，
慧火焚諸患，即生密嚴國。

---

① 勝，《中華藏》校勘《磧》《南》《徑》《清》作“淨”。
② 爲，《中華藏》校勘《磧》《麗》作“因”。
③ 等法，《中華藏》校勘《徑》作“法等”。
④ 緣，《中華藏》校勘《磧》《南》《徑》《清》作“亂”，《麗》作“現”。
⑤ 等妄想，《中華藏》校勘《磧》《南》《徑》《清》作“妄想等”。

世間皆無相，相爲所繫縛，
無相爲吉祥，相乃[①]心境界，
心境界非真，真爲慧境界。
遠離於衆相，慈悲之所行，
無相徧一切，三界皆清淨。
色聲等衆相，名爲三界法，
一切諸根境，有情之縛因，
由慧得解脱，安樂而自在。

時寶髻菩薩，坐殊妙之座，
向於金剛藏，而作如是言：
徧諸俱胝剎，尊者爲上首，
成就最妙智，了達所知法，
於無量悉檀，皆已得明見。
今在修行衆，能淨於彼疑，
覺察有情身，一切之本起，
以妙音演暢，窮劫不能盡。
應當爲衆會，説離諸逆順，
似非似等因，及以真實法，
令此諸智者，心淨無有疑，
捨於諸蘊因，不久得解脱。
蘊因法非法，生此身後身，
智則能脱苦，愛則爲堅縛。
有情心所起，由色及以明，
作意等衆緣，馳散於諸境，
迅疾甚奔雷[②]，難可得覺知，
無明及愛業，以之而濁亂。
諸法意先導，意速意殊勝，
法與意相應，皆以意爲性，
譬如摩尼寶，顯現於衆彩。

① 乃，原作“及”，據《中華藏》校勘《磧》《南》《徑》《清》改。
② 甚奔雷，《中華藏》校勘《磧》《南》《徑》《清》作“甚奔電”，《麗》作“其奔電”。

如是之妙義，佛子何不説？
如衆色摩尼，隨色而顯現，
仁者瑜祇中，照耀亦如是。
具足如來像，恒住自在宫，
佛子衆圍遶，隨宜應爲説。

尒時金剛藏，菩薩摩訶薩，
於法自在者，復告大衆言：
密嚴微妙土，是最勝寂静，
亦是大涅槃，解脱淨法界，
亦是妙智境，及以大神通，
修諸觀行者，所依之妙刹。
不斷亦不壞，常住無變易，
水亦不能濡，風亦不能燥。
非如缾等體，勤勇成而壞，
非似不似因，二種所成立。
立宗及諸分，皆是不定法，
以宗及以因，各執差别故。
密嚴微妙刹，體是轉依識，
超於分别心，非妄情境界。
如來密嚴刹，無終亦無始，
非微塵自性，非由於樂欲，
非大自在作，非無明愛業。
但由無功用，妙智之所生，
出欲色無色，超無想暗網。
密嚴微妙土，是阿若悉檀，
非諸因明者，所量之境界。
非由於勝性，自在與聲論，
及吠陀等宗，之所能開顯。
乃至資糧位，智慧不能了，
唯是於如來，及十地智境。
仁者今諦聽，愚夫迷世間，
爲業及非業，我今演此義，

令修勝定者，獲得於安樂。

内外一切物，所見唯自心，
有情心二性，能取及所取。
心體有二門，即心見衆物，
凡夫性迷惑，於自不能了。
如缾現色相，無體唯自心，
羸定及諸仙，於此義惑亂，
捨於真實理，而行分别路。
是心有二性，如鏡像月影，
如目而有瞖，妄見於毛輪。
空中無毛輪，亦無珠瓔珞，
但從病瞖眼，若斯而顯現。
虚妄計著者，不覺恒執取，
廣現諸嚴飾，種種梵等相。
一切諸有情，及與缾衣等，
内外種種事，皆悉從心起。
此密嚴妙定，非餘之所有，
若有修行者，生於衆福地。
或生欲自在，或於色界天，
乃至無相宫，色究竟天處。
空識無所有，非想非非想，
種種諸宫殿，漸次除貪欲。
不久得生彼，密嚴觀行宫，
衆佛子圍遶，自在而遊戲。
汝應修此定，如何著親屬，
親屬常繫縛，輪迴①生死因。
男女意惑亂，精血共和合，
如蟲生臭泥，此中生亦尒。
九月或十月，肢體漸增長，
時至出胎已，譬如蟲蠕動。

① 迴，《中華藏》校勘《磧》《南》《徑》《清》作“轉”。

從此而長大，乃至心了知，
我觀諸有情，生生悉如此。
父母無有數，妻子亦復然，
於諸世閒中，無處不周徧。
譬如彼石女，夢已忽生子，
生已方歡樂①，尋又見其亡。
悲哀不自勝，忽然從睡覺，
不見有其子，初生及後終。
又夢遊山川，城邑與園苑，
一切諸境界，世閒共受用。
彼此互相見，馳騖②而往來，
運轉與屈伸，無量之境界，
及從於睡覺，一切皆非有。
亦如多欲者，夢見於女人，
顔貌甚端嚴，服玩皆珍綺③，
種種恣歡樂，覺已悉皆無。
一切諸世閒，當知亦如是，
王④位及營從，父母等宗姻，
但誑於愚夫，體性皆非實。
汝於三摩地，何故不勤修？
無量諸聲聞，獨覺及菩薩，
住山閒樹下，寂静修禪處。
摩羅邪乳海，頻陀婆利師，
摩醯因陀羅，雞羅雪山等。
或止圓生樹，或住憍微那，
處須彌半腹，或憩如意樹。
絆住劍摩羅，於中而宴默，
或食瞻⑤部果，及飲甘露味，

① 樂，《中華藏》校勘《磧》《南》《徑》作“喜”。
② 馳騖，《中華藏》校勘《磧》《南》作“騁騁”，《徑》《清》作“馳騁”。
③ 綺，《中華藏》校勘《南》《清》作“琦”，《徑》作“奇”。
④ 王，《中華藏》校勘《磧》《南》《徑》《清》作“正”。
⑤ 瞻，原作“贍”，據《中華藏》校勘《磧》《南》《徑》《清》《麗》改。

具足諸神通，而常修此觀。
過去未來世，坐於蓮華臺，
結加住等引，如是常觀察。
善攝諸根故，不散一切境，
如以鈎制象，住定亦復然。
世間若出世，一切諸餘定，
佛定淨無垢，貪愛皆遺除。
偏愛無色定，無想等禪中，
見彼日月形，蓮華與深險，
如空火[①]衆色，邪定非究竟。
拂除如是相，得淨無分別，
則見俱胝剎，諸佛住等引。
同時共舒手，以水灌其頂，
即入於佛地，示現衆色形。
既得種種身，則具薩婆若，
力通及自在，正定陀羅尼，
如是等功德，莫不皆成就。
分析於諸色，乃至觀極微，
自性無所有，譬[②]如於兔角。
無分無分者[③]，蘊有蘊亦然，
同於幻所作，一切皆如是。
此中無業果，亦無作業人，
無能作世間。設有非[④]能作，
能作待於作，何名能作人？
此言成過患。説非[⑤]者清淨，
我者成諸境，地輪依水輪，
及有情世間，次第而安布。
諸趣各差別，彼此互往來，

① 火，《中華藏》校勘《磧》《南》《徑》《清》作“大”。
② 譬，原作“礕”，據文意改。
③ 者，《中華藏》校勘《麗》作“别”。
④ 非，《中華藏》校勘《麗》作“作”。
⑤ 非，《中華藏》校勘《麗》作“作”。

於事起諸根，而能取[①]於境。
此等非由我，皆是於分別，
展轉而變異，同於乳酪酥。
如是生住滅，計業與非業，
定者常觀此，如乾城與夢。
無始來戲論，熏習於有情，
種種之過咎，而生分別業。
諸根猶如幻，境界同於夢，
能作所作業，定者能遠離。
惡覺微劣者，迷惑生妄計，
分別於能作，一切諸世間。
或謂摩尼珠，金銀等衆礦，
鳥獸色差別，刺端銛以利，
此等皆不同，應知無作者。
世間相差別，皆從分別生，
非勝性微塵，無因自然等。
惡覺者妄計，不知其體性，
爲業爲非業，如是起分別，
如毒在於乳，隨變與相應，
一切處分別，諸法亦如是。
是性亦不生，是性亦不滅，
惑者不能了，種種異分別。
世間唯積集，定者乃能觀，
汝等應勤修，無思業非業。
有情互來往，如日月昭回[②]，
在空無所依，隨風而運轉。
業性甚微隱，密嚴者能見，
修諸勝觀行，不爲其所羇。
如火燎長焚，須臾作灰燼，
智火焚業薪，當知亦如是。

① 取，《中華藏》校勘《磧》《南》《徑》《清》作“趣”。
② 昭回，《中華藏》校勘《磧》《南》《徑》《清》作“照逈”，《麗》作“超迴”。

又如燈破暗，一念盡無餘，
諸業習暗冥，無始之熏聚，
牟尼智燈起，刹那頓皆滅。

辯觀行品第五

尒時金剛藏，菩薩摩訶薩，
復告於大衆：諸仁應諦聽，
譬如空閑地，欲造立宫室，
匠人資土木，然後方得成，
諦觀諸物中，一一皆無舍[①]。
亦如於衆指，和合以成拳，
離指而推求，拳體不可得。
軍師及車乘，城邑與園林，
雲物須山川，缾衣等諸相，
皆是假和合，智者了如夢。
如是身舍宅，諸界所集成，
藴積猶[②]崇山，欹危如朽屋。
不生亦不滅，非自亦非佗，
如乾闥婆城，如雲亦如影。
復如熱時焰，亦如觀繪事，
相自於妄現，性淨離有無。
亦如盲與跛，相假而得行，
自性無能持，凡愚身亦尒。
分析至極微，空名無實物，
極微不可得，諸法亦如是。
瑜伽淨慧者，作是思惟時，
便於色聲等，遠離於覺念。
一切意息已，泰然得解脱，
不愛於諸有，常樂於等持。
設有諸天仙，姝麗女人等，

① 一一皆無舍，《中華藏》校勘《麗》作“二皆無舍宅”。
② 猶，《中華藏》校勘《磧》《南》《徑》《清》作“如”。

而來供養者，如觀夢無染。
身雖住於此，外道不能見，
持明與梵天，亦不覩其頂。
當生摩尼宫，自在而遊戲，
與諸明妃衆，離欲常歡娱。
此之觀行法，薩埵之境界，
仁應速修習，發於勇猛心。
當生光明宫，利益於三有。
則斷貪欲分，及離瞋恚癡，
能詣大密嚴，寂静殊勝處。
彼無死境界，亦非識所行，
遠離於諸相，非分别所得。
此爲微妙處，瑜伽者相應，
是故修觀行，希求於彼土。
既勝於貪恚，無我亦無人，
勝定汝應修，勿生於三毒。
若執於境界，則有二覺生，
猶如美女人，曼臉而縝髮。
多欲者見已，愛著而思惟，
迷惑生染覺，專想無餘念。
行來及坐起，飲食與眠睡，
彼女之容姿，常現於心想。
如此之惡慧，皆由妄境生，
溺在境淤泥，是故不應著。
或如諸世間，邪慧妄分别，
於牛及山羊，設婆與麋鹿。
見彼有角故，執之以爲實，
而於彪兔等，便生無角解。
若非見牛角，於兔寧執無？
世間亦復然，妄見有所得。
後求體非實，便言法定無，
未捨分别來，常生是邪覺。

仁應審觀察，心行諸境界[①]，
皆如妄所計，角與無角等。
若諸修行者，能作如是觀，
隨其所意樂，或作轉輪王，
昇空而往還，具有大威力；
或生日月殿，及諸星宿宫，
四王忉利天，焰摩及兜率，
化樂與佗化，摩尼寶殿中；
色界梵衆身，并十梵天處，
無煩及無熱，善見與善現，
阿迦尼吒宫，自在能[②]遊戲；
空識無所有，非想非非想，
住彼漸除欲，及生諸佛刹，
常遊微妙定，解脱之境界。

譬如因破缾，而乃成於瓦，
壞性刹那現，於常見無常；
種子生於牙，牙生種已壞。
又如彼陶匠，以泥而作缾，
泥若是奢摩，缾亦如其色；
或時彼匠者，兼用雜色泥，
比至燒已成，各隨其泥色。
從箭竹生葱，從角生於蒜，
穢蠅與敗蜜，各得生於蟲。
當知世閒果，似因不似因，
皆因變壞故，乃得生於果。
衆塵成所作，體性不變壞，
皆是世愚夫，而生妄分別。
能作我内我，勝我不可得，
亦無於意我，亦無積集因，

① 界，《中華藏》校勘《磧》《南》《徑》《清》作“時”。
② 能，《中華藏》校勘《麗》作“而”。

及以親生因，不從識緣有。
智者之境界，善巧力所生，
拔除煩惱刺，降魔并眷屬，
世間貪愛盡，如蜜能消瘦。
諸仙由有貪，流轉生諸趣，
多時所熏習，譬如瞋恚蛇。
煩惱火燒然，流轉險惡趣，
離貪即解脱，當勤修觀行。

趣入阿賴邪品第六

尒時金剛藏，菩薩摩訶薩，
復告諸大衆：仁等應當知，
我昔蒙佛力，加持得妙定，
明見俱胝刹，修行世定者。
諸佛與佛子，清淨所住處，
於中唯密嚴，安樂最第一。
諸佛坐蓮華，有如殊妙殿，
我尋從定起，一心以瞻仰，
自見住密嚴，佛子衆圍遶。
復見解脱藏，住在於宮中，
身量如指節，色相甚明朗，
如空淨滿月，如阿恒思華。
我即心自念：是誰難思事？
即便見己身，在於彼腹内，
亦於中普見，一切諸世間。
蓮華藏佛子，以佛神力故，
亦皆如是見，咸歎不思議。
天中天作已，即攝威神力，
大衆悉如故[1]，希有妙難思，
瑜祇種種色，是佛之境界。
諸仁應當知，佛昔爲菩薩，

① 故，《中華藏》校勘《磧》《南》《徑》《清》作“是”。

從彼歡喜地，得至於離垢，
發光及焰慧，難勝與現前，
遠行及不動，善慧法雲地。
獲得陀羅尼，生無盡句義，
首楞嚴等定，及以意成身，
細性與輕性，大性及意樂，
尊貴欲壽等，獲斯八自在。
如應而顯現，遊戲於密嚴，
名稱妙光明，功德皆成就。
轉復得清淨，現成等正覺，
化爲佛菩薩，種種妙色像。
自然徧一切，而轉妙法輪，
速令諸衆生，以智斷諸惑。
利樂諸趣已，還住密嚴中，
或有諸大士，見佛現身色[①]，
莊嚴吉祥相，光明自然發，
熾盛如火聚，住於蓮華宮。
與諸觀行人，嬉遊安樂定，
三摩地自在，處所最殊勝。
或見於大樹，緊那羅王身，
現於百千億，種種之變化，
光明皎如月，徧照諸國土。
或見兜率天，無量諸佛子，
身如帝青色，功德相莊嚴，
首飾摩尼冠，坐於殊勝殿，
光明普照曜，一切智通達。
或見於普賢，具有大威力，
得於一切智，四無礙辯才，
身相現光明，獨勝無倫匹，
住如[②]滿月殿，密嚴之定海，

① 身色，《中華藏》校勘《磧》《南》《徑》《清》作“色身”。
② 如，《中華藏》校勘《麗》作“於”。

徧現衆色像，賢聖所稱歎。
無量諸天衆，及乾闥婆等，
明仙及國王，眷屬衆圍遶。
或見最勝子，并諸觀行師，
寂静而住禪，儼如在眠睡，
遠離於沈怠，順行諸佛教，
勤苦而清羸，示同於外道。
六欲及梵天，有頂至贍部，
於中而現化，多種之光明，
神通調御者，赫奕而熾盛。
或見爲導師，降胎并[①]誕育，
出家修静慮，乃至般涅槃。
佛智不思議，一切皆圓滿，
得自在無畏，人天等歸依。
仁者應當知，諸佛之體性，
智慧最無比，唯佛所能知。
如釋迦已獲，人中勝師子，
汝等咸當得，生信勿懷疑，
信即爲佛體，必當得解脱。
或作轉輪王，及以諸粟散，
乃至生梵宫，而作彼天主。
轉生蓮華藏，在彼佛會中，
蓮華而化生，獲大精進力。
由此降魔衆，及欲熏習因。
志意無怯弱，證成一道法，
紹繼於佛事，得王諸國土。
若欲得作佛，當淨佛性道，
種姓既淨已，諸佛即授記。
瑜祇轉覺悟，不久當成佛，
一切修行者，而爲作依怙。
譬如彼大地，亦爲衆所依，

① 并，《中華藏》校勘《磧》《徑》作“示”。

如於妙行者，能療一切病，
覺者亦如是，能除虚妄疾。
得無分別心，支解不頃動，
内外之境界，了達皆唯識，
能遠離於我，亦離於我所。
無能害所害，及以於害具，
一切悉皆是，意識之境界，
皆依阿賴邪，如是妄分別。
如珠合日光，相感而生火，
此火非珠出，亦非從日生。
心意識亦尒，根境意和合，
能生於諸心，如海起波浪。
此性非陽焰，亦非於夢幻，
非同如是等，迷惑之所取，
非同龜蛙[①]毛，及與於兔角。
又如雷電合，震發而生火，
此火爲從水，爲從雷電生。
意[②]無有定知，此火從生處，
如火爲從水，造作於瓶等，
欲等諸心法，與心而共生，
和合無定性，當知亦如是。
心境不思議，密嚴者知見，
有情之藏護，無始妙俱生。
如涅槃虚空，擇滅無爲性，
遠離於三世，清淨常圓滿。
如[③]月有虧盈，顯現諸國土，
循環體是一，其性無增減；
愚夫所分別，見月有增減，
往來於四洲，而實無盈缺。
如是之藏識，普現有情界，

① 蛙，《中華藏》校勘《資》《磧》《普》《南》《徑》《清》作“鼁”，《麗》作“鼃”。
② 意，原作“竟”，據《中華藏》校勘《磧》《南》《徑》《清》改。
③ 如，原作“知”，據《中華藏》校勘《磧》《南》《徑》《清》《麗》改。

其體無增減，圓潔常光明；
愚夫妄分別，恒於賴邪識，
計著有增減，應知亦如是。
若有於此識，能正而了知，
即便得無漏，轉依位差別，
如是差別法，得者甚爲難。
藏識亦如是，與七識俱轉，
熏習以相應，體性而無染。
猶如河中木，隨水以漂流，
而木與於流，體相各差別。
藏識亦如是，諸識習氣俱，
而恒性清淨，不爲其所業。
清淨與雜染，皆依阿賴邪，
聖者現法樂，等引之境界。
人天等諸趣，一切佛刹土，
如是染淨法，如來藏爲因，
由彼悟成佛，爲諸乘種性。
一切諸衆生，有具於威力，
自在諸功德，殊勝諸吉祥。
乃至險惡處，上中下差别，
賴邪恒住中，徧爲作依止。
悉是諸有情，無始時來果，
以諸業習氣，而能自增長，
亦復而增長，所餘之七識。
由是諸愚夫，執以爲内我，
能作所依我，輪迴於生死。
意識在身中，迅疾如風轉，
業風所吹動，徧住於諸根，
常與七識俱，流轉如波浪。
微塵與勝性，自在及時方，
悉是淨賴邪，於中妄分别。
賴邪由業力，及愛以爲因，
成就諸世間，種種之品類；

愚夫恒不了，執之爲作者。
此識之體相，微細甚難知，
未見於真實，心迷不能覺，
常於根境意，而生於愛著。

金剛藏復言：無畏諸佛子！
如是賴邪體，云何不見聞？
衆身之所依，性淨恒無染。
具足三十二，佛相及輪王，
徧於三界中，而現種種色。
猶如淨空月，衆星所環遶，
藏識與諸識，住身亦如是。
亦如欲天主，天女衆圍繞，
顯於寶宫殿，藏識亦如是。
如江海諸神，水中而自在，
藏識處於世，當知亦如是。
如龍依水天，如百川歸海，
如樹王依地，現心亦如是。
如日在宫殿，旋遶妙高山，
諸天皆敬禮，佛地心亦尒。
十種諸地中，修行一切行，
在於菩薩身，顯現於大法，
徧利與安樂，如來常稱讚，
地地皆清淨，故號爲佛子。
在於菩薩身，是即名菩薩，
佛與諸菩薩，皆是賴邪名。
佛及最勝子，已授當授記，
廣大阿賴邪，當成等正覺。
即此賴邪體，密嚴者能見，
由最勝瑜祇，妙定相應故。
諸佛與緣覺，聲聞及外道，
證理無畏人，所觀皆此識。
種種諸識境，皆從心所變，

餅衣等衆物，如是性皆無，
悉依阿賴邪，所見皆迷惑，
謂以諸熏習，妄生能所取。
體非如幻化，非陽焰毛輪，
非生非不生，空性空遠離，
有無皆無性，長短等亦然。
智者觀幻事，此皆唯幻術，
未曾有一物，與幻而同起。
有情所分別，如幻而可見，
陽焰毛輪相，二俱不可得，
離一亦無二，無過世當世。
此皆識變異，無幻無幻名，
諸性無所得，是幻幻所作。
世間有迷惑，其心不自在，
妄說有能幻，幻成種種物，
動摇及往來，雖見皆非實，
如鐵因磁石，所向而轉移。
藏識亦如是，隨於分别種，
一切諸世間，無處不周徧。
如日摩尼寶，無思及分别，
此識徧諸處①，見之謂流轉。
不死亦不生，本非流轉法，
如夢見生死，覺悟即解脱。
佛子若轉依，即名解脱者，
此即是諸佛，最勝之教理。
審量一切法，如稱如明鏡，
照曜如明燈，試驗如金石，
正道之標相，遠離於斷滅。
修習勝定者，皆由清淨因，
令離諸雜染，轉依而顯現。

大乘密嚴經卷中

① 處，《中華藏》校勘《徑》作"趣"。

大乘密嚴經卷下

開府儀同三司特進試鴻臚卿肅國公食邑三千户賜紫贈司空
謚大辨正號大廣智大興善寺三藏沙門不空奉詔譯

我識境界品第七

尒時金剛藏菩薩摩訶薩徧觀十方,從髻珠中出大光明,照諸世界及他化自在天宫并密嚴中諸佛子衆。放斯光已,即告一切佛法如實見菩薩言:"仁主,雪山之中有一惡獸,名爲能害,百①千變詐,以取諸獸應可食者,殺而食之。若見牡②獸名能之者,即須便爲呼子之聲,害而食之。若時或見有角之獸,便現有角與其相似而往親附,無令③所畏,殺而食之。見牛羊等種種諸獸,悉同彼形而肆其害。仁主,如彼能害現種種形以殺諸獸,一切外④道亦復如是,於阿賴邪所生我見,執著我相,猶如惡獸變種種形,亦如彼彼自類計我各各差别,乃至極小猶如微塵。仁主,是諸我執依何而住?不住於餘,但住自識。計我之人言:'我與意根境和合而有識生,本無有我。'如華與衣合即有香氣,若未和合衣即無香。是故當知但唯有識、心及心法,若離於識、心、心所法,則無有我。如器中果、如燈照缾、如伊尸迦文闍之草而可得者,但以因緣心心法生。此中無我,亦無有生,微妙一相,本來寂静。此是覺悟勝觀行者自證境界,如彼惡獸多所傷殺。然諸外道亦復如是,養育增長世間惡見,無知法智而强分别,執有執無,若一若多,我、我所論。所以者何?由不覺悟唯識性故,思渴邪慧,往來馳騖,生死輪轉,遠離諸佛、菩薩、善友,違背解脱,動摇正慧,不能修持⑤八支聖道,於彼三乘乃至一乘都無所證。由起執著,不見聖諦,於密嚴名號尚不得聞,何況其土而能得入?仁主,諸深定者咸於此識淨除我見,汝及諸菩薩摩訶薩亦應如是,既自勤修,復爲人説,令其速入密嚴佛土。"

阿賴邪即密嚴品第八

尒時金剛藏,爲明此藏識,
即密嚴之義,告如實見言:

---

① 百,《中華藏》校勘《磧》《南》《徑》《清》作"有"。
② 牡,原作"壯",據《中華藏》校勘《磧》《南》《徑》《清》改。
③ 無令,《中華藏》校勘《磧》《南》《徑》《清》作"令無"。
④ "大乘密嚴經卷下"至"殺諸獸一切外",《中華藏》原《金藏》本缺,以《麗藏》本補。
⑤ 持,《中華藏》校勘《麗》作"治"。

如磁石吸鐵，常能自轉動；
如蘊車性定，轉動由習氣；
草木土竹等，及繩以成舍；
和合而可見，身蘊亦如是。
起屍磁石鐵，轉動如有情，
一切皆亦然，如是蘊無我。
時寶手菩薩，白衆色王言：
王今應請問，金剛藏定者，
一切諸世間，所有於衆法，
無覺離於覺，遠離諸言詮，
相應不相應，二種之名字，
彼世間所有，自性云何住？
此會諸佛子，專心咸願聞。
衆色最勝王，即隨義而問：
名相等境界，一切世間法，
爲唯是分别？爲離分别有？
如其所立名，是名依何住？

金剛藏聞已，即告色王言：
一切唯有名，亦唯想安立，
從能詮異故，所詮不可得。
四蘊唯名字，是故説爲名，
如名摩納婆，但名無有體。
諸佛及佛子，説名唯在相，
離相而有名，不可得分别。
是故依於①相，分别有諸名，
如匿兔未②勿，假名不可得。
於③相無所有，愚夫妄分别，
世間亦如是，離相無有名。
缾衣車乘等，名言所分别，

① 於，《中華藏》校勘《麗》作“諸”。
② 未，原作“末”，據《中華藏》校勘《磧》《南》《徑》《清》《麗》改。
③ 於，《中華藏》校勘《磧》《南》《徑》作“相”。

名[①]相雖可説，體性無所有。
世間衆色法，但相無有餘，
唯依相立名，是名無實事。
王應觀世法，離名無所有，
但以分别心，而生於取著。
若離於分别，取著即不生，
無生即轉依，證於無盡法。
是故大王等，常應觀相[②]事，
但是分别心，離此即無有。
形相體增長，散壞質[③]與身，
如是等衆名[④]，皆唯色之想。
相[⑤]名及分别，體性本無異，
隨於世俗儀，建立名不同。
若捨離名字，而求於物體，
過去及未來，此皆不可得。
但識諸[⑥]轉變，無有所知法，
所知唯是名，世間悉如是。
以名分别法，法不稱於名，
諸法性如是，不住於分别。
以法唯名故，相即無有[⑦]體，
相無名亦無，何處有分别？
若得無分别，身心恒寂静，
如木火燒已，畢竟不復生。
譬如人負擔，是人名負者，
隨其擔有殊，擔者相差别。
名如所擔物，分别名擔者，

① 名，《中華藏》校勘《磧》《南》《徑》《清》作“色”。
② 相，《中華藏》校勘《磧》《南》《徑》《清》《麗》作“想”。
③ 質，《中華藏》校勘《麗》作“資”。
④ 如是等衆名，《中華藏》校勘《磧》《南》《徑》《清》置下一行“相名及分别”下。
⑤ 相，《中華藏》校勘《麗》作“想”。
⑥ 識諸，《中華藏》校勘《磧》《南》《徑》《清》《麗》作“諸識”。
⑦ 有，《中華藏》校勘《磧》《南》《徑》《清》作“相”。

以名種種故，分别各不同。
如見杌爲人，見人以爲杌，
人杌二分别，但有於名字。
諸大和合中，分别以爲色，
若離於諸大，體終不可得。
如德依缾處，缾依名亦然，
捨者而取缾，缾終不可得。
缾不住缾體，名豈住於名？
二合分别生，名量亦非有，
住於如是定，其心不動摇。
譬如金石等，本來無水相，
與火共和合，若水而流動。
藏識亦如是，體非流轉法，
諸識共相應，與法同流轉。
如鐵因磁石，周迴而轉移，
二俱無有思，狀若有思覺。
賴邪與七識，當知亦復然，
習氣繩所牽，無人而若有。
徧滿有情身，周流於險趣，
如鐵與磁石，展轉不相知。
或離於險趣，而得住諸[①]地，
神通自在力，如幻首楞嚴。
乃至陀羅尼，莫不皆成滿，
讚佛實功德，以之爲供養。
或現無量身，一身無量手，
肩頭口及舌，展轉皆無量。
往詣十方國，供養諸如來，
雨華及衣服，頭冠與瓔珞。
種種寶莊嚴，積如須彌等，
供養薩婆若，佛及諸佛子。
或作寶宫殿，如雲備衆彩，

① 諸，《中華藏》校勘《麗》作“於”。

化現諸天女，遊處於其中，
妓樂衆妙音，供養於諸佛。
或與佛菩薩，遊止常共俱，
一切諸魔怨，自在而降伏，
得自覺聖智，正定以莊嚴。
已轉於所依，即見法無我，
五法三自性，及與八種識。
能成就諸明，住定常供養，
或現身廣大，或現如微塵，
種種諸色身，供養於諸佛。
或身納諸刹，刹入芥子中，
大海爲牛跡，牛跡或爲海，
其中諸有情，無有所逼惱。
平等施資用，如地及日月，
如水與火風，如寶洲妙藥，
普能作饒益，長養諸有情。
諸法不生滅，不斷亦不常，
不一亦不異，不來亦不去，
妄立種種名，是爲徧計性。
諸法猶如幻，如夢與乾城，
陽焰水中月，火輪雲雷①等，
此中妄所取，是爲徧計性。
由彼彼名詮，以名彼彼法，
於彼不可得，是爲徧計性。
一切世間法，不離於名色，
若離於能詮，所詮不可得。
如是徧計性，我説爲世間，
眼色等爲緣，因三和合起。
聲依桴鼓發，牙從地種生，
宫殿②與缾衣，無依③衆緣起，

① 雷，《中華藏》校勘《磧》《南》《徑》《清》作“電”。
② 殿，《中華藏》校勘《磧》《南》《徑》《清》作“寶”。
③ 依，《中華藏》校勘《磧》《南》《徑》《清》作“非”。

有情及諸法，此悉依佗性。
若法是無漏，其義不可捨，
自覺聖智境，此性名真實。
諸法相差別，已說其自性，
若離自性門，諸法不明了。
如衆物和合，現作幻化形，
衆色雖不同，性皆無決定。
世事悉如是，種種皆非實，
妄情之所執，徧計無有餘。
譬如摩尼寶，隨色而像現，
世間亦復然，但隨分別有，
體用無所在，是爲徧計性。
如乾闥婆城，非城而見似，
亦非無有因，而能如是見，
世間種種物，應知亦復然。
日月等宫殿，諸山及寶山，
煙雲相擊觸，未嘗有雜亂。
無共無自佗，體性皆非有，
但是所分別，徧計之自性。
諸物非因生，亦非無有因，
若有若非有，此皆情所執。
名依於相起，一①從分別生，
正智及如如，遠離於分別。
心如相顯現，相爲意所依，
意與五心生，猶如海波浪。
習氣無有始，境界亦復然，
心因習氣生，境令心惑亂。
依止賴邪識，一切諸種子，
心如境界現，是說爲世間。
七識阿賴邪，展轉互相生，
如是八種識，不常亦不斷，

① 一，《中華藏》校勘《磧》《徑》《清》《麗》作“二”。

一切諸世間，似有而安布。
有計諸衆生，我等三和合，
發生種種識，了别於諸境。
或有妄計言，作者業因故，
生於梵天等，内外諸世間。
世間非作者，業及微塵作，
但是阿賴邪，變現似於境。
藏識非緣作，藏亦不作緣，
諸識雖流轉，無有三和合。
賴邪體常住，衆識與之俱，
如輪與水精，亦如星共月。
從此生習氣，新新自增長，
復增長餘識，餘識亦復然，
如是生死轉，悟者心無轉。
譬如火燒木，漸次而轉移，
此木既已燒，復更燒餘木。
依止賴邪識，無漏心亦然，
漸除諸有漏，永息輪迴法。
此是現法樂，成就三摩地，
衆聖由是生，從刹至於刹。
譬如微妙金，在礦不能見，
智者巧陶鍊，其金乃明顯。
藏識亦如是，習氣之所纏，
三摩地淨除，覺者常明見。
如酪未鑽搖，酥終不可得，
是故諸智者，鑽酪而得酥。
藏識亦復然，諸識所纏覆，
密嚴諸定者，勤[①]觀乃能得。
密嚴是大明，妙智之殊稱，
佛子勤修習，生於此刹中。
色及無色界，空識非非想，

① 勤，《中華藏》校勘《磧》《南》《徑》《清》作“觀”。

於彼常勤修，而來生是處。
此中諸佛子，威光猶日月，
修行得正定，演説相應道。
諸佛與灌頂，咸皆授其位，
如來所證法，隨見而轉依。
雖處密嚴場，應物而變化，
隨彼愛樂法，住空而演説。

是時金剛藏，復告大衆言：
賴邪無始來，爲戲論熏習，
諸業所繫縛，輪轉[①]無有窮；
亦如於大海，因風起波浪，
恒生亦恒滅，不斷亦不常，
由不悟自心，隨識境界現。
若了於自心，如火焚薪盡，
通達於無漏，則名爲聖人。
藏識變衆境，彌綸於世間，
意執我我所，思量恒流轉。
諸識類差別，各各了自境，
積集業爲心，徧積集名意。
了别名爲識，五識取現境，
如瞖見毛輪，隨見而迷惑。
於似色心中，非色計於色，
譬如摩尼珠，日月光所照，
隨其所應現，各雨自類物。
阿賴邪亦尒，如來清淨藏，
和合於習氣，變現周世間。
與無漏相應，雨諸功德法，
譬如乳變異，成酪至酪漿。
藏識亦如是，變似於衆色，
如瞖見毛輪，有情亦復尒，

① 輪轉，《中華藏》校勘《磧》《南》《徑》作“轉輪”。

以惡習氣瞖，住藏識眼中。
於諸非色處，此處[①]見諸色，
猶如於陽焰，遠離於有無。
皆賴邪所現，仁者依眼色，
而生似色識，如幻住眼中。
飄動猶熱焰，色皆是藏識，
與色習相應，變似體非有。
愚夫妄分別，諸惛醉放逸，
坐卧及狂走，頓起諸事業，
皆是賴邪識。猶如盛赫日，
舒光照於地，蒸氣如水流，
渴獸望之走。賴邪亦復尒，
體性實非色，而似於色現。
惡覺妄生者[②]，如磁石吸鐵，
迅速而轉移，雖無於情識，
似情識而動。如是賴邪識，
爲生死所攝，往來於諸趣，
非我而似我。如海中漂物，
無思隨水流，賴邪無分別，
依身而運動。
譬如二象鬬，被傷者永退，
賴邪亦如是，斷染無流轉。
譬如淨蓮華，離泥而皎潔，
人天皆受用，莫不咸珍敬。
如是賴邪識，出於習氣泥，
轉依得清淨，佛菩薩所重。
譬如殊勝寶，野人所輕賤，
若用飾冕旒，則爲王頂戴。
如是賴邪識，是清淨佛性，
凡位恒雜染，佛果常寶持。

① 處，《中華藏》校勘《磧》《南》《徑》《清》《麗》作“所”。
② 者，《中華藏》校勘《磧》《南》《徑》《清》作“著”。

如美玉在水，苔衣所纏覆，
賴邪處生死，習氣縈不現。
於此賴邪識，有二取相生，
如蛇有二頭，隨樂而同住[①]。
賴邪亦如是，與諸色相俱[②]，
一切諸世間，取之以爲色。
惡覺者迷惑，計爲我我所，
若有若非有，自在作世間。
賴邪雖變現，體性恒甚深，
於諸無知人，悉不能覺了。
譬如於幻師，幻作種種獸，
或行而或走，似有情非實。
賴邪亦如是，幻作於世間，
一切諸有情，體性無真實。
凡愚不能了，妄生於取著，
起微塵勝性，有無異分別。
及與於梵天，丈夫等諸見，
分別皆是意，分別於世間。
此之分別見，本來無有實，
譬如畫中質，亦如虹霓像，
及以雲中物，瞖眼見毛輪，
女人窺鏡容，如夢觀衆色，
如帝弓谷響，樹影與乾城，
熱時陽焰水，池中明月像，
如是諸計度，於賴邪妄取。
觀察是等時，諦了唯藏識，
即達世間相，所依一切法，
是諸分別見，即皆而轉滅。
賴邪是意等，諸法習氣依，
常爲於分別，心之所擾濁。

---

① 住，《中華藏》校勘《磧》《南》《徑》《清》《麗》作“往”。
② 俱，《中華藏》校勘《磧》《南》《徑》《清》《麗》作“具”。

若離於分别，即成無漏道，
常恒而不變，猶若於虚空。
若於阿賴邪，獲得三摩地，
則生無漏法，如意定解脱，
及以四無畏，十力并善巧，
自在與神通，如是諸功德，
起十究竟願，意成微妙身。
永轉於所依，識界常安住，
體同虚空性，不壞亦不盡。
如來悉明見，世間無增減，
有情復不生，涅槃者非滅，
此剎及餘剎，同於一法性。
諸佛出於世，或不出於世，
法性本常住，不常亦不斷。
又若解脱者，而有情界滅，
即壞於如來，一切之智性，
三世諸佛境，不得於平等。
又若般涅槃，有情界滅者，
是誰離於苦，得有餘無餘，
降魔伏邪見？皆應是妄説。
是故應當知，諸勝觀行者，
若證於解脱，其身則常住，
永離於取藴，滅除諸習氣。
譬如以熱鐵，投之於冷水，
熱勢雖已除，其鐵體無壞。
諸仁應當知，阿賴邪如海，
常爲於戲論，麤重風所擊，
五法三自性，諸識浪相續，
所有於境界，其相而[①]飄動，
於無義處中，似義實無體。
若悟則皆空，轉依恒無盡，

① 而，《中華藏》校勘《磧》《南》《徑》《清》作“如”。

住密嚴如月，影現於十方。
應知賴邪識，行於蘊稠林，
末那爲先導，意識能决了，
色等一切境，及以五識身，
與根境和合，了於現境界。
自境之所取，皆是阿賴邪，
藏識與壽煖，及觸和合性。
末那依此識，識復住於意，
所餘五種識，亦住於自根。
心意及諸識，而安住於蘊，
爲業習繫縛，流轉無有窮。
如是所有業，皆由於貪愛，
既以業受身，復以身造業。
捨於此身已，更受於餘身，
前後以依因，徐行如水蛭。
心及諸心所，相續生諸趣，
更展轉積集，住諸蘊稠林。
壽煖及與識，若捨離於身，
身則無覺知，猶如於木石。
藏識是爲心，執我名爲意，
能取諸境界，以是説爲識，
採集業爲心，意爲徧採集，
意識能徧了，五識現分别。
心能持於身，末那著諸趣，
意識能徧了，五識緣自境，
藏識以爲因，從是生餘識。
意意識所緣，無閒而流轉，
五識復更待，增上緣而生，
同時自根事，是爲增上故。
是身如起屍，亦如熱時焰，
隨行因緣轉，非妄亦非實，

爲受①之所牽，性空無有我。
意等諸②轉識，與心而共生，
五識復更依，意識而因起，
如是一切時，大地而俱轉。
賴邪爲於愛，所熏而增長，
既自增長已，復增於餘識，
展轉不斷絶，猶如於井輪。
以有諸識故，衆趣而生起，
於是諸趣中，識復得增長，
識與世間法，更互以爲因。
譬如河水流，前後而不斷，
亦如牙與種，相續而轉生，
各各相差別，分明而顯現。
識行③亦如是，既三和合已，
而復更④和合，差別相而生，
如是而流轉，常無有斷絶。
内外一切法，皆因此而起，
愚不了唯心，汝等勤觀察。

時衆色王等，復向金剛藏，
而作如是言：金剛藏無畏，
善入於密嚴，能演一切法。
佛及諸佛子，正定而思惟，
無比甚奇特，顯明於法相，
金剛藏無畏，垂見爲宣説。
尊處摩尼宫，居師子勝座，
最勝子圍遶，住於密嚴定，
願爲諸佛子，説瑜伽勝法。
此是月幢佛，爲衆所開演，

① 受，《中華藏》校勘《磧》《南》《徑》《清》作“愛”。
② 諸，《中華藏》校勘《磧》《南》《徑》《清》作“識”。
③ 識行，《中華藏》校勘《麗》作“行識”。
④ 更，原作“吏”，據《中華藏》校勘《磧》《南》《徑》《清》《麗》改。

彼衆當來此，願説而無倦。
此月幢如來，亦現多神變，
於欲界宫殿，及於色界中，
與佛子圍遶，諸天皆侍衛，
所説勝理趣，密嚴無畏法。
彼諸瑜伽者，聞説如是已，
得自覺聖智，内證之境界，
怖於尼夜摩，及正位之樂，
不住於實際，定中互觀察。
而皆各念言：誰已證實相，
觀行之上首？願得見斯人。
此衆咸一心，復更重思惟：
何者是於定？云何爲非定？
復於何所定？又復以何法，
爲定所待緣？彼諸佛子等，
復於何所定，以三摩地力，
見密嚴土中，清淨最勝子？
菩薩衆之王，首戴於寶冠，
具三十二相，及以隨形好，
而作於嚴飾。彼諸佛子等，
悉皆從定起，掛微妙寶瓔，
從無量佛土，而來於此會。
同共以一心，瞻仰金剛藏，
大力[①]瑜伽尊，彼等皆思惟，
得法樂而請。

金剛藏見已，周顧於四方，
發於和雅音，微笑而告曰：
汝等諸佛子，一心咸諦聽，
瑜祇定境界，甚深不思議，
非分别所知，定及緣亦尒。

① 力，《中華藏》校勘《磧》《南》《徑》《清》《麗》作“智”。

遠離欲不善，及以諸散動，
有尋伺喜樂，寂静入初禪，
如是漸次第，四八至於十。
著我諸外道，常修習此定，
聲聞辟支佛，亦復皆如是。
各知於世間，諸法之自相，
藴處如空聚，一切皆無我。
無思無動作，但三和合生，
如機關起屍，本無能作者。
外道修是定，起於空性見，
此人迷法相，壞於一切法。
若修佛妙定，善知藴無我，
即發勝福聚，滅除諸惡見。
一切皆唯心，無能相所相，
無界亦無藴，一切皆無相，
分析至微塵，此皆無所住。
愚夫妄分别，彼地水等性，
不知其性者，取於如是相，
妙色及惡色，似色餘亦然。
如空中虹霓，雲霞等衆彩，
思惟如骨鎖，徧滿於世間。
及徧處想觀，觀於諸大等，
身有色無色，定者常諦思。
若於緣一心，即緣説清淨，
如其所分别，即彼成所緣，
非定非定者，妄計以爲定。
定者在定中，了世皆藏識，
法及諸法相，一切皆除遣。
獲於勝定者，善説於諸定，
破諸修定人，妄智所知法。
若人生劣慧，取法及於我，
自謂誠諦言，善巧説諸法，
計著諸法相，自壞亦壞佗，

無能相所相，妄生差别見。
甜味能除熱，苦酸鹹止淡，
辛味除於冷，鹹能已[①]風疾。
黄痰變異故，共生於瘧病，
或時但因風，或因三和合。
疾既有差别，古仙設衆方，
石蜜等六分，粆糖[②]及諸味，
能除有情身，種種諸瘧病。
若法有自性，及以諸相者，
藥無除病能，病者不應差。
云何世咸見，服藥病消除？
定者了世間，但是賴邪識，
變異而相續，譬如衆幻獸。
無能相所相，無藴及藴者，
亦無支分德，及以有支分。
世間無能作，亦無有所作，
無塵積世間，無方處往者。
無初最微細，漸次如一指，
乃至三指量，諸[③]物轉和合，
末[④]那各差别，如是義皆無。
非勝性作世，亦非時能生，
亦非愛樂性，乃三法所作。
亦非無有因，自然而得有，
斯由[⑤]業習氣，擾濁於内心。
依心及眼根，種種妄分别，
意及於意識，有情阿賴邪，
普現於世間，如幻師造物。
若能入唯識，是則證轉依，

① 已，《中華藏》校勘《磧》《南》《徑》《清》作“去”。
② 粆糖，《中華藏》校勘《磧》《南》《徑》《清》作“唐沙”，《麗》作“沙糖”。
③ 諸，《中華藏》校勘《磧》《南》《徑》《清》作“實”，《麗》作“寶”。
④ 末，原作“求”，據《中華藏》校勘《磧》《南》《徑》《清》改。
⑤ 斯由，《中華藏》校勘《麗》作“由斯”。

若説於空性，則知相唯識。
缾等本無境，體相皆心作，
非缾似缾現，是故説爲空。
世間所有色，諸天等宫殿，
變異而可見，皆是阿賴邪。
有情身所有，從頭至手足，
頓生或漸次，無非阿賴邪。
習氣濁於心，凡愚不能了，
此性非是有，亦復非是空。
如人以諸物，擊破於缾等，
物體若是空，即無能所破。
我如妙高山，此見未爲礙，
憍慢而著空，此惡過於彼。
自處爲相應，不應非處説，
若演於非處，甘露即爲毒。
一切諸有情，生於種種見，
欲令斷諸見，是故説空理。
聞空執爲實，不能斷諸見，
此見不可除，如病醫所捨。
譬如火燒木，木盡火不留，
見木若已燒，空火亦應滅。
諸見得滅時，生於智慧火，
普燒煩惱薪，一切皆清淨。
牟尼由此智，密嚴而解脱，
不見以兔角，觸壞於大山。
曾無石女兒，執箭射於物，
未聞欲鬪戰，而求兔角弓。
何有石女兒，能造於宫室？
一切法空性，與法常同體。
始於胎藏[①]時，色生便壞滅，
離空無有色，離色無有空，

① 藏，原作"臓"，據文意改。

如月與光明，始終恒不異。
諸法亦如是，空性與之一，
展轉無差别，所爲皆得成。
是身如死屍，本來無自性，
貪愛繩繋縛，境界所牽動。
説微妙空理，爲淨於諸見，
其有智慧人，應當一心學。
譬如工幻師，以諸呪術力，
草木等衆數[①]，隨意之所作。
依於根及愛，色明與作意，
發生於明識，無實如幻焰。
是識無來處，亦不去餘方，
諸識性皆尒，有無不變差[②]。
如毛輪兔角，及以石女兒，
本來無有體，妄立於名字。
師子虎熊羆，馬驢馲駝類，
鼉黿與瑇瑁，彼等皆無角，
何故不分别，唯言兔角無？
最勝談論人，云何不成立？
爲慧者顯示，但彼妄分别。
外道衆迷惑，如瘖及聾瞽，
彼無起[③]度智，亦無内證法，
但隨佗語轉，何用分别爲？
若妄起分别，不生於密嚴，
定者獲等至，乃能生此國。
譬如天宫殿，日月及衆星，
環遶妙高山，皆由風力轉；
七識亦如是，依於阿賴邪，
習氣之所持，處處恒流轉。
譬如依大地，能生卉木類，

① 數，《中華藏》校勘《磧》《南》《徑》《清》作“緣”。

② 差，《中華藏》校勘《磧》《南》《徑》《清》《麗》作“著”。

③ 起，原作“超”，據《中華藏》校勘《磧》《南》《徑》《清》改。

一切諸有情，乃至衆珍寶；
如是賴邪識，衆識之所依。
譬如孔雀鳥，毛羽多光色，
雄雌相愛樂，鼓舞共歡遊；
如是阿賴邪，種子及諸法，
展轉相依住，定者能觀見。
譬如百川注[①]，日夜歸大海，
衆流無斷絶，海亦不分別；
如是賴邪識，甚深無涯底，
諸識之習氣，日夜常歸往。
如地有衆寶，種種色相殊，
諸有情受用，隨福而招感；
如是賴邪識，與諸分別俱，
增長於生死，轉依成正覺。
善修清淨行，出過於十地，
入於佛地中，十力皆圓滿。
正住於實際，常恒不壞滅，
現種種變化，如地無分別。
如春衆華色，人鳥皆欣玩；
執持識亦然，定者多迷取。
如是諸佛子，無慧離真實，
於義不善知，妄言生決定；
非法離間語，誑惑於有情，
諸法別異住，而別起言説。
譬如工幻師，善用於呪術，
示現種種華，華果實無有。
如是佛菩薩，善巧智方便，
世間別異住，別異而變現；
説種種教門，誘誨無窮已，
決定真實法，密嚴中顯現。
六界與十八，十二處丈夫，

① 注，《中華藏》校勘《磧》《南》《徑》《清》作"流"。

意繩之所牽，有情以流轉。
八識諸界處，共起而和合，
從於意繩轉，前身復後身。
此流轉丈夫，隨世因示現，
是一切身者，續生無斷絶。
六界與丈夫，及以十二處，
十八界意行，説爲自在者。

尒時金剛藏，菩薩摩訶薩，
説於諸界處，丈夫之義已，
佗化清淨宫，摩尼寶藏殿，
諸無畏佛子，悉皆稽首禮。
佗方佛菩薩，來居此會者，
悉皆共同聲，而讚言善哉。
復有諸菩薩，諸天及天女，
皆從本座起，合掌一心敬。
遞共相瞻顧，而作如是言：
定中上首尊，善爲諸菩薩，
説妙丈夫義，遠離外道論。
最勝子宣示，六界淨丈夫，
但是諸界合，隨因以流轉。
譬如衆飛鳥，空中現其跡，
又如離於木，而火得熾然，
空中見鳥跡，離木而有火。
我及諸世間，未曾覩是事，
鳥飛以羽翰，空中無有跡。
仁者説丈夫，與鳥跡相似，
云何於諸有，得有輪迴義？
而説界丈夫，常流轉生死，
受諸苦樂果，所作業無失？
如農夫作業，功必不唐捐，
此果成熟已，能生於後果。
身者於身中，而修於善行，

前生後生處，恒受人天樂。
或常修福德，資糧爲佛因，
解脱及諸度，成於無上覺。
生天自在果，觀行見真我，
若離趣丈夫，一切悉無有。
於業業果報，所作無虚棄，
下從阿鼻獄，上至於諸天，
謂有趣丈夫，流轉於生死。
内外諸世間，種現互生果，
此法似於彼，彼從於此生①。
若離趣丈夫，得有輪迴者，
如言石女子，威儀而進退，
兔角有銛利，從沙而出油。
會中諸菩薩，諸天及天女，
説如是語已，供養應供者，
即金剛藏尊，及諸菩薩衆。
供養事畢已，同作如是言：
法眼具無缺，因喻皆莊嚴，
能摧於②異論，外道諸宗過。
既降伏佗已，顯示於自宗，
是故大勇猛，宜爲速開演，
我等咸願聞，大慧者應説。

尒時金剛藏，菩薩摩訶薩，
聞諸天殷請，即時而告言：
汝等諸天人，一心應諦聽，
此法深難思，分别不能及。
瑜伽清淨理，因喻所開敷，
我現於密嚴，今爲汝宣説，
密嚴甚微妙，定者殊勝處。

① 生，《中華藏》校勘《磧》《南》《徑》《清》作“中”。
② 於，《中華藏》校勘《麗》作“諸”。

尒時金剛藏，説如是語已，
復告於大樹，緊那羅王言：
大樹緊那王，汝應當觀察，
云何諸法性？性空無所有。
如是見相應，於定不迷惑，
如飦一粒熟，餘粒即可知，
諸法亦復然，知一即知彼。
譬如鑽酪者，嘗之以指端，
如是諸法性，可以一觀察。
法性非是有，亦復非是空，
藏識之所變，藏以空爲相。
大樹緊那王，即時而問曰：
云何心量中，而有界丈夫？
云何生諸界，堅濕及煖動？
尒時金剛藏，菩薩摩訶薩，
聞其所説已，而告如是言：
善哉大樹王，能發甚深問，
願令修定者，得詣於真實，
我今爲汝説，琴師應諦聽。
汝昔自佗化，與諸眷屬俱，
鼓樂從空來，乘於寶宮殿。
如是諸天侶，而同詣佛會，
撫奏妙寶琴，其聲甚和雅。
聲聞在會者，各遞相謂言：
我樂見樹王，緊那衆遊戲，
及所乘宮殿，妙寶以莊嚴。
汝奏瑠璃琴，衆心皆悦動，
迦葉聲聞等，不覺起而舞，
由妙音和樂，不能持本心。
時天冠菩薩，告迦葉等言：
汝等離欲人，云何而舞戲？
是時大迦葉，白彼天冠士：
佛子有大力，譬如毗嵐風，

聲聞無定智，如黑山摇動。
雖離惑分别，尚染習氣泥，
分證於實際，未斷於諸習，
若捨諸麤重，必當得菩提。
汝於微細境，巧慧具諸論，
帝釋世間明，於彼法通達。
及緊那羅論，如來清淨理，
善於諸地相，明了而决定。
端居寶殿中，眷屬共圍遶，
光明淨嚴好，猶如盛滿月，
觀行得自在，處衆能問答。
問我界丈夫，云何從心起？
汝及諸佛子，咸應一心聽。
如其諸界内，心名爲丈夫，
諸界因此生，是義我當説。
津潤生於水，炎盛生於火，
動摇諸作業，因斯起風界。
從於色分齊，有虚空及地，
識與諸境界，習氣能生身。
眼及諸色等，相狀各不同，
此無門作門，諸有恒相續。
時摩尼寶藏，自在之宫殿，
持進大菩薩，與諸最勝子，
俱是從座起，稽首而作禮。
各持妙供具，供養金剛藏，
覆以寶羅網，同聲而讚佛：
聖者善安住，菩薩法雲地，
悟入如來境，應現實難量，
能爲諸大士，開示佛知見。
時緊那羅王，并諸婇女等，
供養而讚歎：金剛藏無畏，
摩尼寶宫殿，嚴淨勝道場，
爲我等開演，如來微妙法。

尒時聖者觀自在菩薩摩訶薩、慈氏菩薩摩訶薩、得大勢菩薩摩訶薩、曼殊室利法王子菩薩摩訶薩、神通王菩薩摩訶薩、寶髻菩薩摩訶薩、天冠菩薩摩訶薩、總持王菩薩摩訶薩、一切義成就菩薩摩訶薩，如是等菩薩摩訶薩及餘無量修勝定者皆是佛子，威德自在，決定無畏，善能開示觀行之心。俱從座起，互相觀察，向金剛藏菩薩摩訶薩而説偈言：

金剛自在尊，能示於法眼，
諸佛所加護，菩薩皆宗仰，
善達於地相，巧能而建立。
佛子大力衆，同心皆勸請，
定王願哀愍，顯示於密嚴，
佛及佛子等，甚深奇特事。
此法最清淨，遠離於言説，
化佛諸菩薩，昔所未開敷。
自覺智所行，見真無漏界，
微妙現法樂，清淨最無比。
具衆三摩地，無量陀羅尼，
諸自在解脱，意成身十[①]種，
殊勝色清淨，照明於法界。
善逝不思議，嚴剎亦如是，
佛及諸菩薩，身量如極微，
乃至如毛端，百分中之一。
密嚴殊妙剎，諸土中最勝，
如是觀行者，咸來生此中，
是皆何所因？佛子願宣説。

尒時金剛藏，菩薩摩訶薩，
身如師子臆，具三十二相，
以隨好莊嚴，將欲廣開示。
觀察彼大會，猶如師子王，
知衆堪聽聞，古先佛秘旨，
我今演法眼，離於能所覺。

① 十，《中華藏》校勘《磧》《南》《徑》《清》作“七”。

金剛藏即發，清淨梵音聲、
迦陵頻伽聲、廣長舌相聲、
巧妙無麤獷、世間稱歎聲、
廣略美暢聲、克諧鍾律聲、
高韻明[①]徹聲、乾駄羅中聲、
雄聲與直聲、罽尸迦哀聲、
歌詠相應聲、急聲及緩聲、
深遠和暢聲，一切皆具足。
衆德以相應，聞之而離著，
心無有[②]猒倦，一切皆欣樂。
悉能盡通達，所有音聲相，
自然而普應，無作無功用。
金剛藏菩薩，口未曾言説，
所有諸音聲，但由本願力，
從眉額及頂，鼻端肩與膝，
猶如於變化，自然出妙音，
普爲諸大衆，開示於法眼。
勇猛金剛藏，住於自在宫，
最勝子圍遶，清淨而嚴潔，
如鵝王在池，群鵝而翼從。
大定金剛藏，處於師子座，
映蔽於一切，所有修行人，
猶如月在空，光映於列宿。
如月與光明，而無有差别，
金剛藏威德，與佛亦復然。
尒時如實見，菩薩之大力，
修行中最勝，住於瑜伽道，
即從座而起，觀察大衆言：
奇哉大乘法！如來微妙境，
一切佛國中，佛子應頂禮。

① 明，《中華藏》校勘《磧》《南》《徑》《清》《麗》作“朗”。
② 有，《中華藏》校勘《磧》《南》《徑》《清》作“所”。

無思離垢法，諸佛所觀察，
希有甚微密[1]，大乘清淨理，
非[2]惡覺境界，轉依之妙道。
八種識差別，三自性不同，
五法二無我，各各而開示。
五種習所纏，生諸妄分別，
見此微妙法，清淨如真金，
得於真性者，則住佛種性。
如來性微妙，離聲聞外道，
密嚴諸刹勝，證者乃能往。
尊者金剛藏，已得何等持？
所說淨法眼，是何等持境？
時無量菩薩，復禮金剛藏：
大智金剛尊，願爲我開演，
住何三摩地，而能說是法？
此諸佛子等，一切皆樂聞。

尒時金剛藏，處自在宫殿，
觀察於大會，自心而念言：
此法不思議，十力微妙境，
由慧之所持，誰當堪受聽[3]。
已見堪任者，皆諸佛之子，
即時而告言：汝等當諦聽，
我今爲汝說，轉依之妙道。
我爲諸佛子，佗化自在衆，
以得三摩地，名大乘威德，
住於此定中，演清淨法眼。
亦見億塵刹，所有諸善逝，
那庾多塵億，在前而讚歎：
善哉汝所說！此是瑜伽道，

① 密，《中華藏》校勘《磧》《南》《徑》《清》作“妙”。
② 非，原作“悲”，據《中華藏》校勘《磧》《南》《徑》《清》《麗》改。
③ 受聽，《中華藏》校勘《磧》《南》《徑》《清》作“聽受”。

我等悉皆行，如是三摩地，
於斯得自在，清淨成正覺。
十方一切佛，皆從此定生，
當知最殊勝，非思量所及。
若有諸菩薩，得住此定中，
即住不思議，諸佛之境界。
證於自智境，見三摩地佛，
變化百千億，乃至如微塵。
自覺聖智境，諸佛所安立，
此法無諸相，遠離於聲色。
名從於相生，相從因緣起，
此二生分别，諸法性如如，
於斯善觀察，是名爲正智。
名爲徧計性，相是依佗起，
遠離於名相，是名第一義。
藏識住於身，隨處而流轉，
習氣如山積，染意之所纏。
末那[①]有二門，意識同時起，
五境現前轉，諸識身和合。
猶如有我人，住在於身内，
藏識瀑[②]流水，境界風所飄，
種種識浪生，相續恒無斷。
佛及諸佛子，能知法無我，
已得成如來，復爲人演[③]説。
分析於諸藴，是人無我性，
不知法無我，是説爲聲聞。
菩薩所修行，善達二無我，
觀已即便捨，不住於實際。
若住於實際，便捨大悲心，
功業悉不成，不得成正覺。

① 末那，原作“未邪”，據《中華藏》校勘《磧》《南》《徑》《清》改，《麗》作“求那”。
② 瀑，《中華藏》校勘《磧》《南》《徑》《清》《麗》作“暴”。
③ 演，《中華藏》校勘《磧》《南》《徑》《清》《麗》作“宣”。

希有難思智，普利諸有情，
如蓮出淤泥，色相甚嚴潔，
諸天聖人等，見之生愛敬。
如是佛菩薩，出於生死泥，
成佛體清淨，諸天所欣仰。
從初菩薩位，或作轉輪王，
或住乾闥婆，阿修羅王等。
了悟大乘法，獲於如是身，
漸次而修行，決定得成佛。
是故諸佛子，宜應一心學，
所有雜染法，及與清淨法，
恒於生死中，皆因賴邪轉。
此因勝無比，證實者宣示，
非與於能作，自在等相似。
世尊説此識，爲除諸習氣，
了達於清淨，賴邪不可得，
賴邪若可得，清淨非是常。
如來清淨藏，亦名無垢智，
常住無終始，離四句言説。
佛説如來藏，以爲阿賴邪，
惡慧不能知，藏即賴邪識。
如來清淨藏，世間阿賴邪，
如金與指環，展轉無差別。
譬如巧金師，以淨好真金，
造作指嚴具，欲以莊嚴指，
其相異衆物，説名爲指環。
現法樂聖人，證自覺智境，
功德轉增勝，自共無能説。
現法諸定者，了達境唯心，
得於第七地，悉皆而轉滅。
心識之所緣，一切外境界，
見種種差别，無境但唯心。
缾衣等衆幻，一切皆無有，

心變似彼現，有能取所取。

譬如星月等，依須彌運行，

諸識亦復然，恒依賴邪轉。

賴邪即密嚴，妙體本清淨，

無心亦無覺，光潔如真金。

不可得分別，性與分別離，

體實是圓成，瑜伽者當見。

意識緣①於境，但緣於愚夫，

聖見悉清淨，猶如陽焰等。

尒時世尊説是經已，金剛藏等無量菩薩摩訶薩及從佗方來此會者微塵數衆，聞佛所説，皆大歡喜，信受奉行。

大乘密嚴經卷下

① 緣，《中華藏》校勘《磧》《南》《徑》《清》《麗》作"縛"。

慈氏菩薩所說大乘緣生稻䔲喻經[①]

特進試鴻臚卿大興善寺三藏沙門大廣智不空奉詔譯[②]

如是我聞：一時婆伽梵住王舍城鷲峯山中，與大苾蒭僧千二百五十人俱，及大菩薩摩訶薩衆。

尒時慧命舍利子往至慈氏菩薩摩訶薩經行處，其慈氏菩薩與舍利子俱坐磐石上。時[③]慧命舍利子問慈氏菩薩摩訶薩言："今日世尊觀見稻䔲，告諸苾蒭而說是語：'汝等苾蒭，若見緣生，即是見法；若見法，即見佛。'婆伽梵如是說已，默然而住。如來所說是經，當有何義？云何是緣生？云何是法？云何是佛？云何見緣生即見法？云何見法即見佛？"

說是語已，慈氏菩薩摩訶薩告舍利子言："薄伽梵常爲[④]苾蒭說如此義：'若見緣生，即見法；若見法，即見佛。'緣生者，所謂無明緣行，行緣識，識緣名色，名色緣六處，六處緣觸，觸緣受，受緣愛，愛緣取，取緣有，有緣生，生緣老死，如來說此是爲緣生。云何是法？如來略說八支聖道果得涅槃，是名爲法。云何是佛？覺悟一切法故，以聖慧眼證於涅槃，見作菩提所學之法，是名爲佛。

"云何見緣生？如來說此緣生常住、無人、無我、無衆生、無壽命、不顛倒、無生、無作、無爲、無對、無礙。見自性寂静，即見法。若見如是種類常住、無人、無我、無衆生、無壽命、不顛倒、無生、無對、無礙，是即見法。從此已後，即見法身，得見如來，現證正智。"

又問："緣生者[⑤]是何義？"

---

① 底本，《中華藏》第1423號，第65册第599頁中—602頁下，原《金藏》廣勝寺本。經名，《中華藏》校勘《石》作"慈氏菩薩所說大乘緣生稻䔲喻經一卷"，卷末經名同。

② 譯名，《中華藏》校勘《徑》《清》作"唐三藏沙門大廣智不空奉詔譯"，《麗》作"開府儀同三司特進試鴻臚卿肅國公食邑三千户賜紫贈司空謚大鑒正號大廣智大興善寺三藏沙門不空奉詔譯"。

③ 時，《中華藏》校勘《石》無。

④ 爲，《中華藏》校勘《石》作"謂"。

⑤ 者，《中華藏》校勘《石》無。

答言:“有因有緣,非無因緣,名爲緣生,而於此中如來略説緣生之相。由此因故[①],能生是果。若如來出世及不出世,法性、法住、法位順於緣生[②],真如、不顛倒如、不異如,真實不異,實不顛倒,不錯謬,爲如是等。

“復次,緣生由二種因起。云何爲二?一者繫屬因,二者繫屬緣。其緣生法應知二種,所謂外、内。外緣生者,繫屬因云何?所謂從種子生芽,從芽生葉,從葉生枝,從枝生莖,從莖生榦,從榦生華,從華生果。若無種子,芽無從生,乃至無華,果亦無所從生。有種故生芽,乃至有華生果。其種不作是念:‘我能生芽。’芽亦不作是念:‘我從種生。’乃至華亦不作是念:‘我能生果。’果亦不作是念:‘我從華生。’然有種子故生芽,乃至有華生果。如是外緣生,應知繫屬於因。

“云何外緣生繫屬於緣?所謂六界和合緣生繫屬於緣。云何六界?地、水、火、風、空、時,和合緣生繫屬於緣。云何地界、水、火、風、空、時界?令種子攝持,名爲地界;令種子滋潤,名爲水界;令種子成熟[③],名爲火界;令種子增長,名爲風界;令種子作無障礙,名爲空界;令種子變易,名爲時界。若無衆緣,子不生芽。若不闕地界,不闕水、火、風、空、時界,則一切和合,種子生芽。其地界不作是念:‘我能攝持種子。’水界不作是念:‘我能滋潤種子。’火界不作是念:‘我能成熟種子。’風界不作是念:‘我能增長種子。’空界不作是念:‘我能令種子作無障礙。’時界不作是念:‘我能變易種子。’其種子亦不作是念:‘我從衆緣而得生芽。’然假如是[④],種子生芽,其芽不自作、不佗作、不二俱作、不自在天作、不時變易作,不自性生、不繫屬作者無因得生,如是種子以地、水、火、風、空、時和合故而生。

“此外,緣生法應知五種:不常、不斷、不移轉、因少果多、相似相續不生異物。云何不常?種子、芽異故,不即是種是芽,亦不以壞種而得生。芽實種壞故而生,以種壞芽生故名不常。云何不斷?先不壞[⑤]種而生芽,亦非不壞。如是種[⑥]和合生芽,名爲不斷。不移轉者,種子、芽爲異故。因少果多者,種子少,果實多。相似相續者,隨其植種,收果亦耳。如是外緣生法五種應知。

“云何内緣生?有二種得生。云何爲二種?一者繫屬因,二者繫屬緣。内緣生法繫屬於因云何?所謂無明緣行,乃至生緣老死。若無無明,則無行。然有無明,即有行,乃至有生緣老死得生。其無明不作是念:‘我能生行。’行不作是念:‘我從無明

① 故,《中華藏》校勘《石》作“緣”。
② 緣生,《中華藏》校勘《石》《麗》作“緣生者”。
③ 熟,《中華藏》校勘《麗》作“就”。
④ 如是,《中華藏》校勘《石》《麗》作“如是緣”。
⑤ 壞,《中華藏》校勘《石》作“斷”。
⑥ 種,《中華藏》校勘《石》《麗》作“種壞”。

生。'乃至生不作是念:'我能生老死。'然有無明即有行生,乃至有生即有老死生。如是内緣生法繫屬於因。

"云何内緣生法繫屬於緣? 六界和合生。云何六界和合? 所謂地、水、火、風、空、識界和合緣生繫屬於緣。云何地界? 令身聚合堅體,名爲地界。云何水界? 令身作攝持,名爲水界。云何火界? 令身中食飲成熟,名爲火界。云何風界? 令身中作出入息,名爲風界。云何空界? 令身中成竅隙,名爲空界。云何識界? 令轉名色如束蘆,五識相應有漏意識,名爲識界。若無六界,則不成身。若不闕内地界,不闕水、火、風、空、識界,則一切和合能生其身。其地界不念:'我能令身聚合堅體。'水界不念:'我能令身作攝持。'火界不念:'我能令身中食飲成熟。'風界不念:'我能令身作出入息。'空界不念:'我能令身中成竅隙。'識界亦不作是念:'我能轉名色,猶如束蘆。'其身亦不作是念:'我被衆緣所生。'然有如是衆緣而生其身。是地界無我、無人、無命、無壽者、無意生、無儒童、無女、無男、無非男[①]、無吾我,亦無餘。水、火、風、空、識界亦無我、無人、無命、無壽者、無意生、無儒童、無女、無男、無非男、無吾我、無餘。

"云何無明? 於此六界起一想、合想、常想、堅想、常恒想、樂想、静想、衆生想、命想、壽者想、意生想、儒童想、吾我作者想。生如是種種無知,名爲無明。於如是有無明境界生貪、瞋、癡,於彼貪、瞋、癡生行。於行事施設,名爲識,其識生四藴。彼名色所依諸根則六處,三法和合名爲觸,觸生受,受耽著故生愛,愛廣大故名爲取,取復生有,業有作因生藴。藴熟故名老,藴壞故名死,於愛迷惑、貪著、熱惱故名愁。追感往事、言音哀慼名爲歎,五識身相應名爲苦,意不悦故名憂,隨煩惱故名爲惱,愚闇名無明,造作名爲行,了别名爲識,互相攝持名[②]爲名色,依處所故名爲六處,觸境故名爲觸,領納故名受,渴愛故名爲愛,取著故名爲取,取復生有故名爲有,能生故名生,根熟故名老,滅壞故名死,哀慼故名愁,悵怏故名歎,意不悦故名憂,逼迫身故名爲苦,不稱情故名惱,不修真實行名邪行,無知名無明。有無明故,種種造作福近行行,非福近行行,不動近行行。起福近行行、非福近行行者,故名爲識,是故名爲[③]無明緣行。起非福近行行、非福近行行者,亦即是識,是故名行緣識。起不動近行行、不動近行行者,亦是於識,是故名爲識緣名色。名色增長作六處門,是故名爲名色緣六處。六處身轉,是故名爲六處緣觸。同類觸生同類受,是故觸緣受。於受差别躭著喜悦,是故名爲受緣愛。愛躭著樂,故愛不捨,數數忻求,故名爲愛緣取。如是營求,復生有,起業於身、於語、於意,是故名爲取緣有。從業生五藴轉,名爲有緣生。從生

① 男,《中華藏》校勘《石》《麗》作"男女",下一處"無非男"同。

② 名,原脱,據《中華藏》校勘《石》《麗》補。

③ 爲,《中華藏》校勘《石》無。

藴令熟壞滅，名生緣老死。如是名爲十二緣生，迭互爲因，不常、不造作、無思，亦無緣生、無盡法、無離欲法、無滅法，無始來流轉不閒斷，隨轉如河駛流。

“設使緣生不閒斷，隨轉如河駛流，是十二支緣生，四支和合而作轉因。云何爲四？所謂無明、愛、業、識。是識種子自性爲因，業由[①]自性爲因，無明、愛、煩惱自性爲因。業煩惱、識能生種子，如是業、識作種子由，愛、識作種子沃潤，無明、識令種子開發。其業不作是念：‘我與識種子作由。’愛不作是念：‘我與識種子作沃潤。’無明不作是念：‘我令識種子開發。’識種子亦不作是念：‘我從衆緣而生。’然實識種子安立業、煩惱，以愛令沃潤，以無明土覆，生名色芽。其名色芽不自作、不佗作、不二俱作、不自在天作、不時變易作，不從自性生，不繫屬因，無因亦不生，然復從父母和合時相應，及餘緣相應相續生，是識種子於母腹中名色芽生。

“於無生[②]、無我授法如幻相，因緣不闕，從五種緣生眼識。云何五種？眼緣色、明、虛空，從彼生作意。眼識作依止，色作所緣，光明以爲照，虛空作無礙，從彼生作意以爲審慮。若無衆緣，眼識不生。若闕内眼處，如是色、光明、虛空、作意則眼識不生。如是五緣不闕，則一切和合能生眼識。其眼不作是念：‘我與眼識作所依。’其色不作是念：‘我與眼識爲所緣。’光明不作是念：‘我與眼識作照緣。’虛空不作是念：‘我與眼識爲無礙緣。’所生意不作是念：‘我與眼識作審慮。’又眼識不作是念：‘我爲衆多緣所生。’然有衆多緣而生眼識。餘四根者應如前知。

“實無有法不從此世移轉至於彼，有業報施設，因緣不闕故。譬如明鏡現其面像，其面像不移轉至於鏡中，而此鏡中有其面像，因緣不闕故。如是不從此滅至於餘處，有業果感招，因緣不闕故。譬如月輪去地四萬由旬，於金器中而有少水則現月像，而實不從彼謝至於金器少水中現，然有衆緣和合，影現如是。不從此滅生於餘處，有業報相感，因緣不闕故。譬如無薪火則不生，有薪則火生。業、煩惱所生識種子，從彼生處相續，名色芽轉。如是無生[③]、無我法、無所攝法互爲因緣，如幻相、自性法因緣不闕。

“内緣生法，五種應知：不常、不斷、不移轉、因少果多、相似相續生。云何不常？從此邊藴死，於餘處邊藴生；非即死邊藴，是彼生邊藴；然死邊藴滅，於彼生邊藴起，是故不常。云何不斷？不先滅於死邊藴，而起生邊藴；亦非不滅於死邊藴，即於彼時而生中有藴，如秤不低昂，名爲不斷。云何不移轉？然於異類轉生，名不移轉。云何因少果多？於此身作少善、惡業，於來生身多受善、惡報。云何相似相續？猶如現受身作業，即於來生受報。若是此緣生法如實，以正慧眼長時修，無人、無我、不顛倒、

① 由，《中華藏》校勘《石》作“因”，《麗》作“田”，下二“由”字同。

② 生，原作“主”，據《中華藏》校勘《南》《徑》《清》改。

③ 生，原作“主”，據《中華藏》校勘《磧》《普》《南》《徑》《清》改。

不生、不滅、無作、無爲、無礙、無所緣、寂静、無畏、無奪、無盡、如幻、自性空寂、不堅、如痛、如癰、質礙、無常性、苦性、空性、無我性，則前際不流轉，謂：'我於過去爲曾有邪？誰爲我過去曾爲有邪？我於過去云何有邪？'復於後際流轉，謂：'我於未來當有邪？誰謂我未來當有邪？我於未來當云何有邪？我於未來不有邪？誰謂我於未來不有邪？我於未來云何不有邪？'復於中際不流轉：'我於今有邪？誰謂我今有邪？云何謂我今有邪？此有情於此歿復往何處？'所有沙門、婆羅門、世間中異見，所謂我見繫、衆生見繫、壽者見[①]繫、諸見繫、希望吉祥繫，若以正見相應，於此時悉斷諸結，證得徧知。如斷多羅樹，無所有性，入於勝義，於諸趣長時悟不生不滅，得成就忍，廣作無邊利樂有情事。若有善男子、善女人，於此經中若須臾頃審諦觀察緣生義理者，即能頓滅無始時來極重業障，廣集福德，智慧通達，永斷邪見，説法無畏。大德舍利子，婆伽梵與彼善男子、善女人授無上等覺大菩提記。"

具壽舍利子，并天、龍、藥叉、彦達嚩、阿蘇囉、蘗嚕拏、緊那囉、摩護囉誐、人及非人，聞慈氏菩薩説是經已，心大忻悦，深生隨喜，從此而起，禮慈氏菩薩足，歡喜奉行。

慈氏菩薩所説大乘緣生稻䅎喻經

---

① 見，原脱，據《中華藏》校勘《磧》《普》《南》《徑》《清》補。

大集大虚空藏菩薩所問經[①]

大集大虚空藏菩薩所問經卷第一

開府儀同三司特進試鴻臚卿肅國公食邑三千户賜紫贈司空
謚大辨正號大廣智大興善寺三藏沙門不空奉詔譯[②]

如是我聞：一時薄伽梵在如來境界寶莊嚴道場，而此道場皆是如來之所加持，積集廣大福德資糧，大行等流之所成就。是諸菩薩所住宫殿，演説無邊甚深法處；亦是如來遊戲神通無礙智境，能生廣大善巧念慧，入無所有智所行處，盡未來世稱讚無量殊勝功德。世尊現證一切諸法平等自在，善轉無上清淨法輪，善能調伏諸弟子衆，善達一切有情意樂，善知一切諸根彼岸，善斷一切煩惱結習，於諸佛事任運施作，無有休息。與大苾蒭衆六百萬人俱，此諸苾蒭皆是如來法王之子，心善解脱、慧善解脱，已斷一切煩惱結縛，善説一切甚深佛法；復能通達於無相法，端嚴殊特，具足威儀，爲大福田增長之處，善住如來之所教令。

復有菩薩摩訶薩衆，從諸佛刹而來集會，其數無量，不可思議、不可譬喻、不可言説。此諸菩薩於刹那頃遊戲無邊諸佛世界，供養奉事一切如來，勸請説法，聞法[③]不猒，常恒成熟一切有情，善巧方便，能到第一清淨彼岸，住無礙解，超越種種分别戲論，位皆隣近一切智智。其名曰：電天菩薩、戰勝菩薩、遍照菩薩、勇健菩薩、摧疑菩薩、奮迅菩薩、觀察眼菩薩、常舒手菩薩，與如是等上首菩薩摩訶薩俱。

尒時世尊爲諸菩薩摩訶薩説大集會甚深法時，一切大衆處在虚空，住寶樓閣。而此樓閣莊嚴殊勝，猶如大莊嚴世界中一寶莊嚴佛土諸菩薩衆所住樓閣無有異也。是諸大衆各各相見，皆坐其中。時此三千大千世界一切色像，蘇迷盧山、輪圍山、大

① 底本，《中華藏》第1469號，第65册第910頁上—969頁上，原《麗藏》本。經名，《中華藏》校勘《石》作"大乘大集虚空藏菩薩所問經"。

② 譯名，《中華藏》校勘《石》作"特進試鴻臚卿三藏沙門大廣智不空奉詔譯"，下至卷第八同。

③ 聞法，《中華藏》校勘《石》無。

輪圍山、贍部洲等，聚落、城邑、江河、泉流、陂池、大海、藂林、草木，一切地居所有宫殿，悉皆隱蔽而不復現。欲、色、空居乃至有頂諸天宫殿，及諸有情形色之類，亦悉不現。猶如劫燒火災之後，大地焚爇，唯有虚空，中無一色爲眼所見。此亦如是，三千大千世界之中無一色相爲諸有情眼所覩見，唯除此寳莊嚴道場，聲聞、菩薩、諸天、龍、藥叉、乾闥婆等一切衆會所有色像了然顯現。又此道場有師子座自然涌出，其量高廣万踰繕那。此師子座出淨光明，普照三千大千世界，暎蔽日月，釋梵護世所有諸光皆不復現。佛坐其上時，諸大衆見此奇特勝妙相已，踊躍歡喜，歎未曾有。互相謂言："如是殊勝莊嚴樓閣善巧差別，假使我等住一劫壽，説莫能盡。"

尒時舍利子承佛威神，從寳樓閣起，住虚空，整理衣服，偏袒右肩，蹦跪合掌，而白佛言："世尊，是何因緣先現此瑞？於此三千大千世界所有色像悉皆隱蔽如大虚空，唯有如是所居衆寳莊嚴樓閣自然顯現。"佛告舍利子："汝今見此寳樓閣不？"答言："已見。"佛言："舍利子，汝能讚①歎此寳樓閣功德盡不？"舍利子言："盡我壽量，不能稱讚真實功德。""如是，舍利子，有世界名大莊嚴，彼中所有妙寳樓閣，一切衆會皆住虚空，今此樓閣如彼所現。"舍利子白佛言："世尊，彼大莊嚴世界今在何許？"佛言："舍利子，東方過此八佛世界微塵數佛土，有世界名大莊嚴，佛號一寳莊嚴如來、應供、正遍知、明行足、善逝、世間解、無上士、調御丈夫、天人師、佛、世尊，今現在説法。舍利子，以何因緣名大莊嚴？彼世界中所有莊嚴殊勝之事，若我住世，以一劫壽説不能盡，是故名之爲大莊嚴。復以何緣名爲一寳莊嚴？彼佛常説，唯以大菩提心而爲其寳，是故名爲一寳莊嚴。彼佛説法，與諸菩薩昇師子座及寳樓閣，踊在虚空，高八十俱胝多羅樹，爲諸菩薩説虚空清淨法印。善男子，云何名爲虚空清淨法印？所謂一切法離性無性故。云何離性無性？謂一切法無所表示故。云何無表示？謂一切法無光顯故。云何無光顯？謂一切法遠離緣慮故。云何無緣慮？謂一切法寂静相故。云何寂静相？謂一切法無二相故。云何無二相？謂一切法遠離别異故。云何無别異？謂一切法入一道相故。云何入一道相？謂一切②法自性相清淨故。云何自性相清淨？謂一切法超過三世故。云何超過三世？謂一切法無依處故。云何無依處？謂一切法無影像故。云何無影像？謂一切法超過境界故。云何過諸境界？謂一切法内、外清淨故。云何内、外清淨？謂一切法性無雜染故。云何無雜染？謂一切法性寂静故。云何性寂静？謂一切法遠離心、意、識故。云何離心、意、識？謂一切法出離相本不生故。云何出離相本不生？謂一切法無我攝受故。云何無我攝受？謂一切法無主宰故。云何無主宰？謂一切法性無我故。云何性無我？謂一切法本

① 讚，《中華藏》校勘《石》無。

② 一切，《中華藏》校勘《石》作"入一切"。

來清淨故。云何本來清淨？謂一切法本無涅槃故。云何無涅槃？謂一切法性如幻故。云何性如幻？謂一切法無實事故。云何無實事？謂一切法無造作相故。云何無造作相？謂一切法遠離身、心相故。云何遠離身、心相？謂一切法離相無相故。云何離相無相？謂一切法自相不動故。云何自相不動？謂一切法無所依止故。云何無所依止？謂一切法無所緣故。云何無所緣？謂一切法遠離阿賴耶故。舍利子，彼一寶莊嚴如來，爲諸菩薩説如是三十二虚空清淨法印。時無量菩薩知諸法性與虚空等，得法自在清淨智忍。

"舍利子，彼大莊嚴世界所有菩薩，以布施莊嚴，於無量劫隨順捨故；以淨戒莊嚴，身心清淨無諸垢故；以忍辱莊嚴，於諸有情無害心故；以精進莊嚴，積集一切法資糧故；以静慮莊嚴，遊戲一切解脱等持等至故；以智慧莊嚴，遠離一切煩惱習故；以大慈莊嚴，拔濟一切有情故；以大悲莊嚴，不捨一切有情故；以大喜莊嚴，於一切有情常喜悦故；以大捨莊嚴，於一切有情無憎愛故。

"復次，舍利子，彼一寶莊嚴如來世界中，有菩薩摩訶薩名大虚空藏，以大福德及大威力而自莊嚴，獲無礙智。以相好莊嚴於身，以辯才莊嚴於語，以勝定莊嚴於心，以多聞摠持莊嚴於念，以平等捨莊嚴於實，以慧莊嚴於諸趣意樂，以勝進加行莊嚴於增上意樂，到於一切法無疑惑故；以神足莊嚴，遊戲自在諸神通故；以福德莊嚴，獲寶手功德常施捨故；以智莊嚴，分别有情種種意樂故；以覺莊嚴，令諸有情悟勝法故；以眼莊嚴，能於五眼得清淨故；以耳莊嚴，聞諸法義如響應故；以無礙解莊嚴，法義詞辯無盡説故；以力莊嚴，得佛十力壞魔怨故；以無畏莊嚴，摧諸外論無所屈故；以功德莊嚴，獲佛無邊諸功德故；以法莊嚴，於[①]衆毛孔演法如響故；以明莊嚴，能見一切佛法藏故；以光莊嚴，照耀一切諸佛刹故；以記心莊嚴，無錯謬故；以教誡莊嚴，令如説行故；以神境莊嚴，變現一切種種相故；以一切佛讚歎莊嚴，住無繫屬得自在故；以一切善法莊嚴，入一切佛法境故。

"舍利子，彼虚空藏菩薩摩訶薩成就如是無量功德，與諸菩薩發意，欲來詣此娑訶世界，瞻仰於我，恭敬、禮拜、奉事、供養，亦爲分别此大集會微妙法門，令斯十方諸來菩薩，生大喜悦清淨信樂，又令菩薩攝受[②]大攝受道法故。"

尒時大虚空藏菩薩摩訶薩與十二俱胝菩薩前後圍遶，一心瞻仰一寶莊嚴如來，白言："世尊，我今欲詣娑訶世界，禮拜供養釋迦牟尼佛，願見聽許。"彼佛告言："今正是時，隨汝意往。"即時頂禮一寶莊嚴如來足已，住對面念："承佛遊戲無行神通。"從彼國没，忽然不現，一念之頃與衆菩薩至此娑訶世界寶莊嚴道場，住於虚空，散彼世

① 於，《中華藏》校勘《石》無。

② 攝受，《中華藏》校勘《石》作"乘助"。

界衆妙花香如雨而下，所謂末香、塗香、幢幡、繒蓋、月花、大月花、妙殊勝花、日月光花、日燈花、日精花，愛花、大愛花、照曜花、娑闥羅花、勝妙娑闥羅華、遍無垢花、清淨無垢花、金光照曜花、虚空照曜花、大白香照觸花、百葉千藥花、除憂[1]花、作喜花、天所讚花、龍花、安[2]樂生喜花、禪枝花、令身快樂花、令心歡喜花、香遍三千世界花、息除衆病華、妙威德莊嚴花、流出無邊福德花、照觸十方菩薩華，雨如是等種種妙華，積高至膝，周遍三千大千世界。時諸大衆見此花已，白言："世尊，如是種種勝妙諸華、衆妙妓樂，昔所未見，昔所未聞，從何所來？願見開示。"佛言："是彼大虚空藏菩薩摩訶薩從大莊嚴世界而來此會，住在虚空，先雨如是勝妙諸花，供養於我及此經法。"

尒時大虚空藏菩薩摩訶薩與俱來菩薩從空而下，頭面禮足，遶佛三帀，住一面立而白佛言："世尊，彼一寶莊嚴如來問訊世尊少病少惱、起居輕利、安樂行不？此有十二俱胝菩薩，昔以曾受世尊化導，與我俱來詣此娑訶世界，爲欲聽聞《大集經》故，彼世尊爲欲令諸菩薩於一切法得自在故，成就大法故，唯願世尊哀愍攝受，爲説如是甚深法要。"

尒時大虚空藏菩薩即於空中變大寶蓋，衆寶莊嚴，覆如來頂，光明照耀，遍徹十方，昇於如來師子之座，其座高廣万踰繕那。於是大虚空藏菩薩合掌讚佛，説伽他曰：

上法功德妙智尊，清淨無垢無限量；
如空平等寂無動，敬禮甚深無與等。
能示身相[3]微妙色，不離法身現是身；
悲隨有情身亦然，普現百福莊嚴相。
已離音聲無聞見，斷諸言詞無説示；
雖知語性如空響，以大悲心而演説。
於諸有情心平等，知心如幻無自性；
悉知心行無思慮，平等究竟心爲心。
示現種種度世間，善逝身形無所得；
以妙所依功德體，隨其所樂爲現身。
法無所得佛亦然，不著於法離分别；
知法能度有情故，隨宜爲説常無間。
大衆普共觀佛身，所現色相皆差别；
世尊已離身心相，隨現皆令衆歡喜。

① 憂，《中華藏》校勘《石》作"愛"。
② 安，《中華藏》校勘《石》無。
③ 身相，《中華藏》校勘《石》作"相好"。

因緣和合諸法生，虛妄分别非真實；
以知諸法悉如是，得成正覺證涅槃。
既斷分别離中邊，知其空寂無自性；
雖知諸法性清淨，善説業果無差違。
法無有情壽及人，寂然如空離名字；
了彼有情實非有，悉令證入甘露門。
已修百億行難思，精進求於無上道；
由此因緣已成辦，到無行處覺涅槃。
妙覺諸法性無殊，於上中下皆平等；
住平等智無分别，故佛常無不定心。
知藴處界皆如幻，三界猶如水中月；
有情如夢性非真，爲説如此非真法。
世諦説成無上覺，不可説得無得相；
菩提無得輪亦然，轉無轉相無所轉。
自度度他於彼岸，自解解他諸繫惑；
自安安他置大乘，自他俱證涅槃樂。
有情無生亦無滅，有情本來常清淨；
有情自性如幻相，有情既悟證菩提。
色如虛空無有生，一切世間亦如是；
是法無色離色相，由知是義色寂静。
以喻稱讚如來德，有請聞讚皆深著；
佛德如空不可量，如是無二真讚佛。
敬禮能覺諸有情，無觀無心至無得；
唯有諸佛能讚佛，我禮如如真德尊。
了諸有情無我人，諸佛法界同一相；
已知諸法離欲相，故我供養平等尊。

尒時大虛空藏菩薩摩訶薩説是伽他已，即時寶莊嚴道場妙寶樓閣六種震動，空中出聲而作是言："釋迦牟尼世尊，於無數俱胝那庾多百千劫中，所有積集阿耨多羅三藐三菩提法，此大虛空藏菩薩以妙伽他悉能稱揚。善男子，若於夢中尚未曾聞，何況得見。若有善男子、善女人聞此伽他，能生信解，解已修行，當知此人漸次[1]不久能師子吼，如虛空藏菩薩。"

[1] 漸次，《中華藏》校勘《石》無。

尒時大虚空藏菩薩摩訶薩白佛言："世尊，我爲欲聞大集經典，故來至此娑訶世界，瞻仰世尊，禮拜供養，聽聞斯法。今此衆中諸來正士，各各於法而有疑心。唯願世尊令於諸法得法光明生决定慧。善哉！世尊，我今欲問决定之義，唯願如來少賜方便。何以故？世尊是無礙智者，善知一切有情諸根前後熟故。世尊得光明者，離諸闇瞑故。世尊知義者，善能分别諸句義故。世尊知時者，不越時授記故。世尊知宜者，於諸有情隨宜説法故。世尊遊戲者，於諸神通得自在故。世尊淨觀察者，了有情心行如掌中故。世尊高大者，無能見頂故。世尊勇健者，三千界中無能陵屈故。世尊自然者，無師證悟一切法故。世尊導師者，於諸道中示正路故。世尊大醫王者，以甘露藥能永除斷有情惑障纏蓋病故。世尊持大力者，得於是處、非處乃至三明故。世尊大無畏者，於一切世間沙門、婆羅門、諸天、魔梵之中，大師子吼無所畏故。世尊成就不共法者，獲得三世無礙智身、口、意清淨，三摩鉢底解脱知見等不共法故。世尊住大慈者，以無礙慧於諸有情平等觀察，如虚空故。世尊住大悲者，以平等慧於諸有情善行惡行、若苦若樂無所動故。世尊住大喜者，行於禪定解脱到彼岸故。世尊住大捨者，心無憎愛如虚空故。世尊住平等者，入一切如來平等智故。世尊無希望者，智慧滿足遠名利故。世尊一切智者，五眼清淨見一切法悉究竟故。我知世尊成就如是無量、無邊功德，我等今者愛樂法故，於此法中欲小[①]諮問，令諸有情於平等法方便出生一切智智。"

尒時佛告虚空藏菩薩摩訶薩言："善哉！善哉！正士，汝於殑伽河沙佛所已得授記，我今聽汝隨有所問，當爲分别，令得歡喜。"於是衆中有菩薩摩訶薩名功德王光明，問虚空藏菩薩言："汝爲何故問於如來？"時大虚空藏菩薩即以伽他而答之曰：

普心等於諸有情，妙心等住於彼岸，
悟心無心入妙理，是故我問於世尊。
得光無暗清淨者，無疑能斷彼疑惑；
爲令决定得解脱，是故我問於世尊。
知我無我悉清淨，常利有情住無我；
解脱有情我見縛，爲此等故問世尊。
威儀善住於淨戒，意樂清淨虚空等；
堅固不動若迷盧，是故我問功德者。
精進無邊勇無退，能摧我慢衆魔怨；
自淨淨彼煩惱纏，故我請問端嚴者。
樂聞施戒忍精進，禪定解脱發諸通；

① 小，《中華藏》校勘《石》作"少"。

清淨無垢勝慧明，故我問於清淨義。
住空無相無願者，示現生死或涅槃；
無生無住無去來，故我問於清淨智。
甚深知見無涯際，聲聞緣覺及餘衆；
無能難問不可測，我爲如是問世尊。
樂於正法能通達，法與非法俱無取；
常於善法心不亂，是故我問如來法。
不斷佛種諸賢士，能護正法及僧伽；
名聞三世諸佛稱，故我問於功德海。

尒時大虛空藏菩薩以伽他答功德王光明菩薩已，白佛言:“世尊，云何菩薩修行布施波羅蜜多猶若虛空？云何修行淨戒、忍辱、精進、禪定、般若波羅蜜多猶若虛空？云何修行福德、智慧二種莊嚴猶若虛空？云何不捨離佛隨念，不捨離法隨念、僧隨念、捨隨念、戒隨念、天隨念？云何菩薩修行諸行等於涅槃？云何菩薩善知一切有情行相？云何能持佛法寶藏，如來等覺彼法性相如實而知？云何菩薩善知有情本來清淨而成熟之？云何菩薩如理相應修習佛法至於究竟？云何菩薩不壞神通，於一切法而得自在？云何菩薩得住甚深佛法理趣，一切聲聞及辟支佛所不能測？云何菩薩入緣起善巧智，遠離一切邊見？云何菩薩以如來印印於真如，不間斷善巧智？云何菩薩入於法界甚深理趣，見一切法互相周遍平等一性？云何菩薩意樂堅固猶若金剛，於此大乘無有傾動？云何菩薩於自境界清淨如佛境界？云何菩薩得陁羅尼無忘法行？云何菩薩獲得如來加持無礙辯才？云何菩薩於生死中而得自在？云何菩薩摧伏怨敵超越四魔？云何菩薩積集無量福德資糧，爲諸有情作所依止？云何菩薩出無佛世，爲諸有情而作佛事？云何菩薩獲得海印三摩地，不染一切有情心行？云何菩薩得無染著，心如虛空風無有障礙？云何菩薩善知軌儀，修行離暗獲得光明，不隨他緣得自然智，速到大乘一切智智？”

尒時佛告大虛空藏菩薩摩訶薩言:“善哉！善哉！正士。”復言:“善哉！善哉！正士。汝今善能問於如來如是深義，能爲有情發如是問。汝能明了一切佛法，已曾供養奉事過去無量諸佛，於諸佛所種諸善根，被精進甲，求法無猒；以智慧器杖出諸魔境，常樂利益一切有情；超越世間毁譽八法，心行平等猶若虛空；久已積集一切智智，如汝功德邊際叵量；已於恒沙過去佛所曾問斯義。是故正士諦聽！諦聽！善思念之，吾當爲汝分別解説菩薩摩訶薩所獲功德，到於大乘一切智智。”虛空藏菩薩言:“唯然！世尊，願樂欲聞。”

佛告大虛空藏菩薩言:“善男子，菩薩成就四法，修行布施波羅蜜多猶若虛空。云何爲四？所謂以我清淨故有情清淨，以有情清淨故施即[①]清淨，以施清淨故迴向清淨，以迴向清淨故菩提清淨。善男子，是爲菩薩成就四法，修行布施波羅蜜多猶若虚空。

"復次，若菩薩成就八法，能淨修行布施波羅蜜多。云何爲八？所謂我清淨施，我所清淨施，因清淨施，見清淨施，相清淨施，異相清淨施，不望果報清淨施，心平等如虚空清淨施。是爲菩薩成就八法，能淨修行布施波羅蜜多。

"善男子，譬如虚空無有邊際，菩薩無限行施亦復如是。譬如虚空寬廣無礙，菩薩迴向行施亦復如是。譬如虚空無色，菩薩離色行施亦復如是。譬如虚空無有受者，菩薩離受行施亦復如是。譬如虚空無所[②]染著，菩薩遠離染著行施亦復如是。譬如虚空無所爲作，菩薩遠離有爲行施亦復如是。譬如虚空無有識想，菩薩離於識想行施亦復如是。譬如虚空遍諸佛刹，菩薩大慈行施遍緣恒沙諸佛國土一切有情亦復如是。譬如虚空無有窮盡，菩薩不斷三寶種迴向行施亦復如是。譬如虚空無有暗瞑，菩薩行施離煩惱暗亦復如是。譬如虚空無相顯現，菩薩行施心體清淨亦復如是。譬如虚空含容一切，菩薩行施普攝有情亦復如是。又如變化人施變化者，無心分别不希其報，菩薩行施亦復如是，皆如幻化遠離能所不希果報。善男子，菩薩行施以勝智慧捨諸煩惱，以方便智不捨有情，是爲菩薩修行布施波羅蜜多猶若虚空。"

尒時燈手菩薩摩訶薩在於會中，即從座起，白佛言："世尊，菩薩摩訶薩以何等相修行如是布施波羅蜜多？"佛言："善男子，菩薩摩訶薩應以無相修行如是布施波羅蜜多。何以故？以一切法無身相，身相清淨故；無有情相，有情相清淨故；無法相，法相清淨故；無智相，智相清淨故；無慧相，慧相清淨故；無心相，心相清淨故；無世閒相，世閒相清淨故；無色相，色相清淨故；無見相，見相清淨故；如是乃至無暗、無明離一切相，無相究竟邊際獲無盡忍，得於如來决定記莂，住於菩薩尼夜摩位，以不退印印之，得佛灌頂，成就一切平等佛法，善知一切有情行相。菩薩以如是行修行布施波羅蜜多。"

説是法時，万六千菩薩於諸法中見諸法性，猶若虚空獲無生法忍。

尒時世尊説伽他曰：

心常清淨恒行施，爲求菩提不望報；
施已歡喜無追悔，是爲妙施得解脱。
智者知法皆如幻，不顧身命及以財；
於餘資具皆不貪，志佛菩提心決定。
悉皆等施無憎愛，不生退没恒進修；

① 施即，《中華藏》校勘《石》作"是則施"。
② 所，《中華藏》校勘《石》作"有"。

由觀諸法如虚空，是故無喜亦無猒。
知法性相本清淨，菩提與施亦復然；
由於所施不生貪，故常能捨無戲論。
平等普施離思慮，於上中下無分别；
意樂清淨常無垢，所有惠施離悕望。
知身幻化皆無常，財亦不堅如夢電；
即生悲愍世閒故，而能常施不染世。
無我行施煩惱淨，即能建立於佛教；
不爲魔羅所得便，如是施心難校量。
十力所説此施心，應住清淨尸羅行；
由此善修獲静慮，智慧便能速圓滿。
施戒與心俱清淨，燒諸結使不復生；
自他皆獲於利益，能得無爲涅槃樂。
爲除貪結行於施，是故不染亦不著；
惠彼令無於苦惱，自成清淨菩提因。
所施心無於退没，由斯得見菩提性；
已見菩提清淨德，則能度於無量衆。

大集大虚空藏菩薩所問經卷第一

大集大虚空藏菩薩所問經卷第二

開府儀同三司特進試鴻臚卿肅國公食邑三千户賜紫贈司空
謚大辨正號大廣智大興善寺三藏沙門不空奉詔譯

尒時世尊復告大虚空藏菩薩摩訶薩言："善男子，菩薩成就四法，修行淨戒波羅蜜多猶若虚空。云何爲四？所謂知身如影像，知聲如谷響，知心如幻化，知慧如虚空，是爲菩薩成就四法修行淨戒波羅蜜多猶若虚空。

"復次，若菩薩成就八法，能淨修行淨戒波羅蜜多，云何爲八？所謂不離菩提心，戒清淨故；離聲聞、緣覺心，得無限量心，戒清淨故；不捨一切學處，智慧清淨故；於一切處受生，願清淨故；於戒不緩，任運無作，行清淨故；迴向菩提，魔羅心清淨故；心無熱惱，煩惱清淨故；大願圓滿，菩提清淨故。是爲菩薩成就八法，能淨修行淨戒波羅蜜多。

"善男子，譬如虚空清淨，菩薩持戒清淨亦尒；譬如虚空無有垢穢，菩薩持戒無垢亦尒；譬如虛空寂静不亂，菩薩持戒寂静亦尒；譬如虛空無有邊際，菩薩持戒無邊亦尒；譬如虛空無有繫屬，菩薩持戒無繫亦尒；譬如虛空無有執著，菩薩持戒離著亦尒；譬如虛空無可積集，菩薩持戒無積亦尒；譬如虛空不離於性，菩薩持戒不離亦尒；譬如虛空其性常住，菩薩持戒常住亦尒；譬如虛空究竟無盡，菩薩持戒無盡亦尒；譬如虛空無有形相，菩薩持戒離相亦尒；譬如虛空無有來往，菩薩持戒無動亦尒；譬如虛空無有戲論，菩薩持戒離戲亦尒；譬如虛空遠離諸漏，菩薩持戒無漏亦尒；譬如虛空無所爲作，菩薩持戒無爲亦尒；譬如虛空無有變易，菩薩持戒不變亦尒；譬如虛空無有分別，菩薩持戒無取亦尒；譬如虛空遍一切處，菩薩持戒周遍亦尒；譬如虛空無有破壞，菩薩持戒無犯亦尒；譬如虛空無有高下，菩薩持戒平等亦尒；譬如虛空性離於染，菩薩持戒無染亦尒。善男子，是爲菩薩修行淨戒波羅蜜多猶若虛空。"

尒時世尊說伽他曰：

護戒寂静心無垢，能除熱惱無所得；
身語意業無瑕疵，一切律儀皆具足。
智者不以戒憍逸，内心恒寂而無亂；
智者常依菩提心，而於心意不染著。
遠離諸業無思慮，如是不生諸分别；
既離青黄及赤白，亦不住於名色中。
無取無捨無染心，譬如虛空無障礙；
此戒智者所稱讚，不見所讚諸句義。
是戒能令心寂静，亦能寂静諸煩惱；
悉得[①]止觀之[②]邊際，了然顯現得解脱。
解脱諸縛之聖者，悉皆安住於尸羅；
是故戒爲勝解脱，亦爲菩提根本句[③]。
諸有杜多居蘭若，小[④]欲喜足絶貪求；
遠離憒閙而住禪，心獲輕安離煩惱。
如是戒是爲根本，思惟寂静解脱句；
是故尸羅爲莊嚴，一切處爲安樂道。
亦令遠離於散動，斷諸煩惱及諸見；

① 得，《中華藏》校勘《石》作"能"。
② 之，《中華藏》校勘《石》作"諸"。
③ 句，《中華藏》校勘《石》作"故"。
④ 小，《中華藏》校勘《石》作"少"。

慈心遍布如虚空，能静[①]邊執令清淨。

決定不捨菩提故，而於菩提無分別；

智者若具如是德，皆由於戒到彼岸。

“善男子，若菩薩成就四法，修行忍辱波羅蜜多猶若虚空。云何爲四？所謂他駡不報，知語如虚空；他打不報，知身如虚空；他瞋不報，知心如虚空；掉戲不報，知意如虚空。是爲菩薩成就四法，修行忍辱波羅蜜多猶若虚空。

“復次，若菩薩成就八法，能淨修行忍辱波羅蜜多。云何爲八？所謂於諸有情心無限礙猶若虚空，修行忍辱得清淨故；於諸利養不生貪著猶若虚空，修行忍辱得清淨故；於諸有情利益平等猶若虚空，修行忍辱得清淨故；身、心無壞猶若虚空，修行忍辱得清淨故；離諸惑結[②]猶若虚空，修行忍辱得清淨故；離所觀境猶若虚空，修行忍辱得清淨故；觀諸法性不生、不滅猶若虚空，修行忍辱得清淨故；於色、無色以慈遍緣猶若虚空，修行忍辱得清淨故。是爲菩薩成就八法，能淨修行忍辱波羅蜜多猶若虚空。

“善男子，復有八法，能諦觀察修行忍辱波羅蜜多。云何爲八？所謂性空忍辱，不壞諸見故；無相忍辱，不遣於相故；無願忍辱，不捨菩提故；無行忍辱，不盡有爲故；無生忍辱，不住無爲故；無起忍辱，不住生滅故；無有情忍辱，不壞體性故；如如忍辱，不壞三世故。如是，善男子，是爲八種諦察法忍能修忍辱波羅蜜多。

“又，善男子，行忍辱波羅蜜多時，若有毁駡於我，我當忍受，名我忍辱，非忍辱波羅蜜多。若見駡者及以駡法，我當忍受，名我忍辱，非忍辱波羅蜜多。住無諍行是音聲忍辱，非忍辱波羅蜜多。作是加行彼我俱空，思惟忍受彼我無常，思惟忍受，此名施設忍辱，非忍辱波羅蜜多。善男子，都不見有能行、所行。譬如[③]大娑羅林，若復有人手持利斧，入彼林中斫其枝葉，彼樹終無一念之心，彼爲能斫，此爲所斫，不生憎愛。善男子，菩薩摩訶薩行忍辱波羅蜜多時，亦復如是無有憎愛，無能分别、無所分别，是爲菩薩修行忍辱波羅蜜多猶若虚空。”

尒時世尊説伽他曰：

盡智無生清淨忍，於境不染意成就；

内外寂静無所依，心淨忍辱虚空等。

是身如影如草木，心形如幻無真實；

是法性空無所見，身心變異等於彼。

設有毁譽無喜怒，無所分别無高下；

① 静，《中華藏》校勘《石》作“淨”。

② 結，《中華藏》校勘《石》作“見”。

③ 如，原作“加”，據文意改。

知忍如地如門閫，依教忍辱度有情。
雖知一切法性空，無人無我無壽命；
不違因緣及造作，此忍寂爲真實行。
聞彼惡言不瞋恚，知語言性如虚空；
修習身心空亦然，當淨有情修此忍。

“善男子，云何菩薩修行精進波羅蜜多猶若虚空？若菩薩成就四法，修行精進波羅蜜多猶若虚空。云何爲四？所謂勤修善根，知一切法未成就故；於諸佛所作大供養，了知如來身平等故；常樂成就[①]無量有情，知諸有情無所得故；從諸佛所受持正法，不見諸法所猒離故。是爲菩薩成就四法，修行精進波羅蜜多猶若虚空。

“復次，善男子，若菩薩成就八法，能淨修行精進波羅蜜多。云何爲八？由莊嚴身，勤行精進，知身如影，像無所得故；由莊嚴語，勤行精進，知語如露，性無所得故；由莊嚴心，勤行精進，得致於定，知心無所得故；爲具諸波羅蜜分，勤行精進，展轉修習，思惟無所得故；由成就一切菩提分法，勤行精進，菩提性相，思惟無所得故；爲淨佛土，勤行精進，知諸佛國等於虚空無所得故；爲成就一切所聞悉皆能持，勤行精進，知所聞法猶[②]如響應，究竟無所得故；爲成就一切佛法故，勤行精進，知諸法界平等一相，思惟無所得故。是爲菩薩成就八法，能淨修行精進波羅蜜多。

“善男子，菩薩復有二種精進，所謂加行精進，限齊精進。以加行精進策身、口、意，修習成就一切善法，無有所住，思惟無所得故；以限齊精進應住不出、不入，隨順法界無所去來，則如虚空無所得故；如虚空無色於諸有情成就所作，菩薩精進亦復如是，依諸佛法成就一切有情事故；如虚空含容一切色，菩薩精進含容一切有情，離一切見亦復如是；如虚空一切草木生長無根、無住，菩薩精進生長一切佛法，不住我見亦復如是；如虚空遍一切處無所動摇，菩薩精進遍一切善法，無所動相亦復如是；如虚空等現種種色，菩薩精進等爲有情示現修習平等思惟，皆無所得亦復如是。善男子，是爲菩薩修行精進波羅蜜多猶若虚空。”

尒時世尊説伽他曰：

勇猛所生精進力，無悋於身及命財；
能行威德大菩提，於諸有情恒利益。
往昔所修功德利，不生猒倦常修習；
愛樂解脱諸有情，於諸如來常供養。
願遊無量諸佛刹，摧[③]伏一切諸魔羅；

① 就，《中華藏》校勘《石》作“熟”。
② 猶，《中華藏》校勘《石》作“由”。
③ 摧，原作“推”，據《中華藏》校勘《石》改。

常樂給施一切人，常樂護持於淨戒，
常樂大慈相應忍，常樂勤集諸善根，
思惟無量禪定心，以大智慧常觀察，
無量慈心捨瞋恚，功德利益正修行；
於身於命無所慳[①]，善能解脱諸煩惱。
常修無我空解脱，離相無相大威德；
永離諸見修菩提，如幻陽焰觀自性[②]。
樂説空法無思慮，依世淨行讀諸經；
於法無法二俱亡，不捨音聲及文字。
於世常説諸經典，讚佛功德亦無邊；
有情心行既難量，智者應生大精進。
悟於無量有情性，不滯於生及不生；
能以無邊精進心，常習度生諸淨法。

“善男子，云何菩薩修行禪定波羅蜜多猶若虛空？若菩薩成就四法，修行禪定波羅蜜多猶若虛空。云何爲四？所謂安心於内，内心無所見；制心於外，外心無所得；由自[③]心平等故，知一切有情心亦平等；彼心及平等思惟，證知皆如幻化。是爲菩薩成就四法，修行禪定波羅蜜多猶若虛空。

“復次，善男子，若菩薩成就八法，能淨修行禪定波羅蜜多。云何爲八？所謂不依蘊而修禪定，不依處而修禪定，不依界而修禪定，不依現世而修禪定，不依他世而修禪定，不依欲界而修禪定，不依色界而修禪定，不依無色界而修禪定。是爲菩薩成就八法，能淨修行禪定波羅蜜多猶若虛空。

“復次，善男子，菩薩以專注心禪定清淨。云何專注？於法名字不除、不加，無變異、無差别，無損、無益，無取、無捨，無暗、無明，無分别、非不分别，無想、無作意，無一、無二亦無無一二，無動、無思、無戲論，無積聚亦無無積聚，不思惟一切相，心無所住，名爲專注。專注[④]心不流散，於色、眼、色識遠離故自相清淨；觀行專注心不流散，於聲、耳、聲識遠離故自相清淨；專注心不流散，於香、鼻、香識遠離故自相清淨；專注心不流散，於味、舌、味識遠離故自相清淨；專注心不流散，於觸、身、觸識遠離故自相清淨；專注心不流散，於法、意、法識遠離故自相清淨。

“善男子，譬如虛空，於劫燒時不爲所燒，於水災時不爲所濕。如是菩薩修習禪

① 慳，《中華藏》校勘《石》作“悋”。
② 性，《中華藏》校勘《石》作“在”。
③ 自，《中華藏》校勘《石》作“此”。
④ “專注”前，《中華藏》校勘《石》有“觀行”。

定，不爲一切諸煩惱火之所焚燒，一切解脱等持、等至諸禪定水之所漂溺。常無間雜，令散動有情安住禪定，而於禪定不生愛味，出定亦然，無復障礙。於諸聖人常現寂静，非聖人所勤成就[1]之。常令定心住於平等，不平等者説法化導。不見平等及不平等，於等、不等亦不相違。心無有礙猶如虚空，是故名爲修禪定者，亦名勝慧修禪定者，亦名不住識修禪定者。由此定故，而彼菩薩獲得如是無住禪定猶若虚空。”

尒時世尊説伽他曰：

善護諸根修静慮，常定不著於有情；
等引平等度世間，於内於外常安住。
不依於藴及處界，遠離境界住寂静；
智者其心常在禪，於等不等皆平等。
達於法界無高下，見心與意皆寂静；
爲令世間成就故，示現諸禪及變易。
彼無變易及禪定，自在心趣亦復然；
現境無色禪定中，示現欲界亦如是。
皆爲有情成就故，彼復不著於有情；
境界如空如幻化，陽炎水月夢及雲。
已知禪定及世間，即轉世心成智慧；
不能覆蔽於心故，則得生於自在心。
了達禪定及神通，遊歷遍於俱胝剎；
普能供養於諸佛，無知惑障悉斷除。
諸根調伏意寂然，度奢摩他無分别；
世間及意俱清淨，常恒智力寂亦然。
以無所得住平等，故名平等遍無相；
若於平等無所住，是故名爲得定者。

“善男子，云何菩薩修行般若波羅蜜多猶若虚空？若菩薩成就四法，修行般若波羅蜜多猶若虚空。云何爲四？所謂由虚空清淨故，入一切有情清淨；由智清淨故，入一切識清淨；由法界清淨故，入我、人、有情、壽者清淨；由義清淨故，入一切文字清淨。是爲菩薩成就四法，修行般若波羅蜜多猶若虚空。

“復次，善男子，若菩薩成就八法，能淨修行般若波羅蜜多。云何爲八？所謂勤集一切善法，不著常見；勤斷一切不善法，不著斷見；知緣起法而不違於無生法忍；現四無礙解而不著於四辯；善能決擇四鄔馱南，不見無常、苦、無我、寂静；善説業果而

① 就，《中華藏》校勘《石》作“熟”。

亦不動，於無業果住無戲論；智常顯説一切法句[①]差別之相，善得一切淨法光明；於諸有情説於清淨及雜染法。是爲菩薩成就八法，能淨修行般若波羅蜜多。

"善男子，當知般若是清淨句，能摧惡覺故；是無變異句，自相清淨故；是無分別句，無可限齊故；是如實句，性真實故；是諦句，無動摇故；是誠實句，無虚誑故；是聰慧句，解諸縛故；是滿足句，聖者功德故；是通達句，善能觀察故；是第一義句，無所言説故；是平等句，無差別故；是堅牢句，不可壞故；是不動句，無所依故；是金剛句，能穿鑿故；是濟度句，所作已辦故；是清淨句，性無染故；是無暗句，明無所得故；是無二句，無有建立故；是盡句，究竟盡滅故；是無盡句，無爲常住故；是無爲句，非生、滅所攝故；是空句，寂清淨故；是虚空句，無障礙故；是虚空道句，無行迹故；是無所得句，自性無故；是智句，智識無二故；是無摧句，離對治故；是無身句，無轉易故；是苦遍知句，離遍計苦故；是集斷句，害貪欲故；是證滅句，究竟無生故；是修道句，入無二道故；是佛陁句，能生正覺故；是達摩句，究竟離欲故。善男子，如是等類句義差別，智慧光明不屬於他，於所説法隨入少分，都無分別及所分別，是名修行般若波羅蜜多猶若虚空。"

尒時世尊説伽他曰：

明慧能斷煩惱習，示現作業及因緣；
不依我見及有情，不住壽者并人相；
於我無我二俱離，顯説般若到真源。
般若能摧於所有，般若能度於瀑流；
般若能作清淨因，般若能安勝解脱；
淨慧能離諸纏蓋，於藴處界悉遍知。
明慧照曜三界空，於能所相皆解脱；
修行般若令清淨，一切世間無所著；
通達能行般若行，常修淨慧照真空。
五眼清淨五根明，能除五趣淨五藴；
至於彼岸常安住，入於法界亦復然；
平等猶若大虚空，高廣善順於佛智。
於得無得二俱離，能示中道甘露門；
隨順聖人之所行，善能分別無分別。
能知苦集斷貪愛，修道示滅顯無爲；
成就實智慧光明，故了三世無來去。
於諸刹土皆平等，諸法寂静等亦然；

① 句，《中華藏》校勘《石》作"故"。

了諸有情無我人，是則真修智慧者。

“善男子，云何菩薩修行福德猶若虛空？善男子，一切法性猶如虛空，以菩提心而爲種子，所修福聚皆不捨離於菩提心，積集善根而皆迴向薩婆若海，由是獲得無量福德皆如虛空。善男子，菩薩應當發如是心，虛空無量故，感招福聚亦復無量。何以故？由意無量故福亦無量，菩薩於彼應作是觀。

“善男子，復有十種無量莊嚴，菩薩應滿如是福聚。云何爲十？所謂無量身莊嚴，相好圓滿故；無量語莊嚴，隨説法輪皆清淨故；無量心莊嚴，通達一切有情心故；無量行智莊嚴，成熟無量諸有情故；無量行相莊嚴，淨無量佛剎故；無量福德、禪定、精進莊嚴，成滿無量佛威儀故；無量大菩提場莊嚴，應滿一切相及行故；無量無遮施會莊嚴，成滿無量佛毫相故；無量恭敬無我莊嚴，成滿如來無見頂相故；無量無間定心莊嚴，成滿無量無諂曲心順淨意故。善男子，是爲十種無量莊嚴。菩薩若能如是發廣大心猶如虛空①，所獲福德如虛空故。

“善男子，云何菩薩修行智慧猶如虛空？若菩薩遍緣一切有情，有欲心、無欲心如實知；有瞋心、無瞋心如實知；有癡心、無癡心如實知；有雜染心、無雜染心如實知；自既離欲，復能爲他補特伽羅説調伏欲法；自既離瞋，復能爲他補特伽羅説調伏瞋法；自既離癡，復能爲他補特伽羅説調伏癡法；自離雜染，復能爲他説調伏一切諸煩惱法；不見有貪、瞋、癡煩惱者爲下劣心，離貪、瞋、癡煩惱者爲勝上心。何以故？以彼菩薩於不二法界清淨法門以證知故。如是法界即貪、瞋、癡界，如是法界即離染界。是故法界與一切法互相涉入，法界即法、法即法界，無所不遍。若知我界即知法界，法界、我界無有二故。所以者何？我清淨故法界清淨，如是一切法清淨故。光顯容受亦無容受，離於一切相無相故。無所安立，猶如虛空，名無礙智。由無礙智了一切法無所障礙，是爲菩薩修行智慧猶如虛空。

“善男子，云何菩薩佛所印可②佛隨念？所謂念無漏戒，是戒佛隨念；一切法平等不散，是定佛隨念；一切法無所分別，是慧佛隨念；不住於二心，是解脱佛隨念；不著一切智，是解脱知見佛隨念；三世平等不動，是力佛隨念；不住一切漏，是無所畏佛隨念。如是當念佛身所有一切功德，皆是佛隨念，法界平等無所分別。

“復次，佛隨念，念佛所有色自性清淨，由見色自性清淨故，無念智隨至，乃至受、想、行、識，見識自性清淨故，無念智隨至。如是十二處、十八界亦復如是。由一切法自性智故，寂殊勝慧一切作意，遠離一切見纏。遠離如是，知色無垢濁，念無垢濁，是謂佛所印可佛隨念。

① “至於彼岸常安住”至此，與下文“所獲福德如虛空故”至“念佛所有色自性清淨”兩段經文，《中華藏》校勘《石》前後互置。

② “印可”後，《中華藏》校勘《石》有“隨”。

“復次，佛隨念，謂念於佛行、住、坐、卧一切威儀，不生執著；於佛説法、於佛寂嘿不生執著；亦不執著念與非念。所以者何？佛無念、無作意、非色、非相、非法、非非法，由一切相緣慮不現行故。善男子，是名佛所印可佛隨念。

“善男子，云何菩薩佛所印可法隨念？法名離欲，於法無染故，亦無法隨念；法名無阿賴耶，於法無隱没故，亦無法隨念；法名寂静，以無心、意、識染著故，亦無法隨念；法名無相，於法無隨相識故，亦無法隨念；法名無爲，於法無施設住故，亦無法隨念。

“復次，法隨念，若念無間斷不起法想，即入正位證無生忍，觀一切法本來不生無法可證，即是一切學、無學、緣覺、菩薩，正等菩提所證之處。如是一切聖所證解脱法，亦無自性。是爲菩薩佛所印可法隨念。

“善男子，云何菩薩佛所印可僧伽隨念？僧名無爲，彼不可以造作而作，而無現行身、語、意業，但是施設而有①所行。是無爲僧，離施設住，超諸言論。善男子，是爲佛所印可僧伽隨念。

“善男子，云何菩薩佛所印可捨隨念？所謂捨於一切所依資具，及捨於法亦無所捨，此名㝡勝捨。於一切法無取、無捨亦無所求，無有緣慮、非無緣慮，彼無心行亦無施設，亦不②住於識，不生於心以無住心故，名爲佛所印可捨隨念。復次，菩薩捨隨念者，以所修行迴向平等薩婆若智，不見菩提爲所隨念。何以故？以薩婆若與彼隨念性無二故。善男子，如是法智相應，是名菩薩佛所印可捨隨念。

“善男子，云何菩薩佛所印可戒隨念？戒名無爲，無漏、無礙，永息功用成就一切禁戒，無識、無相，亦不住心作③三摩地，㝡勝所依，亦是發生淨慧根本。離於戲論及解脱相，亦無二種分别之相。智者所讚，無有現色，能息煩惱，亦無施設，安樂隨行，亦無對治一切分别。菩薩常於如是類戒無有垢濁，是名菩薩佛所印可戒隨念。

“善男子，云何菩薩佛所印可天隨念？應隨念二種天，一者五淨居天，有聖者故；二者覩史多天，以一生補處菩薩在彼天故。

“復次，此一生補處菩薩住彼天宫，有十種頂法。何者爲十？所謂一切波羅蜜中，般若波羅蜜多而爲其頂；一切神通之中，不退神通而爲其頂；一切地中，唯灌頂地而爲其頂；一切菩提分法之中，不退正見勝三摩地而爲其頂；一切無礙解中，義辯無礙而爲其頂；一切智中，無著、無礙智而爲其頂；一切根中，知上、中、下根無礙智而爲其頂；一切力無畏中，照耀隨入智而爲其頂；一切眼中，佛眼觀察一切佛法，了如掌内而爲其頂；坐菩提場中當成正覺，一刹那心相應正慧而爲其頂。是爲十種頂法之相，應隨念之。若菩薩得是念已，見則不亂隨眠纏，不亂作意戲論，不亂於如是類。念無

① 有，《中華藏》校勘《石》作“無”。

② 不，《中華藏》校勘《石》作“無”。

③ 作，《中華藏》校勘《石》作“則”。

垢濁，應當如是隨念彼天。善男子，是名菩薩佛所印可天隨念。

“善男子，云何菩薩所行諸行等於涅槃？涅槃名寂静，悉除一切煩惱，滅一切受[①]，離一切所緣，出蘊、處、界，即彼正士獲得涅槃平等。以本願力遊戲大悲，方便智慧得如來加持故，善修智慧意樂清淨，住於如幻妙三摩地，悉知有情煩惱生死皆如幻化，示現受生，由此能斷諸生死縛，無所染汙，名曰涅槃。既得自在，不生而生，無所不生亦無所生，常在涅槃不斷生死，而成熟有情無有休息。善男子，此名菩薩大悲方便雙智慧門。若菩薩住此門者，獲得涅槃平等行菩薩行。

“善男子，云何菩薩善知一切有情行相？善男子，菩薩有八萬四千行，是於根本鄔馱南句。有情行相，無量差别，不可思議、不可言説，唯佛能知，非諸聲聞、緣覺所了，亦非菩薩之所能了。彼菩薩蒙佛加持及自智力，隨知一切有情行相。所謂如是自性相，如是行相，如是因相，如是緣相，如是作相，如是和合相，或種種相離相，欲相，瞋相，癡相，等分相，地獄相，傍生相，琰魔界相，天相，人相，或聲聞尼夜摩相，或緣覺尼夜摩相，或佛尼夜摩相，或遠因相、中因相、近因相，如是有情一切行相如實知之，除一切智不被摧伏。善男子，是爲菩薩善知一切有情行相。”

大集大虛空藏菩薩所問經卷第二

大集大虛空藏菩薩所問經卷第三

開府儀同三司特進試鴻臚卿肅國公食邑三千户賜紫贈司空
謚大辨正號大廣智大興善寺三藏沙門不空奉詔譯

“善男子，云何菩薩能持世尊佛法寶藏？善男子，諸佛法藏無有窮盡，以一切有情根性行相差别無量，諸佛世尊爲令趣入，隨其尒所差别根性説法寶藏，亦有尒所無量無邊，是故名爲佛法寶藏。復次，如來證菩提夜、般涅槃夜於其中閒已説、今説、當説，所有一切悉名如説、不異説、真説。云何名爲如説？如彼真如平等而説，故名如説。云何不異説？所説之法依[②]勝義諦，平等無二，名不異説。云何真説？稱法自性，名爲真説。復次，諸佛法藏不可以文字説。假使滿於三千大千世界一切有情皆如阿難陁多聞第一，於百千俱胝劫中説於一義不可究盡。如是諸佛無邊法藏，菩薩悉能如法受持，一切文字皆不廢忘，於一切義無有差異，使諸有情皆得歡喜，供養奉事一切如來，摧壞一切魔怨，制伏一切外道，息滅煩惱，顯揚正法。如是，善男子，是

① 受，《中華藏》校勘《石》作“愛”。
② 依，《中華藏》校勘《石》無。

名持佛世尊佛法寶藏。

“復次，善男子，如我等覺彼法自性，菩薩如是如彼法性應當受持。云何名爲如來等覺彼法自性？謂知法自性，悉皆如幻，不成就相故；悉皆如夢，無境界相故；悉如陽炎，畢竟無生相故；悉如光影，無移動相故；亦如影像，無自性相故。知空自性，究竟如露故；知無相自性，無分別故；知無願自性，心無住故；知離欲自性，一切欲[①]遠離故；知無爲自性，超諸數相故。善男子，如是言説爲他了别故，我已現證是法自性，彼法性相不可言説。若菩薩欲受持諸佛法藏，應如[②]如來覺了諸法自性，而以文字、語言爲諸有情如是説法，是爲菩薩能持諸佛正法寶藏。

“善男子，云何菩薩善知有情本來清淨而成熟之？善男子，有情界本來清淨，於彼根本性，有情不可得。若菩薩欲成熟彼有情，應如是知根本清淨。復應念彼無我見，無有情見，無命者見，無受者見。復次，所説有情名者，但從顛倒見纏無明有愛，虚妄分别諸煩惱生，無有實性。而彼菩薩應當斷除虚妄顛倒一切煩惱，而爲有情説如此法，不壞其性。爲令了如[③]有情無故、有情離故，應當如是成熟有情。善男子，是名菩薩善知有情本來清淨而成熟之。

“善男子，云何菩薩如理相應修習佛法？如理者名入緣生。何以故？如彼彼因緣，感彼彼果報。謂如布施因，獲大財富。是故菩薩行布施已，盡將迴向一切智智，滿足成就檀波羅蜜。尸羅是生人天之因，菩薩普令汙戒有情安住淨戒，要期迴向薩婆若已，滿足成就戒波羅蜜。忍辱柔和爲莊嚴身、口、意之因，菩薩常行自利、利他，不爲惱害住於忍辱，迴向薩婆若已，滿足成就忍[④]波羅蜜。精進爲能引攝一切佛法之因，菩薩應發勤精進心，積集一切所有善根，盡將迴向薩婆若已，滿足成就精[⑤]進波羅蜜。禪定爲於正知之因，菩薩爲欲[⑥]求正知故，修習奢摩他資糧，盡以迴向薩婆若已，滿足成就禪波羅蜜。般若多聞爲大慧之因，菩薩不取不執聞相，迴向薩婆若已，滿足成就般若波羅蜜。如是能於一切善法，知如是因感如是果，是名因緣如理作意。復次，如理作意者，謂如於我及一切法如理作意。如是知我無我，一切法悉皆無我。知我是空，一切法悉皆是空。我但有名，一切法亦唯有名。菩薩如是如理作意，於一切法平等相應，即是具足一切佛法，是爲菩薩如理相應修習佛法。

“善男子，云何菩薩不退神通，於一切法而得自在？善男子，若有沙門或婆羅門

① 欲，《中華藏》校勘《石》無。

② 如，《中華藏》校勘《石》作“如是知”。

③ 如，疑當作“知”。

④ 忍，《中華藏》校勘《石》作“忍辱”。

⑤ 精，《中華藏》校勘《石》無。

⑥ 欲，《中華藏》校勘《石》無。

不害身見起於神通，彼還退失。若時菩薩已害身見及能遠離六十二等一切諸見，起於神通，名爲具智、具惠、具覺、具施、具戒、具定，亦即名爲身心遠離具足[①]智已，内常寂静外無所行，遍所知心可所欲心，善决擇心善清淨慧，無煩惱濁得光明無翳智，積集福資糧、積集智資糧、積集奢摩他資糧、積集毗鉢舍那資糧。資以檀那、淨戒莊嚴，被以忍辱、精進甲胄，依於禪定、善修般若，隨順大慈安住大悲，超出方便成如是法，起妙神通高昇無礙乃至坐於菩提道場，以神通故於一切法皆得自在，現一切色、聞[②]一切聲、入一切心，憶念無量劫，獲得一切遊戲神通，伏斷諸漏乃至隨意轉變皆得自在，於一切法無復功用。善男子，是爲菩薩不退神通，於一切法而得自在。

"善男子，云何菩薩入甚深佛法理趣，一切聲聞、緣覺難測？善男子，甚深者名爲緣生理趣。所謂無明緣行，行緣識，識緣名色，名色緣六處，六處緣觸，觸緣受，受緣愛，愛緣取，取緣有，有緣生，生緣老死憂悲苦惱。由集爲因爲緣，生大苦蕴，令諸有情流轉雜染。菩薩於彼善能了知，此則名爲緣生理趣。云何名爲緣滅理趣？謂無明滅則行滅，行滅則識滅，識滅則名色滅，名色滅則六處滅，六處滅則觸滅，觸滅則受滅，受滅則愛滅，愛滅則取滅，取滅則有滅，有滅則生滅，生滅則老死憂悲苦惱滅。由是因緣滅則大苦蕴滅，故令有情獲得清淨，如是名爲緣滅理趣。若菩薩於彼如是了知，是名爲入甚深理趣，非諸聲聞、緣覺能於雜[③]染得清淨者，此是諸佛如來境界。若菩薩以佛威神加持之力，則能於此隨分覺悟。

"復次，甚深者名薩迦耶，薩迦耶清淨故一切法清淨。何以故？此薩迦耶推求根本無所得故，其無所得則爲甚深，諸佛於我皆無所得[④]，我本清淨，如我清淨一切法亦清淨。以何因緣而名清淨？謂彼諸法本來不生，無所起滅，故名清淨。復次，無暗、無明、無阿賴耶，真實勝義名爲甚深。彼無眼滅乃至亦無意滅，無有境界，是無境界則是真實。第一義諦名爲甚深，亦無心、意執著勝義，以難測難見不可覺故。於此諸類甚深法理，但以假名隨順世諦，於他有情分别顯示，是爲菩薩得入甚深佛法理趣，一切聲聞、緣覺難測。

"善男子，云何菩薩入緣起善巧智遠離一切邊見？善男子，緣起者無所緣是緣起；無事、無成就是緣起；無常、苦、無我、寂静是緣起；無我、無有情、無命者、無養育、無補特伽羅、無人、無儒童是緣起；無生、無起是緣起。無所有、無功用、空無相、寂静、無所行、無戲論，是故名無戲論法：如是生是爲生，如是滅是爲滅。復次，無我、無有情、無壽命、無養育，無補特伽羅、無人、無儒童，則無有法可爲緣生，於彼無我主宰

① 足，原作"是"，據文意改。
② 聞，原作"閒"，據文意改。
③ 雜，《中華藏》校勘《石》作"離"。
④ "得"後，《中華藏》校勘《石》有"何以故"。

名故。譬如草木、牆壁、影像，一切諸法亦復如是。如外諸法之所生時生無所有，滅時滅無所有。内法亦尒，生時生無所有，滅時滅無所有。除緣起法，無實所生，闕緣無滅，如是相應則一切邊見悉皆離也。云何邊見？邊見者名斷名常，生時不生、壞時不壞，無生無壞，於斷常邊自然清淨，自清淨故，於諸邊見皆得清淨。善男子，是爲菩薩入緣起善巧智遠離邊見。

“善男子，云何菩薩以如來印印於真如不間斷善巧智？善男子，如來印印者不間斷印，無生、無轉、無所取、無動、無所動，一切世間人、天、阿脩羅無所傾動。何以故？世間人、天、阿脩羅以彼印印。如是如來印，究竟不生印，究竟空性印，究竟無相印，究竟無願印，究竟無爲印，究竟離欲印，究竟真如印，究竟實際印，究竟虚空印。善男子，譬如空中印無所現，如是如來印於五眼而不現於光明之相，以自相印而印之。故乃至如來於一切法施設言説，皆以如來印印之，是爲施設。彼所有識及境界法皆是作[①]法安立，而於彼法不作種種安立之相。以真如印印之，無有間斷。云何於真如間斷？若分别諸法，見上、中、下，名爲間斷。若於諸法無所分别，名無間斷。復次，於多分别而生分别，於彼真如無能壞亂。譬如有情於空中行，而彼虚空無有破壞。如是一切有情於真如中行，而彼真如無有斷壞。菩薩如是，由以智故，於色、於法以真如印印之，不於真如間斷破壞，是爲菩薩以如來印印於真如不間斷善巧智。

“善男子，云何菩薩入於法界甚深理趣，見一切法與諸法界互相周遍平等一性？法界者亦名離欲界，離一切塵故；亦名不生界，無聚集故；不相違界，本無生故；無往界，無等故；無來界，無礙故；無住界，不生起故；如如界，三世平等故；無我界，本來清淨故；無壽者界，由勝義故；無了别界，無所住故；無阿賴耶界，無染汙故；無生起界，性決定故；如虚空界，性清淨故；如涅槃界，無戲論故，如是名爲入法界理趣。若菩薩入如是理趣，凡所演説一一語言，皆與法界理趣互相周遍，即知欲界、法界無二無别。復次，欲性法界、嗔性法界無二；嗔性法界、癡性法界無二；癡性法界、煩惱性法界無二；煩惱性法界、欲界性法界無二；欲界性法界、色界性法界無二；色界性法界、無色界性法界無二；無色界性法界、空性法界無二；空性法界、眼界性法界無二；眼界性法界、色性法界無二；色性法界、眼識界性法界無二；眼識界性法界乃至意界性法界無二；意界性法界、意識界性法界無二；意識界性法界、蘊界性法界無二；蘊界性法界，地、水、火、風界性法界無二；地、水、火、風界性法界，空性法界無二；乃至八万四千法蘊行、一切法法界無二，是爲一切法法性界[②]。若菩薩由平等智入如是法界，則能見一切法平等性理趣。善男子，是爲菩薩入法界理趣。

---

① 作，《中華藏》校勘《石》作“非”。

② 界，《中華藏》校勘《石》作“法界”。

“善男子,云何菩薩意樂堅固猶若金剛,住此大乘無有傾動?善男子,菩薩成就十二種法,意樂堅固猶若金剛,不爲人、天世間所壞。云何十二?所謂菩提心意樂增上意樂不壞故;於施、戒、忍、精進、禪定、般若不壞故;大慈、大悲不壞故;四攝法不壞故;成熟[①]有情不壞故;淨佛國土不壞故;不猒患生死不壞故;無猒足善根不壞故;爲莊嚴相好設無遮施會不壞故;爲護正法棄捨身命不壞故;所有善根迴施一切有情不壞故;積集一切佛法不壞故。善男子,若菩薩於如是法修習不壞,當知尒時名爲成就堅固金剛不壞意樂。如金剛寶能摧諸寶自體不壞,如是菩薩成就堅固意樂,能摧一切有情煩惱隨眠而自體不壞。善男子,是爲菩薩成就金剛堅固意樂,於此大乘無有傾動。

“善男子,云何菩薩於自境界清淨如佛境界?善男子,佛境界者無有境界離於境界,一切清淨,彼菩薩由自境界及佛境界悉清淨故。而淨眼境界即佛境界,亦無佛境界及眼境界,無近、無遠。何以故?遠離境界與佛境界,亦無遠離境界及眼境界。其耳境界即佛境界,亦無佛境界,无有遠、近。何以故?遠離境界與佛境界,亦無遠離境界及耳境界。其鼻境界即佛境界,亦无佛境界,无有遠、近。何以故?遠離境界與佛境界,亦无遠離境界及鼻境界。其舌境界即佛境界,亦無佛境界,無有遠、近。何以故?遠離境界與佛境界,亦無遠離境界及舌境界。其身境界即佛境界,亦無佛境界,無有遠、近。何以故?遠離境界與佛境界,亦無遠離境界及身境界。其意境界即佛境界,亦無佛境界,無有遠、近。何以故?遠離境界與佛境界,亦無遠離境界及意境界。乃至蘊、處、界、十二因緣,亦復如是。善男子,若菩薩入佛境界,遠離境界一切境界,若自境界清淨平等,是即名爲入佛境界。如是六種境界所有影現,彼皆入於諸佛境界,不生取著悉遠離故。如是如來境界無有染礙,一切境界不染、不礙,亦復如是。善男子,如是解者是爲菩薩成就隨入佛界清淨自界清淨。

“善男子,云何菩薩獲得陁羅尼無忘法行?善男子,菩薩應於此陁羅尼修持作業。云何修持?善男子,有三十二種修陁羅尼法。所謂求法故,愛樂法故,法苑樂故,隨法流故,隨順法故,尊上法故,承事供養多聞者故,常於和上及阿闍梨無有我慢恭敬供養故,求法無猒故,於教授者隨順不逆故,於説法者敬愛如佛不求其短故,於所聞法悉皆受持故,不懈怠故,於法不慳故,所行法施無悕望故,於所聞法如理作意故,於所聞法善觀察故,求於多聞無齊限故,常於梵行無休息故,常樂遠離心寂静故,常勤修習六隨念故,於六染法常棄捨故,於六和敬恒不捨故,於一切有情起無礙心故,於緣生法修順忍故,於三脱門作意觀察不驚怖故,不捨聖種杜多功德故,護持正

① 熟,《中華藏》校勘《石》作“就”。

法心無下劣故，觀[①]於衆生起大悲故，求於正法不惜身命故，修大智行離愚惑故，成就[②]有情不懈倦故，如是名爲修陁羅尼無忘失業。

“復次，善男子，若菩薩得是陁羅尼已，於佛所説悉能遍持令不忘失，謂所聞法無有忘失，以念不忘，以捨覺悟，以慧照了。入於一切無盡文字，得諸言音隨類善解智、得無礙辯演説無滯智、於了義經入理趣智、不了義經入理趣智、入於世俗無盡説智、入於勝義不斷説智、於正斷精進得無退智、於四神足起遊戲智、於諸根中得差別智、於諸力中得無動智、於七覺支得開悟智、於八聖道得入理智、於奢摩他得心住智、於毗鉢舍那得法決擇智、於智解脱得隨順智、於諸辯説得深入智、於諸神通得生起智、於諸波羅蜜得分别智、於四攝法得隨機智、於諸音聲得語路智、於決定法得決擇智、於諸經義得無閒斷智、於諸文字得無盡智、於諸有情得歡喜智、於求法者得稱根説法智、於佛所説得念摠持智、於一切文字得入詞句智、於諸垢淨得如實覺[③]智、於諸業緣得悟果報智、於一切法得光明無翳智，是名陁羅尼。得陁羅尼平等身語心者，能雨無盡法，能息諸煩惱，能生一切諸佛法故。由得此陁羅尼甚深理故，常無忘失，是故名爲菩薩得陁羅尼無忘法行。

“善男子，云何菩薩獲得如來加持無礙辯才？善男子，若菩薩常蒙如來之所加持，得二十四種無礙辯才。云何名爲二十四種？所謂迅疾辯、利捷辯、無礙辯、無滯辯、善詞辯、甚深辯、閒錯衆音辯、勝妙莊嚴辯、無沉没辯、無畏辯、種種偈讚辯、修多羅緣起本事辯、能摧伏他辯、説差别無盡句辯、顯現微妙辯、端嚴威德辯、説法無閒辯、天衆莊嚴辯、斷諸疑惑辯、世出世法辯、不錯失辯、慈悲喜捨悦可衆心辯、宿命通辯、佛所加持辯。

“善男子，如是二十四種辯，修二十四種業而得成就。何者二十四種業？所謂不逆師長教誨故，獲迅疾辯；往來無諂故，獲得利捷辯；離諸煩惱故，得無礙辯；不好雜住故，得無滯辯；不離閒語故，得善詞辯；悟緣生故，得甚深辯；以種種施故，得閒錯衆音辯；嚴飾如來塔廟故，得勝妙莊嚴辯；不捨菩提心故，得無沉没辯；善護戒蘊故，得無畏辯；施種種幢幡、鈴蓋故，得説種種偈讚辯；承事、恭敬種種捨施諸師長故，得説修多羅緣起本事辯；不逼惱貧匱有情故，得能摧伏他辯；施無盡寶藏令他入法故，得説差别無盡句辯；所説真實無麁獷故，得顯現微妙辯；不輕毁尊教及離閒他人故，得端嚴威德辯；於自得法住持故，得説法無閒辯；不謗毁他以歡喜心施所愛物故，得天衆莊嚴辯；於法不師拳如聞説故，得斷一切疑辯；觀於一切皆如師長，不加逼惱，施病

① 觀，《中華藏》校勘《石》無。

② 就，《中華藏》校勘《石》作“熟”。

③ 覺，《中華藏》校勘《石》作“學”。

者藥故，得世出世法辯；不求他過，常自省察故，得不錯失辯；以平等心觀諸有情置涅槃道，不著一切利養恭敬及名聞故，得慈悲喜捨悦可衆心辯；善言柔軟、如説修行、心無濁亂故，得宿命通辯；不謗大乘、不樂小乘、悲愍有情故，得佛所加持辯：是名成就二十四種辯才之業。復次，令他有情到究竟故，名爲辯才。於他住持能警覺故，名爲辯才。於他歡喜意相續故，名爲辯才。於他有情説隨心智故，名爲辯才。善男子，成就如是法功德智，是爲菩薩獲佛加持無㝵辯才。

“善男子，云何菩薩於生死中而得自在？善男子，菩薩成就十二種法，於生死中而得自在。云何十二？所謂遠離惡友故，親近善友故，於佛所許見清淨故，戒蘊清淨從三摩鉢底起於智慧、方便而雙運①故，獲不退神通故，觀諸法無生故，爲滿本願於生死中而受生故，觀於有情起大慈故，以大悲定觀察諸法如幻化故，知一切法不生滅故，於如夢性法不虛妄法如實觀察故，以佛世尊威神加持或現生死而不染生死故，是爲十二。若菩薩成就此十二法，能於無量阿僧祇所生之處，示現受身廣大利益一切有情。善男子，如是一切從二種根之所建立，所謂神通智及大悲根，如是名爲菩薩摩訶薩於生死中，獲於神通而得自在。

“善男子，云何菩薩摧伏怨敵，超越四魔？善男子，若菩薩以如幻智，通達一切五蘊諸法皆如幻化，超越蘊魔；通達諸法本性清淨，超煩惱魔；通達緣起，超越死魔；不退菩提心故，超越天魔。

“復次，菩薩如是觀故，能害所有障於菩提一切魔業，魔不得便。何謂魔業？謂愛樂小乘，是爲魔業；不護菩提心，是爲魔業；於諸有情簡别行施，是爲魔業；樂求生處而持禁戒，是爲魔業；爲求色相而修忍辱，是爲魔業；作世間事相應精進，是爲魔業；於禪味著，是爲魔業；以慧猒離於下劣法，是爲魔業；在於生死而有疲②倦，是爲魔業；作諸善根而不迴向，是爲魔業；猒離煩惱，是爲魔業；覆藏己過，是爲魔業；憎嫉菩薩，是爲魔業；誹謗正法，是爲魔業；背恩不報，是爲魔業；不求諸度，是爲魔業；不敬正法，是爲魔業；慳惜於法，是爲魔業；希利説法，是爲魔業；離於方便成就③有情，是爲魔業；捨四攝法，是爲魔業；毁破禁戒，是爲魔業；輕持戒者，是爲魔業；順聲聞行，是爲魔業；順緣覺乘，是爲魔業；要④求無爲，是爲魔業；猒離有爲，是爲魔業；心懷疑惑不利有情，是爲魔業；所聞好疑，不善通達如理作意，是爲魔業；好懷諂誑假示哀愍，是爲魔業；麁獷惡駡，是爲魔業；於罪不猒，是爲魔業；染著自法，是爲魔業；少聞便足，是爲魔業；不求正法，是爲魔業；樂求非法，是爲魔業；於障蓋纏不樂對治，是爲

① 運，《中華藏》校勘《石》作“願”。
② 疲，《中華藏》校勘《石》作“厭”。
③ 就，《中華藏》校勘《石》作“熟”。
④ 要，《中華藏》校勘《石》作“樂”。

魔業；不淨心、口[①]，是爲魔業；忍沙門垢，是爲魔業。善男子，如是乃至好行十不善業，捨於善法，如是一切悉爲[②]魔業。

“若菩薩成就四法，而能超越。云何爲四？所謂不忘菩提心故，勤修六度不放逸故，住於善巧智成就[③]有情故，住甚深理護持正法故。善男子，菩薩若與此法相應，決定能摧諸魔怨敵，是爲菩薩超出四魔。

“善男子，云何菩薩積集無量福德資糧，爲[④]諸有情作所依止？善男子，若菩薩於一切有情起同體大悲住於禪定，見來求者悉皆捨施，以福無盡得於寶手令他受用。意樂清淨，心如平地離於高下，有所悕望豐饒利益，戒清淨故，得心無著善護諸根，復能成辦一切施會，得陁羅尼成就辯才。以如是等積集善根，迴向菩提，普施有情，如外四大一切世間依住，如是内四大爲一切有情依住。菩薩作是思惟：‘我所積集一切善根法智善巧，無有一法不與有情而爲依住。’是爲菩薩獲得無量福德資糧，爲諸有情作所依住。

“善男子，云何菩薩出無佛世，爲諸有情而作佛事？善男子，若菩薩爲出生處、非處智故，修十力業；爲出生漏盡智故，修四無畏業；爲出生三十無礙智，修十八不共法業；爲出生得佛眼光明故，修五眼悉知業；爲出生一切神通故，修宿命業；爲獲成就滿足菩提故，修具足一切善法、斷身口意諸煩惱業；爲出生相好莊嚴故，修集一切福資糧業；爲出生十地得灌頂一切佛法故，修集一切智資糧業。如是，善男子，若菩薩具修如是業已，於無佛世能爲有情廣作佛事而成就[⑤]之。

“善男子，云何菩薩獲得海印三摩地，不染一切有情心行？善男子，以何因緣名爲海印三摩地？如贍部洲諸有情等若干色類皆於海中而現影像，故名大海。如是若干有情一切心色之類乃至音聲，彼諸影像皆於菩薩心海中現，是故名爲海印三摩地。譬如大海同一醎味，菩薩一味法解脱智亦復如是。譬如大海不越潮限，菩薩觀時、非時故不越成菩提時，坐於道場亦復如是。譬如大海不宿死屍，菩薩不與一切習氣煩惱及聲聞、緣覺心俱亦復如是。譬如大海容納万流不增不減，菩薩容受一切諸法無有增減，亦復如是。譬如大海其廣無涯，菩薩慧用無邊亦復如是。譬如大海深難得底，菩薩智海一切聲聞、緣覺難測亦復如是。譬如大海能作無量世界依止，菩薩作諸有情依止亦復如是。善男子，是爲菩薩善入海印三摩地已，不染一切有情心行。

“善男子，云何菩薩得無染著，心如虚空風無有障礙？善男子，若菩薩於一切法遠離見纏，心無所著，譬如大風於虚空中無所染著。如是菩薩於一切法心無所著，亦

① 口，《中華藏》校勘《石》作“垢”。

② 爲，《中華藏》校勘《石》作“有”。

③ 就，《中華藏》校勘《石》作“熟”。

④ 爲，《中華藏》校勘《石》作“謂”。

⑤ 就，《中華藏》校勘《石》作“熟”。

復如是，是爲菩薩得無染著，心如虛空風無有障礙。”

大集大虛空藏菩薩所問經卷第三

大集大虛空藏菩薩所問經卷第四

開府儀同三司特進試鴻臚卿肅國公食邑三千户賜紫贈司空
謚大辨正號大廣智大興善寺三藏沙門不空奉詔譯

“善男子，云何菩薩善知軌儀，修行離暗獲得光明，不隨他緣得自然智，速到大乘一切智智？善男子，若菩薩於彼所行軌儀一切諸行不退、不動獲得光明，名爲正法自智光明，亦名於法無障礙智。能離於暗獲得光明，不隨他緣得自然智。何以故？彼菩薩住自然[①]智光明之時，於他有情及於此法照了決定，不隨他緣，速疾能證薩婆若智。”尒時世尊説伽他曰：

已脱諸見之智者，於生死中具福德；
住於瑜伽離諸相，迴向菩提無盡處。
應具一切智資糧，無邊智慧虛空性；
無色無相亦無法，則能滿足一切智。
應念佛身勝生子，於彼心意不散動；
不取色相及種姓，是故名爲念如來。
法體遠離於諸欲，湛然寂静常無相；
若能遠離於所緣，是故名爲真念法。
無爲無染常解脱，是故名爲念僧伽。
一切資緣諸事物，悉能捨施無所著；
無思清淨無分别，是故名爲念於捨。
無爲尸羅無諸漏，離身語意不流轉；
不生三有無所依，是爲正念無漏戒。
淨居諸天體無垢，及住兜率紹法王；
應念如是清淨天，不久我常[②]亦如彼。
若持諸佛之正法，不應執著煩惱事；
於法非法皆解脱，如是能持諸佛法。

① 然，《中華藏》校勘《石》無。
② 常，《中華藏》校勘《石》作“當”。

如佛所得菩提相，受持法者亦復然；
若知本際無有塵，是則名持諸佛法。
由我淨故有情淨，法淨智者隨行之；
知諸有情心性淨，以如是行而成就[①]。
不作斷滅有情界[②]，亦不見彼有增減；
爲説斷除顛倒見，化無量衆令清淨。
應説世間諸境界，不異如來之境界；
佛之境界如虚空，世間之境亦如是。
一切語言及文字，悉皆猶如空谷響；
中間無有所聞者，如是知已獲揔持。
受持修習及讀誦，盡能宣説法理趣；
無我無人無法想，如是安住陁羅尼。
能持一切諸佛法，善説聞者皆歡喜；
正念不離三摩地，由此決定於揔持。
於法不動無散心，亦於諸法無疑惑；
譬如龍王降大雨，彼人説法亦復然。
無著無縛無障礙，能説千億俱胝典；
於諸有情無法想，彼得辯才勝功德。
承佛威神説妙法，千俱胝劫常無礙；
令諸有情心歡喜，安住辯才佛功德。
若知一切法理趣，體性皆若於虚空；
無人無命無壽者，彼即名持佛正法。
有情本性皆圓寂，究竟諸法悉無生；
是忍境界無垢淨，得此名爲不放逸。
見於諸蘊皆如幻，則見諸法真實性；
知於六處如空邑，是則能超於[③]蘊魔。
譬如空中起浮雲，一切諸惑亦如是；
常於正理勤觀察，彼則能超煩惱魔。
若知無生常不生，則知寂滅亦無滅；
法無過去未來世，決定不爲死魔侵。

① 就，《中華藏》校勘《石》作“熟”。
② 界，《中華藏》校勘《石》作“戒”。
③ 於，《中華藏》校勘《石》作“諸”。

於法無動亦無思，不住菩提無覺想；
無我無人起悲濟，是降天魔之眷屬。
見於識智二平等，不住無爲及有爲；
心如幻化知世間，是名勇健難[①]摧伏。
於此彼岸無所著，説法修習相應者；
拔濟有情無人想，是名菩薩之導師。
觀察三有如曠野，亦如[②]空性不變異；
無路無人無拔濟，是爲説法大商主。
善説有無真實法，了法本來常清淨；
悲與寂滅理相應，是名菩薩導師者。
前後流轉心相續，如此二心不和合；
了知流注心體性，是名菩薩之勇健。
知諸法性本清淨，猶如虚空如水月；
不著一切諸煩惱，是淨薩埵常稱讚。
若知一法同諸法，如幻陽炎無所取；
虚妄空寂不常恒，彼人不久成真覺。

説此決定法門時，七萬二千那庾多天、人、緊那羅、摩睺羅伽等皆發無上正[③]等覺心，三万二千菩薩得無生法忍。於此三千大千世界六種震動，大光普照，百千諸天雨種種花，奏諸伎樂，以鄔馱南而共讚歎：“此諸有情，已爲如來法印印之。若有聞此法門能生勝解，受持演説，如法修行一切智者，於此佛刹皆應禮敬以自莊嚴。所以者何？由佛世尊出興於世，演此秘密決定法門令我等聞，非餘有情所聞見故。”

尒時大虚空藏菩薩從佛世尊聞説是已，即時獲得六無垢清淨三摩地門，以價直三千世界摩尼寶網覆於佛上而爲供養，一心合掌作如是言：“如來今者以無礙智，觀察一切有情根性前後善巧，宣説無障礙法甚深理趣，由此衆會皆大歡喜讚歎大乘。”時十方世界所來集會諸菩薩等復放光明，皆言：“由於如來説如是法門，令我等聞，深生慶幸，靡不歡喜。”

尒時會中有菩薩摩訶薩名曰迅辯，白大虚空藏菩薩言：“正士，汝名虚空庫藏，而汝豈以虚空爲庫藏耶？”虚空藏菩薩言：“善男子，我亦是虚空，亦是庫藏。”迅辯菩薩言：“善男子，我願見汝虚空庫藏差別之相。”虚空藏菩薩言：“善男子，如汝之心所思惟物，我令空中爲汝雨之。”迅辯菩薩言：“我昔曾見赤優波羅吉祥如來蓮花莊嚴世

① 難，《中華藏》校勘《石》作“能”。
② 如，《中華藏》校勘《石》作“知”。
③ 正，《中華藏》校勘《石》無。

界，彼有蓮花名曰一切光明遍照，其量廣於一俱盧舍，有多千葉香潔柔軟猶若迦止栗那綿，身觸之時受極快樂。其香芬馥遍於無量百千世界，彼中菩薩聞香、見花即皆得定。唯願仁者於此衆會而雨是花。”時迅辯菩薩一心淨意，未久之閒，於是大虛空藏菩薩以大威神加持力故，即於空中雨如是花。時此會衆見是花已，各各獲得愛樂花三摩地，從定出已，異口同聲讚大虛空藏菩薩言：“善哉！善哉！正士，由汝加持智力故，令一切有情悉皆獲得如是之力。”

尒時衆中復有菩薩名寶莊嚴，白大虛空藏菩薩言：“大士，唯願爲我及諸有情於虛空中雨細粖金。”所言未訖，即有無量粖金從虛空中如雨而下。寶莊嚴菩薩復言：“願於空中雨一切寶。”所言未訖，即於空中有無量無數種種名、種種色、種種摩尼之寶如雨而下。所謂金、銀、頗胝迦、吠琉璃、碼碯、赤珠、牟娑羅藏寶、吉祥藏寶、髻娑羅無垢光寶、月光寶、日光寶、照曜寶、殊[①]勝光寶、贍部光寶、火光寶、硨磲、璧玉、珊瑚、帝青寶、德藏寶、寂静光寶、澄清[②]濁水寶、不壞光明寶、建立眼寶、旋轉寶、釋迦楞伽寶、勝寶、大勝寶、威德熾盛寶、吉祥藏王寶、金剛蘂寶、世光寶、光味寶、持光半月寶，贍部檀寶、贍部洲光寶、千光寶、炬火光寶、勝莊嚴寶、息熱寶、無熱惱寶、除病寶、淨眼寶、淨耳鼻舌身意寶、照曜支寶、照曜寶、青光寶、黄光寶、頗胝迦寶、白頗胝迦寶、網寶。以要言之，餘如是類無量之寶悉皆雨之，如是無邊衆寶名字，若於一劫不可説盡。

尒時復有時王菩薩白大虛空藏菩薩言：“大士，此娑訶世界有無量受苦有情，貧匱飢餓無諸飲食、著破弊衣，復有裸形及諸餓鬼露體饑渴、被髮覆身，常思所棄涕唾膿血。爲如是類願生憐愍，雨以衣食而充濟之。”時虛空藏菩薩以加持力，即於虛空雨種種飲食異類衣服，百千色相無量無邊不可筭數，上妙細軟過於迦止栗那綿，身觸之時受極快樂。於此三千大千世界，一切貧匱孤露有情及諸餓鬼，蒙此飲食勝妙衣服，悉皆充足。

尒時會中復有菩薩名曰醫王，白大虛空藏菩薩言：“大士，今此世界無量有情嬰諸疾病，復無眷屬所能瞻視，以病纏綿受大苦惱。願爲此等諸有情類雨上藥草，令彼患者悉皆除愈。”所言未訖，即時虛空雨於無量甘露妙藥。由此藥故，一切病者服皆除差[③]。

復有菩薩名摧惡趣白大虛空藏菩薩言：“善男子，願以大悲息三惡趣受諸劇苦一切有情。”所言未訖，即於空中出大光明，照捺落迦、傍生、鬼趣，彼諸有情皆息衆苦，得受安樂。又於虛空雨衆花鬘、塗香、末香、幢幡、傘蓋、燈燭、音樂、奴婢、妻妾、童子、婇女、象馬、車乘、宅舍、城郭、村邑、聚落、國土、宫殿、樓閣、花園、窓牖、床榻、珍

① 殊，《中華藏》校勘《石》作“珠”。
② 清，《中華藏》校勘《石》作“淨”。
③ 差，《中華藏》校勘《石》作“愈”。

寶、輦輿，四牛、十六牛乃至千牛所駕之車，悉於虛空如雨而下，皆由大虛空藏菩薩加持力故。復告衆言："善男子，汝等皆取如是等物隨用捨施，當令滿足檀波羅蜜。"

復有菩薩名戒莊嚴白大虛空藏菩薩言："善男子，汝已雨於檀波羅蜜，何不復雨戒波羅蜜？"所言未訖，即時十方諸佛及諸菩薩皆共讚歎戒波羅蜜莊嚴功德。如是讚歎戒功德聲從空中出，如是讚歎忍辱、精進、禪定、智慧莊嚴功德所出之聲亦復如是。又聞諸佛菩薩百千詞句稱讚諸法無增、無減。由此法音警覺[①]三千大千世界，令無量無數有情修學三乘而得成就[②]。

復有菩薩名普遍光明白大虛空藏菩薩言："汝虛空庫藏，爲唯於此世界中現饒益有情，爲復亦能於餘世界現如斯事？"尒時大虛空藏菩薩告普遍光明菩薩言："善男子，汝獲無垢妙淨天眼，當觀十方諸佛世界，爲見何物？"説是語已，時普遍光明即以天眼觀見十方無量阿僧祇世界，所雨寶物、飲食、衣服一如此界無所減少，又聞空中所説一切微妙法音亦不增減。尒時普遍光明菩薩見是事已，深生奇特嘆未曾有，以鄔馱南稱讚大虛空藏菩薩："不可思議難可測量，而能頓於一切世界現如是等種種寶物。唯願[③]以佛威神之力及於仁者加持之力，令此衆會及餘世界一切有情，普皆得見如是衆寶，普皆得聞虛空法音。"尒時大虛空藏菩薩即如其言，更雨如是種種諸寶，皆令此會及他方國土一切有情悉皆得見，各各皆發無上正等菩提之心。

尒時，王舍大城有五百女人共詣大虛空藏菩薩所。到已白言："我聞正士能滿一切有情所願，然今我等夫主並死，不知所趣，唯願大士示我令見。"尒時大虛空藏菩薩以威神力故，即爲五百女人各各現其本夫形狀住菩薩前。時虛空藏告諸女言："姊妹，當觀此是汝等本夫以不？"彼諸女等各見本夫，悲喜交集。時彼丈夫各自隨逐是諸女等還[④]歸本家，七日之中爲女説法，令得成就，咸發無上菩提之心，住不退轉。時五百女相共來詣大虛空藏菩薩之所，一心同聲，以伽他讚曰：

我等今知是法相，猶如幻化虛空性。
而爲我等示現夫，今[⑤]我成就[⑥]寂勝業。
以是諸法皆變化，本空無心無所動。
由此通達無漏法，永不隨逐諸煩惱。
是故皆發菩提心，願欲拔濟有情類。

---

① 警覺，《中華藏》校勘《石》作"警悟覺察"。
② 就，《中華藏》校勘《石》作"熟"。
③ 願，《中華藏》校勘《石》作"願如來"。
④ 還，《中華藏》校勘《石》作"請還"。
⑤ 今，《中華藏》校勘《石》作"令"。
⑥ 就，《中華藏》校勘《石》作"熟"。

蒙爲我等授記莂，當得成佛度有情。
同名善調之如來，廣於後世修諸行。
我等獲斯妙法雨，是故稱讚大導師。

尒時復有五百丈夫被賊欲害，即聞空中聲曰："汝等當知有菩薩名大虛空藏，能於怖畏諸有情類施於無畏。汝等應當歸依稽首，必無所害。"時彼諸人以恐怖故，皆共一心異口同聲作如是言："南無大虛空藏菩薩。"作是語時，虛空藏菩薩化五百人從虛空下，住彼人前，告諸賊言："是等貧匱，何用害爲？寧殺我等。今當與汝衣服、瓔珞所須之物，令無所乏，勿斷彼命。"時彼諸賊即殺化人，其五百人咸離怖畏，泰然安隱，皆共往詣大虛空藏菩薩之所，恭敬合掌，頭面禮足，作如是言："我等今者皆從大師得全性命，故來頂禮，莫知所報廣大之恩，唯願爲我説微妙法，當共受持成二利行。"尒時大虛空藏菩薩告言："善男子，汝等今者既無所懼，各各宜發阿耨多羅三藐三菩提心，則得自利利他成就。"説是語已，彼等一時皆發阿耨多羅三藐三菩提心，即以上妙衣服價直百千奉虛空藏菩薩以申供養。如是供養虛空藏菩薩已，即爲供養一切諸佛。尒時，世尊悉與彼等授於記莂："於當來世過無[①]量劫，修菩提分法已，當得成佛，同號無怖畏如來、多陁阿伽度、阿羅訶、三藐三佛陁。"

尒時舍利子白大虛空藏菩薩言："善男子，汝得此虛空庫藏已來，經今幾何不枯不竭，周給一切無有窮盡？"虛空藏言："大德，於意云何？豈有虛空而竭盡耶？""不也，大士。"虛空藏言："如是，大德舍利子，虛空自性無盡，我今所有善根功德亦復如是。所以者何？我爲菩提，於無量劫積集無量無邊善根，悉皆迴向，如彼虛空無有窮竭，是故周給不竭不盡。如汝所言，而此空中施設庫藏經幾何者，乃至我發菩提心來空中庫藏久近如是。"時舍利子復言："汝發菩提心復經幾時？"答曰："如佛世尊知其近遠。"舍利子即白佛言："世尊，此虛空藏菩薩發菩提心經幾許時？"佛言："善男子，我若具説，人天聞者皆生疑惑。"舍利子言："善哉！世尊，唯願垂慈爲我開示。又此會中有無量衆皆共渴仰，願爲解説令得淨信。"

尒時佛告舍利子："譬如恒河沙數世界所有微塵，一一微塵復爲一劫，如是塵劫爲一洛叉。復有無量那由他洛叉微塵劫，盡是微塵所有劫數，彼虛空藏發於無上正等覺心，經尒所時。"舍利子復白佛言："世尊，彼虛空藏初發心時，所遇如來名字何等？"佛告舍利子："彼時如來出現於世，名一切勝願寶威德王如來、應供、正遍知、明行足、善逝、世間解、無上士、調御丈夫、天人師、佛、世尊，世界名現一切佛刹，劫名寶莊嚴。舍利子，彼現一切佛刹世界，所有功德莊嚴成就，我以劫壽説不能盡。舍利子，彼佛世尊所坐道場周千世界，復有超過數量諸菩薩衆以爲眷屬。舍利子，彼時世

① 無，《中華藏》校勘《石》作"數"。

界有轉輪王名一切天灌頂,王於三千大千世界。彼王復有不可思議寶藏,有三万六千子皆悉化生有大威德。彼佛世界乃至無有女人之名。舍利子,彼佛世尊壽百千劫,其一切天灌頂王於四十中劫承事彼佛,一日之中用千俱胝上妙資具積高須彌以爲供養,所積福聚不可思議。其王諸子及諸眷屬皆發阿耨多羅三藐三菩提心。舍利子,彼時一切天灌頂王莫作異觀,今虛空藏菩薩是。"

尒時舍利子白佛言:"甚奇,世尊,此大虛空藏菩薩被不可思議甲冑乃至久遠住於大乘,能證如是威德法行。"佛言:"舍利子,是大虛空藏菩薩,所供養佛超過無量恒河沙數,於彼佛所淨菩提心。恒河沙數佛所菩提心淨則意樂淨,恒河沙數意樂淨則加行淨,恒河沙數加行淨則增上意樂淨,恒河沙數增上意樂淨則檀波羅蜜多淨,恒河沙數檀波羅蜜多淨則尸羅波羅蜜多淨,恒河沙數尸羅波羅蜜多淨則忍辱波羅蜜多淨,恒河沙數忍辱波羅蜜多淨則精進波羅蜜多淨,恒河沙數精進波羅蜜多淨則禪那波羅蜜多淨,恒河沙數禪那波羅蜜多淨則般若波羅蜜多淨,恒河沙數般若波羅蜜多淨則方便波羅蜜多淨,恒河沙數方便波羅蜜多淨則一切有情無礙心無礙光淨,恒河沙數有情無礙心無礙光淨則大慈淨,乃至大悲、大喜、大捨、大神通智淨則身、語、心淨,由恒河沙數心清淨則一大人相淨,如是廣説三十二大人相乃至一切大人相善根淨則虛空庫藏淨。舍利子,由如是故,此虛空藏菩薩能於空中示現一切菩薩之行。舍利子,譬如虛空無有窮盡。善男子,如是菩薩一切願行清淨無盡亦復如是,是故名爲虛空庫藏。"説是法時,會中有一万菩薩獲得無盡財寶,于虛空庫藏滿足願忍。

尒時會中復有菩薩名曰法王,白大虛空藏菩薩言:"我願從空中聞妙法音。"虛空藏言:"善男子,汝極生恭敬,心住虛空作大師想,我當令汝聞妙法音。"

尒時法王菩薩并諸大衆一心合掌,向空禮敬瞻仰而住,以虛空藏菩薩加持力故,即於空中出伽他曰:

心意與諸法,皆如於虛空;
我今説少分,汝等次第聽。
虛空無高故,下亦不可得;
諸法亦如是,其性無高下。
虛空無有生,滅亦無所得;
諸法亦如是,生滅不可得。
空中無損減,復無增益性;
諸法如虛空,平等無增減。
空中無有暗,亦無於所染;
心性亦如是,無暗亦無染。
譬如日月光,虛空無愛染;

心亦同虚空，無愛亦無染。
譬如於虚空，鉾槊無傷損；
菩薩觀衆苦，亦無憂懼心。
如空雨甘露，虚空無愛悦；
菩薩於名利，不生染愛心。
毁譽空不動，苦樂心恒静；
大地雖摇動，虚空性常住。
菩薩於世法，遠離分别心；
如空火不燒，菩薩惑無染。
虚空離生滅，法界無去來；
衆色現於空，諸法依①心住。
空無色非色，心性亦復然；
虚空唯假名，心意識如見。
如空無邊故，智者德②如斯；
猶空迹難成，菩提行無相。
虚空無前際，五藴性亦然；
過現四大空，未來亦如是。
如劫燒空界，難滿諸有情；
五欲流注心，難滿亦如是。
佛説大法句，離欲出世間；
教法廣無涯，如空無所得。
了知真實法，不壞不住性；
知性即無性，正見住實際。
聲性空無有，言説性亦然；
法體本無言，無聲亦無説。
諸法如幻炎，夢影響皆空；
寂静無比方，引導故爲喻。
法無相説相，能所相皆無；
菩薩了真如，如空無所得。
無著無所有，無覺無戲論；

① 依，《中華藏》校勘《石》作“於”。
② 德，《中華藏》校勘《石》作“得”。

不度有情故，如[①]性爲菩薩。
有情本涅槃，聞此不驚怖；
被勇猛甲冑，名住菩提者。
猶如於幻師，害多幻化衆；
實無有所害，所度生亦然。
幻化及有情，諸佛法亦尒；
若悟同一性，無自性爲性。
虚空藏菩薩，得虚空庫藏；
充足諸有情，此藏無窮盡。
無邊功德聚，得此清淨藏；
汝觀諸法性，其性無移動。
應知一切法，因緣和合生；
由此無有窮，法藏難思故。
世尊常演説，四種法無盡；
有情及虚空，菩提心佛法。
如諸世間物，可説有窮盡；
無物無所盡，是故説無盡。
究竟滅盡法，盡法無所盡；
無盡無不盡，是故説無盡。
若人聞此法，名菩薩覺悟；
則知如是人，速住菩提道。

尒時大衆聞是伽他已，即於會中有八千菩薩得無生法忍，一万二千天子住虚空中發於阿耨多羅三藐三菩提心。

大集大虚空藏菩薩所問經卷第四

大集大虚空藏菩薩所問經卷第五

開府儀同三司特進試鴻臚卿肅國公食邑三千户賜紫贈司空
謚大辨正號大廣智大興善寺三藏沙門不空奉詔譯

尒時衆中有菩薩名常希奇，從座而起，白世尊言："未知此聲從何而出？"佛言：

① 如，《中華藏》校勘《石》作"知"。

“善男子，汝當問彼大虛空藏菩薩，當爲汝説。”

尒時常希奇菩薩即白大虛空藏菩薩言：“大士，我今不知如此法聲從何而出？唯願仁者爲我説之。”虛空藏菩薩言：“善男子，於意云何？彼谷中響從何而有？”常希奇菩薩言：“因於他聲之所顯出。”虛空藏菩薩言：“善男子，彼之谷響爲是身耶？爲是心耶？爲是色耶？爲是聲耶？可實有不？”“不也，大士。響無自體，因聲顯發，豈有實耶？”“善男子，響既不實因聲而有，如是虛空所出法聲亦復如是。從不思議智之所顯，由心攝持，自空而出，故有流轉，非即流轉能顯其聲。善男子，汝觀因緣和合所作甚深之理，依因感果，亦無因果性不流轉，而此二法無自性故、無作者故。若知因緣不能感果，則了諸法本無和合。所以者何？如世尊説：‘若知雜染是則清淨，不斷雜染亦自清淨。’何以故？煩惱自性本清淨故。如此二法名施設句，所謂雜染及以清淨，依勝義際所建立故。勝義際中雜染、清淨皆不可得。勝義際者名爲無際，即彼無際名爲實際，是實際即空際，是空際即我際，是我際即一切法際。若知一切法際、空際、寂静際、極寂静際、所有際門，則於一切諸法無所取著獲無导智。”

尒時舍利子問常希奇菩薩言：“善男子，汝以何故名常希奇？”答曰：“大德舍利子，我於一切法常勤精進生希奇心，樂欲滿足而不能解。又於一切菩薩之行生希奇心，當願入於一切有情心行之智而不能解，願於一切煩惱魔業令不得便而不能解，是故於法常生希奇。由此因緣名常希奇。”

尒時長老舍利子白佛言：“甚奇，世尊，而此正士辯才如是明了，一切諸佛之法無所染著，所説之法亦不取著。”

尒時會中有菩薩名寶吉祥，白大虛空藏菩薩言：“善男子，唯願爲我説三摩地，我當如説而修行之。”

時大虛空藏菩薩告寶吉祥菩薩言：“善男子，有三摩地名爲菩薩清淨意樂，能除道障詣菩提故。有三摩地名一切有情無导光明，謂與有情作照明故。有三摩地名護自他，超越一切他惱害故。有三摩地名爲無垢，能令獲得心清淨故。有三摩地名爲遍照，謂能增長諸善法故。有三摩地名爲端嚴，謂能獲得澄淨性故。有三摩地名爲高廣，謂能獲得無見頂故。有三摩地名爲遠離，謂能調伏諸煩惱故。有三摩地名爲迴旋，能右迴旋入真道故。有三摩地名爲退轉，能轉外道邪因見故。有三摩地名爲作樂，遊諸法苑受快樂故。有三摩地名到究竟，殖清淨行到後地故。有三摩地名爲威德，獲心自在無羸劣故。有三摩地名入平等，於諸有情心平等故。有三摩地名知作業，能隨所作知業果故。有三摩地名師子幢，能離怖畏身毛竪故。有三摩地名心勇健，能消一切煩惱魔故。有三摩地名芬陁利，於諸世間獲無染故。有三摩地名跛度摩，謂能獲得心莊嚴故。有三摩地名光莊嚴，能照一切諸佛刹故。有三摩地名善作業，謂能永害憎愛心故。有三摩地名幢莊嚴，謂能照耀諸佛法故。有三摩地名爲有炬，能照一切諸習氣故。有三摩地名爲日燈，能離一切諸黑暗故。有三摩地名爲日旋，能觀一切有情心故。有三摩地名功德藏，諸功德法隨順轉故。有三摩地名那羅延，能伏[①]一切他論難故。有三摩地名爲堅固，能獲金剛不壞身故。有三摩地名爲具堅，能超一切世間慧故。有三摩地名曼荼羅，能獲不退諸神通故。有三摩地名金剛場，謂能往詣菩提場故。有三摩地名金剛喻，善能穿鑿諸漏法故。有三摩地名爲具行，能知有情諸心行故。有三摩地名爲治地，能令遠離愛欲過故。有三摩地名爲摧壞，能令摧壞四魔怨故。有三摩地名日觀身，能觀一切色身相故。有三摩地名爲不眴，能令專注一境性故。有三摩地名入虚空，能淨一切精進心故。有三摩地名爲無諍，能超一切所緣境故。有三摩地名無垢輪，能轉清淨妙法輪故。有三摩地名爲電光，能觀察心刹那壞故。有三摩地名善作勝緣，能速圓滿諸善法故。有三摩地名爲能淨，能斷一切不善法故。有三摩地名身莊嚴，能滿大人相隨好故。有三摩地名語莊嚴，梵音説法令衆喜故。有三摩地名心莊嚴，令諸善法不失壞故。有三摩地名爲無畏，能得堅固不退轉故。有三摩地名爲等施，於諸有情無簡别故。有三摩地名戒積集，令一切願悉滿足故。有三摩地名忍甲胄，能於身命無顧惜故。有三摩地名精進堅固，能獲速疾諸神通故。有三摩地名無量藏，能令梵王所攝伏故。有三摩地名無所有，令無色界有堪能故。有三摩地名爲高幢，不爲有情所陵伏故。有三摩地名爲高燈，善能觀察於十方故。有三摩地名爲慧炬，能摧一切障蓋纏故。有三摩地名爲海印，能現種種所作業故。有三摩地名無量旋，能斷一切諸惡見故。有三摩地名爲空性，能離一切諸相見故。有三摩地名爲無相，能斷遍計諸分别故。有三摩地名爲無願，善能清淨諸願相故。有三摩地名爲不動，能害一切動意思故。有三摩地名具足音，能善獲得無㝵辯故。有三摩地名爲遍持，能持一切所聞法故。有三摩地名爲淨念，能善受持諸佛法故。有三摩地名爲無盡，悉令有情生歡喜故。有三摩地名爲寶嚴，能令一切得寶手故。有三摩地名爲隨去，能隨有情獲心智故。有三摩地名知所趣，於有情趣令覺悟故。有三摩地名爲意入，能令心意皆清淨故。有三摩地名爲法雲，隨其勝解雨法雨故。有三摩地名爲念佛，能證甘露清淨法故。有三摩地名爲念法，能證離欲諸善法故。有三摩地名爲念僧，令於佛法不退轉故。有三摩地名爲念捨，令於資具悉能捨故。有三摩地名爲念戒，建立諸佛法根本故。有三摩地名爲念天，令於淨法無過失故。有三摩地名入法界，知一切法互相入故。有三摩地名虚空性，令一切法悉無㝵故。有三摩地名無生性，能令獲得無生忍故。有三摩地名類不類，於文句差别以善巧智悉能持故。有三摩地名妙説無垢印，菩薩由得此三摩地，一刹那頃能以慧證大菩提故。善男子，如是八十三摩地門，一一皆有五百三摩

① 伏，《中華藏》校勘《石》作“摧”。

地門以爲眷屬，合集筭計成於四萬三摩地門，清淨、雜染足爲八万三摩地門。彼前、後、中際及無盡智各有五百三摩地門，并清淨、雜染合成八万四千三摩地門。乃至如是尒所三摩地爲尒所法鄔馱南，復成如來八万四千差别法蘊，由彼有情八万四千心行别故。善男子，根本鄔馱南令諸有情入佛智行生警[①]悟故。復次一切佛智入一切有情心行所説法藏，無量無邊不可思議，非百千劫之所能説。我今於此三摩地門略説少分。”

説此法時，會中有一万六千菩薩，於三摩地門證無生法忍，八万四千人天發阿耨多羅三藐三菩提心。

尒時世尊讃大虚空藏菩薩言：“善哉！善哉！善男子，快説如是三摩地功德法門，顯揚如來微妙勝智，而此法門汝身自證不由他悟。”

尒時寶吉祥菩薩白佛言：“世尊，以何因緣虚空藏菩薩於如來所能從虚空雨於衆寶？”

佛告寶吉祥菩薩言：“善男子，我念過去無量不可數劫，尒時有佛出興於世，號無垢炎無量光王如來、應供、正遍知、明行足、善逝、世間解、無上士、調御丈夫、天人師、佛、世尊，世界名弥佉羅，劫名功德光。善男子，其弥佉羅世界，國土安樂，人民熾盛，七寶爲地，其平如掌，清淨柔軟，猶若迦止栗多綿，行隨觸時受勝快樂，閻浮檀金以覆其上，種種諸寶而爲嚴飾，界以八道寶樹行列。如他化天，隨所受用皆適其意。諸人、天衆悉共居止宫殿樓閣，心念飲食隨意皆至。善男子，彼無垢炎無量光王如來有六十那由他菩薩摩訶薩衆。當於彼時，有轉輪聖王名曰福報莊嚴，七寶具足，其王國城如贍部洲所居宫殿，東、西、南、北四方皆各四瑜繕那，間錯七寶以爲莊嚴，復有五百園苑嚴飾交映。善男子，是福報莊嚴王，有八万四千婇女端正殊妙，有四万子皆悉端嚴，力勇無敵。有二寶女：一名吉祥威，二名吉祥光。王與婇女及諸王子前後圍遶，往詣於彼愛[②]莊嚴園，遊觀歌舞而自娱樂。是二寶女各於懷中化生一子，端正無比色相光明，宿植善根成就願力，志求無上正等菩提。一名師子，二名師子勇步。適化生已，即共同聲向於父王説伽他曰：

昔造善惡皆不亡，供養如來亦不失。
不捨菩提意樂故，堅固多聞亦不忘。
不失檀那及淨戒，忍辱柔和行成就。
知恩報恩作善業，精勤不捨菩提願。
一心禪定得解脱，定與慧俱心不惑。

① 警，《中華藏》校勘《石》作“驚”。
② 愛，《中華藏》校勘《石》作“受”。

能修智業常不動，是故速得證菩提。
滅諸煩惱而不染，由此不生胞胎藏。
化生處在蓮花上，如蓮在水而無染。
東方有佛名毉王，我等自彼來求法。
親近供養無垢佛，成就三世無㝵智。
父王可共往佛所，奉事禮敬以修治。
如來出世遇甚難，猶若優曇鉢花現。
王聞是語極歡喜，悉與妻子并侍從，
一千俱胝諸眷屬，往詣於彼見如來。
慇懃致敬彼世尊，妙花塗香以供養，
頭面禮足而右遶，合掌端身住佛前。
師子并及彼勇步，亦復頂禮於佛足，
禮佛足已伽他讚：爲求正法利有情，
願爲拔濟勝歸依，於世盲瞑作燈燭，
妙達有情心意樂，隨彼勝解能開悟。
今我父王恃尊位，爲諸五欲之所纏，
不往親近於如來，亦失供養及聞法。
善哉世尊生悲愍，願説寂勝菩提道，
咸令一切聞法已，皆得不退於佛乘。
時佛踊在虛空中，高於八十多羅樹：
王今聽我最勝法，聞已如説而修行。
五欲無常命難保，身如朝露水上泡。
欲樂如夢如嬉戲，誰有智者生貪著？
習欲之人無猒足，轉令熾盛增渴愛。
愚夫隨境無休已，唯聖慧者能知足。
五藴如幻而不堅，誑惑世閒應善察。
諸界如彼毒虵類，六處喻若空村邑。
無王無國無妻子，助伴但有於無常。
唯施戒定及精進，今世他世爲伴侣。
觀我神通威德力，相好端嚴具辯才。
汝樂來世如是業，應發無上菩提意。
福報大王聞法已，并與七十俱胝衆，
妻子侍從諸眷屬，皆發無上菩提心。

咸言已發最勝心，悉願廣度衆生類。

誓行殊勝菩提行，願得成佛世間尊。

“善男子，時福報莊嚴王從佛所聞是伽他已，與其眷屬合掌恭敬，稽首作禮而白佛言：‘世尊，唯願垂慈，受我供養。’尒時世尊心生憐愍，即受其請。時福報莊嚴王即以種種衣服、飲食、卧具、醫藥，皆是殊勝上妙珍異離過之財，於八万四千歲以爲供養。時師子及師子勇步并餘二万王子，發淨信心捨世榮位，於彼佛法出家爲道。時王二子勤行精進，於菩提分法修習不久獲五神通，以如意通力及智願力，能於一切諸佛世界施作佛事，廣爲有情説於妙法，令無量無數阿僧祇有情，安住阿耨多羅三藐三菩提心。

“善男子，其福報莊嚴王過八万四千歲已，爲聞法故，往詣無垢炎無量光王如來所。見二童子出家修道，竊自思惟：‘是童子出家有何所獲？不如於我八万四千歲中以種種樂具供養功德。’善男子，時無垢炎無量光如來知王心念，即告師子、勇步童子言：‘善男子，汝應示現慧神通、福神通、力神通，暎蔽大衆所有威光并魔宮殿一切光明，顯菩提相，令此大衆生希有心，得於正見降伏異論，然大法炬息諸煩惱，遊戲菩薩自在神通。’尒時師子、勇步菩薩即時舉手捫大虚空，三千世界六種震動。復更舉手捫摸虚空，即於空中而有百千俱胝天樂，不鼓自鳴，其音和雅。復更舉手捫摸如前，即雨無量昔未聞見極妙天花，柔軟猶如迦止栗那綿，手觸之時受勝快樂，并種種寶、末香、塗香、繒蓋、幢幡、衣服、飲食，一切受用莊嚴資具積滿三千大千世界，一切衆會得未曾有。尒時無垢炎無量光王如來，告福報莊嚴王言：‘如是雨寶廣大惠施，可得知其數量以不？’王白佛言：‘世尊，所雨寶施猶如虚空不可知量。’佛言：‘大王，此師子、勇步菩薩若以神通智慧之力，於刹那頃雨如是寶，遍於恒河沙數世界。一切有情隨意所取，皆得滿足悉令歡喜。’

“善男子，當尒之時，有地居天唱如是言：‘此菩薩於當來世必得成就虚空庫藏，能隨有情心之所求，皆從空中雨如是寶。’如是四大王衆天、三十三天、夜摩天、覩史多天、樂變化天、他化自在天、大梵王天，展轉相告悉皆如是。

“尒時無垢炎無量光王如來即便印可：‘如是當成虚空庫藏。’作是言已，恒沙諸佛悉共發聲同時印可，亦復如是。善男子，彼福報莊嚴王見師子、勇步菩薩神變如是，合掌向佛白言：‘世尊，菩薩神通福德之力乃能如是不可思議。’即立王子勝慧繼嗣爲王，自捨國位，剃除鬚髪，於彼佛法出家爲道。既出家已，作是思惟：‘所捨施者爲欲利益身、口、意故，夫出家者令身、口、意悉清淨故。所捨施者爲濟闕乏，夫出家者無所闕乏。所捨施者得報危脆，夫出家者獲果堅實。所捨施者有我所攝，夫出家者無所攝受。所捨施者有於身見，夫出家者離一切見。所捨施者猶如嬰孩，歡喜遊戲而無所知，夫出家者寂静智慧悉皆遍知。’作是思惟已，閑居寂静，不生放逸，勤加修道[1],其後未久,獲五神通。

“善男子,尒時福報莊嚴王者莫作異觀,即拘留孫如來是也。尒時師子菩薩者即我身是。師子勇步菩薩者即大虛空藏菩薩是。是虛空藏菩薩於無量百千俱胝那庾多劫,從虛空庫藏常能雨寶,無有休息。善男子,尒時勝慧王子者,今慈氏菩薩是。善男子,悅意清淨,宿植善根所聞法教,當知皆是有情依處。”

説此大虛空藏菩薩昔因緣時,有十二萬人皆發阿耨多羅三藐三菩提心。

尒時大虛空藏菩薩白佛言:“世尊,云何菩薩出世間道?”佛告大虛空藏菩薩言:“善男子,出世間道者,所謂六波羅蜜,三十七菩提分法,奢摩他,毗婆舍那,四攝法,四無量心,四禪,四無色定,五神通。善男子,此名菩薩出世間道。世間者,所謂五蘊,菩薩爲求菩提,以慧方便知色無常行於布施,知色苦,知色無我,知色寂静,知色空,知色無相,知色無願,知色無行,知色不[2]生,知色不起,知色緣生,知色遠離,知色無執,知色無阿賴耶,知色不發起,知色如幻,知色如夢,知色如陽焰、水月、谷響、光影,知色如影像,如草木、瓦礫,而行布施。菩薩如是行施之時知色真如,由知色真如故即知施真如,知施真如故即知迴向真如,知迴向真如故即得菩提真如,得菩提真如故即知有情真如,知有情真如故即知我真如,知我真如故即知一切法真如,知一切法真如故非真如、不妄真如、不異真如,隨知如是而行布施。善男子,是爲菩薩出世間道。如是知受、想、行、識無常已而行布施。如是知識[3]無我,知識寂静,知識空,知識無相,知識無願,知識無行,知識無生,知識無起,知識緣生,知識遠離,知識無執,知識無阿賴耶,知識不發起,知識如幻、如夢、陽焰、水月、谷響、光影、影像,知識無形相已而行布施。如是行施之時,知識真如故即得施真如,由得施真如故即得迴向真如,得迴向真如故即得菩提真如,得菩提真如故即得有情真如,得有情真如故則得我真如,得我真如故則得一切法真如,得一切法真如故,非真如、不妄真如、不異真如而行於施。善男子,是爲菩薩出世間道。

“復次,善男子,菩薩知色無常已而護於戒,乃至知色如草木、瓦礫已而護於戒。菩薩如是護戒之時知色真如,由知色真如故則知戒真如,戒真如故則得迴向真如,迴向真如故則得菩提真如,菩提真如故則得有情真如,有情真如故則知我真如,我真如故則得一切法真如,一切法真如故,非真如、不妄真如、不異真如,則隨護於戒。善男子,是名菩薩出世間道。如是知受、想、行、識無常已而護於戒。如是乃至知識無形相已而護於戒。如是護戒之時,由知識真如故則得戒真如,戒真如故即得迴向真如,迴向真如故則得菩提真如,菩提真如故則得有情真如,有情真如故則知我真如,我真

① 道,《中華藏》校勘《石》作“進”。

② 不,《中華藏》校勘《石》無。

③ 知識,《中華藏》校勘《石》無。

如故則得一切法真如，一切法真如故，非真如、不妄真如、不異真如，則隨護戒。善男子，是爲菩薩出世間道。

"復次，善男子，菩薩知色無常已而行忍辱、精進、禪定、般若乃至知色如草木、瓦礫已而行般若。菩薩如是行般若之時知色真如，由知色真如故則得般若真如，般若真如故則得迴向真如，迴向真如故則得菩提真如，菩提真如故則得有情真如，有情真如故則知我真如，我真如故則知一切法真如，一切法真如故，非真如、不妄真如、不異真如行於般若。善男子，是爲菩薩出世間道。如是知受、想、行、識無常已而行般若，如是乃至知識無形相已而行般若。如是行般若時，由知識真如故則得慧真如，慧真如故則得迴向真如，迴向真如故則得菩提真如，菩提真如故則得有情真如，有情真如故則知我真如，我真如故知一切法真如，一切法真如故，非真如、不妄真如、不異真如，而行般若。善男子，是爲菩薩出世間道。復次，善男子，菩薩知色無常已於身觀身修身念處，乃至知色如草木、瓦礫已修身念處。菩薩如是修身念處之時知色真如，知色真如故知身真如，乃至知一切法真如，一切法真如故，非真如、不妄真如、不異真如修身念處，不共身俱行尋伺。善男子，是爲菩薩出世間道。如是受、想、行、識，知無常已修身念處，如是乃至知識無形相已修身念處。如是修身念處之時，由知識真如故則得身念處真如，身念處真如故則得迴向真如，迴向真如故則得菩提真如，菩提真如故則得有情真如，有情真如故則知我真如，我真如故則知一切法真如，一切法真如故，非真如、不妄真如、不異真如修身念處乃至修受、心、法念處亦復如是，不與法俱行尋伺。善男子，是爲菩薩出世間道。

"如是知色無常已，修四正勤、四如意足、五根、五力、七菩提分、八聖道分、奢摩他、四攝、四無量、四禪、四無色、五神通，亦如是。知色苦、色無我、色寂静、色空、色無相、色無願、色無行、不生、不起、緣生、遠離乃至知色如草木、瓦礫已引神通智，如是知受、想、行、識無常已引神通智，乃至知識無表相已引神通智。如是蘊真如、神通真如故乃至一切法真如，一切法真如故，非真如、不妄真如、不異真如，引神通智亦復如是。善男子，是爲菩薩出世間道。何以故？此道超越世間道故，知色真如不壞其色，不斷、不常，從於緣生無生自性。如是知受、想、行、識真如，不壞其識，不斷、不常，從於緣生無生自性。超蘊世間并欲、色、無色而無染著，以不染故爲於五趣受生有情，説此名爲出世間道。由佛假説有於世間是故不壞。何以故？無常相不壞世間苦相、無我相、寂静相、空相、無相相、無願相、無行相乃至真如相不壞世間故。善男子，是爲菩薩出世間道，此道清淨。

"菩薩若住此清淨道，即能於彼惡道有情作大光明，由得光明名爲安住出世間道。此道最勝，能令往趣菩提場故。此道淨勝，能離一切不善心故。此道殊勝，能到於佛智慧頂故。此道無上，能度生死諸瀑流故。此道無比，能超一切偏異道故。此道無等，無有一法能相類故。此道無等等，不離往昔因佛道故。此道安隱，善能摧伏諸魔怨故。此道無㝵，如意通智所遊戲故。此道無暗，有慧光明故。此道平正，無諸諂曲故。此道端直，離諸邪曲故。此道平等，等有情心故。此道廣大，容諸有情故。此道寬博，互不相逼故。此道能生，無有疲倦故。此道福資糧，檀波羅蜜故。此道無熱惱，戒波羅蜜故。此道無怖畏，忍波羅蜜故。此道不退轉，進波羅蜜故。此道離諸境，禪波羅蜜故。此道遍虚空，慧波羅蜜故。此道隨順智，能令變化故。此道常滿足，集諸善法故。此道隨法輪，所聞不忘故。善男子，是爲菩薩出世間道，如是殊勝清淨無比。

“若菩薩欲住此清淨道，當被大甲冑成就大乘，由此往詣菩提場故。何等名爲被大甲冑？此諸菩薩若被未度者令度甲冑，修治大船故。被未解脱者令解脱甲冑，解脱煩惱諸見縛故。被未安者令安甲冑，令捨一切攝受怖故。被未涅槃者令得涅槃甲冑，令顛倒者獲正道故。被解脱一切有情甲冑，令著我、有情、命者、壽者無所得故。被受持正法甲冑，不貪身命故。被淨佛刹土甲冑，修習善根無猒足故。被莊嚴相好甲冑，積集種種福資糧故。被摧諸魔外道所説甲冑，獲神通力故。被令一切有情歡喜甲冑，獲四無礙智故。被求諸佛正法甲冑，得陁羅尼智故。被觀一切有情心甲冑，得神通智故。被知一切有情根前後智甲冑，由方便智慧故。被滿足十力甲冑，積集智慧力故。被無所畏甲冑，於一切處心無退没故。被滿足十八不共法甲冑，修一切善法斷一切不善法故。被聞一切法不驚、不怖、不畏甲冑，知一切法如幻夢、光影、谷響、水月故。被大悲甲冑，知諸有情本來涅槃悉成就故。被善巧方便甲冑，聞空、無相、無願、無行一切法不生，而能示現處生死故。被先加持不動甲冑，聞説超過尼夜摩相一切諸法不生、一切行不滅，不取果證故。是爲菩薩大乘甲冑。菩薩被此二十大甲冑已，乘於大乘到於彼岸。

“復次，乘者以四攝法爲輪，善能攝取諸有情故。以淨十善爲輻，善能通達諸正行故。以淨意樂善根爲軸，善作甚深行根本故。以廣大緣生智爲轂，堪任荷負有情善故。以大慈悲爲輞，攝受法寶眷屬而莊嚴故。以堅固力爲繫縛，最勝功德無退失故。以先誓願及善巧智爲運動，大悲方便能雙運故。以奢摩他爲轅，引發正慧善能遍知四聖諦故。以無遮施輻爲資糧故。以如意足遊諸佛刹故。以正念繩，持菩提心不退失故。

“復次，乘者廣博容受一切有情，摧伏二乘，制諸外道，破壞魔衆，顯現明智，能到究竟。一切菩薩所應學故，梵、釋、諸天皆讚仰故，如師子座安處一切説法者故，亦能顯現微妙色相觀無猒故，金剛鉤鏁堅固意樂常無壞故，以菩提心而爲先導令身行願功德滿故，以淨天眼常觀察故，以淨光明照十方故，常雨清淨覺支花故，常奏無㝵法音樂故，善説正理相應法故，善化同類諸有情故，一切菩薩爲眷屬故，無量功德所莊嚴故,流出無上薩婆若故。善男子,如是菩薩擐彼二十清淨甲胄,乘此大乘住出世道,以作佛事安立有情。”

説此大乘甲胄莊嚴時,七万二千人天發於無上正等菩提之心,三萬二千菩薩於出世間道皆得清淨,獲無生忍。

大集大虚空藏菩薩所問經卷第五

大集大虚空藏菩薩所問經卷第六

開府儀同三司特進試鴻臚卿肅國公食邑三千户賜紫贈司空
謚大辨正號大廣智大興善寺三藏沙門不空奉詔譯

尒時寶吉祥菩薩問大虚空藏菩薩言:“仁者,汝已淨出世間道耶?”虚空藏菩薩言:“善男子,如是已淨。”復問言:“云何已淨?”答言:“我清淨故已淨。”復問言:“云何我清淨?”答言:“世間清淨故我清淨。”復問言:“云何世間清淨?”答言:“善男子,色前際清淨,無去故。色後際清淨,無來故。色中際清淨,不住故。如是受、想、行、識,識前際清淨,無去故。識後際清淨,無來故。識中際清淨,不住故。善男子,是故名爲世間清淨。”復問:“仁者,如是世間清淨,欲何所顯?”答言:“善男子,顯一切法悉皆清淨。”復問:“云何顯一切法清淨?”答曰:“以智慧故,知一切法前際、後際之分齊故。”復問:“云何一切法前、後分齊?”答曰:“不斷、不常故。”復問:“於彼不斷、不常,是何言説?”答曰:“不斷、不常是不生、不滅言説。”復問:“於彼不生、不滅,是何言説?”答曰:“不生、不滅是無言説。”復問:“云何法無言説?”答曰:“是法無數故。”復言:“仁者,法若無數,云何墮①於名數?”答曰:“善男子,譬如虚空不墮名數,但以名數假名虚空,如是名數即非名數。”復問:“云何數非數門?”答曰:“數門者説有爲法,非數門者説無爲法。又數非數法皆是無爲,是故佛説應以智慧遠離一切稱量數法,於有爲數以識稱量如理觀察。尒時不見是法應斷是不應斷,是法應證是不應證,是法應修是不應修,不見諸法亦不作限量。若無見無量,是時即獲無所執著,得無悕望。若無悕望則無所緣,得無所緣則得無我,若得無我則無所執。云何無所執?不執色是常、無常。不執受、想、行、識是常、無常。不執色是苦、是樂。不執受、想、行、識是苦、是樂。不執色是我、無我,乃至不執識是我、無我。不執色是淨、非淨,乃至不執識是淨、非淨。不執色是空、非空,乃至不執識是空、非空。即獲無所執著三摩地。得是三摩地已,常起大悲度諸有情,不見流轉生死煩惱。所以者何?生死、涅槃性無别

① 墮,原作“隨”,據《中華藏》校勘《石》改,下一“墮”字同。

故。於諸有情現見涅槃,亦知自身本來涅槃,是名菩薩般涅槃行。

"善男子,云何菩薩般涅槃行? 般涅槃者名無有觀行迴向薩婆若。於薩婆若不作色求,不作受、想、行、識求。以無求心住清淨戒滿足本願,於一切法不見增減,獲於平等住於法界。由住法界行菩薩行,亦無行法而爲所行。善男子,是爲菩薩般涅槃行。"

復問:"云何無行、有行觀察涅槃?""善男子,菩薩作意觀察涅槃,名爲有行證於無行,以無行故名爲涅槃。復次,菩薩於言説詮表不生分別,名爲涅槃。又涅槃者名爲彼岸,而彼岸者無有諸相,於彼諸相心不取著,名爲涅槃。又彼岸者名無分別,於彼不起分别心,故名爲涅槃。又彼岸者無阿賴耶,於彼不起阿賴耶心,故名爲涅槃。善男子,如是行已,名爲菩薩般涅槃行。"

尒時世尊讚虚空藏菩薩言:"善哉! 善哉! 正士,快説此法契於菩薩般涅槃行。"説此法時,會中有五百菩薩,得無生法忍。

尒時大虚空藏菩薩摩訶薩白佛言:"世尊,由於如來智慧光明照曜我等故得斯辯,非我能也。譬如日光照閻浮提所有色像,如是世尊大調御士慧光明力能令我等曉了諸法,亦復如是。"

尒時寶吉祥菩薩謂虚空藏菩薩言:"善男子,汝今云何隱其自智,皆言盡是如來加持?"虚空藏言:"一切菩薩所獲辯才,皆是如來之所加持,非唯於我。善男子,若無如來所説諸法,菩薩從何而有辯才?"寶吉祥言:"若因如來生菩薩辯,當知佛辯可移轉耶?"虚空藏言:"如來辯才無有移轉,但爲其因。以因[①]如來所説之法,生菩薩辯。譬如無明不轉至行,但爲行因,生起行故。如是佛辯無所移轉,但爲作因,生菩薩辯。又如象、馬、人聲不轉至谷,因彼等聲生於谷響,故彼聲等但與谷響而作其因。佛辯亦尒,無有移轉,但與菩薩辯才作因。"寶吉祥言:"如來常説甚深緣生,又説諸法而無所生。善男子,豈無緣生一切法耶?"虚空藏言:"若緣有作者,是法有生。因緣之法無有作者,是故諸法説無有生。"

寶吉祥言:"如來今者出現於世,豈非生耶?"虚空藏言:"若真如有生,可説如來有其生也。若許真如無有生者,不應徵責如來出世以爲有生。是故無生説爲如來。如來者,於一切法隨所覺悟,名爲如來。汝善男子復云何言如來生耶? 此應置答。"

復問:"云何置答?"對曰:"如法性住,是名爲置。"

復問:"法性云何住?"虚空藏言:"住不生不滅,不住非不住,是名法性住。如法性住無所住,一切諸法亦復如是,住無所住。如來亦尒,住無所住,不生不滅,非住非不住,如是非住非不住,名如來住處。善男子,言如來生者,是著一邊,言不生者亦著

① 以因,《中華藏》校勘《石》無。

一邊。離此二邊,名爲中道。善男子,觀如來者應如是觀,若異觀者非正觀也。”

寶吉祥言:“如來生義,如是甚深,住無所住,不生不滅。”虚空藏言:“善男子,若解此佛生之義者,不生增上。”

復問:“善男子,云何名增上?”虚空藏言:“增上者名增益句,謂於無中妄生增益。法無增益,若能於法不生增益,名平等句、無等句、無句、無句句、無文字句、無了别句,於彼無心、意、識所行無所行句。其無所行句,譬如空中實無鳥跡,假以言説説鳥跡聲。如是如來實無有生,假以言説説佛出世。其智慧者方能曉了不生句義。所以者何? 此不生句義即是一切諸法自性。所謂無生,而此無生亦無自性。無自性者無有所住,無所住際是一切法際,住一切法際名爲實際,亦名邊際,際遍一切處故。由是證得一切法實際,猶如虚空平等無有限齊,彼法實際亦無限齊。若限齊際者,不名一切法實際。如是平等一切法實際則我際,知我際則知一切有情際,若知一切有情際則知一切法實際。是實際是我際,是一切有情際,是一切法際,是名盡際。夫盡際者涅槃之謂也,證此理者名得涅槃。又一切法者無有相待,離相對治。譬如虚空無能對治,如是諸法亦無對治。若言有涅槃可入可求,是生滅見,此法應生此法應滅。彼人則爲行於生滅,不知涅槃平等一性。以不知故,則著諸法,妄生諍論,如世尊言,若知我教授,應知則爲滿足沙門寂勝功德。”

尒時具壽阿難陁白佛言:“甚奇! 世尊,大虚空藏菩薩無礙辯才乃能如是由自身證,能作斯説。”

時大虚空藏菩薩語阿難陁言:“大德,不應説言我自身證。所以者何? 我身即虚空,以身虚空故,知一切法悉爲虚空。云何大德言我身證?”阿難陁言:“身若空者,汝以何身而作佛事?”虚空藏言:“以法身故,法身者無有遷變,藴、處、界等不生、不滅,非顛倒身得隨意現,意所成身而作佛事。”

阿難陁言:“大士,汝證法身耶?”虚空藏言:“大德,如我所解,離法無身,我身即法、法即我身。若法、若身無有二相,故言身證。”

阿難陁言:“大士,若身證者,汝得阿羅漢耶?”答言:“無所得故而得。所以者何? 阿羅漢者,善能通達無諍法故,不染、不恚亦不癡故。”

復言:“大士,若如是者,汝應究竟般涅槃耶?”虚空藏言:“大德! 阿羅漢者不般涅槃。何以故? 知一切法究竟涅槃,斷涅槃想。但諸異生作是分别言我涅槃,乃至分别計有種種涅槃差别。”

阿難陁言:“大士,如汝所説,菩薩非阿羅漢、非異生、非學、非無學、非辟支佛、非菩薩、非如來。”虚空藏言:“善哉! 善哉! 具壽阿難陁,以非阿羅漢、非異生、非學、非無學、非辟支佛、非菩薩、非如來故,菩薩於一切處皆能示現,亦不住於一切位地。”説是法時,會中有五百阿羅漢,各各脱身所著上服,而以供養虚空藏菩薩,作如是言:

“願一切有情獲得辯才如虛空藏。”尒時大虛空藏菩薩以加持力故，令其所奉上妙法衣，盡入虛空隱而不現。彼等羅漢、苾蒭，問虛空藏菩薩言：“大士，如是等衣，爲何所在？”虛空藏言：“並入於我虛空庫藏。”

尒時世尊熙怡微笑，阿難陁白佛言：“世尊，何因緣故而現微笑？如來微笑非無因緣，唯願演說。”佛告阿難陁言：“彼諸苾蒭所奉衣服，以虛空藏菩薩威神力故，令衣盡入虛空庫藏，往彼袈裟幢世界山王如來所而作佛事。虛空藏菩薩所說法音，於彼世界皆從袈裟之所流出。無量菩薩聞此法已，皆得無生法忍。阿難陁當知，菩薩神通智勝，以如是等種種言音，成就有情。以是因緣，故我笑耳。”

説是法時，忽於空中雨無量日月光花，皆如火色昔所未見。花中出聲而作是言：“若人聞此大虛空藏菩薩所説不退法印得生信解，必定當趣菩提道場。”

尒時阿難陁白佛言：“世尊，如是之花從何所來？”佛告阿難陁：“有一梵王名光莊嚴，爲百千世界主。是彼梵天爲供養虛空藏菩薩故雨如是花。”阿難陁言：“世尊，我等咸願見彼梵王。”佛言：“且待須臾，汝當自見。”

尒時光莊嚴梵王與諸梵衆六十萬八千人前後圍遶，從彼天没，至於佛前，頭面禮足，右遶三匝，退坐一面，合掌向佛，白言：“甚奇，世尊，此虛空藏菩薩不可思議，具足淨戒威德、三摩地威德、神通威德、智慧威德、滿願威德、善巧方便威德、增上意樂威德、法身自在威德、身莊嚴威德、口意莊嚴威德、於一切法自在威德。世尊，是虛空藏菩薩都不從於身、口、意業勤發示現一切化事，但由往昔修習之力積集善根，滿足諸佛甚深之行，由此能作大師子吼。”佛言：“如是如是，梵王，如汝所説，菩薩皆由昔善根力積集福智資糧，而於無上正等菩提誓不退轉，能現如是神通化事。”

尒時光莊嚴梵王白佛言：“世尊，云何爲菩薩善根？云何爲福？云何爲智？”佛告梵王言：“善根者，謂諸有情寂初發於阿耨多羅三藐三菩提心。福者，謂發心已，超於一切聲聞、緣覺，爲諸有情修行布施、持戒，及修所成一切福業。智者，謂以所集善根迴向薩婆若故。復次，善根者謂淨意樂無矯誑故，福者加行積集一切福故，智者增上意樂悉殊勝故。復次，善根者於諸善法願堅固故，福者集善資糧無猒足故，智者所有善根觀如幻故。復次，善根者謂獲善友，福者不捨善友，智者數問善友。復次，善根者樂求佛法，福者所聞不忘，智者悦於法樂。復次，善根者常求佛法，福者説法無所悕望，智者於法無悋。復次，善根者常樂聽法，福者如理觀察，智者如法修行。復次，善根者常樂見佛，福者常供養佛，智者隨順佛教。復次，善根者謂獲出家，福者修聖種行，智者樂住蘭若。復次，善根者善能修習少欲知足，福者於諸衣食任運不貪，智者於所受用任運無染。復次，善根者修念處觀，福者滿四正斷，智者獲如意足。復次，善根者謂入信根，福者修於進念，智者觀三摩地慧。復次，善根者住於五力，福者隨順覺支，智者入聖道智。復次，善根者心住妙理，福者求奢摩他資糧，智者得毗鉢舍那善巧。復次，善根者謂施所成福業事，福者謂戒所成福業事，智者謂修所成福業事。復次，善根者謂增上戒學，福者增上心學，智者增上慧學。復次，善根者説悔諸罪，福者隨喜衆善，智者勸請諸佛。復次，善根者捨諸所有，福者不悕望報，智者迴向菩提。復次，善根者於戒要期，福者持戒不缺，智者持戒迴向。復次，善根者於諸有情不懷損害，福者所聞惡語而能忍受，智者能捨身命成就有情。復次，善根者勤求善法不生猒倦，福者以所有善根迴施有情，智者積集善根迴向菩提。復次，善根者謂能修習諸禪支等，福者謂獲禪定一切善根，智者從諸禪定現生欲界。復次，善根者慧力多聞，福者所聞觀察，智者慧得圓滿。復次，善根者等視有情，福者證得慈定，智者慈心平等猶如虛空。復次，善根者謂修習三地資糧，福者積集四地資糧，智者圓滿八、九、十地資糧。復次，善根者謂初發心菩薩，福者住行菩薩，智者不退菩薩。復次，善根者謂平等行，福者相好莊嚴，智者無見頂相。復次，善根者莊嚴佛土，福者心念惠施，智者利諸有情。復次，善根者聞説魔業，福者覺察魔業，智者能超魔業。復次，善根者謂具大悲，福者善巧方便，智者謂修般若。復次，善根者莊嚴菩提道場，福者善能摧壞諸魔，智者謂一刹那心相應慧成於正覺。梵王，如是名爲善根、福、智。”

尒時光莊嚴梵王白佛言:“甚奇！世尊，能以三句義説一切法。”

時大虛空藏菩薩摩訶薩告光莊嚴梵天言:“梵天，有一句能攝一切法。云何爲一？謂性空句。所以者何？由一切法同空性故，是謂一句。復有一句攝一切法，謂無相句、無願句，皆攝一切法。如是廣説，乃至無行句、離欲句、寂静句、無阿賴耶句、法界句、真如句、實際句、不生句、不起句、涅槃句，各攝一切法亦如是。復次，梵王，欲者是離欲句，以離欲性即是欲故。一切佛法亦同是性。嗔者是離嗔句，以離嗔性即是嗔故。一切佛法亦同是性。癡者是離癡句，以離癡性即是癡故。一切佛法亦同是性。乃至身見者是無身見句，以無身見性即是身見故。一切佛法亦同是性。色者是無色句，以無色性即是色故。一切佛法亦同是性。如是受、想、行、識，識者是無識句，以無了別性即是識故。一切佛法亦同是性。如是廣説處、界、十二緣生，無明者即是明句，以明性即是無明故。一切佛法亦同是性。乃至生者是不生句，以不生性即是生故。一切佛法亦同是性。一切法句者是無法句，以無法性即是諸佛法故。一切佛法亦同是性。梵王，是爲一句攝一切法。若菩薩入此法門者，則於一句入一切佛法。梵王，譬如大海吞納衆流，是一一句攝一切法亦復如是。譬如虛空能包萬像，此一一句攝一切法亦復如是。是故此句無盡展轉無量。譬如算師數以算籌布在局上，然局中無籌、籌中無局而能展轉成無量數，如是一句成無量句亦復如是。梵王，如是等百千劫所説校量佛法，若身、若心皆無所得亦不可以數知。何以故？一切法者是佛法故，是佛法者即非法故。所以者何？以想分別、以想遍知，假名説故。於中無相亦非無相、無法非無法，究竟無相。此相清淨自相遠離，猶如虛空同一自性。佛法亦尒,性相皆空。"

虛空藏菩薩説是法時,於彼梵衆二萬二千梵天,皆發阿耨多羅三藐三菩提心。復次,五千梵王以宿植善根獲無生法忍。

大集大虛空藏菩薩所問經卷第六

大集大虛空藏菩薩所問經卷第七

開府儀同三司特進試鴻臚卿肅國公食邑三千户賜紫贈司空
謚大辨正號大廣智大興善寺三藏沙門不空奉詔譯

尒時寶手菩薩摩訶薩問大虛空藏菩薩言:"善男子,菩提心者,以何法攝持得不退轉?"虛空藏菩薩言:"善男子,菩提心者,以二法攝持,住不退轉。云何爲二?所謂意樂及增上意樂。"復問言:"善男子,此意樂及增上意樂以何所攝?"答言:"善男子,以四法攝。云何爲四?所謂意樂以無諂及無誑所攝,增上意樂以不雜心及勝進修行所攝,是爲四法攝於二法。"復問言:"而此四法於幾法攝?"答言:"以八法攝。云何爲八?所謂無諂以正直及正住所攝,無誑以無虛假及清淨意樂所攝,不雜心以不退没心及不退精進所攝,勝進修行以福德資粮及智慧資粮所攝,是爲八法攝於四法。"復問:"善男子,又此八法以幾法攝?"答言:"以十六法攝。云何爲十六?所謂正直以寂静及柔和所攝,正住以無我及無矯所攝,無虛假以大慈及大悲所攝,清淨意樂以身清淨及心清淨所攝,不退没心以堅固及力所攝,不退精進以如説所作及正修行所攝,福德資粮以加行及增上加行所攝,智慧資粮以多聞及思所聞所攝,是爲八法以十六法攝。"復問言:"此十六法以幾法攝?"答言:"善男子,此十六法以三十二法攝。云何爲三十二?所謂寂静以慙及愧所攝,柔和以善語及安樂住所攝,無我以謙下及不動所攝,無矯以無垢及無傷語所攝,大慈以於一切有情平等心及無礙心所攝,大悲以無疲倦及供給有情一切作使[①]所攝,身清淨以不害及自財知足所攝,心清淨以調柔及寂静性所攝,堅固以不缺要期及决定拔濟所攝,力以善住慧及不動慧所攝,如説所作以如説性及能作所攝,正修行以正加行及正精進所攝,加行以超勝及不退轉所攝,增勝加行以從他聞及如理作意所攝,多聞以親近善友及隨順善友所攝,思所聞以正行勇猛及静慮觀察所攝。善男子,是爲以三十二法攝十六法。"復問言:"善男子,此三十二法以幾法攝?"答言:"此三十二法以六十四法所攝。云何爲六十四?所謂慙以内觀

① 使,《中華藏》校勘《石》作"事"。

察及攝諸根所攝，愧以[①]護外境及敬有德所攝，善語以求法及愛樂法所攝，安樂住以身静及心静所攝，謙下以不貢高及如法語所攝，不動以身不曲及心不曲所攝，無垢以除三垢及修三脱門所攝，無傷語以無麁獷及無離間語所攝，無礙心以自護及護他所攝，於一切有情平等心以無簡别及一味性所攝，不疲倦以如夢自性及如幻自性所攝，供給有情一切作事以神通及方便所攝，不害以羞耻及信業報所攝，於自財知足以小[②]欲及知足所攝，調柔以不躁動及不欺誑所攝，寂静性以捨吾我及無我所所攝，不缺[③]要期以觀菩提心及順菩提場所攝，决定拔濟以覺悟魔業及諸佛加持所攝，善住慧以不輕躁及不掉動所攝，不動慧以心如山及不移轉所攝，如説性以善作業及不追悔所攝，能作以實性及真性所攝，正加行以順緣生及離斷常所攝，正精進以加行及如理所攝，不退轉以正斷及不懈慢所攝，超勝以勇猛及精進所攝，從他聞以善友及求法所攝，如理作意以奢摩他資粮及毗鉢舍那資粮所攝，親近善友以承順及恭敬所攝，隨順善友以身輕利及心輕利所攝，正行勇猛以涅槃及離欲所攝，静慮觀察以因不壞及果不壞所攝。善男子，是爲三十二法以六十四法所攝。”復問言：“善男子，此六十四法以幾法攝？”答言：“善男子，此六十四法以一百二十八法所攝。所謂内觀察以觀空及觀性所攝，攝諸根以正念及正知所攝，護外境以防諸根及不馳散所攝，敬有德以觀自過智者及不求他過智者所攝，求法以自要期勇猛不退及於他作惡不念所攝，愛樂法以求法及順法所攝，身静以離昏沉及離癡性所攝，心静以遍知及斷除煩惱所攝，不貢高以不憍慢及斷暴惡所攝，如法語以斷不善法及滿一切善法所攝，身不曲以不麁語及不惡語所攝，心不曲以正念及正三摩地所攝，除三垢以不淨觀及慈悲觀所攝，修三解脱門以無數取趣及勝義所攝，不麁獷以利益語及安樂語所攝，無離間語以不壞語及和合語所攝，自護以不作一切罪及積一切福所攝，護他以忍辱及柔和所攝，無簡别以等虚空心及如風心所攝，一味性以真如及法界性所攝，如夢自性以見、聞、覺、知法及所經不受用法所攝，如幻自性以誑惑及遍計分别所攝，神通以成辨利益及順智慧所攝，方便以慧光明及觀有情所攝，羞耻以悔已不生及無覆藏自過所攝，信業報以現證諸法不生放逸及畏後世苦所攝，小[④]欲以清淨受用及離無猒足心所攝，知足以易滿及易養所攝，不躁動以究竟盡及無諍所攝，不欺誑以實語及法柔和所攝，捨吾我以不計因及摧惡見所攝，無我所以無我慢及無貪所攝，觀菩提心以不悕望劣乘及悲愍有情所攝，順菩提場以摧伏諸魔及現證佛法[⑤]所攝，覺悟魔業以善友教授及修習般若波

① 以，原脱，據《中華藏》校勘《石》補。

② 小，《中華藏》校勘《石》作“少”。

③ 缺，《中華藏》校勘《石》作“脱”。

④ 小，《中華藏》校勘《石》作“少”。

⑤ 法，《中華藏》校勘《石》作“性”。

羅蜜多所攝，諸佛加持以如說所作及不捨一切有情所攝，不輕躁以心如地及斷愛憎所攝，不掉動以離惡作及觀無常所攝，心如山以不高及不下所攝，不移轉以不退壞願行及勝進願行所攝，善作業以智所作及不追念魔事所攝，不悔以戒清淨及三摩地清淨所攝，實性以世俗諦及勝義諦所攝，真性以真如及真實所攝，順緣生以因及緣所攝，離斷常以無生及無滅所攝，加行以信業果及拔除業所攝，如理以遠離道及不生道所攝，正斷以斷不善及不斷善所攝，不懈慢以心力及身力所攝，勇猛以審諦及不失修行所攝，精進以不雜心及不退轉所攝，善友以恭敬及供養所攝，求法以求正智及求解脱所攝，奢摩他資粮以身遠離及心遠離所攝，毗鉢舍那資糧以聞法不猒及如理作意所攝，承順以禮拜及合掌所攝，恭敬以實語及不欺誑所攝，身輕利以於食知量及初、中、後夜警策睡眠相應所攝，心輕利以無欲及正思惟所攝，涅槃以離無常及苦所攝，離欲以無我及無攝受所攝，因不壞以寂滅因及勝解所攝，果不壞以如瑜伽不欺誑及如勝解果讚歎所攝。善男子，是爲六十四法以一百二十八法所攝。善男子，如是我已略說一切法所攝，若倍倍說諸法增數，以我無斷辯才，或於一劫或餘一劫不可窮盡。”

尒時寶手菩薩聞大虚空藏菩薩說是諸法所攝之時，得未曾有，踴躍無量，即以右掌覆此三千大千世界，於刹那頃，盡十方界所有花鬘、塗香、末香、幢幡、衣服、衆妙音樂，皆從寶手右掌之中如雨而下，遍滿三千大千世界，花至于[①]膝，幢幡、衣服周遍虚空嚴飾交暎，百千音樂不鼓自鳴。於其聲中出伽他曰：

持德顯德百福滿，摧魔念慧具修行；
善說法要大沙門，能摧十方有漏行。
殊勝修持吉祥滿，降伏怖畏離塵惛；
能度人天置涅槃，十力盡漏心無相。
以微妙音演說法，不失不謬三垢除；
人天無比三界尊，隨順世閒能與樂。
念慧修持悉圓滿，十力寂勝壞魔軍；
由是能開甘露門，無有塵累善調御。
遊行不動出於衆，十方調伏利人天；
妙慧如空無所依，法界不動安如地。
聲光能壞諸塵暗，是故妙讚離垢尊；
慧光照曜滿吉祥，光顯牟尼蔽魔衆。
隨化人天在三有，示定示亂離攀緣；

① 花至于，《中華藏》校勘《石》作“天花至”。

世間無礙悉如空，故佛調伏人天衆。

三千大海量可悉，十方虚空猶可步；

一切有情心可知，如來功德難思測。

説此伽他讚歎佛時，天魔波旬嚴四種兵，來詣佛所，住衆會前，現其自身如長者形，頭面禮足，住在一面。白佛言："世尊，此大虚空藏菩薩及寶手菩薩，是二正士，成就無量無邊功德，又能示現如是種種奇特神通利益之事。於未來世，而有有情聞此經典，開悟信解思惟者不?"佛告波旬："未來世中，信此經者其數甚少。如以一毛端析爲百千分，以此一分於大海中取一滴水。善男子，信此經者如毛端水，不信之者如大海水。"時魔波旬聞是語已，心大歡喜，踊躍歌舞出於衆會。

尒時舍利子白佛言："世尊，此是何人，歡喜踊躍出於衆會?"

佛告舍利子："是天魔波旬，現長者形來至我所，欲隱蔽正法，聞説後世信經者少，心生慶快，是故唱言：'沙門瞿曇眷屬減少，我眷屬多。'"

尒時魔波旬生歡喜已，出於衆會欲還天宫。作如是念："此虚空藏及餘菩薩，并於瞿曇所有功德，皆悉減少。"時虚空藏菩薩即以神力制魔波旬及其眷屬，住於空中令不得去。而告魔言："波旬，虚空無导，何不速去還?"

尒天宫魔即答言："汝見虚空無有障礙；我觀空中盡唯暗黑，不知所從；唯向下觀見佛世尊光明普照。"時虚空藏菩薩告波旬言："波旬。豈有内心意樂白法，外見暗耶? 無如是理。"時魔波旬自知内心常懷嫉惱，深生愧耻，白虚空藏菩薩言："我從今日之後，更不復作魔羅之業。"虚空藏菩薩言："波旬，是爲希有，是爲難事，能發如是堅固之願。波旬，汝及眷屬，宜應下來於如來所聽聞法要。所以者何? 佛世難值。"時魔波旬意還本宫志不樂聽，以虚空藏告勑之故，與諸眷屬從於空中，俛仰而下。

尒時虚空藏菩薩告衆菩薩言："諸仁者頗能宣説超越諸魔之法門耶? 各隨所樂説之。"時彼會中有菩薩名曰山王，作如是言："若有求離魔之境界，是墮魔界。若知一切境界皆是佛界，無有魔界，是人則名隨佛境界。入佛境者，尚不見有佛之境界，況餘境界。菩薩由此超越魔道，是故名爲超魔法門。"

寶吉祥菩薩曰："心緣慮者爲魔境界，若復於法無所緣慮，知一切法皆無所得，則獲無阿賴耶。彼何有魔之所爲作? 是爲菩薩超魔法門。"

寶手菩薩曰："若有執著則墮魔境，若不取著則無諍競，與一與二不共心俱，何況諸魔。若菩薩證此不俱法門，則超魔境，是爲菩薩超魔法門。"

寶勇菩薩曰："若墮空有是爲有諍，以有諍故，則住魔境。若不墮空有，隨順相識而無所轉，住無相際，則超魔境，是爲菩薩超魔法門。"

寶思惟菩薩曰："如來説一切妄想煩惱，如光影如影像，不轉非不轉，不來不去，不住内外。若如是知者，則於分别煩惱不起，於分别煩惱不滅，則斷遍計，超於魔境，是爲菩薩超魔法門。”

寶藏菩薩曰:“若有染不染則有愛憎,以有愛憎則墮魔行。若離憎愛名住平等,若住平等則於諸法種種相離,離諸相故平等思惟,得是平等名超魔境,是名菩薩超魔法門。”

離寶菩薩曰:“起於我者則爲魔業。若我清淨何有魔爲?所以者何?由我淨故煩惱清淨,煩惱淨故一切法清淨,由一切法淨故虛空清淨,住是虛空清淨法者則超魔境,是爲菩薩超魔法門。”

法王菩薩曰:“譬如大王得灌頂已,有大營從無所怖畏,得灌頂菩薩亦復如是,以衆法寶而爲眷屬,於一切魔無有怖畏。所以者何?彼灌頂位,滿足一切無量佛法法寶眷屬,能持十方一切諸佛所説之法,若菩薩住如是心則超魔境,是爲菩薩超魔法門。”

山相擊王菩薩曰:“譬如有孔隙處,風入其中,摇動於物,有往來相。菩薩亦尒,若心有閒隙,心則摇動,以摇動故,魔則得便,是故菩薩守護於心,不令閒隙。若心無閒隙,則諸相圓滿,以相圓滿故,則空性圓滿,是爲菩薩超魔法門。”

喜見菩薩曰:“於諸見中,見佛、見法是爲冣勝。此中見佛者不以色見,不以受、想、行、識見。於一切法都無所見,是真見佛。見法者,於一切法離於作意,不見文字、不生貪著,是真見法。以見佛、見法得成就故,能超魔境,是爲菩薩超魔法門。”

帝網菩薩曰:“起念思惟名爲魔業,菩薩於彼因緣,若有動念思惟,不如理作意,皆是魔作。若不動、不念,不起思惟、不生於觸,則超魔境,是爲菩薩超魔法門。”

功德王光明菩薩曰:“若有對治則爲魔業,若無對治即爲法界,一切諸法皆順法界,若入法界則無魔界。所以者何?離於法界魔不可得,法界、魔界同真如性無有少異,菩薩解此則入一道超於魔境,是爲菩薩超魔法門。”

香象菩薩曰:“無力者魔得其便,有力者魔不得便。無力者謂於三解脱門聞生驚怖,有力者於三解脱門聞不驚怖。何以故?若證解脱則不驚怖,通達此者不生驚怖,善修行者亦不驚怖,無驚怖故則超魔境,是爲菩薩超魔法門。”

慈氏菩薩曰:“猶如大海同一醎味,佛法智海同一法味,亦復如是。若佛、若法,悉皆平等空無相願,不生不起一相平等一味平等;若菩薩了知一味相者則超魔境,是爲菩薩超魔法門。”

虛空藏菩薩曰:“仁者,譬如虛空超過一切所有境界,亦無眼、耳、鼻、舌、身、意。菩薩如是知一切法自性清淨,猶如虛空,等身、口、意入智光明,若得智光則超魔境,是爲菩薩超魔法門。”

文殊師利菩薩曰:“仁者,汝等所説悉是魔境。何以故?施設文字皆爲魔業,乃至佛語猶爲魔業。無有言説,離諸文字,魔無能爲。若無施設,即無我見及文字見,以無我故，則於諸法無有損益，如是入者則超魔境，是爲菩薩超魔法門。”

尒時大虚空藏菩薩告魔波旬言：“汝聞説此超魔境界法門不邪?”波旬答言：“唯然，已聞。”虚空藏言：“波旬，汝敢於此諸大菩薩所説超魔境界法門，作魔事不?”答言：“大士，我或昔聞超魔境界殊勝法門，或復當聞，終不敢能爲其魔業，何況現證。”尒時，會中有四護菩提場眷屬天，一名嘔却利，二名三牟得却梨，三名具香，四名淨信。時此四天告波旬言：“我昔見汝於菩提樹下，如來正坐道場成正覺時，汝率營從與作留難。世尊彼時以慈悲、調柔、戒聞、定慧、堅固、勇猛、精進、福智，以其寶手擊觸於地，無量世界應時震動。世尊神力已摧伏汝及其眷屬，應自證明。今復更於佛菩薩所欲爲魔業? 波旬，汝及眷屬而今之後，於佛菩薩宜應尊重，修諸供養。”

尒時波旬即時變化八萬四千俱胝寶蓋遍覆大衆，又以種種無量天諸妙花、塗香、末香，持散佛上及諸衆會，作如是言：“所有一切欲界莊嚴，及一切佛刹莊嚴，乃至我宫殿所有莊嚴殊勝珍寶，天上人閒妙受用具，悉以奉獻佛及衆會，亦以供養虚空藏菩薩。”時虚空藏菩薩語波旬言：“汝及眷屬皆應發於無上正等菩提之心。”

尒時波旬并其八萬四千眷屬，悉發阿耨多羅三藐三菩提心。時彼衆中有一魔子名爲惡面，於衆魔中寂爲上首，心不敬信樂爲非法，作如是言：“何用發此菩提心爲? 我等當設種種方便，令如是經隱没於地不得流布。”

尒時世尊告大虚空藏菩薩言：“善男子，汝今聞是魔言不耶? 汝當宣説摧伏制止諸魔眷屬明真言句，令無能爲；亦使由此明真言句，恒沙魔衆悉得安住無上菩提。”

尒時虚空藏菩薩摩訶薩即説明真言曰：

怛你也二合他阿鞅齲知諧反尾鞅齲三鞅軆娑嗢多奴散地怒嚕怛囉二合妳平聲呼涅奴一反伽怛你平奴政反昧怛囉二合庾羯軆二合迦嚕拏你奴政反删泥婆底軆以反也二合鞅底軆以反步多喀乞灑二合達磨涅奴一反物哩二合軆達磨喀乞史二合軆烏鼪上聲里你企里户盧户盧户盧户盧怛羯嚓怛他嚩你佤始羅奴鞅底丁以反惡乞曬二合耶涅寧逸反你勢平聲羯犁二合奢跛羯哩二合勢平聲没馱地瑟耻二合帝達牟入嚩二合羅你僧伽奴哦迷阿努杜噜阿那底羯囉二合摩扼曳你蘖囉二合呵尼麽囉跛乞灑二合斯庾紇底二合紇哩二合軆安拏嚓阿奢娑怛嚓二合薩尾灑也努我銘阿哩也二合虞拏迦嚓悉第悉馱跛泥母乞灑二合努句黎你蘖囉二合呵扼跛囉嚩你喃達哩灑二合你麽囉鉢哩灑二合諾阿尾扇覩者怛嚩二合引嚧摩訶囉惹諾捨羯嚧二合泥平聲嚩那泯捺喀二合没囉二合訶摩二合娑憨跛底母馱鉢囉二合薩那泥嚩那哦藥乞灑二合羯哩二合擔平聲跛哩怛囉二合喃薩他二合比擔娑嚩二合娑丁也三合也喃達摩婆拏迦那摩喀乞灑二合曳薩達摩寫跛哩蘖囉二合訶耶娑嚩二合引訶

尒時大虚空藏菩薩説是真言已，即時三千大千世界六種震動。時彼惡魔心無淨信不樂法者，聞空中聲曰：“若有聞此明真言句，若魔，若魔男、若魔女，若魔民，不發阿耨多羅三藐三菩提心、不捨魔業者，則令金剛手藥叉，以大火焰金剛之杵摧碎其頂。”尒時魔衆心驚毛竪,即皆同時仰觀虚空,見有五百大金剛手,各各臨於惡魔頭上垂欲下擊;皆悉怖懼,一時咸發阿耨多羅三藐三菩提心。

尒時世尊熙怡微笑,時具壽阿難陀一心合掌,白佛言:“世尊,世尊微笑非無因緣,唯願如來爲我解説。”尒時,世尊告阿難陀言:“汝見此五百衆魔以怖懼故發菩提心不?”阿難陀言:“唯然,已見。”佛復告阿難陀言:“此魔波旬當成佛時,與諸眷屬於彼彼[①]世界,各各異名。”

尒時具壽阿難陀白佛:“世尊,經於幾時,此魔當成無上菩提? 得菩提已,佛及世界名爲何等?”佛告阿難陀:“此魔波旬,當於來世十千佛所,爲作魔事。從彼佛所聞金剛場摧壞煩惱清淨法門,又於彼佛所問於秘密甚深軌則威儀功德尸羅處所[②]行,勤行方便,於寂末後無邊無垢幢如來所,當作魔事於彼佛所,善根淳熟心得决定,獲得一切佛法光明,發菩提心。然後經於過阿僧祇數量佛所,恭敬供養於彼佛法,出家修道護持正法,教化成就無量有情。復更過於四萬阿僧祇劫,當得成於阿耨多羅三藐三菩提,名爲妙住得法光如來、應供、正遍知、明行足、善逝、世間解、無上士、調御丈夫、天人師、佛、世尊,世界名清淨安立,劫名清淨。復次,阿難陀,清淨安立世界,國土豐盛,人民快樂,如覩史多天宫所有受用樂具,彼國菩薩受用樂具亦復如是。彼妙住得法光如來壽命四十中劫,有六十四俱胝諸聲聞衆,一万二千大菩薩衆。阿難陀,如是諸魔,若魔男、若魔女,若魔民,悉發住於無上正等菩提之心,皆隨生彼清淨世界。時妙住得法光如來知其深心,皆悉與授阿耨多羅三藐三菩提記。

大集大虚空藏菩薩所問經卷第七

大集大虚空藏菩薩所問經卷第八

開府儀同三司特進試鴻臚卿肅國公食邑三千户賜紫贈司空
謚大辨正號大廣智大興善寺三藏沙門不空奉詔譯

尒時會中釋梵護世見與波旬授菩提記,一切皆生奇特之心,歎言:“希有! 甚奇! 世尊,彼等諸魔於佛善説法毗奈耶而作魔事,猶見如來,福不唐捐,皆蒙授記,當證無上正等菩提,究竟涅槃。世尊,豈有善男子、善女人以善信心入於佛法,所獲福業而得校量? 當知皆是諸佛境界,非餘聲聞、緣覺所測。”

尒時佛告釋梵護世諸天人等:“如汝所説,誠諦不虚,實是諸佛如來境界。善男

① 彼,《中華藏》校勘《石》無。

② 所,《中華藏》校勘《石》無。

子，夫心者是緣生法。譬如染纈，或處受色或處不受，有情心行亦復如是，或起煩惱或復不起，或有利根或有鈍根，如來隨根設法教化，悉令解悟引入法中。善男子，夫煩惱者無有方所，亦無住處復無積聚，從[①]不如理作意和合而生。若如理觀察，是雜染性則爲清淨，然我密意説名邪見，若如實知則爲正見，非邪正見過現實有，若於邪見、正見知已不生取著，是則名爲入正見道。善男子，煩惱如皮清淨爲性，由彼所覆慧明無力，是故不見根本清淨。復次有分別者名爲煩惱，無分別者名清淨性。善男子，譬如大地依水而住，水依風住，風依空住，是四界中空無所依。以其虚空不壞、不動，無所積聚，無積聚故，住不生滅，自性相應，是故三界不久不住，無常變異非虚空界。如是蘊、處、界依業煩惱而住，業煩惱依非如理作意而住，非如理作意依自性清淨心住，是清淨心不爲客塵煩惱所染。所有非如理作意業煩惱、蘊、處、界等，一切皆是因緣和合故有，因緣若闕則不生起。彼清淨性無有因緣，亦無和合，亦不生滅如虚空性，非如理作意如風，業煩惱如水，蘊、處、界如地，由是一切諸法無有堅牢，根本無住本來清淨。善男子，是名自性清淨法光明門，菩薩由證此法門故，不爲一切諸煩惱垢之所染汙，亦不思惟此清淨法。以不思故，則滅一切尋伺緣慮證清淨性，由證清淨則超魔境，以超魔境則安住佛境，以住佛境則超有情境入不動法界，以入不動清淨法界則入平等無差别境，則名獲得一切智智。”説此法時，有無量菩薩於業煩惱障一切纏垢[②]，悉得[③]遠離，證無生忍。

尒時室利毱多優婆塞於大衆中即從座起，頭面禮足，而白佛言：“世尊，我今從佛聞此解脱清淨法門，頓除疑悔，所以者何？我昔曾設深大火坑及和毒食，於如來所起損害意，世尊威德無所損傷，爲我説法，雖少信向，心猶疑惑，仍生追悔。今於佛前復得聞此甚深經典，疑網悉除，心無憂悔，獲法光明，發阿耨多羅三藐三菩提心。世尊，我於今者名爲大益得殊勝利。”

尒時佛讚室利毱多長者言：“善哉！善哉！善男子，汝今聞我所説法故，生淨信樂，由是因緣，於賢劫中所有諸佛，悉皆承事、恭敬、供養，於彼佛所廣修梵行護持正法，過七百萬阿僧祇劫，當得成佛，号曰離一切纏如來、應供、正遍知、明行足、善逝、世間解、無上士、調御丈夫、天人師、佛、世尊。”時室利毱多優婆塞，聞佛與授阿耨多羅三藐三菩提記，歡喜踊躍得未曾有，即解嚴身上妙瓔珞，散[④]於佛上作如是言：“世尊，今我宅中有四大藏，無量金寶充滿其中。以第一藏捨與妻子、僮僕及營事者，第二大藏捨與一切貧窮下賤孤獨乞人，第三大藏捨與一切往來苾蒭及四方僧，第四大

① 從，《中華藏》校勘《石》無。
② 垢，《中華藏》校勘《石》作“性”。
③ 得，《中華藏》校勘《石》作“能”。
④ 散，《中華藏》校勘《石》作“設”。

藏奉獻如來及上首苾蒭。唯願世尊令我速獲無住相施功德成就。我今欲於如來善説毗奈耶中,出家受戒修習梵行。”於是世尊聽其出家。時室利毱多優婆塞即便出家,受具足戒。

尒時大虚空藏菩薩白佛言:“世尊,如來於無量阿僧祇劫之所積集,甚深難得阿耨多羅三藐三菩提法,於佛滅後誰當奉持?”時彼衆中有六十俱胝菩薩摩訶薩,即從座起,合掌禮佛,異口同音,説伽他曰:

如來滅度後,我等悉皆能,
不惜於身命,護持佛正法。
捨一切名利,及離諸眷屬,
不捨此正法,爲證佛智故。
毁呰及罵辱,麁言不善語,
由護正法故,如此皆能忍。
輕賤及掉弄,誹謗不稱讚,
如此悉皆忍,爲持此經故。
當來諸苾蒭,住相希名利,
爲魔之伴黨,於法爲障礙。
毁戒破法者,親近於俗人,
貪著供養故,不專求正法。
好習於外道,無知懷憍慢,
自讚歎己身,惱乱寂静者。
棄捨阿蘭若,常樂無利言,
好習惡咒術,計著於身見。
或樂知僧事,與僧作留難,
捨離於禪誦,交雜諸世務。
常求於利養,不樂戒多聞,
雖行於布施,心恒懷雜染。
計種種我相,但念於乞食,
樂往白衣家,論説世俗事。
田農諸俗務,貿[1]易并販賣,
好作如是事,自稱是沙門。
堅執於諸有,計著種種見,

① 貿,《中華藏》校勘《石》作“貨”。

聞說真空法，怖畏如深嶮。
不信有業果，言無後世報，
但作虚誑語，非法言是法。
惡世中苾蒭，自在力如王，
於此末法時，我能持正法。
於諸修多羅，不求亦不讀，
各自師己見，執異互相非。
所有深經典，與解脱相應，
於如是正法，心皆不樂説。
及樂世俗論，稱揚爲希有，
如斯惡人輩，不久滅正法。
微妙甚深經，文義俱善巧，
於彼惡世時，悉皆被滅壞。
非法無道王，人庶皆流竄，
於如是惡世，無不懷恐怖。
我等悉皆能，處如是末世，
護持佛所説，無上之正法。
以慈於有情，設破於正法，
亦起悲愍心，由持此經故。
若見持戒人，起於貪愛心，
我以憐念故，方便令弃捨。
若見惡心者，謗毁於正法，
爲之起慈悲，令見我歡喜。
隨力護彼人，不加麁惡語，
亦不與之言，彼當自安住。
復以四攝行，成熟彼等人，
又令[①]生警覺，省悟虚妄過。
我當捨憒閙，住於阿蘭若，
不親近俗務，猶如鹿自在。
少求及知足，修行四聖種，
住戒及頭陁，具禪定智慧。

① 令，原作"今"，據《中華藏》校勘《石》改。

我當無閒修，調柔静解脱，
若入於聚落，爲説微妙法。
若有求法者，令遠住空閑，
寂嘿自修持，常安於法樂。
若有於現前，作諸過失者，
我爲利衆生，當自觀身[①]行。
住法常寂静[②]，於敬與不敬，
安住如須弥，不染世閒法。
我當爲導師，苾蒭毁戒者，
來加以惡言，觀是自受業。
亦不起報心，於他無害想，
常住於正法，此非我應作。
我是於沙門，彼無沙門行，
聞我正教誨，則謗修多羅。
或斷我耳鼻，亦不樂見我，
若聞實警覺，則謗於正法。
當來諸苾蒭，受持正法者，
爲其作留難，不令聞正法。
於王離閒語，破壞於大衆，
我等承佛力，皆今得聞法。
當彼惡世時，寧捨於身命，
爲持正法故，作衆生利益。
先知他意樂，後方共語言，
當來大怖時，住是真實行。
我問世閒眼，法王光明尊，
由持此經典，爲得幾所福。

尒時世尊告大虚空藏菩薩及諸菩薩摩訶薩言："善男子，譬如東方一世界析爲十三千大千世界，如是南、西、北方，四維，上下，各各析爲十三千大千世界，如是世界盡末爲塵，復以一塵爲一世界。若復有人於東方過尒所塵世界下於一塵，復更東行過尒所塵世界又下一塵，如是展轉盡尒所塵。於東方諸佛世界無有邊際，南、西、北方，

① 身，《中華藏》校勘《石》作"諸"。
② 寂静，《中華藏》校勘《石》作"静樂"。

四維，上下亦復如是。善男子，於汝意云何？如是十方世界，所下微塵知其數不？”“不也，世尊，如是微塵世界唯有如來以無礙智之所究了，非餘能知。”佛言：“善男子，是諸世界，若下微塵及不下處，盡諸世界以爲大城圍遶牆莊壁，上至有頂下窮水際，滿此城中著淨芥子，以一芥子爲一佛世界。善男子，於意云何？是諸芥子世界寧爲多不？”“甚多，世尊。”佛言：“善男子，如是芥子及諸世界，我知其數，知百知千，乃至知緊迦羅、弥末羅、阿閦婆等。若有善男子、善女人求菩提故，以七寶滿尒所世界，施於尒所芥子數住功德法菩薩諸佛，及恭敬供養。若復有人聞此甚深微妙經典，能淨信忍，所得福德勝前福德。若復有人以尒所芥子數行無遮施，或復有人得聞此經，於諸有情生無礙心住調柔忍，如七步頃繫念思惟，所得福德勝前福德。若復有人修諸福業，成就尒所芥子數天主、帝釋、大梵天王、轉輪聖王，或復有人受持此經，能知無常、苦、空、無我、涅槃、寂静，如是知已於諸有情生於大悲，爲不斷三寶種故，發無上正等菩提之心，如是福德勝前福德。”

尒時大虚空藏菩薩白佛言：“世尊，唯願如來加持此經，後末法時於贍部洲廣令流布。”是時佛告虚空藏菩薩言：“善男子，我以此法付四天王，所以者何？由此四王護持世界故，令此法久住世間廣得流布。我今復以微妙真言，加持四大天王。”即説真言曰：

怛你也二合他度度嘌他地嘌特嚩二合惹跛底特嚩二合惹楞迦引嘌阿引鞅怛你捨迷捨麼鉢底扇底丁以反目谿你誐囉二合賀博乞叉二合哆阿奴娜囉鄔那囉尾誐摩三摩鉢地簸他輸地鉢他奴誐摩鉢他輸地鉢囉二合枳娘二合目谿阿哩也二合句梨步多喀乞曬二合阿你泥灑遮茗泥灑遮多引麽灑遮多怛簸灑遮没馱簸那達摩奴散地阿哩也二合誐拏怒誐摩阿那哩也二合你伽哆你嚧瑟吒二合鉢囉二合娑娜寧呷濕嚩二合囉簸那魯迦失止二合怛唎二合訖哩二合多阿奴囉訖沙二合演都伊輅引達摩散地啼寢反尾婆惹都你魯訖鞮二合涅泥上世引鉢囉二合底喀乞灑二合覩達摩馱哩尼

尒時四大[①]天王由此真言所加持故，心懷悚慄身毛皆豎，即往佛所，頭面礼足，白佛言：“世尊，我等四王護持此經，當令未來久住於世，我能攝持如是經典所流行處，有不樂法諸神、天、龍、夜叉、乾闥婆、阿修羅、迦樓羅無能障礙。若有樂法善神，即當令彼心得寂静。若有法師於説法會，忘失文句，能令憶持，獲得辯才增長慧解。”

尒時世尊告四天王[②]：“善哉！善哉！汝等四王皆是我子從法化生。由我勸汝守護正法功德因緣得爲天王，當超世間速證圓寂。”

尒時世尊復告大虚空藏菩薩言：“善男子，我今亦以真言加持帝釋，令護此經久

① 大，《中華藏》校勘《石》無。

② “天王”後，《中華藏》校勘《石》有“言”。

住於世。"説真言曰：

怛你也二合他輸第輸婆末底輸婆尾庾二合係那捺㗚那哩妳覩哩妳納迷捨迷鄔波捨迷屈吠嗚翫黎阿蘇目溪馱囉尼阿囉妳輸輸嚧二合矖婆呬伍阿胜泥胜那散地三迷三摩嚩底三摩囉濕弥二合阿世呼呼奚奚翫嚧翫梨阿那底羯囉二合銘你嚩喀乞灑二合摩四伍摩訶嚩婆娑鉢囉二合胜阿薆車覩捨羯嚧泥嚩囊泯捺囉二合那捨舍多那夜那嚩羅摩矩吒達囉伊舍嚩二合嚕末嚕捺婆二合嚩那你嚩斯娑嚩二合引訶引

尒時天帝釋聞此真言已，歡喜踊躍，所住宫殿悉皆震動，即與百千眷屬圍遶，來詣佛所，頭面礼足，白佛言："世尊，我等諸天擁護此經，於贍部洲廣宣流布，令得修行。若有法師受持此經，我等眷屬咸共擁護，令無惱患，使得歡喜生淨信樂，受持斯經皆得成就以法莊嚴。若於王城、聚落、村邑説法之處，我當率諸眷屬，相共往詣彼法師所與作衛護。若有輕賤、嗔罵彼法師者，令發淨心，若有諸魔作諸障難，我當擁護，悉使退散不令得便。"

尒時佛告天帝釋言："善哉！善哉！憍尸迦，汝當獲得天妙自在，住法自在，於一切佛所護持正法能師子吼，何以故？憍尸迦，以能受持一佛正法，即於三世諸佛所説正法，皆能守護。"

尒時世尊復告大虚空藏菩薩言："善男子，我爲娑訶世界主大梵天王，説威德真言句義。由此真言故，大梵天王護持此經。"即説真言曰：

怛你也二合他每怛哩二合，下同輸婆每怛哩二合達摩每怛哩二合每怛哩二合也怒娑呬韈三摩每怛哩二合珊地每怛哩二合阿怒誐摩每怛哩二合阿怒囉訖叉二合每怛哩二合阿努度囉每怛哩二合薩丁那二合每怛哩二合達磨每怛哩二合阿努蘗囉二合訶每怛哩二合阿尾鉢囉二合底丁以反娑囉每怛哩二合嗢盧迦那每怛哩三合尾盧迦那每怛哩二合母馱努誐摩每怛哩二合没馱地瑟姹二合那每怛哩二合阿努囉乞叉二合每怛哩二合達摩鉢囉二合底丁以反喀乞叉二合拏每怛哩二合母乞叉二合每怛哩二合阿那奴哩嚧馱尾嚧馱每怛哩二合阿多乭每怛哩二合没囉二合賀麽二合簸他每怛哩二合馱那楞迦囉每怛哩二合怛寫努珊地迦嚧那每怛哩二合怛寫奴珊地暮你多每怛哩二合怛寫奴珊地庾二合閉訖叉二合每怛哩二合没囉二合賀摩二合鉢地努誐摩那每怛哩二合質都你尾哩也二合每怛哩二合阿奴娑囉拏每怛哩二合你娑底二合囉拏每怛哩二合薩嚩怛囉二合拏誐麽那每怛哩二合阿蘗車末囉二合含門二合嗢悉㗚二合惹馱那素大尾入蜜逾底丁以反瑟姹二合娑嚩二合婆嚩二合三摩提你瑟羯囉二合摩摩訶尾麽難引尾也二合嚩魯迦耶染摸你尾崩補甘反句嚧濕嚩二合達摩喀訖叉二合麽底丁寅反羯囉二合弥没馱地瑟吒二合南

尒時娑訶世界主大梵天王在於梵世，由此慈心真言加持及佛威神力故，天耳聞已，即共六十六万梵衆來詣佛所，頭面礼足，退坐一面，白佛言："世尊，我等蒙佛大慈大悲加持力故，令護此經。若當來世有諸法師，於此甚深秘密經典，受持、讀誦乃至

書寫、奉持、供養，若彼法師在阿蘭若，及於衢路、村邑、聚落、王城處所，若爲宣説如是經者，我等當共擁護攝受，加其氣力令得精勤，念慧辯才悉皆增長，不信者令信，其淨信者令住正行。世尊，我等今於如來所説正法之眼，皆共奉持廣令流布。”

尒時世尊告大梵王言：“善哉！善哉！梵王，如來今者隨喜汝等守護正法。梵王，汝當不久坐於道場轉正法輪如我今轉。如汝今者擁護斯經，諸餘梵天於當來世，護持正法亦應如是。”

尒時世尊復告慈氏菩薩摩訶薩言：“慈氏，我今以此無量阿僧祇俱胝劫，積集無上正等菩提希有之法，付囑於汝，乃至欲令受持、讀誦、爲他廣説，報佛恩故，亦滿自己希求願故，令諸有情增長善根故，令諸菩薩護法光明故，摧一切諸魔外道故，護持正法不斷三寶種故。”慈氏菩薩白佛言：“世尊，我今當於如來在世及涅槃後常護法藏。何以故？我亦曾於過去護斯正法。世尊，我雖在於覩史多天，於是類經倍增護持令久住世。世尊，若未來世其有衆生，於如是等經聞已受持、書寫、讀誦，如法修行、爲他廣説，當知皆是我之威力所加持故。世尊，當彼之時，若有魔及魔民共爲朋黨不能障難，如我一毛成就善根枏爲百分千分歌羅分乃至優波尼沙陁分。若三千大千世界之中，一切有情悉並爲魔若魔眷屬，而於我所成就善根一分福智之力，猶不能得生於障難，何況如來於無量阿僧祇俱胝劫積集無上菩提之法而能障礙。”

尒時世尊告慈氏菩薩言：“善哉！善哉！善男子，有四種法爲菩薩行。何者爲四？所謂破煩惱魔，壞諸外道，成熟有情，護持正法。善男子，如是四種是菩薩行，而此四種以一行收，云何爲一？所謂護持正法。”

尒時世尊告尊者大伽葉波、具壽阿難陁言：“我以此經付囑汝等，汝當受持此經，爲他廣説。”大伽葉波言：“世尊，我當隨力於如來無上菩提之法，勤加守護，爲他宣説。”阿難陁言：“唯然！世尊，我已受持如是法要，於當來世以佛威力，廣宣流布，令不斷絶。”尒時福莊嚴菩薩摩訶薩從座而起，叉手合掌，白佛言：“世尊，如是之經，如來所説甚深希有，斷諸疑網，寂勝了義，難見難悟，是第一義空性相應。以戒、念、定、慧而爲莊嚴，顯説解脱寂静無染，是諸智人之所知境，一切諸佛之所稱讚，亦是一切諸經之王，以陁羅尼印印之，令受持者得無礙辯，增長念慧，堅固不退，摧魔怨敵，不爲於他異宗所壞，能摧惡戒，增長頭陁無貪功德。復是正住大捨功德，出生無量諸佛智法。若有善男子、善女人，能於此經受持、讀誦、繫念、思惟，爲他廣説，書寫、供養、審諦觀察，如理作意，正行相應，得幾所福?”尒時世尊即以伽他告福莊嚴菩薩摩訶薩曰：

我以佛眼見十方，廣大無邊諸刹土，
於中盛滿諸七寶，盡皆普施諸菩薩。
若人受持是經典，如佛所説無所得，

而能習誦爲他説，如是功德超於彼。
衆花塗香并傘蓋，衣服繒綵及幢[①]幡，
遍滿積彼世界中，供養諸佛并菩薩。
於後末世法滅時，若有受持此經典，
如説修行不放逸，所獲福聚超於彼。
十方世界諸巨海，盡皆盛滿種種油，
其炷高大如須弥，然燈供養佛制底。
若有於彼法滅時，世間盡爲諸暗覆，
能燃如此大法炬，所獲功德倍於前。
若於無量諸導師，奉事經於億千劫，
以天適意妙供養，勤求寂勝佛菩提。
爲報如來深重恩，護持三寶令久住，
安諸有情住佛法，持此經福多於彼。
以佛眼觀諸有情，能致梵王帝釋位。
若有能持此經典，獲大勝福過於彼，
令諸有情得羅漢，復能成就緣覺乘。
若有能發菩提心，受持此經福過彼，
假令經福皆爲色，盡虚空界不能受，
除佛世尊一切智，於此勝福無能了。
若於俱胝千億劫，持此如來所説經，
所生功德不可量，猶如十方無有際。

尒時福莊嚴菩薩從佛聞是護持此經所得功德不可限量，生大歡喜，踊躍無量，而白佛言:“世尊，後末世時，諸有情類若有不能持此經者，當知是人墮於魔界。世尊，我觀護持自餘正法，所獲善根猶如芥子，若有能護此經法者，所得功德如十方虚空，無有窮盡，不可譬喻。世尊，我今被於勇猛甲胄，寧捨身命護持是經，不爲悕望己身之利，但求一切有情安樂。”説此法時，以大虚空藏菩薩福德力故，有十方無量恒沙佛刹，虚空藏菩薩及無量佛諸菩薩衆，從於虚空雨種種花以爲供養。空中有聲而作是言:“善哉！善哉！大虚空藏菩薩摩訶薩，乃能作此廣大佛事，乃至於此大集法要殊勝莊嚴，亦能攝受未來有情莊嚴正法，令彼不失菩提之心。於此經中受持、讀誦、書寫、解説。”尒時世尊爲欲囑累此經典故，以神通力即從身中放大光明，遍照十方無量佛刹悉皆振動，有無量阿僧祇有情，發阿耨多羅三藐三菩提心，無量有情得無生法

---

① 幢，原作“憧”，據文意改。

忍。復有無量有情心得解脱，復有無量有情得法眼淨，復有無量有情離諸貪染，復有無量有情得於人天福德勝因當得見佛，一切大衆皆生隨喜。佛説是經已，時大虛空藏菩薩摩訶薩，具壽大迦葉波、具壽阿難陁，娑訶世界主大梵天王、釋提桓因、四大天王，諸苾芻衆，及大菩薩、天、人、阿脩羅、乾闥婆等，一切衆會聞佛所説，皆大歡喜，信受奉行。

大集大虛空藏菩薩所問經卷第八

大聖文殊師利菩薩佛刹功德莊嚴經[①]

大聖文殊師利菩薩佛刹功德莊嚴經卷上

特進試鴻臚卿大興善寺三藏沙門大廣智不空奉詔譯[②]

如是我聞：一時薄伽梵住王舍城鷲峯山中，與大苾芻衆一千人俱。菩薩八萬四千，皆於無上正等菩提得不退轉，所謂慈氏菩薩、文殊師利菩薩、觀自在菩薩、得大勢菩薩而爲上首。復有七十二俱胝諸天衆俱，皆悉住於菩薩之乘。復有天帝釋，娑訶世界主大梵天王，與其眷屬四萬天衆俱，亦皆住於菩薩之乘。復有四阿蘇羅王，所謂毗摩質多羅阿蘇羅王、末利阿蘇羅王、驢肩阿蘇羅王、歡喜阿蘇羅王，與百千阿蘇羅眷屬俱。復有六萬二千諸大龍王，所謂難陀龍王、鄔波難陀龍王、水天龍王、摩那斯龍王、地持龍王、無熱惱龍王、蘇迷盧龍王、伏魔龍王、月上龍王，如是等而爲上首。復有四大天王，所謂持國天王、增長天王、廣目天王、多聞天王，與百千藥叉眷屬俱，所謂金毗羅大藥叉、阿吒嚩俱大藥叉、針毛大藥叉、妙慧大藥叉、形相大藥叉、徧形藥叉、不動藥叉，如是等而爲上首。時王舍城國王、大臣及諸四衆，天、龍、藥叉、人、非人等，各以衣服、飲食、卧具、醫藥種種資具，於如來所恭敬尊重而爲奉獻。

尒時世尊受王請食，於晨朝時著衣持鉢，與諸苾芻及於天人百千之衆前後圍繞，向王舍城不生怨王[③]宫。以佛威神力故，大神境通放百千種妙色光明，百千音樂同時俱奏，雨衆妙華，烏鉢羅華、鉢頭摩華、俱勿頭華、芬陀利華，繽紛而下。是時如來以神通力，隨按足處涌寶蓮華，大如車輪，白銀爲莖，黄金爲葉，吠瑠璃寶以爲其鬚，於華臺中有化菩薩結加趺坐。是諸菩薩與寶蓮華俱遶王舍城，右旋七帀，而説頌言：

商主利益世間者，拔濟有情爲福田，

---

① 底本，《中華藏》第1471號，第65册第989頁中—1017頁上，原《金藏》廣勝寺本。

② 譯名，《中華藏》校勘《麗》作"開府儀同三司特進試鴻臚卿肅國公食邑三千户賜紫贈司空謚大鑒正號大廣智大興善寺三藏沙門不空奉詔譯"，卷中、卷下同。

③ 不生怨王，《中華藏》校勘《石》《麗》作"未生怨王"，下同。

釋雄寂静大威德，世尊今當入此城。
君有樂求生天衆，解脱生老病死苦，
欲求摧伏魔羅軍，應當供養釋師子。
牟尼名號甚難聞，多俱胝劫行精進，
悲愍世閒作利益，大仙今入此王城。
無量無邊劫行施，飲食衣服及車乘，
所愛男女并妻子，及捨王位入於城。
能施手足與眼耳，捨頭及鼻諸支分，
由具一切捨功德，獲於殊勝薩婆若。
善學檀那淨律儀，於戒無缺人中勝，
具足忍辱勝功德，寂静心意今入城。
修習精進俱胝劫，猒離悲愍觀世閒，
入於禪定住寂静，是大梵音今入城。
無量智慧無等倫，猶若虚空無有際，
善忍功德戒亦然，如是勝行皆清淨。
勤勇摧伏魔羅衆，獲不動慧無憂惱，
微妙法輪依教轉，大法自在今入城。
其有樂求我善逝，三十二相以莊嚴，
彼菩提心行願成，應往親近而供養。
斷欲瞋癡諸煩惱，及餘覺觀惡思欲，
速辦無量供養具，應當親近於大師。
若人欲求梵天位，釋提桓因大自在，
以妙供具諸天樂，應當奉獻大牟尼。
欲求輪王王四洲，獲得七寶願成就，
具足千子皆勇猛，應當供養人中尊。
欲求長者及小王，獲得資財無有盡，
顔貌端嚴勝眷屬，應速往供於牟尼。
若有修行解脱者，樂聞殊勝大仙法，
是故汝當速往聽，於此難聞今得聞。

尒時王舍大城及百千村邑聚落聞此頌警覺已，其中男女、童男童女各賫華香、燒香、塗香、末香、華鬘，并金銀華、幢幡，商佉、鼓角、弦管種種音樂，一心思惟，願佛攝受，踊躍歡喜，恭敬供養。於是世尊將入城時，即舉右足按城門閫，城中之地六種震動，諸天及人百千音樂不鼓自鳴，雨天妙華。城中有情，盲者得視，聾者得聞，狂者得本心，裸者得衣服，飢者得飲食，貧者得資財。當此之時，亦復不爲貪欲、瞋恚、愚癡、慳悋、嫉妬、忿慢之所逼惱，慈心相向，猶如父子。彼樂音中而説頌曰：

世尊十力入於城，是大丈夫釋師子，
刹那皆獲大安樂，盲者得視聾得聞，
狂者復心無散亂，裸露之者獲衣服，
所有飢渴得飲食，貧窮之人獲財寶。
無量諸天在虚空，恭敬禮拜而讚歎，
雨花供養如來月，鼓角商佉諸樂音，
以佛入城悉皆奏，其城中地六種動。
見者奇特懷悦意，貪愛瞋癡而不逼，
慳嫉慢等悉皆除，慈心相向如父子。
如來十力入城時，人民安樂悉歡喜，
音樂不鼓皆自鳴，獲得非常極喜悦，
皆以如來威神故，天人蘇羅世間衆。
如是多種俱時現，奇特殊勝不思議，
當於世尊入城時，廣作多人利益事。

尒時世尊入王舍城，時有居家菩薩摩訶薩是豪姓長者之子，名摧過咎，於里巷中遥覩世尊相好奇特、端嚴澄睟、諸根寂静、觀者無猒，住奢摩佗最上調伏，防護諸根如善調象，正念不亂如淨泉池，三十二相八十隨好莊嚴其身。時彼菩薩見如來色相端嚴成就，極生尊重淨信之心，便往佛所，稽首雙足，右遶三帀，卻住一面。時摧過咎菩薩摩訶薩於世尊前合掌恭敬，而白佛言："世尊，菩薩成就幾法速得阿耨多羅三藐三菩提心，隨所悕求，淨佛國界，嚴淨佛刹？"於是世尊爲欲哀愍摧過咎故，知化緣將至，於衢路中住。時有無量百千俱胝人衆皆詣佛所，稽首佛足，合掌而住，於虚空中復有無量百千諸天禮敬世尊。時薄伽梵告摧過咎菩薩摩訶薩言："菩薩成就一法速疾證得無上菩提，隨其意樂獲淨佛刹。云何一法？善男子，菩薩摩訶薩於一切有情起大悲愍，增上意樂，應發無上菩提之心。云何增上意樂？善男子，增上意樂者，若發菩提心已，不應起少不善法行。云何少不善法行？謂不行貪愛、不行瞋恚、不行愚癡。若住居家，威儀不應行調戲行。若出家者，不應求恭敬利養，善住出家所修行法，謂一切法如實通達。云何一切法如實通達？善男子，一切法者，謂藴、處、界。云何通達五藴？應觀五藴如幻，遠離、空性、無所緣、寂静、不生不滅，作如是通達，亦不見通達者。亦無所見無知無思，亦無分别及所分别，一切分别寂滅通達，名爲菩薩摩訶薩正行不捨有情。何以故？彼自知其法，如是爲佗有情演説，有情及法皆不可得。善男子，由一法成就故，速證無上正等菩提，則能圓滿淨佛刹土。"

説此佛刹功德莊嚴成就法門時，摧過咎菩薩得無生法忍，歡喜踊躍上昇虚空，高七多羅樹，於彼衆中二千有情發菩提心。一萬四千諸天及人遠塵離垢，於諸法中得法眼淨。於是世尊熙怡微笑，從其面門放青黄赤白紅紫等光，照無量無邊世界，照已還來遶佛三帀，而從頂入。是時具壽阿難陀，即從座起，整理衣服，偏袒右肩，右膝著地，於世尊前説伽佗曰：

諸法自在到彼岸，十力導師最勝尊，
一切智者世普聞，唯願今説現微笑。
牟尼云何覺過去？云何未來悉覺悟？
現在云何而覺知？唯願演説現微笑。
一切有情之心行，下中最上之差别，
解脱諸想到彼岸，唯願調御説笑因。
億那庾多諸天來，禮敬世尊而合掌，
於大衆中生渴仰，唯願牟尼説妙法。
智到於彼岸，愆過不可得，
知一切勝行，何緣而現笑？
如是億俱胝，求法諸天衆，
無量諸苾蒭，皆來聽正法。
供養發願故，無量種音聲，
一切皆渴仰，願佛除疑惑。

佛告具壽阿難陀："汝今見此摧過咎菩薩摩訶薩上昇虚空，高七多羅樹不？"阿難陀白佛言："世尊，已見。修伽陀，已見。"佛言："阿難陀，此摧過咎菩薩卻後過於六十二阿僧企邪百千劫，於此三千大千世界離熱惱劫中，當得成阿耨多羅三藐三菩提，号寂静調伏音聲如來應正等覺。阿難陀，彼寂静調伏音聲如來佛刹功德莊嚴及以聲聞、菩薩之衆，亦如不動如來妙喜世界而無異也。"

是時世尊説是法已，從於彼處漸次而往不生怨王宫。到已，與苾蒭衆各隨次第敷座而坐。時不生怨王知其世尊并苾蒭僧坐已，即以種種飲食色香美味，手自斟酌供養世尊及苾蒭僧，悉令充足。復以上妙衣服奉上如來及苾蒭衆，爲佛及僧躬自披擐。披擐已訖，爲佛作禮，即於佛前退就一面，處于卑座，而白佛言："世尊，忿恨及覆并諸過咎及以無知，從何而生？從何而滅？"佛告大王："忿恨及覆并諸過咎，皆從我我所生。我我所者，於無處建立，若不知功德及以過患，名爲無知。若如實知我我所者，智與非智不能施設。是故大王應如是學。一切有爲法本無來去，亦無言説。大王，法無來去，無來去法，不生不滅，無生滅者則名爲智，而是無知亦名爲智。何以故？諸法入出互不相知，若無所知名之爲智。”尒時不生怨王白佛言：“世尊，甚奇特[①]，如來應正等覺如是善説，我今寧可聞法中夭，不願不聞壽命長遠。”是時大王復請世尊晡時説法。

尒時世尊即便聽許，飦[②]食已訖，而收衣鉢，往靈鷲山，洗足敷座，入三摩地。於時世尊爲欲説法，於其晡時從三摩地起。時具壽舍利子及諸大聲聞皆從定起，時文殊師利童真菩薩亦從定起，與四萬天子俱，慈氏菩薩與五千菩薩衆俱，師子勇猛雷音菩薩與五百菩薩衆俱，皆從定起，領諸眷屬，前後圍遶。詣靈鷲山，頭面禮佛[③]，各各敷座，退坐一面。時不生怨王與諸眷屬前後圍遶，往靈鷲山，詣如來所，稽首佛足，退坐一面。時王舍城復有無量百千有情，悉皆共往鷲峯山中，至如來所，稽首佛足，退坐一面。

尒時舍利子以佛威神力故，從座而起，偏袒右肩，右膝著地，合掌向佛，而白佛言：“世尊，如來適於王舍大城四衢路中，已爲摧過咎菩薩摩訶薩，略説菩薩摩訶薩圓滿佛刹功德莊嚴。善哉！世尊，唯願廣説，如諸菩薩行菩薩行，勿令退轉無上菩提，獲一切智，摧伏魔羅，降諸外道，淨諸煩惱，嚴淨佛刹，滿其願已，起善巧慧離於佛地，住[④]聲聞及緣覺地，善轉法輪，修諸波羅蜜，令其獲得薩婆若智，現爲菩薩，與無量無數有情作大利益。”於此會中有求菩提善男子、善女人得親從佛聞説妙法，歡喜踊躍，彼歡喜已，如説修行。

尒時世尊作是思惟：“我今現起如是神通，由此神通現行境界，普徧十方。”即放多百千光明，一一光明於多佛刹作那庾多百千光明，照曜於彼諸刹土中，映蔽日月，是其光明映奪眼根，所有諸天、龍、藥叉、摩尼、電火等光[⑤]悉不復現，亦無地獄色相及餘有情光明，乃至十方諸世界中輪圍山、大輪圍山、目真隣陀山、大目真隣陀山、蘇迷盧山王及餘黑山牆壁樹林，以佛光明而照曜故，悉皆透徹。

尒時世尊放斯光已，作謦欬聲，警覺十方無量世界。是時東方去此世界過八十四殑伽沙數諸佛刹土，有世界名爲普徧，彼土有佛號吉祥積王如來應正等覺，今現住世。彼佛刹中不聞聲聞、緣覺之名，唯有清淨大菩薩衆充滿其國。一一菩薩各有百俱胝不退轉菩薩摩訶薩，前後圍遶而爲眷屬。彼世界中有一菩薩摩訶薩，名爲法勇。以何義故名爲法勇？彼吉祥積王如來處衆説法，法勇菩薩聞説法已，上昇虚空高七多羅樹，自隱其身，爲衆説法，所謂菩薩藏法門陀羅尼金剛句。時彼衆會咸作念言：

① 特，《中華藏》校勘《石》《麗》作“甚特”。
② 飦，《中華藏》校勘《石》作“飲”。
③ 佛，《中華藏》校勘《石》作“佛足”。
④ 住，《中華藏》校勘《石》《麗》作“住於”。
⑤ 等光，《中華藏》校勘《石》作“光明”。

"一切諸法唯有其聲,善男子,何以故不見其身而聞其聲?"出如是聲,色成就不現;如色、聲亦尒;如聲,一切法亦尒。無量菩薩而獲得忍,以是義故名爲法勇。時法勇菩薩摩訶薩見大光明、聞謦欬聲,即時往詣吉祥積王如來所,頭面禮足,退住一面,白佛言:"世尊,以何因緣於世間中有大光明及聞大謦欬聲? 昔未曾有。"時吉祥積王如來告言:"善男子,西方去此過八十四殑伽沙數佛刹,有世界名娑訶,佛號釋迦牟尼如來應正等覺,今現住世,爲欲召集十方世界俱胝那庾多諸菩薩故,而令聽法,一切毛孔放此光明及謦欬聲。"法勇菩薩即白吉祥積王如來言:"世尊,我今欲往娑訶世界,禮拜瞻覲供養承事釋迦牟尼如來應正等覺,兼欲見彼諸菩薩衆及聽法故。"佛言:"可往,今正是時。"法勇菩薩即與六十俱胝大菩薩衆,前後圍遶,從彼土没,猶如壯士屈伸臂,頃現此界中。是時法勇菩薩摩訶薩作是思惟:"今我作何神境通故,往彼禮拜親覲供養釋迦牟尼如來?"作是念已,即入一切莊嚴三摩地,由是三摩地神境通威力故,令此三千大千世界,滿中妙華積至于膝,百千音樂同時俱作,寶幢幡蓋種種莊嚴。復以妙香普薰此界,猶如他化自在天宫。是時法勇菩薩現神通已,與諸菩薩詣釋迦牟尼如來所,頭面禮足,右遶三帀,隨所來方,以願力故,化現蓮華而坐其上。

尒時南方去此過九十六俱胝那庾多佛刹,有世界名離塵,彼現有佛,號師子勇猛奮迅如來應正等覺,而爲無量大菩薩衆恭敬圍遶。彼世界中有一菩薩摩訶薩名曰寶手,以何義故名爲寶手? 謂彼菩薩於諸佛土化有情時,即以右手徧捫若干諸佛世界,即隨所欲而能成辨,從其手出佛、法、僧聲,施、戒、忍、進、禪定、智慧、慈悲、喜捨之聲,及餘種種百千俱胝那庾多法寶之聲,以是義故名爲寶手。尒時寶手菩薩摩訶薩見大光明,聞謦欬聲,昔所未聞,昔所未見,即詣師子勇猛奮迅如來所,頭面禮足,白佛言:"世尊! 以何因緣而有此瑞現大光明,及聞如是大謦欬聲?"佛言:"善男子,北方去此過九十六俱胝那庾多佛刹,有世界名娑訶,佛號釋迦牟尼如來應正等覺,今現住彼,於一切毛孔放大光明,作謦欬聲,爲欲演説佛刹功德莊嚴,令無數菩薩,各取本願佛刹莊嚴,故現斯瑞。"尒時寶手菩薩又白師子勇猛奮迅如來言:"我今欲往娑訶世界,禮拜親覲供養承事釋迦牟尼如來,并見諸菩薩及聽法故。"佛言:"何用往彼雜染世界?"寶手菩薩白佛言:"世尊,釋迦牟尼如來應正等覺見何義利取彼雜染世界,而乃不取淨佛國土?"佛言:"善男子,彼佛世尊昔於長夜作如是言:願我速得成就大悲,常於弊惡有情之中成無上正覺轉妙法輪。"寶手菩薩復白師子勇猛奮迅如來言:"世尊,彼釋迦牟尼如來乃能往昔發是大悲難發之願,現於如此惡世界中。如是慈尊甚爲難遇,我今當往禮拜親覲。"佛言:"可往,今正是時。然汝詣彼應善謹察無自毁傷,彼佛、菩薩雖爲難遇,其餘有情心行險[①]詖難可調伏。"寶手菩薩復白佛言:"彼土雖有

① 險,《中華藏》校勘《石》作"譣"。

忿恨怨讎，無傷於我。假使一切有情盡未來際於俱胝劫瞋恨罵辱，乃至刀、杖、瓦、石打擲，悉能受之，終不加報。”時師子勇猛奮迅如來告一切衆菩薩言：“諸善男子，汝等若能如寶手菩薩被忍辱甲胄者，可與俱往娑訶世界。”師子勇猛奮迅如來説是語已，寶手菩薩一心一意，與彼會中無量菩薩前後圍遶，於彼刹没現此界中。時寶手菩薩即作是念：“今我以何神通境界，禮拜釋迦牟尼如來？云何安樂無量有情？”作是念已，即作神通現行境界，而以右手覆此三千大千世界，從于手中雨諸飲食、衣服、車乘、金銀瑠璃、真珠珂貝、珊瑚璧玉，隨諸有情心所悕願，悉能充滿。樂聞法者，即從手中而得聞法，復使無量聞法有情現證真實，亦令無數有情受勝妙樂。是時寶手菩薩摩訶薩，作如是神通境界已，與諸菩薩往詣釋迦牟尼如來所，頭面禮足，右遶三帀，隨所來方，以願力故，化現蓮華而坐其上。

尒時西方去此過九十俱胝那庾多百千佛刹有世界名寶藏，彼土有佛號寶積王如來應正等覺，今現住彼。其佛刹土，清淨瑠璃之所成就，無有聲聞、緣覺，唯是清淨大菩薩衆，去來坐立於瑠璃地，皆見寶積王如來分明顯現，猶如清淨明鏡覩其面像。是諸菩薩於彼地中見佛世尊，亦復如是，見已請法，佛便爲説往昔本願，彼諸菩薩聞法得忍。彼寶積王如來常於眉間毫相摩尼寶中放大光明，徧照彼刹，日月光明悉皆映蔽不辯晝夜，以華開合方辯晝夜。時彼寶積王如來刹中有一菩薩摩訶薩名殊勝願慧，遇釋迦牟尼如來光明照觸，聞謦欬聲，便詣寶積王如來所，頭面禮足，退住一面，白佛言：“世尊，以何因緣於世間中，有如是謦欬之聲及大光明？”佛言：“善男子，東方去此過九十俱胝那庾多百千佛刹，有世界名娑訶，佛號釋迦牟尼如來應正等覺，爲欲召集十方世界俱胝那庾多菩薩，令其聞法，徧於毛孔放大光明，作謦欬聲。”時殊勝願慧菩薩摩訶薩聞是語已，又白佛言：“世尊，我今欲往娑訶世界，禮拜親覲供養承事釋迦牟尼如來應正等覺，并見彼諸菩薩及聽法故。”佛言：“可往，今正是時。”尒時殊勝願慧菩薩摩訶薩即與諸菩薩，於刹那頃來到娑訶世界。時殊勝願慧菩薩即作是念：“今我以何神變，往彼親覲釋迦牟尼如來？”作是念已，入三摩地，由此三摩地神境通故，令此三千大千世界傍生、焰魔界苦，悉皆停息，於刹那頃獲得無上殊勝安樂，及地獄火悉皆殄滅，餓鬼、傍①生及焰魔界有情所有飢渴皆獲飽滿，於刹那閒便得安樂，猶如苾蒭入初静慮。當於是時，無一有情而爲貪恚愚癡、忿恨惱害、慳慢嫉妬、矯誑覆藏之所逼惱，一切諸趣有情互起慈心及利益心。是時殊勝願慧菩薩，現如是神境通已，與諸菩薩詣釋迦牟尼如來所，頭面禮足，右遶三帀，隨所來方，以願力故，化現蓮華而坐其上。

尒時北方去此過六萬三千佛刹有世界名常莊嚴，彼現有佛號生娑羅帝王。彼世界中無有在家衣俗服者，一切菩薩皆服袈裟。而彼世界尚不聞有女人之名，況胎生

① 傍，《中華藏》校勘《麗》作“畜”。

者。一切皆著袈裟之服，結跏趺坐蓮華化生。彼佛世尊爲諸菩薩常説性印法門。云何名爲性印法門？所謂發菩提心即爲滿足菩薩律儀，即入菩薩藏陀羅尼根本處。心不散動，能行捨故，即入空性三摩地，住於正行故，即入無相三摩地，無所悕望故，即入無願三摩地。性離貪欲故，通達蘊、處、界，於悕望事而得覺悟，而於佛智正願無生，乃至通達一切法，於一切法分别無分别悉皆斷除。由於彼等作如是見，是故名爲性印法門。於彼會中有一菩薩摩訶薩名相莊嚴星宿積王，本願殊勝，若有衆生見其身者，必定當得三十二相。時彼菩薩遇佛光明、聞謦欬聲，便詣生娑羅帝王如來所，頂禮雙足、右遶三帀，退住一面，白言："世尊，以何因緣有大光明及謦欬聲？"彼佛告言："善男子，於此南方過六萬三千佛刹，有世界名娑訶，佛號釋迦牟尼如來應正等覺，於一切毛孔放此光明，作謦欬聲，爲欲召集十方無數世界諸大菩薩，令聽法故。"相莊嚴星宿積王菩薩言："以何因緣名爲娑訶世界？"佛言："彼之世界能忍貪恚愚癡及諸苦惱，是故名爲娑訶世界。"相莊嚴星宿積王菩薩言："彼娑訶世界諸有情等，毁罵、捶打皆能忍受邪？"佛言："善男子，彼佛世界諸有情等，少能成辨如斯功德，而多隨順貪恚愚癡，怨恨纏縛。"彼菩薩言："若如是者，彼之世界不應名娑訶也。"佛言："相莊嚴星宿積王，彼佛刹土亦有行菩薩乘，諸善男子及善女人已曾供養無量諸佛，成就忍辱，將護有情，善自調伏。若諸有情以衆苦具而來加害，悉能含忍，終不放逸貪恚愚癡。善男子，由有如此諸善丈夫，是故彼界名曰娑訶。又彼釋迦牟尼如來世界之中，亦有有情具足衆惡，少能悔過，其心麤獷而無愧恥，不敬佛，不重法，不愛僧，當墮地獄、傍生、餓鬼。彼釋迦牟尼如來於此下劣有情之中，悉能忍受罵辱、嫌恨、誹謗、惱亂、惡言、怨憎，心如大地，不可動摇，無所違逆。若得供養及以不得，心無高下，亦無憎愛，是故彼界名爲娑訶。"尒時相莊嚴星宿積王菩薩又白佛言："世尊，我等今者得大善利，不生於彼弊惡下劣有情之中。"佛言："善男子，莫作是説。何以故？東北方有世界名千莊嚴，彼現有佛，號大自在王如來應正等覺。其土有情皆悉具足，一向安樂。譬如苾蒭入滅盡定，彼之安樂亦復如是。若諸有情於彼佛刹，百俱胝歲修諸梵行，不如於此娑訶世界一彈指頃，於諸有情起慈悲心，所獲功德尚多於彼，何況能於一日一夜住清淨心。"尒時相莊嚴星宿積王菩薩白佛言："世尊，我等欲往娑訶世界，禮拜親覲供養承事釋迦牟尼如來應正等覺，并見彼諸菩薩及聽法故。"佛言："可往，今正是時。"尒時相莊嚴星宿積王菩薩摩訶薩與百俱胝菩薩從彼土没，於刹那頃到娑訶世界。即時相莊嚴星宿積王菩薩便作是念："今我以何神通之力，供養禮覲釋迦牟尼如來？"作是念已，以自神境通，於虚空中化成寶蓋，覆此三千大千世界，百千萬億珠瓔寶幡周帀垂布於其蓋中，雨種種華，百千音樂不鼓自鳴。復令此會苾蒭、苾蒭尼、鄔波索迦、鄔波斯迦、天、龍、藥叉、健達嚩、阿蘇羅、蘖路茶、緊捺啰、摩呼羅伽、人、非人等，各自見身具三十二相，現寶蓋中。尒時相莊嚴星宿積王菩薩作如是神境通已，與諸菩薩詣釋迦牟尼如來所，頂禮雙足，右遶三帀，隨所來方，以願力故，化現蓮華而坐其上。

如是乃至徧於十方，各有無量阿僧祇佛刹中無量阿僧祇百千億菩薩，見大光明，聞謦欬聲，皆問彼世尊而來此土，頭面禮佛，各坐一面，亦復如是。又此三千大千世界，天、龍、藥叉、健達嚩、阿蘇羅、蘗路荼、緊捺啰、摩呼羅伽，乃至釋梵護世及餘大威德諸天等，皆見光明，聞謦欬聲，咸來佛所，頂禮雙足，却坐一面。

尒時世尊作如是神通現行已，十方阿僧祇俱胝無量無邊百千那庾多佛刹所有菩薩來集會者，皆見此土[①]功德莊嚴，并佛身量菩薩、聲聞及受用具，各與自刹悉皆同等，一一諸菩薩，各各知自己身在於其中。尒時慈氏菩薩即從座起，整理衣服，偏袒右肩，右膝著地，合掌向佛，而説頌言：

無邊智慧十方聞，大光普照人天界，
一切有情共度量，無有能測於佛智。
十方無量諸菩薩，爲求法故咸來集，
住此悉皆瞻敬佛，而皆渴仰大牟尼。
如來具戒定慧者，端嚴無畏如師子，
慧光如日照虚空，名稱普聞諸佛國。
諸天龍神與士女，并及苾蒭苾蒭尼，
皆悉合掌而恭敬，願佛哀愍爲説法。
過現未來可度者，决定了知是法器，
如來善達諸有情，惟願演説除疑惑。
云何修行諸佛子，獲得淨刹離塵垢？
云何成就於大願？如來爲我廣宣説。
云何不染於慳悋？云何不壞於尸羅？
云何凌辱而能度？毁駡誹謗皆堪忍？
云何勇猛勤精進，修行無倦俱胝劫？
無量苦惱諸有情，悉令獲得大安樂？
云何專注常等引，住三摩地清淨心？
而能不染於諸境，猶如蓮華不著水？
云何能説甚深法，通達出世之智慧？
云何降伏魔羅軍，究竟證於無上覺？

大聖文殊師利菩薩佛刹功德莊嚴經卷上[②]

---

① 土，原作“上”，據《中華藏》校勘《石》《麗》改。

② 卷末尾題後，《中華藏》標有《高麗藏》雕造尾題，此略，下同。

大聖文殊師利菩薩佛刹功德莊嚴經卷中

特進試鴻臚卿大興善寺三藏沙門大廣智不空奉詔譯

尒時如來告慈氏菩薩摩訶薩言:“汝今爲佛嚴辦法座,我當昇已,説往昔意樂所修諸行,善巧出生諸佛刹土功德莊嚴,趣向正行法門。”時慈氏菩薩即作是念:“今者世尊以何義故,令我嚴座?不使阿難陀、大目揵連等?云何棄捨彼諸聲聞、緣覺,將非惟爲清淨諸菩薩説?或彼聲聞、緣覺,於此法門而非器故,爲菩薩故令我敷座?”尒時慈氏菩薩摩訶薩即作神通現行境界,由此通故,化師子座高四萬[①]踰繕那,以無量寶周帀鈿飾,以天妙衣而敷其上,其衣柔軟,而觸之者,獲得安樂,從其座出種種光明,照此三千大千世界。是時如來,從本座起而昇此座,三千大千世界六種振動,有異於常。

尒時世尊告具壽舍利子:“菩薩成就四法,能令所願皆得滿足。云何爲四?一者發趣菩提意樂,二者於諸有情起悲愍心,三者發起精進,四者近善知識。菩薩由成就此四法故,圓滿大願。

“復次,舍利子,菩薩成就一法,不退大願,淨刹成就。云何一法是菩薩應當學?不動如來爲菩薩時,本所修行發弘誓願言:‘我當所在生處,若不出家,則爲欺誑十方諸佛世尊。’如是,舍利子,是諸菩薩應隨順學,若佛出世若不出世,一切生處皆悉決定,捨家趣於非家。何以故?而諸菩薩最勝利益者,所謂出家。舍利子,菩薩摩訶薩樂出家者則能攝取十種功德。云何爲十?一者不著諸欲,二者樂阿蘭若,三者行佛所行,四者不著妻子貪愛財利,五者離惡趣行法,六者習善趣行法,七者而能獲得善根成就,八者積集善根而不退失,九者恒爲諸天之所歎美,十者常爲非人之所擁護。舍利子,樂出家者,則能攝取如是十種功德。是故,舍利子,菩薩摩訶薩欲求正覺者、欲解脱有情者,是故常樂出家。是故[②],舍利子,是名一法獲得成就,不退大願,得隨意樂清淨佛刹。

“復次,舍利子,菩薩成就二法,不退大願,隨其意樂清[③]淨佛刹土。云何爲二?所謂菩薩不樂求聲聞,不樂求聲聞乘,不愛樂聲聞乘[④]所説法,不樂親近聲聞乘者,不學聲聞律儀戒,不樂宣説共聲聞乘相應之法,亦不勸他行聲聞乘;於緣覺乘亦復如

① 萬,原作“方”,據《中華藏》校勘《石》《麗》改。

② 是故,《中華藏》校勘《石》《麗》作“如是”。

③ 清,《中華藏》校勘《石》《麗》無。

④ 乘,《中華藏》校勘《石》《麗》無。

是。惟爲勸發有情成就最上阿耨多羅三藐三菩提。是名爲二。舍利子,若有勸他趣入佛乘,而此菩薩則能攝取十種功德。云何爲十?一者攝取無聲聞、緣覺佛刹土,二者得純一清淨大菩薩衆,三者諸佛世尊之所護念,四者常爲諸佛稱名讚歎而爲説法,五者於一切事生廣大心,六者若生天上當作帝釋或梵天王,七者若生人中作轉輪聖王,八者常見諸佛世尊而不遠離,九者常爲諸天人之所愛樂,十者獲得不壞眷屬及無量福聚。何以故?舍利子,若有能令三千大千世界諸有情類,一切皆得阿羅漢果或緣覺地。若復[1]能置一有情於佛菩提,此之功德甚多於彼。何以故?舍利子,若聲聞、緣覺出現於世,則不能令佛種不斷。若佛如來不出於世,亦無聲聞及以緣覺。舍利子,以佛世尊出現於世,是故能令佛種不斷,則有聲聞、緣覺施設。舍利子,由此勸他住菩提心,獲得如是十種功德,不退大願,得隨意樂清淨佛刹。

"復次,舍利子,菩薩成就三法,不退大願,攝取佛刹功德莊嚴。云何爲三?一者尊重住阿蘭若,二者無所悕望而行法施,三者安住淨戒律儀。舍利子,菩薩安住淨戒律儀,即能獲得十種無畏。云何爲十?一者入聚落無畏,二者衆中説法無畏,三者飲食[2]無畏,四者出聚落無畏,五者入寺無畏,六者入僧衆無畏,七者安坐無畏,八者詣和尚阿闍梨無畏,九者教誡大衆住慈心無畏,十者受用衣服、飲食、卧具、醫藥資緣之具無畏。舍利子,所謂安住淨戒律儀,獲得如是十種無畏。又,舍利子,菩薩説法心不悕望,復能攝取十種功德。云何爲十?一者不爲多欲,二者不求佗人識知,三者不求名稱,四者於施主家心不繫著,五者不占恡貴族門徒,六者於麤於細而生知足,七者諸天來詣不生憍慢,八者而不退於觀佛作意,九者所説言教爲佗信受,十者起念佛心。舍利子,菩薩法施心不悕望,獲得如是十種功德。又,舍利子,菩薩尊敬住阿蘭若,復能成就十種功德。云何爲十?一者遠離無益談話,二者樂於寂静,三者心緣定境,四者不營諸務,五者愛敬諸佛,六者不捨禪定喜樂,七者修梵行時無有障礙,八者少加功用證三摩地,九者所受教法名句文身未曾忘失,十者所聞法義皆悉了知。舍利子,菩薩尊重住阿蘭若,獲得如是十種功德。若菩薩成就三法,不退大願,得隨所樂淨佛刹土。

"復次,舍利子,菩薩成就四法,不退大願,獲隨所樂淨佛刹土。云何爲四?一者實語如説修行,二者常自謙下、剪除我慢,三者遠離慳嫉,四者見佗榮盛心生歡喜。如是名爲成就四法。又,舍利子,菩薩實語有四種功德。云何爲四?一者口中常出青蓮華香,二者語業清淨、言辭無礙,三者人天之中以爲准繩,四者攝取諸佛圓滿音聲。舍利子,菩薩實語獲得如是四種功德。又,舍利子,菩薩謙下有四種功德。云何

① 復,《中華藏》校勘《石》《麗》作"復有"。

② 飲食,《中華藏》校勘《石》《麗》作"食飲"。

爲四？一者遠離惡趣，不受駝、驢、牛、馬、狗等諸傍生身，二者不被輕毀，三者惡友怨敵不能淩突，四者常爲人天恭敬禮拜。舍利子，是爲菩薩謙下獲得如是四種功德。又，舍利子，菩薩遠離慳嫉有四種功德。云何爲四？一者不忘捨心，二者於飢饉時作大施主，三者常不閉户，四者見律儀者，於施於受不生嫉妬。舍利子，是爲菩薩遠離慳嫉獲得如是四種功德。又，舍利子，菩薩見佗榮盛心生歡喜，有四種功德。云何爲四？一者常起是心，爲彼有情被此甲冑，令彼快樂，彼等既以自福及以己力，獲得財寶而受安樂，而令於我倍生歡喜。二者所有財物，王難、水火、劫賊、惡友無能侵奪。三者隨所生處，財寶、男、女及其眷屬，皆悉具足，帝王歡喜，何況餘人。四者財寶廣大受用無窮。舍利子，是爲菩薩見佗榮盛心生歡喜，獲得如是四種功德。

"復次，舍利子，菩薩成就五法，不退大願，得隨所樂淨佛刹土。云何爲五？一者菩薩爲淨佛刹成就莊嚴而應求法，從彼聞法，應當諮問：'菩薩云何成就如是功德莊嚴？'既得聞，已如説修行，即應求證真如實相。又，舍利子，二者菩薩欲發願生淨佛國土，應當清淨持淨律儀，由律儀淨故，隨其所願決定得生，既得生於淨佛刹已，即應觀察彼土取其相狀，種種莊嚴聲聞、菩薩、大衆受用資具，既得相已，深生恭敬，而爲合掌詣佛問法。又，舍利子，三者菩薩取彼廣大佛刹功德莊嚴，彼佛世尊知①其增上意樂，即便爲説。由佛説故，即能成就廣大佛刹功德莊嚴，彼聞法已如説修行。又，舍利子，四者菩薩於事於智而令清淨，遠離非法。云何事？云何智？於能緣、所緣，遠離聲聞、緣覺智故，名之爲智。謂所聞法皆當修行，名之爲事。又，舍利子，五者菩薩知佛自性，知刹土自性。云何佛自性？云何刹土自性？佛及刹土唯有其名，知其名清淨，如是知故不生執著。如是，舍利子，是爲菩薩成就五法，不退大願，獲隨意樂清淨佛刹。

"復次，舍利子，菩薩成就六法，速得阿耨多羅三藐三菩提，超越一切世間最淨佛刹。云何爲六？一者此菩薩爲大施主而行捨施，所有愛樂戀著珍玩物等而生媿恥，悉能捨施，踊躍歡喜，作是思惟：'我行大施圓滿大乘，我當滿足無上菩提。'又作是念：'不應以斯少分而能獲得無上正覺。'如是思惟已，所有榮盛盡皆捨施，乃至身命應當捨施，況餘財産妻子男女而不施邪？何以故？舍利子，薩婆若者謂何句義？舍利子，菩薩摩訶薩行菩薩行時，於自所有一切皆捨，以是義故，獲得菩提名一切智。

"又，舍利子，二者在家菩薩、出家菩薩，若安住淨戒律儀，設爲活命終不毁犯淨戒學處所持律儀，要期功德迴向一切有情，成阿耨多羅三藐三菩提，生大歡喜。我是持戒者，於淨戒律儀深生愛樂，晝夜專修梵行安樂，即佛法現前，與理相應得實相觀，住實相觀故得甚深忍，證深忍故即得正見，由正見故則正修行，由住正修行故猒惡三

① 知，原作"如"，據《中華藏》校勘《石》改。

界，由猒三界故便生怖畏，由怖畏故即求出離，由懷出離見故作是念言：‘我既有如是苦惱，一切有情亦應如是，我應爲彼有情荷茲重擔，令彼獲得究竟安樂。’作於如是觀察之時，即得大悲，既住大悲，發大精進，猶如救於頭衣之然，不捨精進，即能獲得薩婆若智。

“又，舍利子，三者菩薩應被忍辱甲冑，離於憍慢，得大忍力，若遇罵辱[①]及捶打時，忍辱成就不生瞋恨。作是思惟：‘假使有棒如蘇迷盧山，有人執持而見捶打，盡俱胝劫常見惡罵，而我不應起瞋恨心。何以故？彼諸有情未隨佛學，而我欲於佛菩薩學。是故若彼所有打罵便能增長尒所大悲。我當爲彼有情被弘誓甲冑，攝取有情令得解脱，離於生死入於涅槃，是故我今不應瞋恨。’若被如是忍辱甲冑，即能獲得十種成就。云何爲十？一者族姓成就，二者財産成就，三者眷屬成就，四者色相成就，五者捨施成就，六者善友成就，七者得聞正法成就，八者如説修行成就，九者臨命終時得見諸佛承事成就，十者既見佛已生淨信心成就。舍利子，是爲菩薩十種成就。

“又，舍利子，四者菩薩發大精進堅固，要期成就善法，被於如是精進甲冑。作是思惟：‘爲一切[②]有情盡未來際，於生死中次第修行諸精進行而不疲倦，以善要期。爲一切有情，於尒所劫流轉生死，發是精進不捨有情。’舍利子，若有菩薩以十方各如殑伽沙數世界滿中七寶，於念念中奉上如來，如是相續盡未來際。若有菩薩内懷增上意樂，住大悲心，以如是心被精進甲冑，而此功德復多於彼。舍利子，菩薩具此精進得十種功德。云何爲十？一者離凡愚行，二者攝取佛行，三者於生死中作過患想，四者由此攝取大悲，五者不退往昔本願，六者少諸疾病，七者不違越三世諸如來故，八者薄婬怒癡，九者隨其所聞於名句文皆悉通達，十者修行成就。舍利子，發精進者獲得如是十種功德。

“又，舍利子，五者菩薩憶念諸佛世尊，由此心得專注觀於如來，常恒得定靜念成就。作是思惟：‘我應行如來行，若心散動、失念，則不能得殊勝之處所謂佛智，是故應當捨離心所攝受一切之物，亦捨一切利養、恭敬、聚落城邑、飲食資生及諸親友，爲欲利益諸有情故不捨有情，樂阿蘭若住寂静處，獨行無侶如犀一角。’住阿蘭若寂静處已，起大慈心，初徧一方二三四方乃至十方，普徧有情住於慈心，住已則得名爲住禪那者。舍利子，若有菩薩以一切樂具於殑伽沙劫供養一切殑伽沙諸佛及苾蒭僧并諸眷屬，若有出家菩薩求於寂静，往阿蘭若而行七步，如此福德甚多於彼。何以故？以能速得大菩提故。舍利子，樂於寂静住禪那者，則能獲得十種功德。云何爲十？一者得念，二者得慧，三者得正修行，四者堅志勇猛，五者得迅疾辯，六者得陀羅尼，

① 辱，《中華藏》校勘《石》作“毁”。

② 切，《中華藏》校勘《石》《麗》作“一”。

七者於生於死而得善巧，八者於戒、蘊等處而不動摇，九者諸天奉事，十者於佗榮盛而不貪羡。舍利子，樂於寂静住禪那者，獲得如是十種功德。

“又，舍利子，六者菩薩善應了知慧所流出而作是念：‘慧從何生？謂從淨戒律儀處生，而是慧者能令一切白法增長。’是故菩薩應學一切世間智慧、工巧、呪術、醫方，難作難成悉皆徧學。如是學已，復作是念：‘而今此慧，不能證入離欲寂滅，亦復不能趣向神通及以正覺，非向沙門、非婆羅門，非向涅槃，是故我今應更徧求法藥、工巧，以如是慧令我得彼究竟寂滅。’而彼菩薩求諸法本，不見少法能起於法，以不見故住於寂滅，住寂滅故則無熱惱，無熱惱故了知生死，爲於有情而作利益，令諸有情滅除衆苦。舍利子，是爲菩薩成就六法，不退大願，得隨意樂淨佛刹土。

“復次，舍利子，菩薩成就七法，不退大願，得隨所樂淨佛刹土。云何爲七？一者自己所有一切皆捨、所捨不可得故，二者於戒不缺不思惟戒故，三者忍辱柔和有情不可得故，四者發起精進於身口意不可得故，五者成就静慮不住静慮故，六者智慧圓滿無分别故，七者隨念諸佛遠離相故。舍利子，菩薩如是成就七法，不退大願，獲得一切淨佛刹土種種莊嚴。

“復次，舍利子，菩薩成就八法，不退大願，得隨所樂淨佛刹土。云何爲八？一者心不嫉妬，二者施莊嚴具，三者其心廣大，四者尊敬法師，五者不行邪命，六者平等惠施，七者不自矜高，八者不輕蔑佗。舍利子，是爲菩薩成就八法，不退大願，得隨意樂淨佛刹土。

“復次，舍利子，菩薩成就九法，不退大願，得隨所樂淨佛刹土。云何爲九？一者具身律儀，二者具語律儀，三者具意律儀，四者令貪欲衰謝，五者令瞋恚衰謝，六者令愚癡衰謝，七者不行欺誑，八者爲堅固善友，九者不輕慢善友。舍利子，菩薩如是成就九法，不退大願，得隨意樂淨佛刹土。

“復次，舍利子，菩薩成就十法，不退大願，得隨意樂淨佛刹土。云何爲十？一者菩薩執持妙華，詣如來所或窣堵波興供養時，作是願言：‘如此妙華色香殊勝，見者欣悦。我成佛時，令我刹中種種妙華徧布其地，及衆寶樹周帀莊嚴，乃至燒香、末香、塗香、衣服、飲食、寶蓋、幢幡、金銀、瑠璃、真珠、車渠、珊瑚等寶用奉獻時，亦應如是迴向佛刹功德莊嚴。’菩薩應當住淨律儀，若住戒者，隨心所願皆得成就。復次，舍利子，二者菩薩觀察自受樂時，作是願言：‘兼佗同受如是之樂。’是故菩薩成正覺時，其佛刹中所是有情，悉皆具足一向安樂。復次，舍利子，三者菩薩不於佗發不喜悦言詞，常出善巧語言，作如是願：‘得菩提時，我佛刹中勿令有情聞不悦聲，常使得聞悦意之聲。’復次，舍利子，四者菩薩常勸有情修十善道，所有善根共諸有情迴向薩婆若智：‘得菩提時，我佛刹中悉令成就十善業道。’復次，舍利子，五者菩薩隨所至方眼所見者，有情男女童男童女，一切皆勸令修無上正等菩提，終不讚揚二乘果故，是故菩薩得菩提時,彼佛刹中所生有情,一切皆悉發於無上菩提之心,遠離聲聞緣覺之意,獲得如是清淨刹土,諸菩薩衆充滿其中。復次,舍利子,六者菩薩於佗利養終不遮斷,見佗得利常生歡喜。是故菩薩得菩提時,彼佛刹中所是有情受用資具恒無斷絶,獲得如是大法光明。復次,舍利子,七者菩薩若見苾蒭、苾蒭尼有犯過者終不發揚,但自安住正法之中。是故菩薩得菩提時,彼佛刹中一切無有過失之聲。何以故?以彼大衆皆得清淨無過失法故。復次,舍利子,八者菩薩樂法求法不生熱惱,凡所聞法正住修行。得菩提時,彼佛刹中有情樂法皆無熱惱,如所聞法隨順修行。復次,舍利子,九者菩薩以商佉、鼓角、弦管種種音樂,奉獻如來窣堵波時,以此善根迴向成就佛刹莊嚴。是故菩薩得菩提時,彼佛刹中百千音樂不鼓自鳴。復次,舍利子,十者菩薩若見失念有情,作是願言:'令得正念。'是故菩薩得菩提時,彼佛刹中一切有情得禪悦食。舍利子,如是佛刹具足功德,設使如來辯才,或於一劫或過一劫,説不能盡。舍利子,然我今者隨諸菩薩之所樂欲,如是略説,令增上意樂者聞已趣向,當獲圓滿佛刹功德。

"復次,舍利子,菩薩成就三法,速得無上正等菩提,所求佛刹皆得成就。云何三法?一者住不放逸,二者如所聞法起正修行,三者發殊勝大願。舍利子,若菩薩成就此三法者,速證無上正等菩提,隨其所樂淨佛刹土皆得圓滿。"

尒時具壽舍利子白佛言:"世尊,希有!如來善説此法。世尊,由住不放逸故,獲得一切菩提分法,住正修行故得大菩提,以大願殊勝故成就佛刹。"佛告舍利子:"如是,如是,如汝所説,由不放逸故得菩提分法,由住正修行故得大菩提,由發殊勝大願故得淨佛刹圓滿莊嚴。舍利子,如我往昔依勝願故,成如是刹。舍利子,我由住不放逸故滿其大願,由正修行故得大菩提。舍利子,若但言説而不修行,尚不能至聲聞之地,何況能得無上菩提?是故,舍利子,菩薩應當要期真實,如説修行,於諸學處應如是學。"

尒時會中四萬菩薩,從座而起,合掌向佛,異口同聲白言:"世尊,如佛所説,菩薩學處我當隨學,住不放逸成就修行,滿其大願嚴淨佛刹。如是之行我當行之,若諸菩薩隨其所願,我當滿足。"尒時世尊熙怡微笑,時舍利子白佛言:"世尊,以何因緣現此微笑?"佛告舍利子:"汝見此諸善男子作師子吼不?"舍利子言:"唯然已見。"佛言:"舍利子,此諸善男子過百千劫,各於異刹得阿耨多羅三藐三菩提,同號願莊嚴,亦如當來師子佛等,其國清淨與無量壽如來刹土不增不減,唯除壽量。"舍利子言:"彼諸如來壽量幾何?"佛言:"彼一一佛皆壽十劫。"

尒時師子勇猛雷音菩薩,即從座起,偏袒右肩,右膝著地,合掌向佛,白言:"世尊,是文殊師利童真菩薩,諸佛如來常所稱讚,是文殊師利久如當得無上菩提?所得佛刹當復云何?"佛告師子勇猛雷音菩薩摩訶薩言:"善男子,汝當自問文殊師利童真菩薩。”師子勇猛雷音菩薩問文殊師利言：“汝於何時當得阿耨多羅三藐三菩提？”答言：“善男子，汝何不問我云何住於無上菩提？而乃問我成菩提也，何以故？我於菩提尚猶不住，云何令我證菩提邪？菩提之法不住不證，而我云何有所證住？”師子勇猛言：“文殊師利，汝豈不爲利一切有情證菩提邪？”答言：“不也，善男子，何以故？有情不可得故。若有情可得，我當爲彼有情證於菩提而住菩提。有情壽命及補特伽羅皆無所有，是故我今不住菩提亦不退轉。”

師子勇猛言：“文殊師利，汝豈不住於佛法邪？”“不也，善男子，一切諸法住於佛法，凡所有法無漏無際無相無形，是故佛住於如，如佛所住，一切諸法亦復如是。”師子勇猛復言：“善男子，今汝所言，我不住於佛法。我今當問如是之義，應當忍許而爲我説。”答言：“善男子，於意云何？爲色求菩提邪？爲色本性、爲色如如、爲色自性、爲色空性、爲色遠離、爲色法性求菩提邪？善男子，於意云何？若色是菩提，色豈證菩提邪？色本性、色如如、色自性、色空性、色遠離、色法性證菩提邪？”答言：“不也，文殊師利，色不求菩提，菩提無色、本性無色、如如無色、自性無色、空性無色、遠離無色、法性無色而證菩提，乃至廣説色法性亦不證菩提。”文殊師利言：“善男子，於意云何？受、想、行、識求菩提邪？善男子，受、想、行、識證菩提邪？乃至識法性證菩提邪？”答言：“不也，文殊師利，受、想、行、識不求菩提、不證菩提，乃至識法性，不求菩提、不證菩提。”文殊師利言：“善男子，於意云何？離於五蘊，有我、我所施設邪？”答言：“不也。”

文殊師利言：“善男子，云何二法而證菩提？”師子勇猛言：“文殊師利，初發心菩薩聞如是語，對文殊師利皆生驚怖，以文殊師利此語便爲定量。此諸菩薩而作是言：‘我不求菩提、不證菩提。’”文殊師利言：“善男子，一切諸法無有驚怖，於實際中亦無驚怖，佛爲無驚怖者而演説法，若驚怖者彼則生猒，若生猒者彼則離欲，若離欲者彼則解脱，若解脱者則無菩提，若無菩提是則不著，彼若無著是則[①]無去，若無有去是則無來，若無有來則無願求，若無願求則無所求，若無所求則不退轉，若不退轉，從何而退？從我執退邪？從有情壽命及補特伽羅若斷、若常取相分别而生退邪？彼若退轉，無退轉者云何而退？從空性、無相、無願、實際及諸佛法退邪？從何佛法而退轉邪？謂不離佛法不究竟佛法，無所觀，無所出入，無所行亦無表示，唯有其名，空，無生無滅，無去無來，遠離清淨雜染，無塵離塵，不平不等，遠離作意，無盡無執著，無等無非等，是爲佛法。善男子，所有佛法此法無法，何以故？其處不可得故。若如是佛法生者。善男子，新發意菩薩聞此説已，必[②]生驚怖，速證菩提，若不驚怖，不證菩

① 是則，《中華藏》校勘《石》作“則是”。

② 必，《中華藏》校勘《石》《麗》作“心”。

提。”師子勇猛言:“文殊師利,云何如是密意而説?”答言:“善男子,若驚怖、若分别,彼等咸皆證於菩提,如是發心、若不發心,爲於正覺所來之者,皆證菩提。復次,不發心者彼不得菩提,亦不思惟,彼菩提心實無所得,亦不分别,若不分别不證正覺。以何因緣不證正覺? 彼不得菩提,亦不證菩提。何以故? 善男子,虚空界豈證菩提邪?”答言:“不也。”文殊師利言:“善男子,如來豈不説一切法同虚空邪?”答言:“如是,如是,文殊師利,言如虚空,菩提亦尒,如菩提,虚空亦然,虚空、菩提無二無别。若菩薩知此平等,則無所知,亦無不知。”説此法時,一萬四千苾芻盡諸有漏心得解脱。十二那庾多苾芻遠塵離垢,於諸法中得法眼淨。九萬六千有情,昔未曾發無上菩提之心,今皆已發,五萬菩薩得無生法忍。

尒時師子勇猛雷音菩薩白文殊師利言:“汝發無上菩提心來,爲幾時邪?”文殊師利言:“止,善男子,莫於無生法中而起分别。善男子,若有作如是言:‘我發菩提心,我爲菩提行行[①]。’彼等是大邪見者。善男子,我不見彼心爲菩提發故,我以心不可見故,是故不爲菩提發心。”

師子勇猛言:“文殊師利,是何句義?”文殊師利言:“善男子,若無所見是名平等,如向所説。”師子勇猛言:“文殊師利,云何名爲平等?”“善男子,平等者無種種相,由此平等説一切法一味,一味者説一性,説一性者寂静性,則無雜染亦無清淨。如是説法,不斷不常、不生不滅、無我無攝受、不取不捨,如是説法,説已無所思亦無所分别。善男子,於此平等法中起修行智名爲平等。復次,善男子,菩薩入於如是法性,不見異不見一,名爲平等。其平等者離不平等,於不平等中及以平等,本來清淨。”

尒時師子勇猛雷音菩薩白佛言:“世尊,今文殊師利不肯自説我於無上菩提發心遠近,大衆皆欲樂聞。”佛言:“善男子,文殊師利是甚深忍者,乃至甚深忍亦不可得,菩提不可得,心亦不可得,以心不可得故,是故不説發心遠近。善男子,汝應善聽,我今當説。文殊師利童真菩薩,久已發於無上菩提之心。善男子,過去久遠過七十萬阿僧企邪百千殑伽沙劫,彼時有佛,號雷音如來、應、正等覺、明行足、善逝、世間解、無上士、調御丈夫、天人師、佛、世尊出現于世。在於東方去此過七十二那庾多佛刹,有世界名無生,彼雷音如來於中説法,諸聲聞衆有八十四俱胝那庾多,諸菩薩衆二倍過前。善男子,彼時有王名曰虚空,七寶具足,王四天下,正法理化爲法輪王。善男子,彼虚空王,於雷音如來會中,八萬四千歲以種種樂具、衣服、飲食、宫殿、臺觀、僮僕、給侍,一一殊妙恭敬供養承事雷音如來及諸菩薩聲聞大衆,其王親族、中宫婇女、王子大臣唯務供養餘無所作,雖經多歲初無疲倦。過八萬四千歲後,其王是時獨居無侣,作是思惟:‘我已積集無量善根,我今迴向如是善根欲求何願? 爲求帝釋? 爲

① 行,《中華藏》校勘《麗》無。

梵王邪？爲轉輪聖王邪？爲求聲聞邪、緣覺邪？'善男子，彼虛空王作是念已，空中諸天告言：'大王，止！止！勿起如是下劣之心。何以故？王之所集福聚甚多，大王應發無上菩提之心。'

"善男子，時虛空王聞是語已，歡喜念言：'我今於此决定不退。何以故？天知我心而來告我。'善男子，尒時虛空王即與八十俱胝那庾多百千有情，往詣雷音如來所，頂禮雙足，右遶七帀，退坐一面。又，善男子，彼虛空王向雷音如來合掌，説伽佗曰：

我問最勝法，惟願人尊説。
云何得最勝，丈夫人中尊？
對於世尊前，我以廣供養，
以心無所依，未曾發迴向。
獨處生是念，一緣繫此心：
已作廣大福，云何而迴向？
爲求於釋梵，及以轉輪王，
爲求於聲聞，并及於緣覺？
心中作是念。諸天告我言：
若發下劣心，其福當損壞，
大王發勝願，作諸有情利，
爲度世間故，應發菩提心。
我問於徧覺，諸法自在者，
云何發是心，成於等正覺？
以何獲此處？爲我而顯示，
應發菩提念，等同於牟尼。
從空聞是語，故白於如來：
大王汝當知，我今次第説。
諸法屬因緣，樂欲爲根本，
如彼所希願，獲果亦如是。
我昔於過去，亦曾發是[①]心，
利益諸有情，發如是勝願，
由彼勝願故，而獲殊勝果，
我證大菩提，滿足勝希願。
大王應勇猛，當發如是心，

① 是，《中華藏》校勘《麗》作"此"。

而行此妙行，汝必成正覺。
從佛聞是語，其王大歡喜，
而作師子吼，世間皆振動。
乃至本初際，及盡生死邊，
利益諸有情，我行無邊行。
對於大衆前，我發菩提心，
誓度諸群生，皆離於衆苦。
願從今已後，若我有染行[①]，
瞋恚嫉妬心，并我慢貪愛，
是欺誑十方，及現在諸佛。
從此而已後，乃至證菩提，
誓行於梵行，我捨貪欲罪，
隨佛而修學，淨戒柔和忍，
不以忽遽心，速求成正覺。
我盡未來際，於一一有情，
淨於佛刹土，無量不思議，
稱揚彼名號，普聞十方國，
我今自授記，成佛不應疑。
對於導師前，我淨於意業，
及淨於身業，乃至於語業，
悉皆令清淨，不應起不善。
以我真實行，得佛刹世間。
由斯誠實言，地當六種動，
我若不實語，四大互遷易。
以言誠實故，當有諸音樂，
空中而自奏。以我實無矯，
亦無諸結使，以斯誠實故，
願雨天妙華。由説不妄語，
真實警覺故，於十方無量，
俱胝刹震動。刹那於虚空，
俱胝音樂奏，雨妙曼陀華，

① 行，《中華藏》校勘《石》《麗》作“汙”。

高七迷盧山。二十俱胝人，
隨彼王而學，皆出微妙音：
我等當成佛。如二十俱胝，
一切人亦尒，學王求正覺。

“善男子，彼時虛空王者莫作異觀，今文殊師利童真菩薩是也，童真菩薩當彼之時爲虛空王，過七十萬阿僧企邪百千殑伽沙劫最初發於菩提之心，又過六十殑伽沙劫得無生法忍，從此已後滿足十地具足十力，亦滿一切如來之地，亦滿足一切佛法，亦不曾於一念起如是心：‘我證無上正等菩提。’

“復次，善男子，彼時二十俱胝人同與彼王於雷音如來所發菩提心者，皆已證於無上菩提、轉不退法輪，爲阿僧祇有情而作佛事，作佛事已，以佛涅槃而般涅槃。彼等皆是文殊師利之所勸發，於施戒忍進定及慧悉皆次第承事，彼等諸佛所有教法皆悉護持。餘有一佛在此下方，過四十殑伽沙佛土世界名地，佛號地天，壽命無量，今見住世，有無量聲聞之所圍遶。”

説此文殊師利往昔事，時衆中七千有情皆發無上正等大菩提心。

大聖文殊師利菩薩佛刹功德莊嚴經卷中

大聖文殊師利菩薩佛刹功德莊嚴經卷下

特進試鴻臚卿大興善寺三藏沙門大廣智不空奉詔譯

尒時師子勇猛雷音菩薩白文殊師利言：“仁者已滿足如來十力及以十地，一切佛法悉皆圓滿，何故不證無上菩提？”文殊師利言：“善男子，豈有圓滿諸佛法已，更證菩提？何以故？已圓滿故，更何所證。”師子勇猛復言：“文殊師利，云何圓滿諸佛法邪？”答言：“真如圓滿，由真如圓滿故，一切佛法圓滿。由一切佛法圓滿故，虛空圓滿。虛空、真如、一切佛法無二無別。復次，善男子，如汝所言佛法圓滿，佛法圓滿者，色圓滿，受、想、行、識圓滿。佛法圓滿，亦復如是。”

師子勇猛言：“文殊師利，云何色圓滿？云何受、想、行、識圓滿？”文殊師利言：“善男子，汝所見色是常邪？爲無常邪？”答言：“不也。”文殊師利言：“善男子，若法不增不減是名圓滿，以何因緣知法圓滿？轉如是智則生分別智，若不轉則不分別，亦無所分別，亦不增不減，若不增不減則名平等。是故，善男子，若見色平等者則是色圓滿，若見受、想、行、識平等者則是受、想、行、識圓滿。”

尒時師子勇猛雷音菩薩，白文殊師利言：“汝久已得甚深忍而不起心作如是解：‘我證菩提’，今文殊師利豈不欲覺悟有情而勸發邪？”答言：“善男子，我不曾覺悟有情及以勸發。何以故？有情無所有故，有情遠離故，有情無所得故。若菩提可得，是則覺悟有情而有勸發。善男子，我及菩提、有情俱不可得，是故我覺悟有情勸發平等，不令求於無上菩提亦不退轉。何以故？無所分别，性平等故。了知於行無來無去，名爲平等亦名空性句。空性句者則無所求。善男子，若如是者，云何言久而獲得忍？既無所得，我豈有心證菩提邪？善男子，汝見心與智得邪？”答言：“不也。”文殊師利言：“其心非色，無名，乃至菩提以名施設，是菩提及心亦不空，名亦不空。”

師子勇猛言：“善男子，莫作如是密意而説。”文殊師利言：“心無所生，我云何得菩提邪？心既不生，云何爲現證邪？”師子勇猛言：“云何名現證？”文殊師利言：“善男子，隨覺一切法思惟平等，名爲現證。作是隨覺，無少起想，亦不滅想，名爲現證。如是真如、非真如不起分别，名爲現證。若住正見，於法平等，無所得故，以無所得，不作一、不作異、不思一、不思異，名爲現證。若於身證一相，知一切法所謂無相，若知一切法無相者，不於身心而有染著，名現證得。”“云何名得？”文殊師利言：“善男子，無所行句是名爲得，無所行者不於三界中行，三界言説所不能説。何以故？正法無阿賴邪，亦無所行故，不能言説。復次，善男子，無聲言説，亦無法可得，以無所得，是故名得。”

尒時師子勇猛雷音菩薩白佛言：“世尊，善哉！願説文殊師利童真菩薩所得佛刹。”佛言：“善男子，汝當自問文殊師利童真菩薩。”時師子勇猛雷音菩薩摩訶薩白文殊師利言：“云何是仁者佛刹莊嚴？”答言：“善男子，若樂菩提者汝可當問。”師子勇猛言：“汝豈不樂菩提邪？”文殊師利言：“不也，善男子，若有樂求則有猒離，若有猒離則有貪愛，若有貪愛則無出離。善男子，我爲是故而不忻樂，亦無猒離。復次，善男子，汝言云何成就佛刹莊嚴，我不能自讚。何以故？對於如來一切智前，説自佛刹功德莊嚴，即爲菩薩自讚己德。”

佛告文殊師利：“汝可當説自願佛刹功德莊嚴。何以故？令諸菩薩從汝聞已，決定成滿此之願故。”文殊師利言：“我不敢違於如來教命，承佛威力，我今説之。”

尒時文殊師利童真菩薩從座而起，偏袒右肩，右膝著地，向佛作禮，而白佛言：“世尊，我今當説，若有求菩提善男子、善女人應當諦聽，若得聞已，令其滿足真實之行由。”文殊師利右膝著地之時，於刹那閒十方大地殑伽沙數諸佛世界六種震動。文殊師利白佛言：“我願若不於無量俱胝那庾多百千劫積集菩提，我終不證無上正覺。世尊，我以無礙天眼見於十方乃至無量無邊世界所有諸佛。世尊，若非是我勸發無上菩提之心，修菩提行，勸學施、戒、忍、進、禪、慧，令彼成就六波羅蜜。我既勸已教授教誡，悉令滿足無上正覺。世尊，彼時我以無礙天眼，觀察十方作佛事已，然後我證無上菩提。”

尒時衆中或有菩薩作是念言：“云何文殊師利童真菩薩見如是等諸佛世尊？”

是時如來知諸菩薩作是思惟，告師子勇猛雷音菩薩言："善男子，譬如有一丈夫，以此三千大千世界，碎如微塵。於意云何？彼微塵若筭師、筭師弟子，筭知其數是百、是千、是俱胝那庾多百千不？""不也，世尊。"佛言："善男子，如是文殊師利童真菩薩以無礙天眼觀察十方，一一世界見於如是無量無數諸佛世尊。"

尒時文殊師利又白佛言："世尊，我有如是願：'以殑伽沙數廣大世界成一佛刹，其佛刹中牆壁高大，至于有頂無量百千衆寶莊嚴，復以無量妙寶閒錯鈿飾，若不尒者，我終不證無上菩提。'復次，世尊，我復有願：'令我刹中菩提之樹，其量正等萬大千界，彼樹光明徧照一切諸佛刹土。'復次，世尊，我復有願：'坐菩提樹已，於其中夜成等正覺，乃至般涅槃夜，於其中閒不起于座，但以化身徧於十方無量無數俱胝那庾多諸佛刹土，爲諸有情而演説法。'復次，世尊，我復有願：'令我刹中無有聲聞、緣覺之名，唯有清淨大菩薩衆，離一切過及諸惑等，皆是清淨梵行之者滿此佛刹。其佛刹中無女人名，一切菩薩唯是化生，悉披袈裟，結跏趺坐，如是菩薩充滿其國，唯除如來之所變化往詣十方，爲諸有情，隨其意樂説三乘法。'"

尒時師子勇猛雷音菩薩白佛言："世尊，文殊師利當來成佛，名字何等？"佛言："善男子，此文殊師利成佛之時，名爲普見。善男子，以何因緣稱彼如來号爲普見？善男子，普見如來，普使十方無量阿僧祇俱胝那庾多百千世界中普令見故，名爲普見。彼諸有情見彼佛者，决定當得無上菩提。普見如來雖未成佛，若我現在及滅度後，有聞其名，亦皆决定當得阿耨多羅三藐三菩提，唯除已入聲聞、尼夜摩位及下劣勝解之者。"

復次文殊師利白佛言："世尊，我復有願：'如無量壽如來刹中以法喜爲食，而我佛[①]刹中菩薩初生起食想時，即便百味飲食盈滿於鉢，在右手中。'尋作是念：'若未供養十方諸佛及施貧窮、苦惱有情并餓鬼趣，於其千歲，乃至不得涕唾食者，若不惠施令其飽足，我終不食。'於刹那頃，獲五神通，有大威德，乘空無礙，如風不著，即往十方無量無數諸佛刹中，以食供獻諸佛世尊并聲聞衆，及施貧匱苦惱有情并餓鬼趣，令其充飽，離乎飢渴，即爲説法。既説法已，於刹那頃還至本土。

"復次，世尊，我復有願：'得菩提已，於我刹中，若諸菩薩初生之時，所須衣服隨其意念。'即於手中而出清淨沙門所宜衣服。是衣出已，便作是念：'若不以此寶衣先當供獻十方諸佛，而我不應便自受用。'纔發是念，即時往詣無數世界，以此寶衣奉獻諸佛，還復本處，然自披擐。

"復次，世尊，於我刹中諸菩薩衆所有受用之具，先皆奉獻諸佛世尊并聲聞衆，然自受用。又我刹中遠離八難及不善聲，願於我刹中遠離衆苦，無有毁犯淨戒律儀，於

① 佛，《中華藏》校勘《石》《麗》無。

色、聲、香、味、觸無不悦意。”

尒時師子勇猛雷音菩薩白佛言:“世尊,而彼世界名号何等?普見如來成佛出現,復在何處?”佛言:“善男子,彼佛世界名如願圓滿積集離塵清淨,其佛刹土在此南方,娑訶世界亦在其中。”

復次,文殊師利童真菩薩白佛言:“我復有願:‘於我刹中積集無量百千衆寶,無量摩尼互相影現,所有大寶十方刹土之所難得亦未曾見,彼所積集摩尼寶等所有名号,於百千俱胝歳説不能盡。’世尊,彼世界中菩薩,樂見彼刹而爲金者即現於金,樂見銀者即現於銀,然於見金未曾損減,樂見吠瑠璃、頗胝迦、赤珠、碼碯、牟薩羅寶、無量諸寶,各隨所樂見種種相,并及彼沈水香、多蘗羅香、多摩羅跋香、龍腦香、栴檀香,各隨所欲悉皆得見,非彼世界寶相變異。彼佛刹中不假日月星宿、摩尼火光之所照見,皆從菩提樹自然出光而作照明。彼諸菩薩意所欲樂,以此光明照彼俱胝那庾多百千世界無有晝夜,以華開合辯其晝夜,隨諸菩薩所樂時節即皆應之,亦無寒暑及老病死。若諸菩薩隨其所樂欲證菩提,即往餘刹,於覩史多天壽盡降生而成正覺。於彼佛刹空中常奏俱胝那庾多百千種樂,雖不現相而聞其聲,於彼樂中無有貪染相應之聲,唯出諸波羅蜜聲、佛聲、法聲、僧聲,諸菩薩藏法教之聲,悉皆得聞。彼中菩薩渴仰於佛,隨所詣處經行坐立,應念即見普見如來應正等覺坐菩提樹。若諸菩薩於法有疑,但見彼佛,不待解説,疑網皆斷,解了法義。”

尒時會中無量俱胝那庾多百千諸菩薩衆,異口同音而説是言:“今此世尊名義相稱,所謂名號普見如來,若有得聞其名號者,快哉獲得殊勝之利,何況得生彼佛刹中。若有得聞如是授記所説法要及聞文殊師利童真菩薩名號,經於耳者,是則名爲面見諸佛。”

説是語已,尒時世尊告諸菩薩言:“如是,如是,如汝所説。善男子,若有受持俱胝那庾多百千如來名號,若復有稱文殊師利童真菩薩名者,福多於彼,何況稱於普見佛名。何以故?彼俱胝那庾多百千如來利益有情,不及文殊師利於一劫中所作利益。”尒時,俱胝那庾多百千天、龍、藥叉、健達嚩、阿蘇羅、蘗路荼、緊那羅、摩呼羅伽、人、非人等同聲唱言:“那謨文殊師利童真菩薩,那謨普見如來應正等覺。”衆多天龍説是語已,八十俱胝那庾多百千有情發無上正等大菩提心,無量有情成熟善根,於無上菩提得不退轉。

文殊師利復白佛言:“世尊,我復有願:‘如我所見十方無量無數俱胝那庾多百千諸佛世尊,而彼諸佛所有佛刹功德莊嚴行相之類,如是一切皆令置我一佛刹中,唯除而爲聲聞現化所莊嚴刹及五濁之世。若我自讃佛刹功德莊嚴,過尒所殑伽沙劫説不能盡。’世尊,如我所願,唯佛世尊應正等覺,餘不能知。”佛言:“如是,如是,文殊師利,如來知見於三世中無有限礙。”

尒時衆中，或有菩薩作如是念："文殊師利所説佛刹功德莊嚴，與無量壽如來刹土爲等不邪?"是時世尊知彼菩薩心之所念，即告師子勇猛雷音菩薩言："善男子，譬如丈夫而析一毛以爲百分，以一分毛於大海中取一滴水。善男子，彼一毛水多? 大海水多?"師子勇猛白佛言："世尊，一毛水少，大海水多。"佛言："善男子，彼丈夫所舉一毛端水如無量壽佛刹功德莊嚴，餘大海水如普見如來佛刹功德莊嚴，應如是見。"

尒時師子勇猛白佛言："世尊，過去、現在及以未來，頗有如是佛刹功德莊嚴已不?"佛答言："有，善男子，東方去此過八十俱胝百千殑伽沙世界，彼有佛刹，名願住高踊，是中有佛名普光常多功德海王如來，今現住彼，佛壽無量無邊，復有無量大菩薩衆圍遶説法。善男子，彼佛刹土功德莊嚴與普見如來佛刹不增不減，有四菩薩被不退甲冑，住如是行。善男子，彼諸菩薩亦當得此普見如來佛刹莊嚴。"師子勇猛言："唯願説彼菩薩名號及其住處，并説普光常多功德海王如來佛刹，爲我示現彼佛菩薩，令諸菩薩取彼佛刹。"佛言："善男子，汝等諦聽，我今當説。善男子，第一菩薩名光明幢，在於東方無憂吉祥如來佛刹。第二菩薩名爲智上，在於南方智王如來佛刹。第三菩薩名爲寂根，在於西方慧積如來佛刹。第四菩薩名爲願慧，在於北方那羅延如來佛刹。"

尒時世尊以神境通現普光常多功德海王如來佛刹，令此大會見彼如來及菩薩衆，并其佛刹功德莊嚴，昔所未見亦未曾聞，不可思議衆相成就，彼此世界互得相見，猶觀掌中阿摩勒果。彼佛世尊普光常多功德海王如來，身量八萬四千踰繕那，金色光明、端嚴照曜如蘇迷盧山王，與四萬二千踰繕那身量菩薩摩訶薩前後圍遶，於無量功德莊嚴菩提樹下坐師子座，往俱胝那庾多世界爲諸有情而演説法。

尒時世尊告諸菩薩言："善男子，汝等見彼如來佛刹功德莊嚴菩薩衆不?"時諸大衆異口同聲，白言："世尊，唯然，已見。我等當學此菩薩行，如文殊師利童真菩薩之所修行，我等亦當成就如此莊嚴佛刹。"尒時世尊熙怡微笑，從其面門放種種光，所謂青、黄、赤、白、紅、紫等光，照曜無量無邊世界，照已還來，遶佛三帀，入於佛頂。

尒時慈氏菩薩摩訶薩白佛言："世尊，以何因緣現此微笑?"佛告慈氏："由現彼佛世界功德莊嚴。時此大衆中八萬四千菩薩，見彼佛刹莊嚴之事如文殊師利童真佛刹。於彼衆中唯有十六正士而能成就增上意樂，作是願言：'如文殊師利國土莊嚴，願令我等亦當如是。'除十六正士，餘無能發如是大願，樂速疾證無上菩提，所求佛國如無量壽莊嚴功德。慈氏，汝今見不? 意樂成就菩薩而能作大利益，由增上意樂故發是勝願，是故得彼佛刹如文殊師利。其諸菩薩少有信心、志願下劣，由羸劣業，過六十俱胝那庾多百千劫，然始得滿五波羅蜜。"

尒時光明幢、智上、寂根、願慧等四大菩薩從四方來而現於此，各於無量吠瑠璃光明樓閣中坐，有俱胝那庾多百千天衆圍遶，震動諸刹，以種種神通散俱胝那庾多百千華及奏音樂。是時慈氏菩薩摩訶薩白佛言:“世尊,以何因緣於此世界大地震動,四方復有四樓閣現?”佛言:“慈氏,是四菩薩由佛驚覺而來親覲於佛世尊。”所言未訖,於刹那頃此四菩薩從樓閣下,往詣佛所,頭面禮足,遶佛三帀,退坐一面,彼菩薩光從四方來普照大衆。

尒時世尊告諸菩薩言:“善男子,此四正士住不思議旨趣,汝等於彼正士應發殊勝恭敬之心,當問法要。善男子,汝等當聽彼正士願。彼正士願者,所有菩薩乘。善男子,善女人,若有得見彼四菩薩,於無上菩提得不退轉,超二十俱胝劫流轉生死,具足圓滿五波羅蜜。若有女人聞其名者,速得捨離女人之身。”是時世尊現彼刹已,還攝神力,而彼世界忽然不現。尒時文殊師利白佛言:“世尊,一切法如幻,譬如幻師化作幻事,幻而復隱。世尊,如是一切法生已復滅,亦無生滅,此則平等。世尊,若學平等,疾證無上正等菩提。”

尒時智上菩薩白文殊師利童真菩薩言:“云何而證無上菩提?”文殊師利言:“善男子,法無所得亦無所壞,於無無所著,於有無所得。”智上菩薩言:“文殊師利,爲於有故獲於菩提? 爲於無邪?”答言:“善男子,法本無生,無已有、無今有、無當有,究竟無所得故。”智上菩薩言:“文殊師利,以何一相而説於法?”文殊師利言:“善男子,云何所説一相法邪?”智上菩薩答曰:“文殊師利,不見藴及處、界,亦非無見亦非有見,於法無分别亦無所分别,又不於法而見積集,亦不於法而見散失,是即名爲一相法門。”師子勇猛雷音菩薩曰:“若於法性不違法性,不作種種分别是凡夫法、是聲聞法、是緣覺法、是如來法,入於一相,謂遠離相,是即名爲一相法門。”喜見菩薩曰:“若修行真如,而於真如無所思惟亦不分别,此是甚深,是即名爲一相法門。”無盡辯菩薩曰:“諸法皆盡,究竟盡者乃曰無盡,説一切法不可盡者,是即名爲一相法門。”善思惟菩薩曰:“若於思惟入不思惟,彼無所思亦不可得,是即名爲一相法門。”離塵菩薩曰:“若究竟不染,於一切相,染無所染,亦不愛、不恚、不癡,不作一、不作異,亦非作亦非不作,不取不捨,是即名爲一相法門。”娑蘗羅菩薩曰:“若入甚深法,難測如大海,而於正法亦不分别,如是住、如是説,於自無所思,於佗無所説,是即名爲一相法門。”

月上童真菩薩曰:“若思惟一切有情平等如月,而亦不思我及有情,如是説者,是即名爲一相法門。”摧一切憂闇菩薩曰:“若遇憂慼而無所憂,而於憂箭亦不疲猒,云何有情起於憂根? 所謂於我若有,於我住平等者,是即名爲一相法門。”無所緣菩薩曰:“若不緣欲界,不緣色、無色界,不緣聲聞、獨覺之法,不緣佛法,如是説者,是即名爲一相法門。”普見菩薩曰:“若説法者應平等説,其平等者所謂空性,不於空性,思惟平等,於平等法亦無所得,如是説者,是即名爲一相法門。”三輪清淨菩薩曰:“夫所説法不違三輪。云何爲三? 於我無所得,於聞不分别,於法無所取,如此名爲三輪清淨。如[①]所説者，是即名爲一相法門。”成就行菩薩曰：“若知一切法不著，如是知、如是説，亦不説一字，所謂離言説故。若如是説一切法者，是即名爲一相法門。”深行菩薩曰：“若樂瑜伽，知一切法，則於諸法而無所見，於彼若説、若無説者，於法無二，是即名爲一相法門。”

如是無量大威德諸菩薩等，各各以自辯才説一相法。説此一相法門時，七十俱胝菩薩得无生法忍，八萬那庾多百千有情發无上正等菩提之心，七千苾蒭盡諸有漏心得解脱，九十六那庾多人天得法眼淨。

尒時師子勇猛雷音菩薩摩訶薩白佛言：“世尊，彼普見如來有幾何大菩薩衆而爲眷屬？壽量幾何？却後幾時文殊師利成等正覺？”佛言：“善男子，如是之義當問文殊師利童真菩薩。”尒時師子勇猛雷音菩薩摩訶薩問文殊師利童真菩薩言：“汝却後幾時當得菩提？”文殊師利言：“善男子，若虚空界而爲色相，我乃證於無上菩提。若幻師所幻丈夫證菩提，我乃當證無上菩提。若漏盡阿羅漢證菩提，我乃當證無上菩提。若夢中丈夫、若光影、若響應，如是變化證菩提，我乃當證無上菩提。若以日光成夜，月光成晝，我乃當證無上菩提。善男子，汝可當問求菩提者。”師子勇猛言：“文殊師利豈不求菩提耶？”答言：“善男子！不也。何以故？文殊師利即是菩提，菩提即[②]是文殊師利，何以故？但有名字，名字亦空。文殊師利乃至菩提名亦遠離，無所有空，空者即是菩提。”

尒時佛告師子勇猛雷音菩薩言：“汝頗見聞無量壽如來聲聞、菩薩諸衆會邪？”“唯然，世尊，我已見聞。”“善男子，於意云何？”答言：“非是筭數思議之所能及。”佛言：“善男子，如摩伽陀國量一婆訶胡麻，取一粒喻無量壽陀國聲聞、菩薩衆會，餘況文殊師利童真菩薩得菩提時菩薩衆會。應如是知，善男子，如以三千大千世界末爲微塵，一塵一劫，若比普見如來壽量劫數百分千分百千俱胝分乃至筭數譬喻所不能及。善男子，以筭數計校籌量，應知普見如來壽命無量無邊。善男子，譬如三千大千世界析爲微塵，或有一丈夫取一微塵乃至衆多微塵，過三千大千世界乃下一塵，彼之丈夫如是東行下盡塵數，如是十方一一丈夫准前下盡彼微塵數。善男子，於意云何？彼三千大千世界，是百是千、是俱胝那庾多百千，知其量不？”答言：“不也！世尊。”“善男子，如是十丈夫，各過三千大千世界又下微塵。彼一切世界已下、未下盡末爲塵。善男子，於意云何？豈能筭計是百是千、是俱胝那庾多百千數不？”答言：“不也！世尊。”佛言：“善男子，乃至十方十丈夫，復過三千大千世界所下微塵及所未下微塵之處，又末爲塵。善男子，於意云何？豈能筭計彼之微塵是百是千、是俱胝那庾多百

① 如，《中華藏》校勘《麗》作“如是”。

② “自辯才説一相法”至此，原重複上文“之樹其量正等”至“無上菩提普見”，此據《麗藏》本改，《中華藏》原附於卷末。

千乃至仰蘗羅、泯末羅阿閦婆等?”“世尊,若人聞此筭數心則迷亂,彼不可知其數量。”佛言:“善男子,如來悉知彼之微塵是百是千、是俱胝那庾多百千乃至仰蘗羅、泯末羅、阿閦婆等。善男子,如是如來悉知復過彼量。”

尒時慈氏菩薩摩訶薩白佛言:“世尊,若有菩薩求於如是了色之無盡智,寧於無量劫中受泥黎苦,而是菩薩於如是色大智中終不棄捨。”佛言:“慈氏,如是如是,如汝所説,豈有於佛無盡大智不起悕望?唯除下劣勝解及懈怠者。”説此如來大智之時,一萬有情發菩提心。

佛告師子勇猛言:“善男子,如是十方世界微塵,彼十丈夫下微塵數,過如是等微塵數劫。善男子,文殊師利童真菩薩於彼多劫示現行於菩薩之行。何以故?善男子,文殊師利不可思議,願亦不可思議,趣向亦不可思議,證菩提已壽命亦不可思議,菩薩衆會亦不可思議。”尒時師子勇猛雷音菩薩摩訶薩白佛言:“世尊,希有!文殊師利發趣甚大,所修行大。所謂文殊師利童真菩薩[①]乃於尒所微塵數劫不生疲倦。”

文殊師利言:“善男子,於意云何?虚空有如是念於晝夜、半月、月時、歲劫、百劫、千劫、俱胝那庾多百千劫不?”答言:“不也,文殊師利。何以故?虚空界無分别故。”文殊師利言:“善男子,若如虚空等悟一切法,隨悟如是,亦不分别,無所分别,於彼晝夜、半月、月時、歲等,如先所説無有少想於法起者。善男子,如虚空界大火熾然,過無量殑伽沙劫,而虚空界不曾生起,亦不燒壞。何以故?虚空界無自性故。如是,善男子,若菩薩知一切法無性,亦無熱惱疲倦,如虚空不燒,不生疲倦及以熱惱,而不動摇,亦不生、不朽、不死、不遷、不起、無去無來,如是如是。善男子,文殊師利名號亦尒,而不燒壞亦不疲倦,亦無熱惱,亦不動摇,不生、不朽、不死、不遷、不起、無去無來。何以故?名字究竟遠離故。”

説是法時,四大天王、釋提桓因、大梵天王及餘大威德諸天子等異口同音,唱如是言:“若諸有情聞此法門獲大善利,何況受持讀誦。當知不以少善根而能成就。世尊,我等於此法門受持、讀誦、廣宣流布,爲護持正法故。”尒時師子勇猛雷音菩薩白佛言:“世尊,善男子、善女人於此法門受持讀誦,爲佗宣説如是法要、佛刹莊嚴成就,發如是心,如文殊師利,所得功德,爲幾許邪?”

佛言:“善男子,如來以無障礙眼所見世界,若有菩薩以七寶滿彼世界,於一一佛奉獻供養乃至盡未來際俱胝劫中捨施,令此菩薩安住淨戒律儀,於一切有情得平等心。若有菩薩於此佛刹功德莊嚴法門受持讀誦,復能發心隨文殊師利所學行,於七步功德之聚比前福聚百分、千分、迦羅分、百千俱胝分乃至筭數所不能及。”

尒時文殊師利菩薩入菩薩平等照曜如幻相三摩地,入已,由文殊師利三摩地故

① 菩薩,《中華藏》校勘《石》《麗》無。

乃至衆會菩薩等，近見十方無量無邊諸佛世界，一一佛前皆有文殊師利説自佛刹功德莊嚴。衆會見已，於文殊師利勝願三摩地智而生奇特，如文殊師利童真菩薩法王之子，於百千俱胝那庾多願我等咸見。

尒時慈氏菩薩白佛言："世尊，當何名此法門？云何受持？"佛告慈氏："今此法門名爲'諸佛遊戲'，汝當受持。亦名'不思議願'，汝當受持。亦名'説佛刹功德莊嚴'，汝當受持。亦名'發菩提心令歡喜'，汝當受[1]持。"

尒時十方無量菩薩衆集會者於佛及法作大供養，雨衆天華，頭面禮足，繞佛三帀，各還本土，作是讚言："奇哉！世尊。奇哉！世尊。令我等聞是不思議法及文殊師利童真菩薩大師子吼。"説是法已，殑伽沙數菩薩於無上菩提得不退轉，無量有情成就善根。

佛説是經已，文殊師利童真菩薩摩訶薩、師子勇猛雷音菩薩摩訶薩，所有諸大聲聞、梵釋護世、天、龍、藥叉、健達嚩、阿蘇羅、蘖路荼、緊那羅、摩呼羅伽、人、非人等皆大歡喜，信受奉行。

大聖文殊師利佛刹功德莊嚴經卷下

① 受，《中華藏》校勘《麗》作"奉"。

仁王護國般若波羅蜜多經[①]

大唐新翻護國仁王般若經序[②]

代宗[③]皇帝製

皇矣至覺，子于元元。截有海以般若之舟，剪稠林以智慧之劒。綿絡六合，羅罩十方。弘宣也深，志應[④]也大。自權輿天竺，泳沫漢庭，行無緣之慈，納常樂之域。信其博施，傾芥城而逾遠；仰夫湛寂，超言象之又玄。五始不究其初，一得罔根其本。以彼取此，何其遼哉！朕忝嗣鴻休，丕承大寶。軫推溝以夕惕，方徹枕而假寐。夫其鎮乾坤，遏寇虐，和風雨，著星辰，與物無爲，乂[⑤]人艱止，不有般若，其能已乎？朕[⑥]嘗澡身定泉，宅心道祕[⑦]，緬尋龍宫之藏，稽合鷲峯之旨，懿夫護國，實在茲經。竊景行於波斯，庶闡揚於調御。至若高張五忍，足明惻[⑧]隱之深；永祛衆難，寔惟化清之本。名假法假，心空色空。推之於無，則境智都寂；引之於有，迺津梁不窮。思與黎蒸共臻實相，而緹油[⑨]貝葉，文字參差，東夏西天，言音訛謬，致使古今翻譯清濁不同，前後參詳，輕重匪一。其猶大輅，終繼事而增華；譬彼堅冰，始積水而非厲。先之所譯，語質未融，披讀之流，臨文三覆，凡諸釋氏，良用慨然。

先聖翹誠玉毫，澹慮真境，發揮滿教，搜綴缺文，詔大德三藏沙門不空推校詳譯未

---

① 底本，《中華藏》第1470號，第65册第970頁上—987頁中。序及卷上，原《麗藏》本；卷下，原《金藏》廣勝寺本。

② 序名，《中華藏》校勘《石》作"大唐新譯仁王護國般若經序卷上"，又"大唐"，《南》作"唐"，《徑》《清》無。

③ 代宗，《中華藏》校勘《徑》《清》作"唐代宗"。

④ 應，《中華藏》校勘《徑》作"廣"。

⑤ 乂，《中華藏》校勘《南》作"又"。

⑥ 朕，《中華藏》校勘《磧》《南》《徑》《清》無。

⑦ 道祕，《中華藏》校勘《磧》《南》《徑》《清》作"祕道"。

⑧ 惻，原作"側"，據《中華藏》校勘《磧》《南》《徑》《清》改。

⑨ 油，《中華藏》校勘《磧》《南》《徑》《清》作"紬"。

周部卷。三藏學究二諦,教傳三密。義了宗極,伊成字圓。褰裳西指,汎盃南海。影與形對,勤將歲深。妙印度之聲明,洞中華之韻曲。甘露沃朕,香風襲予,既而梵夾遠賫,洪鍾待扣。佇延吹萬之籟,率訓開三之典。朕哀纏欒棘,悲感霜露。捧戴遺詔,不敢怠遑,延振錫之羣英,終爲山之九仞。開府朝恩,許國以身,歸佛以命,弼我真教,申夫妙門。爰令集京城義學大德良賁等,翰林學士常衮等,於大明宫南桃園詳譯《護國般若》畢,并更寫定《密嚴》等經。握槧含毫,研精賾邃。曩者訛略,刊定較然;昔之沉隱,鈎索焕矣。足可懸諸日月,大燭昏衢,潤之雲雨,横流動植。伏願上資仙駕,飛慧雲於四天;迥出塵勞,躡金蓮於十地。朕理昧幽關,文慙麗則,見推序述,惋撫空懷。聊紀之於首篇,庶克開于厥後,將發皇永永,可推而行之。時旃蒙歲木槿[1]榮月也。

仁王護國般若波羅蜜多經卷上

開府儀同三司特進試鴻臚卿肅國公食邑三千户賜紫贈司空
謚大辨正號大廣智大興善寺三藏沙門不空奉詔譯[2]

序品第一

如是我聞:一時佛住王舍城鷲峯山中,與大比丘衆千八百人俱,皆阿羅漢,諸漏已盡,無復煩惱,心善解脱,慧善解脱,九智、十智所作已辦,三假實觀,三空門觀,有爲功德、無爲功德皆悉成就。復有比丘尼衆八百人,俱皆阿羅漢。復有無量無數菩薩摩訶薩,實智平等,永斷惑障,方便善巧,起大行願,以四攝法,饒益有情,四無量心,普覆一切,三明鑒達,得五神通,修習無邊菩提分法,工巧技藝,超諸世閒,深入緣生、空、無相願,出入滅定,示現難量,摧伏魔怨,雙照二諦,法眼普見,知衆生根,四無礙解,演説無畏十力妙智,雷震法音,近無等等金剛三昧,如是功德,皆悉具足。復有無量優婆塞衆、優婆夷衆,皆見聖諦。復有無量修七賢行、念處、正勤、神足、根、力、八勝處、十遍處、十六心行,趣諦現觀。復有十六大國王波斯匿王等,各與若干千萬眷屬俱。復有六欲天王釋提桓因等,與其眷屬無量天子俱。色四静慮諸大梵王,亦與眷屬無量天子俱。諸趣變化,無量有情阿脩羅等,若干眷屬俱。復有變現十方淨土,而現百億師子之座,佛坐其上廣宣法要,一一座前,各現一花,是百億花衆寶嚴飾。於諸花上,一一復有無量化佛、無量菩薩,四衆八部,悉皆無量,其中諸佛各各宣説般若波羅蜜多,展轉流遍十方恒沙諸佛國土,有如是等諸來大衆,各禮佛足,退坐

① 槿,《中華藏》校勘《磧》《南》《徑》《清》作"堇"。

② 譯名,《中華藏》校勘《石》作"特進試鴻臚卿開府儀同三司肅國公大興善寺三藏沙門不空奉詔譯",《磧》《南》作"三藏沙門大廣智不空譯",《徑》《清》作"唐三藏沙門大廣智不空譯"。卷下同。

一面。

尒時世尊初年月八日，入大寂静妙三摩地，身諸毛孔放大光明，普照十方恒沙佛土。是時欲界無量諸天，雨衆妙花，色界諸天，亦雨天花，衆色閒錯，甚可愛樂。時無色界，雨諸香花，香如須弥，花如車輪，如雲而下，遍覆大衆，普佛世界，六種震動。尒時大衆自相謂言："大覺世尊前已爲我等説摩訶般若波羅蜜多、金剛般若波羅蜜多、天王問般若波羅蜜多大品等無量無數般若波羅蜜多，今日如來，放大光明，斯作何事？"時室羅筏國波斯匿王作是思惟：今佛現是希有之相，必雨法雨，普皆利樂。即問寶蓋、無垢稱等諸優婆塞，舍利弗、須菩提等諸大聲聞，弥勒、師子吼等諸菩薩摩訶薩言："如來所現，是何瑞相？"時諸大衆，無能答者。波斯匿王等，承佛神力，廣作音樂，欲、色諸天，各奏無量天諸伎樂，聲遍三千大千世界。

尒時世尊復放無量阿僧祇光，其明雜色，一一光中現寶蓮華，其華千葉，皆作金色，上有化佛宣説法要，是佛光明，普於十方恒河沙等諸佛國土，有緣斯現。彼他方佛國中，東方普光菩薩摩訶薩、東南方蓮華手菩薩摩訶薩、南方離憂菩薩摩訶薩、西南方光明菩薩摩訶薩、西方行慧菩薩摩訶薩、西北方寶勝菩薩摩訶薩、北方勝受菩薩摩訶薩、東北方離塵菩薩摩訶薩、上方喜受菩薩摩訶薩、下方蓮華勝菩薩摩訶薩，各與無量百千俱胝菩薩摩訶薩皆來至此，持種種香，散種種花，作無量音樂，供養如來，頂禮佛足，默然退坐，合掌恭敬，一心觀佛。

觀如來品[①]第二

尒時世尊從三昧起，坐師子座，告大衆言："吾知十六諸國王等咸作是念：世尊大慈，普皆利樂，我等諸王，云何護國？善男子，吾今先爲諸菩薩摩訶薩説護佛果、護十地行，汝等皆應諦聽諦聽，善思念之。"是時大衆、波斯匿王等，聞佛語已，咸共讚言："善哉！善哉！"即散無量諸妙寶花於虚空中變成寶蓋，覆諸大衆靡不周遍。時波斯匿王即從座起，頂禮佛足，合掌長跪，而白佛言："世尊菩薩摩訶薩，云何護佛果？云何護十地行？"

佛告波斯匿王言："護佛果者，諸菩薩摩訶薩，應如是住，教化一切卵生、胎生、濕生、化生，不觀色相，不觀色如，受想行識，我人知見、常樂我淨[②]、四攝、六度、二諦四諦、力無畏等一切諸行，乃至菩薩、如來亦復如是，不觀相、不觀如。所以者何？以諸法性即真實故，無來無去、無生無滅，同真際、等法性，無二無别，猶如虚空，藴處界相無我、我所，是爲菩薩摩訶薩修行般若波羅蜜多。"

---

① 品名前，原有經名，據《中華藏》校勘《徑》《清》及《序品》《護國品》例删，下同。

② 我淨，原作"淨倒"，據《中華藏》校勘《磧》《南》《徑》《清》改。

波斯匿王白佛言："世尊，若菩薩、衆生性無二者，菩薩以何相而化衆生耶?"佛言："大王，色、受、想、行、識，常樂我淨，法性不住色、不住非色。受、想、行、識，常樂我淨，亦不住淨，不住非淨。何以故? 以諸法性悉皆空故，由世諦故，由三假故。一切有情，蘊處界法，造福、非福、不動行等，因果皆有。三乘賢聖所脩諸行，乃至佛果，皆名爲有，六十二見，亦名爲有。大王，若著名相，分别諸法，六趣、四生、三乘行果，即是不見諸法實性。"

波斯匿王白佛言："諸法實性，清淨平等，非有非無，智云何照?"佛言："大王，智照實性，非有非無。所以者何? 法性空故，是即色、受、想、行、識，十二處，十八界，士夫六界，十二因緣，二諦四諦，一切皆空。是諸法等，即生即滅，即有即空，刹那刹那，亦復如是。何以故? 一念中有九十刹那，一刹那經九百生滅，諸有爲法，悉皆空故，以甚深般若波羅蜜多，照見諸法，一切皆空：内空、外空、内外空、空空、大空、勝義空、有爲空、無爲空、無始空、畢竟空、散空、本性空、自相空。一切法空：般若波羅蜜多空、因空、佛果空，空空故空。諸有爲法，法集故有、受集故有、名集故有、因集故有、果集故有、六趣故有、十地故有、佛果故有，一切皆有。善男子，若菩薩住於法相，有我相、人相，有情知見，爲住世間即非菩薩。所以者何? 一切諸法悉皆空故。若於諸法而得不動，不生不滅，無相無無相，不應起見。何以故? 一切法皆如也，諸佛、法、僧亦如也，聖智現前最初一念，具足八萬四千波羅蜜多，名歡喜地，障盡解脱，運載名乘，動相滅時，名金剛定。體相平等，名一切智智。

"大王，此般若波羅蜜多文字章句，百佛千佛百千萬億一切諸佛而共同説。若有人於恒河沙三千大千世界，滿中七寶以用布施，大千世界一切有情，皆得阿羅漢果，不如有人於此經中，乃至起於一念淨信，何況有能受持、讀誦、解一句者。所以者何? 文字性離，無文字相，非法非非法。般若空故，菩薩亦空。何以故? 於十地中，地地皆有始生、住生及以終生，此三十生悉皆是空，一切智智亦復皆空。大王，若菩薩見境、見智、見説、見受，即非聖見，是愚夫見。有情果報，三界虚妄：欲界分别所造諸業，色四静慮定所作業，無色四空定所起業。三有業果一切皆空，三界根本，無明亦空，聖位諸地無漏生滅，於三界中餘無明習，變易果報，亦復皆空。等覺菩薩得金剛定，二死因果空，一切智亦空。佛無上覺種智圓滿，擇非擇滅真淨法界，性相平等應用亦空。善男子若有脩習般若波羅蜜多説者、聽者，譬如幻士，無説、無聽，法同法性，猶如虚空，一切法皆如也。大王，菩薩摩訶薩護佛果爲若此。"

尒時世尊告波斯匿王言："汝以何相而觀如來?"波斯匿王言："觀身實相，觀佛亦然，無前際、無後際、無中際，不住三際，不離三際[①]，不住五蘊，不離五蘊，不住四大，

① 不離三際，《中華藏》校勘《磧》《南》《徑》《清》無。

不離四大,不住六處,不離六處,不住三界,不離三界,不住方,不離方,明無明等,非一非異,非此非彼,非淨非穢,非有爲非無爲,無自相無他相,無名無相,無强無弱,無示無説,非施非慳,非戒非犯,非忍非恚,非進非怠,非定非亂,非智非愚,非來非去,非入非出,非福田非不福田,非相非無相,非取非捨,非大非小,非見非聞,非覺非知。心行處滅,言語道斷,同真際、等法性。我以此相而觀如來。”

佛言:“善男子,如汝所説,諸佛如來力、無畏等恒沙功德,諸不共法,悉皆如是,修般若波羅蜜多者,應如是觀,若他觀者,名爲邪觀。”

説是法時,無量大衆得法眼淨。

菩薩行品第三

尒時,波斯匿王白佛言:“世尊,護十地行菩薩摩訶薩,應云何修行?云何化衆生?復以何相而住觀察?”佛告大王:“諸菩薩摩訶薩依五忍法,以爲修行,所謂:伏忍、信忍、順忍、無生忍,皆上中下,於寂滅忍而有上下,名爲菩薩修行般若波羅蜜多。善男子,初伏忍位,起習種性,修十住行。初發心相,有恒河沙衆生,見佛法僧,發於十信,所謂:信心、念心、精進心、慧心、定心、不退心、戒心、願心、護法心、迴向心。具此十心,而能少分化諸衆生,超過二乘一切善地,是爲菩薩初長養心,爲聖胎故。

“復次,性種性菩薩修行十種波羅蜜多,起十對治,所謂:觀察身、受、心、法,不淨、諸苦、無常、無我;治貪、瞋、癡三不善根,起施、慈、慧三種善根;觀察三世過去因忍、現在因果忍、未來果忍。此位菩薩廣利衆生,超過我見、人見、衆生等想,外道倒想所不能壞。

“復次,道種性菩薩修十迴向,起十忍心,謂觀五蘊,色、受、想、行、識,得戒忍、定忍、慧忍、解脱忍、解脱知見忍;觀三界因果,得空忍、無想[①]忍、無願忍;觀二諦假實,諸法無常,得無常忍,一切法空,得無生忍。此位菩薩作轉輪王,能廣化利一切衆生。

“復次,信忍菩薩,謂:歡喜地、離垢地、發光地,能斷三障色煩惱縛。行四攝法,布施、愛語、利行、同事。修四無量心[②],慈無量心、悲無量心、喜無量心、捨無量心。具四弘願,斷諸纏蓋,常化衆生,修佛知見,成無上覺。住三脱門,空解脱門、無相解脱門、無願解脱門。此是菩薩摩訶薩從初發心,至一切智,諸行根本,利益安樂一切衆生。

“復次,順忍菩薩,謂:焰慧地、難勝地、現前地,能斷三障,心煩惱縛,能於一身遍往十方億佛刹土,現不可説神通變化,利樂衆生。

“復次,無生忍菩薩,謂:遠行地、不動地、善慧地,能斷三障,色、心、習氣,而能示

---

① 想,《中華藏》校勘《石》《清》作“相”。

② 心,原脱,據《中華藏》校勘《磧》《南》《徑》《清》補。

現不可説身，隨類饒益一切衆生。

“復次，寂滅忍者，佛與菩薩同依此忍，金剛喻定住下忍位，名爲菩薩，至於上忍，名一切智。觀勝義諦，斷無明相，是爲等覺；一相無相，平等無二，爲第十一一切智地。非有非無，湛然清淨，無來無去，常住不變，同真際、等法性，無緣大悲，常化衆生，乘一切智乘，來化三界。善男子，諸衆生類一切煩惱業異熟果二十二根不出三界，諸佛示導，應、化、法身亦不離此。若有説言：於三界外，别更有一衆生界者，即是外道大有經説。大王，我常語諸衆生：但斷三界，無明盡者，即名爲佛。自性清淨，名本覺性，即是諸佛一切智智。由此得爲衆生之本，亦是諸佛菩薩行本，是爲菩薩本所修行五忍法中十四忍也。”

佛言：“大王，汝先問言：菩薩云何化衆生者？菩薩摩訶薩應如是化，從初一地至後一地，自所行處及佛行處，一切知見故。若菩薩摩訶薩住百佛刹，作贍部洲轉輪聖王，修百法明門，以檀波羅蜜多住平等心，化四天下一切衆生。若菩薩摩訶薩住千佛刹，作忉利天王，修千法明門，説十善道，化一切衆生。若菩薩摩訶薩住萬佛刹，作夜摩天王，修萬法明門，依四禪定，化一切衆生。若菩薩摩訶薩住億佛刹，作覩史多天王，修億法明門，行菩提分法，化一切衆生。若菩薩摩訶薩住百億佛刹，作化樂天王，修百億法明門，二諦四諦，化一切衆生。若菩薩摩訶薩住千億佛刹，作他化自在天王，修千億法明門，十二因緣智，化一切衆生。若菩薩摩訶薩住萬億佛刹，作初禪梵王，修萬億法明門，方便善巧智，化一切衆生。若菩薩摩訶薩住百萬微塵數佛刹，作二禪梵王，修百萬微塵數法明門，雙照平等神通願智，化一切衆生。若菩薩摩訶薩住百萬億阿僧祇微塵數佛刹，作三禪梵王，修百萬億阿僧祇微塵數法明門，以四無礙智化一切衆生。若菩薩摩訶薩住不可説不可説佛刹，作第四禪大梵天王，爲三界王，修不可説不可説法明門，得理盡三昧，同佛行處，盡三界原，普利衆生，如佛境界，是爲菩薩摩訶薩，現諸王身化導之事，十方如來，亦復如是，證無上覺，常遍法界，利樂衆生。”

尒時，一切大衆即從座起，散不可説花，焚不可説香，供養恭敬，稱讚如來。時波斯匿王即於佛前，以偈讚曰：

世尊導師金剛體，心行寂滅轉法輪，
八辯圓音爲開演，時衆得道百萬億。
天人俱修出離行，能習一切菩薩道，
五忍功德妙法門，十四菩薩能諦了。
三賢十聖忍中行，唯佛一人能盡原，
佛法衆海三寶藏，無量功德於中攝。
十善菩薩發大心，長别三界苦輪海，

中下品善粟散王，上品十善鐵輪王，
習種銅輪二天下，銀輪三天性種性，
道種堅德轉輪王，七寶金輪四天下。
伏忍聖胎三十人，十住十行十迴向，
三世諸佛於中學，無不由此伏忍生，
一切菩薩行根本，是故發心信心難。
若得信心必不退，進入無生初地道，
化利自他悉平等，是名菩薩初發心。
歡喜菩薩轉輪王，初照二諦平等理，
權化有情遊百國，檀施清淨利群生。
入理般若名爲住，住生德行名爲地，
初住一心具衆德，於勝義中而不動。
離垢菩薩忉利王，現形六趣千國土，
戒足清淨悉圓滿，永離誤犯諸過失。
無相無緣真實性，無體無生無二照，
發光菩薩夜摩王，應形往萬諸佛刹。
善能通達三摩地，隱顯自在具三明，
歡喜離垢與發光，能滅色縛諸煩惱，
具觀一切身口業，法性清淨照皆圓。
焰慧菩薩大精進，覩史天王遊億刹，
實智寂滅方便智，達無生理照空有，
難勝菩薩得平等，化樂天王百億國。
空空諦觀無二相，垂形六趣靡不周，
現前菩薩自在王，照見緣生相無二，
勝義智光能遍滿，往千億土化衆生。
焰慧難勝現前地，能斷三障迷心惑，
空慧寂然無緣觀，還照心空無量境。
遠行菩薩初禪王，住於無相無生忍，
方便善巧悉平等，常萬億土化群生。
進入不動法流地，永無分段超諸有，
常觀勝義照無二，二十一生空寂行，
順道法愛無明習，遠行大士獨能斷。
不動菩薩二禪王，得變易身常自在，

能於百萬微塵刹，隨其形類化衆生，
悉知三世無量劫，於第一義而[①]不動。
善慧菩薩三禪王，能於千恒一時現，
常在無爲空寂行，恒沙佛藏一念了。
法雲菩薩四禪王，於億恒土化群生，
始入金剛一切了，二十九生永已度，
寂滅忍中下忍觀，一轉妙覺無等等。
不動善慧法雲地，除前所有無明習，
無明習相識俱轉，二諦理圓無不盡。
正覺無相遍法界，三十生盡智圓明，
寂照無爲真解脱，大悲應現無與等，
湛然不動常安隱，光明遍照無所照，
三賢十聖住果報，唯佛一人居淨土。
一切有情皆暫住，登金剛原常不動，
如來三業德無量，隨諸衆生等憐愍。
法王無上人中樹，普蔭大衆無量光，
口常説法非無義，心智寂滅無緣照。
人中師子爲演説，甚深句義未曾有，
塵沙刹土悉震動，大衆歡喜皆蒙益，
世尊善説十四王，是故我今頭面禮。

尒時，百萬億恒河沙大衆，聞佛世尊及波斯匿王，説十四忍無量功德，獲大法利，聞法悟解，得無生忍，入於正位。

尒時，世尊告大衆言："是波斯匿王，已於過去十千劫，龍光王佛法中，爲四地菩薩，我爲八地菩薩，今於我前大師子吼。如是，如是，如汝所説，得真實義，不可思議，唯佛與佛乃知斯事。善男子，此十四忍，諸佛法身、諸菩薩行，不可思議，不可稱量。何以故？一切諸佛，皆於般若波羅蜜多中生、般若波羅蜜多中化、般若波羅蜜多中滅，而實諸佛，生無所生、化無所化、滅無所滅。第一無二，非相非無相，無自無他，無來無去，如虚空故。善男子，一切衆生，性無生滅，由諸法集幻化而有，蘊、處、界相無合無散，法同法性，寂然空故。一切衆生，自性清淨，所作諸行，無縛無解，非因非果，非不因果。諸苦受行煩惱，所知我相、人相，知見受者，一切空故。法境界空，空、無相、無作，不順顛倒，不順幻化，無六趣相，無四生相，無聖人相，無三寶相，如虚空故。

① 而，《中華藏》校勘《磧》《南》《徑》《清》作"常"。

善男子,甚深般若,無知無見,不行不緣,不捨不受,正住觀察,而無照相,行斯道者,如虛空故,法相如是,有所得心、無所得心,皆不可得。是以般若,非即五蘊,非離五蘊,非即衆生,非離衆生,非即境界,非離境界,非即行解,非離行解,如是等相,不可思量。是故一切菩薩摩訶薩所修諸行,未至究竟而於中行,一切諸佛知如幻化,得無住相,而於中化,故十四忍,不可思量。善男子,汝今所説,此功德藏,有大利益一切衆生,假使無量恒河沙數十地菩薩説是功德,百千億分如海一滴,三世諸佛,如實能知,一切賢聖,悉皆稱讚,是故我今略述所説少分功德。

"善男子,此十四忍,十方世界過去、現在一切菩薩之所修行,一切諸佛之所顯示,未來諸佛、菩薩摩訶薩亦復如是,若佛、菩薩不由此門得一切智者,無有是處。何以故? 諸佛、菩薩,無異路故。善男子,若人聞此住忍、行忍、迴向忍、歡喜忍、難垢忍、發光忍、焰慧忍、難勝忍、現前忍、遠行忍、不動忍、善慧忍、法雲忍、正覺忍,能起一念清淨信者,是人超過百劫、千劫、無量無邊恒河沙劫,一切苦難,不生惡趣,不久當得阿耨多羅三藐三菩提。是時十億同名虛空藏菩薩摩訶薩,與無量無數諸來大衆,歡喜踊躍承佛威神,普見十方恒沙諸佛,各於道場,説十四忍,如我世尊所説無異,各各歡喜,如説修行般若波羅蜜多。"

尒時,世尊告波斯匿王:"汝先問云:復以何相而住觀察? 菩薩摩訶薩應如是觀:以幻化身而見幻化,正住平等,無有彼我。如是觀察化利衆生,然諸有情於久遠劫,初刹那識異於木石,生得染淨,各自能爲無量無數染淨識本。從初刹那不可説劫,乃至金剛終一刹那,有不可説不可説識,生諸有情色、心二法,色名色蘊,心名四蘊,皆積聚性,隱覆真實。大王,此一色法,生無量色,眼得爲色,耳得爲聲,鼻得爲香,舌得爲味,身得爲觸,堅持名地,津潤名水,煖性名火,輕動名風,生五識處,名五色根。如是展轉一色一心,生不可説無量色心,皆如幻故。善男子,有情之受,依世俗立,若有若無,但生有情妄想憶念,作業受果,皆名世諦。三界六趣一切有情,婆羅門、刹帝利、毗舍、首陁,我人知見,色法心法,如夢所見。善男子,一切諸名,皆假施設。佛未出前,世諦幻法,無名無義,亦無體相,無三界名、善惡果報六趣名字,諸佛出現,爲有情故,説於三界、六趣、染淨無量名字。如是一切如呼聲響,諸法相續,念念不住,刹那刹那,非一非異,速起速滅,非斷非常,諸有爲法如陽焰故,諸法相待,所謂色界、眼界、眼識界,乃至法界、意界、意識界,猶如電光,不定相待,有無一異,如第二月。諸法緣成,蘊、處、界法如水上泡。諸法因成,一切有情,俱時因果、異時因果,三世善惡,如空中雲。善男子,菩薩摩訶薩住無分别,無彼此相,無自他相,常行化利無化利[①]相。是故應知,愚夫垢識,染著虛妄,爲相所縛。菩薩照見,知如幻士,無有體相,

① 無化利,《中華藏》校勘《磧》《南》《徑》《清》無。

但如空花，是爲菩薩摩訶薩，住利自他，如實觀察。”

說是法時，會中無量人、天大衆，有得伏忍、空無生忍，一地、二地乃至十地，無量菩薩得一生補處。

二諦品第四

尒時，波斯匿王白佛言：“世尊，勝義諦中有世俗諦不？若言無者，智不應二；若言有者，智不應一。一二之義，其事云何？”佛言：“大王，汝於過去龍光王佛法中已問此義，我今無説，汝今無聽，無説無聽，是即名爲一義二義。汝今諦聽，當爲汝説。”

尒時，世尊即説偈言：

無相勝義諦，體非自他作，
因緣如幻有，亦非自他作。
法性本無性，勝義諦空如，
諸有幻有法，三假集假有。
無無諦實無，寂滅勝義空，
諸法因緣有，有無義如是。
有無本自二，譬如牛二角，
照解見無二，二諦常不即。
解心見無二，求二不可得，
非謂二諦一，一亦不可得，
於解常自一，於諦常自二，
了達此一二，真入勝義諦。
世諦幻化起，譬如虚空花，
如影如毛輪。因緣故幻有，
幻化見幻化，愚夫名幻諦，
幻師見幻法，諦幻悉皆無。
若了如是法，即解一二義，
遍於一切法，應作如是觀。

“大王，菩薩摩訶薩，住勝義諦，化諸有情，佛及有情一而無二。何以故？有情、菩提，此二皆空。以有情空，得置菩提空，以菩提空，得置有情空，以一切法空，空故空。何以故？般若無相，二諦皆空，謂從無明至一切智，無自相無他相，於第一義見無所見，若有修行，亦不取著，若不修行，亦不取著，非行非不行，亦不取著，於一切法，皆不取著。菩薩未成佛，以菩提爲煩惱，菩薩成佛時，以煩惱爲菩提。何以故？於第一義而無二故，諸佛如來與一切法，悉皆如故。”

波斯匿王白佛言:“十方諸佛、一切菩薩,云何不離文字而行實相?”佛言:“大王,文字者,謂契經、應頌、記別、諷誦、自説、緣起、譬喻、本事、本生、方廣、希有、論議,所有宣説音聲、語言、文字、章句,一切皆如,無非實相,若取文字相者,即非實相。大王,修實相者,如文字修。實相即是諸佛智母,一切有情根本智母,此即名爲一切智體。諸佛未成佛,與當佛爲智母,諸佛已成佛,即爲一切智。未得爲性,已得爲智。三乘般若,不生不滅,自性常住,一切有情,此爲覺性。若菩薩不著文字、不離文字,無文字相,非無文字,能如是修,不見修相,是即名爲修文字者,而能得於般若真性,是爲般若波羅蜜多。大王,菩薩摩訶薩護佛果、護十地行、護化有情,爲若此也。”

波斯匿王白佛言:“真性是一,有情品類根行無量,法門爲一、爲無量耶?”佛言:“大王,法門非一亦非無量。何以故? 由諸有情,色法、心法,五取蘊相、我人知見,種種根行品類無邊,法門隨根亦有無量。此諸法性,非相非無相而非無量,若菩薩隨諸有情,見一見二,是即不見一二之義。了知一二,非一非二,即勝義諦,取著一二,若有若無,即世俗諦。是故法門,非一非二。

“大王,一切諸佛説般若波羅蜜多,我今説般若波羅蜜多無二無別。汝等大衆,受持、讀誦、如説修行,即爲受持諸佛之法。大王,此般若波羅蜜多功德無量,若有恒河沙不可説諸佛,是一一佛教化無量不可説有情,是一一有情皆得成佛,是諸佛等復教化無量不可説有情亦皆成佛,是諸佛等所説般若波羅蜜多,有無量不可説那庾多億偈,説不可盡,於諸偈中而取一偈,分爲千分,復於千分而説一分,句義功德尚無窮盡,何況如是無量句義所有功德。若有人能於此經中,起一念淨信,是人即超百劫、千劫、百千萬劫生死苦難,何況書寫、受持、讀誦、爲人解説所得功德,即與十方一切諸佛等無有異。當知此人,諸佛護念,不久當成阿耨多羅三藐三菩提。”

説是法時,有十億人得三空忍,百萬億人得大空忍,無量菩薩得住十地。

仁王護國般若波羅蜜多經卷上

仁王護國般若波羅蜜多經卷下

開府儀同三司特進試鴻臚卿肅國公食邑三千户賜紫贈司空
謚大辨正號大廣智大興善寺三藏沙門不空奉詔譯

護國品第五

尒時,世尊告波斯匿王等諸大國王:“諦聽! 諦聽! 我爲汝等説護國法。一切國土若欲亂時,有諸災難,賊來破壞。汝等諸王,應當受持、讀誦此般若波羅蜜多,嚴飾道場,置百佛像、百菩薩像、百師子座,請百法師解説此經,於諸座前燃種種燈,燒種種香，散諸雜花，廣大供養衣服、卧具、飲食、湯藥、房舍、床座一切供事，每日二時講讀此經。若王、大臣，比丘、比丘尼，優婆塞、優婆夷，聽受、讀誦、如法修行，灾難即滅。

"大王，諸國土中有無量鬼神，一一復有無量眷屬，若聞是經，護汝國土。若國欲亂，鬼神先亂。鬼神亂故，即萬人亂，當有賊起，百姓喪亡。國王、太子、王子、百官互相是非。天地變恠，日月衆星失時失度，大火、大水及大風等，是諸難起，皆應受持、講説[①]此般若波羅蜜多。若於是經受持、讀誦，一切所求官位富饒，男女慧解，行來隨意；人天果報皆得滿足，疾疫厄難即得除愈；杻械枷鎖，撿繫其身，皆得解脱；破四重戒，作五逆罪，及毀諸戒無量過咎，悉得消滅。

"大王，往昔過去釋提桓因爲頂生王，領四軍衆來上天宫，欲滅帝釋，時彼天王[②]即依過去諸佛教法，敷百高座，請百法師，講讀《般若波羅蜜多經》，頂生即退，天衆安樂。

"大王，昔天羅國王有一太子名曰斑足，登王位時，有外道師名爲善施，與王灌頂，乃令斑足取千王頭，以祀塚間摩訶迦羅大黑天神。自登王位，已得九百九十九王，唯少一王，北行萬里，乃得一王，名曰普明。其普明王白斑足言：願聽一日，禮敬三寶，飯食沙門。斑足聞已，即便許之，其王乃依過去諸佛所説教法，敷百高座，請百法師，一日二時，講説般若波羅蜜多八千億偈。時彼衆中第一法師，爲普明王而説偈言：

劫火洞然，大千俱壞，
須弥巨海，磨滅無餘。
梵釋天龍，諸有情等，
尚皆殄滅，何況此身。
生老病死，憂悲苦惱，
怨親逼迫，能與願違，
愛欲結使，自作瘡疣。
三界無安，國有何樂？
有爲不實，從因緣起，
盛衰電轉，暫有即無。
諸界趣生，隨業緣現，
如影如響，一切皆空。

---

① 説，《中華藏》校勘《磧》《南》《徑》《清》作"讀"。

② 王，原作"主"，據《中華藏》校勘《磧》《南》《徑》《清》改。

識由業漂，乘四大起，
無明愛縛，我我所生。
識隨業遷，身即無主，
應知國土，幻化亦然。

"尒時法師説此偈已，時普明王聞法悟解，證空三昧，王諸眷屬得法眼空。其王即便詣天羅國，諸王衆中而作是言：'仁等，今者就命時到，悉應誦持過去諸佛所説般若波羅蜜多偈。'諸王聞已，亦皆悟解，得空三昧，各各誦持。時斑足王問諸王言：'汝等今者皆誦何法？'尒時普明[①]即以上偈答斑足王，王聞是法，亦證空定，歡喜踊躍，告諸王言：'我爲外道邪師所誤，非汝等咎，汝各還國，當請法師解説般若波羅蜜多。'時斑足王以國付弟，出家爲道，得無生法忍。

"大王，過去復有五千國王常誦此經，現生獲報，汝等十六諸大國王，修護國法，應當如是受持、讀誦、解説此經，若未來世諸國王等，爲欲護國護自身者，亦應如是受持、讀誦、解説此經。"

説是法時，無量人衆得不退轉，阿脩羅等得生天上，無量無數欲、色諸天得無生忍。

不思議品第六

尒時十六國王及諸大衆，聞佛説此般若波羅蜜多甚深句義，歡喜踊躍，散百萬億衆寶蓮華，於虚空中成寶華座，十方諸佛、無量大衆共坐此座，説般若波羅蜜多。是諸大衆持十千金蓮華，散釋迦牟尼佛上，合成華輪，蓋諸大衆。復散八萬四千芬陀利華，於虚空中成白雲臺，臺中光明王佛與十方諸佛、無量大衆，演説般若波羅蜜多。是諸大衆持曼陀羅華，散釋迦牟尼佛及諸衆會。復散曼殊沙華，於虚空中變作金剛寶城，城中師子奮迅王佛共十方諸佛、大菩薩衆，演説勝義般若波羅蜜多。復散無量天諸妙華，於虚空中成寶雲蓋，徧覆三千大千世界，是華蓋中雨恒河沙華，從空而下。

時波斯匿王及諸大衆，見是事已，歎未曾有，合掌向佛，而作是言："願過去、現在、未來諸佛，常説般若波羅蜜多，願諸衆生常得見聞，如我今日等無有異。"佛言："大王，如汝所説，此般若波羅蜜多，是諸佛母、諸菩薩母，不共功德神通生處，諸佛同説，能多利益，是故汝等常應受持。"

尒時世尊爲諸大衆，現不可思議神通變化：一華入無量華，無量華入一華，一佛土入無量佛土，無量佛土入一佛土，一塵刹土入無量塵刹土，無量塵刹土入一塵刹土，無量大海入一毛孔，無量須彌入芥子中，一佛身入無量衆生身，無量衆生身入一

① 明，《中華藏》校勘《磧》《南》《徑》《清》作"明王"。

佛身，大復現小，小復現大，淨復現穢，穢復現淨，佛身不可思議，衆生身不可思議，乃至世界不可思議。當佛現此神變之時，十千女人現轉女身得神通三昧，無量天人得無生法忍，無量阿脩羅等成菩薩道，恒河沙菩薩現身成佛。

奉持品第七

尒時波斯匿王覩佛神變，見千華臺上徧照如來，千華葉上千化身佛，千華葉中無量諸佛，各説般若波羅蜜多。白佛言："世尊，如是無量般若波羅蜜多，不可識識，不可智知，云何諸善男子於此經中明了覺解、爲人演説?"佛言："大王，汝今諦聽！從初習忍至金剛定，如法修行十三觀門，皆爲法師依持建立，汝等大衆，應當如佛而供養之，百千萬億天妙香華而以奉上。善男子，其法師者習種性菩薩，若比丘、比丘尼、優婆塞、優婆夷修十住行，見佛、法、僧，發菩提心，於諸衆生利樂悲愍，自觀己身，六界諸根，一切無常、苦、空、無我，了知業行，生死涅槃，能利自佗，饒益安樂。聞讚佛、毀佛，心定不動，聞有佛、無佛，心定不退。三業無失，起六和敬，方便善巧，調伏衆生，勤學十智，神通化利，下品修習八萬四千波羅蜜多。善男子，習忍以前，經十千劫，行十善行，有退有進，譬如輕毛隨風東西。若至忍位，入正定聚，不作五逆，不謗正法，知我法相，悉皆空故，住解脱位，於一阿僧祇劫修習此忍，能起勝行。

"復次，性種性菩薩，住無分别，修十慧觀，捨財命故，持淨戒故，心謙下故，利自佗故，生死無亂故，無相甚深故，達有如幻故，不求果報故，得無礙解故，念念示現佛神力故，對治四倒、三不善根、三世惑業、十顛倒故，我人知見，念念虚僞，了達名假、受假、法假皆不可得，無自佗相，住真實觀。中品修習八萬四千波羅蜜多，於二阿僧祇劫行諸勝行，得堅忍位。

"復次，道種性菩薩，住堅忍中觀諸法性，得無生滅，四無量心，能破諸闇，常見諸佛，廣興供養，常學諸佛，住迴向心，所修善根，皆如實際，能於三昧廣作佛事，現種種身，行四攝法，住無分别化利衆生，智慧明了，甚深觀察，一切行願，普皆修習，能爲法師，調御有情，善觀五藴三界二諦，無自佗相，得如實性，雖常修勝義，而受生三界。何以故？業習果報未壞盡故，於人天中順道生故。上品修習八萬四千波羅蜜多，於[①]三阿僧祇劫修二利行，無大饒益，得善調伏諸三摩地，住勝觀察，修出離行，能證平等聖人地故。

"復次，歡喜地菩薩摩訶薩，超愚夫地，生如來家，住平等忍，初無相智，照勝義諦，一相平等，非相無相，斷諸無明，滅三界貪，未來無量生死永不生故，大悲爲首，起諸大願，於方便智，念念修習無量勝行。非證非不證，一切徧學故，非住非不住，向一

① 於，原脱，據《中華藏》校勘《磧》《南》《徑》《清》補。

切智故，行於生死，魔不動故，離我我所，無怖畏故，無自佗相，常化衆生故，自在願力，生諸淨土故。善男子，此初覺智，非如非智，非有非無，無有二相方便妙用，非倒非住，非動非静，二利自在，如水與波，非一非異，智起諸波羅蜜多，亦非一異。於四阿僧祇劫，滿足修習百萬行願，此地菩薩無三界業習，更不造新。由隨智力，以願生故。念念常行檀波羅蜜多，布施、愛語、利行、同事，廣大清淨，善能安住，饒益衆生。

“復次，離垢地菩薩摩訶薩，四無量心最勝寂滅，斷瞋等習修一切行，所謂遠離殺害，不與不取，心無染欲，得真實語、得和合語、得柔軟語、得調伏語，常行捨心、常起慈心、住正直心，寂静純善，離破戒垢，行大慈觀，念念現前，於五阿僧祇劫，具足清淨戒波羅蜜多，志意勇猛，永離諸染。

“復次，發光地菩薩摩訶薩，住無分別，滅無明闇，於無相忍而得三明，悉知三世無來無去，依四静慮、四無色定，無分別智，次第隨順，具足勝定，得五神通，現身大小隱顯自在，天眼清淨悉見諸趣，天耳清淨悉聞衆聲，以佗心智知衆生心，宿住能知無量差別，於六阿僧祇劫，行一切忍波羅蜜多，得大總持，利益安樂。

“復次，焰慧地菩薩摩訶薩，修行順忍，無所攝受，永斷微細身邊見故，修習無邊菩提分法，念處、正勤、神足、根、力、覺道具足，爲欲成就力、無所畏、不共佛法，於七阿僧祇劫修習無量精進波羅蜜多，遠離懈怠，普利衆生。

“復次，難勝地菩薩摩訶薩，以四無畏隨順真如，清淨平等無差别相，斷隨小乘樂求涅槃，集諸功德，具觀諸諦，此苦聖諦，集、滅、道諦，世俗、勝義，觀無量諦，爲利衆生，習諸伎藝，文字、毉方、讚詠、戲笑、工巧、呪術、外道異論、吉凶占相一無錯謬，但於衆生不爲損惱，爲利益故咸悉開示，漸令安住無上菩提，知諸地中出道障道，於八阿僧祇劫，常修三昧，開發諸行。

“復次，現前地菩薩摩訶薩，得上順忍，住三脱門，能盡三界集因集業，麤現行相，大悲增上，觀諸生[①]死無明闇覆、業集識種、名色、六處、觸、受、愛、取、生、老、死等，皆由著我無明業果，非有非無，一相無相，而不二故，於九阿僧祇劫，行百萬空、無相、無願三昧，得一切般若波羅蜜多無邊光照。

“復次，遠行地菩薩摩訶薩，修無生忍，證法無别，斷諸業果，細現行相，住於滅定，起殊勝行，雖常寂滅，廣化衆生。示入聲聞，常隨佛智，示同外道，示作魔王，隨順世間而常出世，於十阿僧祇劫，行百萬三昧，善巧方便，廣宣法藏，一切莊嚴皆得圓滿。

“復次，不動地菩薩摩訶薩，住無生忍，體無增減，斷諸功用，心心寂滅，無身心相猶如虚空，此菩薩，佛心、菩提心、涅槃心，悉皆不起，由本願故諸佛加持，能一念頃而

① “生”前，《中華藏》校勘《石》《南》《清》《麗》有“有”字。

起智業，雙照平等，以十力智徧不可説大千世界，隨諸衆生普皆利樂，於千阿僧衹劫，滿足百萬大願，心心趣入一切種、一切智智。

"復次，善慧地菩薩摩訶薩，住上無生忍，滅心心相，證智自在，斷無礙障，具大神通，修力無畏，善能守護諸佛法藏，得無礙解、法義、詞、辯，演説正法無斷無盡，一刹那頃於不可説諸世界中，隨諸衆生所有問難，一音解釋普令歡喜，於萬阿僧衹劫，能現百萬恒河沙等諸佛神力，無盡法藏，利益圓滿。

"復次，法雲地菩薩摩訶薩，無量智慧，思惟觀察，從發信心，經百萬阿僧衹劫，廣集無量助道法，增長無邊大福智，證業自在，斷神通障，於一念頃能徧十方百萬億阿僧衹世界微塵數國土，悉知一切衆生心，行上中下根，爲説三乘，普令修習波羅蜜多，入佛行處、力、無所畏，隨順如來寂滅轉依。善男子，從初習忍至金剛定，皆名爲伏一切煩惱[①]，無相信忍，照勝義諦，滅諸煩惱，生解脱智，漸漸伏滅，以生滅心得無生滅，此心若滅，即無明滅，金剛定前所有知見，皆不名見，唯佛頓解具一切智，所有知見而得名見。善男子，金剛三昧現在前時，而亦未能等無等等，譬如有人登大高臺，普觀一切無不斯了。若解脱位，一相無相，無生無滅，同真際、等法性，滿功德藏，住如來位。善男子，如是諸菩薩摩訶薩，受持解説，皆往十方諸佛刹土，利安有情，通達實相，如我今日等無有異。善男子，十方法界一切如來，皆依此門而得成佛，若言越此得成佛者，是魔所説，非是佛説。是故汝等應如是知，如是見，如是信解。"

尒時世尊欲重宣此義，而説偈言：

彼伏忍菩薩，於佛法長養，
堅固三十心，名爲不退轉。
初證平等性，而生諸佛家，
由初得覺悟，名爲歡喜地。
遠離於染汙，瞋等種種垢，
具戒德清淨，名爲離垢地。
滅壞無明闇，而得諸禪定，
照曜由慧光，名爲發光地。
清淨菩提分，遠離身邊見，
智慧焰熾然，名爲焰慧地。
如實知諸諦，世間諸伎藝，
種種利群生，名爲難勝地。
觀察緣生法，無明至老死，

① 惱，原作"腦"，據《中華藏》校勘《石》《磧》《麗》改。

能證彼甚深，名爲現前地。
方便三摩地，示現無量身，
善巧應群生，名爲遠行地。
住於無相海，一切佛加持，
自在破魔軍，名爲不動地。
得四無礙解，一音演一切，
聞者悉歡喜，名爲善慧地。
智慧如密雲，徧滿於法界，
普灑甘露法，名爲法雲地。
滿足無漏界[①]，常淨解脱身，
寂滅不思議，名爲一切智。

佛告波斯匿王："我滅度後，法欲滅時，一切有情造惡業故，令諸國土種種災起。諸國王等，爲護自身、太子、王子、后妃、眷屬、百官、百姓、一切國土，即當受持此般若波羅蜜多，皆得安樂。我以是經付囑國王，不付比丘、比丘尼、優婆塞、優婆夷。所以者何？無王威力，不能建立，是故汝等常當受持、讀誦、解説。大王，吾今所化大千世界，百億須彌，百億日月，一一須彌有四天下。此贍部洲，十六大國、五百中國、十萬小國，是諸國中若七難起，一切國王爲除難故，受持、解説此般若波羅蜜多，七難即滅，國土安樂。"

波斯匿王言："云何七難？"佛言："一者日月失度，日色改變白色、赤色、黄色、黑色，或二三四五日並照，月色改變赤色、黄色，日月薄蝕，或有重輪，一二三四五重輪現。二者星辰失度，彗星、木星、火星、金星、水星、土等諸星，各各爲變，或時晝出。三者龍火、鬼火、人火、樹火，大火四起，焚燒萬物。四者時節改變，寒暑不恒，冬雨雷電，夏霜冰雪，雨土石山及以沙礫，非時降雹，雨赤黑水，江河汎漲，流石浮山。五者暴風數起，昏蔽日月，發屋拔樹，飛沙走石。六者天地亢陽，陂池竭涸，草木枯死，百穀不成。七者四方賊來侵國内外，兵戈競起，百姓喪亡。大王，我今略説如是諸難，其有日晝不現，月夜不現，天種種災，無雲雨雪，地種種災，崩裂震動，或復血流，鬼神出現，鳥獸恠異，如是災難，無量無邊，一一災起，皆須受持、讀誦、解説此般若波羅蜜多。"

尒時十六國王聞佛所説，皆悉驚怖。波斯匿王白佛言："世尊，何故天地有是災難？"佛言："大王，由贍部洲大小國邑一切人民，不孝父母，不敬師長，沙門、婆羅門、國王、大臣不行正法，由此諸惡有是難興。大王，般若波羅蜜多，能出生一切諸佛法、

① 界，《中華藏》校勘《徑》《清》作"戒"。

一切菩薩解脱法、一切國王無上法、一切有情出離法，如摩尼寶體具衆德，能鎮毒龍、諸惡鬼神，能遂人心所求滿足，能應輪王名如意珠，能令難陀、跋難陀等諸大龍王，降霔甘雨，潤澤草木，若於闇夜置高幢上，光照天地，明如日出，此般若波羅蜜多亦復如是。汝等諸王，應作寶幢及以幡蓋，燒燈①散華，廣大供養，寶函盛經置於寶案，若欲行時，常導其前，所在住處作七寶帳，衆寶爲座置經於上，種種供養如事父母，亦如諸天奉事帝釋。大王，我見諸國一切人王，皆由過去侍五百佛，恭敬供養，得爲帝王②，一切聖人得道果者，來生其國，作大利益。若王福盡、無道之時，聖人捨去，災難競起。大王，若未來世，有諸國王建立正法、護三寶者，我令五方菩薩摩訶薩衆往護其國。

"東方金剛手菩薩摩訶薩，手持金剛杵，放青色光，與四俱胝菩薩往護其國。

"南方金剛寶菩薩摩訶薩，手持金剛摩尼，放白③色光，與四俱胝菩薩往護其國。

"西方金剛利菩薩摩訶薩，手持金剛劒，放金色光，與四俱胝菩薩往護其國。

"北方金剛藥叉菩薩摩訶薩，手持金剛鈴，放瑠璃色光，與四俱胝藥叉往護其國。

"中方金剛波羅蜜多菩薩摩訶薩，手持金剛輪，放五色光，與四俱胝菩薩往護其國。是五菩薩摩訶薩，各與如是無量大衆，於汝國中作大利益，當立形像而供養之。"

尒時金剛手菩薩摩訶薩等即從座起，頂禮佛足，却住一面。而白佛言："世尊，我等本願，承佛神力，十方世界一切國土，若有此經受持、讀誦、解説之處，我當各與如是眷屬，於一念頃即至其所，守護正法、建立正法，令其國界無諸災難，刀兵疾疫一切皆除。世尊，我有陀羅尼能加持擁護，是一切佛本所修行速疾之門。若人得聞，一經於耳，所有罪障悉皆消滅，況復誦習而令通利，以法威力，當令國界永無衆難。"即於佛前異口同音，説陀羅尼曰：

娜謨囉怛娜二合怛囉二合夜野一娜莫引阿哩夜二合吠無蓋反嚕者娜引野二怛佗引蘖多引夜囉訶二合諦三三藐三没馱引野四娜莫阿引哩野二合，五三滿多跛捺囉二合，引野六冒地薩怛嚩二合，引野七摩賀薩怛嚩二合，引野八摩賀迦引嚕抳迦引野九怛你野佗引，十枳穰二合娜鉢囉二合你引閉十一惡乞叉二合野句勢十二鉢囉二合底婆引娜嚩底十三薩嚩没馱引嚩路枳諦十四喻誐跛哩你瀥跛二合寧十五儼避引囉努囉嚩誐引係十六底哩野三合特嚩二合，十七跛哩你瀥跛二合寧十八冒地質多散惹娜你十九薩嚩引毗曬迦引毗色訖諦二合，二十達磨娑引誐囉三步諦二十三阿暮伽室囉二合嚩儜二十二摩賀三滿多跛捺囉二合步彌二十三涅奴逸反哩野二合諦二十四尾野二合羯囉拏二十五跛哩鉢囉二合跛你二④十六薩嚩悉馱二十七娜

① 燈，《中華藏》校勘《石》《麗》作"香"。

② 王，原作"主"，據《中華藏》校勘《清》《麗》改。

③ 白，《中華藏》校勘《南》《清》《麗》作"日"。

④ 二，原作"三"，據文意改。

麼塞訖哩三合諦二十八薩嚩冒地薩怛嚩二合,二十九散惹娜你三十婆誐嚩底丁以反,上同,三十一没馱引麼諦三十二阿囉妳迦囉妳三十三阿囉拏迦囉妳三十四摩賀鉢囉二合枳穰二合,三十五播囉弭諦娑嚩二合,引賀引,三十六

尒時世尊聞是説已,讚金剛手等諸菩薩言:“善哉!善哉!若有誦持此陀羅尼者,我及十方諸佛,悉常加護,諸惡神鬼敬之如佛,不久當得阿耨多羅三藐三菩提。大王,吾以此經付囑汝等,毗舍離國、憍薩羅國、室羅筏國、摩伽陀國、波羅痆斯國、迦毗羅國、拘尸那國、憍睒彌國、般遮羅國、波吒羅國、末吐羅國、烏尸尼國、奔吒跋多國、提婆跋多國、迦尸國、瞻波國,如是一切諸國王等,皆應受持般若波羅蜜多。”

時諸大衆、阿脩羅等,聞佛所説諸災難事,身毛皆豎,高聲唱言:“願我未來不生彼國。”時十六王,即捨王位修出家道,具八勝處、十一切處,得伏忍、信忍、無生法忍。

尒時一切人、天大衆①,阿脩羅等,散曼陀羅華、曼殊沙華、婆師迦華、蘇曼那華,以供養佛,隨其種性得三脱門——生空、法空、菩提分法。無量無數菩薩摩訶薩,散拘勿頭華、波頭摩華而供養佛,無量三昧悉皆現前,得住順忍、無生法忍,無量無數菩薩摩訶薩,得恒河沙諸三昧門,真俗平等,具無礙解,常起大悲,於百萬億阿僧祇佛刹微塵數世界,廣利衆生,現身成佛。

囑累品第八

佛告波斯匿王:“今誡汝等,吾滅度後,正法欲滅,後五十年、後五百年、後五千年,無佛、法、僧。此經三寶,付諸國王建立守護,令我四部諸弟子等,受持、讀誦,解其義理,廣爲衆生宣説法要,令其修習出離生死。

“大王,後五濁世,一切國王、王子、大臣,自恃高貴,破滅吾教,明作制法,制我弟子比丘、比丘尼,不聽出家修行正道,亦復不聽造佛塔像,白衣高座、比丘地立,與兵奴法等無有異,當知尒時,法滅不久。

“大王,破國因緣,皆汝自作,恃己威力,制四部衆,不聽修福,諸惡比丘受別請法,知識比丘共爲一心,互相親善,齋會求福,是外道法,都非我教,百姓疾疫,無量苦難,當知尒時國土破滅。

“大王,法末世時,國王、大臣、四部弟子,各作非法,横與佛教作諸過咎,非法非律繫縛比丘,如彼獄囚,當知尒時法滅不久。

“大王,我滅度後,四部弟子,一切國王、王子、百官,乃是任持護三寶者,而自破滅,如師子身中蟲,自食師子肉,非外道也。壞我法者得大過咎,正法衰薄,民無正行,諸惡漸增,其壽日減,無復孝子,六親不和,天龍不祐,惡鬼惡龍日來侵害,災恠相

① 人天大衆,《中華藏》校勘《磧》《南》《徑》作“人天衆”,《麗》作“天人大衆”。

繼爲禍縱横，當墮地獄、傍生、餓鬼，若得爲人，貧窮下賤，諸根不具，如影隨形、如響應聲，如人夜書，火滅字存，毁法果報亦復如是。

“大王，未來世中，一切國王、王子、大臣，與我弟子横立記籍，設官典主大小僧統，非理役使，當知尒時佛法不久。

“大王，未來世中，一切國王、四部弟子，當依十方一切諸佛，常所行道，建立流通，而惡比丘爲求名利，不依我法，於國王前自説過患，作破法緣，其王不别，信受此語，横立制法，不依佛戒，當知尒時法滅不久。

“大王，未來世中，國王、大臣、四部弟子，自作破法、破國因緣，身自受之，非佛法咎。天龍捨去，五濁轉增，若具説者窮劫不盡。”

尒時十六大國王聞説未來如是諸誡，悲啼號泣，聲動三千，天地昏闇，光明不現，時諸王等，各各至心受持佛語，不制四部，出家學道，當如佛教。

尒時恒河沙等無量大衆，皆共歎言：“當尒之時，世間空虚是無佛世。”

尒時波斯匿王白佛言：“世尊，當何名此經？我等云何奉持？”佛告大王：“此經名爲《仁王護國般若波羅蜜多》，亦得名爲《甘露法藥》，若有服行，能愈諸疾。

“大王，《般若波羅蜜多》所有功德，猶如虚空，不可測量，若有受持、讀誦之者，所獲功德，能護仁王及諸衆生，猶如垣牆，亦如城壁，是故汝等應當受持。”

佛説是經已，彌勒、師子月[①]等無量菩薩摩訶薩，舍利弗、須菩提等無量聲聞，欲界、色界無量天人，比丘、比丘尼、優婆塞、優婆夷，阿脩羅等，一切大衆聞佛所説，皆大歡喜，信受奉行。

仁王護國般若波羅蜜多經卷下

---

① 月，《中華藏》校勘《麗》作“吼”。

梵本般若波羅蜜多心經[①]

唐開元三朝灌頂國師和尚特進試鴻臚卿開府儀同三司肅國公食邑三千户食實封三佰户贈司空謚大辨正大廣智大興善寺三藏沙門不空奉詔譯[②]

鉢囉二合[③]枳孃二合播引[④]囉弭[⑤]跢上畩嘌二合乃野素怛囕二合，已上經題[⑥]

阿上哩也二合嚩[⑦]路枳帝濕嚩二合嚕[⑧]冒地薩怛舞二合，一儼鼻噞[⑨]鉢囉二合枳孃二合播引囉弭跢上左哩演二合左囉麽喃弭也二合，二[⑩]嚩[⑪]路迦[⑫]野底丁一反[⑬]娑麽二合半左引塞建二合擔引，三娑黨二合室者二合娑嚩二合婆去嚩舜引你焰二合，四鉢始也二合底上，同娑麽二合，五伊上賀舍哩補怛囉二合，六嚕畔戍你也二合哆七戍你也二合帶嚩嚕畔八嚕畔曩畢哩二合籜忖你也二合哆九秫詩律反你也二合哆夜曩畢哩二合他入蘖嚕二合畔十拽引訥嚕二合畔娑上舜你也二合哆十一戍你也二合帶嚩夜引娑上嚕畔十二醫嚩銘嚩入，十三尾那曩僧去枳孃二合僧去[⑭]娑迦二合囉尾枳孃二合曩頞十四舍哩補怛囉二合，十五薩囉嚩二合達囉磨二合戍你也二合哆啗乞叉[⑮]二合拏上，十六阿上努鼻音怛播二合曩十七阿上寧嵂馱十八阿上摩

---

① 底本，《房山石經》華夏出版社影印本，第27册第430頁。校本甲，朝陽北塔經幢本；校本乙，朝陽北塔經塔本（銀經卷）。經題後，底本標千字文帙號“感”，此略，尾題同。

② 譯名，校本甲作“大興善寺三藏沙門不空詔譯”，校本乙作“大興善寺沙門不空奉詔譯”。

③ “二合”等音注，校本乙均無。

④ 引，底本脱，據校本甲補，下一“播”字後“引”同。

⑤ “弭”後，校本甲有注音“引”。

⑥ 已上經題，校本甲“經”作“梵”，校本乙無。

⑦ “嚩”後，校本甲有注音“無可”。

⑧ “嚕”後，校本甲有分句注文“一”。

⑨ “噞”，校本甲作“嚂”。

⑩ 二，校本甲作分句注“一”。以下分句注，校本甲均作“一”。

⑪ “嚩”後，校本甲有“同上”。

⑫ “迦”後，校本甲有注音“引”。

⑬ 反，校本甲無，下同。

⑭ 去，校本甲無。

⑮ 乞叉，原作“訖乂”，據校本甲改。

攞十九阿上吠無每反摩攞二十捺那諾二十一三[①]布囉拏二合,二十二怛娑每二合瑹[②]上你也二合哆野二十三曩嚕哶二十四曩吠那曩二十五曩僧去枳孃二合,二十六曩僧去塞迦二合囉二十七曩尾枳孃二合曩顊二十八曩作屈蒭二合秫嚕二合怛囕二合伽囉二合喃上吟賀噂二合迦野麽曩二十九曩嚕引[③]播引[④]濕嚩二合曩[⑤]巘馱囉娑上婆囉二合瑟剳二合尾也二合[⑥]達囉磨二合,三十曩斫[⑦]屈[⑧]蒭二合馱覩三十一夜噂曩[⑨]麽[⑩]努引[⑪]尾枳孃二合曩[⑫]馱覩三十二曩尾你也二合曩三十三阿上尾你也二合諾乞叉[⑬]二合喻三十四夜引[⑭]噂曩惹囉拏二合麽囉南[⑮]二合,三十五曩惹囉拏二合阿麽囉拏二合乞叉[⑯]二合藥三十六曩耨佉三去母曩曳[⑰]顊嚕達囉摩嵯[⑱]上誐三十七曩枳孃二合曩引納鉢囉二合鉢底三十八室左二合哆溢哰二合那引鉢囉二合鉢底丁以反怛鍐二合,三十九冐地[⑲]薩怛嚩二合,四十鉢囉二合枳孃二合播引[⑳]囉弭哆上[㉑]沫室嵥二合底也二合,四十一尾賀引攞底也二合唧哆阿上嚩囉拏二合,四十二唧哆阿上嚩囉拏二合,四十三曩悉底二合怛嚩二合阿怛囉二合薩哆四十四尾入鉢哩也二合娑底二合訖囒二合跢入,四十五涅哩二合瑟吒二合你哩嚩二合拏上,四十六底哩也二合特[㉒]嚩二合曩嚩悉體二合哆薩囉嚩二合没馱四十七鉢囉二合枳孃二合播囉弭跢沫室哩二合底也二合,四十八阿耨哆囉三去藐三去没地麽鼻糝没馱四十九怛薩麽二合枳孃二合怛尾焰二合鉢囉二合枳孃二合播囉弭跢五十摩賀滿咄嚕二合,五十一摩賀尾你也二合滿怛囉二合,五十二阿耨哆囉滿怛囉二合,五十三阿

① "三"後,校本甲有"去"。
② 瑹,校本甲作"瑧"。
③ 引,原脱,據校本甲補。
④ 引,原脱,據校本甲補。
⑤ "曩"後,校本甲有分句符"一"。
⑥ "二合"後,校本甲有分句符"一"。
⑦ 斫,原作"作",據校本甲改。
⑧ 屈,校本甲作"乞"。
⑨ "曩"後,校本甲有標音和分句符"上,一"。
⑩ "麽"後,校本甲有"上"。
⑪ 引,原脱,據校本甲補。
⑫ 尾枳孃二合曩,校本甲缺。
⑬ 乞叉,原作"訖乂",據校本甲改。
⑭ 引,原脱,據校本甲補。
⑮ 南,校本甲作"喃"。
⑯ 乞叉,原作"訖乂",據校本甲改。
⑰ 曳,校本甲作"曵"。
⑱ 嵯,校本甲作"嵳"。
⑲ 冐地,校本甲作"冐引地引"。
⑳ 播引,校本甲作"跛"。
㉑ 上,原脱,據校本甲補。
㉒ 特,校本甲作"怛"。

三麼三麼滿怛嚂二合，五十四薩囉嚩二合耨欠鉢囉二合舍麼曩五十五娑底也二合蜜體拽二合，五十六怛①嚩二合鉢囉二合枳孃二合播囉弭跢穆②屈③姤④二合滿怛囉二合，五十七怛你也二合他五十八唵引⑤，五十九誐諦誐諦六十播囉誐諦六十一播囉僧去誐諦六十二冒地引，六十三娑嚩二合賀引，六十四

梵本般若波羅蜜多心經⑥

① 怛，校本甲作“特”。

② “穆”前，校本甲有“野”。

③ 屈，校本甲作“訖”。

④ 姤，原作“姤”，據校本甲改。

⑤ 唵引，校本甲無。

⑥ 尾題，校本甲作“心經終”。

佛爲優填王説王法政論經[①]

大興善寺三藏沙門大廣智不空奉詔譯[②]

尒時優填王獨處空閑,静室而坐,生如是心:“當云何知諸帝王真實過失及真實功德?我若知者,當捨其失,當修其德。若有沙門淨行者,能了爲我廣宣開示。”良久思已,便作是念:“唯我世尊,三界大師,具一切智,定知諸王所有真實過失及真實功德,我今當往佛世尊所請問斯義。故我今者來至佛所,惟願如來爲我開示。世尊,云何諸王真實過失?云何諸王真實功德?”作是請已。

尒時世尊告優填王曰:“大王,今者應當了知王之過失、王之功德、王衰損門、王可愛法及能起發王可愛之法。云何王之過失?大王,當知王過失者略有十種,王若成就如是過失,雖有大府庫,有大臣佐,有大軍衆,不可歸仰。何等爲十?一者、種姓不高,二、不得自在,三、立性暴惡,四、猛利憤發,五、恩惠賖薄,六、受邪佞言,七、所作不順古先王制,八、不顧善法,九、不鑒是非、勝之與劣,十、所向縱蕩、專行放逸。

“云何名王種姓不高?爲有庶臣不類而生,非宿尊貴,簒紹王位,是名種姓不高。

“云何名王不得自在?爲有帝王被諸大臣、輔相、官僚所制,不隨所欲;所作常有諫約,於妙五欲亦不如意歡娱遊戲,如是名王不得自在。

“云何名王立性暴惡?爲有帝王見諸臣類或餘人等犯小愆過,即便對面發麤惡言,咆悖、忿恚、顰蹙、貶黜,設不對面背彼向餘,而作於前黜罵等事;或不長時瞋恚,或於長時不捨。如是對面暴惡、背面暴惡,是名帝王立性暴惡。

“云何名王猛利憤發?謂有國王見諸羣臣有小愆過,有少違越,便削封禄,奪去妻妾,即以重法而刑罰之,如是名王猛利憤發。

“云何名王恩惠賖薄?謂有國王謂羣臣等親近侍衛,雖極清白善稱其心,而以微劣軟言慰喻,其頒賜爵禄、酬賞、勳庸,不能圓滿,不順常式,或損耗已,或稽留已,然

---

① 底本,《中華藏》第1488號,第66册第189頁中—193頁上,原《金藏》廣勝寺本。

② 譯名,《中華藏》校勘《徑》《清》作“唐三藏沙門大廣智不空奉詔譯”,《麗》作“開府儀同三司特進試鴻臚卿肅國公食邑三千户賜紫贈司空謚大鑒正號大廣智大興善寺三藏沙門不空奉詔譯”。

後方與,如是名[①]王恩惠[②]睒薄。

"云何名王受邪佞言?若有帝王見諸羣臣實非忠正,不閑憲式,潛謀輔佐,佞心偏黨,不修善政,妬嫉賢良,信用如是等人所進言議,由此因緣,王務、財寶、虚稱、善政並皆衰損,如是名王受邪佞言。

"云何名王不順先王所制?謂有國王不能究察,不審揀擇諸羣臣等,於種種務國法事中,不堪委任而委任之,堪委任者不委任之,應賞賚者而刑罰之,應刑罰者而賞賚之。又此羣臣處大朝會,餘論未終,發言間絶,不敬不憚,而興諫諍,不能依法而善奉行,不正能住先王教命,如是即名不順先王所制之法。

"云何名王不顧善法?謂有國王不信因果,不悟當來善不善業、人天果報,隨情造作身、語、意業三種惡行,不能以時惠施、修福、持齋、學戒、受陁羅尼業灌頂法門,於四無量心不興廣濟,如是名王不顧善法。

"云何名王不鑒是非、勝之與劣?謂有國王於諸大臣、輔相、官僚,用心顛倒,不善了知忠信、技藝、智慧差別。以不知故,非忠信,生忠信想;非技藝,有[③]技藝想;於惡慧所,生善慧想;於善慧所,生惡慧想。又諸臣等年耆衰邁,曾於久時親近侍衛,知其無勢,遂不敬愛;不賜爵禄,不酬其賞;被佗陵蔑,捨而不問。如是名王不鑒是非、勝之與劣。

"云何名王一向縱蕩、專行放逸?謂有帝王於妙五欲一向沈没,躭著嬉戲,不能時時誡慎,如是即名爲[④]一向縱蕩、專行放逸。若有國王成就如是十種過失,雖有大府庫、有大輔佐、有大軍衆,不久國界自然災亂,而不可歸仰。當知此十過失,初一是王種姓過失,餘九是王自性過失。

"云何名王之功德?大王,功德者略有十種:一者、種姓尊高,二者、得大自在,三者、性不暴惡,四、憤發輕微,五、恩惠猛利,六、受正直言,七、所作諦思,善順先教,八、顧戀善法,九、善知差别,十、不自縱蕩,不行放逸。

"云何名王種姓尊高?謂有國王,宿植善根,以大願力故生王族,紹繼國位,恩養萬姓,淨信三寶,如是名王種姓尊高。

"云何名王得大自在?謂有帝王,自隨所欲,於妙五欲歡娱遊戲,所應賞賜隨意而作,於百僚等所出教命宣布無滯,如是名王得大自在。

"云何名王性不暴惡?謂有國王,見諸羣臣雖違少小愆犯等事,而能容忍不即貶黜,不發麤言,亦不對面憤發,亦不内意祕匿,如是名王性不暴惡。

---

① "名"後,《中華藏》校勘《磧》《南》《徑》《清》有"爲"。

② 惠,《中華藏》校勘《磧》《南》《徑》《清》無。

③ 有,《中華藏》校勘《南》《徑》作"生",《石》《麗》作"所有"。

④ 如是即名爲,《中華藏》校勘《石》《麗》作"方便作所,應作慰勞群臣,如是名爲"。

"云何名王憤發輕微？謂有國王，諸羣臣等雖有大愆、有大違越，而不一切削其封禄、奪其妻妾，不以重法而刑罰之，隨過輕重而行矜降，如是名王憤發輕微。

"云何名王恩惠猛利？有諸羣臣、親近侍衛，其心清白、其心調順，王即時時以正圓滿軟言慰喻，頒賜勳庸，而不令彼損耗稽留、劬勞怨恨，易可親近，不難承事，如是名王恩惠猛利。

"云何名王受正直言？謂有國王，諸羣臣等實有忠正，無濁無偏，善閑憲式，情無違叛，其王信用如是等人[①]所進言議，國務財寶悉皆成就，名稱遠布，黎庶咸歡，如是名王受正直言。

"云何名王所作諦思，順先王教？謂有國王，性能究察、審能、揀擇諸羣臣等，於種種務公法事中，不堪委任者而不任之，堪委任者而委任之；應賞賚者而正賞賚，應刑罰者而正刑罰；凡有所爲審思審擇，然後方作，亦不卒暴。其王羣臣等雖處朝會，終不發言間絶餘論，要待言終而興諫諍，如其王教而善奉行，如是即名順先王教。

"云何名王顧戀善法？謂有帝王，信有因果、善不善業、人天果報，具足慙恥，而不恣情作身、語、意三種惡行，時時惠施，修福持齋，建立曼荼羅，受灌頂法，而設護摩供養聖衆，四無量心常懷廣濟，如是名王顧戀善法。

"云何名王能鑒是非、勝之與劣？謂有國王，於諸大臣、輔相、百僚心無顛倒，能善了知忠信、技藝、智慧差別，若有若無並如實知，於其無者輕而遠之，於其有者而敬愛之。又諸臣等年耆衰邁，曾於久時親近侍衛，雖知無勢、無力，然念昔恩，轉懷敬愛而不輕賤，爵禄、勳庸分賞無替，如是名王能鑒是非、勝之與劣。

"云何名王不自縱蕩，不行放逸？謂有國王，於妙五欲而不沈没，慠慢嬉戲而不躭著，能於時時誡慎方便，作所應作慰勞羣臣，如是名王不自縱蕩，不行放逸。若王成就如是功德，雖無府庫、無大輔佐、無大軍衆，不久國界自然豐饒而可歸仰。大王當知，如是十種王之功德，初一名爲種姓[②]功德，餘九自性功德。

"云何名爲王衰損門？大王，當知王[③]衰損門略有五種：一、不善觀察而攝羣臣，二、雖善觀察而無恩惠，縱有恩惠不得及時，三、專行放逸，不思國務，四、專行放逸，不守府庫，五、專行放逸，不修善法。如是五種皆悉名爲王衰損門。

"云何名王不善觀察而攝羣臣？謂有國王，於羣臣等不能究察，不審揀擇忠信、技藝、智慧差别，攝爲親侍，加以寵愛，厚賜爵禄，重委寄處，而相委任，數以軟言，而相慰喻。然此羣臣所謂財寶多有損費，若遇冤敵、惡友、軍陣而先退敗，以懼破散，便

① 等人，《中華藏》校勘《磧》《南》《徑》《清》作"人等"。

② 姓，《中華藏》校勘《磧》《南》《徑》《清》作"族"。

③ 王，《中華藏》校勘《磧》《南》《徑》《清》無。

生奔背，無戀於主。如是名王不善觀察而攝羣臣[①]。

“云何名王[②]雖善觀察而無恩惠，縱有非時？謂有國王，性能究察，審能揀擇，知是忠信、技藝、智慧，攝爲親侍，而不寵愛。不量其才，不賜爵禄，於形要處而不委任。忽於一時王遇冤敵、惡友、軍陣大怖畏事，臨急難時，於諸臣等方行寵爵，而以軟言慰喻。時羣臣等共相謂曰：‘王於今者危迫因緣，方於我等暫行恩惠，非長久心。’知此事已，雖有忠信、技藝、智慧，悉隱不現。如是名王雖善觀察而攝羣臣無恩惠行，縱有非時。

“云何名王專行放逸，不思國務？謂有國王，於應和好、所作所成國務等事，而不得時獨處空閑；或與智士共正思惟、和好方便乖絶等事，及應賞賚乃至軍陣所作所成要務等事，不勤在意。如是名王專行放逸，不思國務。

“云何名王專行放逸，不守府庫？謂有國王，寡營事業，不觀諸務，不禁王門、宫庭、庫藏，國家密要説向婦人，乃於捕獵、博戲事中費損財寶而不慎護。如是名王專行放逸，不守府庫。

“云何名王專行放逸，不修善法？謂有國王，於世所知柔和淳質、聰慧辯才、得理解脱所有沙門、婆羅門，不能數近禮敬諮詢，云何是善？云何不善？云何有罪？云何無罪？云何有福、吉祥法門，遠離諸惡？設得聞已，不依修行。如是名王專行放逸，不修善法。若有國王成就如是五衰損門，當知此王退失現世果報，乃至來生失人、天福。謂前四門現受福利，最後一門退來生果報。

“云何名爲王可愛法？大王當知，略有五種謂王可愛、可樂、可欣、可意之法。何等爲五？一者、人所敬愛，二、自在增上，三、能摧冤敵，四、善攝養身，五、能修善事。如是五種是王[③]可意之法。云何善能發起王可愛法？大王當知，略有五種善能發起王可愛法，何等爲五？一、恩養世間，二、英勇具足，三、善權方便，四、正受境界，五、勤修善法。

“云何名王恩養蒼生？謂有國王，性本知足，能爲謹慎，成就無貪、白淨之法；所有庫藏隨力給施貧窮、孤露；柔和忍辱，多以軟言曉喻國界；諸有羣臣有故違犯不可免者，量罪矜恕，以實以時，如理治罰。如是名王以王化法恩養蒼生，故感世間之所敬愛。

“云何名王英勇具足？謂有國王，神策不墜，武略圓滿，未降伏者而降伏之，已降伏者而攝護之，如是名王英勇具足。

---

① 不善觀察而攝羣臣，《中華藏》校勘《磧》《南》《徑》無。

② 云何名王，《中華藏》校勘《磧》《南》《徑》無。

③ “王”後，《中華藏》校勘《石》《麗》有“可愛可樂可欣”。

“云何名王善權方便？謂有國王，一切好事分明了知，方便能和，攝受彊黨，故得摧伏一切冤敵。

“云何名王正受境界？謂有國王，善能籌量府庫增減，不慳、不悋，平等受用，隨其時候所宜，給與所有臣佐[①]、親族、王等及伎樂人。又有疾時，應食所宜，避所不宜。醫候食性，方以食之。若食未消，或食而痢，皆不應食。應共[②]食者不應獨食，所有精味分布令歡。如是名王正受境界，遂能善巧攝養自身。

“云何名王勤修善法？謂有國王，具足淨信、戒、聞、捨、慧，於淨信處了信佗世，及信當來善不善業、人天果報，如是名爲具足淨信；受持淨戒，於年三長、每月六齋，遠離殺生及偷盜、邪行、妄言、飲酒諸放逸處，如是名王具足淨戒；於淨聞處、於現世業及當來果，修德進業，樂聽般若衆妙法門，專意勤心，究竟通達，如是名王具足淨聞；於淨捨心，遠離慳貪，舒手惠施，常應修福，圓滿平等，如是名王具足淨捨。謂於具足淨慧之處，如實了知有罪無罪，修與不修勝劣方便，親近多聞戒行沙門，遠離諸惡邪教之者，善知三種：果報圓滿、士用圓滿、功德圓滿。所謂國王繼習帝業，所生宗族聰利明慧，府庫財寶應用不虧，如是名爲果報圓滿；若諸國王善權方便，恒常成就，英勇進退，善達藝能，是即名爲士用圓滿；若諸國王任[③]持正法，與諸内宫王子、大臣共修惠施，行好善事，持齋受戒，慈三摩地門上妙梵行，頻作護摩，息災增益，建曼荼羅，具受灌頂，是爲功德圓滿。若能如是行者，是名淨慧具足。

“復次，大王，當知我已説王之過失、王之功德、王衰損門、王可愛法，及能發起王可愛之法，是故大王每日晨朝若讀、若誦此祕密王教，依之修行，即名聖王，即名法王。諸佛、菩薩、天龍八部日夜加持，恒常護念，能感世閒風雨順時，兵甲休息，諸國朝貢，福祚無邊，國土安寧，壽命長遠，是故當獲一切利益，現世安樂。”

尒時優填王聞佛所説，踴躍歡喜，信受奉行。

佛爲優填王説王法政論經

---

① 佐，《中華藏》校勘《磧》《南》《徑》《清》無。

② 共，《中華藏》校勘《磧》《南》《徑》《清》作“供”。

③ 任，《中華藏》校勘《磧》《南》《徑》《清》作“住”。

翻譯經軌·顯教經典·字門

大方廣佛華嚴經入法界品四十二字觀門①

開府儀同三司特進試鴻臚卿肅國公食邑三千户賜紫贈司空
謚大辨正號大廣智大興善寺三藏沙門不空奉詔譯②

尒時善財童子從天宫③下，向迦毗羅城，至善知衆藝童子所，頭頂禮敬，於一面立。白言："聖者，我已發阿耨多羅三藐三菩提心，而未知菩薩云何學菩薩行？云何修菩薩道？我聞聖者善能④教誨，願爲我説。"時彼童子告善財言："善男子，我得菩薩解脱，名善知衆藝，我恒稱持入此解脱根本之字。"

𑖀(a)阿上字時，名由菩薩威德入無差别境界般若波羅蜜門，悟一切法本不生故。

𑖨(ra)囉字時，入無邊際差别般若波羅蜜門，悟一切法離塵垢故。

𑖢(pa)跛字時，入法界際般若波羅蜜門，悟一切法勝義諦不可得故。

𑖓(ca)左輕呼字時，入普輪斷差别般若波羅蜜門，悟一切法無諸行故。

𑖡(na)曩舌頭呼字時，入無阿賴耶際般若波羅蜜門，悟一切法性相不可得故。

𑖩(la)攞字時，入無垢般若波羅蜜門，悟一切法出世間故、愛支因緣永不現故。

𑖟(da)娜字時，入不退轉加行般若波羅蜜門，悟一切法調伏寂静、真如平等無分别故。

𑖤(ba)麽字時，入金剛場般若波羅蜜門，悟一切法離縛解故。

𑖚(ḍa)拏上字時，入普遍輪般若波羅蜜門，悟一切法離熱矯穢、得清凉故。

𑖬(ṣa)灑字時，入海藏般若波羅蜜門，悟一切法無罣礙故。

---

① 底本，《中華藏》第1457號，第65册第834頁上—837頁上，原《麗藏》本。校本，《大正藏》第1019號，第19册第707頁下—709頁上。經名，《中華藏》校勘《磧》《南》《徑》《清》作"大方廣佛華嚴經入法界品四十二字觀"，"觀門"，《大正藏》校勘宋本作"輪觀門法"。

② 譯名，《中華藏》校勘《石》《磧》《南》作"特進試鴻臚卿大興善寺三藏沙門大廣智不空奉詔譯"，《徑》《清》作"唐特進試鴻臚卿三藏沙門大廣智不空奉詔譯"。

③ 宫，《中華藏》校勘《磧》《南》《徑》《清》無。

④ 善能，《中華藏》校勘《徑》作"能善"。

(va)嚩字時，入普遍生安住般若波羅蜜門，悟一切法言語道斷故。

(ta)多上字時，入照曜塵垢般若波羅蜜門，悟一切法真如不動故。

(ya)野字時，入差別積聚般若波羅蜜門，悟一切法如實不生故。

(ṣṭa)瑟吒二合，上字時，入普遍光明息除熱惱般若波羅蜜門，悟一切法制伏任持相不可得故。

(ka)迦上字時，入差別種類般若波羅蜜門，悟一切法作者不可得故。

(sa)娑上字時，入現前降霔大雨般若波羅蜜門，悟一切法時平等性不可得故。

(ma)莽輕呼字時，入大迅疾衆峯般若波羅蜜門，悟一切法我所執性不可得故。

(ga)誐字時，入普遍輪長養般若波羅蜜門，悟一切法行取性不可得故。

(tha)他上字時，入真如無差別般若波羅蜜門，悟一切法處所不可得故。

(ja)惹字時，入世間流轉窮源清淨般若波羅蜜門，悟一切法能所生起不可得故。

(sva)娑嚩二合字時，入念一切佛莊嚴般若波羅蜜門，悟一切法安隱性不可得故。

(dha)馱字時，入觀察法界道場般若波羅蜜門，悟一切法能持界性不可得故。

(śa)捨字時，入隨順一切佛教般若波羅蜜門，悟一切法寂静性不可得故。

(kha)佉上字時，入現行因地智慧藏般若波羅蜜門，悟一切法如[①]虛空性不可得故。

(kṣa)訖灑二合字時，入決擇息諸業海藏般若波羅蜜門，悟一切法窮盡性不可得故。

(sta)娑多[②]二合，上字時，入摧諸煩惱清淨光明般若波羅蜜門，悟一切法住持處非處令不動轉性不可得故。

(ña)孃輕呼，上字時，入生世間了別般若波羅蜜門，悟一切法能所知性不可得故。

(rtha)囉他二合，上字時，入逆生死輪智道場般若波羅蜜門，悟一切法執著義性不可得故。

(bha)婆引，去字時，入一切宫殿道場莊嚴般若波羅蜜門，悟一切法可破壞性不可得故。

(cha)磋上字時，入修行加行藏蓋差别道場般若波羅蜜門，悟一切法欲樂覆性不可得故。

(sma)娑麽二合字時，入現見十方諸佛旋般若波羅蜜門，悟一切法可憶念性不可得故。

---

① 如，《中華藏》校勘《磧》《南》《徑》《清》無。

② 娑多，《中華藏》校勘《石》作“娑頞”。

(hva)訶嚩二合字時，入觀察一切衆生堪任力遍生海藏般若波羅蜜門，悟一切法可呼召性不可得故。

(tsa)哆娑二合字時，入一切功德海趣入修行源底般若波羅蜜門，悟一切法勇健性不可得故。

(gha)伽去字時，入持一切法雲堅固海藏般若波羅蜜門，悟一切法厚平等性不可得故。

(ṭha)姹上字時，入願往詣十方現前見一切佛般若波羅蜜門，悟一切法積集性不可得故。

(ṇa)儜上字時，入字輪積集俱胝字般若波羅蜜門，悟一切法離諸諠諍無往無來行住坐卧不可得故。

(pha)頗字時，入成熟一切衆生際往詣道場般若波羅蜜門，悟一切法遍滿果報不可得故。

(ska)塞迦二合，上字時，入無著無礙解脱[①]地藏光明輪普照般若波羅蜜門，悟一切法積聚藴性不可得故。

(ysa)也娑上，二合字時，入宣説一切佛法境界般若波羅蜜門，悟一切法衰老性相不可得故。

(śca)室左二合，上字時，入一切虚空以法雲雷震吼普照般若波羅蜜門，悟一切法聚集足跡不可得故。

(ṭa)吒上字時，入無我利益衆生究竟邊際般若波羅蜜門，悟一切法相驅迫性[②]不可得故。

(ḍha)荼引，去字時，入法輪無差别藏般若波羅蜜門，悟一切法究竟處所不可得故。

“善男子，我稱如是入諸解脱根本字時，此四十二般若波羅蜜爲首，入無量無數般若波羅蜜門。

“又善男子，如是字門，是能悟入法空邊際。除如是字，表諸法空更不可得。何以故？如是字義不可宣説，不可顯示，不可執取，不可書持，不可觀察，離諸相故。善男子，譬如虚空是一切物所歸趣處，此諸字門亦復如是，諸法空義皆入此門，方得顯了。若菩薩摩訶薩於如是入諸字門得善巧智，於諸言音所詮所表皆無罣礙，於一切法平等空性盡能證[③]持，於衆言音咸得善巧。若菩薩摩訶薩能聽如是入諸字門，印[④]阿上字印，聞已受持，讀誦通利，爲他解説，不貪名利，由此因緣得二十種殊勝功德。

① 脱，《中華藏》校勘《石》《磧》《南》《徑》《清》作“辯”。

② 性，《中華藏》校勘《石》無。

③ 證，《中華藏》校勘《磧》《南》《徑》《清》作“詮”。

④ 印，《中華藏》校勘《磧》《南》《徑》《清》作“印列”。

何等二十？謂得强憶念，得勝慚愧，得堅固力，得法旨趣，得增上覺，得殊勝慧，得無礙辯，得總持門，得無疑惑，得違順語不生恚愛，得無高下平等而住，得於有情言音善巧，得藴善巧處善巧界善巧，得緣起善巧、因善巧緣、善巧法善巧，得根勝劣智善巧、他心智善巧，得觀星曆善巧，得天耳智善巧、宿住隨念智善巧、神境智善巧、死生智善巧，得漏盡智善巧，得説處非處智善巧，得往來等威儀路善巧，是爲得二十種殊勝功德。善男子，我唯知此入諸解脱根本字智，如諸菩薩摩訶薩能於一切世閒善巧之法，以智通達，到於彼岸，而我云何能知、能説彼功德行？”

時善財童子頭面敬禮衆藝之足，遶無數匝，戀仰而去。

大方廣佛華嚴經入法界品頓證毗盧遮那法身字輪瑜伽儀軌①

夫欲頓入一乘，修習毗盧遮那如來法身觀者，先應發起普賢菩薩微妙行願。復應以三密加持身心，則能悟入文殊師利大智慧海。然修行者寂初於空閑處攝念、安心、閉目、端身，結跏趺坐，運心普緣無邊刹海，諦觀三世一切如來，遍於一一佛菩薩前，慇勤恭敬，禮拜旋遶，又以種種供具雲海奉獻如是等一切衆聖。廣大供養已，復應觀自心，心本不生，自性成就，光明遍照猶如虚空。復應深起悲念，哀愍衆生不悟自心輪迴諸趣，我當普化拔濟其開悟，盡無有餘。復應觀察自心諸衆生心及諸佛心，本無有異，平等一相，成大菩提心，瑩徹清凉，廓然周遍，圓明皎潔，成大月輪，量等虚空，無有邊際。復應於月輪内右旋布列四十二梵字，悉皆金色，放大光明，照徹十方，分明顯現。一一光中見無量刹海，有無量諸佛，有無量衆前後圍遶，坐菩提場②，成等正覺，智入三際，身遍十方，轉大法輪，度脱群品，悉令現證無住涅槃。復應悟入般若波羅蜜四十二字門，了一切法皆無所得，能觀正智，所觀法界，悉皆平等，無異無别。修瑜伽者若能與是旋陁羅尼觀行相應，即能現證毗盧遮那如來智身，於諸法中得無障礙。

華嚴四十二字觀門③圓明字輪④

① 此附標題及其内容，原作正文，此改注文，《大正藏》析出另編。

② 場，《中華藏》校勘《磧》《南》《徑》《清》作“座”。

③ 此題原作卷末經名，《中華藏》校勘《石》作“大方廣花嚴字輪瑜伽儀軌一卷”，《磧》作“大方廣佛華嚴經入法界品四十二字輪觀門法”，《南》《徑》《清》作“大方廣佛華嚴經入法界品四十二字觀”。

④ “圓明字輪”及圖，《中華藏》校勘《石》《磧》《南》《徑》《清》無。

四十二字頌曰：

阿上囉跛左曩攞娜麼拏上灑嚩頦上野瑟吒二合，上[①]迦上娑上莽誐他上惹娑嚩二合馱捨佉上訖灑二合娑頦二合，上孃上囉他二合，上婆去縒上娑麼二合訶嚩二合哆娑二合伽上姹上儜上頗娑迦二合野娑二合，上室左二合，上吒上荼去

大方廣佛華嚴經入法界品四十二字觀門

① “二合，上”，原作“上，二合”，據文意改，下“囉他”後“二合，上”同。

文殊問經字母品第十四[①]

開府儀同三司特進試鴻臚卿肅國公食邑三千户賜紫贈司空
謚大辨正號大廣智大興善寺三藏沙門不空奉詔譯[②]

尒時文殊師利白佛言：世尊，一切諸字母，云何一切諸法入於此及陁羅尼字？

佛告文殊師利：一切諸法入於字母及陁羅尼字，文殊師利，如：

稱阿上字時，是無常聲。

稱阿引，去字時，是遠離我聲。

稱伊上字時，是諸根廣博聲。

稱伊引，去字時，是世間災害聲。

稱塢上字時，是多種逼迫聲。

稱汙引字時，是損減世間多有情聲。

稱哩字時，是直軟相續有情聲。

稱哩引[③]字時，是斷染遊戲聲。

稱力字時，是生法相聲。

稱嚧引[④]字時，是三有染相聲。

稱曀字時，是起[⑤]所求聲。

稱愛字時，是威儀勝聲。

稱汙字時，是取聲。

稱奥字時，是化生聲[⑥]。

---

① 底本，《中華藏》第1435號，第65册第678頁中—679頁上，原《金藏》廣勝寺本。第678頁中第1—11行，原版殘，以《麗藏》本補。經名末"第十四"，《中華藏》校勘《徑》《清》無。

② 譯名，《中華藏》校勘《磧》《南》作"大興善寺三藏沙門大廣智不空奉詔譯"，《徑》《清》作"唐特進試鴻臚卿三藏沙門大廣智不空奉詔譯"。

③ 引，《中華藏》校勘《麗》作"引去"。

④ 嚧，《中華藏》校勘《磧》《普》《南》《徑》《清》《麗》作"嚧"。又音注"引"，《磧》《普》《南》《徑》《清》無。

⑤ 起，原作"超"，據《中華藏》校勘《麗》及《大日經義釋》改。

⑥ 聲，《中華藏》校勘《麗》作"之聲"。

稱暗字時，是無我所聲。

稱惡字時，是沈没聲。

稱迦上字時，是入業異熟聲。

稱佉上字時，是出一切法等虚空聲。

稱誐上字時，是甚深法聲。

稱伽去字時，是摧稠密[①]、無明、闇冥聲。

稱仰字時，是五趣清淨聲。

稱左字時，是四聖諦聲。

稱蹉上[②]字時，是不覆欲聲。

稱惹字時，是超老死聲。

稱酇才舸反字時，是制伏惡語言聲。

稱孃上字時，是制伏佗魔聲。

稱吒上字時，是斷語聲。

稱咤上字時，是出置答聲。

稱拏上字時，是出攝伏魔諍聲。

稱荼去字時，是滅穢境界聲。

稱拏鼻聲呼字時，是除諸煩惱聲。

稱多上字時，是真如無間斷聲。

稱佗[③]字時，是勢力進無畏聲。

稱娜字時，是調伏律儀、寂静安隱聲。

稱馱字時，是七聖財聲。

稱曩字時，是遍知名色聲。

稱跛字時，是勝義聲。

稱頗字時，是得果作證聲。

稱麽字時，是解脱繫縛聲。

稱婆[④]字時，是出生三有聲。

稱莽鼻聲呼字時，是息憍慢聲。

稱野字時，是佛通達聲。

稱囉梨假反字時，是樂不樂勝義聲。

---

① 密，原作“蜜”，據《中華藏》校勘《磧》《普》《南》《徑》《清》《麗》改。

② 蹉，《中華藏》校勘《麗》作“磋”。音注“上”，《磧》《南》《徑》《清》無。

③ 佗，《中華藏》校勘《石》《磧》《普》《南》《徑》《清》有音注“上”。

④ 婆，《中華藏》校勘《石》《磧》《普》《南》《徑》《清》有音注“去”。

稱砢字時，是斷愛支聲。

稱嚩無可反字時，是寂上乘聲。

稱捨字時，是出信、進、念、定、慧聲。

稱灑[①]字時，是制伏六處、得六神通智聲。

稱娑[②]字時，是現證一切智聲。

稱賀字時，是害煩惱，離欲聲。

稱乞灑二合字時，是一切文字究竟無言説聲。

文殊師利，此謂字母義，一切諸字入於此中。

文殊問經字母品第十四[③]

---

① 灑，《中華藏》校勘《磧》《南》《徑》《清》有音注"上"。

② 娑，《中華藏》校勘《石》《麗》有音注"上"。

③ 卷末經名，《中華藏》校勘《石》作"文殊師利問經"，《徑》《清》作"文殊問經字母品"，《麗》作"文殊師利問字母經"。

翻譯經軌·顯教經典·論

大乘緣生論[①]

聖者鬱楞迦造

開府儀同三司特進試鴻臚卿肅國公食邑三千户賜紫贈司空

謚大辨正號大廣智大興善寺三藏沙門不空奉詔譯[②]

從一生於三,從三轉生六,
六二二更六,從六亦生六。
從六有於三,此三復有三,
三復生於四,四復生於三。
從三生於一,彼一復生七,
於中所有苦,牟尼説皆攝。
十二種差别,智士説爲空,
緣生支力故,應知十二法。
無知與業識,名色根三和,
領[③]渴及以取,集出熟後邊[④]。
初八九煩惱,第二第十業,
餘七皆是苦,三攝十二法。
初二是過去,後二未來時,
餘八是現在,此謂三時法。

---

① 底本,《中華藏》第1467號,第65册第890頁中—895頁中,原《金藏》廣勝寺本。第890頁中至同頁下第8行原本殘,以《麗藏》本補。經名後,原有"一卷",《中華藏》校勘《磧》《南》《徑》《清》無,此略,卷末經名同。

② 譯名,《中華藏》校勘《石》作"大興善寺三藏沙門大廣智不空奉詔譯",《磧》《南》作"特進試鴻臚卿大興善寺三藏沙門大廣智不空奉詔譯",《徑》《清》作"唐特進試鴻臚卿三藏沙門大廣智不空奉詔譯"。

③ 領,《中華藏》校勘《石》《磧》《南》作"飲"。

④ 出熟後邊,原作"生熟次終",據釋文及《中華藏》校勘《磧》《南》《徑》《清》改。

煩惱業感報，報還生煩惱，
煩惱復生業，亦由業有報。
離惱何有業？離業何有報？
無報則離惱，此三各寂滅。
五支因生果，名爲煩惱業，
七支以爲果，七種苦應知。
因中空無果，果中亦無因，
因中亦無因，果中亦無果，
因果二俱空[①]，智者空相應。
世中四種支，因果合故有，
煩惱業果合，應許爲六分。
有節所攝故，二節及三略，
因果雜爲節，三四節總略。
二三二三二，苦位有五法，
作者及藏界，境轉生流行。
迷惑發起果，等[②]流果爲二，
相應根分中，一一三二分。
熱惱缺短果，轉出等流果，
相應餘分中，二一一一法。
此有十二種，和合故緣生，
無衆生無命，空無慧以知[③]。
無我無我所，無我無我中，
四種無知空，餘支亦如是。
斷常二邊離，此即是中道，
若覺已成就，覺體是諸佛。
覺已於衆中，聖仙説無我，
曾於《城喻經》，導師説此義。
迦栴延經説，正見及空見。
破邏遇拏經，張宿名也。亦説殊勝空。
緣生若正知，彼知空相應，

① 因果二俱空，原脱，據《中華藏》校勘《磧》《南》《徑》《清》補。
② 等，《中華藏》校勘《石》《徑》《清》作“報”。
③ 慧以知，《中華藏》校勘《磧》《南》《徑》《清》作“以慧知”。

緣生若不知，亦不知彼空。
於空若起慢，於蘊不生猒，
彼名惡趣空[①]，則迷緣生義。
緣生不迷故，離慢彼知空，
及猒於蘊故，不迷於業果。
業作緣續生，亦非不緣此，
空緣當有此，業報受用故[②]。
十二支差别，先[③]已説緣生，
彼煩惱苦業[④]，三中如法攝。
從三生於二，從二生於七，
從七復生三，有輪如是轉。
一切皆因果，從空生於空，
從法生於法[⑤]。藉緣生煩惱，
藉緣亦生業。藉緣亦生報，
無一不有緣。誦燈印鏡音，
日光種子醋，蘊續不移時[⑥]，
智應觀彼二。

《緣生三十論》本竟。

《緣生三十論》，我當隨順次第解釋：

從一生於三，從三轉生六，
六二二更六，從六亦生六。

從一生於三者，一謂無知，此無知者説名無明，於苦、集、滅、道中不覺知，故名爲無知。由故則有福非福，不動説名三行，及身行、口行、心行等，從其轉生。從三轉生六者，從三行生六識身，所謂眼識、耳識、鼻識、舌識、身識、意識。六二者，彼六識身轉生二種，所謂名、色。二更六者，名、色二種轉生六處，所謂眼處、耳處、鼻處、舌處、身處、意處。從六亦生六者，從彼六處轉生六觸，所謂眼觸、耳觸、鼻觸、舌觸、身觸、

① “於蘊不生猒，彼名惡趣空”，《中華藏》校勘《徑》《清》作“則不猒於蘊，若有彼無見”。

② 故，《中華藏》校勘《石》《清》《麗》作“具”。

③ 先，《中華藏》校勘《徑》作“前”。

④ 苦業，《中華藏》校勘《石》《清》《麗》作“業苦”。

⑤ “一切皆因果，從空生於空，從法生於法”，《中華藏》校勘《徑》《清》作“因果生諸世，無别有衆生，唯是於空法，還自生空法”。

⑥ 時，《中華藏》校勘《徑》《清》作“轉”。

意觸。

從六有於三，此三復有三，

三復生於四，四復生於三。

從六有於三者，從彼六觸轉生三受，所謂樂受、苦受、不苦不樂受。此三復有三者，還從彼等三受轉生三種愛，所謂欲愛、有愛、無有愛。三復生於四者，從彼三種愛轉生四取，所謂欲取、見取、戒禁取、我語取。四復生於三者，從彼四取轉生三有，所謂欲有、色有、無色有。

從三生於一，彼一復生七，

於中所有苦，牟尼説皆攝。

從三生於一者，還以彼等三有作緣生，當來一種生。彼一復生七者，還從一生當有老、死、愁、歎、苦、憂、惱等七種。於中所有苦牟尼説皆攝者，於中無明爲始，苦爲終，無量種苦，世尊略説皆此所攝。

十二種差別，智士説爲空，

緣生支力故，應知十二法。

十二種差別智士説爲空者，此無知等差別有十二支，彼一切皆自性空，應當知如此所説唯是空法，從空生空，從法生法，由緣生支法故。應知十二法者，若以次第生支力故，彼十二法如是應知：彼中迷惑相者是無明，彼行句處積集當有相者是行，彼識句處次受生支轉出相者是識，彼名色句處名身、色身和合相者是名色，彼六處句安置根相是六處，彼觸句處眼色識共聚相者是觸，彼受句處愛、非愛、顛倒受用相者是受，彼愛句處無猒足相者是愛，彼取句處執持攝取相者是取，彼有句處名身色身相者是有，彼生句處藴生起相者是生，彼老句處成熟相者是老，彼死句處命根斷者是死，彼愁句處怱遽相者是愁，彼歎句處哭聲者是歎，彼苦句處身逼惱相者是苦，彼憂句處心逼惱相者是憂，彼諸熱惱句處損害相者是惱。

無知與業識，名色根三和，

領渴及以取，集出熟後邊。

於中無知者是無明，業者行，識者是了別，名色五藴聚，根[①]者是處，三和者是觸，領納者是受，渴者是愛，取者是執持，受用者是有，起者是生，熟者是老，後邊者是死。

又此等差別相攝，我當次第説之，於中煩惱業差別：

初八九煩惱，第二第十業，

餘七皆是苦，三攝十二法。

① 根，《中華藏》校勘《磧》《南》《徑》《清》作“相”。

三煩惱者，無明、愛、取。二業者，行、有。七[1]報者，識、名色、六處、觸受、生、老死等。此十二法三種所攝，又時差別。

初二是過去，後二未來時，
餘八是現在，此謂三時法。

無明、行初二種過去時，生老、死後二種未來，識、名色、六處、觸、受、愛、取、有八種現在時。

又此等各各次第相生：

煩惱業感報，報還生煩惱，
煩惱復生業，亦由業有報。

煩惱業報三種如前所説，由彼煩惱故有業，由業故有報，還由報故有煩惱，由煩惱故有業，由業故有報。

問曰：由煩惱盡，各各寂滅，其義云何？答曰：

離惱何有業？離業何有報？
無報則離惱，此三各寂滅。

若其此心無煩惱染，則不集業；若不作業，則不受報；若滅報者，亦不生煩惱。如是此三各各寂滅。

又此等有因果分：

五支因生果，名爲煩惱業，
七分以爲果，七種苦應知。

五種因名爲煩惱業者，如前所説，無明、行、愛、取、有是也。七種果轉生者，亦如前所説，七種苦所謂識、名色、六處、觸、受、生、老死是也。

又此因果二種空：

因中空無果，果中亦無因，
因中亦無因，果中亦無果，
因果二俱空[2]，智者空相應。梵本一偈，今爲一偈半。

若此所説因果二種，於中若因空果亦空，果空因亦空，因空因亦空，果空果亦空。於此四句際當與相應。

又此更有别分：

世中四種支，因果合故有，
煩惱業果合，應許爲六支。

---

① 七，《中華藏》校勘《磧》《南》《清》作“十”。

② 因果二俱空，《中華藏》校勘《石》《麗》無。

世中四種支因果合故有者，所説三世五種因，共七種果。總略爲四種，次第有四種分。於中無明、行，過去時二法，爲初分；識、名色、六處、觸、受，現在時，爲第二分；愛、取、有，亦是現在時，爲第三分；生、老死，未來時二法，爲第四分。此謂四種分也。煩惱業果結許爲六分者，煩惱業報三種結爲二根，則爲六分。於中無明乃至受，以無明爲根；愛乃至老死爲愛根。無明根中，無明是煩惱分，行是業分，識、名色、六處、觸、受是報分。愛根中，愛、取是煩惱分，有是業分，生、老死是報分。

又節分總略：

有節所攝故，二節及三略，

因果雜爲節，三四節總略。

有節爲本，發起二節，所謂有、生兩間是第一節，行、識兩間是第二節，此二節此二並爲業果節。受、愛中因果共雜是第三節，此之三節復爲四種總略。無明、行二種是第一總略，識、名色、六處、觸、受五種是第二總略，愛、取、有三種是第三總略，生、老死二種是第四總略。此謂三節及四總略。

又此等法中位時差別：

二三二三二，苦位有五法，

作者及藏界，境轉生流行。

法者，無明、行説爲二種，識、名色、六處説爲三種，觸、受説爲二種，愛、取、有説爲三種。又二者，生、老死説爲二種，此等五法是苦位中作者，胎藏境界發轉出生。於中流行如數當知，於中無明、行二種説爲苦位中作者，識、名色、六處三種説爲苦位中胎藏，觸、受二種説爲苦位中境界，愛、取、有三種説爲苦位中發生①，生、老死二種説爲苦位中流行。

又果差別：

迷惑發起果，報流果爲二，

相應根分中，一一三二分。

如前所説，此無明根及愛根，於無明根初分中，迷惑、發起、報、等流，名四種果。一一三二數分之道，隨其次第當與相應。於中無明是迷惑果，行是發起果，識、名色、六處是報果，觸受是等流果。

復有餘殘果：

熱惱缺短果，轉出等流果，

相應餘分中，二一一一法。

如前所説，第二愛根分中，熱惱、缺短、轉生、等流果等，隨其數分二一一一，於此

① 發生，《中華藏》校勘《麗》作“發轉生”。

法中當與相應。於中愛取是熱惱果，有是缺短果，生是轉出果，老死是等流果，如是此等則有八果。

此有十二種，和合緣生故[①]，
無衆生無命，空無以慧知。

如是無明古譯無明，今"無知"乃正也。爲初，老死爲後，有十二支和合勝故，各各緣生。而無衆生、無壽命，空無以慧應知。於中無衆生者，以不牢固故。無壽命者，以無我故。空者無作者，以無作者故。

無我無我所，無我無我中，
四種無知空，餘支亦如是。

無知是無我，此中無知是無我所。以無我故，無我中、無無知。四種無知、無我所中，亦無無知空，如四種次第無知空。

如是行等餘支，亦皆是空，應當知之。

斷常二邊離，此即是中道，
若覺已成就，覺體是諸佛。

有是常執，無是斷執，此二邊由[②]此生緣故生彼。彼諸有中，若離二邊，即契中道。若不知此是義，則諸外道墮於二邊。若覺悟已，是則一切諸佛如佛於世間能成就非餘。

覺已於衆中，聖仙説無我，
曾於《城喻經》，導師説此義。

彼亦是此中道，覺已於諸衆中，佛説無我、無我所，汝等比丘當知，謂著我、我所，愚童凡夫寡聞之類。隨假施設中，復我及我所。比丘生時但苦生，滅時但苦滅，如《城喻經》中導師已説義。

又：

迦旃延經説，正見及空見，
破邏具拏經，亦説殊勝空[③]。

此等三經及以餘處，如是之相，世尊已廣説。

緣生若正知，彼知空相應，
緣生若不知，亦不知彼空。

於前所説緣生若有正知，彼知無異。彼復何知？謂知於空。緣生若不知亦不知空者，於此緣生若其不知，亦於彼空不能解入，應知之。

---

① 緣生故，《中華藏》校勘《石》《麗》作"故緣生"。

② "由"後，《中華藏》校勘《石》《磧》《南》《徑》《清》多一"此"字。

③ 空，《中華藏》校勘《石》作"經"。

於空若起慢，則不猒[①]於蘊，

若有彼無見，則迷緣生義。

於空若起慢則不猒，若起空慢，則於五蘊中不生猒離。若有彼無見則迷緣生義者，若復由於無見迷此緣生義故，則於四種見中隨取何見？一者斷見，二者常見，三者自在化語，四者一切宿業作。

緣生不迷故，離慢彼知空，

及猒於蘊故，不迷於業果。

緣生不迷故離慢彼知空者，於前所說各各緣生中，若無迷心，及於執取我、我所中，若得離慢，彼則如法，能入於空。及猒於蘊故不迷於業果者，五蘊中執取我、我所故，則徧世間輪轉不息。於彼蘊中猒離故，於此[②]業果相續，則無顛倒，亦不迷惑。

又問[③]：此義云何？

業作緣續生，亦非不緣此，

空緣當有此，業報受用具。

業作緣續生亦非不緣此者，煩惱、業報如前所說。彼以如是善、不善業，推遣衆生，傍及上下，相續而生。若非此業則不作緣，若不然者，則不作業受報，已作業而失。空緣當有此業報受用具者，若由此等善、不善業有報受用，則自性是空，本無有我，作緣發生彼性空亦應當知。

彼義今更略說：

十二支差別，前已說緣生，

彼煩惱業苦，三中如法攝。

無明爲初，老死爲後，是十二支緣生差別如前所說。彼中三是煩惱，二是業，七是苦，皆已攝入。

從三生於二，從二生於七，

從七復生三，有輪如是轉。

無明、愛、取三種所生行有二種，彼二所生識、名色、六處、觸、受、生、老死七支。彼七支中如前所說還生三種，彼三復其二更七，是故二種次第不斷，此之有輪如是轉。

因果生諸世，無別有衆生，

唯是於空法，還自生空法。

---

① "猒"後，《中華藏》校勘《南》《徑》《清》有"者"。

② 此，《中華藏》校勘《石》《麗》無。

③ 問，《中華藏》校勘《石》作"何"，《麗》無。

因果生諸世無別有衆生者,無明、行、愛、取、有五種名因;識、名色、六處、觸、受、生、老死七種果,此等所有普徧世間。若我、若衆生、若壽[①]、若生者、若丈夫、若人、若作者,是等分别唯虚誑。應當知之,彼云何生?唯是於空法還自生空法,謂自性空中假名煩惱業果,唯有空假名煩惱業果法生,此是其義。

藉緣生煩惱,藉緣亦生業,
藉緣亦生報,無一不有緣。

若有煩惱則有種種無量業,及種種業所生果報,彼皆因共緣。應當知之,無有一法無因緣者。

又爲明彼義,今更説譬喻:

誦燈印鏡音,日光種子醋,
衆[②]續不移轉,智應觀彼二。

如誦有教誦者、受誦者,所有教誦不移轉受誦,何故?教誦者仍安[③]故。其教誦者亦不相續,何以故?自不自故。如燈次第生,非是初燈,移轉亦非第二,無因而生。如是印與像二種,面與鏡二種,音與響二種,日與火二種,種子與芽二種,醋與舌涎二種。此等所有皆不移轉,亦非不生,亦非無因而生。彼二種五藴,相續次第轉,非初藴而移轉。而第二藴亦非不生,亦非無因而生。智者於此藴相續次第不移轉,應當正觀。又内外相應有十種,皆當知。於中外十種者,一者非常故,二者非斷故,三者不移轉故,四者因果相繫無中間故,五者非彼體故,六者非别異故,七者無作者故,八者非無因故,九者刹那滅故,十者同類果相繫故。彼外所有種子滅無餘故非常;芽出生故非斷;種子滅無餘已,其芽本無今有生,故不移轉;彼所相續,無有斷絶,因果相繫,故無中間,種子、芽差别故[④]非彼體;從出生故非别異;因緣和合故無作者;種子爲因故非無因;種子、芽莖、枝葉、華果等展轉相生故刹那滅;甜、醋、鹹、苦、辛、澀隨因差别果轉出故同類果相繫。於中内十種者,一者死邊藴滅無餘故非常;二者得次生支藴故非斷;三者死邊藴滅無餘已,次生支藴,本無今有生故不移轉;四者藴相續,無有斷絶,因果相繫故無中間;五者死邊次生支藴差别故非彼體;六者從彼出生故非别異;七者因緣和合故無作者;八者煩惱業爲因故非無因;九者迦邏羅頞浮陀箄尸伽那奢[⑤]佉,出胎嬰孩、童子、少年、長宿等,展轉相生故刹那滅;十者善、不善薰,隨因差别果轉出故同類果相繫。

① 壽,《中華藏》校勘《石》作"受"。
② 衆,《中華藏》校勘《徑》作"藴"。
③ "安"後,《中華藏》校勘《磧》《南》《徑》《清》《麗》有"安"。
④ 故,《中華藏》校勘《磧》《南》《徑》《清》作"所"。
⑤ 奢,《中華藏》校勘《石》《麗》作"奄"。

又有三偈：

如燈焰轉生，識身亦如是，
前際與後際，亦無有積集。
不生亦有生，破壞不和合，
所生亦無住，而此作業轉。
若於彼緣生，而能觀知空，
若知彼施設，則契於中道。

於中無明、行、愛、取、有是爲集諦，識、名色、六處、觸、受、生、老死是爲苦諦。彼十二支，道諦者令彼滅證方便，所謂念處、正斷、如意足、根、力、覺支、八聖道，名爲道諦。

大乘緣生論一卷

翻譯經軌·顯教經典·讚

百千頌大集經地藏菩薩請問法身讚[①]

開府儀同三司特進試鴻臚卿肅國公食邑三千户賜紫贈司空
謚大辨正號大廣智大興善寺三藏沙門不空奉詔譯[②]

歸命禮法身！住於諸有情，
彼由不遍知，輪迴於三有。
其性即生死，淨時亦復然，
清淨是涅槃，亦即是法身。
譬如乳相雜，醍醐不可得，
如煩惱相雜，法界不可見。
譬如淨乳已，酥精妙無垢，
如淨其煩惱，法界極清淨。
如燈在其瓶，光耀無所有，
如在煩惱瓶，法界不照耀。
彼彼令一邊，其瓶若得穴，
由彼彼一邊，光明而外出。
以三摩地杵，破壞煩惱瓶，
遍滿於虚空，普遍光照耀。
法界亦不生，亦不曾壞滅，
一切時不染，初中常無垢。
譬如吠琉璃，常時極光明，

① 底本，《中華藏》第1404號，第65册第417頁中—419頁下，原《金藏》廣勝寺本。其中第417頁中原本殘缺，以《麗藏》本補。

② 譯名，《中華藏》校勘《石》作“特進試鴻臚卿大興善寺三藏沙門不空奉詔譯”，《磧》《南》作“特進試鴻臚卿大興善寺三藏沙門大廣智不空奉詔譯”，《徑》《清》作“唐特進試鴻臚卿三藏沙門大廣智不空奉詔譯”。

石藏以覆蔽，彼光不照耀。
如是煩惱覆，法界妙清淨，
不照於生死，於涅槃光明。
有性若有功，則見於真金，
無性若有功，困而無所獲。
如糠覆其上，不名爲粳米，
煩惱覆其上，亦不名爲佛。
若得離於糠，顯現於粳米，
遠離於煩惱，法身得顯現。
世間作譬喻，芭蕉無堅實，
而有真①實果，食味如甘露。
如無實生死，流轉煩惱海，
其果即佛體，甘露施有施。
如是於諸種，相似生其果，
無種亦無果，智者必不信。
種子則其性，諸法之所依，
次第若能淨，獲得成佛位。
日月常無垢，以五種覆蔽，
雲霧與煙等，羅睺手及塵。
如是心光明，覆蔽以五垢，
貪愛瞋恚眠，掉舉與疑惑。
如火洗其衣，種種垢不淨，
若擲於火中，燒垢不燒衣。
空類諸契經，所有如來説，
一切斷煩惱，不曾壞其性。
譬如地下水，常住而清淨，
智隱於煩惱，清淨亦復然。
法界亦非我，非女亦非男，
遠離一切執，云何分別我？
諸法無所著，女男不可得，
貪盲調伏故，示現男女相。

---

① 真，原作"貞"，據《中華藏》校勘《徑》《清》改。

無常苦空性，心淨慮有三，
最勝心淨慮，諸法無自性。
如胞胎孕者[1]，有之而不現，
如煩惱所覆，法實不可見。
分別有四種，所生大造者，
分別我我所，名想及境界。
一切佛大願，無所有無相，
自覺相應故，諸佛常法性。
如言兔有角，分別而非有，
如是一切法，分別不可得。
分析如微塵，分別不可得，
如初後亦尒，智云何分別？
如是和合生，和合亦滅壞，
一法自不生，云何愚分別？
兔牛二角喻，此名徧計相，
依住於中道，如善逝法性。
如月及星宿，現於清水器，
影像而顯現，如是圓成相。
初中亦爲善，常恒不欺誑，
彼無五種我，云何我分別？
譬如熱時水，故名爲熱水，
是則其冷時，則名爲冷水。
覆蔽煩惱網，是則名爲心，
若離其煩惱，則名爲等覺。
眼識緣於色，影像極清淨，
不生亦不滅，法界如是知[2]。
耳識緣於聲，清淨識三種，
以自分別聞，法界無形相。
鼻依香而齅，無色亦無形，
鼻識是真如，法界應分別。

① 者，《中華藏》校勘《麗》作“子”。
② 法界如是知，《中華藏》校勘《麗》作“法界無形相”。

舌界自性空，味界性遠離，
無依亦無識，法界自性故。
清淨身自性，所觸和合相，
遠離於所緣，我説爲法界。
諸法意爲最，離能所分别，
法界無自性，法界而分别。
能見聞而齅，是味及所觸，
瑜伽法是知，如是圓成相。
眼耳及與鼻，舌身及末那，
六處皆清淨，如是彼之相。
心見有二種：世間出世間，
我執爲流轉，自覺是真如。
無盡是涅槃，若盡貪及癡，
覺彼是佛體，有情歸依處。
一切於此身，有智及無智，
繫縛自分别，由悟得解脱。
菩提不遠近，不來亦不去，
壞滅及顯現，於此煩惱網。
説於衆契經，住於自思惟，
照以智慧燈，即得最勝寂。
菩提不遠想，亦無隣近想，
是六境[①]影像，皆由如是知。
如水與乳合，同在於一器，
鵝飲盡其乳，其水如常在。
如是煩惱雜，智在於一器，
瑜伽者飲智，棄捨於煩惱。
如是我我執，乃至所取執，
若見二無我，有種而滅壞。
是佛般涅槃，常恒淨無垢，
愚夫二分别，無二瑜伽句。
種種難行施，以戒攝有情，

① 境，《中華藏》校勘《徑》《清》作“種”。

一切損忍辱，界增此爲三。
於諸法精進，静慮心加行，
常習於智慧，復得菩提增。
方便共爲慧，以願皆清淨，
以力妙堅智，界增爲四種。
不應禮菩薩，此爲甚惡説，
不親於菩薩，不生其法身。
憎[①]於甘蔗種，欲食於石蜜；
若壞甘蔗種，無由石蜜生。
若護甘蔗種，三種而可得：
糖半糖石蜜，於中必得生。
若護菩提心，三種而可得：
羅漢緣覺佛，於中必得生。
如護於稻芽，農夫必當護，
如初勝解行，如來必作護。
如黑[②]十五日，而見月輪形；
如是勝解行，影現佛形相。
如是初月輪，刹那刹那增，
如是入地者，念念見增益。
如白十五日，月輪得圓滿，
如是究竟地，法身而得生。
勝解彼堅固，常當於佛法，
能發如是心，得爲不退轉。
染依得轉依，得受爲淨依，
由分得覺悟，名爲極喜地。
常時於染汙，欲等種種[③]垢。
無垢得清淨，名爲離垢地。
滅壞煩惱網，照耀得離垢，
無量之暗瞑，離名發光地。
清淨常光明，遠離世吉祥，

① 憎，《中華藏》校勘《麗》作“增”。
② 黑，《中華藏》校勘《麗》作“白”。
③ 種種，《中華藏》校勘《磧》《南》《徑》《清》作“相種”。

圍遶智慧焰，名爲焰慧地。
一切明工伎，種種静慮飾，
難勝於煩惱，得勝難勝地。
於三種菩提，攝受令成就，
生滅於甚深，名爲現前地。
遊戲於光網，徧以帝釋嚴，
超越欲暴流，名爲遠行地。
一切佛加持，預入於智海，
自在無功用，不動於魔使。
於諸無礙解，瑜伽到彼岸，
於説法談論，名爲善慧地。
身以智所成，如虚空無垢，
諸佛皆所持，普徧如法雲。
佛法之所依，行果皆所持，
所依皆得轉，故名爲法身。
離不思議熏，及離流轉習，
汝不[①]思思者，云何而得知?
超過諸語境，一切根非境，
意識所取者，如所有我禮[②]。
次第而積集，佛子大名稱，
皆以法雲智，微細見法性。
尒時洗濯心，超度生死海，
彼以大蓮華，安立爲大座。
無量寶葉[③]光，寶光明爲臺，
無量億蓮華，普徧爲眷屬。
先以十種力，以無畏四種，
餘佛不共法，大自在而坐。
一切善皆集，福智以資糧，
圓月在星宿，徧滿而圍遶。
則以佛日手，以寶光無垢，

① 汝不，《中華藏》校勘《石》《麗》作“如汝”。
② 禮，《中華藏》校勘《石》《麗》作“體”。
③ 寶葉，《中華藏》校勘《南》作“寶華”。

灌頂於長子，普徧皆令灌。
彼住大瑜伽，皆見以天眼，
無明攬擾世[①]，惡習苦怖畏。
狀如金光色，從彼瑜伽光，
彼無知所覆，得開無明門。
以福智感招，彼獲無執受[②]，
隨緣而圓寂，心得皆變化。
諸法無自性，自性於境界，
菩薩王妙見，法身妙無垢。
皆以無垢身，安住於智海，
即作衆生利，如巧摩尼珠。
一切瑜伽者，大瑜伽自在，
佛影皆變化，徧滿而流出。
或有八臂者，三目熾盛身，
彼皆瑜伽王，普徧而流出。
皆以慈悲手[③]，勝喜執持弓，
射以般若箭，皆斷細無明。
以大力昇進，執持智慧棒[④]，
一切無明縠，普徧皆碎壞。
强力諸有情，金剛熾盛身，
調伏有情故，則爲金剛手。
自爲作業者，示現種種果，
教誡如教理，變爲平等王。
飢渴猛熾身，能施諸飲食，
常患諸疾者，則爲善毉王。
魔王於營從，魔女於莊嚴，
菩薩作親友，能施菩提場。
猶如日月形，彼光皆悦意，
流出如電光，照曜俱胝刹。

---

① 世，《中華藏》校勘《徑》《清》作“出”。
② 受，《中華藏》校勘《石》《麗》作“定”。
③ 手，《中華藏》校勘《磧》《南》《徑》《清》作“法”。
④ 棒，原作“捧”，據《中華藏》校勘《石》《磧》《南》《徑》《清》《麗》改。

由以[①]一燈故，徧滿[②]皆得然，
若一燈滅盡，一切皆隨盡。
如是異熟佛，示現種種光，
一化現涅槃，餘佛示歸寂。
一亦無滅度，日光豈作暗？
常現於出没，示現刹土海。
於無智暗世，能淨智慧眼，
往於俱胝刹，矜愍化[③]有情。
彼皆不疲倦，由彼大慈甲，
一切於神足，瑜伽皆彼岸。
皆觀時非時，令彼得流轉，
則[④]强於諂曲，暫時而棄捨。
無量調有情，頓作令清淨，
無量佛變化，頓時得暫變。
於三界海中，而擲調伏網，
舒展妙[⑤]法網，普徧令成熟。
則以調伏網，普徧令成熟，
普徧令舉出[⑥]，於中漂流者。
則如千有情，普徧令度已，
度已令覺悟，妙法不生疑。
世尊汝[⑦]法鈴，普徧令得聞，
由此[⑧]振聲故，除落煩惱塵[⑨]。
增上無明人，令淨於一時，
以日光明威，破壞衆翳瞑[⑩]。

① 以，《中華藏》校勘《石》作"如"。
② 滿，《中華藏》校勘《磧》《南》《徑》《清》《麗》作"照"。
③ 化，《中華藏》校勘《徑》《清》作"諸"。
④ 則，《中華藏》校勘《石》《麗》作"剛"。
⑤ 妙，《中華藏》校勘《磧》作"如"。
⑥ 出，《中華藏》校勘《磧》《南》作"悟"。
⑦ 汝，《中華藏》校勘《石》作"如"，《徑》《麗》作"妙"。
⑧ 此，《中華藏》校勘《石》作"如"。
⑨ 塵，《中華藏》校勘《石》作"度"。
⑩ 瞑，《中華藏》校勘《麗》作"瞙"。

隨從暗煩惱，及餘[①]罪身者，
令彼作利益，積漸令清淨。
彼彼人現化，安住如水月，
煩惱攪擾心，不見於如來。
如餓鬼於海，普徧見枯竭，
如是少福者，無佛作分別。
有情少福者，如來云何作？
如於生盲手，安以最勝寶。
云何而能見，無上之法身？
俱胝日光形[②]，光網以圍遶。
諸天以少善，不能而得見，
上次於大天，云何而得見？
彼色不能見，諸仙離煩惱，
天修羅梵等，云何餘少慧？
然以佛威力，清淨自心故，
能見如是類，獲得一切盛。
有情福端嚴，佛住彼人前，
光明照曜身，三十二勝相。
彼如是大天[③]，當見如大海，
不經於多時，即得智如海。
世尊被色身，安住於多劫，
能調可調利，趣於戒種類。
廣壽大瑜伽，少壽何因故？
多人俱胝餘，示現增減壽。
無量俱胝劫，以命命增長，
因緣皆無盡，獲得無盡果。
若有相應顯此理，唯身以慧作分析[④]，
彼人生於淨蓮華，聞法所説無量壽。

百千誦大集經地藏菩薩請問法身讚

① 餘，《中華藏》校勘《石》作“除”。
② 形，《中華藏》校勘《石》《麗》作“身”。
③ 大天，《中華藏》校勘《麗》作“丈夫”。
④ 析，原作“折”，據《中華藏》校勘《石》《磧》《南》《徑》《清》《麗》改。

普賢菩薩行願讚[1] 六十二頌別四句，每句七字，除題目外，計有一千七百三十六字。

特進試鴻臚卿大興善寺三藏沙門大廣智不空奉詔譯[2]

所有十方世界中，一切三世人師子，
我今禮彼盡無餘，皆以清淨身口意。
身如刹土微塵數，一切如來我悉禮，
皆以心意對諸佛，以此普賢行願力。
於一塵端如塵佛，諸佛佛子坐其中，
如是法界盡無餘，我信諸佛悉充滿。
於彼無盡功德海，以諸音聲功德海，
闡揚[3]如來功德時，我常讚歎諸善逝。
以勝華鬘及塗香，及以伎樂勝傘蓋，
一切嚴具皆殊勝，我悉供養諸如來。
以勝衣服及諸香，末香積聚如須彌，
殊勝燈明及燒香，我悉供養諸如來。
所有無上廣供養[4]，我悉勝解諸如來，
以普賢行勝解力，我禮供養諸如來。
我曾[5]所作衆罪業，皆由貪欲瞋恚癡，
由身口意亦如是，我皆陳説於一切。
所有十方羣生福，有學無學辟支佛，

---

① 底本，《中華藏》第1405號，第65册第422頁中—424頁中，原《金藏》廣勝寺本。

② 譯名，《中華藏》校勘《石》作"大唐西域三藏阿目佉金剛菩提不空譯"，《徑》《清》作"唐特進試鴻臚卿三藏沙門大廣智不空奉詔譯"，《麗》作"開府儀同三司特進試鴻臚卿肅國公食邑三千户賜紫贈司空謚大鑒正號大廣智大興善寺三藏沙門不空奉詔譯"。

③ 揚，原作"楊"，據《中華藏》校勘《石》《磧》《南》《徑》《清》《麗》改。

④ 供養，《中華藏》校勘《麗》作"大供"。

⑤ 曾，《中華藏》校勘《石》作"悉"。

及諸佛子諸如來，我皆隨喜咸一切。
所有十方世間燈，以證菩提得無染，
我皆[①]勸請諸世尊，轉於無上妙法輪。
所有欲現涅槃者，我皆於彼合掌請，
惟願久住刹塵劫，爲諸羣生利安樂。
禮拜供養及陳罪，隨喜功德及勸請，
我所積集諸功德，悉皆迴向於菩提。
於諸如來我修學，圓滿普賢行願時，
願我供養過去佛，所有現住十方世；
所有未來速願成，意願圓滿證菩提，
所有十方諸刹土，願皆廣大咸清淨，
諸佛咸詣覺樹王，諸佛子等皆充滿；
所有十方諸衆生，願皆安樂無衆患，
一切羣生獲法利，願得隨順如意心。
我當菩提修行時，於諸趣中憶宿命，
若諸生中[②]爲生滅，我皆常當爲出家，
戒行無垢恒清淨，常行無缺無孔隙；
天語龍語夜叉語，鳩槃荼語及人語，
所有一切羣生語，皆以諸音而說法；
妙波羅蜜常加行，不於菩提心生迷，
所有衆罪及障礙，悉皆滅盡無有餘；
於業煩惱及魔境，世間道中得解脱，
猶如蓮華不著水，亦如日月不著空。
諸惡趣苦願寂静，一切羣生令安樂，
於諸羣生行利益，乃至十方諸刹土，
常行隨順諸衆生，菩提妙行令圓滿。
普賢行願我修習，我於未來劫修行，
所有共我同行者，共彼常得咸[③]聚會。
於身口業及意業，同一行願而修習，
所有善友益我者，爲我示現普賢行，

① 皆，《中華藏》校勘《麗》作“今”。

② 生中，《中華藏》校勘《磧》《南》《徑》《清》作“衆生”。

③ 常得咸，《中華藏》校勘《磧》《南》《徑》《清》作“咸得常”。

共彼常得而聚會，於彼皆得無猒心。
常得面見諸如來，與諸佛子共圍遶，
於彼皆興廣供養，皆於未來劫無倦。
常持諸佛微妙法，皆令光顯菩提行，
咸皆清淨普賢行，皆於未來劫修行。
於諸有中流轉時，福德智慧得無盡，
般若方便定解脱，獲得無盡功德藏。
如一塵端如塵刹，彼中佛刹不思議，
佛及佛子坐其中，常見菩提勝妙行。
如是無盡[①]一切方，於一毛端三世量，
佛海及與刹土海，我入修行諸劫海。
於一音聲功德海，一切如來清淨聲，
一切羣生意樂音，常皆得入佛辯才。
於彼無盡音聲中，一切三世諸如來，
當轉理趣妙輪時，以我慧力普能入。
以一刹那諸未來，我入未來一切劫，
三世所有無量劫，刹那能入俱胝劫。
所有三世人師子，以一刹那我咸見；
於彼境界常得入，如幻解脱行威力。
所有三世妙嚴刹，能現出生一塵端，
如是無盡諸方所，能入諸佛嚴刹土。
所有未來世間燈，彼皆覺悟轉法輪，
示現涅槃究竟寂，我皆往詣於世尊。
以神足力普迅疾，以乘威力普徧門，
以行威力等功德，以慈威力普徧行，
以福威力普端嚴，以智威力無著行，
般若方便等持力，菩提威力皆積集。
皆於業力而清淨，我今[②]摧滅煩惱力，
悉能降伏魔羅力，圓滿普賢一切力。
普令清淨刹土海，普能解脱衆生海，

① 盡，《中華藏》校勘《麗》作“量”。
② 今，原作“令”，據《中華藏》校勘《徑》《麗》改。

悉能觀察諸法[①]海，及以德[②]源於智海，
普令行海咸清淨，又令願海咸圓滿，
諸佛海會咸供養，普賢行劫無疲倦。
所有三世諸如來，菩提行願衆差别，
願我圓滿悉無餘，以普賢行悟菩提。
諸佛如來有長子，彼名號曰普賢尊，
皆以彼慧同妙行，迴向一切諸善根。
身口意業願清淨，諸行清淨刹土淨，
如彼智慧普賢名，願我於今盡同彼。
普賢行願普端嚴，我行曼殊室利行，
於諸未來劫無倦，一切圓滿作無餘。
所修[③]勝行無能量，所有功德不可量，
無量修行而住已，盡知一切彼神通；
乃至虚空得究竟，衆生無餘究竟然，
及業煩惱乃至盡，乃至我願亦皆盡。
若有十方無邊刹，以寶莊嚴施諸佛，
天妙人民勝安樂，如刹微塵劫捨施。
若人於此勝願王，一聞能生勝解心，
於勝菩提求[④]渴仰，獲得殊勝前福聚。
彼得遠離諸惡趣，彼皆遠離諸惡友，
速疾得見無量壽，唯憶普賢勝行願，
得大利益勝壽命，善來爲此人生命，
如彼普賢大菩薩，彼人不久當獲得。
所作罪業五無間，由無智慧而所作，
彼誦普賢行願時，速疾銷滅得無餘。
智慧容色及相好，族姓品類得成就，
於魔外道得難摧，常於三界得供養，
速疾往詣菩提樹，到彼坐已利有情，
覺悟菩提轉法輪，摧伏摩羅并營從。

① 法，《中華藏》校勘《磧》作“刹”。
② 德，《中華藏》校勘《石》作“得”。
③ 修，《中華藏》校勘《麗》作“須”。
④ 求，《中華藏》校勘《磧》《南》《徑》《清》作“生”。

若有持此普賢願，讀誦受持及演説，
如來具知得果報，得勝菩提勿生疑。
如妙吉祥勇猛智，亦如普賢如是智，
我當習學於彼時，一切善根悉迴向。
一切三世諸如來，以此迴向殊勝願，
我皆一切諸善根，悉已迴向普賢行。
當於臨終捨壽時，一切業障皆得轉，
親覩得見無量光，速往彼剎極樂界。
得到於彼此勝願，悉皆現前得具足，
我當圓滿皆無餘，衆生利益於世間。
於彼佛會甚端嚴，生於殊勝蓮華中，
於彼獲得授記別[①]，親對無量光如來，
於彼獲得授[②]記已，變化俱胝無量種，
廣作有情諸利樂，十方世界以慧力。
若人誦持[③]普賢願，所有善根而積集，
以一剎那得如願，以此羣生獲勝願。
我獲得此普賢行，殊勝無量福德聚，
所有羣生溺惡習，皆往無量光佛宮。

普賢菩薩行願讚[④]

---

① 別，《中華藏》校勘《石》《南》《徑》《清》《麗》作“莂”。
② 授，《中華藏》校勘《石》《麗》作“受”。
③ 持，《中華藏》校勘《石》作“於”。
④ 卷末經名後，《中華藏》據《磧》附録一段呪語及經文，此略。

翻譯經軌·顯教經典·禮懺

大聖文殊師利菩薩讚佛法身禮并序[①]

此禮[②]出《大乘一切境界智光明莊嚴經》

開府儀同三司特進試鴻臚卿肅國公食邑三千户賜紫贈司空
謚大辨正號大廣智大興善寺三藏沙門不空奉詔譯[③]

皇帝以深仁馭宇，大明燭物，普灑甘露，沃蕩黎元。不空叨沐聖慈，濫當翻譯，特奉恩命，令集上都義學沙門良賁等一十六人，於内道場翻《仁王護國般若》及《大乘密嚴》等經畢，願讚揚次[④]於至覺，冀介福於聖躬。竊見《大聖文殊師利菩薩讚佛法身經》，據其梵本有四十一[⑤]禮。先道所行但唯有十禮，於文不備，歎德未圓，恐乖聖者懇誠，又闕群生勝利。不空先有所持梵本，並皆具足，今譯流傳，庶裨弘益。其餘懺悔、儀軌等，並如舊本，此不復云。于時大[⑥]唐永泰元年維夏四月也。

經云：如是我聞，一時佛住王舍城鷲峯山中，與大比丘衆二萬五千人俱，皆是阿羅漢，與大菩薩摩訶薩七十二那庾多俱胝，文殊師利菩薩而爲上首。尒時文殊師利菩薩從座而起，整理衣服，偏袒右肩，頂禮佛足，合掌恭敬，稱揚如來。説伽他曰[⑦]：

無色無形相，無根無住處，
不生不滅故，敬禮無所觀。
不去亦不住，不取亦不捨，
遠離六入故，敬禮無所觀。
不住於諸法，離有離無故，

① 底本，《中華藏》第1458號，第65册第838頁中—839頁中，原《金藏》廣勝寺本。

② 禮，《中華藏》校勘《磧》《南》作"法"。

③ 譯名，《中華藏》校勘《石》作"大興善寺大廣智和上譯"，《磧》《南》作"特進試鴻臚卿大興善寺三藏沙門大廣智不空奉詔譯"。

④ 次，《中華藏》校勘《磧》《南》《徑》《清》無。

⑤ 四十一，《中華藏》校勘《磧》《南》《徑》《清》作"四十"。

⑥ 大，《中華藏》校勘《徑》《清》無。

⑦ 以上諸文字《金藏》原版殘，《中華藏》以《麗藏》本置换。

行於平等故，敬禮無所觀。
出過於三界，等同於虛空，
諸欲不染故，敬禮無所觀。
於諸威儀中，去來及睡寤，
常在寂静故，敬禮無所觀。
去來悉平等，已住於平等，
不壞平等故，敬禮無所觀。
入諸無相定，見諸法寂静，
常在三昧故，敬禮無所觀。
無住無所觀，於法得自在，
慧用常定故，敬禮無所觀。
不住於六根，不著於六境，
常在一相故，敬禮無所觀。
入於無相中，能斷於諸染，
遠離名色故，敬禮無所觀。
不住於有相，亦離於諸相，
入於無相故[①]，敬禮無所觀。
無分别思惟，心住無所住，
諸念不起故，敬禮無所觀。
無藏識如空，無染無戲論，
遠離三世故，敬禮無所觀。
虛空無中邊，諸佛心亦然，
心同虛空故，敬禮無所觀。
諸佛虛空相，虛空亦無相，
離諸因果故，敬禮無所觀。
不著於諸法，如水月無取，
遠離於我故，敬禮無所觀。
不住於諸蘊，不著於處界，
遠離顛倒故，敬禮無所觀。
常等於法界，我見悉皆斷，
遠離二邊故，敬禮無所觀。

① 入於無相故，《中華藏》校勘《麗》作“入相於無中”。

不住於諸色，非取亦非捨，
遠離非法故，敬禮無所觀。
證無障礙法，通達於諸法，
遠離魔法故，敬禮無所觀。
非有亦非無，有無不可得，
離諸言説故，敬禮無所觀。
摧折我慢幢，非一亦非二，
遠離一二[①]故，敬禮無所觀。
身口意無失，三業常寂静，
遠離譬喻故，敬禮無所觀。
一切智常住，應現無功用，
遠離諸過故，敬禮無所觀。
微妙無漏念，無限無分别，
等情非情故，敬禮無所觀。
以心[②]無礙故，悉知一切心，
不住自佗故，敬禮無所觀。
無礙無所觀，常住無礙法，
遠離諸心故，敬禮無所觀。
心常無所緣，自性不可得，
平等難量故，敬禮無所觀。
以無所依心，悉見諸刹土，
知諸有情故，敬禮無所觀。
諸法薩婆若，畢竟無所有，
佛心難測故，敬禮無所觀。
諸法猶如幻，如幻不可得，
離諸幻法故，敬禮無所觀。
佛常在世間，而不染世法，
不染世間故，敬禮無所觀。
一切智常住[③]，空性空境界，
言説亦空故，敬禮無所觀。

---

① 二，《中華藏》校勘《磧》《南》《徑》《清》作“一”。
② 心，《中華藏》校勘《磧》《南》《徑》《清》作“於”。
③ 住，《中華藏》校勘《石》作“空”。

證無分别定，得如幻三昧，
遊戲神通故，敬禮無所觀。
非一亦非異，非近亦非遠，
於法不動故，敬禮無所觀。
一念金剛定，刹那成等覺，
證無影像故，敬禮無所觀。
於諸三世法，成就諸方便，
不動涅槃故，敬禮無所觀。
涅槃常不動，無此岸彼岸，
通達方便故，敬禮無所觀。
無相無所有，無患無戲論，
不住有無故，敬禮無所觀。
智處悉平等，寂静無分别，
自佗一相故，敬禮無所觀。
一切平等禮，無禮無不禮，
一禮徧含識，同歸實相體。

尒時世尊讚文殊師利菩薩言："善哉！善哉！汝今善説如來功德一切諸法本來清淨，文殊師利，假使有人教化三千大千世界一切有情成辟支佛，不如有人聞此功德一念信解，即超過彼百千萬倍。如是展轉，無能[1]稱計[2]，譬喻校量，具如本經所説。"

大聖文殊師利菩薩讚佛法身禮[3]

① 能，《中華藏》校勘《磧》《南》《徑》《清》無。
② 計，《中華藏》校勘《石》《麗》作"讚"。
③ 尾題後，《中華藏》校勘《石》有"一卷"。

佛説三十五佛名禮懺文[①] 出《烏[②]波離所問經》

開府儀同三司特進試鴻臚卿肅國公食邑三千户賜紫贈司空
謚大辨正號大廣智大興善寺三藏沙門不空奉詔譯[③]

娜謨釋迦牟尼佛！娜謨金剛堅固能摧佛！娜謨寶燄佛！娜謨龍自在王佛！娜謨勤勇軍佛！娜謨勤勇喜佛！娜謨寶火佛！娜謨寶月光佛！娜謨不空見佛！娜謨寶月佛！娜謨無垢佛！娜謨離垢佛！娜謨勇施佛！娜謨淨行佛！娜謨梵施佛！娜謨水王佛！娜謨水天佛！娜謨賢吉祥佛！娜謨無量威德佛！娜謨栴檀吉祥佛！娜謨光吉祥佛！娜謨無憂吉祥佛！娜謨那羅延吉祥佛！娜謨花吉祥佛！娜謨蓮花光遊戲神通佛！娜謨財吉祥佛！娜謨念吉祥佛！娜謨善稱[④]名号吉祥佛！娜謨帝幢幡王佛！娜謨鬪戰勝佛！娜謨勇健吉祥佛！娜謨勇健進佛！娜謨普遍照曜莊嚴吉祥佛！娜謨寶蓮華遊步佛！娜謨寶蓮華妙住山王佛！

如是等[⑤]十方一切世界中諸佛世尊，出現世閒，住持遊行，願皆觀察哀愍於我。我或今生，或於餘生，無始時來，廣作衆罪，或自作，或隨喜作，或教他作；或偷盜佛物[⑥]，四方僧物，或自作，或隨喜作，或教他作；或造五無閒罪，十不善業道，或自作，或隨喜作，或教他作。由此業障覆蔽身心，生於八難，或墮地獄、傍生、鬼趣，或生邊地及弥戾車，或生長壽天，設得人身諸根不具，或起邪見，撥無因果，或猒諸佛出興于世。如是一切業障，我今對一切諸佛世尊具一切智者、具五眼者、證實際者、稱量者、知者、見者前，我今誠心悉皆懺悔，不敢覆藏，願我尸羅律儀復得如故，復願諸佛世尊攝受護念，證明於我。若我今生或復餘生，無始時來於流轉生死，或曾捨施傍生一團

---

① 底本，《中華藏》第1429號，第65册第654頁，原《麗藏》本。經名後，原有"一卷"，據《中華藏》校勘《磧》《南》《徑》《清》删。

② 烏，原作"鳥"，據《中華藏》校勘《磧》《南》《徑》《清》改。

③ 譯名，《中華藏》校勘《磧》《南》作"大興善寺三藏沙門大廣智不空奉詔譯"，《徑》《清》作"唐三藏沙門大廣智不空奉詔譯"。

④ 稱，《中華藏》校勘《石》《磧》《南》《徑》《清》作"稱揚"。

⑤ 等，《中華藏》校勘《磧》《徑》《清》無。

⑥ "佛物"後，《中華藏》校勘《石》《磧》《南》《徑》《清》有"僧物"。

之食，或曾持一淨戒，或曾修梵行善根，或曾修少分無上智善根，悉皆合集，計校籌量。如三世一切諸佛，於㝡勝無上迴向願中，願皆迴向無上正等菩提。

一切罪懺悔，諸福皆隨喜，
及勸請諸佛，願證無上智。
過去及未來，現在人中尊，
無量功德海，我今稽首禮！

右此三十五佛名并懺悔法，出《烏波離所問經》，能淨業障重罪，現生所求禪定解脱，及諸地位皆能滿足。五天竺國修行大乘人，常於六時禮懺不闕，功德廣多，文煩不能盡録。但依天竺所行者，略記之，餘如本經所述也①。

佛説三十五佛名禮懺文

① 此段注文，《中華藏》校勘《磧》《南》《徑》《清》作正文。

翻譯經軌・密教經軌・瑜伽密教儀軌・金剛頂經儀軌・第一會

金剛頂一切如來真實攝大乘現證大教王經[①]

金剛頂一切如來真實攝大乘現證大教王經卷上

開府儀同三司特進試鴻臚卿肅國公食邑三千户賜紫贈司空
謚大辨正號大廣智大興善寺三藏沙門不空奉詔譯[②]

金剛界大曼茶羅廣大儀軌品之一

如是我聞:一時婆伽梵成就一切如來金剛加持殊勝三昧耶智,得一切如來寶冠三界法王灌頂,證一切如來一切智智瑜伽自在,能作一切如來一切印平等種種事業,於無盡無餘一切有情[③]界一切意願作業皆悉成就,大悲毗盧遮那常恒住三世一切身口心金剛如來、一切如來遊戲處住,阿迦尼吒天王宫中大摩尼殿,種種間錯,鈴鐸、繒幡微風摇激,珠鬘、瓔珞、半滿月等而爲莊嚴。與九十俱胝菩薩衆俱,所謂金剛手菩薩摩訶薩、聖觀自在菩薩摩訶薩、曼殊室利童真菩薩摩訶薩、虚空藏菩薩摩訶薩、金剛拳菩薩摩訶薩、纔發心轉法輪菩薩摩訶薩、虚空庫菩薩摩訶薩、摧一切魔力菩薩摩訶薩,如是等菩薩而爲上首。與恒河沙等數如來,猶如胡麻示現,滿於閻浮提,於阿迦尼吒天亦復如是。彼無量數如來身從一一身現無量阿僧祇佛刹,於彼佛刹還説此

---

① 底本,《中華藏》第1396號,第65册第294頁下—319頁下,原《麗藏》本。經前,《中華藏》有喬匡舜《新得貞元録大小乘經等序》,但《續貞元釋教録》置此序於《金剛頂瑜伽修習毗盧遮那三摩地法》前,并注"此序安三經首",《大正藏》從之,故此删。

② 譯名,《中華藏》校勘《石》作"特進試鴻臚卿大興善寺三藏沙門不空奉詔譯",《磧》《普》《南》作"特進試鴻臚卿大興善寺三藏沙門大廣智不空奉詔譯",《徑》《清》作"唐特進試鴻臚卿三藏沙門大廣智不空奉詔譯"。卷中、卷下同。

③ 有情,《中華藏》校勘《石》《磧》《普》《南》《徑》《清》作"衆生"。

法理趣。

時婆伽梵大毗盧遮那如來常住一切虚空，一切如來身口心金剛，一切如來互相涉入，一切金剛界覺悟智薩埵，一切虚空界微塵金剛加持所生智藏，一切如來無邊故。大金剛智灌頂寶，一切虚空舒遍真如智，爲現證三菩提，一切如來自身性清淨故。自性清淨一切法，遍一切虚空，能現一切色智盡無餘，調伏有情界行寂勝，一切如來不空作教令故。一切平等無上巧智，一切如來大菩提堅固薩埵，一切如來鈎召三昧耶，一切如來隨染智自在，一切如來善哉，一切如來灌頂寶，一切如來日輪圓光，一切如來思惟王摩尼寶幢，一切如來大笑，一切如來大清淨法，一切如來般若智，一切如來輪，一切如來秘密語，一切如來不空種種事業，一切如來大精進妙堅固甲冑，一切如來遍守護金剛藥叉，一切如來身口心金剛印智。

普賢妙不空，摩羅極喜王，
空藏大妙光，寶幢大微笑。
能觀大自在，曼殊一切壇，
無言種種業，精進怒堅持。
金剛鈎箭喜，寶日幢幡笑，
蓮劒妙輪語，羯磨甲怖持。
無始無終寂，暴怒大安忍，
藥叉羅刹勇，威猛大富貴。
鄔摩天世主，毗紐勝大寂，
世護虚空地，三世及三界。
大種善人益，諸設嚩祖父，
流轉涅槃常，正流轉大覺①。
覺清淨大乘，三有常恒者，
降三世食樂，主宰諸能調。
堅主妙地勝，智彼岸理趣，
解脱覺有情，行一切如來。
覺利益佛心，諸菩提無上，
遍照寂勝王，自然摠持念。
大薩埵大印，等持佛作業，
一切佛爲身，薩埵常益覺。
大根本大黑，大染欲大樂，

① 覺，《中華藏》校勘《石》《磧》《普》《南》《徑》《清》作“火”。

大方便大勝，諸勝宫自在。

婆伽梵大菩提心普賢大菩薩住一切如來心時，一切如來滿此佛世界，猶如胡麻。尒時一切如來雲集，於一切義成就菩薩摩訶薩坐菩提場，往詣示現受用身，咸作是言："善男子，云何證無上正等菩提？不知一切如來真實忍諸苦行？"時一切義成就菩薩摩訶薩由一切如來警覺，即從阿娑頗娜伽三摩地起，禮一切如來，白言："世尊，如來教示我云何修行？云何是真實？"如是説已，一切如來異口同音告彼菩薩言：善男子，當住觀察自心三摩地，以自性成就真言自恣而誦：

唵質多鉢囉二合底丁以反微騰迦嚕弭

時菩薩白一切如來言："世尊如來，我遍知已，我見自心形如月輪。"一切如來咸告言："善男子，心自性光明猶如遍修功用，隨作隨獲；亦如素衣染色，隨染隨成。"時一切如來爲令自性光明心智豐盛故，復勑彼菩薩言：

唵菩提質多畝怛波娜夜弭

以此性成就真言，令發菩提心。時彼菩薩復從一切如來承旨發菩提心已，作是言："如彼月輪形，我亦如是①月輪形見。"一切如來告言："汝已發一切如來普賢心，獲得齊等金剛，堅固善住此一切如來普賢發心，於自心月輪思惟金剛形。"以此真言：

唵底瑟姹二合嚩日囉二合

菩薩白言："世尊如來，我見月輪中金剛。"一切如來咸告言："令堅固一切如來普賢心金剛②。"以此真言：

唵嚩日囉二合怛麼二合句唅

所有遍滿一切虚空界一切如來身、口、心金剛界，以一切如來加持，悉入於薩埵金剛，則一切如來於一切義成就菩薩摩訶薩以金剛名号金剛界，金剛界灌頂。時金剛界菩薩摩訶薩白彼一切如來言："世尊如來，我見一切如來爲自身。"一切如來復告言："是故，摩訶薩，一切薩埵金剛具一切形成就，觀自身③佛形。"以此自性成就真言，隨意而誦：

唵也他薩婆怛他誐多薩怛二合他唅

作是言已，金剛界菩薩摩訶薩現證自身如來，盡禮一切如來已，白言："唯願世尊諸如來加持於我，令此現證菩提堅固。"作是語已，一切如來入金剛界如來彼薩埵金剛中。時世尊金剛界如來，當彼刹那頃現證等覺一切如來平等智，入一切如來平等智三昧耶，證一切如來法平等智自性清淨，則成一切如來平等自性光明智藏如來應供正遍知。時一切如來復從一切如來薩埵金剛出，以虚空藏大摩尼寶灌頂，發生觀

---

① 是，《中華藏》校勘《磧》無。

② 金剛，《中華藏》校勘《石》《磧》《普》《南》《徑》《清》作"金剛心"。

③ 自身，《中華藏》校勘《石》作"自在身"。

自在法智，安立一切如來毗首羯磨，由此往詣須弥盧頂金剛摩尼寶峯樓閣。至已，金剛界如來以一切如來加持，於一切如來師子座一切面安立。時不動如來、寶生如來、觀自在王如來、不空成就如來，一切如來以一切如來加持自身。婆伽梵釋迦牟尼如來一切平等善通達故，一切方平[①]等，觀察四方而坐[②]。

尒時世尊毗盧遮那如來不久現證等覺一切如來普賢心，獲得一切如來虚空發生大摩尼寶灌頂，得一切如來觀自在法智彼岸，一切如來毗首羯磨不空無礙教，圓滿事業、圓滿意樂。一切如來性於自身加持，即入一切如來普賢摩訶菩提薩埵三昧耶，出生薩埵加持金剛三摩地，一切如來大乘現證三昧耶，名一切如來心。從自心出：

嚩日囉二合薩怛縛二合，下同

纔出一切如來心，即彼婆伽梵普賢爲衆多月輪普淨一切有情大菩提心，於諸佛所周圍而住。從彼衆多月輪出一切如來智金剛，即入婆伽梵毗盧遮那如來心，由普賢堅牢故，從金剛薩埵三摩地由一切如來加持，合爲一體，量盡虛空，遍滿成五峯光明。一切如來身、口、心出生金剛形，從一切如來心出，住佛掌中。復從金剛出金剛形種種色相，舒遍照曜一切世界。從彼金剛光明門出一切世界微塵等如來身，遍周法界，究竟一切虛空，遍一切世界雲海，遍證一切如來平等智神境通，發一切如來大菩提心，成辦普賢種種行，承事一切如來。往詣大菩提場，摧諸魔軍，證成一切如來平等大菩提，轉正法輪，乃至拔濟一切，利益安樂盡無餘有情界，成就一切如來智冣勝神境通悉地等。示現一切如來神通遊戲普賢故，金剛薩埵三摩地妙堅牢故，聚爲一體，生普賢摩訶菩提薩埵身，住世尊毗盧遮那佛心。而説嗢陁南：

奇哉我普賢！堅薩埵自然，
從堅固無身，獲得薩埵身。

時普賢大菩提薩埵身從世尊心下，一切如來前，依月輪而住，復請教令。時婆伽梵入一切如來智三昧耶，名金剛三摩地受用一切如來戒定慧解脱、解脱知見、轉正法輪、利益有情大方便力、精進大智三昧耶，無盡無餘拔濟有情界，一切主宰安樂悦意故，乃至得一切如來平等智神境通無上大乘，見證冣勝悉地果[③]故。一切如來成就金剛，授與彼普賢摩訶菩提薩埵一切如來轉輪王灌頂，以一切佛身寶冠繒綵灌已，授與雙手，則一切如來以金剛名号金剛手。金剛手灌頂時，金剛手菩薩摩訶薩左慢右舞，弄跋折羅，則彼金剛安自心，持增進勢。説此嗢陁南：

此是一切佛，成金剛無上，

① 平，《中華藏》校勘《磧》《普》《南》《徑》《清》無。
② 坐，《中華藏》校勘《石》《磧》《普》《南》《徑》《清》作“住”。
③ 果，《中華藏》校勘《石》作“界”。

授與我手掌，金剛加[①]金剛。

尒時世尊復入不空王大菩薩三昧耶，所生薩埵加持名金剛三摩地，名一切如來鈎召三昧耶，一切如來心，從自心出：

嚩日囉二合邏引惹

從一切如來心纔出已，則彼婆伽梵金剛手爲一切如來大鈎出已，入世尊毗盧遮那心，聚爲一體，生金剛大鈎形，住佛掌中。從金剛大鈎形出現一切世界微塵等如來身，召請一切如來等，作一切佛神通遊戲妙不空王故，金剛薩埵三摩地極堅牢故，聚爲一體，生不空王大菩薩身，住毗盧遮那佛心。説此嗢陁南：

奇哉不空王！金剛所生鈎，

由遍一切佛，爲成就鈎召。

時不空王大菩薩身從佛心下，依一切如來右月輪而住，復請教令。時婆伽梵入一切如來鈎召三昧耶，名金剛三摩地受一切如來鈎召三昧耶，盡無餘有情界一切鈎召，一切安樂悦意故，乃至一切如來集會加持最勝悉地故，則彼金剛鈎授與不空王大菩薩雙手，一切如來以金剛名号金剛鈎召。金剛鈎召灌頂時，金剛鈎召菩薩摩訶薩以金剛鈎鈎[②]召一切如來。説此嗢陁南：

此是一切佛，無上金剛智，

成諸佛利益，最上能鈎召。

尒時婆伽梵復入摩羅大菩薩三昧耶，出生薩埵加持，名金剛三摩地一切如來隨染三昧耶，名[③]一切如來心，從自心出[④]：

嚩日囉二合邏哦

從一切如來心纔出已，即彼婆伽梵持金剛爲一切如來花器仗出已，入世尊毗盧遮那佛心，聚爲一體，生大金剛箭形，住佛掌中。從彼金剛箭形出一切世界微塵等如來身，作一切如來隨染等，作一切佛神通遊戲極煞故，金剛薩埵三摩地極堅牢故，聚爲一體，生摩羅大菩薩身，住世尊毗盧遮那佛心。説此嗢陁南：

奇哉自性淨！隨染欲自然，

離欲清淨故，以染而調伏。

時彼摩羅大菩薩身從世尊心下，依一切如來左月輪而住，復請教令。時世尊入一切如來隨染加持，名金剛三摩地受一切如來能煞三昧耶，盡無餘有情界隨[⑤]一切安

① 加，《中華藏》校勘《磧》《普》作“伽”。

② 鈎，《中華藏》校勘《磧》《普》《南》《徑》《清》無。

③ 名，《中華藏》校勘《石》作“出生”。

④ 心出，《中華藏》校勘《普》作“出心”。

⑤ 隨，《中華藏》校勘《磧》《普》《南》《徑》《清》作“隨染”。

樂悦意故，乃至得一切如來摩羅業寂勝悉地果故，則彼金剛箭授與摩羅大菩薩雙手，則一切如來以金剛名号金剛弓。金剛弓灌頂時，金剛弓菩薩摩訶薩以金剛箭煞一切如來。説此嗢陁南：

此是一切佛，染智無瑕穢，

以染害猒離，能施諸安樂。

尒時婆伽梵復入極喜王大菩薩三昧耶，所生薩埵加持名金剛三摩地一切如來極喜三昧耶，名一切如來心，從自心出：

嚩日囉二合娑度

從一切如來心纔出已，則彼婆伽梵持金剛一切[①]如來善哉相，入世尊毗盧遮那佛心，聚爲一體，生大歡喜形，住佛掌中。從彼歡喜形出一切世界微塵等如來身，作一切如來善哉相，作一切佛神通遊戲極喜故，金剛薩埵三摩地極堅牢故，聚爲一體，生歡喜王大菩薩身，住世尊毗盧遮那佛心。説此嗢陁南：

奇哉我善哉！諸一切勝智，

所離分别者，能生究竟喜。

時歡喜王大菩薩身從世尊心下，依一切如來後月輪而住，復請教令。時世尊入一切如來等喜加持，名金剛三摩地。已受一切如來等喜一切安樂悦意故，乃至得一切如來無[②]等喜一切安樂悦意故，乃至得一切如來無上喜味寂勝悉地果故，則彼金剛喜授彼歡喜王大菩薩摩訶薩雙手，則一切如來以金剛名号金剛喜。金剛喜灌頂時，金剛喜菩薩摩訶薩以[③]金剛喜善哉相，歡悦一切如來。説此嗢陁南：

此是一切佛，能轉善哉相，

作諸喜金剛，妙喜令增長。

大菩提心一切如來鈎召三昧耶，一切如來隨染智大歡喜，如是一切如來大三昧耶薩埵。尒時婆伽梵復入虚空藏大菩薩三昧耶，所生寶加持名金剛三摩地一切如來灌頂三昧耶，名一切如來心，從自心出：

嚩日囉二合囉怛那二合

從一切如來心纔出已，一切虚空平等性智善通達故，金剛薩埵三摩地極堅牢故，聚爲一體，則彼婆伽梵持金剛爲一切虚空光明出已，以一切虚空光明照耀一切有情界，成一切虚空界，以一切如來加持一切虚空界，入世尊毗盧遮那佛心。善修習故，金剛薩埵三摩地一切虚空界胎藏所成，一切世界遍滿等量出生大金剛寶形，住佛掌

---

① 一切，《中華藏》校勘《磧》《普》《南》《徑》《清》作“爲一切”。

② 等喜一切安樂悦意故乃至得一切如來無，《中華藏》校勘《石》《磧》《普》《南》《徑》《清》作“極喜智金剛三昧耶盡無餘有情界受一切”。

③ 以，《中華藏》校勘《磧》《普》《南》《徑》《清》作“歡”。

中。從彼金剛寶形出一切世界微塵等如來身,出生已,作一切如來灌頂等,於一切世界作一切如來神通遊戲,虛空界胎藏妙出生故,金剛薩埵三摩地極堅牢故,聚爲一體,生虛空藏大菩薩身,住世尊毗盧遮那佛心。說此嗢陁南:

奇哉妙灌頂! 無上金剛寶,

由佛無所著, 名爲三界主。

時彼虛空藏大菩薩身從世尊心下,依一切如來前月輪而住,復請教令。時世尊入一切如來大摩尼寶,名金剛三摩地受一切如來圓滿意樂三昧耶,盡無餘有情界獲一切義利,受一切安樂悅意故,乃至得一切如來利益寂勝榮盛悉地故,受彼金剛摩尼,與彼虛空藏大菩薩摩訶薩金剛寶轉輪王,授與金剛寶形[①]灌頂,安於雙手,則一切如來以金剛名号金剛藏。金剛藏灌頂時,金剛藏菩薩摩訶薩以金剛摩尼安自灌頂處。說此嗢陁南:

此是一切佛,灌頂有情界,

授與我手掌,寶安於寶中。

尒時婆伽梵復入大威光大菩薩三昧耶,出生寶加持,名金剛三摩地一切如來光三昧耶,名一切如來心,從自心出:

嚩日囉二合帝惹

從一切如來心纔出已,即彼婆伽梵金剛手爲衆多大日輪出已,入世尊毗盧遮那佛心,聚爲一體,生大金剛日形,住佛掌中。從彼金剛日輪,出一切世界微塵等如來身,放一切如來光明等,作一切佛神通遊戲極大威光故,金剛薩埵三摩地極堅牢故,聚爲一體,生大威光菩薩摩訶薩身,住世尊毗盧遮那佛心。說此嗢陁南:

奇哉無比光! 照耀有情界,

能淨清淨者, 諸佛救世者。

時彼無垢大威光菩薩身從世尊心下,依一切如來右月輪而住,復請教令。時世尊入一切如來圓光加持,名金剛三摩地受一切如來光三昧耶,盡無餘有情界無比光,一切安樂悅意故,乃至得一切如來自光明寂勝悉地故,金剛日授與大威光菩薩摩訶薩雙手,則一切如來以金剛名号金剛光。金剛光灌頂時,金剛光菩薩摩訶薩以彼金剛日照曜一切如來。說此嗢陁南:

此是一切佛,能壞無智暗,

設[②]微塵數日,此光超於彼。

尒時婆伽梵復入寶幢大菩薩三昧耶,出生寶加持,名金剛三摩地一切如來滿意

---

① 形,《中華藏》校勘《磧》《普》《南》《徑》《清》作“牙”。

② 設,《中華藏》校勘《磧》《普》《南》作“過”。

願三昧耶，名一切如來心，從自心出：

嚩日囉二合計都

從一切如來心纔出已，即彼婆伽梵持金剛爲種種色幢幡莊嚴形出已，入世尊毗盧遮那佛心，聚爲一體，生金剛幢形，住佛掌中。從彼金剛幢形出一切世界微塵等如來身，建一切如來寶幢等。作一切佛神通遊戲大寶幢故，金剛薩埵三摩地極堅牢故，聚爲一體，生寶幢大菩薩身，住世尊毗盧遮那佛心。説此嗢陁南：

奇哉無比幢！一切益成就，

一切意滿者，令滿一切願。

時彼寶幢大菩薩身從世尊心下，依一切如來左月輪而住，復請教令。時世尊入一切如來建立加持，名金剛三摩地受一切如來思惟王摩尼幢能建三昧耶，盡無餘有情界令一切意願圓滿。一切安樂悦意故，乃至得一切如來大利益冣勝悉地果故，則彼金剛幢授彼寶幢菩薩摩訶薩雙手，則一切如來以金剛名号金剛幢。金剛幢灌頂時，彼金剛幢菩薩摩訶薩以金剛幢，安立一切如來於檀波羅蜜。説此嗢陁南：

此是一切佛，能滿諸意欲，

名思惟寶幢，是檀度理趣。

尒時婆伽梵復入常喜悦大菩薩三昧耶，出生寶加持，名金剛三摩地一切如來喜悦三昧耶，名一切如來心，從自心出：

嚩日囉二合賀娑

從一切如來心纔出已，即彼婆伽梵持金剛爲一切如來微笑出已，入世尊毗盧遮那佛心，聚爲一體，生金剛笑形，住佛掌中。從彼①金剛笑形出一切世界微塵等如來身，作一切如來奇特等，作一切佛神通遊戲，常喜悦根故，金剛薩埵三摩地極堅牢故，聚爲一體，生常喜悦根，大菩薩身，住世尊毗盧遮那佛心。説此嗢陁南：

奇哉我大笑！諸勝大奇特，

安立佛利益，常住妙等引。

時彼常喜悦根大菩薩身從世尊心下，依一切如來後月輪而住，復請教令。時世尊入一切如來奇特②，名金剛三摩地受一切如來出現三昧耶，盡無餘有情界一切根無上安樂悦意故，乃至得一切如來根清淨智神境③通果故，則彼金剛微笑授與彼常喜悦根大菩薩摩訶薩雙手，則一切如來以金剛名号金剛喜。金剛喜灌頂時，金剛喜菩薩摩訶薩以金剛微笑悦一切如來。説此嗢陁南：

此是一切佛，奇哉示出現，

① 彼，《中華藏》校勘《磧》《普》《南》《徑》《清》無。

② 奇特，《中華藏》校勘《石》《磧》《普》《南》《徑》《清》作“奇特加持”。

③ 境，原作“意”，據《中華藏》校勘《石》《磧》《普》《南》《徑》《清》及上下文改。

能作大喜悦，他師不能知。

大灌頂尋圓光，有情大利大笑，如是一切如來大灌頂薩埵。尒時婆伽梵復入觀自在大菩薩三昧耶，出生法加持，名金剛三摩地一切如來法三昧耶，名一切如來心，從自心出：

嚩日囉二合達摩

從一切如來心纔出已，即彼婆伽梵持金剛自性清淨，一切法平等智善通達故，金剛薩埵三摩地爲正法光明出已，以彼正法光明照曜一切世界成爲法界，盡法界入世尊毗盧遮那佛心，聚爲一體，量遍虛空法界，生大蓮花形，住佛掌中。從彼金剛蓮花形出一切世界微塵等如來身，一切如來三摩地智神境通等作一切[①]神通遊戲，於一切世界妙觀自在故，金剛薩埵三摩地極堅牢故，聚爲一體，生觀自在大菩薩身，住世尊毗盧遮那佛心。説此嗢陁南：

奇哉我勝義！本清淨自然，
諸法如筏喻，清淨而可得。

時彼觀自在大菩薩身從世尊心下，依一切如來前月輪而住，復請教令。時世尊入一切如來三摩地智三昧耶出生，名金剛三摩地能淨一切如來，盡無餘有情界我清淨，一切安樂悦意故，乃至得一切如來法智神境通果故，則彼金剛蓮花授與觀自在菩薩摩訶薩，正法轉輪王授與一切如來法身灌頂，灌於雙手，則一切如來以金剛名号金剛眼。金剛眼灌頂時，金剛眼菩薩摩訶薩則彼金剛蓮花如開敷蓮花勢，觀察貪染清淨無染著自性。觀已，説此嗢陁南：

此是一切佛，覺悟欲真實，
授與我手掌，法安立於法。

尒時婆伽梵復入曼殊室利大菩薩三昧耶，出生法加持，名金剛三摩地一切如來大智慧三昧耶，名一切如來心。從自心出：

嚩日囉二合底乞灑拏三合

從一切如來心纔出已，即彼婆伽梵持金剛爲衆多慧劒出已，入世尊毗盧遮那佛心，聚爲一體，生金剛劒形，住佛掌中，則從彼金剛劒形出一切世界微塵等如來身，一切如來智慧等，作一切佛神通遊戲妙吉祥故，金剛薩埵三摩地極堅牢故，聚爲一體，生曼殊室利大菩薩身，住世尊毗盧遮那佛心。説此嗢陁南：

奇哉一切佛！我名微妙音，
由慧無色故，音聲而可得。

時彼曼殊室利大菩薩身從世尊心下，依一切如來右月輪而住，復請教令。時世

① 一切，《中華藏》校勘《磧》《普》《南》《徑》《清》作“一切佛”。

尊入一切如來智慧三昧耶，名金剛三摩地斷一切如來結使三昧耶，盡無餘有情界斷一切苦，受一切安樂悦意故，乃至得一切如來隨順音聲慧圓滿成就故，則彼金剛劍授與曼殊室利大菩薩摩訶薩雙手，則一切如來以金剛名号金剛慧。金剛慧灌頂時，金剛慧菩薩摩訶薩以金剛劍揮斫。説此嗢陁南：

此是一切佛，智慧度理趣，

能斷諸怨敵，除諸罪冣勝。

尒時婆伽梵復入纔發心轉法輪菩薩摩訶薩三昧耶，出生法加持，名金剛三摩地一切如來輪三昧耶，名一切如來心，從自心出：

嚩日囉二合係都

從一切如來心纔出已，即[①]彼婆伽梵持金剛成金剛界大曼荼羅爲一切如來大曼荼羅出已，入世尊毗盧遮那佛心，聚爲一體，生金剛輪形，住佛掌中。從彼金剛輪形出一切世界微塵等如來身，纔發心轉法輪故，金剛薩埵三摩地極堅牢故，聚爲一體，生纔發心轉法輪菩薩摩訶薩身，住世尊毗盧遮那佛心。説此嗢陁南：

奇哉金剛輪！我金剛勝持，

由纔發心故，能轉妙法輪。

時彼纔發心轉法輪大菩薩身從世尊心下，依一切如來左月輪而住，復請教令。時世尊入一切如來輪，名金剛三摩地一切如來大曼荼羅三昧耶，盡無餘有情界令入得不退轉法輪，受一切安樂悦意故，乃至轉一切如來正法輪冣勝悉地故，則彼金剛輪授與纔發心轉法輪大菩薩摩訶薩雙手，則一切如來以金剛名号金剛場。金剛場灌頂時，彼金剛場菩薩摩訶薩以彼金剛輪令一切如來安立不退輪[②]。説此嗢陁南：

此是一切佛，能淨一切法，

是則不退輪，亦名菩提場。

尒時婆伽梵復入無言大菩薩摩訶薩三昧耶，出生法加持，名金剛三摩地一切如來念誦三昧耶，名一切如來心，從自心出：

嚩日囉二合婆沙

從一切如來心纔出已，即彼婆伽梵金剛手爲一切如來法文字。出已，入世尊毗盧遮那佛心，聚爲一體，生金剛念誦形，住佛掌中。從彼金剛念誦形出一切世界微塵等如來身，一切如來法性等作一切佛神通遊戲妙語言故，金剛薩埵三摩地極堅牢故，聚爲一體，生無言大菩薩身，住世尊毗盧遮那佛心。説此嗢陁南：

奇哉自然密！我名秘密語，

① 即，《中華藏》校勘《磧》《普》《南》《徑》《清》無。

② 輪，《中華藏》校勘《石》《磧》《普》《南》《徑》《清》作“轉”。

所説微妙法，遠離諸戲論。

時彼無言大菩薩身從世尊心下，依一切如來後月輪而住，復請教令。時世尊入一切如來秘密語，名金剛三摩地一切如來語智[①]三昧耶，盡無餘有情界令語成就，受一切安樂悦意故，乃至得一切如來語秘密體性寂勝悉地故，則彼金剛念誦授與無言大菩薩摩訶薩雙手，則一切如來以金剛名号金剛語。金剛語灌頂時，金剛語菩薩摩訶薩以彼金剛念誦，共一切如來談論。説此嗢陁南：

此是一切佛，名金剛念誦，

於一切如來，真言速成就。

金剛法智性，一切如來智慧大輪轉智一切如來語，輪轉戲論智，此是一切如來大智薩埵。

金剛頂一切如來真實攝大乘現證大教王經卷上

金剛頂一切如來真實攝大乘現證大教王經卷中

開府儀同三司特進試鴻臚卿肅國公食邑三千户賜紫贈司空

謚大辨正號大廣智大興善寺三藏沙門不空奉詔譯

大曼荼羅廣大儀軌品之二

尒時婆伽梵復入一切如來毗首羯磨大菩薩三昧耶，出生羯磨加持，名金剛三摩地一切如來羯磨三昧耶，名一切如來心，從自心出：

嚩日囉二合羯磨

從一切如來心纔出已，一切如來羯磨平等智善通達故，金剛薩埵三摩地即從婆伽梵持金剛爲一切如來羯磨光明出已，以彼一切如來羯磨光明照耀一切有情界，爲一切如來羯磨界。其盡一切如來羯磨界，入世尊毗盧遮那佛心，聚爲一體，量遍一切虚空界，則一切如來羯磨界故，生羯磨金剛形，住佛掌中。則從羯磨金剛形出一切世界微塵等如來身，於一切世界一切如來羯磨等作一切佛神通遊戲，作一切如來無邊事業故，金剛薩埵三摩地極堅牢故，聚爲一體，生一切如來毗首羯磨大菩薩摩訶薩身，住世尊毗盧遮那佛心。説此嗢陁南：

奇哉[②]佛不空！我一切業多，

無功作佛益，能轉金剛業。

---

① 秘密語名金剛三摩地一切如來語智，《中華藏》校勘《石》《磧》《南》《徑》《清》無。

② 哉，《中華藏》校勘《石》《磧》《普》《南》《徑》《清》作“諸”。

尒時毗首羯磨大菩薩身從世尊心下，依一切如來前月輪而住，復請教令。時世尊入一切如來不空金剛三昧耶，名金剛三摩地轉一切供養等無量不空一切業軌儀廣大三昧耶，盡無餘有情界作一切悉地，受一切安樂悦意故，乃至成就一切如來金剛羯磨性智神境通果故，則彼羯磨金剛授與一切如來金剛羯磨大菩薩，爲一切如來羯磨轉輪王，以一切如來灌頂授與雙手，則一切如來以金剛名号金剛毗首。金剛毗首灌頂時，彼金剛毗首菩薩摩訶薩則安立羯磨金剛於自心，令安一切如來羯磨平等處。説此嗢陁南：

此是一切佛，作種種勝業，
授與[①]我掌中，以業安於業。

尒時婆伽梵復入難敵精進大菩薩摩訶薩三昧耶，出生羯磨加持，名金剛三摩地一切如來守護三昧耶，名一切如來心，從自心出：

嚩日囉二合洛乞沙二合

從一切如來心纔出已，即彼婆伽梵金剛手爲衆多堅固甲冑出已，入世尊毗盧遮那佛心，聚爲一體，生大金剛甲冑形，住佛掌中。從彼金剛甲冑形出一切世界微塵等如來身，一切如來守護儀軌廣大事業等，作一切佛神通遊戲難敵精進故，金剛薩埵三摩地極堅牢故，聚爲一體，生難敵精進大菩薩身，住世尊毗盧遮那佛心。説此嗢陁南：

奇哉精進甲！我同堅固者，
由堅固無身，作金剛勝身。

時彼難敵精進大菩薩身從世尊心下，依一切如來右月輪而住，復請教令。時世尊入一切如來堅固，名金剛三摩地一切如來精進波羅蜜三昧耶，救護盡無餘有情界，受一切安樂悦意故，乃至得一切如來金剛身成就果故，則金剛甲冑授與難敵精進大菩薩雙手，則一切如來以金剛名号金剛慈友。金剛慈友灌頂時，彼金剛慈友菩薩摩訶薩以金剛甲冑被一切如來。説此嗢陁南：

此是一切佛，寂勝慈甲冑，
堅精進大護，名爲大慈友。

尒時婆伽梵復入摧一切魔大菩薩摩訶薩三昧耶，出生羯磨加持，名金剛三摩地一切如來方便三昧耶，名一切如來心，從自心出：

嚩日囉二合藥乞灑二合

從一切如來心纔出已，即彼婆伽梵持金剛爲衆多大[②]牙器仗出已，入世尊毗盧遮

① 與，《中華藏》校勘《石》《磧》《普》《南》《徑》《清》作“於”。
② 大，《中華藏》校勘《石》作“犬”。

那佛心，聚爲一體，生金剛牙形，住佛掌中。從彼金剛牙形出一切世界微塵等如來身，作一切降伏暴怒等，爲一切佛神通遊戲，一切魔善摧伏故，金剛薩埵三摩地極堅牢故，聚爲一體，生摧一切魔大菩薩身，住世尊毗盧遮那佛心。説此嗢陁南：

奇哉大方便！諸佛之悲愍，

由有形寂静，示作暴怒形。

時彼摧一切魔大菩薩身從世尊心下，依一切如來左月輪而住，復請教令。時世尊入一切如來極怒金剛三摩地，一切如來調伏難調，盡無餘有情界施無畏，受一切安樂悦意故，乃至得一切如來大方便智神境通寂勝悉地果故，則彼金剛牙器仗授與彼摧一切魔大菩薩雙手，則一切如來以金剛名号金剛暴怒。金剛暴怒灌頂時，彼金剛暴怒菩薩摩訶薩以彼金剛牙器仗安自口中，恐怖一切如來。説此嗢陁南：

此是一切佛，調伏諸難調，

金剛牙器仗，方便悲愍者。

尒時婆伽梵復入一切如來拳大菩薩摩訶薩三昧耶，出生羯磨加持，名金剛三摩地一切如來身口心金剛縛三昧耶，名一切如來心，從自心出：

嚩日囉二合散地

從一切如來心纔出已，即彼婆伽梵持金剛爲一切如來一切印縛出已，入世尊毗盧遮那佛心，聚爲一體，生金剛縛形，住佛掌中。從彼金剛縛形出一切世界微塵等如來身出已，於一切世界一切如來印縛智等作一切佛神通遊戲，一切如來拳善縛故，金剛薩埵三摩地極堅牢故，聚爲一體，生一切如來拳大菩薩身，住世尊毗盧遮那佛心。説此嗢陁南：

奇哉妙堅縛！我堅三昧耶，

成諸意樂故，解脱者爲縛。

時彼一切如來拳大菩薩身，從世尊心下，依一切如來後月輪而住，復請教令。時[①]世尊入一切如來三昧耶，名金剛三摩地一切如來印三昧耶，盡無餘有情界令一切如來聖天現驗一切悉地，受一切安樂悦意故，乃至得一切如來一切智智印主宰寂勝悉地果故，則彼金剛縛授與一切如來金剛拳大菩薩摩訶薩雙手，則彼一切如來以金剛名号金剛拳。金剛拳灌頂時，彼金剛拳菩薩摩訶薩以彼金剛縛縛一切如來。説此嗢陁南：

此是一切佛，印縛大堅固，

速成諸印故，不越三昧耶。

① 時，《中華藏》校勘《磧》《普》《南》《徑》《清》無。

一切如來供養廣大儀軌業，一切如來大精進妙[1]堅固甲胄，一切如來大方便，一切如來一切印縛智，如是一切如來大羯磨薩埵。尒時不動如來成就世尊毗盧遮那一切如來智已，印一切如來智故，入金剛波羅蜜三昧耶，所生金剛加持名金剛三摩地一切如來金剛三昧耶，名一切如來印，從自心出：

薩怛嚩嚩日離

從一切如來心纔出已，出金剛光明。從彼金剛光明門，即彼婆伽梵持金剛爲一切世界微塵等如來身印一切如來智。復聚爲一體，等一切世界量，生大金剛形，依世尊毗盧遮那佛前月輪而住。説此嗢陁南：

奇哉一切佛！薩埵金剛堅，
由堅無身故，獲得金剛身。

尒時世尊寶生如來印世尊毗盧遮那一切如來智故，入寶波羅蜜三昧耶，所生寶金剛加持，名金剛三摩地金剛三昧耶，名自印，從自心出：

囉怛那嚩日離二合

從一切如來心纔出寶光明，從彼寶光明，即彼婆伽梵持金剛爲一切世界微塵等如來身印一切如來智。復聚爲一體，等一切世界量，生大金剛寶形，依世尊毗盧遮那佛[2]右月輪而住。説此嗢陁南：

奇哉一切佛！我名寶金剛，
於一切印衆，堅灌頂理趣。

尒時世尊觀自在王如來印世尊毗盧遮那一切如來智故，入法波羅蜜三昧耶，所生金剛加持，名金剛三摩地法三昧耶，名自印，從自心出：

達摩嚩日離二合

從一切如來心纔出已，出蓮花光明。從彼蓮花光明，即彼婆伽梵持金剛爲一切世界微塵等如來身印一切如來智。復聚爲一體，等一切世界量，生大金剛蓮花形，依世尊毗盧遮那佛後月輪而住。説此嗢陁南：

奇哉一切佛！法金剛我淨，
由自性清淨，令貪染無垢。

尒時世尊不空成就如來印毗盧遮那一切如來智故，入一切波羅蜜三昧耶，所生金剛加持，名金剛三摩地一切三昧耶，名自印，從自心出：

羯磨嚩日離二合

從一切如來心纔出已，出一切羯磨光明。從彼一切如來羯磨光明，即彼婆伽梵

① 妙，《中華藏》校勘《石》《磧》《普》《南》《徑》《清》無。

② 佛，《中華藏》校勘《磧》《普》《南》《徑》《清》無。

持金剛爲一切世界微塵等如來身遍印一切如來智。復聚爲一體,等一切世界量,面向一切處,生大羯磨金剛形,依世尊毗盧遮那佛左月輪而住。説此嗢陁南:

奇哉一切佛!我名業金剛,

由一成一切,佛界善作業。

一切如來智三昧耶大灌頂,金剛法性一切供養,如是一切如來大波羅蜜。尒時世尊毗盧遮那佛復入一切如來適悦供養三昧耶,所生名金剛三摩地一切如來族大天女,從自心出:

嚩日囉二合邏西

從一切如來心纔出已,出金剛印。從彼金剛印門,則彼婆伽梵持金剛爲一切世界微塵等如來身。復聚爲一體,爲金剛嬉戲大天女如金剛薩埵,一切身性、種種形色威儀、一切莊嚴具,攝一切如來族金剛薩埵女,依世尊不動如來曼荼羅左邊月輪而住。説此嗢陁南:

奇哉無有比!諸佛中供養,

由貪染供養,能轉諸供養。

尒時世尊毗盧遮那復入一切如來寶鬘灌頂三昧耶,所生名金剛三摩地一切如來族大天女,從自心出:

嚩日囉二合摩犁

從一切如來心纔出已,出大寶印。從彼大寶印,則彼婆伽梵持金剛爲一切世界微塵等如來身。復聚爲一體,爲金剛鬘大天女,依世尊寶生如來曼荼羅左邊月輪而住。説此嗢陁南:

奇哉我無比!稱爲寶供養,

於三界王勝,教勑受供養。

尒時世尊毗盧遮那復入一切如來歌詠供養三昧耶,所生名金剛三摩地一切如來族大天女,從自心出:

嚩日囉二合霓愚以反帝

從一切如來心纔出已,出一切如來法印。從彼一切如來法印,則[①]彼婆伽梵持金剛爲一切世界微塵等如來身。復聚爲一體,爲金剛歌詠大天女,依世尊觀自在王如來左邊月輪而住。説此嗢陁南:

奇哉成歌詠!我供諸見者,

由此供養故,諸法如響應。

尒時世尊毗盧遮那復入一切如來舞供養,所生名金剛三摩地一切如來族大天

① 則,原脱,據《中華藏》校勘《磧》《普》《南》《徑》《清》補。

女,從自心出:

嚩日囉二合你哩二合帝曳

從一切如來心纔出已,出一切如來舞廣大儀。從彼出一切如來舞供養儀,則彼婆伽梵持金剛爲一切世界微塵等如來身。復聚爲一體,爲金剛舞大天女,依世尊不空成就如來左邊月輪而住。説此嗢陁南:

奇哉廣供養,作諸供養故,

由金剛舞儀,安立佛供養。

一切如來無上安樂悦意三昧耶,一切如來鬘,一切如來諷詠,一切如來無上作供養業,如是一切如來祕密供養。尒時世尊不動如來奉答毗盧遮那如來供養故,入一切如來能悦澤[①]三昧耶,所生名金剛三摩地一切如來婢[②]使,從自心出:

嚩日囉二合杜閉

從一切如來心纔出已,則彼婆伽梵持金剛爲種種儀燒香供養雲海[③]嚴飾,舒遍一切金剛界出已,從彼燒香供養雲海出一切世界微塵等如來身。復聚爲一體,爲金剛燒香天女身,依世尊金剛摩尼寶峯樓閣隅左邊月輪而住。説此嗢陁南:

奇哉大供養! 悦澤具端嚴,

由薩埵遍入, 速疾證菩提。

尒時世尊寶生如來奉答毗盧遮那如來供養故,入寶莊嚴供養三昧耶,所生名金剛三摩地一切如來承旨大天女,從自心出:

嚩日囉二合補澀閉二合

從一切如來心纔出已,即彼婆伽梵持金剛爲一切花供養嚴飾,舒遍一切虛空界。出已,從彼一切花供養嚴飾出一切世界微塵等如來身。出已復聚爲一體,爲金剛花天女形,依如來金剛摩尼寶峯樓閣隅左邊月輪而住。説此嗢陁南:

奇哉花供養! 能作諸莊嚴,

由如來寶性, 速疾獲供養。

尒時世尊觀自在王如來奉答世尊毗盧遮那供養故,入一切如來光明供養三昧耶,所生名金剛三摩地一切如來女使,從自心出:

嚩日囉二合路計

從一切如來心纔出已,即彼婆伽梵持金剛出一切光明界供養嚴飾,舒遍盡法界,從彼一切光明界莊嚴具出一切世界微塵等如來身。出已復聚爲一體,爲金剛光明天女身,依世尊金剛摩尼寶峯樓閣隅左邊月輪而住。説此嗢陁南:

---

① 澤,《中華藏》校勘《徑》作"懌"

② "婢"前,《中華藏》校勘《磧》《普》《南》《徑》《清》有"如"。

③ 海,原脱,據《中華藏》校勘《磧》《普》《南》《徑》《清》補。

奇哉我廣大！供養燈端嚴，

由速具光明，獲一切佛眼。

尒時世尊不空成就如來奉答毗盧遮那如來供養故，入一切如來塗香供養三昧耶，所生名金剛三摩地一切如來婢使，從自心出：

嚩日囉二合巘題

從一切如來心纔出已，則彼婆伽梵持金剛出一切塗香供養嚴飾，舒遍一切法界，從彼一切塗香供養嚴飾出一切世界微塵等如來身。出已復聚爲一體，爲金剛塗香天女身，依世尊金剛摩尼寶峯樓閣隅左邊月輪而住。説此嗢陁南：

奇哉[①]香供養！我微妙悦意，

由如來香故，授與一切身。

一切如來智遍入大菩提支分三昧耶，一切如來光明戒定慧、解脱、解脱知見，塗香，如是一切如來受教令女[②]。

尒時世尊毗盧遮那如來復入一切如來三昧耶鉤三昧耶，所生薩埵名金剛三摩地一切如來一切印衆生[③]，從自心出：

嚩日囉二合矩賒

從一切如來心纔出已，則彼婆伽梵持金剛出一切如來一切印衆，從彼一切如來一切印衆出一切世界微塵等如來身。復聚爲一體，爲金剛鉤大菩薩身，依世尊金剛摩尼寶峯樓閣金剛門中月輪而住，鉤召一切如來三昧耶。説此嗢陁南：

奇哉一切佛！鉤誓我堅固，

由我遍鉤召，集諸曼荼羅。

尒時世尊復入一切如來三昧耶，引入摩訶薩埵三昧耶，所生名金剛三摩地一切如來印入承旨，從自心出：

嚩日囉二合播賒

從一切如來心纔出已，則彼婆伽梵持金剛出一切如來三昧耶，引入印衆，從彼一切如來三昧耶引入印衆出一切世界微塵等如來身。復聚爲一體，爲金剛索大菩薩身，依世尊金剛摩尼寶峯樓閣寶門閒月輪而住，引入一切如來。説此嗢陁南：

奇哉一切佛！我堅金剛索，

設入諸微塵，我復引入此。

尒時世尊復入一切如來三昧耶，鎖大薩埵三昧耶，所生名金剛三摩地一切如來三昧耶縛一切如來使，從自心出：

---

① 哉，《中華藏》校勘《磧》《普》《南》《徑》《清》作“塗”。

② 女，《中華藏》校勘《磧》《普》《南》《徑》《清》作“安”。

③ 生，原作“主”，據《中華藏》校勘《磧》《南》《徑》《清》改。

嚩日囉二合薩普二合吒

從一切如來心纔出已，則彼婆伽梵持金剛出一切如來三昧耶縛爲印衆，從彼一切如來三昧耶縛印衆出已，出一切世界微塵等如來身。復聚爲一體，爲金剛鎖大菩薩身，依世尊金剛摩尼寶峯樓閣法門中月輪而住。說此嗢陁南：

奇哉一切佛！大堅金剛鎖，

令諸縛脱者，有情利故縛。

尒時世尊復入一切如來遍入大菩薩三昧耶，所生名金剛三摩地一切如來一切印僮僕，從自心出：

嚩日囉二合吠捨

從一切如來心纔出已，則彼婆伽梵持金剛爲一切如來印主出已，從彼一切如來印主出一切世界微塵等如來身。復聚爲一體，爲金剛遍入大菩薩身，依世尊金剛摩尼寶峯樓閣羯磨門中月輪而住。說此嗢陁南：

奇哉一切佛！我堅金剛入，

爲一切主宰，亦即爲僮僕。

一切如來三昧耶鉤召，引入縛調伏，如是一切如來教令。尒時世尊爲一切如來召集故，作金剛彈指相，說此一切如來召集加持心：

嚩日囉二合三摩惹

由刹那攞嚩須臾頃，一切如來彈指①相警②覺已，遍一切世界雲海中一切世界微塵等如來并菩薩集會曼荼羅。集已，往詣金剛摩尼寶峯樓閣世尊毗盧遮那如來。至已，説③礼一切如來足心：

唵薩嚩二合　怛他孽他　播那滿娜　曩喃迦魯弥

由此性成就真言隨意念誦，禮一切如來已，説此嗢陁南：

奇哉大普賢！菩薩之敬儀，

是如來輪壇，影現於如來。

時十方一切世界集會如來説已，由一切如來加持，一切菩薩集會曼荼羅，入毗盧遮那佛心。從彼一切如來心各各自菩薩衆曼荼羅出已，依世尊毗盧遮那佛金剛摩尼寶峯樓閣周圍，作壇三摩地而住。說此嗢陁南：

奇哉一切佛！廣大無始生，

由一切塵數，獲得佛一性。

尒時婆伽梵一切如來復作集會，令金剛界大曼荼羅加持故，得盡無餘有情界拔

---

① 彈指，《中華藏》校勘《石》《磧》《普》《南》《徑》《清》作“如彈指頃”。

② 警，《中華藏》校勘《磧》《南》《徑》《清》作“驚”。

③ 説，《中華藏》校勘《磧》《普》《南》《徑》《清》作“頂”。

濟一切利益安樂故，乃至一切如來平等智神境通三菩提寂勝成就故，奉請婆伽梵一切如來主宰金剛薩埵無始無終大持金剛，以此一百八讚而請：

金剛勇大心，金剛諸如來，
普賢金剛初，我禮金剛手！
金剛王妙覺，金剛鉤如來，
不空王金剛，我禮金剛召！
金剛染大樂，金剛箭能伏，
魔欲大金剛，我禮金剛弓！
金剛善薩埵，金剛戲大適，
歡喜王金剛，我禮金剛喜！
金剛寶金剛，金剛空大寶，
寶藏金剛峯，我禮金剛藏！
金剛威大炎，金剛日佛光，
金剛光大威，我禮金剛光！
金剛幢善利，金剛幡妙喜，
寶幢大金剛，我禮金剛刹！
金剛笑大笑，金剛笑大奇，
愛喜金剛勝，我禮金剛愛！
金剛法善利，金剛蓮妙淨，
世貴金剛眼，我禮金剛眼！
金剛利大乘[①]，金剛劍仗器，
妙吉金剛染，我禮金剛慧！
金剛因大場，金剛輪理趣，
能轉金剛起，我禮金剛場！
金剛説妙明，金剛誦妙成，
無言金剛成，我禮金剛語！
金剛業教令，金剛廣不空，
業金剛遍行，我禮金剛巧！
金剛護大勇，金剛甲大堅，
難敵妙精進，我禮金剛勤！
金剛盡方便，金剛牙大怖，

① 乘，《中華藏》校勘《磧》《普》《南》《徑》《清》作“樂”。

摧魔金剛峻，我禮金剛忿！
金剛令威嚴，金剛能縛解，
金剛拳勝誓，我禮金剛拳。
若有持此名，百八寂静讚，
金剛名灌頂，彼亦獲如是。
若有以此名，讚大持金剛，
正意歌詠者，彼如持金剛。
我等以此名，一百八名讚，
願大乘現證，遍流大理趣。
我等讚[①]汝尊，願説寂勝儀，
一切佛大輪，勝大曼荼羅。

尒時婆伽梵大持金剛聞一切如來請語，入一切如來三昧耶所生加持金剛三摩地，説金剛界大曼荼羅：

次當我遍説，勝大曼荼羅，
由如金剛界，名爲金剛界。
如教應安坐，於曼荼羅中，
大薩埵大印，思惟應加持。
住印則當起，顧視於諸方，
倨傲而按行，誦金剛薩埵。
以新線善合，應量以端嚴，
以線智應拼[②]，隨力曼荼羅。
四方應四門，四剎而嚴飾，
四線而交絡，繒綵鬘莊嚴。
隅分一切處，門户於合處，
鈿飾金剛寶，應拼外輪壇。
彼中如輪形，應入於中宫，
金剛線遍拼，八柱而莊嚴。
於金剛勝柱，應飾五輪壇，
於中曼荼羅，安立佛形像。
佛一切周圍，曼荼羅於中，

① 讚，《中華藏》校勘《磧》《普》《南》《徑》作"請"。

② 拼，原作"衭"，《中華藏》校勘《石》作"抨"，《磧》《普》《南》作"持"，《徑》《清》作"絣"，此據《大正藏》本校勘記及文意改，下同。

四勝三昧耶，次第而圖畫。
金剛進而步，於四曼荼羅，
阿閦毗等四，安立一切佛。
應作不動壇，劑金剛持等，
金剛藏等滿，寶生曼荼羅。
金剛眼淨業[①]，無量壽輪壇，
應畫不空成，金剛巧等壇。
安立於輪隅，應畫金剛女，
外壇於隅角，應畫佛供養。
門中一切處，守護門四衆，
安立於外壇，應畫摩訶薩。
即勝三昧耶，結印如儀則，
金剛師入已，摧印而遍入，
此諸遍入心。

𑖁𑖾 噁[②]

請勑如本教，自身加持等，
作已稱自名，應以金剛成。
薩埵金剛鈎，金剛師則結，
召集作彈指，應請一切佛。
刹那頃諸佛，并金剛薩埵，
應滿一切壇，集會曼荼羅。
則速疾大印，觀金剛薩埵，
一遍稱百八，由結集則喜。
如來皆堅固，金剛薩自成，
慈友而安住，諸門一切處。
鈎等而作業，以大羯磨印，
安住三昧耶，以印三昧耶。
薩埵金剛等，應成大薩埵，
誦弱吽鑁斛，則不[③]等一切。
召集大薩埵，鈎召引入已，

① 業，《中華藏》校勘《磧》《普》《南》《徑》《清》作“等”。
② 𑖁𑖾噁，《中華藏》校勘《磧》《普》《南》《徑》《清》無。
③ 不，《中華藏》校勘《石》《磧》《普》《南》《徑》《清》作“佛”。

縛已令調伏，則以密供養。
令喜大威德，應自有情利，
願作一切成。如是諸壇中，
金剛師事業。

金剛頂一切如來真實攝大乘現證大教王經卷中

金剛頂一切如來真實攝大乘現證大教王經卷下

開府儀同三司特進試鴻臚卿肅國公食邑三千户賜紫贈司空
謚大辨正號大廣智大興善寺三藏沙門不空奉詔譯

大曼荼羅廣大儀軌品之三

次當廣説金剛弟子入金剛大曼荼羅儀軌，於中我先説，令入盡無餘有情界拔濟利益安樂㝡勝悉地因果故，入此大曼荼羅。是器非器，不應簡擇，何以故？世尊，或有有情作大罪者，彼入此金剛界大曼荼羅，見已，入已，離一切惡趣。世尊，或有有情諸利、飲食、貪欲染著、憎惡三昧耶，爲先行等，如是等類隨意愛樂入已，則得滿一切意願。世尊，或有有情愛樂歌舞、嬉戲、飲食、翫具，由不曉晤一切如來大乘現證法性故，入餘天族曼荼羅，於滿一切意願攝受無上，能生愛樂歡喜。一切如來族曼荼羅禁戒怖畏不入，爲彼入惡趣壇路門，應入此金剛界大曼荼羅，爲令一切適悦㝡勝悉地安樂悦意受用故，能轉一切惡趣現前道故。世尊，復有住正法有情，爲一切衆生求一切如來戒定慧㝡勝悉地，方便佛菩提故，久修禪定、解脱地等，勞倦彼等，入此大①金剛界大曼荼羅，纔入已，一切②如來果尚不難，何況餘悉地類！

次當且先以四禮禮一切如來，全身舒臂，金剛合掌，以心臆著地，禮東方。真言曰：

唵薩嚩怛他孽多布儒開口角脣呼跛薩他三合哪耶怛麽二合南你嘌二合耶多夜彌薩嚩怛他孽多嚩日囉二合薩怛嚩二合地瑟姹二合薩嚩鈐

即前金剛合掌住心，以額禮南方。真言曰：

唵薩婆怛他孽多布惹引毗曬迦耶怛麽二合南涅哩二合夜多夜彌薩嚩怛他孽多嚩日囉二合囉怛那二合毗詵遮鈐

即前金剛合掌，安於頂③，以口著地，禮西方。真言曰：

---

① 大，《中華藏》校勘《石》《磧》《普》《南》《徑》《清》無。
② 一切，《中華藏》校勘《石》《磧》《普》《南》《徑》《清》作“以一切”。
③ 頂，《中華藏》校勘《磧》《普》作“頭”。

唵薩婆怛他孽多布惹鉢囉二合靺嘌二合多那夜怛麽南涅哩夜多夜弭薩婆怛他孽多嚩日囉達摩鉢囉靺嘌多二合夜鈐

即前金剛合掌當心，以頂著地，禮北方。真言曰：

唵薩婆怛他孽多布惹羯磨寧輕呼阿怛麽南涅哩夜多夜弭薩婆怛他孽多嚩日囉羯麽句嚕鈐

則以緋繒角絡披，以緋帛覆面，令弟子結薩埵金剛印，以此心：

三摩耶薩怛鑁二合

則以二中指令持花鬘，以此心真言令入三摩耶：

吽

入已，作是言：

阿你也二合薩怛鑁二合薩婆怛他孽多句犁鉢囉二合尾瑟吒二合薩多二合娜悍諦嚩日囉枳若二合那母怛跛二合那以使也二合弭曳那枳娘二合泥那怛鑁薩婆怛他孽多悉地囉避跛囉二合鉢旦二合嘶金吉淫反布那囉惹悉馱藥囉惹娜遮怛嚩耶涅哩瑟吒摩訶曼荼羅寫也二合嚩羯多二合尾閻二合摩提三摩渝尾也二合剃你渧丁翼反

金剛阿闍梨自應結薩埵金剛印，及安弟子頂，作是言："此是三昧耶金剛，摧汝頂不應説。"加持誓水一遍，令弟子飲誓水。真言曰：

嚩日囉薩埵　薩嚩延諦你耶二合紇唎二合那曳娑摩嚩悉體汀以反哆捏尼逸反避你也二合薩怛乞叉二合喃夜耶你也二合你没嚕二合耶你難那去閻嚩日囉二合娜迦拆

則告弟子："自今已後，汝觀娑跢，我如金剛手，我所應言，汝當如是作。汝不應輕慢於我，勿令汝招災禍，死已當墮地獄。"作如①是語已，唯願一切如來加持，願金剛薩埵遍入。金剛阿闍梨應結薩埵金剛印，作是言：

阿衍怛三摩欲開口呼嚩日囕二合嚩日囉薩怛嚩弭底丁以反薩蜜哩二合躭阿尾捨野都諦曳嚩二合嚩日囉枳孃那摩弩怛囕嚩日囉引吠奢噁

則結忿怒拳摧薩埵金剛印，隨意金剛語，誦大乘現證百字真言，則阿尾捨。纔阿尾捨已，則發生微妙智，由此知他心，悟他心，於一切事知三世，其心則得堅固。於一切如來教中悉除一切苦惱，離一切諸②惡趣，於一切有情無沮壞，一切如來加持，一切悉地現前，得未曾有，生喜悦，安樂悦意。由此安樂等，或成就三摩地，或陁羅尼門，或一切意願皆得滿足，乃至成就一切如來體性。則結彼印，以解於弟子心。誦此心真言：

底瑟姹二合嚩日囉涅哩濁咩婆嚩捨濕嚩二合都咩婆嚩紇唎娜閻咩地底瑟姹薩嚩悉朕

① 如，《中華藏》校勘《石》《磧》《普》《南》《徑》無。

② 諸，《中華藏》校勘《磧》《普》《南》《徑》《清》無。

亭滛反上遮咩鉢囉二合也車吽呵呵呵呵斛引

則以其花鬘令弟子擲於大曼荼羅，以此心真言曰：

鉢囉底車嚩日囉斛引

隨花落處，則彼尊成就，則取彼花鬘繫弟子[①]頭上。以此心真言：

唵鉢囉底仡哩紇拏怛嚩弭輅　薩怛嚩摩訶麼攞

由此則大薩埵攝受速得成就，成入已，則解面。以此心真言：

唵嚩日囉薩埵薩嚩延帝你耶二合灼乞嚩二合引娜伽妊拏怛鉢二合囉烏那伽咤野底丁以反薩嚩乞嚩嚩日囉二合灼乞嚩囉弩多嚧

則誦見真言：

係嚩日囉波捨

則令弟子次第而視大曼荼羅，纔見已，一切如來加持護念，則金剛薩埵住彼弟子心，則見種種光相、遊戲神通。由見曼荼羅，由如來加持故，或見婆伽梵大持金剛示現本形，或見如來。從此已後，一切義利、一切意所樂事、一切悉地乃至獲得持金剛及如來示大曼荼羅已，則以金剛加持香水瓶，灌弟子頂。以此心真言：

嚩日囉毗詵遮

則隨以一印繫鬘，以自幖幟安於二手掌中。誦心真言曰：

阿你也二合毗色羯多二合薩怛嚩二合麼斯没代嚩日囉毗篩羯哆伊難帝薩嚩勃馱怛鍐二合吃哩紇拏二合嚩日囉蘇悉馱曳唵嚩日囉地波底怛嚩二合麼毗詵遮彌底瑟姹二合嚩日囉三摩耶薩怛鍐二合

則以金剛名灌，以此心真言：

唵嚩日囉薩怛嚩二合左麼毗詵遮弭嚩日囉那摩毗篩羯哆你嚩日囉二合麼麼

金剛某甲若與弟子受[②]名号，應加係用呼之已，廣說入一切曼荼羅儀則。問弟子言："汝愛樂出生悉地智耶？神通悉地智耶？持明悉地智耶？乃至一切如來智㝡勝悉地智耶？"隨彼所樂應說之，則教義利悉地成辦印智：

金剛形住藏，當於心中觀，
觀已於住地[③]，則當見伏藏。
金剛形觀已，空中而遍觀，
若見隨墮處，彼則是伏藏。
金剛形於舌，智者應是觀，
自言此處有，語已成真實。

---

① 弟子，《中華藏》校勘《石》《磧》《普》《南》《徑》《清》作"彼弟子"。
② 受，《中華藏》校勘《磧》《普》《南》《徑》《清》作"授"。
③ 於住地，《中華藏》校勘《石》《磧》《普》《南》《徑》《清》作"住於地"。

金剛形一切，應當觀自身，
遍入落於彼，其處是伏藏。

彼等心真言：

嚩日囉你地囉怛娜你地達摩你地羯摩你地

次應教金剛悉地成辦印智：

金剛入生已，水成金剛形，
由觀速成就，於水上遊行。
復生金剛入，身色如自形，
修習於如是，自然如佛形。
遍入於自身，自身觀如空，
隨樂修習已，則得安達怛。
金剛入自身[①]，觀自如金剛，
乃至踊上昇，則得虛空行。

如是等真言曰：

嚩日囉惹攞嚩日囉嚕波嚩日囉迦奢嚩日囉麽輡

次則教金剛持明悉地成辦印智：

應觀月形像，上踊於虛空，
手攀於金剛，得金剛持明。
昇於月輪上，應觀金剛寶，
淨身者隨欲，刹那成騰空。
昇於月輪已，手持金剛蓮，
應觀金剛眼，則得持明位。
住於月輪中，應觀業金剛，
速獲金剛巧，則得諸持明。

如是等心[②]真言曰：

嚩日囉達攞囉怛娜達攞播娜磨達攞羯磨達攞

次則教一切如來寂勝悉地成辦印智：

住諸金剛定，思於虛空界，
隨樂金剛身，刹那成騰空。
住諸淨等持，修習於寂勝，

---

① 身，《中華藏》校勘《石》《磧》《普》《南》《徑》《清》作“己”。

② 心，《中華藏》校勘《石》《磧》《普》《南》《徑》《清》無。

獲得五神通，速疾智成就。

觀金剛薩埵，遍於一切空，

速念堅固已，則爲持金剛。

一切成佛形，觀想於虛空，

由諸佛等持，則得成正覺。

如是等真言曰：

嚩日囉嚩日囉述馱述馱薩怛縛薩怛縛没馱没馱

如上是一切悉地智成辦，次當令弟子持秘密堪忍法，初旦誦誓心真言曰：

唵嚩日囉薩怛縛二合薩嚩延帝你耶二合吃唎那曳平薩摩嚩薩體汀以反哆捏尼逸反避你也二合怛乞叉二合喃夜耶你也二合你没噜二合耶你難那去闍

則告如是言："汝不應越此誓心真言，勿令汝招災禍夭壽，以此身墮地獄。"則應教秘密印智：

生金剛入已，等引而手拍[①]，

微細金剛掌，山石尚敬愛。

次是金剛拍印：

入金剛儀已，金剛縛掌擊，

以微細掌法，山石尚遍入。

以如上入儀，金剛縛舒展，

勝拍應等摧，刹那壞百族。

微細遍入儀，諸指以等引，

金剛縛而[②]解，能奪勝諸苦。

次當説秘密成就，於婆伽入身[③]女人或丈夫，一切想入已，彼身令遍舒。如是等心真言曰：

嚩日囉嚩苦嚩日囉尾捨嚩日囉訶那嚩日囉訶囉

即應授與心真言已，教自本尊四智印。以此儀則告弟子言："汝慎於餘人，未知此印，一切[④]不應指示。何以故？彼有情不見大曼荼羅，輒結彼等皆不成就，則生疑惑，招災禍速死，墮於無間大地獄，墮於惡趣。"

次當説一切如來薩埵成就大印智：

從心智應發，應觀金剛日，

① 拍，《中華藏》校勘《石》《磧》《普》《南》《徑》《清》作"指"。

② 而，《中華藏》校勘《磧》《普》《南》《徑》《清》作"爲"。

③ 入身，《中華藏》校勘《磧》《普》《南》《徑》《清》作"身入"。

④ 此印一切，《中華藏》校勘《磧》《普》《南》《徑》《清》作"此一印"。

觀自爲佛形，應誦金剛界。
由此纔成就，獲智壽力年，
得一切遍行，佛體尚不難。

此是一切如來現證菩提印，次當説結金剛薩埵成就大印：

倨傲抽擲杵，等持金剛慢，
身口心金剛，成金剛薩埵。
由此遍行印，諸欲生安樂，
通壽力勝色，如金剛薩埵。
以三金剛儀，如畫[①]順修習，
幖幟印相應，成就大薩埵。
我今説諸教，能成及所成，
成就者大業，我今次第説。
每日先依時，及自加持等，
作已成如初，然後應隨意。

次當廣説大印成就儀則：

遍入金剛已，大印如儀則，
身前應當[②]結，思惟大薩埵。
見彼智薩埵，應觀於自身，
鉤召引入縛，令喜作成就。

如是等真言曰：

嚩日囉薩怛嚩二合噁

此是金剛遍入心：

嚩日囉薩怛嚩涅哩二合舍野

此是大薩埵觀念心：

弱吽鑁斛引

此是大薩埵鉤召引入縛令喜心。

誦三昧耶薩怛鑁二合，遍入背後而月輪，
於中應觀而薩埵，我三昧耶薩怛鑁二合。
隨彼薩埵印，修習觀自身，
金剛語以成，能成就諸印。

---

① 畫，《中華藏》校勘《石》《磧》《普》《南》《徑》《清》作"盡"。

② 應當，《中華藏》校勘《石》《磧》《普》《南》《徑》《清》作"當應"。

誦弱吽鑁斛，身中入諸佛，
應作善思惟，令大印成就。
我今説事業，金剛業無上，
由觀佛成就，速獲佛自性。
成薩埵金剛，爲諸佛主宰；
由結寶金剛，爲諸寶主宰；
成就法金剛，則能持佛法；
由業金剛印，則爲金剛業；
成金剛薩埵，由結薩埵印；
能召持金剛，金剛召相應；
金剛染大印，能染一切佛；
令喜一切佛，由金剛善哉；
奉施佛灌頂，由寶印儀則；
速爲金剛光，由金剛光儀；
持習金剛幢，則滿一切願；
由金剛笑儀，共諸佛戲笑；
持金剛法已，由金剛法儀；
得諸佛勝慧，由金剛利儀；
持習金剛輪，則能轉法輪；
成就佛語言，由金剛語儀；
速獲金剛業，由作金剛業；
擐服金剛甲，獲得金剛身；
成金剛藥叉，如金剛藥叉；
一切印成就，由結金剛拳；
以金剛嬉戲，獲大金剛悦；
由結金剛鬘，從佛獲灌頂；
金剛歌相應，獲得金剛歌；
由結金剛舞，則供養諸佛；
悦澤皆一切，由金剛燒香；
金剛花相應，令敬諸群品；
由金剛燈印，供養故獲眼；
能除一切苦，由金剛香儀；
由金剛鉤召，能作諸勝業；

能一切引入，由金剛索儀；
金剛鏁相應，堪任一切縛；
由金剛入儀，能成諸遍入。

次當説一切如來金剛三昧耶智印：

堅固結合掌，諸指互交結，
名爲金剛掌，極結金剛縛。
諸三昧耶印，皆生金剛縛，
我今説結儀，金剛縛①無上。
堅薩埵金剛，中指豎②如牙，
大中如寶形，中指而反屈。
移③指如蓮葉，中指於交合，
頭指附中指，名爲第五佛。

我今遍説如來族三昧耶勝印：

由結作成就，二手如月形，
中指如金剛，餘指面不著。
金剛薩埵印，頭鉤勝指交，
由如彈指勢，金剛薩埵四。
此爲衆印等，寶金剛頭指，
面合而反屈，中無名小指。
舒展旋當心，無名指如幢，
及與小指合，復住於笑處。
則名彼等印，豎齊二大指，
頭指屈如蓮，則彼金剛劍。
中合屈上節，則彼齊無名，
小指交如輪，則解大指縛。
舒展從口起，小大指面合，
集會業金剛，則彼齊頭指。
住心而舒展，曲頭指如牙，
小指亦復然，大指小指間。
頭指屈其上，於心齊大指，

① 縛，《中華藏》校勘《磧》《普》《南》《徑》《清》作“結”。
② 豎，《中華藏》校勘《磧》《普》《南》《徑》《清》作“堅”。
③ 移，《中華藏》校勘《磧》《普》《南》《徑》《清》作“餘”。

展臂名爲鬘，勝掌從口散。
作舞頂上合，金剛縛下施，
自掌而上獻，齊頭指相逼。
舒展如塗勢，由一頭指屈，
二頭指結縛，大頭端如鎖。
如金剛拳合，我今説能成，
金剛成寂勝，自印住於心。
薩埵金剛定，次説作事業，
金剛業無上，金剛界等印。
由集會如來，壇師於弟子，
刹那成加持，結薩埵金剛。
則成持金剛，纔結金剛鉤；
能召一切佛，欲金剛儀故；
尚染等覺者，由金剛歡喜；
善哉聲皆喜，由結寶金剛；
從佛獲灌頂，由結金剛日；
如佛得圓光，持金剛幢已；
則滿一切願，金剛笑儀故；
共諸佛等笑，持法金剛印；
等同法金剛，遍持金剛劍；
得慧救世者，持習金剛輪；
則能轉法輪，由金剛語故；
金剛語成就，遍持業金剛；
等同金剛業，堅作金剛護；
成身如金剛，金剛牙勝印；
能摧諸惡魔，堅結金剛拳。
順伏請①契印，由戲得喜悦，
由鬘得莊嚴，由語語威肅。
得供由舞故，焚香滋澤世，
由花色端嚴，由燈世清淨。
由香獲妙香，金剛鉤召得，

① 請，《中華藏》校勘《磧》《普》《南》《徑》《清》作“諸”。

金剛索得入，金剛鏁能縛，
金剛鈴遍入，我今説法印。
嚩日囉惹南通佛，能作堅固金剛界。
次復我今當遍説，法印勝契如本儀。
誦三昧耶薩怛鑁二合，一切印契爲主宰；
誦阿娜耶薩嚩已，即能鉤召一切佛；
阿斛引蘇佉稱誦已，染愛一切諸佛等；
娑度娑度語是[①]已，皆以善哉令歡喜；
蘇摩訶怛鑁二合誦已，則獲一切佛灌頂；
嚕褒你庾二合多語已，則獲正法威德光；
誦遏他鉢囉二合波底丁口反，能滿一切殊勝願；
呵呵吽壑作是笑，獲得如來微妙笑；
薩嚩迦哩是誦已，能淨非法皆清淨；
耨佉掣之曳反那誦持已，能斷一切苦受業；
勃馱冒地是言已，於曼荼羅爲主宰；
鉢囉底攝娜誦已，共預[②]諸佛談語論；
蘇嚩始怛鑁二合誦已，遍行一切而自在；
你尼逸反婆去也怛鑁二合語已，刹那則得無所畏；
誦捨怛嚕二合薄乞叉，能啖一切怨敵者；
薩嚩悉地是誦已，獲得一切妙悉地；
摩訶囉底得適悦，嚕波輸陛亦復然；
室嚕怛囉燥佉得樂，薩婆布誓得供養；
鉢囉訶囉你你悦，頗攞哦弭獲得果；
素帝惹仡哩得光，素巘蕩儗得妙香；
阿夜呬弱成鉤召，阿呬吽吽能引入；
係薩普吒鑁大得[③]，健吒噁噁令震動。
我今説法印，成就令清淨，
於舌觀金剛，能作諸事業。
次説羯磨印，應結金剛拳，
等引而兩分，成二金剛印。

① 語是，《中華藏》校勘《石》《磧》《普》《南》《徑》《清》作“是語”。
② 預，《中華藏》校勘《磧》《南》《徑》《清》作“頂”。
③ 得，《中華藏》校勘《磧》《普》《南》《徑》《清》作“將”。

次則説結縛，持作金剛拍[①]，
右手安於左，此印名覺勝。
能與[②]佛菩提，不動佛觸地，
寶生施願印，無量壽勝定。
不空施無畏，次今當遍説，
羯磨印次第，金剛薩埵等。
能轉金剛業，左慢右抽擲，
安住持鉤勢，相應如射法。
善哉於心住，灌頂二金剛，
於心示日形，右肘住左拳。
二掌及[③]於口，左[④]蓮右開勢，
左心劍殺害，旋轉如火輪。
金剛二口散，金剛舞旋轉，
兩頰住於頂，甲胄小指互。
二拳而相合，應以金剛鬘，
頂礼意戰悚，繫鬘口下寫。
旋轉金剛舞，以金剛拳儀，
應獻燒香等，一切佛供養。
分別供養印，小指互相鉤，
頭指如上[⑤]鉤，如索二如鏁，
手背而相逼。
我今説成就，金剛業作等，
應羯磨金剛，於心而修習。
次説羯磨印，金剛業種種，
由結智拳故，能遍入佛智；
由結阿閦毗，獲得無傾動；
由結寶生印，能攝受於他；
由結法輪印，則能轉法輪；

---

① 拍，《中華藏》校勘《磧》《普》《南》《徑》《清》作“指”。
② 與，《中華藏》校勘《石》《磧》《普》《南》《清》作“興”。
③ 及，《中華藏》校勘《磧》《普》《南》《徑》《清》作“反”。
④ 左，《中華藏》校勘《磧》《普》《南》《徑》《清》作“右”。
⑤ 上，《中華藏》校勘《磧》《普》《南》《徑》《清》作“大”。

由無畏勝速，施有情無畏；
堅作金剛鬘，金剛薩埵樂；
由金剛鉤召，刹那集[①]諸佛；
金剛箭令染，尚能金剛妻；
金剛喜諸佛，咸施善哉聲；
結大金剛寶，從師受灌頂；
遍持金剛日，得如金剛日；
豎金剛幢幡，則得雨寶雨；
遍持金剛笑，速佛平等笑；
遍持金剛花，則見金剛法；
堅結金剛劍，能斷一切苦；
遍持金剛輪，能轉於法輪；
所有諸佛語，成以金剛語；
金剛舞供養，尚令佛順伏；
由披[②]金剛甲，獲金剛堅實；
遍持金剛牙，尚能壞金剛；
金剛拳能奪，獲得印成就；
金剛喜得悦，金剛鬘妙色；
金剛謌[③]妙語，金剛舞令順；
以香意悦澤，以花奪一切，
燈供大熾盛，金剛香妙香；
金剛鉤能召；金剛索能引；
金剛鎖令縛；金剛磬令動。

我今廣説一切印都結儀則，先當金剛縛摧拍自心。誦心真言曰：

嚩日囉滿馱怛囉吒

則一切印縛於自身口心金剛得自在，即結金剛遍入三昧耶印。誦此心真言：

噁

則成遍阿尾捨，如親友加持，則三昧耶印想念大薩埵。誦此心金剛真言：

摩訶三昧耶薩怛無无毛反唅

由此真言，一切印皆得成就。此是一切印成就廣儀，則我説都廣儀則，初結自

① 集，《中華藏》校勘《磧》《普》《南》《徑》《清》作“進”。
② 披，《中華藏》校勘《磧》《普》《南》《徑》《清》作“持”。
③ 謌，《中華藏》校勘《磧》《普》《南》《徑》《清》作“語”。

印，結已，自印薩埵觀自身。以此心真言：

三摩庾唅

則自印薩埵觀自身已，以此真言加持：

三麽耶薩怛嚩二合地瑟姹二合薩嚩二合鈐

則然後應成就，此是成就儀則。次説初欲求義利成就，以此真言：

遏他悉地

由此真言，隨意得金剛成就。

次説金剛悉地成就，以此心真言：

嚩日囉悉地

次説持明成就，以此心真言：

嚩日囉尾你耶二合達囉

由此隨意即得持明成就，欲求寂勝成就，以自印真言，當求成就。

我今説一切都自身口心金剛中，令作如金剛儀軌。若印加持緩慢，若意欲解，則以此心真言令作堅固。真言曰：

唵嚩日囉薩怛嚩三摩耶麽努波引攞耶嚩日囉薩怛嚩怛尾怒波底瑟姹揑哩濁寐婆嚩蘇覩使庾寐婆嚩阿努囉羯都寐婆嚩蘇布使庾寐婆嚩薩嚩悉朕寐鉢囉也車薩嚩羯摩素者寐質多室哩藥矩嚕吽呵呵呵呵斛引婆誐梵薩嚩怛他孽多嚩日囉摩弭悶遮嚩日哩婆嚩摩訶三摩耶薩怛嚩噁引

由此真言，設作無間罪，謗一切如來及方廣大乘正法一切惡作，尚得成就。

一切如來印者，由金剛薩埵堅固體故，現生速疾隨樂得一切寂勝成就，乃至獲得如來寂勝悉地。婆伽梵，一切如來金剛薩埵作如是説。

我今都説一切印解脱儀則：

從彼彼出生，所有一切印，

於彼彼當解，由此真言心①。

嚩日囉穆

從自心起金剛寶印，安於灌頂處，以勝指自灌頂，分手纏頭繫鬘。次結甲胄，以此心真言：

唵嚩日囉囉怛那毗詵者鈐薩嚩母捺囉二合咩捺哩二合攞矩嚕嚩囉迦嚩制那鑁

被甲已，以齊掌拍，令歡喜。以此心真言：

嚩日囉覩使耶二合斛引

由此心真言，解縛得歡喜，

① 真言心，《中華藏》校勘《徑》《清》作“心真言”。

獲得金剛體，如金剛薩埵。

一遍誦金剛薩埵，隨意愛樂住安樂，

纔誦皆得速成就，如金剛手之所説。

婆伽梵普賢作如是説：

金剛薩埵等薩埵，一切成就作事業，

隨意念誦於此中，於諸事業皆[①]成就。

真言心印及諸明，隨樂修習諸理趣，

於教所説及自作，皆得成就遍一切。

次説四種秘密供養，應作以此金剛歌詠真言：

唵嚩日囉二合薩怛嚩僧孽囉賀嚩日囉囉怛那摩努怛嚂嚩日囉達摩誐耶奈引嚩日囉羯摩迦嚕婆嚩

於曼荼羅中以此金剛讚詠而歌，以金剛舞、以二手掌及供養花等作供養。於外曼荼羅金剛香等供養已，安於本處，一切隨力而供養，啓白一切如來。隨意香等供養已，已[②]入曼荼羅者，隨力已獻大曼荼羅，一切滋味、飲食、安樂等一切資具，令充足受用。應受與一切如來成就金剛禁戒：

此是一切佛體性，住於金剛薩埵手，

汝今應當而受持，金剛薩埵堅固禁。

唵薩嚩怛他孽多悉地嚩日囉三摩耶底瑟姹二合翳沙怛鑁二合馱囉夜弭嚩日囉二合薩怛嚩二合呬呬呬呬吽

則各各復告言：勿得説於餘人！則誦誓心真言，先已入者啓白一切如來，結薩埵金剛印，從下向上解。以此真言心[③]：

唵引吃哩二合都嚩薩嚩薩怛嚩二合嘌他二合悉地捺多也他努誐孽他車馱梵二合勃馱微灑閻補那囉誐麽那也都嚩日囉二合薩怛嚩二合穆

如是於一切曼荼羅三昧耶勝印而作解。

金剛頂一切如來真實攝大乘現證大教王經卷下

① 皆，《中華藏》校勘《徑》《清》作“速”。

② 已，《中華藏》校勘《磧》《南》《徑》《清》無。

③ 心，《中華藏》校勘《石》《磧》《普》《南》《徑》《清》作“曰”。

金剛頂瑜伽一切如來真實攝大乘現證大教王經[①]

金剛頂瑜伽[②]一切如來真實攝大乘現證大教王經卷上

特進試鴻臚卿大興善寺三藏沙門不空奉詔譯[③]

深妙秘密金剛界大三昧耶修習瑜伽儀第一[④]

稽首薄伽梵，大毗盧遮那！
能爲自在王，演説金剛界。
無邊功德法，成五解脱輪，
三十七智身，我今歸命禮！
瑜伽大教王，開演一佛乘，
如來三密藏，是乘無比喻，
最上最第一，唯佛不共智，
相應成佛門。爲令悟入者，
圓成淨法身。三世薄伽梵，
皆依此法成，是故諸如來，
敬禮如理法。若修此法者，
善住於師位，備族姓相好，
調柔心正直，以戒常嚴身。
以戒常嚴身[⑤]，清淨無所畏，

---

① 底本，《中華藏》第1636號，第69册第600頁上—610頁上，原《磧砂藏》本。校本，《大正藏》第874號，第18册第310頁上—322頁中，原增上寺報恩藏明本，原校本[甲]黄檗版淨嚴等校訂加筆本塚本賢曉氏藏，[乙]《縮册大藏經》。

② 瑜伽，原作"經"，據卷下標題及文意改。

③ 譯名，《中華藏》校勘《清》作"唐特進試鴻臚卿三藏沙門不空奉詔譯"，卷下同。

④ 第一，原作注文，此改。

⑤ 以戒常嚴身，《大正藏》校勘[甲]無。

於此秘密乘，决定深信解。
空有性相義，隨化道[①]應知[②]，
住大悲方便，引接[③]諸群品，
能令所依者，頓獲如來位。

已入金剛界，諸佛大壇場，
生在如來家，受法王灌頂。
瞻禮於聖會，不捨菩提心，
恭敬阿闍黎，等同一切佛，
所有言教誨，皆當盡奉行。
於諸同學處，不生嫌恨心，
敬如金剛手。乃至諸含識，
亦不應輕惱。諸天神仙等，
皆不應禮事，勿應毁陵蔑。
所覩諸法具，不應故騎驀，
爲此大場内，諸聖所執持。
親從阿闍黎，得傳教灌頂，
明解三摩耶，諸正遍知道。
通明廣略教，瑜伽身語心，
妙解曼拏囉，了真言實義。
如是阿闍黎，諸佛所稱讚，
等同薄伽梵，大毗盧遮那，
即是諸如來，金剛蓮花手，
虚空巧業尊，故應堅守護。
本尊三昧耶，倍過於身命，
常修外儀式。洗漱嚼齒木，
噉荳蔻塗香，令身口香潔。
不應食薰雜，酒肉諸殘觸，
飲食離諸過，不應與他人。
同床鋪座卧，常潔身淨服，

① 道，《大正藏》校勘［甲］疑當作“導”。
② 知，《大正藏》校勘［甲］疑當作“作”。
③ 接，《大正藏》校勘［甲］作“攝”。

令内外無垢，不應長①爪甲。
居穢違教故，内所謂②六根，
用三密淨除。外謂諸儀則，
法香水灌頂，或外緣不備，
即以法淨除，此理趣最勝。
當觀念囕字，淨除内外垢，
不沐而成浴，盪滌等虚空。
無垢如法界，事理俱相應，
如來寂稱讚。初起金剛定，
普覺諸群品，行即如來行，
坐即如來坐。諸入無言説，
一音遍法界，復興③大悲念，
利樂盡無餘，有情器世間。

嚴淨如來土，若自他建立，
勝大曼拏囉，選地結壇場。
如經之所説，上施妙天盖，
周匝悉懸幡，珠鬘鈴珮等，
間錯垂供養，布散諸尊位。
散時花莊嚴，賢瓶④閼伽水，
燒香花塗香，燈明及飲食，
金銀寶器盛，及以淨瓷⑤等。
真言香水灑，復以燒香熏，
陳設壇四邊，諦心爲供養。
修行瑜伽者，每入曼拏欏，
觀身如普賢，足步蹈蓮花。
趣於精室門，閉户稱吽字，
怒目除不祥，即五體投地，

① 長，原作“常”，據《大正藏》校勘[甲]改。
② 謂，原作“爲”，據《大正藏》校勘[甲]改。
③ 復興，原作“後與”，據《大正藏》校勘[甲]改。
④ 瓶，原作“妃”，據《大正藏》校勘[甲]改。
⑤ 瓷，原作“梵”，據《大正藏》校勘[甲]改。

敬禮世尊足，及一乘法僧。
即長跪合掌，運心對聖衆，
勸請願迴向。具法者應入，
金剛三摩地，[illegible]字發智火，
燒除虚妄因，情器等虚空，
名如理作意，心如理成就，
是名爲法性。法安住法位，
是名爲法界。復加身口心，
成三密三身。真言行菩薩，
應當善修習，塗香徧塗手。
復用燒香薰，結淨器世間。
寂光華藏印，即以定慧手，
觀念離塵法。真言如是稱：

唵引囉儒波誐怛薩嚩達摩引

次當淨三業，觀身本清淨，
誦此真言明，得三業皆淨。

淨身真言曰：

唵引薩嚩二合婆嚩秫馱薩嚩達摩薩嚩二合婆嚩秫度憾

由此真言故，其身成法器，
於虚空觀佛，遍滿如胡麻，
則誦遍照明，歷然見諸佛。

觀佛真言曰：

欠嚩日囉二合馱覩

警覺諸如來，檀慧相鈎豎，
進力二相拄，是名爲起印：

唵引嚩日囉二合底瑟姹二合吽

吽[①]字想於心，變成五智杵，
應想通身中，所有微塵數，
爲金剛薩埵。金剛掌舒臂，
全身委地禮，捨身遍法界，
奉獻阿閦尊，盡禮事諸佛。

① “吽”前，《大正藏》校勘［乙］有梵字。

唵引薩嚩怛他誐哆一商悉哆入薩縛薩怛嚩二合喃二薩嚩悉馱藥三三播你演二合耽引怛他誐哆引，四室左二合地底瑟姹二合耽去，引，五

摩(ma)吒(ṭū)[1]於兩目，應觀爲日月。

二手金剛拳，各安於腰側，

遍視空中佛，諸佛皆歡喜。

所有香花等，及餘供養具，

因此目瞻覩，去垢成清淨，

辟除成結界。

真言曰：

唵引嚩日囉二合涅哩二合瑟致二合麽吒

福智二羽合，十度初分交，

名爲金剛掌，一切印之首。

真言曰：

唵引嚩日囉二合惹禮引

即彼金剛掌，十度結爲拳，

名爲金剛縛，能解結使縛。

真言曰：

唵引嚩日囉二合滿馱引

即以金剛縛，能淨第八識，

亦除雜染種，怛囉二合(tā)吒(ṭū)[2]二字，

想安於兩乳，二羽金剛縛，

掣開如户樞。

真言曰：

唵引嚩日囉二合滿馱怛囉二合吒引

即以金剛縛，禪智屈入掌，

檀慧戒方間，想召無漏智，

入於藏識中。

真言曰：

唵引嚩日囉二合吠捨噁引

即以前印相，進力拄禪智，

---

① 摩(ma)吒(ṭū)，原作“(ma)(ṭū)摩吒”，此改梵字置後。

② 怛囉二合(tā)吒(ṭū)，原作“(tā)(ṭū)怛囉二合吒”，此改梵字置後。

以附於心門，無漏智堅固。

真言曰：

唵引嚩日囉二合母瑟致二合鑁

二羽金剛縛，忍願豎如針，

纔誦真言已，自身成普賢，

坐於月輪上，身前觀普賢。

真言曰：

唵引三摩野薩怛鑁三合，引

行者次應結，大誓真實契：

二羽金剛縛，檀慧禪智豎，

忍願交入掌，指面令相合，

以二度刺心，名爲大悲箭。

以射猒離心，極喜三昧耶，

警覺本誓願。

真言曰：

唵引三摩野斛二合[①]素怛囉薩怛鑁三合，引

行者次應結，降三世大印：

二羽忿怒拳，檀慧背鉤結，

進力二背豎。身想忿怒王，

八臂而四面，笑怒恐怖形，

四牙熾盛身，右足笪左直，

蹋大天及后。厲聲誦真言，

旋轉於十方，左轉爲辟除，

右旋成結界。

真言曰：

唵引遜婆顙遜婆顙吽一屹哩二合賀拏二合屹哩二合賀拏二合吽二屹哩二合賀拏二合播野吽三阿曩野斛婆誐鑁四嚩日囉二合吽五發吒引，六

次結金剛蓮，二羽金剛縛，

檀慧禪智豎，蓮花三昧耶，

得成蓮花部，轉輪之主宰。

真言曰：

① 合，原脱，據《大正藏》本補。

即觀於空中，諸佛如胡麻，
遍滿虚空界。想身證十地，
住於如實際。空中諸如來。
彈指而警覺，告言善男子，
汝之所證處，是一道清淨。
金剛喻三昧[①]，及薩般若等，
尚未能證知，勿以此爲足，
應滿足普賢，方成最正覺。
身心不動摇，定中禮諸佛。

真言曰：

唵引薩嚩怛他誐哆一波娜滿那喃迦嚕弭

行者聞警覺，定中普礼已，
唯願諸如來，示我所行處。
諸佛同告言，汝應觀自心。
既聞是説已，如教觀自心，
久住諦觀察，不見自心相。
復想礼佛足，白言最勝尊。
我不見自心，此心爲何相？
諸佛咸告言：心相難測量，
授與心真言，即誦徹心明，
觀心如月輪，若在輕霧中，
如理諦觀察。

真言曰：

唵引唧哆鉢囉二合底一味淡迦嚕弭二

藏識本非染，清淨無瑕穢，
長時積福智，喻若淨月輪。
無體亦無事，即説亦非月，
由具福智故，自心如滿月。
踊躍心歡喜，復白諸世尊：
我已見自心，清淨如滿月，
離諸煩惱垢，能執所執等。

① 昧，原作"味"，據《中華藏》校勘《南》《清》改。

諸佛皆告言:汝心本如是,
爲客塵所翳,菩提心爲淨。
汝觀淨月輪,得證菩提心,
授此心真言,密誦而觀察。

真言曰:

唵引冒地唧哆一母怛摩①二合那野弭二

能令心月輪,圓滿益明顯。
諸佛復告言:菩提心堅固。
復受心真言,觀金剛蓮花。

真言曰:

唵引速乞叉二合摩嚩日囉二合,引

觀五股金剛真言曰:

唵引底瑟姹二合嚩日囉二合

汝於淨月輪,觀五智金剛,
令普周法界,唯一大金剛。

漸廣真言曰:

唵引娑頗二合囉嚩日囉二合,引

漸略真言曰:

唵引僧賀引囉嚩日囉二合,引

應當知自身,即爲金剛界。

真言曰:

唵引嚩日囉二合怛摩二合句憾

自身爲金剛,堅實無染②壞,
復白諸佛言,我爲金剛身。
時彼諸如來,便勑行者言,
觀身爲佛形,復授此真言:

唵引野他引,一薩嚩怛他誐哆二薩怛二合他憾

既見身成佛,相好皆圓備,
諸如來加持,現證實相智,
不改前印相,應誦此真言:

---

① 摩,《大正藏》校勘[甲]疑當作"波"。
② 染,《大正藏》校勘[甲]疑當作"傾"。

唵引薩嚩怛他誐哆一鼻三冒地涅哩二合喋二嚩日囉二合底瑟吒二合,三

次結四如來,三昧耶印契,

各以本真言,而用加持身。

不動佛於心,寶生尊於額,

無量壽於喉,不空成就頂。

真言曰:

唵引嚩日囉二合薩怛嚩二合,一地瑟姹二合娑嚩二合軨二吽三

唵引嚩日囉二合囉怛曩二合,一地瑟姹二合娑嚩二合軨二怛咯二合,三

唵引嚩日囉二合達囉磨二合,一地瑟姹二合娑嚩二合軨二紇哩以三合,三

唵引嚩日囉二合羯囉磨二合,一地瑟姹二合娑嚩二合軨二噁三

既已加持身,次應授灌頂,

五如來印契,各如三昧耶。

遍照灌於頂,不動佛於額,

寶生尊頂右,無量壽頂後,

不空成就佛,應在頂之左。

真言曰:

唵引薩嚩怛他誐帶一濕嚩二合哩也二合鼻曬罽二鑁三

唵引嚩日囉二合薩怛嚩二合,一鼻瑟左軨二吽三

唵引嚩日囉二合囉怛曩二合,一鼻瑟左軨怛咯二合,二

唵引嚩日囉二合鉢納磨三合,一鼻瑟左軨唅哩以二

唵引嚩日囉二合羯囉磨二合,一鼻瑟左軨二噁三

次於灌頂後,應繫如來鬘,

四方諸如來,皆三昧耶契,

額前二羽分,三結於頂後,

向前如垂帶,先從檀慧開。

真言曰:

唵引嚩日囉二合馱怛味二合,一摩攞鼻詵左軨鑁

唵引嚩日囉二合薩怛嚩二合,一摩攞鼻詵左軨鑁

唵引嚩日囉二合囉怛曩二合,一摩攞鼻詵左軨鑁

唵引嚩日囉二合鉢納磨二合,一摩攞鼻詵左軨鑁

唵引嚩日囉二合羯囉磨二合,一摩攞鼻詵左軨鑁

次於諸有情,當興大悲心,

無盡生死中,恒被大誓甲,

爲淨佛國土，降伏諸天魔，
成寂正覺故，被如來甲冑。
二羽金剛拳，當心舒進力，
二度相縈繞，心背次兩膝，
臍腰心[①]兩肩，喉頸[②]額又頂，
各各三旋繞，徐徐前下垂。
先從檀慧散，印[③]能護一切，
天魔不能壞。

真言曰：

唵引砧

次應金剛拍，平掌而三拍，
由此印威力，縛解解者[④]縛，
便成堅固甲，聖衆皆歡喜，
獲得金剛體，如金剛薩埵。

真言曰：

唵引嚩日囉二合覩史野二合斛入

次結現智身，二羽金剛縛，
禪智入於掌。身前想月輪，
於中觀本尊，諦觀於相好。
遍入金剛已，本[⑤]印如儀則，
身前當應結，思惟大薩埵。

真言曰：

唵引嚩日囉二合薩怛嚩二合噁

次結見智身，印契如前相，
見彼智薩埵，應觀於自身，
鈎召引入嚩，令喜作成就。

真言曰：

唵引嚩日囉二合薩怛嚩二合涅哩二合捨也二合

① 心，《大正藏》校勘[甲]云一本作“至”。
② 頸，《大正藏》校勘[甲]作“項”。
③ 印，《大正藏》校勘[甲]作“即”。
④ 者，《大正藏》校勘[甲]作“諸”。
⑤ 本，《大正藏》校勘[甲]作“大”。

次結四明印，召引入自身，

印如降三世，屈進初如鈎，

次進力互[①]交，仍屈頭相拄，

次互相鉤結，次腕合而振，

由此四明印，召引縛令喜。

真言曰：

嗋吽鑁斛

次陳三摩耶，當結金剛縛，

忍願竪如針，成本尊瑜伽。

誦三摩耶薩怛鑁三合，遍入背後而月輪，

於中應觀薩埵體，我三昧耶薩怛鑁。

真言曰：

唵引三摩庾唅一摩賀引三摩庾唅二

次成就法界，奉事諸如來，

有情器世間，淨妙爲佛土，

勝上智觀察，内外無所有。

三世等虚空，觀念欠khaṃ(khaṃ)[②]字門。

次發智風輪，憾haṃ(haṃ)字相應起。

當觀輪圍山，劒kaṃ(kaṃ)字寶嚴飾。

又於虚空觀，鑁vaṃ(vaṃ)字遍照尊。

大悲流乳水，成香乳大海。

海中觀鉢囉二合pra(pra)字，字門成金龜，

其身之廣大，無量喻若囊。

背觀紇哩二合hrīḥ(hrīḥ)字，變爲妙蓮華，

八葉有三層，赤色具臺蘂，

皆悉有光明。臺中觀素saṃ(saṃ)字，

出妙高山王，四寶之所成，

四層及四峯，七金山圍繞。

山間復有海，皆八功德水，

瑜伽者觀念，了了悉分明。

---

① 互，原作“牙”，據《中華藏》校勘《南》《清》改。

② 梵字khaṃ(khaṃ)，原在句前，此移音譯字後，并作注文，下同。

欠憾劒鑁鉢囉二合紇哩以三合素

成就海真言：

唵引尾摩路引娜地吽

成就山真言：

唵引阿左攞吽

於妙高山頂，觀佛法界宫，
五智之所成，五峯寳樓閣，
淨妙超諸界，種種勝莊嚴。
即結金剛輪，輪壇之密印，
由此印威力，則成諸輪壇。
二羽金剛拳，進力檀慧鉤，
於中現觀想，輪壇如本[①]教，
即於寳閣中，而觀曼拏攞。

真言曰：

唵引嚩日囉二合作羯囉二合吽

次應誦啓請，不改前印相，
想向[②]諸聖衆，降此曼拏攞。

啓請真言曰：

野便焰二合額一尾覲曩二合娑作羯囉二合悉第二寫哆畝鼻嚩喍三嚩日囉二合俱拏喍係覩四毗焰二合哆毗焰二合摩五娑覩二合薩娜曩莫入，六

次結開門印，想開大檀[③]門，
二羽金剛拳，檀慧應相鉤，
進力豎側合。每門誦真言，
應吽 (hūṃ)而掣開，從東而右轉，
每方面向門。若方所小狹，
即於觀想中，運心如本教。

真言曰：

唵引嚩日囉二合娜嚩二合嚕一嗢娜伽二合吒野二三摩野三鉢囉二合吠捨野四吽五

次結啓請印，啓白諸世[④]尊，

① 本，原作“來”，據《大正藏》校勘［甲］改。
② 向，《中華藏》校勘《南》《清》作“白”。
③ 檀，《大正藏》校勘［甲］作“壇”。
④ 世，《大正藏》校勘［甲］云一本作“聖”。

二羽金剛縛，忍願應豎合，
進力屈如鉤，中後而不著，
稱名而啓請，三唱此伽陀：

真言曰①：

阿演去覩薩吠步嚩一迺迦娑引咯鉢囉二合拏二弭哆勢沙迦三菆勑句反囉摩咯三合②薩乞叉二合怛訖哩三合怛四囊跢婆嚩五娑嚩二合婆嚩入，六娑嚩二合焰步七毛囊哆婆嚩娑嚩二合婆嚩入，八

次觀佛海會，諸聖普雲集，
交臂作彈指，指聲遍法界。

真言曰：

唵引嚩日囉二合三摩惹嘚入，重

諸如來集會，皆在於虛空，
誦百八名讚，礼曼拏聖衆。

讚歎真言曰：

嚩日囉二合薩怛嚩二合，一摩賀薩怛嚩二合，二嚩日囉二合薩嚩怛他誐哆三三滿跢婆引椋囉二合，四嚩日囉二合你也二合，五嚩日囉二合播抳六囊謨引娑覩二合帝七

嚩日囉二合囉惹一素没馱誐哩也三合，二嚩日囉二合倶上捨三怛他引誐哆四阿謨引佉囉惹五嚩日囉二合你也二合，六嚩日囉二合迦囉沙二合，七囊謨引娑覩二合帝八

嚩日囉二合囉誐一摩賀引燥企也二合，二嚩日囉二合嚩拏嚩三商迦囉四摩囉迦摩五賀③嚩日囉二合，六左播七囊謨引娑覩二合帝八

嚩日囉二合娑引度一素嚩日囉二合誐哩也二合，二嚩日囉二合覩瑟龢二合，三摩賀囉帝四鉢囉二合謨引你也二合囉惹五嚩日囉二合你④也二合，六嚩日囉二合賀囉沙二合，七囊謨引娑覩二合帝八

嚩日囉二合囉怛囊二合，一素嚩日囉二合囉他二合，二嚩日囉二合迦捨三摩賀引摩柅四阿迦捨誐婆五嚩日囉二合荼也二合，六嚩日囉二合誐婆七囊謨引娑覩二合帝八

嚩日囉二合帝惹一摩賀引入嚩二合攞二嚩日囉二合素哩也二合，三际囊鉢囉二合婆四嚩日囉二合囉濕弭二合，五摩賀帝惹六嚩日囉二合鉢囉二合婆七囊謨引娑覩二合帝八

嚩日囉二合計覩一素薩怛嚩二合囉他二合，二嚩日囉特嚩二合惹三素姤灑迦四囉怛囊二合計覩五摩賀嚩日囉二合，六嚩日囉二合拽瑟龢二合，七囊謨引娑覩二合帝八

---

① 真言曰，原脱，據《中華藏》校勘《清》及《大正藏》本補。

② 合，原脱，據《大正藏》本補。

③ 賀，《大正藏》校勘[甲]作“摩賀”。

④ 你，《大正藏》校勘[甲]云一本作“擬里”。

嚩日囉二合賀娑一摩賀賀娑二嚩日囉二合悉弭哆三摩賀引納部二合哆必哩二合底四鉢囉二合謨引你也二合囉惹五嚩日囉二合你也二合，六嚩日囉二合畢哩二合帝七曩謨引娑覩二合帝八

嚩日囉二合達囉磨二合，一素薩怛嚩二合囉他二合，二嚩日囉二合鉢捺摩二合，三素戍達迦四路計濕嚩二合囉五素嚩日囉二合乞叉二合，六嚩日囉二合甯怛囉二合，七曩謨引娑覩二合帝八

嚩日囉二合底乞叉拏三合，一摩賀野曩二嚩日囉二合句捨三摩賀引庾馱四曼祖室哩二合，五嚩日囉二合儼鼻哩也二合，六嚩日囉二合没第七曩謨窣覩帝八

嚩日囉二合係覩一摩賀引曼拏二嚩日囉二合，引羯囉二合，三摩賀曩野四素鉢囉二合囉①怛曩二合，五嚩日嚕二合怛他六嚩日囉二合曼拏七曩謨引娑覩帝八

嚩日囉二合婆灑一素尾你也二合誐哩也三合，二嚩日囉二合惹播三素悉帝那阿嚩者引，四嚩日囉二合尾你也二合，五誐哩也三合，六嚩日囉二合婆灑七曩謨引娑覩帝八

嚩日囉二合羯磨一素嚩日囉二合惹拏二合，二羯磨嚩日囉二合，三素薩嚩誐囉二合，四嚩日囉二合謨佉五摩護那哩也二合，六嚩日囉二合尾濕嚩二合，七那謨引娑覩帝八

嚩日囉二合囉乞叉二合，一摩賀吠哩也二合，二嚩日囉二合嚩摩轉，三摩賀涅哩二合嗏去，四訥欲馱曩五素尾哩也二合誐哩也三合，六嚩日囉二合尾哩也二合，七曩謨引娑覩二合帝八

嚩日囉二合藥乞叉二合，一摩護播野二嚩日囉二合能瑟吒囉二合，三摩賀婆野四摩囉鉢囉二合摩喋你二合，五嚩日嚕二合誐哩也二合，六嚩日囉二合賛拏七那謨引娑覩二合帝八

嚩日囉二合散第一素薩顊地也二合，二嚩日囉二合滿馱三鉢囉二合謨引左迦四嚩日囉二合母瑟吒野二合，五誐囉二合②薩摩琰六嚩日囉二合母瑟鯠二合，七曩謨引娑覩二合帝八

次結四明印，印如降三世。

鉤屈進度招，索進力如環，

鏁開腕相鉤，鈴合腕似振。

各誦本真言。

真言曰：

嚩日囉二合矩捨弱

嚩日囉二合播捨吽

嚩日囉二合娑普二合吒鑁

嚩日囉二合吠捨阿入

次應金剛拍，令聖衆歡喜。

真言曰：

---

① 囉，《大正藏》校勘[甲]作“鞢”。

② 囉二合，《大正藏》校勘[甲]作“囉耶三合”。

唵引嚩日囉二合哆囉覩史也二合斛入

次入平等智，捧閼伽香水，

想浴諸聖身，當得灌頂地。

真言曰：

唵引嚩日囉二合娜迦咤吽

曩莫三滿多没馱喃一誐誐曩二娑摩娑摩三娑嚩二合賀引，四

次結振鈴印，右杵左振鈴，

心入聲解脱，觀照般若理。

真言曰：

唵引嚩日囉二合播捉吽

唵引嚩日囉二合健吒覩瑟也二合斛入，引

金剛頂瑜伽一切如來真實攝大乘現證大教王經卷上①

金剛頂瑜伽一切如來真實攝大乘現證大教王經卷下

特進試鴻臚卿大興善寺三藏沙門不空奉詔譯

金剛界大曼拏攞毗盧遮那一切如來族秘密心地印真言羯磨部第二

稽首薄伽梵，大毗盧遮那！

能爲自在王，演説金剛界，

羯磨諸儀則，印契及真言，

供養諸如來。次結羯磨印，

於心而修習，諦觀心月輪，

而有羯磨杵。應結金剛拳，

等引而兩分，右羽金剛拳，

以握力之端，左拳安於臍，

右羽垂觸地，左拳如前相，

右羽爲施願，二羽仰相叉，

進力豎相背，彈指②横其端，

左拳復安臍，右羽施無畏，

---

① 卷末經名，原作“金剛大曼拏攞成佛儀軌第一”，據卷下經名改。

② 彈指，《大正藏》校勘[甲]作“禪智”。

是五如來契。

彼彼真言曰：

唵引嚩日囉二合馱覩鑁

唵引阿屈蒭二合毗野二合吽

唵引囉怛曩二合三婆嚩怛咯二合

唵引路計濕嚩二合囉囉引惹紇哩以三合

唵引阿謨佉悉第[①]噁

次當結羯磨，四波羅蜜契，

各如本佛印，而誦於真言。

彼彼真言曰：

唵引薩怛嚩二合嚩日哩二合吽

唵引囉怛曩二合嚩日哩二合怛咯二合

唵引達囉摩二合嚩日哩二合紇哩以三合

唵引羯囉磨二合嚩日哩二合噁

次結十六尊，羯磨契之儀，

右拳安腰側，右羽掙[②]擲杵，

二拳交抱胷，進力鉤以招，

二拳如射法，當心作彈指，

進力如寶形，於心旋日輪，

右肘拄左拳，二拳口仰散，

左蓮右開勢，左手想持花，

右手如把劒[③]，覆拳進力拄，

於臍而平轉，並至口仰散，

先從禪智舒，旋舞心兩頰，

金剛掌於頂，二拳被甲胄，

進力檀慧互，二拳而相合。

十六大士印，内外八供養，

并及於四護，印相今當説。

二拳各腰側，向左小低頭，

二拳以繫鬘，從額頂後散，

① 第，《大正藏》校勘[甲]作“弟”。

② 掙，《大正藏》本作“搊”，校勘[甲]作“抽”。

③ 以上三句，底本重出，《中華藏》校勘《南》《清》無，此删衍文。

二拳側相合，從臍至口散，
二拳如舞儀，旋轉掌於頂。
以金剛掌儀，燒香等四印，
以降三世印，鉤索等四攝，
並拳向下散，仰散如捧獻。
禪智豎如針，開掌塗於胸，
進屈如鉤形，進力曲相捻，
二度便相鉤，合腕微搖動。

彼彼真言曰：

唵引嚩日囉二合薩怛嚩二合噁
唵引嚩日囉二合囉惹弱
唵引嚩日囉二合囉誐斛入
唵引嚩日囉二合娑度索
唵引嚩日囉二合囉怛曩二合唵
唵引嚩日囉二合帝惹暗引
唵引嚩日囉二合計覩嚂[①]二合
唵引嚩日囉二合賀娑郝入
唵引嚩日囉二合達磨紇哩以三合
唵引嚩日囉二合底乞叉拏三合淡
唵引嚩日囉二合係覩羚引
唵引嚩日囉二合婆灑嚂
唵引嚩日囉二合羯磨劍
唵引嚩日囉二合囉乞叉二合唅
唵引嚩日囉二合藥乞叉二合吽
唵引嚩日囉二合散地鑁
唵引嚩日囉二合囉細斛
唵引嚩日囉二合摩利怛囉二合吒引
唵引嚩日囉二合儗帝儗入
唵引嚩日囉二合涅哩二合帝曳二合訖哩二合吒引
唵引嚩日囉二合度閉婀
唵引嚩日囉二合補澁閉二合唵

① 嚂，《大正藏》校勘［甲］作“呾嚂”。

唵引嚩日囉二合路計溺
唵引嚩日囉二合巘第虐
唵引嚩日囉二合矩舍弱
唵引嚩日囉二合播舍吽
唵引嚩日囉二合娑普二合吒引鍐
唵引嚩日囉二合吠舍斛入

右心左按地，繞輪壇四面，
各一稱真言，安立賢劫位。

真言曰[①]：

吽引吽短[②]

賢劫千如來，十六大名稱，
先畫彌勒尊，次明不空見，
一切滅惡趣，離一切憂暗，
香象勇猛尊，虛空藏智幢，
無量光月光，賢護光網尊。
次畫金剛藏，無盡惠辯積，
普賢大光明，及餘上首尊。
冣初置阿𑖀(a)字，或書十六名，
金剛智種子，聖天之儀軌。
依教而安立，地居空行天，
巧智善安布，諸尊悉地相，
次第應當明。

彼彼真言曰：

唵引昧怛哩二合野娑嚩二合賀引
唵引阿目佉娜㗚捨二合曩野娑嚩二合賀引
唵引薩嚩[③]播野惹憾娑嚩二合賀[④]
唵引巘馱賀悉底二合娑嚩二合賀引
唵引戍囉野娑嚩二合賀引

---

① 真言曰，原脱，據《中華藏》校勘《清》及《大正藏》本補。

② 吽引吽短，《大正藏》校勘［甲］旁以朱加𑖮𑗝(hūṃ)𑖮𑖲𑖽(huṃ)二梵字。

③ 嚩，《大正藏》校勘［甲］作“嚩引”。

④ “賀”後，《大正藏》校勘［甲］有朱書“唵引薩嚩輸引地迦多迷儞健陀迷娑嚩二合賀引，是除憂暗真言也”二十七字。

唵引阿迦捨誐囉娑二合娑嚩二合賀引

唵引誐[①]惹二合抳[②]曩計姤娑嚩二合賀引

唵引阿弭哆鉢囉二合婆娑嚩二合賀引

唵引贊捺囉二合嚩日囉[③]二合鉢囉二合婆娑嚩二合賀引

唵引婆捺囉二合播囉娑嚩二合賀引

唵引入嚩二合攞顊鉢囉二合婆吽娑嚩二合賀引

唵引嚩日囉二合薩[④]囉娑二合娑嚩二合賀引

唵引阿乞叉二合摩底娑嚩二合賀[⑤]引

唵引三滿哆婆捺攞二合野娑嚩二合賀引

大曼拏攞羯磨部竟[⑥]。

金剛界大曼拏攞毗盧遮那一切如來族秘密心地印真言三昧耶部第三

尒時薄伽梵，大毗盧遮那，
能爲自在王，演説金剛界，
三昧之儀軌。次結三昧耶，
於舌觀金剛，先合金剛掌，
便成金剛縛。忍願如劒形，
進力附於背，忍願豎如針，
及屈如寶形，移屈如蓮葉。
面合於掌中，檀慧禪智合，
是爲五佛印。

彼彼真言曰：

嚩日囉二合惹拏二合喃婀去

嚩日囉二合惹拏二合喃吽

嚩日囉二合惹拏二合喃怛咯二合[⑦]

嚩日囉二合惹拏二合喃噁

① 誐，《大正藏》校勘[甲]作"枳"。

② 抳，《大正藏》校勘[甲]疑衍。

③ 嚩日囉，《大正藏》校勘[甲]疑衍。

④ 薩，《大正藏》校勘[甲]作"孽"。

⑤ "賀"後，《大正藏》校勘[甲]有朱書"唵鉢羅二合底訶多倶吒野娑嚩二合賀引"十七字及墨書"訶多別作婆那"六字。

⑥ 此句，《中華藏》校勘《清》無，《大正藏》本無。

⑦ "咯二合"後，《大正藏》校勘[甲]有朱書"嚩日羅二合惹拏二合喃紇哩以三合引"十六字。

次結三昧耶，四波羅蜜契，
各如佛之契，別別誦真言。

彼彼真言曰：

嚩日囉二合室哩二合吽
嚩日囉二合嬌哩怛嚂
嚩日囉二合哆囉紇哩以三合
佉嚩日哩二合捉斛

次結十六尊，八供養四攝，
三昧耶印契。忍願豎如針，
小大開[①]而豎，次以金剛縛，
進力屈如鉤，因鉤便交豎，
不解縛彈指，大豎次反屈，
不改大與次，舒六而旋轉。
前二亦不改，中縛下四幢，
不易前印相，反開散於口。
由縛禪智豎，進力屈如蓮，
由縛豎忍願，屈上節如劍，
忍願從入縛，四豎五豎交，
由縛進力蓮，禪智開偃附，
六度叉而覆，大各捻小甲，
進力針當心，進力檀慧開，
小豎進力鉤，縛大捻小根，
進力拄其背，縛偃豎禪智。
此印展當額，從臍口仰散，
旋舞掌於頂，由縛而下散，
從縛仰開獻，由縛禪智針，
解縛摩於胸，由縛進力鉤，
禪入智虎口，上四交如環，
禪智入掌摇，四印而一縛，
別別誦真言。

彼彼真言曰：

① 開，原作“闘”，據《大正藏》校勘[甲]改。

三摩野薩怛鑁三合　阿曩野薩怛縛三合　阿斛素佉　娑度娑度　素摩賀怛鑁三合　嚕補你庾二合哆　阿他鉢囉二合底　賀賀賀吽郝　薩嚩迦哩　耨佉砌娜　没馱冒地鉢囉二合底捨左娜二合　素嚩始怛鑁二合　顭嘌婆二合野怛鑁二合　設咄嚕二合薄乞叉二合　薩嚩悉地　摩賀囉底　嚕播戍陛　戍嚕二合怛囉二合嫂佉也二合　薩縛布哷鉢囉二合賀擺二合祢顭　跛擺誐弭　素帝惹擬哩二合　素巘馱擬入　阿野醯嗍　阿醯吽吽　呬娑普二合吒鑁　佉吒噁噁入

大曼拏攞三昧耶部竟[①]。

金剛界大曼拏攞毗盧遮那一切如來族秘密心地印真言供養部第四

敬禮毗盧尊！能爲自在主[②]，
演説供養部，供養諸如來。
次結供養契，應結金剛縛，
印相從心起，初結遍照尊，
羯磨之印儀。

真言曰：

唵引薩嚩怛他誐哆一嚩日囉二合馱怛味二合，二弩哆囉布惹三娑頗二合囉拏二合，四三摩曳五吽

次結金剛薩埵羯磨印：觸地手[③]。

唵引薩嚩怛他誐哆一嚩日囉二合薩怛味二合，二弩哆囉布惹三娑頗二合囉拏四三摩曳五吽六

次結金剛寶羯磨印：施願手。

唵引薩嚩怛他誐哆一嚩日囉二合囉怛曩二合，二弩跢囉布惹三娑頗二合囉拏四三摩曳五吽六

次結金剛法羯磨印：法定手。

唵引薩嚩怛他誐哆一嚩日囉二合達囉摩二合，二弩跢囉布惹三娑頗二合囉拏四三摩曳五吽六

次結金剛業羯磨印：寂上手。

唵引薩嚩怛他誐哆一嚩日囉二合迦囉磨二合，二弩哆囉布惹三娑頗二合囉拏四三摩曳五吽六

次心上金剛縛密語曰：入嚩手十六。

---

① 此句，《中華藏》校勘《清》無，《大正藏》本無。部，原脱，據前例補。

② 主，《中華藏》校勘《南》《清》作“王”。

③ 觸地手，原作正文，此改注文，下同。

唵引薩嚩怛他誐哆一薩嚩怛磨二合額哩也二合哆曩二布惹娑頗二合囉拏三迦囉磨二合嚩日哩二合,四噁五

右脅密語曰：

唵引薩嚩怛他誐哆一薩嚩怛摩二合額哩也二合怛曩二合娑度迦囉三布惹娑頗二合囉拏四迦囉磨二合覩瑟致二合,五索六①

額上密語曰：

唵引曩莫薩嚩怛他誐哆一鼻曬迦二囉怛寧二合毗喻二合,三嚩日囉二合摩抳唵引,四

心上旋轉如日輪,轉相密語曰：

唵引②曩莫薩嚩怛他誐哆一捨播哩布囉拏二唧跢摩抳三馱嚩二合惹詣哩二合毗喻二合,四嚩日囉二合馱嚩二合惹五擬哩二合怛覽二合,引,六

口上笑處解散密語曰：

唵引曩莫薩嚩怛他誐哆一摩賀必哩二合底二鉢囉二合謨你也二合迦㗚毗喻二合,三嚩日囉二合賀細郝四

口上密語曰：

唵引薩嚩怛他誐哆一嚩日囉二合達囉磨二合,二哆三摩地僻三薩覩二合弩弭四摩賀達囉磨二合,五擬哩二合紇哩以三合,六

右耳密語曰：

唵引③薩嚩怛他誐哆一鉢囉二合惹拏二合播囉弭哆二鼻額囉賀嚩三薩覩二合弩弭四摩賀具灑弩猊淡五

左耳密語曰：

唵引薩嚩怛他誐哆一作羯囉二合乞叉二合囉二播哩嚩㗚哆二合曩三薩嚩素怛覽二合,四怛曩野曳五薩覩二合弩弭六薩嚩曼拏囉吽七

頂後密語曰：

唵引薩嚩怛他誐哆一散馱薄灑二没馱僧擬底鼻誐喃三薩覩二合弩弭四嚩日囉二合嚩際作五

香頂上密語曰：

唵引薩嚩怛他誐哆一度播銘伽三母捺囉二合,二娑頗二合囉拏三布惹迦囉弭二合,四迦囉迦囉入,引,五

花右肩上密語曰：

唵引薩嚩怛他誐哆一補瑟跛二合鉢囉二合摩囉二娑頗二合囉拏三布惹羯囉弭二合,四枳哩

---

① "索六"後,《大正藏》校勘[甲]冠注"此間脱二真言"。

② "唵引"後,《大正藏》校勘[甲]冠注"此間脱一真言"。

③ 引,原脱,據《大正藏》本補。

枳哩五

燈右跨上密語曰：

唵引薩嚩怛他誐哆一路迦入嚩二合攞二娑頗二合囉拏三布惹羯囉弭二合,四婆囉婆囉五

塗復置心上密語曰：

唵引薩嚩怛他誐哆一彦馱銘伽三母捺囉二合,二娑頗二合囉拏三布惹羯囉弭二合,四俱嚕俱嚕五

次結散花契,觀察於十方,
言我今勸請,諸佛轉法輪。
復應作是念,今此瞻部洲,
及於十方界,人天意生花,
水陸所有花,皆持獻十方,
一切大薩埵。部中諸眷屬,
契明密語天,我爲普供養,
一切諸如來,而作事業故。

密語曰：

唵引薩嚩怛他誐哆一補瑟波二合布惹銘伽二三母捺囉二合,三娑頗二合囉拏四三摩曳吽五

又結燒香契,而作是思惟,
人天本體香,和合變易香,
如來羯磨故,我今皆奉獻[①]。

密語曰：

唵引薩嚩怛他誐哆一巘馱布惹銘伽二三母捺囉二合,三娑頗二合囉拏四三摩曳吽五

次結燈契已,而作是思惟,
人天本體生,及差别光明,
爲作事業故,我今皆奉獻。

密語曰：

唵引薩嚩怛他誐哆一你播布惹銘伽二三母捺囉二合,三娑頗二合囉拏四三摩曳吽五

三昧耶寶契,應作如是念,
此界及餘界,寶山諸寶類,
地中及海中,彼皆爲供養,
如來羯磨故,我今皆奉獻,
當誦此密語。

① “獻”後,《大正藏》校勘[甲]冠注“此間脱一真言並六句偈”。

密語曰：

唵引薩嚩怛他誐哆一冒駄焰二合誐囉怛曩二合稜去聲迦囉二布惹銘伽三母捺囉二合，三娑頗二合囉拏三摩曳吽四

次結嬉戲契，應作是思惟，
人天之所有，種種諸戲弄，
玩笑妓樂具，皆爲供養佛。
而作事業故，我今當奉獻，
縛大捻小根，進力拄其背[①]。

密語曰：

唵引薩嚩怛他誐哆一賀寫攞寫二枳哩二合拏[②]囉底三掃企也二合拏跢囉四布惹銘伽三母捺囉二合，五娑頗二合囉拏三摩曳吽六

薩埵三昧耶，應作是思惟，
如是劫樹等，能與種種衣，
嚴身資具者，彼皆爲供養，
而作事業故，我今當奉獻，
誦此秘密言。

密言曰：

唵引薩嚩怛他誐哆一拏哆囉[③]嚩日嚕二合播摩三摩地二婆嚩曩播曩三部惹曩嚩娑曩四布惹銘伽三母捺囉二合，五娑頗二合囉拏三摩曳吽六

羯磨三昧耶，而作是思惟，
於虚空藏中，所有諸如來，
我爲承事故，想一一佛前，
而皆有己身，以親近侍奉，
當誦此密語。

真言曰：

唵薩嚩怛他誐哆一迦野顊哩也二合哆曩二布惹銘伽三母捺囉二合，三娑頗二合囉拏三摩曳吽

達磨三昧耶，而作是思惟，
我今即此身，與諸菩薩等，

---

① “縛大捻小根，進力拄其背”，《大正藏》校勘[甲]無。
② 拏，《大正藏》校勘[甲]云一本作“拏”。
③ 拏哆囉，《大正藏》校勘[甲]云一本無。

觀諸[①]法實性，平等無有異，

既作無有異[②]，而誦此密言。

密語曰：

唵引薩嚩怛他誐哆一唧跢額哩也二合怛曩二布惹銘伽三母捺囉二合，三娑頗二合囉拏三摩曳吽

寶幢三昧耶，應觀生死中，

一切衆生類，苦惱之所纏，

深生哀愍故，我今爲救護，

并護菩提心。未度者令度，

未安者令安，皆令得涅槃，

及雨種種寶，所求令滿足。

作是思惟已，而誦此密言。

密語曰：

唵引薩嚩怛他誐哆一摩賀嚩日嚕二合娜婆二合嚩娜曩二播囉弭哆三布惹銘伽三母捺囉二合，四娑頗二合囉拏三摩曳吽

次結香身契，三昧耶塗香，

而作是思惟：願一切衆生，

三業諸不善，願悉皆遠離，

一切諸善法，願悉皆成就，

而誦此密言。

密語曰：

唵引薩嚩怛他誐哆一弩跢囉摩賀冒地也二合賀囉迦二試攞播囉弭哆三布惹銘伽三母捺囉二合，四娑頗二合囉拏三摩曳吽

結羯磨觸地，復應作是念，

願一切衆生，慈心無惱害，

遠離諸怖畏，相視心歡喜，

諸相好莊嚴，成甚深法藏，

當誦此真言。

密言曰：

唵引薩嚩怛他誐哆一弩跢囉摩賀達囉磨二合嚩冒達二乞産二合底播囉弭哆三布惹銘伽

---

① 諸，原作“得”，據《大正藏》校勘[甲]改。

② 無有異，《大正藏》校勘[甲]云一本作“是觀已”。

三母捺囉二合，四娑頗二合囉拏三摩曳吽

闘勝精進契，三昧耶甲胄，
而作是思惟：願一切衆生，
行菩薩行者，被堅固甲胄。

密語曰：

唵引薩嚩怛他誐哆一僧娑囉播哩底也二合誐驽哆囉二摩賀尾哩也二合播囉弭哆三布惹銘伽三母捺囉二合，四娑頗二合囉拏三摩曳吽

結三摩地契，花方佛羯磨，
應作是思惟，願一切衆生，
調伏於煩惱，隨煩惱冤讎，
獲甚深禪定，而誦此密語。

密語曰：

唵引薩嚩怛他誐哆一驽跢囉摩賀掃企也二合尾賀囉二地也二合曩播囉弭哆三布惹銘伽三母捺囉二合，四娑頗二合囉拏三摩曳吽

次結遍照尊，羯磨勝契已，
而作是思惟：願一切衆生，
成就五種明。世間出世間，
智慧普成就，而得真實見，
除煩惱障智，辯才無畏等，
佛法嚴其心，而誦此密語。

密語曰：

唵引薩嚩怛他誐哆一驽哆囉枳禮二合捨惹拏二合野二嚩囉拏嚩娑曩三尾曩野曩四摩賀鉢囉二合惹拏二合播囉弭哆五布惹銘伽三母捺囉二合，六娑頗二合囉拏三摩曳吽

勝上三摩地，印契次應結，
二羽外相叉，禪智令相捻，
仰安於懷中，應作是思惟：
證法真實性，空無相無作，
諸法悉如是，觀已誦密言。

密語曰：

唵引薩嚩怛他誐哆一虞上醯野二合摩賀鉢囉二合底播底二布惹銘伽三母捺囉二合，三娑頗二合囉拏三摩曳吽

次應合指爪，而作是思惟：

二羽金剛縛，進力禪智口①，
我今出語言，願一切衆生，
悉皆令得聞，誦此秘密言。

密言曰②：

唵引薩嚩怛他誐哆一嚩枳也二合顊哩也二合怛曩二布惹銘伽三母捺囉二合，三娑頗二合囉拏三摩曳吽

如是廣作佛事已，次應諦心爲念誦，
衆會眷屬自圍繞，住於圓寂大鏡智。
當結金剛三昧耶，而誦金剛百字明。
次誦金剛薩埵明，三遍五遍或七遍。

真言曰：

唵引嚩日囉二合薩怛嚩二合三摩野一摩努播攞野二嚩日囉二合薩怛嚩二合怛味二合，三努播底瑟姹二合，四涅哩二合嗏銘婆嚩五素妬瑟欲二合銘婆嚩六阿努囉訖妬二合銘婆嚩七素布瑟欲二合銘婆嚩八薩嚩悉朕銘九婆嚩鉢囉二合野瑳十薩嚩羯磨素十一左銘啣哆室哩二合藥俱嚕十二吽十三賀引賀賀賀斛十四婆誐鑁十五薩嚩怛他引誐哆十六嚩日囉二合摩銘悶左重，十七嚩日囉二合婆嚩十八摩賀引三摩野十九薩怛嚩二合噁二十

次應捧珠鬘，誦真言七遍，
復以加持句，如法而加持。
端坐如儀則，應以金剛語，
一千或一百，隨意而念誦。

真言曰③：

唵引嚩日囉二合薩怛嚩二合，引④

二羽捧珠鬘，本真言七遍，
捧至頂及心，千轉以加持。

真言曰：

唵引嚩日囉二合虞醯野二合惹播三摩曳吽

既加持珠已，住等引而誦，
不極動舌端，唇齒二俱合，
成就諸密教，金剛語離聲。

---

① “二羽金剛縛，進力禪智口”，《大正藏》校勘［甲］云一本無。
② 密言曰，原脱，據《大正藏》本補。
③ 真言曰，原脱，據《大正藏》本補。
④ “引”後，《大正藏》校勘［甲］疑有“阿”。

循身觀相好，四時不令間，
百千是爲限，又復應過是。
神通及福智，見世同薩埵，
念誦分限畢，捧珠發大願。
結三摩地契，入法界三昧，
行者出三昧，即結根本印，
念本明七遍。復結八供養，
以妙音讚歎，獻閼伽香水，
以降三世印，左旋而解界。
次結三昧拳，一誦而掣開，
次結羯磨拳，三誦三開手，
從彼彼出生，所有一切印，
於彼彼當解，由此真言心。

真言曰：

唵引嚩日囉二合穆乞叉二合穆入

次結奉送印，二羽金剛縛，
忍願如蓮葉，指端安時花，
誦已而上擲，爲奉送聖衆。

真言曰：

唵引訖哩二合妬嚩入，一薩嚩薩怛嚩二合，二囉他二合悉第娜二合，三哆野他四弩誐孽瑳馱鑁二合，五没馱尾灑野六布曩囉誐七摩曩野覩八唵引嚩日囉二合薩怛嚩二合，九目乞叉二合目入，十

次當結寶印，二羽金剛縛
進力如寶形，禪智亦復然。
印相從心起，安於灌頂處，
分手如繫鬘，次結甲冑印。

真言曰①：

唵引嚩日囉二合囉怛曩二合，一鼻詵左銿二薩嚩母娜囕二合銘三涅哩二合稚俱嚕四嚩日囉二合迦嚩左曩鑁五　唵引砧

次結被甲已，齊掌而三拍，
令聖衆歡喜，以此心真言，

① 真言曰，原脱，據《大正藏》本補。

解縛得歡喜，獲得金剛體。

真言曰：

唵引嚩日囉二合覩瑟野二合斛入

奉送聖衆已，當結加持契

誦明加四處，灌頂被甲胄。

又爲拍印儀，如前禮四佛，

懺悔并發願，然後依閑静。

嚴飾以香花，住於三摩地，

讀誦大乘典，隨意任經行。

金剛頂瑜伽一切如來真實攝大乘現證大教王經卷下

金剛頂瑜伽降三世成就極深密門[①]

特進試鴻臚卿大廣智不空三藏與淨行婆羅門徧智奉詔譯[②]

歸命聖主宰，普賢金剛手！
爲降伏一切，現吽迦囉身。
摧[③]三世有毒，令即證菩提，
是甚深秘密，降三世瑜伽。
首依真實王[④]，禮淨合縛摧，
入閉普賢印，按心稱本誓。
悦已又誦此：
摩訶拘嚕二合馱薩怛嚩無保反，二合唅
發言身即同，降三世金剛。
四印加寶灌，鬘甲二擬繫，
拍掌同金剛，即入三摩地。
諦觀心阿字，成月或日輪，
中生五智杵，次請尊及佛。
入加三昧身，又以本教中，
四印加已滿，五寶鬘甲拍。
陳内外供養，讚詠已念誦，
若作圓具法，以五相成身。
及[⑤]普悦本誓，忿四印五佛，

---

① 底本，《中華藏》第1506號，第66册第309頁中—310頁中，原《金藏》廣勝寺本。

② 譯名，《中華藏》校勘《磧》《南》作“特進試鴻臚卿大廣智不空三藏與淨行婆羅門徧智奉詔譯”，《徑》《清》作“唐特進試鴻臚卿大廣智不空三藏與淨行婆羅門徧智奉詔譯”，《麗》作“開府儀同三司特進試鴻臚卿肅國公食邑三千户賜紫贈司空謚大鑒正號大廣智大興善寺三藏沙門不空奉詔譯”。

③ 摧，《中華藏》校勘《徑》作“推”。

④ 王，原作“主”，據下文及《中華藏》校勘《麗》改。

⑤ 及，《中華藏》校勘《麗》作“又”。

寶鬘甲拍等，以吽迦囉印。

加心誦真言：

吽薩怛嚩二合韈日哩二合惹嚩二合羅麽羅阿嚕二合馱吽發吒半聲阿地底瑟咤二合娑嚩二合輆

次寶二風寶餘准此①，法以火如蓮，

業建火逼風，額喉頂四印。

五佛大日用，真實教王中，

金剛界自在，誦此秘密言。

唵嚩日囉二合惹縛二合鉢囉二合跛多二合羯灑也薩嚩怛佗蘖多麽賀嚩日囉二合三麽耶吽

四佛同四印，金剛佛真言。

吽薩怛嚩二合韈日哩二合惹嚩二合邏末羅拘嚕二合馱吽引發吒半音阿鼻詵去左輆寶用金剛寶餘二准此②

鬘甲印准前。鬘真言曰：

唵韈日囉二合莽𡄣你哩二合荼去

被甲誦此明：

唵韈日囉二合喀乞叉二合你哩二合荼去

四攝八供養，同金剛界儀，

唯現於擬叱。

鉤真言曰：

唵襪日啝二合句捨麽賀句嚕二合馱羯灑耶娑去莽鹽引吽惹入

索真言曰：

唵韈日囉二合跛捨麽賀句嚕二合馱羯灑耶娑去莽鹽吽吽

鎖真言曰：

唵韈日囉二合塞普二合吒麽賀句嚕二合馱羯灑耶娑去莽鹽鍐

鈴真言曰：

唵韈日囉二合吠捨麽賀句嚕二合馱羯灑耶娑去莽鹽斛

嬉戲真言曰：

唵韈日囉二合攞細麽賀句嚕二合馱羯灑耶娑去莽鹽引斛

又前觀智身，自心流婀字，

面前成月輪，即出生金剛。

---

① 餘准此，原作“餘此”，據《中華藏》校勘《南》《麗》改，《徑》《清》無。

② 餘二准此，《中華藏》校勘《麗》作“餘三准此”，《徑》《清》無。

五峯流猛焰，生三悦我是，
又仗[1]於世尊，即召滿空佛。
入金剛鎖悦，又稱明顯言，
金剛即變成，吽迦囉金剛。
暴怒處月輪，身流火光聚，
徧體玄青色，大自在天王。
妃烏摩爲座，歷然分明見，
即四印加持，又示羯摩印。
滿月已五灌，寶鬘甲拍[2]等，
施内外供養，自住薩埵身。
扭擲金剛杵，震動大千界，
誦百八名讚，都請諸聖賢。
鉤召索引入，鎖上鈴悦喜，
四明召智身，入自體無二。
又四加示誓，滿月已五灌，
寶鬘甲拍已，又陳内外供。
即起平身立，舉右足左旋，
攝彼傲慢者，大自在欲王。
撲至於地已，定按於彼頂，
慧踐彼王妃，烏摩乳房上，
摧彼我慢故，以足加於頂。
被害殞此已，灰嚴界成佛，
住是三昧時，極力頻身蹹。
或身掉出汗，當知尊攝受，
定慧金剛拳，二地結風背。
脩[3]身觀相好，歷然見如前，
旋時誦足鉤。

真言曰：

唵引迦引那引羯哩灑二合庚嚩日囉二合吽短

佛蹹時真言曰：

---

① 仗，原作“丈”，據《中華藏》校勘《磧》《南》《徑》《清》改。

② 拍，原作“拍”，據《中華藏》校勘《磧》《南》《徑》《清》《麗》改。

③ 脩，《中華藏》校勘《麗》作“循”。

唵引嚩日囉二合，引麽半吽短

又見自心月，金剛具五峯，

中有所持明，流射金剛火。

住是大三昧，持根本真言，

或心一字明，或樂[①]心中心。

擿枳王真言，住定疲極已，

方坐誦讚歎，陳供及發願。

即作解脱法，以本法四印，

四處掣開之。

心上真言曰：

唵引薩怛嚩二合嚩日囉二合若嚩二合羅麽引羅矩嚕二合，引馱吽短發吒半音目

又以真實王，四印掣開之。

心上真言曰：

唵引薩怛嚩二合嚩日哩二合吽短

聖衆還宫已，即寶鬘甲拍，

護此常恒身，四禮五向等，

餘皆同諸教，降三世瑜伽。

二羽印當心，慧手持五鈷，

努臂如下擬，次箭劒直執。

定上五鈷鉤，次弓次執索，

皆直引臂持，四面正青色。

右黄左緑色，後紅咸忿怒，

自在天王妃，爲座如前説，

吽迦囉金剛，作如是相好。

金剛頂瑜伽降三世成就極深密門

① 樂，《中華藏》校勘《麗》作“業”。

金剛壽命陁羅尼念誦法[1]

開府儀同三司特進試鴻臚卿肅國公食邑三千户賜紫贈司空
謚大辨正號大廣智大興善寺三藏沙門不空奉詔譯[2]

我今依《金剛頂瑜伽經》，毗盧遮那報身佛於色界頂第四禪成等正覺，即下須弥頂金寶峯樓閣，盡虚空遍法界一切如來皆悉雲集，前後圍繞，異口同音："唯願世尊轉微妙法甚深秘密四種法[3]輪，所謂金剛界輪、降三世教令輪、遍調伏法輪、一切義利成就輪。如是四輪從毗盧遮那如來心出，一一輪皆有三十七聖者，一一真言、一一三摩地、一一印契威儀，執持大悲願力，於雜染佛世界、淨妙佛世界，或隱或顯，輪轉利樂，度諸衆生，各各不同。"毗盧遮那佛受諸如來請已，欲轉法輪時，即入三摩地，觀見摩醯首羅天等剛强難化，執著邪見，非我寂静大悲之身堪任調伏。於時世尊入忿怒三摩地，從胸臆五峯金剛菩提心，流出四面八臂、威德熾盛、赫弈難覩降三世金剛菩薩身。遍礼毗盧遮那及[4]一切諸佛："唯願世尊示教於我，何所爲作？"佛告降三世菩薩："汝今調伏難調諸天，令歸依諸佛、法、僧，發菩提心。"諸天盡皆歸依，唯大自在天恃大威德，來相拒敵。降三世種種苦治，乃至於死。毗盧遮那佛入悲[5]愍大悲三昧耶，説金剛壽命陁羅尼。便入金剛壽命三摩地，乃結印契，加持魔醯首羅天復還得蘇，更增壽命，歸依諸佛，灌頂授[6]記，證得八地。金剛壽命真言曰：

唵嚩日囉二合喻瓕娑嚩二合，引賀引

佛告執金剛菩薩："若有善男子、善女人受持、念誦，日各三時，時別千遍，過去所有惡業因緣、短命夭壽，由持此陁羅尼故，信心清淨，業障銷滅，更增壽命。若有修習

---

① 底本，《中華藏》第1445號，第65册第770頁上—771頁上，原《麗藏》本。經名，《中華藏》校勘《石》後有"一卷"。

② 譯名，《中華藏》校勘《石》作"大興善寺三藏沙門金剛智、不空奉詔譯"，《磧》《南》作"南天竺國三藏金剛智與沙門不空奉詔譯"，《徑》《清》作"唐南天竺國三藏金剛智與沙門不空奉詔譯"。

③ 法，《中華藏》校勘《磧》《南》《徑》《清》無。

④ 及，《中華藏》校勘《磧》《南》《徑》《清》作"佛"。

⑤ 悲，《中華藏》校勘《磧》《南》《徑》《清》作"慈"。

⑥ 授，《中華藏》校勘《磧》《南》《徑》《清》作"受"。

二摩地者，現生不轉父母生身，獲五神通，淩虚自在。”

説三摩地門，結加趺坐，端身閉目，二手重疊，安於臍下。於[①]虚空中遍想諸佛，了了分明。即於自身中當心觀如滿月，光明瑩徹。上有五股金剛杵，形漸大如等身，變爲降三世菩薩。頂有毗盧遮那佛，從佛遍身、遍毛孔中出甘露，灌頂注自身，入於心中。復想金剛薩埵菩薩，即結金剛壽命菩薩陁羅尼印，二手金剛拳，以頭指右押左相鉤，安於頂上。誦金剛壽命陀羅尼七遍，安於額上，分手繫項後，直舒二指，遍身旋轉，如擐甲冑勢。甲冑真言曰：

唵砧讁簪反嚩日囉二合欲

由加持此印故，獲得身如金剛不壞，離諸灾横，見者歡喜，生大恭敬。

次説護摩除灾延命壇。治一淨室，於東邊安金剛壽命菩薩像，懸諸幡蓋。像前作三肘方壇，掘深，去瓦礫、骨灰諸不淨物等。如其地无諸穢物，還取舊土填之。土若有餘，是大吉祥相，法易成就。若有穢物，即取河兩岸淨土填平。和諸香、瞿摩夷塗壇，中心畫以白粉，作一肘半金剛甲冑。中央穿一爐，深半肘，周圍安[②]緣。如不欲穿者，安火爐，行者火爐前坐。壇四面供養飲食、諸果子等，壇四角安瓶。於爐中然炭，先辦乳木，長十指，麁如大指，二十一莖，以酥揾兩頭。誦金剛壽命真言，擲於火中。然熾盛已，即於火中想八葉蓮花，於花胎中想阿字，光明遍照，成金剛壽命菩薩。次以四字四明，引請菩薩入火爐，受諸供養。即以右手半金剛印，以水灑火令淨。次取一器，盛滿融酥，以骨屢草青者一莖揾酥，誦金剛壽命陁羅尼一遍，擲於火中，乃至一百八莖，或一千八莖，次後擲燒諸香、乳酪。念誦已畢，以三滿杓酥傾於火中，初後如是。若能於三長齋月，或自本生日，作是供養，能除灾難，增益壽命，國土安泰，无諸灾疫，風雨以時，一切賢聖擁護其人。

金剛壽命陁羅尼念誦法

---

① 於，《中華藏》校勘《磧》《南》《徑》《清》無。

② 安，原脱，據《中華藏》校勘《磧》《南》《徑》《清》補。

翻譯經軌·密教經軌·瑜伽密教儀軌·金剛頂經儀軌·第四會

金剛頂降三世大儀軌法王教中觀自在菩薩心真言一切如來蓮華大曼荼羅品①

大興善寺三藏沙門大廣智不空奉詔譯②

尒時觀自在菩薩摩訶薩白佛言:"世尊,我欲於此降三世儀軌法王會中説自心真言,世尊,若纔稱誦一切如來,三昧現前,一切怖畏、厄難、災障及諸病惱皆得銷滅。"

尒時薄伽梵告觀自在菩薩言:"善哉! 善哉! 汝應善説。"時觀自在菩薩摩訶薩承佛聖旨,即説自心真言曰:

阿嚕力一③

適説此心真言時,一切如來從本刹土雲集蘇彌盧頂毗盧遮那大會之中,圍遶觀自在菩薩摩訶薩,復説自心真言大曼荼羅。

院位擘方設,内四角向④門,
善度最中央,井形拼⑤四道,
顯成於八位,分爲八葉華。
是色應用朱,中臺觀自在,
於彼一一葉,圖畫大覺形,
中院不爲門,内外八線道。
微妙建立已,阿闍梨當入,

---

① 底本,《中華藏》第1498號,第66册第245頁中—247頁上,原《金藏》廣勝寺本。經名中"曼荼羅",《中華藏》校勘《麗》作"曼拏攞"。

② 譯名,《中華藏》校勘《麗》作"開府儀同三司特進試鴻臚卿肅國公食邑三千户賜紫贈司空謚大鑒正號大廣智大興善寺三藏沙門不空奉詔譯"。

③ 阿嚕力一,《中華藏》校勘《麗》作"阿嚕禮伽半姿縛二合引賀引"。

④ 向,《中華藏》校勘《麗》作"四"。

⑤ 拼,原作"抨",據《中華藏》校勘《麗》改。

應對曼荼羅，結大蓮華契。
端身定肢節，住於三摩地，
次結盎俱施，奉請於聖者。
若一切有情，入此曼荼羅，
雖處於凡位，貪嗔罪垢滅。
猶如於蓮華，不爲水所著，
勝生亦如是，不爲欲所染。

阿闍梨即以大蓮華印，屈進力度如鉤，請觀自在菩薩蓮華鉤。真言曰：

唵一摩訶引，二跛娜摩二合，三吽四惹入，引，五

即時觀自在菩薩便至道場，現微妙色身，或放光明。阿闍梨次當如法引弟子入，是諸弟子應著白衣，復以白繒掩覆其眼，又淨帛纏繫其頭。既引入已，而説偈曰：

猶如於蓮華，不爲水所著，
勝生亦如是，不爲諸欲染。

即應左手授與弟子蓮華，右手授與念珠。又説偈曰：

諸佛大蓮華，於諸曼荼羅，
最爲其上首，常須分别思，
身奉觀自在。

然後教印及三摩地門。

心真言蓮華曼荼羅品

復以如前建立曼荼羅，行者應坐中台之上，入一切如來開敷蓮華三摩地，誦一洛叉，即得觀自在身。

心真言三昧耶曼荼羅品

復以如前建立曼荼羅，應取一千蓮華，一華一誦，安中台以爲奉獻，然後引弟子入，告三昧耶言。爲諸欲清淨誓也。

羯磨曼荼羅品

復次如前建立曼荼羅，以四種供養。復次成就像法，於清淨絹氎上畫觀自在菩薩，坐蘇彌盧頂，八佛圍遶。起白月一日，於此像前，一切時無間斷入三摩地念誦，乃至畫像放光。於光明中流出觀自在菩薩及諸如來，入行者眉間灌頂之處，堅固而住。即時行者體同觀自在，刹那頃便見極樂世界。一切衆生皆見去時，壽命無量。我今

又説成就之法，誦一洛叉，一切盖障皆悉[①]清淨。誦二洛叉，所有五無間等一切諸罪盡滅無餘。誦三洛叉，一切福德來集，一切如來等備具，一切成智現前。

復次若結大印，爲五相成就。誦洛叉數，經夜無限念誦，比[②]至晨朝，一切如來入行者心，即體同如來。若入於口，即體同觀自在。

復次成就事業，誦一徧護身，兩徧護他及城邑、聚落，三徧則能成辦一切事業。若阿尾捨，應燒檀香。加持八百徧，爐中燒薰支分。若息諸鬼魅者，加"紇唎二合"字誦之，令一切有情隨[③]順。加持金剛華與之，赤華代之。令惡心不動，以白土止息之。真言首加書朱書之名後，即卷置一瓶之[④]中，以白土實之，安於一坑之中，後土填之，想室彼兑即安須彌山於其上，下亦得耳。令悉底利敬愛，加持蘇末那華，與之伏從。

又欲令一切禽獸隨處不動，轉白芥子，令一切禽獸不能動。加持白芥子，遥向擲之。欲有所示現，加持孔雀尾遥轉。欲夢中知一切事，三時[⑤]念誦，其夜見之。

又欲除惡夢者，以油麻護摩。

又欲止息口舌，取雞翅翎護摩[⑥]。若處子婆誐蘗淫女月帛護摩，悉縛始迦羅拏。若求一切事，應廣供養觀自在，八日一日夜不食念誦，滿一切願。又於觀自在菩薩前三時，時別誦三徧，滿三月，菩薩滿其所願。又於佛像前三時，時別誦三徧，滿三月，佛滿其願。

印品

合掌已，二水、二風交，地、空各開豎，二火相合，是根本印。芙蓉合掌，是爲大蓮華印。不易大蓮華開豎地、空，是禳[⑦]奪諸罪印。又外[⑧]金剛縛，合二風如蓮華葉，二空豎相逼，是三昧印。

又分二羽[⑨]作蓮華拳，便以慧拳旋遶定拳，作開八葉勢，是羯摩印。請如來。"紇唎二合"字觀於心月蓮，是法印。觀諸法如蓮華不著於水，諸法亦然，不染欲等，是智印。蓮華阿闍梨欲授弟子阿闍梨位，以蓮華授與弟子二掌中。又加持蓮華鬘一千八徧，繫弟子頭上。加持真言曰：

---

① 悉，《中華藏》校勘《麗》作"得"。
② 比，原作"此"，據《中華藏》校勘《麗》改。
③ 隨，《中華藏》校勘《麗》無。
④ 之，原作"并"，據《中華藏》校勘《麗》改。
⑤ 時，《中華藏》校勘《麗》無。
⑥ 摩，原脱，據《中華藏》校勘《麗》補。
⑦ 禳，原作"穰"，據《中華藏》校勘《麗》改。
⑧ 外，《中華藏》校勘《麗》作"外叉"。
⑨ 羽，《中華藏》校勘《麗》作"手"。

唵引,一跛納麽二合,二摩引羅引鼻詵者路引,三計失嚩二合囉四數索五

由是得爲蓮華部中阿闍梨,我今説蓮花部修行禁戒儀,則先供養觀自在菩薩,應服一掬遇牟怛囉,若少分摩夷,即一切清淨。然觀自身作觀自在菩薩,日誦一千徧,乃至七日,禁戒得成就。從此已後,一切食一切處作,皆不爲污染。我今説普通一切供養儀,則二手爲金剛拳,各安於腰側,向左小低頭,是爲恭敬禮。又二手從額分向後繫鬘勢,歷度下垂帶,是爲獻花鬘。又二手從於臍漸上至口寫,是爲獻歌詠。又二手從口,檀、慧歷展相旋遶上頂,虚合掌,是獻金剛舞。由是供養如來位尚不難得,況餘悉地,何以故?一切樂不如此金剛薩埵故。

金剛頂經降三世大儀軌法王教中觀自在菩薩心真言一切如來蓮華大曼荼羅品

翻譯經軌·密教經軌·瑜伽密教儀軌·金剛頂經儀軌·第六會

大樂金剛不空真實三麼耶經[①]

開府儀同三司特進試鴻臚卿肅國公食邑三千户賜紫贈司空
謚大辨正號大廣智大興善寺三藏沙門不空奉詔譯[②]

般若波羅蜜多理趣品[③]

如是我聞:一時薄伽梵成就殊勝一切如來金剛加持三麼耶智,已得一切如來灌頂寶冠爲三界主,已證一切如來一切智智,瑜伽自在,能作一切如來一切印平等種種事業,於無盡無餘一切衆生界一切意願作業,皆悉圓滿。常恒三世一切時身語意業金剛大毗盧遮那如來,在於欲界他化自在天王宫中,一切如來常所遊處,吉祥稱歎大摩尼殿,種種間錯,鈴鐸繒幡,微風摇擊,珠鬘[④]、瓔珞、半滿月等而爲莊嚴。與八十俱胝菩薩衆俱,所謂金剛手菩薩摩訶薩、觀自在菩薩摩訶薩、虚空藏菩薩摩訶薩、金剛拳菩薩摩訶薩、文殊師利菩薩摩訶薩、纔發心轉法輪菩薩摩訶薩、虚空庫菩薩摩訶薩、摧一切魔菩薩摩訶薩,與如是等大菩薩衆,恭敬圍遶而爲説法。初中後善,文義巧妙,純一圓滿,清淨潔白。説一切法清淨句門,所謂妙適清淨句是菩薩位,欲箭清淨句是菩薩位,觸清淨句是菩薩位,愛縛清淨句是菩薩位,一切自在主清淨句是菩薩位,見清淨句是菩薩位,適悦清淨句是菩薩位,愛清淨句是菩薩位,慢清淨句是菩薩位,莊嚴清淨句是菩薩位,意滋澤清淨句是菩薩位,光明清淨句是菩薩位,身樂清淨句是菩薩位,色清淨句是菩薩位,聲清淨句是菩薩位,香清淨句是菩薩位,味清淨句

---

① 底本,《中華藏》第1397號,第65册第322頁上—325頁中,原《麗藏》本。經名,《中華藏》校勘《石》作“大樂金剛不空真實三麼耶經般若波羅蜜多理趣品”,《磧》《南》《徑》《清》作“大樂金剛不空真實三麼耶般若波羅蜜多理趣經”。卷末經名同。

② 譯名,《中華藏》校勘《石》作“大興善寺三藏沙門大廣智不空奉詔譯”,《磧》《南》作“三藏沙門大廣智不空奉詔譯”,《徑》《清》作“唐三藏沙門大廣智不空奉詔譯”。大辨正,原作“大正監”,據前例改。

③ 品名,《中華藏》校勘《石》《磧》《南》《徑》《清》無。

④ 鬘,《中華藏》校勘《南》作“髮”。

是菩薩位。何以故？一切法自性清淨故，般若波羅蜜多清淨。金剛手，若有聞此清淨出生句般若理趣，乃至菩提道場一切盖障及煩惱障、法障、業障，設廣積集，必不墮於地獄等趣。設作重罪，銷滅不難。若能受持，日日讀誦，作意思惟，即於現生證一切法平等金剛三摩地，於一切法皆得自在，受於無量適悦歡喜，以十六大菩薩生，獲得如來及執金剛位。時薄伽梵一切如來大乘現證三麼耶一切曼茶羅持金剛勝薩埵，於三界中調伏無餘。一切義成就金剛手菩薩摩訶薩爲欲顯明此義故，熙怡微笑，左手作金剛慢印，右手搊擲本初大金剛，作勇進勢，說大樂金剛不空三麼耶心：

吽引

尒時薄伽梵毗盧遮那如來復說此一切如來寂静法性現等覺出生般若理趣。所謂金剛平等現等覺，以大菩提金剛堅固故。義平等現等覺，以大菩提一義利故。法平等現等覺，以大菩提自性清淨故。一切業平等現等覺，以大菩提一切分別無分別性故。金剛手，若有聞此四出生法，讀誦受持，設使現行無量重罪，必能超越一切惡趣，乃至當坐菩提道場，速能尅證無上正覺。時薄伽梵如是說已，欲重顯明此義故，熙怡微笑，持智拳印，說一切法自性平等心：

惡引，重呼

時調伏難調釋迦牟尼如來復說一切法平等寂勝出生般若理趣。所謂欲無戲論性故，瞋無戲論性。瞋無戲論性故，癡無戲論性。癡無戲論性故，一切法無戲論性。一切法無戲論性故，應知般若波羅蜜多無戲論性。金剛手，若有聞此理趣，受持讀誦，設害三界一切有情，不墮惡趣，爲調伏故，疾證無上正等菩提。時金剛手大菩薩欲重顯明此義故，持降三世印，以蓮花面微笑，而怒顰眉猛視，利牙出現，住降伏立相，說此金剛吽迦囉心：

吽短

時薄伽梵得自性清淨法性如來，復說一切法平等觀自在智印出生般若理趣。所謂世間一切欲清淨故，即一切瞋清淨。世間一切垢清淨故，即一切罪清淨。世間一切法清淨故，即一切有情清淨。世間一切智智清淨故，即般若波羅蜜多清淨。金剛手，若有聞此理趣，受持讀誦，作意思惟，設住諸欲，猶如蓮花，不爲客塵諸垢所染，疾證無上正等菩提。

時薄伽梵觀自在大菩薩欲重顯明此義故，熙怡微笑，作開敷蓮花勢，觀欲不染，說一切群生種種色心：

紇唎二合，引，入

時薄伽梵一切三界主如來復說一切如來灌頂智藏般若理趣。所謂以灌頂施故，能得三界法王位。義利施故，得一切意願滿足。以法施故，得圓滿一切法。資生施故，得身口意一切安樂。時虛空藏大菩薩欲重顯明此義故，熙怡微笑，以金剛寶鬘自繫其首，説一切灌頂三麽耶寶心：

怛覽二合，引

時薄伽梵得一切如來智印如來，復説一切如來智印加持般若理趣。所謂持一切如來身印，即爲一切如來身。持一切如來語印，即得一切如來法。持一切如來心印，即證一切如來三摩地。持一切如來金剛印，即成就一切如來身口意業寂勝悉地。金剛手，若有聞此理趣，受持讀誦，作意思惟，得一切自在、一切智智、一切事業、一切成就，得一切身口意金剛性一切悉地，疾證無上正等菩提。時薄伽梵爲欲顯明此義故，熙怡微笑，持金剛拳大三麽耶印，説此一切堅固金剛印悉地三麽耶自真心[①]：

噁

時薄伽梵一切無戲論如來復説轉字輪般若理趣。所謂諸法空，與無自性相應故。諸法無相，與無相性相應故。諸法無願，與無願相應故。諸法光明，般若波羅蜜多清淨故。時文殊師利童真欲重顯明此義故，熙怡微笑，以自劒揮斫一切如來已，説此般若波羅蜜多寂勝心：

唵

時薄伽梵一切如來入輪如來復説入大輪般若理趣。所謂入金剛平等，則入一切如來法輪。入義平等，則入大菩薩輪。入一切法平等，則入妙法輪。入一切業平等，則入一切事業輪。時纔發心轉法輪大菩薩欲重顯明此義故，熙怡微笑，轉金剛輪，説一切金剛三麽耶心：

吽

時薄伽梵一切如來種種供養藏廣大儀式如來復説一切供養寂勝出生般若理趣。所謂發菩提心，則爲於諸如來廣大供養。救濟一切衆生，則爲於諸如來廣大供養。受持妙典，則爲於諸如來廣大供養。於般若波羅蜜多受持讀誦，自書教他書，思惟修習，種種供養，則爲於諸如來廣大供養。時虚空庫大菩薩欲重顯明此義故，熙怡微笑，説此一切事業不空三麽耶一切金剛心：

唵

時薄伽梵能調持智拳如來復説一切調伏智藏般若理趣。所謂一切有情平等故，忿怒平等。一切有情調伏故，忿怒調伏。一切有情法性故，忿怒法性。一切有情金剛性故[②]，忿怒金剛性。何以故？一切有情調伏則爲菩提。時摧一切魔大菩薩欲重顯明此義故，熙怡微笑，以金剛藥叉形，持金剛牙，恐怖一切如來已，説金剛忿怒大笑心：

① 真心，《中華藏》校勘《磧》《南》《徑》《清》作“真實心”。

② 故，《中華藏》校勘《磧》《南》《徑》《清》無。

郝

時薄伽梵一切平等建立如來復説一切法三麼耶寂勝出生般若理趣。所謂一切平等性故,般若波羅蜜多平等性。一切義利性故,般若波羅蜜多義利性。一切法性故,般若波羅蜜多法性。一切事業性故,般若波羅蜜多事業性應知。時金剛手入一切如來菩薩三麼耶加持三摩地,説一切不空三麼耶心:

吽

時薄伽梵如來復説一切有情加持般若理趣。所謂一切有情如來藏,以普賢菩薩一切我故。一切有情金剛藏,以金剛藏灌頂故。一切有情妙法藏,能轉一切語言故。一切有情羯磨藏,能作所作性相應故。時外金剛部欲重顯明此義故,作歡喜聲,説金剛自在自真實心:

怛嚩二合

尒時諸母女天頂禮佛足,獻鉤召攝入,能殺能成三麼耶真實心:

毗欲二合

尒時末度迦羅天三兄弟等親禮佛足,獻自心:

娑嚩二合

尒時四姊妹女天,獻自心:

蛤

時薄伽梵無量無邊究竟如來爲欲加持此教令究竟圓滿故,復説平等金剛出生般若理趣。所謂般若波羅蜜多無量故,一切如來無量。般若波羅蜜多無邊故,一切如來無邊。一切法一性故,般若波羅蜜多一性。一切法究竟故,般若波羅蜜多究竟。金剛手,若有聞此理趣,受持讀誦,思惟其義,彼於佛菩薩行皆得究竟。

時薄伽梵毗盧遮那得一切秘蜜法性無戲論如來復説寂勝無初中後大樂金剛不空三昧耶金剛法性般若理趣。所謂菩薩摩訶薩大欲寂勝成就故,得大樂寂勝成就。菩薩摩訶薩大樂寂勝成就故,則得一切如來大菩提寂勝成就。菩薩摩訶薩得一切如來大菩提寂勝成就故,則得一切如來摧大力魔寂勝成就。菩薩摩訶薩得一切如來摧大力魔寂勝成就故,則得遍三界自在主成就。菩薩摩訶薩得遍三界自在主成就故,則得淨除無餘界一切有情住著流轉,以大精進常處生死,救攝一切利益安樂,寂勝究竟皆悉成就。何以故?

菩薩勝慧者,乃至盡生死,
恒作衆生利,而不趣涅槃。
般若及方便,智度所加持,
諸法及諸有,一切皆清淨。
欲等調世間,令得淨除故,

有頂及惡趣，調伏盡諸有。
如蓮體本淨，不爲垢所染，
諸欲性亦然，不染利群生。
大欲得清淨，大安樂富饒，
三界得自在，能作堅固利。

金剛手，若有聞此本初般若理趣，日日晨朝或誦或聽，彼獲一切安樂悦意大樂金剛不空三昧耶究竟悉地，現世獲得一切法自在悦樂，以十六大菩薩生得於如來執金剛位。

吽

尒時一切如來及持金剛菩薩摩訶薩等皆來集會，欲令此法不空無礙，速成就故，咸共稱讚金剛手言：

善哉！善哉！大薩埵。善哉！善哉！大安樂。
善哉！善哉！摩訶衍。善哉！善哉！大智慧。
善能演説此法教，金剛修多羅加持，
持此寂勝教王者，一切諸魔[①]不能壞。
得佛菩薩寂勝位，於諸悉地當[②]不久，
一切如來及菩薩，共作如是勝説已，
爲令持者速[③]成就，皆大歡喜信受行。

大樂金剛不空真實三麼耶經

① 諸魔，《中華藏》校勘《徑》《清》作“金剛”。
② 當，原作“得”，據《中華藏》校勘《石》《磧》《南》《徑》《清》改。
③ 速，《中華藏》校勘《磧》《徑》《清》作“趣”。

金剛頂瑜伽他化自在天理趣會普賢修行念誦儀軌①

唐特進試鴻臚卿三藏沙門大廣智不空奉詔譯②

我以淨三業，爲利諸衆生，
令得三身故，歸命禮三寶。
金剛身語意，遍滿生死中，
秘密金剛界，大悲依護者。
雄猛阿閦鞞，最勝寶生尊，
大悲阿彌陁，成就不空業。
此諸無上尊，我皆稽首禮，
及薩埵金剛，降伏於一切。
勝上虚空藏，能授諸灌頂，
救世觀自在，顯三昧瑜伽。
巧毗首羯磨，善作密方便，
如上諸聖尊，我皆稽首禮。
修行此法者，常住本尊觀，
行步踐蓮華，至於精室門。
彈指三稱吽，右目置麽字，
左目置吒字，右日左成月。
流散金剛光，入門而顧視，
諸魔咸消散。以左金剛拳，
當心竪頭指，右手亦復然，
頂上三左旋，指空及下界。

① 底本，《中華藏》第1621號，第68册第773頁上—776頁中，原《磧砂藏》本。經名後，原有“一卷”，此移尾題後。

② 譯名，《中華藏》校勘《徑》《清》作“唐特進試鴻臚卿三藏沙門大廣智不空奉詔譯”。

次復右旋轉，皆誦吽字明，
次思佛常住，置禮三寶已，
方誦清淨明。二手未敷蓮，
加心額喉頂。

唵莎嚩二合婆引嚩秫鐸薩嚩達莫引莎嚩二合婆引嚩戍度憾

此明密義云，諸法自性淨，
我亦自性淨，由是加持故。
自他獲無垢，便於自心中，
觀性成金剛，三業已轉依。
成三秘密門，次作發悟契，
二拳檀慧鉤，進力側相跓①，
三舉如鉤勢。誦此秘密言：

唵嚩日囉二合底瑟吒答②

由此真語印加持，諸佛不貪寂静味，
悉從定起赴集會，觀察行人同攝受。
次結金剛持大印，檀慧禪智反相叉，
右膝著地置頂上，想身遍滿塵刹海。
敬禮一一如來足。

真言曰：

唵嚩日囉二合忽微一

由此金剛持印故，一切正覺皆隨順。
爲欲奉事諸如來，捨身奉獻阿閦佛，
金剛合掌舒頂上，全身委地以心禮。

真言曰：

唵薩嚩怛他引孽路引布儒引波娑他二合娜夜怛麼二合，引南引你引哩夜二合，下同多夜弭薩嚩怛他引孽多引嚩日囉二合薩埵引地瑟咤二合，下同莎嚩二合，下同輪引吽

由此真言身印故，即得圓滿菩提心。
次應敬禮寶生尊，爲奉灌頂承事故，
金剛合掌下當心，以額著地而奉獻。

真言曰：

① 跓，《中華藏》校勘《徑》《清》作“拄”，下同。
② 答，原作注文，此據文意改。

唵薩嚩怛他引孽多布惹毗孋迦夜怛麽二合南你哩夜多夜弭薩嚩怛他孽多嚩日囉二合囉怛娜二合,引毗詵左畚怛洛二合

由此捨身供養故,即獲灌頂法王位。

爲欲求請轉法輪,捨身供養無量壽,

金剛合掌置頂上,以口著地奉其身。

真言曰:

唵薩嚩怛他引孽哆引布惹鉢囉二合靺多娜引夜怛麽南你哩夜多夜弭薩嚩怛他孽多嚩日囉二合達磨鉢囉二合靺多也畚紇哩

由此真言求請故,即獲轉妙法輪智。

次應敬禮不空王,爲求供養羯磨故,

金剛合掌當心上,以頂著地而求請。

真言曰:

唵薩嚩怛他引孽多引布惹羯磨抳阿引怛麽南你哩夜多夜弭薩嚩怛他孽多引嚩日囉二合羯磨句嚕畚惡

由是獻身誠請故,便能示現種種身。

次想己身佛海前,懺悔隨喜[①]勸請向,

如是並依略瑜伽,即入本尊三昧耶。

跏坐端身入正受,四無量心盡法界,

修習運用如法教。

大慈真言曰:

唵麽訶昧怛㘑二合娑頗二合囉

誦是真言時,演心遍三界,

普施衆生樂。

大悲真言曰:

唵麽訶迦嚕拏娑頗二合囉

誦是真言時,心遍衆生界,

普門爲拯濟。

大喜真言曰:

唵薩嚩秫馱鉢囉二合謨娜娑頗二合囉

隨類拯救已,以此明加持,

一切有情類,咸授與菩提,

① 喜,《中華藏》校勘《徑》作“時”。

如是利樂已，方歸法界性。

大捨真言曰：

唵麽護閉叉　娑頗二合　囉

念此真言時，心住於平等，

不見有自他，唯此一性相，

即是普賢性，大菩提之心。

次應二手旋舞作金剛合掌印，十度初分相交是也。

真言曰：

唵嚩日囒二合，引　惹里

以此印便堅固縛，名勝上金剛縛，一切契皆從此生。

真言曰：

唵嚩日囉二合　滿馱

便以禪智入滿月，進力住其背，名金剛拳大三麽耶印。

真言曰：

唵嚩日囉二合　母瑟胝二合　鋡

次分爲二，作本尊三麽耶契。

真言曰：

縠引嚩日囉二合薩埵素囉跢薩怛鑁二合，下同

纔結本誓印真言，身處日輪同本尊。

次呈悦喜三麽耶，能令衆聖咸歡樂。

縛印忍願戒滿月，檀慧禪智相合豎。

真言曰：

唵三麽耶縠引素囉多薩怛鑁三合，同上

次當開心門，觀於二乳上，

右怛囉左吒，三掣金剛縛，

當心如啓扇。

真言曰：

唵嚩日囉二合滿馱怛囉二合吒半音

觀前一肘間，惡字素光色，

禪智入月掌，以進力二度，

捻字安心内。

真言曰：

嚩日囉二合　吠舍惡

以前拳印明，封閉心殿門，

密闔心門已，分二當心前，

稱吽舉右[①]噓，次吽舉同左，

三吽相鉤結，吽發伸進力。

左轉領辟除，右旋成結界。

欲作此法時，内住大悲心，

外示大威怒。四面豎利牙，

八臂操利械，遍身發猛焰，

作大叱喝相。密跡金剛衆，

受教而侍立。

次結蓮華三昧耶，本嚩檀慧禪智豎，

由此真言密印故，修習三昧速現前。

真言曰：

唵一嚩日囉二合鉢娜麽二合，二三麽耶三薩怛鑁

次除邊轉心，令歸平等智，

前印檀慧交，真言竄後字，

便掣密印開。

真言曰：

吽摘枳塞怖二合吒也一摩訶尾邏誐嚩日嚂二合，二嚩日囉二合馱囉三薩帝娜吒入

纔作此明印，二乘發悲救，

凡二入佛界，佛出度衆生，

皆由是加持，獲得普賢心。

真言曰：

唵素囉跢嚩日嚂二合弱吽鋡穀引　唵摩訶速佉嚩日嚂二合莎馱也薩嚩薩底吠二合瓢毗藥反惹吽鋡穀

由是真言故，咸住大悲心，

聖凡同受悦，是名大我等[②]。

次召無始來，妄見所生業，

縛忍願如針，進力傍如鉤。

心想召諸罪，罪狀餓鬼形，

① 右，原作“左”，據《中華藏》校勘《徑》《清》改。

② 我等，《中華藏》校勘《徑》《清》作“凡二”。

反印向心召，誦此誠實語：

唵一薩嚩播跛羯灑拏二尾戍馱娜三三麽也嚩日囉二合吽若

由是三密門，盡集自他業。

稱吽進力跓，是索引入掌，

誦餘内相叉，兩兩相鉤結。

已縛諸罪業，忍願伸如幢，

布怛①囉吒字，觀成金剛杵。

相拍如摧山，忿句及怒形，

能淨諸惡趣，誦明忍願拍，

或三或七遍。

真言曰：

唵一嚩日囉二合播抳尾塞怖二合吒也二薩嚩播耶滿馱娜你鉢囉二合謨叉也三薩嚩播耶孽帝毗藥二合，四薩嚩薩怛挽三合薩嚩怛他孽跢五嚩日囉二合三麽也六吽怛囉吒三合，吒字半音

由此相應法，三業所積罪，

無始極重障，作此摧壞已，

猶如劫火焚，乾草胡麻等，

如來大悲故，開此極秘門。

次結秘密印，散壞業障輪，

而成佛事業，金剛按惹里，

進力屈背合，禪智押其側。

真言曰：

唵嚩日囉二合羯麽尾戍馱那薩嚩嚩囉拏你没馱薩帝那吽

爲欲顯發自性故，當以蓮花三昧印，

置於頭左誦此明：

唵贊咄囉二合多引嚟三曼跢跛捺邏二合計囉抳摩訶嚩日哩二合抳吽

由此法加持，三毒咸消終，

自心大菩提，當時便成就。

次入妙觀察智定，縛印仰置跏趺上，

進力相背豎頭合，禪智相跓押進力。

此名觀自在王印。端身正坐身無動，

① 怛，原作“怛”，據《中華藏》校勘《徑》《清》改。

舌跓[①]上腭脣齒合，心住大空無分别。

諸佛滿空來警悟，告言汝證一道淨，

未證金剛瑜伽定，便於定中禮佛足。

餘文廣依《瑜伽經》所説，誦是真言，前所内心惡字，從字出無量赤光，右旋成日。真言曰：

唵質多鉢囉二合底吠能迦嚕弭

由是真言加持故，自心如日，由未分明。復誦此真言曰：

唵冒地質多母怛跛二合，引娜夜弭

由是真言加持，猶如盛夏日輪，光明晃燿。復於日輪中觀白蓮華，置本尊心字，素白光色，成本尊契，則是金剛智真言曰：

唵底瑟吒二合嚩日囉二合

由是真言加持，自心智分明已，復誦此真言曰：

唵嚩日囉二合怛麽二合，引句憾

此密義云"我是金剛，則三業所成金剛也"，復云"我是金剛身"。作是觀時，此金剛亘周法界，一切諸佛咸入此金剛，合同一體。復加持令堅固，真言曰：

唵你哩二合荼底瑟吒二合縛日囉二合

由是加持極堅牢不可傾動，則自知成金剛不可壞身。爲欲成就本尊身，誦是真言曰：

唵也他羯磨俱辂二合馱薩怛二合他憾

次以前本尊三麽耶印，真言加持心、額、喉、頂。

次作灌頂法，以金剛界自在印而置頂上，次額上，次右後左。真言曰：

唵嚩日囉二合薩埵

次頂右寶曰：

唵嚩日囉二合囉怛娜二合

次後法曰：

唵嚩日囉二合達磨

次左業曰：

唵嚩日囉二合羯磨

密印，右縛忍願如刀，進力附是也。由是加持已，五如來冠在其頂，便分爲二拳，至頂後進力三相繞，下散垂繒勢，是名鬘灌頂。則爲已繫離垢繒真言曰：

唵嚩日囉二合磨彛阿毗詵左鋡

① 跓，《中華藏》校勘《南》《徑》《清》作"拄"。

便以二手爲拳，舒進力，於進指面想“唵”字，力度面置“砧”字，緑色白光，如抽藕絲，爲鉀縚索，從心三繞，背後亦然。次臍及腰、兩膝，又臍、腰、心、背、咽喉、頸後、額前、頂後，皆三繞下散，如垂天衣。真言曰：

唵嚩日囉二合迦嚩際嚩日哩二合句嚕嚩日邏二合嚩日囉二合憾

作是加持，則爲已被三世如來大誓莊嚴慈悲甲冑。一切天魔不能爲障，則能摧敗一切魔軍，作諸佛事，利樂有情，爲悦衆聖，速獲成就，以二羽三相拍。真言曰：

唵嚩日囉二合覩史也二合縠引

由以拍印加持故，一切衆聖皆歡喜。
次復前觀本尊心，變爲本尊妙身相，
如前自觀今亦然，爲顯法智體無二。
前觀五相所成就，所謂自性之法身，
今所觀者是智身，住是三麼地秘門，
本縛禪智入於月。

真言曰：

唵嚩日囉二合薩埵惡引嚩日囉二合薩埵你哩二合捨也二合

由是加持故，尊身則明顯，
便召入自身。次於所居處，
復觀阿[①]字門，成妙高山王。
上有寶樓閣，於是宫殿内，
復安本尊身，眷屬皆圍遶。
種種供養具，法界所有物，
皆悉滿其中。作是觀念時，
誦此真言曰：

唵誐誐娜三婆嚩嚩日囉二合縠

由斯真言威德故，一切供具皆充滿，
所欲咸從空庫生。爲欲奉事本尊故，
當往成所作智定，如是觀念加持已。

當以不空王召集衆聖：

定慧二羽金剛拳，交臂抱胸屈進力，
彈指發聲遍世界，諦觀佛海普雲集。

真言曰：

① 阿，原作“呵”，據《大正藏》本改。

唵嚩日囉二合三麽惹若

由以真言密印故，本尊及與衆聖等，

降臨側①塞虚空中。次住平等性智定，

捧持閼伽衆香水，灌沐衆聖無垢身，

應以金剛合掌印，加持香水誦真言：

唵跛囉麽速佉捨也莎羅里多娜麽帶囉娜麽弭薄誐挽擔若吽鋡穀引呬引鉢囉二合底縒倶蘇麽惹稜娜託

便以色召聖者，入殿内智身，以三世印，進召如鉤。真言曰：

唵嚩日囉二合嚕閉惹

召已，又用聲引入智同一，以進力相跓如索是也。真言曰：

唵嚩日囉二合攝泥吽

同一密合已，復以香止住，以進力度鉤結如連鎖是也。真言曰：

唵嚩日囉二合巘第 鋡

固縛已，又用味悦喜，以進力面相合是也。真言曰：

唵嚩日囉二合囉細引穀引

應以語言而爲歌詠，次結本尊印及真言，又以二手如射，名曰意生。曰：

唵麽努引娜婆二合，下同嚩嚩日囉二合若

又以二交臂如抱，慧覆定，名觸。曰：

唵嚩日囉二合計里枳羅 吽

又以慧肘，極安定禪進，名愛縛。曰：

唵塞泥賀縛日囉二合 鋡

又以二腰側，名意氣。曰：

唵嚩日囉二合孽嚩穀

又以二如前叜射，名意生女。曰：

唵麽努娜婆二合嚩　嚩日哩二合呬引，入

又如前觸，名適悦女。曰：

唵嚩日囉二合計里枳䘿 吽

又如前愛嚩，名愛結女。曰：

唵塞泥二合賀一嚩日哩二合抳二

又以前意氣，名自在主②女。曰：

① 側，《中華藏》校勘《徑》《清》作"堲"。

② 主，原作"上"，據《中華藏》校勘《南》《徑》《清》改。

唵嚩日囉二合孽尾一 吽

又以止觀上仰如花，名春。曰：

唵末度嚩日哩二合具唵二合，下同具唵二合，同上

又以止觀下覆如香，名夏。曰：

唵嚩日囉二合迷衹曳二合吒入吒

又以二加眼，名秋。曰：

唵捨喇嚩日哩二合惡引惡

又以二當心轉，名冬。曰：

唵縛日囉二合勢始嚓惡惡

四攝如前依次而作，次復以四明召尊入身已。復結本尊三麼耶大契，誦摩訶衍百字真言。由是加持無上菩提尚不難得，何況諸餘成就。設犯五無間罪，纔誦消滅無餘。何以故？由本尊堅住己身故。真言曰：

唵嚩日囉二合薩埵三麼也麼努播攞也嚩日囉二合薩埵底吠二合努播底瑟咤二合你哩二合，下同荼烏二合弭婆嚩素覩史庾二合弭婆嚩阿努囉訖姤二合弭婆嚩素補史庾二合弭婆嚩薩嚩悉地孕二合弭鉢囉二合也縒薩嚩羯磨素左迷質多室嚓二合藥矩嚕吽訶訶訶訶糓引婆誐挽薩嚩怛他孽多嚩日邏二合麼冥悶左嚩日唎二合婆嚩摩訶三耶麼薩埵惡引

次以内外供養，供養密言王，固縛禪智豎，名戲嬉菩薩。曰：

唵麼訶囉底

纔作明印，麼訶囉底女[①]適悦契諸聖，便伸臂向前合腕，名鬘菩薩。曰：

唵路波戍鞞

由是印真言，持鬘女使普遍佛刹海，雨散金剛鬘，以印從臍至口散，名歌供養菩薩。曰：

唵秣嚕二合怛囉二合掃契

由是密印及真言金剛歌女，有一切世界微塵數伎樂女，以美妙音聲，周十方刹而爲供養，得獲如來無礙辯，便以二旋舞金剛合掌頂上散，名舞菩薩。曰：

唵薩嚩布而

由是供養獲六神通，次以縛下，名焚香菩薩。曰：

唵鉢囉二合賀邏　你你

由是法故，得香雲遍周一切佛刹，又以上散如花，名花菩薩。曰：

唵頗攞誐弭

由是得花雲周遍一切佛刹，獲如來三十二相，以禪智豎相逼金剛縛，名燈菩

① 女，《中華藏》校勘《徑》《清》作“如”。

薩。曰：

唵蘇底惹仡哩二合

由是得智光，普照佛界而爲供養，獲如來五眼，以縛當心塗香勢，名塗香菩薩。曰：

唵蘇巘蕩儗

由是戒香普塗佛刹故，獲得五分法身智。復以金剛合掌置於頂上，誦前虚空庫真言，出生一切供養雲海而爲供養。復住本尊羯磨儀則，隨力念誦。次執珠合掌，捧於頂上，誦本明加持當心，一一與真言文句齊度，或萬千百。晝夜四時精進修，念誦畢已，復以八供養及普供養等印供養已，復結本尊及眷屬印，復示三麼耶及發願等。復降三世左旋解界，以縛印伸忍願如針，心上掣開，頂上合掌，想聖衆還本宫觀，名解脱印。真言曰：

唵 訖哩二合妬引嚩薩嚩薩埵囉他二合悉地努多也他努誐孽嵯特悗二合没馱尾灑焰補娜囉誐麽娜也覩唵嚩日囉二合薩埵穆

作是法已，復如前加持、灌頂、被甲，礼四如來，發願懺悔等。身住本尊，觀無間菩提心，方出道場。隨心轉經、印塔及像，隨意經行。

金剛頂瑜伽他化自在天理趣會普賢菩薩修行念誦儀軌一卷

金剛頂經一字頂輪王瑜伽一切時處念誦成佛儀軌[①]

大興善寺三藏沙門大廣智不空奉詔譯[②]

稽首禮普賢，諸佛轉輪王，
現證大菩提，受名金剛界。
爲轉教勑輪，從自頂流出，
大金輪明王，威光逾衆日。
七寶具圍遶，爲一切佛頂，
輪王之輪王，纔現奇特身。
諸聖衆皆歿，顯勝絶不共，
唯佛一體故，則彼婆伽梵。
以自性智光，成威曜日輪，
徧照無餘界，摧壞諸暗瞑，
令菩提心生。復以身口意，
一切金剛界，成佛事業輪。
其量同虚空，徧諸有情界，
爍斷彼罪障，妄執諸結使。
爲演不共法，賜髻珠七珍，
令頓證菩提，是故當歸命。
我依金剛頂，瑜伽大教王，
爲修瑜伽者，纂集此微妙，
成[③]佛理趣門，正心成等覺。

---

① 底本，《中華藏》第 1489 號，第 66 册第 196 頁中—201 頁下，原《金藏》廣勝寺本。校本，《大正藏》第 957 號，第 19 册第 320 頁中—327 頁上，原長寬三年寫高山寺藏本。經名後，原有"一卷"，此略。

② 譯名，《中華藏》校勘《石》作"特進試鴻臚卿大興善寺三藏沙門大廣智不空奉詔譯"，《麗》作"開府儀同三司特進試鴻臚卿肅國公食邑三千户賜紫贈司空謚大鑒正號大廣智大興善寺三藏沙門不空奉詔譯"。

③ 成，《中華藏》校勘《麗》作"依"。

深奥穿能量，具[①]以言詮示，
無相無言法，毗盧遮那佛，
一字頂輪王，殊勝祕密法，
瑜伽念誦儀，修此三昧者，
現證佛菩提。傳法阿闍梨，
先簡擇弟子，淨信决定者。
宿植諸善根，族姓具相好，
孝忠義德備，深敬重三寶，
渴愛於大乘，聞覩諸菩薩。
順世諸方便，隨機化度事，
不生疑惑心，樂修菩薩行，
勇進不怯弱，護法行六度，
捐捨身命財，無厭悔顧恪。
求學瑜伽教，恒被大精進，
大慈誓願鎧，欣三解脱門。
樂心四無量，徹彼[②]諸有情，
拔濟心無閒，乃至令成佛。
灌頂師若見，如此勝法器，
以種種方便，慰誘先爲説。
大乘祕密門，三世諸如來，
皆因入此法，速獲一切智。
種種開示已，教發菩提心，
授與佛性戒，金剛堅固禁。
當引入輪壇，灌頂受職已，
令瞻覩聖會，告示三昧邪。
從今至成佛，莫捨菩提心，
敬仰阿闍梨，如諸佛世尊。
所有言教誨，應當盡奉行，
不尋求師短，見隨煩惱行。
觀貪染本淨，於諸同學處，

① 具，《中華藏》校勘《石》《麗》作“且”。
② 彼，原作“敏”，據《中華藏》校勘《麗》改。

不生嫌恨心，敬如執金剛。
乃至諸含識，亦不應輕惱，
諸天神仙等，皆不應禮事，
勿不敬淩蔑。所覩一切物，
不應故騎驀。爲有同壇内，
諸聖所執持，親從阿闍梨，
對受諸儀軌，印契及密言，
微妙三摩地，輪金剛杵鈴，
及餘諸道具，爲求成就故，
乃至登佛位，恒持不暫捨。
於此教法中，一字不應向，
未灌頂者説，本尊諸教法。
除[①]本受法師，設諸同行人，
亦不得爲説。縱已得成就，
纔説便散失，現招諸殃禍，
中夭墮地獄，是故常守護。
此三麽[②]邪禁，諸佛共宣説，
衆聖皆保持，應學勿違越。
及修外儀式，洗漱嚼齒木，
啗荳蔻塗香，令身口香潔，
不應食薰雜，酒肉諸殘觸。
常潔身淨服，令内外無垢，
不應長爪甲，居穢違教故。
内所謂六根，用三密淨除，
外謂諸儀則，法香水灌沐，
或外緣不備，即以法淨除。
此理趣最勝，當觀念嚂字，
如下文廣明。淨除内外垢，
不沐而成浴。常服當淨衣，
蕩滌等虚空，無垢如法界，

① 除，原作“鈴”，據《中華藏》校勘《石》《麗》改。
② 三麽，原作“護摩”，據《中華藏》校勘《石》《麗》改。

事理俱相應，如來最稱讚。
修習瑜迦者，從師受本尊，
瑜伽儀軌已，明了無疑惑。
然乃勇進修，於一切時處，
念誦皆成就。若於閑靜處，
名山隨意樂，迴峯最殊勝，
或諸教所說，諸佛稱讚處，
若舊塔殿宇[①]，或創建精室。
依教淨治地，以牛糞徧塗，
極令細滑已，又磨白檀香，
泥拭曼荼羅，方圓隨大小。
羅列諸聖位，散時華莊嚴，
隨力辦供具，塗香閼伽水，
焚香飲食燈，幡蓋鈴珮等，
陳設壇四邊。若有本尊像，
室内面西安，瑜伽者面東。
每初入道場，想佛常住世，
以五輪著地，如教歸命禮。
復諦觀諸佛，徧滿虚空界，
叕[②]塞如胡麻。即應發是心，
我今普禮獻，即取香塗手，
結一切供養，最勝出生印。
先如常合掌，當自心即以，
諸指右押左，初分互相交，
成金剛合掌。一切諸密印，
無非從此生，故名虚空庫。
結印誦密言，安頂上運心，
想自身遍禮，一一如來足。
復捨身奉獻，諸佛菩薩衆，
求請念加持，誦一切金剛，
不空三麽邪，諸佛事業心。

① 宇，原作“字”，據《中華藏》校勘《麗》改。
② 叕，《大正藏》本作“側”。

(oṃ)　(sa)　(rva)　(vi)[①]

唵　薩　嚩亡可反，下同　勿微一反

由此印密言，等流自身徧，
十方無邊界，微塵刹土中，
諸佛大海會，咸皆有自身。
如羯磨菩薩，於一一尊前，
持諸供養具，捨身奉獻事。
皆蒙受加持，悔喜勸請向，
依普賢行願，瑜伽華嚴等。
即結加趺坐，全半或輪加，
皆以右押左，端身定肢節，
左手仰加上，仰右手安左。
即發大悲心，拔濟利安樂，
盡無餘有情，以此性成就。
菩提心[②]密言，隨意念誦之，
發菩提勝心。

(a)

婀

由適誦密言，發菩提心故，
摧滅諸罪障，獲諸悦意樂。
等同一切佛，超勝衆魔羅，
不能爲障礙。應受諸世間，
廣大之供養。復次應諦觀，
根塵識諸法，自性本皆空。
又思伽佗義，一切如虛空，
虛空亦無相，諸法相應故。
舒徧於一切，誦此四句偈，
所覩彼彼境，皆照空不空。
由勝解空體，自徹見本心，
皎潔如滿月，離能取所取，

① 梵字真言，據《大正藏》校勘甲本（寬治七年寫高山寺藏本）補載，下同。
② 心，《中華藏》校勘《麗》作"秘"。

自性光明成，菩提體堅固。
復從月輪内，踊出大法輪，
金剛之所成，輻輞皆鋒鋭，
其色如檀金，徧流大威德①。
過聚塵數日，依住月輪面，
金剛表極堅，圓顯福智滿。
利爲無戲論，斷壞諸妄執，
光表一切智，除破諸愚瞑。
以是現輪形，量同虚空故，
虚空諸如來，盡入於輪内。
即觀此智輪，變成金輪王，
徧照如來身，形服如素月。
以一切相好，用莊嚴法身，
戴金剛寶冠，輪鬘爲首飾，
衆寶莊嚴具，種種拔飾身。
持智拳大印，處於師子座，
日輪白蓮臺。智拳印所謂，
中小名握拇，頭指柱大背，
金剛拳乃成，右握左頭指，
一節面當心，是名智拳印。
當誦此密言：

(bhrūṃ)

勃嚕唵三合，以此國無字同故，以三字連聲合成一字，急呼

三密纔相應，自身同本尊，
能徧入佛智，成佛猶不難。
獲智壽力年，得一切徧行，
現證大菩提，故名覺勝印。
若修此瑜伽，設現造無量，
極重諸罪障，必能超惡趣，
翹疾證菩提，爲顯此冣上。
甚深微密義，故住此大印。

① 德，《中華藏》校勘《石》《麗》作"光"。

拳能堅執持，諸佛智法海，
堅剛不散失，能成一切印，
故號金剛拳。右執左頭指，
十方剎土中，唯有一佛乘。
如來之頂法，等持諸佛體，
是故名智拳。復觀金剛輪，
莊嚴心日輪。次結頂輪王，
勝身三摩耶，印心額喉頂。
其印如前作，堅金剛合掌，
即並豎中指，由如青蓮葉，
屈頭指各安，中指背上節。
當知印相義，大指爲結加，
中指像佛身，名小成光焰。
二掌日月輪，腕表師子座，
是故名如來，勝身三摩邪。
當誦此密語：

(oṃ) (bhūḥ) (khaṃ)
唵 僕 欠

此毗盧遮那，佛三字密言，
共一字無異，適以印密言，
印心成鏡智，速獲菩提心。
金剛堅固體，印額應當知，
成平等性智，速獲灌頂地，
福聚莊嚴身。密語印口時，
成妙觀察智，即能轉法輪，
得佛智慧身。誦密言印頂，
成成所作智，證佛變化身，
能伏難調者。由此印密言，
加持自身成，法界體性智，
毗盧遮那佛，虚空法界身。
即分印爲二，金剛拳從額，
等引至腦後，頭指三相遶，
從小指歷散，如垂下天衣，

誦一切灌頂，三麽邪寶心。

𑖝𑖿𑖨𑖯𑖽(trāṃ)

怛㘕二合，引

由此印密言，即蒙虚空界，
一切佛世界，以金剛寶冠，
輪鬘繒綵等，與具足灌頂。
爲悦聖衆故，二手當心前，
平掌三相拍，應誦此密語[①]：

𑖮𑖺𑖾(hoḥ)

穀引

由此拍掌儀，輪王及眷屬，
適悦而愛順，速滿瑜伽者，
意願悉地果，當獲堅固體。
次陳供養儀，奉尊并聖衆，
作金剛合掌，儀式如前説。
安於自頂上，誦虚空庫藏，
大菩薩密言。當作是思惟，
從印中流出，諸供養雲海，
閼伽衆香水，諸天妙伎樂，
歌儛嬉戲等，塗香華燒香，
飲食燈賢缾。劫樹諸寶類，
白拂繖臺閣，寶幢幡鈴珮，
珠瓔帳華鬘，宫殿天男女，
及人天所有，一切受用物。
於此瞻部洲，及十方佛土，
水陸諸華等，人天意樂音[②]，
福感并變化，嬋娟華馝馞。
又以諸天人，所有本體者[③]，
和合變易香，燒香塗末香，

① 語，《中華藏》校勘《麗》作“言”。
② 音，《中華藏》校勘《石》《麗》作“著”。
③ 者，《中華藏》校勘《石》《麗》作“香”。

種種差别類，氛馥[①]妙悦意，
復獻諸人天。所有本體光，
自性及差别，殊勝悦意光，
三世三界中，一切大供養。
衆多種差别，如金剛頂經，
及諸秘密教，一切衆大乘，
契經等所説，廣大供養具。
先奉獻本尊，并眷屬等已，
次等引周徧，十方諸世界，
盡虚空法界，微塵刹土中，
諸佛大海會，一一聖衆前，
普供養而住。復觀察十方，
發如是願言：我今請諸佛，
未轉法輪者，願速轉法輪，
欲入涅槃者，願常住在世。
復興如是念，無邊諸含識，
淪溺於六趣，由自心虚妄，
感種種業報，懷佛性不知，
深可悲傷愍，我今云何救？
復作是思惟：我所積福業，
應用拯濟彼，由我獻塗香，
當獲五法身，願從此等流。
五無漏塗香，磨瑩熱惱者，
奪[②]彼諸地獄，一切劇炎熱[③]。
獻華故當得，四八大人相，
復迴向此福，成妙覺華臺，
舒光徧照觸，驚覺人天趣，
躭著諸欲境，八苦所纏逼。
天樂變化苦，願彼諸天人，

① 氛馥，《中華藏》校勘《石》《麗》作“紛馥”。
② 奪，《中華藏》校勘《麗》作“脱”。
③ 劇炎熱，《中華藏》校勘《石》作“劇炎蒸”，《麗》作“極炎熱”。

菩提心敷榮，獲普賢常樂。
我由奉焚香，得佛無礙智，
悦澤具端嚴，迴施此香雲。
氛馥寒水苦[①]，獻食獲法喜，
禪悦解脱味，迴施餓鬼趣。
普雨諸微妙，天甘露飲食，
願飡加持食，皆悉得充足。
永離飢渴苦[②]，慳貪惡習業，
獻燈得五眼，以爲般若燈。
照曜阿脩羅，永斷矯誑心，
恚癡好鬬諍，傍生鞭撻逼。
互相害食噉，願得慈惠心，
常生人天路，色無色界天。
躭著三昧味，願脱此惑纏，
獻閼伽香水，證平等性智。
三界法王位，迴施此降注，
金剛甘露水，灌沃承居者，
永離傍生趣，速獲淨法身。
及下徹無間，一切諸地獄，
苦具碎如塵，皆成清涼地。
受苦諸羣品，解脱生淨土，
奉嬉常受悦，獻笑佛憐念，
奏歌得法音，供舞得神通。
奉鉼得賢鉼，能滿悦意願，
進寶獲衆寶，由貢莊嚴樹。
得佛衣覺樹，奉幢得雨寶，
能徧濟貧乏，供幡超勝魔。
獻鈴衆歸從，奉瓔獲嚴具，
進鬘得寶冠，上華得佛容。
復以此福聚，迴施於無盡，

① 氛馥寒水苦，《中華藏》校勘《石》《麗》作“紛馥寒冰苦”。
② 苦，原作“若”，據《中華藏》校勘《石》《麗》改。

無餘有情界，六趣四生等。
乃至以自身，心口三金剛，
地水火風界，周徧於無邊，
等虚空法界，與一切含識，
悦意受用之。住此無緣悲，
常拔濟利樂，共彼同迴向，
願成大菩提，應一切智智。
復作是觀照，一切法皆空，
三輪體非有，當知無所得，
住是三麽地，能真實拔濟，
獲無限福利，所作速成就。
作是觀念時，誦最勝出生，
種種供養藏，廣大儀如來，
一切供養心。

ॐ(oṃ)
唵

由此密語印，加持威力故，
縱觀想不成，於諸佛海會，
皆有如上等，諸供養雲海。
真實具成就，由諸佛誠諦，
法尒所成故，次當誦本尊，
一百八名讚。作金剛合掌，
當心左亞身，是爲敬禮儀。
應以美韻調，唱此金剛歌。

ॐ(oṃ) व(va) ज्र(jra) सं(saṃ) ग्र(gra) क्षं(ksaṃ)
唵 嚩 日囉二合 薩埵僧上 蘖囉二合 恒

不改金剛掌，合臂舒安額，
即是獻華鬘，清雅調稱此。

व(va) ज्र(jra) र(ra) त्न(tna) म(ma) नु(nu) त्रं(traṃ)
嚩 日[①]囉二合 囉 怛曩二合 麽 努 跢嚂引，二合

前印從於臍，漸上至口寫，

① 日，原脱，據《大正藏》本補。

是奉①歌印誦：

(va) (jra) (dha) (rmma) (gā) (ya) (da)

嚩 日羅 達 麼 誐去 也 奈

當心右旋轉，金剛合掌已，
復安於頂上，名進金剛舞，
如前調復唱：

(va) (jra) (ka) (rmma) (ka)② (ru) (bha) (va)

嚩 日羅二合 羯 磨 迦 嚕 婆 嚩

由陳是秘密，瑜伽供歌讚，
歎揚如來故，成佛尚不難。
況求諸成就，應知何以故，
所謂一切樂，不如婆伽梵，
金剛薩埵樂，是故速成就。
次以本部母，佛眼印密言，
當心七徧誦，印四或五處。
四心額喉頂，五額左右肩，
心喉頂上散，處各誦一徧。
其印如前作，金剛合掌已，
並屈二頭指，甲合並屈③大，
各押頭指側，謂佛眼密言。

(na) (maḥ) (sa) (ma) (nta) (bu) (ddhā) (nāṃ) (bu) (ddhā)

曩 莫 三 滿 跢 没 馱引 南引 没 馱引

(ru) (ca) (ni) (svā) (hā)

路 者 你 娑嚩二合，引 訶引

由部母加持，本尊并眷屬，
皆共喜愛念。瑜伽縱有者④，
違犯闕法等，憐愍不見過，
亦不凌逼佗。持諸密語者，
若不作此法，不得微闕少，

① 奉，《中華藏》校勘《石》《麗》作“奏”。

② (ka)，原脱，據對譯“迦”補。

③ 屈，《中華藏》校勘《石》《麗》作“豎”。

④ 瑜伽縱有者，《中華藏》校勘《麗》作“瑜伽者縱有”。

況犯三麼邪。若不依瑜伽，
作事法念誦，不對壇舍利，
非時處不淨，輒結印念持，
決定獲殃咎。修行諸尊者，
五百由旬内，尊皆不降赴。
亦不賜悉地，以輪王威德，
斷壞諸法故。所以一切時，
先作是加持，何故事法儀，
不許非時處，念誦求成就。
爲輪王威肅，最極無極尊，
不應無限約，降赴非時處，
純淨無戲論，教命不可犯，
是故不失期。輒稱誦啓請，
瑜伽理趣門，自心所建立，
自身爲本尊，集諸如來體，
加持爲己身，盡以虚空界。
爲宫殿安住，自身處於中，
住本尊瑜伽，聖眷屬圍繞，
成大曼荼羅，由是故無礙。
又爲諸行者，不達空無相，
如來體性成，瑜伽中教王，
唯一平等淨。觀身色空相，
即是自本尊，由此勝解故，
於一切時處，念誦獲成就。
又作前智拳，誦一字密語，
身觀如前説，心日中輪臍。
現一字金色，舌端亦如之，
則是字爲輪，其輪爲輪轉①。
持妙色金容，備七珍圍繞，
寶輪寶在前，餘寶右旋置，
珠寶與無量，摩尼衆圍繞。

① 輪轉，《中華藏》校勘《石》《麗》作"轉輪"。

次寶女亦與，無邊婇女俱，
馬寶及象寶，主庫藏神寶，
各領自眷屬，無量衆侍立。
兵寶將金剛，無能勝爲師，
佛眼如來母，共寶居八方，
如世金輪王，具七寶眷屬。
如來頂輪王，以佛無上寶，
爲眷屬圍繞。作是觀念時，
誦本尊密語，一一徧諦觀。
從自成佛身，徧體毛孔中，
等流出一切，世界微塵數。
如來身舒徧，盡諸有情界，
拔濟利安樂，爲轉正法輪。
現神通遊戲，摧伏一切魔，
令現證悉地，悦意受用等。
還來入自身，住三摩地念，
乃至疲倦已，或百八七三。
復結勝身印，誦三字密言，
三七隨所宜，即取菩提珠，
槃置合掌内，當心誦密言。
菩提心密語，三徧或七徧，
捧珠安頂上，誦金剛語心：

ṛ (raṃ)
囕[①]

由以此密言，加持念珠故，
所誦尊密言，掐一珠過已，
一成一千徧，二手當心前，
各撮聚五指，從母初珠起[②]，
一誦掐一徧，與密言齊畢。
至母珠却迴，不應越母珠，

① ṛ (raṃ)囕，原脱，據《大正藏》本補。
② 從母初珠起，《中華藏》校勘《麗》作“從母珠初起”。

纔過越法罪，萬千或百八，
一數爲常定，不應有增減。
數限既終畢，還捧合加持，
放置於淨處，敬珠猶如佛，
不應輕棄觸。瑜伽珠經云，
珠表菩薩果，中絶爲斷漏，
線貫表觀音，母爲彌陀佛。
以是不應越，由珠積功德，
速獲成就故。次陳前供養，
復結智印拳，入前三麼地，
觀念於一字，思惟其字義。
諸法本無壞，無塵亦無染，
清淨如虚空。清淨如空故①，
一切法無壞。諸法不壞故，
一切法本淨。諸法本淨故，
一切法無染。諸法非染故，
空淨不可得。觀字義相應，
心緣注於理，不緣於其字，
同一體清淨，徧周於法界。
獲得無戲論，輪王寶相定，
乃至於一念，淨心相應故。
獲無上正智，無始積罪障，
頓滅無有餘，十方諸如來，
本尊皆現前，滿所希求願，
世間出世間，一切皆賜與，
乃至於現生，成就本尊身。
復結身勝印，誦三字密言，
即觀菩提心，思惟阿字門，
諸法本不生。每作觀念時，
定慧應雙②運，且如觀婀字，
纔觀即了知，諸法本不生。

① 清淨如空故，原脱，據《大正藏》本補。
② 應雙，原作“雙應”，據《中華藏》校勘《石》《麗》改。

知本不生故，是名奢摩佗，
諦觀於字體，是毗婆舍那，
此名爲雙運，諸觀皆如是。
又結勝身印，於心額喉頂，
各一掣印開[①]，誦此解脱心：

𑖥𑖿𑖨𑖲𑖽(bhrūṃ)
勃嚕唵三合目

由此印密言，聖衆得離縛，
各歸於本宫，修習瑜伽者。
至於解脱地，復結佛眼印，
誦佛母密言，如前加持身。
又用本部中，無能勝明王，
密言印自身，五處如前法。
八指右押左，掌内各交合，
大指開微屈，少離頭指側，
誦此心密語：

𑖮𑖲𑖽(huṃ)
吽短音

由作此加持，於一切時處，
魔冤不能侵，虎狼諸毒蠱，
惡心人非人，盡無能陵屈。
如來初成佛，於菩提樹下，
以此印密言，摧壞天魔軍。
若入便易處，用觸身忿怒，
烏芻瑟摩印，右手如常拳，
翹大指加持，五處如先説，
誦此心密言：

𑖌𑖼(oṃ) 𑖘𑖿𑖨𑖲(ṭru) 𑖎(ka)
唵　特勒二合　迦[②]

由作此加持，入一切穢處，

① 開，原作"閒"，據《大正藏》本改。
② 𑖎(ka)迦，原脱，據《大正藏》本補。

魔障不得便。次明念誦時，
瑜伽教王中，如來所稱讚。
無有時方處，當知不令間，
四時或三時，二時乃至一，
無間一切時，三謂晨午昏，
加夜半成四，二時謂晨暮。
一時隨得暇，從初乃至終，
皆依此儀軌。或無壇淨室，
隨處作念誦，先當覽字者①，
淨身及淨處，安字於頂上，
發智火焚燒，身處無灰燼。
清淨如虚空，纔住此三昧，
百劫積重罪，一念頓蕩除。
夫入三麽地，不計身心相，
及分②别色等，但諦觀一境。
由是法加持，淨三界空空③，
即於虚空中，觀婀字成殿，
如忉利天宫。又於寶殿内，
如前初觀念，婀字成心月，
次第不復殊，是佛不空體。
所疑不淨者，皆觀覽字焚，
由此法界心，密言威力故。
所淨如法界，當知覽字義，
所謂一切法，本淨無垢染，
諸法清淨故，染淨不可得。
阿字菩提心，種智之本無④，
是一切字母，十方三世佛，
所説一切法，無非此字體。
纔念即同稱，一切如來法，

① 覽字者，《中華藏》校勘《石》《麗》作"觀覽字"。
② 分，《中華藏》校勘《麗》作"以"。
③ 空，《中華藏》校勘《石》《麗》作"虚"。
④ 無，《中華藏》校勘《石》《麗》作"元"。

於眼觀此字，即能成天眼。
餘四悉具成，諸根例可知，
乃至於鐵石，安布諦觀念，
能動及成金，此性成密言。
三世佛法教，皆廣明此字，
其義說難窮，粗陳其大略。
所說餘諸字，皆瞻於梵字，
非是隨方文。念誦既終畢，
迴於其福聚，普洽諸有情，
如我無有異。復敬禮三寶，
悔喜勸請向，出外轉大乘，
乃至一四句，印塔修衆善，
以此積福業，加持資糧故，
悉地速現前。又演略儀軌，
如先誦婀字，用發菩提心，
左趺押右股，右足左腿承，
是如來結加，即結智拳印。
身勝及灌頂，拍掌已又陳，
金剛合掌儀，誦唵字供養。
又部母加持，住智拳念誦，
終畢如前儀，又說略儀軌。
先用一切佛，部心印密言，
印五處或四。其印以八指，
右押左相叉，交合於掌內，
並豎二大指，著右頭指①側。
誦一切佛心：

(oṃ) (ji) (na) (ji)
唵 尒 曩 尒入聲，而孕反

適以此明印，加持自身時，
便同諸佛身，即部母加持，
作智拳念誦。坐如前全加，

① 指，《中華藏》校勘《麗》作“相”。

或作輪王坐，交脚或垂一，
乃至獨膝竪，輪王三種坐。
或作普賢加，左掌承右腿，
右趺鎮左髀，普賢加乃成。
是等坐隨意，即金剛合掌，
誦唵字供養，數限畢復陳。
智拳誦一字，晝[①]用部心印，
夜以佛眼印，印五處作護。
復次又開演，極略念誦儀，
爲修瑜伽者，不好樂多法，
或衆世務逼[②]，開[③]廣法恐闕。
先結智拳印，即勝身加持。
次陳供養儀，即便念誦作，
亦無所闕少。若更極驅迫，
恐間闕時分。但作智拳印，
誦本尊密言，七徧或三徧，
即任行住坐，隨意作念誦。
若執珠記數，一百八未滿，
中間不應語，若要語當觀。
囕字於舌上，縱語不爲間，
或唯結身勝，大三麼邪印。
便念誦亦得，支分皆不闕，
何故此二印，獨用成具法。
以纔結智拳，能攝諸如來，
入住處隨順，勝身三麼邪。
適結此印時，一切印已成，
十方三世佛，所説之密印，
盡在此印中。又一切如來，
同一聚密合[④]，成此一法身，

① 晝，原作“盡”，據《中華藏》校勘《石》《麗》改。
② 逼，《中華藏》校勘《石》《麗》作“迫”。
③ 開，《中華藏》校勘《石》《麗》作“用”。
④ 合，原作“言”，據《中華藏》校勘《石》《麗》改。

更無有二相。諸佛皆承言，
菩薩咸敬奉，天龍人非人，
攝伏而歸命。由如是義故，
不待諸印助，一成一切印。
若如常念誦，當依廣儀軌，
不應執此義，而生懈怠心。
我於諸瑜伽，大秘密經中，
搜括至綱要，略集金輪王，
速成佛理趣，瑜伽儀軌竟。

金剛頂經一字頂輪王瑜伽一切時處念誦成佛儀軌一卷

翻譯經軌·密教經軌·瑜伽密教儀軌·金剛頂經儀軌·第八會

金剛頂勝初瑜伽經中略出大樂金剛薩埵念誦儀①

大興善寺三藏沙門大廣智不空奉詔譯②

稽首禮大密!從持金剛生,
開演微妙儀,簡要契真實。
瑜伽修習者,願興利樂心,
十方盡無餘,一切衆生界,
真言性成就。隨意稱誦之:

(oṃ) (sa) (rva) (yo) (ga) (ci) (tta) (ma) (tpā) (da)
唵一 薩 嚩 瑜 誐 唧 多二 母 答播二合,引 娜
(ya) (mi)③
耶引 弭三

由纔發此心,滅除一切障,
獲安樂悦意,超彼衆魔羅。
即同諸如來,世天皆供養,
知法無自性,達勝義菩提。
思惟己體中,普賢心若月,
身相歸空寂,湧見跋折囉。
五鈷潔白輝,變同薩埵貌,

---

① 底本,《中華藏》第1477號,第66册第61頁中—66頁上,原《金藏》廣勝寺本。校本,《大正藏》第1120A號,第20册第513頁下—520頁上,原《麗藏》本。

② 譯名,《中華藏》校勘《麗》作"開府儀同三司特進試鴻臚卿肅國公食邑三千户賜紫贈司空謚大鑒正號大廣智大興善寺三藏沙門不空奉詔譯"。

③ 梵字真言,據《大正藏》校勘甲本(寬治六年寫仁和寺藏本)補,下同。

質素蓮臺介，五佛用嚴冠。
朱衣背赤色，安住圓明内，
真言及自印，其次建立之。
仁者應半加，左支右足押，
智拳輪擲已，用按於胸間。
吽[①]爲心真言，定拳慢居胯，
金剛身語意，支分勿傾斜。
本尊大印成，次結金剛掌，
堅合交初分，密言如是稱：

(va) (jrāṃ) (ja) (li)
嚩 日囕二合,引 惹引 里一

便爲金剛縛，其明如後陳：

(va) (jra) (va) (tva)
嚩 日囉二合,引 滿 馱一

開縛摧拍心，應誦密言曰：

(va) (jra) (va) (tva) (tra) (ṭ)
嚩 日囉二合滿 馱一 怛囉二合吒半音呼,二

次前金剛縛，禪智檀慧間，
稱徧入真言，降臨每加護：

(va) (jra) (ve) (śa) (aḥ)
嚩 日囉二合,引 吠 捨一 惡二

不改次前契，禪智進力加，
是名三昧拳，真言如是誦：

(va) (jra) (mu) (ṣṭi) (vaṃ)
嚩 日囉二合,引 母 瑟知二合,一 鋑二

分彼拳作二，左慢右安心，
身語意金剛，形體依初觀。
同前縛爲准，智與進如門，
禪逼於其中，秘密三昧契。
印心額喉頂，皆誦此真言：

① 吽，《中華藏》校勘《石》《麗》作"𤙖"，下同。

(su) (ra) (ta) (stvaṃ)
素 囉 多 薩怛鑁三合,一

金剛縛又陳,忍願成刀狀,
進力捻刃[①]側,依初第一文,
禪押於智端,如結加趺勢。
印頂心當想,毗盧遮那佛,
儼然潔白輝。誦此真言曰:

(oṃ) (bhūḥ) (khaṃ)
唵一 部入 欠平,二

次當印其額,應想阿閦鞞,
色青處於前。稱此秘明句:

(va) (jra) (sa) (tva)
嚩 日囉二合薩 怛嚩二合,一

次按於頂右,其名寶生尊,
黄色相端嚴。真言如是誦:

(va) (jra) (ra) (tna)
嚩 日囉二合囉 怛那二合,一

舉[②]置在頂後,無量壽如來,
色赤殊持儀。稱此真言曰:

(va) (jra) (dha) (rma)
嚩 日囉二合達 磨一

復至於頂左,不空成就尊,
緑色五佛同。誦此祕明句。

(va) (jra) (ka) (rma)
嚩 日囉二合 羯 摩

次作寶鬘印,灌頂以嚴身,
用二金剛拳[③],額前遂縈繞,
復分拳腦後,如前又繫鬘,
自檀慧徐開,以羽兩傍下,
若垂繒帶想。誦次後真言:

① 刃,原作"忍",據《中華藏》校勘《麗》改。
② 舉,原作"本",據《中華藏》校勘《石》《麗》改。
③ 拳,《中華藏》校勘《石》《麗》作"手"。

(oṃ)(va)(jra)(mā)(lā)(bhi)(ṣiṃ)(ca)(māṃ)(vaṃ)

唵一 嚩 日囉二合 麽 攞 避 詵 左二 滿三 鋡四

定慧羽皆舒，俱拍契成就，

能悦一切聖。真言如是稱：

(va)(jra)(tu)(ṣya)(hoḥ)

嚩 日囉二合，引 覩 使也二合 斛引，一

金剛慢①印明，默心誦一徧：

(sa)(rvaṃ)(ku)(ru)(ya)(thā)(su)(khaṃ)

薩 鑁 矩 嚕一 野 佗引 素上 欠平，二

復具明如上，金剛薩埵冠，

以五佛色身，安住相應印。

徧照薄伽梵，契住如來拳，

次陳阿閦鞞，定羽持衣角。

成拳按②心上，慧觸地如儀，

施願寶生尊，智掌仰當乳，

無量光勝印，定拳慢執蓮。

慧拳似敷華，又如無動佛，

智羽三番相，如拔濟有情，

揚掌於乳傍，不空成就印。

又作金剛縛，開掌禪智合，

檀慧直如峯，忍願入於掌，

相合如箭狀，印心額及喉，

於頂亦如之。皆用心密語：

(hūṃ)

吽

大樂隨心印，用結護己身，

前印箭刺心，誦後真言曰：

(he)(ma)(hā)(su)(kha)(va)(jra)(sa)(tva)

系一 摩 賀引 素上 佉 嚩 日囉二合，引薩 怛嚩二合，引

① 慢，《中華藏》校勘《麗》作"幔"，下同。

② 按，原作"接"，據《中華藏》校勘《麗》改。

(ya) (ki) (śī) (ghraṃ) (ma) (hā) (su) (kha)
夜引 呬上 試 仡𠻤三合,三 摩 賀引 素上 佉
(va) (jra) (mo) (gha) (sa) (ma) (ya) (ma) (ḍa) (pā)
嚩 日囉二合,引 目引 佉 三去 麽 耶四 摩 拏 播引
(la) (ya) (pra) (bu) (dhya) (pra)[①] (bu) (dhya) (su)
攞 野五 鉢囉二合 母 馱也二合 鉢囉二合 母 馱野二合,六 素上
(ra) (ta) (stva) (ma) (ḍa) (ra) (kto) (ma)
囉 多 薩怛鑁三合,七麽 拏 囉 訖覩二合 茗
(bha) (va) (su) (ta) (ṣyo) (mu) (bha) (va) (su)
婆去 嚩八 素上 覩 瑟庾二合 茗 婆去 嚩九 素上
(dṛ) (pho) (mo) (bha) (va) (su) (po) (ṣyo) (mo)
地哩二合 住 茗 婆去 嚩十 素上 布 瑟庾二合 茗
(bha) (va) (bha) (ga) (vaṃ) (na) (na) (di) (ni) (dha)
婆 嚩十一 婆 誐 𠷀十二 曩 曩引 伲 你 馱
(naḥ) (sa) (rva) (sa) (rva) (si) (dvi) (me) (pra)
諾 薩 怛嚩二合,十三 薩 嚩 悉 地 茗十四 鉢囉二合
(ya) (ccha) (e) (ṣa) (tvā) (na) (kṛ) (ṣya)
野 瑳 翳 沙 怛嚩二合,引,十五 曩 訖哩二合使也二合
(pra) (ve) (śya) (sa) (ma) (ye) (rmva)
鉢羅二合吠 也十六 三 昧 裔 囉摩二合
(dhvā) (va) (śī) (ka) (ro) (mi) (me) (rmu) (drā)
馱縛二合,十七 嚩 試 迦 嚕引 弭十八 昧 囉母二合 娜囉二合,引,十九
(ma) (tra) (pa) (deḥ) (jaḥ) (hūṃ)
滿 怛囉二合 跛 乃二十 弱二十一 吽二十二
(vaṃ) (hoḥ)
鑁二十三 斛二十四

諸尊當適悦,警覺三昧邪,
誦至弱字明,忍願如鉤狀,
開鉤已心畢。本尊降道場,
衆聖亦同臻,依位儼而住。
忍願便相拄,如環索契成。

① (pra),原脱,據對譯“鉢囉二合”補。

吽字羂入定[1]，二度極相繞，
鎖成上[2]諸聖，鑁[3]字是其明。
上下徐動摇，磬成稱斛句，
念其音清暢，能悦衆聖心。
閼伽契乃陳，堅住金剛拳[4]，
忍願遂相合，進力若鉤形，
禪智捻其根，側印稱唵句：

(oṃ)(ka)(ko)(mu)(khaṃ)(sa)(rva)(dha)(rmma)(ṇa)(mā)
唵一　迦引　噜　目　欠二　薩　嚩　達　摩　拏引　摩引
(dya)　(ḍa)　(tpa)　(na)　(tvā)　(ṭ)
娜野二合，三　拏　多半二合　曩　怛嚩二合，引　多半音，四

便捧其香水，稱後閼伽明。

(pa)(ra)(ma)(su)(khā)(śa)(ya)(sa)(la)(li)(ta)
跛　囉　摩　素上　佉引　捨　野一　娑　擺　里　多二
(vi)(lā)(sa)(na)(mi)(tai)(rna)(mā)(mi)(bha)(ga)
尾　邏引　娑　曩　弭　帶　囉曩二合麽引　弭　婆　誐
(vaṃ)(taṃ)(jaḥ)(hūṃ)(vaṃ)(hoḥ)(hi)(hi)(hi)(hi)(pra)
鑁　擔三　弱　吽　鋄　斛四　呬　呬　呬　呬　鉢囉二合
(tī)(ccha)(ku)(su)(māṃ)(ja)(li)(rnā)(thā)
底引　車上，五　矩　素上　滿引，六　惹　里　囉曩二合，引他[5]七

近額奉獻之，如儀浴衆聖，
依前觀滿月，皓白現壇中，
大聖處於間，契住金剛幔。
復陳四尊位，眼箭在其前，
色赤衣服然，冠鬘以嚴飾，
二羽彎弓矢，瞻矚薩埵儀。
計里計羅尊，色白居其右，
金剛拳二羽，交抱三昧邪。

① 定，《中華藏》校勘《石》《麗》作“之”。
② 上，《中華藏》校勘《石》《麗》作“止”。
③ 鑁，《中華藏》校勘《石》《麗》作“懵”。
④ 拳，《中華藏》校勘《石》《麗》作“掌”。
⑤ 他，原作“也”，據《大正藏》本改。

於後愛爲名，形服皆青色，
二拳豎慧臂，肘以定羽承，
共執摩竭幢，於左右爲幔。
色黄拳在胯，向左小低頭，
羯磨印真言，加持諦安立，
大聖金剛幔。應誦心密言：

(hūṃ)
吽

諸尊次復陳，自眼前爲始，
二拳各堅固，彎弓放箭[①]儀，
密契相已成，祕明如後誦：

(jaḥ) (va) (jra) (dṛ) (ṣṭi) (sa) (ya) (ke) (ma) (ṭ)
弱一 嚩 日囉二合 地哩二合 瑟知二合,二 娑去,引 野 計三 麼 吒半音,四

准前拳二羽，交臂抱於胸，
計里計羅尊，當誦此後句。

(hūṃ) (va) (jra) (ke) (lī) (ki) (le) (hūṃ)
許一 嚩 日囉二合 計 利 吉 麗二 許三

又改次前印，慧臂直如幢，
定拳承肘間，誦明名愛契。

(vaṃ) (va) (jri) (ṇi) (smā) (ra) (ra) (ṭ)
鋑一 嚩 日哩二合 你二 娑麼二合 囉三 囉 吒半音,四

二拳各居胯，以頭向左傾，
慢契相遂成，真言如後誦：

(hoḥ) (va) (jra) (kā) (me) (śva) (ri) (trāṃ)
斛一 嚩 日囉二合 迦引 冥 濕嚩二合 哩二 怛噑二合,引,三

次陳内供養，初起東南隅，
捧華形服白，金剛妙適悦。
金剛適悦性，色黑執香鑪，
金剛眼獻燈，色赤嚴飾尒，
末爲塗香位，金剛大吉祥，
形質皆以黄。次陳其契相，

① 箭，原作“前”，據《中華藏》校勘《石》《麗》改。

俱先二拳舞，如儀遂結成，

以二金剛拳，相並上擲散，

想妙華供養。真言如後稱：

(he) (va) (jra) (ra) (tiḥ)

系 嚩 日囉二合，二 囉 底三

並拳乃下擲，念焚香雲海，

普徧於一切，誦如後真言：

(ma) (hā) (ra) (ta) (va) (jri) (hoḥ)

摩 訶引 囉 多 嚩 日哩二合，一 斛二

二拳禪智合，如燈應運想，

廣施爲佛事，密言如是稱：

(oṃ) (va) (jra) (lo) (ca) (ne)

唵一 嚩 日囉二合，二 路引 者 寧三

並覆其二拳，依胸兩向散，

若妙塗香勢，當誦此真言：

(ma) (hā) (śrā) (va) (jra) (hiḥ)

摩 訶引 室唎二合，一 嚩 日哩二合，二 呬三

外供養諸尊，四隅又存想，

東南名嬉戲，二拳以當心。

笑處於西南，二羽口傍散。

歌居於西北，彈執其箜篌。

東北舞爲名，如儀旋轉勢。

形服皆金色，真言契又陳。

覆並於二拳，繞心應右轉，

是名嬉戲印。其明如後稱：

(he) (ra) (ti) (va) (jra) (vi) (la) (si) (ni) (tra)

系 囉 底 嚩 日囉二合 尾 邏引 賜 你二 怛囉二合

(ṭ)

吒半音，三

如前印口傍，自檀慧徐散，

揚[1]掌極舒臂，含笑誦真言：

---

① 揚，原作“楊”，據《中華藏》校勘《麗》改，下同。

(he) (ra) (ti) (va) (jra) (ha) (se) (ha) (ha)
系 囉 底 嚩 日囉二合,一 賀引 細二 訶 訶三

定臂如箜篌,改進力微屈,
慧羽彈弦勢,爲歌誦其明。

(he) (ra) (ti) (va) (jra) (gī) (te) (te) (te)
系 囉 底 嚩 日囉二合,一 擬引 諦二 諦 諦三

二拳舞於心,頂上合便散,
其名舞契相,真言句遂陳:

(he) (ra) (ti) (va) (jra) (tṛ) (tye) (ve) (pa) (ve) (pa)
系 囉 底 嚩 日囉二合,一 你哩二合 諦二 吠 波 吠 波三

四承旨居門,形儀復當演,
初持鈎青色,嚴麗處於間。
南携索皆黄,西執鎖尚赤,
其北名爲鑿,具緑色冠鬘。
祕契及真言,復次今當設,
二拳背應逼,檀慧反相鈎,
進力皆極舒,又稍屈進度。
微招是鈎契,其明如後稱:

(va) (jraṃ) (ku) (śe) (ja)
嚩 日嚩二合,引 矩 勢一 弱二

前印進力交,反以頭相拄,
其中如環索,稱誦後真言:

(va) (jra) (pa) (śaṃ) (hūṃ)
嚩 日囉二合 播引 勢一 許二

改進力相鈎,開拳背交臂①,
遂名鎖契成,密言如是稱:

(va) (jra) (śaṃ) (ka) (le) (vaṃ)
嚩 日囉二合餉 迦 麗一 鋡

如鎖背相著,動摇鑿明曰:

(va) (jra) (ghaṃ) (ṭe) (hoḥ)
嚩 日囉二合 健 穌一 斛二

① 臂,《中華藏》校勘《麗》作“辟”。

大聖所嚴飾，華座及衣服，
并餘見前尊，其色隨身相。
殊形具衆德，首戴五佛冠，
將建曼荼羅，諸位无存想。
月輪圓明現，其中觀念之，
半加面本尊，適悦目瞻仰。
又宣三昧印，本尊前所陳，
彼契及真言，如儀勿差謬。
餘尊次當設，亦眼箭爲初，
准前所護身，大樂隨心印。
極屈其進力，初分背相著，
禪智並押之，契相當成就。
以禪押於智，深交印乃成，
名計里計羅。次陳摩竭相，
進鉤於願度，力屈其智[①]端，
戒方舒成針，檀慧合而直，
禪智自相並，各押進力傍。
愛契相已成，不改次前印，
從外觸其股，先右左亦然。
内供養又明，側綟金剛掌，
上擲爲華印，下散成燒香。
禪智逼爲燈，塗香依胸啓，
嬉戲旋轉禮。笑契近口傍，
自檀慧徐開，又結其歌印，
改力度微屈，進虚撥於間。
定羽佉吒迦，慧作三番相，
當心乃旋舞，八供養已周。
復結金剛縛，改進力[②]微屈，
徐招是鉤契，從縛索當生，
禪度智力間，印成又爲鎖。

① 智，原作“忍”，據《中華藏》校勘《石》《麗》改。
② 力，《中華藏》校勘《石》《麗》作“度”。

環進禪智力，捻已便相鉤，
又作堅固縛，禪智戒方下，
當胸遂摇動，爲磬四攝成。
三昧邪真言，同前羯麽句，
金剛薩埵位，及行者所居，
皆有十六尊，圍遶端嚴住。
讚王如後述，應當稱誦之：

(sa) (rva) (nu) (rā) (ga) (su) (kha) (sa) (tma) (na)
薩 嚩引 努 囉引 誐 素上 佉 薩 怛莽二合 曩
(sa) (tvaṃ) (va) (jra) (sa) (tva) (pa) (ra) (maḥ) (su)
娑引,一 怛梵二合 嚩 日囉二合薩 怛縛二合跛 囉 莫 素上
(ra) (taḥ) (bha) (va) (me) (ma) (ha) (su) (kha) (dṛ)
囉 多入,二 婆去 嚩 冥 摩 訶引 素上 佉 涅哩二合
(pho) (cchra) (ya) (daḥ) (pra) (ti) (pa) (dya) (si)
濯 縒囉二合 野 諾三 鉢囉二合底 跛 你也二合悉
(ddhya) (ca) (la) (ghu) (pra) (ṇa) (taḥ)
鞞 左 洛 虞 鉢囉二合拏 多入,四

由此金剛歌，大樂隨愛樂，
適悦皆堅固，當得如意成。
又誦次所陳，最勝真實讚，
能纔稱念故，速令悉地圓。

(ma) (hā) (su) (kha) (ma) (hā) (rā) (ga) (ma) (ha)
摩 訶引 素上 佉一 摩 訶引 囉引 誐二 摩 訶引
(va) (jra) (ma) (ha) (dha) (na) (ma) (ha) (jñā) (na)
嚩 日囉二合,三摩 訶引 馱 那四 摩 訶引 枳娘二合 那五
(ma) (pha) (ka) (rmma) (va) (jra) (sa) (tva) (dya)
摩 訶引 羯 摩六 嚩 日囉二合薩 怛嚩二合,引 你也二合
(si) (ddhya) (mi)
悉 地野二合 冥七

次陳眼印相，自大聖爲先，
餘各異觀瞻，契名亦分別。
行人復應以，金剛眼視尊，

大適悦金剛，不空驚[①]悟印。
當觀薩埵際，兼興大染心，
由此印加持，當速疾成就。
慧作三番相，定羽佉吒迦，
如前當自心，舞畢擲華勢。
目半開笑面，瞻仰於本尊，
大適意金剛，不空箭印相，
法界體性智，由此能住持。
大適悦目觀，本尊聖者貌，
大適悦視印，少福者亦成，
速顧盻爲容，加持大成就，
復當令現證，超勝外道流，
大適悦金剛，幢幡莊嚴印。
揚眸徐顧盻，定作佉吒迦，
慧當結三番，如前旋舞相，
亦作擲華勢，其名禮印成，
三界諸人天，恭敬當供養。
次前五種視，本尊訲字明，
金顧慢印并，餘皆羯磨契，
各誦真言句，如前無復殊。
大聖所成身，法界體性智，
如前貪染顧，圓寂令覩之。
又以眼少開，其睫當瞤動，
彼名曰明視，用此請本尊。
徧入己體中，身心愛染想，
奉事於聖者，印力契真如，
智自性皆達，薩埵因之住。
今修此方便，故我當證成，
依教供養周。次用辟除印，
金剛熾盛日，三昧邪爲名。
二羽内相叉，八度互著掌，

① 驚，《中華藏》校勘《麗》作“警”。

舒禪智面合，如杵乃虛拳，
左轉能辟魔，右旋徧結界，
吽聲若雷震，隨意爲堤[1]防，
自勝解思惟，一切虛空界。
塗香燈飲食，華鬘及燒香，
衣服蓋幢幡，扇拂歌寶鐸，
妙舞并宮殿，殊勝供養儀。
我今變化成，聖衆皆受用，
如前唵字句，稱誦運想之，
不瞬微笑容，堅固愛樂意。
久觀聖者體，金剛眼乃成，
本尊大印陳，薩埵三摩地，
脣齒應俱合，金剛語離聲，
不大動舌端，能成諸教法。
方欲止息際，復想供養儀。
并稱唵字明，如前當奉獻，
一百八名讚，次當稱誦之。

(pa) (ra) (mā) (dya) (ma) (hā) (sa) (tva) (ma) (hā)
跛 囉 摩 䭾一 摩 訶 薩 怛嚩二合摩 賀
(ra) (ta) (ma) (hā) (ra) (ti) (sa) (maṃ) (ta) (bha) (dra)
囉 多 摩 賀 囉 底二 三去 滿 多 跋 捺囉二合
(sa) (rva) (tma) (va) (jra) (ga) (rvdha) (pa) (te) (pa)
薩 嚩引 怛麽二合，三嚩 日囉二合 孽 麽 跛 帝 跛
(te) (ci) (tta) (sa) (tva) (sa) (mā) (dhya) (gra) (va)
帝四 唧 多 薩 怛嚩二合 娑 麽引 地野二合 仡囉二合，五 嚩
(jra) (va) (jra) (ma) (hā) (dha) (na) (sa) (maṃ) (ta)
日囉二合嚩 日囉二合 摩 賀引 馱 曩六 三去 滿 多
(bha) (dra) (ca) (rya) (gra) (mā) (ra) (pra)[2] (ma)
跋 捺囉二合 拶 哩野二合仡囉二合，七 麽引 囉 鉢囉二合 沫

① 堤，《中華藏》校勘《麗》作“提”。
② (pra)，《大正藏》本原作“(mā) (ra)”，與“鉢囉二合”不對音，此改。

(rda) (ka) (sa) (rva) (bo) (dhe) (ma)(hā) (bu) (ddha)
娜 迦八 薩 嚩 冒引 第引 摩 賀引 没 馱九
(bu) (ddha) (bu) (ddha) (gra) (jaṃ) (ma) (jaḥ) (va)
没 馱 没 馱引 仡囉二合 殘 麽 惹十 嚩
(jra) (hūṃ) (ka) (ra)(hūṃ) (ka) (ra) (lo) (ke) (śva)
日囉二合 吽短 迦引 囉 吽短 迦引 囉十一 路 計引 濕嚩二合
(ra)(ma)(ṇi) (pra) (da) (ma) (hā) (ra) (ga)(ma) (hā)
囉 麽 抳 鉢囉二合娜十二 摩 賀引 囉引 誐 摩 賀引
(sai) (khya) (ka) (ma) (mo) (kṣa) (ma) (hā) (dha)
掃去,引 企野二合,十三 迦引 麽 謨引 乞灑二合 摩 賀引 馱
(na) (tri) (kā)①(la)(stri) (bha) (va) (strya)
曩十四 怛哩二合 迦引 羅 悉底哩三合 婆 嚩 娑怛哩野四合
(grya) (tri) (lo) (kā) (gra) (tri) (dhā) (tra) (ka)
仡哩野三合,十五 怛哩二合 路引 迦引 仡囉二合 怛哩二合 馱引 覩 迦引,十六
(sphā) (va) (ra)(pra) (bha) (va) (vya) (kta) (su)
娑佗二合,引 嚩 囉 鉢囉二合 婆去 嚩 藐 訖多二合,十七 蘇上
(su) (kṣma) (sphu) (la) (saṃ) (ca) (yaṃ) (jaṃ) (ga)
素引 乞史麽二合 娑吐二合 攞 散 左 焰十八 讓 誐
(ma) (pra) (va) (ra) (pra) (pte) (bha) (va) (sa)
麽 鉢囉二合 嚩 囉 鉢囉二合,引 跛帝二合,十九 婆去 嚩 婆引
(ga) (ra) (śo) (dha)(na) (a) (na) (di) (ni) (dha)
誐 攞 戍引 馱 曩二十 婀 曩 你泥入反 顊 馱
(nā) (tyaṃ) (ta) (kāṃ)(ta) (prā) (ka) (sa) (rva)
曩引 曲 多二十一 建引 多 鉢囉二合,引 迦半音 薩 嚩
(mā) (sphi) (taḥ) (hṛ) (tma) (drā) (yo) (ga)
麽引 娑體二合 多都各反,二十二 紇哩二合 答畝二合 捺囉二合,引 喻引 誐
(sa) (ma) (yaḥ) (ta) (tva) (sa) (tya) (ma) (hā) (ma)
三去 麽鼻 藥二十三 怛 怛嚩二合薩 底也二合 摩 賀引 摩
(haḥ) (ta) (tha) (ga) (ta)(ma) (hā) (si) (ddha) (dha)
郝二十四 怛 佗去,引 誐 多 摩 賀引 悉 馱二十五 達

① (kā),原脱,據對譯“迦引”補。

(rmma) (ka) (rmma) (ma) (hā) (bu) (dha) (sa) (dha)
摩 羯 磨 摩 賀引 母 馱二十六 薩 達

(rmma) (sa) (ka) (rmma) (pa) (thā) (bo) (dhi) (ci)
摩 薩 羯 摩 跛 佗二十七,去,引 冒引 地 喞

(tta) (su) (bo) (dha) (ka) (va) (jra) (kra) (dha)
多 素 謨引 馱 迦二十八 嚩 日囉二合 矩嚕二合,引 馱

(ma) (hā) (kro) (dha) (jva) (la) (pra) (la) (ya)
摩 賀引 矩嚕二合,引 馱二十九 入嚩二合,引 邏引 鉢囉二合 囉 野

(da) (ma) (kaḥ) (ma) (hā) (vi) (na) (ya) (dva) (ṣṭa)
娜引 摩鼻 迦三十 摩 賀引 尾 曩 野 訥 瑟吒二合,引

(gra) (ru) (dra) (rau) (dra) (kṣa) (yaṃ) (ka) (raḥ)
仡囉二合,三十一嚕 捺囉二合嘮引 捺囉二合 乞灑二合 孕上 迦 囉三十二

(sa) (rva) (śu) (ddhi) (ma) (hā) (pa) (dma) (pra)
薩 嚩 秫詩聿反地 摩 賀引 跛 娜麼二合,三十三 鉢囉二合

(jñā) (pa) (ya) (ma) (hā) (na) (ya) (rā) (ga) (śu)
枳女二合,引 播引 野 摩 賀引 曩 野三十四 囉引 誐 秫

(ddhi) (sa) (ma) (dhya) (gra) (vi) (śva) (ra) (ga)
地 娑 摩引,鼻 地野二合 仡囉二合,三十五 尾 濕嚩二合 囉引 誐

(ma) (he) (śva) (ra) (ā) (kā) (śā) (naṃ) (tya)
摩 係引 濕嚩二合 囉三十六 阿去,引 迦引 舍引 難上 底也二合

(ni) (tyo) (vai) (sa) (rva) (va) (ddha) (ma) (hā)
顭 你庚二合 吠引,三十七 薩 嚩 母 馱 摩 賀引

(la) (ya) (vi) (bhū) (ti) (śrī) (vi) (bho) (ra)
攞 野三十八 尾 部引 底丁以反 室哩二合,引 尾 暴引 囉引

(ja) (sa) (rva) (śā) (pa) (ri) (pra) (ra) (kaḥ) (na)
惹引,三十九 薩 嚩引 舍引 跛 哩 布引 囉 腳四十 曩

(ma) (ste) (stu) (na) (ma) (sti) (stu) (na)
麼 娑帝二合 娑覩二合 娜 麼鼻 娑帝二合,引 娑覩二合,四十一 娜

(ma) (ste) (stu) (na) (mo) (na) (maḥ) (gu) (kto)
莫 娑諦二合 娑覩二合 曩 謨引 娜 莫四十二 僕 訖姤二合,引

(haṃ) (rvāṃ) (pra) (pa) (dyā) (mi) (va) (jra)
旱 怛鑁二合,引 鉢囉二合 鉢 你也二合,引 弭四十三 嚩 日囉二合

(sa)(tvā) (tya) (si) (ddha) (māṃ)②
薩 怛嚩二合,引 你也二合①悉 馱 憾引,四十四

若持此讚王,金剛法語誦,
所樂當成就,速疾無與倫,
每日應及時,稱已離諸罪。
常脱一切苦,淨土當現前。
纔誦衆福圓,增吉祥明盛,
諸尊羯磨契,及彼三昧邪,
徧結如初儀,皆誦本密語③。
復陳閼伽契,側印於器端,
首應亦隨傾,想禮稱唵句。
捧獻如儀則,誦其本真言,
發願畢結前,金剛熾盛日。
左旋想解界,又作堅固縛,
忍願竪成針。當心誦明曰:

(oṃ) (kṛ) (tvāḥ) (sa) (ddha) (sa) (tvā) (rtha) (si)
唵一 訖哩二合 姤嚩入,二 薩 嚩 薩 怛嚩二合,引 囉佗二合,三 悉
(dvi) (rda) (ttā) (ya) (thā) (ḍa) (gā) (ga) (ccha)
地 捺 多四 拽延結反 佗 努鼻 誐引,五 孽 蹉
(dhvaṃ) (bu) (ddha) (vi) (ṣa) (yaṃ) (pu) (na) (rā) (ga)
馱鑁二合,六 母 馱 尾 灑 瑛七 補 曩 囉引 誐八
(ma) (na) (ya) (tu) (oṃ) (va) (jra) (sa) (tva) (muḥ)
麽鼻 曩引 野 覩九 唵 嚩 日囉二合薩 怛嚩二合穆十

句畢近額上,自鋒乃徐開,
想衆聖還宫,護身隨所適。
欲求先行者,四時處道場,
誦滿一洛叉。次晝夜持念,
諸尊當覆護,然加行精勤。
又演念誦門,四威儀修習,
如前願拔濟,無餘界有情。

① 你也二合,《大正藏》本作"𩕳"。
② (māṃ),與譯字"憾引"不對音,《大正藏》本並校勘甲本對譯字作"滿"。
③ "諸尊羯磨契"至"皆誦本密語",《中華藏》校勘《石》《麗》無。

亦誦初所陳，菩提心密語，
又當稱婀字，用妙適悦言。
了諸法不生，如初住空觀。
圓明五鋒杵[①]，及成就己身，
同薩埵真儀，分明諦觀想。
半跏右押左，金剛掌遂合，
堅固縛又陳，開心徧入印。
三昧拳亦尒，金剛慢印施，
五佛印寶冠，繫鬘垂帶想。
參差當拍掌，三昧契護持，
又此印請尊，降於己身内。
八供養雲集，如前安立之，
皆依於大空，布位當觀念。
分明羅列已，金剛慢契陳，
其餘供養尊，皆用羯磨印。
今但標契號，其相[②]前所申，
皆誦本真言，并運心供養。
觀身色空已，是真觀[③]本尊，
如斯勝解之，决定無疑惑，
因緣有情類，悟本皆成空。
復建同尊儀，如是瑜伽住，
凡遇莊嚴事，悦意殊特流。
泯彼皆觀空，復次再安立。
皆成清淨已，想供養本尊，
并稱唵字明，同普賢受用。
又陳先行法，隨處而修習，
數滿一洛叉，如前晝夜誦。
若專精一月，兩月或半月[④]，
警相當現前，隨意求成就。

① 杵，原作“杆”，據《大正藏》本改。
② 相，原作“想”，據《中華藏》校勘《石》《麗》改。
③ 觀，《中華藏》校勘《石》《麗》作“覩”。
④ 月，原作“周”，據《中華藏》校勘《麗》改。

樂登諸佛位，菩薩及本尊，
信已即彼身，纔決定便證。
雖障重嬾惰，此生速獲之，
大樂微妙門，仁者應遵奉。

金剛頂勝初瑜伽經中略出大樂金剛薩埵念誦儀

金剛頂勝初瑜伽普賢菩薩念誦法[1]

開府儀同三司特進試鴻臚卿肅國公食邑三千户賜紫贈司空
諡大辨正號大廣智大興善寺三藏沙門不空奉詔譯[2]

歸命禮普賢，法界真如體！
我今依大教，金剛頂勝初，
略述修行儀。勝初金剛界，
海會諸聖衆，垂慈見加護，
利益修行者，是故結集之。
若欲求解脱，依於阿闍梨，
求受於灌頂，若得許可已，
方依本教修。揀擇得勝處，
建立於輪壇，即當想自身，
同彼普賢體，色白如珂雪。
端坐入三昧，舌上想五股，
淨妙金剛杵。密誦此真言，
同一法界淨。即誦真言曰：

唵娑縛二合婆嚩戍度含

由誦此真言，身器皆清淨，
即觀虚空佛，遍滿如胡麻，
則誦遍照明，歷然見諸佛。

觀佛真言曰：

---

① 底本，《中華藏》第1441號，第65册第738頁上—741頁上，原《麗藏》本。經名後原有“一卷”，《中華藏》校勘《石》同，《磧》《普》《南》《徑》《清》無，此删。

② 譯名，《中華藏》校勘《石》作“特進試鴻臚卿大興善寺三藏沙門大廣智不空奉詔譯”，《磧》《南》作“大興善寺三藏沙門大廣智不空奉詔譯”，《普》作“大興善寺沙門大廣智不空奉詔譯”，《徑》《清》作“唐三藏沙門大廣智不空奉詔譯”。

欠平嚩日囉二合馱都

應滿普賢行，求成最正覺，

身心不動摇，定中禮諸佛。

即誦真言曰：

唵薩嚩怛他誐多波引娜滿娜南迦嚕弭

本尊大印成，次結金剛掌，

豎合交初分。密言如是稱：

嚩日𡅏二合，引惹引里

便爲金剛縛，其明如後陳：

嚩日囉二合，引滿馱

開縛摧拍心，應誦密言曰：

縛日囉二合滿馱怛囉二合吒半音

次前金剛縛，禪智檀慧開。

稱遍入真言，降臨每加護。

嚩日囉二合，引吠捨惡

不改次前契，禪智進力加，

是名三昧拳。真言如是誦：

嚩日囉二合，引母瑟知二合鋡

分彼拳作二，左慢右安心，

身語意金剛，形體依初觀。

同前縛爲准，智與進力①門，

禪逼於其中。秘密三昧契，

印心額喉頂，皆誦此真言：

素囉多薩怛鑁三合

金剛縛又陳，忍願成刀狀，

進力捻刀側，依初第一文。

禪押於智端，如結加趺勢，

印頂心當想，毗盧遮那佛，

儼然鮮白耀②。誦此真言曰：

唵部入欠平

---

① 力，《中華藏》校勘《石》《磧》《普》《南》《徑》《清》作“如”。

② 耀，《中華藏》校勘《石》《磧》《普》《南》《徑》《清》作“輝”。

次當印其額，應想阿閦鞞，
色青處於前，誦此密明句：

嚩日囉二合薩怛嚩二合

次按於頂右，其名寶生尊，
黄色相端嚴，真言如是誦：

嚩日囉二合囉怛那二合

舉置於[①]頂後，無量壽如來，
色赤殊特儀，稱此真言曰：

嚩日囉二合達磨

復至於頂左，不空成就尊，
緑色五佛周[②]，稱此秘明句：

嚩日囉二合羯磨

次作寶鬘印，灌頂以嚴身，
用二金剛拳，額前遂縈遶，
復分拳腦後，如前又繫鬘，
自檀慧徐開，以羽兩傍下，
若垂繒帶想，誦次後真言：

唵一嚩日囉二合麼攞避詵左二滿三鋡四

定慧羽皆舒，俱拍契成就，
能悦一切聖，真言如是稱：

嚩日囉二合覩使也二合斛引

金剛慢印明，默心誦一遍：

薩鑁矩嚕野他引素上欠平

復具明如上，金剛薩埵冠，
以五佛色身，安住相應印，
遍照薄伽梵，契住如來拳。
次陳阿閦鞞，定羽持衣角，
成拳按心上，慧[③]觸地如儀，
施願寶生尊，智掌仰當乳，
無量光勝印，定拳慢執蓮。

---

① 於，《中華藏》校勘《石》《磧》《普》《南》《徑》《清》作"在"。

② 周，《中華藏》校勘《磧》《普》《南》《徑》《清》作"同"。

③ 慧，《中華藏》校勘《磧》《普》《南》《徑》《清》作"契"。

慧拳似敷花，又如無動佛，
智羽三幡相，如拔濟有情，
揚掌於乳傍，不空成就印。
又作金剛縛，開掌禪智合，
檀慧直如峯，忍願入於掌，
相合[①]如箭狀。印心額及喉，
於頂亦如之，皆用心密語：

件

便捧其香水，稱後閼伽明：

跛囉摩素上佉去捨野一娑攞里多二尾邏引娑曩弭帶囉曩二合麽引弭婆誐鏤擔三弱件鈴斛四吻吻吻吻五鉢囉二合底引車上，六矩素上滿引惹里哩曩二合，引他七

近額奉獻之，如儀浴衆聖，
依前觀滿月，皓白現壇中。
大聖處於閒，契住金剛慢，
後[②]陳四尊位，眼箭在其前。
色赤衣服然，冠鬘以嚴飾，
二羽彎弓矢，瞻矚薩埵儀。
計里計羅尊，色白居其右，
金剛拳二羽，交抱三昧耶。
於後愛爲名，形服皆青色，
二拳豎慧辟，肘以定羽承。
共執摩竭幢，於左右[③]爲慢，
色黄拳在胯，向左小低頭。
羯摩印真言，加持諦安立，
大聖金剛慢，應誦心密言：

件

諸尊次復陳，自眼箭爲始，
二拳各堅固，彎弓放箭儀，
密契相已成，秘明如後誦：

弱一嚩日囉二合地哩二合瑟知二合，二娑去，引野計三麽吒半音，四

---

① 合，《中華藏》校勘《磧》《普》《南》《徑》《清》作“和”。
② 後，原作“復”，據《中華藏》校勘《磧》《普》《南》《徑》《清》改。
③ 右，原作“名”，據《中華藏》校勘《磧》《普》《南》《徑》《清》改。

准前拳二羽，交臂抱於胷，
計里計羅尊，當誦此後句：

件一嚩日囉二合計利吉麗二件三

又改次前印，慧臂直如幢，
定拳承肘間，誦明名愛契：

給一嚩日哩二合你二娑麽二合囉三囉吒半音，四

二拳各居胯，以頭向左傾，
慢契相遂成，真言如後誦：

斛一嚩日囉二合迦引冥濕嚩二合哩二怛囕二合，引，三

次陳内供養，初起東南隅，
捧花形服白，金剛妙適悦。
金剛適悦性，色黑執香爐，
金剛眼獻燈，色赤嚴飾尒。
末爲塗香位，金剛大吉祥，
形質皆以黄，次陳其契相。
俱先二拳舞，如儀遂結成，
以二金剛拳，相並上擲散，
想妙花供養，真言如後稱：

系一嚩日囉二合，引，二囉底三

並拳乃下擲，念焚香雲海，
普遍於一切，誦如後真言：

摩訶引囉多嚩日囉二合，一斛二

二拳禪智合，如燈應運想，
廣施爲佛事，密言如是稱：

唵一嚩日囉二合，二路引者寧三

並覆其二拳，依胷兩向散，
若妙塗香勢，當誦此真言：

摩訶引室唎二合，一嚩日哩二合，二呬三

外供養諸尊，四隅又存想，
東南名嬉戲，二拳以當心，
笑處於西南，二羽口傍散，
歌居於西北，彈執其箜篌，
東北舞爲名，如儀旋轉勢。

形服皆金色，真言契又陳。

覆並於二拳，繞心應右轉，

是名嬉戲印，其名如後稱：

系囉底嚩日囉二合，一尾邏引賜你二怛囉二合吒半音

如前印口傍，自檀慧徐散，

揚掌極舒臂，含笑誦真言：

系囉底嚩日囉二合，一賀引細二娑訶

定臂如箜篌，改進力微屈，

慧羽彈弦勢，爲歌誦其明：

系囉底嚩日囉二合，一擬引諦二諦諦三

二拳舞於心，頂上合便散，

其名舞契相，真言句遂陳：

系囉底嚩日囉二合，一你哩二合諦二吠波吠波三

四承旨居門，形儀復當演，

初持鉤青色，嚴麗處於間。

南携索皆黄，西執鎖①尚赤，

其北名爲磬，具緑色冠鬘。

秘契及真言，復次今當設，

二拳背應逼，檀慧反相鉤，

進力皆極舒，又稍屈進度，

微招是鉤契，其明如後稱：

嚩日嘲二合，引矩勢一弱二

前印進力交，反以頭相拄，

其中如環索，稱誦後真言：

嚩日囉二合播引勢一許二

改進力相鉤，開拳背交臂，

遂名鏁契成，密言如是稱：

嚩日囉二合餉迦麗一鋡

如鎖背相著，動摇磬明曰：

嚩日囉二合健蘇一斛二

大聖所嚴飾，花座及衣服，

① 鎖，《中華藏》校勘《徑》《清》作“鑽”。

并餘見前尊,其色隨身相,
殊形具衆德,首戴五佛冠。
將建曼荼羅,諸位先存想,
月輪圓明現,其中觀念之,
半跏面本尊,適悦目瞻仰。
又宣三昧印,本尊前所陳,
彼契及真言,如儀勿差謬。
餘尊次當設,亦眼箭爲初,
准彼所護身,大樂隨心印。
極屈其進力,初分背相著,
禪智並押之,契相當成就,
以禪押於智,深交印乃成,
名計里計羅。次陳摩竭相,
進鉤於願度,力握其忍端,
戒方舒成針[①],檀慧合而直,
禪智自相並,各押進力傍。
受[②]契相已成,不改次前印,
從外觸其股,先右左亦然。
内供養又明,側捩[③]金剛掌,
上擲爲花印,下散成燒香,
禪智逼爲燈,塗香依胷啓。
嬉戲旋轉礼,笑契近口傍,
自檀慧徐開,又結其歌印,
改力度微屈,進虚撥於間,
定羽佉吒迦,慧作三幡相,
當心乃旋舞[④]。八供養已周,
次[⑤]結金剛縛,改進力微屈,
徐招是鉤契,從縛索當生。

① 針,《中華藏》校勘《磧》《普》《南》《徑》《清》作"計"。
② 受,原作"愛",據《中華藏》校勘《磧》《普》《南》《徑》《清》改。
③ 捩,《中華藏》校勘《磧》《普》《南》《徑》《清》作"綟"。
④ 舞,《中華藏》校勘《磧》《普》《南》《徑》《清》作"轉"。
⑤ 次,《中華藏》校勘《石》《磧》《普》《南》《徑》《清》作"復"。

禪度智力間[①],印成又爲鎖,
環進禪智力,捻已便相鉤。
又作堅固縛,禪智戒方下,
當智遂摇動,爲聲[②]四攝成。
三昧耶真言,同前羯磨句。
金剛薩埵位,及行者所居,
皆有十六尊,圍遶端嚴住。
又誦次所陳,最勝真實讚,
能纔稱念故,速令悉地圓。

摩訶引素上佉一摩訶引囉引誐二摩訶引嚩日囉二合,三摩訶引馱那四摩訶引枳孃二合那五摩訶引羯摩六嚩日囉二合薩怛嚩二合,引你也二合悉地野二合冥七

誦讚聲畢已,觀念本所尊,
身心不散乱,捧戴於珠鬘,
當心以加持,而誦真言曰:

唵嚩日囉二合虞呬也二合惹波三摩曳吽

次誦本所尊,持珠住等引,
不極動[③]舌端,脣齒[④]二俱合,
金剛語離聲,分明觀相好。
四時不令閒,百千已爲限,
或復過於是,真言如是稱:

唵嚩日囉二合薩怛嚩二合惡

念誦分限畢,捧珠發大願,
即結根本印,誦本明七遍。
復修八供養,以妙聲誦讚,
捧獻閼伽水,解界及諸印,
即結三昧拳,一誦而掣開,
次結羯摩拳,三誦三開手,
彼彼所生印,一一自當解。
即誦真言曰:

① 間,《中華藏》校勘《磧》《普》《南》《徑》《清》作“開”。
② 聲,《中華藏》校勘《石》《磧》《普》《南》《徑》《清》作“磬”。
③ 極動,《中華藏》校勘《石》作“動極”,《磧》《普》《南》《徑》《清》作“摇動”。
④ 齒,《中華藏》校勘《磧》《普》《南》《徑》《清》作“舌”。

唵嚩日囉二合穆

次結[①]奉送印，二羽金剛縛，
忍願豎如針，誦已而上擲，
而誦真言曰：

唵訖哩二合覩嚩薩嚩薩怛嚩二合囉他二合悉地娜多野他努誐檕車持梵二合勃馱尾灑鹽布那囉誐摩那野覩唵嚩日囉二合薩怛嚩二合穆

次當結寶印，二羽[②]金剛縛，
進力如寶形，禪智亦復尒，
印相從心起，置於灌頂處，
分手如繫鬘，亦成甲冑印。
真言如是稱：

唵嚩日囉二合囉怛那二合毗詵者鈐薩嚩母捺囉二合咩捺哩二合穉矩嚕嚩囉迦嚩制那哾

加持被甲已，齊掌而三拍，
令聖衆歡喜，以此真言印，
解縛得歡喜，而誦真言曰：

唵嚩日囉二合覩瑟也二合斛引

奉送聖衆已，自作加持竟，
便出於道場，任意自經行，
轉讀大乘典，調息自身心，
心常想本尊，仁者應遵奉。

金剛頂勝初瑜伽普賢菩薩念誦法一卷

① 結，《中華藏》校勘《磧》《普》《南》《徑》作“縛”。
② 羽，《中華藏》校勘《徑》作“印”。

大樂金剛薩埵修行成就儀軌[①]出《吉祥勝初教王瑜伽經》

特進試鴻臚卿大興善寺三藏沙門大廣智不空奉詔譯[②]

歸命金剛薩埵！能説金剛三密門，爲修真言行菩薩，不受勤苦，安樂相應，以妙方便速疾成就故，我今説之。修行者先應發如是心：我當安樂利益盡無餘界[③]，爲成就此心故，應以自性成就真言，隨意誦之。真言曰：

唵一薩嚩瑜誐質多一畝怛波二合娜野引弭三

由纔發是心，誦真言故，斷一切障，獲一切安樂悦意，諸魔衆及難調伏有情不能阻礙，等同正覺，應受一切世間人天廣大供養。次觀一切法無自性，即名已修菩提心，乃住普賢大菩提心觀，猶如滿月，潔白分明。又想[④]月輪上涌成五鈷[⑤]跋折羅，光明瑩徹。其跋折羅乃變同金剛薩埵，色若素月，具諸嚴飾，首戴五佛寶冠，身佩赤焰，處白蓮華上。次以大印及心真言而作加持，印相右脚押左，半加而坐，二手各結金剛拳，左置胯，右輪擲勢按於心上，身口意金剛，端身正坐。誦心真言曰：

吽

次作金剛合掌印，印相堅固掌，交指初分。真言曰：

縛日爛二合惹里一

次結金剛縛印，印相以金剛掌，便深交合拳。真言曰：

嚩日囉二合滿馱一

諸三昧印[⑥]皆從此縛生。

次結開心印，印相應開前縛，摧拍自心。真言曰：

嚩日囉二合滿馱一怛囉二合吒半音，二

---

① 底本，《中華藏》第1478號，第66册第68頁中—74頁中，原《金藏》廣勝寺本。

② 譯名，《中華藏》校勘《徑》《清》作“唐特進試鴻臚卿三藏沙門大廣智不空奉詔譯”，《麗》作“開府儀同三司特進試鴻臚卿肅國公食邑三千户賜紫贈司空謚大監正號大廣智大興善寺三藏沙門不空奉詔譯”。

③ 界，《中華藏》校勘《石》《麗》作“有情界”。

④ 想，原作“相”，據《中華藏》校勘《石》《麗》改。

⑤ 鈷，《中華藏》校勘《石》《麗》作“股”。

⑥ 三昧印，《中華藏》校勘《石》《麗》作“三昧耶印”。

由摧拍自心故，則一切印契縛於自身口心金剛而得自在。

次結金剛徧入三昧邪印，印相金剛縛，屈二大指入掌，置無名小指間。真言曰：

嚩日囉二合，引吠捨一惡二

由此印加持故，則一切衆聖徧入身心，加持護念，等於親友。

次結三昧邪金剛拳印，印相如前印，屈二頭指，捻大拇指背。真言曰：

嚩日囉二合，引畝瑟置二合，一鋡二

次結嚩日囉二合孽摩印，印相以前印，分爲二拳，左持胯，右當心。誦心真言曰：

吽

次結金剛祕密三昧邪印，印相金剛縛，大指頭指爲竅，右大指少①逼，加持心、額、喉、頂。真言曰：

素囉多薩怛梵三合，一

次結五佛灌頂印，印相金剛合掌，中指相合，屈第三節如劒，二頭指各輔著中指第三節，二大指相交，如加趺形，安於頂上，次頂前、頂右、頂後、頂左，誦五佛真言加持之。毗盧遮那如來真言曰：

唵一部欠二

無動如來真言曰：

嚩日囉二合薩怛嚩二合，一

寳生如來真言曰：

嚩日囉二合囉怛娜二合，一

無量光如來真言曰：

嚩日囉二合，引達摩一

不空成就如來真言曰：

嚩日囉二合，引羯磨一

次結金剛鬘印，印相作二金剛拳，於額前腦後，作繫鬘勢，徐徐②從小指下散，如垂繒帶。真言曰：

唵一嚩日囉二合，引麽引邏引避詵者二滿引，三鋡四

如前加持已，即爲以金剛薩埵灌頂而灌灑之。

次結歡喜印，印相乃以二手舒而相拍。真言曰：

嚩日囉二合覩使野二合斛一

由此印及真言加持故，解縛歡喜，獲金剛薩埵之體。次誦：

---

① 少，《中華藏》校勘《石》《麗》作"杪"。

② 徐徐，《中華藏》校勘《石》作"徐"。

嚩日囉二合孽摩一

即默誦後真言一徧：

薩梵矩嚕一野佗素上欠二

次想於頭上冠中，五佛各各依本形色，住本印威儀，並加趺[①]而坐。頂上毗盧遮那如來，白色，二拳舒左[②]大指，以右拳握初分當心。前面無動如來，青色，左拳持衣角當心，右手舒指覆掌於右膝上，指頭觸地。於右寶生如來，黄色，左拳如前，右仰掌施願，於後無量光，如來赤色。左拳慢執蓮華莖，以右拳開敷於左。不空成就如來，緑色，左拳如前當心，右大指頭指相捻，拔濟勢揚掌[③]近乳。如是加持已，自身當成金剛薩埵之體。

次結大樂金剛不空三昧邪隨心印，印相金剛縛，屈中指入掌，大指小指舒而相合，如獨鈷[④]金剛，以二中指屈如鉤形，鉤刺於心，便以中指頭相捻如索，深相鉤如鎖，以鎖當心摇之[⑤]爲磬。奉請真言曰：

系一摩訶素上佉嚩日囉二合，引，二薩怛嚩二合夜呬二合試訖臨二合，三摩訶素上佉嚩日囉二合，引目佉三昧耶四摩弩播攞野五鉢囉二合畝馱野二合鉢囉二合畝馱野二合，六素上囉多薩怛嚩三合，七麽努囉訖覩二合茗婆嚩八素上覩瑟庾二合茗婆嚩九素上地哩二合住茗婆嚩十素上報瑟庾二合茗婆嚩十一婆伽梵十二曩曩引地你馱諾薩怛嚩二合，十三薩嚩悉地茗十四鉢囉二合野車翳沙怛嚩二合，引，十五曩訖哩二合使野二合鉢囉二合吠地十六三昧裔囉摩二合馱嚩二合，十七嚩試迦嚕弭十八昧囉畝二合娜囉二合，十九滿怛囉二合跛乃二十弱二十一鈝二十二鑁二十三斛二十四

想諸世尊[⑥]集於壇中，以鉤當念降赴，至索羂入，至鎖能上[⑦]，至磬令悦，諦觀金剛薩埵處前壇中，以諸尊圍遶供養。

次以新淨器盛諸香水，水上泛華，置於壇内，近左右膝，以閼伽印加持之。印相以金剛合掌，舒二中指相合，屈二頭指如鉤形，二大指捻二頭指根下，用唵字真言，側絯[⑧]印加持之，乃捧閼伽器近額，奉獻真言曰：

跛囉摩素上佉引捨野一娑里多二尾邏娑曩弭帶囉曩二合磨弭婆伽梵瞻三弱鈝鑁斛四呬呬呬呬五鉢囉二合底車上，六矩素上滿惹里囉曩二合佗七

① 加趺，《中華藏》校勘《石》《麗》作“全跏”。
② 左，《中華藏》校勘《磧》《南》《徑》《清》無。
③ 掌，《中華藏》校勘《徑》《清》作“拳”。
④ 鈷，《中華藏》校勘《麗》作“股”。
⑤ 之，《中華藏》校勘《石》《麗》作“動”。
⑥ 世尊，《中華藏》校勘《石》《麗》作“尊”。
⑦ 上，《中華藏》校勘《石》《麗》作“止”。
⑧ 絯，《中華藏》校勘《麗》作“捩”。

如是獻已，次觀諸尊，以羯磨印及本真言，各安立之曼荼羅内諸座位，先想月輪，然觀形色①。次説五祕密，金剛薩埵坐白蓮臺，端嚴而處，形貌如前，所成身法，當住大印。金剛箭，赤色，居於前，而持弓矢。金剛喜悦，白色，在右，抱三昧邪體。金剛愛，諸事並青，處後，持摩竭憧②。金剛欲自在，色黄，居左，二拳各當胯，其頭向左少傾。今説印相及真言，金剛薩埵以嚩日囉孽摩印及心真言而安立之，用二金剛拳，彎弓放箭勢。真言曰：

弱一嚩日囉二合地哩二合瑟智二合，二娑去，引野計三摩吒半音，二合，四

又二拳胷前交臂抱之，真言曰：

𤙖一嚩日囉二合計利吉麗二𤙖三

又二拳左近右乳，乃屈右肘，安於左拳上，竪臂如幢③。真言曰：

鑁一嚩日哩二合你二娑麼二合囉三囉吒半音，四

又二拳各置胯，以頭向左，少低禮之。真言曰：

斛一嚩日囉二合迦引冥濕嚩二合哩二怛㘕二合，三

次説四隅内供養，金剛妙適悦，潔白，供養以華。金剛適悦性，色黑，鑪焚衆香。金剛眼，形服尚赤，供養以燈。金剛大吉祥，色黄，捧持塗香。今説印相及真言，其四内供養，並先以二金剛拳舞，而後結印，先覆並二拳，乃飜手④向上散⑤華勢。真言曰：

系上嚩日囉二合，引，二囉底三

又並拳，向下開散成燒香。真言曰：

摩訶囉多嚩日哩二合，一斛二

又並拳，舒大指頭相合爲燈。真言曰：

唵一嚩日囉二合，二路者寧三

又並拳，依胷兩向散之如塗香。真言曰：

摩訶室唎二合，引，一嚩日哩二合，二呬引，三

次説四隅外供養，金剛嬉戲、金剛笑、金剛歌、金剛舞，其四外供養，並作純金色。今説印相及真言，結二拳覆相，並當心右轉，名嬉戲。真言曰：

系囉底嚩日囉二合，一尾邏賜你二怛囉二合吒半音，三

又二拳覆並之，舉當口，從小指徐散，微笑容。真言曰：

系囉底嚩日囉二合，一賀細二訶訶三

---

① 色，《中華藏》校勘《磧》《南》《徑》《清》無。

② 憧，《中華藏》校勘《石》《麗》作"幢"，《徑》《清》作"撞"。

③ 幢，原作"撞"，據《中華藏》校勘《磧》《徑》《清》改。

④ 飜手，《中華藏》校勘《石》《麗》作"翻掌"。

⑤ "散"前，《中華藏》校勘《石》《麗》有"如"。

又二拳各舒頭指微屈之，乃豎左臂如箜篌形，右頭指彈絃勢。真言曰：

系囉底嚩日囉二合，一擬引諦二諦諦三

又二拳當心旋舞，便虚心合掌，至頂上散之。真言曰：

系囉底嚩日囉二合，一你哩二合諦二吠波吠波三

次説四門承旨，金剛鉤在前而作青色，金剛索居右而作黄色，金剛鎖處後而作赤色，金剛磬在左而作緑色。今説印相及真言，以二拳小指相鉤，交腕直豎二頭指，乃微屈右頭指，用招之爲鉤。真言曰：

嚩日嘲二合矩勢一弱二

又准此鉤印，二頭指相拄如索。真言曰：

嚩日囉二合，一播勢許二

又即此索印，改二頭指交結之，開手背成鎖。真言曰：

嚩日囉二合餉迦麗一鑁二

又即前鎖印，二手背相逼，上下摇之爲磬。真言曰：

嚩日囉二合巘滯一斛二

以上十六尊皆以適悦目瞻仰金剛薩埵，五佛冠首，各薩埵加處月輪上，冠鬘衣服隨其身色。

次陳衆聖三昧邪印，金剛薩埵結前金剛祕密三昧邪印，及誦真言曰：

素囉多薩怛梵三合，一

次結前大樂金剛不空三昧邪隨心印，屈二頭指，甲背相著如箭羽，並二大指押之[①]合拳，金剛箭印。又以箭印二大指深相交，右押左，金剛喜悦印。又次前印以二頭指互鉤中指，並大指押頭指側如耳，舒二無名指相合，金剛愛印。又次前印側綟之印二胜，先右次左，金剛欲自在印。次側綟金剛合掌，當心上擲爲華，下散燒香，改二大指相合，小開掌名燈，依胷兩向散之，如塗香勢，塗香。次側綟金剛合掌，當心如前，右轉爲嬉戲，近口從小指散之，名笑。改二頭指微屈之，左頭指如箜篌形，以右頭指如彈絃勢，名歌。右三黐左佉吒迦，如前旋舞之，名舞。次金剛縛舒右頭指，微屈徐招之，爲鉤。以右[②]大指頭，逼左[③]虎口，名索。左頭指與大指頭相捻，右亦然，成鎖。屈二大指，各捻無名小指閒摇之，名磬。以前十六尊三昧邪印，皆誦前羯磨真言，如前安立諸尊已，想金剛薩埵有十六尊爲眷屬。行者自住本尊瑜伽，亦有十六尊圍遶之。次誦讚王曰：

① 之，《中華藏》校勘《磧》《南》《徑》《清》無。
② 右，《中華藏》校勘《麗》作“左”。
③ 左，《中華藏》校勘《麗》作“右”。

薩嚩引砮囉引伽素上佉薩怛莽二合曩娑去，一怛梵二合嚩日囉二合薩怛嚩二合跛囉莫素上囉多二合，二娑嚩冥摩訶素上佉地哩二合住擊野諾三鉢囉二合底跛娜野二合悉鞁者攞麌鉢囉二合曩多入，四

由[①]歌詠此讚王故，大樂大隨，愛樂適悦，皆得如意堅固。又誦最勝真實讚曰：

摩訶素上佉一摩訶羅引伽二摩訶嚩日囉二合，三摩訶馱那四摩訶枳孃二合那五摩訶羯磨六嚩日囉二合薩怛嚩二合，引鞁悉馱冥七

由誦此讚故，能令速得成就。

次説眼印相，當作大適悦金剛，不空適悦警悟印，印相大適悦，瞬目微笑，面顧視。由此印故[②]，速得成就。又作大適悦金剛不空箭印，印相其眼如敷華半開，并笑而視，左手佉吒迦，右手三戳，乃如儀旋舞之，便作擲華勢。由此印加持故，如本住。又作大適悦視印，印相大適悦眼觀視，由此大適悦瞻視故，薄福者亦得成就。又作大適悦金剛幢幡印，印相如前[③]。深心感動，容目極動。由此印故，速得成就，應現證超勝一切外道。又作禮印，印相如前，感動貌目微動，左手佉吒迦，右手作三戳，如前當心旋舞之，後作散華勢。由此印禮[④]故，一切世間禮敬，是人并供養之。以前矚視印，瞻矚本尊儀者，大聖即法界體性智也。今以貪慕心觀之，是即覩圓寂性，皆以羯磨印助之，誦本真言。次以眼視，請本尊入身印，印相其眼微開，瞤動顧視，想本尊徧入身中。

次作盡身心愛染印印相，謂發如是意，我今盡身心愛染，奉事聖者金剛薩埵，由此印能住一切真實，能通達智自性故，金剛薩埵能住法界體性智，我今亦以此印方便故，决定取證。

次結金剛熾盛日三昧邪，印相以二手，深内相叉，微合拳，開其八指如焰，舒二大指相合，如金剛杵，逆日左旋，想辟除難調伏者，下拄地結地界，順日右旋之，隨意遠近爲界，上爲[⑤]想結虚空界，皆誦真言曰：

吽

次以自勝解意，思惟塗香華鬘，燒香飲食，衣服寶蓋，幢幡扇拂，妙舞宫殿，利益安樂一切有情，儀軌、歌詠、讚歎，我今變化成之，遍覆虚空界，以充供養。誦唵字真言曰[⑥]：

---

① “由”前，《中華藏》校勘《石》《麗》有“此讚有四句，誦第一句結箭印，第二句喜悦印，第三句結愛印，第四句結欲自在印，並結前羯磨印”三十八字。

② 故，《中華藏》校勘《磧》《南》《徑》《清》無。

③ 前，《中華藏》校勘《石》《麗》無。

④ 禮，《中華藏》校勘《石》《麗》作“禮敬”。

⑤ 爲，《中華藏》校勘《石》《麗》作“揮”。

⑥ 曰，《中華藏》校勘《石》《磧》《南》《徑》無。

唵迦引嚕目欠一薩嚩達摩那磨娜野二合,二砮多半二合曩怛嚩二合多半音,三

由誦此真言故,如前運想,衆聖受用,皆悉充足,與真[①]無異。若有供養等物,亦用前真言加持之,乃住大印。復以金剛眼久觀大聖金剛薩埵,不太動舌端,脣齒應俱合,成就諸教法,金剛語離聲,如前三摩地,專注決定無疑,念誦當得金剛薩埵現前,徧入身中,即成本尊之體。

凡念誦若有疲極,欲止息際,應以自勝解意,思惟如前諸供養等。誦“唵”字真言乃奉獻之,後誦一百八名。讚曰:

跛囉摩𧊞一摩訶薩怛嚩二合,二摩訶囉多引,三摩訶囉底四娑滿多婆娜囉二合,五薩嚩引怛摩二合,六嚩日囉二合孽磨七跛諦跛諦八質多薩怛嚩二合,九娑磨𧊞仡囉二合,十嚩日囉二合嚩日囉二合,十一摩訶馱那十二娑滿多婆娜囉二合,十三析哩野二合,引仡囉二合,十四摩囉摩囉十五鉢囉二合未娜迦十六薩嚩菩提十七摩訶勃馱十八勃馱勃馱引仡囉二合,十九善摩惹二十嚩日囉二合吽短聲迦引囉二十一吽短迦囉二十二路計濕嚩二合囉二十三摩尼鉢囉二合娜二十四摩訶囉引伽二十五摩訶掃佉野二合,二十六迦引摩目佉叉二合,二十七摩訶馱耶二十八怛哩二合迦引攞二十九悉怛哩三合婆嚩三十悉怛哩野四合仡囉野二合,三十一怛哩二合路迦引仡囉二合,三十二怛哩二合馱引覩迦三十三薩佗二合,引嚩囉三十四鉢囉二合婆嚩微野二合訖多二合,三十五蘇上素佶叉摩三合,三十六薩吐二合攞散者焰三十七讓伽摩鉢囉二合嚩囉三十八鉢囉二合,引跛諦二合婆嚩三十九娑引伽囉戍馱那四十娜那引地你馱那引典多建多四十一鉢囉二合迦半音薩嚩摩悉體二合多入,四十二纈哩二合多畝娜囉二合,四十三瑜伽三昧藥四十四多怛嚩二合薩多野二合,四十五摩訶摩郝四十六多佗伽多四十七摩訶悉馱四十八達摩羯磨四十九摩訶勃馱五十娑達摩娑多羯二合摩跛佗五十一菩提質多五十二素上慕馱迦五十三嚩日囉二合矩嚕二合馱五十四摩訶矩嚕二合馱五十五入嚩二合邏鉢囉二合攞野那摩脚五十六摩訶微那野五十七砮瑟吒二合,引仡囉二合,五十八嚕娜囉二嘮娜囉二合,五十九佶叉二合孕迦囉入,六十薩嚩戍他六十一摩訶跛娜摩二合,六十二鉢囉二合仡乳二合播野六十三摩訶那野六十四囉引伽戍佗六十五娑摩引𧊞仡囉二合,六十六尾濕嚩二合囉引伽六十七摩醯濕嚩二合囉六十八阿去迦去舍難多野二合,六十九你覩吠七十薩嚩勃馱七十一摩訶攞野七十二尾部底室唎三合,七十三尾慕囉惹七十四,上薩嚩引舍七十五跛哩布囉脚七十六曩麼悉諦二合悉覩二合,七十七曩麼悉諦二合,七十八曩麼悉諦二合悉覩二合,七十九曩牟曩莫八十部仡覩二合恨怛梵二合,八十一鉢囉二合跛𧊞冥八十二嚩日囉二合薩怛嚩二合,引𧊞八十三悉馱滿八十四

若持此讚王,金剛法語誦,
所樂當成就,速疾無與倫。

① 真,《中華藏》校勘《磧》《南》《徑》《清》作“真言”。

每日應及時，稱已離諸罪，

當脱一切苦，淨土當現前，

纔誦衆福圓，增吉祥明盛。

又准前加持閼伽，如法獻之，遂結諸尊羯磨印相及三昧邪契等。皆誦本真言，如前周已。

次結金剛熾盛日三昧邪印，左旋轉想解界，并誦真言曰：

吽

次結奉送印，印相金剛縛直豎二中指，相合如針當心，誦[①]奉送真言，欲畢舉印近頂上，從中指先開散之，想諸聖衆而還本宫。真言曰：

唵一訖哩二合覩嚩入，二薩嚩薩怛嚩二合囉訖二合，三悉地囉娜二合多四野佗引砮伽引伽車上馱梵二合，五勃馱微沙焰六補那囉引伽摩那野覩七唵八嚩日囉二合，引薩怛嚩二合，九穆二合

凡欲出道場，用前護身印加持己身，乃任所適。

修先行法，如前儀則，每日四時誦十萬徧，至課限充日。通夜達明，無間念誦，先行圓滿，然任依時，隨力修持。此生不久，當[②]成就大樂金剛薩埵之身。

又陳儀軌法要。

復次誦發菩提心，真言曰：

唵一薩嚩瑜伽質多二畝怛波二合娜夜弭三

次應思惟己身爲金剛薩埵，乃作嚩日囉二合孽摩印，印相半加而坐，左拳在胯，右當心。誦真言曰：

飦

次結金剛祕密三昧邪印，印相金剛縛，大指頭指爲竅，右大指少逼，加持心、額、喉、頂，真言曰：

素囉多　薩怛梵三合，一

次結五佛灌頂印，印相金剛合掌，中指相合，屈第三節如劒，二頭指各輔著，中指第三節，二大指相交，如加趺形，安於頂上，次頂、前頂、右頂、後頂左，以五佛真言加持之。真言曰：

唵一部欠二

嚩日囉二合薩怛嚩二合，一

嚩日囉二合囉怛娜二合，一

① 誦，《中華藏》校勘《磧》《南》《徑》《清》無。

② 當，《中華藏》校勘《石》《麗》作“當得”。

嚩日囉二合達摩一

嚩日囉二合羯磨一

次結金剛鬘印，印相作二金剛拳，於額前腦後繫鬘勢，徐徐從小指下散，如垂繒帶。真言曰：

唵一嚩日囉二合摩邏引避詵者二滿三鋡四

如前成身已，乃結八供養羯磨印。印相以二金剛拳，覆而相並，上擲爲華，下散燒香，大指相合成燈，依胷兩向，漸開塗香覆相並當心右轉嬉戲，如嬉戲近口，徐散爲笑，二拳舒頭指，左臂如箜篌，右彈[①]弦勢歌，當心旋舞，虚掌頂上合爲舞。

八供養真言如前廣儀軌所説，依法成身及八供養畢，次觀一切色空，如是思惟已，乃用妙適悦語，隨分誦初聲。所謂婀字，諦觀諸法本自不生。復當成身爲金剛薩埵，又以勝解意，運想供養等物，并稱唵字。然後常誦心真言，如是至一月兩月或復六月，境相當現，或覩諸佛、菩薩及一切殊勝之事。

凡於一切時中，見諸悦意事及莊嚴等物，皆作空觀再安立之，皆成清淨已，誦唵字真言，供養本尊。

復次觀身色空，即爲覩金剛薩埵。如是勝解決定已，目所覩彼，彼境自然成空，復當建立一切本尊，彼等垢障清淨，亦想己身爲金剛薩埵，以如是瑜伽，乃至行住坐立，隨意修習。

又當持真言滿十萬徧，末後日晝[②]夜念誦，先行成就，漸次勤加功用。而於現生，速證大樂金剛薩埵之智[③]。

大樂金剛薩埵修行成就儀軌

敬愛法　先於自身前觀阿字門，成淨月輪，於月輪中觀斛字，成金剛愛菩薩，身珠砂色，身放紅光，二手持箭，分明觀已，則誦四字明，結印引入自身，四字明曰“弱吽鑁斛”，便以印加持四處心、額、喉、頂，真言曰：印在廣經。

唵嚩日囉二合囉誐阿地瑟姹二合娑囉二合鋡斛

諦觀己身，如金剛愛染菩薩，威儀色相，無有差别。即觀彼人在前一肘間，身下有字，成蓮花，自見自身從蓮花孔入，入彼人身，遍其形體支分，猶如披衣，上下諦觀其形無二。即誦真言曰：

唵引嚩日囉二合囉誐囉誐野某乙斛

彼名念誦諦觀相續不絶，滿二七遍，然後見之。所出語言，皆是彼人，無二無别。

① 彈，《中華藏》校勘《磧》《南》《徑》《清》作“轉”。

② 晝，《中華藏》校勘《石》《麗》作“通”。

③ “智”後，《中華藏》校勘《石》《麗》多出一段經文，據《麗》附録於尾題後。

結跏端坐入定，想前有一阿字，晃耀光明，便變爲月輪。輪中有一吽字成訖，便爲金剛鉤菩薩，二手持鉤。便從口入中，便成菩薩，即從心中出一弱字，流入如鬘，直至所愛樂人心中成鉤，如金剛女。想頭如一股杵，左手曲成鉤，二身無二想。

翻譯經軌·密教經軌·瑜伽密教儀軌·金剛頂經儀軌·第十一會

略述金剛頂瑜伽分別聖位修證法門[①]

略述金剛頂瑜伽分別聖位修證法門序[②]

佚名撰[③]

夫真言陁羅尼宗者，是一切如來秘奥之教，自覺聖智，頓[④]證法門，亦是菩薩具受淨戒、無量威儀、入一切如來海會壇、受菩薩職位、超過三界、受佛教勑三摩地門；具足因緣，頓集功德，廣大智慧，於無上菩提皆不退轉；離諸天魔，一切煩惱及諸罪障念念消[⑤]融；證佛四種身，謂自性身、受用身、變化身、等流身，滿足五智、三十七等不共佛法。然如來變化身於閻浮提摩竭陁國菩提場中[⑥]成等正覺，爲地前菩薩、聲聞、緣覺、凡夫説三乘教法，或依他意趣説，或自意趣説。種種根器，種種方便，如法修行，得人天果報，或得三乘解脱果。或進或退，於無上菩提，三無數大劫修行懃苦，方得成佛。王宫生，雙林[⑦]滅，遺身舍利起塔供養，感受人天勝妙果報及涅槃因。不同報身毗盧遮那於色界頂第四禪阿迦尼吒天宫，雲集盡虚空遍法界一切諸佛，十地滿足諸大菩薩，證明警覺身心，頓證無上菩提。自受用佛從心流出無量菩薩，皆同一性，

---

① 底本，《中華藏》第1417號，第65册第531頁上—536頁下，原《麗藏》本。

② 題中"序"字，《中華藏》校勘《南》《徑》《清》無，《石》題下有夾注"三十七尊"。

③ 序文作者及撰著方式，原無，此據文意加。《中華藏》校勘《石》有"特進試鴻臚卿大興善寺三藏沙門大廣智不空奉詔譯"，《南》有"大興善寺三藏沙門大廣智不空奉詔譯"，《徑》《清》有"唐大興善寺三藏沙門大廣智不空奉詔譯"。

④ 頓，《中華藏》校勘《南》《徑》《清》作"修"。

⑤ 消，《中華藏》校勘《南》《徑》《清》無。

⑥ 場中，《中華藏》校勘《石》《南》《徑》《清》作"道場"。

⑦ 林，《中華藏》校勘《石》《南》《徑》《清》作"樹"。

謂金剛性。對遍照如來,受灌頂職位。彼等菩薩各説三密門,以獻毗盧遮那佛及一切如來,便請加持教勑。毗盧遮那佛言:"汝等將來於無量世界爲最上乘者,令得現生世①、出世間悉地成就。"彼諸菩薩受如來勑已,頂禮佛足,圍遶毗盧遮那佛已,各還本方本位,成爲五輪本願②幖幟。若見若聞,若入輪壇,能斷有情五趣輪轉生死業障。於五解脱輪中,從一佛至一佛,供養承事,皆令獲得無上菩提,成決定性,猶如金剛不可沮壞。此即毗盧遮那聖衆集會,便爲現證窣堵波塔。一一菩薩、一一金剛各住本三昧,住自解脱,皆住大悲願力,廣利有情。若見若聞,悉證三昧,功德智慧頓集成就矣。

略述金剛頂瑜伽分别聖位修證法門③

開府儀同三司特進試鴻臚卿肅國公食邑三千户賜紫贈司空
謚大辨正號大廣智大興善寺三藏沙門不空奉詔譯④

尒時金剛界毗盧遮那佛在色界頂阿迦尼吒天宫,初受用身成等正覺,證得一切如來平等智,即入一切如來金剛平等智印三昧耶,即證一切如來法平等自性光明智藏。成等正覺已,一切如來從薩埵金剛出虚空藏大摩尼寶,以灌其頂,令發生觀自在法王智,安立一切如來毗首羯磨善巧智,令往詣須弥山頂金剛摩尼寶峯樓閣。集聖衆已,於是毗盧遮那佛加持一切如來,施設四方坐師子座,時不動如來、寶生如來、觀自在王如來、不空成就如來復加持毗盧遮那佛。然受用身有二種,一自受用,二他受用。毗盧遮那佛於内心證得⑤自受用四智:大圓鏡智、平等性智、妙觀察智、成所作智,外令十地滿足菩薩他受用故,從四智中流出四佛,各住本方坐本座。毗盧遮那佛於内心證得五峯金剛菩提心三摩地智,自受用故,從五峯金剛菩提心三摩地智中流出金剛光明,遍照十方世界,淨一切衆生大菩提心。還來收一體⑥,爲令一切菩薩受用三摩地智故,成金剛波羅蜜形,住毗盧遮那如來前月輪。

毗盧遮那佛於⑦内心證得虚空寶大摩尼功德三摩地智,自受用故,從虚空寶大摩尼功德三摩地智流出虚空寶光明,遍照十方世界,令一切衆生功德圓滿。還來收一

① "世"後,《中華藏》校勘《南》《徑》《清》有"間"。
② 本願,《中華藏》校勘《石》《南》《徑》《清》作"持本"。
③ 經名,《中華藏》校勘《南》《徑》《清》無。
④ 譯名,《中華藏》校勘《石》《南》《徑》《清》無。
⑤ 得,《中華藏》校勘《石》《南》《徑》《清》無。
⑥ 一體,《中華藏》校勘《石》《南》《徑》《清》作"一聚",下同。
⑦ 於,《中華藏》校勘《南》《徑》《清》無。

體，爲令一切菩薩受用三摩地智故，成金剛寶波羅蜜形，住毗盧遮那如來右邊月輪。

毗盧遮那佛於内心證得羯磨金剛大精進三摩地智，自受用故，從羯磨金剛大精進三摩地智流出羯磨光明，遍照十方世界，令一切衆生除一切懈怠，成大精進。還來收一體，爲令一切菩薩受用三摩地智故，成羯磨波羅蜜形，住毗盧遮那如來左邊月輪①。

毗盧遮那佛於内心證得大蓮花智慧三摩地智，自受用故，從大蓮花智慧三摩地智流出蓮花光明，遍照十方世界，淨一切衆生客塵煩惱。還來收一體，爲令一切菩薩受用三摩地智故，成法波羅蜜形，住毗盧遮那如來後邊月輪。

毗盧遮那佛於内心證得金剛薩埵勇猛菩提心三摩地智，自受用故，從金剛薩埵勇猛菩提心三摩地智流出五峯金剛光明，遍照十方世界，令一切衆生頓證普賢行。還來收一體，爲令一切菩薩受用三摩地智故，成金剛薩埵菩薩形，住阿閦如來前月輪。

毗盧遮那佛於内心證得金剛鉤四攝三摩地智，自受用故，從金剛鉤四攝三摩地智流出金剛光明，遍照十方世界，以四攝法②攝一切衆生，安於無上菩提。還來收一體，爲令一切菩薩受用三摩地智故，成金剛王菩薩形，住阿閦如來右邊月輪。

毗盧遮那佛於内心證得金剛愛大悲箭三摩地智，自受用故，從金剛愛大悲箭三摩地智流出金剛箭光明，遍照十方世界，射害一切衆生於無上菩提猒離心者。還來收一體，爲令一切菩薩受用三摩地智故，成金剛愛菩薩形，住阿閦如來左邊月輪。

毗盧遮那佛於内心證得金剛善哉歡喜王勇躍三摩地智，自受用故，從金剛善哉歡喜勇躍三摩地智流出金剛善哉印光明，遍照十方世界，照③一切衆生憂慼，於普賢行生劣意者，令得身心以勇躍智。還來收④一體，爲令一切菩薩受用三摩地智故，成金剛善哉菩薩形，住阿閦如來後月輪。

毗盧遮那佛於内心證得金剛寶灌頂三摩地智，自受用故，從金剛寶灌頂三摩地智流出金剛寶光明，遍照十方世界，灌灑一切衆生頂，獲得菩薩不退轉職位。還來收一體，爲令一切菩薩受用三摩地智故，成金剛寶菩薩形，住寶生如來前月輪。

毗盧遮那佛於内心證得金剛威光三摩地智，自受用故，從金剛威光三摩地智流出金剛日光明，遍照十方世界，破一切衆生無明愚暗發大智光。還來收一體，爲令一切菩薩受用三摩地智故，成金剛威光菩薩形，住寶生如來右邊月輪。

毗盧遮那佛於内心證得金剛寶幢三摩地智，自受用故，從金剛寶幢三摩地智流

① 此段文字，《中華藏》校勘《石》《南》《徑》《清》與下一段互置。

② 法，《中華藏》校勘《石》《南》《徑》《清》無。

③ 照，《中華藏》校勘《石》《徑》《清》作“時”。

④ “收”後，《中華藏》校勘《南》《徑》《清》有“爲”，下一“收”字同。

出金剛幢光明，遍照十方世界，滿一切衆生意願。還來收一體，爲令一切菩薩受用三摩地智故，成金剛幢菩薩形，住寶生如來左邊月輪。

毗盧遮那佛於内心證得金剛笑印授記三摩地智，自受用故，從金剛笑印授記三摩地智流出金剛笑印光明，遍照十方世界，不定性衆生授與平等無上菩提記。還來收一體，爲令一切菩薩受用三摩地智故，成金剛笑菩薩形，住寶生如來後邊月輪。

毗盧遮那佛於内心證得金剛法清淨無染三摩地智，自受用故，從金剛法清淨無染三摩地智流出金剛法光明，遍照十方世界，淨除一切衆生五欲身心，清淨猶如蓮花不染塵垢。還來收一體，爲令一切菩薩受用三摩地智故，成金剛法菩薩形，住觀自在王如來前月輪。

毗盧遮那佛於内心證得金剛利劒般若波羅蜜三摩地智，自受用故，從金剛利劒波羅蜜三摩地智流出金剛利劒光明，遍照十方世界，斷一切衆生結使，離諸苦惱。還來收一體，爲令一切菩薩受用三摩地智故，成金剛劒菩薩形，住觀自在王如來右邊月輪。

毗盧遮那佛於内心證得金剛因轉法輪三摩地智，自受用故，從金剛因轉法輪三摩地智流出金剛輪光明，遍照十方世界，以四攝攝一切衆生，安於無上菩提[①]。還來收一體，爲令一切菩薩受用三摩地智故，成金剛因菩薩形，住觀自在王如來左邊月輪。

毗盧遮那佛於内心證得金剛密語離言説三摩地智，自受用故，從金剛密語離言説三摩地智流出金剛舌相光明，遍照十方世界，能除十方一切衆生惡慧，令得四無㝵解樂説辯才。還來收一體，爲令一切菩薩受用三摩地智故，成金剛語菩薩形，住觀自在王如來後邊[②]月輪。

毗盧遮那佛於内心證得金剛業虚空庫藏三摩地智，自受用故，從金剛業虚空庫藏三摩地智流出金剛業光明，遍照十方世界，令一切衆生於一切如來、諸菩薩所成廣大供養。還來收一體，爲令一切菩薩受用三摩地智故，成金剛業菩薩形，住不空成就如來前月輪。

毗盧遮那佛於内心證得金剛護大慈莊嚴甲胄三摩地智，自受用故，從金剛護大慈莊嚴甲胄三摩地智，流出金剛甲胄光明，遍照十方世界，能除暴惡恚怒衆生，速獲大慈心。還來收一體，爲令一切菩薩受用三摩地智故，成金剛護菩薩形，住不空成就如來右[③]邊月輪。

毗盧遮那佛於内心證得金剛藥叉方便恐怖三摩地智，自受用故，從金剛藥叉方

① 以四攝攝一切衆生安於無上菩提，《中華藏》校勘《南》《徑》《清》作“能除一切衆生惡種子”。

② 邊，《中華藏》校勘《南》《徑》《清》無。

③ 右，《中華藏》校勘《石》《南》《徑》《清》作“左”。

便恐怖三摩地智流出金剛牙光明，遍照十方世界，降伏剛强難化衆生，安置於菩提道。還來收一體，爲令一切菩薩受用三摩地智故，成金剛藥叉菩薩形，住不空成就如來左①邊月輪。

毗盧遮那佛於内心證得金剛拳印威靈感應三摩地智，自受用故，從金剛拳威靈感應三摩地智流出金剛拳光明，遍照十方世界，令②一切衆生除其③業障，速獲世④、出世間悉地圓滿。還來收一體，爲令一切菩薩受用三摩地智故，成金剛拳菩薩形，住不空成就如來後邊月輪。

毗盧遮那佛於内心證得金剛嬉戲法樂幖幟三摩地智，自受用故，從金剛嬉戲法樂幖幟三摩地智流出金剛嬉戲幖幟光明，遍照十方世界，供養一切如來，及破凡夫貪染世樂，獲得嬉戲法園⑤安樂。還來收一體，爲令一切菩薩受用三摩地智故，成金剛嬉戲天女形菩薩，住毗盧遮那如來東南隅月輪。

毗盧遮那佛於内心證得金剛花鬘菩提分法三摩地智，自受用故，從金剛花鬘菩提分法三摩地智流出金剛花鬘光明，遍照十方世界，供養一切如來，除諸衆生醜陋之形，獲得三十二相，八十種隨形好身。還來收一體，爲令一切菩薩受用三摩地智故，成金剛花鬘天女形菩薩，住毗盧遮那佛西南隅月輪。

毗盧遮那佛於内心證得金剛歌詠淨妙法音三摩地智，自受用故，從金剛歌詠淨妙法輪⑥三摩地智流出金剛歌光明，遍照十方世界，供養一切如來，能令衆生破除語業戲論，獲得六十四種梵音具足。還來收一體，爲令一切菩薩受用三摩地智故，成金剛歌詠天女形菩薩，住毗盧遮那佛⑦西北隅月輪。

毗盧遮那佛於内心證得金剛法舞神通遊戲三摩地智，自受用故，從金剛法舞神通遊戲三摩地智流出金剛舞光明，遍照十方世界，供養一切如來，及破一切衆生無智⑧無明，獲得六通自在遊戲。還來收一體，爲令一切菩薩受用三摩地智故，成金剛法舞天女形菩薩，住毗盧遮那佛東北隅月輪。

毗盧遮那佛於内心證得金剛焚香雲海三摩地智，自受用故，從金剛焚香雲海三摩地智流出金剛焚香光明，遍照十方世界，供養一切如來，及破除⑨一切衆生臭穢煩

① 左，《中華藏》校勘《石》《南》《徑》《清》作"右"。
② "令"後，《中華藏》校勘《石》《南》《徑》《清》有"除"。
③ 除其，《中華藏》校勘《石》《南》《徑》《清》無。
④ "世"後，《中華藏》校勘《石》《南》《徑》《清》有"間"。
⑤ 園，《中華藏》校勘《石》《南》《徑》《清》作"圓滿"。
⑥ 輪，《中華藏》校勘《石》《南》《徑》《清》作"音"。
⑦ 佛，《中華藏》校勘《石》《南》《徑》《清》作"如來"。
⑧ 無智，《中華藏》校勘《石》《南》《徑》《清》無。
⑨ 除，《中華藏》校勘《南》《徑》《清》無。

惱，獲得適悦無㝵智香。還來收一體，爲令一切菩薩受用三摩地智故，成金剛焚香侍女菩薩形，住東南角金剛寶樓閣。

毗盧遮那佛於内心證得金剛覺花雲海三摩地智，自受用故，從金剛覺花雲海三摩地智流出金剛覺花光明，遍照十方世界，供養一切如來，及破一切衆生迷惑，開敷心花，證無染智。還來收一體，爲令一切菩薩受用三摩地智故，成金剛覺花侍女菩薩形，住西南角金剛寶樓閣。

毗盧遮那佛於内心證得金剛燈明雲海三摩地智，自受用故，從金剛燈明雲海三摩地智流出金剛燈明光明，遍照十方世界，供養一切如來，及[①]破一切衆生無明住地，獲得如來五眼清淨[②]。還來收一體，爲令一切菩薩受用三摩地智故，成金剛燈明侍女菩薩形，住西北角金剛寶樓閣。

毗盧遮那佛於内心證得金剛塗香雲海三摩地智，自受用故，從金剛塗香雲海三摩地智流出金剛塗香光明，遍照十方世界，供養一切如來，及破一切衆生身、口、意業非律儀過，獲得五分無漏法身。還來收一體，爲令一切菩薩受用[③]三摩地智故，成金剛塗香侍女菩薩形，住東北角金剛寶樓閣。

毗盧遮那佛於内心證得請召金剛鉤三摩地智，自受用故，從請召金剛鉤三摩地智流出金剛鉤光明，遍照十方世界，請召一切如來金剛界道場，及拔一切衆生惡趣，安於無住涅槃之城。還來收一體，爲令一切菩薩受用三摩地智故，成守菩提心户金剛鉤菩薩形，住東門月輪。

毗盧遮那佛於内心證得金剛引入方便羂索三摩地智，自受用故，從引入方便羂索三摩地智流出金剛羂索光明，遍照十方世界，引入一切如來聖衆，及羂索一切衆生沉於二乘實際三摩地淤泥，安置覺王法界宫殿。還來收一體，爲令一切菩薩受用三摩地智故，成衛護功德户金剛羂[④]索菩薩形，住南門月輪。

毗盧遮那佛於内心證得堅固金剛鏁械三摩地智，自受用故，從堅固金剛鏁械三摩地智流出金剛鏁械光明，遍照十方世界，令已入一切如來聖衆金剛[⑤]界道場，以大悲誓，繫縛而住，及摧一切衆生外道諸見，住無上菩提不退堅固無畏[⑥]大城。還來收一體，爲令一切菩薩受用三摩地智故，成金剛鏁械菩薩形，守智慧户，住西門月輪。

毗盧遮那佛於内心證得般若波羅蜜金剛鈴三摩地智，自受用故，從般若波羅蜜

---

① 及，《中華藏》校勘《石》《南》《徑》《清》作“能”。
② 五眼清淨，《中華藏》校勘《石》《南》《徑》《清》作“清淨五眼”。
③ 受用，《中華藏》校勘《南》《徑》《清》作“自受用”。
④ 羂，《中華藏》校勘《石》《南》《徑》《清》無。
⑤ 金剛，《中華藏》校勘《石》《南》《徑》《清》無。
⑥ 畏，《中華藏》校勘《石》《南》《徑》《清》作“礙”。

金剛鈴三摩地智流出金剛鈴光明，遍照十方世界，歡喜一切如來海會聖衆，住金剛界道場者，及破一切衆生二乘異見，安置般若波羅蜜宫。還來收一體，爲令一切菩薩受用三摩地智故，成金剛鈴菩薩形，守精進户，住北門月輪。

若依次第[①]説，前後有差，據報身佛頓證身、口、意三種淨業，遍周法界，於一一法門、一一理趣、一一毛孔身分相好，盡虚空界，不相障导，各居[②]本位，以成遍照光明毗盧遮那自受用身、他受用身。若依二乘，次第而説，若不具修三十七菩提分法，證得道果，無有是處。若證自受用身佛，必須三十七三摩地智，以成佛果。梵本《入楞伽・偈頌品》云："自性及受用，變化并等流，佛德三十六，皆同自性身。"并法界身，捴成三十七也。

最初於無上乘發菩提心，由阿閦佛加持故，證得圓滿菩提心。由證菩提，外感空中寶生佛灌頂，受三界法王位。由觀自在王佛加持，語輪能説無量修多羅法門。由不空成就佛加持，於諸佛事及有情事，所[③]行利樂皆悉成就。由金剛波羅蜜加持故，證得圓滿周法界遍虚空大圓鏡智。由寶波羅蜜加持故，於無邊衆生世閒及無邊器世閒，證得平等性智。由法波羅蜜加持故，於無量三昧陁羅尼門諸解脱法，得妙觀察智。由羯磨波羅蜜加持故，於無量安立雜染世界、清淨世界，證得成所作智。由金剛薩埵菩薩加持故，刹那猛利心頓證無上菩提。由金剛王菩薩加持故，於諸有情利樂門中被[④]具四攝法門。由金剛愛菩薩加持故，於無邊有情，無緣大悲曾無閒斷。由金剛善哉菩薩加持故，於諸善法渴仰無猒，見微少善便爲[⑤]稱美。由金剛寶菩薩加持故，證無染智，猶如虚空廣大圓滿。由金剛光明菩薩加持故，證得慧光，喻若日輪，無不照曜。由金剛幢菩薩加持故，能滿有情世[⑥]出世閒所有希願，如真多摩尼寶幢，心無分别，皆令滿足。由金剛笑菩薩加持故，一切有情若見若聞，心生踊躍，於法决定，受法利樂。由金剛法菩薩加持故，證得法本性清淨，悉能演説微妙法門，知一切法皆如筏喻。由金剛利菩薩加持故，以般若波羅蜜劒能斷自他無量雜染結使諸苦。由金剛因菩薩加持故，於無量諸佛世界請一切如來轉妙法輪。由金剛語菩薩加持故，以六十四種法音遍至十方，隨衆生類皆成法益。由金剛業菩薩加持故，於無邊佛刹海會，成大供養儀。由金剛護菩薩加持故，被大誓願莊嚴甲冑，返入生死，廣作菩薩，引育有情[⑦]置於佛法。由金剛藥叉菩薩加持故，能摧天魔一切外道，能羸無始煩惱怨

① 第，《中華藏》校勘《石》《南》《徑》《清》無。
② 居，《中華藏》校勘《石》《南》《徑》《清》作"住"。
③ "所"後，《中華藏》校勘《南》《徑》《清》有"修"。
④ 被，《中華藏》校勘《南》《徑》《清》作"備"。
⑤ 便爲，《中華藏》校勘《石》《南》《徑》《清》作"即使"。
⑥ "世"後，《中華藏》校勘《石》《南》《徑》《清》有"間"。
⑦ 有情，《中華藏》校勘《石》《南》《徑》《清》作"衆生"。

敵。由金剛拳菩薩加持故，於三密門無量真言、三昧、印契合成一體。由金剛嬉戲菩薩加持故，於受用法圓滿快樂，得受用智自在。由金剛鬘菩薩加持故，得菩提分法花鬘以爲莊嚴。由金剛歌菩薩加持故，得如來微妙音聲，聞者無猒，於聖德解脱，了覺諸法，猶如呼響。由金剛舞菩薩加持故，得刹那迅疾分身，頓至無邊世界。由金剛焚[①]香菩薩加持故，得如來悦意無㝵智香。由金剛花菩薩加持故，能開衆生煩惱淤泥覺意妙花。由金剛燈明菩薩加持故，獲得五眼清淨，自利利他，照法自在。由金剛塗香菩薩加持故，得佛五種無漏淨身。由金剛鉤菩薩加持故，得召集一切聖衆速疾三昧。由金剛羂索菩薩加持故，得如虚空無障㝵善巧智。由金剛鎖菩薩加持故，得佛堅固無染觀察大悲解脱。由金剛鈴菩薩加持故，得如來般若波羅蜜音聲，聞者能摧藏識中諸惡種子。

以此[②]三十七内證無上金剛界分智威力加持，頓證毗盧遮那之身。從無見頂相流出無量佛頂法身，雲集空中，以成法會，光明遍覆如塔相輪，十地滿足莫能覩見，冥加有情，身心罪障悉令殄滅，無能知者，雖不能覺[③]知，能息諸苦而生善趣。從光明[④]流出十六菩薩及八方等内外大護，展轉出光，照觸惡趣，以成窣覩波階級，衛護諸佛窣覩波法界宫殿，成爲相輪令[⑤]身，現證金剛界如來毗盧遮那遍照之身也。

略述金剛頂瑜伽分别聖位修證法門[⑥]

① 焚，《中華藏》校勘《石》《南》《徑》《清》作“焚”。
② 此，《中華藏》校勘《石》《南》《徑》《清》無。
③ 覺，《中華藏》校勘《石》《南》《徑》《清》無。
④ 明，《中華藏》校勘《南》《徑》《清》無。
⑤ 相輪令，《中華藏》校勘《石》《南》《徑》《清》作“全”。
⑥ 卷末經名後，《中華藏》校勘《石》有“一卷”。

翻譯經軌・密教經軌・瑜伽密教儀軌・金剛頂經儀軌・其他相關儀軌

金剛頂瑜伽護摩儀軌①

師子國三藏沙門阿目佉跋折羅名智藏奉勑譯②

我今説護摩，由此速成就，
由護摩業儀，相應不間斷。
如是一切事，隨明當應作，
隨類作護摩，無上成就業。
護摩説多種，略説有五類，
廣説大瑜伽，於祕密教説。
我今則略説，持明之遊戲，
由護摩儀軌，成就於族壇。
護摩五種事，一一有多種，
息災及增益，第三爲降伏，
鉤召爲第四，第五是敬愛，
如是五護摩，敬愛爲最勝。
我今説軍荼，依瑜伽相應，
息災爐正圓，應當如是作。
增益應正方，三角作降伏，
金剛形軍荼，鉤召爲最勝，

① 底本，《中華藏》第1464號，第65册第876頁中—898頁下，原《金藏》廣勝寺本。經名後，《中華藏》校勘《石》《麗》有"一卷"。

② 譯名，《中華藏》校勘《麗》作"開府儀同三司特進試鴻臚卿肅國公食邑三千户賜紫贈司空謚大鑒正號大廣智大興善寺三藏沙門不空奉詔譯"。"名智藏奉勑譯"，原作"奉勑名智藏譯"，此改。

長作蓮華葉[1],敬愛爲相應。
已説五種類,軍荼業無上,
息災初夜起,增益初日分,
中日分應作,降伏猛利法,
鉤召一切時,於夜作敬愛。
如是五瑜伽,作業而等引,
面北作息災,增益向東方,
面南作降伏,應面西而住[2],
仰視徧諸方,是爲鉤召儀。
若敬愛相應,應住面向西。
息災結佛印,增益寶摽幟[3],
金剛怒降伏,金剛鉤鉤召。
火[4]召而相應,敬愛蓮華部。
如是五瑜伽,應作護摩事,
息災燒甘木,增益用果木,
苦木降伏葉,刺木爲鉤召,
華木説敬愛,如是五種木,
瑜伽者應用。息災爐作輪,
增益三鈷[5]杵,降伏一鈷作,
鉤召應作鉤,敬愛作蓮華,
息災爐應量,横全豎[6]半肘,
增益兩肘量,豎量應用半,
降伏軍荼相,三角各一肘,
豎量應半之,鉤召長一肘,
横豎各減半,敬愛亦一肘,
横豎如鉤召。五種軍荼壇,
應畫作三重,中院羯磨杵,

① 葉,《中華藏》校勘《石》《麗》作“形”。
② 住,《中華藏》校勘《徑》《清》作“坐”。
③ 摽幟,《中華藏》校勘《石》《磧》《南》《徑》《清》《麗》作“幖幟”。
④ 火,《中華藏》校勘《石》《麗》作“大”。
⑤ 鈷,《中華藏》校勘《磧》《南》《徑》《清》《麗》作“股”。
⑥ 全豎,《中華藏》校勘《磧》《普》《南》《徑》《清》作“金豎”,《石》作“全深”。

四隅畫蓮葉。第二院四契，
謂四波羅蜜，四隅内供養。
第三院應畫，八方天眷屬。
四隅於四門，外供養四攝。
中安徧照尊，此息災軍荼，
餘四軍荼相，三院皆如是。
增益於中院，應畫羯磨寶，
四隅畫蓮葉。第二院應畫，
寶生佛眷屬。第三院及門，
亦如前所説，降伏於中院，
獨鈷羯磨杵，四隅畫蓮葉。
第二院應畫，降三世眷屬，
四種忿怒相。第三院及門，
亦如前所説，而皆忿怒相。
鉤召於中院，應畫金剛鉤，
四隅畫蓮葉[①]。第二院應畫，
不動佛眷屬。第三院四隅，
八方及四門，如初軍荼知。
敬愛於中院，畫蓮華羯磨，
四隅三鈷杵。第二院應畫，
無量壽眷屬，應畫四種尊。
第三院四隅，八方及四門，
所説亦如前。此是五護摩，
瑜伽經所説，修行者應知。
四契及四攝，内外八供養，
布列在壇位。阿闍梨今説，
行人南方坐，金剛應在南，
寶部而在西，法契當北面，
羯磨在東方，嬉戲西南隅，
鬘應西北角，謌契處東北，
舞印在東南。燒香如嬉戲，

① 葉，《中華藏》校勘《麗》作“華”。

華供准鬘方，燈應如謌詠，
塗香如舞位，鉤在金剛後。
索與寶部對，鎖應隨法契，
鈴如羯磨知，隨行人右旋，
諸壇當如是，循環而安立。
息災第二院，四波羅蜜契，
金剛三鈷杵，寶契如寶形，
法如獨鈷杵，上戴開敷蓮，
羯磨羯磨杵。嬉戲三鈷杵，
鬘如寶冠形，謌應畫箜篌，
舞獨鈷羯磨，鉤爲金剛鉤。
索如盤索勢，一頭半獨鈷，
而在於中心，鎖如並兩環，
其中如連環。鈴作金剛鈴，
燈作蠟燭相，塗香畫香器，
燒香作香爐，散華爲華盤。
增益第二院，寶生尊眷屬，
光相如日形，笑如横三鈷。
其中間安齒，幢如竪寶幢，
降伏四忿怒，薩埵三[①]鈷杵，
王如並二鈷，善哉並雙手，
以作彈指相，愛如竪弓箭。
鉤召第二院，亦如降伏壇，
而無有增减。敬愛第二院，
無量壽眷屬，法如法波羅。
利當爲劒形，語應畫舌相。
因作日輪形，中獨鈷羯磨，
延命如增益，爐外畫甲冑，
如人被甲形，而令雙袖垂，
袖如三獨鈷，下如覆熏籠，
上作三峯形，如三獨鈷杵，

① 三，《中華藏》校勘《麗》作“二”。

内外八供養，及與四護等。
諸爐皆如一，一一所畫契，
皆坐蓮華上，而有火焰光，
八方天眷屬，亦如諸契等。
皆隨行人座，而起於東方，
帝釋獨鈷杵，繒繫左右飛，
火天畫軍持，蓮座上火焰，
焰摩兩鈷叉，其中安人頭，
繒飛如帝釋，羅刹主畫刀[①]。
座焰如火天，水天畫羂索，
兩頭猶鈷頭，風天作幡[②]旗。
而坐蓮華中，毗沙門作棒，
繒繫亦如上，舍那半三鈷，
蓮座火焰光，智者應善知，
審諦無錯謬。

其爐緣高兩指，闊四指，緣内爐口本地闊兩指，於中契印高兩指，其爐近身開豎項，闊四指，長兩指。次横長十指，豎闊四指，次作蓮華葉形，令大小相稱。從賢[③]項至葉末都十二指，高下並與緣齊，五種爐並同，其治[④]地法，如大曼荼羅。掘地加持所用鍬等印，二羽金剛縛，禪智進力各相並豎。真言二十一徧，真言曰：

唵你佉那嚩蘇上提薩嚩二合，引訶引

加持泥及瞿摩夷、塗香等印[⑤]，二羽合掌，屈進力戒方二節相合，禪智並豎，去進力令如口形。真言二十一徧，真言曰：

唵阿上蜜哩二合都納婆上嚩吽野發吒薩嚩二合，引訶引

加持五色粉印及真言，並如《瑜伽經》所説，加持酥、蜜、酪、乳及木、五穀、香、華等，並以金剛羯磨菩薩真言加持，各七徧。印，二羽各以禪智捻檀慧甲，餘三度磔開豎，如金剛杵形，即相叉，右壓左。真言曰：

唵嚩日囉二合羯磨撿平

① 刀，原作“力”，據《中華藏》校勘《石》《徑》《清》改。
② 幡，《中華藏》校勘《磧》作“旛”，《清》《麗》作“幡”。
③ 賢，《中華藏》校勘《石》《磧》《南》《徑》《清》無，《麗》作“豎”。
④ 治，原作“活”，據《中華藏》校勘《石》《磧》《南》《徑》《清》《麗》改。
⑤ 印，《中華藏》校勘《磧》《普》《南》《徑》《清》無。

所燒護摩支皆安右邊，酥於蓮葉臺上。蜜、酪、乳、乳糜飯[1]等近爐右邊安，左邊置二器，盛香、水。器用金、銀、熟銅、白瓷、商佉等，並通用香，用白檀、欝金、龍腦等。二器一用，灑淨火及供養物等，用[2]聖衆火天[3]漱[4]口。灑淨印，禪捻檀甲，餘三度磔開竪，如三鈷杵形，以灑水。真言曰：

唵阿蜜哩二合諦吽發吒半音

漱口印，右羽金剛拳，舒進度攪水，加持七徧訖，便屈四度作掬，抄水垂臂，令[5]掌向身，右旋灑火。真言曰：

唵嚩囉娜嚩日囉二合，引曇

息災本尊火天及爐、衣服、食、香[6]、華，皆用白，作吉祥坐，與慈心相應。交兩脚竪膝右壓左。

增益皆用黃，全[7]加坐。降伏皆用黑，蹲踞坐。鉤召皆用赤，半加坐。敬愛色同鉤召，賢坐。跂物垂脚。

迎請，從三昧邪至迎請，皆依本法，或隨五種護摩，隨部部主，五相成身。迎請已，誦讚歎，以四攝安立聖衆，圍遶爐，然後獻閼伽。各結本羯磨印安立，示本三昧邪，誦護摩真言一百八徧。然後取一華，以火天真言加持三徧或七徧，擲火中。然後結火天印，以左羽握右羽腕，右羽舒掌向外，屈禪度横在掌中，進度如鉤來去，招以迎請。獻已，以禪捻進、度，即成發遣。真言曰：

唵翳呬翳呬摩訶部多泥上嚩哩使你尾二合惹薩哆摩孽哩二合呬怛嚩二合虎帝摩訶囉麽悉泯平珊你呬都婆嚩阿誐那二合曳訶微也二合迦微也二合嚩訶娜耶娑嚩二合，引訶引

迎已，以香水三灑三漱口，然後用本真言。以大杓三滿酌酥投火，想投火天口中，至於心蓮華。真言曰：加持華亦用此。

唵　阿誐那曳　娑嚩二合，引訶引

即以此真言，小杓三投蜜酪乳及木乃至香華等，想火天四臂右手無畏。第二手持珠，左[8]手仙杖，第二手執軍持，想從心徧身中，流出無量塗香雲、華雲、燒香雲，飲食燈明種種供養，供養一切佛、菩薩、緣覺、聲聞及一切世天，於火天真言娑嚩訶上稱所求事投之。然以大杓三滿投供養，加持一華置本方坐處，請出爐還本座。然後三

① 糜飯，《中華藏》校勘《磧》《普》《南》《徑》《清》作“飯糜”。

② “用”前，《中華藏》校勘《石》《磧》《普》《南》《徑》《清》《麗》有“一”。

③ 火天，《中華藏》校勘《磧》《普》《南》《徑》《清》無。

④ 漱，原作“瀨”，據《中華藏》校勘《磧》《普》《南》《徑》《清》《麗》改。

⑤ 令，《中華藏》校勘《磧》《普》《南》《徑》《清》《麗》作“合”。

⑥ 食香，《中華藏》校勘《磧》《普》《南》《徑》《清》作“飲食”。

⑦ 全，原作“金”，據《中華藏》校勘《石》《磧》《普》《南》《徑》《清》改。

⑧ 左，《中華藏》校勘《磧》《南》《徑》《清》作“右”。

淨火，以四字明迎請佛菩薩，各坐本座，三獻漱口，以滿三大杓酥獻。然後以①小②杓三酌蜜，酌乳、乳糜飯及木、五穀、華香等，各三投，想投聖尊口中至心。若作息災法，五穀中須十倍加油麻，木用一百八③或五十四或二十一。真言曰：

唵薩嚩播波娜訶那嚩日囉二合耶娑嚩二合，引訶引

或有教中說，用本部母真言爲息災，或本尊真言，或毗盧遮那真言，皆娑嚩訶上加所爲，自佗願除一切災語。心專注於爐中聖衆，想聖衆皆從心外，徧身毛孔流出，供養雲海至無邊世界，供養一切佛及除一切三惡趣苦惱。護摩已，以滿三大杓酥獻聖衆，所殘五穀香華等，聚一器中，獻十方世天，餘爐並同。

若作增益，如前迎火天，即獻聖衆三大杓木及香華等。並如前燒粳米，或欲延命燒屈蔞草，其延命爐如前增益爐，外作甲冑形，餘香華等並如前。唯粳米屈蔞草，加餘物十倍。增益真言曰：

唵嚩日囉二合，引補瑟吒曳平娑嚩二合，引訶引

延命契，二羽各金剛拳，舒進力相鉤置頂上，想身爲降三世於印上，想毗盧遮那佛從身中流出天甘露，灌注行人身。延命真言曰：

唵嚩日囉二合喻囇師皆反娑嚩二合，引訶引

於娑嚩訶上加爲自佗願增益或延命語，或當時心所願，安如是語，心專注於爐中聖衆。想從聖衆心外，徧身毛孔中流出，供養雲海至無邊世界，供養一切佛及光明，照觸一切有情六道四生，皆獲榮盛富貴及延壽命。即以此光明，想自宅中雨七寶及所資用物，又想天甘露，灌注自身周徧毛孔。若作降伏法，如前迎火天，或用④蔓菁或芥子等油，或水牛酥或用嚕地囉，先獻聖衆三大杓已，用無香華及臭華安悉，香、鹽、毒藥⑤等，或唯⑥用鐵⑦，或作彼形，段段截投之。芥子蠟鹽毒藥等作。

投火天時即想從火天心外，徧身中流出器仗，投彼身上。想火天及本尊皆作忿怒形，真言曰：

吽嚩日囉二合薩怛嚩二合耶發吒半音

於發上，加彼名號，或用本尊法，或用不動尊真言，或降三世真言，或文殊師利六足尊真言。想忿怒尊身中，流出器仗雲海，供養盡虛空一切忿怒尊，即此器仗落彼上

① 以，《中華藏》校勘《麗》作“復以”。

② 小，《中華藏》校勘《石》《麗》無。

③ “一百八”後，《中華藏》校勘《石》《麗》有“枚”。

④ 用，原無，據《中華藏》校勘《石》《磧》《普》《南》《徑》《清》《麗》補。

⑤ 藥，《中華藏》校勘《磧》《普》《徑》《清》無。

⑥ 唯，《中華藏》校勘《石》《麗》無。

⑦ 鐵，《中華藏》校勘《石》《磧》《普》《南》《徑》《清》《麗》作“鐵末”。

及家。若作鉤召法，迎請火天，及所用木華等物，皆如增益，唯華用有刺木赤華，或用本尊法中所燒物。真言曰：

吽嚩日囉二合羯哩灑二合耶弱

於弱上，加彼人名。即想從本尊心外，徧身流出無量金剛鉤，供養盡虚空一切佛菩薩賢聖，即此①鉤，鉤召三惡趣有情，安置人天善處，即以此衆鉤，入彼心召來。

若作敬愛②法，迎請及所用物並同上，唯華用赤色華，或用本尊法中所用物。真言曰：

吽嚩日囉二合勿捨野弱

於弱上，加彼名號，即想本尊身中流出華箭，徧無量世界，供養一切佛、賢聖及射聲聞、緣覺猒離心，及六道四生互增恚心，即以此衆箭射彼人五處。所謂額、兩乳、心及下分處。凡諸爐，若無酥用乳亦得。若遥加持人，或抄名或取前人衣，標心而加持，供養聖衆已，用大杓三滿杓獻聖衆，并三灑三漱，即取小杓，以滅三惡趣真言，爲一切有情護摩，七徧或二七或三七。真言曰：

唵嚩日囉二合波尼尾薩普二合吒耶薩嚩跛耶滿陀娜你鉢囉二合謀訖灑二合耶薩嚩跛耶誐帝毗藥二合薩嚩薩怛挽二合薩嚩怛佗誐多嚩日囉二合三磨耶吽怛囉吒半聲

即心奉送聖衆，還本座，即以四字明引十方世天入爐中，依前三灑漱，即以所殘香華，五穀酥蜜等投火③，各誦本真言一徧或三徧，各於薩嚩訶上加所求事，即結聖衆羯磨及三昧邪契，誦讚歎發願，結降三世，左旋解界，即奉送如念誦法。即出道場，於道場外八方，敷茅草或蓮葉或諸餘青草。或塗圓壇爲十位，於帝釋右左，置梵天地天位，與八方而十。若道場外無置位處，即於道場前閑静處爲方界，於中布八方，於中央布兩位，置梵天、地天，以施十方天食，應用雜粥，所謂粳米、油、麻菉、豆相和煑，令極清淨香美，盛一器中，每座先置一淨葉，循環率置葉上。先以淨缾盛香水，即寫少香水於葉上以獻。次以右手中無名二指，彈少塗香以獻。次獻一華置之於座。次獻燒香，以爐焚香於座前，獻諸座同此一爐。次率一杓粥，置葉上以獻。次用小蠟燭或紙燭以獻，便插粥上，從香水至燭，各以本真言加持三徧，每位從水至燭獻畢，然向其次。其燭作意獻，諸位未徧已來，不用令滅，須助伴或驅使，數人各執一物以供事。若一一自取，即燭必不終事，每位於薩嚩訶上，加所求願語。

東方天帝釋真言曰：

南莫三曼多没馱南引印捺囉二合耶娑嚩二合，引訶引

東南方火天真言曰：

① 此，《中華藏》校勘《石》《麗》作"想此"。

② 敬愛，《中華藏》校勘《徑》作"愛敬"。

③ 火，《中華藏》校勘《磧》《普》《南》《徑》《清》無。

南莫三滿多没馱南阿誐那二合曳娑嚩二合,引訶引

南方焰摩天真言曰：

南莫三曼多没馱南焰摩耶娑嚩二合訶引

西南方羅刹主天真言曰：

南莫三曼多没馱南引乃哩底曳二合娑嚩二合,引訶引

西方水天真言曰：

南莫三曼多没馱南引嚩嚕拏引野娑嚩二合,引訶引

西北方風天真言曰：

南莫三曼多没馱南引嚩耶吠微洗反娑嚩二合,引訶引

北方毗沙門天王[①]真言曰：

南莫三曼多没馱南引吠室囉二合嚩拏娑嚩二合,引訶引

東北方伊舍那天真言曰：

南莫三曼多没馱南引伊舍那耶娑嚩二合,引訶引

上方梵天真言曰：

南莫三曼多没馱南引没囉二合唅音憨铪寧尼奚反娑嚩二合,引訶引

下方地天真言曰：

南莫三曼多没馱南引畢哩二合體佗以反微曳二合娑嚩二合,引訶引

七曜真言曰：

南莫三曼多没馱南引孽囉二合醯濕嚩二合哩耶鉢囉二合跛多而渝二合底丁巳反麽耶娑嚩二合,引訶引

二十八宿真言曰：

南莫三曼多没馱南引諾乞灑二合怛囉二合涅寧吉反那佉曳娑嚩二合訶引,如是從東方至此,歸命並同

於八方中加兩位與上下天對,曜東宿西,諸獻並同。若須别祀獨用亦得,若護摩壇中各依本方標心令住,亦不設位。

次説三波多護摩法。

安所成就物於酥器前,或物大即安於右邊或左邊。行人自身,酥器及物,并爐聖衆,如是爲五集,循環次第應安立。取小杓滿杓酥加於所盛物上,誦真言至薩嚩字,即舉杓投火,與訶聲俱下,便長引訶聲,令杓卻至物上。訶聲方絶,徧别如此。若加持人,即安杓頭上,若用本尊真言,無薩嚩訶字者,當加之而誦,餘如上所説。

次説杓相儀軌。

---

① 王,《中華藏》校勘《石》《麗》無。

我今次應説，注杓寫杓相，
於此住成就，持誦者速疾。
注杓一肘量，法木令堅密，
無孔穴應作，口應妙端嚴，
横當四指量，深量用一指，
形如吉祥子。於中三鈷杵，
應令極端嚴，柄圍足人把，
近口與柄末，應作蓮華文。
寫杓長及圓，并及刻鏤文，
皆如注柄相。木亦如前説，
或用佉陀羅，口用襌上節，
旋帀爲其量，横應一寸餘，
深量當半之。於中作蓮華，
亦或金剛杵。我今已略説，
注寫二杓相，是大仙所説，
求悉地應作，持誦修行人。

金剛頂瑜伽護摩儀軌

金剛頂經觀自在王如來修行法[①]

大興善寺三藏沙門大廣智不空奉詔譯[②]

我今依《金剛頂經》，演金剛蓮華達磨法要。先須入於灌頂三昧邪曼荼羅，發大菩提心，捨身命財，饒益一切，勇猛精進，隨念相應，慈悲喜捨，無有間斷，如是之人方應修習。其曼荼羅畫像等法廣如餘經所説。凡入精舍欲念誦時，先以五輪著地，頂禮本尊觀自在王如來，次禮北方不空成就如來，乃至無動、寶生、徧照如來，悉皆依法至誠敬禮，雙膝而跪，蓮華合掌，懺悔三業一切過咎。

我從無量劫，淪滯生死海，
今以清淨心，發露而悔過。
如諸佛所懺，我今亦如是，
願我及衆生，一切皆清淨。

密言曰：

唵一駁嚩二合婆去嚩秫入陀薩嚩達摩三駁嚩二合婆去嚩四秫入度憾五

次應隨喜過、現、未來諸佛菩薩所集福智。

過去三世佛，菩薩與衆生，
所集諸善根，合掌盡隨喜。

次應右膝著地，虚心合掌置於頂上，想禮諸佛如來及菩薩足。誦密言曰：

唵鉢納摩二合，上尾多多字半音，與尾字合呼，二

禮諸佛已，依座印而坐，入定思惟，觀無量如來周徧法界，行者己身悉在彼會。然後結祕密三昧邪印，堅固縛，以檀慧禪智相合而竪，以此警[③]覺聖衆。誦密言曰：

唵一嚩日囉二合，二跛娜莽二合，三三昧耶四薩怛梵三合，五

次應結一切如來歡喜悦意三昧邪印，准前印，唯以忍願入掌中。密言曰：

---

① 底本，《中華藏》第1500號，第66册第280頁中—282頁下，原《金藏》廣勝寺本。

② 譯名，《中華藏》校勘《徑》《清》作“唐北天竺三藏沙門大廣智不空奉詔譯”，《麗》作“開府儀同三司特進試鴻臚卿肅國公食邑三千户賜紫贈司空謚大鑒正號大廣智大興善寺三藏沙門不空奉詔譯”。

③ 警，《中華藏》校勘《徑》《清》作“驚”。

唵三莽耶呼引,二蘇去囉多三薩怛梵二合,四

次結開心印,觀二乳上有“怛囉二合吒”字,以金剛縛三拍開之。密言曰:

唵一嚩日囉二合,二滿馱三怛囉二合吒四

次結入智字印,於己[①]面前,觀一紅蓮華上有一“阿”[②]字,以堅固縛禪智入中,進力相拄,想捻其字内於心中。誦密言曰:

唵一嚩日囉二合,引吠捨二惡三

次結閫智字印,不易前印[③],進力拄禪智背,想閫心門。密言曰:

唵一嚩日囉二合,二母瑟致二合,三鋡四

次結辟除結界印,戒方右押左,外相交,忍願相拄,以進力鉤戒方,禪智捻檀慧頭。密言曰:

唵一阿蜜栗二合都娜婆二合嚩二吽三泮吒吒半音呼之,四

以此印左轉三帀,辟除不善,右旋三帀,隨意遠近,以爲結界。

次結三摩地印,二羽仰叉,進力相背而豎,禪智捻進力頭,置於加[④]上。誦密言曰:

唵一三麽引地二鉢娜名二合,三頡哩二合,引,四

其出入息一一明了,觀虚空中無量諸佛,一時彈指警覺行者,而告之言:“汝今云何成無上覺? 不知諸佛實相法要。”行者尒時聞警覺已,白佛言:“云何名真實? 惟願如來爲我解説。”

尒時諸佛告行者言:“善哉! 善哉! 能作是問,汝[⑤]想心中所内,惡字瑩徹於心。”誦密言曰:

唵一唧多鉢囉二合底二味鄧迦嚕弭三

當默誦一徧,便想爲月輪,如在輕霧。爲欲令其月輪得清淨故。誦此密言曰:

唵一冒地唧多母怛跛二合娜夜弭二

誦已諦觀心月,極令清淨,如處大虚,廓無瑕翳,復於心月想一蓮花。誦密言曰:

唵一底瑟姹二合,二嚩日囉二合,三鉢娜麽二合,四

想其蓮華與月漸漸而引,周徧法界,量等虚空。誦密言曰:

唵一薩頗二合囉二嚩日囉二合,三鉢娜麽二合,四[⑥]

其引蓮華中放無量光,隨光流出無量無邊際極樂世界。一一世界妙寶莊嚴,皆

① 己,《中華藏》校勘《石》《南》《徑》《清》無。

② 一阿,《中華藏》校勘《石》《南》《徑》《清》《麗》作“娑”。

③ 印,《中華藏》校勘《南》《徑》《清》無。

④ 加,《中華藏》校勘《石》《南》《徑》《清》《麗》作“跏”。

⑤ 汝,《中華藏》校勘《石》《南》《徑》《清》作“淨”。

⑥ “想其蓮華”至“四”,《中華藏》校勘《南》《徑》《清》無。

有觀自在王如來，與聖衆前後圍遶。如是觀已，漸斂其蓮華。誦密言曰：

唵一僧賀囉二合，二鉢娜麼二合，三

如是一切世界諸佛如來，隨華而斂量等本身，即變己身爲無量壽佛身，紅頗梨色，放大光明，結三麼地印，金剛蓮花座，想行者己身爲如來已。復恐散亂而有退失，次作加持印而加持之。

堅固縛以進力屈如蓮葉，禪智並豎印心、額、喉、頂，隨所印，想"頡哩二合"字。誦密言曰：

唵一嚩日囉二合，二達麼三頡哩二合，四

次結灌頂印，蓮華合掌進力相蹙如寶，檀慧豎相遠，置於額上。誦①密言曰：

唵一鉢娜麼二合，二囉怛那二合，引，三毗詵遮四薩嚩鋡五頡哩二合，六怛囉二合，七

次結蓮華鬘印，以前印從額分手，繞至頂後，結蓮花拳，如繫花鬘勢，徐徐前下散。誦密言曰：

唵一鉢娜麼二合，二囉怛那二合，三麼引𩕳四鋡牟含反，五

次結甲胄印，結蓮花拳，前後繞身如擐甲法。誦密言曰：

唵一阿婆耶二鉢娜麼二合，三迦嚩制四滿馱五囉乞灑二合鋡六吽七憾八

次結歡喜印，蓮華合掌微拍三聲。誦密言曰：

唵一鉢娜麼二合，二覩使野二合護引，三

復於面前觀安樂世界，琉璃爲地，功德乳海。於其海中觀"頡哩二合"字，變爲微妙開敷蓮華，即變其華爲觀自在王如來，色相莊嚴，如前身觀。

次結蓮華鉤印，蓮華合掌進力如鉤。誦密言曰：

唵一鉢娜憒二合，引，二句捨三吽四若五

次結蓮華索印，即以前印進力如環。密言②曰：

唵一鉢娜麼二合，引，二母伽播捨三吽四

次結蓮華鎖印，芙蓉合掌進禪相捻，力智亦尒，相鉤成鎖。密言③曰：

唵一鉢娜麼二合，二塞怖二合吒三鋡四

次結蓮華鈴印，以蓮華合掌，禪智入中進力如環。誦密言曰：

唵一鉢娜麼二合，二，引吠捨惡三

次結蓮華部百字密言，捧閼伽器，以鬱金、龍腦相和香水而爲供養。誦百字密言曰：

唵一鉢娜麼二合，二薩怛嚩二合，三三摩耶四麼弩播擺耶五鉢那麼二合，引，六薩怛嚩二合，七帝尾二合弩波底瑟姹二合，八涅哩二合擢荼護反茗皤嚩九蘇覩灑諭二合茗皤嚩十阿弩囉訖

① 誦，《中華藏》校勘《石》《南》《徑》《清》《麗》無。

② "密言"前，《中華藏》校勘《麗》有"誦"。

③ "密言"前，《中華藏》校勘《麗》有"誦"。

覩二合茗皤嚩十一蘇報灑諭二合茗皤嚩十二薩嚩悉篦寐鉢囉二合也瑳十三薩婆羯麽蘇者茗十四即多失唎二合藥十五句噓十六吽十七訶十八訶十九訶二十訶二十一護二十二,引薄伽梵二十三薩婆怛佗孽多二十四鉢娜麽二合,二十五莽茗悶遮二十六鉢娜麽二合皤嚩麽訶三麽也薩怛嚩二合,二十七惡二十八,引

次結蓮華内四供養嬉戲印,芙蓉合掌,禪智並竪。誦密言曰:

唵一鉢娜麽二合,二邏細三呼四,引

次結蓮華鬘印,即以前印,二臂俱申。誦密言曰:

唵一鉢娜麽二合,二麽棃三怛囉二合吒半音呼,四

次結蓮花歌印,以芙蓉合掌,屈拄諸度,從臍而上,至口方散。誦密言曰:

唵一鉢娜麽二合,二擬妍以反帝三擬同上音,四

次結蓮華舞印,以芙蓉合掌,左右而旋,於頂上散。誦密言曰:

唵一鉢娜麽二合,二你哩二合諦三訖哩二合吒半聲,四

次結蓮花外四供養燒香印,蓮華合掌下散,猶如焚香。誦密言曰:

唵一鉢娜麽二合,二度閉二噁四

次結蓮華散華印,蓮華合掌前上散,猶如散華勢。誦密言曰:

唵一鉢娜麽二合,二補瑟閉二合,三唵四

次結蓮華燈印,蓮華合掌禪智竪相逼。誦密言曰:

唵一鉢娜麽二合,二你引閉三你四

次結蓮華塗香印,十度作蓮華合掌,當心分散,如塗香勢。誦密言曰:

唵一鉢娜麽二合,二巘提三虐四

次結根本印,堅固縛以忍願相拄,如蓮葉形。誦密言曰:

唵一路計什縛二合囉二囉引惹三頡哩二合,四

結根本印,誦明七徧已,然後執蓮子珠,相應念誦,於四時中隨力而作。若欲止時,重結根本印,復誦七徧根本陀羅尼。次結八供養印,然後發遣本尊。發遣印,以前根本印,從臍至面方散,合掌於頂上,想觀自在王如來復還本宫。誦密言曰:

唵一嚩日囉二合,二鉢娜麽二合,三穆四

發遣本尊已,隨意發願,復以甲印護身,以馬頭明王結界印,左旋解界。隨意經行,往諸淨處,讀大乘《般若經[①]》《花嚴》《涅槃》及《楞伽[②]》等經。行住坐卧,常念本尊,無令間斷。

金剛頂經觀自在王如來修行法一卷[③]

---

① 般若經,《中華藏》校勘《石》《南》《徑》《清》《麗》作"大般若經"。

② 楞伽,《中華藏》校勘《南》《徑》《清》作"楞嚴"。

③ 卷末經名後,《中華藏》校勘《南》《徑》《清》無"一卷"。

瑜伽翳迦訖沙囉烏瑟尼沙斫訖囉真言安怛陀那儀則一字頂輪王瑜伽經[①]

大興善寺三藏沙門大廣智不空奉詔譯[②]

真言行者若求安怛陀那，應作是念：云何我能速取成就？當習是三摩地，所謂一切法無色，猶如虛空，性自成就。作如是勝解，當如本[③]教淨治[④]地等，作是三摩地。

普徧三千界，充滿智成水，
有大寶蓮華，開敷在水中。
寶莖如須彌，上方珠網覆，
蓮[⑤]上有大寶，八柱以莊嚴。
想成寶樓閣，四門當四方，
珠網蓮鐸等，及妙拂莊嚴。
半滿月珠瓔，垂寶間錯帶，
是大寶樓閣，徧滿於有頂。
應隨力思惟，觀供養雲海，
先所觀樓中，有悦意白繖。
以衆寶端嚴[⑥]，寶瓔半滿月，
妙拂等莊飾[⑦]，繖上有大寶。

---

① 底本，《中華藏》第1446號，第65册第772頁中—774頁下，原《金藏》廣勝寺本。經名，《中華藏》校勘《石》《麗》作“一字頂輪王瑜伽觀行儀軌一卷”，卷末經名同。

② 譯名，《中華藏》校勘《徑》《清》作“唐大興善寺三藏沙門大廣智不空奉詔譯”，《麗》作“開府儀同三司特進試鴻臚卿肅國公食邑三千户賜紫贈司空謚大鑒正號大廣智大興善寺三藏沙門不空奉詔譯”。

③ 本，《中華藏》校勘《石》作“來”。

④ 治，原作“持”，據《中華藏》校勘《麗》改。

⑤ 蓮，《中華藏》校勘《石》《麗》作“花”。

⑥ 嚴，《中華藏》校勘《麗》作“飾”。

⑦ 飾，《中華藏》校勘《麗》作“嚴”。

普徧發光相①,皆散雨衆寶。
真言智觀行,於彼樓閣中,
金剛師子座,寶蓮華莊嚴,
珠網蓮繒磬,白拂等莊嚴,
一切欲喜樂,於中圍遶住。
不遠於身前,應想第二座,
一切皆如上,唯無師子座,
角門於四處,嬉戲焚香等。
次作圓具法,云何作圓具?
先應觀諸法,無性爲自性,
物我同一體,然後加諸法。
云何加諸法?生老病死憂②,
攪擾於心田,如是思惟已。
應生大悲愍,由是生智心,
則是光明心,光明心者即是菩提心也。以大悲熏成。
其體如皓③月,離能取所取,
菩提心已生,應住身口意。
所明體加持,此名圓具法,即如瑜伽中成身次第也。
族明勝次第,知族五部明已④,五部真言也。衆真言威德,知已。
自住部王法,謂一字頂輪王法⑤也。則爲當族主⑥。
先應印已成,謂大印也。次明應思惟,
由身口意體,觀⑦身爲諸佛。
於心想月輪⑧,真言者應知,
有種種光明,皆從月形生。
徧至無量界,復入行人心,
堅固爲五峯,變爲金剛形。

① 相,《中華藏》校勘《石》《麗》作“明”。
② 死憂,《中華藏》校勘《石》《麗》作“憂死”。
③ 皓,《中華藏》校勘《石》《麗》作“滿”。
④ 知族五部明已,《中華藏》校勘《石》《麗》作“知已族五部明”。
⑤ 王法,《中華藏》校勘《石》《麗》無。
⑥ 主,《中華藏》校勘《石》《麗》作“王”。
⑦ 觀,《中華藏》校勘《石》《麗》作“想”。
⑧ 此句後,《中華藏》校勘《石》《麗》有“無垢猶如佛”。

想在彼掌中，復出種種光，
其光皆徧滿，至於無邊界。
而作佛遊戲，還來瑜岐身，
如是皆入已，成普賢大色。
應觀大菩薩，諸相皆成就，
一切莊嚴具，蓮華鬘灌頂。
自成摩訶薩，從瑜岐心生，
持真言弓箭，依住於月輪。
或持鬘而住，或四方安居，
隨力觀身前，諸衆生大樂，
最上令成就。一切印嚴手，
惠施於一切，諸有情如願，
并熙怡爲舞，金剛慢[①]流出，
爲左於腰側，住右作舞勢。
安立衆生利，如自明隨形，
諸衆生所思[②]，皆令成調伏。
作如是加持，利益於衆生，
及餘諸利益，擲寫等供養，
而以陳奉獻[③]，自身自所尊。
真言字相應，隨力而念誦，
如聲色相應，以字爲華鬘。
智者應思惟：依瑜伽相應。
於聲我今説：一字[④]最勝成。
如來蓮華部，商佉聲念誦，
我讚如雷聲，分明稱吽字。
我説金剛部，亦通大自在[⑤]，
念誦者成就，南摩尼羯磨。

① 慢，《中華藏》校勘《麗》作“鬘”。
② 思，《中華藏》校勘《石》《麗》作“見”。
③ 奉獻，《中華藏》校勘《石》作“供獻”，《麗》作“供養”。
④ 字，《中華藏》校勘《麗》作“切”。
⑤ 大自在，《中華藏》校勘《石》《麗》作“摩醯首羅”。

此部作[①]念誦，如擊[②]鈴鐸聲，
如箜篌[③]笛聲，如舞動瓔聲[④]。
其如孔雀鳴，如諸[⑤]部法中，
相應一切義，成如是音聲。
而作於念誦，與真言相應，
真言者隨聲，應思惟其義，
不久當成就，此通一切部。
是聲念誦儀，二軌竟[⑥]。我説色念誦。
我今説一切，色者説爲印，
與此相應轉，謂運爲也。善思惟其明。
當安於[⑦]胷臆，印焰明觀察，
身中出金剛，甘露而灌灑，
令本天喜悦，得隱自身形。
大勤勇我説[⑧]，由此真言者，
知以印令我[⑨]，不久易餘身。
我今説瑜珈[⑩]，念誦如昔説，
其明應思惟，安置於自處。
供養以如教，純相應念誦，
離心喉頂舌，鼻及與齶處。
及離念内外，唯法相應尒，
不應依於聲，此名爲金剛。
瑜伽念誦儀，若知真實體，
應當知成就，而獲得常恒。
以此瑜伽法，相應而住之，

① 作，《中華藏》校勘《石》《麗》無。
② 擊，《中華藏》校勘《石》《麗》無。
③ 箜篌，《中華藏》校勘《石》《麗》作“箜篌聲”。
④ 瓔聲，《中華藏》校勘《石》《麗》作“瓔珞聲”。
⑤ 諸，《中華藏》校勘《石》《麗》作“一切”。
⑥ 是聲念誦儀二軌竟，《中華藏》校勘《石》《麗》作“此是聲念誦儀軌”。
⑦ 於，《中華藏》校勘《石》《麗》作“其”。
⑧ 説，《中華藏》校勘《石》《麗》作“説色念誦”。
⑨ 我，《中華藏》校勘《石》《麗》作“成就”。
⑩ 珈，《中華藏》校勘《磧》《普》《南》《徑》《清》《麗》作“伽”。

以菩提勝心，爲成就不久，
皆悉[①]得如意。其中字念誦，
如獲我今説，如是積資糧。
真言應誦持，以文字爲色，
應分别觀之，作念誦事業。
月行列意生，明字與之俱，
安本尊智臆，不久得道成[②]。
於月以月合，於一切字色，
應於上思惟，光明輪莊嚴。
行列不間斷，如以線穿珠，
金色以爲光，晃曜本尊身。
如彼彼月字，殊勝妙真言，
以成真言者，則彼彼喜悦。
力命增熾盛[③]，意光明相應，
我説爲文字，行列之念誦[④]。

我今通[⑤]諸儀，則成就物光澤[⑥]。我今説誦明，念誦者若作，彼以光明成就於諸物，應生念誦相應儀，一切真言皆得成，一儀與相應，應作識清淨，清淨爲心識。智者然當入成就，以身以語以意，依如是物而住，應知四[⑦]支法，於[⑧]瑜伽法成就。此中説爲意，獲通及地等，以身現諸身，決云：謂隨衆生意所樂者。以語辯一切，煙焰等成就。我説物成就，於身[⑨]中身成就者，種類有多種，四印及餘輪壇。瑜伽者應當盡可[⑩]解者而作大曼荼羅，曼荼羅儀軌成辨中央三昧形，應安輭座西方或以赤麞皮中安氈華而生[⑪]而安坐，一切瑜伽三摩地相應晝夜等至，謂入定也。真言者住與慧念相應，中夜或明相現

① 悉，《中華藏》校勘《石》《麗》作“當”。
② 道成，《中華藏》校勘《石》《麗》作“安怛陁娜”。
③ 熾盛，《中華藏》校勘《石》《麗》作“益更熾盛”。
④ “我説金剛部，亦通大自在”至“行列之念誦”，《中華藏》校勘《石》《麗》爲長行。
⑤ 通，《中華藏》校勘《石》《麗》作“遍”。
⑥ 光澤，《中華藏》校勘《石》《麗》作“光暉”。
⑦ 四，《中華藏》校勘《徑》《清》作“内”。
⑧ 於，《中華藏》校勘《石》《麗》無。
⑨ 身，《中華藏》校勘《石》《麗》無。
⑩ 可，《中華藏》校勘《石》《麗》作“其所”。
⑪ 生，《中華藏》校勘《石》《磧》《普》《南》《徑》《清》《麗》作“坐”。

時，决定①當成就，或地及神通成就。如來説、我今説意成就，現身而獲之，以②印加持身，我今爲大印，應作思惟③於成就及曼荼羅，念誦者淨心則成就。我説成就相，口身或出光明、暖焰④及增等，若見升空去成就相，應知於身成就。我廣説已。

我説語成就法，如獲次第説，應爲先行法已，如前法應作，謂自建立已來乃至大印等。口心印上住蓮華，應知於心閒於上住商佉，謂在蓮華⑤上也。商佉中出聲，相續無閒斷。於蓮華中發生金剛舌，以白色謂作赤色上有金剛。舌上或想佛，或寶、或蓮華、或羯磨金剛、或餘部印契，或一月及兩月、三四及五月乃至八箇月觀想。於此壇結加趺坐，常以本寂静相應。分明觀商佉聲已，即依蓮華界。從華蘂出聲量如微塵，其聲出至咽次又至於舌，便即成其字。舌字出光焰，熾⑥猛而普徧，以聲滿虚空。行者住⑦定誦或一日及一夜、中夜或後夜，從舌出光明，其光有大聲，或從心從脣及齒出閒錯光明。若見如是者，當知得悉地，以此語相應成就⑧能摧諸異宗，令佗發淨信，能爲衆生利益。如是瑜伽相應念誦，有比丘嚩迦者吒得⑨口成就，於閒錯山中⑩，七日而成語成就儀則。

我今説物成就，如前瑜伽應成就，應取餘部物等，或用餘部印及真言三簸多，謂以杓應娑嚩二合訶聲⑪住⑫物，便瀉爐中，及餘聲未盡，還住物。行相作已，智者於此曼荼羅，即入羯磨三昧邪，自爲一切羯磨自在。其中爲色相，一切於本部主，應與於右手印物爲次第，於金剛縛中安物，物⑬類於中積。縛印，當臍下或當心，二手以縛物獻，安自心。自明智者以此法觀身火光聚，以先所集身口意善資糧用，以此身物安於明，手中真言字，火焰聲念誦。真言者盡其夜應作，不應破其坐。以此儀則法，初夜當生暖煙，當於中夜光焰於明相，如是漸次加。如光焰成物，得飛騰虚空，於三界自在。我説安善那法，我曾已先説，應斷一切取，應依於本明乃至自身體，語心亦如是。以自真言應隱没，作本明主，應作念誦大金剛名者，以金剛大⑭身智者應堅住，召入縛令

① 决定，《中華藏》校勘《石》《麗》作“或三更或明相决定”。
② 以，《中華藏》校勘《石》《麗》作“以此”。
③ 思惟，《中華藏》校勘《石》《麗》作“是思惟”。
④ 焰，《中華藏》校勘《石》《麗》作“烟”。
⑤ 蓮華，《中華藏》校勘《石》《麗》作“花”。
⑥ 熾，《中華藏》校勘《石》《麗》作“餤”。
⑦ 住，《中華藏》校勘《石》《麗》作“經”。
⑧ 成就，《中華藏》校勘《石》《麗》無。
⑨ 得，《中華藏》校勘《石》《麗》作“當得”。
⑩ 山中，《中華藏》校勘《石》作“山”，《麗》作“出”。
⑪ 二合訶聲，《中華藏》校勘《石》作“聲”，《麗》無。
⑫ 住，《中華藏》校勘《石》《磧》《麗》作“拄”，下一“住”字同。
⑬ 物，《中華藏》校勘《石》《麗》無。
⑭ 大，原作“大大”，據《中華藏》校勘《石》《麗》改。

喜，當安於心，如自心所樂。我明觀自身，我是虚空，由此相應成就故[①]，乃至一切欲界主彼等不見形，刹那至梵天。以盡彼法，作鉤召，應作四印曼荼羅，應安意在左手，自身安於彼，以拳應堅持，作拳爲虚空。如是安怛陀那，雖忉利天宫亦不能見，遊於他化自在天宫，恣意安樂自在乃至意所樂。

丸藥口安怛陀那法

我今略説成就法。如是觀自明，我是一切體，所謂以虚空内所有爲一切體[②]。自身同彼印，住微細金剛三昧，入於自明心。於丸藥成就，觀丸藥置於口，能遊須彌頂，一切世間不能見。藥色成大人[③]，謂體隨意變身。受忉利天宫欲樂，隨意得快樂，餘世間相雜。我今説安陀那[④]，丸藥依本教成。真言智應作自明智，身前求成就者應獻，無垢如虚空，明身物及色，以明字行列，光焰相應住，當入本尊身，如隱没住意。從明口流出，真言光威猛，丸藥善應成。焰氣騰生已，禁止已安口。爲不現形中，自在遊戲[⑤]於四洲、刹那諸世界，還來歸本處，所去得隨意。種種成就，藥叉衆常以爲眷屬，亦能遊戲須彌、四天王下層、四藥叉世界，作無量有情利益。失正道、漂曠野、王賊[⑥]、水火等逼，起[⑦]悲愍心於[⑧]一切繫縛處，我當成就已，皆令得解脱。

我今已略説，廣法如大經。

應觀自心日[⑨]，月形具[⑩]光明，則[⑪]此月中，一字如金色。難覩如日輪，光明普舒徧。瑜岐想光明，則其字爲輪，其輪爲轉輪，持妙色形七寶圍遶，徧身毛孔中流出無量佛。瑜岐應思惟，用金剛界印，四處誦真言，加持勤勇力，成就念定。勤爲薪，焚燒一切罪。以真言色火，當離疑分别，求大乘樂，棄小乘樂[⑫]。慇懃慧菩提，住真言儀則。

瑜伽翳迦訖沙囉烏瑟尼沙斫訖囉真言安怛陀那儀則一字頂輪王瑜伽經

---

① 故，《中華藏》校勘《磧》《南》《徑》《清》無。

② 所有爲一切體，《中華藏》校勘《石》《麗》作"有所爲一體也"。

③ 人，《中華藏》校勘《石》《麗》作"力"。

④ 安陀那，《中華藏》校勘《石》《徑》《清》《麗》作"安怛陀那"。

⑤ 戲，《中華藏》校勘《石》《麗》無。

⑥ 王賊，《中華藏》校勘《石》《麗》作"賊王"。

⑦ 起，《中華藏》校勘《石》《麗》作"起是"。

⑧ 於，《中華藏》校勘《磧》《普》《南》《徑》《清》無。

⑨ 日，《中華藏》校勘《石》《麗》作"月"。

⑩ 具，《中華藏》校勘《磧》《普》《南》《徑》《清》作"見"。

⑪ 則，《中華藏》校勘《石》《麗》作"則於"。

⑫ 求大乘樂棄小乘樂，《中華藏》校勘《石》《麗》作"求大樂棄小樂"。

金剛頂瑜伽千手千眼觀自在菩薩修行儀軌經[1]

開府儀同三司特進試鴻臚卿肅國公食邑三千户賜紫贈司空
謚大辨正號大廣智大興善寺三藏沙門不空奉詔譯

我依《瑜伽金剛頂經》，説蓮華部千手千眼觀自在菩薩身口意金剛祕密修行法。行者應從瑜伽阿闍梨處，求受菩提心律儀戒，入大曼荼羅，受灌頂位，勝解行地，捨身命財，勇猛精進，懷悲愍心，不厭生死，决定求證普賢菩薩身。歷事[2]諸佛，樂修勝義般若波羅蜜，具慈悲喜捨，饒益有情。或於山間勝地閑静[3]之處，或於清淨伽藍及舍利塔前，修治精室，塗拭壇場。周帀懸幡，上施天盖，於壇西面安千手千眼觀自在菩薩像，持誦者於壇東對像敷茅薦爲座，或坐被腳小床。壇上分布曼荼羅，列諸聖位，置二閼伽，滿盛香水，安四賢[4]瓶於壇四角，每日取種種時華散於壇上。燒香、塗香、燈明、飲食及諸果子，加持分布四邊供養。每入道場，虔誠作禮，發露、懺悔、隨喜、勸請、迴向、發願。即運心觀想，徧滿虛空一切如來，具諸相好，皆入法界定。又觀自身住佛海會中，即結警覺一切如來印，二手各作金剛拳，檀慧相鉤，直舒進力二度側相拄，真言以印三舉。真言曰：

唵嚩日嚕二合，引底瑟姹二合，一

由結此印，誦警覺真言，一切如來皆從定出。瑜伽者應作是思惟，啓告諸佛："我身少、慧少，福没於苦海，仗託諸佛威神之力，惟願不捨大悲本願，慈悲矜愍，觀察護念，拔濟於我。"彼一切如來各以神力加持護念，修瑜伽者獲無量福聚[5]，身心自在。

次應禮四方如來，請求加護。先禮東方阿閦如來等一切如來，瑜伽者即以全身委地，二手金剛合掌，長舒頂上，以心著地，至誠敬禮。真言曰：

---

① 底本，《中華藏》第1437號，第65册第694頁中—706頁下，原《金藏》廣勝寺本。前6行《金藏》原版殘缺，據《麗藏》本補。《中華藏》校勘《麗》分上、下卷。

② 事，原作"仕"，據《中華藏》校勘《磧》《普》《南》《徑》《清》改，《石》《麗》作"侍"。

③ 静，《中華藏》校勘《麗》作"淨"。

④ 賢，《中華藏》校勘《麗》作"寶"。

⑤ 聚，《中華藏》校勘《麗》無。

唵薩嚩怛佗去,引孽多一布引儒鏃固反,引跛娑佗二合,引曩引夜引多麽二合,引南二䫂哩野二合,引多夜引銘三薩嚩怛佗去,引孽多四嚩日囉二合薩怛嚩二合,引地瑟姹二合娑嚩二合銙引,五吽

由結捨身印,及誦真言,奉獻養禮敬故,瑜伽者由作此禮,乃至成佛,常得金剛薩埵加持,令菩提心圓滿。

次禮南方寶生如來等一切如來,如前展身委地,金剛合掌下當心,以額著地,至誠禮敬。真言曰:

唵薩嚩怛佗去,引孽多一布引惹慈攞反,引鼻曬引迦引夜引多麽二合,引南二䫂哩野二合,引多上夜引銘三薩嚩多佗去,引蘖多四嚩日囉二合囉怛曩二合鼻詵去左娑嚩二合銙怛咯二合,引,五

由結捨身印及誦真言,奉獻供養禮敬故,乃至成佛地。地中常得虛空藏菩薩受與灌頂,福德圓滿,具諸相好,當爲三界法王。

次禮西方無量壽如來等一切如來,如前展身,金剛合掌置於頂上,以口著地,至誠敬禮。真言曰:

唵薩嚩怛佗去,引蘖多一布引惹慈攞反鉢囉二合韈怛曩引夜引多麽二合,引南二䫂哩野二合,引多上夜引銘三薩嚩怛佗去,引蘖多四嚩日囉二合達磨鉢囉二合韈怛野銙五,引紇唎二合,六

由結捨身[1]印及誦真言,奉獻供養禮敬故,乃至成佛,常得觀自在菩薩加持,智慧圓滿,轉妙法輪。

次禮北方不空成就如來等一切如來,展身如前,金剛合掌置於當心,以頂著地,至誠敬禮。真言曰:

唵薩嚩怛佗去,引蘖多一布引惹慈攞反,引羯麽抳阿去,引多麽二合,引南二䫂哩野二合多上夜引銘三薩嚩怛佗去,引蘖多四嚩日囉二合羯麽矩嚕銙引,五

由結捨身印及誦真言,奉獻供養禮敬故,乃至成佛常得金剛業菩薩加持,於一切佛世界,成就廣大供養業。然後結加趺坐,端身正念,不動支節,閉目寂静,入四無量心觀,即結定印。初入慈無量心定,以慇淨心徧緣六道四生、一切有情,皆具如來藏,備三種身、口、意金剛。以我修三密功德力故,願一切有情等同普賢菩薩。如是觀已,即誦大慈三摩地真言曰:

唵摩賀引昧引怛囉夜二合,引娑頗二合囉引,一

次應入悲無量心三摩地智,以悲愍心徧緣六道四生、一切有情,沈溺生死苦海,不悟自心,妄生分別,起種種煩惱、隨煩惱,是故不達真如平等。如虛空超恒沙功德,以我修三密加持力故,願一切有情等同虛空藏菩薩。如是觀已,即誦大悲三摩地真

① 身,原脱,據《中華藏》校勘《石》《麗》補。

言曰：

唵摩賀引迦嚕拏上夜引娑頗二合囉一

次應入喜無量心三摩地智，以清淨心徧緣六道四生、一切有情，本來清淨，猶如蓮華，不染客塵，自性清淨。以我修三密功德力故，願一切有情等同觀自在菩薩。如是觀已，即誦大喜三摩地真言曰：

唵秫詩聿反馱鉢囉二合謨引娜娑頗二合囉一

次應入捨無量心三摩地智，以平等心徧緣六道四生、一切有情，皆離我、我所，離蘊、處[①]、界，及離能取、所取，於法平等，心本不生，性相空故。以我修三密功德力故，願一切有情等同虛空庫[②]菩薩。如是觀已，即誦大捨三摩地真言曰：

唵摩護引閉乞灑二合，引娑頗二合囉一

瑜伽者由修習四無量心定，誦四無量心真言，非[③]於未來所有人、天種種魔業障難悉皆除滅，身中頓集無量福聚，心得調柔，堪任自在。

次結金剛合掌印，二手十度右押左，互相交即成。真言曰：

唵嚩日囉二合，引惹慈攞反里

由結金剛合掌印，速得滿足十波羅蜜，得十自在。

次結金剛縛印，即以前印十度外相叉，作拳即成。真言曰：

唵嚩日囉二合滿馱一

由結金剛縛印，瑜伽者速得十地滿足。

次結摧十種障金剛縛印，如前金剛縛，以印三度掣拍心上即成。真言曰：

唵嚩日囉二合滿馱一怛囉二合吒半音，二

由結此印，能摧滅心中十種惑障，則顯現發揮身口意金剛。

次結金剛徧入印，如前金剛縛印，禪智屈入掌，各捻戒方，置於心上。真言曰：

唵嚩日囉二合，引吠微閉反捨惡一

由結此印，瑜伽者身中三密金剛皆得順伏，加持不散。

次結金剛拳三昧邪印，如前金剛徧入印，進力屈拄禪智背即成。真言曰：

唵嚩日囉二合母瑟置二合鍐一

由結金剛拳三昧邪印，身口意金剛合爲一體，修瑜伽者速得一切成就。

次結三昧邪印，如前金剛縛，直豎忍願相合即成。誦真言三徧，真言曰：

唵三去麼野娑怛鍐三合，一

則觀自身等同金剛薩埵，處在月輪。又觀金剛薩埵在身前，如鏡中像，與身相對

① 處，《中華藏》校勘《石》《麗》無。

② 庫，《中華藏》校勘《南》《徑》《清》作"藏"。

③ 非，《中華藏》校勘《麗》無。

等無有異。由結此印，誦真言，觀念相應故，即得於一切印爲主宰。

次結大三昧邪真實印，二手金剛縛，忍願屈入[①]掌面相合，檀慧禪智，直竪相合，以忍[②]願頭，頻觸心上。真言曰：

唵三去麽野斛引，一素囉多娑怛鑁三合，二

由結此印，警覺瑜伽者身中金剛薩埵，以威神加持行者，速得成就普賢菩薩身。

次結三世勝菩薩印，二手各作金剛拳，右手加左手腕[③]上，檀慧反相鉤，直竪進力，安印當心，誦真言三徧。真言曰：

唵遜婆去，一韥遜婆去，引吽短聲，後同，二虼囉二合彃拏二合虼囉二合彃拏二合吽三虼囉二合彃拏二合，引跛野吽四阿去，引曩野斛引婆去誐鑁五嚩日囉二合吽並短聲發吒半音，六

即入金剛忿怒威光熾盛三世勝三摩地，此菩薩有四面，皆忿怒，八臂各執器仗，左[④]足踏烏摩，如丁字勢立，徧身火焰，炯燃如劫灾火，此即三世勝聖者三摩地觀也。修行者應住菩提心，深起悲愍，滅除内外人天等障，即以印左轉三帀，辟除障者，便右轉三帀，隨意大小結爲方隅界，即印心、額、喉、頂，各[⑤]誦一徧，頂上散印。

由結此印，誦真言，住此忿怒三摩地，身心所有煩惱業障，以金剛猛利惠火焚燒悉盡。次結蓮華三昧邪印，如前金剛縛，檀慧禪智竪相合，置於口上，誦真言曰：

唵嚩日囉二合跛娜麽二合，一三去麽野娑怛鑁三合，二

瑜伽者作是思惟，我今此身等同觀自在菩薩，想左手當心執蓮華，右手作開敷華勢，住圓滿月輪中，了了分明。由結此印，誦真言加持故，一切三摩地一切方便般若波羅蜜，速得成就。

次結三摩地印，如前金剛縛，仰安加趺上，進力屈中節竪柱[⑥]背，禪智横相拄於進力上。即誦真言曰：

唵三去麽地跛娜銘二合紇哩二合，入，引，一

瑜伽者端身正坐，儼然不動，想自身在一切如來海會，觀一一佛身，微細由如胡麻，相好具足，了了分明，即入觀自在菩薩觀智。作是思惟，一切法本來清淨，我亦清淨。於世間貪愛清淨故，則瞋恚清淨。於世間塵垢清淨故，則一切罪清淨。於世間一切法清淨故，則一切有情清淨。於世間般若波羅蜜多清淨故，則薩婆若清淨。瑜伽者作是觀已，身心豁然清淨。即誦通達心真言曰：

---

① 入，原作“八”，據《中華藏》校勘《石》《磧》《普》《南》《徑》《清》《麗》改。

② 忍，《中華藏》校勘《磧》作“慧”。

③ 腕，《中華藏》校勘《石》《麗》無。

④ 左，《中華藏》校勘《磧》《南》《徑》《清》作“右”。

⑤ 各，《中華藏》校勘《磧》《普》《南》《徑》《清》無。

⑥ 柱，《中華藏》校勘《石》《磧》《普》《南》《徑》《清》作“相”，《麗》作“拄”。

唵唧多上鉢囉二合底丁以反吠微閉反,引鄧一迦嚕弭二

瑜伽者誦無限數,當證二無我,顯現如來藏,證圓滿菩提心,即誦菩提心真言曰:

唵冒引地唧多上母多跛二合娜夜引弭一

即閉目澄心,觀自身中正當胷間,有圓滿清淨[①],潔白滿月,一心專注,更不異[②]緣,於圓明上想有八葉蓮華,於蓮華胎中觀"紇哩二合"字,如紅玻瓈色,即誦加持蓮華真言曰:

唵底瑟姹二合跛娜麽二合,一

想其蓮華漸舒漸大,乃至徧滿小千世界及中千世界、大千世界,其華具大光明,照曜六道衆生,滅除一切苦惱,彼等獲得安樂悦喜。即誦引蓮華真言曰:

唵娑頗二合囉跛娜麽二合,一

復想是蓮華漸斂漸小,量等己身,即誦斂蓮華真言曰:

唵僧去賀囉跛娜麽二合,一

又想空中一切如來,悉皆入此蓮華中,合爲一體。其蓮華變成觀自在菩薩,身紅玻瓈色,坐蓮華臺上,首戴寶冠,中有化佛,了了分明,以决定心如是觀已,即誦自身成本尊瑜伽。真言曰:

唵嚩日囉二合達謨引含一

由誦此真言加持故,瑜伽者自身與本尊身,等無有異。

次結加持印,如前金剛縛,進力合竪,屈如蓮葉,禪智並竪[③]即成,以印加持四處,所謂心、額、喉、頂,各誦一徧。真言曰:

唵嚩日囉二合達麽引地瑟姹二合娑嚩二合軨

由結此印加持故,修行者威德自在,離諸障難,本尊瑜伽速得成就。

次結佛寶冠灌頂印,如前金剛縛,忍願直竪,進力相拄如蓮葉,安於額上,誦真言三遍。真言曰:

唵怛佗去,引蘖多達磨吽引,一

由結此印及誦真言,則獲得無量壽如來寶冠灌頂。

次結蓮華鬘印,二手各作蓮華拳,當額如繫鬘。相遶三帀,即分頂後。亦遶三帀,兩邊徐徐下,如垂帶勢,從檀慧度,次第舒散十度。誦真言曰:

唵跛娜麽二合麽上,引黎一達麽紇哩二合,入,引軨二

由結蓮華鬘印,當得爲蓮華部中法王。

次結金剛甲冑印,二手各作金剛拳,直舒進力於二度端,想"唵砧謫簪反"二字,即

① 清淨,《中華藏》校勘《磧》《普》《南》《徑》《清》作"清涼"。

② 異,《中華藏》校勘《石》《麗》作"易"。

③ 竪,《中華藏》校勘《磧》作"立"。

誦被甲冑真言曰：

唵嚩日囉二合迦嚩左一嚩日哩二合,引矩嚕二嚩日囉二合嚩日囉二合含三

隨誦真言，以進力二度，初於心上，相遶三帀，分至背後亦相遶，還却至臍相遶，次遶右膝，還至臍皆相遶。次至腰後，卻至心前，次遶右肩，次遶左肩，次至喉，復至頸後，至額前，復至腦後。每處皆相遶三帀，如前徐徐兩邊下，如垂帶勢。從檀慧度，次第散十度，便以二手旋拳如舞，當心三度拍掌，即誦拍掌真言曰：

唵跛娜麽二合覩史野二合斛引,一

由結金剛甲冑印乃至成佛，於一切處一切生，常被大慈金剛甲冑，莊嚴身心，求世、出世間悉地，速疾成就，内外諸障毗那夜迦不能侵嬈。由誦真言金剛拍掌故，一切聖衆悉皆歡喜。

次於下方空中想"憾胡感反"字，其字如染玄色，漸舒漸廣，成大風輪。於風輪上想"𤙖摸感反"字，白色，漸引漸大，與風輪相稱，變爲水輪。於水輪上想"鉢囉二合"字，金色，稱其水輪成一金龜。於龜背上想"素"字，變爲妙高山，四寶所成。又想"劒平"字，變成金山，七重圍遶。則於妙高山上虚空中想毗盧遮那佛，徧身毛孔流出香乳雨，澍七山間，以成八功德香水乳海。於妙高山頂上想有八葉大蓮華，於蓮華上有八大金剛柱，成寶樓閣。於蓮華胎中想"訖哩二合"字，從字流出大光明，徧照一一佛世界，所有受苦衆生遇光照觸，皆得解脱。於此大光明中，踊出千手千眼觀自在菩薩，具無量相好，熾盛威德，十波羅蜜菩薩周帀圍遶，八供養菩薩各住本位，於寶樓閣四隅有白衣、大白、多羅、毗俱胝等四大菩薩，各與無量蓮華部衆前後圍遶，諸天八部以爲眷屬。如是觀想無量聖衆及本尊，極須分明，勿令忘失次第。即結纔發意轉法輪菩薩印，二手各作金剛拳，進力檀慧相鉤結。即誦真言曰：

唵嚩日囉二合斫訖囉二合吽一弱二吽三鑁四斛引,五

即以印置於身前壇上，即成蓮華部世調伏大曼荼羅，以印安於心上，即自身成大曼荼羅，以印觸本尊像，彼像或畫或銅或塑，皆成大曼荼羅。以印置身前空中，即滿虚空界成大曼荼羅。修行者設有越法，悮失三業破三昧邪戒，由結此印，誦真言加持故，能除諸過，皆得圓滿。

次結普請警覺一切聖衆印，如前金剛縛，直豎忍願，進力屈如鉤即成。瑜伽者應以清雅梵音，誦警覺聖衆真言徧，警覺本尊并十波羅蜜菩薩、蓮華部聖衆真言曰：

阿去,引夜引呬馨異反試伽嚫二合,轉舌呼素蘖跢引枳孃二合吠微閉反誐多入聲,一鉢羅二合拏上,引弭旦得安反帝嚩囉薩怛嚩二合尾訖囉二合麽入聲,引,二迦嚕引呬薩鋑嚩囉娜引摩賀引麽攞引,入聲,三阿上贊拏迦引薩怛嚩二合尾秫詩聿反地迦引囉迦引,入,四怛怛𠻴二合難底丁以反,後同囉閣底同上羅閣五尾囉閣尾囉閣六阿囉囉訖哩二合播引麽野娑嚩二合,引賀引,七

便結普召集佛菩薩印，即分前印，胷前交臂右押左，以忍禪願智彈指，即想左手

拓金剛乾搥，右手執獨鈷①金剛杵，捶擊聲徹十方世界。諸佛、菩薩、一切聖衆聞已，皆悉集會於曼荼羅上空中，瑜伽者即住觀自在菩薩三摩地，即誦蓮華部一百八名讚，普禮一切聖衆。誦讚歎曰：

惹自攞反野覩没哩二合，鼻聲拏上，引羅餉佉惹准上吒計捨迦羅引跛馱囕一鉢娜麽二合嚩嘲引誐拽瑟置二合怛囉二合野寗引怛囉二合娑賀娑囉二合步簪自含反，二娑怛多那莫娑訖哩三合姤引粃尾你野二合，引馱囉你引嚩誐喃三阿賀麽上嚩路引枳帝引濕嚩二合囉廮囕娑多上單鉢囉拏多入聲，四跛娜麽二合囉引誐顊寧逸反麽上藍五迦引麽上囉引誐母答輪六路引迦曩引他曼馱銘引，七薩嚩秫詩聿反馱悉地野三合左八

次結馬頭明王鉤印，二手金剛縛，進力屈如鉤，向身招之，誦真言三徧。真言曰：

唵賀野疙哩二合，引嚩一摩賀引跛娜莾二合矩舍引，二羯囉灑二合野試引伽囕二合，三薩嚩跛那麽二合矩攞三去麽琰引，四跛娜莾二合，引矩捨馱囉五吽引弱六

由結此印請召，一切聖衆皆來集會。

次結不空羂索菩薩印，二手蓮華合掌，進力禪智金剛縛，右手智度入左手虎口中。即誦真言曰：

唵阿上謨引伽去跛娜麽二合播引捨一矩嚕二合，引馱引羯囉灑二合野二鉢囉二合吠微閉反，引捨野三摩賀跛輸上跛底丁以反，四焰麽嚩嚕拏上矩吠同前音，引囉五没囉二合憾麽二合吠引灑馱囉六跛娜麽二合矩攞三去麽琰引，七吽引吽引，八

由結此印，一切聖衆皆成引入大曼荼羅。次結蓮華鎖菩薩印，二手蓮華合掌，進力禪智金剛縛，各相捻如環。即誦真言曰：

唵跛娜麽二合娑怖二合，引吒滿馱一薩嚩跛娜麽二合矩羅二三去麽夜引熾引伽囕二合，三吽引鑁四

由結此印，一切聖衆以大悲本誓，於道場中各依本位，堅住不散。

次結蓮華俱摩羅印，二手蓮華合掌，禪智屈入掌，各置檀慧戒方度間。即誦真言曰：

唵殺穆佉一娑曩得矩二合麽引囉二吠准前音，引灑馱囉三跛娜麽二合件吒夜引吠引捨野四薩嚩跛娜麽二合矩攞三去麽琰引，五薩嚩母捺囕二合，引滿馱野六薩嚩悉馱喻引銘鉢囉二合拽磋七跛娜麽二合，引吠捨惡惡惡惡八

由結此印誦真言三徧，一切聖衆皆大歡喜。次獻閼伽香水，二手捧閼伽器，當額奉獻，誦真言七徧，想浴一切聖衆雙足。真言曰：

娜莫三去滿多母馱引南引，一唵誐誐曩二三去麽引糝麽娑嚩二合，引賀引，三

瑜伽者獻閼伽時，心中所希望事，即發願啓白聖者，我所求悉地，願速成就。

---

① 鈷，《中華藏》校勘《石》《普》《麗》作“股”。

次結蓮華喜戲[1]菩薩印，二手蓮華合掌，禪智並豎微開，安於心上即成。瑜伽者觀想自身，等同喜戲菩薩，想從心中流出無量喜戲菩薩，供養本尊及一切聖衆。

蓮華喜戲真言曰：

唵跛娜麽二合邏引細囉引誐野一摩賀引祢引尾二囉引誐布引惹自攞反，引三去麽野吽引，三

由結此印誦真言供養故，不久獲得如來地，住法圓現法樂住，證成無上菩提。

次結蓮華鬘菩薩印，即以前印舒臂向前，與自額臍，運想從額流出無量蓮華鬘菩薩，供養本尊及一切聖衆。

蓮華鬘真言曰：

唵跛娜麽二合麽上，引黎一鼻詵去左引鼻曬引迦二布引惹慈攞反，引三去麽野吽引，三

由結此印誦真言供養故，獲得相好具足，當爲三界法王。

次結蓮華歌讚菩薩印，即以前印下至當臍，蓮華合掌，徐徐漸上至口，以印從口向前下瀉，想從口流出無量蓮華，歌讚菩薩，供養本尊及一切聖衆。

蓮華歌讚真言曰：

唵跛娜麽二合儗霓以反，引帝一誐引娜儗准前，引多二布引惹自攞反，引三去麽曳引吽引，三

由結此印誦真言供養故，不久當具六十四種梵音，四無礙辯，能於無量世界轉大法輪。

次結蓮華舞菩薩印，二手各作蓮花拳，先於胷右，互相旋轉如舞。次於胷左，亦互相旋轉如舞勢。次於頰右，次於頰左，如前旋轉，誦真言[2]不間斷。末後蓮華合掌，置於頂上，想從頂流出無量蓮華舞菩薩，供養本尊及一切聖衆。蓮華舞真言曰：

唵跛那麽二合顊嘌二合底曳二合，一薩嚩布引惹准前，引，二鉢羅二合韈多曩三去麽曳吽引，三

由結此印誦真言供養故，當得三種迅疾意成身，刹那頃於無量世界，作神通遊戲，利樂有情，廣作佛事。

次結蓮華焚香菩薩印，二手蓮華合掌，覆二掌向下散，想從印流出妙香雲海，徧周法界，普供養一切如來海會。蓮華焚香真言曰：

唵跛娜麽二合度上，引跛布引惹引三引麽曳一鉢囉二合賀攞二合，引娜野二跛娜麽二合矩羅娜以帝三摩賀誐抳計四跛娜麽二合囉底吽引，五

由結此印供養故，獲得如來無礙金剛解脱智。

次結蓮華華供養菩薩印，二手蓮華合掌，向上如散華勢，運想從印流出種種天妙華，普供養一切如來海會。蓮華華供養真言曰：

---

① 喜戲，《中華藏》校勘《普》《南》《徑》《清》作“嬉戲”，下同。

② 言，《中華藏》校勘《南》作“言言”。

唵補澀跛二合布引惹引三去麽曳一跛娜麽二合嚩引悉額二摩賀引室哩二合曳三跛娜麽二合矩羅鉢囉二合底賀哩四薩嚩引囉攤二合,引娑去,引馱野吽引,五

由結此印供養故,獲得百福莊嚴,無邊受用身。

次結蓮華燈燭菩薩印,二手蓮華合掌,禪智豎相竝[①],運想從印流出無量摩尼燈光,普照一切佛刹。蓮華燈燭真言曰:

唵你引跛布引惹引三去麽曳一跛娜麽二合矩羅遜娜哩二摩賀怒引底野二合,引路引揵散惹曩野三跛娜麽二合薩囉娑嚩二合底吽短聲,四

由結此印,誦真言供養故,獲得如來清淨五眼[②]。

次結蓮華塗香菩薩印,二手蓮華合掌,當智上分散,如塗香勢,想從印中流出塗香雲海,普徧供養一切如來海會,即誦蓮華塗香真言曰:

唵巘馱布引惹慈攞反,引三去麽曳摩賀跛娜麽二合矩羅二際致矩嚕三薩嚩羯麽引抳謎四跛娜麽二合悉地吽引,五

由結此印誦真言供養故,獲得戒定慧解脱,解脱知見五分法身。

次結檀波羅蜜菩薩印,右手仰掌,屈願度與智度相捻,餘度皆舒。即誦真言曰:

唵婆誐嚩底丁以反娜引曩引地跛帝一尾娑嘌二合惹布引羅野娜引難娑嚩二合,引賀引,二

由結此印誦真言三徧,即滅無量劫慳恪業種,獲得三種施福,所謂資生施、無畏施、法施,即檀波羅蜜圓滿,現生獲得富饒,資緣具足,心得自在,壽命長遠。

次結戒波羅蜜菩薩印,二手内相叉,禪智直豎。即誦真言曰:

唵試引攞馱引哩抳一婆誐嚩丁以反吽引,二郝三

由結此印誦真言三徧,即滅無量劫破戒業種,獲得三種戒功德,所謂攝律儀戒、攝善法戒、饒益有情戒,即戒波羅蜜圓滿,常以戒香莊嚴身、口、意業,所有違犯四重禁,苾芻、苾芻尼犯八佗勝罪,悉皆清淨,當來隨願得生淨妙佛刹。

次結忍波羅蜜菩薩印,准前戒波羅蜜印,以進力相合如針,禪智竝豎。即誦真言曰:

嚩婆誐嚩底一乞鏟二合,引底馱引哩抳吽發吒半音,二

由結此印誦真言三徧,則滅無量劫瞋恚業種,獲得三種忍功德,所謂耐怨害忍、安受苦忍、諦察法忍,則忍辱波羅蜜圓滿,儀容端嚴,令人樂見,不相憎疾,皆來親附,勝解尤深,隨念變化。

次結精進波羅蜜菩薩印,准前忍波羅蜜印,進力折[③]開即成。真言曰:

唵尾微一反,引哩褱二合迦哩吽一尾准前音,引哩褱二合尾微一反,引哩褱二合娑嚩二合,引賀

① 竝,《中華藏》校勘《石》《麗》無。

② 獲得如來清淨五眼,《中華藏》校勘《麗》卷上至此。

③ 折,《中華藏》校勘《麗》作"坼"。

引,二

由結此印誦真言三徧,即滅無量劫懈怠懶惰業種。獲得三種精進,所謂被甲精進、攝善法精進、利樂有情精進,則精進波羅蜜圓滿,身心安樂,離諸疾病①,無有苦惱,修世、出世福智願皆得成辨。

次結禪波羅蜜菩薩印,即結加趺坐,左手仰掌於加趺上,以右手仰於左手上,以禪智二度甲相拄。即誦真言曰:

唵婆誐嚩一底薩嚩播引賀引哩抳二摩引賀奈引底曳二合,引吽引吽引吽引吽引癹吒半音,三

由結此印誦真言三徧,即滅無量劫散亂業種,獲得三種静慮,所謂安住静慮、引發静慮、辨事静慮,即禪波羅蜜圓滿,身心輕利,所修神通速得成就,諸魔不能侵擾,一切業障悉皆消滅。

次結般若波羅蜜菩薩印,左手平舒五指,仰置心下,以右手覆於左手上。即誦真言曰:

唵地引,一室哩二合,引,二輸嚕二合多三尾惹曳娑嚩二合,引賀引,四

由結此印誦真言三徧,即滅無量劫愚癡業種,獲得三種慧,所謂人空無分别慧、法空無分别慧、俱空無分别慧,則般若波羅蜜圓滿,獲得聰明智慧,悟解世間出世間法,博達五明,甚深義理。

次結方便波羅蜜菩薩印,右手慧方握智度,左手檀戒握禪度,二手相搏②忍願相背,直豎如針,進力平舒側相拄。即誦真言曰:

唵摩賀引每引怛囉二合唧帝娑嚩二合,引賀引,一

由結此印誦真言三徧,即滅無量劫無善巧方便業種,獲得二種方便善巧,所謂迴向方便善巧、拔濟有情方便善巧,即方便波羅蜜圓滿,修持世間六波羅蜜,由此印真言瑜伽相應,少施功業,福德廣多,疾得成就,皆至究竟,成無上菩提資糧。

次結願波羅蜜菩薩印,右手直竪五度,以掌向外作施無畏勢。即誦真言曰:

唵迦嚕抳尼呈反賀賀賀糝一

由結此印誦真言三徧,即滅無量劫惡願業種。獲得二種勝願,所謂求無上菩提願、利樂有情願,即願波羅蜜圓滿,從初發心乃至成佛,於其中間所求世間、出世間殊勝上願,皆得圓滿。

次結力波羅蜜菩薩印,准前戒波羅蜜印,禪智進力忍願皆豎③,頭相合。即誦真言曰:

唵娜麽䫫母你帝吽引,一賀賀賀吽引弱一

---

① 病,《中華藏》校勘《麗》作"疹"。

② 搏,原作"博",據《中華藏》校勘《普》《南》《徑》《清》改。

③ 豎,原作"堅",據《中華藏》校勘《石》《磧》《普》《南》《徑》《清》《麗》改。

由結此印誦真言三徧，即滅無量劫於世、出世劣意業種，獲得二種力，所謂思擇力、修習力，於諸對治法伏得諸煩惱，斷諸惑障，修道時決定勝解，一切天魔惡友不能移易，獲得不退轉。

次結智波羅蜜菩薩印，二手外相叉作拳，檀慧直豎，互交少分，屈進力，頭相拄[①]令圓，忍願直豎[②]頭相合。即誦真言曰：

唵麽麽枳孃二合，引曩迦哩吽引娑嚩二合，引賀引，一

由結此印誦真言三徧，即滅無量劫俱生我執種、俱生法執種，獲得二種受用智，所謂受用法樂智、成就有情智，斷二種障，所謂煩惱障、所知障，證得一切法，如幻如陽焰，如夢如影像，如谷響如光影，如水月如變化，如因陀羅網如虛空，不久滿足十地，住法雲地爲大法師。

次結白衣觀自在菩薩印，二手内相叉作拳，豎進力頭相拄令圓，禪智竝豎誦真言曰：

曩謨囉怛曩二合怛囉二合夜引野一娜莫阿去，引哩野二合，引嚩路引枳帝濕嚩二合囉引野二冒引地薩怛嚩二合，引野三摩訶薩怛嚩二合，引野四摩賀引迦引嚕抳迦引野五娜囉捨二合曩娑鉢二合捨曩引毗琰二合，引嚩引，六室囉二合嚩拏鼻音，七娑麽二合囉抳尼整反，引曩嚩引寫引麽憾八薩嚩薩怛嚩二合，引南引薩嚩弭野二合，引地上吉蹉上迦九怛你也二合佗去，引，十羯餘尾羯餘羯徵羯餘十一羯吒尾羯吒羯徵羯餘十二婆去誐嚩底丁以反尾惹曳引娑嚩二合賀引，上，十三

由結此印誦真言七徧，蓮華部母聖者加持故，諸魔毗那夜迦不得其便。從初作先行時，乃至求成就時，念誦徧數奉獻此尊，掌持設令出念誦處，誤[③]失三業，破三昧邪戒，所有念誦功課，定充先行成就數，功不虛棄，剋獲悉地。或有惡人無辜作留難者，想彼人在瑜伽者足下，誦真言二十一徧，所有作留難者，悉皆消散，慈心相向，不能障礙。

次結大白觀自在菩薩印，二手内相叉，進力二度合豎微開，禪智竝豎即成。真言曰：

曩謨囉怛曩二合怛囉二合夜引野一娜莫阿去，引哩野二合，引嚩路引枳帝濕嚩二合囉引，二野冒引地薩怛嚩二合，引野三摩賀引薩怛嚩二合，引野四摩賀引迦引嚕抳迦引野五怛你也二合佗去，引，六濕吠二合，引帝引，七濕吠二合黨引霓引，八濕吠二合多上部惹慈曳反，九濕吠二合多嚩無撥反，去聲，呼悉怛𡂁二合，十，引濕吠二合多麽上，引𩿡引，十一囉楞去聲，呼訖哩二合帝引，十二惹慈攞反曳引尾惹准上曳引，十三阿上尒帝引阿上囉引尒帝十四薩嚩悉馱娜莫娑訖哩二

① 拄，原作“柱”，據《中華藏》校勘《石》《磧》《普》《南》《徑》《清》《麗》改，下同。

② 豎，《中華藏》校勘《磧》無。

③ “誤”前，《中華藏》校勘《麗》有“設”。

合帝引，十五呬馨異反里弭里枳里十六捺囉捨二合野娑去，引馱野娑嚩二合，引賀引，十七

由結此印誦真言三徧，無量劫積集十不善黑業，悉皆消滅，一切善品白法無漏圓寂，皆得圓滿。瑜伽者真言久修持，忽生疑惑。欲知未來成不成善惡之事，於欲眠寢時，以衣覆頭，以右手右旋摩其面，誦此大白真言二十一徧，即右脇而卧，離諸思想，惟觀念大白觀自在菩薩。睡已，須臾頃即夢見老人，或見①國王淨行，見白衣少年、婦人，或見華果種種吉祥勝事，當知未來尅獲成就，殊勝吉祥。若夢中見旃陀羅，身著垢弊破衣服，或見女人醜惡形容，或見不吉祥之物，當知所求事不成，必有障礙。

次結多羅菩薩印，准前大白印，進力頭相合如針即成。真言曰：

曩謨囉怛曩二合怛囉二合夜引野一娜莫阿去哩野二合，引，二嚩路引枳帝濕嚩二合囉引野三冒引地薩怛嚩二合，引野四摩賀引薩怛嚩二合，引野五摩賀引迦引嚕抳迦引野六怛你也二合佗去聲，引，七唵跢去，引嚟彈舌呼，八，後同咄跢去，引嚟九咄嚟娑嚩二合，引賀引，十

由結此印誦真言三徧，助本尊力，令修瑜伽者於諸有情大悲尤深，速獲成就。

次結秘句胝菩薩印，准前多羅印，進力微屈如蓮葉即成。真言曰：

曩莫薩嚩怛佗去，引蘖帝引毗喻二合，引，一囉曷二合毗藥二合三去藐三去母第引毗藥二合，二唵婆野曩引捨額三怛囉二合，引薩額怛囉二合，引娑野怛囉二合，引細四鼻哩二合矩胝怛胝五吠微閉反，引，後同怛胝吠准上反怛胝六吠引囉胝吠引囉胝七濕吠二合帝惹致額娑嚩二合，引賀引，八

由結此印誦真言三徧，獲得威德自在，諸障②業不能侵擾。

次結本尊千手千眼觀自在菩薩根本印，二手金剛合掌，以忍願二度相合，檀慧禪智四度拆開，各直豎即成。誦根本陀羅尼曰：

曩謨引囉怛曩二合怛囉二合夜引野一娜莫阿去，引哩野二合，引嚩路引枳雞以反帝濕嚩二合，下，無撥反囉引野二冒引地薩怛嚩二合，引野三摩賀引薩怛嚩二合，引野四摩賀引迦引嚕抳尼呈反迦引野五摩賀引尾引囉引野六娑上聲，下同賀娑囉二合，引乞灑二合，引野七娑賀娑囉二合室哩二合，引灑引野八娑賀娑囉二合播引娜引野九娑賀娑囉二合尒慈以反，引賀嚩二合，引野十娑賀娑囉二合步惹自攞反，引野十一噎呬婆去誐刎十二阿去，引哩野二合，引嚩路引枳准前音帝濕嚩二合囉十三鄔疙囉二合，十四阿一底庾二合疙囉二合，十五摩賀引鄔疙囉二合，十六摩賀引曩引那十七枳里枳里枳里枳里十八弭里弭里弭里弭里十九唧里唧里唧里唧里二十曩跓胝魯反曩跓准上曩跓曩跓二十一訖囉二合娑上聲，下同訖囉二合娑訖囉二合娑訖囉二合娑二十二矩嚕轉舌，下同矩嚕矩嚕矩嚕二十三噎醯去，引呬二十四摩賀引尾引囉二十五麼上嬾娜娜二十六尾引哩演二合，引娜娜二十七薩嚩迦引輪引銘鉢囉二合拽蹉二十八試引伽囕二合，重

① 見，《中華藏》校勘《磧》作“有”。

② 障，《中華藏》校勘《石》《麗》作“障魔”。

聲呼嚩陝銘二十九囉引瑟鶻二合，轉舌呼娑囉引惹自攞反競矩嚕三十娑上賀娑囉二合步引惹准前，三十一娑賀娑囉二合尾引囉三十二路引髻引濕嚩二合囉娑去，引馱野三十三娑娜引悉朕地婬反銘婆去嚩三十四嚩囉努引婆去嚩三十五阿麌嚕引婆去嚩引弭三十六唵引曩謨引窣堵二合帝婆去誐刎三十七阿去哩野二合，引嚩路引枳帝引濕嚩二合囉三十八鉢囉二合没地野二合鉢囉二合枲引娜幹三十九，引嚩囉努引麽麽四十婆上嚩引呬娑嚩二合，引賀引，四十一

誦此陀羅尼七[①]徧已，頂上散印，由結根本印誦此陀羅尼，能作四種成就事，一者息災，二者增益，三者降伏，四者敬愛。鉤召等所有希望，世間、出世間果報，皆得滿願。本教中所不説成就法者，用蓮華部中法，對此像前作，必獲成就。

次結加持念珠印，即取蓮子念珠安於掌中，合掌當心誦淨珠真言，加持七徧。真言曰：

唵尾嚧引左曩引麽攞娑嚩二合，引賀引，一

即捧珠頂戴，然後以左手禪戒二度捻珠，右手智方二度捻珠，餘六度直竪當心，相去二三寸，許以千轉，真言加持七徧。真言曰[②]：

唵嚩日囉二合獄呬野二合惹自攞反跛三去麽曳引吽引，二

即以二手各聚五度，如未敷蓮華，以智方二度移珠，誦千手千眼陀羅尼一徧，與“娑嚩二合賀”字齊聲移一珠。如是念誦不緩不急，不應出聲稱呼，真言字令一一分明。寂静念誦，離諸散亂，一心專觀本尊，勿緣異境，或百或千常定其數。念誦畢已，捧珠頂戴，至誠發願，安珠本處。修瑜伽者爲求無上菩提，發大淨信，念念精誠，於諸有情深起悲愍拔濟之心，於自希望成就悉地行願，以决定心志不移易，晝夜精勤，不憚劬勞。從初作先行念誦承事時，乃至求悉地成就，時時[③]不應間斷，處所不移易，徧數不應闕。於一淨室，四時三時，精誠念誦，對本尊像前，常辨外供養物，隨自力分，不令間斷。如是依教修習，不久[④]當獲廣大成就。如是觀智念誦畢已，復結本尊印，誦根本陀羅尼三徧，不解此印，誦蓮華部百字真言一徧，頂上散印。真言曰：

唵跛娜麽二合薩怛嚩二合，一三去麽野麽努鼻播引攞野二跛娜麽二合薩怛嚩二合，三怛吠二合，引怒引跛底瑟姹二合，四没哩二合濯重聲，呼，引銘婆引嚩五素姤引數引銘婆嚩六阿努鼻囉訖姤二合，引銘婆嚩七素報引數引銘婆嚩八薩嚩悉地婬二合，上聲銘鉢囉二合拽磋九薩嚩羯磨素左銘十唧多上室哩二合藥矩嚕上吽引，十一賀賀賀賀斛引婆去誐鑁十二薩嚩怛佗去，引孽多十三跢娜麽二合麽上，引銘門上聲左十四跛娜弭二合，引婆去嚩十五摩賀引三去麽野薩怛嚩二合惡入，引，十六

---

① 七，《中華藏》校勘《南》作“十”。

② 曰，原脱，據《中華藏》校勘《石》《麗》補。

③ 時時，《中華藏》校勘《麗》作“時時時”。

④ 久，原作“欠”，據《中華藏》校勘《磧》《普》《南》《徑》《清》《麗》改。

由誦百字真言加持故，能令本尊三摩地，堅住身中，設曾犯五無間罪，謗方廣大乘經，一切罪垢悉皆消滅，現生所求殊勝悉地，皆得圓滿。

復結八供養印，各誦真言一徧，復結十波羅蜜菩薩印，及白衣觀自在等四大菩薩印，各誦本真言一徧，即獻閼伽，心中所①希望，隨便啓告，即結三世勝菩薩印，左轉解界，即對聖衆前，發露懺悔，隨喜勸請，迴向發願。

次結奉送聖衆印，如前金剛縛，忍願直豎相拄，如蓮葉即成，以一時華置於印端捻之，誦奉送真言一徧，頂上散印。真言曰：

唵訖哩二合姤引嚩天博反，一薩嚩薩怛嚩二合，引囉佗二合，二悉地捺跢引，三拽佗去，引努鼻誐引，四孽擦陀鑁二合母馱尾灑閻五補曩囉引誐六麽曩引野覩七唵嚩囉二合跛娜麽二合穆八

又以此奉送印，加持心、額、喉、頂，即結灌頂印，如前繫鬘、被甲、金剛拍掌，各誦本真言一徧。然後禮佛，隨意出道場，常令身心和悦，住本尊瑜伽觀，不應散亂，常樂修諸善品，每以香塗②印塔助本尊瑜伽，於念誦處數須塗拭及洗浴佛像，旋遶有舍利窣堵波塔，深入六念三摩地，及入③三解脱門。如是衆善所生有爲、無爲福聚，迴向一切有情，我所希望殊勝悉地，願一切有情，無諸障礙，皆獲此成就。

金剛頂瑜伽千手千眼觀自在菩薩念誦法

我今復説四種成就法，所謂扇底迦法，息災也，白。報瑟置二合迦法，增益也，黄。嚩試羯囉拏法，敬愛也，赤。阿毗遮嚕迦法。降伏也，黑。

若欲作息災法者，面向北坐，像面向南，於本尊前塗拭圓壇，觀本尊作白色，所獻華果、飲食并自身衣服皆作白色，塗香用白檀，燒香用沈水，點④酥燈，以慈心相應。從月一日初夜時起，首至月八日一期滿。每日三時澡浴，三時换衣，至日滿時，或斷食，或食三白食。如是依法念誦，則能除滅災難、業障、重罪。或五星陵逼本命宿時，感招種種災禍，口舌鬬諍，王官逼迫，家國不和，疫⑤病飢儉，鬼魅不祥，悉皆殄滅，獲得吉祥，身心安樂，所求如意，修世出世行願無礙成就。

若作增益法者，面向東坐，像面向西，本尊前塗拭方壇，觀本尊作黄色，所獻華果、飲食并自身衣服等皆作黄色，塗香用白檀，如少鬱金，燒白檀香，然油麻油燈，以喜悦心相應。從月九日日出時起，首至十五日一期滿，准前三時澡浴，三時换衣，至日滿時，准前斷食及三白食。如是念誦，能遷官榮及增壽命，求福德，聰慧名聞，或求

① 所，《中華藏》校勘《石》《麗》作“所求”。

② 塗，《中華藏》校勘《石》作“泥”，《麗》作“塗”。

③ 入，《中華藏》校勘《麗》無。

④ 點，《中華藏》校勘《石》《麗》作“然”。

⑤ 疫，《中華藏》校勘《麗》作“疾”。

伏藏，豐財眷屬象馬，五穀成熟，職仕王官，得勢得力，所[①]求勝事，皆得增益。

若作敬愛法者，面向西坐，像面向東，本尊前塗蓮華形壇，觀本尊作赤色，身著緋衣，所獻華果、飲食等盡皆赤色，塗香用鬱金，燒香以丁香、蘇合香蜜和燒之，然諸果油燈，以喜怒心相應。從十六日後夜時起，首至二十三日一期滿，至日滿時，澡浴斷食，法准前。如是念誦，得一切人敬愛。若家不和，國不和，怨敵伺，求方便，欲求彼此相敬和順者，及令眷屬朋友恩義親厚，承事官長得善顏色，恩愛親者，依此法求，必得和順。又欲求説法辯才，言音威肅，聞者喜悦，聖賢加護，天龍八部一切歡喜者，當依此法精誠念誦，所求速得滿願。

若作降伏法者，面向南坐，像面向北，本尊前塗三角壇，觀本尊作青色或黑色，身著青黑衣。獻青色華、臭華、不香華，及蔓陀羅華等，飲食用石榴汁染作黑色，或作青色，塗香用柏木，閼伽用牛尿，以黑色華及芥子、柏木[②]、塗香等，各取少分置閼伽中[③]，燒安悉香，然芥子油燈，以忿怒心相應。誦馬頭明王真言，或蓮華部使者一髻尊真言，從二十四日午時或中夜時起首，至月盡日一期滿，滿日澡浴斷食，法如前。如是念誦，能調伏毒惡鬼神，及諸惡毒龍，令國亢旱，或風雨霜雹傷[④]損苗稼，疫病流行。亦調伏惡人於國不忠，殺害無量有情，破滅佛教，謗正法，一闡提、邪見惡人，及諸外道，斷善根者，及侵害傳持正法者，及背師僧父母，不念恩德，作留難者，及諸惡獸、蟲狼、師子、怨敵、惡人欲相損害者，如是等類。作此法時，彼等起惡心者，如[⑤]有覺觸，身心不安，或病或至不濟，即勸彼令發善心。若能悔過自責，永斷惡心者，即爲彼人作息災法，念誦彼等，即免災難，若求出世間上上悉地，速滿福德、智慧二種資糧，及滿足十[⑥]地波羅蜜，超越三無數劫難行難進，又緣滅除内外諸障。修行者决定一緣本尊三摩地，三密相應，心無間斷，仗託諸佛、菩薩大悲願力助護，以三蜜成就資緣，四印相應，瑜伽者不應苦節邀期，令心神散亂，於定不進，行住坐卧四威儀中，令身心悦樂，念念與勝義瑜伽相應，於清淨法界常作觀行。無時無方，無晝無夜，一道清淨，猶如虚空。於見聞覺知唯觀真如，於名於相悉知"阿上[⑦]"字。無緣大悲，自佗平等，常樂利樂無邊有情，速令成就波羅蜜行，等同觀自在菩薩。若能如是修持，或山間深谷，殊勝巖窟，清淨伽藍，於四月四時專精念誦，默斷語[⑧]策勵身心，不耽著睡眠懈怠。

---

① 所，《中華藏》校勘《磧》《普》《南》《徑》《清》無。
② 柏木，《中華藏》校勘《磧》《普》《南》《徑》《清》作"相木"。
③ 中，《中華藏》校勘《石》《麗》作"木"。
④ 傷，《中華藏》校勘《磧》《普》《南》《徑》《清》作"復"。
⑤ 如，原作"必"，據《中華藏》校勘《石》《麗》改。
⑥ 十，《中華藏》校勘《磧》《普》《南》《徑》《清》無。
⑦ 上，《中華藏》校勘《徑》《清》作"上聲"。
⑧ 語，《中華藏》校勘《石》《麗》作"語言"。

隨瑜伽者，根性利鈍，淨信勝解差别，於其中間必獲輕安，三昧現前，即於定中見無數佛會，聞妙法音，證得十地位諸波羅蜜圓滿，身心轉依，於後十六大生，證成無上菩提。欲求出世間成就者，已曾入金剛界大曼荼羅，受本尊持明①灌頂，從阿闍梨具受契印。真言瑜伽觀行，依法畫本尊像，隨力大小，隨自愛樂，吉祥福地兼助伴知法弟子，及成就資緣具等，其弟子須孝敬於師，善順其意，淨信深法，住菩提心，堪②助伴，於一種悉地共成，心不移易。求成就總③有四種等類，一者輪、鉤④、杵、鉞、斧及棒、錫杖等，二者雌黄、雄黄、牛黄及諸藥類等，三者取河兩岸上⑤土作諸禽獸形，所謂象、馬、水牛、雞、鷹、孔雀、金翅鳥等，四者本尊像。成就依蘇悉教法，而作成就輪等及藥物、禽獸形本尊像等，長短、分量、形貌并及童女織成白氎等，依其中間隨⑥其一而作成就，且⑦滿足真言先行徧數，然後共助伴知法弟子。限時限日，限月限年，晝夜以大精勤，如人鑽火，不應間斷，求三種相現，所謂煖、煙、光明等。瑜伽者欲近成就時，有種種障起，應作降⑧伏、息災等護摩，隨上中下成就物等，或執或塗身，或乘或手持，飛騰虚空，兼助伴知識。或有人見於成就者，或成就者見彼人，總得飛騰，遊諸世界。供養諸佛、菩薩，皆壽命一大劫，獲得初地百法明門。若但依此念誦法，或一時二時，或三時四時，於一淨室對尊像前，結契念誦，常不間斷，現生必獲三業清淨，所求世間榮華富貴，皆悉成就。獲得財寶豐饒，人所樂見，博達經論，名聞十方。諸佛、菩薩擁護加持，睡安覺安，諸魔不能侵害。臨命終時，本尊現前，將往極樂世界蓮華胎中，上品上生證菩薩位，受無上菩提記。

金剛頂瑜伽千手千眼觀自在菩薩修行儀軌經

世尊聖者千眼千千千足千舌千臂觀自在菩提薩埵怛嚩廣大圓滿無礙大悲心陀羅尼⑨

(na) (mo) (ra) (tna) (tra) (yā) (ya) (na) (maḥ) (ā)

① 明，《中華藏》校勘《磧》作“名”。

② 堪，《中華藏》校勘《普》作“兼”。

③ 總，原作“物”，據《中華藏》校勘《磧》《普》《南》《徑》《清》改。

④ “鉤”後，《中華藏》校勘《石》《麗》有“釰”。

⑤ 上，《中華藏》校勘《石》《麗》無。

⑥ 隨，《中華藏》校勘《石》《麗》作“隨墮”。

⑦ 且，《中華藏》校勘《麗》作“具”。

⑧ 降，原作“夅”，據《中華藏》校勘《磧》《普》《南》《徑》《清》《麗》改。

⑨ 此陀羅尼，《中華藏》原無，據《大正藏》本補。梵字陀羅尼，依《大正藏》校勘丙本（寬治六年寫仁和寺藏本）所載，並依丁本（靈雲寺版普通真言藏）校勘。漢字陀羅尼，依《大正藏》校勘乙本（永久四年寫東寺三密藏本）所載。標題，《大正藏》校勘丁本作“千手千眼觀自在菩薩根本陀羅尼”。

(ryā) (va) (lā)[1] (ki) (te) (śva) (rā) (ya) (bo) (dhi) (sa) (tvā) (ya) (ma) (hā) (sa) (tvā) (ya) (ma) (hā) (kā) (ru) (ṇi) (kā) (ya) (ma) (hā) (vī)[2] (rā) (ya) (sa) (ha) (srā) (kṣā) (ya) (sa) (ha) (sra) (śi) (ṣā)[3] (ya) (sa) (ha) (sra) (pa)[4] (dā) (ya) (sa) (ha) (sra)[5] (ji) (hvā) (ya) (sa) (ha) (sra) (bhu) (jā) (ya) (e) (hā) (bha) (ga) (vaṃ) (nā)[6] (ryā) (va) (lo) (ki) (te) (śva) (ra) (u) (gra) (ā) (tyu) (gra) (ma) (hā) (u) (gra) (ma) (hā) (ma) (hā) (nā) (da) (ki) (li) (ki) (li) (ki) (li) (ki) (li) (mi) (li) (mi) (li) (mi) (li) (mi) (li) (ci) (li) (ci) (li) (ci) (li) (ci) (li) (na) (ṭu) (na) (ṭu) (na) (ṭu) (na) (ṭu) (na) (ṭu) (kra) (sa) (kra) (sa) (kra) (sa) (kra) (sa) (ku) (ru) (ku) (ru) (ku) (ru) (ku) (ru) (ku) (ru) (e) (hye) (hi) (ma) (hā) (vī) (ra) (va) (laṃ) (da)[7] (da) (vī) (ryaṃ) (da)[8] (da) (sa) (vaṃ)[9] (hā) (maṃ) (me) (pra) (ya) (ccha) (śī)[10] (ghraṃ) (va) (śaṃ)[11] (me) (rā) (ṣṭra)[12] (sa) (rā) (ja) (kaṃ) (ku) (ru) (sa) (ha) (sra) (bhu) (ja)[13] (sa) (ha) (sra) (vī) (ra) (lo) (ke) (śva) (ra) (sā) (dha) (ya) (sa) (dā) (si) (ddhiṃ) (me) (bha) (dha) (ra) (do) (bha) (va)[14] (gro) (a)[15] (bha)

---

[1] (lā)，《大正藏》校勘丁本作“(lo)”。
[2] (vī)，《大正藏》校勘丁本作“(vi)”。
[3] (sra)(śi) (ṣā)，《大正藏》校勘丁本作“(srā) (sī) (rṣā)”。
[4] (sra)(pa)，《大正藏》校勘丁本作“(srā) (pā)”。
[5] (sra)，《大正藏》校勘丁本作“(srā)”。
[6] (vaṃ)(nā)，《大正藏》校勘丁本作“(vaṃ) (ā)”。
[7] (va) (laṃ) (da)，《大正藏》校勘丁本作“(ma) (la) (nda)”。
[8] (ryaṃ) (da)，《大正藏》校勘丁本作“(ryā) (nda)”。
[9] (vaṃ)，《大正藏》校勘丁本作“(rva)”。
[10] (śī)，《大正藏》校勘丁本作“(sī)”。
[11] (śaṃ)，《大正藏》校勘丁本作“(śa)”。
[12] (rā) (ṣ ṭra)，《大正藏》校勘丁本作“(rā) (ṣ ṭā) (rā) (ṣ ṭāṃ)”。
[13] (ja)，《大正藏》校勘丁本作“(jā)”。
[14] (va)，《大正藏》校勘丁本作“(va) (a)”。
[15] (a)，《大正藏》校勘丁本無。

(vā)[1](mi)(oṃ)(na)(mo)(stu)(te)(bha)(ga)(vaṃ)(tnā)[2](ryā)(va)(lo)(ki)(te)(śva)(ra)(pra)(pu)(dhya)(pra)(sī)(da)(maḥ)[3](va)(ra)(do)(ma)(ma)(bha)(vā)(hi)[4](svā)(hā)

跛娜麽二合薩怛嚩二合摩賀引薩怛嚩二合，一路引計引濕嚩二合囉摩係濕嚩二合羅二阿上嚩路引枳帝引捨地引囉引疙哩野三合，三嚩日囉二合達磨曩謨引窣堵二合帝四

達磨囉引惹摩賀引秫詩聿反馱五薩怛嚩二合囉引惹摩賀引麽帝六跛娜麽二合，引多麽二合迦摩賀引跛娜麽二合跛娜麽二合曩引他曩謨引窣堵二合帝八跛娜謨二合，引納婆二合嚩素跛娜麽二合，引婆去，九跛娜麽二合秫同前馱素戍引馱迦十嚩日囉二合跛娜麽二合素跛娜莽二合，引誐十一跛娜麽二合跛娜麽二合曩謨引窣堵二合帝十二摩賀引尾濕嚩二合摩賀引路引迦十三摩賀引迦引哩野二合，引摩護引跛莫十四摩賀引地引囉摩賀引味引囉十五摩賀引少去，引噪曩謨引窣堵二合帝十六薩怛嚩二合，引捨野摩賀引夜引曩十七摩賀引喻引誐尾跢引麽郝十八苦去，引暴引餉迦囉秫詩聿反馱引囉他二合，十九母馱跛娜麽二合曩謨引窣堵二合帝二十達磨怛怛嚩二合，引囉他二合，引薩達磨二十一秫詩聿反馱達磨素達磨訖嘌二合，入，二十二摩賀引達磨素達磨引疙哩野三合，二十三達磨斫訖囉三合曩謨引窣堵二合帝二十四母馱薩怛嚩二合素薩怛嚩二合，引疙哩野三合，二十五達磨薩怛嚩二合素薩怛嚩二合地哩二合，入，二十六薩怛舞二合，引答麽素薩怛嚩二合抧孃二合，二十七薩怛嚩二合薩怛嚩二合曩謨引窣堵二合帝二十八阿嚩路引枳多曩引他去引疙哩野三合，二十九摩賀引曩他尾路引枳多三十阿去，引路引迦路引迦引囉他二合，三十一路引迦曩引他曩謨引窣堵二合帝三十二路引迦引乞灑二合囉引乞灑二合囉摩翰引，三十三曩乞灑二合囉引疙哩野三合乞灑二合嚧引跛莫三十四阿上乞灑二合囉引乞灑二合囉薩嚩引乞灑二合，三十五斫訖囉二合乞灑二合囉曩謨引窣堵二合帝三十六跛娜麽二合賀娑多二合摩賀引賀娑多二合，三十七三去麽引濕嚩二合，引娑迦娜引野脚三十八秫詩聿反馱達磨摩賀引母馱三十九母馱引多麽二合迦曩謨引窣堵二合帝四十母馱嚕引跛摩賀引嚕引跛四十一嚩日囉二合嚕引跛素嚕引跛嚩無撥反，四十二達磨引跛引迦素帝引惹慈擺反，引疙哩野三合，四十三路引迦路引迦曩謨引窣堵二合帝四十四跛娜麽二合室哩二合，引曩引他引曩引他疙哩野三合，四十五達磨室哩二合，引曩引他曩引他鏝引，四十六没囉二合憾麽二合曩引他摩賀引没囉二合憾麽二合，四十七没囉二合憾麽二合補怛囉二合曩謨引窣堵二合帝四十八儞引，泥以反，後同跛儞引播引疙哩野三合儞引布引疙哩也三合，四十九儞引播路引迦素儞引跛脚五十儞引跛曩引他摩賀引儞引跛五十一母馱引鼻色訖多二合母馱引疙

---

① (vā)，《大正藏》校勘丁本作"(va)"。
② (tnā)，《大正藏》校勘丁本作"(ā)"。
③ (maḥ)，《大正藏》校勘丁本作"(māṃ)"。
④ (hi)，《大正藏》校勘丁本作"(ki)"。

哩野三合，五十三母馱補怛囉二合摩賀引母馱五十四母馱引鼻曬引迦没引馱疙哩野二合，五十五母馱母馱曩謨引窣堵二合帝五十六母馱斫乞蒭二合，引摩賀引斫乞蒭二合，引，五十七達磨斫乞蒭二合，引摩奚上乞灑二合拏五十八三去麽引地捉孃二合，引曩薩嚩婆嚩二合，五十九嚩日囉二合甯引怛囉二合曩謨引窣堵二合帝六十曳引曩薩嚩引多麽二合曩引矯魚嬌反，引喃六十一曩引麽上引瑟吒二合捨多上達多嚩六十二婆去，引嚩曳引窣堵二合努鼻音夜引娜嚩二合引粃六十三路引計引濕嚩二合，下，無撥反哩野二合麽上嚩引補努鼻聲帝引底丁以反，六十四

金剛頂蓮華部心念誦儀軌[1]

開府儀同三司特進試鴻臚卿肅國公食邑三千户賜紫贈司空
謚大辨正號大廣智大興善寺三藏沙門不空奉詔譯[2]

歸命礼普賢！金剛蓮花手！
説修瑜伽法，先應礼三寶。
長跪合蓮掌，運心對聖衆，
陳罪應隨喜。次觀一切法，
遠離於塵垢，應誦此真言，
器界皆清淨。

淨地真言曰：

(oṃ)[3] (ra) (je) (pa) (ga) (tāḥ) (sa) (rva) (dha) (rmma)
唵 囉 儒 波 誐 哆 薩 嚩 達 摩

次當淨三業，觀法本清淨，
誦此真言明，三業皆清淨。

淨身真言曰：

(svā) (hā) (va) (śu) (ddhāḥ) (sa) (rva) (dha) (rmmāḥ)
沙嚩二合 訶[4] 娑 嚩 秫馱 薩 嚩 達 摩

由此真言故，其身成法器，
於虚空觀佛，遍滿如胡麻。
則誦遍照明，歷然見諸佛，

---

① 底本，《中華藏》第1436號，第65册第680頁中—691頁下，原《金藏》廣勝寺本。第680頁中一行至682頁中三行原本殘缺，以《麗藏》本補。梵字真言，據《大正藏》本《蓮華部心念誦儀軌》（下簡稱梵本）補。經名後，原有"一卷"，《中華藏》校勘《石》《磧》《普》《南》《徑》《清》無，此移尾題後。

② 譯名，《中華藏》校勘《石》作"特進試鴻臚卿上京大興善寺三藏沙門大廣智不空奉詔譯"，《磧》《普》《南》作"大興善寺三藏沙門大廣智不空奉詔譯"，《徑》《清》作"唐北天竺三藏沙門大廣智不空奉詔譯"。

③ (oṃ)，梵本脱，據對譯補。

④ 訶，原脱，據對音梵字補。

觀佛真言曰：

(khaṃ) (va) (jra) (dhā) (to)
欠 嚩 日囉二合 馱 覩

金剛起真言曰：

(oṃ) (va) (jre) (ti) (ṣ ṭ) (hūṃ)
唵 嚩 日羅 底 瑟姹 吽①

叶字想於心，變成五股杵，
應想遍身中，所有微塵數。
爲金剛薩埵，金剛掌舒臂，
全身委地礼，捨身遍法界，
奉獻阿閦尊，盡礼事諸佛。

阿閦②真言曰：

(oṃ) (sa) (rva) (ta) (thā) (ga) (ta) (pū) (ja) (pa) (sva) (na)
唵 薩 嚩 怛 他 誐 多 布 儒 波 薩他 曩
(ya) (ā) (tma)④ (nāṃ) (ni) (ryā) (ta) (yā) (mi) (sa) (rva)
也 阿③ 怛摩二合 喃 你 哩耶 多 夜 弭 薩 嚩
(ta) (thā) (ga) (tā) (va) (jra) (sa) (tvā) (dhi) (ṣṭa) (sva)
怛 他 誐 多 嚩 日囉二合 薩 怛嚩二合 地 瑟咤二合 娑嚩二合
(maṃ) (hūṃ)
鋡 吽

次想怛略二合⑤字，於額金剛寶，
想身爲寶形，身中微塵數，
想成金剛藏，全身以額礼，
金剛掌於心，奉獻寶生尊。
想於無邊刹，首持五佛冠，
灌一切佛頂。

寶生真言曰：

---

① “金剛起真言”至此，原脱，據《大正藏》校勘記補。
② 阿閦，底本無，據梵本真言名稱例加，下各真言名同。
③ 阿，原脱，據對音梵字補。
④ (tma)，梵本脱，據對譯字“怛摩二合”補，下同。
⑤ 怛略二合，《中華藏》校勘《磧》《普》《南》作“怛略二合”，《徑》《清》作“怛略”。

(oṃ) (sa) (rva) (ta) (thā) (ga) (tā) (pū) (ja) (bhi) (ṣe) (kā)
唵 薩 嚩 怛 他 誐 多 布 惹 毗 曬 迦
(ya)(ā)(tma) (nāṃ)(ni)(ryā)(ta)(yā)(mi)(sa)(rva)(ta)(thā)
耶 怛麽二合 喃 你 哩耶 多 夜 弭 薩 嚩 怛 他
(ga)(tā)(va)(jra) (ra)(tna) (bhi)(ṣi)(va)(maṃ)(traḥ)
誐 哆 嚩 日囉二合 囉 怛曩二合 毗 詵 者① 鋡 怛咯二合

觀紇哩二合②於口，即想八葉蓮，
觀身爲蓮華，身中微塵數。
想成金剛法，全身以口礼，
金剛掌於頂，奉獻無量壽，
想遍諸佛會，而請轉法輪。

無量壽真言曰：

(oṃ) (sa) (rva) (ta) (thā) (ga) (tā) (pū) (ja) (pra) (va)
唵 薩 嚩 怛 他 誐 多 布 惹 鉢囉二合嚩
(rtna) (nā) (yā) (ā) (tma) (nā) (ni) (ryā) (ta) (yā)
哩多二合 那 耶 阿③ 怛麽二合 喃 你 哩耶二合④多 耶
(mi) (sa) (rva) (ta) (thā) (ga) (tā) (va) (jra) (dha)
弭 薩 嚩 怛 他 誐 多 嚩 日囉二合達
(rmmā) (pra) (va) (rtna) (yā) (māṃ) (hrīḥ)
羯⑤麽引 鉢囉二合嚩 哩多 耶 鋡 紇哩二合

噁⑥字想於頂，變爲業金剛，
觀身普金剛，身中微塵數，
皆成金剛業，全身以頂礼，
當心金剛掌，奉獻不空尊。
想於普集會，觀金剛業身，
而作大供養。

不空成就真言曰：

---

① (va)者，疑誤。按，"者"的對譯梵文當爲(ca)，(va)則一般對譯"嚩"。
② 二合，《中華藏》校勘《石》《徑》《清》無。
③ 阿，原脱，據對音梵字補。
④ 耶二合，原作"二合耶"，倒錯，據《大正藏》校勘記改。
⑤ 羯，原脱，據對音梵字補。
⑥ 噁，《中華藏》校勘《磧》《普》《南》《徑》《清》作"惡"。

(oṃ) (sa) (rva) (ta) (thā) (ga) (tā) (pū) (ja) (rmma)
唵 薩 嚩 怛 他 誐 多 布 惹 羯磨
(ṇi) (ā) (tma) (nāṃ) (ni) (ryā) (ta) (yā) (mi) (sa)
抳 阿 怛麽二合 喃 你 哩耶 多 夜 弭 薩
(rva) (ta) (thā) (ga) (tā) (va) (jra) (rmma) (ku) (ru)
嚩 怛 他 誐 多 嚩 日囉二合 羯磨 矩 嚧
(māṃ) (aḥ) (aḥ) (aḥ)①
鋡 噁 噁 噁

次結金剛持大印，禪慧檀智②反相叉，
右膝著地置頂上，一一想礼如來足，
舒指從頂如垂帶，從心旋轉如舞勢，
金剛合掌置頂上。

金剛持真言曰：

(oṃ) (sa) (rva) (ta) (thā) (ga) (ta) (kā) (ya) (vā)
唵 薩 嚩 怛 他 誐 多 迦 耶 嚩
(kvi) (nta) (va) (jra) (va) (dma) (nāṃ) (ka) (ro) (mi)
訖 只多 嚩 日囉二合 嚩 娜 南 迦 嚕 弭
(oṃ) (va) (jra) (vi)
唵 嚩 日囉二合 勿微一反

歸命十方正等覺，最勝妙法菩薩衆！
以身口意清淨業，殷懃合掌恭敬礼。
無始輪迴諸有中，身口意業所生罪，
如佛菩薩所懺悔，我今陳懺亦如是。
諸佛菩薩行願中，金剛三業所生福，
緣覺聲聞及有情，所集善根盡隨喜。
一切世燈坐道場，覺眼開敷照三有，
我今蹋跪先勸請，轉於無上妙法輪。
所有如來三界主，臨般無餘涅槃者，
我皆勸請令久住，不捨悲願救世間。
懺悔隨喜勸請福，願我不失菩提心，

① (aḥ) (aḥ)，梵本脱，據對譯補。
② 禪慧檀智，《中華藏》校勘《磧》《普》《南》《徑》《清》作“檀慧禪智”。

諸佛菩薩妙衆中，常爲善友不猒捨。
離於八難生無難，宿命住智相嚴身，
遠離愚迷具悲智，悉能滿足波羅蜜。
富樂豐饒生勝族，眷屬廣多恒熾盛，
四無㝵辯十自在，六通諸禪悉圓滿。
如金剛幢及普賢，願讚迴向亦如是。
行者廣大願，次應發勝心，
願一切有情，如來所稱讚。
世間出世間，速成勝悉地。

證定真言曰：

(oṃ) (sa) (rva) (ta) (thā) (ga) (tā) (śaṃ) (si) (tāḥ)
唵 薩 嚩 怛 他 誐 多 商 斯 哆引
(sa) (rva) (sa) (tvā) (nāṃ) (sa) (rva) (si) (ddha) (yaḥ)
薩 嚩 薩 埵 喃 薩 嚩 悉 馱 藥
(saṃ) (pa) (dya) (tnāṃ) (ta) (thā) (ga) (tā) (ścā) (dhi)
三 波 你演二合 耽引 怛 他 誐 多 室者二合 地
(ti) (ṣ ṭa) (tnā)
底 瑟姹拆諫反 耽引

麽吒①爲兩目，應觀爲日月。
二手金剛拳，各安於腰側，
遍視空中佛，諸佛皆歡喜。
所有香花等，及餘供養具，
因此目瞻覩，去垢成清淨，
辟除成結界。

遍觀真言曰：

(oṃ) (va) (jra) (dṛ) (ṣṭi) (ma) (ṭ)
唵 嚩 日囉二合涅哩二合 瑟致二合麽 吒

福智二羽合，十度初交分②，
名爲金剛掌，一切印之首。

金剛掌真言曰：

① 吒，《中華藏》校勘《磧》作“吁”。
② 初交分，《中華藏》校勘《磧》《普》《南》《徑》《清》作“初分交”。

(oṃ)①(va)(jra)(ja)(li)
唵　嚩　日囒二合,引　惹　哩

即彼金剛掌，十度結爲拳，
名爲金剛縛，能解結使縛。

金剛縛真言曰：

(oṃ)(va)(ja)(ba)(ddha)
唵　嚩　日囉二合,引　滿　馱

即以金剛縛，能淨第八識，
亦除雜染種，怛囉二合②吒二字，
想安於兩乳，二羽金剛縛，
掣開如户扇。

開心真言曰：

(oṃ)(va)(jra)(ba)(ndha)(ttra)(ṭ)③
唵　嚩　日囉二合滿　馱　怛囉二合　吒半音

即以金剛縛，禪智屈入掌，
檀慧戒方開，想召無漏智，
入於藏識中。

入智真言曰：

(oṃ)(va)(jrā)(ve)(śa)(aḥ)
唵　嚩　日囉二合,引　吠　奢　噁

即以前印相，進力拄禪智，
以附於心門，無漏智堅固。

堅固智真言曰：

(va)(jra)(mu)(ṣ ṭi)(vaṃ)
嚩　日囉二合母　瑟致二合　鍐

二羽金剛縛，忍願豎如針，
纔誦真言已，自身成普賢，
坐於月輪上，身前觀普賢。

普賢三昧耶真言曰：

---

① (oṃ)，梵本脱，據對譯補，下同。

② 二合，《中華藏》校勘《徑》《清》無。

③ (ba)(ndha)(ttra)(ṭ)，梵本作“(va)(tva)”，與音譯“滿馱怛囉二合吒半音”不對音，據對譯改。

(oṃ) (sa) (ma) (ya) (stvaṃ)
唵 三 昧 耶引 薩怛鑁二合,引

行者次應結,大誓真實契,
二羽金剛縛,檀慧禪智豎,
忍願交入掌,指面令相合。
以二度剌心,名爲大悲箭,
以射猒離心,極喜三昧耶,
警覺本誓願。

真言曰:

(oṃ) (sa) (ma) (ya) (hoḥ) (su) (ra) (ta) (stvaṃ)
唵 三 昧 耶 斛引 蘇 囉 多 薩怛鑁三合

行者次應結,降三世大印,
二羽忿怒拳,檀慧背[①]鉤結。
進力二皆豎,身想忿怒王,
八臂而四面,笑怒恐怖形。
四牙熾盛身,右足笪左直[②],
踏大天及后,勵聲誦真言。
旋轉於十方,左轉成辟除,
右旋成結界。

降三世真言曰:

(oṃ) (su) (mbha) (ni) (su) (mbha) (huṃ) (gṛ) (hṇa)
唵 蘇 婆 你 蘇 婆 吽 蘗哩 訶拏
(gṛ) (hṇa) (huṃ) (gṛ) (hṇa) (pa) (ya) (huṃ) (ā) (na)
蘗哩 訶拏 吽 蘗哩 訶拏 播 野 吽 訶 曩
(ya) (hoḥ) (bha) (ga) (vaṃ) (va) (jra) (huṃ) (pha) (ṭ)
野 斛 婆 誐 鑁 縛 日囉二合吽 發 吒半聲

次結金剛蓮,二羽金剛縛,
檀慧禪智豎,蓮華三昧耶,
得成蓮華部,轉輪之主宰。

蓮花三昧耶真言曰:

① 背,《中華藏》校勘《磧》《普》《南》《徑》《清》作“皆”。
② 笪左直,《中華藏》校勘《徑》作“跙右直”,《磧》《普》《南》《清》作“跙左直”。

(oṃ) (va) (jra) (pa) (dma) (sa) (ma) (ya) (stvaṃ)
唵 嚩 日囉二合鉢 娜摩二合 三 摩 耶 薩怛𠗚三合

阿賴耶識中，違背菩提種。
次結法輪印，摧彼猒離輪，
即前蓮華印，檀慧而交豎，
摧掣①於自心，即滅二乘種。

法輪真言曰：

(huṃ) (ṭa) (kki) (sphe) (ṭa) (ya) (ma) (hā) (vi) (rā)
吽 吒 枳 薩怖二合 吒 耶 摩 訶 尾 囉
(ga) (va) (jraṃ)② (va) (jra) (dha) (ra) (sa) (tye) (na)
誐 嚩 日囕二合 嚩 日囉二合 馱 囉 薩 帝曳二合曩
(ṭhaḥ)
坼勑角反

即結大欲印，二羽金剛縛，
禪入智虎口，隨誦而出入。

大慾真言曰：

(oṃ) (su) (ra) (ta) (va) (jraṃ) (jraḥ) (hūṃ) (vaṃ)
唵 蘇 囉 多 嚩 日藍二合 弱 吽 鑁
(ho) (sa) (ma) (ya) (stvaṃ)
斛引 三 昧 耶 薩怛𠗚三合

大樂不空身，印契同於上，
普願諸有情，速證如來地，
修行瑜伽者，應發如是心。
成就衆生已，次當召一切，
自成大染③智，菩提大欲滿，
圓成大悲種。

大樂金剛真言曰：

(oṃ) (ma) (hā) (su) (kha) (va) (jraṃ) (sā) (dha) (ya)
唵 摩 訶 蘇 佉 嚩 日囕二合 娑 馱 耶

① 掣，《中華藏》校勘《磧》《普》《南》《徑》《清》作“制”。
② (va) (jraṃ)，梵本作“(va) (ja)”，與“嚩日囕二合”不對音，據對譯改。
③ 染，《中華藏》校勘《石》《麗》作“深”。

(sa) (rva) (sa) (tve) (bhyo) (jaḥ) (hūṃ) (vaṃ) (hoḥ)
薩 嚩 薩 怛吠二合毗喻二合 弱 吽 鑁 斛

次結召罪印，二羽金剛縛，
忍願申如針，進力屈如鈎，
起大悲愍心，來去而觀想。
召諸有情罪，自身三惡趣，
衆罪召於掌，黑色如雲霧，
衆多諸鬼形。

召罪真言曰：

(oṃ) (sa) (rva) (pā) (pa) (ka) (rṣa) (ṇa) (va)
唵 薩 嚩 播 波 迦 哩灑二合 拏 嚩
(jra) (sa) (tva) (sa) (ma) (ya) (hūṃ) (pha) (ṭ)
日囉二合 薩 怛嚩二合 三 摩 耶 吽 發 吒吒半音

次結摧罪印，八度内相叉，
忍願如前豎，應觀獨股杵，
當應自身相，變成降三世。
厲聲誦真言，内心起慈悲，
忍願應三拍，摧諸有情罪，
三惡皆辟除。

摧罪真言曰：

(oṃ) (va) (jra) (pā) (ṇi) (vi) (spho) (ṭa) (ya) (sa)
唵 嚩 日囉二合播 尼 尾 薩普二合 吒[①] 耶 薩
(rva) (pā) (ya) (ba) (ddhā) (nā) (ni) (pra) (mo) (kṣa)
嚩 播 耶 滿 馱 那 你 鉢囉二合謀 訖灑二合
(ya) (sa) (rva) (pā) (ya) (ga) (ti) (bhyaḥ) (sa) (rva)
耶 薩 嚩 播 耶 誐 底丁以反 毗藥二合 薩 嚩
(sa) (tvā) (sa) (rva) (ta) (thā) (ga) (ta) (va) (jra)
薩 怛嚩二合薩 嚩 怛 佗 誐 多 嚩 日囉二合
(sa) (ma) (ya) (hūṃ) (tra) (ṭ)
三 摩 耶 吽 怛囉二合 吒半音

次淨三業障，令滅決定業，

① 二合吒，原作“吒二合”，據梵文對音改。

二羽金剛掌，進力屈二節，
禪智壓二度，結此業障除。

淨三業真言曰：

(oṃ) (va) (jra) (ka) (rmmā) (vi) (śo) (dha) (ya) (sa)
唵　嚩　日囉二合　羯　磨　尾　輸　馱　耶　薩
(rva) (va) (ra) (ṇa) (ni) (bu) (ddha) (sa) (bhye) (na)
嚩　嚩　囉　拏　你　母　馱　薩　底曳二合　曩
(hūṃ)
吽

次成菩提心，自佗令圓滿，
印如蓮華契，安於頂之左。

菩提心真言曰：

(oṃ) (ca) (ndro) (tna) (re) (su) (ma) (tna) (bha) (dra)
唵　戰　捺嚧二合　多　梨　三　曼　多　婆　捺囉二合
(ki) (ra) (ṇi) (ma) (hā) (va) (jra) (ṇi) (hūṃ)
枳　囉　尼　摩　訶　嚩　日哩二合　尼　吽

運心諸有情，月上如來威，
速成如普賢，瑜伽經所說。
應結加趺坐，肢節不搖動，
應結等持印，二羽金剛縛，
仰安於臍上①，端身勿搖動，
舌拄於上腭，止息令微細。
諦觀諸法性，皆由於自心，
煩惱隨煩惱，蘊界諸入等，
皆如幻與焰，如乾闥婆城，
亦如旋火輪，又如空谷響。
如是諦觀已，不見於身心，
住寂滅平等，究竟真實智。
即觀於空中，諸佛如胡麻，
遍滿虛空界，想身證十地，
住於如實際。空中諸如來，

① 上，《中華藏》校勘《石》《麗》作“下”。

彈指而警覺，告言善男子：

汝之所證處，是一道清淨，

金剛喻三昧，及薩婆若智，

尚未能證知，勿以此爲定。

應滿足普賢，方成最正覺，

身心不動摇，定中礼諸佛。

普禮真言曰：

(oṃ) (sa) (rva) (ta) (thā) (ga) (tā) (pā) (da) (va)
唵 薩 嚩 怛 佗 誐 多 波 娜 滿

(nda) (nāṃ) (ka) (ro) (mi)
娜 南引 迦 嚕 弭

行者聞警覺，定中普禮已，

唯願諸如來，示我所行處。

諸佛同音言：汝應觀自心。

既聞是説已，如教觀自心。

久住諦觀察，不見自心相，

復想礼佛足，白[①]言最勝尊：

我不見自心，此心爲何相？

諸佛咸告言：心相難可測，

授與心真言，即誦徹心明，

觀心如月輪，若於輕霧中，

如理諦觀察。

通達心真言曰：

(oṃ) (ci) (tta) (pra) (ti) (ve) (dha) (ka) (ro) (mi)
唵 只 多 鉢囉二合 底 吠 鄧 迦 嚕 弭

藏識本非染，清淨無瑕穢，

由具福智故，自心如滿月。

復作是思惟，是心爲何物，

煩惱習種子，善惡皆由心。

心爲阿賴邪，修淨以爲因，

六度熏習故，彼心爲大心。

---

① 白，原作“自”，據《中華藏》校勘《石》《磧》《普》《南》《徑》《清》《麗》改。

藏識本非染,清淨無瑕穢,
長時積福智,喻如淨滿月。
無體亦無事,即説亦非月,
由具福智故,自心如滿月。
踊躍心歡喜,復白諸世尊:
我以見自心,清淨如滿月,
離諸煩惱垢,能執所執等。
諸佛皆告言:汝心本如是,
爲客塵所翳,菩提心爲淨。
汝觀淨月輪,得證菩提心,
授此心真言,密誦而觀察。

證菩提心真言曰:

(oṃ) (bo) (dhi) (ci) (tta) (mu) (tpā) (da) (yā) (mi)
唵 冒 地 只 多 母 馱波 那 夜 弭

能令心月輪,圓滿益明顯。
諸佛復告言:菩提心堅固,
復授心真言①。

觀五股金剛蓮華真言曰:

(oṃ) (ti) (ṣṭa) (va) (jra) (pa) (dma)
唵 底 瑟侘二合嚩 日囉二合 鉢 娜麽

汝於淨月輪,觀八葉蓮華,
令普周法界,唯一大蓮華,
應當知自身,金剛蓮華界。

八葉蓮花真言曰:

(oṃ) (va) (jra) (dma) (tma) (ko) (haṃ)
唵 嚩 日囉二合 怛 麽二合 句 含

自身爲蓮華,清淨無染著。
復白諸佛言:我爲蓮華身。
時彼諸如來,便勑行者言:
觀身如本尊,復授此真言。

觀身本尊真言曰:

---

① 真言,《中華藏》校勘《石》下有咒語"唵素乞叉二合麽嚩囉二合"。

(oṃ) (ya) (thā) (sa) (rva) (ta) (thā) (ga) (tā) (sta)
唵 野 佗引 薩 嚩 怛 佗 誐 多 薩怛
(thā) (haṃ)
佗二合,引 含

既成本尊身,結如來加持,

不改前印相,應誦此真言。

諸如來加持真言曰:

(oṃ) (sa) (rva) (ta) (thā) (ga) (ta) (bhiṃ) (saṃ) (bo)
唵 薩 嚩 怛 佗 誐 多引 避 三 冒
(dhi) (dṛ) (pha) (va) (jra) (ti) (ṣṭa)
地 涅哩二合 荼 嚩 日囉二合地 瑟姹二合

次結四如來,三昧邪印契,

各以本真言,而用加持身。

不動於佛心[①],寶生尊於額,

無量壽於喉,不空成就頂。

四如來三昧耶真言曰:

(oṃ) (va) (jra) (sa) (tvā) (dhi) (ṣṭa) (svā) (māṃ) (hūṃ)
唵 嚩 日囉二合薩 怛嚩二合,引地 瑟姹二合 娑嚩二合 輡 吽[②]
(oṃ) (va) (jra) (ra)[③](tnā) (dhi) (ṣṭa) (svā) (māṃ)
唵 嚩 日囉二合囉 怛曩二合,引 地 瑟姹二合 娑嚩二合 輡
(oṃ) (va) (jra) (dha) (rmmā) (dhi) (ṣṭa) (svā) (māṃ)
唵 嚩 日囉二合達 麽引 地 瑟姹二合 娑嚩二合 輡
(oṃ) (va) (jra) (ka) (rmma) (dhi) (ṣṭa) (svā) (māṃ)
唵 嚩 日囉二合 羯 麽引 地 瑟姹二合 娑嚩二合 輡

既以加持身,次應授灌頂,

五如來印契,各如三昧邪。

徧照灌於頂,不動佛於額,

寶生尊頂右,無量壽頂後,

不空成就佛,應在頂之左。

五佛灌頂真言曰:

---

① 於佛心,《中華藏》校勘《石》《磧》《普》《南》《徑》《清》《麗》作“佛於心”。

② 吽,原脱,據對音梵字補。

③ (ra),梵本作“(na)”,與“囉”不對音,據對譯改。

(oṃ) (sa) (rva) (ta) (thā) (ga) (te) (śva) (ryā) (bhi)
唵　薩　嚩　怛　侘　蘖　帶引　濕嚩二合 囉耶二合,引 毗
(ṣe) (ka) (hūṃ)
曬引　迦　吽
(oṃ) (va) (jra) (sa) (tvā) (bhi) (ṣiṃ) (ca) (māṃ) (hūṃ)
唵　嚩　日囉二合 薩　怛嚩二合,引 毗　詵　遮　鉿引　吽
(oṃ) (va) (jra) (ra) (tnā) (bhi) (ṣiṃ) (ca) (māṃ) (traḥ)
唵　嚩　日囉二合　囉　怛曩二合,引 毗　詵　遮　鉿　怛咯二合
(oṃ) (va) (jra) (pa) (dmā) (bhi) (ṣiṃ) (ca) (māṃ)
唵　嚩　日囉二合 鉢　娜麽二合　毗　詵　遮　鉿引
(hrīḥ)
紇哩二合
(oṃ) (va) (jra) (ka) (rmma) (bhi) (ṣiṃ) (ca) (māṃ) (aḥ)
唵　嚩　日囉二合 羯　磨引　毗　詵　遮　鉿引　噁

次於灌頂後，應繫如來鬘，
四方諸如來，皆三昧邪契。
額前二羽分，三結於頂後，
向前如垂帶[①]，先從檀慧開。

四如來鬘真言：

(oṃ) (va) (jra) (sa) (tva) (mā) (lā) (bhi) (ṣiṃ) (ca)
唵　嚩　日囉二合 薩　怛嚩　磨　羅　毗　詵　遮
(māṃ) (vaṃ)
鉿　鑁
(oṃ) (va) (jra) (ra) (tna) (ma) (lā) (bhi) (ṣiṃ) (ca) (māṃ) (vaṃ)
唵　嚩　日囉二合 囉　怛曩二合 麽　羅　毗　詵　遮　鉿　鑁
(oṃ) (va) (jra) (pa) (dmā) (mā) (lā) (bhi) (ṣiṃ) (ca) (māṃ) (vaṃ)
唵　嚩　日囉二合 鉢　娜麽二合 麽　羅　毗　詵　遮　鉿　鑁
(oṃ) (va) (jra) (ka) (rmma) (ma) (lā) (bhi) (ṣiṃ) (ca) (māṃ) (vaṃ)
唵　嚩　日囉二合 羯　麽　麽　羅　毗　詵　遮　鉿　鑁

次於諸有情，當興大悲心，
無盡生死中，恒被大誓甲。

---

① 垂帶，《中華藏》校勘《麗》作“帶垂”。

爲淨佛國土，降伏諸天魔，

成最正覺故，被如來甲冑。

二羽金剛拳，當心舒進力，

二度相縈繞，心背齊兩膝，

齊腰心兩肩，喉頂額又頂，

各各三旋遶，徐徐前下垂。

先從檀慧散，即能護一切，

天魔不能壞。

真言曰：

(oṃ) (ṭuṃ)

唵 砧

次應金剛拍①，平掌而三拍，

由此印威力，縛解解者縛，

便成堅固甲，聖衆皆歡喜，

獲得金剛體，如金剛薩埵。

金剛拍真言曰：

(oṃ) (va) (jra) (tu) (ṣya) (hoḥ)

唵 嚩 日囉二合 覩 瑟也二合 斛引

次結現智身，二羽金剛縛，

禪智入於掌，身前想月輪。

於中觀本尊，諦觀於相好，

徧入金剛已，本印如儀則，

身前當應結，思惟大薩埵。

現智身真言曰：

(oṃ) (va) (jra) (sa) (tva) (aḥ)

唵 嚩 日囉二合 薩 怛嚩二合 噁

次結見智身，印契如前相，

見彼智薩埵，應觀於自身，

鉤召引入縛，令喜作成就。

見智身真言曰：

① 拍，《中華藏》校勘《麗》作“指”。

(oṃ)(va)(jra) (sa)(tva) (dṛ) (śya) (jaḥ)(hūṃ)(vaṃ)(haḥ)

唵 嚩 日囉二合薩 怛嚩二合担哩二合捨也二合弱 吽 鑁 斛引①

次結四字明,印如降三世,

初進如鈎形,次進力互交,

仍屈頭相拄,次應互相鈎,

次腕合而振,由此四明印,

召引縛令喜。

如來平等三昧耶真言曰:

(jaḥ) (hūṃ) (vaṃ) (hoḥ)②

弱 吽 鑁 斛引

此三昧邪印,當結金剛縛,

忍願豎如針,成本尊瑜伽。

誦三昧邪薩埵鑁,背後徧入贊捺囉,

於中等觀薩埵體,我三昧邪薩怛鑁。

八功德之水真言曰:

(sa) (ma) (yu) (haṃ) (ma) (hā) (sa) (ma) (yu) (haṃ)③

三 摩 喻 啥 摩 訶 三 摩 喻 啥

次應想大海,八功德之水,

於上想金龜,七金山圍遶,

想山間有河,皆八德水成,

想種子并誦,啥鑁與鉢囉。

須彌山真言曰:

(oṃ) (a) (ca) (la) (hūṃ)

唵 阿 者 攞 吽

次想須彌盧,皆以四寶成。

小金剛輪真言曰:

(oṃ)(vi)(ma)(le)(da)(dhi)(hūṃ)

唵 尾 摩 嚧 娜 地 吽④

---

① 弱吽鑁斛引,原脱,據梵字補。

② 此行,梵本作(sa) (ma) (yo) (haṃ) (ma) (hā) (sa) (ma) (yo) (haṃ),據對譯改。

③ 此行,梵本作(haṃ) (vaṃ) (pra) (su) (kaṃ),據對譯改。

④ 此真言,原與前小金剛輪真言倒錯,此移正。

上想寶樓閣，則結金剛輪，
由此印威力，則成諸輪壇。
二羽金剛拳，進力檀慧鈎，
於中應觀想，輪壇如本教，
即於寶閣中，而觀曼荼羅。

真言曰：

唵嚩日囉二合斫迦囉二合吽

次應誦啓請，不改前印相，
想白諸聖尊，降此曼荼羅。

啓請真言曰：

(ya) (bhyāṃ) (ni) (rvi) (ghna) (sa) (cca) (kra) (si)
野引　毗焰二合，引　涅你逸反　尾　竭那　娑上　斫　迦囉二合　悉
(dvi) (syā) (ta) (mu) (he) (va) (te) (va) (jra) (ku)
地　寫去　多　畝　陛　韈　哷　嚩　日囉二合軍
(ṇḍa) (li) (he) (tu) (bhyāṃ) (ta) (bhyaṃ) (ma) (stu)
荼　利　係　都　毗焰二合，引　哆①　毗焰二合　麽　薩覩二合
(sa) (dā) (na) (maḥ)
娑　娜　曩　莫

次結開門契，想開大壇門，
二羽金剛拳，檀慧應相鈎。
進力豎側合，每門誦真言，
應吽而擘開，從東而右旋。
每方面向門，若方所小狹，
即應觀想中，運心如本教。

開門真言曰：

(oṃ) (va) (jra) (dvā) (ro) (dmā) (ṭa) (ya) (sa) (ma)
唵　嚩　日囉二合　娜嚩二合　嚧　嗢莔二合　吒　也　三　摩
(ya) (pra) (ve) (śa) (ya) (hūṃ)
耶　鉢囉二合吠　舍　耶　吽

次結啓請契，啓白於聖尊，
二羽金剛縛，忍願應豎合。
進力屈如鈎，中後而不著，

① 二合引哆，原作“一合哆引”，據對音梵字改。

稱名而啓請。

三唱啓請伽佗曰：

(ā) (yāṃ) (tu) (sa) (rve) (bhu) (va) (na) (ka) (sā)
阿 演去 都 薩 吠 慕 嚩 乃 迦 娑
(tāḥ) (pra) (ṇā) (mi) (tāḥ) (śa) (ṣa) (ka) (ṭā) (ra)
囉引 鉢囉二合拏 弭 哆引 世 沙 迦 菽粉句反囉
(mā) (rāḥ) (sā) (kṣa) (kṛ) (tā) (na) (tna) (bha) (va)
摩 囉引 娑 乞叉二合訖哩二合哆 難上 哆 婆 嚩
(sva) (bhā) (vāḥ) (svā) (yaṃ) (bhu) (vo) (na) (tna)
娑嚩二合婆 嚩 娑嚩二合演 慕 髦 難 多
(bha) (va) (sva) (bha) (vāḥ)
婆 嚩 娑嚩二合婆 嚩

次觀佛海會，諸聖普雲集，
交臂作彈指，指聲徧法界。

佛海會真言曰：

(oṃ) (va) (jra) (sa) (ma) (ja) (jaḥ)
唵 嚩 日囉二合娑 摩 惹 弱

諸如來集會皆在於虛空，誦一百八名讚，禮曼荼羅衆。讚曰：

東真言：

(va) (jra) (sa) (tva) (ma) (hā) (sa) (tva) (va) (jra)
嚩 日囉二合薩 怛嚩二合摩 訶 薩 怛嚩二合，一 嚩日囉二合
(sa) (rva) (nta) (thā) (ga) (ta) (sa) (ma) (nta) (bha)
薩 嚩 怛 佗 蘖 多二 三 曼 多 䟦
(dra) (va) (jra) (dya) (va) (jra) (pā) (ṇa) (na) (mo)
涅囉二合嚩 日囉二合，引 你耶三 嚩 日囉二合播 儜 曩 牟
(stu) (te)
薩都二合帝四
(va) (jra) (rā) (ja) (su) (bu) (ddhā) (grya) (va)
嚩 日囉二合 囉 惹 蘇 没 馱 誐哩耶二合，一 嚩
(jrāṃ) (ku) (śa) (ta) (thā) (ga) (ta) (a) (mo) (gha)
日啣二合 矩 捨 怛 佗 蘖 多二 阿 目 伽
(rā) (ja) (va) (jra) (grya) (va) (jra) (ka) (rṣa) (na)
囉 惹 嚩 日囉二合你耶三 嚩 日囉二合喝 沙 曩

(mo) (stu) (te)
牟 薩覩二合帝四
(va) (jrā) (rā) (ga) (ma) (hā) (so) (khya) (va) (jra)
嚩 日囉二合囉 誐 摩 訶 燥 企也一 嚩 日囉二合
(vā) (ṇa) (va) (śaṃ) (ka) (ra) (mā) (ra) (kā) (ma)
嚩 拏 嚩 商 迦 囉二 摩 囉 迦 摩
(ma) (hā) (va) (jra) (va) (jra) (ca) (pa) (na) (mo)
摩 訶 嚩 日囉二合,三 嚩 日囉二合 赭 波 南 牟
(stu) (te)
薩覩二合帝四
(va) (jra) (sa) (dhi) (su) (va) (jra) (grya) (va) (jra)
嚩 日囉二合娑 度 蘇 嚩 日囉二合 蘖囉一 嚩 日囉二合
(tu) (ṣṛe) (ma) (hā) (ra) (te) (prā) (mo) (dya) (ra)
都 瑟蘇二合摩 訶 囉 諦二 鉢囉二合母 你耶二合囉
(ja) (va) (jra) (grya) (va) (jra) (hā) (rṣa) (ra) (mo)
惹 嚩 日囉二合你耶二合,三嚩 日囉二合 喝 沙 曩 牟
(stu) (te)
薩覩二合帝四
(va) (jra) (ra) (tna) (su) (va) (jra) (rtha) (va) (jra)
嚩 日囉二合 囉 怛那二合蘇 嚩 日囉二合囉佗一 嚩 日囉二合
(ā) (kā) (śa) (ma) (hā) (ma) (ṇi) (ā) (ka) (śa) (ga)
阿① 迦 捨 摩 訶 摩 尼二 阿 迦 捨 蘖
(rbha) (va) (jra) (hya) (va) (jra) (ga) (rbha) (ra) (mo)
婆 嚩 日囉二合 荼雉也反,三嚩 日囉二合蘖 婆 曩 牟
(stu) (te)
薩覩二合帝四
(va) (jra) (te) (ja) (ma) (hā) (jvā) (la) (va) (jra)
嚩 日囉二合 帝 惹 摩 訶 入嚩二合囉一 嚩 日囉二合
(sū) (rya) (ji) (ra) (pra) (bha) (va) (jra) (ra) (śmi)
素 哩耶二合尒 曩 鉢囉二合婆二 嚩 日囉二合囉 濕彌二

① (ā),梵本脱,據對譯補。

(ma) (hā) (te) (ja) (pra) (bha) (ra) (mo) (stu) (te)
摩 訶 帝 惹三 嚩日囉二合鉢囉二合婆 曩牟 薩覩二合帝四
(va) (jra) (ke) (tu) (su) (sa) (tvā) (rtha) (va) (jra)
嚩 日囉二合計 都 蘇 娑 怛嚩二合,引 囉佗一 嚩 日囉二合
(dhva) (ja) (su) (to) (ṣa) (ka) (ra) (tna) (ke) (tu)
特嚩二合 惹 蘇 都 灑 迦二 囉 怛那二合計 都
(ma) (hā) (va) (jra) (va) (jra) (ya) (ṣre) (na) (mo)
摩 訶 嚩 日囉二合嚩 日囉 也二合,三瑟鯠 曩 牟
(stu) (te)
薩都二合帝四
(va) (jra) (hā) (sa) (ma) (hā) (sa) (va) (jra)
嚩 日囉二合 賀 娑 摩訶 賀 娑一 嚩 日囉二合
(smi) (ta) (ma) (hā) (dbhu) (ta) (prī) (ti) (prā) (mo)
悉弭二合 多 摩 訶 步 多二 必哩二合低丁移反 鉢囉二合母
(dya) (va) (jra) (dya) (va) (jra) (prī) (te) (na) (mo)
你耶 嚩 日囉二合儗哩耶三 嚩 日囉二合必哩二合帝 曩 牟
(stu) (te)
薩覩二合帝四

西真言曰：

(va) (jra) (dha) (rmma) (su) (sa) (tvā) (rtha) (va) (jra)
嚩 日囉二合達 摩 蘇上 娑 怛嚩二合,引 囉佗一 嚩 日囉二合
(pa) (dma) (su) (śa) (dha) (ka) (lo) (ke) (śva) (ra)
鉢 娜摩二合 蘇 戍 馱 迦二 路 計 濕嚩二合囉
(su) (va) (jra) (kṣa) (va) (jra) (te) (tra) (na) (mo)
蘇 嚩 日囉二合 乞叉二合,三嚩 日囉二合儜上 怛囉 南 牟
(stu) (te)
薩覩二合帝四
(va) (jra) (tī) (kṣṇa) (ma) (hā) (yā) (na) (va) (jra)
嚩 日囉二合底丁以反 乞叉二合 拏摩 訶 也 那一 嚩 日囉二合
(ko) (śa) (ma) (hā) (yu) (dha) (maṃ) (ju) (śrī) (va)
句 捨 摩 訶 庾 馱二 曼 殊 室唎二合 嚩
(jra) (gāṃ) (bhī) (rya) (va) (jra) (bu) (ddhe) (na)
日囉二合儼吴甘反 鼻哩 耶三 嚩 日囉二合 没 第 南

(mo) (stu) (te)
牟 薩覩二合帝四
(va) (jra) (he) (tu) (ma) (hā) (ma) (ṇḍa) (va) (jra)
嚩 日囉二合係 覩 摩 訶 曼 荼一 嚩 日囉二合
(ca) (kra) (ma) (hā) (na) (ya) (su) (pra) (va) (rtta)
斫 羯囉二合摩 訶 曩 耶二 蘇 鉢囉二合韈 怛
(na) (su)① (va) (jro) (cha) (va) (jra) (ma) (ṇḍa) (ra) (mo)
曩 蘇 嚩 日路二合囉佗三 嚩 日囉二合 曼 荼 南 牟
(stu) (te)
薩覩二合帝四
(va) (jra) (bhā) (ṣa) (su) (vi) (dyā) (grya) (va) (jra)
嚩 日囉二合 婆 沙 蘇 微微一反你耶二合,引 櫱囉一 嚩 日囉二合
(ja) (pa) (su) (si) (dvi) (da) (a) (vā) (ca) (va) (jra)
惹 波 蘇 悉 地 那二 阿 嚩 遮 嚩 日囉二合
(ci) (dhyā) (grya) (va) (jra) (bhe) (ṣā) (na) (mo) (stu)
微同上,反你耶二合,引櫱囉三 嚩 日囉二合 婆 沙 南 牟 薩覩二合
(te)
帝四

北真言曰:

(va) (jra) (ka) (rmma) (su) (va) (jra) (jṇa) (ka) (ṭa)
嚩 日囉二合羯 摩 蘇 嚩 日囉二合枳孃一 羯 吒②
(rmma) (va) (jra) (su) (sa) (rva) (ga) (ra)③ (va) (jra) (mo)
麽 嚩 日囉二合蘇 娑 嚩二合 櫱 囉二 嚩 日囉二合 目
(gha) (ma) (ho) (da) (rya) (va) (jra) (vi) (śva) (na)
伽 摩 呼 娜 哩耶二合,三嚩 日囉二合尾 濕嚩二合 南
(mo) (stu) (te)
牟 薩覩二合帝四
(va) (jra) (ra) (kṣa) (ma) (hā) (ve) (ryaḥ) (va) (jra)
嚩 日囉二合 囉 乞叉二合摩 訶 吠 哩耶二合,一 嚩 日囉二合

---

① (su),梵本脱,據對譯補。
② 吒,原脱,據對音梵字補。
③ (ra),梵本脱,據對譯補。

(dha) (rmma) (ma) (hā) (dṛ) (ḍha) (du) (rye) (dha)
韈 摩 摩 訶 涅哩二合 茶去,二 訥 哩庾二合馱
(na) (su) (vī) (rya) (grya) (va) (jra) (vī) (rya) (na)
那 蘇 微同上,反佐 哩耶二合,三嚩 日囉二合尾 哩耶二合南
(mo) (stu) (te)
牟 薩覩二合帝四
(va) (jra) (ya) (kṣa) (ma) (ho) (pā) (ya) (va) (jra)
嚩 日囉二合藥 乞叉二合摩 呼 播 耶一 嚩 日囉二合
(daṃ) (ṣṭra) (ma) (hā) (bha) (ya) (ma) (ra) (pra) (ma)
鄧 瑟吒囉二合摩 訶 婆 耶二 麽 囉 鉢囉二合末
(rdi) (va) (jre) (gra) (va) (va)① (jra) (ca) (ṇḍa) (na)
你 嚩 日囉二合路蘖 囉二合,三嚩 日囉二合 戰 拏 南
(mo) (stu) (te)
牟 薩覩二合帝四
(va) (jra) (saṃ) (dhi) (su) (sa) (ne) (dhya) (va) (jra)
嚩 日囉二合散 地 蘇 娑 寧上 地耶一 嚩 日囉二合
(va) (tva) (pra) (mo) (ca) (ka) (va) (jra) (mu) (ṣvya)
滿 馱 鉢囉二合毛 斫 迦二 嚩 日囉二合 母 瑟吒二合耶引
(grya) (sa) (ma) (ya) (va) (jra) (mu) (ṣre) (na) (mo)
蘖囉耶引②三 摩 耶三 嚩 日囉二合 母 瑟穌二合南 牟
(stu) (te)③
薩覩二合帝四

次結四明印,印如降三世,
鈎屈進度招,索進力如環,
鎖開腕相鈎,鈴合腕以振。

各誦本真言曰④:

嚩日嘲二合,引矩捨弱嚩日囉二合播捨吽嚩日囉二合薩普引吒鍐嚩日囉二合吠捨惡

次結金剛拍,令聖衆歡喜。

---

① (va),梵本脱,據對譯補。

② 耶引,原脱,據對音梵字補。

③ (sa) (ma) (ya) (va) (jra) (mu) (ṣ re) (na) (mo) (stu) (te),梵本脱,據對譯補。

④ 曰,《中華藏》校勘《石》《麗》無,《石》《麗》下行有“真言曰”。

真言曰：

唵嚩日囉二合哆囉覩瑟也二合斛引

次入平等智，捧閼伽香水，

想浴諸聖身，當得灌頂地。

真言曰：

唵嚩日囉二合娜迦吽

次結振鈴印，右杵左振鈴，

心入聲解脱，觀照般若理。

真言曰：

唵嚩日囉二合健吒覩使也二合斛引

次結羯磨印，於心而修習，

諦觀心月輪，而有羯磨杵①。

應結金剛拳，等引而兩分，

右②羽金剛拳，以握力之端，

左拳安於臍，右羽垂觸地，

左拳如前相，右羽爲施願，

二羽仰相叉，進力豎相背，

禪智横其端，左拳復安臍，

右羽施無畏，是五如來契。

彼彼真言曰：

唵質多鉢囉二合底微鄧迦嚕弭

唵冒地只多母怛波那夜弭

唵底瑟吒二合嚩日囉二合

唵嚩日囉二合，引怛摩句唅

唵曳佗薩嚩怛佗引蘖多薩怛佗引唅

次當結羯磨，四波羅蜜契，

各如本佛印，而誦於真言。

彼彼真言曰：

薩怛嚩二合嚩日哩二合囉怛那嚩日哩二合達摩嚩日哩二合羯磨嚩日哩二合

次結十六尊，羯磨契之儀。

---

① 杵，《中華藏》校勘《磧》《普》《南》《徑》《清》作“印”。

② 右，《中華藏》校勘《石》《麗》作“左”。

左拳安腰側,右羽搊擲杵,
二拳交抱胷,進力鈎以招,
二拳如射法,當心作彈指。
進力如寶形,於心旋日輪,
右肘拄左拳,二拳口仰散,
左蓮右開契,左手想持華,
右手如把劒,覆拳進力拄。
於臍而半轉,並至口仰散,
先從禪智舒,旋舞心兩頰,
金剛掌於頂,二拳被甲胄,
進力禪慧[①]牙,二拳而相合。
十六大士印,内外八供養,
并及於四護,印相今當説:
二拳各腰側,向左小低頭,
二拳以繫鬘,從額頂後垂,
二拳側相合,從臍至口散,
二拳生舞儀,旋轉掌於頂。
以金剛拳儀,燒香等四印,
以降三世印,鈎鎖等四攝,
並拳向下散,仰散如捧獻,
禪智豎如針,開掌塗胷前,
進屈如鈎形,進力曲相捻,
二度便相鈎,合腕微摇動。

彼彼真言曰:

(oṃ) (va) (jra) (sa) (tva) (a)[②]
唵 嚩 日囉二合 薩 怛嚩二合阿

(oṃ) (va) (jra) (ra) (ja) (jaḥ)
唵 嚩 日囉二合 囉 惹 弱

(oṃ) (va) (jra) (ra) (ga) (haḥ)
唵 嚩 日囉二合 囉 誐 護

---

① 慧,《中華藏》校勘《麗》作"智"。
② 以下真言原連續,此分句另起行。

(oṃ)　(va)　(jra)　(sa)　(dhu)　(saḥ)[①]
唵　嚩　日囉二合　娑　度　索

(oṃ)　(va)　(jra)　(rā)　(tna)　(u)[②]
唵　嚩　日囉二合　囉　怛那　唵

(oṃ)　(va)　(jra)　(te)　(ja)　(āṃ)
唵　嚩　日囉二合　帝　惹　暗引

(oṃ)　(va)　(jra)　(ke)　(tu)　(trāṃ)
唵　嚩　日囉二合　計　都　怛藍二合

(oṃ)　(va)　(jra)　(hā)　(sa)[③]　(haḥ)
唵　嚩　日囉二合　賀　婆　郝

(oṃ)　(va)　(jra)　(dha)　(rmma)　(hrīḥ)
唵　嚩　日囉二合　達　磨　紇哩二合

(oṃ)　(va)　(jra)　(tī)　(kṣṇa)　(dhaṃ)
唵　嚩　日囉二合　底引　乞叉[④]拏三合　淡

(oṃ)　(va)　(jra)　(he)　(tu)　(maṃ)
唵　嚩　日囉二合　曳　都　鋡

(oṃ)　(va)　(jra)　(bhā)　(ṣa)　(raṃ)
唵　嚩　日囉二合　婆　沙　藍

(oṃ)　(va)　(jra)　(ka)　(rmma)　(kaṃ)
唵　嚩　日囉二合　羯　磨　劍

(oṃ)　(va)　(jra)　(ra)　(kṣa)　(haṃ)
唵　嚩　日囉二合　囉　乞叉二合　唅

(oṃ)　(va)　(jra)　(ya)　(kṣa)　(huṃ)
唵　嚩　日囉二合　藥　乞叉二合　吽

(oṃ)　(va)　(jra)　(saṃ)　(he)　(vaṃ)
唵　嚩　日囉二合　散引　地　鑁

內四供真言：

(oṃ)　(va)　(jra)　(lā)　(sa)　(haḥ)
唵　嚩　日囉二合　邏引　細　護引

---

① 以上四句真言，原缺梵字，據對譯補。各句“唵”，原脱，據《大正藏》校勘記補。

② (u)，與“唵”不對音。

③ (sa)，與“婆”不對音。

④ 叉，《大正藏》校勘諸本或作“瑟”。

(oṃ) (va) (jra) (ma) (la) (traṭ) (ṭ)①
唵 嚩 日囉二合 摩 黎 怛囉二合 吒半音
(oṃ) (va) (jra) (gī) (te) (gīḥ)
唵 嚩 日囉二合 儗引 帝 儗引
(oṃ) (va) (jra) (dṛ) (tye) (kṛ) (ṭ)
唵 嚩 日囉二合 涅哩二合 帝 訖哩二合 吒

外四供真言：

(oṃ) (va) (jra) (dhu) (pa) (aḥ)
唵 嚩 日囉二合 度 箄 婀
(oṃ) (va) (jra) (pu) (ṣpe) (oṃ)
唵 嚩 日囉二合 補 澀篦二合 唵
(oṃ) (va) (jra) (lo) (ke) (dīḥ)
唵 嚩 日囉二合 路引 計 你引
(oṃ) (va) (jra) (ga) (ddhe) (gaḥ)
唵 嚩 日囉二合 巘 提虐 巘去，引②

四攝真言：

(va) (jrāṃ) (ku) (śa) (jaḥ)
嚩 日朗二合 矩 捨 弱
(oṃ) (va) (jra) (pā) (śa) (hūṃ)
唵 嚩 日囉二合 播 捨 吽
(oṃ) (va) (jra) (sphe) (ṭ) (vaṃ)
唵 嚩 日囉二合 薩普二合 吒 鑁
(oṃ) (va) (jra) (ve) (śa) (hoḥ)
唵 嚩 日囉二合 吠 捨 斛引

右心左按地，遶輪壇四面，
各一稱真言，安立賢劫位。

真言曰：

(hūṃ) (hūṃ)
吽 吽③

---

① (ṭ)，梵本脱，據對譯補。
② 巘去引，原脱，據對音梵字補。
③ 吽吽，原作"吽"，據對音梵字補。

已上羯磨會①。

次結三昧邪，於舌觀金剛，
先合金剛掌，便成金剛縛。
忍願如劒形，進力肘於背，
忍願竪如針，反屈如寶形，
移②屈如蓮葉，面合於掌中，
檀慧禪智合，是爲五佛印。

彼彼五佛真言曰：

(va) (jra) (jñā) (raṃ) (aḥ)
嚩 日囉二合 枳惹二合南 阿去，引

(va) (jra) (jñā) (naṃ) (hūṃ)
嚩 日囉二合 枳惹二合喃 吽

(va) (jra) (jñā) (naṃ) (traḥ)
嚩 日囉二合 枳惹二合南 怛咯二合

(va) (jra) (jñā) (na) (hrīḥ)
嚩 日囉二合 枳惹二合南 噸唎

(va) (jra) (jñā) (naṃ) (aḥ)
嚩 日囉二合 枳惹二合南 噁

次結三昧邪，四波羅蜜契，
各如本佛印，别别誦真言。

彼彼四波羅蜜真言曰：

(va) (jra) (śiḥ) (hūṃ)
嚩 日囉二合 室哩二合，引 吽

(va) (jra) (ge) (rī) (traḥ)
嚩 日囉二合 戞百列反 唎 怛藍二合

(va) (jra) (tā) (ra) (hrīḥ)
嚩 日囉二合 多 囉 噸哩二合

(kha) (va) (jri) (ṇi) (hoḥ)
佉 鞢 日哩二合 尼 斛

次結十六尊，八供與四攝，

① 已上羯磨會，原無，據梵本補。
② 移，《中華藏》校勘《麗》作"拸"。

三昧邪印契，忍願竪如針，
小大開而竪，次以金剛嚩。
進力屈如鈎，因鈎便交竪，
不解縛彈指，大竪次反屈，
不改大與次，舒六而旋轉。
前二亦不改，中縛下四幢，
不易前印相，反開散於口，
由縛禪智竪，進力屈如蓮，
由縛竪忍願，屈上節如鈎[1]，
忍願復入禪[2]，四竪五竪交。
由縛進力蓮，禪智開偃附，
六度叉而覆，大各捻小甲，
進力針當心，進力檀慧開，
小竪進力鈎，縛大捻小根，
進力竪[3]其背，縛偃竪禪智，
此印展[4]當額，從臍口仰散，
旋舞掌於頂，由縛而下散。
從縛仰開獻，由縛禪智針，
解縛摩於胷，由縛進如鈎，
禪智入[5]虎口，上四交如環，
禪智入掌摇，四印而一縛。

彼彼十六尊真言曰：

𑖭(sa) 𑖦(ma) 𑖧(ya) 𑖭𑖿𑖝𑖿𑖪𑖽(stvaṃ)
三 昧 邪 薩怛鑁二合
𑖁(ā) 𑖡(na) 𑖧(ya) 𑖭𑖿𑖪(sva)
阿 曩 耶 薩怛鑁二合
𑖀(a) 𑖮𑖺(ho) 𑖭𑖲(su) 𑖏(kha)
阿 斛引 蘇 佉

① 鈎，《中華藏》校勘《磧》《普》《南》《徑》《清》作“劍”。
② 禪，《中華藏》校勘《石》《麗》作“縛”。
③ 竪，《中華藏》校勘《石》《麗》作“拄”。
④ 展，《中華藏》校勘《石》《麗》作“屈”。
⑤ 智入，《中華藏》校勘《石》《麗》作“入智”。

(sa) (dhu) (sā) (dhu)
娑 度 娑引 度
(su) (ma) (hā) (tvaṃ)
蘇 摩 訶 怛鑁二合
(rū) (po) (dyo) (ta)
嚕 褒 你庾二合 多
(a) (rdha) (prā) (pti)
遏 囉佗二合 鉢囉二合 必底丁以反
(ha) (ha) (hūṃ) (hăḥ)
呵 呵 吽 壑
(sa) (rva) (kā) (ri)①
薩 嚩 迦 哩
(duḥ) (kha) (cche) (da)
耨 佉 砌 那
(bu) (ddha) (bo) (dhi)
母 馱 冒 地
(pra) (ti) (śa) (vda)
鉢囉二合 底 攝 那
(su) (va) (śi) (tvaṃ)
蘇 嚩 始 怛鑁二合
(ni) (rbha) (ya) (tvaṃ)
涅你逸反 婆 也 怛鑁二合
(śa) (trū) (bha) (kṣa)
設 咄嚕二合 愽 乞叉二合
(sa) (rva) (si) (dvi)
薩 嚩 悉 地

八供養真言曰：

(ma) (ha) (ra) (ti)
摩 訶 囉 底丁以反
(rū) (pa) (śe) (bhe)
嚕 波 戍 陛

① (ri)，梵本脱，據對譯補。

(go) (tra) (sai) (khye)
輪㗚二合 怛囉二合 燥引 契企耶反
(sa) (rva) (pū) (je)
薩 婆 布 而見移反
(pra) (hṛ) (di) (ni)
鉢囉二合 訶 邏引 你①
(pha) (la) (ga) (me)
破 邏引 誐 弭
(su) (te) (jā) (gri)
素 帝 惹引 仡哩二合
鉏(su) (ga) (ḍā) (ṅgi)
素 巘 蕩 凝魚枳反

四攝真言曰：

(ā) (ya) (hi) (jaḥ)
阿 夜引 呬 弱
(ā) (hi) (hūṃ) (hūṃ)
阿 呬 吽 吽
(he) (spho) (ṭa) (vaṃ)
係 薩普二合,引 吒 鍐
(ghaṃ) (ṭa) (aḥ) (aḥ)
健 吒 噁 噁

次大供養契，供養諸如來，
應結金剛縛，印相從心起，
初結徧照尊，羯磨之印儀。

遍照尊真言曰：

(oṃ) (sa) (rva) (ta) (thā) (ga) (tā) (va) (jra) (dhā)
唵 薩 嚩 怛 佗 誐 多 嚩 日囉二合馱
(tva) (nu) (tta) (ra) (pū) (ja) (spha) (ra) (ṇa) (sa)
怛縛二合 訥 多 羅 布 惹 娑發二合 囉 拏 娑
(ma) (ye) (hūṃ)
摩 曳 吽

① 你，原作"你你"，據對音梵字改。

次金剛薩埵羯磨印。

金剛薩埵真言：

(oṃ) (sa) (rva) (ta) (thā) (ga) (ta) (va) (jra) (sa)
唵 薩 嚩 怛 佗 誐 多 嚩 日囉二合 薩
(tva) (nu) (tta) (ra) (pū) (ja) (spha) (ra) (ṇa) (sa)
怛嚩二合耨 多 羅 布 惹 娑發二合 囉 拏 娑
(ma) (ye) (hūṃ)
摩 曳 吽

金剛寶羯磨印。

金剛寶真言：

(oṃ) (sa) (rta) (ta) (thā) (ga) (tā) (va) (jra) (ra)
唵 薩 嚩 怛 佗 誐 多 嚩 日囉二合囉
(tna) (nu) (tta) (ra) (pū) (ja) (spha) (ra) (ṇa) (sa)
怛那二合,引耨 多 囉 布 惹 娑發二合 囉 拏 娑
(ma) (ye) (hūṃ)
摩 曳 吽

次金剛法羯磨印。

金剛法真言：

(oṃ) (sa) (rva) (ta) (thā) (ga) (tā) (va) (jra) (dha)
唵 薩 嚩 怛 佗 誐 多 嚩 日囉二合達
(rmma) (nu) (tta) (ra) (pū) (ja) (spha) (ra) (ṇa) (sa)
摩 耨 多 囉 布 惹 娑發二合 囉 拏 娑
(ma) (ye) (hūṃ)
摩 曳 吽

次金剛業羯磨印。

金剛業真言：

(oṃ) (sa) (rva) (ta) (thā) (ga) (tā) (va) (jra) (ka)
唵 薩 嚩 怛 佗 誐 多 嚩 日囉二合羯
(rmma) (nu) (ta) (ra) (pū) (ja) (spha) (ra) (ṇa) (sa)
磨引 耨 多 囉 布 惹 娑發二合 囉 拏 娑
(ma) (ye) (oṃ)
摩 曳 吽

次心上金剛縛密語曰：

東[①]

(oṃ) (sa) (rva) (ta) (thā) (ga) (ta) (sa) (rva) (tma)
唵 薩 嚩 怛 佗 誐 多 薩 嚩 怛摩二合

(ni) (rya) (ta) (na) (pū) (ja) (spha) (ra) (ṇa) (ka)
涅 哩耶二合怛 那 布引 惹 娑發二合 囉 拏 羯

(rmmā) (va) (jri) (āḥ)
磨 嚩 日哩二合 阿引

左脇密語曰：

(oṃ) (sa) (rva) (ta) (thā) (ga) (tā) (sa) (rvā) (tma)
唵 薩 嚩 怛 佗 誐 多 薩 嚩 怛麼二合

(ni) (ryā) (ta) (na) (pū) (ja) (spha) (ra) (ṇa) (ka)
涅 哩耶二合怛 那 布 惹 薩發二合 囉 拏 羯

(rmmā) (gri) (jaḥ)
磨 矻哩二合 弱

右脇密語曰：

(oṃ) (sa) (rva) (ta) (thā) (ga) (tā) (sa) (ku) (tma)
唵 薩 嚩 怛 佗 誐 多 薩 嚩引 怛麼

(ni) (rya) (ta) (nā) (nu) (ra) (ga) (ṇa) (pū) (ja)
涅 哩耶二合怛 那 努 囉 誐 拏 布 惹

(spha) (ra) (ṇa) (ka) (rmmā) (vā) (ṇa) (ho)
薩發二合 囉 拏 羯 磨 縛 儜匿擎反 護引

腰後密語曰：

(oṃ) (sa) (rva) (ta) (thā) (ga) (ta) (sa) (rvā) (tma)
唵 薩 嚩 怛 佗 誐 多 薩 嚩引 怛摩二合

(ni) (ryā) (ta) (na) (sā) (dhu) (kā) (ra) (pū) (ja)
涅 哩耶二合怛 那 娑 度 迦 囉 布 惹

(spha) (ra) (ṇa) (ka) (rmma) (tu) (ṣṭi) (saḥ)
薩發 囉 拏 羯 磨 覩 瑟置 索

額上密語曰：

南

① 東，原無，此據梵本補，以下方位詞同。

(oṃ) (na) (maḥ) (sa) (rva) (ta) (thā) (ga) (tā) (bhi)
唵 那 莫 薩 嚩 怛 佗 誐 多引 毗
(ṣe) (ka) (ra) (tna) (bhyo) (va) (jra) (ma) (ṇi) (oṃ)
𠼝引 迦 囉 怛寧二合驃 嚩 日囉二合摩 尼 唵

心上旋轉如日輪相密言曰：

(oṃ) (na) (maḥ) (sa) (rva) (ta) (thā) (ga) (ta) (su)
唵 那 莫 薩 嚩 怛 佗 誐 多 蘇
(rye) (va) (jra) (te) (ji) (ni) (jvā) (la) (hrīḥ)
哩耶二合 嚩 日囉二合 帝 尒 你 嚩日二合囉[①] 以翊二合,引

頂上長舒二臂密語曰：

(oṃ) (na) (maḥ) (sa) (rva) (ta) (thā) (ga) (tā) (śā)
唵 娜 莫 薩 嚩 怛 佗 誐 多引 捨
(pa) (ri) (pū) (ra) (ṇa) (ci) (nta) (ma) (ṇi) (dhva)
跛 哩 布 囉 拏 真 多 摩 尼 特嚩
(ja) (gre) (bhyo) (va) (jra) (dhva) (ja) (gri) (trāṃ)
惹 吃利二合驃 嚩 日囉二合 特嚩二合 惹 吃哩二合 怛𠸪

口上笑處解散密語曰：

(oṃ) (na) (maḥ) (sa) (rva) (ta) (thā) (ga) (tā) (ma)
唵 娜 莫 薩 嚩 怛 佗 誐 多 摩
(hā) (prī) (ti) (prā) (mo) (dyā) (ka) (re) (va) (jra)
訶 必哩二合底 鉢囉二合母 你耶二合迦 黎驃 嚩 日囉二合
(ha) (se) (haḥ)
賀 西 郝

口上密語：

西

(oṃ) (sa) (rva) (ta) (thā) (ga) (tā) (va) (jra) (dha)
唵 薩 嚩 怛 佗 誐 多 嚩 日囉二合達
(rmma) (tā) (su) (ma) (dhi) (bhiḥ) (stu) (nā) (mi)
磨 多 三 摩 地 避 薩覩 努 彌
(ma) (hā) (dha) (rmmā) (gri) (hrīḥ)
摩 訶 達 磨 吃哩二合 頡唎二合

① 嚩日二合囉，與相應梵文不對音，此處譯文或梵字有誤。

左耳真言曰：

(oṃ) (sa) (rva) (ta) (thā) (ga) (tā) (pra) (jñā) (pā)
唵 薩 嚩 怛 佗 誐 多 鉢囉二合枳惹二合波
(ra) (mi) (tā) (bhiḥ) (ni) (rho) (stu) (no) (mi) (ma)
羅 蜜 多 避引 涅 哩賀二合[①] 薩覩 拏 彌 摩
(hā) (gho) (ṣa) (nu) (ge) (dhaṃ)
訶 具 沙 努 霓 淡

右耳真言曰：

(oṃ) (sa) (rva) (ta) (thā) (ga) (tā) (ca) (kra) (kṣa)
唵 薩 嚩 怛 佗 誐 多 斫 羯囉 乞叉二合
(ra) (pa) (ri) (va) (rtta) (na) (sa) (rva) (su) (trā)
囉 鉢 唎二合 韈 怛 那 薩 嚩 蘇 怛嚩二合
(ta) (na) (ya) (yaiḥ) (stu) (no) (mi) (sa) (rva) (ma)
多 奈 耶 曳引 薩覩 努 弭 薩 嚩 曼
(ṇḍa) (la) (hūṃ)
荼 黎 吽

頂後真言曰：

(oṃ) (sa) (rva) (ta) (thā) (ga) (ta) (saṃ) (dhā) (bhā)
唵 薩 嚩 怛 佗 誐 多 散 馱 婆
(ṣa) (bu) (ddha) (ksaṃ) (gī) (ti) (bhiḥ) (ga) (daṃ)
沙 没 馱 僧 儗魚以反 底丁以反 避引 誐 南
(stu) (no) (mi) (va) (jra) (vā) (ce) (caḥ)
蘇覩 努 弭 嚩 日囉二合嚩 制引 斫

頂上真言曰：

北

(oṃ) (sa) (rva) (ta) (thā) (ga) (ta) (bu) (pa) (me)
唵 薩 嚩 怛 佗 誐 多 度 播 冥
(gha) (sa) (mu) (dra) (spha) (ra) (ṇa) (pū) (ja) (ka) (rdme)
伽 三 母 捺囉二合薩發二合 囉 拏 布 惹 羯 迷

① 涅哩賀二合，原作“涅哩二合賀嶷”，按梵字對音，“二合”與“賀”倒錯，“嶷”當衍。

(ka) (ra) (ka) (pa)① (raḥ)
迦 囉 迦 跛 囉

右肩上真言曰：

(oṃ) (sa) (rva) (ta) (thā) (ga) (tā) (pū) (ṣpa) (pra)
唵 薩 嚩 怛 佗 誐 多 補 澀波二合 鉢囉二合

(sa) (ra) (spha) (ra) (ṇa) (pū) (ja) (ka) (rdme) (ki)
娑 囉② 薩登二合 囉 拏 布 惹 羯 迷 枳

(ri) (rdme) (ki) (ri)③ (ki) (riḥ)
哩 迷 枳 哩 枳 哩入④

右胯上真言曰：

(oṃ) (sa) (rva) (ta) (thā) (ga) (tā) (lo) (ka) (jvā)
唵 薩 嚩 怛 佗 誐 多 嚕 迦 入嚩二合

(la) (spha) (ra) (ṇa) (pū) (ja) (ka) (rdme) (bha) (ra)
攞 薩登二合 囉 拏 布 惹 羯 迷 跋 囉

(bha) (ra) (bha) (ra)⑤ (bha) (raḥ)
跋 囉 跋 囉 跋 囉入⑥

復置心上真言曰：

(oṃ) (sa) (rva) (ta) (thā) (ga) (tā) (ga) (nu) (sa)
唵 薩 嚩 怛 佗 誐 多 巘 陀 三

(mu) (dra) (spha) (ra) (ṇa) (pū) (ja) (ka) (rdme) (ku)
母 捺囉二合 薩登二合 囉 拏 布 惹 羯 迷 矩

(ru) (ku) (raḥ)
嚧 矩 嚧

次結散華契，觀察於十方，
言我今勸請，諸佛轉法輪。
復應作是念：今此贍部洲，
及於十方界，人天意生華，

① (pa)，原脱，據對譯補。
② 囉，原作“囉二合”，“二合”衍，此刪。
③ (rdme) (ki) (ri)，梵本缺，據對譯補。
④ 入，原脱，據《大正藏》本補。
⑤ (bha) (ra) (bha) (ra)，原脱，據對譯補。
⑥ 入，原脱，據《大正藏》本補。

水陸所有華，皆持獻十方，
一切大薩埵，部中諸眷屬。
契明密語天，我爲普供養，
一切諸如來，而作事業故。

散華[1]外四密語：

(oṃ) (sa) (rva) (ta) (thā) (ga) (tā) (pu) (ṣpa) (pū)
唵 薩 嚩 怛 佗 誐 多 補 澀波二合 布
(ja) (me) (gha) (sa) (mu) (dra) (spha) (ra) (ṇa) (sa)
惹 咩 伽 三 母 捺囉二合 薩發二合 囉 拏 三
(ma) (ye) (hūṃ)
摩 曳 吽引

又結燒香契，而作是思惟：
人天本體香，和合變易香，
如來羯磨故，我今皆奉獻。

燒香密語曰：

(oṃ) (sa) (rva) (ta) (thā) (ga) (ta) (dhu) (pa) (pū)
唵 薩 嚩 怛 佗 誐 多 度 波 布
(ja) (me) (gha) (sa) (mu) (dra) (spha) (ra) (ṇa) (sa)
惹 咩 伽 三 母 捺囉二合 薩發二合 囉 拏 三
(ma) (ye) (hūṃ)
摩 曳 吽引

次結塗香契，人天本體香，
和合變易香，如是差別香，
如來羯磨故，我今皆奉獻。

塗香密語曰：

(oṃ) (sa) (rva) (ta) (thā) (ga) (ta) (dī) (pa) (pū)
唵 薩 嚩 怛 佗 誐 多 巘 陀 布
(ja) (me) (gha) (sa) (mu) (dra) (spha) (ra) (ṇa) (sa)
惹 咩 伽 三 母 捺囉二合 薩發二合 囉 拏 三
(ma) (ye) (hūṃ)
摩 曳 吽引

---

① “華”，梵本脱，據上文“次結散華契”補。

次結燈契已，而作是思惟，

人天本體生，及差別光明，

爲作事業故，我今皆奉獻。

燈密語曰：

(oṃ) (sa) (rva) (ta) (thā) (ga) (ta) (ga) (nva) (pū)
唵 薩 嚩 怛 佗 誐 多 你 波 布
(ja) (me) (gha) (sa) (mu) (dra) (spha) (ra) (ṇa) (sa)
惹 咩 伽 三 母 捺囉二合 薩登二合 囉 拏 三
(ma) (me) (hūṃ)
摩 曳 吽引

三摩邪寶契，應作如是念，

此界及餘界，寶山諸寶類。

地中及海中，彼皆爲供養，

如來羯磨故，我今皆奉獻。

三昧耶密語曰：

(oṃ) (sa) (rva) (ta) (thā) (ga) (tā) (bo) (dhya) (ga)
唵 薩 嚩 怛 佗 誐 多 尾 特媵二合 誐
(ra) (tna) (laṃ) (kā) (ra) (pū) (ja) (me) (gha) (sa)
囉 怛那二合，引 稜 迦 囉 布 惹 咩 伽 三
(mu) (dra) (spha) (ra) (ṇa) (sa) (ma) (ye) (hūṃ)
母 捺囉二合 薩登二合 囉 拏 三 摩 曳 吽引

結嬉戲契已，應作是思惟，

人天之所有，種種諸戲弄，

玩笑伎樂具，皆爲供養佛，

而作事業故，我今當奉獻。

戲嬉密語曰：

(oṃ) (sa) (rva) (ta) (thā) (ga) (tā) (hā) (sya) (lā)
唵 薩 嚩 怛 佗 誐 多 賀 寫斯那反 邏
(syā) (krī) (nū) (ra) (ti) (sai) (khyā) (tta) (ra) (pū)
寫 訖唎二合拏 囉 底 燥 契耶二合 耨怛 囉二合 布
(ja) (me) (gha) (sa) (mu) (dra) (spha) (ra) (ṇa) (sa)
惹 咩 伽 三 母 捺囉二合 薩登二合 囉 拏 三

(ma) (ye) (hūṃ)
摩 曳 吽

結薩埵三昧①,應作是思惟,
如是劫樹等,能與種種衣,
嚴身資具者,彼皆爲供養,
而作事業故,我今當奉獻。

薩埵三昧密語曰:

(oṃ) (sa) (rva) (ta) (thā) (ga) (tā) (va) (jre) (pa)
唵 薩 嚩 怛 佗 誐 多 嚩 日囉二合 跛
(ma) (sa) (mā) (dhi) (bhā) (va) (nā) (pā) (na) (vo)
麼 三 摩 地 婆 嚩 那引 播 那 冒
(ja) (na) (va) (sa) (na) (pū) (ja) (me) (gha) (sa)
惹 那 嚩 娑 那 布 惹 咩 伽 三
(mu) (dra) (spha) (ra) (ṇa) (sa) (ma) (ye) (hūṃ)
母 捺囉二合 薩發二合 囉 拏 三 摩 曳 吽

羯磨三昧邪,而作是思惟,
於虚空藏中,所有諸如來,
爲我②承事故,想一一佛前,
而作③有己身,以親近侍奉。

羯磨三昧密語曰:

(oṃ) (sa) (rva) (ta) (thā) (ga) (ta) (kā) (ya) (ni)
唵 薩 嚩 怛 佗 誐 多 迦引 耶 涅
(ryā) (ta) (na) (pra) (jā) (me) (gha) (sa) (mu) (dra)
哩夜二合 怛 那 布 惹 咩 伽 三 母 捺囉二合
(spha) (ra) (ṇa) (sa) (ma) (ye) (hūṃ)
薩發二合 囉 拏 三 摩 曳 吽

達摩三昧邪,而作是思惟,
我今即此身,與諸菩薩等,
觀得法實性,平等無有異,
既作是觀已,而誦此密言。

---

① 三昧,原作“三昧邪”,據《中華藏》校勘《麗》及字數改。
② 爲我,《中華藏》校勘《石》《麗》作“我爲”。
③ 作,《中華藏》校勘《石》《麗》作“皆”。

達磨三昧密語曰：

(oṃ) (sa) (rva) (ta) (thā) (ga) (tā) (ci) (tta) (ni)
唵 薩 嚩 怛 佗 誐 多 只 多 涅
(ryā) (ta) (na) (pū) (ja) (me) (gha) (sa) (mu) (dra)
哩夜合 怛 那 布 惹 咩 伽 三 母 捺囉二合
(spha) (ra) (ṇa) (sa) (ma) (ye) (hūṃ)
薩發二合 囉 拏 三 摩 曳 吽

寶幢三昧邪，應觀生死中，
一切衆生類，苦惱之所纏。
深生哀愍故，我今爲救護，
并護菩提心，未度者令度，
未安者令安，皆令得涅槃。
及雨種種寶，所求令滿足，
作是思惟已，而誦此密言。

寶幢三昧密語曰：

(oṃ) (sa) (rva) (ta) (thā) (ga) (tā) (ma) (hā) (va)
唵 薩 嚩 怛 佗 誐 多 摩 訶 嚩
(jre) (dbha) (va) (do) (na) (pā) (ra) (mi) (tā)
日囉二合 捻匿邑反婆 嚩 娜 那 波 羅 蜜 多
(pū) (ja) (me) (gha) (sa) (mu) (dra) (spha) (ra)
布 惹 咩 伽 三 畝 涅囉二合 薩發二合 囉
(ṇa) (sa) (ma) (ye) (hūṃ)
拏 三 摩 曳 吽

次結香身契，三昧邪塗香，
而作是思惟：願一切衆生，
三業諸不善，願悉皆遠離，
一切諸善法，願悉皆成就。

結[①]香身契密語曰：

(oṃ) (sa) (rva) (ta) (thā) (ga) (tā) (nu) (tta) (ra)
唵 薩 嚩 怛 佗 誐 多 努 多 囉

① 結，梵本脱，據上文“次結香身契”補。

(ma) (hā) (bo) (dhyā) (hā) (ra) (ka) (śī) (la) (pā)
摩　訶　冒　敕　賀　羅　迦　尸　羅　波
(ra) (mi) (ta) (pū) (ja) (me) (gha) (sa) (mu) (dra)
囉　蜜　多　布　惹　咩　伽　三　母　涅囉二合
(spha) (ra) (ṇa) (sa) (ma) (ye) (hūṃ)
薩登二合　囉　拏　三　摩　曳　吽

結羯磨觸地,復應作是念,
願一切衆生,慈心無惱害,
遠離諸怖畏,相視心歡喜,
諸相好莊嚴,成甚深法藏。

羯磨密語曰:

(oṃ) (sa) (rva) (ta) (thā) (ga) (ta) (nu) (tta) (ra)
唵　薩　嚩　怛　佗　誐　多　耨　怛二合　囉[①]
(ma) (hā) (dha) (rmma) (va) (bo) (dha) (kṣā) (ti) (pa)
摩　訶　達　摩　嚩　冒　陀　乞鏟二合底　波
(ra) (mi) (ta) (pū) (ja) (me) (gha) (sa) (mu) (dra)
囉　蜜　多　布　惹　咩　伽　三　母　捺囉二合
(spha) (ra) (ṇa) (sa) (ma) (ye) (hūṃ)
薩登二合　囉　拏　三　摩　曳　吽

鬪戰勝精進,三昧邪甲冑,
而作是思惟:願一切衆生,
修菩薩行者,被堅固甲冑。

鬪勝精進契密語曰:

(oṃ) (sa) (rva) (ta) (thā) (ga) (ta) (saṃ) (sā) (ra)
唵　薩　嚩　怛　佗　誐　多　僧　娑去　囉
(pā) (ri) (tyā) (gā) (nu) (tta) (ra) (ma) (hā) (vī)
鉢　唎　丁夜二合誐　努　怛　囉　摩　訶　尾引
(rya) (pā) (ra) (mi) (tā) (pū) (ja) (me) (gha) (sa)
哩耶二合波　囉　蜜　多　布　惹　咩　伽　三
(mu) (dra) (spha) (ra) (ṇa) (sa) (ma) (ye) (hūṃ)
母　涅囉二合薩登二合　囉　拏　三　摩　曳　吽

① 怛二合囉,原作"怛囉二合",據對音梵字改,下同。

結三摩地契，華[①]方佛羯磨，
應作是思惟：願一切衆生，
調伏於煩惱，隨煩惱怨讎，
獲甚深禪定，而誦此密語。

三摩地密語曰：

(oṃ) (sa) (rva) (ta) (thā) (ga) (ta) (nu) (tta) (ra)
唵 薩 嚩 怛 佗 誐 多 耨 怛 囉二合
(ma) (hā) (sai) (khya) (vi) (hā) (ra) (dhya) (na) (pā)
摩 訶 爍 企耶二合 尾 賀引 囉 ⿰亭夜 那 波
(ra) (mi) (ta) (pū) (jā) (me) (gha) (sa) (mu) (dra)
囉 蜜 多 布 惹 咩 伽 三 母 捺囉二合
(spha) (ra) (ṇa) (sa) (ma) (ye) (hūṃ)
薩發二合 囉 拏 三 摩 曳 吽

結徧照世尊，羯磨勝契已，
而作是思惟：願一切衆生，
成就五種明，世間出世間，
智慧普成就，而得真實見，
除煩惱障智，辯才無畏等，
佛法嚴其心，而誦此真言。

遍照尊密語曰：

(oṃ) (sa) (rva) (ta) (thā) (ga) (tā) (nu) (tta) (ra)
唵 薩 嚩 怛 佗 誐 多 耨 怛 囉
(kle) (ga) (jñe) (yā) (va) (ra) (ṇa) (vā) (sa) (nā)
稽上 賒 抳尼曳反，上耶 嚩 囉 拏 嚩引 娑 那
(vi) (na) (ya) (na) (ma) (hā) (pra) (jñā) (pā) (ra)
尾 那 也 那 摩 訶 鉢囉二合 惹而耶反 波 羅
(mi) (ta) (pū) (ja) (me) (gha) (sa) (mu) (dra) (spha)
蜜 多 布 惹 咩 伽 三 母 涅囉二合 薩發二合
(ra) (ṇa) (sa) (ma) (ye) (hūṃ)
囉 拏 三 摩 曳 吽

勝上三摩地，印契次應結，

① 華，《中華藏》校勘《石》《麗》作"北"。

二羽外相叉，禪智令相捻，
仰安於懷中，應作是思惟：
證法真實性，空無相無作，
諸法悉如是，觀已誦密言。

勝上三摩地密語曰：

(oṃ) (sa) (rva) (ta) (thā) (ga) (tā) (gu) (bhya) (ma)
唵 薩 嚩 怛 佗 誐 多 嚧 呬耶 摩
(hā) (pra) (ti) (pa) (nti) (pū) (ja) (me) (gha) (sa)
訶 鉢囉二合 底丁以反 鉢 底丁移反 布 惹 咩 伽 三
(mu) (dra) (spha) (ra) (ṇa) (sa) (ma) (ye) (hūṃ)
母 涅囉二合 薩發二合 囉 拏 三 摩 曳 吽

次應合指爪，而作是思惟，
我今出語言，願一切衆生，
悉皆令得聞，而誦此密言。

合指爪密語曰：

(oṃ) (sa) (rva) (ta) (thā) (ta) (vo) (ni) (ryā)
唵 薩 嚩 怛佗 誐 嚩引 俱半音 涅 哩夜二合
(ta) (na) (pū) (ja) (me) (gha) (sa) (mu) (dra) (spha)
怛 那 布 惹 咩 伽 三 母 涅囉二合 薩發二合
(ra) (ṇa) (sa) (ma) (ye) (hūṃ)
囉 拏 三 摩 曳 吽

如是廣作佛事已，次應諦心爲念誦，
衆會眷屬自圍遶，住於圓寂大鏡智。
當結金剛三昧邪，而誦金剛百字明，
次誦金剛薩埵明，或三或五或七徧。

金剛百字明[①]：

(oṃ) (va) (jra) (sa) (tva) (sa) (ma) (ya) (ma) (nu)
唵 嚩 日囉二合薩 怛嚩二合三 摩 耶 摩 努
(pā) (la) (ya) (va) (jra) (sa) (tva) (nve) (no) (pa)
播 攞 耶 嚩 日囉二合 薩 怛嚩二合 底尾二合 努 播

---

① 金剛百字明，梵本作“金剛三昧”。

(ti) (ṣṭa) (dṛ) (ho) (me) (bha) (va) (mi) (su) (tu)
底 瑟姹二合涅哩二合 濁輕呼 弭 婆 嚩 蜜[1] 素 覩
(dhyo) (me) (bha) (va) (a) (nu) (ra) (kto) (me) (bha)
使喻二合 弭 婆 嚩 阿 努 略 訖覩 弭 婆
(va) (su) (pu) (ṣyo) (me) (bha) (va) (sa) (rva) (si)
嚩 素 補 使喻二合 弭 婆 嚩 薩 嚩 悉
(ddhiṃ) (me) (pra) (ya) (ccha) (sa) (rva) (ka) (rma)
地 弭 鉢囉二合 也 磋 薩 嚩 羯 磨
(su) (ca) (me) (ci) (tta) (śro) (ya) (ku) (ru) (hūṃ)
素 者 弭 只 多 室唎二合 藥 句 嚧 吽[2]
(ha) (ha) (ha) (ha) (hoḥ) (bha) (ga) (vaṃ) (sa) (rva)
呵 呵 呵 呵 斛 薄 伽 梵 薩 嚩
(ta) (thā) (ga) (ta) (va) (jra) (mā) (ma) (muṃ) (ca)
怛 佗 誐 多 嚩 日囉二合麽 弭 悶 遮
(va) (jrī) (bha) (va) (ma) (hā) (sa) (ma) (ya) (sa)
嚩 日唎二合 婆 嚩 摩 訶 三 昧 耶 薩
(tvā) (āḥ)
怛嚩二合 噁

次應捧珠鬘，誦真言七徧，
復以加持句，如法而加持。
端坐如儀則，應以金剛語，
一千或一百，隨意而念誦。

真言曰：

(oṃ) (va) (jra) (sa) (tva) (āḥ)[3]
唵 嚩 日囉二合 薩 怛嚩二合 噁

次結蓮華三昧邪，誦本真言七徧已，
即誦蓮華百字明，或一或三或至七。

蓮花百字明[4]：

① 蜜，原脱，據對音梵字補。
② 吽，原脱，據對音梵字補。
③ 此真言，梵本無，據對譯還原。
④ "蓮花百字明"及下段真言，原無，此據梵本及上下文説明補。

(oṃ) (pa) (dma) (sa) (tva) (sa) (ma) (ya) (ma) (nu)
唵 鉢 娜麽二合 薩 埵嚩二合三 摩 耶 摩 努
(pā) (la) (ya) (va) (jra) (sa) (tva) (nve) (no) (pa)
播 攞 耶 嚩 日囉二合薩 怛嚩二合底尾二合努 播
(ti) (ṣ ṭa) (dṛ) (ho) (me) (bha) (va) (mi) (su) (tu)
底 瑟吒二合 涅哩二合 濁輕呼 弭 婆 嚩 蜜[①] 素 覩
(dhyo) (me) (bha) (va) (a) (nu) (ra) (kto) (me) (bha)
使喻二合 弭 婆 嚩 阿 努 啰 訖覩 弭 婆
(va) (su) (pu) (ṣyo) (me) (bha) (va) (sa) (rva) (si)
嚩 素 補 使喻二合弭 婆 嚩 薩 嚩 悉
(ddhiṃ) (me) (pra) (ya) (ccha) (sa) (rva) (ka) (rma)
地 弭 鉢囉二合也 瑳 薩 嚩 羯 磨
(su) (ca) (me) (ci) (tta) (śro) (ya) (ku) (ru) (hūṃ)
素 者 弭 只 多 室唎二合藥 句 嚧 吽[②]
(ha) (ha) (ha) (ha) (hoḥ) (bha) (ga) (vaṃ) (sa) (rva)
呵 呵 呵 呵 斛 薄 伽 梵 薩 嚩
(ta) (thā) (ga) (ta) (va) (jra) (mā) (ma) (muṃ) (ca)
怛 佗 誐 多 嚩 日囉二合 磨 弭 悶 遮
(va) (jrī) (bha) (va) (ma) (hā) (sa) (ma) (ya) (sa)
嚩 日唎二合 婆 嚩 摩 訶 三 昧 耶 薩
(tvā) (hriḥ)
怛嚩二合 頡唎

此蓮華百字真言同上金剛百字真言，唯改“鉢娜麽”及後種子字爲“頡唎”也即是[③]。

二羽捧珠鬘，本真言七遍，

捧珠頂及心，真言以加持。

旋轉真言曰：

(oṃ) (va) (jra) (gu) (bhya) (jā) (pa) (sa) (ma) (ye)
唵 嚩 日囉二合 嚧 呬也 惹 波 三 摩 曳
(hūṃ)
吽

---

① 蜜，原脱，據對音梵字補。

② 吽，原脱，據對音梵字補。

③ 此段注文，原作正文，據文意改。

既加持珠已，住等引而誦，
不極動舌端，脣齒二俱合，
成就語密教，金剛語離聲，
修[①]身觀相好，四時不令閬，
百千是爲限。又復應過是，
神通及福智，現世同薩埵，
念誦分限畢，捧珠發大願。
結三摩地印，入法界三昧，
行者出三昧，即結根本印。
誦本明七遍，復修八供養，
以妙音讚歎，獻閼伽香水，
以降三世印，左旋而解界。
次結三昧拳，一誦而掣開，
次結羯磨拳，三誦三開手。
從彼彼出生，所有一切印，
於彼彼當解，由此真言心。

真言曰：

(oṃ) (va) (jra) (muḥ)[②]
唵 嚩 日囉二合 穆

次結奉送印，二羽金剛縛，
忍願如蓮葉，指[③]端安時華，
誦已而上擲，爲奉送聖衆。

奉送真言曰：

(oṃ) (kṛ) (to) (sa) (rva) (vaḥ) (sa) (tvā) (rtha) (si)
唵 訖哩二合 覩 薩 嚩無博反[④] 嚩 薩 怛嚩二合囉佗二合，一悉
(dvi) (rda) (tta) (ya) (thā) (nu) (gā) (ga) (ccha) (thaṃ)
地 娜 多二 野 佗 努 孽 誐[⑤] 車 特憾二合

---

① 修，《中華藏》校勘《麗》作“循”。
② 此句梵文，原脱，據對譯還原。
③ 指，《中華藏》校勘《磧》《普》《南》作“諸”。
④ 薩嚩無博反，原作“嚩薩”，倒錯，據對音梵字正。“無博反”，據《大正藏》本補。
⑤ 誐，原脱，據《大正藏》本補。

(bu) (ddha) (vi) (ṣa) (yaṃ) (pu) (na) (ra) (ga) (ma)
勃 馱 尾 灑 鹽三 布 娜 囉 誐 摩
(na) (ya) (tu) (oṃ) (pa) (dma) (sa) (tva) (muḥ)
那 野 覩四 唵 鉢 娜麼二合 薩 怛嚩二合穆

次當結寶印，二羽金剛縛，
進力如寶形，禪智亦復然。
印相從心起，安於灌頂處，
分手如繫鬘，次結甲冑印。

真言曰：

(oṃ) (va) (jvā) (ra) (tna)① (bhi) (ṣi) (ca) (māṃ)
唵 嚩 日囉二合囉 怛那二合 毗 詵 者 牟引
(sa) (rva) (mu) (dra) (mo) (dṛ) (hī) (ku) (ru) (ra)
薩 嚩 母 捺囉二合咩 捺 哩二合 堀矩 嚕 囉
(ka) (va) (ce) (na) (vaṃ)
迦 嚩 制 那 吠

次應被甲已，齊掌而三拍，
令聖衆歡喜，以此心真言，
解縛得歡喜，獲得金剛體。

真言曰：

(va) (jra) (tu) (ṣya) (hoḥ)
嚩 日囉二合 覩 瑟也二合 斛引

奉送聖尊已，當結加持契，
誦明加四處，灌頂被甲冑，
又爲指印儀，如前四佛説②。
懺悔并發願，然後依閑静，
嚴飾以香華，住於三摩地，
讀誦大乘典，隨意任經行。

金剛頂蓮華部心念誦儀軌一卷

① (tna)，原脱，據對譯補。
② 説，《中華藏》校勘《石》作"法"，《麗》作"印"。

觀自在菩薩如意輪瑜伽[1]

大興善寺三藏沙門大廣智不空奉詔譯[2]

我今順瑜伽，金剛頂經説，
摩尼蓮華部，如意念誦法。
修此三昧故，能如觀自在。
先擇其弟子，族姓敬法者，
多人所敬愛，智慧而勇進。
决定毗離邪，覺慧常不捨，
盡孝於父母，淨信於三寶。
樂修菩提行，於四無量心。
刹那無有閒，常樂大乘法，
住於菩薩戒，恭敬阿闍梨。
一切諸聖者，成就堅固力，
丈夫之勇猛，善通相應門。
常樂寂静行，智慧無所畏，
以戒常嚴身，精修秘密乘。
敬依理趣道，一心無所悋，
常樂聞妙法，曾入三昧耶。
從師獲灌頂，既蒙印可已，
不久當成就，弟子具此相，

---

① 底本，《中華藏》第 1513 號，第 66 册第 349 頁中—354 頁下，原《金藏》廣勝寺本。經名，《中華藏》校勘《石》《麗》作“觀自在菩薩如意輪瑜伽一卷”，《南》《徑》《清》作“觀自在菩薩如意輪瑜伽念誦法”，卷末經名同。

② 譯名，《中華藏》校勘《石》作“特進試鴻臚卿大興善寺三藏沙門大廣智不空奉詔譯”，《徑》《清》作“唐北天竺三藏沙門大廣智不空奉詔譯”，《麗》作“開府儀同三司特進試鴻臚卿肅國公食邑三千户賜紫贈司空謚大鑒正號大廣智大興善寺三藏沙門不空奉詔譯”。

方可爲傳授，此即如意寶。
能成諸事業，如經説處所，
山間及流水，清淨阿蘭若，
隨樂之澗谷，離諸危怖難。
隨力嚴供具[①]，行人面於西，
漫提自在王，次禮餘方佛。
以五輪著地，如教之敬禮，
雙膝長跪已，合掌虚心住。
誠心盡陳説，三業一切罪，
我從過去世，流轉於生死。
今對大聖尊，盡心而懺悔，
如先佛所懺，我今亦如是。
願承[②]加持力，衆生悉清淨，
以此大願故，自佗獲無垢。

密言曰：

唵薩嚩婆嚩輸馱薩婆達麽薩嚩婆嚩輸度唅

行者次應隨喜一切諸佛菩薩所集福智。思一切佛、菩薩過去所修行功德，如我自作，而生歡喜。

過現三世佛，菩薩及衆聖，
所集諸善根，合掌盡隨喜，
如我身所集，歡喜無有異。

次應右膝著地，芙蓉合掌，置於頂上，想禮一切如來、菩薩足。

密言曰：

唵鉢頭麽二合微微吉反

禮諸佛已，全加半加[③]，或輪王加，隨意而坐。

作此坐印已，觀遍虚空佛，
己身各於前，住彼衆聖會。
止觀從膝上，旋舞當心合，
如蓮之未敷，想禮於諸佛。
次結三昧邪，當心堅固縛，

① 具，《中華藏》校勘《磧》《南》《徑》《清》作“養”。
② 承，原作“乘”，據《中華藏》校勘《磧》《南》《徑》《麗》改。
③ 半加，《中華藏》校勘《磧》《南》作“半坐”，《徑》《清》作“而坐”。

檀慧禪智豎，金剛蓮華印，

通持蓮華者，警覺衆[①]聖已。

誦此密言曰：

唵跋折羅二合鉢頭麼二合三麼耶薩怛梵三合

由結此印故，佛及善逝子，

諸大名稱者，妙觀察攝受[②]。

憶昔本誓願，對於徧照尊，

不違教令故，加持使圓滿。

次結一切諸佛如來安悦意歡喜三昧耶印。

十度堅固縛，忍願中交合，

檀慧與禪智，各相合而豎。

密言曰：

唵三麼耶乎去，引蘇囉多薩怛梵三合

由示[③]此印故，諸佛及菩薩，

一切執金剛，皆悉妙歡喜。

次當開心户，入金剛智字，

觀於二乳上，左怛囉右吒[④]，

如宫室户扇，殊勝金剛縛，

三業同時發，拍心開兩字。

密言曰：

唵跋囉二合滿馱平怛羅二合吒半音

無始薰種子，所集之塵勞，

今以召罪印，集之欲摧碎。

十度堅固縛，忍願申如針，

進力屈如鉤，心想召諸罪。

想彼衆罪狀，直[⑤]髮躶黑形，

及印刺於心，觸已誦密言。

三業相應故，能召諸罪積，

---

① 衆，《中華藏》校勘《徑》作“諸”。

② 受，《中華藏》校勘《磧》《南》《徑》《清》作“授”。

③ 示，《中華藏》校勘《徑》作“是”。

④ 左怛囉右吒，《中華藏》校勘《石》《麗》作“右怛囉左吒”。

⑤ 直，《中華藏》校勘《石》《麗》作“植”。

誦此召集已，方作摧碎法。

密言曰：

唵薩婆播波迦哩灑拏尾入輸馱入娜三麽耶跋日囉二合吽若入

召入於掌已，方作摧碎法，

前印内相叉，稱鈴縛諸罪，

忍願俱申直，有怛囉吒字。

想爲金剛杵，相拍如摧山，

忿句及怒形，能淨諸惡趣。

誦已忍願拍，三七隨所宜。

密言曰：

唵跋日囉二合播尼尾薩普二合吒也薩婆播也滿馱娜你鉢囉二合母乞灑二合也薩婆播也蘖底丁以反避藥二合，重呼薩婆薩怛挽二合薩婆怛佗蘖多跋日囉二合三麽也吽怛囉二合吒半音

以此①相應故，先佛方便説，

三業所積罪，無量極重障。

作此摧滅已，如火焚枯草，

有情常愚迷②，不知此理趣，

如來大悲故，開此祕妙門。

次當結入印，内如來智字，

二羽堅固縛，禪智入於中，

以進力二度，相拄如環勢。

觀前八葉蓮，其上置阿字，

二點嚴飾故，妙字方名阿，

色白如珂雪，流散千光明。

想以進力支，捻字安心内，

三業齊運用，誦此密③言曰：

唵跋日囉二合阿引味捨平聲惡入

既想入心中，字相逾光耀，

此即法界體，行者應是觀，

不久悟寂静，法本不生故。

---

① 以此，原作"此以"，據《中華藏》校勘《麗》改。

② 愚迷，《中華藏》校勘《磧》《南》《徑》《清》作"迷愚"。

③ 密，《中華藏》校勘《徑》作"真"。

三世諸如來，金剛身口意，

皆以妙方便，持在金剛拳，

以此闔心門，智字獲堅固。

便屈進力度，柱於禪智背，

以印觸胸已，即誦此妙言：

唵跛日囉二合母瑟致二合輡平

行者住等引，二羽堅固縛，

仰置於齊下，禪智蓮華形，

此名三昧印，誦此密言曰：

唵三摩地 鉢頭迷二合紇哩二合

出息及入息，住阿那波那，

想佛徧虛空，彈指警覺我。

佛子汝云何，成無上等覺，

不知諸如來，實相之妙法。

既聞警覺已，行者復白言：

云何名真實，願最勝尊説。

諸佛皆歡喜，作如是勝言：

善哉摩訶薩！能作如是問，

汝想於心中，所内惡字門，

以字徹於心，誦此密言曰：

唵止入多鉢囉二合底平味鄧迦路弭平

當默誦一徧，便想爲月輪，

倍欲精進故，復誦妙言曰：

唵步提止入多母去怛跛二合陀夜弭平

能令心月輪，圓滿甚清淨，

中想妙蓮華，上安寶金剛。

密言曰：

唵底瑟吒二合麽尼上跛日囉二合鉢娜麽二合

引量同虛空，周徧於三界，

復誦此妙言，金剛語離聲。

唵薩頗二合，上囉麽尼上跛日囉二合鉢娜麽二合

於此引妙蓮，流放千光焰，

一一光明中，無量佛刹土。

剎中有妙蓮，想持寶蓮者，
持寶蓮勝幢，幢中出妙聲①。
誰有薄福者，當滿一切願，
住是寂三昧，爲利諸有情。
如是菩薩類，皆住於等引，
從蓮華胎藏，放千妙光明，
皆爲利衆生，檀波羅蜜等。
徧入諸三昧，理趣善巧門，
爲愍念有情，作無量方便。
化身爲種種，從生及涅槃，
轉大妙法輪，皆從意寶出。
所説之妙法，皆以輪成就，
以輪爲妙智，能斷諸結使。
由轉大②法輪，此爲福智路，
次皆正觀察，漸斂其智蓮。

密言曰：

唵僧訶囉麽尼跋日囉二合鉢娜麽二合

所在諸如來，皆入爲③一體，
猶如於明鏡，能現於萬像。
法界自性體，住於金剛蓮，
即變其寶蓮，爲真多菩薩，
手持如意寶，六臂身金色。
皆想於自身，頂髻寶莊嚴，
冠坐自在王，住於説法相。
第一手思惟，愍念有情故，
第二持意寶，能滿一切願，
第三持念珠，爲度傍生苦。
左按光明山，成就無傾動，
第二持蓮手，能淨諸非法，
第三挈輪手，能轉無上法。

① 聲，《中華藏》校勘《磧》《徑》《清》作“音”。
② 大，《中華藏》校勘《麗》作“妙”。
③ 爲，《中華藏》校勘《磧》《南》《徑》《清》作“於”。

六臂廣博體，能遊於六道，
以大悲方便，斷諸有情苦。
行者如是觀，坐於月輪中，
身流千光明，項背皆圓光。
復想心月輪，亦有寶蓮華，
以是能堅固，無動觀己身。
爲離諸妄想，誦此密言曰：

唵你哩二合荼去底瑟姹二合囉怛娜跛日囉二合鉢娜麽二合怛麽二合句唅三摩喻唅麽訶三麽喻唅薩婆怛佗孽多引避三菩地囉怛娜二合跛日囉二合鉢娜麽二合怛麽二合句唅

以此法加持，十度芙蓉合，
進力屈如寶，印心額喉頂，
吽字想於心，怛囉安於額，
紇哩當喉上，惡字置於頂，
由布此想故，此身如金剛。
復誦此密語，蓮華語爲聲：

唵囉怛娜二合跛日囉二合達麽紇哩二合

次應結灌頂，智者合蓮掌，
進力如寶形，禪智開相遠，
置額誦密語，心想佛灌頂。

唵鉢娜麽二合苾哩二合俱胝多入致囉怛娜二合鉢娜麽二合避入矖罽囉阿避詵去者輅怛洛二合

即以此妙印，二手分兩邊，
如繫蓮華鬘，徐徐前下散，
想垂白①帶勢，誦此妙言曰：

唵鉢娜麽二合麽㝹平輅紇哩二合怛洛二合

次當結甲鎧，二手蓮華形，
從心遶向背，從背當齊遶，
向腰及兩膝，漸上遶頸後。
從頸復當喉，復於頭後遶，
還來至額上，却於頂後遶，

① 白，《中華藏》校勘《磧》《南》作“自”，《徑》《清》作“帛”。

徐徐前下散，誦此秘密言①：

唵阿娑曳平鉢娜麽二合迦檢嚩制平滿馱囉訖灑二合餘吽合口，引唅平

爲喜諸佛故，應拍蓮華印，

二手結蓮掌，妙拍令歡喜。

密言曰：

唵鉢娜麽二合覩使轂引

想於己身前，觀紇哩字門，

變爲蓮華王，中有紇哩字，

怛囉安兩邊，爲金剛寶蓮，

共變爲所尊，持真多妙寶。

如前己身觀，今所觀亦然，

爲令體無二，次作呼召法，

十度未敷蓮，進力如鉤勢，

即誦此密言②，應爲蓮華香③：

唵鉢娜麽二合至拏那二合，下同曩長，引句捨吽合口，引唵鉢娜麽二合枳惹二合娜補瑟比二合吽

行者既召已，次當結索印，

如前合蓮掌，進力拄如環，

此名蓮華索，能滿諸意願，

應誦此密語，召入於智身：

唵鉢娜麽二合至拏那阿母伽跛捨吽合口，引

既入於智身，爲令無傾動，

復當結蓮鎖，應作決定心。

如前合蓮掌，進禪捻如環，

力智亦復然，相結如鉤鎖。

唵鉢娜麽二合至拏那塞怖二合吒吽

爲令妙歡喜，結蓮華鈴印，

當以蓮華捧，禪智入掌中，

進力如環住，誦此秘密語：

① 秘密言，《中華藏》校勘《徑》作"密言曰"。

② 言，《中華藏》校勘《麗》作"語"。

③ 香，《中華藏》校勘《石》《麗》作"音"。

唵至拏娜鉢娜麽二合阿尾捨耶吽

次當誦蓮華，百字秘密言，

捧獻閼伽水，以欝金白檀，

龍腦兼諸華，兩手捧供養。

唵鉢娜麽二合薩怛嚩二合三麽也平麽努播羅去也平鉢娜麽二合薩怛嚩二合帝尾二合弩波底瑟姹二合你哩二合拏護二合寐平婆嚩素覩瑟諭二合寐婆嚩阿努囉矩覩寐婆嚩素補瑟諭二合寐婆嚩薩婆悉地弭異二合鉢羅也磋昌苛反薩婆羯麽素者迷止多室唎二合藥矩路二合吽合口，引訶去，下同訶訶訶穀婆伽梵薩婆怛佗孽多鉢娜麽二合麽寐悶者平鉢娜弭二合婆嚩麽訶三麽也薩怛嚩二合紇哩二合

次以内外供，供養蓮華王，

所謂内供養，芙蓉掌當心，

禪智並申直，名爲蓮華喜。

應誦此密言：

唵摯拏二合那鉢娜麽二合囉細引吽

次結華鬘印，以此而供養，

不易前喜印，二手捧向前，

想種種寶鬘，徧滿虚空界。

密言曰：

唵摯拏二合娜鉢娜麽二合麽跢吽

次應以歌印，奉獻智蓮者，

復以前妙印，屈掌柱諸度。

從齊漸至口，散下如寫勢，

想緊那羅音，供養諸聖者。

密言曰：

唵摯拏二合那鉢娜麽二合儗研以反帝平吽

次應結舞印，前印左右旋，

合芙蓉妙掌，安於頂上散，

由是四供養，能獲大神通。

密言曰：

唵摯拏二合娜鉢娜麽二合你哩二合帝平吽

作此四供養，能成最勝事。

次結外供養，喜心而獻之，

運心無邊界，蓮華焚香法。

諸佛誠言説，爲利諸有情，
蓮掌向下散，猶如焚香勢。
誦此秘密言，想香雲供養，
周[①]徧虚空界，供養諸聖衆。
唵鉢娜麽二合摯孥二合娜度閉平吽
次應結華印，以三十二相，
莊嚴諸如來，觀妙色華雲，
運心徧一切，如前合蓮掌，
上散如華勢，供養諸如來。
及諸善逝子[②]，想滿虚空界，
華雲妙芬馥，寶[③]樹極端嚴，
誦此秘密語，三業齊運用。
唵鉢娜麽二合摯孥二合娜補瑟閉平吽
衆生無明覆，離於智慧光，
爲彼淨除故，應結智燈印。
以前蓮華掌，禪智竪相逼，
心想摩尼燈，徧照虚空界，
所出無量光，誦此密言曰：
唵鉢娜麽二合摯孥二合那你你熠反閉平吽
智者次應結，解脱塗香印，
爲淨衆生故，獻此尸羅香。
二手散蓮掌，當心塗香勢，
十度成薰習，香海徧虚空。
獻佛及所尊，誦此秘密語：
唵鉢娜麽二合摯孥二合娜巘提吽
内外供養已，然後應順念，
結秘密本印，以對密言王，
先誦根本言，分明七徧已。
平掌當於心，忍願如蓮華，

① 周，原作“同”，據《中華藏》校勘《麗》改。

② “唵鉢娜麽”至“及諸善逝子”，《中華藏》校勘《磧》《南》《徑》《清》經文大異，故據《清》附録異文於卷末，但該段長行實爲《觀自在大悲成就瑜伽蓮華部念誦法門》中經文，誤置其中，此不録。

③ 寶，原作“劫”，據《中華藏》校勘《南》《徑》《清》改。

進力摩尼狀，餘度盡如幢。

誦根本密言，思滿有情願。

密言曰：

娜麽囉怛娜怛囉夜也那莫阿唎耶嚩嚕吉帝濕伐囉耶菩地薩怛嚩二合耶麽訶薩怛嚩二合耶麽訶迦路尼迦耶怛姪你也反佗唵斫迦囉靺低真多末尼麽訶鉢娜迷嚕嚕底丁以反瑟姹二合入嚩二合攞阿迦哩灑二合耶吽發吒薩嚩二合，引訶引

次結心秘密，依前根本印，

戒方檀慧縛，名爲本心印。

一切諸意願，應心之所念，

由結此印故，皆悉得成就。

密言曰：

唵鉢娜迷二合真多麽抳入嚩二合攞吽

次結隨心印，二手堅固縛，

進力摩尼形，禪智並而申，

戒方[①]亦舒直，檀慧相交豎，

誦此心中心。

密言曰：

唵末囉娜鉢娜迷二合吽

次想尊口中，流出秘密言，

分明成字道，五色光照耀，

間錯殊勝色，入於瑜岐口。

列心月輪中，瑩如紅頗黎，

一一諦思惟，順理隨覺悟，

住定而修習，入於阿字門。

即入輪字觀，皆徧觀諸字，

此名三昧念，獲智及解脱。

由此相應故，不久成種智。

若常聲順念，最勝妙奇特，

住於本尊觀，不應急躁心，

不高亦不下，不緩亦不急，

智者離分別，及諸妄想心。

① 方，《中華藏》校勘《磧》《南》《徑》《清》作“法”。

若誦洛叉徧，所求皆悉地，
二手持念珠，頗胝與蓮子①，
螺珠及餘寶，無瑕光好者。
當穿一百八，一一誦七徧，
心及心中心，或毗俱多羅。
作此法加持，穿貫珠鬘已，
當心一一度，與莎訶齊聲，
一千與百八，隨力而念誦。
四時或三時，此法後夜勝，
如意輪經中，本教佛所説，
若如是修習，現世證初地。
過此十六生，成無上菩提，
何況世悉地，現生不如意。
隨力念誦已，重結三昧耶，
復爲八供養，發遣密言主。
二羽堅固縛，忍願蓮華②形，
從心至面散，頂上合華掌，
想尊虚空中，復道還宫去。

密言曰：

唵鉢娜麽二合薩怛嚩二合紇哩二合穆

發遣聖者已，自住本尊觀，
或於閑静處，轉讀摩訶衍，
楞伽與華嚴，般若及理趣，
如是等經教，思惟而修習。
誦讀③經典已，自恣行住坐，
乃至於寢息，不間菩提心，
不久當悉地，金剛藏所説。
此大悲軌儀，不擇日及宿，
時食與澡浴，若淨與不淨，
常應不間斷，遠離於散亂，

① 子，《中華藏》校勘《徑》作“字”。
② 華，《中華藏》校勘《麗》作“葉”。
③ 誦讀，《中華藏》校勘《磧》《南》《徑》作“讀誦”。

空閑寂静處，不營諸世務。

念畢發誓願，結三昧耶印，

禮佛菩薩已，隨意而經行。

觀自在菩薩如意輪瑜伽

金剛頂經多羅菩薩念誦法[①]

開府儀同三司特進試鴻臚卿肅國公食邑三千户賜紫贈司空
謚大辨正號大廣智大興善寺三藏沙門不空奉詔譯[②]

歸命瑜伽自在王，善住如幻三昧者，
普於淨染諸刹海，能示種種隨類身。
我依蓮花相應門，開示多羅大悲法，
爲令修習三昧者，離於二乘无悲定，
速具神通波羅蜜，即能頓證如來位。
行者應發普賢心，從師具受金剛戒，
不顧身命起慈心，乃能堪入解脱輪。
應從師受三摩[③]耶，契印密語如經説，
敬阿闍梨如佛想，於同學所殷重心。
或於山閒阿練若，流泉浴池悦意處，
山峯石窟逈樹邊，建立壇場如法則。
莊嚴精室置本尊，隨力供養一心住，
遍觀十方諸佛海，懺悔發願皆如教。
爲成三業金剛故，當於二手舌心中，
吽字想成五智杵，猶[④]是加持能悉地。
次應結契名警覺，二手皆作金剛拳，
檀慧相鉤豎進力，二度相拄名起印。

① 底本，《中華藏》第1456號，第65册第828頁中—832頁中，原《金藏》廣勝寺本，第831頁中至832頁中原本或缺或殘，以《麗藏》本補换。經名後，原有"一卷"，此移尾題後。

② 譯名，《中華藏》校勘《石》《磧》《普》《南》作"特進試鴻臚卿大興善寺三藏沙門大廣智不空奉詔譯"，《徑》《清》作"唐三藏沙門大廣智不空奉詔譯"。

③ 三摩耶，《中華藏》校勘《徑》《清》作"三昧耶"，下同。

④ 猶，《中華藏》校勘《磧》《普》《南》《徑》《清》作"如"。

真言曰：

唵嚩日囉二合底瑟吒二合

次應敬礼阿閦尊，捨身求請不退轉，

金剛合掌舒頂上，全身著地以心礼。

真言曰：

唵一薩嚩怛他引蘗多二布儒波薩他那夜引答麽二合南三涅哩夜二合多夜弭四薩嚩怛他引蘗多五嚩日囉二合薩怛嚩二合，六地瑟咤二合，七薩嚩二合，八𤚥引

次礼南方寶生尊，捨身求請灌頂位，

金剛合掌當於心，以額著地虔誠礼。

真言曰：

唵一薩嚩怛他引蘗多二布惹毗曬迦引耶怛麽二合南三涅哩夜二合多夜弭四薩嚩怛他蘗多五嚩日囉二合囉怛娜二合阿毗詵者𤚥引

次禮觀自在王尊，捨身求請三摩地，

金剛合掌置頂上，以口著地虔心請。

真言曰：

唵一薩嚩怛他引蘗多二布惹鉢囉二合靺嘌多二合娜耶引怛摩二合南三涅哩夜二合多夜弭四薩嚩怛他蘗多五嚩日囉二合達摩六鉢囉二合靺嘌多二合夜𤚥七，引

次禮不空成就尊，捨身求請善巧智，

金剛合掌安於心，以頂著地稽首請。

真言曰：

唵一薩嚩怛他引蘗多二布惹羯麽上尼阿怛摩二合南三涅哩夜二合多夜弭四薩嚩怛他引蘗多五嚩日囉二合羯麽句嚧𤚥六

次觀諸佛徧虛空，當結持印普礼足，

禪慧檀智反相叉，右膝著地置頂上。

真言曰：

唵嚩日囉二合微入，微一反

次以成就妙真言，普願衆生同悉地，

一切如來稱讚法，當願加持速成就。

真言曰：

唵一薩嚩怛他蘗多餉悉多二薩嚩薩怛嚩三合南三薩嚩悉馱藥四三鉢睍馲五怛他蘗多失者引地底瑟綻二合馲六

次當結加端身坐，淨除三業令清淨，

諸法本性清淨故，願令自他悉无垢。

真言曰：

唵一娑嚩二合婆嚩戍馱二薩嚩達麽娑嚩二合婆嚩戍度唅

次結蓮花三昧耶，十度相叉堅固縛，

忍願豎合如蓮葉，想身同彼多囉尊。

真言曰：

唵一嚩日囉二合，二鉢娜麽二合，三三麽那四薩怛鑁二合，五

次結極喜三昧印，定慧二羽堅固縛，

忍辱願度中交合，檀慧禪智豎相著。

真言曰：

唵一三麽耶穀引，二素囉多三薩怛鑁三合，四

次當開心入佛智，二乳加持怛囉吒，

結金剛縛當心前，三掣開心如啓扇。

真言曰：

唵一嚩日囉二合滿馱二怛囉二合吒三

次觀蓮臺阿字門，二點莊嚴成寂智，

禪智屈入金剛縛，召字流入於心中。

真言曰：

唵一嚩日囉二合，引，二吠舍惡三

次結密合金剛拳，以此加持使堅固，

入印進力住①禪智，故能堅持不退失。

真言曰：

唵一嚩日囉二合母瑟知二合鋡

次結蓮華摧魔印，以此淨除諸障難。

應以金剛合掌儀，進力如牙豎禪智，

内住慈心現威怒，右旋三通成界方。

真言曰：

唵一摩訶戰拏二尾始嚩二合嚕波尾迦吒三鉢娜麽二合能瑟吒囉三合，四羯囉囉五毗灑拏六嚩吒怛囉二合，七怛囉引娑耶八薩嚩鋡九鉢娜麽二合藥乞叉二合佉陀十地地力反，下同，十一

次應端身住三昧，二羽相叉爲定印，

空界塵身諸佛海，警覺令觀真實心。

真言曰：

① 住，《中華藏》校勘《石》《徑》《清》作“拄”，《磧》《普》《南》作“柱”。

唵引,一質多鉢囉二合底二微鄧迦嚕弭三

即觀阿字爲月輪,重以真言使明顯。

真言曰:

唵引,一冒地質多二母怛波二合娜夜弭三

自心本性清淨故,應妙觀察金剛蓮。

真言曰:

唵引,一底瑟吒二合鉢娜麽二合,二

爲成清淨一相故,漸令開敷周法界,

即得大悲三摩地,悉能普淨衆生界。

真言曰:

唵引,一薩癹二合囉鉢娜麽二合,二

爲令三昧純熟故,悉令延縮得自在,

漸斂智蓮量己身,普發淨光照三昧。

真言曰:

唵引,一僧訶囉二鉢娜麽二合,三

次以堅固妙真言,加持能令不傾動。

真言曰:

唵引,一涅里二合荼二底瑟姹二合,三鉢娜麽二合,四

虚空所現諸如來,悉入覺華爲一體,

應知等同於諸佛,堅固菩提誓願身。

真言曰:

唵引,一鉢娜麽二合,引怛麽二合句啥二三麽諭啥三麽訶三麽諭啥四薩嚩怛佗蘖多引毗三冒提五鉢娜麽二合,引怛麽二合句啥六

即觀妙蓮爲本尊,其身淨滿緑金色,

摩尼妙寶爲珠瓔,寶冠首戴無量壽。

右現殊①勝與願印,左以定手持青蓮,

住於三昧處月輪,普放慈光照三界。

次以根本青蓮印,心額喉頂徧加持。

真言曰:

唵引,一多唎二咄多利三吽引,四

次結寶印自灌頂,二羽堅固金剛縛,

① 殊,原作"珠",據《中華藏》校勘《南》《徑》《清》《麗》改。

進力禪智如寶形，額上加持繫頂後。

真言曰：

唵引，一嚩日囉二合，二囉怛那引，二合，三毗詵者𤚥四薩嚩畝捺囉二合，五迷涅哩二合值句嚧六嚩囉迦嚩制七娜𤚥八

二手如垂鬘帶已，便應自被堅固甲，

結金剛拳舒進力，唵砧二字想指面。

心背臍腰及兩膝，喉咽頂後皆三遶，

檀慧前散垂天衣，即能堅固無傾動，

當以二羽三相拍，是名蓮華喜印儀。

真言曰：

唵引，一鉢娜麽二合，二都使也二合縠引，三

次應嚴淨佛國土，爲欲奉事諸如來，

諦觀無盡香水海，妙蓮上持華藏界。

摩尼寶殿以莊嚴，出過諸天妙供具，

虚空諸天爲第五，所欲皆從虚空生。

心樂供養諸聖衆，願令如意普圓滿，

以此真實加持已，當結金剛合掌儀。

真言曰：

唵引，一誐誐娜二三婆嚩三嚩日囉二合縠引，四

寶地莊嚴華座上，咄弄二合字門成本尊，

放淨光明超日月，蓮華眷屬悉圍遶。

次以請召密方便，召集尊身入智體，

定慧二[①]羽堅固縛，進力二度屈出鉤。

真言曰：

唵引，一鉢娜忙二合俱舍引迦哩灑二合耶二摩訶鉢娜麽二合俱蘭三訶也紇唎二合嚩四三摩焰吽五弱六

次結蓮華索大印，蓮掌智入進禪中，

以此密印及真言，召請本尊能引入。

真言曰：

唵引，一阿目伽播捨二句嚧二合馱三三摩曳四鉢囉二合，下同吠舍五鉢囉二合吠捨耶六薩嚩三麽延吽引，七

---

① 二，原作"一"，據《中華藏》校勘《石》《磧》《南》《徑》《清》《麗》改。

次結華手爲鎖印，進力禪智相鉤結，

以此蓮華上[①]留印，能令本尊堅固住。

真言曰：

唵引，一鉢娜麽二合商迦犁韐二

次結蓮華鈴密印，禪智屈入蓮華掌，

以此密印及真言，能令本尊妙歡喜。

真言曰：

唵引，一鉢娜麽二合健吒二馱哩三施伽囉二合，四摩吠舍耶五三麽耶六殺目佉七惡八

次以悦意妙伽陀，捧持閼伽獻香水，

妙音徧至無邊界，以此加持速成就。

真言曰：

娜莫曳娜薩帝娜一婆誐嚩底二冒地母陀囉二合，三努多囉四嚩日囉二合達磨五鉢囉二合誦儗娜六諦娜薩諦娜七悉皹韐八唵引，九多利十咄多唎十一咄唎十二薩嚩二合，引訶引，十三

次應廣設四内供，華掌豎建禪智度，

以此蓮華嬉戲故，能滿檀那波羅蜜。

真言曰：

唵引，一鉢娜麽二合囉底二布而曳二合，下同瀫引，三

次結蓮華鬘密印，以蓮華掌前申臂，

由獻華鬘供養故，當滿淨戒波羅蜜。

真言曰：

唵引，一鉢娜麽二合苾囇迦二布而曳二合囉吒三

次結蓮華歌詠印，華掌從臍至口散，

獻此如來妙法音，能滿安忍波羅蜜。

真言曰：

唵引，一鉢娜麽二合，二儗多布而曳二合儗三

次結蓮華舞供養，華手旋舞置於頂，

由此密印及真言，速具精進波羅蜜。

真言曰：

唵引，一鉢娜麽二合，二涅哩二合底也二合，三布而曳二合訖哩二合吒四

次結蓮華焚香印，華掌下散如焚香，

由此焚香印威力，當證静慮波羅蜜。

---

① 上，《中華藏》校勘《石》《磧》《普》《南》《徑》《清》《麗》作"止"。

真言曰：

唵引，一度波鉢娜弭二合你二吽引，三

次結蓮華華供養，蓮掌上散如獻華，

由獻妙華莊嚴故，速證般若波羅蜜。

真言曰：

唵引，一鉢娜麼二合，二母瑟知二合，三吽引，四

次結蓮華燈明印，禪智前逼蓮華手，

以此燈明供養故，當滿方便波羅蜜。

真言曰：

唵引，一鉢娜麼二合，二句囉三遜捺唎四達磨引嚕計五布而曳三合，六布惹耶七吽引，八

次結蓮華塗香印，散掌心上如塗香，

以此真言密印儀，能滿誓願波羅蜜。

真言曰：

唵引，一鉢娜麼二合，二巘提三吽引，四

次結本尊根本印，以印加持自心上，

二羽智拳節相背，進力禪智豎相合。

真言曰：

唵引，一鉢娜麼二合，二多黎三吽引，四

次結不空多羅心，以印加持於額上，

准前根本祕印相，改豎檀慧令相著。

真言曰：

唵引，一尾補囉二多黎三吽引，四

次結本尊寶冠印，以此大印置頂上，

准前心印豎忍願，進力遠屈三①度背。

真言曰：

唵引，一鉢囉二合嚩囉二多黎三吽引，四

次結真實加持印，以此能召於一切，

准前灌頂寶冠印，唯以精進度去來。

真言曰：

唵引，一阿慕伽二多嚟三吽引，四

次結摧壞諸魔印，以此能伏難調者，

① 三，《中華藏》校勘《石》《麗》作“二”。

准前灌頂寶冠印，直申力度右旋遶。

真言曰：

唵引，一三麼耶二多嚟三吽引，四

次以字門布己身，唵字頂上哆安額，
嚟字兩目咄二肩，哆字當心嚟當臍，
咄字二髀①嚟二脛，薩嚩二合左足訶右足，
四明引尊入己身，以此加持無二體。
應結青蓮根本印，稱誦蓮華百字明，
定慧二羽内相叉，進力禪智豎相柱。

真言曰：

唵引，一鉢娜麽二合，下同薩怛嚩二合，下同三麽耶二麽弩播羅耶三鉢娜麽二合薩怛嚩二合，四怛尾二合弩波底瑟吒二合，五涅哩二合拏護二合寐婆嚩六素覩使諭二合寐婆嚩七阿弩囉訖覩二合寐婆嚩八素補使諭二合寐婆嚩九薩嚩悉地寐鉢囉二合也瑳十薩嚩羯磨素者寐十一質多室唎二合藥十二句路吽十三呵呵呵呵斛引，十四薄伽梵十五薩嚩怛佗蘖多十六鉢娜麽十七麽寐悶者十八鉢娜寐引婆嚩十九摩訶三麽耶薩怛嚩二十紇唎二合，引，二十一

稱誦百字真言已，不解前印念本明。

真言曰：

娜謨囉怛那二合怛囉二合夜引也一娜莫阿哩也二合，引嚩魯枳帝引濕嚩二合囉耶二冒地薩怛嚩二合耶三摩訶薩怛嚩二合耶四摩訶迦嚕抳迦耶五怛你也二合佗六唵引，七哆喍八咄多嚟九咄嚟十薩嚩二合，引訶引，十一

復以真言加珠鬘，頂上捧戴當心念。

真言曰：

唵引，一嚩日囉二合跛尾怛囉二合三麽耶吽引，二

誦持數限終竟已，復獻閼伽誦妙讚，
重設八供發願已，解界想尊還本宫，
結前蓮華三麽耶，頂上散華便禮足。

真言曰：

唵引，一訖哩姤嚩二合，二薩嚩薩怛嚩二合，引喋託三悉地捺多四也佗弩誐五蘖瑳特鍐六没馱微灑焰七布那囉誐八麽那也都九唵引，十鉢娜麽二合，十一薩怛嚩二合，十二穆十三

以奉送諸本尊已，加持灌頂被甲冑，
堅住本尊三摩地，自恣住止或經行。

---

① 髀，《中華藏》校勘《石》《麗》作“膝”。

復應轉讀摩訶衍，常令淨業恒不閒，

當得多羅親現前，所求勝願皆圓滿，

現世得入歡喜地，十六生後成菩提。

觀自在多羅瑜伽念誦法一卷

金剛頂瑜伽金剛薩埵五祕密修行念誦儀軌[①]

大興善寺三藏沙門大廣智不空奉詔譯[②]

如《金剛頂經》百千頌十八會瑜伽，演頓證如來内功德祕要。夫修行菩薩道，證成無上菩提者，利益安樂一切有情以爲妙道。一切有情沈没流轉五趣三界，若不入五部五密曼荼羅，不受三種祕密加持，自有漏三業身能度無邊有情，無有是處。五趣有情三界所攝，所謂欲界、色界、無色界。色、無色界修行出三界道，别解脱定慧以爲增上緣。其上二界由定地所攝故，欲界無禪是散善地，設有修定軌則，仍假籍頭陀苦行，依七方便，由根羸劣，無學緣覺果尚自難成，何况十地大普賢地，及成毗盧遮那三身普光地位。二乘之人雖證道果，不能於無邊有情爲作利益安樂。於顯教修行者，久經三大無數劫，然後證成無上菩提。於其中閒十進九退，或證七地，以所集福德智慧，迴向[③]聲聞、緣覺道果，仍不能證無上菩提。若依毗盧遮那佛自受用身所説内證自覺聖智法，及大普賢金剛薩埵他受用身智，則於現生遇逢曼荼羅闍梨，得入曼荼羅，爲具足羯磨。以普賢三摩地引入金剛薩埵入其身中，猶加持威德力故。於須臾頃，當證無量三昧邪無量陀羅尼門，以不思議法，能變易弟子俱生我執、法執種子。應時集得身中一大阿僧祇劫所集福德、智慧，則爲生在佛家。其人從一切如來心生，從佛口生，從佛法生，從法化生，得佛法財。法財謂三密菩提心教法。纔見曼荼羅，能須臾頃淨信，以歡喜心瞻覩故，則於阿賴邪識中種金剛界種子，具受灌頂，受職金剛名號。從此已後，受得廣大甚深不思議法，超越二乘十地。此大金剛薩埵五密瑜伽法門，於四時行、住、坐、卧四威儀之中，無閒作意修習，於見聞、覺知境界，人、法二空執悉皆平等，現生證得初地。漸次昇進，由修五密，於涅槃生死不染不著，於無邊五趣生死

---

① 底本，《中華藏》第1444號，第65册第762頁中—767頁中，原《金藏》廣勝寺本。經名，《中華藏》校勘《石》作“金剛頂瑜伽金剛薩埵五祕修行念誦儀軌一卷”，《清》作“金剛頂瑜伽金剛儀軌”，卷末經名同。

② 譯名，《中華藏》校勘《石》作“特進試鴻臚卿大興善寺三藏沙門大廣智不空奉詔譯”，《徑》作“唐三藏沙門大廣智不空奉詔譯”，《清》作“唐北天竺三藏沙門大廣智不空奉詔譯”，《麗》作“開府儀同三司特進試鴻臚卿肅國公食邑三千户賜紫贈司空謚大鑒正號大廣智大興善寺三藏沙門不空奉詔譯”。

③ 向，原脱，據《中華藏》校勘《石》《麗》補。

廣作利樂,分身百億,遊諸趣中,成熟有情,令證金剛薩埵位。瑜伽者在閑静山林,或於精室,或隨所樂之處,當禮四方如來,以身供養誦本真言,由捨身故,則捨三業有漏之體,則成受三世無礙律儀戒。次於空中想一切諸佛菩薩衆會,然後右膝著地,結金剛起印,誦其真言。心當思惟,令一切如來不應貪現法樂住,惟願哀愍不越本誓,加持覆護,當對聖衆發露懺悔,隨喜勸請。復發五種大願,則結金剛薩埵跏,謂以右腳押左,當結定印,誦無上正等菩提心。真言曰:

唵薩嚩瑜誐質多母怛致二合娜野引弭

由誦此真言故,一切如來令瑜伽者獲得不退轉能摧一切魔寃,是人等同大菩薩及諸如來。瑜伽者作是思惟,我應發金剛薩埵大勇猛心,一切有情具如來藏性,普賢菩薩徧一切有情故,我令一切衆生證得金剛薩埵位。又作是思惟,一切有情金剛藏性,未來必獲金剛灌頂故,我令一切有情速得大菩薩灌頂地,證得虚空藏菩薩位。又作是思惟,一切有情法藏性能轉一切語言故,我令一切衆生得聞一切大乘脩多羅藏,證得觀自在菩薩位。又作是思惟,一切有情羯磨藏性,善能成辨一切事業故,我令一切衆生於諸如來所,作廣大供養證得毗首羯磨菩薩位。又作是思惟,一切有情既具四種藏性,獲得四大菩薩之身。以我功德力、如來加持力及以法界力,願一切有情速證清淨毗盧遮那佛身。真言曰:

唵薩嚩怛佗引誐多商斯多薩嚩薩怛嚩二合南薩嚩悉馱藥三波你演二合耽怛佗引孽多失者二合地底瑟姹二合耽

即結金剛合掌印,二手掌合,十指相交,右押左。誦真言曰:

唵嚩日囕二合惹里

由結此印故,十波羅蜜圓滿,成就福德、智慧二種資糧。

次結金剛縛印,准前金剛合掌,便外相叉作拳。誦真言曰:

唵嚩日囉二合滿馱

由結此印,即成金剛解脱智。

次以金剛縛,三拍[①]自心。誦真言曰:

唵嚩日囉二合滿馱怛囉二合吒半聲呼

由結此印,故能摧身心所覆蔽十種煩惱。則召一切印,處在身心,隨順行者成辨衆事。一切印者,所謂大智印、三昧邪智印、法智印、羯磨智印。

次結金剛阿尾捨印。二羽金剛縛,屈禪智各置戒方間。誦真言曰:

唵嚩日囉二合阿尾捨惡

由結此印,令四智印發揮,有大威力速得成就。

---

① 三拍,《中華藏》校勘《磧》《南》《徑》《清》作"二指"。

次結金剛拳三昧邪印。准前印進力捻禪智背①。真言曰：

唵嚩日囉二合母瑟置二合鋡

由結此印，能縛堅固一切印一切印者是四印也常於行者身心之中而不散失。

次結三昧邪印，二手金剛縛，合豎忍願②安於當心。誦真言曰：

三摩耶娑怛梵三合

由結契印誦真言已，於背後想有月輪以爲圓光，身處其中，想金剛薩埵。

由結此印及誦真言故，大智印等一切部中所結一切印，一切如來身、口、意金剛印，功不虚棄無敢違越。若誦一千徧結，一切印皆得成就。次結大三昧邪真實印，二羽金剛縛，忍願入掌相交合。檀慧禪智面相合，如獨鈷③金剛杵，以忍願觸於心上。誦真言曰：

娑麼耶斛蘇囉多娑怛梵三合

由結此印觸心故，金剛薩埵徧入身心，速與成就，意欲希望諸願皆得。

次結金剛薩埵大智印，即解次前印，二羽各作金剛拳，左手置於胯，右手調擲金剛杵勢，置作心上，右腳押左。誦真言曰：

嚩日囉二合薩怛舞二合含

誦已想自身爲金剛薩埵，處大月輪，坐大蓮華，五佛寶冠，容貌熙怡，身如月色，内外明徹，生大悲愍，拔濟無盡無餘衆生界令得金剛薩埵身，三密齊運，量同虚空。

由持瑜伽大智印相應故，設若越法，具造重罪，并作諸障。持彼大智印故，一切供養恭敬。若有人禮拜、供養、尊重、讚歎者，則同見一切如來及金剛薩埵。當住此智印，則於身前想金剛薩埵智身如自身，觀以四印圍遶，同一月輪，同一蓮華。各住本威儀，執持標記，各戴五佛寶冠。瑜伽者專注身前金剛薩埵，心不散動。即誦真言曰：

嚩日囉二合薩怛嚩二合惡

由誦此真言故，金剛薩埵當阿尾捨顯現。誦真言曰：

嚩日囉二合薩怛嚩二合涅哩二合捨

由誦此真言故，令定中見金剛薩埵，了了分明。即誦四字真言：

弱吽鑁斛引

由誦此真言故，金剛薩埵智身，令召、令入、令縛、令喜，與瑜伽者定身交合一體。

次結素囉多印，二羽金剛縛，右智入左虎口中，乃於心額喉頂四處加持，各誦真

① 背，《中華藏》校勘《石》《麗》作“背誦”，《清》作“有”。

② 忍願，《中華藏》校勘《麗》作“二中指”。

③ 獨鈷，《中華藏》校勘《石》《磧》《南》《徑》《麗》作“獨股”，下同。

言一徧[①]：

蘇囉多薩怛梵三合

由結印加持故，四波羅蜜身各住本位，常恒[②]護持。

次結五佛寶冠印，二羽金剛縛，忍願並豎合，屈上節如劒形，進力附著忍願背，以印置於頂上。次置髮際次置頂右，次置頂後次置頂左，各誦真言一徧。真言曰：

唵薩嚩怛佗引孽多囉怛曩二合阿毗矖迦阿

由結此印故，獲得一切如來金剛薩埵灌頂位。

次結金剛鬘印，二羽金剛拳，額前相遶結，二羽分，腦後又結，便從檀慧徐徐開，如垂冠繒帛。誦真言曰：

唵縛日囉二合麽引羅引阿毗詵者滿鈴

即結甲胄印，徧身擐甲。

次結歡喜印，二羽平掌拍，令歡喜。誦真言曰：

嚩日囉二合覩史也二合斛引

次結前金剛薩埵大智印，誦根本真言曰：

唵摩訶素佉嚩日囉二合薩怛嚩二合弱吽鑁斛引素囉多薩怛梵三合

次應結四祕密羯磨印，即誦金剛歌讚。此讚四句，每結一印，當誦一句。讚曰：

薩嚩弩囉誐素佉薩怛摩二合曩娑怛網三合嚩日囉三合薩怛縛二合跛囉莫素囉多入娑嚩二合冥摩訶引素佉涅哩二合住掣野諾三合鉢囉二合底跛韈悉地者囉虞鉢曩多

次作欲金剛印，二羽金剛拳，左羽想執弓，右羽持箭如射勢，即成此尊印身。稱真言曰：

薩嚩引弩囉引誐素佉薩怛摩三合曩娑

次結計里計羅印，准前印，二拳交抱於胷，即成此尊印身。誦真言曰：

薩怛鑁二合嚩日囉二合薩怛嚩二合跛囉莫素囉多入

次結愛金剛印，准前二金剛拳，左拳承右肘，豎右臂如幢勢，即成此尊印身。誦真言曰：

薩嚩冥摩訶引素佉涅哩二合住掣野諾

次結金剛慢印。二金剛拳各安胯，向左少傾頭如禮勢，即成此尊印身。誦真言曰：

跛韈悉地也二合左攞虞鉢曩多入

次結五祕密三昧邪印，即結金剛薩埵三昧邪印，作金剛縛，屈忍願入掌相合如

---

① "徧"後，《中華藏》校勘《磧》《南》《徑》有"真言曰"。

② 恒，原作"怛"，據《中華藏》校勘《石》《磧》《南》《徑》《清》《麗》改。

前，禪智檀慧各相拄，如獨鈷金剛杵。誦真言曰：

素囉多薩怛梵三合

由結此印誦真言故，神通、壽命、威力相好，等同金剛薩埵。

次結欲金剛三昧邪印，准前印，屈進力上節，甲背相合，以禪智並押其上。誦真言曰：

弱嚩日囉二合涅哩二合瑟知二合娑野計麼吒

由結此印故，能斷細無明住地煩惱，即結計里計羅三昧邪印，准前印，右智押禪相交。誦真言曰：

吽嚩日囉二合計里吉麗吽

由結此印故，能拔濟護持一切受苦衆生界，皆獲大安樂三摩地。

次結愛金剛三昧邪印，准前印，進力互相握忍願，進力並合如眼勢，豎戒方相合，檀慧亦然。誦真言曰：

鍐嚩日哩二合捉娑摩二合囉囉吒

由結此印故，獲得大悲解脱，憐愍一切有情猶如一子，皆起拔濟安樂之心。

次結金剛慢三昧邪印，用次前印，觸其二股先右次左。誦真言曰：

斛引嚩日囉二合迦冥濕嚩二合哩怛曩二合，引

由結此印故，獲得大精進波羅蜜，刹那能於無邊世界一切如來所，作廣大供養。

次結金剛薩埵三昧邪印，誦大乘現證百字真言曰①：

唵嚩日囉二合薩怛嚩二合三麼耶麼努播引攞野嚩日囉二合薩怛嚩二合底尾二合努跛底瑟姹二合涅哩二合住茶護反弭婆嚩素覩史喻二合寘婆嚩阿努囉訖覩二合寘婆嚩素補史喻二合寘婆嚩薩嚩悉朕寘鉢囉二合也瑳薩嚩迦麼素左寘質多室唎二合藥句嚕吽呵呵呵呵斛婆誐梵薩嚩怛佗引蘖多嚩日囉二合麼弭悶左嚩日哩二合婆嚩摩訶引三摩耶薩怛嚩二合惡

即入金剛薩埵三摩地，并結大智印，誦大乘現證金剛薩埵真言曰：

嚩日囉二合薩怛嚩二合

或住大智印，或持數珠無限念誦，勿令疲頓。由住三摩地誦此真言故，現世證得無量三摩地，亦能成本尊之身。一切如來現前，證得五神通，遊歷十方一切世界，廣作無邊有情利益安樂等事。

瑜伽者行、住、坐、卧，常以四眷屬而自圍遶，處大蓮華同一月輪，金剛薩埵者是普賢菩薩，即一切如來長子，是一切如來菩提心，是一切如來祖師，是故一切如來禮敬金剛薩埵。如經所説："金剛薩埵三摩地，名爲一切諸佛法。此法能成諸佛道，若

① 曰，《中華藏》校勘《磧》《南》《徑》無。

離此更別無有佛。”欲知金剛者名爲般若波羅蜜，能通達一切佛，無滯無礙，猶如金剛能出生諸佛。

金剛計里計羅者是虚空藏三摩地，與無邊衆生安樂，拯拔無邊衆生溺貧匱泥者，所求世、出世閒希願皆令滿足。

愛金剛者是多羅菩薩，住大悲解脱，愍念無邊受苦有情，常懷濟拔[①]施與安樂。

慢金剛者是大精進波羅蜜，住無礙解脱，於無邊如來廣作佛事，及作衆生利益。

欲金剛持金剛弓箭，射阿賴邪識中一切有漏種子，成大圓鏡智。金剛計里計羅抱金剛薩埵者，表淨第七識妄執第八識，爲我癡、我見、我慢、我愛，成平等性智。

金剛薩埵住大智印者，從金剛界至金剛鈴菩薩，以三十七智成自受用、佗受用果德身。

愛金剛者持摩竭幢，能淨意識緣慮，於淨染有漏心，成妙觀察智。

金剛慢者以二金剛拳置胯，表淨五識質礙身，起大勤勇，盡無餘有情皆頓令成佛，能淨五識身，成成所作智。

欲金剛者是慧眼，觀察於染淨分依佗性智，一切法非有、非無。金剛計里計羅者，以無染智觀染智，觀察淨分依佗，與果德中圓成不即不異，知一切法與菩提涅槃不即不異。

金剛薩埵者是自性身，不生不滅，量同虚空，則是徧法界身。

愛金剛者以大悲天眼，觀見一切有情，身中普賢體不增不減。

金剛慢者以清淨無礙肉眼，觀一切有情處在異生位，雖塵勞覆弊本性清淨，若與大精進相應，即得離垢清淨。

金剛薩埵者是毗盧遮那佛身，欲金剛是金剛波羅蜜，計里計羅是寶波羅蜜。金剛愛是法波羅蜜，金剛慢是羯磨波羅蜜。

金剛薩埵者即彼薄伽梵阿閦如來，欲金剛者即是金剛薩埵，計里計羅者即是金剛王，愛金剛者即是金剛愛，金剛慢者即是金剛善哉。

金剛薩埵者即彼薄伽梵寶生如來，欲金剛者即是金剛寶，計里計羅者即是金剛日，愛金剛者即是金剛幢，金剛慢者即是金剛笑。

金剛薩埵者即彼薄伽梵觀自在王如來，欲金剛者即是金剛法，計里計羅者即是金剛利，愛金剛者即是金剛因，金剛慢者即是金剛語。

金剛薩埵者即是彼薄伽梵不空成就如來，欲金剛者即是金剛業，計里計羅者即是金剛護，愛金剛者即是金剛藥叉，金剛慢者即是金剛拳。

内四供養者即彼四眷屬，外四供養者亦彼四眷屬。

① 常懷濟拔，《中華藏》校勘《清》作“常情懷濟拔”，《麗》作“常懷拔濟”。

欲金剛以菩提心箭，鉤召一切有情，安置佛道。計里計羅抱印爲大方便金剛乘，令證不染智，以愛金剛摩竭幢爲大悲金剛鎖，經無量劫處於生死，心不移易，度一切衆生以爲其道。金剛慢者，以大精進爲般若金剛鈴，警悟在無明窟宅隨眠有情。

普賢曼荼羅不離五身，降三世曼荼羅即同金剛界，蓮華部徧調伏曼荼羅，依此例之，寶部一切義成就，亦同此説。

金剛薩埵五密爲如來部即是金剛部，即是蓮華部，即是寶部。五身同一大蓮華者，爲大悲義，同一月輪圓光者，爲大智義。是故菩薩由大智故，不染生死，由大悲故，不住涅槃。如經所説，有三種薩埵，所謂愚薩埵、智薩埵、金剛薩埵。以金剛薩埵簡其二種薩埵，修行得此金剛乘人，即名金剛薩埵。是故菩薩勝慧者，乃至盡生死，恒作衆生利，而不趣涅槃。以何等法能得如此，是故般若及方便，智度所加持，諸法及諸有，一切皆清淨。諸法及諸有名爲人、法二執，是故欲等調世間，令得淨除故，有頂及惡趣，調伏盡諸有。由住虚空藏三摩地，於人、法二執，皆悟平等清淨猶如蓮華，是故如蓮性清淨，本不爲垢所染，諸欲亦然，不染利羣生①者，作安樂利益事，居大自在位。是故大欲得清淨，大安樂富饒，三界得自在。能作堅固利益②者，菩提心爲因，因有二種，度無邊衆生爲因，無上菩提爲果。復大悲爲根，兼住大悲心，二乘境界風所不能動摇，皆由大方便，方便者三密金剛以爲增上緣，能證毗盧遮那清淨三身果位。

金剛頂瑜伽金剛薩埵五祕密修行念誦儀軌

① 利羣生，《中華藏》校勘《麗》作“利群生利群生”。

② 堅固利益，《中華藏》校勘《清》作“利益堅固”，《麗》作“堅固利益堅固利益”。

普賢金剛薩埵瑜伽念誦儀[①]

特進試鴻臚卿大興善寺沙門大廣智不空奉詔譯[②]

我今説普賢菩薩身口意金剛念誦法，由修此法，等同金剛薩埵。修行者住勝解行地，曾入金剛界大曼荼羅，受菩提心戒。於諸有情有大悲愍，拔濟安樂心，不惜身命，刹那刹那常懷證[③]得普賢菩薩身。於身業勤勇常習[④]，徧觀一切諸佛菩薩，如對目前。所居山閒阿蘭若，或於精室，或於僧[⑤]伽藍，或於宅舍，建立道場。面向東方或西，隨取穩便，端身結加趺坐，或全加，或普賢加[⑥]，或隨意坐。心徧緣一切有情界，令有情三業身、口、意淨。密語曰：

唵一娑嚩二合婆嚩戌入聲度憾引，二

次應觀如來相好圓備，運心[⑦]想供養。以天妙塗香、華鬘、燒[⑧]香、燈燭、飲食種種讚歎，則依四種禮，印契、密語禮四方如來，捨身供養，則成受三世無礙智律儀戒。則起右膝著地，結持金剛三麽耶[⑨]印，當心誦密語[⑩]，於頂上散。由結此印、誦密語，則成徧禮供養承事一切如來。密語曰：

唵引，一嚩日囉二合勿微一反，二

次應發露説罪，隨喜、勸請、迴向、發願已，則結加趺坐。作是思惟：願一切有情獲得出世無上悉地成就。密語曰：

---

① 底本，《中華藏》第1443號，第65册第751頁中—757頁中，原《金藏》廣勝寺本。經名，《中華藏》校勘《石》作"普賢金剛薩埵略瑜伽念誦儀軌一卷"，《麗》作"普賢金剛薩埵略瑜伽念誦儀軌"。

② 譯名，《中華藏》校勘《石》《磧》《南》作"大興善寺三藏沙門大廣智不空奉詔譯"，《徑》《清》作"唐大興善寺三藏沙門大廣智不空奉詔譯"，《麗》作"開府儀同三司特進試鴻臚卿肅國公食邑三千户賜紫贈司空謚大鑒正號大廣智大興善寺三藏沙門不空奉詔譯"。

③ 證，《中華藏》校勘《石》《麗》無。

④ 勤勇常習，《中華藏》校勘《石》《麗》作"懃常修習"。

⑤ 僧，《中華藏》校勘《石》《麗》無。

⑥ 加，《中華藏》校勘《石》作"枷"。

⑦ 運心，《中華藏》校勘《磧》《普》《南》《徑》《清》作"心運"。

⑧ 燒，《中華藏》校勘《石》《麗》無。

⑨ 耶，底本作"邪"，底本"耶""邪"互用，此統一作"耶"。

⑩ 密語，《中華藏》校勘《石》《麗》無。

唵一薩嚩怛佗引蘖多餉悉多去聲,二合,二薩嚩薩怛嚩二合,引南引,三薩嚩悉馱藥二合,四三鉢撚躭五怛佗蘖多室者二合,引地底瑟姹二合躭六

次[①]結金剛掌印,誦密語三徧。密語曰[②]:

嚩日囕二合惹里一

由結此印及[③]誦密語,所修瑜伽相應門悉皆成就。

次應結金剛縛印,誦密語曰:三徧,下同[④]。

嚩日囉二合滿馱一

由結此印,於十種煩惱結使縛[⑤]皆得解脱,十波羅蜜圓滿[⑥]。即以縛印三掣,拍胷閒,誦密語曰:

嚩日囉二合滿馱怛囉二合吒半音呼,一

由結此印及誦密語[⑦],當入曼荼羅。時阿闍梨所引入,金剛薩埵三業金剛體[⑧]令入弟子心,自性金剛智令得發動顯現。

次結金剛徧入印,即前金剛縛,二大指入掌,安於無名指閒。誦密語曰:

嚩日囉二合,引吠奢噁一

由結此印,三業金剛於身中作大阿吠奢,獲大神驗威德。

不解前金剛縛[⑨],以二頭指各屈拄二大指背,即成金剛拳印。密語曰:

嚩日囉二合母瑟知二合鍐一

由結此印、誦密語,令三業金剛堅住不散失。

次以金剛縛[⑩],合豎二中指,是金剛薩埵三麽耶[⑪]印。密語曰:

三麽耶薩怛鑁三合,一

由結此印,修行者當住普賢大[⑫]菩薩三摩地,坐於滿月中,背倚於[⑬]月輪,令身色

① “次”前,《中華藏》校勘《磧》《普》《南》《徑》《清》有“次應思惟於他有情願獲平等清淨如來之法及我身三業清淨。密語曰:唵引沙嚩二合娑嚩戍入聲度憾”。其中“引”字,《磧》《普》《南》無。

② “曰”後,《中華藏》校勘《石》有夾注:“三徧,下同。”

③ 及,原脱,據《中華藏》校勘《石》《麗》補。

④ 三徧下同,《中華藏》校勘《石》《麗》無。

⑤ 由結此印於十種煩惱結使縛,《中華藏》校勘《石》《麗》作“由結使”。

⑥ 圓滿,《中華藏》校勘《石》《麗》作“頓得圓滿次”。

⑦ 及誦密語,原脱,據《中華藏》校勘《石》《麗》補。

⑧ 體,《中華藏》校勘《石》《麗》無。

⑨ 不解前金剛縛,《中華藏》校勘《石》《麗》作“次以准前印”。

⑩ 金剛縛,《中華藏》校勘《石》《麗》作“前金剛縛印”。

⑪ 三麽耶,《中華藏》校勘《石》《麗》無。

⑫ 大,《中華藏》校勘《石》《麗》無。

⑬ 滿月中背倚於,《中華藏》校勘《石》《麗》無。

相好[①]圓備。

次則結素囉多大誓真實印，以縛[②]二大指、二小指各以頭[③]相拄，如獨鈷金剛[④]杵，二中指入掌豎合，令拄心上即成。應作是思惟：我身既成普賢菩薩，發是心成熟，解脱無邊有情界。於此三摩地中[⑤]觀一切有情自佗無别，同體大悲。即誦大[⑥]真實密語曰：

三麽耶斛一素囉多娑怛鑁三合，二

次應住勝三世忿怒金剛三麽地，立印四面八臂，威德赫弈，光明熾盛如劫燒焰[⑦]。左脚踏摩醯首羅，右脚踏烏摩。即以二手金剛拳，二小指反相鉤，豎二頭指。以印左旋，辟除人、天、諸魔障[⑧]者。右旋則成結方隅界，諸佛、菩薩尚不違越，何況三界中作障者。即以印加持[⑨]心、額、喉、頂四處，誦密語曰：

唵引，一遜婆去你遜婆去吽短，二仡哩二合恨拏二合仡哩二合恨拏二合吽三仡哩二合恨拏二合波耶吽四阿娜耶斛引，五婆誐鑁六嚩日囉二合吽泮吒半音呼之，七

由結此印、誦密語，三密相應，阿賴耶識中所有雜染種子以此金剛智火焚燒悉盡，一切外障不能爲障難。

次結蓮華族三麽耶印，以二手金剛縛，合豎二大指及二小指，以印安於口，三誦密言。當觀自身等[⑩]同金剛法。大[⑪]菩薩密言曰：

唵一嚩日囉二合跛納麽二合三麽耶薩怛鑁三合，二

由結此印，所修三摩地瑜伽悉皆現前。

次結定印，徧觀虚空界一切[⑫]諸佛猶如胡麻。即誦此密語曰：

唵一薩嚩瑜誐質多二母答波二合娜夜引彌三

由結印[⑬]、誦密言，滅一切障，獲得安樂悦意，超魔羅[⑭]境，即同諸佛，得一切世天

① 好，《中華藏》校勘《石》《麗》作“光明”。
② 縛，《中華藏》校勘《石》《麗》作“縛印”。
③ 頭，《中華藏》校勘《石》《麗》作“指頭”。
④ 金剛，《中華藏》校勘《石》無。
⑤ “是心成熟”至“於此三摩地中”，《中華藏》校勘《石》作“此心時成就無邊解脱”，《麗》作“是心成就無邊解脱”。
⑥ 大，《中華藏》校勘《石》《麗》作“大誓”。
⑦ 焰，《中華藏》校勘《石》《麗》作“爛”。
⑧ 障，《中華藏》校勘《石》《麗》作“及作障”。
⑨ 加持，《中華藏》校勘《石》《麗》作“印”。
⑩ 三誦密言當觀自身等，《中華藏》校勘《石》《麗》作“想自身”。
⑪ 大，《中華藏》校勘《石》無。
⑫ 界一切，《中華藏》校勘《石》《麗》無。
⑬ 印，《中華藏》校勘《石》《麗》作“此印”。
⑭ 羅，《中華藏》校勘《石》無。

供養。即誦通達心密語曰：

唵一質多鉢囉二合底吠鄧迦嚕彌二

次入九種緣生三摩地智，觀一切法如幻、如陽焰、如夢、如影像、如聲響、如光影、如水中月、如變化、如虚空[①]。作是觀已，是心於染淨[②]通達無礙，猶若虚空。次應入菩提心觀，誦[③]菩提心密語曰：

唵一冒地質多二母答波二合娜夜引彌三合

則[④]於身中當胷臆間觀圓滿月皎潔清涼，無限數多誦通達菩提心密語畢，得心水澄淨，菩提心月影現於中。次則[⑤]此滿月上，觀五鈷[⑥]金剛杵了了分明。誦密語曰：

唵引，一底瑟姹二合嚩日囉二合，二

由作如是觀，誦此密語，是心成如金剛。次觀身如五鈷金剛杵，誦密語曰：

嚩日囉二合，引怛磨二合俱含

次觀徧滿虚空中佛悉入[⑦]金剛杵中，合爲一體。由作如是瑜伽[⑧]觀智并誦密語，修行者三業成如金剛。修行者當觀自身如普賢菩薩，戴五佛冠，身如水精月色，右手持五鈷金剛杵，左手持金剛鈴，身處在滿月輪，了了分明。則誦密語曰：

唵嚩日囉二合薩怛嚩二合三母地引含二

次用素囉多金剛印。結金剛縛，以右大拇指入左虎口[⑨]即成。以此印加持心、額、喉、頂。密語曰：

唵一素囉多娑怛鑁三合，二

次二手結金剛縛，豎二中指屈上節如劒，二頭指各屈附[⑩]二中指令相著，二大指如結加即成，是名金剛界印，亦名五佛冠印。密語曰：

唵一薩嚩怛佗蘖多二囉怛曩二合，引毗曬迦噁引，三

以此印安於頂，誦一徧。次安額、次頂右、頂後、頂左，各誦一徧。金剛鬘真言曰[⑪]：

---

① 虚空，《中華藏》校勘《磧》《普》《南》《徑》《清》作“虚空遊”。

② 淨，《中華藏》校勘《石》《麗》作“於淨”。

③ 誦，《中華藏》校勘《石》《麗》作“中誦密語”

④ 則，《中華藏》校勘《石》《麗》作“由此結印則”。

⑤ 次則，《中華藏》校勘《石》《麗》作“於”，《普》作“次則於”。

⑥ 鈷，《中華藏》校勘《磧》《普》《南》《徑》《清》作“股”，下同。

⑦ 入，《中華藏》校勘《麗》作“來入”。

⑧ 瑜伽，《中華藏》校勘《石》《麗》無。

⑨ 虎口，《中華藏》校勘《石》《麗》作“虎口中”。

⑩ 附，《中華藏》校勘《石》《麗》作“輔”。

⑪ “以此印安於頂”至“金剛鬘真言曰”，《中華藏》校勘《石》《麗》作“次結灌頂印，置印安於頂上，同前印。密語曰”。

唵一嚩日囉二合麼鵽鼻詵上者輅鑁

次以二手作金剛拳，當額如繫鬘繒。次移腦後，亦如前繫已。從小指散下，如垂引繒帶勢。次結被甲印[①]，密語曰：

唵引，一砧一

即以二[②]金剛拳，展二頭指，於指端想唵、砧二字。便以二指當心相遶三徧，次背後，卻至齊二膝[③]，又至齊，次腰，卻至心、左右肩頸[④]，次頂後、額腦後。結拳如繫甲勢。秘[⑤]密語曰：

唵引阿娑曳嚩囉二合迦嚩制滿馱囉訖曬二合輅吽嵱呼甘反[⑥]

便二手旋拳如舞，便用金剛掌三相拍，誦悦喜聖衆[⑦]密語曰：

唵一嚩日囉二合覩使也二合斛引，二

次想自身在須彌頂本初心無二邊普賢境界曼荼羅，中央普賢菩薩與八金剛明妃圍遶，四隅嬉戲等内供養金剛鈎女等、四門無量菩薩圍遶。則瑜伽者結金剛輪曼荼羅印，二手金剛拳，二頭指、二小指互相鈎結即成。若先有念誦壇，以此印安身前壇上，按地誦密語三徧，隨意則成普賢曼荼羅[⑧]。密語曰：

唵一嚩日囉二合斫羯囉二合吽引，二弱吽鑁斛三

次應結警覺一切聖衆印。以二手交臂右押左，彈指，每誦一徧一彈指，令滿四徧。密語曰：

唵一[⑨]嚩日囉二合三麼惹弱二

由作此印，普賢菩薩及一切眷屬應時雲集在於空中[⑩]，則誦普賢[⑪]菩薩一百八名讚，誦已則結金剛薩埵大誓真實印并誦密語，誦聖衆降曼荼羅中。密語曰：

系摩訶素上佉嚩日囉二合，一薩怛嚩二合夜引呬二試佉𠺕二合，三摩訶引素上佉嚩日囉二

---

① 次結被甲印，《中華藏》校勘《石》《麗》作"印誦"。

② 即以二，《中華藏》校勘《石》《麗》作"次結被甲印二手"。

③ 膝，原作"滕"，據《中華藏》校勘《磧》《普》《南》《徑》《清》《麗》改。

④ 頸，《中華藏》校勘《石》作"頭"。

⑤ 秘，《中華藏》校勘《石》《麗》無。

⑥ "密語曰"至"呼甘反"，《中華藏》校勘《磧》《普》《南》《徑》《清》無。

⑦ "便二手旋拳"至"悦喜聖衆"，《中華藏》校勘《石》作"次二手旋拳如舞勢，妙拍一遍令歡喜"，《麗》作"次二手旋拳如舞勢，妙拍一遍"。

⑧ "次想自身在須彌頂"至"則成普賢曼荼羅"，《中華藏》校勘《石》《麗》作"次結金剛輪曼荼羅印，二手金剛拳，二頭指、二小指互相鈎即成，印地及身五處"。

⑨ 一，原脱，據文意補。

⑩ "中"後，《中華藏》校勘《石》《麗》有大段經文及咒語，據《麗》本附於卷末，即"次結四門菩薩印儀"至"唵引嚩日囉二合健穌一斛二"。

⑪ 則誦普賢，《中華藏》校勘《石》《麗》作"次誦本尊"。

合，引母引佉三昧耶四麽弩播引攞野五鉢囉二合母𪘨鉢囉二合母𪘨六素上囉多薩怛鑁三合，七阿弩囉訖覩二合茗婆嚩八素上覩瑟庾二合茗婆嚩九素上覩瑟庾二合茗婆嚩十素上涅哩二合住荼護反茗婆嚩十一素上布瑟庾二合茗婆嚩十二婆誐鑁十三阿曩引你馱諾薩怛嚩二合，十四薩嚩悉朕提寢反茗十五鉢囉三合野車翳沙怛梵二合，十六阿引訖哩二合使也二合鉢囉二合吠奢十七三摩曳囉麽二合特嚩二合，十八嚩試引迦嚕彌十九昧母娜二合，引，二十滿怛囉二合跛乃二十一弱二十二吽二十三鑁二十四斛二十五

由結印誦此密語，能警覺普賢菩薩并諸聖①眷屬歡悦，不越本誓，來降道場。此印及密語能召引入縛令喜悦。誦至弱字，掌中二指如鉤來去。至吽字，屈如環，則成索。至鑁字，則交結，則名鎖。至斛字，則如鈴摇動，能悦諸聖。或誦三徧，或四徧。

次結閼伽印。以二手金剛掌，二中指頭相②合，二頭指在中指後如鉤形，二大指各捻二頭指根下即③成。以印捧閼伽器，當額奉獻。若道場中先無閼伽，但唯改二大指相交，即名閼伽印，但想捧④八功德水浴諸聖尊足。密語曰：

跛囉摩素上佉引捨也一娑攞里多二尾邏娑曩彌帶囉曩二合麽彌婆伽汶擔二合，三弱吽鑁斛四呬呬呬呬五鉢囉二合底車上，六矩素上滿惹里囉曩二合佗七

由獻閼伽故，能洗滌無始煩惱塵垢，速獲身、口、意清淨。

次當於曼荼羅中位想圓滿月，於月中有普賢菩薩，住金剛鬘印。次於大聖前，想欲金剛，形服色赤，衣冠鬘瓔珞種種嚴飾，目瞻大聖，住金剛弓箭印。次於大聖右，想計里計羅尊，色白，以二金剛拳交臂住抱印。於大聖後，想愛金剛，形服皆青，豎左臂執摩竭幢，以右金剛拳承其肘，亦共持於幢。於大聖左邊，想金剛慢尊，形服皆黄，以二金剛拳各安胯，頭向左少低。此五聖尊皆住羯磨印。

欲金剛密語曰：

弱一嚩日囉二合涅哩二合瑟知二合，二娑去，引也計三麽吒吒平音，四

計里計羅尊密語曰：

吽一嚩日囉二合計里引，二吉麗吽三

愛金剛密語曰：

鑁一嚩日哩二合抳二娑麽二合，三囉囉吒吒平音，四

金剛慢菩薩密語曰：

斛一嚩日囉二合，二迦引冥濕嚩二合哩三怛囕二合，四

次以二金剛拳初如舞，便以二拳相並上如散華勢，是春金剛菩薩印。當想聖者

① 聖，《中華藏》校勘《麗》作"聖衆"。
② 相，原作"指"，據《中華藏》校勘《麗》及文意改。
③ 即，《中華藏》校勘《石》作"印"。
④ 但想捧，《中華藏》校勘《石》《麗》作"想"。

居中院東南隅,色服俱白,持華以爲印。誦密語曰:

唵一麽度嚩日哩二合,二共共三

次結雲金剛菩薩焚香印,以二拳相並,下擲即成。想此尊在壇内院西南隅,形服皆黑,持香爐以爲印。作是觀已,誦密語曰:

唵一茗伽去嚩日哩二合,二麌魯麌魯三

次結秋金剛菩薩燈燭印,以二拳並竪二大指即成。當想此尊在内院西北隅,形服皆赤,持燈以爲印。想成已,誦密語曰:

唵一舍囉娜嚩日哩二合,二暗引暗引,三

次結金剛霜雪菩薩印,並覆二金剛拳摩其胷,兩向散若塗香勢即成。當想此菩薩住内曼荼羅東北隅,形服皆黄色,持塗香器以爲印。作是觀已,誦密語曰:

唵一嚩日囉二合勢始嚹吽短吽短,二[①]

次結外供養諸尊,東南嬉戲菩薩,以二金剛拳當於心。西南金剛笑菩薩,以二拳各在傍,向後散勢。西北金剛歌菩薩,左手作拳竪臂,展頭指向身,持箜篌爲印,右作彈弦勢。東北金剛舞菩薩,以二拳旋轉結舞印。此四尊服形皆作金色。初[②]嬉戲印,以二拳遶心右[③]轉即成。誦密語曰:

系囉底嚩日囉二合,一尾邏賜你二怛羅二合吒三

次結笑印[④],如前印,安口傍,翻掌向外,從小指漸開,各向後散住[⑤]笑容。誦密語曰:

系囉底嚩日囉二合,一賀引細二訶訶三

次以左[⑥]手作拳,竪頭指,屈臂向身如箜篌。右手[⑦]拳竪頭指,作彈弦勢,是爲歌印。密語曰:

系囉底嚩日囉二合,一擬引諦二諦諦三

以[⑧]二拳從心旋轉舞,漸上至頂,合掌使[⑨]散,是舞印。密語曰:

系囉底嚩日囉二合,一你哩二合諦二吠波吠波三

次結四門菩薩印儀,初東門金剛鈎菩薩,居曼荼羅門中,青色。南門中金剛索菩薩,黄色,持索爲印。西門中金剛鎖菩薩,赤色,持鎖爲印。北門中金剛鈴菩薩,緑

---

① "次當於曼荼羅中位想圓滿月"至此,《中華藏》校勘《麗》無。

② 初,《中華藏》校勘《麗》作"如初"。

③ 右,《中華藏》校勘《麗》作"左右"。

④ 次結笑印,原脱,據《中華藏》校勘《麗》補。

⑤ 住,《中華藏》校勘《麗》作"作"。

⑥ 左,《中華藏》校勘《麗》作"右"。

⑦ "右手"前,《中華藏》校勘《麗》有"以"。

⑧ 以,《中華藏》校勘《麗》作"次"。

⑨ 使,《中華藏》校勘《麗》作"便"

色，持鈴以爲印。此四菩薩各具冠鬘，種種嚴麗。以二金剛拳、二小指反相鉤直豎，左頭指屈右頭指上節，上下來去是鉤印。密語曰：

嚩日啢二合，引矩勢一弱二

不解前印，改二頭指，以頭相拄如環，是索印。密語曰：

嚩日囉二合播引勢一吽二

前印，二頭指互相鉤結，交屈其臂，是鎖印。密語曰：

嚩日囉二合餉迦麗一鋡二

如前鎖印，以二拳背相著動摇，是鈴印。密語曰：

嚩日囉二合健蘇一斛二

次結三昧耶印，令本尊不越大悲，赴其本願。則二手金剛縛，以二中指入掌交合，二小指、二大指各豎頭相拄如獨鈷杵形，是普賢菩薩三昧耶印。用前羯磨密語已，後十六聖尊三昧耶亦並前羯磨密語。

次結欲金剛三昧耶印，准前印，合其掌，屈二頭指以甲相背，以二大指押即成。

次結金剛計里吉羅印，即以前欲金剛印，交二大指，右押左即成。

次結愛金剛印，以前普賢菩薩，二小指合，豎二無名指舒如針，二中指右押左内交入二虎口，屈二頭指各鉤中指，二大指並豎押即成。

次結金剛慢印，用前愛金剛印，先觸右胜，次左胜，即成。

次結春金剛印，金剛合掌，左右綟，上擲如散華勢即成。

次結雲金剛印，以此前印，左右綟覆掌下，散即成。

次結秋金剛印，以金剛掌二大指頭相逼即成。

次結冬金剛印，以前印磨胷向後散，如塗香勢即成。

次結金剛嬉戲印，以金剛縛左右旋轉，如舞勢即成。

次結金剛笑印，以此前印飜掌向外，從二小指漸次於口兩傍，散即成。

次結金剛歌印，以金剛縛豎左頭指令微屈，以頭指[①]虚檡如彈弦勢即成。

次結金剛舞印，以右手大指頭指頭相捻，作佉吒迦。左手三飜，當心旋轉舞即成。

次結金剛鉤印，以金剛縛豎右頭指，屈上節招即成。

次結索印，即縛印，右大指入左虎口即成。

次結鎖印，即縛印，各以大指捻頭指如連鎖即成。

次結鈴印，即金剛縛，以二大指入掌，令拄著無名、中指間，以此印摇動即成。

所結如上十七聖尊三昧耶印，即當結印之時，於曼荼羅中想一一聖尊[②]形色、衣

① 頭指，《中華藏》校勘《磧》《普》《南》《徑》《清》作“右頭指”。

② “次結四門菩薩印儀”至此，《中華藏》校勘《麗》大異，據《麗》附於卷末，即“次結雲金剛菩薩焚香印”至“結以上十七尊聖衆”。

服、華坐、月輪[①]及己身住大印,皆有諸聖尊并無量[②]眷屬圍遶,皆須明了。

次當誦普賢菩薩讚曰:

薩嚩引砮囉引誐素上佉薩怛莽二合曩娑去,一怛網二合嚩日囉二合薩怛嚩二合跛羅莫素上囉多入,二婆嚩冥摩訶素上佉涅哩二合住掣囉也惹三鉢囉二合底跛你也二合悉䩭者攞麌鉢囉二合拏多入,四

誦第一句讚,當結欲金剛羯磨印。次誦第二句,結計里吉羅金剛羯磨印。誦第三句,結愛金剛羯磨印。誦第四句,結慢金剛羯磨印。則成四種歌詠,四種舞印。正結印[③]誦讚時,入大三摩地,則住普賢菩薩大印。誦大樂[④]不空三昧耶真實密語曰:

唵一摩訶素上佉嚩日囉二合薩怛嚩二合,二弱吽鑁斛三素囉多薩怛鑁三合,四

住大印,等同普賢菩薩。若欲成就普賢菩薩[⑤],應一月念誦,每日四時,無限數念誦。若疲倦,解印,全身金剛合掌作四禮,以此爲憩息,令其心不疲厭。其滿月夜,結大印,一夜念誦至於晨朝。普賢菩薩來,身光如月輪,抱其行者自身入徧支分。其行者身等同普賢,五佛冠[⑥],身著天妙瓔珞華鬘,身口意如金剛薩埵。所有親族見彼人成如是威德,皆生驚愕,恭敬禮拜。彼人常在自家作大神通,亦作佛身現大神通,亦現三世勝金剛身。調伏難調者,悉皆調伏。隨意騰空,自在往於無量世界,供養諸佛,受天妙五欲樂。壽命盡虚空[⑦],利樂無邊有情,成大利益,成毗盧遮那佛身。

普賢金剛薩埵瑜伽念誦儀[⑧]

次結四門菩薩印儀,初東門金剛鉤菩薩,居曼荼羅中,青色。南門中金剛索菩薩,黄色,持索爲印。西門中金剛鏁菩薩,赤色,持鏁爲印。北門中金剛鈴菩薩,緑色,持鈴爲印。此四菩薩,各具五佛冠鬘,種種嚴麗以爲莊嚴。

次結鉤印,二手金剛拳,二小指相鉤直竪,左頭指屈右頭指上下來去,是鉤印。密語曰:

唵嚩日啷二合矩勢一弱

次不解前印,改二頭指頭相跓如鐶,是索印。密語曰:

唵嚩日囉二合播引勢一吽二

---

① 輪,《中華藏》校勘《麗》作“輪中”。

② 并無量,《中華藏》校勘《麗》無。

③ 正結印,《中華藏》校勘《麗》無。

④ 則住普賢菩薩大印誦大樂,《中華藏》校勘《麗》作“用之次誦大乘”。

⑤ 普賢菩薩,《中華藏》校勘《麗》作“本尊”。

⑥ 冠,《中華藏》校勘《麗》作“頭冠”。

⑦ 空,《中華藏》校勘《麗》無。

⑧ 卷末經名,《中華藏》校勘《麗》作“普賢金剛薩埵略瑜伽念誦軌儀”。

次以前印，二頭指、二大指互相交頭相捻，屈其臂，是鏁印。密語曰：

唵嚩日囉二合餉迦麗一鋡二

次如前鏁印，二大指入掌摇動即成。密語曰：

唵引嚩日囉二合健蘇一斛二

次結雲金剛菩薩焚香印，以二拳相並下擲即成。想此尊在壇内院東南隅，形服皆黑，持香爐以爲印。作是觀已，誦密語曰：

唵茗伽去嚩日哩二合麌魯麌魯

次以二拳初如舞，便以二拳相並上如散花勢，是春金剛菩薩印。當想此尊居内院西南隅，色服俱白，持花。密語曰：

唵麽度嚩日哩二合共共

次結秋金剛菩薩燈印，二拳並豎一大指。即想此尊居内院西北隅，形服皆赤，持燈爲印。密語曰：

唵舍囉娜嚩二合日哩二合暗引暗引

次結金剛雲菩薩印，並覆二拳摩其胷，兩向散。想此尊居内院東北隅，形服皆緑色，持塗香器。密語曰：

唵引嚩日囉二合勢始嚇吽短吽短

次於曼荼羅中位想圓滿月，於月輪中有普賢菩薩，住金剛鬘印。

次於大聖前想欲金剛，形服色赤，衣冠鬘瓔珞種種嚴飾，目瞻大聖，住金剛弓箭印。次於大聖右，想計里計羅尊，色白，以二金剛拳交臂住抱印。次於大聖後，想愛金剛，形服皆青，豎左臂，執摩竭幢，右手承其肘，亦共持於幢。於大聖左邊，想金剛慢尊，形服皆黄，以二金剛拳各安胯，頭向左少低。此五尊皆住羯磨三摩地印。

次金剛密語曰：

弱一嚩日囉二涅哩二合瑟知二合娑去，引也計三麽吒吒平音

次誦計里計羅尊密語曰：

吽一嚩日囉二合計哩引，二吉麗吽三

次誦金剛愛密語曰：

鑁一嚩日囉二合抳二娑麽二合囉囉吒平音

次誦慢菩薩密語曰：

斛一嚩日囉二合迦引冥濕嚩二合哩二怛嚂二合，三

結以上十七尊聖衆。

金剛王菩薩祕密念誦儀軌[①]

大興善寺三藏沙門大廣智不空奉詔譯[②]

我今愍念一切求等覺者，或不知此祕密瑜伽速成佛法，於三大阿僧祇劫忍諸苦行，不至無上菩提。我愍是故，於《金剛頂》百千頌中，略説毗盧遮那如來自性成就法身金剛界大圓鏡智流出佗受用異名金剛王菩薩念誦儀軌。以三密修行大印等，能令真言行菩薩速證如來等覺之位，獲得薩婆若智，住大普賢地，於無盡生死界調伏一切有情，悉令安住無上菩提而無疲倦。先應簡擇、通達金剛頂瑜伽阿闍梨，求受五部灌頂，或持明灌頂。若不解簡擇者，則自墜失。既遇真實阿闍梨，應生如來出現之想，所有上妙世間資具悉應奉獻，何以故？此最上乘法，三世諸佛所共遵承。故於此法中一一諮問，悉令曉悟曼荼羅法、畫像法、自灌頂法、息災等五種祕密，四印、大印、一印，五智成身，三密加持，祕密供養，皆須通達。若真言行菩薩，當住[③]大菩提心，所作功德迴向等覺果，故大悲利益速得成佛。若異此者，非但不得悉地，是名謗一切佛，決定墮三惡趣。若所爲、所作皆爲菩提利益有情，意所求願，無不成就。真言者受法已，應建立道場，安置尊像，著新淨衣，依瑜伽法四時念誦。乃至二時必不可闕，常與適悦三摩地相應。凡初入道場禮佛長跪，以二手如開敷蓮華，此名淨器界真言印。真言曰：

唵一囉儒播蘖多入薩嚩達莫二

不易前印，誦淨三業真言，加持四處。真言曰[④]：

唵一娑嚩二合婆嚩輸輸律反鐸薩嚩達莫二娑嚩二合婆嚩輸度憾三

次即結金剛起印，以二手金剛拳，檀慧互相鉤，進力以頭側相拄。欲結此印，先

---

① 底本，《中華藏》第1442號，第65册第743頁中—748頁中，原《金藏》廣勝寺本。經名，《中華藏》校勘《石》《麗》作“金剛王菩薩秘密念誦儀軌一卷”，卷末經名同。

② 譯名，《中華藏》校勘《石》作“特進試鴻臚卿大興善寺三藏沙門大廣智不空奉詔譯”，《徑》《清》作“唐三藏沙門大廣智不空奉詔譯”，《麗》作“開府儀同三司特進試鴻臚卿肅國公食邑三千户賜紫贈司空謚大鑒正號大廣智大興善寺三藏沙門不空奉詔譯”。

③ 住，原作“任”，據《中華藏》校勘《石》《磧》《普》《南》《徑》《清》《麗》改。

④ “曰”後，《中華藏》校勘《石》《麗》有夾注“所謂心額喉頂上散即是”。

於二手心、舌觀五智金剛杵，以印三舉，誦此真言，警覺盡虛空界一切如來。真言曰：

唵一嚩日噓二合底瑟姹二合，二

每一舉，誦一徧已，即觀諸佛數如恒沙滿虛空界，然後長舒二臂於頂上，金剛合掌，長展二足，以身委地，禮東方不動如來，以身奉獻。真言曰：

唵一薩嚩怛佗蘗多布祖引鉢娑佗二合曩也二阿引答麼二合南三涅哩也二合多夜引彌四薩嚩怛佗蘗多五嚩日囉二合薩怛嚩二合，引地瑟姹二合娑嚩二合𤚥吽六

作如是念，爲欲承事供養一切如來故，我今獻己身，惟願一切如來哀愍故。又斂二足，以金剛合掌置於心上，以額著地，禮南方寶生如來，以身奉獻。真言曰：

唵一薩嚩怛佗蘗多布惹鼻曬引迦也二阿引答麼二合南三涅哩也二合多夜引彌四薩嚩怛佗引，去蘗多五嚩日囉二合囉怛曩二合鼻詵左娑嚩二合𤚥怛咯二合，六

作如是念，爲欲供養一切如來求請灌頂，我今奉獻己身，願一切如來以金剛寶與我灌頂。又以合掌置於頂上，以口著地，禮西方無量壽如來，以身奉獻。真言曰：

唵一薩嚩怛佗蘗多布惹鉢囉二合靺哆曩也二阿引怛麼二合南三涅哩也二合多夜引彌四薩嚩怛佗蘗多五嚩日囉二合達麼鉢囉二合靺哩哆二合也𤚥紇唎二合，六

作如是念，我今爲展轉供養一切如來故，奉獻己身，願一切如來爲我轉金剛法輪。又以金剛合掌置於心上，以頂著地，禮北方不空成就如來，奉獻真言曰：

唵一薩嚩怛佗蘗多布惹羯磨尼二阿引答麼二合南三涅哩也二合多夜引彌四薩嚩怛佗蘗多五嚩日囉二合羯磨俱嚕𤚥噁六

作如是念，我今爲供養一切如來作事業，故奉獻己身，願一切如來爲我作金剛事業。次以右膝著地，結金剛持印，以印置於頂上，想普禮一切如來及菩薩足，左覆右仰，大小指互相鉤，是爲持印。真言曰：

唵一嚩日囉二合勿微一反，二

次隨喜勸請，迴向及發願。
然後半加坐，二手金剛拳，
置於二膝上，心舌及二手。
吽字騰金光，猶如婆伽梵。
住於説法相，身處淨月輪，
如敷明鏡坐，光明徧法界。
普淨有情界，即以麼吒眼，
瞻視虛空佛，旋轉視八方。
散射金剛焰，結界及辟除，
處等金剛城。

次住四無量心三摩地，於心月輪中觀羯磨金剛，以大悲心斷一切有情苦，觀羯磨

輪周徧法界。真言曰：

唵一摩訶迦嚕拏也二合薩頗二合囉二

次運慈心，以羯磨輪徧有情界，與無量樂。真言曰：

唵一摩訶每底哩二合薩頗二合囉二

次以善[①]心運羯磨輪，徧有情界。真言曰：

唵一薩嚩輸馱二鉢囉二合母那薩頗二合囉二

次運心[②]羯磨輪，徧有情界，成就大捨。

真言曰：

唵一摩呼閉訖灑二合薩頗二合囉二

次結金剛合掌印，誦[③]金剛合掌真言曰：

唵一嚩日囒二合惹里二

即以此前印，便爲金剛縛，誦金剛縛真言曰：

唵一嚩日囉二合滿馱二

次結開心印，先於右乳上想怛囉二合字，左乳上安吒字，想此二字如啓扇，以前縛印掐[④]心上，三掣開之。真言曰：

唵一嚩日囉二合滿馱怛囉二合吒半音呼，二

次當前一肘觀八葉蓮華，於其華上置噁字，放大光明如水精白色，即以金剛縛出二風，如捻取其字置心殿中。真言曰：

唵一嚩日囉二合吠舍噁二

安其字已，歷然在心。

次以金剛縛，並屈二空入掌，以二風各屈拄二空背，以印觸胷。真言曰：

唵一嚩日囉二合母瑟致二合鋡二

以是開[⑤]心門已，想其字分明住。

次結普賢三麽邪印，金剛縛，申合二火。真言曰：誦一徧。

唵一三麽耶薩怛鑁三合，二

次結悦喜三麽邪印，如前縛，忍願入掌交合，地空皆合豎。以此大欲箭，射彼二[⑥]乘種。真言曰：

---

① 善，《中華藏》校勘《石》《磧》《普》《南》《徑》《清》《麗》作“喜”。

② “心”前，《中華藏》校勘《石》《麗》有“捨”。

③ “誦”前，《中華藏》校勘《石》《麗》有“二手十度右壓左互相交即成”。

④ 掐，《中華藏》校勘《石》《磧》《普》《南》《徑》《清》《麗》作“拍”。

⑤ 開，《中華藏》校勘《石》《麗》作“閉”。

⑥ 二，《中華藏》校勘《石》《麗》作“三”。

唵一三麽耶斛二素囉多薩怛鑁三合,三

次結勝三世印,以二手金剛拳,檀慧背相鉤,二風各正。真言曰:

唵一遜婆去顒遜婆吽短呼,下同,二仡哩二合恨拏二合仡哩二合恨拏二合吽三仡哩二合恨拏二合播也吽四阿引曩也斛婆誐鑁五嚩日囉二合吽泮吒半音,六

以是印左旋成辟除,右旋成結界。

次結定印,二羽外相叉仰置齊下,以進力捻禪智。真言曰:

唵一三摩地鉢納銘二合紇唎二合,二

端身正坐作是思惟,一切諸法從自心起,從本已來皆無所有。入寂滅定已,即復觀虛空中無數諸佛,猶如大地滿成胡麻不可稱數。時彼諸佛各舒右手,彈指警覺,告行者言:"善男子,汝所證者,一道清淨,未證一切智海,應當憶念菩提之心,成就普賢一切行願。"行者聞警覺已,自觀己身,於諸佛前一一作禮。而白佛言:"云何名菩提心?"諸佛告言:"汝觀心中字門,本性清淨,如淨滿月。"授與真言曰:

唵一質多鉢囉二合底吠鄧迦嚕彌二

行者承旨默誦一徧,即觀自心如淨滿月。尒時諸佛復作是言:"善男子,菩提之心體相如此。"復授真言曰:

唵一冒地質多母怛波二合娜夜彌二

行者默誦一徧已,作是思惟:菩提之心體性堅固。即於月輪上觀五智金剛杵。真言曰:

唵一底瑟姹二合嚩日囉二合,二

觀金剛猶如金色,放淨光明在月輪中,猶如水精内外明徹。又觀此嚩日囉二合廣大周法界真言曰:

唵一薩頗二合囉嚩日囉二合,二

又觀嚩日囉二合漸漸却歛所在虛空中,諸如來合同一體,量等己身而止。真言曰:

唵一僧賀囉嚩日囉二合,二

復應作是思惟,我今此身成金剛身。真言曰:

唵一嚩日囉二合,引怛麽二合俱憾二

自知是五智金剛,則又變成本尊身,身有四臂,上二住端箭勢,下右手仰當心持金剛杵,下左手爲金剛拳,安左腰側,持金剛鈴,顰眉口微笑,白色,戴五佛冠,緋裙天衣,半加坐月輪中蓮華上。即結根本印,以二手金剛拳,檀慧進力反相鉤,即是彼印。誦真言曰:

吒枳吽惹一

以印加持心、額、喉、頂四處已,即結金剛界自在印,堅固縛申二火,屈初分相拄,

舒二風附背。真言曰：

唵步欠

當以印安於頂上，誦前真言。

次又安額，真言曰：

唵一嚩日囉二合薩怛嚩二合，二

次安頂右，真言曰：

唵一嚩日囉二合囉怛那二合，二

次安頂後，真言曰：

唵一嚩日囉二合達磨二

次安頂左，真言曰：

唵一嚩日囉二合羯磨二

次以金剛拳當額，分向頂後，申二風三相繞，便自地輪歷展，從兩肩下爲鬘帶勢。真言曰：

唵一嚩日囉二合麼彛避詵者鋡

次想唵砧二字在二風面，唵右砧左，出緑色光，如抽藕絲，便以緑索於心上三繞，次背、臍、二膝，又仰至臍，次腰後，次心，次右、左兩肩，次頸，次額，次頂。後便如前，垂天衣勢，并誦唵砧二字，次作悦喜契，金剛縛三拍。真言曰：

唵一嚩日囉二合覩使也二合斛引，二

即觀淨月輪中觀斛字，變爲本尊，便結金剛入印，縛已二空並入中。真言曰：

唵一嚩日囉二合薩怛嚩二合惡二

又誦此真言曰：

唵一嚩日囉二合薩怛嚩二合涅哩二合捨也二

次以四印、四明召入身，以前悦喜三昧邪，二火爲四攝。真言曰：

弱吽鑁斛

前所觀者爲之法身，今所觀者爲之智身，相合表一體故，次應以此心供養門莊嚴世界。

壇中觀白蓮，妙色金剛莖，
八葉具鬚蕊，衆寶自莊嚴。
常出無量光，百千衆蓮遶，
其上復觀想，大覺師子座。
寶王以挍飾，在大宮殿中，
寶柱皆行列，徧有諸幢蓋。
珠鬘等交絡，垂懸妙寶衣，

周帀香華雲，及與衆寶雲，
普雨雜華等，繽紛以嚴地，
諧韻天妙聲，而奏諸音樂。
宮中想淨妙，賢瓶與閼伽，
寶樹王開敷，照以魔尼燈，
三昧總持地，自在之婇女。
佛波羅蜜等，菩提妙嚴華，
方便作衆妓，歌詠妙法音。
以我功德力，如來加持力，
及以法界力，普供養而住。

即誦大虚空庫明真言曰：

唵一誐誐那三婆嚩嚩日囉二合斛二

誦三徧，所生善願皆得成就。

次於壇中師子座上月輪中，觀唵字成本尊，於本尊前安麽字，爲意生金剛。右安賀引爲計里枳羅金剛，後安蘇爲愛樂金剛，左安佉爲意氣金剛。於西北隅安嚩爲意生金剛女，東北隅安日囉二合爲計里枳黎金剛女，東南隅安薩爲愛樂金剛女，西南隅安怛嚩二合爲意氣金剛女。東門中安弱爲色菩薩，南門中安吽爲聲菩薩，西門中安鑁爲香菩薩，北門中安斛引爲味菩薩。外院西北角安素爲時春菩薩，東北角安囉爲時雨菩薩，東南角安多爲時秋菩薩，西南角安薩怛鑁二合爲時冬菩薩。次於畫像心安唵字，此字兩邊安弱字成本尊，即結鉤、索、鎖、鈴等印迎請。

二手金剛拳，地輪反相鉤，
二風各正直，右風屈如鉤。
結已誦真言，以右風三招，
是爲金剛鉤，即誦真言曰：

唵一嚩日囉二合，引矩舍弱二

不易此前印，二風面相合，
相蹙令如環，是爲金剛索。

真言曰：

唵一嚩日囉二合跛捨吽二

不易於索印，二風反相鉤，
是爲金剛鎖，即誦真言曰：

唵一嚩日囉二合薩怖二合吒鑁二

不改此前印，二地及二風，

悉使面相合，是爲金剛鈴。

真言曰：

唵一嚩日囉二合健吒斛二

由結金剛鉤，即便降本尊，

由金剛索印，能引於聖者。

由金剛鎖印，便能令止住，

由結金剛鈴，能悦喜諸聖。

次應獻閼伽，以金剛合掌印平側向右，與真言俱以按其器，然獻之。真言曰：

唵一跛囉麽素佉捨也二娑攞里多曩麽帶三嘌娑囉弭多曩麽弭四婆誐嚩耽五弱吽鍐斛六係鉢囉二合底車句素漫惹悋曩託七

次以左金剛拳置腰側，右金剛拳仰當心。真言曰：

斛嚩日囉二合薩怛鍐二合，一索囉多薩怛鍐三合，二

即以金剛王印，以左拳爲執弓勢，右爲引箭勢，是爲意生金剛印。真言[①]：

唵一嚩日囉二合薩怛吠二合吽二

次以二金剛拳，右押左交臂抱胸，是爲計里枳羅金剛印。真言曰：

唵一嚩日囉二合計里吉黎二

次以左金剛拳承右肘，右拳豎之如幢相，是爲愛金剛印。真言曰：

唵一嚩日囉二合儗里斛二

次以二拳各安腰側，是爲意氣金剛印。真言曰：左顧爲之。

唵一嚩日囉二合蘖迷哂你二

次以前挽弓勢，稍向下柔軟爲之，是爲意生金剛女印。真言曰：

弱一嚩日囉二合涅哩二合瑟致二合娑也計麽吒二

次如前抱勢柔軟爲之，是爲計里枳嚟金剛女印。真言曰：

吽一嚩日囉二合計里枳㗔吽二

次如前幢印，是爲愛金剛女印。真言曰：

鍐一嚩日囉二合扼薩麽二合囉囉吒二

次如前安一[②]拳要側，是爲意氣金剛女印。真言曰：

斛一嚩日囉二合迦迷失嚩二合哩怛覽二合，二

次以縛上散，是爲時春印。真言曰：

唵一嚩日囉二合布瑟閉二合，二

① "真言"後，《中華藏》校勘《徑》《清》《麗》有"曰"。

② 一，《中華藏》校勘《石》《磧》《普》《南》《徑》《清》《麗》作"二"。

次二下散，是爲時雨印。真言曰：

唵一嚩日囉二合度閉二

次以縛以二空頭相捻，以安二目閒，爲時秋金剛印。真言曰：

唵一嚩日囉二合，引路計二

次以二塗胸，是爲時冬金剛印。真言曰：

唵一嚩日囉二合巘提二

次以前鉤，是爲色印。真言如前。已下同前，唯女聲字爲異。

次如索，是爲聲印，真言如前。次如前鎖，是爲香印。次如前鈴，是爲味印。

色真言曰：

唵一嚩日囉二合，引央句始弱二

聲真言曰：

唵一嚩日囉二合跛勢吽二

香真言曰：

唵一嚩日囉二合商迦𠻬鑁二

味真言曰：

唵一嚩日囉二合健穌斛二

次如前金剛王印，以右拳向身旋轉三四，高聲誦真言，便能振動十方世界。一切佛、菩薩加持行人，速與悉地。真言曰：

吒抧吽若

次以所舞拳安於心上，即能安慰十方世界。真言曰：

吽吒抧斛

次結根本印，誦百字真言，或七徧，或三徧，或一徧，不解其印，誦本真言七徧，即頂上散印。百字真言曰：

唵一嚩日囉二合薩怛嚩二合三麼耶麼努播攞也二嚩日囉二合薩怛嚩二合底尾二合努播底瑟姹二合，三涅哩二合住茶護反彌婆嚩四素覩使喻二合彌婆嚩五阿努囉訖覩二合彌婆嚩六素補使喻二合彌婆嚩七薩嚩悉朕提寢反彌鉢囉二合也瑳八薩嚩羯磨素左彌九質多室唎二合藥句嚕十吽十一呵呵呵呵斛引，十二薄誐鑁薩嚩怛佗孽多嚩日囉二合麼彌悶遮十三嚩日利二合婆嚩十四摩訶三磨也薩怛嚩二合噁引，十五

次以二手捧珠頂戴，然後卻至心誦，加持念珠，千轉真言七徧。真言曰：

唵一嚩日囉二合虞呬也二合惹播一三麼曳吽引，三

次當與瑜伽所説念誦，四種念中應以金剛念誦最爲相應，或萬或千，下[①]至一百

① 下，《中華藏》校勘《磧》《普》《南》《徑》《清》作“萬”。

八徧,或過於萬,住心定數。已後一切時中取初數爲定數。限畢已,復陳内外供養,奉獻閼伽,求自意願。復結三世勝印,及誦本真言一徧,以印左旋一帀,解所結界。復結初三麼邪印,置於頂上,誦金剛解脱真言,奉送聖尊及其眷屬。真言曰:

唵一嚩日囉二合薩怛嚩二合穆二

奉送已,復結三昧邪印,誦真言加持四處、灌頂、被甲、悦喜印等。出道場已,於一切時但住大菩提心,或常持大印,即於現生得成等覺,何況諸果不成就邪?唯除不利益一切有情心,捨菩提心,餘所求善願無不剋獲。

金剛王菩薩祕密念誦儀軌

大虛空藏菩薩念誦法[①]

開府儀同三司特進試鴻臚卿肅國公食邑三千户賜紫贈司空
謚大辨正號大廣智大興善寺三藏沙門不空奉詔譯[②]

我今依《瑜伽金剛頂經》，説寶部虛空藏菩薩真言教法，爲愍念在家、出家，薄福少德、乏少資具者，所求世間、出世間勝願多不遂意。若依此教法修行，業報等障皆悉消除；福德增長、心神適悦，淨信大乘，利樂有情，心無退轉；世[③]、出世間所有財寶悉皆獲得，於一切衆生能作利益。一稱一念所得福聚尚猶虛空，何況作意如法修行，所願必獲殊勝成就。行者先應入灌頂道場，親對師前受得儀軌。或於山間静處，或於寺舍隨所樂處，建立精室，作一方壇。隨其大小，以瞿摩夷塗地，作八曼荼羅，周匝懸幡，上安天蓋。於壇西面安虛空藏菩薩像，持誦者壇東對像念誦，以種種時花散於[④]壇上，燒香、燈明、飲食、菓子，隨力所辦，以爲供養。每入道場，對尊像前五體投地，礼一切如來及諸聖衆，即懺悔、隨喜、勸請、發願已。然後結跏趺坐，或半跏[⑤]隨意而坐，端身正念。當以塗香用塗二手，虛心合掌，如未敷蓮花，誦清淨真言三遍或七遍，頂上散印，則三業清淨，以成勝義澡浴。淨三業真言曰：

唵舜入第耨戍引馱曩引耶娑嚩二合，引賀引

次結佛部心三昧耶印，以止觀十度内相叉作拳，以禪智並竪，結印成已，觀想諸佛遍滿虛空，即誦佛部心真言三遍，頂上散印。真言曰：

唵尒曩尒迦半音娑嚩二合，引賀引

次結蓮花部心三昧耶印，准前佛部心印，智度屈入掌，直竪禪度。結此契已，想

---

① 底本，《中華藏》第1452號，第65册第803頁上—805頁上，原《麗藏》本。經名後，《中華藏》校勘《石》有“一卷”，卷末經名同。

② 譯名，《中華藏》校勘《石》作“特進試鴻臚卿大興善寺三藏沙門大廣智不空奉詔譯”，《磧》《普》《南》作“大興善寺三藏沙門大廣智不空奉詔譯”，《徑》《清》作“唐三藏沙門大廣智不空奉詔譯”。

③ “世”後，《中華藏》校勘《磧》《普》《南》《徑》《清》有“間”。

④ 於，《中華藏》校勘《磧》《普》《南》《徑》《清》無。

⑤ 半跏，《中華藏》校勘《磧》《普》《南》《清》作“半加趺”，《徑》作“半趺跏”。

於一切如來右邊，有觀自在菩薩并諸眷屬，即誦蓮花部心真言三遍，頂上[①]右散印。真言曰：

唵阿去,引嚧引力迦半音娑嚩二合,引賀引

次結金剛部心三昧耶印，准前佛部心印，以禪度屈入掌，直豎智度，想於一切如來左邊，有金剛手菩薩并諸眷屬。即誦金剛部心真言三遍，頂左散印。真言曰：

唵嚩日囉二合地力二合迦半音娑嚩二合,引賀

次結被甲護身印，以觀羽禪度横於掌内，以進忍戒檀[②]四度握拳，結此契成，印身五處，所謂印額、右肩、左肩、心、喉，是名五處護身。真言曰：

唵步引入嚩二合羅吽引

由結此印加持五處，即成被金剛光焰堅固甲胄，一切諸魔不能障難，所持真言速得成就。

次結請虛空藏菩薩印，二羽金剛縛，直豎忍願，反蹙如寶形，進力各屈如鉤。想於[③]壇中有寶樓閣，於樓閣[④]内有八葉開敷蓮花。誦真言四遍，以進力向身招之，本尊并及眷屬皆來集會，迎請真言曰：

唵薩嚩怛他去誐哆引毗囇引迦嚩日囉二合囉怛曩二合薩嚩引舍引跛哩布囉迦弱吽鑁斛引怛囕二合,引

次結軍吒利身印，以檀慧右押左，相交[⑤]入掌，以戒方並押交上，以禪智並押戒方，以忍願直豎頭相拄，進力屈如鉤，作三股杵形，即誦軍吒利真言，隨誦以印左旋三匝，辟除一切諸魔，右轉三匝，便成結界。真言曰：

曩謨囉怛曩二合怛囉二合夜引耶娜莫室戰二合拏摩賀嚩日囉二合矩嚕二合,引馱引耶唵户魯户魯底瑟姹二合底瑟姹二合滿馱滿馱賀曩賀曩阿蜜哩二合帝吽登吒娑嚩二合,引賀引

次[⑥]獻遏伽水，行者常於壇上近膝置二淨器，滿盛香水以爲遏伽。初迎請時獻右邊者，後奉送時獻左邊者。每奉獻時二羽捧遏伽器，當額奉獻。即[⑦]誦真言，想浴本尊及諸聖衆。真言曰：

唵嚩日囉二合娜迦吽

次結獻蓮花座印，以二羽虛心合掌，以檀慧禪智各頭相著，餘中間六度微屈，頭

---

① 上，《中華藏》校勘《磧》《普》《南》《徑》《清》無。
② 戒檀，《中華藏》校勘《磧》《普》《南》《徑》《清》作“檀戒”。
③ 於，《中華藏》校勘《磧》《普》《南》《徑》《清》無。
④ 於樓閣，《中華藏》校勘《磧》《普》《南》《徑》《清》無。
⑤ 交，《中華藏》校勘《磧》《普》《南》《徑》《清》作“叉”。
⑥ “次”後，《中華藏》校勘《磧》《普》《南》《徑》《清》有“結”。
⑦ 即，《中華藏》校勘《磧》《普》《南》《徑》《清》作“印”。

相離，猶如開敷蓮花葉形。真言曰：

唵迦麽攞娑嚩二合賀引

由結此印真言加持，一切聖衆并及本尊，皆得七寶蓮花爲座。

次結大虚空藏普通供養印，以二羽合掌，以戒方三[①]度外縛，以進力反蹙如寶形。結成契已，誦真言四遍普供養。真言曰：

唵誐誐曩三去婆去嚩引嚩日囉二合斛引

想從印出生无量種種供養香花、燈燭、塗香、飲食、寶幢、幡蓋，即於本尊及一切聖衆前，則成就真實廣大供養。

次結羯磨印，以止羽當心仰掌，以智力相捻，反屈力度如寶形，以觀羽仰掌向前作施願勢。結此契已，作是思惟：我身即同虚空藏菩薩。即誦羯磨真言曰：

唵嚩日囉二合囉怛努二合,引,鼻聲憾

由作此觀加持故，行者自身即等同本尊虚空藏菩薩。

次結三昧耶印，以[②]二羽金剛縛，進力反蹙如寶形，禪智並竪置於當心，即誦三昧耶真言七遍。真言曰：

唵嚩日囉二合囉怛曩二合吽

即取[③]水精念珠安於掌中，合掌當心，誦加持念珠真言三遍，真言曰：

唵尾嚧引左曩麽攞娑嚩二合賀引

則捧珠安於頂上，發是願言："十方世界所有修真言行者，彼所受持一切真言，願速成就。"即止羽承珠，觀羽當心，移珠不緩不急，心離散亂，或千或百。限數畢已，捧珠頂戴，又發是願："一切有情所希望，世、出世間殊勝果報，以我念誦福力，速令成就。"即安珠於本處。復結本尊三昧耶印，誦三昧耶真言七遍，頂上散印。又結普供養印，誦普通[④]供養真言七遍，頂上散。即誦虚空藏菩薩讚嘆曰：

嚩日囉二合囉怛曩二合素上嚩日囉二合囉他二合,一嚩日囉二合,引迦引捨摩賀引麽柅二阿去,引迦引捨蘖婆去嚩日囉二合荼馱夜反,三嚩日囉二合蘖婆去曩謨引窣堵二合帝四

誦讚嘆已，即取左邊遏伽，當額奉獻，即結前軍吒利印。左旋一匝解界，次結三昧耶印，奉送一切聖衆，奉送真言曰：

唵嚩日囉二合囉怛曩二合穆

---

① 三，《中華藏》校勘《磧》《普》《南》《徑》《清》作"二"。

② "以"前，《中華藏》校勘《磧》《普》《南》《徑》《清》有"即"。

③ 取，《中華藏》校勘《徑》《清》作"以"。

④ 通，《中華藏》校勘《磧》《普》《南》《徑》《清》無。

舉印安於[1]頂上，誦真言七遍，即成奉送一切聖衆。復結三部心三昧耶[2]，各誦三遍。次結護身印，如前印於五處，即礼佛、發願、隨意出道場，轉讀大乘，印佛印塔，廣行檀施，常須饒益一切有情。

大虛空藏菩薩念誦法

① 於，《中華藏》校勘《磧》《普》《南》《徑》《清》無。

② “耶”後，《中華藏》校勘《磧》《普》《南》《徑》《清》有“印”。

修習般若波羅蜜菩薩觀行念誦儀軌[①]

大興善寺三藏沙門大廣智不空奉詔譯[②]

歸命般若母，清淨妙法身，
我今依瑜伽，演説觀行法。
運心徧法界，一切佛刹海，
想身周圍遶，由是得解脱。
想身遶諸佛，一一諸佛前，
菩薩衆圍遶，持妙供養具。
三世諸如來，及大菩薩衆，
緣覺與聲聞，一切正法藏，
皆悉盡無餘。徧想於己身，
一切乃衆前，分明如對目，
皆從淨心生。廣多供養具，
作無量供養，無間應作禮。
宮殿妙拂蓋，無數衆樓閣，
華鬘末塗香，種種寶莊嚴。
彼諸供養儀，徧滿虚空界，
殷勤心加持，奉獻諸如來。
如空刹土爾，如刹佛亦然，
如佛法亦爾[③]，如法供養然。
一切皆無量，十方無邊刹，

---

① 底本，《中華藏》第1504號，第66册第300頁中—304頁中，原《金藏》廣勝寺本。校本，《大正藏》第1151號，第20册第610頁下—614頁上，原《麗藏》本。經名，《中華藏》校勘《麗》後有“一卷”。

② 譯名，《中華藏》校勘《石》作“師子國三藏阿目佉金剛奉詔譯”，《麗》作“開府儀同三司特進試鴻臚卿肅國公食邑三千户賜紫贈司空謚大鑒正號大廣智大興善寺三藏沙門不空奉詔譯”。

③ 爾，《大正藏》本作“然”。

知已作是言，敬禮諸如來。

偏禮一切如來真言曰：

唵引，一薩嚩怛佗去孽多二播引那滿娜曩上，引迦嚕引弭三

種種勝無量，大乘經所説，
陀羅尼佛心，殷勤應稱誦。
當生淨信心，專注於一境，
爲諸有情類，觀察勝菩提。
即當作偏袒，右膝而著地，
誠心合掌住，應作如是言：
自作教佗作，或自佗隨喜，
由身口意罪，願諸佛哀愍，
今生一億罪，乃至無始世，
及當坐菩提，不復更違犯。
如是勝懺悔，真實觀察故，
以佛願智火，焚盡無有餘。
能取及所取，一切皆唯心，
佛刹等供養，能取所取意，
菩薩住等引，見心如影像。
能取想分别，安住於空性，
二性無性相，是名爲空相，
無性非無性，不離於一性。
能所及供養，三種離分别，
由無分别故，此供養爲勝。
如是勝供養，及以旋遶法，
一切重罪咎，除滅皆無餘。
貪性知無貪，即入貪性空，
瞋性知無瞋，即入瞋性空，
癡性知無癡，即入癡性空。
如是於諸惑，觀察實相理，
有此智慧者，由空無分别，
如蓮華處水，不著諸罪咎。

修行者作如是觀照，淨身心已，即結三昧邪印，二羽相交合，當安於心上，偏觀虚空佛，誦真言三偏。真言曰：

唵引，一嚩日囉二合，引惹里二

次結金剛縛，十度外相叉，

密縛成印相，金剛縛真言。

真言曰：

嚩日囉二合滿馱一

如前金剛縛，掣擊於心上，

能滅諸結使，開顯解脱宫。

即當誦開心真言曰：

嚩日囉二合滿馱怛囉二合吒半音，一

次結發智印，如前金剛縛，

定慧入於掌，召入圓寂智，

召入於種智。

真言曰：

唵引，一嚩日囉二合吠舍惡二

次結金剛拳，進力拄[①]禪智，

金剛身語意，密念不傾動，

即誦金剛拳。

真言曰：

嚩日囉二合畝瑟置二合鋡一

即結三昧邪，自成普賢故，

縛已豎忍願，身處於月輪，

即誦三昧邪。

真言曰：

唵引，一三麽野薩怛鑁三合，二

次結大真誓，忍願反入縛，

檀慧定智豎，二度三觸心，

藏識猒離種，能除悲增長。

復當誦真言曰：

唵引，一三摩野護素囉多薩怛鑁三合，二

次應作辟除，結金剛藥叉，

二羽金剛拳，檀慧進力屈，

① 拄，《中華藏》校勘《石》《麗》作“跓”。

置於口兩頰，想身同彼尊，

厲聲誦真言，左右而顧視。

金剛藥叉真言曰：

唵引，一嚩日囉二合藥乞叉二合吽二

所有諸障者，悉皆四馳故[①]，

二目想麽吒，轉如日月輪。

止觀金剛拳，各安於二胯，

隨日作旋視，以成十方界。

誦金剛眼真言曰：

唵引，一嚩日囉二合，引捏哩二合瑟知二合麽吒半音，二

當入三摩地，縛印相如前，

仰安結加上，端身須正直。

閉目入正定，徧觀虚空佛，

盡滿如胡麻。彼一切如來，

憶昔誓願故，異口同音聲，

教授説真言，專注實相理。

唵引，一薩嚩喻詣質多没答跛三合，引那野引弭引，二

專注實相理，頻誦此真言，

安心内觀察，漸令周法界。

一切虚空相，虚空亦無相，

虚空瑜伽故，舒徧於十方。

行者既入般若波羅蜜甚深體性三摩地，則於真實性中證大月輪，量同法界，光明普照，寂然清涼，起大悲愍一切有情，三界熾然，如一子想，深生拔濟，而作是念："我今云何令未得度而令得度、未解脱者令得解脱、未安慰者令得安慰、未涅槃者令得涅槃？"則入本尊瑜伽三摩地，觀身爲般若波羅蜜佛母，戴五佛冠天衣瓔珞，金色光明，徧毛孔中，流出無量諸佛。又作是念："我身與般若波羅蜜菩薩無二無别。"即以金剛護菩薩加持四處。

二羽金剛縛，進力豎如針，

印心額喉頂，成本尊瑜伽。

即誦真言曰：

嚩日囉二合，引囉乞叉二合憾一

---

① 故，《中華藏》校勘《石》《麗》作"散"。

次結五佛冠，二手金剛縛，
忍願形如刀，進力附上節，
置頂次四方，二拳額前遶，
如鬘頂後繫，垂下勢如帶。

一切如來寶冠真言曰：

嚩引，一部欠二

次誦金剛部真言曰：

嚩日囉二合薩怛嚩二合，一

次誦寶部真言曰：

嚩日囉二合囉怛娜二合，一

次誦蓮華部真言曰：

嚩日囉二合，引達摩

次誦事業部真言曰：

嚩日囉二合，引羯磨一

次誦金剛鬘頂[①]真言曰：

唵引，一嚩日囉二合，引麽引邏引避詵者二鈐二

次結甲冑印，二羽金剛舉[②]，
擐甲及自佗，頭指相繞結，
恒成於大護。

即誦甲冑真言曰：

唵引，一嚩日囉二合迦嚩左二嚩日哰二合句嚕三嚩日囉二合唅四

以此甲冑印及誦真言而被甲，即得金剛性身，及獲金剛壽命，盡形得大加護，於一切處無能沮壞，被甲已齊，掌拍令歡喜。

次誦金剛歡喜真言曰：

嚩日囉二合，引覩使野二合斛一

由此心真言，解縛得歡喜，
獲得金剛體，如金剛薩埵。
徧入金剛已，大印如儀則，
身前應當結，思惟大薩埵。
見彼智薩埵，應觀於自身，

① 頂，《中華藏》校勘《石》《麗》作“灌頂”。
② 舉，《中華藏》校勘《石》《麗》作“印”。

鉤召引入縛，令喜作成就。

即誦般若波羅蜜徧入真言曰：

達麼嚩日囉二合惡

次誦般若波羅蜜觀念心真言曰：

唵引，一達麼嚩日㘑二合捏哩二合捨野二合，二弱吽鑁斛三

此是大薩埵鉤召引入縛，令心喜①，誦三昧邪薩怛鑁，徧入背後而月輪。於中應觀而②薩埵，我三昧邪薩怛鑁隨彼印薩埵，修習觀自身，金剛語已成，能成就諸印。行者即於壇中本尊像前，想七寶樓閣而開四門，於其殿中觀地字門，成般若波羅蜜佛母，以十波羅蜜圍遶，及八供養、四門鉤鎖并八方天衆，皆以本種子字觀想而成。復想己身在於色界阿迦尼吒天，即當作請印。

召集作彈指，應請一切佛，
剎那頃諸佛，并金剛菩薩，
應滿一切壇，集會曼荼羅。
即速疾大印，觀金剛薩埵，
一徧稱百八，由結集即喜，
如來皆堅固，金剛薩自成。
慈友而安住，諸門一切處，
鉤等而作業，以大羯磨印。

召集真言曰：

唵引，一嚩日囉二合三麽野惹弱二

次當結四攝，二羽金剛拳，
交腕結檀慧，頭指如大鉤，
如索亦如鎖，手背而相逼。

金剛鉤真言曰：

嚩日㘕二合矩勢一弱二

金剛索真言曰：

嚩日囉二合，引播勢一𤙖二

金剛鎖真言曰：

嚩日囉二合餉迦麗一鑁二

金剛鈴真言曰：

① 喜，《中華藏》校勘《石》《麗》作“喜悦”。

② 而，《中華藏》校勘《石》《麗》作“後面”。

嚩日囉二合爐滯一斛二

由金剛鉤召，能作諸事業，

由金剛索儀，能一切引入。

金剛鎖相應，堪任一切縛，

由金剛入縛，能成諸徧入。

即捧閼伽器，誦百字明而奉獻之。

唵嚩日囉二合，引薩怛嚩二合，一三去麽野摩弩鼻音播引羅野二嚩日囉二合，引薩怛嚩二合，三底吠二合怒跛底丁一反瑟咤二合，四捏哩二合濁茶護反冥上婆去嚩無可反，五蘇妬喻二合，引使喻二合，引銘上婆去嚩六阿上弩鼻囉上訖妬二合，引銘上婆上嚩七蘇報引使喻二合，引銘上婆上嚩八薩嚩悉朕敵禁反銘上鉢囉二合，引野縒上，九薩嚩羯摩蘇者銘上，十質跢上室唎二合藥矩嚕十一牛訶訶訶訶穀婆誐鑁十二薩嚩怛佗去，引誐跢十三嚩日囉二合，引莾引銘上悶上者十四嚩日哩二合婆上嚩十五摩訶三去麽耶薩怛嚩二合惡引，入，十六

由以百字真言奉閼伽水故，所有願求速得成就。

次誦金剛嬉戲真言曰：

系囉底嚩日囉二合，一，引尾邏賜你二怛囉二合吒半音，三

次金剛鬘真言曰：

系囉底嚩日囉二合，引，一賀細二訶訶三

次金剛歌真言曰：

系囉底嚩日囉二合，引，一擬諦二諦諦三

次金剛舞真言曰：

系囉底嚩日囉二合，引，一你哩二合諦二吠波吠波三

復作外四供養而奉獻之。

次金剛華鬘真言曰：

系一嚩日囉二合，引，一囉底三

次金剛香真言曰：

摩訶囉多嚩哩二合，一斛二

次金剛燈真言曰：

唵引，一嚩日囉二合，引路者寧二

次金剛塗香真言曰：

摩訶室唎二合，一嚩日哩二合，二呬二

修行者纔住是八供養菩薩三摩地，即能出生盡十方界一切佛刹廣大雲海供養儀式。次即結本尊三昧邪印，二羽金剛合掌，二大指各捻二頭指側，誦本尊真言七徧。真言曰：

娜謨婆去誐嚩怛曳二合,引,一鉢囉二合,引枳孃二合播引囉弭跢引曳二唵引,三紇唎二合,入嗢哩二合,入,引,四率嚕二合底尾惹曳五娑嚩二合,引賀引,六

誦真言已,頂上散印。

次當誦念珠真言曰:

唵引,一嚩日囉二合,引愚呬耶二合,引惹跛三麽野吽二

由誦此真言加持念珠七徧故,念誦一徧則成千徧,如是加持畢已。四時、三時乃至二時,或一百八徧或一千徧,凡時分徧數一則常定。持誦數滿,如前頂戴,即入般若波羅蜜多三摩地。復於心中想圓滿月輪,量周法界,於中觀地字門,了了分明,色如珂雪,專注而住,即名爲奢摩佗。攝諸散動,心既定已,即與慧相應,思地字義一切法性相如法界不可得故,即名爲毗鉢舍那。或與定相應,或與慧相應。久已純熟,定慧雙運,能觀、所觀平等平等,能取、所取悉應遠離。常作如是觀照,現生得入初地,後十六大生成普賢菩薩。

復結本尊印[①],誦百字真言,重結八供養印,捧閼伽水,以金剛眼左視解界,即結法波羅蜜印,奉送聖衆。誦金剛解脱真言曰:

唵引,一訖哩二合覩嚩入,二薩嚩薩怛嚩二合,引囉佗二合,引悉地囉娜二合多三野佗引弩誐引,四孽蹉引怛鑁二合,五没馱尾灑焰六布曩囉引誐七麽曩野覩八唵嚩日囉二合濕誐薩怛嚩二合穆九

復以金剛寶印灌頂被甲,禮五方佛,即出道場,隨意經行,讀大乘經典,以此殊勝福迴向一切有情,速證般若波羅蜜無上正等菩提。次後便説功能,頗殊妙矣。

般若波羅蜜多根本真言曰:

曩謨婆去誐嚩戴引,一鉢囉二合枳孃二合播引囉弭跢引曳二紇哩二合,引,三地入,引,四室哩二合,入,引戍嚕誐底五尾惹曳娑嚩二合,引訶引,六

佛言此陀羅尼印有四種名,一名般若無盡藏,二名般若眼,三名般若根本,四名金剛般若心。此陀羅尼印有大功德,若能至心如法受持,隨誦一徧出生一萬八千修多羅藏,又彼一一修多羅中各各出生二萬五千修多羅藏[②],又彼一一修多羅藏中出生百萬修多羅藏,又彼一一修多羅藏中出生無量百千萬億那由佗阿僧祇修多羅藏,如是乃至展轉出生無量無盡修多羅藏。所出經題、名句、義味各各不同而不重出,如是念念出生無盡,是故名爲無盡藏陀羅尼印。此陀羅尼印是[③]十方三世諸佛宗祖,亦是十方三世諸佛無盡法藏,一切般若波羅蜜母,過、現、未來諸佛、菩薩常所供養,恭敬讚歎。若善男子、善女人等以至誠心書寫、讀誦、如説修行,是人所有百千萬億恒河

---

① 印,原作"即",據《大正藏》本改。

② 藏,《中華藏》校勘《石》《麗》無。

③ "是"前,《中華藏》校勘《石》《麗》有"即"。

沙劫生死重罪於須臾頃悉滅無餘。此陀羅尼印所有功德，我若住於百千萬億阿僧祇劫歎猶不盡，何況餘人歎之能盡。若欲修行般若法者，一食齋戒，香湯沐浴，著新淨衣，入於道場，要當先誦此陀羅尼，并作此印滿百萬徧，然後修行餘般若法，決定成就，是故名爲般若根本。此陁羅尼印，悉能照了一切般若波羅蜜法，故名般若波羅蜜眼。此陀羅尼印，悉能摧滅一切障礙，悉能住持一切諸佛菩薩功德，故名金剛般若心也。

修習般若波羅蜜菩薩觀行念誦儀軌

金剛頂經瑜伽文殊師利菩薩法[①]亦名五字呪法

開府儀同三司特進試鴻臚卿肅國公食邑三千户賜紫贈司空
謚大辨正號大廣智大興善寺三藏沙門不空奉詔譯[②]

尒時文殊師利菩薩在毗盧遮那大會中，從座而起，頂禮佛足，白佛言："世尊，我今説本五字陁羅尼，若有善男子、善女人纔誦一遍者，一切如來所説法義、修多羅藏，讀誦受持，等彼功德。"毗盧遮那佛告文殊師利言："隨意説之。"尒時文殊師利即説明曰：

阿囉跛者曩

纔説此陁羅尼，一切如來所説法攝入五字陁羅尼中，能令衆生[③]般若波羅蜜多成就。我今當説曼荼羅法，或十四日十五日，選擇極清淨處作曼荼羅，以瞿摩夷塗地，復以白檀香泥塗之，隨意大小。於曼荼羅中，畫文殊師利五髻[④]童子形狀，身如鬱金色，種種瓔珞莊嚴其身，右手把金剛劒，左手把梵夾，坐於月輪中。於月輪四面，周旋書五字陁羅尼，阿闍梨對於此壇，結金剛劒印念誦。時文殊師利加持此阿闍梨，即得無㝵辯才，仍爲現身，一一解釋此陁羅尼甚深義理。時阿闍梨即當禮拜出道場外，爲弟子受[⑤]菩薩戒，即以緋帛覆眼，引入壇場，門次而立。時阿闍梨告弟子言："汝今獲一切如來般若波羅蜜，自今已後不應向人而説此明，勿令破汝三摩耶法。"此陁羅尼極應秘密，阿囉跛者曩者，是滿一切願義，何以故？

阿字者樂欲菩提義，囉字者深[⑥]著不捨衆生義，跛字者第一義諦義，者字者妙行義，曩字者無自性義。樂欲菩提不捨衆生，深入第一義諦中行行，修習諸法無有自

---

① 底本，《中華藏》第1402號，第65册第392頁，原《麗藏》本。經名後原有"一品"，此删。經後原附《金剛頂經瑜伽文殊師利菩薩儀軌供養法》一品，析出另編。

② 譯名，《中華藏》校勘《石》作"特進試鴻臚卿大興善寺三藏沙門不空奉詔譯"，《磧》《南》作"特進試鴻臚卿大興善寺三藏沙門大廣智不空奉詔譯"，《徑》《清》作"唐特進試鴻臚卿三藏沙門大廣智不空奉詔譯"。

③ 令衆生，《中華藏》校勘《石》《磧》《南》《清》作"令利益衆生"，《徑》作"今利益衆生"，"今"形訛。

④ 五髻，《中華藏》校勘《磧》《南》《徑》《清》無。

⑤ 受，《中華藏》校勘《磧》《南》《徑》《清》作"授"。

⑥ 深，《中華藏》校勘《磧》《南》《徑》《清》作"染"。

性,若如是修滿一切願,此諸願中證如來位及執金剛,不求當得。

我今又說契[①]印曼荼羅,壇中畫金剛劍,四面各於本方畫八供養契及四攝契,對於此壇念誦,不久即得[②]成就。

我今又説三摩耶曼荼羅,壇中書五字及八供養、四攝種子字,對此壇念誦而作是言。

阿字門者諸法本不生,日日念誦,不久一切罪障消滅,速得成就。

我今又説羯磨曼荼羅,壇中安《般若波羅蜜經》卷,日日讀誦念誦,以種種供養而供養之,不久即當成就。

我今當説畫像法,或白氎絹素等中畫文殊師利菩薩坐月輪中,輪内周旋書五字,四面畫八供養及四攝。如大壇法,對此像前如法念誦,而作是言:諸法自性成就。念誦數滿五十万遍,即獲無盡辯才,如文殊師利菩薩等無有異。飛騰虚空,所求世閒、出世閒事,悉得成就。

又念誦數滿一俱胝,離[③]諸苦惱;滿二俱胝遍,五無閒等一切罪障永盡無餘;三俱胝遍,證悟一切諸三昧門;四俱胝遍,獲大聞持;五俱胝遍,成阿耨多羅三藐三菩提。

又法,於舍利塔四面,周旋右轉書五字陁羅尼,遶塔行道念誦,勿令斷絶,滿五落叉遍。

尒時如來及文殊師利、執金剛等於虚空中而現其身,仍爲説法。

金剛頂經瑜伽文殊師利菩薩儀軌

① 契,《中華藏》校勘《石》《磧》《南》《徑》《清》作“契經”。

② 得,《中華藏》校勘《石》《磧》《南》《徑》《清》作“當”。

③ 離,《中華藏》校勘《磧》《南》《徑》《清》作“徧離”。

金剛頂經瑜伽文殊師利菩薩儀軌供養法[①]

唐北天竺三藏沙門大廣智不空奉詔譯[②]

歸命童真妙吉祥，我依瑜伽説念誦，
身口意業金剛念，如來甚深三密門。
行者應發普賢心，從師應受金剛戒，
不顧身命起慈悲，方可堪入解脱輪。
應從師受三麽耶，契印密語如經説，
敬阿闍梨如佛想，於同學所慇重心。
或於山間阿蘭若，流泉浴池悦意樹，
山峯石窟逈樹邊，建立壇場如本法。
莊嚴精室置本尊，隨力供養一心住，
遍觀十方諸佛海，供養禮諸如來足。
爲成三業金剛故，當於二手舌心中，
應想五智金剛杵，由此加持皆悉地。
次應結契名警覺，二手皆作金剛拳，
檀慧相鈎豎進力，二度側拄成覺悟。

警覺真言曰：

唵嚩日囉二合底瑟姹二合

敬禮東方阿閦尊，捨身求請不退轉，
全身著地以心禮，金剛合掌舒頂上。

捨身求請加持真言曰：

唵薩嚩怛他蘖多一布引儒跛娑他二合，引囊引耶引答麽二合，引南二涅哩夜二合，引多夜弥

---

① 底本，《中華藏》第1402號，第65册第392頁下—397頁中，原《麗藏》本。原附於《金剛頂經瑜伽文殊師利菩薩法》後，析出編此。經名後，原有“一品”，此删，《中華藏》校勘《磧》《南》《徑》《清》作“金剛頂瑜伽經文殊師利菩薩儀軌供養法”。

② 譯名，原無，據《中華藏》校勘《徑》《清》補。

三薩嚩怛他引蘗多四嚩日囉二合薩怛嚩二合地瑟姹二合娑嚩二合𤙖心想吽字青色

次當敬禮寶生尊，捨身求請灌頂位，

金剛合掌當於心，以額著地虔誠禮。

捨身求請灌頂真言曰：

唵薩嚩怛他蘗多布惹毗曬迦引耶引答麽二合南涅哩夜二合多夜弥薩嚩怛他引蘗多嚩日囉二合囉怛那二合毗詵左𤙖額想黄色

次禮觀自在王尊，捨身求請三麽地，

金剛合掌置頂上，以口著地虔誠禮。

捨身求請三昧真言曰：

唵薩嚩怛他引蘗多布惹鉢囉二合靺多囊引答麽二合南涅哩夜二合多夜弥薩嚩怛他引蘗多嚩日囉二合達麽鉢囉二合靺多野𤙖口想赤

次禮不空成就尊，捨身求請善巧智，

金剛合掌安於心，以頂著地稽首禮。

捨身求請方便真言曰：

唵薩嚩怛他蘗多布惹羯麽抳阿答麽二合南涅哩夜二合多夜弥薩嚩怛他蘗多嚩日囉二合羯麽句嚕𤙖頂想緑

次復敬禮十方佛，想身遍在諸佛前，

觀想五輪著地禮，當結金剛三麽耶。

遍禮十方真言曰：

唵薩嚩怛他引蘗多迦耶弭嚩引枳質二合多嚩日囉二合鉢囉二合弩梅嚩日囉二合滿娜南迦嚕弭唵嚩日囉二合勿微吉反

次誦成就妙真言，所有衆生求勝事，

願諸如來悉加持，速令成就無上道。

成就[①]一切衆生真言曰：

唵薩嚩怛他去，引蘗多餉悉鐸當各反薩嚩薩怛嚩二合南薩嚩悉馱藥三鉢𥈤擔怛他引蘗多室者二合地底丁以反瑟姹二合擔

次當結跏端身坐，淨除三業令清淨，

諸法本性清淨故，令我此身淨無垢。

淨三業真言曰：

唵娑嚩二合婆引嚩舜入聲馱引薩嚩達麽引娑嚩二合婆嚩舜入聲度𤚥

---

① 就，原作“熟”，據《中華藏》校勘《石》《磧》《南》《徑》《清》改。

次[1]金剛合掌，十度初分交，誦此真言曰：

唵嚩日囉二合，引惹里

深交諸度拳已，成金剛縛，誦此真言曰：

唵嚩日囉二合滿馱

次當開心入佛智，當於二[2]乳想兩[3]字，

怛囉吒字皆白色，其字想爲二户扇。

二手當結金剛縛，三拍當心開門户[4]。

開心真言曰：

唵嚩日囉二合滿馱怛囉二合吒半音

當觀妙蓮阿字門，以印召入於心殿，

定慧爲月金剛縛，禪智在掌想字入。

金剛入字真言曰：

唵嚩日囉二合吠舍惡

次當結閉心户印，如前入印之幖[5]幟，

進力屈在禪智上，即得堅固不退轉。

金剛拳真言曰：

唵嚩日囉二合母瑟知二合鑁

次結文殊三麼耶，十度相叉成滿月，

直申忍願金剛劍，想身同等妙吉祥。

三麼耶真言曰：

唵嚩日囉二合底丁以反，引乞叉儜三合三麼耶娑怛鑁二合

次當結[6]喜三昧印，定慧爲月堅固縛，

忍辱願度中交合，檀慧禪智豎相著。

真言曰：

唵三麼耶穀引蘇囉多娑怛鑁三合

次結金剛降三世，想身同彼無著別。

止觀二羽金剛拳，檀慧相鉤豎進力，

① 次，《中華藏》校勘《磧》《南》《徑》《清》作“次結”。

② 二，《中華藏》校勘《石》《磧》《南》《徑》《清》作“兩”。

③ 兩，《中華藏》校勘《石》《磧》《南》《徑》《清》作“二”。

④ 門户，《中華藏》校勘《石》《磧》《南》《徑》《清》作“户門”。

⑤ 幖，《中華藏》校勘《石》《磧》《南》《徑》《清》作“標”。

⑥ 當結，《中華藏》校勘《石》《磧》《南》《徑》《清》作“結極”。

左轉辟除右結界，悲心示現威怒形。

降三世真言曰：

唵遜婆你遜婆你去吽短仡哩二合壇拏二合吃哩二合壇拏二合吽[①]短仡哩二合壇拏二合跛耶吽短阿囊耶斛引婆誐鑁嚩日囉二合吽短泮吒半音

次結蓮花三麽耶，爲令觀行成就故，

十度相叉作爲月，禪智檀慧豎相著。

真言曰：

唵嚩日囉二合跛娜麽二合三麽耶娑怛鑁三合

行者應修阿薩頗那伽法，修此法者，不動支節，止出入息，令其微細，勿使散亂，即應觀於虛空一切諸佛，由如胡麻遍滿十方。以金剛彈指告行者言：“善男子，汝觀本心。”行者聞已，即想自身禮諸佛足，禮畢諦觀本心，白諸佛言：“心相無體，云何修證？”諸佛告行者言：“善男子，汝觀心中月輪如在輕霧。”即誦瑩徹菩提真言。

諦觀心月真言曰：

唵質多鉢囉二合底丁以反吠鄧迦嚕弥

行者應了了諦觀，不久當見清淨菩提心，離諸塵垢淨如滿月。即誦菩提心真言曰：

唵冒地質多母怛跛二合，引那夜引弥

想菩提月中有曇字，如金色輝曜，如日放大光明，便即變成般若波羅蜜劍。離諸分別，能斷煩惱，想爲智劒。真言曰：

唵底瑟姹二合渴誐

想其智劒漸漸增大，遍周法界。真言曰：

唵娑頗二合囉渴誐

想其智劒漸漸收攝，等自身量。真言曰：

唵僧賀囉渴誐

爲令智劒堅固不散，復誦真言曰：

唵涅哩二合荼底瑟姹二合渴誐

想空中如來盡入智劒，同爲一體。作是思惟，如彼諸佛體性，我亦同然。真言曰：

唵三麽喻引含摩訶引三摩喻引含薩嚩怛他蘖多鼻二去冒引地渴誐怛麽二合句引含

想其智劒漸漸變成文殊師利童真菩薩，具大威德，身著種種瓔珞，頂想五髻，右

① 吽，原作“牛”，據文意改。

手持智劒，左手執青蓮花，花上有《般若波羅蜜經》夾，身色如欝金。心誦“阿囉跛[①]者曩”一遍。

次結金剛智劒印，止觀相叉作滿月，
忍願皆竪如劒形，印心及額喉頂上，
即成護身竪[②]本尊。

真言曰：

唵嚩日囉二合底乞叉拏三合地瑟姹二合娑嚩二合鋡

次當灌頂結寶印，二手相叉作爲月，
進力反屈如寶形，禪智二度下相捻，
置於額[③]上分兩邊，便結智拳如繫帛。
兩手向前徐徐散，當知已繫無垢繒。

真言曰：

唵嚩日囉二合囉怛曩二合莾隸鼻曬計囉鼻詵者娑嚩二合鋡薩嚩母捺囉二合冥涅哩二合雉句嚕嚩囉迦嚩制娜鑁

次結寶劒自灌頂，二手合掌屈進力，
禪智皆屈入掌中，置於額上分兩邊。

灌頂真言曰：

唵囉怛曩二合俱舍仡哩耶三合吽引

次復結於甲胄印，二手皆作金剛拳，
置於心前竪進力，左右二度想唵砧。
想流清光爲緑色，心前三轉遶背後。
復至臍下及兩膝，又轉至臍遶腰後，
從要到心轉兩膊，從膊至喉向頸後。
復從頸後至額前，從額至腦結智拳，
徐徐散下如垂帶，上觀旋轉如舞勢，
二手相叉成滿月。

甲胄真言曰：

唵嚩日囉二合迦嚩左嚩日㖾二合句嚕嚩日囉二合嚩日囉二合娜含

次陳金剛拍掌儀，二羽齊拍一[④]相拍，

① 跛，《中華藏》校勘《磧》《南》《徑》《清》作“跋”。
② 竪，原作“堅”，據《中華藏》校勘《磧》《南》《徑》《清》改。
③ 額，《中華藏》校勘《磧》《南》《徑》《清》作“頂”。
④ 一，《中華藏》校勘《石》《磧》《南》《徑》《清》作“三”。

由陳拍印真言并，能令聖衆發歡喜，

速獲本尊堅固體。

歡喜真言曰：

唵嚩日囉二合底引乞叉拏三合覩使野二合斛引

次當行者座前觀，八葉蓮花具鬚蘂，

上觀師子妙高座，座上復有七寶樓。

中想七寶蓮花王，上想曇字具威光，

遍照法界靡不周，其字變爲金剛利。

了了諦觀如本形，召請菩薩入想身，

二手作月進如鉤，想身同於彼菩薩。

金剛鉤菩薩真言曰：

唵阿夜引呬弱

次當結索入尊身，結月禪押智入掌，

由此密印加持故，變爲一體無有著。

金剛索真言曰：

唵阿呬吽吽

次當鏁印令堅固，作月四度猶如環，

由此秘印威力故，悉令堅固而不變。

金剛鏁真言曰：

唵係娑普二合吒鍐

次結鈴印令歡喜，禪智入掌如鈴鐸，

令尊及衆皆歡喜，加持令速妙成就。

金剛鈴真言曰：

唵健吒噁噁

行者次當兩手捧遏伽，想洗金剛利菩薩及諸眷屬足，或以百字真言加持遏伽。而獻遏伽真言曰：

唵嚩日盧二合娜迦吽引

次結曼殊羯磨印，二羽皆作金剛拳，

禪羽置於自心上，右手猶如執劍①勢。

由此羯麼妙印力，身獲如尊等無異。

羯麼真言曰：

① 劍，《中華藏》校勘《磧》《南》《徑》《清》作“鉤”。

唵嚩日囉二合底乞叉拏三合曇

次結金剛利劍印，結月忍願申如劍，

由此金剛利妙印，當獲般若甚深智。

金剛利真言曰：

唵耨佉泚娜

次復當結内供養，結月當心豎禪智，

由結金剛嬉戲印，速滿檀那波羅蜜。

金剛嬉戲真言曰：

唵摩訶囉底

次結金剛鬘供養[①]，依前嬉戲直申臂，

由結此印加持故，當滿淨戒波羅密。

金剛鬘真言曰：

唵嚕跛戍引鞞

次結金剛歌詠印，鬘至臍口垂下散，

由結金剛歌密印，速獲安忍波羅蜜。

金剛歌真言曰：

唵戍嚕二合怛囉二合掃磎

次結金剛舞供養，二手拳旋如舞勢，

由結舞印加持故[②]，速滿精進波羅蜜。

金剛舞印真言曰：

唵薩嚩布尒

次結金剛外供養，二手作月向下散，

由結燒香印力故，當證静慮波羅蜜。

金剛燒香真言曰：

唵鉢囉二合賀攞二合你引寧上

次結金剛散花印，結月向上如散花，

由此散花印加持，速證般若波羅蜜。

金剛散花真言曰：

唵頗攞引誐銘

次結金剛燈明印，作月禪智頭相著，

---

① “結月當心豎禪智”至此，《中華藏》校勘《磧》《南》《徑》《清》無。

② 故，《中華藏》校勘《石》《磧》《南》《徑》《清》作“力”。

由結金剛燈明印，當得方便波羅蜜。

金剛燈明真言曰：

唵蘇帝惹引蘖哩二合

次結金剛塗香印，月當胸散如塗香，

由結塗香印加持，速滿誓願波羅蜜。

金剛塗香真言曰：

唵蘇健蕩倪倪以兮反

行者次應誦一百八名讚供養本尊，又結金剛利劒印，於心上誦百字真言加持自身，假使過去世中造種種惡業、五無間等一切罪障①，由此百字真言加持故，一切罪障悉皆消滅，見身獲得首楞嚴三昧。若心散亂，數誦此明，或一七、三七乃至七七、一百八遍，心離攀緣，速得三摩地。

百字真言：

唵渴誐薩怛嚩二合，一三麼耶麼努播引攞耶二合，二渴誐薩怛嚩二合，三底吠二合怒跛底瑟姹二合，四涅哩二合住荼護反銘婆去嚩五素覩使喻二合銘婆去嚩六阿上拏囉訖覩二合銘婆去嚩七素布使喻二合，引銘婆去嚩八薩嚩悉朕提飲反銘鉢囉二合也瑳九薩嚩羯磨素者銘十質多失唎二合藥句嚕十一吽引訶訶訶訶斛引婆誐鏤十二薩嚩怛他蘖多十三渴誐麽銘門上者十四渴倪倪以反婆嚩十五摩訶三摩耶薩怛嚩二合惡引，十六

不散前印，諦觀前有本尊，及想自身如本尊無異，了了諦觀。即誦五字陁羅尼，或以金剛語誦，或分明蓮花語誦，或誦七遍、三七遍，以印於頂上解散。次即把念珠當心念誦，不緩不急，或一百八遍或一千乃至一万遍，念誦數畢，二手捧珠安於頂上，然後置本處。若三摩地念誦者，當心觀大圓鏡智，中布五字門，了了諦觀，隨義②相應，心與般若波羅蜜合，此名三摩地念③誦。若身疲懈，即結本尊劒印，誦五字陁羅尼七遍，復以八大供養供養諸佛，以妙音辭稱揚讚歎，獻閼伽水，以降三世印，左旋解界。即結金剛利劒印，奉送諸聖，各還本宮。真言曰：

唵訖哩二合覩引嚩無莫反，一薩嚩薩怛嚩二合囉他二合，二悉地捺多引，三也他引努誐引，上，四蘖縒持挽二合没馱尾灑焰五布曩囉引誐六麽囊引也都七唵渴誐薩怛嚩二合目八

作此法已，重以三麽耶印誦加持明，以印④四處。然後灌頂，被金剛甲冑。依前四禮禮四方佛，懺悔、發願等。然後依閑静處，嚴以香花，住本尊三摩地，讀誦方廣一切大乘經典《大般若》大品，乃至《文殊般若》等，隨意經行。

① 障，《中華藏》校勘《磧》《南》《徑》《清》無。

② 義，《中華藏》校勘《磧》《南》《徑》《清》作“意”。

③ 念，《中華藏》校勘《磧》《南》《徑》《清》作“合”。

④ 印，《中華藏》校勘《磧》《南》《徑》《清》作“自”。

若有智者依此法，晝夜四[①]時精進修，

見世證得歡喜地，後十六生成正覺。

文殊師利忿怒陁羅尼：

唵嚩日囉二合底乞叉拏三合俱嚕二合馱瞋那瞋那吽引泮吒

用此真言護身、辟除、結界，淨諸香花及一切供具等並得。

當願衆生遇此教，曼殊常爲善知識，

速證般若善巧智，疾成無上兩足尊。

五字陁羅尼：

阿囉跛者曩

唵嚩日囉二合底乞叉拏三合

唵耨佉泚去娜

唵渴誐蘖囉二合欠平

唵渴誐薩怛嚩二合

金剛頂經瑜伽文殊師利菩薩法一品[②]

① 四，《中華藏》校勘《磧》《南》《徑》《清》作“六”。

② 卷末經名，《中華藏》校勘《磧》《南》《徑》《清》作“金剛頂瑜伽經文殊師利菩薩儀軌供養法”。

金剛頂超勝三界經説文殊五字真言勝相[①]

大興善寺三藏沙門大廣智不空奉詔譯[②]

尒時金剛手菩薩摩訶薩等一切菩薩皆於毗盧遮那佛前，各自説心真言印。於是曼殊室唎菩薩摩訶薩從座而起，白佛言：“世尊，我今爲欲利益未來一切諸有情故，速得成就摩訶般若波羅蜜多。若人纔誦一遍，如誦八萬四千十二圍陁藏經。若誦兩遍，文殊師利、普賢隨逐，四衆圍遶加被，是慈無畏護法善神在其人前。”阿難白文殊師利言：“當説此真言。”時有十萬億佛現，如是諸佛一一毛孔出十萬億菩薩，一一菩薩毛孔各出十萬億龍王，一一龍王毛孔各出十萬億龍女，一一龍女毛孔復出十萬億青象，一一青象毛孔各出十萬億白象，一一白象毛孔各出十萬億香象，一一香象毛孔復出十萬億山象，一一山象毛孔復現十萬億寶院，一一寶院復現十萬億八功德水池，其池四寶合成，一一寶池皆出十萬億閻浮檀金光，復於一一光中皆現十萬億圓光，一一圓光化出十萬億[③]天女，嚴持種種供養。如是殑伽沙數四衆，一時共集大會，同音説此真言，現三摩地三昧。我今略説少耳，知其功德無量，即説五字真言曰：

阿囉跛左曩

若善男子、善女人，有能持此真言，纔誦一遍，即入如來一切法平等，一切文字亦皆平等，速得成就摩訶般若。爲諸弟子受此心真言時，令結密印，以二手金剛縛，並建忍願屈上節如劒形，印上承[④]花，散壇供養。然應告言：此心[⑤]法門一切如來秘密寂勝，慎勿輕尒爲愚人説，破汝三昧戒！善諦思惟。

---

① 底本，《中華藏》第1475號，第66册第54頁中—55頁中，原《金藏》廣勝寺本，經首至“阿字法本不生義”，原爲手抄本，《中華藏》以《麗藏》本换。經名後原有“一卷”，《中華藏》校勘《磧》《南》《徑》《清》無，此删。

② 譯名，《麗》原作“開府儀同三司特進試鴻臚卿肅國公食邑三千户賜紫贈司空謚大鑒正號大廣智大興善寺三藏沙門不空奉詔譯”，此據《中華藏》校勘《石》《磧》《南》改，《中華藏》校勘《徑》《清》作“唐北天竺三藏沙門大廣智不空奉詔譯”。

③ 億，《中華藏》校勘《磧》《南》《徑》《清》無。

④ 承，《中華藏》校勘《磧》《南》《徑》《清》作“盛”。

⑤ 心，《中華藏》校勘《磧》《南》《徑》《清》無。

阿者是無生義。

囉者清淨無染，離塵垢義。

跛者亦無第一義諦，諸法平等義。

左者諸法無有諸行義。

曩者諸法無有性相，説言[①]文字皆不可得義。

以曩字無有性相故，左字無有諸行。

以左字無諸行故[②]，跛字無第一義諦。

以跛字無第一義諦故，囉字無有塵垢。

以囉字無有塵垢故，阿字法本不生義。

善男子，當觀是心本來清淨，無所染著，離我、我所分别之相。入此門者名三摩地，是真修習。當知是人如來印可，殊勝功德不可思議。若誦一徧，能除行人[③]一切苦難。若誦兩徧，除滅億劫生死重罪。若誦三徧，三昧現前。若誦四徧，總持不忘。若誦五徧，速成無上菩提。若能一心獨處閑静，梵書五字輪壇，依法念誦滿一月已，曼殊菩薩即現其身，或於空中演説法要。是時行者得宿命智，辯才無礙，神足自在，勝願成就，福智具足，速能階證如來法身。但心信受，經十六生决成正覺。若不辦建立壇場、香華供養及畫本尊，以用香泥塗舍利塔，梵寫五字真言，旋遶念誦五十萬徧，文殊菩薩現其人前而爲説法，當得宿命辯才，一切如來、諸菩薩等及執金剛恒沙聖衆常加護念，速滿諸願，疾證菩提，廣如《金剛頂經》説。

金剛頂超勝三界經説文殊五字真言勝相一卷

---

① 説言，《中華藏》校勘《磧》《南》《徑》《清》作“言説”。

② 以左字無諸行故，《中華藏》校勘《磧》《南》作“以左字無有諸行，以左字無諸行故”，《徑》《清》作“以左字無有諸行故”。

③ 除行人，《中華藏》校勘《磧》《南》《清》作“除行者”，《徑》作“徐行者”，“徐”字形訛。

金剛壽命陀羅尼經法①

特進試鴻臚卿大辨正廣智三藏奉詔譯②

爾時毗盧遮那如來於色界頂第四禪成等正覺，即下須彌山頂，於金剛寶樓閣，盡虛空遍法界一切如來皆悉雲集，前後圍繞。異口同音："唯願世尊轉妙法輪甚深祕密，所謂金剛界輪、降三世教令輪、遍調伏法輪、一切義成就輪。如是四輪從毗盧遮那心出，一一輪皆有三十七聖者，一一真言、一一三摩地、一一契印威儀軌持，大悲願力，於雜染佛刹、於淨妙世界或隱或顯，轉輪利樂，度諸衆生，各各不同。"毗盧遮那佛受諸如來請已，欲轉法輪時，即入三摩地，觀見摩醯首羅大自在天剛强難化，執持邪見，非我寂静大悲之身堪任調伏。於是世尊入悲怒三摩地，從胸臆間現出五峯金剛大菩提心，流出四面八臂、威德熾盛、奇特難覩降三世金剛菩薩身。遍禮毗盧遮那如來及一切諸佛："惟願世尊示教於我，何所作爲？"佛告降三世菩薩："汝今降伏彼難調伏諸大天等，令悉歸依諸佛、法、僧，發菩提心。"尋即降伏一切諸天等，盡歸依佛、法、僧衆，唯大自在天恃③大威德而生拒敵。降三世菩薩種種苦治，乃至於死。左踏大天，右踏天后。於是毗盧遮那如來入大悲怒三摩地已，即説金剛壽命陀羅尼，復入金剛壽命三昧耶，及結密印，加持魔醯首羅天王，還復得甦，重增壽命，歸依諸佛，發菩提心，灌頂受記，證得八地位。

金剛壽命真言曰：

(oṃ) (va) (jra) (yu) (ṣai) (svā) (hā)

唵 嚩 日囉④二合 喻 曬⑤ 娑嚩二合 賀引⑥

佛告執金剛菩薩："若有善男子、善女人受持、念誦，每日三時，時别千遍，過、現

---

① 底本，《大正藏》第1134號A，第20册第576頁上—577頁中，原享和元年刊豐山大學藏本，原校本[甲]天永元年寫高山寺藏本。校本，《大正藏》第1134號B《金剛壽命陀羅尼經》，原享和元年刊長谷寺藏本。

② 譯名，校本作"特進試鴻臚卿大辨正大廣智三藏奉詔譯"。

③ 恃，原作"特"，據校本校勘記改。

④ 囉，原作"羅"，據校本改。

⑤ 曬，原作"灑"，據校本改。

⑥ 引，原脱，據校本補。

所有惡業因緣、短命夭壽，由持此真言故，信心清淨，業障消滅，更增壽命。若有修習三摩地者，現生不轉父母生身，獲五神通，凌①空自在。

次説三摩地門，結跏趺坐，閉目端身，二手重疊，或結定印，安於臍下。於虚空中遍想諸佛，了了分明。即自身中當其心上，觀淨滿月，光明瑩徹。上有五股金剛杵形，舒熾漸大，如等己身，變爲降三世金剛菩薩，頂有毗盧遮那如來，從佛身上遍體毛孔中，出白甘露，灌注自身。次心中復觀金剛薩埵菩薩，相好殊勝，威德自在。

次結金剛壽命加持甲冑密印，各以二手作金剛拳，以進力右押左相鉤，安於頂上，即誦壽命真言七遍。安於額前，分手繫項。繫項後已，直舒進力，旋轉如環，下至心上，相纏如繫甲勢。次至背後，復繫來至臍、兩膝、腰後、當心、二肩、頂②前、頂後。復至額前，重繫項後。金剛拳繫漸垂兩手，徐徐而下，如垂帶勢。當誦真言，成被甲冑護身。被甲真言曰③：

(oṃ) (ddhāṃ) (va) (jra) (yuḥ)

唵引，一 䃮謫簪切④，二 嚩 日囉二合 欲三

由結密印加持威力，身如金剛堅固難壞，離諸災横，見者歡喜，一切人民生大恭敬。

次説護摩祕密之法，所謂除災、延壽、增益、吉祥富饒、辯才無礙，乃至疫疾、風雨等難，依法作之，一切願滿。護摩壇法有其四種，所謂方、圓、三角、蓮華。隨其所求，依方而坐，本尊形像依法畫之。塗壇軌儀如餘部説，我今略説除災延壽建壇之法。淨治一室，堀深一肘。除去穢惡不淨之物、灰骨瓦石，淨土填之。作一方壇，量廣三肘，瞿摩塗飾，如淨鏡面。掘地之時，若得餘寶，是大吉祥殊勝之相，所求諸願速得成就。若有異物，當取河岸淨土填之，平治如法。以諸衆香和瞿摩夷，重重塗飾。於壇中心用白粉，作一肘半金剛甲冑。中央穿作一肘火爐，或深半肘，隨其所宜。若其不能穿之，取一火爐，安於壇心亦得。印位華綠，依位作之。設壇既了，懸諸幡蓋，安置金剛三世尊像。供養之物華菓、飲食布壇四周，護摩藥物置行者前，又以四瓶置壇四角。面對本尊，依法念誦。先辨乳木，長十指量，麁如大指二十一⑤，蘇搵兩頭，爐中燒，炭火熾盛。誦延命真言，加持火木，每誦一遍，一擲火中。火既熾已，於光焰中觀作八葉蓮華。於胎中當觀字光明晃曜遍照，成大金剛壽命菩薩。次以四字明引請菩薩，降入壇中，受諸供養。四字密言曰：

① 凌，原作“陵”，據《大正藏》校勘[甲]改。

② 頂，《大正藏》校勘[甲]作“項”，下一“頂”字同。

③ “當誦真言”至“被甲真言曰”，校本作“次當誦護身被甲真言曰”。

④ “䃮謫簪切”，校本作“砧謫簪反”。

⑤ 長十指量麁如大指二十一，《大正藏》校勘[甲]作“截長二十一指量，可長十指”。

(jaḥ)(hūṃ)(vaṃ)(hoḥ)

弱[1]　吽　鑁　斛

即以右手作半金剛印[2]，以水灑火令淨。次取一器，盛滿融酥，取骨蔞草一千八莖，乃至一百八莖，以搵其蘇，誦壽命真言。隨其草數，一誦一擲於其火中。既擲盡已，次復燒擲諸香乳酪。如前念誦課數畢已，滿杓傾蘇於火中，初後如是。若能於三長齋月或自生月，乃至生日，作是供養，能除災難，增益壽命，具大福智，勝願圓滿。行來出入，官位高遷，富饒財寶，皆悉稱意。若求男女，并及聰明，當候大[3]陽虧時，加持牛蘇，服之即得。若加持九節菖蒲，令煙暖光等三相現已，而取服之，即滿其願，日誦萬言，辨説無礙。若求陵空，隱顯自在，當以牛黄一依前法，無間加持，三相現已，塗足點額，遊空自在。更求餘一切諸願，但於餘部隨心作之，悉皆成就，無不遂者。亦使國土安寧，無諸災疫，風雨以時，人民安樂，一切賢聖擁護其身，廣説勝利，不可窮盡，具如《瑜伽經》中廣説。

若作息災延壽法，面向北坐，當作圓壇，觀諸聖衆悉皆白色，身著白衣，供養白食。諸供養具一切皆白，燒沈香。

若作增益富饒法者，面向東坐，身及聖尊及身衣服，并及供養食、菓、器物，一切黄色，燒白檀香。

若作調伏法者，面向南坐，身及本尊衣服、供具一切盡皆深青黑色，燒安息香。

若作敬愛法者，面向西坐，身及本尊衣服、供具一切盡皆赤色，燒蘇合等香，字是普賢延命種子也。

金剛壽命陀羅尼經法

---

① 弱，校本作“惹”。

② 從此句至經末，校本作“爾時大衆聞佛所説，信受奉行”。

③ 大，《大正藏》校勘[甲]作“太”。

金剛頂瑜伽念珠經[①]於十萬廣頌中略出

開府儀同三司特進試鴻臚卿肅國公食邑三千户賜紫贈司空
謚大辨正號大廣智大興善寺三藏沙門不空奉詔譯[②]

尒時毗盧遮那世尊告金剛手言:“善哉!善哉!爲諸修真言行菩薩者,説諸儀軌則,哀愍未來諸有情等,説念珠功德勝利。由聞如是妙意趣故,速證悉地。”時金剛薩埵菩薩白佛言:“唯然!世尊,我今爲説之。”尒時金剛薩埵菩薩而説偈言:

珠表菩薩之勝果,於中間絶[③]爲斷漏,
繩線貫串表觀音,母珠以表無量壽。
慎莫驀過越法罪,皆由念珠積功德。
車渠念珠一[④]倍福,木槵念珠兩倍福,
以鐵爲珠三倍福,熟銅作珠四倍福,
水精真珠及諸寶,此等念珠百倍福。
千倍功德帝釋子,金剛子珠俱胝福,
蓮子念珠千俱胝,菩提子珠無數福。
佛部念誦菩提子,金剛部法金剛子,
寶部念誦以諸寶,蓮花部珠用蓮子,
羯磨部中爲念珠,衆珠閒雜應貫串。
念珠分別有四種,上品最勝及中下,
一千八十以爲上,一百八珠爲最勝,
五十四珠以爲中,二十七珠爲下類。

---

① 底本,《中華藏》第1395號,第65册第293頁上、中,原《麗藏》本。經名後,《中華藏》校勘《石》有“一卷”。

② 譯名,《中華藏》校勘《石》作“特進試鴻臚卿大興善寺三藏沙門不空奉詔譯”,《磧》《南》作“大興善寺三藏沙門大廣智不空奉詔譯”。

③ 絶,《中華藏》校勘《磧》《南》《徑》《清》作“滿”。

④ 一,《中華藏》校勘《磧》《南》作“二”。

二手持珠當心上，靜慮離念心專注，
本尊瑜伽心一境，皆得成就理事法。
設安頂髻或挂身，或安頸上及①安臂，
所説言論成念誦，以此念誦淨三業。
由安頂髻淨無間，由帶頸上淨四重，
手持臂上除衆罪，能令行人速清淨。
若修真言陁羅尼，念諸如來菩薩名，
當獲無量勝功德，所求勝願皆成就。

加持念珠貫串之法，一如《蘇悉地經》説。其《瑜伽經》但説其功能理趣，不説相，應知②。

金剛頂瑜伽念珠經

① 及，《中華藏》校勘《徑》《清》作“或”。
② 此行原作正文，此按文意改注文。

毗盧遮那五字真言修習儀軌①

三藏不空金剛奉②詔譯

夫修習成就毗盧遮那佛法，先應於閑淨處，以瞿摩夷塗地，香水散灑，燒種種名香，散種種時花，當於寂静辭③喧閙，清淨澡浴，著新淨衣。結跏趺坐，或依④類而坐，息災吉祥坐⑤，面向北；增益蓮花坐，面向東；敬愛金剛坐，面向西；降伏蹲踞坐，以脚押脚，面向南。

隨所愛樂，依方而坐，即以香泥塗手，於頂上合掌，禮敬一切諸佛。然於下方從風輪起，想嚩⑥字，以二點嚴飾，如金剛⑦形，放熾盛光，威猛赫弈，金剛火焰壞破大地，上衝流出，則想此金剛火焰焚燒自身，乃至灰謝。隨四種法色，想灰成曼荼⑧羅，即於曼荼羅中想一蓮花，於蓮花中想嚩字轉成金剛形，想己身爲金剛所成。

即結三昧耶印：二手作三普吒掌，豎二大指，加持於五處。真言曰：

那謨三曼多没馱喃阿三迷怛哩二合三迷三摩曳莎縛二合訶引

次結法界印：二手作拳，二大指在掌中豎二頭指。想囉字於頂上，思惟真實義，一切法塵不可得。真言曰：

那謨三曼多没馱喃達摩馱都⑨娑嚩婆嚩俱𤚥⑩

次結次輪印：二手反相叉，二⑪大指在右手掌中相著。觀自身爲金剛薩埵，合以

---

① 底本，《大正藏》第 861 號，第 18 册第 188 頁上—189 頁中，原延享元年刊大正大學藏本，原校本[甲]平安時代寫本高山寺藏豐山版。校本，《卍續藏》第 105 號，第 2 册第 513 頁中—514 頁下。

② 奉，原脱，據《大正藏》校勘記補。

③ 辭，原作“辦”，校本作“辨”，據《大正藏》及《卍續藏》本校勘記改。

④ “依”後，《大正藏》校勘[甲]有“求四種法座，所謂息災、增益、敬、降伏”。

⑤ 坐，《大正藏》校勘[甲]作“座”，下同。

⑥ 嚩，《大正藏》校勘[甲]作“縛”。

⑦ 剛，原脱，據《大正藏》校勘[甲]補。

⑧ 荼，原作“拏”，據後文文例改。

⑨ 都，《大正藏》校勘[甲]作“覩”。

⑩ 𤚥，《大正藏》校勘[甲]作“唅”。

⑪ 二，《大正藏》校勘[甲]作“左”。

加持。真言曰：

那謨三曼多嚩日囉二合喃嚩日囉二合，引怛摩俱唅

次結甲冑印，二手三普吒掌，二頭指屈拄[1]中指背上節，二大指並豎合在掌印五處。真言曰：

那謨三曼多嚩日囉二合喃嚩日羅迦嚩遮吽

則於自身前想大蓮華王，於蓮華中想金色佉字，其佉字轉成婆伽梵大勤勇尊，住之三摩地。結劍印，即結如來鉤印，奉請本尊，二[2]内相叉作拳，豎右頭指如鉤向身招之。真言曰：

那謨三曼多没馱喃噁娑囉[3]嚩怛囉鉢羅底訶多怛多[4]蘖[5]俱舍冒地者[6]哩耶鉢哩布囉迦娑嚩[7]二合訶引

聖衆來已，即奉閼伽，二手捧[8]當額，想浴聖衆。真言曰：

那謨三曼多没馱喃哦哦那三摩三摩娑嚩二合訶引

次獻敷座印，二手虚心合掌，散舒屈頭中名[9]六指，如蓮花形。真言曰：

那謨三曼多没馱喃噁

次結聖不動尊印，二手各作拳，各豎頭中指，各以二大指押無名指、小指，左手爲鞘，右手爲刀，以刀左旋轉，辟除諸魔障，右旋轉及上、下成方隅界。真言曰：

那謨三曼多嚩日羅二合赧戰拏摩訶嚧灑拏薩叵吒耶吽怛囉吒旿[10]鋡

復以刀印觸香花等[11]，無垢令淨，以成加護，置於鞘中。

次結毗盧遮那五字劍印，二手合掌，屈二頭指，相著如劍形。真言曰：

那謨三曼多没馱喃阿尾囉吽欠

次結塗香印，右手掌向外，以左手握右手腕如環。真言曰：

那謨三曼多没馱喃尾秫馱巘[12]塗納婆吠娑嚩二合訶引

① 拄，《大正藏》校勘[甲]作"跓"。
② 二，《大正藏》校勘[甲]作"二手"。
③ 囉，《大正藏》校勘[甲]無。
④ 多，《卍續藏》本作"他"。
⑤ 蘖，《大正藏》校勘疑當作"蘖黨"，又[甲]作"蘖多"。
⑥ 舍冒地者，《卍續藏》本作"冒地舍者"。
⑦ 布囉迦娑嚩，《卍續藏》本作"右囉迦娑囉"。
⑧ 捧，《大正藏》校勘[甲]作"捧器"。
⑨ 頭中名，原脱，據《大正藏》校勘記及《卍續藏》本補。
⑩ 旿，《大正藏》校勘[甲]作"吽"。
⑪ 等，原作"求"，據《大正藏》及《卍續藏》本校勘記改。
⑫ 巘，《大正藏》校勘[甲]作"獻"。

次結花印,二手内相叉,仰掌頭指著[①],二大指安頭指下節。真言曰:

那謨三曼多没馱喃摩訶每怛哩耶二合毗愈二合娜蘖底娑嚩二合訶引

次結燒香印,二手中指、無名指、小指背合竪,頭指直竪側[②]相合,大指在頭指下節。真言曰:

那謨三曼多没馱喃達摩馱覩嚩娜[③]蘖帝莎嚩二合訶引

次結飲食[④]印,當合定惠掌,五輪互相叉,是則持衆物,普通供養印。

那謨三曼多没馱喃阿囉囉迦囉囉末[⑤]隣捺那迷摩隣上聲娜泥摩訶麼理[⑥]娑嚩二合訶引

次結燈[⑦]印,右手作拳,中指直竪,頭指屈捻大指[⑧]博附中指。真言曰:

那謨三曼多没馱喃多他蘖多哩紙薩叵囉拏嚩婆娑那哦哦那烏馱哩耶娑嚩二合訶引

所獻塗香、花鬘、燒香、飲食、燈明,隨四種法色,而以供養,由五種供養印,成於聖衆集會,普遍香花等雲海供養。

次結圓滿印,二手虛心合掌,安於頂上。真言曰:

那謨三曼多没馱喃噁尾娑摩曳娑叵囉呬輅哦哦那劍達摩馱怛嚩迦舍三摩多耶娑嚩怛他蘖多[⑨]跛[⑩]哩刹曼荼羅摩摩本惹末禮拏怛他蘖多地瑟姹那末禮那遮迷娑嚩二合訶引

由此真言、印、香花等雲海供養,如實無異[⑪],即用五字從下體布至頂,地、水、火、風、空,即想自身如金色毗盧遮那佛,遍放[⑫]光明,頭冠瓔珞,身著紗縠衣。即結劍印,安於當心,住三摩地,二手持珠合於掌中。誦真言七遍,加持安於頂上。真言曰:

唵吠盧者那摩羅娑嚩二合訶引

然後二手當心持珠,念誦本尊真[⑬]言。遍數畢已[⑭],安珠於掌中,頂上合掌,迴向發願:以此功德當願衆生速證毗盧遮那佛。放念珠已,然後結定印,端身正坐。於頂

① 著,《大正藏》校勘[甲]作"相著"。

② 側,原作"傾",據《卍續藏》本改。

③ 覩嚩娜,《大正藏》校勘[甲]作"睹拏"。

④ "食"後,原有"真言",據《大正藏》校勘[甲]刪。

⑤ 末,《大正藏》校勘[甲]作"未"。

⑥ 摩隣上聲娜泥摩訶麼理,原脱,據《大正藏》及《卍續藏》本校勘記補。

⑦ 燈,《大正藏》校勘[甲]作"燈明"。

⑧ 捻大指,原作"大捻指",據《大正藏》校勘[甲]改。

⑨ 多,原脱,據《大正藏》及《卍續藏》本校勘記補。

⑩ 跛,原作"跛",據《大正藏》本校勘記及《卍續藏》本改,《卍續藏》本校勘記:"跛字恐跋字,[悉曇字](va)[悉曇字](rpa)是雨,但[悉曇字](va)字對譯是縛而非跋,猶詳。"

⑪ 異,原脱,據《大正藏》及《卍續藏》本校勘記補。

⑫ 放,原脱,據《大正藏》及《卍續藏》本校勘記補。

⑬ 真,原脱,據《大正藏》校勘[甲]補。

⑭ 已,《大正藏》校勘[甲]作"竟"。

中想白色闇字，於二目瞳人上想覽字。即微屈頭，注心於胸臆閒，想圓滿月輪。於月輪上布列五字，想阿字在中央，如黄金色，餘四字右旋而安。

五字真實義者：

阿字，一切法本不生故；

尾字，思義[①]一切法言説不可得故；

囉字，一切法離塵故；

訶字，一切法因不可得故；

佉字，一切法[②]如虚空不可得[③]故，名爲心念誦。

即結劍印，誦七遍，頂上散。復結五供養印，獻閼伽讚歎。結不動[④]劍印，左旋解界。結三昧印，安於頂上，誦三遍，想奉送聖衆。

禮佛而起，隨意經行，讀誦大乘方廣經典，以福迴施一切衆生，願速圓滿心所求世閒、出世閒悉地成就也。

毗盧遮那念誦一卷[⑤]

① 義，疑當作"議"或"憶"。

② 法，原脱，據《大正藏》及《卍續藏》本校勘記補。

③ 不可得，《大正藏》校勘[甲]無。

④ 動，《大正藏》校勘[甲]作"動尊"。

⑤ 一卷，《大正藏》校勘[甲]作"經"。

翻譯經軌·密教經軌·瑜伽密教儀軌·金剛頂經儀軌·改編經法

阿閦如來念誦供養法[①]

開府儀同三司特進試鴻臚卿肅國公食邑三千户賜紫贈司空
謚大辨正號大廣智大興善寺三藏沙門不空奉詔譯[②]

敬礼遍照尊！我今依契經，
略説阿閦佛，修行念誦儀。
行者應當礼，五方諸如來，
盡想虚空中，遍滿如胡麻。
即對一一佛，盡心而懺悔，
隨喜及勸請，我所積集福。
迴向諸有情，次即對本尊。
應當結跏坐，端身應正直，
閉目離攀緣，即起悲愍心。
觀察無邊界，初結三昧耶。
次誦金剛輪，滅除諸過咎，
即當結甲[③]印，加持於五處。
次作金剛橛，堅牢道場地。
復結方隅界，壇中觀大海，
中想弥盧山，上觀寶樓閣，

---

① 底本，《中華藏》第1439號，第65册第723頁上—728頁上，原《麗藏》本。經名，《中華藏》校勘《石》作"阿閦如來念誦法一卷"。經名後，原附"一卷"，《中華藏》校勘《磧》《普》《南》《徑》《清》無，此删。

② 譯名，《中華藏》校勘《石》作"特進試鴻臚卿大興善寺三藏沙門大廣智不空奉詔譯"，《磧》《普》《南》作"大興善寺三藏沙門大廣智不空奉詔譯"。

③ 甲，《中華藏》校勘《磧》《普》《南》《徑》《清》作"界"。

閣上[①]師子座，種種供養具，
衆寶以莊嚴。次結車輅印，
想奉妙喜刹，即静[②]虚空道。
又結請寶車，及以部心請。
復應作辟除，及示三昧耶。
即結金剛網，奉獻閼伽水，
想浴無垢身，復當奉尊座。
次第獻五供，即結虚空藏，
盡於無邊界，一一想雲海。
以身親奉獻，即當誦讚歎，
或讚百八名，即結部母印。
加持本所尊，及護於自身，
次結本尊印，即當捧珠鬘。
加持已頂戴，諦住而念誦，
即入字輪觀，以此殊勝福。
迴向於有情，即結本尊印，
次誦部母明，如前五供養。
及讚本尊德，即獻閼伽水，
應結外院印，左轉而解界。
復結寶車輅，外撥而奉送，
想尊還本宫，重結三昧耶。
五悔如前作，即起隨自意，
讀誦大乘經，或住三摩地。
印塔思六念，以福資悉地，
是名菩薩行。

行者入本尊精舍，面向東方，蹦跪合掌，諦想一切如來、諸大菩薩、微塵數衆，遍十方界，由如胡麻，如對目前。於中復想五方如來，各禮一拜。禮一切如來真言曰：
唵薩嚩怛他誐跢迦引耶嚩吉質多播引娜滿娜喃迦嚕冥

由誦此真言，作禮於諸佛，
即於十方刹，禮事悉圓滿。

---

① 上，《中華藏》校勘《石》《普》《南》《徑》《清》作“中”。
② 静，《中華藏》校勘《磧》《普》《南》《徑》《清》作“淨”。

即右膝著地，合掌當心，而懺諸咎。我從無始時來，至于今身所作衆罪，十惡四重，五無間等，無量無邊。今對一切諸佛、大菩薩前，深生悔恨發露，陳懺一懺①，已後更不復造。懺悔真言曰：

唵薩嚩播引跛娑普吒二合娜訶囊嚩日囉二合，引野娑嚩二合，引訶

由誦此真言，實相理相應，

諸罪如枯草，焚盡無有餘。

次應思惟：一切如來、諸大菩薩、緣覺聲聞，及諸凡夫積集福智，我今盡隨喜。如一切如來隨喜一切福智，我今亦如是隨喜。隨喜一切福智真言曰：

唵薩嚩怛他誐跢奔尼野二合枳穰二合，引囊努慕娜囊布惹引冥伽三母捺囉二合，引娑發二合囉拏三麽曳吽

由誦此真言，諸佛及菩薩，

二乘凡夫福，獲殊勝②隨喜。

次諦觀一切如來遍周法界，初成正覺。即想己身，處彼海會一一佛前，誠心勸請，願諸如來哀愍我等，轉無上法輪。請轉法輪真言曰：

唵薩嚩怛他引誐跢引地曳二合沙拏布惹冥伽三母捺囉二合娑發二合囉拏三昧曳吽

由誦此明③故，一切諸如來，

雜染清淨剎，轉無上法輪。

次應勸請十方諸佛如來不般涅槃，願諸如來哀愍有情，久住世間不般涅槃，於無量劫廣作利益。請不般涅槃真言曰：

唵薩嚩怛他誐單引囊地曳二合沙夜引冥薩嚩薩怛嚩二合呬哆引囉他引野達摩馱到悉體他以反底娑嚩覩

由誦此真言，一切諸如來，

復住無量劫，廣利益有情。

行者作是思惟，我今禮佛、懺悔、隨喜、勸請，言如是積集無量福智，願皆迴向一切衆生。佛所稱讚殊勝悉地，願諸有情皆得圓滿。迴向發願真言曰：

唵薩嚩怛他引誐跢商悉跢引薩嚩薩怛嚩二合，引南引薩嚩悉地藥三鉢睍耽引怛他引誐多室者二合，引地底瑟綻二合躭引

由誦此真言，諦誠發勝願，

一切衆生類，速皆得悉地。

行者於本尊像前，結跏趺座，或半跏，或吉祥，乃至輪王等隨意而坐。復想一切

① 陳懺一懺，《中華藏》校勘《磧》《普》《南》《徑》《清》作"一陳"。

② 獲殊勝，《中華藏》校勘《石》作"成無量"。

③ 明，《中華藏》校勘《磧》《普》《南》《徑》《清》作"呪"。

如來及諸菩薩、金剛部衆，起大悲愍，拔濟安樂一切有情，願一切衆生速得無上菩提悉地。

即結佛部印，止觀虚心合，
開掌定轉[①]進[②]，惠輔於定側。
專注[③]於一緣，思惟佛相好，
真言誦三遍，置頂便散之。

佛部三昧耶真言曰：

唵怛他引誐妬納婆二合嚩引野娑嚩二合，引訶

由誦結此印，一切佛部衆，
加持於行者，不違自本誓。
次結蓮花部，虚心作合掌，
微開進念定，即想觀自在。
具相持蓮花，而住瑜伽定，
分明誦三遍，頂右而散之。

蓮花部三昧耶真言曰：

唵跛娜謨二合納婆二合嚩引野娑嚩二合，引訶引

由誦結印故，一切蓮花部，
聖衆來雲集，本願而加持。
次結金剛部，止觀反相叉，
餘力三鈷[④]形，心想執金剛。
威德手持杵，具相身嚴飾，
應當誦三遍，頂左而散之。

金剛部三昧耶真言曰：

唵嚩日嚧二合納婆二合嚩引野娑嚩二合，引訶引

由誦及結印，一切執金剛，
皆集來現前，與願不違誓。
次結甲胄印，二羽内相叉，
念力並申合，定轉如杵形。
額肩心及喉，五處各一遍，

① 定轉，原作“定輔”，據《中華藏》校勘《磧》《普》《南》《徑》《清》改，下同。
② 進，《中華藏》校勘《石》作“念”。
③ 注，原作“住”，據《中華藏》校勘《磧》《普》《南》《徑》《清》改。
④ 鈷，《中華藏》校勘《磧》《普》《南》《徑》《清》作“股”，下同。

思惟身威光，熾盛遍圍遶，

諸魔及障者，馳散不敢覩。

金剛甲胄真言曰：

唵嚩日囉二合，引銀你二合鉢囉二合捻䟦跢二合，引也娑嚩二合，引訶

由結甲印故，遠離於諸障，

能遮惡趣門，亦護諸衆生。

次結金剛輪，大威德印契，

二羽内相叉，竪二念①定力。

二念糺定合②，二慧並申合，

安契當於心，誠心誦七遍。

金剛輪真言曰：

娜麽悉底𠻴三合野一陁尾二合迦引南引薩嚩怛他引誐跢引南引，三暗引，四尾囉尒五尾囉尒六摩賀引嚩日囉二合，七娑跢娑跢八些引囉帝九些引囉帝十怛邏二合異十一怛邏二合異十二尾馱麽你十三三畔若你十四怛囉二合麽底十五悉馱引仡𠺁二合怛𡅧二合沙嚩二合，引訶引

由誦此真言，如再入輪壇，

失念破三昧，菩薩與聲聞。

身口二律儀，四重五無間，

是等諸罪障，悉皆得清淨。

次當結地界，進念互相交，

信定慧竪合，雙慧輔③於地。

三拍想下方，熾盛④獨鈷杵，

徹至金剛際，想除地過患。

金剛橛真言曰：

唵枳里枳里嚩日囉二合嚩日哩二合部㖿二合滿馱滿馱吽發吒半音

由結地印故，盡想道場内，

即成金剛地，諸魔不得便。

以微少功行，速證三摩地⑤，

① 念，《中華藏》校勘《磧》《普》《南》《徑》《清》作“合”。

② 定合，《中華藏》校勘《磧》《普》《南》《徑》《清》作“合定”。

③ 輔，《中華藏》校勘《磧》《普》《南》《徑》《清》作“觸”。

④ 盛，原作“成”，據《中華藏》校勘《磧》《普》《南》《徑》《清》改。

⑤ 地，原作“池”，據《中華藏》校勘《石》《磧》《普》《南》《徑》《清》改。

身心不疲倦，遠離於昏①沉。
次結金剛牆，准前下方契，
擽開二慧豎，三匝而②右旋。
心想金剛牆，赫弈起威焰，
遍護於道場，以成方隅界。

金剛牆真言曰：

唵薩囉薩囉嚩日囉二合鉢囉二合迦引囉吽發吒半音

由結牆印故，諸魔及障者，
毗那夜迦等，四散而馳走。
次結大海印，止觀仰相叉，
即成於海印，當心而旋轉。
應想成大海，深廣無邊際，
清淨八功德，皆從法界生。

大海真言曰：

唵尾麽路娜地吽

次結須弥印，止觀内叉拳，
真言誦三遍，即想妙高山。
四寶而成就，七金山圍遶，
山頂想樓閣，衆寶以莊嚴。

須弥山真言曰：

唵阿左攞吽

次結虛空藏，明妃③大密印，
二羽金剛縛，進力如寶形。
餘度豎如幢，止觀互相交，
即成供養儀④，次第修如是。
次想於殿中，本尊與眷屬，
各依花位座，塗香及花鬘，
燒香摩尼燈，閼伽及賢瓶，
殊妙天飲食，寶柱而行列。

---

① 昏，《中華藏》校勘《石》作"惛"。
② 而，《中華藏》校勘《磧》《普》《南》《徑》《清》作"兩"。
③ 明妃，《中華藏》校勘《磧》《普》《南》《徑》《清》作"菩薩"。
④ 儀，《中華藏》校勘《石》作"契"。

以我功德力，如來加持力，

及以法界力，普供養而住。

虚空藏大明妃真言曰：

唵誐誐曩三婆嚩嚩日囉二合穀引

由誦結此印，虚空藏本尊，

不越本願力，皆成實供養。

次應結寶車，止觀仰相叉，

二定側相拄，二慧轉定側。

真言誦三遍，奉送本尊刹。

奉車輅真言曰：

唵覩嚕覩嚕 吽

行者持香鑪，即静虚空道。

真言誦三遍，壞裂魔羅網。

静治道路真言曰[①]：

唵一蘇悉地迦哩二惹嚩二合理跢引難引跢三慕嘌怛曳四惹嚩二合攞惹嚩二合攞滿馱滿馱賀曩賀曩吽發吒半音

心想七寶車，衆寶盖莊嚴，

繒幡寶鈴鐸，珠鬘遍交絡。

無量諸天樂，不鼓自然鳴，

皆奏和雅音，想至妙喜刹。

本尊與眷屬，乘此寶車輅，

即當結請車，准前車輅印，

慧力撥二念，想車至於空。

請上車輅真言曰：

娜麼悉底㗚二合野一地尾二合迦引南二薩嚩怛他誐跢引南引，三唵四嚩日𠼝二合儞你夜二合，五羯沙野娑嚩二合，引訶

次結部心印，止觀内相叉，

左慧向身招，三遍如[②]來句，

本尊與眷屬，歡喜赴集會。

部心請真言曰：

---

① “真言曰”後，《中華藏》校勘《磧》《普》《南》《徑》《清》有夾注“此真言印合於下請上車輅真言後用”。

② 如，原作“加”，據《中華藏》校勘《石》《磧》《普》《南》《徑》《清》改。

唵嚩日囉二合,引地力二合翳係係娑嚩二合,引訶

由誦此真言,本尊與眷屬,

歡喜赴集會,與願令成就。

即結辟除印,止觀金剛形,

先當舉止羽,外拓[1]作辟除,

一切諸魔羅,怖畏而馳走。

辟除真言曰:

唵枳里枳里嚩日囉二合,引吽登吒半音

由誦及辟除,諸有魔障者,

從聖隱衆會,奔馳而四散。

即舉於觀羽,作示三昧耶,

聖衆憶昔願,復當赴集會。

示三昧耶真言曰:

唵商羯㘑三麽野沙嚩二合,引訶引

次結金剛網,准前金剛牆,

二慧捻定側,右旋於頂上,

即成堅固網,上方諸魔羅,

無有能侵惱,修行速得成。

金剛網真言曰:

唵尾塞普二合,引囉捺囉二合,引礼叉二合嚩日囉二合,引半惹囉吽登吒半音

即結密縫印,止掌轉觀背,

二慧而申直,真言誦三遍。

右旋及上下,心[2]想金剛焰,

密合方隅界,威靈其處所。

金剛火院真言曰:

唵阿三摩引銀你二合吽登吒半音

次應虔誠心,奉獻閼伽水,

持器當於額,運想沐聖衆。

奉閼伽真言曰:

娜莫三滿跢没馱南引誐誐曩三摩引娑摩娑嚩二合,引訶引

① 拓,《中華藏》校勘《磧》《普》《南》《徑》《清》作"託"。

② 心,《中華藏》校勘《石》作"止"。

次應獻花座，二羽虚心合，
進念定微屈，運心而旋轉。
本尊與眷屬，想坐花臺上，
一一處本位，觀念令分明。

花座真言曰：

娜莫三滿跢没馱引南惡引

次結塗香印，觀掌向外竪，
止羽握右觀，心想塗香雲，
遍塗聖衆海。

塗香供養真言曰：

唵一峻馱磨引袮你二嚩囉芘三鉢囉二合，引底仡哩二合豐拏二合娑嚩二合，引訶引

纔結塗香印，遍於印契中，
無量香天女，各持塗香器。
盡於無邊刹，供養佛聖衆，
不久當獲得，五分具法身。
次結花鬘印，止觀仰相叉，
二定屈如環，慧轉定下節，
心想奉花鬘，用獻聖眷屬。

花鬘供養真言曰：

唵一麽引攞引馱㘑二嚩日囉二合馱囉娑嚩二合，引訶引

纔結花鬘印，遍於印契中，
無量花天女，各持花鬘器。
盡於無邊刹，供養佛聖衆，
不久當獲得，離染如蓮花。
即結焚香印，二羽而仰掌，
信進念竪背，定慧側相拄。
心想燒香雲，以奉聖眷屬。

焚香供養真言曰：

唵一度跛始契矩嚕嚩日哩二合抳娑嚩二合，引訶引

纔結焚香印，徧於印契中，
無量香天女，各持七寶爐。
盡於無邊刹，供養佛聖衆，
不久當獲得，如來無礙智。

次結飲食契，二羽虚心合，

慧[①]力轉禪側，狀如食器形，

心想飲食雲，以奉聖眷屬。

飲食供養真言曰：

唵一磨攞磨攞二合冥伽磨引疑你三鉢囉二合底吃哩二合疊拏二合，四嚩日哩二合捉娑嚩二合，引訶引

纔結飲食契，遍於印契中，

無量諸天女，各持寶食器。

盡彼無邊刹，供養佛聖衆，

不久當獲得，法喜禪悦食。

次結燈明印，觀羽密作拳，

豎念慧側轉，真言誦三遍。

心想摩尼燈，以奉聖眷屬。

寶燈供養真言曰：

唵一惹嚩二合，引攞引麽引隸你二祢跛始契娑嚩二合，引訶引

纔結燈明印，遍於印契中，

無量燈天女，各持摩尼燈。

盡彼無邊刹，供養佛聖衆，

不久當獲得，清淨五種眼。

運心悉周遍，無量佛刹中，

種種而奉獻，無邊供養儀。

即結虚空藏，大菩薩密印，

二羽金剛縛，二定如寶形。

信進如幢刹，二慧而合豎。

真言誦三遍。

虚空藏真言曰：

娜麽薩嚩怛他引誐帝鼻喻二合尾濕嚩二合目契鼻藥二合薩嚩他引欠嗢娜誐二合帝塞普二合囉呬輪誐誐曩劍娑嚩二合，引訶引

即讚本所尊，無量功德聚，

或誦百八名，歌詠聲供養。

行者於身中，當心應觀察，

---

① 慧，《中華藏》校勘《普》《徑》作“契”。

圓滿淨月輪，專注令分明。

上想金剛杵，金色五智形，

光明遍流出，照觸無邊界。

警覺魔羅宫，廣大作佛事，

以此三麽地，而成阿閦佛。

具相觸地印，眷屬以圍遶，

即結根本印，加持於四處。

無動如來真言曰：

唵惡屈蒭二合毗野二合吽

次結莽莫計，部母大悲者，

二羽内相叉，信念慧如針。

三遍加本尊，即當護己身，

各誦於一遍，加持於五處。

莽莫計真言曰：

娜謨囉怛娜二合怛囉二合，引夜野娜麽室戰二合拏嚩日囉二合，引播拏曳摩訶藥叉細曩鉢跢曳唵矩蘭馱哩滿馱滿馱吽發吒半音

次結如來不動大身印，誦本明七遍。大身真言曰：

娜謨婆誐嚩帝　惡屈蒭二合毗夜二合野怛他誐跢引夜引囉訶二合帝三藐三没馱引野怛你野二合他引迦迦你迦迦你嚧左你嚧左你咄嚧二合吒你咄嚧二合吒你怛邏二合娑你怛邏二合娑你鉢囉二合，引底丁以反訶跢你鉢囉二合，引底訶跢你薩嚩羯麽跛嚂跛邏野屈蒭二合毗野二合覩娑嚩二合，引訶引

次應淨念珠，二羽捧珠鬘。

加三遍頂戴。

淨珠鬘真言曰：

唵吠嚧者娜麽攞娑嚩二合，引訶

次結持念珠，二羽[①]半金剛，

以此持念珠，真言誦三遍。

持珠真言曰：

唵嚩蘇莽底室哩二合曳鉢娜莽二合忙里你娑嚩二合訶

即誦本尊明，身前觀尊相，

自身亦如是，專注離散乱。

---

① 羽，《中華藏》校勘《磧》《普》《南》《徑》《清》作“手”。

或以實相理，與法身相應，
真言字分明，不緩亦不急。
或千或百八，一數常准定，
念誦當畢已，捧珠於頂上。
遍數[①]付部母，復結三昧耶[②]，
誦本明三遍，即入字輪觀。
於心月輪上，行列真言字，
金色具威光，思惟實相理。
應觀唵字門，諸法無流注。
次念阿字門，諸法本不生。
第三閦字門，諸法無盡滅。
第四陛字門，諸法無自性。
第五吽字門，諸法無因緣。
一一真言字，觀照法界性，
從初至究竟，注心勿令間。
復結部母印，真言誦三遍，
應以歌詠音，讚揚本尊德。
重結五供養，奉獻本所尊，
復獻閼伽水，慇勤求本願。
隨心上中下，如教獲悉地，
即結外院印[③]，右旋解諸界。
次結寶車輅，及結部心印，
送尊皆外撥[④]，復結三部印。
護身及五誨，應當如前作，
礼佛隨意樂，讀誦方廣乘。
十法[⑤]行感招，無量無邊福，
契經思六念，皆以實相理。
一一應思惟，相應瑜伽教，

① 數，《中華藏》校勘《磧》《普》《南》《徑》《清》作"散"。
② 耶，原作"那"，據《中華藏》校勘《石》《磧》《普》《南》《徑》《清》改。
③ 印，《中華藏》校勘《磧》《普》《南》《徑》《清》作"請"。
④ 撥，《中華藏》校勘《石》作"擲"。
⑤ 法，《中華藏》校勘《磧》《普》《南》《徑》《清》作"方"。

若欲除業障，應當印佛塔。

或沙及香泥，皆安緣起偈，

積數如經説，終畢現奇特。

修集念誦法，以此勝福田，

一切諸有情，速成阿閦佛。

發遣真言曰：用前車輅印，三外撥三念。

唵嚩日囉二合，引地力二合夜呬夜呬娑嚩二合，引訶引

由誦此真言，即成發遣尊。

除萎花真言曰：

唵溼微二合帝摩訶溼微二合帝佉引娜寧娑嚩二合，引訶引

次掃地真言曰：

唵訶囉訶囉薵穰古反，引孽囉二合訶囉拏引耶娑嚩二合訶引

塗地真言曰：

唵迦囉引隸摩訶迦囉隸娑嚩二合，引訶引

阿閦如來念誦供養法一卷

無量壽如來修觀行供養儀軌[①]

大興善寺三藏沙門大廣智不空奉詔譯[②]

尒時金剛手菩薩在毗盧遮那佛大集會中從座而起，合掌恭敬，白佛言：世尊，我爲當來末法雜染世界惡趣[③]衆生，説無量壽如來陀羅尼，修三密門，證念佛三昧，得生淨土，入菩薩正位，不以少福無慧方便得生彼刹。是故依此教法，正念修行，决定生於極樂世界，上品上生獲得初地。若在家出家願生淨土者，應先入曼荼羅，得灌頂已，然後從[④]師受念誦儀軌。或於勝地或隨所居，塗拭淨室，建立方壇，上張天蓋，周帀懸幡。上壇分布八曼荼羅，磨白檀香，用塗聖位。於壇西面安無量壽像，持誦[⑤]者於壇東坐面西對像，或敷茅薦，或坐卑腳小牀。每日三時，散種種華，燒種種香[⑥]，置二閼伽。或用螺[⑦]盃及寶、金、銀、銅器，石、瓷、玉等器未經用者，滿盛香水置於壇上。於壇四角安四賢缾，燒香[⑧]、燈明、塗香、飲食隨力所辨，一一加持，慇重供養。行者每日澡浴，即思惟觀察一切有情本性清淨，爲諸客塵之所覆蔽，不悟真理，是故説此三密加持，能令自佗皆得清淨。即二手蓮華合掌，誦淨三業真言三徧。真言曰：

唵引娑嚩二合婆去，引嚩秫詩聿反馱引，一薩嚩達麼入，引，二娑嚩二合婆去，引嚩秫准上度憾

由此真言加持故，即成清淨内心澡浴。每入道場時，對本尊前端身正立，蓮華合掌閉目，心想在極樂世界，無量壽如來并諸菩薩眷屬側[⑨]，以自身五體投地，想於一一

① 底本，《中華藏》第1438號，第65册第711頁中—716頁下，原《金藏》廣勝寺本。經名，《中華藏》校勘《石》作“無量壽如來念誦修觀行儀軌一卷”，《麗》作“無量壽如來觀行供養儀軌”。

② 譯名，《中華藏》校勘《石》作“特進試鴻臚卿大興善寺三藏沙門大廣智不空奉詔譯”，《徑》《清》作“唐三藏沙門大廣智不空奉詔譯”，《麗》作“開府儀同三司特進試鴻臚卿肅國公食邑三千户賜紫贈司空謚大鑒正號大廣智大興善寺三藏沙門不空奉詔譯”。

③ 趣，《中華藏》校勘《石》《麗》作“業”。

④ 從，《中華藏》校勘《石》作“依”。

⑤ 誦，《中華藏》校勘《石》作“念”。

⑥ 燒種種香，《中華藏》校勘《磧》《普》《南》《徑》《清》無。

⑦ 螺，《中華藏》校勘《麗》作“盆”。

⑧ 燒香，《中華藏》校勘《石》作“香花飲食”，又下“飲食”，《石》無。

⑨ 側，《中華藏》校勘《石》《磧》《普》《南》《徑》《清》《麗》作“則”。

佛菩薩前恭敬作禮，即誦普禮真言曰：

唵引薩嚩怛佗去蘗多二播引那滿娜上曩上，引迦嚕引弭三

即右膝著地，合掌當心，虔誠發露，懺悔無始以來一切罪障，則隨喜諸佛、菩薩、聲聞、緣覺、一切有情所修福業。又觀十方世界，所有如來成等覺者請轉法輪，所有如來現涅槃者請久住世，不般涅槃。又發願言：我所積集善根，禮佛懺悔，隨喜勸請，以此福聚，迴施一切有情，願皆得生極樂世界。見佛聞法，速證[①]無上正等菩提。

然後結加趺坐，或半加坐，右押於左。以香塗手，先結佛部三昧邪印：二手虛心合掌，開二頭指微屈，各附中指上節，又開二大指，各捻二頭指下第一文，結印成已，想無量壽如來三十二相、八十種好，了了分明。即誦佛部三昧邪真言曰：

唵引，一怛佗去誐覩引，二納婆二合嚩引耶娑嚩二合，引賀引，二

誦三徧或七徧，安印頂上便[②]散。由結此印及誦真言，警覺佛部一切聖衆[③]皆來加持護念修真言者，速令獲得身業清淨，罪障銷滅，福慧增長。

次結蓮華部三昧邪印：二手虛心合掌，二大指、二小指各頭相著，餘六指微屈，如開敷蓮華葉形即成，結此印已，想觀自在菩薩相好端嚴，并無量俱胝蓮華族聖衆圍遶。即誦蓮華部三昧邪真言曰：

唵引，一跛娜謨二合，引，二納婆二合嚩引耶娑嚩二合，引賀引，三

誦三徧或七徧，加持安印於頂右便散。由結此印及誦真言，警覺觀自在菩薩及蓮華部聖衆皆來加持行者，獲得語業清淨，言音威肅[④]，令人樂聞，無礙辯才，說法自在。

次結金剛部三昧邪印：二手左覆右仰令背相著，以右大指叉左小指，以左大指叉右小指，中間六指縛著手腕，如三股杵形即成。結印當心，想金剛藏菩薩相好威光，并無量執金剛眷屬圍遶，即誦金剛部三昧邪真言曰：

唵引，一嚩日嚧二合，引，二納婆二合嚩引耶娑嚩二合，引賀引，三

誦三徧或七徧，加持安印於頂左便散。由結此印及誦真言，警覺金剛藏菩薩并金剛部聖衆皆來加持行者，獲得意業清淨，證菩提心，三昧現前速得解脫。

次結被甲護身印：二小指、二無名指右押左內相叉，二中指直豎頭相拄，二頭指屈如鉤形，附中指背，勿令相著，二大指並豎捻無名指即成。結印當心誦真言，印身五處，各誦一徧，先印額，次右肩，次左肩，印心及喉，是爲五處。即起大悲心，徧緣一切有情，願皆被大慈悲莊嚴甲冑，速令離諸障難，證得世間、出世間殊勝成就。如是

① 證，《中華藏》校勘《石》作“得”。

② 便，《中華藏》校勘《麗》無。

③ 聖衆，《中華藏》校勘《石》《麗》作“諸佛”。

④ 肅，《中華藏》校勘《石》作“朗”。

觀已，即成被金剛甲，一切諸魔不敢障難。護身真言曰：

唵引，一嚩日囉二合，引儗你二合，二鉢囉二合捻叙揖反跛跢二合，引野娑嚩二合，引賀引，三

由結此印、誦真言，慈心愍念力故，一切天魔及諸障者，悉見行者威光赫弈，猶如日輪，各起慈心，不能障礙，及以惡人無能得便，煩惱業①障身不染著，亦護當來諸惡趣苦，疾證無上正等菩提。

次結地界金剛橛印，先以右中指入左頭中指間，右名指入左名小指間，皆頭外出，以左中指皦右中指背，入右名小指間，二小指、二頭指各頭相拄，二大指下相捻即成。結此印已，想印如金剛杵形，以二大指向地觸之，誦真言一徧，一印於地，如是至三，即成堅固金剛之座。地界真言曰：

唵引，一枳里枳里二嚩日囉二合嚩日哩二合，三步引囉滿馱滿馱四吽引發吒吒字半音呼，五

由結此印，真言加持，下至金輪際，成金剛不壞之界，大力諸魔不能搖動，少施功力，大獲成就。地中所有諸穢惡物由加持力故，悉皆清淨，其界隨心大小即成。

次結金剛牆印，准前地界印，開掌搩竪二大指如牆形即成，想從印流出熾焰，以印右旋遶身三轉，稱前地界，即成金剛堅固之城牆界。真言曰：

唵引，一薩囉薩囉二嚩日囉二合鉢囉二合，引迦引囉三吽引發吒吒字半音呼，四

由結此印、誦真言，及觀行力故，隨心大小，成金剛光焰方隅牆界，諸魔、惡人、虎、狼、師子及諸毒蟲不能附近。

次結大虚空藏菩薩印，二手合掌，二中指右押左外相叉縛著手背，二頭指相蹙如寶形即成。想從印流出無量諸供養具、衣服、飲食、宫殿、樓閣等，如《瑜伽》廣説。即誦大虚空藏真言曰：

唵引，一誐誐曩三去娑去嚩二嚩日囉二合斛引，三

修行者縱使觀念②力微，由此印及真言加持力故，諸供養物皆成真實。一如極樂世界中行廣大供養者，次想壇中有紇哩二合，引字，放大光明如紅頗梨色，徧照十方世界，其中有情遇斯光者，無有不得罪障消滅。

次結如來拳印，以左手四指握拳直竪大指，以右手作金剛拳握左大指即成。以此拳印地，真言加持七徧，變其世界。如來拳真言曰：

唵引，一步欠平聲，二

由結此印及真言加持威力故，即變此三千大千世界，成極樂刹土，七寶爲地，水、鳥、樹林皆演法音，無量莊嚴如經所説。即誦伽佗曰：

以我功德力，如來加持力，

---

① 業，《中華藏》校勘《磧》《普》《南》《徑》《清》作“諸”。

② 念，《中華藏》校勘《石》作“行”。

及以法界力，願成安①樂刹。

行者由數習此定，現生每於定中見極樂世界無量壽如來在大菩薩衆會，聞説無量契經，臨命終時心不散動②，三昧現前，刹那迅速則生彼土，蓮華化生證菩薩位。

次結寶車輅印，以二手仰相叉右押左，以二頭指側相跓，二大指捻二大頭指下第一文即成。送車輅真言曰：

唵引，一覩轉舌呼，下同覩嚕吽引，二

結此印想成七寶莊嚴車輅，往彼極樂世界，請無量壽如來并諸菩薩眷屬乘此車輅，不散此印，便以此二大指向身撥二中指頭，便誦請車輅真言曰：

娜莫悉底哩耶四合地尾二合迦引南一怛佗引蘗跢引南引，二唵嚩日朗二合，引儗妍以反孃上，引，三迦囉灑二合耶娑嚩二合，引賀引，四

則想車輅來至道場，住虚空中，則結迎請聖衆印。

次結迎請聖衆印，二手右押左，内相叉作拳，令掌相著，左大指屈入掌，右大指曲如鉤，向身招之，即誦迎請真言曰：

唵引，一阿去，引嚧引力迦迦半音呼，二曀醯去，引呬娑嚩二合，引賀引，三

由結此印奉請故，無量壽如來不捨悲願，赴此三摩地所成淨土道場，并無量俱胝大菩薩衆受修行者供養，證明功德。

次結馬頭觀自在菩薩印，作③辟除結界，二手合掌，二頭指、二無名指屈入掌各自相背，並二大指微屈，勿著頭指即成。誦馬頭明王真言曰：

唵引，一阿蜜㗚二合妬引納婆二合嚩吽登吒半音呼吒字娑嚩二合，引賀引，二

誦三徧，即以印左轉三帀，辟除一切諸魔，皆自退散。便以印旋④三帀，即成堅固大界。

次結金剛網印，准前地界印，以二大指捻二頭指下節一文即成。誦真言三徧，隨誦以印於頂上右旋轉便散。網界真言曰：

唵引，一尾娑普二合囉捺囉二合乞灑二合，二嚩日囉二合半惹白攞反囉三吽引登吒吒字半音呼，四

由結此印真言加持力故，即於上方覆以金剛堅固之網，乃至佗化自在諸天不能障難，行者身心安樂，三摩地易得成就。

次結金剛火院界印，以左手掌掩右手背令相著，擽豎二大指即成。想從印流出

---

① 安，《中華藏》校勘《石》作“極”。
② 動，《中華藏》校勘《麗》作“亂”。
③ 作，《中華藏》校勘《石》作“用”。
④ 旋，《中華藏》校勘《石》《麗》作“右旋”。

無量光焰，以印右旋三帀，則於金剛牆外便有焰圍遶，即成堅固清淨大界火院[①]。真言曰：

唵引，一阿三去莽上儗寧吽引發吒吒字半音呼，二

獻閼伽香水，以二手捧閼伽器當額奉獻，誦真言三徧，想浴聖衆雙足。閼伽真言曰：

娜莫三去滿多没馱引南引，一誐誐曩三去麽上，引糝上摩娑嚩二合，引賀引，三

由獻閼伽香水供養，令修行者三業清淨，洗除一切煩惱罪垢，從勝解行地至十地及如來地當證如是地波羅蜜時，得一切如來授與甘露法水灌頂。

次結華座印，准前蓮華部三昧邪印，稍屈指令圓滿即是。結此印已，想從印流出無量金剛蓮華，徧此極樂世界中，無量壽如來及諸大菩薩一切聖衆，各皆得此金剛蓮華座。真言曰：

唵引，一迦摩上攞娑嚩二合，引賀引，二

由結蓮華座印，誦真言加持，行者獲得十地滿足，當得金剛之座，三業堅固，猶如金剛。次結廣大不空摩尼普供養印：二手金剛合掌，二頭指捻蹙如寶形，豎二大指，即誦廣大不空摩尼供養陀羅尼曰：

唵引，一阿上謨引伽去布引惹自攞反麽抳尼貞反跛納麽二合嚩日㘑二合，二怛佗去蘖多尾路引枳帝三三去滿多鉢囉二合薩囉吽引，四

此廣大不空摩尼供養陀羅尼，纔誦二[②]徧則成。於無量壽如來集會，及無邊微塵刹土中雨無量廣大供養，所謂種種塗香雲海，種種華鬘雲海，種種燒香雲海，種種天妙飲食雲海，種種天妙衣服雲海，種種摩尼光明燈燭雲海，種種幢幡、寶帳、寶蓋雲海，種種天妙音樂雲海，普於諸佛菩薩衆會成真實廣大供養。由結印、誦此陀羅尼[③]供養故，獲得無量福聚，猶如虚空無有邊際，世世常生。

一切如來大集會中蓮華化生，得五神通，分身百億，能於雜染世界拔濟受苦[④]衆生，皆作安樂[⑤]利益，即於現世受無量果報，當來得生淨土。

次應澄心定意，專注一緣，觀無量壽如來，了了分明，如對目前，具諸相好，并無量眷屬及彼刹土，念念欣慕，現前獲得三昧成就，虔誠一心，願生彼國，心不異緣，念念相續，即誦無量壽如來，讚歎三徧。讚曰：

曩謨引弭跢引婆去，引野曩謨引弭跢引庾曬引，一曩謨引曩謨引進底里二合㜸上拏上迦囉引

---

① 大界火院，《中華藏》校勘《磧》《南》作“大界大院”，《徑》《清》作“火界火院”，《麗》作“火院大界”。

② 二，《中華藏》校勘《石》《磧》《普》《南》《徑》《清》《麗》作“三”。

③ 陀羅尼，《中華藏》校勘《麗》作“真言”。

④ 受苦，《中華藏》校勘《石》作“苦惱”。

⑤ 樂，《中華藏》校勘《麗》作“隱”。

答麽二合甯引,二曩謨引弭跢引婆去,引野尒慈以反曩上,引野帝引母寧引,三素去,引佉去,引嚩底二合,引夜引弭多嚩引弩鼻呼劒跛野引,四素佉嚩底孕二合,引迦曩迦尾唧怛囉二合迦引曩南引,五麽上弩鼻聲,引囉軨引素蘖多帶引囉稜去訖哩二合躭引,六哆嚩室囉二合夜引答鉢囉三合體町以反多麌拏上寫地引麽上多都各反,引,七鉢囉二合夜引弭擔引麽護麌拏上囉怛囉二合散左琰引,八

修行者[①]每日三時常誦此讚,讚[②]佛功德,警覺無量壽如來不捨悲願,以無量光明照觸行者,業障重罪悉皆消滅,身心安樂,澄寂悦意[③],久坐念誦,不生疲惓,心得清淨[④],疾證三昧,即入觀自在菩薩三摩地。閉目澄心,觀自身中圓滿絜白,猶如淨月,仰在心中。於淨月上想日哩二合,引字,放大光明,其字變成八葉蓮華,於蓮華臺上觀自在菩薩,相好分明,左手持蓮華,右手作開華葉勢。是菩薩作是思惟,一切有情身中具有此覺悟蓮華,清淨法界不染煩惱。於蓮華八葉上,各有如來入定,結加趺坐,面向觀自在菩薩,項佩圓光,身中如金色光明晃曜。即想此八葉蓮華,漸舒漸大,量同虚空。即作是思惟,以此覺華照觸如來海會,願成廣大供養。心不移此定,則於無邊有情深起悲愍,以此覺華蒙照觸者,於苦煩惱悉皆解脱,等同觀自在菩薩。即想蓮華漸漸收斂,量等己身,則結觀自在菩薩印加持四處,所謂心、額、喉、頂。其印以二手外相叉,二頭指相拄如蓮華葉,二大指並竪即成。誦觀自在菩薩真言曰:

唵引,一嚩日囉二合達轉舌磨紇哩二合,引

由結此印及真言,加持心、額、喉、頂故,即自身等同觀自在菩薩。

次結無量壽如來根本印,二手外相叉作拳,竪二中指頭相拄,如蓮華葉形。結此契已,誦無量壽如來陀羅尼七徧,以印於頂上散。陀羅尼曰:

曩謨引囉怛曩二合怛囉二合夜引耶一娜莫阿引哩野二合,引弭跢引婆去,引耶二怛佗去蘖跢引夜囉曷二合帝三去藐三去没馱耶三怛你也他四唵阿蜜㗚二合帝五阿蜜㗚二合姤引納婆二合吠微閉反,引,六阿蜜㗚二合多三去婆上吠准上,七阿蜜㗚二合多蘖陛八阿蜜㗚二合多悉弟九阿蜜㗚二合多帝際自曳反,十阿蜜㗚二合,十一多尾訖磷准上,二合,引多誐引弭寧引,十二阿蜜㗚二合多尾訖磷二合,引帝十二阿蜜㗚二合多誐誐曩吉引底丁以反迦𠰷十二阿蜜㗚二合多嫩上弩枇娑嚩二合𠰷十四薩嚩引囉佗二合娑去,引馱寧十五薩嚩磨訖禮二合,引捨乞灑二合孕迦𠰷娑嚩二合,引賀引,十六

此無量壽如來陀羅尼纔誦一徧,則滅身中十惡、四重、五無閒罪,一切業障悉皆消滅。若苾蒭、苾蒭尼犯根本罪,誦七徧已,即時還得戒品清淨。誦滿一萬徧,獲得

① 修行者,《中華藏》校勘《石》作“行人”。

② 讚,《中華藏》校勘《麗》作“歎”。

③ 澄寂悦意,《中華藏》校勘《石》作“清淨適悦”。

④ 清淨,《中華藏》校勘《石》作“自在”。

不廢忘菩提心三摩地，菩提心顯現身中，皎潔圓明，猶如淨月輪，臨命終時見無量壽如來，與無量俱胝菩薩衆圍遶來迎，安慰行者，則生極樂世界上品上生，證菩薩位。即取蓮子數[①]珠安於手中，二手捧珠合掌，未敷蓮華形，以千轉念珠真言加持七徧。真言曰：

唵引，一縛日囉二合獄咽耶二合惹自攞反波三去麼曳引吽引，二

加持已，即捧珠頂戴心發是願，願一切有情所求世間、出世間殊勝大願速得成就，則當心以二手各聚五指如未敷蓮華，左手持珠，以右手大指、名指移珠，誦陀羅尼一徧，與娑嚩二合賀字聲齊移一珠，念誦聲不緩不急，不高不下，應不出聲，稱呼真言字，令一一分明。心觀此三摩地所成淨土，及前所請來無量壽佛相好圓滿，在於壇中。如是觀行了了分明，專注念誦，不令間斷，遠離散動，一坐念誦，或百或千，若不滿一百八徧，則不充祈願徧數。無量壽如來加持故，則身心清淨，乃至開目、閉目常見無量壽如來，則於定中聞説甚深妙法，於一一字、一一句，悟無量三摩地門、無量陁羅尼門、無量解脱門，此等同觀自在菩薩，速能至於彼國。念誦數畢，捧珠頂戴，發是願言：願一切有情得生極樂世界，見佛聞法，速證無上正等菩提。

次結定印，以二手外相叉，二頭指皆相著，從中節已上直豎二大指捻二頭指即成。則觀身中菩提心，皎潔圓明，猶如滿月。復作思惟，菩提心體離一切物、離蘊界處，及離能取所取，法無我故。一相平等，心本不生，自性空故。即於圓滿清淨月輪上，想紇哩二合，入，引字門，從字流出無量光明，於一一光明徧觀成極樂世界，聖衆圍遶無量壽佛，廣如《無量壽經》所説。

如是念誦修習三摩地已，欲出道場，則結本尊印，誦本陀羅尼七徧，以印頂上散，即誦讚歎。

次結普供養印，誦廣大不空摩尼，供養陀羅尼，又獻閼伽，心中所有祈願啓白聖衆，唯願聖者不越本誓，成就我願。如是念誦、供養、發願已，即結前火院印，左轉一帀，解前所結界。

復結寶車輅印，誦前請車輅真言，以二大指向外撥二中指頭，奉送聖衆於真言句中。除迦囉灑二合野句，加蘖蹉蘖蹉句，即成奉送。

次結三部三昧邪印，各誦三徧。然後結被甲護身印，印身五處，則對本尊前，虔誠發願、禮佛，任出道場，隨意經行。常讀誦《無量壽經》，心懷增上意樂，精勤念誦，印佛印塔，樂行壇施，修持禁戒，忍辱精進，禪定智慧。所修善品皆悉迴向，共諸衆生同生淨土，上品上生，證歡喜地。獲得無上菩提記別，此法通一切蓮華部。

無量壽如來心真言曰：

---

① 數，《中華藏》校勘《磧》《普》《南》《徑》《清》《麗》作“念”。

唵引路計濕嚩二合囉囉惹訖哩二合,入,引

此真言誦一徧,敵誦《阿弥陁經》不可説徧,秘故勝故,破重障難。不能具説。

唵阿蜜嘌二合多帝睍賀囉吽

此法通一切蓮華部,無量壽如來念誦法誦十萬徧滿,得見阿弥陁如來,命終决定得生極樂世界。

無量壽如來發願陁羅尼:

迦哩迦噜沙迦哩多你也你魯計一摩以你針多覩二尾母唧旦都魯迦三麽麽左素左哩帝曩四咋薩縛怛縛二合跛囉麽素契曩五素佉縛底孕二合鉢囉二合演覩

無量壽如來修觀行供養儀軌

仁王護國般若波羅蜜多經陁羅尼念誦儀軌[①]

新譯[②]仁王般若經陁羅尼念誦儀軌[③]序

大[④]興善寺翻經沙門慧靈述

我皇帝聖德廣運，仁育群品。亦既簒[⑤]曆，吹大法螺，刊梵言之輕重，警迷徒之耳目，偉矣哉！迺辟[⑥]興善寺大廣智三藏不空與義學沙門良賁等一十四人，開府魚朝恩、翰林學士常衮等，去歲夏四月，於南桃園再譯斯經。秋[⑦]九月，詔資聖、西明[⑧]百座敷闡，下紫微而五雲抱出，經長衢而萬姓作禮[⑨]，阡郭充滿，猶牆堵焉。稽緇衣，覽青史，自摩騰入漢，僧會遊吴，瑞法之來，莫與京者[⑩]。經云："若未來世有諸國王建立正法，護三寶者，我令五方菩薩往護其國，令無灾難。"又云："五菩薩自於佛前發弘誓言：我有陁羅尼能加持擁護，是一切佛本所修行速疾之門。若人得聞一經於耳，所有罪障悉皆消滅，況復習誦[⑪]而令通利。佛即讚言：若[⑫]誦持此陁羅尼者，我及十方諸佛悉常擁護，諸惡鬼神敬之如佛，不久當得阿耨菩提。"則知此陁羅尼，諸[⑬]字母之根底，

---

① 底本，《中華藏》第1472號，第65册第1019頁上—1028頁上，原《麗藏》本。

② "新譯"前，《中華藏》校勘《磧》有"大唐"，《南》有"唐"。

③ 般若經陁羅尼念誦議軌，《中華藏》校勘《徑》《清》作"護國經道場念誦軌儀"。

④ "大"前，《中華藏》校勘《徑》《清》有"唐"。

⑤ 簒，《中華藏》校勘《石》作"纂"。

⑥ 辟，《中華藏》校勘《南》《徑》《清》作"大"。

⑦ "秋"前，《中華藏》校勘《磧》《南》《徑》《清》有"至"。

⑧ "西明"後，《中華藏》校勘《磧》《南》《徑》《清》有"兩寺各五十人"。

⑨ 五雲抱出經長衢而萬姓作禮，《中華藏》校勘《磧》《南》《徑》《清》作"千官作禮，經出内而萬姓觀瞻，遂感卿雲呈瑞，嘉氣浮空，左右兩街威儀整肅，旛華前引，音樂後隨，内外咸歡，京城共喜"。

⑩ 之來莫與京者，《中華藏》校勘《磧》《南》《徑》《清》作"西來莫兹竝矣"。

⑪ 習誦，《中華藏》校勘《磧》《南》《徑》《清》作"誦習"。

⑫ "若"後，《中華藏》校勘《磧》《南》《徑》《清》有"有"。

⑬ 諸，原脱，據《中華藏》校勘《磧》《南》《徑》《清》補。

衆瑜伽之藪澤，如彼水木歸其本源。故[①]菩薩演之，王者建之，黎人念之，諸佛讚之。俾尒昌而熾，俾尒福而利[②]。於斯傳者[③]，可以見聖人之心。其益既弘，其軌亦妙，苟于誠不克，曷降之以嘉[④]？三藏是以[⑤]譯貝多之[⑥]文，良賁[⑦]法師乃[⑧]受從簡素。始夫處所方便，終其觀行儀則[⑨]，修爲五門，第以位次，一一昭著，庶無懵焉。凡我道俗，將保厥躬。遂求願[⑩]踐菩提之路，登仁壽之[⑪]域者，何莫由斯之道哉[⑫]！

仁王護國般若波羅蜜多經陁羅尼念誦儀軌[⑬]出《金剛頂瑜伽經》[⑭]

開府儀同三司特進試鴻臚卿肅國公食邑三千户賜紫贈司空
謚大辨正號大廣智大興善寺三藏沙門不空奉詔譯[⑮]

第一，明五菩薩現威德。

第一東方金剛手菩薩

經：東方金剛手菩薩摩訶薩手持金剛杵，放青色光，與四俱胝菩薩往護其國。

解曰：金剛手者，依三藏所持梵本《金剛頂瑜伽經》云，堅固、利用具二義也。依彼經者，然五菩薩依二種輪現身有異。一者法輪，現真實身，所修行願報得身故。二教令輪，示威怒身，由起大悲現威猛故。此金剛手即普賢菩薩也，手持金剛杵者，表起正智猶如金剛，能斷我法微細障故。依教令輪，現作威怒降三世金剛，四頭八臂，

---

① 如彼水木歸其本源故，《中華藏》校勘《磧》《南》《徑》《清》作"玆實秘藏真詮者矣，是以"。

② 尒昌而熾俾尒福而利，《中華藏》校勘《磧》《南》《徑》《清》作"其福而廣，俾其利而大"。

③ 斯傳者，原脱，據《中華藏》校勘《磧》《南》《徑》《清》補。

④ "其益既弘"至"曷降之以嘉"，《中華藏》校勘《磧》《南》《徑》《清》作"也，其功既妙，利益隆深，克念應時，殊祥必降。我"。

⑤ 是以，《中華藏》校勘《磧》《南》《徑》《清》無。

⑥ 之，《中華藏》校勘《石》無。

⑦ "良賁"前，《中華藏》校勘《磧》《南》《徑》《清》有"命"。

⑧ 乃，《中華藏》校勘《磧》《南》《徑》《清》無。

⑨ 始夫處所方便終其觀行儀則，《中華藏》校勘《磧》《南》《徑》《清》作"觀行印，持其道場念誦儀"。

⑩ 遂求願，《中華藏》校勘《磧》《南》《徑》《清》作"同崇出世之因，共"。

⑪ 之，《中華藏》校勘《磧》《南》《徑》《清》無。

⑫ 哉，《中華藏》校勘《磧》《南》《徑》《清》作"矣"。

⑬ 經名，《中華藏》校勘《石》作"仁王護國般若波羅蜜多經陀羅尼念誦軌儀"，《磧》《南》《徑》《清》作"仁王護國般若波羅蜜多經道場念誦軌儀"。

⑭ 出金剛頂瑜伽經，《中華藏》校勘《磧》《南》《徑》《清》無。

⑮ 譯名，《中華藏》校勘《石》《磧》《南》作"京大興善寺三藏沙門大廣智不空奉詔譯"，《石》無"京"字，《徑》《清》作"唐北天竺三藏沙門大廣智不空奉詔譯"。

摧伏一切摩醯首羅大自在天諸魔軍衆，侵害正法、損惱[①]衆生者，令調伏故。放青色光者，顯能除遣魔等衆也。與彼東方持國天王及將無量乾闥婆衆、毗舍闍衆而爲眷屬，與四俱胝菩薩往護其國。

第二南方金剛寶菩薩

經：南方金剛寶菩薩摩訶薩手持金剛摩尼，放日色光，與四俱胝菩薩往護其國。

解曰：言金剛寶者，如彼經云虚空藏菩薩也。依前法輪現勝妙身，修施等行，三輪清淨。手持金剛摩尼者，梵云摩尼，此翻云[②]寶，體淨堅密，猶如金剛，即是金剛如意寶也，隨諸有情所求皆得。依教令輪，現作威怒甘露軍荼利金剛，示現八臂，摧伏一切阿修羅衆眷屬、諸惡[③]鬼神惱害有情行疾疫者，令調伏故。放日色光者，顯能除遣修羅等也。與彼南方增長天王及將無量恭畔荼衆、薜荔多衆而爲眷屬。四俱胝者，且一俱胝者[④]，《華嚴經》云百洛叉爲一俱胝，即當此方百億數矣，餘三俱胝准此應悉，與如是衆往護其國。

第三西方金剛利菩薩

經：西方金剛利菩薩摩訶薩手持金剛劍，放金色光，與四俱胝菩薩往護其國。

解曰：言金剛利者，如彼經云文殊師利菩薩也。依前法輪現勝妙身，正智圓滿，得自在故。手持金剛劍者，示其[⑤]所作，能斷自他俱生障故。依教令輪，現作威怒六足金剛，手臂各六坐水牛上，摧伏一切諸惡毒龍興惡風雨、損有情者，令調伏故。放金色光者，顯能除遣惡龍等也。與彼西方廣目天王及無量諸龍富單那衆而爲眷屬，與四俱胝菩薩往護其國。

第四北方金剛藥叉菩薩

經：北方金剛藥叉菩薩摩訶薩手持金剛鈴，放瑠璃色光，與四俱胝藥叉往護其國。

解曰：梵云藥叉，此云威德，又翻爲盡，能盡諸怨故。如彼經云，摧一切魔怨菩薩也。依前法輪現勝妙身，事智圓滿，得自在故。手持金剛鈴者，其音震[⑥]擊，覺悟有情，表以般若警群迷故。依教令輪，現作威怒淨身金剛，示現四臂，摧伏一切可畏藥叉，常於晝夜伺求方便，奪人精氣，害有情者，令調伏故。放瑠璃色光者，顯能除遣藥叉等也。與彼北方多聞天王及將無量藥叉衆、羅刹娑衆而爲眷屬，與四俱胝菩薩往

① 惱，《中華藏》校勘《磧》《徑》《清》作“害”。

② 云，《中華藏》校勘《磧》《南》《徑》《清》作“爲”。

③ 諸惡，《中華藏》校勘《磧》《南》《徑》《清》作“及諸”。

④ 者，《中華藏》校勘《磧》《南》《徑》《清》作“如”。

⑤ 其，《中華藏》校勘《磧》《南》《徑》《清》作“現”。

⑥ 其音震，《中華藏》校勘《磧》《南》《徑》《清》作“鈴音振”。

護其國。

第五中方金剛波羅蜜多菩薩

經:中方金剛波羅蜜多菩薩摩訶薩手持金剛輪,放五色光,與四俱胝菩薩往護其國。

解曰:言金剛波羅蜜多者,此云到彼岸也,如彼經云轉法輪菩薩也。依前法輪現勝妙身,行願圓滿,住等覺位也。手持金剛輪者,毗盧遮那初成正覺,請轉法輪以表示故。又以法輪化導有情,令無數無量至彼岸故。依教令輪,現作威怒不動金剛,摧伏一切鬼魅惑亂諸障惱者,令調伏故。放五色光者,顯具衆德,破前諸闇也。與天帝釋及將無量諸天而爲眷屬,與四俱胝菩薩往護其國。

第二,建立漫荼羅軌儀。

夫依經建立護國、護家、護身①、除灾、轉障,從凡成聖,修行瑜伽至究竟漫荼羅者,先於寂静清潔之處,有舍利處最爲殊勝,或於精室,或於山林巖窟之所,或於兩河合流之處,或於園林花菓茂盛蓮華池側,或於賢聖得道之處,或於行者所愛樂處,或於船上及重閣上、盤石之上,或於悦意林樹之下,如是處等堪②立漫荼羅。於吉祥日,掘地深兩肘,廣四肘、六肘乃至十二肘,除去瓦礫、髮毛、灰骨,諸雜穢物盡皆除去,别取淨土,兩河岸土,如法作壇。於掘處無諸穢物,却填舊土。如土有賸,最上之地祈願速滿。填若平滿,其地爲中,所願則中。填若不足,其地則下,所願遲晚,難得成遂。填築平滿,如於舍利塔下、船上、重閣上、盤石之上,及委③清淨無濁穢地,即但如法建立漫荼羅,則不須掘。於壇中心既平填已,擇吉祥日,日初分時,掘深一尺,縱廣亦尒,以五穀種子及諸香藥各取少分,置之於中。誦地天真言曰:

曩莫三漫多没馱南畢哩二合耻聽以反微曳二合娑嚩二合訶

誦二十一遍,加持香等,安置其中,填土平滿。次於壇上面向東坐,於壇中心縱廣一肘,取諸香水,塗一圓壇,以諸時花遍布其上,及以乳粥、珍菓、飲食,至④心供養,以右手按其壇上,誦地天真言一百八遍。即説偈言:

汝天於佛所,親證成正覺,
我建漫荼羅,當願常加護。

誦偈三遍,即取瞿摩夷不墮地者,以淨物取⑤和諸香水,誦前真言加持二十一遍。

---

① 護身,《中華藏》校勘《磧》《南》《徑》《清》作"及自身"。

② 堪,原作"壇",據《中華藏》校勘《石》改。

③ 之上及委,《中華藏》校勘《磧》《南》《徑》《清》作"處及"。

④ 至,《中華藏》校勘《磧》《南》《徑》《清》作"志"。

⑤ 淨物取,《中華藏》校勘《磧》《南》《徑》《清》作"器物承取"。

即從壇東北角，右手漸次如注[①]，右旋塗，誦前真言。至塗壇畢，不得閒斷，勿作異語。壇既乾已，又准前法，純用瞿摩夷汁，如前再塗，誦前真言，並皆如上乾已，又以取蓮子草，或蜀葵葉[②]，或龍葵葉，搗以用摩飾，令壇先淨。次於壇上張青色蓋，稱壇大小，繞壇懸幡二十四日。次於壇中如法彩畫，畫人沐浴，著新淨衣，受近住戒。其壇三重，莫用皮膠，用諸香膠，如無香膠，煎糯米汁用和彩色。於壇中心畫十二輻輪，東畫五股金剛杵，南邊畫金剛寶，西邊畫金剛劒，北邊[③]畫金剛鈴[④]。此上五事，即是五方菩薩手中所執秘密之契。東南隅畫三股金剛杵，西南隅畫寶冠，西北隅畫箜篌，東北隅畫羯磨金剛杵。當四角上置四賢瓶，金、銀、銅、瓷，新瓦亦得，受一升已下滿瓶盛水，插枝條花，用四色繒，各長四尺，青、黄、赤、緑如上次第，繫四瓶頂。次第三重，東門畫金剛鉤，南門畫金剛索，西門畫金剛鎖，北門畫金剛鈴，東南角畫香爐，西南角畫荷葉，於中畫雜花，西北角畫燈，東北角畫塗香器，所畫杵等皆有光焰。三重壇外一重界道，四面畫門，當外界道。於壇四角釘佉陁羅木橛，如無此木橛，鐵橛、紫檀木橛亦得。長十二指，入地四指，誦下第三金剛真言，加持橛二十一遍已，然後釘也。以五色縷令童女右合，麁細如小指，以繫橛頭周圍壇上。於檀四門置四香爐，燒沉檀、熏陸、酥合等香。於檀四角畫三股半金剛杵，四角之上各然一盞燈，於四門外左右兩邊各置二瓷椀，金、銀、銅並得。盛閼伽香水，每時皆換其水，灑於淨處，不得踐踏。如若要祈一七、二七乃至七七日，即每日晨朝以八椀乳粥、八椀酪飯、八疊[⑤]珍菓、八疊甜脆[⑥]，日日新潔恭敬供養，若不要祈尋常供養，焚香、燒燈、閼伽塗香及採時花日常供養。每月十四、十五日，於此兩日，粥、飯、菓等如上供養。爲國、爲家、爲自身除灾難者，面向北坐，觀想本尊，及諸供養皆作白色，寂靜默誦。爲求增益，面向東坐，想本尊等皆作黄色，歡喜寂静，不出聲誦。爲降伏者，面向南坐，想本尊等作青黑色，内起大悲，外現威怒，大聲念誦。爲求敬愛，面向西坐，想本尊等皆作赤色，以喜怒心出聲念誦。隨此四種，若息灾者，從月一日至月八日。若求增益，從月九日至十五日。若求敬愛，從[⑦]十六日至二十二日。若調伏者，從二十三日至月盡日。建立道場，終而復始，如有切要[⑧]不得依日，但晝夜分，依時建立。若息灾者，取初夜時。若增益者，

① 注，《中華藏》校勘《石》《磧》《南》《徑》《清》作“法”。
② 葉，《中華藏》校勘《磧》《南》《徑》《清》作“華”，下一“葉”字同。
③ 邊，《中華藏》校勘《磧》《南》《徑》《清》作“方”。
④ 鈴，《中華藏》校勘《磧》《南》《徑》《清》作“牙”。
⑤ 疊，《中華藏》校勘《磧》《南》《徑》《清》作“楪”。
⑥ “脆”後，《中華藏》校勘《磧》《南》《徑》《清》有“等各下八分”。
⑦ “從”後，《中華藏》校勘《磧》《南》《徑》《清》有“月”。
⑧ 切要，《中華藏》校勘《磧》《南》《徑》《清》作“急切”。

取初日分。若敬愛者，取後夜分。若調伏者，取日中、中[①]夜。若建道場及以念誦，要祈等四種，依上日時以爲常則。若求出離無上菩提修瑜伽者，晝夜四時，後夜、日中、黄昏、中夜運心供養，最爲上勝，至下當悉。恐人[②]難解，故畫壇耳。

第三，入道場儀軌。

若行者爲求息灾，先須沐浴，著新淨衣，若在家者，受近住戒，應起慇重大乘之心，欲求成就不惜身命，於無邊有情廣起悲願濟度之心，能如是者，速得成就。入道場已，五體投地，遍禮法界一切三寶，右膝著地，懺悔三業一切罪障，勸請十方佛轉正法輪，請諸如來久住於世，隨喜三乘所修福智，以我某甲所修功德，悉皆迴向無上菩提，願共法界一切有情，所求悉地[③]速得滿足。次結加趺坐，如其闕[④]緣，不得澡浴，二手塗香，發慇重心。結清淨印，兩手當心，虚心合掌，如未敷蓮花。誦真言曰：

唵娑嚩二合婆引嚩輸入鐸引薩嚩達磨入，引娑嚩二合婆嚩輸度撼

誦此真言三遍，正誦之時，運心廣布，一切諸法本來清淨，是故我身悉亦清淨。即閉目運想，遍滿虚空，一切諸佛、菩薩、道場衆會，執持種種上妙香花，三業至[⑤]誠，頭面禮敬。

第一結佛部三昧耶印：兩手當心内相叉作拳，並竪二大母指。誦真言曰：

唵尒那尒迦娑嚩二合訶去，引

不出聲誦此真言三遍，下皆准知，於頂上散。由結此印契，誦此佛部三昧耶真言故，十方法界一切諸佛悉皆雲集，遍滿虚空，加持行者離諸障惱，三業清淨，所修行願速得成就。

第二結諸菩薩部三昧耶印：兩手當心，如前作拳，左大母指屈於掌中。誦真言曰：

唵阿引嚧引力迦娑嚩二合訶

准前誦三遍，於頂上散。由結此印契，誦此諸菩薩部三昧耶真言故，即得觀自在菩薩等，十方法界一切菩薩悉皆雲集，遍滿虚空，加持行者三業清淨，無諸灾難。謂諸菩薩承大[⑥]悲願，今[⑦]所求者皆悉滿足。

第三結金剛部三昧耶印，右如前印舒左大母指，屈右大拇指於掌中，誦真言曰：

---

① “中”前，《中華藏》校勘《磧》《南》《徑》《清》有“及”。
② 人，《中華藏》校勘《磧》《南》《徑》《清》作“煩”。
③ 地，《中華藏》校勘《磧》《南》《徑》《清》作“皆”。
④ 其闕，《中華藏》校勘《磧》《南》《清》作“有缺”。
⑤ 至，《中華藏》校勘《磧》《南》《徑》《清》作“志”。
⑥ 大，原作“本”，據《中華藏》校勘《磧》《南》《徑》《清》改。
⑦ 今，《中華藏》校勘《磧》《南》《徑》《清》作“令”。

唵嚩日囉二合地力迦娑嚩二合,引訶

准前誦三遍,於頂上散。由結印契,誦金剛部三昧耶真言故,即得十方法界一切金剛現威怒身,如雲而集,滿虚空界,加持行者三業堅固,猶如金剛,謂彼聖者承佛威神,以自願力,大則護持國界,令無灾難,小則乃至一身令無諸厄。

第四結護身印,又用三部所結印契及誦真言,五處加持,謂額、右肩、左肩、心、喉五處,於頂上散,即成被金剛堅固甲胄。由此加持遍,行者身威光赫弈,一切諸魔障惱者眼不敢覩①,疾走而去。

第五結辟除印及金剛方隅寶界印,右以前金剛部印契,誦彼真言,遶壇左轉三匝,即能辟除大力諸魔,隨佛、菩薩善隱顯者,遠去地②界,隨心大小,便右轉三匝,即成金剛方隅寶界。諸佛、菩薩尚不違越,況障惱者能得其便,於頂上散。

第六結請聖衆降壇印,右用前三部印契及誦真言,以大母指向身招請三遍,三招即前滿空三部聖衆,各依本位不相障礙,寂然而住,頂上散。

第七獻閼伽香水印,右以兩手持捧摩尼寶器,盛滿香水,置於肩③中。誦真言曰:

唵嚩日嚧二合,引娜迦吽引

准上誦三遍運心廣布,次第普浴一切聖衆,於頂上散。由獻閼伽故,從勝解行地乃至法雲地,於地④地中十方法界諸佛、菩薩,皆悉加護,獲諸灌頂。

第八獻寶座印,右以兩手當心虚心合掌,二大母指及二小指相附少屈,餘之六指各散微屈,如開敷蓮華。真言曰:

唵迦磨攞娑嚩二合,引訶

由結印契及誦真言,所獻寶座令諸聖衆皆如實受用,則令行者至果位中獲得金剛堅固寶座。

第九結普供養印,右以兩手合掌,五指互交以右押左,置於心上。誦真言曰:

娜莫三曼多没馱引南引薩嚩他引吹平烏娜誐二合諦薩頗二合囉四,引軤誐誐曩上劍娑嚩二合,引訶

由結此印誦真言故,運心廣布,周遍法界,諸佛、菩薩道場海會,普雨一切諸供養具。初誦一遍,塵沙寶器滿盛塗香,普塗聖衆。誦第二遍,種種花鬘普遍莊嚴。誦第三遍,燒種種香,普遍供養。誦第四遍,雨諸天中上妙飲食,置於寶器,普遍供養。誦第五遍,雨諸摩尼以爲燈明,普遍供養諸佛、菩薩。由誦真言加持力故,所獻香等於諸海會悉皆真實,聖衆受用,行者當來常獲是報。

---

① 覩,《中華藏》校勘《磧》《南》《徑》《清》作“覷”。
② 地,《中華藏》校勘《磧》《南》作“佗”,《徑》《清》作“他”。
③ 肩,原作“眉”,據《中華藏》校勘《磧》《南》《徑》《清》改。
④ 於地,《中華藏》校勘《磧》《南》《徑》《清》作“一一”。

第十結般若波羅蜜多根本印，又以兩手背相附，收二頭指，以二小指屈於掌中，以大拇指各押二指頭，置於心上。

誦經中陁羅尼七遍，由結此印、誦陁羅尼故，行者自身即變成般若波羅蜜多菩薩，爲一切諸佛之母。

其菩薩像結加趺坐白蓮花上，身黄金色，衆寶瓔珞，遍身莊嚴。首戴寶冠，繫冠白繒兩邊垂下，左手當心，持般若梵夾；右手當乳，作説法印。以大母指押無名指頭，即想菩薩從頭至足，身諸毛孔流出光明，作種種色，遍滿法界，一一光中化無量佛，遍虚空界，諸世界中普爲衆生當根宜説般若波羅蜜多甚深之法，皆令悟解，住三摩地。行者作此觀已，頂上散印。手持數珠，置於掌中，合掌當心，誦真言曰：

唵尾嚧者那引麽攞娑嚩二合，引訶

誦此三遍，加持數珠。頂上戴已，然後當心，左手承珠，右手移珠，念念相應，住佛母三昧，觀心莫間斷，誦一百八或二十一遍。掐數足已，頂戴數珠，置於本處，結三摩地印，横舒兩手，以右押左置於臍下，端身閉目，頭少微屈，注心心上，諦觀圓明鏡智上縱廣一肘，漸遍法界，布字行列，右旋次第，觀一一字光明徹照，從外向内，至於地字，從内向外，漸觀諸字，周而復始，至第三遍心善寂定，了了分明。觀所詮義不生不滅，一一平等，皆遍法界，非動非静，定慧雙運，永離諸相，即是般若波羅蜜多三摩地觀。

從此欲結般若波羅蜜多印，誦陁羅尼七遍，於頂上散。次結普供養印，如前運心，次第供養，對聖衆前，以向所修所生功德，盡將資益所求諸願，爲國爲家，利他滿足，然後迴施衆生，迴嚴淨土，迴向實際，迴求無上菩提，願共有情速至彼岸。次結前結界印，誦前真言三遍左[①]轉，即成解界。次結前三部印，誦前真言三遍，皆以大拇指向外撥之，即成發遣。聖衆各歸本土，行者作禮而去，如常經行，受持讀誦大乘，勿散動也。

第四釋陁羅尼文字觀行法

娜謨此云歸命囉怛曩二合，此云寶怛囉二合夜引耶此云三

順此方言，歸命三寶，謂由持經誦陁羅尼者，密語乃云歸命三寶。何故須歸耶？謂梵本《金剛頂瑜伽經》云，歸依佛故，即得諸佛、五菩薩等一切菩薩與無量眷屬皆來加護。謂諸菩薩尊敬菩提心，見發菩提心歸依佛者，常加護故。歸依法者，即得帝釋并諸眷屬、四天王天皆來加護，謂由帝釋往因危難，得般若法加護獲益，故常尊敬。歸依僧者，即得色究竟天、五淨居等并諸眷屬皆來加護，謂諸菩薩及聲聞僧多居彼天，住現法樂，故常尊敬。

---

① 左，《中華藏》校勘《磧》《南》《徑》《清》作“右”。

娜莫此云歸命阿上，引哩也二合，引

此云遠離惡、不善法，會意翻云聖者也。

吠嚕者娜野

此云遍照，亦云大日。如世間日，唯照一邊不照一邊，照晝不照夜，照一世界不照餘世界，但得名日，不得名大。毗盧遮那名大日者，色身法身普周法界，十方世界悉皆照曜。若人稱名，歸命禮拜，則得法界一切諸佛、菩薩、聖賢乃至八部加持衛護。

怛他引蘖多野此云如來囉訶二合諦此云應供，亦云害怨，亦云不生三藐此云正三没馱引野此云等覺

順此方言，歸命聖者遍照如來應供正等覺。

娜莫此云歸命阿引哩野二合，此云聖者三滿多此云遍，亦云普，亦云等跋捺囉此云賢野

依聲明法，八轉聲中第四爲聲，爲彼作禮故，名爲也。下諸"野"字皆准此釋。謂此菩薩説三密門，廣明行願。若有諸佛不修三密門，不依普賢行願，得成佛者，無有是處。若成佛已，於三密門普賢行願有休息者，無有是處，故歸命也。

冒地薩怛嚩二合野舊云菩提，今云冒地。舊云薩埵，今云薩怛縛二合。於上五字，此方語略，略彼三字，但云菩薩摩訶薩怛嚩二合，引野此云大勇猛者摩訶迦嚕抳迦引野此云大悲者

順此方言，歸命聖者普賢菩薩大勇猛、大悲者，由歸此故，即得十方諸佛、菩薩悉皆加護。諸佛、菩薩修三密門，行普賢行，證得勝果，故常尊敬。

怛你也他引，此云所謂，古云即説枳穰那此云智鉢囉二合你引閉此云燈

由此智燈破諸闇故，《瑜伽》釋云，以無所得智爲方便，無智無得，即成般若波羅蜜多智燈，普照一切法界無分别故。

惡梵本此是"阿"字，此翻爲"無"，隨文便作"惡"字呼乞叉二合也此翻云盡句引勢此翻爲藏

無盡藏也，《瑜伽》釋云，阿字爲種子，阿字者詮一切法本不生故，然此阿字是一切字母，能生一切字。若得阿字門瑜伽相應，則得諸佛無盡法藏，則悟一切法本不生。由如虚空，一相清淨，平等無二，即成無分别智。

鉢囉二合底婆引娜此云辯才嚩底此云具也

順此方言，具辯才也。《瑜伽》釋云，鉢囉二合字爲種子，鉢囉二合字者詮般若波羅蜜多無所得也，由證諸法本來不生故，獲諸佛無盡法藏，於後得智，得四無礙解，辯説自在故。

薩嚩此云一切没馱此云覺者嚩路引枳諦此云所觀察

即一切佛所觀實相也，《瑜伽》釋云，薩字爲種子，薩字者詮一切法平等義也。瑜伽者能緣所緣，悉皆平等，智證真理，入法駛[①]流，即同無邊一切佛所觀察故。

① 駛，原作"駃"，據《中華藏》校勘《石》《徑》改。

瑜[①]引誐此云相應跛哩你澁跛二合顭此云圓成,順此方言,圓成相應也

《瑜伽》釋云,瑜字爲種子,瑜字者,詮一切乘無所得也[②],觀智相應,證圓成理,即於諸乘教理行果,悉皆證得一真法性。

儼避引囉此云甚深努囉嚩誐引係此云難測,謂前圓成甚深難測也

《瑜伽》釋云,儼字爲種子,儼字者,詮真如法無來無去,性離言詮,唯自覺聖智,離相而證。

底哩野三合特嚩二合,此云三世跛哩你澁跛二合顭此云圓成

即三世圓成也,《瑜伽》釋云,底哩也三合三字是梵一字,以爲種子,底哩野三合者詮一切法真如平等,塵沙功德,性自成就也。此真如法,雖遍一切體,非三世也。然過去、現在、未來世者,從虚妄生,是不相應行藴所攝有爲法故,真如非彼,悉皆遠離。

冐引地質多此云覺心散惹引曩你此云能生

順此方言,即前三世圓成,能生菩提心。《瑜伽》釋云,冐字爲種子,冐字者詮一切法無縛義也。若能知自身中菩提之心,自性成就三世平等,猶如虚空離一切相,即能了知一切有情心及諸佛心皆如自心,本來清淨,則起大悲,深生矜慜[③],種種方便,令諸有情離苦解脱,得至究竟,無縛無解,是爲廣大菩提心也。

薩嚩引毗曬迦引,此云一切灌灑[④]毗色訖諦二合,此云所灌

會意翻云,以灌頂法而灌其頂。灌頂法者,彼經有五,所謂寶冠、印契及水、光明、名號而灌頂也。《瑜伽》釋云,薩字爲種子,薩字者詮一切法無染著義,由觀自他及諸佛心同一真如,得同體悲,是故獲得不染不著,則得十方一切諸佛法雨灌頂,獲勝地也,謂十地中地地皆得勝上灌頂三業加持,於無量修多羅演説自在。

達磨此云法娑誐囉此云海三步諦此云出生

順此方言,謂從法海出生,無礙解脱,無斷盡故。《瑜伽》釋云:達字爲種子,達字者詮一切法染、淨二體皆不可得,以正體智斷本識中俱生智[⑤]障,則成法海,流出教法,廣利樂故。

阿去聲,短呼暮引伽此云無間斷,古譯云不空者謬也室囉二合嚩儜此云聞也

順此方言,於諸佛所無間聽聞。《瑜伽》釋云,今依聲論釋,無間者阿字爲種子,阿字者詮一切法本來寂静,本來涅槃。由證此法,遍周法界,諸佛刹土大集會中,於諸佛前所聞教法,悉皆憶持,永不忘故。

---

① 瑜,《中華藏》校勘《南》《徑》《清》作“喻”。

② 也,《中華藏》校勘《石》《磧》《南》《徑》《清》作“故”。

③ 慜,《中華藏》校勘《磧》《南》《徑》《清》作“愍”。

④ 灑,《中華藏》校勘《石》作“曬”。

⑤ 智,《中華藏》校勘《磧》《南》《徑》《清》作“所知”。

摩訶引，此云大三漫多此云普跋捺囉二合，此云賢步彌此云地涅哩野二合，引諦此云出生

順此方言，從前諸地所修行願，能出生此大普賢地，即十地後等覺地也。然《瑜珈》中從凡至聖揔爲四地：一勝解行地，通目地前；二普賢行願地，通目十地；三大普賢地，即等覺地；四普照曜地，即成正覺地。依彼釋者，摩字爲種子，摩字者詮一切法我法空故，謂瑜珈者斷微細障，證我法空，即超出此大普賢地，證普照曜，成等正覺，福智莊嚴，受用、法身俱圓滿故。

尾野二合羯囉拏此云受記跛哩鉢囉二合跛儜此云獲得

順此方言，獲得受[①]記，即是先得受記，今獲滿足也。《瑜伽》釋云，尾野二合字爲種子，尾野二合字者詮一切法畢竟不可得，由果圓滿究竟，證得一切諸法自性寂静，自性涅槃，能證、所證皆同一性，不增不減，常圓滿故。

薩嚩悉馱此云成就人，即是十地諸菩薩也娜麼塞訖哩二合諦此云作禮

禮有二義，一者禮彼般若之法，二者禮彼成正覺人。具此二義故，十地者之所作禮也。《瑜伽》釋云，薩字爲種子，薩字者詮生滅義，於薩字中有阿字，詮無生義，然果位中由證阿字，不生不滅，體常堅固，猶若金剛，勝用自在，即能普現無邊應化，種種利樂，示[②]有生滅，實無生滅故。

薩嚩此言一切冒引地薩怛嚩二合，此云菩薩散惹囊你此云出生

順此方言，出生一切菩薩也。《瑜伽》釋云，薩字爲種子，薩字者詮一切法無等義也。由觀此字心與真如平等，一相清淨，即是般若波羅蜜多，出生一切菩薩地故。

婆誐嚩底敵對翻云具福智者，會意釋云世尊没馱此云覺麽引諦此云母

順此方言，佛世尊母，婆伽梵者男聲呼也，婆誐嚩底者女聲呼也，二俱會意。《瑜伽[③]》釋云，世尊，若依聲明敵對譯者，婆伽云破，梵翻爲能，能破四魔名婆伽梵。又云薄阿梵，依聲明論分字釋云，薄名爲破，阿名無生，梵名爲證。智能證阿，名爲阿梵。由阿梵故，能破煩惱。故佛世尊不生不滅、不去不來、不一不異、不常不斷、不增不減，具如是德，名薄阿梵。又云薄伽梵，薄伽云福智，梵名爲具。會意釋云，由具福智，莊嚴滿足，名薄伽梵，亦是男聲。《瑜伽》釋云，婆字爲種子，婆字者詮一切法有不可得，由心染故，有生死；由心淨故，有涅槃。彼二離心，俱不可得。謂由般若爲生了因，即能出生一切諸佛，故名爲母。上十六句，如《瑜伽經》中亦爲普賢菩薩十六行也。

阿囉妳迦囉妳阿囉拏迦羅妳

然此十二字明三秘密，三業清淨。阿字名者，詮一切法本來不生，由知一切法本

① 受，《中華藏》校勘《磧》《南》《徑》《清》作"授"。

② 示，《中華藏》校勘《磧》《南》《徑》《清》作"亦"。

③ 瑜伽，原脱，據前文補。

來不生故，悟一切法離塵。囉字門者，詮一切法離塵義也，由知一切法離塵故，即悟一切法無諍。嫁字門者，詮一切法無諍義也，由知一切法無諍故，即悟一切法無造作。迦字門者，詮一切法無造作，由知一切法無造作故，即悟一切法清淨。羅字門者，詮一切法清淨，由知一切法清淨故，即悟一切法無諍。嫁字門者，詮一切法無諍，由知一切法無諍故，即悟一切法本來寂靜。阿字門者，詮一切法本來寂靜，由知一切法本來寂静故，即悟一切法無垢。囉字門者，詮一切法無垢，由知一切法無垢故，即悟一切法無諍。拏字門者，詮一切法無諍，由知一切法無諍故，即悟一切法無造作。迦字門者，詮一切法無造作，由知一切法無造作故，即悟無分別智。囉字門者，詮一切法無分別，由知一切法無分別故，即悟一切法無動。嫁字門者，詮一切法無動，由知一切法無動故，即證摩訶般若波羅蜜多無住道也。

摩訶引，此云大鉢囉二合枳穰二合，此云極智播引囉弭諦

依聲明論分句釋云，播藍伊上聲多，伊多者此岸也，播藍者彼岸也。乘大極智，離生死此岸，到涅槃彼岸，得無住處大般涅槃也。

娑嚩二合，引訶

此云成就義，亦云吉祥義，亦云圓寂義，亦云息灾、增益義，亦云無住義。今依無住義，即是無住涅槃。依此涅槃，盡未來際，利樂有情，無盡期故。

此上凡言種子者，是引生義，攝持義。具如十字，合成一句，以初一字而爲種子，下之九字所有觀智，依初引生，攝入初字。由此而言，若知一法，即知一切法。若知一法空，即知一切法空。能於一字專注觀察，修諸行願，一切行願皆得圓滿。

第五，陁羅尼觀想布字輪。

若行者能於此《般若波羅蜜多經》修瑜伽觀智者，於此陁羅尼從初至末所有文字一一句、一一字，思惟觀察，於自心中清淨圓明大圓鏡上想一金輪。外第一重有十六輻，次第右旋想十六句分明顯現。次第二重有十二輻，想十二字右旋安布。次第三重布列十字，於十字中有一地字。此中意者，攝前長行，乃至諸會大般若等爲十六句，攝十六句爲十二字，攝十二字爲其十字，攝彼十字歸于一字，從廣至略漸減漸深，一字現前同①於法界，性相平等，至究竟故。然修行者觀諸梵字，了了分明，周而復始。若心專注於諸文字，屈曲次第，心不異緣，即成定品。觀所詮理，即成慧品。二法雙運，任運現前，通達無礙，念念銷滅一切業障、報障、煩惱障，身心轉依，皆得自在，獲諸神通，至究竟位，三身具矣。

仁王護國般若波羅密多經陁羅尼念誦儀軌

① 同，《中華藏》校勘《磧》《南》《徑》《清》作“周”。

仁王般若念誦法[①]

大興善寺三藏沙門大廣智不空奉詔譯[②]

尒時佛告波斯匿王：今爲王説仁王護國般若波羅蜜多持明之法，王當諦受，一心善聽。先明入道場儀軌。

若諸仁王爲求息災，先須沐浴，著新淨衣。若行[③]王者，受近住戒，應起殷重大乘之心，欲求成就，不惜身命，於無邊有情廣起悲願濟度之心，能如是者，速得成就。入道場已，五體投地，徧禮法界一切三寶，右膝著地，懺悔三業一切罪障，勸十方佛轉正法輪，請諸如來久住於世，隨喜三乘所修福智，以我某甲所修功德，悉皆迴向無上菩提，願共法界一切有情所求悉地速得滿足。次結加趺坐，如其闕緣，不得澡浴，二手塗香，發殷重心。結清淨印，兩手當心，虚心合掌如未敷蓮華。誦真言曰：

唵一娑嚩二合婆引嚩輸入鐸引，二薩嚩達磨引，上，三娑嚩二合婆引嚩輸度撼四

誦此真言三徧，正誦之時運心廣布，一切諸法本來清淨，是故我身亦悉清淨，即閉目運想，徧滿虚空，一切諸佛、菩薩，道場衆會執持種種上妙香華，三業至誠，頭面禮敬。

第一結佛部三昧邪印：

兩手當心，内相叉作拳，竝豎二大拇指。誦真言曰：

唵一尒那尒迦娑嚩二合，引訶去，引，二

不出聲誦此真言三徧，下皆准知，於頂上散，由結此印契誦此佛部三昧邪真言故，十方法界一切諸佛悉皆雲集徧滿虚空，加持行法行生者[④]離諸障惱，三業清淨，所修行願速得成就。

---

① 底本，《中華藏》第1447號，第65册第778頁中—781頁中，原《金藏》廣勝寺本。經名，《中華藏》校勘《石》作“仁王般若念誦法經”。

② 譯名，《中華藏》校勘《徑》《清》作“唐三藏沙門大廣智不空奉詔譯”，《麗》作“開府儀同三司特進試鴻臚卿肅國公食邑三千户賜紫贈司空謚大鑒正號大廣智大興善寺三藏沙門不空奉詔譯”。

③ 行，《中華藏》校勘《石》《麗》作“法行”。

④ 行法行生者，《中華藏》校勘《石》《麗》作“行者”，《磧》《南》《徑》《清》作“行法行者”。

第二結諸菩薩部三昧邪印：

兩手當心，如前作拳，左大拇指屈於掌中。誦真言曰：

唵一阿引嚧引力迦娑嚩二合訶去，引，二

准前誦三徧於頂上散，由結此印契誦此諸菩薩部三昧邪真言故，即得觀自在菩薩等十方法界一切菩薩悉皆雲集徧滿虚空，加持行者三業清淨，無諸災難，謂諸菩薩承本悲願，令所求者皆悉滿足。

第三結金剛部三昧邪印：

右如前印，舒左大拇指，屈右大拇指於掌中。誦真言曰：

唵一嚩日囉二合地力迦娑嚩二合，引訶引，二

准前誦三徧，於頂上散。由結此印契，誦金剛部三昧邪真言故，即得十方法界一切金剛現威怒身，如雲而集，滿虚空界。加持行法行者三業堅固猶如金剛，謂彼聖者承佛威神，以自願力，大則護持國界令[①]無災難，小則乃至一身令無諸厄。

第四結護身印：

又用三部所結印契，及誦真言五處加持，謂額、左肩、右肩、心、喉五處，於頂上散，即成被金剛堅固甲冑，由此加持，徧行者身，威光赫弈，一切諸魔作障惱者眼不敢覩，疾走而去。

第五結辟除印及金剛方隅寶界印：

右以前金剛部印契，誦彼真言，遶壇左轉三帀，即能辟除大力諸魔。隨佛、菩薩，善隱顯者[②]遠去地[③]界，隨心大小，右轉三帀，即成金剛方隅寶界，諸佛、菩薩尚不違越，況障惱者能得其便，於頂上散。

第六結請聖衆降壇印：

右用前三部印契及誦真言，以大拇指向身招請，三徧三招，即前滿空三部聖衆各依本位，不相障礙，寂然而住，頂上散。

第七獻閼伽香水印：

右以兩手持捧摩尼寶器，盛香水，置於眉間[④]。誦真言曰：

唵一嚩日囉二合，引娜迦吽引，二

准上誦三徧，運心廣布[⑤]，次第普浴一切聖衆於頂上散，由獻閼伽故，從勝解行地

① 令，《中華藏》校勘《磧》作“彼”。

② 善隱顯者，《中華藏》校勘《石》《麗》作“若有隱者”。

③ 地，《中華藏》校勘《石》《麗》作“他”。

④ 閒，《中華藏》校勘《石》作“中”，《磧》作“即”。

⑤ 布，《中華藏》校勘《磧》《南》《徑》《清》作“大”。

乃至法雲地，於地地中十方法界諸佛、菩薩皆悉加護諸灌頂者[①]。

第八獻寶座印：

右以兩手當心虛心合掌，二大拇指及二小指相附少屈，餘之六指各散，微屈如開敷蓮華。真言曰：

唵一迦磨攞娑嚩二合，引訶引，二

由結印契及誦真言，所獻寶座令諸聖衆皆如實受用，則令行法行者至果位中獲得金剛堅固座。

第九結普供養印：

右以兩手合掌，五指互交，以右押左置於心上。誦真言曰：

娜莫三曼多没馱引南引，一薩嚩佗引欠平，二烏娜誐二合諦薩頗二合囉呬引鈴三誐誐曩上劒娑嚩二合，引訶引，四

由結此印誦真言故，運心廣布，周徧法界，諸佛、菩薩道場海會，普雨一切諸供養具。初誦一徧，塵沙寶器滿盛塗香，普塗聖衆。誦第二徧，種種華鬘普徧莊嚴。誦第三徧，燒種種香，普徧供養。誦第四徧，雨諸天中上妙飲食置於寶器，普徧供養。誦第五徧，雨諸摩尼以爲燈明，普徧供養。諸佛、菩薩由誦真言加持力故，所獻香等於諸海會悉皆真實，聖衆受用，行法行者於當來世常獲是報。

第十結般若波羅蜜多根本印：

入[②]以兩手背相附，收二頭指，以二小指屈於掌中，以大拇指各押二指頭置於心上。誦經中陀羅尼七徧，由結此印，誦陀羅尼故，行法行者自身即便變成般若波羅蜜多菩薩，而爲一切諸佛之母。其菩薩像結加趺坐白蓮華上，身黄金色，衆寶、瓔珞徧身莊嚴，首戴寶冠，繫冠白繒，兩邊垂下。左手當心持般若梵夾[③]，右手當乳作説法印，以大拇指押無名指頭，即想菩薩從頂至足身諸毛孔流出光明，作種種色，徧滿法界。一一光中化無量佛，徧虛空界。諸世界中普爲衆生，當根宣説般若波羅蜜多甚深之法，皆令悟解，住三摩地。行法行者[④]作此觀已，頂上散印，手持數珠，置於掌中，合掌當心。誦真言曰：

唵一尾嚧者那引麽攞娑嚩二合，引訶引，二

誦此三徧，加持數珠，頂上戴已，然後當心，左手承珠，右手移珠，念念相應，住佛母三昧，觀心莫間斷，誦一百八徧，或二十一徧。誦真言曰：

娜謨囉怛娜二合怛囉二合夜野一娜莫引阿哩夜二合吠無蓋反嚕者娜引野二怛佗引孽多引夜

---

① 諸灌頂者，《中華藏》校勘《石》《麗》作“諸佛灌頂”。

② 入，《中華藏》校勘《石》《麗》作“又”，《磧》《南》《徑》《清》作“當”。

③ 夾，《中華藏》校勘《徑》《清》作“筴”。

④ 者，《中華藏》校勘《南》《麗》作“王”。

囉訶二合諦三三藐三没馱引野四娜莫阿引哩野二合，五三滿多跋捺囉二合，引野六冒地薩怛嚩二合，引野七摩賀薩怛嚩二合，引野八摩賀迦引嚕抳迦引野九怛你野佗引，十枳孃二合娜鉢囉二合你引閉十一惡乞叉二合野句勢十二鉢囉二合底婆引娜嚩底十三薩嚩没馱引嚩路枳諦十四喻誐跛哩你澀跛二合寧十五儼避引囉努囉嚩誐引係十六底哩野三合特嚩二合，十七跛哩你澀跛二合寧十八冒地質多散惹娜你十九薩嚩引毗曬迦毗引色訖諦二合，二十達磨娑引誐囉三步諦二十一阿慕伽室囉二合嚩儜二十二摩賀三滿多跋捺囉步彌二十三涅奴逸反哩野二合諦二十四尾野二合羯囉拏二十五跛訖哩鉢囉二合跛你二十六薩嚩悉馱二十七娜麽塞訖哩二合諦二十八薩嚩冒地薩怛嚩二合，二十九散惹娜你三十娑誐嚩底丁以反，上，引，三十一没馱引麽諦三十二阿囉你迦囉妳三十三阿囉拏迦囉妳三十四摩賀鉢囉二合枳穰二合，三十五播囉弭諦娑嚩二合，引賀三十六，引

如是依前志①心，誦念徧數足已，即頂戴數珠，置於本處，結三摩地印，横舒兩手，以右押左置於臍下。端身閉目，頭少微屈，注心②心上。諦觀圓明鏡智上，縱廣一肘，漸徧法界，布字行列右旋。次第觀一一字，光明徹照，從外向内，至於地字，從内向外，漸觀諸字，周而復始。至第三徧，心善寂定，了了分明。觀所詮義，不生不滅，一一平等，皆徧法界，非動非静，定慧雙運，永離諸相，即是般若波羅蜜多三摩地觀。

從此卻結般若波羅蜜多印，誦陀羅尼七徧，於頂上散。次結普供養印，如前運心，次第供養，對聖衆前，以向所修所生功德，盡將資益所求諸願，爲國爲家，利佗滿足。然後施衆生，迴嚴淨土，迴向實際，迴求無上菩提，願共有情速至彼岸。

次結前結界印，誦前真言三徧，左轉即成解界。次結前三部印，誦前真言三徧，皆以大拇指向外撥之，即成發遣聖衆各歸本土。行者作禮而去，如常經行。受持讀誦大乘，勿散動也。如是五更至於晨朝，以爲初時。從日午後至於未時，爲第二時。從黄昏後至於中夜，爲第三時。從中夜後至於五更，爲第四時。如是時中各依本數，精勤不怠，一切佗敵自然降伏，一切災難永不復生。

尒時波斯匿王聞佛説已，即從座起，作禮圍遶，歡喜踊躍，信受奉行。

仁王般若念誦法

① 志，《中華藏》校勘《石》作“至”。

② 注心，《中華藏》校勘《石》《麗》作“專注”。

觀自在大悲成就瑜伽蓮華部念誦法門①

開府儀同三司特進試鴻臚卿肅國公食邑三千户賜紫贈司空
謚大辨正號大廣智大興善寺三藏沙門不空奉詔譯②

凡於此門中欲修習者，須知法式次第。若不備解儀軌，徒而爲功，推棄時日。由是參驗諸經事法法門及瑜伽門，相會紐成一部，爲彼初心求解脱者得階地位故，我修緝成就彼行。

諸習學者先應入於灌頂大三昧耶壇，受菩薩戒，行起大悲意，捨身命財，饒益有情，專心希於佛、菩薩，身不著貪恚，勤心勇猛，攝心不乱，慈悲喜捨未嘗③暫息，令無量衆生度於彼岸，内外清淨，極令嚴潔。於諸長宿、和上、阿闍梨等處常應尊重，心不諂曲，語必誠言。有乞人來，隨分布施，不應空遣，於四威儀及營諸務，如是刹那刹那，時分澄念，諦觀諸行悉皆無常。略而言之，一切諸法猶如鏡像，既知是已，當須被精進甲，持壞煩惱軍秘明呪劒，破盖纏，出生死妄海，至菩提道場，坐金剛座。决作是心，不令退轉。如是之人，方應修習此大乘界中發最勝法門，是故我今次第而説。諸欲念誦者，先淨於地，淨地之法，其地或四肘、或八肘、或十二肘、或十六肘等，於是量中隨力取之，掘深至膝或深一肘，探④去虫蟻，及諸瓦礫、髮骨、灰炭、糠粃、棘刺、木根之屬諸穢惡等物，已填滿淨土，堅塞平治，後當於上起其精舍。淨塗其室先定方面。若求除灾者，其室應當南向開門也，面向北坐，時當交兩脚脛坐。若作求增益法者，當開西門，面向東坐，作結跏趺坐。若作瞋怒法者，當開北門，面向南坐，蹲踞坐，唯以二足左押右上。若作友愛相親之法者，當開東門，面向西坐，坐時並兩脚竪開二膝而坐，此名造精舍法及求事坐，印法如是。先有淨室或於露地，或在石山等上但作其壇，亦得隨所求事，依前坐法而坐。起是室已，先以牛糞如法塗飾。時先以呪呪之，

① 底本，《中華藏》第1508號，第66册第317頁中—322頁下，原《金藏》廣勝寺本。經名至“掃地之時復誦是呪呪曰”，《金藏》殘，以《麗藏》本補。經名後，原附“一卷”，此移尾題後。

② 譯名，《中華藏》校勘《石》作“特進試鴻臚卿大興善寺三藏沙門大廣智不空奉詔譯”。

③ 嘗，《中華藏》校勘《石》作“曾”。

④ 探，《中華藏》校勘《石》作“掘”。

然後方用。初掃地時,當誦是呪,呪曰:

唵一訶囉訶囉二囉儒揭囉二合訶囉拏去夜三娑嚩二合,引訶

誦是呪三徧而掃於地,掃地已欲除,掃地之時復誦是呪,呪曰①:

唵一稅諦二摩訶去稅諦三可達尼四莎嚩二合,引訶引,五

誦是呪三徧以除其土,除土已用牛糞塗壇,誦是呪,呪曰:

唵一羯囉麗二摩訶羯羅麗三莎嚩二合,引訶引,四

誦是呪用爲塗飾,若洗諸供養器及香水器時,當用是呪,呪曰:

娜莫悉底二合,一曳墜肥二合迦南二薩婆怛佗揭多南三唵肥羅耳肥羅耳四摩訶皤折哩二合,五薩多薩多六娑囉諦娑囉諦七帶㘑帶㘑八尾馱麽九三伴闍你十多囉摩底十一悉馱刹囇二合,十二底哩養二合,十三莎嚩二合,引訶引,十四

誦是呪三徧,洗諸供具。所以誦是呪者,爲欲淨除犯三麽耶法一切觸穢之過咎也。若其供養之物未供養,中間總置一淨處,誦是明呪,作是印呪,呪曰:

唵一始佉哩二皤折哩二合阿引,三

是呪印相者,當以右手中指已下三指,握於大指爲峯,直豎其頭指即成。以此印印於其物上右轉揮之,爲防護一切香華燈及飲食等,然後往於浴處,其作是法時或自作,或令一弟子作之俱得。若欲結印之時,先結三三昧印已,然後方得結印。三昧相者,第一佛三昧耶:先以二手並側,中指著如常掬物,以頭指各附中指上文,次二大指捻頭指下文即是印呪。呪曰:

唵一怛佗揭覩婆皤也莎嚩二合,引訶引,二

誦是呪,以是印安頂上,當想是印,即是如來真身等無有異,見此印者即爲見佛。

次說蓮華部三昧耶印:以二腕本相著,豎兩手散開十指,以二大指並頭相著,復以二小指亦然,即成結印。是以舉安頭上如近右邊,當作是想,此印即是菩薩聖自在呪,曰:

唵一鉢頭慕二合婆皤耶莎嚩二合,引訶引,一

次說金剛三昧邪印:當以二手背右押左逆相重已,後以右小指叉於左大指,又以右大指叉於左小指,即是印呪,呪曰:

唵一皤折嚕二合婆皤耶莎嚩二合,引訶引,二

當以是印舉於頭上,如近左邊想是印,即是金剛藏菩薩。作是三三昧耶印已,然後方通結於諸印,遵其祕藏明②者,當依是次第,即說其要。凡修行人,初晨朝之時,未有所爲,將欲出入,應先結印,念誦明呪已,後方起行,是明呪。呪曰:

① 經首至此,《金藏》原版殘,《中華藏》據《麗藏》本補。

② 明,《中華藏》校勘《石》《麗》作“明呪”。

娜莫囉怛娜二合底哩二合夜耶一娜莫室戰二合荼皤折囉波拏曳二摩訶藥叉細娜跛多曳三娜莫皤折囉骨嚕二合馱也四鄧瑟覩二合迦吒倍去囉皤去也五怛地佗六唵七阿蜜哩多軍荼里八佉佉阿奚阿奚九底瑟吒二合，十畔陀畔陀十一訶那訶那十二刈喋闍刈喋闍十三肥悉怖吒耶肥悉怖吒耶十四薩婆尾近那二合微那夜迦拏跛底貳尾單多羯囉耶十五吽沛十六莎嚩二合，引訶引，十七

是呪印相者，應以兩手各用大母指捻小拇指甲上，舒餘三指已，即交臂右押左，各附膊上印成。心中應作是相①：兩腳如八字立，脹其腮咬右邊脣，作其瞋狀，誦呪七徧。若欲縛諸作障礙鬼神等者，即作拳，其兩手三指即縛。縛時應言：畔陀！畔陀！作是法已，然後出房。若欲入諸觸穢處及上厠等，亦應護身。是印相者，以二手、二小指、二無名指，右押左向内相叉，二中指豎頭相著，二頭指附二中指上文背稍去一分許，並豎二大指，捻其中指中文，即成護身印呪。呪曰：

唵一皤折羅二合，引祇你二合鉢囉二合捻多也莎嚩二合，引訶引，二

用此印印於五處，五處者頭上、二肩上、心上及喉上，是名五處。此護身法若往厠時，應彈指三度警覺，然後上之彈指。呪曰：

唵一枳里枳里二囉嚩勞捺囉二合吽沛三

一誦一彈指，乃至三徧。若洗淨②時，心中存想軍荼利呪及形，然後洗手。洗手已，漱口。漱口印，以右手中指、無名指屈於掌中，大指、頭指、小指直申承水，用三度漱之。呪曰：

唵一柱柱麗二矩嚧矩嚧莎嚩二合，引訶引，三

用是印呪洗漱口已後，作淨除身中隱形作障鬼神等法印者，以二手爲拳，即各舒二頭指，以右頭指頭内於左拳中握之，左頭指頭内於右拳亦然。呪曰：

唵一訶娜訶娜二阿蜜哩諦吽沛三

誦三徧，用從頭徐徐摩之，向下三度爲之，能令身中一切魔障悉皆消滅。想知諸魔等出已後，作縛諸魔印，當以左手向外招③之，即以右手翻背於左手背上，以八指各相叉已，即左戾之，翻向心上緫爲拳已，並豎二大指，當心安之。復以右肘内於左肘中向外出之，以印安頭上已，即開其印，徐徐下之即成。呪曰：

唵一枳里枳里二鼻嘮達囉鉢囉訖喋底三摩訶骨嚧二合陀肥闍夜你訖囒二合多吽沛四畔陀畔陀莎嚩二合，引訶引，五

以是印呪力故，能令一切魔等被縛，復想自身被金剛甲。作是法已，若澡洗時，

① 相，原作“指”，據《中華藏》校勘《石》《麗》改。
② 淨，《中華藏》校勘《麗》作“手”。
③ 招，原作“柘”，據《中華藏》校勘《麗》改。

應依呪律及悉地中洗浴法事，當知若但唯①用軍荼利小心呪，用自浴，及自灌頂亦得。呪曰：

唵一阿蜜哩諦吽泮二

三部用印者，以右手大指捻小指甲上，餘三指直舒即是。以是印呪灑身衣，呪水澡浴，及著衣等，並得通用。若浴之時，當一心憶佛、菩薩等，勿令散亂。想於本尊與自身無異而浴，初想本尊及三寶等如在目前，用所浴水三掬而獻。是印當以二手如常爲掬，但以二大指與二頭指相捻，先奉於佛。呪曰：通三。

唵一諦囉諦囉勃陀耶莎嚩二合，引訶引，二

次奉於法，呪之：通三。

唵一諦囉達摩耶莎嚩二合，引訶引，二

次奉於僧，呪曰：通三。

唵一諦囉囉僧伽耶莎嚩二合，引訶引，二

次奉本尊，呪之。通三。呪曰：

唵一遏嘌鉗二婆伽伴三鉢囉底車伊漫莎嚩二合，引訶引，四

其奉本尊水時，或誦本呪亦得。是法已隨力於所浴河水之中，念於本呪已，徐出取衣著時，誦是呪曰，以水灑衣，然後取著。呪曰：

唵一薩婆怛佗揭多地瑟耻多二阿摩至皤囉莎嚩二合，引訶引，三

灑水已，次欲著衣時，誦是呪曰：通三。

唵一肥摩羅跛哩皤嘌多二皤折哩二合吽三

是呪印者，但以二手各爲拳即是。若著一切衣服、瓔珞、頭冠、環釧，及諸嚴身具等，皆誦是呪。作是法時，不應起瞋，及邪思惟穢惡，及一切不吉祥等皆不應視。若澡浴了，趣精舍時，不應跣足而往。心想有八葉蓮華以承其足，身與本尊形同，左右皆備天龍八部，前後圍遶，侍從行者。復觀本尊想在面前，儼然分明。所經路②中生草木，及諸形像，下至畜生形等，不應騎上而度。諸供養物及諸塔影、尊像影、師僧等影皆不應踏。至精舍前，更須洗漱，如法已而入。初欲入時，臨開其户，作一“吽”聲而便入之。入室，佛前作如是心，三世諸佛、菩薩、大法王等常住真身，我之肉眼不親知見，願以道眼見我歸依。作是心已，當以三業五體投地，殷重而禮，亦當口言“我今敬禮”。禮已如常懺悔隨喜，廣發大願，誓修善等。即便燒香，以是香氣遂除諸惡鬼神等。燒香呪曰：從是以前法金剛等一切部用之。

唵一鉢頭弥二合你慕訶耶慕訶二闍利慕訶你莎嚩二合，引訶引，三

---

① 唯，原作“喉”，據《中華藏》校勘《石》《麗》改。

② 路，原作“略”，據《中華藏》校勘《石》《麗》改。

作是法已，復呪水散四方，以爲結護。是法呪曰：

唵一阿嚕力莎嚩二合，引訶引，二

作是法竟，復作觀法。先觀一"紇哩二合"字，无量壽如來從是字起，身相圓滿，從如來身流出妙香乳水，乃成大海。於是海中想一"鉢囉"字，化成一龜，其形縱廣無量由旬，色如黄金。於龜上想一蓮華，其華八葉，葉有三重。其華想從一"紇哩"字起，於是華中想一"蘇"字，是字兩邊各想有一"吽"字。是諸字等共作成一須彌盧山，山有八峯，衆寶合成。於此山中復觀五室，是室外似有五，而内是一相。是室中而想有於八金剛柱，妙寶共成，廁鈿間錯，珍奇瑩飾，上有摩揭、魚首、玉銜、寶瑣，懸以金鈴。周垂瓔珞，帳以寶帳，覺華莊嚴。繯佩網帶，萎蕤交連，淨光相映。頗黎寶以爲其地，而於其上散布名華拘蘇摩等。淨戒塗香，郁馥殊特。解脱燒香，氛氳超昇。智摩尼燈，光彩昱耀。寶樹行列，香風微觸。芳舍①俱發，綺幡繽紛。寶盤相雜，間以寶缾。種種無量夜叉、羅刹、諸天類，前後圍遶，奏諸音樂，及舞金剛舞、讃金剛歌。瑞雲彌漫，而於雲中雨於無量出世香華，滿虚空中，歷亂徐墜。種種芳饌香飲，交羅安置而爲供養。行法之人，應當如是澄渟諦觀，與心相應，皎如分明。入是觀時，應誦此呪：此通三部，用及前想法亦通，然有少別。

娜莫三曼多勃陀南一薩婆佗二嗢刈入諦三悉頗二合囉呬漫四伽伽那五莎嚩二合，引訶引，六

誦是明呪，入諸三昧，隨心所觀，皆悉成就，是佛誠言，不應妄也。所以先作是觀者，爲欲離於内外所緣，令得清淨，猶如虚空不著一切。復當淨於身故，又呪是呪，與心印俱呪曰：此明通三部用。

唵一薩婆輸上馱二薩婆達摩三莎皤皤輸上馱含四

誦是明呪，淨身由已，復作是言：無量刼來，淪流生死，溺煩惱泥，不逢良友，而隨妄心，不能出離，於無上道不起所②求，是故令我發菩提心。當口稱"阿"字，所以稱此字者，謂阿字者是無生義，趣空寂門，唯獨此門能遠塵垢。順斯法者，能除行者無量刼中微塵數罪，譬如淨空，明日普照，一切幽暗自然開曉。日者慧日，空者呪空，以斯慧日照於呪空深煩惱暗，以澄淨心，觀於空界，徧滿其中，有如來形，大如胡麻，相好周備。是諸如來皆悉在於行者之前，彈指警③覺，謂行者言："善男子，汝若欲發菩提心者，應自觀心。"尒時行者得斯言已，應當踊躍，從座而起，一一於諸如來之前五體投地，一心敬禮。禮諸佛時，應誦是呪。呪曰：通三部用。

唵一薩婆怛佗刈多二婆陀伴達那羯嚧弭三

---

① 舍，《中華藏》校勘《石》《麗》作"苔"。

② 所，《中華藏》校勘《石》《麗》作"祈"。

③ 警，《中華藏》校勘《石》作"驚"。

誦此呪,想①禮諸如來已,即自觀心。觀自心時,當誦是呪,呪曰:

唵一質多鉢囉二合底吠陀羯盧弭三通三部

誦斯明呪,於自心中觀於一月,形色圓素,未全分明。即白佛言:"我已見心,猶如於月,而未分明。"佛言:"善男子,善哉!善哉!汝已見心,應當誦是明呪,重觀其心,極令明淨。"呪曰:

唵一菩提質多嗢怛波陀夜弭

誦是明呪,於心月極清淨已,復爲堅固菩提心故,於其月上觀一金剛蓮華。觀是華時,應誦是明呪,呪曰:

唵一底瑟吒二合跋折囉二合,引鉢陀摩二合,二

誦此明呪,用觀於華,於其華上有一金剛,以是相故,名曰金剛蓮華。當作是心,即我此心②與金剛蓮華非異,漸漸開敷,光熾盛滿無盡。入是金剛蓮華開敷三昧之時,復誦是呪曰:

唵一悉頗二合羅鉢陀摩二合,二

誦是明呪,觀於是華,華之光明照於無量恒河沙數諸佛妙刹,於是光中衍駊,蓮華部中隨修行者所持是事天,清潤音聲,諮屈如是一切方土如來入是華中。是諸如來入斯華已,即復徐徐縮斯妙華,如舊無異,隨力能現是身大小而住之。作是劍華三昧之時,應誦是呪曰:

唵一僧褐囉皤折囉二合鉢陀摩二合,二

誦此明呪,劍華隨其大小住已,復入金剛蓮華之身三昧,此金剛③蓮華以成我身。入是觀時,復誦是呪:

唵一皤折囉二合鉢陀摩二合句含二三摩庚含摩訶三摩庚含三

觀是金剛蓮華身已,即便觀身自同於彼天狀,所以先入觀音者,謂欲堅固速發金剛之身,復願生生必得聖者之身。入觀呪印者,當以二手頭指以下三指向外相叉,以二頭指以頭相拄如蓮華葉,並申豎二大指。呪曰:以前共三部用。

唵一紇哩二合薩婆迦哩二阿地瑟侘二合莎漫紇哩二合,三

以是印呪印於四處,心上、眉間、喉上、頂上呪是爲四處。次作自灌頂法,能令行者速得三昧之身,具足成就。是印相者,當以二手如常合掌已,即蹙頭指已下四指頭拄,偃其指背,作寶蓮華。呪曰:

唵一地哩二摩你鉢頭摩二合阿鼻詵者漫紇哩二合,三

① 想,原作"相",據《中華藏》校勘《石》《麗》改。

② 心,原作"身",據《中華藏》校勘《麗》改。

③ 此金剛,原作"金剛此",倒錯,據文意改。

誦此呪，舉其印，拄於額上便散，分手遶頭，至頂後已，尋身徐下，乃至於心，住於心上。復以手爲金剛拳，各申頭指[①]令直，於右頭指面想有一“唵”字，於左頭指上想一“惡”字，即以二手遶身爲擐甲法。作是法已，一切天、龍、人、非人等皆見行者是金剛身，被金剛甲，諸魔邪等不敢正視，退散馳走，不能爲害。

作是法已，次復於其面前觀本法像，自爲其狀，如常相好。又如前説妙高山，觀五寶室中，於中室内一心諦觀無量壽如來，具諸相好，光明熾盛。於佛右邊有觀世音自在菩薩，左[②]邊大勢至菩薩，若更持明部中餘菩薩等，應安是菩薩，稍近前右畔，如本法所説，一切天神使者及一切菩薩等皆隨所樂安置。作是觀已，即用隨所持明呪字，想從頭至足一一安布，亦隨其義理方便而取，想布字竟即立作寶車，印近[③]聖者，前所觀者名爲法身相，今所請者名爲慧身，屈彼慧身來就法體，由是義故先觀復請。是印者，先以二手平仰向内相叉，以二頭指頭側相拄，用以大指向内撥其中指頭，是名寶車印。想是寶車乘五色雲，往於妙刹，而迎聖者。是印呪曰：

唵一覩囉覩囉吽二

誦此明呪，以前印想往已，復以本部心及印，請聖者降赴。心印者，以二手十指向内相叉爲拳，即抽出右大指向内招之。呪曰：

唵一阿嚕力莎嚩二合，引訶引，二

前行[④]寶車往迎，次以法請至，相與寶車俱來，就行者所供養處。臨至是處，捨車就室。復用鉤印呪召之，次屈入室。入已作歡喜印法，令諸聖者歡喜。歡喜已，即設座令坐，印是蓮華三昧印也。呪曰：

唵一弥囉弥囉耶莎嚩二合，引訶引，二

設坐竟，即上遏伽水而供養，用本尊呪印上之。上了尋便結界，先地界印，次四方結界，復結虚空界，是與諸部同結界已，即結諸供養法等，復以香華飲食供養。供養食呪曰：

唵一薩婆怛佗刈多二囉娑囉娑三愚嚧怛囉二合布闍三摩曳吽四

作是供養已，即對聖者前懺悔、發願、迴向等，如常可知。即取數珠子，安心念誦。執珠呪曰：

唵一皤折囉鉢蜜怛囉二合三昧耶吽二

誦七徧，執珠念誦。念誦竟，復懺悔。懺悔已，發願。發願了，即誦諸讚頌，歌詠如來及三寶、本尊等無量功德。復結諸供養印等，方便上遏伽供養。供養已，即解

① 指，原作“下”，據《中華藏》校勘《石》《麗》改。

② 左，原作“右”，據《中華藏》校勘《石》《麗》改。

③ 近，《中華藏》校勘《石》《麗》作“迎”。

④ 行，《中華藏》校勘《石》《麗》作“用”。

界。解界了，即是呪了發遣，呪曰：

唵一紇嘌覩皤二薩婆薩埵遏嘌佗悉地捺多三曳佗努伽刈車都舍四勃陀肥灑焔五布娜羅伽摩娜耶六唵鉢頭摩穆七

誦是明呪，結合蓮華印，舉安頭上散之。復如前，以寶車發遣印呪發遣時，向外撥之。誦斯呪時，亦憶解自身所想布字，及甲[①]法已，然後禮佛而退，念誦門竟。

願我傳斯妙法門，尊[②]修之者幸速成，

用此微善周法界，三世利樂無窮盡。

觀自在大悲成就瑜伽蓮華部念誦法門一卷

① 甲，《中華藏》校勘《石》作“用”。

② 尊，《中華藏》校勘《石》作“遵”。

瑜伽蓮華部念誦法[①]

大興善寺三藏沙門大廣智不空奉詔譯[②]

初入道場，至心頂禮、懺悔、發願、迴向等已，即結蓮華合掌印：兩手指虚其掌似未開芙蓉，誦一切法清淨真言，印心、額、喉、頂上各一徧，即得清淨。真言曰：

唵薩嚩二合婆嚩戍馱薩嚩達摩薩嚩婆嚩二合戍度唅

然後右膝著地，蓮華合掌，置於頂上。誦真言，想禮一切諸佛、菩薩、本尊足。真言曰：

唵鉢哪麽二合勿微一反

作此法已，即於一切諸佛、菩薩禮事供養，皆悉成就。然後結加趺坐，或半加坐，即結蓮華三昧邪印：兩手外相叉合拳[③]，豎二大指、二小指相並，呈示一切諸佛、菩薩本尊，即憶本誓，願加持攝受。真言曰：

唵嚩日囉二合鉢娜麽二合三摩耶薩怛鑁三合

次結極喜印：准前手勢，但以二中指下於掌[④]中以指面相合。真言曰：

唵三摩耶斛素囉多薩怛鑁三合

次結開心印：觀二乳上右"怛囉二合，引[⑤]"，左"吒"字，如户樞，以金剛縛三掣開，以開自心，猶如啓扇。真言曰：

唵嚩日囉二合滿馱怛囉二合吒

次結入智印：准前金剛縛，但以二大拇指屈入掌中，觀一肘前有白蓮華，上置"惡"字，字有白光，流入心中，住白蓮華上。真言曰：

---

① 底本，《中華藏》第1453號，第65册第807頁中—810頁上，原《金藏》廣勝寺本。經名，《中華藏》校勘《石》《麗》作"瑜伽蓮花部念誦法一卷"。

② 譯名，《中華藏》校勘《石》作"特進試鴻臚卿大興善寺三藏沙門大廣智不空奉詔譯"，《徑》《清》作"唐北天竺三藏沙門大廣智不空奉詔譯"，《麗》作"開府儀同三司特進試鴻臚卿肅國公食邑三千户賜紫贈司空謚大鑒正號大廣智大興善寺三藏沙門不空奉詔譯"。

③ 拳，《中華藏》校勘《磧》《南》《徑》《清》作"掌"。

④ 掌，原作"當"，據《中華藏》校勘《石》改。

⑤ 引，《中華藏》校勘《磧》《南》《徑》《清》無。

唵嚩日囉二合,引微舍惡

次結閉心門印:准前縛,但以二頭指並拄二大拇指節,以其印觸心。真言曰:

唵嚩日囉二合,引母瑟知鋡即觀門閉

次結定印:兩手相叉仰安臍下,以二大拇指向上相捻,即誦入三摩地真言曰:

唵三摩地鉢娜彌二合紇唎二合

次應端身正念,入三摩地,舌拄上腭,止諸攀緣,觀内外一切法皆無所有。若妄念多者,應先數息。數息法,從一息至七息,又從一至七,相續不絶。心無攀緣,即不須數息,深入清淨無所有處,即觀諸佛徧滿虛空,其身大小猶如胡麻,具諸相好,告行者言:"善男子,汝觀自心,又觀己身,遍禮佛足。"白佛言:"世尊,云何觀心?心何相貌?"諸佛告言:"善男子,心相難可測量。"授與真言,密誦觀察。真言曰:

唵質多鉢囉二合底微鄧迦嚕弭

行者密誦,諦觀己心猶如淨月。諸佛告言:"善男子,汝心本如是,但客塵所翳,當知此即是菩提心。"又授真言曰:

唵冒地質多畝怛波二合娜夜弭

誦此真言,諦觀心月轉更分明,淨無瑕翳。即於月輪中觀紇唎二合字,成一八葉白蓮華,光明顯照。真言曰:

唵底瑟姹二合嚩日囉二合鉢娜麽二合

次又觀此白蓮華徧周法界,量同虛空。真言曰:

唵薩登二合囉嚩日囉二合鉢娜摩二合

次觀白蓮華漸漸收斂,虛空諸佛悉入其中,量等己身。真言曰:

唵僧訶囉嚩日囉二合鉢娜摩二合

即變蓮華成觀自在菩薩,寶冠、瓔珞相好莊嚴,放大光明,徧周法界,冠上有無量壽佛,本尊左手執白蓮華,右手作擘開蓮華勢。真言曰:

唵三摩喻含摩訶三摩喻含薩婆怛陀孽多引毗三冒地嚩日囉二合鉢娜麽二合阿怛摩二合句含

入是三昧者,一切天龍八部見行者身與觀自在等無差别,能除行者無量億劫生死重罪,一切勝願無不悉地[①],現得圓滿金剛法身,即觀此身便成正覺。

次結加持印:外相叉金剛結縛已,即變屈二頭指,捻二大拇指,印心、額、喉、頂各誦一徧。真言曰:

唵紇唎二合薩婆迦哩阿地瑟姹二合薩嚩二合鋡

次結灌頂印:合掌已,豎二大拇指,偃蹙八指如寶形置於頂上,誦真言三徧,想五

① 地,《中華藏》校勘《南》《徑》《清》作"備"。

如來冠以冠其首。真言曰：

唵紇唎二合摩抳鉢娜摩二合阿毗詵者薩嚩二合軬怛嚕二合紇唎二

次結繫鬘印：誦真言，以前冠頂印，從額分二手於腦後，三相繞如繫鬘，便向前耳邊下從小指散，垂如鬘帶勢。真言曰：

唵嚩日囉二合鉢娜摩二合磨鎟軬紇唎二合

次結甲胄印：結金剛拳，如小兒握固，以二頭指各拄二大拇指節當心已，即申二頭指相掩一節許，仍以右指押左指上，觀右頭指面有“唵”字，左頭指面有“砧[①]”字，口中仍誦此兩字真言不斷絶，想其字並放緑色光，如抽藕絲，光不斷絶。心前三遶，背上三遶，又至臍，又至兩膝，又至腰，又當心。次右肩、左肩，次至額上，又於腦後各三遶已，卻結金剛拳印，從小指散，如垂天衣。

即以二縛不得解，但以掌三相拍。真言曰：

唵嚩日囉二合鉢娜摩二合覩史也二合斛引

次於壇中，觀“阿上”字成月輪，於月輪中[②]觀“紇唎二合”字，成本尊身放大光明，無量眷屬普現於圓光内。

即結鉤印：金剛縛舉右頭指如鉤，三招，一誦一招。真言曰：

唵阿夜係弱

次以索印：如前縛以二頭指相[③]拄如環，引本尊入所觀智身。真言曰：

唵阿係吽吽

次結鎖印：准前縛以二頭指及二小[④]指，相串各相捻如聯鎖，令本尊止住。真言曰：

唵係薩普吒二合鍐

次結鈴印：准前縛屈二大拇指入掌中，三撼手如摇鈴，令本尊歡喜。真言曰：

唵尾舍耶斛引

次結獻遏伽香水印：誦百字真言，或餘讚歎，兩手外相叉擘開掌，以二中指頭相合，以二頭指微屈，去中指一麦，許不相著，狀如三鈷杵頭，二大拇指慱[⑤]著二頭指下側，即想香水滿掬。誦真言，向前寫灌，洗本尊足。真言曰：

唵 嚩日路二合娜迦斫

本尊既至，次結羯磨印：左手金剛拳，當心著想把白蓮華，右手亦金剛拳，於上轉

---

① 砧，《中華藏》校勘《石》《麗》作“跕”。

② 中，《中華藏》校勘《磧》《南》作“上”。

③ 相，原作“根”，據《中華藏》校勘《石》《麗》改。

④ 小，《中華藏》校勘《麗》作“大”。

⑤ 慱，《中華藏》校勘《石》作“搏”。

想撥開蓮葉[①]即身同本尊事業。真言曰：

唵嚩日囉二合達摩紇唎二合

次結三昧邪印：金剛縛屈二頭指，以二大拇指押同已上加持印，令本尊憶本誓，願加持攝護。真言曰：

唵薩嚩迦里三徧誦

然後結金剛嬉戲内供養印：金剛縛伸二大拇指，偃向身相並當心。真言曰：

唵摩訶囉底丁以反

次結鬘：准前印更不改，但以二臂相並，直伸向前當額。真言曰：

唵嘚波輸陛

次結歌印：不改前印，從前至口解散，向前垂二手下，如發歌音。真言曰：

唵秫嚧上，輸律反，下縷音，二合怛囉二合燥溪

次結舞印：以二金剛拳相旋遶，各從小指散，便金剛合掌，置於頂上。金剛合掌者，合掌令指頭右押左頭相交是也。真言曰：

唵薩嚩布而而曳反

已上四内供養。

次結焚香印：以金剛縛向下散解，如焚香。真言曰；

唵鉢囉二合訶囉二合你寧去，引

次結華印：以金剛縛向上解散，如散華。真言曰：

唵頗攞誐弭

次結燈印：准前嬉戲，但以二大拇指頭屈前相逼，亦不得相著指。真言曰：

唵素帝惹仡哩二合

次結塗香印：以金剛縛解散，摩胸上如塗香勢。真言曰：

唵素巘蕩儗妍以反

已上外四供養。

次結部心根本印：合掌以二無名指、二頭指初分相交，其二小指、二大拇指擘開。誦百字真言三徧，三字半七徧已，於頂上散。然後執念珠念誦，二手把珠當心念誦，諦觀本尊放淨光明，流注己頂照於心月，月有白蓮華，身與本尊色相無二，如於明鏡自觀己身，與本尊互成影像。徧數終訖，懺悔發願。重獻三昧邪，重結八供養，然後發遣聖者復還本宮。發遣者用前三昧邪印，當口解。真言曰：

唵鉢娜摩二合薩怛嚩二合穆輕

然後復結加持灌頂甲胄拍印等，然後出道場，或讀大乘經，或印佛作塔，於一切

---

① 葉，原作“華”，據《中華藏》校勘《石》《麗》改。

時本尊三摩地不令間斷。若觸穢處，當觀頂上有法界生字，放赤色光。所謂“囕”字，於所食物皆加持此字，即不成穢觸。於一切供養香華皆加持此字，放白色光，即無穢觸，所供養物皆偏法界。

蓮華部百字真言曰：

唵一鉢娜摩二合，下同薩怛嚩二合，下同三摩耶二麽弩播羅耶三鉢娜麽二合薩怛嚩二合，四怛尾弩波底瑟姹二合，五涅里二合住茶護反寐婆嚩六素覩使諭二合寐婆嚩七阿弩囉訖覩二合寐婆嚩八素補使諭二合寐婆嚩九薩嚩悉地寐鉢囉二合也瑳十薩嚩羯磨素者寐十一質多室唎二合藥十二句嚕吽十三呵呵呵呵穀引，十四薄伽梵十五薩嚩怛佗孽多十六鉢娜摩二合，十七麽寐悶者十八鉢娜寐引婆縛十九摩訶三摩耶薩怛嚩二合，二十紇唎二合，引，聲，二十一

瑜伽蓮華部念誦法

大聖曼殊室利童子五字瑜伽法[1]

大興善寺三藏沙門大廣智不空奉詔譯[2]

一字真言有二種[3]，一曰：

(maṃ)

鋡用孔雀座印，如上

二曰：

(trhyīṃ)

體哩呬淫四合

次三字真言：

(vā) (ke) (hūṃ)

嚩　計　吽

次五字真言，有五種，一曰：

(a) (ra) (pa) (ca) (na)

阿　囉　跛　左　曩

二曰：

(oṃ) (va) (jra) (tī) (kṣṇa)

唵　嚩　日囉二合　底丁以反　乞叉拏三合，字

三曰：

(oṃ) (du) (kha) (cche) (da)

唵　耨　佉　泚去　娜

---

① 底本，《中華藏》第1496號，第66册第240頁中—241頁下，原《金藏》廣勝寺本。經名，《中華藏》校勘《麗》作"曼殊室利童子菩薩五字瑜伽法一卷"。

② 譯名，《中華藏》校勘《麗》作"開府儀同三司特進試鴻臚卿肅國公食邑三千户賜紫贈司空謚大鑒正號大廣智大興善寺三藏沙門不空奉詔譯"，《徑》《清》作"唐北天竺三藏沙門大廣智不空奉詔譯"。

③ 一字真言有二種，《中華藏》校勘《麗》無。

四曰：

(oṃ) (kha) (rga) (gra) (khaṃ)

唵 竭 誐 仡囉二合 欠平

五曰：

(oṃ) (kha) (rga) (sa) (tva)

唵 朅 誐 薩 怛嚩二合

六字瑜伽真言，有六種。

一[①]：

(oṃ) (vā) (kle) (nai) (na) (maḥ)

唵 嚩引 計曳二合，引 乃 娜 莫

二：

(oṃ) (vā) (kle) (rthī) (ja) (ya)

唵 嚩引 計曳二合，引 囉體二合，引 惹 野

三：

(oṃ) (vā) (kle) (ṣe) (śe) (svā)

唵 嚩引 計曳二合，引 勢引 曬 娑嚩二合

四：

(oṃ) (vā) (kle) (gaṃ) (ja) (ya)

唵 嚩引 計曳二合，引 蹇去 惹 野

五：

(oṃ) (vā) (kle) (ni) (ṣṭa) (ya)

唵 嚩引 計曳二合，引 顉 瑟薑二合 野

六：

(oṃ) (vā) (kle) (ma) (na) (sa)

唵 嚩引 計曳二合，引 麽 曩 娑

次加持灌頂缾真言曰：

(na) (maḥ) (stryi) (dhvi) (kā) (nāṃ) (ta) (thā)

娜 莫 悉底哩野四合 地尾 迦引 南引 怛 他去，引

(ga) (tā) (nāṃ) (hrīḥ) (sa) (rva) (bu) (ddhā) (na)

誐 跢引 南引 紇哩二合，引 薩 哩嚩二合母 馱引 曩

① 一，並以下至“六”，《中華藏》校勘《麗》均無。

(vi) (lā) (pya) (ra) (śmye) (vi) (ṣe) (ke) (ra) (vi)
鼻 邏引 比野二合 囉 溼弥也三合 鼻 瀧引 罽引 囉 鼻
(ṣiṃ) (mā) (nu) (na) (ma) (hā) (ma) (la) (va) (ti)
詵去左曩 麽鼻引 弩 祢引 麽 賀引 麽莫可反 攞 嚩 底
(vī) (rā) (ca) (le) (svā) (hā)
味引 囉引 左 隸 娑嚩二合,引 賀引

菩提莊嚴成就真言曰：

(oṃ) (ru) (ci) (ra) (ma) (ṇi) (pra) (va) (rtta)
唵引 嚕 止 囉 麽鼻 抳 鉢囉二合 韈 多
(ya) (hūṃ)
野 吽引

大聖曼殊室利菩薩讚歎曰：

(maṃ) (ju) (śrī) (ye) (na) (ma) (stu) (bhyaṃ) (ku)
曼 祖 室哩二合 曳 曩 麽 窣覩二合 毗焰二合,一 矩引
(ma) (ra) (kā) (ra) (dhā) (ri) (ṇi) (spho) (ri) (ta)
麽 囉引 迦引 囉 馱引 哩 抳二 薩普二合 哩 多
(jñā) (na) (dī) (pa) (ya) (ttrai) (ru) (kya) (dhvaṃ)
枳孃二合 曩 你 跛引 野三 怛賴二合 路 枳野二合 馱挽二合
(ta) (ha) (ri) (ṇi) (va) (jra) (tī) (kṣṇa) (ma) (hā)
多 賀 哩 抳四 嚩 日囉二合 底引 叉拏二合 麽 賀引
(yā) (nā) (va) (jra) (ko) (śa) (ma) (hā) (yu) (dha)
野引 曩引,五 嚩 日囉二合 句引 捨 麽 賀引 庾 馱六
(maṃ) (ju) (śrī) (va) (jra) (ga) (mbhī) (rya) (va)
曼 祖 室哩二合,引 嚩 日囉二合 儼 鼻引 哩野二合,七 嚩
(jra) (bu) (ddhe) (na) (mu) (stu) (te) (tī) (kṣṇa)
日囉二合 没 第 曩 謨引 窣覩二合 諦八 底引 叉拏二合
(ma) (hā) (yā) (nā) (va) (jra) (ko) (śa) (ma) (hā)
麽 賀引 野引 曩引,五 嚩 日囉二合 句引 捨 麽 賀引
(yu) (dha) (maṃ) (ju) (śrī) (va) (jra) (ga) (mbhī)
庾 馱六 曼 祖 室哩二合,引 嚩 日囉二合 儼 鼻引

(rya)	(va)	(jra)	(bu)	(ddhe)	(na)	(mu)	(stu)	(te)
哩野二合,七	嚩	日囉二合	没	第	曩	謨引	窣覩二合	諦八

大聖曼殊室利童子五字瑜伽法

成就妙法蓮華經王瑜伽觀智儀軌[①]

特進試鴻臚卿大興善寺三藏沙門大廣智不空奉詔譯[②]

歸命釋迦牟尼佛！宣説方廣大乘典，
爲諸菩薩而開示，甚深最勝真實教。
我今依於大教王，徧照如來成道法，
若能依此勝義修，現世得成無上覺。
歸命緣起初[③]序品，光中能顯因果事，
福德智慧至究竟，一乘實相勝義門。
歸命善巧方便品，甚深難測如來智，
言語道斷離心境，是故方便説三乘。
歸命火宅譬喻品，舍利先授菩提記，
有情不覺三界苦，佛以三車誘令出。
歸命厭悔信解品，於自劣乘而愧恥，
深生渴仰難遭遇，我等咸[④]獲無上寶。
歸命療疾藥草品，生盲丈夫開慧眼，
而獲智光如日輪，於無上乘得善巧。
歸命最初授記品，四大聲聞同記別，
各隨奉事諸世尊，當來成[⑤]證菩提果。
歸命化城巧喻品，佛慇懃説昔因緣，

---

① 底本，《中華藏》第1473號，第66册第1頁中—10頁下，原《金藏》廣勝寺本。

② 譯名，《中華藏》校勘《石》作“特進試鴻臚卿三藏沙門大廣智不空奉制於大興善寺翻經院譯”，《徑》《清》作“唐特進試鴻臚卿三藏沙門大廣智不空奉詔譯”，《麗》作“開府儀同三司特進試鴻臚卿肅國公食邑三千户賜紫贈司空謚大鑒正號大廣智大興善寺三藏沙門不空奉詔譯”。

③ 初，《中華藏》校勘《磧》《南》《徑》《清》作“諸”。

④ 咸，《中華藏》校勘《石》作“皆”。

⑤ 成，《中華藏》校勘《石》《麗》作“咸”。

爲權止息示[①]化城，至大涅槃爲究竟。
歸命五百弟子品，大聲聞僧咸授決，
則悟身中如來藏，無價寶珠今覺知。
歸命授學無學品，佛記阿難羅睺羅，
則表法王無偏[②]黨，漸攝定性及不定。
歸命傳經法師品，若有未來諸有情，
持此法華一句偈，佛皆與彼而授記。
歸命多寶佛塔品，示現淨土集諸佛，
提婆達多授佛記，龍女得成無上覺。
歸命勸持經典品，姨母邪輸蒙記別，
諸大菩薩及聲聞，咸願末法勸持此。
歸命修行安樂品，説經先住安樂行，
現世獲得殊勝報，於佛菩提不退轉。
歸命從地涌出品，八恒菩薩願持經，
如來密意而不許，爲顯涌出菩薩故。
歸命如來壽量品，佛已成道無邊劫，
爲治狂子現涅槃，常住靈山而不滅。
歸命分別功德品，無數微塵菩薩衆，
聞佛宣説壽無量，各超地位證菩提。
歸命隨喜功德品，校量世出世間福，
若聞此經一句偈，超彼速證無上道。
歸命法師功德品，若能受持此經典，
於現父母所生身，獲得神通淨六根。
歸命不輕菩薩品，往昔難行苦行業，
得聞此經增壽命，度脱無量無邊衆。
歸命如來神力品，佛現廣長妙[③]舌相，
猶豫不信令淨信，見是瑞相獲佛道[④]。
歸命陀羅尼妙品，二菩薩及二天王，
并羅刹女説真言，爲護持經法師故，

① 示，《中華藏》校勘《石》作“於”。
② 偏，《中華藏》校勘《徑》作“漏”。
③ 妙，《中華藏》校勘《麗》作“之”。
④ 佛道，《中華藏》校勘《石》作“菩提”。

歸命藥王本事品，爲求法故并三昧，
燒身供養淨明佛，難遇經王表殷重。
歸命妙音菩薩品，從彼佛刹來此土，
而聽妙法蓮華經，既聞法已[①]還本國。
歸命觀音普門品，説是菩薩悲解脱，
悉皆除遣諸災難，顯現常住如幻定。
歸命妙莊嚴王品，藥王藥上本因緣，
由斯二士善知識，而不退失菩提道。
歸命普賢勸發品，若有於此蓮華經，
於三七日專持習，普賢爲現淨法身。
歸命最後囑累品，如來付囑諸菩薩，
當於未來末法時，流通宣説無悋惜。

如[②]方廣大乘經説，一切衆生身中皆有佛性，具如來藏，一切衆生無非無上菩提法器。若欲成就如此法者，應當須[③]具如是四緣：一者親近真善知識，真善知識者即灌頂阿闍黎。二者聽聞正法，聽聞正法者即《妙法蓮華經》王。三者如理作意，如理作意者即爲瑜伽觀智。四者法隨法行，法隨法行者謂修奢摩佗、毗鉢舍那，則堪任證無上菩提。

若修持《妙法蓮華經》，若男若女則須依修真言密行菩薩之道，應當先入大悲胎藏大曼荼羅，并見護摩道場，滅除身中業障，得阿闍黎與其灌頂，即從師受念誦儀軌，三昧邪護身結界，迎請供養，乃至觀於己身等同普賢大菩薩身。若不具如是增上緣者，所有讀誦、修習如此經王，無由速疾證成三昧。一一印契、儀軌、真言，應當於灌頂阿闍黎處躬親稟受。若不從師稟受決擇而專擅作者，是則名爲越三昧邪，受[④]及授者俱獲重罪。既得具法，即應簡擇念誦修行處所，或於伽藍，或山林樹下、江河洲渚，或自己舍宅，與法相應福德之地，掘深二肘，廣四肘量，或六肘、八肘，乃至十二肘量，稱其處所大小，作曼荼羅。穿其[⑤]地中，若有瓦礫、灰骨、蟲炭及諸穢物，即不堪用，更擇勝處。穿訖卻填，土若有餘，是吉祥相，如其欠陷，取河兩岸土填之。若其本淨，最爲殊勝，或在樓閣，或盤石上、船上，則不應簡擇。建四肘曼荼羅乃至十二肘量，如前

① 聞法已，《中華藏》校勘《石》作"蒙法益"。
② 如，《中華藏》校勘《石》作"如來"。
③ 須，《中華藏》校勘《石》作"先"。
④ 受，《中華藏》校勘《石》作"傳"。
⑤ 其，《中華藏》校勘《石》作"掘"。

所說。若廣十二肘,高廣可十二指量,於東北隅稍令蟄[①]下,是大吉祥,速疾成就。壇既成已,於其中央穿一小坑,安置五寶、金,銀,真珠,瑟瑟,頗黎。五藥、娑伽者羅,婆賀祢嚩,建吒迦梨,擬哩羯囉,拏二合勿哩二合賀底。若無此藥,即以大唐所出靈藥,如赤箭、人參、伏苓、石昌蒲、天門冬等代之。五香、沈香,丁香,鬱金,檀香,龍腦等香。五穀。稻穀,大麥,小麥,菉豆,白芥子。如是五寶、香、藥等各取少許,以小缾子盛,或小瓷合子盛之一處,以地天真言加持一百八徧。真言曰:

曩莫三滿多没馱引南引畢哩二合體微曳娑嚩二合,引訶引

又以佛慈護真言加持一百八徧,真言曰:

唵没馱每怛哩二合嚩日囉二合略乞叉二合撼

又以無能勝真言加持一百八徧,真言曰:

曩莫三去滿多没馱引南引唵户盧户盧戰拏理摩等霓妍以反娑嚩二合訶引

既加持已,安置壇中,填築令平,以隨時香華、飲食并二閼伽以用供養。其行者面向東方長跪,以右手按於置香、藥處,誦告地天偈三徧或七徧。偈曰:

汝天親護者,於諸佛導師。
修行殊勝者,淨地波羅蜜。
如破魔軍衆,釋師子救世。
我亦降伏魔,我畫曼荼羅。

然後取淨土及犢[②]子瞿摩夷未墮地者,與沙相和爲泥,以塗[③]其壇。待乾以後,又取瞿摩夷和於香水更徧塗拭,即擣蓮子草,揩磨其壇上。正塗之時,誦塗地真言,無限徧數,塗了即止。真言曰:

曩莫三滿多没馱引喃引阿鉢囉二合底丁以反,下同三迷誐誐那三迷三麽多奴蘗帝鉢囉二合吃㗚二合底微戍睇達磨馱睹微戍達你娑嚩二合,引訶引

既塗壇已,如彼壇量,分其聖位各點爲記,然後用五色線縒合爲繩,於磨白壇香泥汁中浸漬,然後拼壇。其壇三重,當中畫八葉蓮華,於華胎上置窣覩波塔,釋迦牟尼如來、多寶如來同座而坐,塔門西開,於蓮華葉上從東北隅爲首,右旋布列安置八大菩薩,初彌勒菩薩,次文殊師利菩薩、藥王菩薩、妙音菩薩、常精進菩薩、無盡意菩薩、觀世音菩薩、普賢菩薩。於此壇中,壇四隅角内,初東北隅置摩訶迦葉,次東南須菩提,西南舍利弗,西北大目揵連。次於第二重院,於其東門置金剛鎖菩薩,南門置金剛鈴菩薩,當塔前門金剛鉤菩薩,北門金剛索菩薩,於東門北置得大勢菩薩,門南置寶手菩薩。次南門東置寶幢菩薩,門西置星宿王菩薩。次於西門南置寶月菩薩,

① 蟄,《中華藏》校勘《石》《麗》作"墊"。
② 犢,原作"牘",據《中華藏》校勘《石》《徑》《清》《麗》改。
③ 塗,原作"泥",據《中華藏》校勘《麗》及下文改。

門北置滿月菩薩。次於北門西置勇施菩薩，門東置一切義成就菩薩。又於東北隅角内置供養華菩薩，東南隅供養燈菩薩，西南隅置供養塗香菩薩，西北隅供養燒香菩薩。次於第三重院東門置持國天王，南門置毗樓勒叉天王，西門置毗樓博叉天王，北門置毗沙門天王，於東方門北置大梵天王，門南置天帝釋。次於南方門東置大自在天，門西置難陀龍王。次於西方門南置妙法緊那羅王，門北置樂音乾闥婆王。次於北方門西置羅睺阿修羅王，門東置如意迦樓羅王，於東北方置聖烏蒭沙摩金剛，東南方置聖軍吒利金剛，西南方置聖不動尊金剛，西北方置聖降三世金剛。於壇四面畫飲食界道，又畫四門，於其壇上張設天蓋，四面懸旛二十四口。又於四角各豎幢幡，安四賢缾，底不黑者滿盛香水，於缾口内雜插種種時華枝條，於壇四門兩邊各置二閼伽器，滿盛香水，中著欝金，隨諸時華，極令香潔。又於四門置四香鑪，燒五味香以用供養。又於四隅各置銅燈臺，酥油爲明，於四角外各釘佉陀羅木橛，如無此木，鑄銅作橛代之亦得。若修行者爲求六根清淨滿足六千功德，成就法華三昧，現世入初地，决定求證無上菩提者，應一七日、三七日，乃至七七日，或三箇月，應依儀軌隨其力分，於壇四面皆置色香美味，種種食飲、乳粥、酪飯、甜脆果子，及諸漿等塗香、粖香、時華、燒香、燈燭。所供養物，應以新淨金銀器、銅器，及好瓷器，無破缺漏未曾用者，以盛食飲，復用燒香薰其食，用聖不動尊真言，加持三徧或七徧。真言曰：

曩莫三滿多嚩日囉二合喃引戰拏摩訶嚕灑拏薩頗二合吒耶吽引怛囉二合吒撼引鋡引

既加持已，然後供養，於壇西面應置庳[①]腳牀子，可去地半寸已來，以淨茅薦用敷其上。是修行者每日四時澡浴，四時换衣，如其不及時别澡浴者，即誦清淨真言加持衣服，此即名爲勝義澡浴，真言加持三徧或七徧。

唵娑嚩二合婆去，引嚩術輸律反馱薩嚩達磨引娑嚩二合婆去，引嚩術度引憾

加持已訖，即入道場，瞻仰尊容，如對真佛，虔恭稽首，至心運想，想禮盡虚空徧法界一切諸佛及諸菩薩。既禮拜已，右膝著地，合掌當心，閉目專意，誦《普賢行願》一徧，一心徧緣諸佛、菩薩，應定心思惟《普賢行願》一一句義，發大歡喜難遭之想。即加趺坐，結定印，誦《如來壽量品》，或但思惟品中妙義，深信如來常住在世，與無量菩薩、緣覺、聲聞以爲眷屬，處靈鷲山常説妙法，深信不疑。

次當即誦無量壽命决定如來真言七徧，作是念言，願一切有情皆獲如來無量壽命。發是願已，即誦真言曰：

曩謨引阿跛哩弭多引欲枳娘二合曩尾顊室者二合也囉逝捺囉二合也怛佗引蘗多引也唵薩嚩僧去薩迦二合，引囉跛哩輸詩律反馱達磨帝摩訶引曩也跛哩嚩引例娑嚩二合，引訶引

若修行者每日六時誦此真言七徧，能延壽命，能滅夭壽决定惡業，獲得身心輕

① 庳，《中華藏》校勘《石》作“卑”。

安，離諸昏沈及以懈怠，受持此《妙法蓮華經》速得成就，即用塗香其塗香於手①上，水磨白檀、龍腦如泥即是。徧塗二手，乃至臂肘。

然後應結一切如來三昧邪印，二手合掌，二大指並偃豎即成。以大指頭拄於心上，入勝義諦實相觀門，所謂毗盧遮那如來心真言種子阿字，想在己身心蓮華中，其色潔白，猶如珂雪，瑩徹光明，漸漸引舒，徧一肘量。即思此字真實義門，阿②字者謂一切法本不生故，一切佛法自性本源，清淨法界之所流出一切言教，皆以此字而爲根本。決定專注，離於散動。住是觀已，即移其印，而觸於額，誦真言一徧，次觸右肩、左肩、心及於喉，皆誦一徧。運動手印，誦真言時專注一緣，如前觀想加持已訖，頂戴於印，然後解散。真言曰：

曩莫三滿多没馱引南引阿三迷底哩二合三迷三摩曳娑嚩二合，引訶引

由結此印及誦真言，則見一切如來地超三界圓滿地波羅蜜。

次應結法界生印：二手各作金剛拳，舒二頭指側相拄即成。安印於頂，於其印中想法界種子囕字，其色皓白，徧流光明，普照一切有情界，能破一切有情虚妄煩惱，當觀自身及諸有情，同一法界無二無別，作是觀已，即誦真言三徧或七徧。真言曰：

曩莫三滿多没馱引南引達摩馱都娑嚩二合婆嚩句憾

由結此印及誦真言，則證得無邊清淨法界。

次結金剛薩埵轉法輪印：二手相背右押於左，左右八指互相鉤，苾③左大指入於右掌，屈右大指以頭相拄，以印安於心上，又想自心月輪中有吽字，白色清潔，即轉此字爲轉法輪大菩薩身。觀智成已，即誦真言曰：

曩莫三滿多嚩日囉二合南嚩日囉二合怛麽句憾

由結此印及誦真言觀行力故，即能於一切有情界轉大法輪。

次結金剛甲胄印：二手虚心合掌，二頭指各屈拄中指背上節，二大拇指並豎押中指中節文，即以印觸額誦真言一徧，次右肩、左肩、心及喉上各加持一徧。真言曰：

曩莫三滿多嚩日囉二合赧嚩日囉二合迦嚩左吽引

由結此印及誦真言，即是被大誓莊嚴金剛甲胄，光明赫弈。一切天魔及諸作障者不敢④凌逼，正結印之時作是思惟，一切有情沈溺生死苦海我皆拔濟，令一一有情與我無異。

次結一切如來大慈印：二手外相叉，二大指、二小指各以頭相拄覆於心上，結印成已，即入一相平等法無我觀，起大慈心，徧緣一切有情界，願一一有情皆悉獲得慈

① 手，《中華藏》校勘《石》《麗》作“石”。
② 阿，《中華藏》校勘《石》作“婀”。
③ 苾，《中華藏》校勘《石》作“挘”。
④ 敢，《中華藏》校勘《磧》《南》《徑》《清》作“能”。

心三昧。作是觀已，誦真言曰：

曩莫薩嚩怛佗引蘖帝瓢毗庾反曳底瑟綻二合底娜捨你勢唵麽抳嚩日𡁠二合仡哩二合娜也嚩日𡁠二合摩囉賽你也二合尾捺囉二合跛寧賀曩嚩日囉二合蘖陛怛囉二合娑也怛囉娑也薩嚩磨引羅婆嚩曩引你吽吽散馱囉散馱囉没馱引昧底哩二合薩嚩怛佗引蘖多嚩日囉二合羯臘跛二合地瑟恥二合帝娑嚩二合，引訶引

由結此印及誦真言，入無緣慈觀，能令三千大千世界下至風輪際猶如金剛，無量天魔不得傾動，悉皆退散。其修行者若作此法，其道場地即是金剛堅固之城，一切障者不敢觸惱，心所求願速得圓滿。

次結方隅界印：二手合掌，屈二頭指二無名指，以甲相背①，並竪二大指押頭指，拆開二小指即成。以印右旋三帀，即成結界。真言曰：

曩莫三滿多没馱南黎盧布哩尾倶哩尾倶黎娑嚩二合，引訶引

次以聖不動尊印真言，辟除一切諸惡魔障，右手直竪，頭指中指相並，無名小指屈入掌中，以大指捻無名小指甲上，左手亦然。以左手當心爲鞘，右手爲劒置其鞘中，然後如抽劒勢，以印左旋辟除障難，以印右旋隨意遠近結爲其界。結印之時應觀自身即是此尊，左持金剛羂索，右執金剛智劒，威德光明徧照法界。作是觀已，即誦真言曰：

曩莫三滿多嚩日囉二合，引喃引戰拏摩訶嚕引灑拏薩頗二合，引吒耶吽引怛囉二合吒憾引鋡

由結此印及住觀行誦真言故，能護菩提心，能斷諸見，若修行者常持此真言，乃至菩提，更不爲諸魔得便，速成正覺。

次應結寶山印：誦寶山真言，二手内相叉，極令深緊二肘相著，開腕即是。真言曰：

唵阿者攞吽引

由結此印誦真言加持力故，即此寶山於其壇中轉成鷲峯山，於山峯上即當一心專注，觀想釋迦牟尼如來宣説《妙法蓮華經》處，玻璨爲地，種種妙華徧布其上，寶樹行列，開敷寶華，諸枝條上垂妙天衣，微風摇擊②出微妙音，其聲諧韻猶如天樂，妙香普薰三千世界。又於中想多寶世尊舍利寶塔種種莊嚴，釋迦牟尼如來及多寶佛於其③塔中同座而坐，無量菩薩、聲聞、緣覺、天龍八部、聖賢衆會，圍遶聽法，周圍八方。釋迦牟尼如來諸分身佛，於寶樹下各各坐於衆寶莊嚴師子之座，乃至無量微塵數佛，多寶塔前賢缾閼伽八功德水悉皆盈滿，妙寶香爐燒無價香，摩尼寶王以爲燈燭，菩提

① 背，《中華藏》校勘《磧》《南》作“指”，《徑》《清》作“拄”。

② 擊，《中華藏》校勘《石》作“激”。

③ 其，《中華藏》校勘《石》作“寶”。

妙華普散諸佛及諸大衆，天諸美饍芬馥香潔，塗香、秣香、珠鬘、瓔珞供養雲海，諸波羅蜜供養菩薩，歌讚如來真實功德，自見己身於中供獻[①]，於其八方諸分身佛一一佛前悉皆如是奉獻供養。又想自身在釋迦牟尼如來前，聽聞宣説《妙法蓮華》大乘勝義。作是觀已，即誦偈曰：

以我功德力，如來加持力，

及以法界力，普供養而住。

誦此偈三徧或七徧，即誦大虚空藏普供養真言曰：

唵誐誐曩三去婆去嚩嚩日囉二合斛引

由誦此偈及此真言，於一切如來并大會衆皆獲真實廣大供養。

次應觀[②]三重曼荼羅會衆，初中央佛并八大菩薩及四大聲聞僧，第二院諸菩薩無量無數，第三院諸天八部并四大威德菩薩，各於四隅，并無量忿怒眷屬，令一切諸魔退散，無得侵擾。

然後結纔發意轉法輪菩薩印：二手各作金剛拳，二頭指二小指互相鉤即成。以印按於壇上，誦真言五徧，真言曰：

唵嚩日囉二合斫羯囉二合吽引弱吽引鑁斛

由結此印誦真言故，其壇中諸佛菩薩及諸聖衆量同虚空，徧周法界成報土佛刹，一切有情冥然身心，通同一相，影現於此勝妙刹中。

則次應入真如性道場觀行，而誦此偈，思惟偈中真實勝義，乃至心與真如體性相應爲限。偈曰：

虚空爲道場，菩提虚空相，

亦無等覺者，真如故如來。

次結奉請一切如來并諸聖衆印：二手内相叉合爲拳，舒右手頭指，屈其上節如鉤。即成真言曰：

曩莫三去滿多没馱引南噁引薩嚩怛囉二合，引鉢囉二合底賀多怛佗去，引蘗當引俱舍冒引地左哩耶二合跛哩布引囉迦娑嚩二合，引訶引

由結此契及誦真言，諸佛、菩薩并其眷屬無不來集，行者了了分明，見在鷲峯山頂空中而住，即取右邊閼伽器，二手捧持當額奉獻，想浴諸佛、菩薩及諸聖衆足。其閼伽器，或金、銀、熟銅、馬瑙、商佉，如是之器，悉皆應法隨取一類，皆滿盛水，淨妙香潔，上泛時華，并著少許鬱金，初奉請時取右邊者，奉送時用左邊者。即於尒時虔恭殷重啓告諸佛，求心中所願，願速成就。真言曰：

---

① 獻，《中華藏》校勘《石》作“養”。

② 觀，《中華藏》校勘《石》作“心觀”。

曩莫三去滿多没馱南引誐誐曩三引摩引糝摩娑嚩二合,引賀引

由獻閼伽香水供養故,令修行者三業清淨,洗除一切煩惱罪垢。

次應結獻華座印:二手左右大小指各頭相拄,餘六指如欲敷蓮華形即成。真言曰:

曩莫三去滿多没馱南引噁引

由結此印及誦真言加持力故,即從此印流出無量寶師子座并蓮華座、金剛座種種諸座,佛及菩薩一切聖衆各隨所宜,悉皆獲得殊勝之座。

次結普通印:二手内相叉爲拳,諸指節令稍起,即誦藥王菩薩等諸真言曰:

但你也二合佗一安祢滿祢二麽寧麽麽寧三唧帝四左哩帝五捨迷六捨弭跢引尾七扇引帝八穆訖帝二合穆訖多二合多上迷九娑迷十阿上尾灑迷十一娑上麽娑迷十二惹曳十三乞灑二合曳十四惡乞灑二合曳十五惡乞史二合,引抳十六扇引帝十七捨弭十八馱引囉抳十九阿引盧迦引婆引細鉢羅二合底也二合吠微閉反乞灑二合抳二十尾尾嚕二十一阿便怛羅顊尾瑟皶二十二阿典多跛哩舜入音第引,二十三塢俱黎二十四穆俱黎二十五阿囉妳二十六跛囉妳二十七輸迦引乞史二十八阿娑麽娑迷二十九没馱尾盧枳帝三十達磨跛哩乞史二合帝三十一僧伽湼寧逸反具灑抳三十二婆夜婆野尾戍陀寧引,三十三滿怛囉二合滿怛囉二合乞灑二合夜帝三十四嚕帝嚕多矯捨鵔三十五惡乞灑二合野三十六惡乞灑二合野嚩曩跢引野三十七嚩路阿麽你也二合曩跢引野三十八

勇施菩薩陀羅尼曰:

怛你也二合佗引,一入嚩二合鵔二摩賀引入嚩二合鵔三屋計二合穆計四阿你阿拏嚩底丁以反,五怛㗚二合知曳二合怛㗚二合知夜二合嚩底六壹置寧七尾置寧八唧置寧怛㗚二合置嚩寧九怛㗚二合吒引嚩底娑嚩二合,引訶十,引

毗沙門陀羅尼曰:

怛你也二合佗一阿皶二捺皶三砮捺皶四阿曩引怒五曩膩矩曩膩娑嚩二合,引訶引,六

持國天王陀羅尼曰:

怛你也二合佗一阿誐抳誐抳矯魚喬反,引哩二彦陀引哩三贊拏理四麽引鐙倪研以反,五卜羯斯六矩僧矩黎物嚕二合娑理娑嚩二合,引訶七,引

十羅刹女陀羅尼曰:

怛你也二合佗引,一壹底銘壹底銘壹底銘壹底銘壹底銘二顊銘顊銘顊銘顊銘顊銘三嚕傒嚕傒嚕傒嚕傒嚕傒四薩跢二合,下同傒薩跢二合傒薩跢二合傒薩跢二合傒薩跢二合傒娑嚩二合,引訶五,引

由誦如上諸真言故,於持經者作大加持,諸惡鬼神悉皆遠離不敢近,行住坐卧乃至夢中亦不敢觸惱,一切時中皆得安樂,應作是思惟,於此《妙法蓮華經》王,起殷重心難遭之想。

復作念言，我從無始生死輪迴六趣，皆由虚妄顛倒分別，不得早遇如是教王菩薩道法。今既得聞得見，受持讀誦，皆是諸佛、菩薩慈悲愍念，令我值遇如此妙法經王，如是深恩將何以報？設使三千世界滿中勝妙一切珍寶，并及飲食、香華、幡蓋、國城、妻子如微塵數，乃至身命亦復如是，悉皆捨施供養如來，及此《妙法蓮華》大乘寶法，雖經多劫，亦未能報一偈之恩，深生慚愧。

復作念言，如我所聞，徧照如來爲諸菩薩宣説真言祕密法之供養，於諸世間諸供養中以法供養爲最爲①勝，今我爲報諸佛深恩，依真言行菩薩方便儀軌，用普供養盡虚空徧法界一切諸佛及大菩薩。

作是念已，即結塗香印：先舒右手豎掌向外，以左手握右手腕作塗香勢即成。真言曰：

囊莫三去滿多没馱引南引，一尾戍詩律切馱巘度納婆二合吠无閑反娑嚩二合，引訶引，二

當運手印、誦真言時，想從印、真言不思議加持願力法中，流出無量無邊塗香雲海，徧塗諸佛、菩薩、一切聖衆、淨妙法②身及其剎土，由作此法，獲得現世當來③戒定慧解脱，解脱知見、五無漏藴法身之香。若或違犯聲聞乘中律儀戒品，或違犯菩薩道中清淨律儀，纔結此印誦真言一徧，一切戒品悉皆清淨如故，不墮惡趣，疾證三昧。

次結華供養印：二手内相叉，二頭指拄令圓，二大指各捻頭指根下，餘六指於掌中令如華形即是。真言曰：

囊莫三去滿多没馱引南引，一摩訶引每怛𠼝野二合毗庾二合娜孽二合諦引娑嚩二合，引訶引，二

正結印誦真言時，運想諦觀，於印真言不思議願力加持法中流出無量無邊天妙華雲海，供養一切諸佛、菩薩聖衆。由結此印及誦真言，能令開敷自心蓮華，令行者六根清淨，獲得相好端嚴，人所樂見，於一切煩惱及隨④煩惱不被染污，身心寂静。

次結燒香供養印：二手中指已下三指豎相背，二頭指側相拄，二大指各捻頭指根下即成。真言曰：

囊莫三去滿多没馱引南引，一達磨馱引怛嚩二合耨鼻音蘖諦引娑嚩二合，引訶引，二

正結印、誦真言時，運心觀想，從印、真言不思議願力加持法中流出無量無邊燒香雲海，普薰一切佛及菩薩并諸聖衆，由結此印并誦真言，獲得般若波羅蜜，能斷一切惡見并諸結使，疾證無上正等菩提。

次結飲食供養印：二手虚心合掌，開掌猶如器形即是。真言曰：

① 爲，《中華藏》校勘《石》作“殊”。
② 法，《中華藏》校勘《石》《麗》作“色”。
③ 現世當來，《中華藏》校勘《麗》作“現當來世”。
④ 隨，《中華藏》校勘《石》作“隨眠”。

囊莫三去滿多没馱引南引,一阿囉囉二迦囉囉三摩鄰上娜娜引銘摩隣上泥摩訶每引怛囉也麽理娑嚩二合,引訶四,引

正結此印、誦真言時,至誠運想,從印、真言不思議願力加持法中流出無量無邊天妙香潔飲食雲海,於一一佛、菩薩諸聖衆前以七寶器盛羅列奉獻,由結此印及誦真言,運心供養,獲得法喜食、禪悦食、解脱勝味食。

次結供養燈明印:右手爲拳,直豎中指即成。真言曰:

囊莫三去滿多没馱引南引怛佗去蘖夕薩頗二合囉止二合囉儜引嚩婆去,引娑曩二誐誐猱娜哩也二合娑嚩二合,引訶引,三

正結印誦真言時,運心諦想諸佛、菩薩,從印、真言不思議願力加持法中,流出無量無邊如衆寶王及日月光明燈燭雲海,照曜諸佛及諸菩薩一切大會,由結此印及誦真言,獲得三種意生之身,能滅無明住地煩惱。

是修行者作是供養已,次則入實相三摩地,觀一切法如幻,因緣和合生故,知一切有情無所得以爲方便。觀一切法如陽焰,上至淨妙佛刹,下至雜染世界,亦無所得爲方便。觀一切法如夢,於世間受用,知樂受苦受皆無所得以爲方便。觀一切法如影像,知自佗身業無所得以爲方便。觀一切法如響,應知一切自佗語言,上至諸佛,下至諸有情類語業,無所得以爲方便。觀一切法如光影,於心知心及心所法,不即不離,悉無所得以爲方便,即證真如。觀一切法如水月,初地乃至法雲地菩薩,觀心如水,觀清淨菩提心三摩地如月,心之與月無二無别,亦無所得以爲方便,即證真如。觀一切法如佛變化,知心心所緣慮無所得以爲方便,則入大空三摩地真如法界,徧周佛界,有情界無間無斷遠離言説,及離能緣所緣,若約真證之門,唯自覺聖智境界所得。

次即應結三摩地印:二手金剛縛仰於加趺上,以二頭指屈中節相拄,甲相背,以二大指頭相拄於頭指甲上置於臍下,閉目澄心,誦通達無礙心真言七徧。真言曰:

唵唧多鉢囉二合底吠无閉反鄧迦噜引彌一

誦真言已,則静慮專注,尋求自心:今我此心爲青爲黄、爲赤爲白,爲方爲圓、爲長爲短,爲是過去、爲是未來、爲復現在? 良久推求,知此心不可得,則能通達空觀,我法二執亦不可得。則能悟入人空智、法空智,則於此無所得心,觀於圓明,淨無塵翳,如秋滿月,炳現於身,仰於心上,則此是本源清淨,大圓鏡智。作是觀已,則誦菩提心真言七徧。真言曰:

唵冒引地唧多母怛波二合,引娜夜引彌一

誦真言已,當於圓明滿月面上觀五鈷金剛智杵,漸引徧舒,普周法界,以淨光明照燭一切有情界客塵煩惱,自佗清淨,平等平等,同一體性。作是觀已,誦真言曰:

唵底瑟姹二合嚩日囉二合

良久諦觀，復漸收斂，其金剛杵大如身量，誦真言曰：

唵嚩日囉二合，引怛麽二合句引撼一

復觀此金剛杵轉成普賢大菩薩身，光明皎潔猶如月殿，戴五佛冠，天衣瓔珞而自莊嚴，項[①]背月輪，白蓮華王以爲其座，右手持菩提心五鈷金剛杵按於心上，左手持般若波羅蜜金剛鈴用按於胯，一切相好悉令具足。作是觀已，復自思惟，一切有情如來藏性，普賢菩薩身徧一切故，我與普賢及諸有情無二無别。審諦觀已，誦真言七徧。真言曰：

唵三去滿多跛捺嚧二合，引撼

誦真言已，則結普賢菩薩三昧邪印，二手外相叉合爲拳，合豎二中指即成，以印印心誦一徧，次安於額，次及喉、頂各誦一徧。真言曰：

三去昧耶娑怛鑁三合，一

次應結五佛冠印：二手金剛縛，豎二中指屈上節以頭相拄，二頭指各捻中指上節，以印置於頂上誦真言一徧，次安額上髮際誦一徧，次移頂右、頂後、頂左各誦一徧。真言曰：

唵薩嚩怛佗去，引蘖多一囉怛曩二合，引鼻曬引迦噁引，二

次結寶鬘印，二手各作金剛拳，額上互相縈遶如繫鬘勢，即分拳於腦後亦如繫帶，其二手各從小指徐徐散下，旋拳如舞。當繫之時，隨誦真言曰：

唵嚩日囉二合麽引囉引鼻詵者滿鋡引，一

次結金剛甲冑印，二手金剛拳正當於心，各舒頭指互相縈遶，口稱唵砧二字真言。次移背上亦相縈遶，卻至右膝、左膝，次齊，次腰、右肩、左肩、喉及項後皆相縈遶。次至額上及以腦後皆如繫鬘帶勢，二手兩邊徐徐散下，便拍掌三徧，名歡悦一切聖衆印，而誦真言三徧。真言曰：

唵嚩日囉二合覩使也二合斛引，一

修行者既成普賢菩薩大印身已，又結普賢菩薩三摩地印，應修普賢行願入文殊師利菩薩般若波羅蜜三解脱門。所謂入空三摩地，運心徧周法界，豁然無有一法可得，於須臾頃澄心静慮，住此觀門。由入此三摩地，滅除一切見。爲除空執，則入無相三摩地，於須臾頃住此觀門。由入此三摩地，滅於空相，則入無願三摩地，於真如智本無願求，須臾之閒住此觀已，則於自身中當心臆閒，觀其圓明可一肘量，猶如秋月，光明澄淨，仰在心中。則誦普賢菩薩陁羅尼真言曰：

怛你也二合佗引阿上難上妳一，引難拏跛底二難拏韈怛顊三難拏俱捨理四難拏蘇駄引哩五蘇駄哩蘇駄囉跛底六没駄跛捨寧七駄引囉抳八阿引韈怛顊阿韈怛顊九僧去聲，呼伽去，呼

① 項，《中華藏》校勘《石》《麗》作“身”。

跛哩乞叉二合帝十僧同上伽涅寧逸反具引灑抳十一達麽跛哩引乞叉二合帝十二薩嚩薩怛嚩二合嚕多矯捨哩也二合,引弩蘖帝十三僧胥孕反訶上尾訖哩二合膩帝十四阿弩韈囉帝十五韈底顙十六韈多引理娑嚩二合訶十七,引

即以此陁羅尼文字右旋布列於心月輪面上,觀一一字皆如金色,一一字中流出光明,徧照無量無邊一切世界。良久用心,心不散動,則於一一字思惟實相義門,又一一字中皆有阿字義門,詮一切法本不生不滅、不有不無、不即不異、不增不減、非淨非不淨,若能悟此實相法門[①],則能證得無量無邊三摩地、無量無邊般若波羅蜜。

次應專注觀於舌端有八葉蓮華,華上有佛,結加趺坐,猶如在定,想《妙法蓮華經》一一文字,從佛口出,皆作金色,具有光明,徧列虚空。想一一字變爲佛身,盡滿虚空,圍遶持經者。其持經者隨其力分,或誦一品,或全部,不緩不急。作是觀時,漸覺身心輕安調暢,若能久長作是觀行,則於定中了了得見一切如來説甚深法。

聞已思惟,則入法身真如觀,一緣一相平等,猶如虚空,若能專注無間修習,現生則入初地,頓集一大阿僧祇劫福智資粮,由衆多如來所加持故,乃至十地等覺妙覺,具薩婆若智,自佗平等,與一切如來法身共同,常以無緣大悲利樂無邊有情作大佛事[②]。若念誦觀智已,則結普賢菩薩三昧邪印,誦真言七徧或三徧,則次結五種供養印,各誦真言三徧,供養諸佛、聖衆,則取左邊閼伽捧當額奉獻,祈心中所求廣大成佛之願。

次結聖不動尊印:左轉解界則入無緣大悲,自佗平等,喻若虚空,則入法身觀,無形無色,於名於義無所戲論。

則結三昧邪印,置於頂上,誦真言一徧,奉送勝[③]會。雖約真言行[④]儀軌奉送,常恒思惟,一切聖衆同一法界,無來無去,願力成就,常[⑤]在靈鷲山中。則起徧禮一切諸佛、菩薩,右膝著地,誦《普賢行願》一徧。則起旋遶窣堵波,或經行,於四威儀心住阿字觀門,入勝義實相般若波羅蜜門,念念徧緣一切有情三界六趣四生,願獲得《妙法蓮華經》王,於聞、思惟、修習速證無上正等菩提。

成就妙法蓮華經王瑜伽觀智儀軌

① 法門,《中華藏》校勘《石》《麗》作“緣生法門”。
② 事,《中華藏》校勘《石》《麗》作“業”。
③ 勝,《中華藏》校勘《石》《麗》作“聖”。
④ 行,《中華藏》校勘《石》《麗》作“門”。
⑤ 常,《中華藏》校勘《磧》作“當”。

甘露軍荼利菩薩供養念誦成就儀軌[①]

特進試鴻臚卿大興善寺三藏沙門大廣智不空奉詔譯[②]

歸命金剛手，密主大菩薩！
能説最上乘，令速證菩提。
甘露軍荼利，能摧諸魔障，
以慈[③]慧方便，現大忿怒形。
成大威日輪，照曜無邊界，
修行者暗冥，速得悉地故。
流沃甘露水，洗滌藏識中，
薰習雜種子，速集福智聚。
獲圓淨法身，故我稽首禮，
我今依密言，微妙[④]理趣教。
説甘露儀軌，阿闍梨先擇，
修密言弟子，淨信三寶者，
愛敬於大乘，渴仰瑜伽教，
好修菩薩行，其心不怯弱，
求學相應門，捨身命及財。
無猒倦悋惜，族姓具諸根，
多聞護正法，愛樂六度行，
愍念諸有情，常披大誓甲。

---

① 底本，《中華藏》第1454號，第65册第812頁中—820頁下，原《金藏》廣勝寺本。

② 譯名，《中華藏》校勘《石》作"大興善寺三藏沙門大廣智不空奉詔譯"，《徑》《清》作"唐三藏沙門大廣智不空奉詔譯"，《麗》作"開府儀同三司特進試鴻臚卿肅國公食邑三千户賜紫贈司空謚大鑒正號大廣智大興善寺三藏沙門不空奉詔譯"。

③ 慈，《中華藏》校勘《石》作"悲"。

④ 妙，《中華藏》校勘《徑》作"密"。

盡度無邊界，一切有情類，
令疾證菩提，阿闍梨若見。
如是法器人[①]，方便而勸誘，
先當爲演説，微妙菩薩道。
善巧般若理，速疾菩提路，
然與受[②]三歸，令發菩提心。
次授與三世，無礙三種戒，
菩薩之律儀，方引入輪壇。
授與本所尊，持明諸灌頂，
應示曼荼羅，告令三昧邪。
從今至成佛，勿捨菩提心，
恭敬阿闍梨，等同一切佛，
猶若執金剛，於諸同學處，
深敬不輕慢，從師受金剛。
及受金剛磬[③]，爲求悉地故，
乃[④]至菩提場，常持不應捨。
親對灌頂師，具受本尊教，
决定無疑謬，然後勇進修。

修瑜伽者從師受得本尊儀軌已，當於閑静處，或於山林幽谷，諸教所説勝上之處，建立淨室，或於精舍，若於塔中，淨治其地，以瞿摩夷塗拭，又白檀香塗曼荼羅，或方或圓，隨意大小，以諸名華散於壇上，塗香、燒香、飲食、燈明、閼伽，隨力所辨，陳設莊嚴。當於室中安本尊像，面向西，修瑜伽者面向東，全身委地作禮，奉獻己身，諸佛菩薩攝受爲主宰。密言曰：

唵引，一薩嚩怛佗蘖多二布惹引鉢囉二合韈多曩夜三多麽二合南你哩夜二合多夜彌四薩嚩怛佗蘖多室者二合地底丁以反，下同瑟綻二合擔引，五薩嚩怛佗蘖多訖孃二合喃阿引尾捨覩六

誦此密言作是思惟，盡十方一切世界微塵刹土諸佛大海會皆有自身，於一一聖衆前捨身奉事，由密言加持故，蒙諸聖衆皆悉攝受，又應五輪著地作禮，復想自徧禮一切如來及菩薩足。密言曰：

① 人，《中華藏》校勘《磧》《普》《南》《徑》《清》作“者”。
② 受，《中華藏》校勘《石》《麗》作“授”。
③ 磬，《中華藏》校勘《磧》《南》《徑》《清》作“磬”。
④ 乃，《中華藏》校勘《石》作“及”。

唵引,一薩嚩怛佗引孽多二播引娜滿娜喃迦路弭三

由此密言加持故,能令瑜伽者不起于座徧至十方,真實敬禮一切塵刹海會諸佛如來。次應右膝著地,合掌當心,閉目運心徧觀虛空,有無量無邊塵刹海會諸佛菩薩集會,降赴瑜伽者所。又想己身對一一諸佛菩薩前,持種種塗香、粖香、華鬘、燒香、天妙飲食、燈明、寶炬奉獻。一切諸佛菩薩不起此座,愍念盡無餘有情界,漂流六趣,由自心虛妄分別,迷於真理,作諸不善,感招異熟,種種苦果。觀於人天趣,耽著五欲,求不得苦,於諸天趣作變易苦,以妙覺華開敷菩提心。觀於寒冰地獄,以焚香氛馥遠離寒冰之苦。於餓鬼趣中,以天妙加持飲食,願彼等充飽,遠離慳悋之業。觀於修羅、傍生趣、色無色界,心器矯誑瞋恚之心,更互殘害及耽著三昧味,以我般若燈明,悉除彼等惑纏。則於佛海會前虔誠發露三世之障,隨喜一切佛、菩薩、聲聞、緣覺,隨喜三世福德智慧資糧。則觀無量無邊界雜染世界中一切有情類,皆證無上正等菩提。又想己身於一一諸佛菩薩前請轉無上法輪,久住於世,莫入涅槃,瑜伽者即結加趺坐,或半加隨意而坐,修瑜伽者不應執著外淨,常以勝義自性清淨法水洗滌身心,如理相應。誦清淨密言三徧:

唵引,一娑嚩二合婆引嚩秫鐸引,二薩嚩達莫引,三娑嚩二合,引婆引嚩秫度憾四

如《金剛頂瑜伽經》中說:

身口意金剛,菩提心爲先,

淨心爲澡浴,利樂修行者。

即取塗香塗二手,合掌當心,即結如來部三昧[①]邪契,如未敷蓮合掌,即以進力附忍願上節,以禪智各附進力側。結成印已,誦密言,入瑜伽作意,觀一切如來徧滿虛空,願加持我。又想從印流出無量光明,照觸盡無餘一切有情,速證[②]平等真如,以此佛三昧邪契速證瑜伽,願一切有情證得究竟大菩提。密言曰:

曩莫三漫多没馱南引,一唵引,二怛佗引孽姤納婆二合嚩野娑嚩二合,引訶引,三

由誦、結契、作意,等同如來,當獲具相三十二無見頂相,三身圓滿,以契安於頂上隨便解散。

次結蓮華部三麽邪印,又芙蓉合掌,當自心前檀慧禪智並豎,餘六度散開,屈如八葉蓮華。結成印已,誦密言,入甚深大悲瑜伽三麽地,觀滿虛空界觀自在菩薩與無量持蓮華者,願加持我。復起此觀從印流出無量光明,照觸六趣有情根本藏識中雜染種子,獲得自佗平等,無緣大悲,速得如幻三摩地,隨類六趣,示現種種身,四無礙解脱,具六十四種梵音,圓音頓應一切有情以成佛道。密言曰:

---

① 昧,原作"麽",據《中華藏》校勘《徑》《清》改,下一"昧"字同。

② 證,《中華藏》校勘《石》作"疾"。

曩莫劍麽攞播拏曳一唵引，二鉢納謨二合納婆二合嚩引也娑嚩二合，引訶引，三

由此印、密言加持故，等同觀自在菩薩，當獲十地、十自在三種意生身，以此契安於自口上解散。

次結金剛部三昧邪印，二手相背，檀慧禪智互相叉。結印成已，誦密言，入菩提心三摩地，觀徧滿虚空界金剛手菩薩與軍荼利無量忿怒衆集會，願加持我。復想從印流出無量光明，照觸一切有情，不定趣異生趣向二乘，速成大菩提。密言曰：

曩莫三滿跢嚩日囉二合赦引，一唵引，二嚩日嚧二合，引納婆二合嚩引也娑嚩二合訶引，三

由誦、結契、作意，不久當得金剛薩埵，身口意金剛能説密教教令輪，以作盡無餘有情上中下悉地，速疾頓證悉地，因便以此印當自心前解散。

復作是念，盡無餘世界中有無量無邊有情，雖發無上菩提之心，雖積集福德智慧資糧，闕瑜伽智慧方便加持妙法，退失善根，諸魔得便。云何爲彼引入解脱輪？爲一一有情説三密瑜伽微妙大乘，速疾頓獲世間、出世間殊勝悉地果報。發如是心，則成被大誓莊嚴甲胄，則結金剛明王最勝印：内縛忍願並申，以進力二度屈如鉤，當忍願初節背如三鈷[①]金剛杵形，禪智並申直附忍願側。密言曰：

唵引，一嚩日囉二合，引哏你二合，二鉢囉二合捻引，二跛跢二合也娑嚩二合，引訶引，三

以此印額、左右肩、心、喉等五處，頂上散。由結此印誦密言作意，則成被金剛甲胄，身同金剛明王，威光赫弈，無量無邊。金剛族使[②]者侍，一切障難及不善心有情無能侵害，上於虚空界乃至下風輪際，所有空行、地居、下毗那夜迦等類皆起慈心，不能爲障礙修密言行菩薩。

次應結金剛輪菩薩印，誦密言，以入曼荼羅者受得三世無障礙，三種菩薩律儀，由入曼荼羅，身心備十微塵刹世界微塵數三麽邪無作戒禁，或因屈申俯仰，發言吐氣，起心動念，廢忘菩提之心退失善根，以此印契、密言殊勝方便，誦持作意，能除違犯愆咎。三昧邪如故倍加光顯，能淨身口意故，則成入一切曼荼羅，獲得灌頂三麽邪。應結契，誦七徧，二手内相叉，進力並申，直忍願纏進力初節前，各以峯相拄，禪智並申直當心。誦密語曰：

曩莫悉底哩也四合地尾二合迦引南引，一怛佗引蘖跢引南引，二闇尾囉介尾囉介三摩訶嚩日哩二合，四娑跢娑跢五娑囉帝娑囉帝六怛囉二合以怛囉二合以七尾馱麽你八三畔惹你九怛囉二合麽底十悉馱引儗哩二合怛覽二合，引娑嚩二合，引訶引，十一

誦密言時作是觀念，盡虚空界徧法界三界生死六趣有情速得入金剛界大曼荼羅，等同金剛薩埵大菩薩。次應身前，想於下界風輪想"憾"字黑色，漸引形如半月，

① 鈷，《中華藏》校勘《石》《磧》《南》《徑》《清》《麗》作"股"，下同。

② 使，《中華藏》校勘《南》《徑》《清》作"種"。

徧相[①]稱如風輪，當思真實句，所謂一切法離因緣。

次應於風輪上想"鑁"字，白色光明，漸引圓滿，大小如本水輪，當思真實句，所謂一切法自性離言説。又於水輪上想"鉢囉二合"字門，變成金龜，放金色光明，漸引廣大無量由旬，當思真實義，所謂一切法勝義不可得，以爲方便。又於空中想"欠"字門，變成毗盧遮那如來，當思真實義，所謂一切法如虚空。佛身色如素月光，首戴金剛寶冠，瓔珞嚴飾，身被天妙輕衣，結菩提勝印，深起悲愍。一切有情被貪、瞋、癡、煩惱火焚燒，積集無量不善極惡之業，想毗盧遮那佛徧身流注甘露八功德水，色如珂雪，淋灑六趣，一切有情煩惱之火盈滿金輪龜背，爲大香乳海故，當結成就海印，十度内縛仰右旋。誦此密言曰：

唵引，一尾麽路引捺地吽二

爲成就變化蓮華故，當觀"覽"字門，流散赤焰而成火輪，其形三角，漸引量同水輪，忽然之閒從金龜背涌[②]出八葉大蓮華，金剛爲莖，廣大無量由旬。於華臺中觀"阿"字門，當思真實義，所謂一切法本不生，從阿字門法界等流涌出蘇彌盧山王，爲成就妙高山故，當結成就寶山王印，十度内相交爲拳相合竪。密言曰：

唵引，一阿者擺吽二

由此印密言三麽地故，便成蘇彌盧山王，四寶所成，七重金山周市圍遶，山閒有八功德水，山王傍出四跳，四天王等天各住本方，無量眷屬衛護金剛峯寶樓閣。其山縱廣八萬四千由旬，其地平正，爲令堅密牢固如金剛，下至空際。應結金剛橛印，戒從慧方背開入掌，忍入願力閒亦然，方願峯從檀戒進忍閒向外出，餘度各以峯相拄。結成以誦密言，想印成金剛橛散流無量威猛火焰，以大指向地釘之，一誦一釘，至三徧便止，即成堅固地界。密言曰：

唵引，一枳里枳里二嚩日羅二合嚩日哩二合嘞引，三滿馱滿馱吽癹吒半音，四

由此印、密言加持故，設於念誦處道場地中，不依法除一切過患不祥，感招種種障難，由此印加持故成金剛座，天魔及諸障者不爲惱害，少用功力，速疾獲大成就，隨心大小稱壇[③]場地應知。

次結方隅金剛牆印，准前橛印，開禪智竪之側如牆形，應觀印成金剛杵，從印流出無量熾盛金剛火焰，右旋印遶身三轉，稱壇大小即成金剛堅固之城。密言曰：

唵引，一薩囉薩囉二嚩日囉二合鉢囉二合迦引囉吽癹吒半音，三

由結印、誦密言作意加持故，一切諸佛尚不違越，何況諸餘難調者、毗那夜迦及

① 相，《中華藏》校勘《石》作"想"。

② 涌，《中華藏》校勘《石》作"踊"。

③ 壇，《中華藏》校勘《磧》《普》《南》《徑》《清》作"道"。

毒蟲利牙爪者而能侵凌。

瑜伽者又應於須彌山頂觀大寶殿，其殿無價摩尼所成，四方正等，具足四門。其門左右有吉祥幢，軒楯周環，徧垂珠鬘瓔珞，鈴鐸繒幡，種種閒錯而爲莊嚴，彌布殿中，微風搖擊[①]，出和雅音。復於殿外四角及諸門角以半滿月等金剛寶而鈿飾之，寶柱行列，垂妙天衣，周布香雲，普雨雜華。復於外有無量劫樹行列，諸天競奏衆妙音樂，寶缾閼伽，天妙飲食，摩尼爲燈。作此觀已，而誦此偈：

以我功德力，如來加持力，

及以法界力，普供養而住。

説此偈已，即結大虛空庫藏印，十度金剛縛進力蹙如寶，禪智並申逼忍願，檀慧戒方合如幢，結是印誦密言，想從印流出如上供具樓閣等。真言曰：

唵引,一誐誐曩三婆嚩嚩日囉二合斛引,二

以此密言印加持故，縱觀不成，皆成真實廣大供養，由此法尒所成故。

又於寶樓閣中央觀"阿"字，兩邊觀"吽引"字，是甘露軍荼利法身種子字。

次於東方觀"吽短聲"字，是降三世法身種子。又於南方觀"怛咯二合"字，是忿怒金剛藏法身種子。又於西方觀"紇唎二合"字，是金剛軍荼童子法身種子。次於北方觀"惡"字，是金剛羯抳古譯云金剛童子法身種子。

即結金剛因菩薩印，爲令成就教令輪曼荼羅故，普令一切有情冥然入金剛界等曼荼羅故。

瑜伽者則同入一切曼荼羅故，得受一切灌頂故，約事業所建立一切曼荼羅，成吉祥清淨，不增不減。一切如來稱讚故，應結金剛因契及誦密語，二手各作金剛拳，進力檀慧互相鉤結，印安於自口上誦三徧，則成入金剛界等教令輪一切曼荼羅。次安於頂上，則成受一切灌頂，復以印按於所建立事相及觀所成等曼荼羅上，則真實如金剛薩埵親建立輪壇。誦此密語曰：

唵引,一嚩日囉二合斫羯囉二合吽二弱吽鑁斛三

次結金剛寶車輅印，十度内相叉仰掌進力側相拄，以禪智各捻進力根下，想金剛使者駕御金剛寶車，乘空而往至於妙喜世界。誦密言三徧，真言曰：

唵引,一覩嚕覩嚕吽引,二

由此密語印加持故，七寶車輅至阿閦如來妙喜世界大集會中，請本尊甘露軍荼利菩薩并諸大忿怒菩薩眷屬，無量諸供養菩薩圍遶乘此車輅。

次結請車輅印，准前印，以禪智向身撥忍願。誦密言三徧，密語曰：

曩莫悉底哩也四合地尾二合迦引南引,一怛佗孽跢引南引,二唵引,三嚩日朗二合儗妍以反你

① 擊，《中華藏》校勘《石》《麗》作"激"。

也曩也反,二合迦哩灑二合也娑嚩二合,引訶引,四

由此印、密言加持故,聖衆從本土來,至道場空中而住。

次結請本尊三昧邪降道場印,十度内相叉作拳,禪度入掌,以智度向身招之。誦密言曰:

唵引,一嚩日囉二合特嘞二合,二曀係曳二合呬婆誐鑁三阿密哩二合哆軍拏哩娑嚩二合,引訶引,四

由此密言、印加持,菩薩不越本誓願故,即赴集會於道場。

次應辟除諸魔作障難者,當用降三世威怒眼印密言於兩目童[①]人上,觀"呬引"字變爲日輪,流出無量威光,於一一光道上有種種金剛火焰猛利杵,顰眉怒目,右旋顧視菩薩大衆,由此金剛怒眼視諸魔隱在大衆中者皆悉退散。以此瞻覩本尊及聖衆,咸皆歡喜。

次結上方金剛網印,准前牆印,以禪智各捻進力下節,結印成已,觀印爲金剛杵,又從印流出無量金剛杵,一一杵皆流出無邊威焰,相績[②]成網,頂上旋印三帀。誦此密語曰:

唵引,一尾塞普二合囉捺囉二合乞叉二合,二嚩日囉二合半惹攞吽發吒半音,三

由此網印、密言加持故,即成金剛堅固不壞之網。

次結火院密縫印,以左手掩右手背豎禪智,結印成已,當作此觀,從印流出金剛熾盛火焰,誦密言三徧,右遶身三帀,想於金剛牆外火焰圍遶。誦此密語曰:

唵引,一阿三麽𩕳你二合吽發吒半音,二

又結大三昧邪印,十度内相叉爲拳,並豎忍願屈進力如鉤,在忍願兩邊如三鈷杵形,以禪智附進力側右旋印三帀。誦密言三徧,護於火院界外。誦密語曰:

唵引,一商羯噤二摩訶三麽琰娑嚩二合,引訶引,三

由此印、密言加持故,如金輪王等佛頂經説,若有人誦持頂輪王等佛頂五百由旬内修餘部密言者,請本所尊念誦,聖者不降赴,亦不與悉地,由一字頂輪威德攝故。若結此大界,設鄰近持誦頂輪王,人不能阻礙本尊[③]威力,所持餘部密言皆速得成就。

次結獻華座印,二手芙蓉合掌,禪智各捻檀慧甲爲臺,餘度如金剛,印成觀印爲金剛蓮華,又想從印流出無量金剛蓮華座,奉獻本尊及聖衆等。誦此密語曰:

唵引,一嚩日囉二合味引囉也娑嚩二合,引訶引,二

由結此印、誦密言故,本尊及營從則真實各受得座已。

瑜伽者應辨,閼伽二新器,

① 童,《中華藏》校勘《石》《磧》《南》《徑》《麗》作"瞳"。

② 績,《中華藏》校勘《磧》《徑》《麗》作"續"。

③ 本尊,《中華藏》校勘《石》《麗》作"不奪"。

商[①]佉或金銀，雜寶及熟銅。
下至瓦木等，充滿盛香水，
時華汎於上，二手捧當額。
即思惟本尊，軍荼利[②]身色，
瑩如碧頗黎，威光逾劫焰，
赫弈佩日輪，蹙眉笑怒容。
虎牙上下現，千目視不瞬，
晃曜咸如日，千手各操持。
金剛諸器仗，首冠金剛寶，
龍瓔虎皮裙，無量忿怒衆。
金剛及諸天，圍遶作侍衛，
觀念分明見，住於曼荼羅。
復觀閼伽水，流出注本尊，
及聖衆二足，能以一渧水。
成閼伽雲海，普徧諸佛刹，
應誦後密言：

曩謨囉怛曩二合怛囉二合夜也一曩謨嚩日囉二合矩路二合，引駄引也二唵引，三婀蜜哩二合路軍拏里四訶娑訶娑五遏者遏者六吽發吒半音娑嚩二合，引訶引，七

由獻閼伽香水故，速獲清淨妙法身。

次結金剛塗香印，加持塗香奉獻本尊及諸聖衆，其印以左手握右手腕，舒右手五度揚掌如施無畏勢，結印成已誦密語，思惟從印流出塗香雲海，徧至一切世界盡虚空界法界，徧滿一切微塵佛刹大海會聖衆前，皆有自身持塗香器，供養一一尊而成廣大供養。誦此密語曰：

唵引，一巘駄莽里你二嚩囉泥鉢囉二合夜儗唎二合恨拏二合娑嚩二合，引訶引，三

由結印、誦密言作意，速獲五分法身，能除一切有情煩惱炎熱。

次結金剛華印，加持諸華奉獻本尊及諸聖衆，下至一華皆成無量雲海，周徧供養一切聖衆，若無華，但結此印奉獻。其印以二手十度内相叉，圓屈進力峯相拄，禪智附進力側，結印成已兼誦密語。復應思惟從印流出種種華雲海，周徧一切世界虚空界法界，徧滿一切微塵佛刹海會大衆前，而成廣大供養。誦此密語曰：

唵引，一莽引邏引駄禮二嚩日囉二合駄禮娑嚩二合，引訶引，三

① 商，原作“啇”，據《中華藏》校勘《石》《磧》《南》《徑》《清》《麗》改。
② 利，《中華藏》校勘《磧》《普》《南》《徑》《清》作“佩”。

由結此印、誦密言加持故，速獲三十二相，能令一切有情菩提心華開發。

次結金剛焚香印，加持焚香，奉獻本尊及聖衆，以二手背相合，進力峯側相拄，禪智各捻進力側。結印成已，即作是觀，從印流出焚香雲海，周徧一切世界盡虚空界法界，徧滿氛馥，供養一切微塵刹土大海會一一聖衆前，皆自身持種種和合香，燒焫供養。誦此密語曰：

唵引，一度引麽式契矩嚕二嚩日哩二合抳娑嚩二合，引訶引，三

由結此印誦密言加持故，速獲無礙智。

次結金剛飲食印，奉獻本尊及聖衆，以二手合芙蓉掌，結印成已，誦密語。又應思惟從印流出無量飲食雲海，周徧一切世界盡虚空界法界，徧滿一切微塵刹土佛大海會一一聖者前，成就無限廣大供養。若以此印加持世間微少飲食，而盛天甘露食雲海，周徧奉獻一切聖者。誦此密語曰：

唵引，一麽攞麽攞二冥伽莽里你三鉢囉二合底儗佀二合恨拏二合，四嚩日哩二合抳娑嚩二合，引訶引，五

由結此印誦密語故，速證三解脱味，得法喜禪悦食。

次結金剛燈印，奉獻本尊及聖衆，其印以右手作拳舒忍度，以禪押進甲，禪峯捻忍中文側，右旋照即作是觀，從印流出無量金剛燈雲海，周徧一切世界盡虚空界法界，徧滿一切微塵刹土佛海會大衆前成廣大供養，以此印加持一燈，便成無量金剛燈雲海，能周徧供養，照曜一切佛刹聖衆海會。誦此密語曰：

唵引，一入嚩二合，引攞引莽引里你二捻跛式契娑嚩二合，引訶引，三

由此密語、印加持故，速獲如來淨五眼。

次結普供養印，供養本尊及聖衆，二手十度初分相交。結印成已，誦密語，思惟從印流出種種供養雲海，天妙伎樂歌舞嬉戲等，天妙衣服、飲食、燈明、閼伽、賢缾、劫樹、寶幢①、幡②蓋、諸寶等類，一切人、天所有受用之物衆多差别供養具，如大乘契經所説供養之具，周徧一切世界盡虚空徧法界，一切微塵刹土諸佛海會一一聖衆前，皆有真實供養。誦此密語曰：

曩莫薩嚩没馱冒地薩怛嚩二合南引薩嚩佗引欠嗢娜誐二合，一帝二娑頗二合囉呬輪誐誐曩劒平娑嚩二合，引訶引，三

供養已，了了觀想本尊兼諸眷屬，即誦此讚，讚揚聖者無量功德。

麽訶麽邏引也戰拏引也一尾你也二合邏引惹引也娑引馱吠二訥難上跢曩麽迦引夜也三曩麽悉帝二合嚩日囉二合播引拏曳四

---

① 幢，原作“憧”，據《中華藏》校勘《磧》《普》《南》《徑》《清》改。

② 幡，原作“播”，據《中華藏》校勘《磧》《普》《南》《徑》《清》改。

讚歎本尊已，然後布字，令自身成本尊三麽地，二手金剛縛仰安臍下，閉目澄心定慮，起大慈心於一切有情，願諸衆生速證本尊三麽地，威德熾盛壽命神通等同聖者。即於自頂上想“唵”字赤色，具大光明照曜十方。次觀“婀”字當心，色如珂雪，内外照曜，如大月輪。又觀“蜜哩二合”字於兩肩上，色如虹霓，徧照一切世界。又觀“帝”字於齊輪，色如皓素，光明潤澤，照於無邊世界一切惡趣。次觀“吽”字於兩髀，其色如黄金，光明照觸無間惡趣。次觀“頗”字安兩脛，其色如玄雲，照觸諸修羅，速令悟正道。次觀“吒”字安二足掌，素色，其形如半月，流出光明，照觸諸外道，令捨邪見網，歸信於三寶。由此布字三摩地，自身變成本尊。

次説本尊身相，應觀四面四臂，右手執金剛杵，左手滿願印，二手作羯磨印，身佩威光焰鬘，住月輪中，青蓮華色，坐瑟①磐石。正面慈悲，右第二面忿怒，左第三面作大笑容，後第四面微怒開口。即結本尊羯麽印，智押慧度甲，餘如三鈷形，慧手亦如之，右押左交臂。密言曰：

唵引，一婀蜜哩二合帝吽發吒半音，二

由此密語印加持自身等同甘露尊，隨意所樂，觀念四臂八臂乃至兩臂千臂，住本尊瑜伽三麽地，蓋②須歷然分明。

次結金剛部母莽莫雞印，二手内相叉，忍願檀慧禪智並申，如三鈷金剛杵形。結印成已，當誦此密言曰：

曩謨囉怛曩二合怛囉二合夜也一曩麽室戰二合拏嚩日囉二合播拏曳二麽訶藥乞叉二合細曩跛怛曳三怛你也二合佗四唵引，五矩蘭馱哩六滿馱滿馱七吽發吒半音娑嚩二合，引訶引，八

如前印自身五處，由部母印加持故，速得悉地現前，一切魔障悉皆遠離，人間所有怨敵、不善心者皆得摧壞。發大慈心向瑜伽者，忽見惡夢或不祥事現，誦一百八徧，一切皆得摧壞。發大慈心向瑜伽者，忽見惡夢或不祥事現，誦一百八徧，一切皆得消散，獲大吉祥。瑜伽者即觀此聖者在本尊前，坐蓮華臺，頭冠瓔珞，如天女形，左手持五鈷金剛杵，右手施無畏勢。即想從部母口中流出金字本尊密言，行列具有光明，入瑜伽者口，於舌上右旋如華鬘。作如是觀行已，頂上解散此印。

次結本尊三昧邪印，檀慧相交入掌，並屈戒方押叉間，忍願並申，進力屈如鉤住③，忍願初節後如三鈷金剛杵形，禪智並申押戒方背，處於忍願間。誦此密言曰：

曩謨囉怛曩二合怛囉二合夜也一曩麽室戰二合拏麽賀嚩日囉二合俱嚕二合，引馱引也二唵引，三户嚕户嚕四底瑟咤二合底瑟咤二合，五滿馱滿馱六賀曩賀曩七阿蜜哩二合帝吽發吒

---

① 瑟，《中華藏》校勘《磧》《普》《南》《徑》《清》作“琴瑟”。

② 蓋，原作“益”，據《中華藏》校勘《磧》《普》《南》《徑》《清》改。

③ 住，《中華藏》校勘《石》作“柱”。

半音娑嚩二合,引訶引,八

當誦七徧,了了分明,觀本尊及自身爲本所尊,由此印密言加持故。聖者不越本誓,授與悉地,即捻珠安於兩手中,如未敷蓮,合掌捧戴。誦金剛語菩薩密言,加持七徧。密言曰:

唵引,一嚩日囉二合愚上呬也二合惹引跛二三麽曳吽引,三

由此密言加持念珠,即誦密言,一徧移一珠,即爲以誦密言一千徧。以二手大指頭指當心[①]掐珠,餘三指散直,左手引珠右手掐珠如轉法輪相,念誦一百八徧或一千徧。若不滿一百八徧,即不充祈願徧數,念誦之時心不間斷,觀身爲本尊,誦之時不應出聲,不緩不急,至"娑嚩二合訶"字珠齊畢,數限滿已,還捧心[②]珠加持安置。

又結本尊三麽邪印,誦密言七徧,然後結部母印,誦七徧。想從自口中卻流出本所持密言金字,行列入部母口,兼所持本尊密言徧數,乃[③]功德付與部母,收掌守護,終不散失。然後結金剛縛定,入本尊密言字輪實根三麽地,即於兩目童人上觀"覽[④]"字,色如燈焰,微屈頸閉目,以心慧眼照了心道。當於胸臆内觀想圓滿菩提心月輪,秉現在於身器,了了分明,離外散動,由智慧定水澄淨,得菩提心月影,於中現良久,心專注一緣。即於圓明上,以心密言右旋,一一字布列,意誦乃至三五徧。即觀初"唵"字一切法本來無所得,與義相應。時但心緣理,不緣於字,一道清淨,徧周法界。即入第二"阿"字門,即觀一切法本不生。既觀已,即入第三"蜜哩二合"字門,一切法我不可得,即成平等真如自性,成就恒沙功德。次應入第四"帝"字門,一切法真如不可得,諦觀已,内有微細能所緣因緣法義。即入第五"吽"字門,一切法因[⑤]不可得,因無所得故,果亦無所獲。次入第六"頗"字門,一切法果不可得,由果無所得故,即成究竟圓滿法身,一切無漏法諸所依止。即觀第七"吒"字門,一切法本不可得。由一切法無諍故,一切法本不可得。由一切法無所得故,一切法本無生。由一切法無生故,一切法我不可得。由一切法無我故,一切法真如不可得。由一切法真如無所得故,一切法因不可得。故由一切法因無所得故,一切法果不可得。由一切法果無所獲故,即一切法離諍。由一切法無諍故,獲得清淨無戲論實相三麽地。周而復始,由一念清淨心相應故,獲得無礙般若波羅蜜,無始時來一切業障、報障、煩惱障一時頓滅,十方一切諸佛及本尊現前,不久當獲得隨意所樂世間、出世間悉地成就,現生證初歡喜地菩薩,後十六大生證無上正等菩提。則從定出,二手金剛合掌,運心觀本尊

① 心,《中華藏》校勘《磧》《徑》《清》作"以"。

② 心,《中華藏》校勘《石》《麗》作"念"。

③ 乃,《中華藏》校勘《石》作"及"。

④ 覽,《中華藏》校勘《石》《磧》《南》《徑》《清》《麗》作"囕"。

⑤ 法因,《中華藏》校勘《麗》作"能所"。

及聖衆,以微妙讚歎聲調,讚揚功德。又以五種供養如前運心而獻之,又獻閼伽,心中所求悉地啓白聖衆,惟願聖者不越本誓,大悲弘願,授與我悉地。則以火院密縫印密言,左轉解前諸結車輅印,想本印想本尊及眷屬乘車輅,向外撥忍願,奉送聖衆,還歸本土妙喜世界,密言如前。

又結前金剛部母,以智度向外擲。誦此密語曰:

唵引,一嚩日囉二合孽蹉孽繞二婆誐鑁三阿蜜哩二合跢軍拏里四娑嚩二合婆嚩南引補曩囉引誐麽曩引也那娑嚩二合,引訶引,五

又結三部印,誦密言三徧。結護身印已,禮佛菩薩,隨意經行,讀誦大乘經典,以福迴施一切有情,心中所求悉地,當願衆生速疾獲得。瑜伽者喫食時,以部主密言、印,加持自身五處,然後喫食。寢息時,以部母印、密言加持自身五處,便易及諸穢處,用烏樞瑟摩金剛心密言、印加持五處,諸魔不得其便,速得成就。烏樞瑟摩心密言曰:

唵引,一俱嚕二合馱曩吽弱二

甘露軍荼利菩薩供養念誦成就儀軌

聖閻曼德迦威怒王立成大神驗念誦法[①]

大興善寺三藏沙門不空奉詔譯[②]

尒時釋迦牟尼佛觀淨居天宫諸菩薩、天龍八部，告文殊師利言：過去十阿僧祇俱胝如來皆於大聖文殊師利菩薩發無上菩提心，説文殊師利真言教法，欲令佛法久住世間，加持國王[③]，護持國界，以十善法化導有情，今正是時，汝當宣説。聖閻曼德[④]威怒王身乘青水牛，持種種器仗，以髑髏爲瓔珞、頭冠，虎皮爲裙。其身長大無量由旬，徧身火焰，洞然如劫燒燄，顧視四方，如師子奮迅。説勝根本真言曰：

曩莫三滿多没馱引南一阿鉢囉二合底賀多舍娑那南二唵羯囉羯羅三矩嚕矩嚕四麽麽迦哩閻二合，五伴惹伴惹六薩嚩尾覲南二合，引，七諸賀諸賀八薩嚩嚩日囉二合尾曩野建九暮囉馱二合吒迦十尒尾旦多迦囉十一摩訶尾訖哩二合多嚕比儜十二鉢左鉢左十三薩嚩訥瑟鴿二合，十四摩賀誐那鉢底十五尒尾旦多迦囉十六滿馱滿馱十七薩嚩孽囉二合憾十八殺目佉十九殺步惹二十殺左囉拏二十一嚕捺囉二合麽曩野二十二尾瑟怒二合麽曩野二十三没囉二合紇麽二合撚泥嚩那曩野二十四麽尾覽嚩二十五羅户囉户二十六曼拏攞末第二十七鉢囉二合吠舍野二十八三麽野麽怒娑麽二合囉二十九吽吽吽吽吽娑頗二合吒娑頗二合吒娑嚩二合，引賀引，三十

纔誦此真言，三千大千世界六種震動，所有天魔、毗那夜迦於世間作障者所居宫殿皆大震動，恐怖不安，皆來雲集頂禮大威德尊，白言：唯願哀愍，令我無畏。

尒時威怒[⑤]王白佛言：我今所説真言，十地菩薩聞此真言，不隨順教法者尚能銷融，况餘諸天龍八部作障難者！先誦此真言滿一万遍，則能作種種猛利調伏法。若

① 底本，《中華藏》第 1481 號，第 66 册第 109 頁中—118 頁中，原《金藏》廣勝寺本。校本，《大正藏》第 1214、1215、1216 號，第 22 册第 73 頁上—81 頁上，原《麗藏》本。

② 譯名，《中華藏》校勘《石》《磧》《南》作“大興善寺三藏沙門大廣智不空奉詔譯”，《徑》《清》作“唐三藏沙門大廣智不空奉詔譯”，《麗》作“開府儀同三司特進試鴻臚卿肅國公食邑三千户賜紫贈司空謚大鑒正號大廣智大興善寺三藏沙門不空奉詔譯”。

③ 國王，原作“威力”，據《中華藏》校勘《石》《麗》改。

④ 曼德，《中華藏》校勘《磧》《南》《徑》《清》作“曼德迦”。

⑤ 怒，《中華藏》校勘《石》作“德”。

有惡人怨家,於善人起惡意,相危害者,應當鑄一金銅威怒王像。其像隨意大小,於一淨室作三角壇,安像壇中,壇底畫彼人形,或書姓名,像面向北。持誦者身着黑衣,面向南坐,結槊印,忿怒勵[①]聲。日三時,念誦一七日。其惡人或患惡疾,或患惡瘡,或身喪滅。

又法,畫彼設覩[②]嚧於貝葉上或樺皮上,畫了結鐝印,按彼心上,誦真言加持一百八徧。然後置像坐下,取熒惑日午時作法。又每日於中夜以槊印按彼像心上,誦真言二十一徧,想彼設覩嚧在像底,并營從眷屬皆衰喪。

又法,先畫三角壇,壇中畫設覩嚧形,取佉陀羅木作橛,可長四寸,橛頭如獨股形,以真言加持一百八遍,真言句中安彼人名,於此句下加之,便釘彼心上。一月於像前三時念誦,時別一百八徧,隨力供養,焚安悉香。滿一月已,設覩嚧即坐卧不安,遠娑頗[③]久,後身患至死。持誦者起悲愍,爲作息災護摩法,彼則如故。

次説大[④]心真言法,真言曰:

唵一紇哩二合,二瑟置哩二合,引尾訖哩二合多娜曩吽四薩嚩設咄論二合曩捨野五塞擔二合婆野六娑頗二合吒半音娑頗二合吒半音娑嚩二合,引賀引,七

對大聖像前,作三角壇,誦此真言一萬徧,功行即成。然後取黑泥,捏作設覩嚧形,仰卧,於腹中著驢糞。又取驢骨作橛五枚,長六寸[⑤],一一橛各誦真言一百八徧。以二橛釘左右二肩,二橛釘兩脞,一釘心上,面南坐,燒安悉香,誦真言一萬遍,其捨覩嚧即患病,吐血而死。

又法,對像前作三角火壇,護摩七夜,以棘刺柴然火,取苦練葉,書二相愛人名,以葉相背,用蛇皮裹[⑥],以鼠狼毛爲繩,纏葉上,用一百八枚。於真言句中稱彼人名,誦真言,一遍一擲火中,彼二人即互相憎嫌不和。

又法,欲令惡人遠去,取烏翅一百八枚,揾芥子油,於三角爐中燒棘刺柴然火,護摩一夜,於真言句稱彼人名,一徧一擲火中,其人不自由,即便遠方去。

又法,欲於軍陣得勝者,取茅草葉一百八枚,長十二指,揾油麻油,三角爐中燒棘刺柴然火,護摩七夜,誦真言一百八徧,於真言句中稱彼將帥名,一徧一擲火中,即得彼軍陣破得勝。

又法,取鐵末六兩,誦真言句中稱彼人名,然後取一撮以真言加持,一徧一擲三

① 勵,《中華藏》校勘《磧》《南》《徑》《清》作"厲"。

② 覩,《中華藏》校勘《麗》作"都"。

③ 娑頗,《中華藏》校勘《石》《磧》《南》《徑》《清》《麗》作"走而去"。

④ 大,原脱,據《大正藏》本補。

⑤ 寸,《中華藏》校勘《石》作"指"。

⑥ 裹,原作"褁",據《中華藏》校勘《石》《磧》《南》《徑》《清》《麗》改。

角爐中，護摩七夜，彼設覩嚧即自衰喪。

又法，取佉陀羅木橛長四指，於三角壇中以燒屍灰畫捨覩嚧形，誦真言，加持橛一百八徧，釘捨覩嚧心上，想自身爲大威德忿怒尊，以左脚踏捨覩嚧心上。誦真言一千徧，真言句中稱彼人名，其人即滅亡。

次説心中心法真言曰：

唵一瑟致唎三合，引，二迦攞嚕跛吽欠娑嚩二合，引，三賀引，四

念誦作此法時，此心真言印身五處，護身及辟除結界用。若能每日誦一千徧，一切惡人怨家不得其便，令彼作惡法不成，呪咀[①]厭禱，悉皆破壞。若見惡夢，誦七徧，惡夢不應。

又法，結心中心印，遥揮設覩嚕方，其家國界災起，疫疾旱澇。若欲解時，起大悲心，遥想彼國界人衆互起慈心，相向如父如母、如男如女。誦真言一萬徧，即得災息。

次結根本印法，二手内相叉作拳，二中指直豎，頭相合即成。此印有大威力，有大神驗，纔結此印、誦真言，其人等同大威德忿怒明王，身無有異。

次説心印法，如前根本印，舒二頭指，屈如三戟叉即成。結此印誦真言，所作事法皆得成就。

次説心中心印，如前心印，直豎二頭指即成。結此印、誦真言，能成辦一切事。

又法，若欲摧他敵者，應當建三角壇，於中畫大威德明王，身作玄雲色，遍身生火焰，執持諸色器仗。身安三字，謂頂安"唵"字，口安"噁"字，心安"吽"字。成就尊身已，於其像下置諸捨覩嚕，并安名字。對此像前，應當布於自身，一同壇中像法，威驗並皆如是。即結印，誦前大心真言一千八十遍。於真言句義中捨覩嚕下，稱彼名字，令彼群黨自然退散，或令多病，吐血而斃。又畫彼像及想己身，並青黑色，六足、六首、六臂，所以淨六趣，滿六度，成六通。次誦三字明，隨處一一布真言曰：

唵噁吽

作此加持成就身已，即誦大威德明王讚：

曩謨引嚩囉娜嚩日囉二合蘖囉二合，一曼儒具灑摩賀引麽攞二娑賀娑囉二合吠遇尾惹異三尾覲曩二合囉瑟吒囉二合跛末娜迦

次説二十三種供養，能令所作之法速得成就[②]。

次隨心真言曰：

唵一瑟置哩三合，二迦攞嚕跢吽欠薩嚩二合，引，三賀引，四

次心頂口心真言曰：

① 咀，《中華藏》校勘《石》《麗》作"詛"。

② "又法，若欲摧他敵者"至"速得成就"，原置尾題後，據《大正藏》本移置此。

唵唖吽初結印念誦，先想三字青色即成本尊，六足六首六臂，所以淨六趣，滿六度，成六通

聖閻曼德迦忿怒王念誦法

次説二十三種供養，先攝頌曰：

初從掃地誦，請召次閼伽，
獻座澡浴鈴，衣塗香焚華。
加持五色粉，圓[①]壇誦真言，
次誦寶幢幡，寶軒寶樓閣。
扇及寶嚴等，燈真言獻食，
及獻念誦數，奉送佛[②]最後。
誦畢依畫像，次第皆如是，
此偈智者秘，持誦者自知。

此是真言曰，計數二十三，今從掃地起。掃地真言曰：

唵一你寧逸麽佗你准上麽他二薩嚩步旦引，三

請召真言曰：

唵一殺目佉二殺步惹三殺左囉拏四阿徒牟娑攞五跛囉戍播捨訶娑多二合，六

閼伽真言曰：

唵一摩訶尾覩曩二合伽引多迦

獻座真言曰：

唵一吽吽塞頗二合吒半音塞頗二合吒二，半音

澡浴真言曰：

唵一薩嚩步多婆野吒迦二合囉二合

金剛鈴真言曰：

唵一阿吒吒訶娑曩引你甯

衣真言曰：

唵一尾夜二合伽囉二合左麽你嚩娑曩

塗香真言曰：

唵一矩嚕矩嚕二薩嚩羯麽抳

焚香真言曰：

唵一親上娜親娜二薩嚩滿怛囉二合

① 圓，《中華藏》校勘《麗》作"圍"。

② 佛，原作"拂"，據《中華藏》校勘《麗》改。

華真言曰：

唵一頻娜頻娜二跛囉母捺囕二合

加持五色粉圓壇真言曰：

唵一薩嚩訥瑟鴿二合鉢囉二合，引吠捨野鉢囉二合吠捨野曼荼羅末弟

寶帳真言曰：

唵一麽引尾覽嚩麽引尾覽嚩二

幢幡真言曰：

唵一吠嚩娑嚩二合，引多二貳尾旦引多迦囉三

幡真言曰：

唵一矩嚕矩嚕二麽麽迦引哩焰二合，三

寶軒冕真言曰：

唵一薩嚩舍跛哩布囉迦二

寶樓閣真言曰：

唵一三麽邪麽努娑麽二合囉

扇真言曰：

唵一塞怖二合吒野塞怖二合吒野二

莊嚴真言曰：

唵一阿引羯囉灑二合野阿引羯囉灑野二

燈真言曰：

唵一娜訶娜訶鉢左鉢左

獻食真言曰：

唵一佉佉二佉引呬佉引呬訥瑟吒二合，三薩怛嚩二合曩麽四

獻念誦徧數真言曰：

唵一係係婆誐梵二

奉送真言曰：

唵一緊至囉引野徙二

拂真言曰：

唵一尾訖哩二合跢曩曩曩二

右已上真言，修行者但三或七遍，則具如上二十三種供養，所求悉地速成就①。

又於上二十三種明中，加持五色粉明，應於建立壇已，當用此真言加持其粉，以用圍壇。其奉送真言念誦畢已，欲出道場，應誦此明，以遣聖衆。

---

① 此段注文，《大正藏》本作正文。

又法，欲令聖者疾得降臨，速除障難，滿本願者，准前建立三角火壇。當取安悉香及白芥子，與摩努沙嚕地囉和諸毒藥、赤芥子，并油獨管之葉一百八枚，苦練枝一百八枚，削兩頭尖[①]，長十二指，以用搵油。誦真言曰：

曩謨三滿多没駄引喃引，一阿鉢囉二合底賀多舍引娑曩引南引怛你野二合他引係係摩賀引俱嚕二合，引馱三殺目佉四殺部惹五殺者囉拏六薩嚩尾引覩曩二合伽引多迦七吽吽緊支[②]囉引野枲摩賀引尾曩引野迦八貳尾旦引多上迦囉九槈娑嚩二合跛難二合冥曩引捨野十攞護攞護三麽野麽砮娑麽二合囉十一娑發二合吒娑發二合吒吒，半音呼之，上同，十二娑嚩二合，引訶引

誦一遍已，及諸香藥一擲火中，盡一百八枚已，所求之願皆得成就。是時聖者不違本誓，疾至道場，爲作加護。若有惡夢，由加持力，皆悉不現，究竟消滅。行者作前諸法念誦畢已，當出道場，起慈悲心，勿生怨害，經行任意，轉讀大乘[③]。

大乘方廣曼殊室利菩薩華嚴本教讚閻曼德迦忿怒真言大威德儀軌品第三十[④]

介時金剛手大藥叉將在彼衆會，從座而起，偏袒[⑤]右肩，右膝著地，於佛世尊合掌禮敬。而白佛言：世尊，曼殊室利童真不廣説閻曼德迦忿怒王，我觀未來有情，如來涅槃後佛教隱滅，大恐怖末法之時，無聲聞、緣覺，遠離佛刹。護持正法故，法界久住故，制伏一切難調悖逆僞王故，不利益三寶者，菩薩善巧，以此不思議法，治罸調伏滿足故，以不思議法成熟離惡趣故，於佛法磨滅時，令住持佛法者，依法教持誦閻曼德迦忿怒王，皆悉决定成就。不益於佛教有情及悖逆僞王，於佛教不益者有情，應用閻曼德迦忿怒王，非餘類者。介時世尊默然入遊戲神通加持三昧，曼殊室利菩薩亦寂嘿而住，一切集會衆六種震動，天衆皆悉驚忙惶怖，一切天、龍、阿修羅王，及諸母天、一切曜等，并天人衆，彼等震動，心生苦惱。惡心布單那暴惡者，並皆歸依法王教，及祕密主藥叉金剛手大威德，及歸依曼殊室利童真真言三麽邪。彼等咸作是言：曼殊室利，願垂哀愍救護，我等被此忿怒真言燒爍，我輩皆受楚苦，悶絶躃[⑥]地。時大威德

① 尖，原作"大"，據《大正藏》本改。

② 支，《大正藏》本作"支"。

③ "又於上二十三種明中"至"轉讀大乘"，《中華藏》原據《麗》附録於經末，今據《大正藏》本及《中華藏》校勘《石》《磧》《南》《徑》《清》《麗》移置此。

④ 本品，《中華藏》校勘《石》《徑》《清》及《大正藏》本另作單譯經。品題中，大乘方廣曼殊室利菩薩華嚴本教讚，《中華藏》校勘《石》作"曼殊室利菩薩"；讚，《中華藏》校勘《麗》無；忿怒，《中華藏》校勘《麗》作"忿怒王"；大威德儀軌品第三十，《中華藏》校勘《石》作"儀軌經"，《徑》《清》作"大威德儀軌品"。品題下，《中華藏》校勘《石》有譯名"大興善寺三藏沙門大廣智不空奉詔譯"，《徑》《清》有"唐三藏沙門大廣智不空奉詔譯"，《大正藏》本無。

⑤ 偏袒，原作"偏祖"，據《中華藏》校勘《石》《磧》《南》《徑》《清》《麗》改。

⑥ 躃，《中華藏》校勘《石》作"擗"，《大正藏》本同。

以曼殊室利童子形而作是言：

諸天等勿怖，藥叉羅刹娑，
及諸修羅衆，我説三昧邪，
無能違越者。人非人鬼神，
及諸部多等，汝等發慈心，
咸念正等覺，法王兩足尊。
釋師子仁王，彼佛説真言，
佛頂佛眼等，於三界中輪，
光聚勝高頂，最勝頂真言。
蓮華手觀音，聖觀自在尊，
毗俱胝多羅，名稱明妃尊，
白衣及大白，野輸[①]嚩底明[②]，
威德馬頭尊，蓮花族明王。
最勝佛流出，一字轉輪王，
真言中主宰，應念天中天，
明主大威猛，大忿閻曼德。
亦念觀自在，從心起悲愍，
先佛故宣説，多羅救有情。
觀自在所説，住悲三麼地。
聖者現女形，是菩提薩埵，
行於菩提行，於諸千世界，
復於無數刹，遊歷諸苦難，
拔濟諸有情，持妙色女容。
調伏皆令順，安立菩提乘，
爲諸菩薩説，應念金剛手，
勤勇真言王，持族麼莫雞，
三界應供者，鉤鎖彌佉羅，
金剛拳名稱，忿怒妙月黶，
青棒恐怖形，如是使者衆，
忿怒名天師，金剛族最勝，

① 輸，原作"輪"，據《大正藏》校勘[甲]（黄檗版淨嚴等加筆本）改。
② 明，《中華藏》校勘《石》《麗》及《大正藏》本作"時"。

若念便加護。世間中香象，
菩薩大威德，得大勢菩薩。
大威德長子，普賢端嚴尊，
是時若憶念，遠離諸恐怖。
復當常憶念，寶賢大自在，
最勝藥叉王，聲聞緣覺衆，
咸皆離諸怖。若供養彼等，
即得大加護，廣果及福生。
色無色諸天，離欲大威德，
供養三寶者，淨信於佛教。
彼皆無所有，友非友怖畏，
則名三昧邪，諸真言難越，
此忿怒中勝，閻曼德所説。
徧護諸有情，一切天人衆，
咸皆生歡喜，各住於本誓。
佛子皆稱讚，聞此陵[①]忽言，
藥叉主忿怒，於彼時振動。
無數千世界，忿怒王無益，
何故諸佛子，而已先宣説？
忿怒王威德，調伏暴[②]有情，
在於大衆中，高聲而告令。
金剛手言已，棄擲金剛杵。
則彼大威德，妙音智慧尊，
童子形嗤誚，復作如是言：
勿惡大藥叉，金剛手威德，
我所説此聖，怒王大自在。
我今授與汝，恣意而廣説，
汝豈盡能述，忿怒王威德。
是汝所任持，如在身中現，
攝召咸來集，心明復問答。

① 陵，《大正藏》本作“凌”。

② 暴，《中華藏》校勘《石》作“諸”。

不能現變化，忿怒阿尾奢，
聽汝廣宣説，除捨三麽邪。
不澡浴躭眠，隨順於愛慾，
塗油貪盥飾，瞋怒心常恒。
棄捨勝真言，不淨信佛教，
疑惑於正法，惡行不淨信。
於妙法僧寶，謗毀心散動，
穢污於三寶，非清淨境界。
不密真言教，常穢無哀愍，
天室寺道場，於中穢汙行。
如是諸類等，忿怒皆摧壞，
破三昧邪禁，不知相應明，
乃至微虧行，忿怒皆治罰。
人間一切處，不可免放逸，
放逸心染著。若毀三昧邪，
忿怒王得便，愚夫一切處，
隨順於放逸。修行真言者，
應離欲解脱，如聲聞緣覺，
忿王無[①]能逼，曼殊悲愍心。
説如是語已，諸佛難思行，
及菩薩大威，作如是語已，
寂嘿而安住。

尒時吉祥大威德金剛手菩薩既蒙印可，踊躍歡喜，復引手捫持金剛杵。

閻曼德迦忿怒王真言阿毗遮嚕迦儀軌品第三十一六足本尊品第二[②]

尒時金剛手祕密主觀察大集會衆[③]，及淨居天宫坐衆，作是告言：汝等應聽忿怒王無比威猛曼殊室利之所説治罰難調者，乃至斷命，令順伏故，先且説畫像儀軌。

尒時金剛手祕密主以偈宣説，而作是言：

① 忿王無，《中華藏》校勘《石》《麗》作“忿怒王”。

② 本品，《中華藏》校勘《徑》《清》作單譯經，《大正藏》本同。品題前，《大正藏》本有“大方廣曼殊室利童真菩薩華嚴本教讚”。品題中，“第三十一”及夾注，《中華藏》校勘《徑》《清》無。品題下，《中華藏》校勘《徑》《清》有譯名“唐三藏沙門大廣智不空奉詔譯”。

③ 衆，《中華藏》校勘《石》《麗》無。

不擇日吉宿，亦不限齋戒，
怖畏冤敵故①，應畫忿怒像。
於黑分八日，及以十四日，
當於塚間取，纏屍梵志衣，
應於中夜間，以血漬其氎②，
又以水洗之，應令曬曝乾。
猛惡性畫師，起忿形可畏，
黑分於塚間，三夜畫令成。
八夜十四夜，以犬脂然燈。
畫人當應住，面向於南方，
藉以髑髏坐，護定心身住。
或行者自畫，怖冤所陵逼，
當於初夜分，冤者身③燒然。
二更著寒熱，神著皆昏悶，
三更捨其命，死已往佗世。
云何彼安然，懷惡於行者？
冤對身枯爛，其家乃滅門。
由畫此像故，閻曼德迦像，
六面六手足，黑色肚如狼。
持髑髏鬘怒，虎皮以爲裙，
持種種器仗，捧手而可畏。
眼赤暴惡形，三目爲摽幟，
豎髮熾火焰，或暈④黑烟色。
亦如安善那，夏雨玄雲色，
其狀如劫燒，應畫乘水牛。
忿怒暴怖事，能壞嚧那囉，
亦斷閻摩命，忿猛爲常業。
恐怖極操惡，怖中極凶怖，
能殺諸有情。應畫是忿怒，

---

① 故，《中華藏》校勘《石》《麗》作“者”。
② 氎，《中華藏》校勘《石》《麗》作“緤”，下同。
③ 身，《中華藏》校勘《磧》《南》《徑》作“自”。
④ 暈，《中華藏》校勘《石》《麗》作“暈”。

自血以爲色，調和色暈淡，
犬脂和牛酥，盛以髑髏器，
死人髮作筆，管以犬骨爲。
斷食而應畫，自作或使人，
廣獻食華等，赤鬘紫檀香，
犬肉爲焚香，人脂燈莊嚴。
正畫像之時，初中後供養，
畫像應分明，詶賞畫人功，
廣多與價直，令彼心歡喜。
無閒應作之，大猛利事業，
買所用諸物，勇士不詶價。
所作剋成就，以種種供養，
賞彼畫像人，令喜斷希望。
應當護彼身，不尒損於彼，
并其家眷屬，亦應護自身，
念誦應畫之，是則爲儀軌。
分明作此像，纔見滿意願，
成辨一切事，暴寃作害者。
應持妙像去，隨意所樂求，
大用及悖王，大富縱逸人，
尤增上慢者，兇暴惡業人。
不益於三寶，斷見嫌真言，
不敬真言士，或嫌敬彼者，
亦嫌持誦人，輕忽真言者。
作法如儀則，常不樂善法，
逼惱諸有情，爲彼應作法。
不久命當絶，取木槵皮葉，
并根及子果，醋漿乃相和，
及以人骨粖，芥子油并毒，
酸思子[1]生薑，及赤芥子粖，
盡以人血和，并置於像前。

① 子，《大正藏》本作"之"。

行者面向南，尊像面向北，
像前作軍荼，苦木以然火，
或燒其刺木，於彼爐應置，
相和以護摩。具知儀軌者，
則當召火天，以忿怒明王，
即結輪羅印，通一切事業，
千八徧投火，皆作大忿怒。
初則兒凋喪，次及眷屬亡，
第二主及妻，并以親族滅，
第三彼皆死，如教應當知。
對於此像前，中夜應念誦，
爲損彼怨故，如是應隨順。
彼國當滅亡，軍衆著疫病，
火起大風起，暴雨而霖霪。
一切軍大衆，佗敵來討罰，
有種種災難，及諸疾病起，
一切身枯悴，爲彼悖王作。
成就不應疑，非人徧充滿，
其家亂鬪諍，寢息不得安。
其地悉旋動，羅刹吸精氣，
皆圍遶其家，逼惱悉怖畏，
憂煩至楚苦，無能加[①]護彼。
自在等地天，梵天等護世，
忉利天帝釋，一切真言天，
世間諸天等，纔見此[②]威怒，
彼命即殞絶。中夜及日中，
持誦者[③]若忿，閻摩王躬親，
令彼身震裂。隨樂於黑分，
安立是尊像，廣作供養食。
於曠野塚間，迴樹稜誐廟，

① 加，《中華藏》校勘《南》《徑》《清》作“救”。
② 此，原作“作”，據《中華藏》校勘《南》《徑》《清》改。
③ 者，《中華藏》校勘《徑》《清》作“經”。

山間及巖窟，無侣當獨居，
常應作此法。寂静大蘭若，
於空天空中[①]，空屋[②]及河側，
海岸應往彼。如是等類處，
住彼隨意樂，於百由旬内，
應作如是法。如是説事量，
清淨當作之，應住不放逸，
清淨離愛欲。
真言境界不思議，真言所行不思議，
真言神通不思議，行者成就不思議，
所作事業不思議，所獲果報不思議。
今現怒王閻曼德，是大威德業神通，
所生遊戲神通境，行者成就不思議。
顯現於此贍部洲，一切菩薩大威德，
彼皆無能爲加護，何況世間諸真言。
一切執曜及母天，伊舍那等爲毗紐，
婆藪童子天，乃至天帝釋，
不以三昧邪，能護持彼人。
佛子及菩薩，威德住十地，
緣覺及聲聞，離欲大威德，
不能護持彼。所作[③]先本誓，
我今略宣説，應聽求富貴，
損害持誦者，無有能禁制。
不喜持明人，云何得災息？
若發淨信心，兼生悲愍意，
持誦忿怒王，大威閻曼德，
是時災害除，便護其身命。
白氎[④]芥子油，五種尾杉[⑤]藥，

① 空中，《中華藏》校勘《石》《麗》作“中空”。
② 屋，《中華藏》校勘《石》《麗》作“窟”。
③ 作，《中華藏》校勘《石》《麗》作“求”。
④ 氎，《大正藏》本作“綠”。
⑤ 杉，原作“衫”，據《中華藏》校勘《麗》改。

犬血及犬肉，三辛鹽芥子，
螺粖酸思子，海鹽陀咄根，
及俱舍得枳，莊[①]麻根麻灰，
紅藍華根棘，與摩陀那根，
葱蒜波羅奢，區吒迦及韭，
蘇羅并藥酒，如是藥等分，
投於像前爐，燒滿一千八。
寃家根裔殞，親族并朋友，
護天及營從，種末皆殄除。
至於第二徧，持誦者護摩，
則令彼土境，井[②]邑皆飢饉，
亢旱及疫疾，羅刹皆充滿，
失火并雨石，霹靂與霜雹。
於聚落村坊，乃至悖王境，
有多逼惱生，敵軍來討罰。
彼境生災祥，種種不祥類，
燒度度羅根，彼人即癲狂，
常燒辛辣物，徧身如火焚。
若燒極醋物，彼著寒熱病，
生於彼身中。悖王憍慢者，
大朋黨[③]燥[④]惡，依輔[⑤]大軍衆，
二夜或七夜，令彼命殄盡。
彼人所事天，及其屬星宿，
用以燒屍灰，畫彼等形狀。
對於尊像前，以脚踐其頂，
念誦仍忿怒，令彼悖僞王，
忽然種種病，大患所侵陵，

① 莊，《中華藏》校勘《麗》作“稗”。
② 井，《中華藏》校勘《麗》作“并”。
③ 朋黨，原作“用冨”，據《中華藏》校勘《石》《麗》改。
④ 燥，《中華藏》校勘《石》作“懆”，《麗》作“躁”。
⑤ 輔，原作“轉”，據《中華藏》校勘《石》《麗》改。

剎那頃殞[①]滅，猛獸銜咬死。
或被損肢節，或復羅刹吞，
穢惡非人類，食肉布單那，
毗舍遮餓鬼，及與諸母天，
自身及侍者，須臾頃壞滅。
吉祥持金剛，處衆而説已，
徧禮一切佛，默然而安住，
利益世間故，復作如是言：
一切藥叉衆，藥叉女真言，
菩薩之所説，及藥叉將主，
藥叉女教輪[②]，一切恣受用。
鉤召及敬愛，諸惱不蠲除，
求染真言者，愛暗昏其慧。
不能於對治，以佛戒制斷，
無始於[③]輪迴，數習深可愍。
從苦至於苦，佛故説惡趣，
若能護諸根，梵行獲善趣。
是故賢[④]寂静，究竟證涅槃，
三業乘平等，獲得於[⑤]圓寂。
顛倒吞惡慧，愚者染昏昧，
生死惡稠林，輪轉於五趣。
哀愍彼苦故，聽受用貪染，
能遮一切罪，及斷三種過，
奉順法王教，解脱諸結縛。

大方廣曼殊室利童真菩薩華嚴本教閻曼德迦忿怒王品第三十二[⑥]

尒時寂静慧菩薩摩訶薩在彼大衆集會而坐，即從座起，頂禮一切如來，於集會中

① 殞，《中華藏》校勘《徑》《清》作“殄”。
② 輪，《中華藏》校勘《磧》《南》《徑》《清》作“倫”。
③ 於，《中華藏》校勘《南》《徑》《清》作“墮”。
④ 賢，《中華藏》校勘《南》《徑》《清》作“樂”。
⑤ 於，《中華藏》校勘《南》《徑》《清》作“證”。
⑥ 品題，《中華藏》校勘《徑》《清》無。

住，遶釋迦牟尼佛三帀，接佛雙足，虔恭長跪。即觀金剛手藥叉之主，作如是言：汝極暴惡金剛手，爲諸有情宣説殺害一切有情及聽一切貪染真言教法，佛子諸菩薩非如是法。夫爲大菩薩從大悲所生，行菩薩行利益，以增上意樂正行故，不離諸有縛。佛子如來應正等覺爲一切有情説損害諸有情法，大悲成就故，於諸有情利益安樂，增上意樂故。

尒時金剛手菩薩摩訶薩告寂静慧菩薩言：寂静慧菩薩，如是學，如是住，如汝所説，如汝所顯示。如一切佛、菩薩大威德者説，我亦如是説，依勝義實際法作如是説。

實際不思議，異熟不思議，
佛法不思議，菩薩不思議，
調伏有情行，行行不思議，
菩薩之所行，故稱不思議。
於諸真言教，威德不思議，
忿怒王真言，大威閻曼德，
神境不思議，大威不思議。

寂静慧，不思議菩薩摩訶薩等流行①有情界，所生如是。寂静慧，真言行菩薩應發如是心。若行婬欲，於諸有情獲罪無量，墮於大那落迦，作瞋怒有情亦獲罪無量。勿令有情於三種菩提無所堪任，寂静慧，如是持真言菩薩發如是心。我以善巧方便，作阿毗遮嚕迦，於一切事業不應取相，不應執不善。應學調伏有情方便，以大悲纏心。復次佛子，法非法，淨非淨，善非善。感應化有情善巧，諸佛、菩薩從法界所流出，修行教法，即以此教於有情方便説，成就有情故，應如是正住。佛子，我等應如是學，所謂調伏有情，成熟有情，寂静有情。彼佛子所入曼荼羅集會，盡皆應聽淨信，善應觀察善不善。所謂如來説法深生愛樂，不應疑謗。

尒時寂静慧菩薩摩訶薩觀察，嘿然而住佛法不思議，如是作意，則瞻仰如來。時金剛手祕密主觀察大衆集會，復説忿怒王教法。教大衆言：“汝等天衆有情界，所依鬼神衆，行者先應護自身。取忿怒王像，住於一處，所謂於摩醯首羅陵②誐廟，以毒藥、芥子、犬血和漿水，塗有陵誐，取白氎③葉供養。取人腸以爲神線，角絡纏之。以右手持人髑髏，擲打陵誐。左手頭指擬大怒而住④，彼崢⑤王陵蔑及餘惡人、

① 行，《中華藏》校勘《磧》《南》《徑》《清》作“界”。
② 陵，《大正藏》本作“淩”，下同。
③ 氎，《大正藏》本作“緤”，下同。
④ 住，《中華藏》校勘《徑》作“往”。
⑤ 崢，《中華藏》校勘《南》《徑》《清》《麗》作“悖”。

大朋大黨[①]、暴惡主宰，其作法處閉門，裸體被髮。以左脚踏摩醯首羅，陵誐擗裂兩段。聞大吽聲，不應怖畏。即其日悖王及餘大惡、朋黨寃敵，則被大寒熱病所持，或非人或羅刹所著。又更須臾頃念誦，其寃敵於刹那頃殞矣。若至連夜誦，彼家眷屬滅壞。

又法，日中至於摩醯首羅廟，取苦練葉獻之，燒犬肉充，焚香，誦真言，其寃家被火燒然，即著瘧病戰慄。若念誦，不間瞋怒，住摩醯身右邊，即彼寃家[②]喪滅。若欲令如故者，又以水洗陵誐。復冷牛乳浴之，還復如故。

又法，摩醯首羅陵誐右邊，然摩捺那棘木柴，以毗梨勒木，搵毒血、芥子油，投火一千八徧，其寃家著大患，無能醫療者。第二日即以大寒熱病及大病所持，或著種種病，或非人所持致死。第三日三時念誦，其命悉皆捨。欲求[③]如故，以乳摩彼聚落及寃家，悉得安樂。如是彼人所事一切天、一切鬼神，以脚踏持誦之，書彼人所屬星宿，以左脚踏之。唯除如來所説真言、諸餘一切世間真言，皆驀以左脚頭指踏而作法持誦，未修成就。忿怒王纔誦，能成辨一切事業，亦能壞一切真言，亦能害一切寃敵，亦能破一切真言法。我今略説，隨修行者依一切世出世間真言儀軌。設本教不説，取餘部，尚獲一切成就。纔念誦，能滿一切意願。纔誦[④]忿怒王，獲得最勝成就。隨意樂起心，亦能摧一切寃對。結輪羅印相應，成辨一切事。

又法，午時至於屍林燒屍處，一日一夜不食。於黑分十四日，取屍林柴燒火，毒藥、芥子與血相和，誦真言，一徧一燒，即聞訶訶聲，一切餓鬼則來。不應怖畏，則告彼言："爲我害彼寃敵。"其鬼聞此言已，唯然受教，隱而不現，假使千由旬，須臾頃即至，當害彼寃敵及家族。如是多種事業悉地，皆能成辨。

又法，於清閑寂静處，取白氎[⑤]子誦真言，一徧一燒，一千八徧。以左右手各别取其灰，以一片淨物分爲兩段，撮繫之，各置一灰，裹於瓦椀中，又以一瓦椀蓋之。誦真言，加護其物，至於大屍林。黑分十四日夜，或黑分八日夜，住於燒屍處，面向南。置二器於身前，裸體披髮，忿怒無怖畏心。誦真言一萬二千徧，加持其物，即得成就。或有非人索成就物，不應與之。若彊奪灰，誦忿怒王真言及稱吽字，刹那頃不現。左右手所取灰，各分明記之，不應放逸，作加護。至於晨朝，澡浴，著淨衣服，當歸本處。以先右手所取灰加持者，取是灰散於一切鬼神類、天、龍、藥叉頂上，則成敬愛。以左手加持灰者，散於一切丈夫、女人頂上，皆令敬愛。取右邊灰散於齊，即成非男。散

① 大朋大黨，原作"大用大冨"，據《中華藏》校勘《麗》改。

② 家，原脱，據《中華藏》校勘《麗》補。

③ 求，原作"末"，據《中華藏》校勘《石》《麗》《南》《徑》《清》《麗》改。

④ 誦，原作"讀"，據《中華藏》校勘《麗》改。

⑤ 白氎，《中華藏》校勘《石》作"綀"。

於生支，不能爲世事，受用染法，行於邪行。若人寵愛於彼女人，以灰散其隱處，不能於餘男子行於非法，即其根毁壞。若於本夫交會，其根再得調適。如是散於男子生支，便萃婢[①]，其男子不能於餘女人受用行染。復於本妻生支，能起世事。男子、女人取其本灰，散其根門，互相情重。若餘男子、女人彊相逼近，即彼根蛆爛，被蟲唼食。因兹困頓，月内皆臭，惡氣如死屍。以大患纏綿，其丈夫生支腫，由此因緣，乃至命終，無能救濟者。以此灰所作，皆得成就。

又以灰塗手觸彼，皆得成就。若自作，或令佗作，亦皆隨意成就。如其觸不得者，取灰吹之，其[②]灰到彼身分處，或散或想而散之，皆成辦一切事。又或自作，令佗作，隨意成就[③]無異，皆功不唐捐。又坐物、氈、被等種種嚴具，種種器仗，所乘革屣、傘蓋一切資具類、飲食等，身所用家具，華、葝、婁、藤[④]及果子、塗香、燒香，皆以灰散。彼寃敵、蚤虱、壁虱及餘蟲等充滿[⑤]唼食，極受楚苦，乃至七日當殞。一切醫師無能療者，及餘諸天不能制止，一切真言不能擁護，除彼人與者作法令如故。以甘草、青蓮花、白檀香，以清水相和研令碎，塗彼人身，從頂至足，以聖曼殊室利根本真言加持即愈。

又法，於上風立一切荼枳尼及憍慢女人處，作是法，非餘處散其灰。作[⑥]是思惟：令彼女人無根及㚷，若爲男作，即無生支及髭鬢、毛髮。亦能成辦種種事，教彼男子、女人令作，亦得成就。隨想與彼人灰，教令作之，亦成如是。令彼患大疾，心思惟：觸其頂，患頭痛，觸口即口中生瘡，乃至次第觸心心痛，觸肚肚痛，觸脚脚痛，觸脛脛痛，流血、惡病血等，令彼所患。乃至令身死，枯竭墮落，鉤召令調伏，隨[⑦]彼人所樂作，一時成辦皆得。乃至損減、鉤召、敬愛，遥作亦得成就。

又法[⑧]，於深井上風立，即以二手捧其灰，散於城牆，却敵崩倒。其將帥屋宅被火所燒，被佗敵來破，令彼大難逼迫，棄本所居，奔馳逃散，被佗掩襲。

又法，佗敵來，順風散灰。設彼軍衆力彊，即自破壞。被大熱病所患，象馬車及步兵壞散，被他所擒。如是無量種事，隨意摧壞寃敵，皆得成就。以此法亦能護自身及營從[⑨]軍衆。若欲令彼如故，對忿怒王像前，用乳護摩一千八徧，彼得安樂，無能沮

① 萃婢，《中華藏》校勘《磧》《南》《徑》《清》作"萎悴"。萃，《大正藏》作"華"。

② 其，原作"可"，據《中華藏》校勘《徑》改。

③ "成就"前，《中華藏》校勘《石》《麗》有"皆"。

④ 藤，《大正藏》校勘明本、[甲]作"藤"。

⑤ 滿，《中華藏》校勘《石》《麗》無。

⑥ 作，原作"非"，據《中華藏》校勘《石》《麗》改。

⑦ 隨，原作"墮"，據《大正藏》本改。

⑧ 法，原作"至"，據《大正藏》校勘明本改。

⑨ 從，《中華藏》校勘《磧》《南》《徑》《清》作"取"。

壞。所說藥乞史二合尼法則修行，具在別卷①。

聖閻曼德迦威怒王立成大神驗念誦法②

① 注文，《中華藏》校勘《徑》《清》無。二合，原脱，據《中華藏》校勘《石》及《大正藏》本補。

② 尾題，《中華藏》校勘《石》作"聖閻曼德迦威怒王法一卷"，《南》作"聖閻曼德迦忿怒王立成大神驗誦法"，《徑》《清》作"大方廣曼殊室利童真菩薩華嚴本教讚閻曼德迦忿怒王真言阿毗遮嚕迦儀軌品"，《麗》作"聖閻曼德迦威怒王立成大神驗念誦法一卷"。

大威怒烏芻澀麼儀軌經[1]

開府儀同三司特進試鴻臚卿肅國公食邑三千户賜紫贈司空
謚大辨正號大廣智大興善寺三藏沙門不空奉詔譯[2]

十方所有佛，妙智悲濟者，
常住菩提心，是故我稽首。
普賢即諸佛，受職持金剛，
爲調伏難調，現此明王體。
以其法勝故，淨與不淨俱，
真言者先修，寂初承事法。
紫檀用塗地，方圓隨意成，
依於彼東方，置前本尊像。
取二閼伽器，香水以充足，
鑪焚衆名香，一空器承水。
布在於壇内，食或不食俱，
洗漱亦如是，五輪投地禮。
十方佛菩薩，方廣大乘經，
合掌應至心，右膝當著地。
多生非善業，衆罪難具陳，
今以誠實心，隨懺願清淨。
如前發願已，全跏或半跏，
興大菩提心，堅固無時捨。
名香塗手結，佛部三昧耶，
二羽虚心合，開進力微屈，

---

① 底本，《中華藏》第1484號，第66册第132頁上—137頁上，原《麗藏》本。

② 譯名，《中華藏》校勘《磧》《南》作“大興善寺三藏沙門大廣智不空奉詔譯”，《徑》《清》作“唐北天竺三藏沙門大廣智不空奉詔譯”。

捻忍願初分，第一文背間，
又屈禪智頭，處其進力下，
第一節文側，以此印當心。
諦觀如來儀，用[①]後真言曰：

唵怛他薩覩納婆二合嚩野二合，引娑嚩二合，引訶引

三誦摠持已，警覺諸如來，
光明遍觸身，業除煩惱滅。
後當安頂上，散印成加持，
次結蓮花中，三昧耶契相。
二羽[②]准前合，戒方忍願開，
進力亦如之，若敷蓮八葉，
安印當心上，想觀自在尊。
具足如本儀，誦摠持三遍：

唵跛娜慕二合納婆二合嚩野二合，引娑嚩訶引

警覺蓮花部，聖衆發光明，
照觸行者身，障銷爲我友。
置印於頂右，隨意而散之，
復結金剛甲，三昧耶密印。
舒其二羽已，右仰左覆之，
以其背相著，檀鉤於智度，
慧復與禪結，如十股金剛，
約置於當心，誦明觀部主。

唵嚩日嚧二合納婆二合嚩野娑嚩二合，引訶引

警覺金剛衆，聖者放光明，
照觸修行人，加持爲善友。
於頂左散印，二羽内相叉，
忍願成峯狀，微屈其進力，
各近中峯側，禪智並而舒，
三股[③]行已成，印額右肩上，
左肩心亦尒，其後加於喉。

---

① 用，原作“門”，據《中華藏》校勘《磧》《南》《徑》《清》改。
② 羽，《中華藏》校勘《磧》《南》《徑》《清》作“相”。
③ 股，《中華藏》校勘《南》《徑》《清》作“鈷”。

印已成護身，皆誦後明句：

唵嚩日囉二合，引祇你二合鉢囉二合捻跛哆二合野娑嚩二合，引訶引

威光發熾盛，魔黨不能侵，

二羽各虚拳，禪智捻餘指①，

開右拳握左，進度直如峯，

舉額②於其頭。大心真言曰：

唵一嚩日囉二合，引俱嚕二合馱二摩訶麽囉三訶曩娜訶跛者四尾馱望娑二合烏摳瑟麽二合馱五吽六泮吒半音

如是三遍畢，已首同本尊，

屈頭契進峯，入掌舒力度，

逐成頂契相。

唵一入嚩二合攞二入嚩二合攞三薩嚩怒瑟鐮二合，四娑擔二合娑也五娑擔二合娑也六努邏遠囉二合，七努瑟鐮二合，八你嚩囉也九訖叉二合，十羅訖叉二合鈐十一娑嚩二合，引訶引

三遍稱誦之，亦同本尊頂，

如前二契相，進力皆屈之，

相捻勢如環，即成五處甲。

唵一薩嚩伽閻二摩訶帝髯三嚩日囉二合舍抳四嚩日囉二合，引播舍上，五摩那鉢囉二合尾捨六薩嚩努瑟鐮二合，七娑擔二合婆也八娑擔二合婆也九吽泮吒吒半音呼

内叉其二羽，開掌諸度③舒，

合檀慧成峯，微屈禪智節，

半捨進力側，近申普燄成。

誦大心真言，當胸安其印，

三遍持明句，心同於本尊。

改甲進力環，極舒自相合，

如針名捧印。誦其後真言：

唵引俱嚕二合馱曩吽引惹入

普燄契又陳，禪智成針狀，

真言用根本，名獨股金剛。

唵吽發吒吒半音呼發發鄔仡囉二合戍攞播寧吽吽吽發發發唵擾羝寧囉曩二合娜吽吽發發發唵唵唵摩訶麽攞娑嚩二合，引訶引

---

① 餘指，《中華藏》校勘《磧》《南》《徑》《清》作“於中”。

② 額，原作“類”，據《中華藏》校勘《磧》《南》《徑》《清》改。

③ 度，原作“廣”，據《中華藏》校勘《磧》《南》《徑》《清》改。

本尊遍入身，即同大力體，
堅持其地故，當同[①]金剛橛。
戒度方慧間，忍亦[②]屈願力，
亦復入檀戒，願處忍進中，
餘度皆直舒，相合成三股，
用禪智拄地。一掣一稱明[③]：

唵枳里枳里嚩日囉二合，引嚩日哩二合勃引滿馱滿馱吽發吒吒字半音呼

下至金剛輪，堅固無能壞，
准前橛爲本，禪智度極開。
直豎[④]即成壇，三轉誦明曰：

唵娑囉娑囉嚩日囉二合，引鉢囉二合，引迦引囉吽發吒吒音半呼

諦想所居地，澄澈大海生，
誦次後真言，七遍當成就。

唵尾麽盧娜地娑嚩二合，引訶引

次應想其海，湧大須弥山，
復誦此真言，經七遍方止。

唵婀者攞泮

又想寶山上，師子座莊嚴，
其明如後稱[⑤]，亦復七遍止。

唵婀者攞末嚇娑嚩二合，引訶引

師子法座上，百千葉寶蓮，
香潔盛敷榮。誦此密言曰：

唵迦麽攞娑嚩二合，引訶引

於彼蓮臺[⑥]裹，樓閣衆寶成，
懸以妙繒幡，矜羯尼爲網。
真言如後誦，七遍想隨成。

那莫薩嚩怛他蘖帝毗逾二合尾溼嚩二合慕契毗藥二合薩嚩他欠平鄔娜誐帝娑頗二合囉

① 同，《中華藏》校勘《磧》《南》《徑》《清》作"用"。
② 亦，《中華藏》校勘《磧》《南》《徑》作"方"。
③ 明，《中華藏》校勘《磧》《南》《徑》《清》作"名"。
④ 豎，原作"堅"，據《中華藏》校勘《磧》《南》《徑》《清》改。
⑤ 稱，《中華藏》校勘《磧》《南》《徑》《清》作"誦"。
⑥ 臺，《中華藏》校勘《磧》《南》《徑》《清》作"華"。

系辂誐娜劍娑嚩二合賀

次復執香鑪，誦治路明曰：

唵蘇悉地羯哩入嚩二合里多去難多暮多入嚩二合攞入嚩二合攞滿馱滿馱訶曩吽癹吒吒字半音呼

空中有関鍵，及障難皆除。

次結寶輅印，邀迎諸聖者[①]，

單已并眷屬，隨意奉請之。

二羽當内叉，進力舒相拄，

禪智捻進力，根側第一文，

其腕當極開，指背互著掌，

誦真言三遍，七寶輅車成。

唵覩嚕覩嚕吽

念至本尊居，阿拏迦嚩底，

想乘輅車已，次當奉請之。

准前寶輅車，忍願禪智撥，

向内成請契。真言如後誦：

曩麽悉底哩三合野地尾二合迦引南薩嚩怛他蘖哆南唵嚩日明二合儗孃二合野迦囉灑二合野噎係曳二合呬若奉送即除薄誐挽娑嚩二合，引賀

聖者昇寶車，金剛駕御至，

當以部主契，請降入道場。

二羽内相叉，禪入進力間[②]，

成拳豎智度。每招誦後明：

唵嚩日囉二合，引特力二合噎係曳二合呬婆誐挽嚩日囉二合，引時力二合，若奉迎，特除噎係曳，加蘖紹孽縒

奉契又當施，次舒忍願度，

自與進力並，右居上相交。

智股[③]徐動之，翦除諸障者，

真言句如後，三轉右同施[④]。

唵嚩日囉二合俱嚕馱摩訶麽攞羯囉羯囉親那親那吽癹

---

① 者，《中華藏》校勘《磧》《南》《徑》《清》作"衆"。

② 間，《中華藏》校勘《磧》《南》《徑》《清》作"際"。

③ 股，《中華藏》校勘《磧》《南》《徑》《清》作"眼"。

④ 同施，《中華藏》校勘《磧》《南》《徑》《清》作"周旋"。

次結金剛網，禪捻進根下，

智亦加力度，根側第一文，

真言如後稱，牆以網弥覆。

唵尾塞普二合囉捺囉二合乞叉二合嚩日囉二合半惹囉吽發

大院密縫印，二羽並而舒，

定以慧羽加，直堅禪智度。

三周右旋已，皆誦後真言：

唵阿娑懵儗你吽泮吒吒字半音呼

金剛墻外圍，威燄熾然住，

堅固界成已，無能沮壞之。

當奉右膝傍，閼伽香水器，

舉與額齊等，誦大心真言。

慇懃持獻之，成浴聖衆足，

心所希求願，於此當具陳。

微沈空器中，置水在本位，

如前蓮花部，結彼三昧耶。

當鈎六度端，如微敷蓮勢，

想爲金剛葉。三誦後真言：

唵嚩日囉二合味引囉也娑嚩二合，引賀引

如前運想成，衆聖儼依座，

次當心供養，水陸有諸花，

無主所攝花，十方盡虚界。

人天塗香等，燒香燈明空，

傘蓋及幢幡，鼓樂歌舞妓，

真珠妙羅網，懸以諸寶鈴，

白拂與花鬘，散妙香花等。

矜羯尼爲網，如意寶樹王，

衣服天厨雲，上妙美香潔，

樓閣寶嚴淨，天瓔珞及冠，

如是供養雲，遍滿虚空界。

誠心而運想，又以印真言，

聖力所加持，虚空庫供給，

衆聖當受用，真實無有殊。

十度反相交，右押左合掌，
舉印案於頂，同樓閣真言，
次以美言音，金剛妙歌讚。

摩訶麽攞也贊拏也引尾你夜二合囉惹也難抳寧尾曩野迦地哩二合多娘也那莫倶嚕二合駄野縛日哩二合你

戒方進力屈，二羽虚心合，
屈度背相著，遂成部母契。
誦明寂静意，七遍護本尊。

唵矩嬾駄哩滿駄滿駄吽發吒吒字半音呼

珠蟠合掌中，誦大心七遍，
智方自①相捻，禪戒亦復然。
餘度皆直舒，進捻於忍背，
力亦附願上，二環用承珠。
思惟己心中，皎白如滿月，
分明住觀已，想部母真儀。
所持之密言，從口而流出，
字字皆金色，普放無量光。
相繼若連珠，自行人口入，
散布月輪上，變色隨本尊。
焰鬘因相穿，文句無錯謬，
行人威武相，稱誦秘真言。
歸②命唵皆寂，餘文瞋猛意，
末③字戒當捻，一珠與句齊。
住此三昧門，極力當持念，
修行將止息，合珠於掌中。
如前再加持，頂戴還本處，
須臾住静觀，月輪上真言。
義理及文詞，諦思其實相，
次當出定已，真言金色光。
從口若連珠，奉歸部母處，

① 自，原作“息”，據《中華藏》校勘《磧》《南》《徑》《清》改。
② 歸，《中華藏》校勘《磧》《南》作“皈”。
③ 末，原作“未”，據《中華藏》校勘《磧》《南》《徑》《清》改。

應作如是願，攝受此真言。
慈悲加護之，無令功用失，
所得遍數者，誦部母加持。
七遍以護之，應作如是法，
一切有情類，諸苦惱逼身。
於其菩提中，不堪任法器，
我濟彼等故[①]，非獨拔己身，
唯願佛世尊，成就還遍數。
三部三昧契，如初重作之，
次護本尊身，用前部母印。
捧左閼伽器，奉獻陳所求，
儀式不異前，次運心供養。
火[②]院密縫印，頭上左放之，
諸印都解除，當奉送衆聖[③]。
降入道場契，智度外彈之，
又結請輅車，聖衆昇其上。
改禪智外撥，想歸於本宮，
如前護己身，隨意道場外。
印塔當轉念，方廣大乘經，
迴助口[④]所祈，上中下悉地。
往諸觸穢處，慧羽握成拳，
禪度豎如峯，護身加五處。
真言用捧印，不被衆魔羅，
此遍説運心，加飲食尤上。
隨辦任陳布，用大心真言，
欲去萎花時，誦此秘明[⑤]曰：

唵滢廢二合帝摩訶滢廢二合帝佉去音娜寧娑嚩二合，引賀引

若欲睡眠者，以部母護身。

---

① 故，《中華藏》校勘《磧》《南》《徑》《清》作“法”。
② 火，《中華藏》校勘《磧》《南》《徑》《清》作“大”。
③ 衆聖，《中華藏》校勘《磧》《南》《徑》《清》作“聖衆”。
④ 口，《中華藏》校勘《磧》《南》《徑》《清》作“心”。
⑤ 明，《中華藏》校勘《徑》《清》作“密”。

部主契真言，用護其處所。
如前降入契，智度押進傍，
當誦後真言，警相當清淨。

唵嚩日囉二合特力

失精及惡夢，百遍部母明。
凡欲喫食時，團食置其處，
所持明加護，奉獻於本尊。
部主前真言，加持食乃食。
次陳四微妙[①]，儀軌當修習，
扇底迦寂灾，聰明及長壽，
并除冤禍法，面北交脛居，
豎膝右脛先，衣服當潔白，
食飲香花地，燈燭亦復然。
月輪布真言，文字亦宜白，
先并歸命誦，三七乃除之，
從唵起爲初，與某甲除禍。
娑嚩二合訶寂後，本無臨事加，
念誦以小聲，當須寂静意。
若作大壇者，圓穿其爐形，
於中宜泥輪，護尊忿猛[②]相。
若求增長者，名布瑟置迦，
五通及轉輪，寶藏輪劒杵。
致一切財物，藥丸眼藥俱，
面東結跏趺，其色皆上赤。
增減真言句，如前無復殊，
欲稱娑嚩訶，其所求如願。
小聲寂静意，護尊忿猛威[③]，
大壇方穿爐，安杵具三股[④]。
若求歡愛法，名嚩施加囉，

① 妙，《中華藏》校勘《磧》《南》《徑》《清》作“密”。
② 猛，《中華藏》校勘《磧》《南》《徑》《清》作“怒”。
③ 威，原作“爲”，據《中華藏》校勘《磧》《南》《徑》《清》改。
④ 股，《中華藏》校勘《磧》《南》《徑》《清》作“鈷”。

召人及天龍，鬼神非人類。
面西半跏坐，上赤[1]增長同，
加減歸命文，娑嚩訶亦尒。
與某甲攝某，成就願所求，
持明歡喜心，護尊寂静意。
并以忿猛相，二種皆護之，
爐如八葉蓮，開敷具臺蘂。
若作降伏法，阿毗遮嚕迦，
制鬼神惡人，損壞三寶者，
左足指押右[2]，西面坐蹲居，
亦[3]大忿怒形，諸色上青黑。
心中圓明觀，變用大日輪，
熾盛無與儔，發輝如猛焰。
除去娑嚩訶，願爲某甲成，
某事吽發吒[4]，火爐三角作。
獨股杵置中，真言猛勵稱，
傍人如可[5]聽，護尊寂静意。
事法自[6]當陳，相應置本尊，
中間是爐位，或於精室外。
爐遥對於尊，治地二肘閒，
形隨爐口勢，築堦高一指，
中量一肘穿，深半肘成爐，
周緣高四指，一寸外方作，
爐成如法治，輪杵泥爲之。
置中稱其底，瞿摩夷塗飾，
檀香等又施，其色隨所求。
堦上祥茅草，隨日帀旋布，

① 赤，《中華藏》校勘《磧》《南》《徑》《清》作“亦”。
② 左足指押右，《中華藏》校勘《磧》《南》《徑》《清》作“右足指押左”。
③ 亦，《中華藏》校勘《磧》《南》《徑》《清》作“示”。
④ 吒，原作“心”，據《中華藏》校勘《磧》《南》《徑》《清》改。
⑤ 可，《中華藏》校勘《磧》《南》《徑》《清》作“何”。
⑥ 自，原作“次”，據《中華藏》校勘《磧》《南》《徑》《清》改。

以本覆其苗，所燒物在茅。
近行人右手，二器閼伽水，
置茅在户邊，柴相隨熉推。
長截十指量，酥蜜乳酪内，
揾其薪兩頭，半爐熾炭充，
投亦起威焰，燧火勿以舊，
用扇非口吹，燃爐誦後明，
三遍成加持。

唵步入嚩二合攞吽

火既發光焰，當用忿怒王，
瀉垢能淨除，秘契如是結。
二羽背相著，八度以類鉤，
轉腕反相合，成拳遍印物。
每觸皆稱誦，次後秘真言：

唵枳里枳里吽頗吒吒字半音

又當請火天，直舒其慧羽，
禪横約於掌，微以進度招。
每招誦後明，三遍火天降。

唵噎係曳呬摩訶步多泥去嚩哩使二合你尾惹娑多麼仡俚二合呬引怛嚩二合護底莽引訶引囉麼塞泜散你呬覩婆嚩阿仡曩二合曳賀尾也迦尾也嚩引訶曩引也娑嚩二合，引訶引

便想入爐内，次結三昧耶。
彈[①]捻檀度初，舒餘波羅蜜，
直灑閼伽水，於火成淨除，
三灑皆誦明，真言句如後：

唵阿蜜哩二合帝訶曩訶曩吽登吒吒字半音呼

次以其慧羽，右旋灑閼伽，
誦文殊密言，想漱火天口。

唵嚩囉娜嚩日囉二合曇

太杓定羽執，小者慧當持，
三度取名蘇，灌其大杓滿。
慧捨小執大，有劒等按之，

① 彈，《中華藏》校勘《磧》《徑》《清》作“禪”。

誦次後真言，句終灌火上。

阿仡曩曳賀尾也迦尾也嚩引訶曩也你波也你波也娑嚩二合，引賀引

每至其訶字，皆引聲長呼，
空杓却按之，其音即齊畢。
非加劒藥類，但灌不按杓①，
是則祀火天，三度皆如此。
依前再淨火，漱口用文殊，
請火天出爐，東南方就位。
當設諸供養，次請部主尊，
爐中遠行人，諦想依位住。
又念本尊入，爐中近行人，
與部主相當，二聖儼而對。
忿怒王瀉垢，淨火漱口明，
如法重爲之，二羽膝閒住。
如前祀火法，各獻三杓酥，
每先想己身，本尊與部主。
火及劒藥等，一相無有殊，
五體既合同，各以本明②獻，
如是供養已，隨求事護摩。
觀其應所燒，宜杓或宜手，
所須用杓類，取前小者澆。
執已進度舒，令順於其柄，
檀戒及忍等，共握③禪度初，
定羽掐其珠，一誦一投火，
遍數既畢已，如前各獻珠，
二聖歸於壇，又誦火天祀④。
三大杓酥畢，依位如其初，
若須祀八方，一一皆當請，
解界如儀送，火天契次陳。

① 杓，《中華藏》校勘《磧》《南》《徑》《清》作“相”。
② 明，《中華藏》校勘《磧》《南》《徑》《清》作“名”。
③ 握，原作“掘”，據《中華藏》校勘《磧》《南》《徑》《清》改。
④ 祀，《中華藏》校勘《磧》《南》《徑》《清》作“禮”。

如前請召時，進禪以相捻，

誦後明一遍，火天還於宫。

布尒覩徒麽也薄底也二合蘖蹉阿仡你娑嚩二合娑嚩南補曩羅跛夜二合那也娑嚩二合，引賀引

如前護己身，衆魔不復擾。

若夢佛菩薩，金剛諸天王，

婆羅門居士，食粳米酪飯，

甘露乳果花[①]，茂[②]林若登山，

履塔及樓閣，或乘車馬象。

白鶴孔雀王，金翅鳥與同，

泛海清流水，或騰空自在。

威焰遍於身，或聽法座中，

及諸清淨事，此皆成就應。

况已勿復眠，若夢魁膾人，

猪驢駱駝狗，或觸或在近。

死屍亦復然，惡鬼怖畏走[③]，

是障不是相，或有妄念起，

違闕三昧耶，當誦此真言。

以除其過患，如前金剛杵，

進力改相合，忍願依甲傍，

繞上亦相拄，真言如後誦，

三七障皆消，大輪明曰：

娜莫悉底哩三合野地尾二合迦南但他誐哆喃唵尾囉耳尾囉耳摩訶縛日哩二合薩哆薩哆娑引囉帝娑引囉帝哆囉二合以哆囉二合以尾淡末作糝伴惹你哆囉二合末底悉馱蘖囇二合怛嚂二合娑嚩二合，引訶

凡所觀想時，閉目凝心作，

了了分明已，目覩道當成。

護世八方天，真言如後説。

八方天明[④]：

① 花，《中華藏》校勘《磧》《南》《徑》《清》作“等”。

② 茂，《中華藏》校勘《磧》《南》《徑》《清》作“華”。

③ 走，原作“徒”，據《中華藏》校勘《磧》《南》《徑》《清》改。

④ 明，《中華藏》校勘《磧》《南》《徑》《清》作“王”。“明”後，當脱陀羅尼。

摩醯首羅王，位居東北隅，

真言如後稱，諸天所尊奉。

唵嚕捺囉二合，引也娑嚩二合，引訶引

東方帝釋位真言曰：

唵設揭囉二合，引也娑嚩二合，引訶引

東南方名火天真言曰：

唵娜仡曩二合曳娑嚩二合，引賀引

南方閻羅天位真言曰：

唵吠嚩娑嚩二合，引哆引也娑嚩二合，引賀引

西南方羅刹[①]主真言曰：

唵囉乞叉二合娑引地跛多曳娑嚩二合，引賀

西方水天位真言曰：

唵冥伽捨曩也娑嚩二合，引賀

西北方風天位真言曰：

唵嚩引也吠娑嚩二合，引賀

北方毗沙門天真言曰：

唵藥乞叉二合尾你夜馱哩娑嚩二合賀引

迎請八方尊，及須供養者，

隨其所願事，皆用本真言。

凡建曼荼羅，及興諸事法，

皆先施供養，飲食香燈明，

閼伽花塗香，物皆周帀布，

永無一切障，所願皆遂心。

本尊及部主，皆用本真言。

序中舊云逶迤搊[②]擲，請改爲逶迤輪擲也。又下卷初心密言法中舊云若得莾羅葉愽伽，得愽伽稱及咄嚕瑟劒，蘇合香也，末和芥子，以進火中一千八遍，令衆人敬真言者，請改爲：若零陵香、天竺蘇合香末，和芥子油，進火中一千八遍，令人福德。儀中舊脱四句，請知之。諸色上青黑，心中漸圓明，變用大日輪，熾盛無與儔，發輝如猛焰[③]。

大威怒烏蒭澀摩成就儀軌經一卷

① 刹，原脱，據《中華藏》校勘《磧》《南》《徑》《清》補。

② 搊，《中華藏》校勘《磧》《南》《徑》《清》作"挣"。

③ 此段文字原爲正文，據《大正藏》本校勘記改夾注文。

金剛頂瑜伽中發阿耨多羅三藐三菩提心論①

亦名瑜伽總持教②門説菩提心觀行修持③義

大興善寺三藏沙門大廣智不空阿闍梨奉詔譯④

大廣智阿闍黎⑤云:若有上根上智之人,不樂外道、二乘法,有大度量,勇鋭無惑者,宜修佛乘。當發如是心:我今志求阿耨多羅三藐三菩提,不求餘果。

誓心決定故,魔宫震動,十方諸佛皆悉證知,常在人天受勝快樂,所生之處憶持不忘。若願成瑜伽中諸菩薩身者,亦名發菩提心,何者? 謂此⑥諸尊皆同大毗盧遮那佛身。如人貪名官者,發求名官心,修理名官行。若貪財寶者,發求財寶心,作經營財物行。凡人欲求善之與惡,皆先摽⑦其心,而後成其志。所以求菩提者,發菩提心,修菩提行。

既發如是心已,須知菩提心之行相。其行相者,三門分别,諸佛、菩薩昔在因地發是心已,勝義、行願、三摩地爲戒,乃至成佛,無時蹔忘。唯真言法中即身成佛故,是故説三摩地,於諸教中闕而不言。一者行願,二者勝義,三者三摩地。

初行願者,謂⑧修習之人常懷如是心:我當利益安樂無餘有情界,觀十方含識猶

---

① 底本,《中華藏》第1502號,第66册第291頁中—294頁中,原《金藏》廣勝寺本。

② 教,《中華藏》校勘《麗》作“釋”。

③ 持,《中華藏》校勘《麗》作“行”。

④ 譯名前,《卍續藏》本《金剛頂菩提心略記》(以下簡稱《略記》)引原文有“龍猛菩薩造”。譯名,《略記》引原文作“大興善寺三藏沙門大廣智不空奉詔譯”,《中華藏》校勘《徑》《清》作“唐大興善寺三藏沙門大廣智不空奉詔譯”,《麗》作“開府儀同三司特進試鴻臚卿肅國公食邑三千户賜紫贈司空謚大鑒正號大廣智大興善寺三藏沙門不空奉詔譯”。

⑤ 大廣智阿闍黎,《略記》作“大阿遮梨”,意指金剛薩埵。

⑥ 此,原作“次”,據《中華藏》校勘《麗》改。

⑦ 摽,《略記》作“標”。

⑧ 謂,原作“爲”,據《中華藏》校勘《麗》改。

如己身。所言利益者,爲[①]勸發一切有情,悉令安住無上菩提,終不以二乘之法而令得度。真言行人[②]知一切有情皆含如來藏性,皆堪任安住無上菩提,是故不以二乘之法而令得度。故《華嚴經》云:無一衆生而不具有如來智慧,但以妄想顛倒執著而不證得。若離妄想,一切智、自然智、無礙智則得現前。所言安樂者,謂行人既知一切衆生畢竟成佛故,不敢輕慢。又於大悲門中尤宜拯救,隨衆生願[③]而給付之,乃至身命而不悋惜,令其[④]安存,使令悦樂。既親近已,信任師言,因其相親,亦可教導。衆生愚曚[⑤],不可彊度,真言行者方便引進。

二勝義者,觀一切法無自性。云何無自性?謂凡夫執著名聞、利養、資生之具,務以安身,恣行三毒五欲。真言行人誠可厭患,誠可棄捨。又諸外道等戀其身命,或助以藥物,得仙宫住壽,或復生天以爲究竟。真言行人應觀彼等業力若盡,未離三界,煩惱尚存,宿殃未殄,惡念旋起。當彼之時,沈淪苦海,難可出離,當知外道之法亦同幻、夢、陽焰也。又二乘之人,聲聞執四諦法,緣覺執十二因緣,知四大、五陰畢竟磨滅,深起厭離,破衆生執,勤修本法,剋證其果,趣本[⑥]涅槃已爲究竟。真言行者當觀二乘之人,雖破人執,猶有法執,但静意識,不知其佗,久久[⑦]成果位,以灰身滅智,趣其涅槃,如太虚空湛然常寂。有定性難可發生,要待劫限等滿,方乃發生;若不定性者,無論劫限,遇緣便迴心向大。從化城起,爲以超三界,謂宿信佛故,乃蒙諸佛、菩薩而以方便,遂發大心,乃從初十信下徧歷諸位,經三無數劫難行苦行,然後[⑧]得成佛。既知聲聞、緣覺智慧狹劣,亦不可樂,又有衆生發大乘心、行菩薩行,於諸法門無不徧修,復經三阿僧祇劫,修六度萬行,皆悉具足。然證佛果,久遠而成,斯由所習法教[⑨]致有次第。今真言行人如前觀已,復發利益安樂無餘衆生界一切衆生心,以大悲决定,永超外道、二乘境界。復修瑜伽勝上法,能從凡入佛位者,亦超十地菩薩境界。又深知一切法無自性,云何無自性?前以相説,今以旨陳[⑩]。夫迷途之法,從妄想生,乃至展轉,成無量無邊煩惱,輪迴六趣者。若覺悟已,妄想止除,種種法滅,故無自性。復次諸佛慈悲,從真起用,救攝衆生,應病與藥,施諸法門,隨其煩惱,對

① 爲,《中華藏》校勘《麗》作"謂"。
② "人"後,《略記》有"應"。
③ 隨衆生願,"願",原作"與",據《略記》改。《中華藏》校勘《麗》作"衆生所求皆與"。
④ 令其,《中華藏》校勘《麗》作"其命"。
⑤ 曚,《中華藏》校勘《徑》《麗》作"矇"。
⑥ 本,《中華藏》校勘《麗》作"大"。
⑦ 久久,《中華藏》校勘《麗》作"又"。
⑧ 後,原脱,據《略記》補。
⑨ 教,原作"散",據《略記》及《中華藏》校勘《磧》改。
⑩ 前以相説今以旨陳,《中華藏》校勘《麗》作"前已指陳"。

治迷津，遇栰達於彼岸，法亦應捨，無自性[①]故。如[②]《大毗盧遮那成佛經》云：諸法無相，爲虚空相。作是觀已，名勝義菩提心。當知一切法空，以悟法本無生，心體自如，不見身心，住於寂滅、平等、究竟、真實之智，令無退失。妄心若起，知而勿隨，妄若息時，心源空寂，萬德斯具，妙用無窮，所以十方諸佛以勝義行願爲戒。但具此心者，能轉法輪，自佗俱利。如《華嚴經》云：

悲先[③]慧爲主，方便共相應，
信解清淨心，如來無量力。
無礙智現前，自悟不由佗，
具足同如來，發此最勝心。
佛子始發生，如是妙寶心，
則超凡夫位，入佛所行處。
生在如來家，種族無瑕玷，
與佛共平等，决成無上覺。
纔生如是心，即得入初地，
心樂不可動，譬如大山王。

又准《華嚴經》云："從初地乃至十地，於地地中皆以大悲爲主。"如《無量壽觀經》云[④]："佛心者，大慈悲是。"又《涅槃經》云："南無純陀，身雖人身，心同佛心。"又云：

憐愍世間大醫王，身及智慧俱寂静，
無我法中有真我，是故敬禮無上尊。
發心畢竟二無别，如是二心先心難，
自未得度先度佗，是故我禮初發心。
初發已爲[⑤]人天師，勝出聲聞及緣覺，
如是發心過三界，是故得名最無上。

如《大毗盧遮那經》云："菩提爲因，大悲爲根，方便爲究竟。"

第三言三摩地者，真言行人如是觀已，云何能證無上菩提？當知法尒應住普賢大菩提心，一切衆生本有薩埵，爲貪、瞋、癡煩惱之所縛，故諸佛大悲，以善巧智，説此甚深祕密瑜伽，令修行者於内心中觀白[⑥]月輪。由作此觀，照見本心，湛然清淨，猶如

① "迷津"至"無自性"，《中華藏》校勘《磧》《南》《徑》《清》無，此據《麗》改原"已"爲"亦"，補"無"。
② "如"前，原有"無"，據《中華藏》校勘《麗》删。
③ 先，原作"光"，據《中華藏》校勘《磧》《南》《徑》《清》改。
④ 云，原脱，據《中華藏》校勘《麗》補。
⑤ 初發已爲，《中華藏》校勘《南》《徑》《清》作"初發心爲"，《麗》作"發心已爲"。
⑥ 白，原作"日"，據《中華藏》校勘《麗》改。

滿月，光徧虚空，無所分别，亦名覺[①]了，亦名淨法界，亦名實相般若波羅蜜海。能含種種無量珎寶三摩地，猶如滿月潔白分明。何者？爲一切有情悉含普賢之心，我見自心，形如月輪。何故以月輪爲喻？謂滿月圓明，體則與菩提心相類。凡月輪有一十六分，喻瑜伽中金剛薩埵至金剛拳有十六大菩薩者，於三十七尊中，五方佛位各表一智也。東方阿閦佛，由成大圓鏡智，亦名金剛智也；南方寶生佛，由成平等性智，亦名灌頂智也；西方阿彌陀佛，由成妙觀察智，亦名蓮華智，亦名轉法智也；北方不空成就佛，由成成所作智，亦名羯磨智也。中方毗盧遮那佛，由成法界智爲本。已上四佛智出生四波羅蜜菩薩焉，四菩薩即金、寶、法、業也，三世一切諸賢聖生成養育之母，於是印成法界體性中流出四佛也。四方如來各攝四菩薩。東方阿閦佛攝四菩薩，金剛薩埵、金剛王、金剛愛、金剛善哉爲四菩薩也。南方寶生佛攝四菩薩，金剛寶、金剛光、金剛幢、金剛笑爲四菩薩也。西方阿彌陀佛攝四菩薩，金剛法、金剛利、金剛因、金剛語爲四菩薩也。北方不空成就佛攝四菩薩，金剛業、金剛護、金剛牙、金剛拳爲四菩薩也。四方佛各四菩薩，爲十六大菩薩也。於三十七尊中，除五佛、四波羅蜜及後四攝、八供養，但取十六大菩薩爲四方佛所攝也。又《摩訶般若經》中，内空至無性、自性空，亦有十六義。一切有情於心質中有一分淨性，衆行皆備，其體極微妙，皎然明白，乃至輪迴六趣，亦不變易。如月十六分之一，凡月其一分明相，若當合宿之際，但爲日光奪其明性，所以不現。後起月初，日日漸加，至十五日圓滿無礙。所以觀行者初以阿字發起本心之中分明，只漸令潔白分明，證無生智。夫阿字者，一切法本不生義。准《毗盧遮那經疏》釋阿字，具有五義：一者阿字短聲是菩提心，二阿字引聲是菩提行，三暗字長聲是證菩提義，四惡字短聲是般涅槃義，五惡字引聲是具足方便智義。又將阿字配解《法華經》中開、示、悟、入四字也。開字者，開佛知見，即雙開菩提、涅槃，如初阿字，是菩提心義也。示字者，示佛知見，如第二阿字，是菩提行義也。悟字者，悟佛知見，如第三暗字，是證菩提義也。入字者，入佛知見，如第四惡字，是般涅槃義。緫而言之，具足成就，第五惡字，是方便善巧智，圓滿義也。即讚阿字是菩提心義，頌曰：

八葉白蓮一肘間，炳現阿字素光色，
禪智俱入金剛縛，召入如來寂静智。

夫會阿字者，揩寔决定觀之，當觀圓明淨識。若纔見者，則名見真勝義諦；若常見者，則入菩薩初地；若轉漸增長，則廓周法界，量等虚空，卷舒自在，當具一切智。凡修習瑜伽觀行人，當須具修三密行，證悟五相成身義也。所言三密者，一身密者，如結契印，召請聖衆是也；二語密者，如密誦真言，令文句[②]了了分明，無一誤也；三意

① “覺”前，原有“無”，據《中華藏》校勘《麗》删。
② 令文句，《中華藏》校勘《麗》作“文句”，《徑》《清》作“令文字”。

密者,如住瑜伽相應,白淨月圓觀菩提心也。

次明五相成身者,一是通達心,二是菩提心,三是金剛心,四是金剛身,五是證無上菩提獲金剛堅固身也。然此五相具備,方成本尊身也。其圓明則普賢身也,亦是普賢心也,與十方諸佛同之。亦乃三世修行證有前後,及達悟也,無去來今。凡人心如合蓮華,佛心如滿月。此觀若成,十方國土若淨若穢,六道含識,三乘行位,及三世國土成壞,衆生業差别,菩薩因地行相,三世諸佛悉於中現證本尊身,滿足普賢一切行願。故《大毗盧遮那經》云:"如是真實心,故[①]佛所宣説。"問:前言二乘之人,有法執故,不得成佛。今復令修菩提心三摩地者,云何差别? 答:二乘之人,有法執故,久久證理,沈空滯寂,限以劫數。然發大心,又乘散善門中經無數劫,是故足可猒離,不可依止。今真言行人既破人法二執,雖能正見真實之智,或爲無始間隔,未能證於如來一切智智。欲求妙道,修持次第,從凡入佛位者,即此三摩地者,能達諸佛自性,悟諸佛法身,證法界體性智,成大毗盧遮那佛自性身、受用身、變化身、等流身,爲行人未證故,理宜修之。故《大毗盧遮那經》云悉地從心生,如《金剛頂瑜伽經》説一切義成就菩薩,初坐金剛座,取證無上道,遂蒙諸佛授此心地,然能證果。凡今之人,若心決定,如教修行,不起于座,三摩地現前,應是成就本尊之身。故《大毗盧遮那經·供養次第法》云"若無勢力廣增[②]益,住法但觀菩提心,佛説此中具萬行,滿足清白純淨法"也。此菩提心能包藏一切諸佛功德法故,若修證出現,則爲一切導師;若歸本,則是密嚴國土,不起于座,能成一切佛事。讚菩提心曰:

若人求佛慧,通達菩提心,
父母所生身,速證大覺位。

金剛頂瑜伽中發阿耨多羅三藐三菩提心論

① 故,《大毗盧遮那成佛經》(《大正藏》本)作"古"。
② 增,《大毗盧遮那成佛經》(《大正藏》本)作"饒"。

五字陀羅尼頌[①]

大興善寺三藏沙門大廣智不空奉詔譯[②]

百千瑜伽中，金剛大師説，
聖曼殊童子，五字祕密法。
修此三昧者，疾入諸佛慧，
能以凡夫身，現成就佛身。
此法最祕密，大師口傳授，
應被精進鎧，依法不依人。
如來法無二，淨信者所得，
猶如普注雨，沃土先滋長。
世尊所密教，智者宜修習，
衆生性狹劣，迷入三有苦，
雖聞勝上法，不生勇進意。
智者生悲愍，爲此求先覺。
猶如近寶山，智人往採掇，
愚者知不往，長日受衆苦。
若有聞此法，即知最勝路，
住於大願者，如是人堪學。
若有聞此法，悚慄[③]深悲喜，
涕泣身毛豎，如是人堪學。

---

① 底本，《中華藏》第1476號，第66册第56頁中—59頁中，原《金藏》廣勝寺本。經名，《中華藏》校勘《石》作“五字陀羅尼頌一卷”，卷末經名同。

② 譯名，《中華藏》校勘《徑》《清》作“唐北天竺三藏沙門大廣智不空奉詔譯”，《麗》作“開府儀同三司特進試鴻臚卿肅國公食邑三千户賜紫贈司空謚大鑒正號大廣智大興善寺三藏沙門不空奉詔譯”。

③ 慄，原作“慓”，據《中華藏》校勘《石》《磧》《南》《徑》《清》《麗》改。

若有聞此法，一心即不亂，
諸根淨適悦，如是人堪學。
若有聞此法，隨得禪悦味，
即不樂世樂，如是人堪學。
若有聞此法，不待時與日，
不求具足法，唯以心直進。
不於諸供具，作求不得苦，
善知法供養，如是人堪學。
誦習真言時，如味天甘露，
一心不顧聞，如是人堪學。
二手結祕印，作大慇重想，
猶如捧須彌，如是人堪學。
此法諸佛爲，最上乘者説，
根性下劣者，疑惑不能信。
衆生性淨故，諸佛本誓力，
以相應法印，現成諸聖身，
即於一坐中，便成最正覺。
若隨此法者，應作如是信：
或起於一念，言我是凡夫，
同謗三世佛，法中結重罪。
未受灌頂位，及非同事者，
不應妄稱説，如護髻中珠。
如經説處所，或於阿練若，
河池及海岸，清淨名山峯，
得道轉法輪，仙人成就處。
擇地起精舍，隨順於境界，
塗地淨平好，布散諸時華。
助法諸律儀，如諸部所説，
清淨澡浴體，襲上妙衣服，
塗香使嚴好①，趣於精舍門。
先想己身形，作金剛薩埵，

① 好，《中華藏》校勘《磧》《南》《徑》《清》作“身”。

右[①]手持金剛，左[②]執光明磬，
開[③]户稱吽字，怒目除不祥。
即五體投地，敬禮世尊足，
一心以歸命，作佛常住想。
次雙膝長跪，發露諸過咎，
以此清淨句，懇誠爲懺悔。

唵薩嚩二合婆引嚩戍馱引薩嚩達磨引薩嚩婆引嚩戍度含

一句生求現[④]，當默誦一徧，
口稱阿字句，無量所積罪，
清淨無有餘。次以虔請心，
結金剛起印，默誦此密語，
召集十方佛。二手金剛拳，
相鈎檀慧度，進力峯相合，
當心仰三招，即知諸如來，
悉從三昧起。

唵嚩日囉二合底瑟姹二合

應觀虛空中，諸佛及聖衆，
充滿法界内，間無有空缺，
悉以誓願力，咸來降道場。
結持金剛印，想禮諸佛足，
二羽各相背，檀慧禪智鈎，
想禮諸如來，長跪頂上散。

唵嚩日囉二合勿音微吉反

坐法有四種，隨事次應作，
端身定支節，趺坐淨月輪。
則以麽吒字，二目爲日月，
舒放金剛焰，瞻視諸如來。
次迴顧諸方，燒除作障者，
心舌及二羽，吽字騰金光，

① 右，《中華藏》校勘《石》《麗》作“左”。
② 左，《中華藏》校勘《石》《麗》作“右”。
③ 開，《中華藏》校勘《石》《麗》作“門”。
④ 一句生求現，《中華藏》校勘《石》《麗》無。求，《磧》《南》《徑》《清》作“來”。

猶如諸如來，説法之妙相。
次對十方佛，結大誓願印，
十度金剛縛，雙建忍願峯，
示佛及諸聖，祈憶昔所願。

唵三麼耶薩怛鑁三合

次結歡喜印，獻此三昧悦，
十度外相叉，忍願中交合，
檀慧與禪智，各相合而豎。

唵三麼耶縠引素喇多薩怛鑁三合

觀於二乳上，右怛囉左吒，
如宫室户扇，誦此祕密言，
即以金剛縛，三掣撥令啓[①]。

唵嚩日囉二合滿馱怛囉二合吒半音

觀前八葉蓮，阿字素光色，
二羽金剛縛，禪智入於中，
誦此祕密言，字流入於殿。

唵嚩日囉二合，引吠含惡

如前入字印，進力度屈拄，
以此閫心門，智字獲堅固。

唵嚩日囉二合母瑟致二合鑁

次結降三世，作忿怒三昧，
欲作此法者，先住大悲心。
二羽金剛拳，檀慧反相鉤，
進力度豎開，住此叱喝相。
顰眉笑而怒，四吽如雷音，
觀密迹等衆，受教而侍立。
左旋成辟除，右旋成結界。

唵遜婆你遜婆你吽屹哩二合恨拏二合屹哩二合恨拏二合吽屹哩二合恨拏二合播耶吽阿曩耶縠薄伽鑁嚩日囉二合吽發吒半音

次結三昧印，行者住三昧，
二羽外相叉，仰於加坐上，

① 啓，《中華藏》校勘《磧》《南》《徑》《清》作“起”。

端身合口齒，數息令心定。

先所請如來，徧滿空界者，

彈指警覺我，令觀阿字門。

默誦此密語，受教而侍立。

唵唧多鉢囉二合底味鄧迦嚕彌

當默誦一徧，便想爲月輪，

皆[①]欲清淨故，誦此祕密言：

唵冒地唧多母怛跛二合那夜彌

於清淨月輪，觀種子淡字，

以成金剛劍，誦此祕密語：

唵底瑟姹二合嚩日囉二合底乞瑟拏三合

於清淨月輪，鋭利至光徹，

次應漸周徧，引量同虚空。

唵薩頗二合囉嚩日囉二合底引乞瑟拏三合

亦不見己身，及與一切相，

次應漸觀劍，誦此收攝言：

唵僧賀囉嚩日囉二合底乞瑟拏三合

虚空諸如來，悉隨劍而斂，

量同己身已，便成本聖形。

身色如紫金，作妙童子相，

五髻被首飾，冠寶五方冠。

右持金剛劍，上發火焰色，

左手持青蓮，有般若梵夾。

住諸妙色相，身處淨月輪，

行者住此已，應作是思惟：

我令堅固住，金剛劍之身，

三昧邪之身，摩訶三昧邪，

三世諸如來，現成等正覺。

我住此三昧，爲金剛劍身，

作是思惟身，同於誦密語。

應結本聖印，加持三昧形，

① 皆，原作“背”，據《中華藏》校勘《磧》《南》《徑》《清》改。

二羽外相叉，忍願俱申直，
屈二度上節，猶如劒峯狀，
心額喉與頂，各誦此一徧：

唵耨佉泚娜澹

又結五髻印，令具足諸相，
戒慧及檀方，進禪力智度，
忍願等皆合，印狀如五峯，
印心兩肩喉，最後置頂上，
此名五髻印。誦此本真言：

曩莫三曼多没馱南阿鉢囉二合底賀多舍娑娜南怛你也二合佗唵囉囉三麽二合囉阿鉢囉二合底賀多舍娑娜南俱摩囉路跛陀哩捉吽娑頗二合吒娑頗二合，引吒娑嚩二合，引賀引

次結灌頂印，雙手合其掌，
禪智入於中，進力摩尼狀，
置額誦密語，想佛灌我頂。

唵囉怛曩二合句舍阿紇哩耶三合吽

次結寶鬘印，前印解而分，
額前與頂後，以印皆三繞，
先從檀慧開，如垂鬘帶勢。

唵囉怛娜二合句舍阿紇哩耶三合麽鍐

次被堅固甲，二羽金剛拳，
交舒進中度，唵砧想指面，
緑色光不絶，猶如抽藕絲。
心背齊與腰，二膝與坐處，
漸及喉與頸，次額及頂後。
進力皆三繞，前從檀慧散，
二手垂天衣，此名慈悲甲。

唵嚩日囉二合迦嚩制嚩日囉二合句嚧嚩日囉二合嚩日哩二合含

次於畫像心，觀澹字爲劒，
復成本尊體，如前之所觀。
即以鈎印請，二羽金剛拳，
檀慧反相鈎，進力豎招屈。

唵嚩日嘲二合句舍弱

次以索印入，印相同於前，

唯以進力度，指拄①如環勢。

唵嚩日囉二合波捨吽

次以鎖印心，二羽金剛拳，

進力如鉤鎖，以此能止住。

唵嚩日囉二合薩普二合吒鈴

次以磬印喜，復以此前印，

檀慧進力度，各各反相鉤。

唵嚩日囉二合健荼縠

次應獻遏伽，妙器滿香水，

并置微妙華，捧至額以獻。

唵嚩日囉二合娜迦斫

次結四内供，徧照尊所化，

摩訶囉底女，適悦獻諸聖。

二羽金剛縛，禪智並而申，

觀妙妓女雲，徧滿十方刹。

唵摩訶囉底

次以鬘印獻，申臂捧而前，

觀妙寶鬘雲，徧滿虚空界。

唵嚕波戍鞞

次結歌詠印，以此而供養。

前印從於齊，漸上至口散，

想緊那羅音，供養諸聖衆。

唵輸嚧二合怛囉二合燦企曳二合

次以舞供養，奉獻十方聖。

二手金剛拳，右旋頂上散，

想妙妓樂雲，徧滿諸世界。

唵薩嚩補而曳二合

次以焚香印，普熏②諸世界，

金剛縛下散，徧法界香雲。

唵嚩日囉二合度閉

① 指拄，《中華藏》校勘《石》《麗》作“相拄”，《磧》作“指掘”，《南》《徑》《清》作“指屈”。

② 熏，原作“重”，據《中華藏》校勘《石》《磧》《南》《徑》《清》《麗》改。

次以散華印，莊嚴諸世界，
金剛縛上散，華網徧虚空。

唵嚩日囉二合補澀閉二合

次獻智燈印，普燎諸幽冥，
禪智前相逼，普此智慧光。

唵嚩日囉二合魯計

次獻塗香印，當胷塗香勢，
以解脱香雲，普淨衆生界。

唵嚩日囉二合巘提

内外供養已，次第當順念，
結祕根本印，誦百字真言：

唵引渴嘌誐二合薩怛嚩二合，一三摩耶摩拏播攞耶二渴嘌誐薩怛嚩二合，三底吠二合怒跛底瑟姹二合，四涅哩二合住茶護反寐婆嚩五素覩瑟諭二合寐婆嚩六阿怒囉訖都二合寐婆嚩七素補瑟諭二合寐婆嚩八薩婆悉地弭二合鉢囉二合也瑳九薩嚩羯麽素者寐十止多室唎二合藥句嚕十一吽呵呵呵呵穀引薄誐梵十二薩嚩怛佗蘖多十三渴嘌誐二合麽寐悶者十四渴嘌霓二合，引婆嚩十五摩訶三摩耶薩怛嚩二合惡引，十六

不解根本印，便稱已念明：

阿囉跛者娜

念法有四種，一者三摩地，
謂觀所念明，本尊口流出，
隨光入我口，右旋布心月，
如以水精珠，布於明鏡上。
阿者無生義，囉無塵染義，
跛無第一義，諸法性平等，
者無諸行義，娜無性相義。
五句雖差别，其性無有二，
心與性合者，不須重分别。
佛所歎無思，無思亦不思，
不思思思已，乃至陀羅尼，
如是四句義，隨順契經説。
二者言音念，依前觀諸字，
離高下緩急，音勢如摇鈴。
三者金剛念，依前入字觀，

密合脣與齒，小令舌微動。
四者除[1]魔念，以悲心爲本，
外現威怒相，顰眉聲亦厲。
四種雖差别，一念爲無二。
二手持念珠，菩提與蓮子，
當以蓮華印，或作説法印。
朝午昏中夜，四時爲定准。
此法最第一，爲祕密中最，
應不顧身命，一心依了義。
順理修行人，住於禪行者，
應當觀此法，爲起三昧用，
速獲種智故。下劣根性人，
癡愛雜亂者，亦勸修此法，
爲消煩惱障，入寂静智故。
數限終竟已，復獻遏伽水，
應以歡喜心，妙音誦讚歎。
復陳八供養，戀慕而奉獻，
結祕根本印，從心頂上散，
想尊虚空中，復道還本宫。

唵嚩日囉二合底乞瑟拏三合穆

住此三昧人，最尊無有上，
除佛及菩薩，無人可愛敬。
欲隨順世間，現於禮敬者，
當觀彼人首，有佛菩薩相。
誦百字真言，法中所祕密，
心欲有散亂，應當密稱誦。
昔於大師前，口受要如是，
愚力不能述，如海一渧水。
恐違大聖者，悚懼懷戰慄，
猶如愚下人，手獻妙甘露。
勿以輕彼故，上藥爲無効，

① 除，原作“降”，據文意改，《中華藏》校勘《石》《磧》《南》《徑》《清》《麗》作“降”。

野干羅刹形，爲法故應受。

願以此功德，普覺諸羣有，

我得離世網，隨説而修習。

五字陀羅尼頌

金剛頂瑜伽三十七尊禮①

唐三藏大廣智不空奉詔譯②

南慕清淨法身毗盧遮那佛！

南慕金剛堅固自性身阿閦佛！

南慕功德莊嚴聚身寶生佛！

南慕受用智慧身阿彌陀佛！

南慕作變化身不空成就佛！

南慕大圓鏡智金剛波羅蜜出生盡虚空徧法界一切波羅蜜菩薩摩訶薩！

南慕平等性智寶波羅蜜出生盡虚空徧法界一切波羅蜜菩薩摩訶薩！

南慕妙觀察智法波羅蜜出生盡虚空徧法界一切波羅蜜菩薩摩訶薩！

南慕成所作智業波羅蜜出生盡虚空徧法界一切波羅蜜菩薩摩訶薩！

南慕一切如來菩提心金剛薩埵菩薩等盡虚空徧法界同一體性金剛界生身一切菩薩摩訶薩！

南慕一切如來菩提心金剛王菩薩等盡虚空徧法界同一體性金剛界生身一切菩薩摩訶薩！

南慕一切如來菩提心金剛欲菩薩等出生盡虚空徧法界一切波羅蜜菩薩摩訶薩！

南慕一切如來菩提心金剛善哉菩薩等出生盡虚空徧法界一切波羅蜜菩薩摩訶薩！

南慕一切如來功德聚金剛寶菩薩等出生盡虚空徧法界一切波羅蜜菩薩摩訶薩！

南慕一切如來功德聚金剛光菩薩等出生盡虚空徧法界一切波羅蜜菩薩摩訶薩！

南慕一切如來功德聚金剛幢菩薩等出生盡虚空徧法界一切波羅蜜菩薩摩訶薩！

---

① 底本,《中華藏》第1460號,第65册第844頁中—846頁上,原《金藏》廣勝寺本。

② 譯名,原無,據《中華藏》校勘《磧》《南》補,《徑》《清》作"唐特進試鴻臚卿三藏沙門大廣智不空奉詔譯"。

南慕一切如來功德聚金剛笑菩薩等出生盡虚空徧法界一切波羅蜜菩薩摩訶薩！

南慕一切如來智慧門金剛法菩薩等出生盡虚空徧法界一切波羅蜜菩薩摩訶薩！

南慕一切如來智慧門金剛利菩薩等出生盡虚空徧法界一切波羅蜜菩薩摩訶薩！

南慕一切如來智慧門金剛因菩薩等出生盡虚空徧法界一切波羅蜜菩薩摩訶薩！

南慕一切如來智慧門金剛語菩薩等出生盡虚空徧法界一切波羅蜜菩薩摩訶薩！

南慕一切如來大精進金剛業菩薩等出生盡虚空徧法界一切波羅蜜菩薩摩訶薩！

南慕一切如來大精進金剛護菩薩等出生盡虚空徧法界一切波羅蜜菩薩摩訶薩！

南慕一切如來大精進金剛牙菩薩等出生盡虚空徧法界一切波羅蜜菩薩摩訶薩！

南慕一切如來大精進金剛拳菩薩等出生盡虚空徧法界一切波羅蜜菩薩摩訶薩！

南慕一切如來適悦心金剛嬉戲菩薩等出生盡虚空徧法界同一體性金剛界生身一切供養雲海菩薩摩訶薩！

南慕一切如來離垢繒金剛鬘菩薩等出生盡虚空徧法界一切波羅蜜菩薩摩訶薩！

南慕一切如來妙法音金剛歌菩薩等出生盡虚空徧法界一切波羅蜜菩薩摩訶薩！

南慕一切如來神通業金剛舞菩薩等出生盡虚空徧法界一切波羅蜜菩薩摩訶薩！

南慕一切如來真如薰金剛焚香菩薩等出生盡虚空徧法界一切波羅蜜菩薩摩訶薩！

南慕一切如來勝莊嚴金剛華菩薩等出生盡虚空徧法界一切波羅蜜菩薩摩訶薩！

南慕一切如來常普照金剛燈菩薩等出生盡虚空徧法界一切波羅蜜菩薩摩訶薩！

南慕一切如來戒清凉金剛塗香菩薩等出生盡虚空徧法界一切波羅蜜菩薩摩訶薩！

南慕一切如來四攝智金剛鉤菩薩等出生盡虚空徧法界同一體性金剛界生身一切成辦波羅蜜菩薩摩訶薩！

南慕一切如來善巧智金剛索菩薩等出生盡虚空徧法界同一體性金剛界生身一切奉教波羅蜜菩薩摩訶薩！

南慕一切如來堅固智金剛鎖菩薩等出生盡虚空徧法界同一體性金剛界生身一切如來使者波羅蜜菩薩摩訶薩！

南慕一切如來歡樂智金剛鈴菩薩等出生盡虚空徧法界同一體性金剛界生身一切如來隨順波羅蜜菩薩摩訶薩！

普爲梵釋四王、天龍八部、帝主人王、師僧父母及善知識、道場衆等法界有情，並願斷除諸鄣，歸命懺悔。

至心懺悔，弟子衆等，
自從無始，曠大劫來，
至于今日，迷無我覺，

計有我人。我許既興，
常緣我所，根塵浩邈，
識蔭奔波，擊動身心，
猶如電轉。清淨眼耳，
鼻舌身意，一念不覺。
飊作六師，偷法王財，
供邊見賊，賊既熾盛，
破涅槃城，殘害法身，
焚燒慧命。如此等罪，
數越塵沙，從迷至迷，
莫測[①]終始。今始覺悟，
深悔自慚，曉夜驚惶，
身心戰慄。永斷迷覺，
貪愛我人，投涅槃城，
歸安樂國，以無我覺。
降伏六師，收法王財，
納三堅藏，資給慧命，
增益法身。然法性燈，
常照無盡，行願理事，
塵界不違。三寶三乘，
誓當弘護，迷覺之罪，
隨懺消滅。

懺悔迴向已，至心歸命禮三寶。至心發願：弟子衆等及法界有情，始從今日，乃至無上菩提，念念堅固，念念勝進，身心自在，辯説無礙，於一念之中，具足一切種智。須知諸法畢竟空寂，而常度脱一切衆生，同證涅槃，不以涅槃爲證。發願已，至心歸命禮三寶。

金剛頂瑜伽三十七尊禮

① 測，原作"惻"，據《中華藏》校勘《磧》《南》《徑》《清》改。

金剛頂經金剛界大道場毗盧遮那如來自受用身内證智眷屬法身異名佛冣上乘秘密三摩地禮懺文[①]

開府儀同三司特進試鴻臚卿肅國公食邑三千户賜紫贈司空
謚大辨正號大廣智大興善寺三藏沙門不空奉詔譯

初礼請佛，梵歎依常[②]。

南謨常住三世淨妙法身金剛界大悲毗盧遮那佛！

南謨金剛堅固自性身阿閦佛！

南謨福德莊嚴聚身寶生佛！

南謨受用智慧身阿弥陁佛！

南謨作變化身不空成就佛！

南謨大圓鏡智金剛波羅蜜出生盡虛空遍法界塵剎波羅蜜等一切諸佛！

南謨平等性智寶波羅蜜出生盡虛空遍法界塵剎波羅蜜等一切諸佛！

南謨妙觀察智法波羅蜜出生盡虛空遍法界塵剎波羅蜜等一切諸佛！

南謨成所作智羯磨波羅蜜出生盡虛空遍法界塵剎波羅蜜等一切諸佛！

南謨一切如來菩提心金剛薩埵等盡虛空遍法界同一體性金剛界生身一切諸佛！

南謨一切如來菩提心金剛王等盡虛空遍法界同一體性金剛界生身一切諸佛！

南謨一切如來菩提心金剛愛等盡虛空遍法界同一體性金剛界生身一切諸佛！

南謨一切如來菩提心金剛喜等盡虛空遍法界同一體性金剛界生身一切諸佛！

南謨一切如來福德聚金剛寶等盡虛空遍法界同一體性金剛界生身一切諸佛！

南謨一切如來福德聚金剛光等盡虛空遍法界同一體性金剛界生身一切諸佛！

---

① 底本，《中華藏》第1461號，第65册第847頁上—849頁上，原《麗藏》本。經名前，《中華藏》校勘《石》有“三十七尊礼懺文，請佛梵歎依常”一行。經名中，“大”，《中華藏》校勘《石》無；“異名佛”，原作正文，此據文意改注文。

② 此行，《中華藏》校勘《石》無。

南謨一切如來福德聚金剛幢[①]等盡虚空遍法界同一體性金剛界生身一切諸佛！
南謨一切如來福德聚金剛笑等盡虚空遍法界同一體性金剛界生身一切諸佛！
南謨一切如來智慧門金剛法等盡虚空遍法界同一體性金剛界生身一切諸佛！
南謨一切如來智慧門金剛利等盡虚空遍法界同一體性金剛界生身一切諸佛！
南謨一切如來智慧門金剛因等盡虚空遍法界同一體性金剛界生身一切諸佛！
南謨一切如來智慧門金剛語等盡虚空遍法界同一體性金剛生身一切諸佛！
南謨一切如來大精進金剛業等盡虚空遍法界同一體性金剛生身一切諸佛！
南謨一切如來大精進金剛護等盡虚空遍法界同一體性金剛生身一切諸佛！
南謨一切如來大精進金剛牙等盡虚空遍法界同一體性金剛生身一切諸佛！
南謨一切如來大精進金剛拳等盡虚空遍法界同一體性金剛生身一切諸佛！
南謨一切如來適悦心金剛嬉戲等盡虚空遍法界一切供養雲海菩薩摩訶薩！
南謨一切如來大覺分金剛鬘等盡虚空遍法界一切供養雲海菩薩摩訶薩！
南謨一切如來妙法音金剛歌等盡虚空遍法界一切供養雲海菩薩摩訶薩！
南謨一切如來神通業金剛舞等盡虚空遍法界一切供養雲海菩薩摩訶薩！
南謨一切如來真如熏金剛焚香等盡虚空遍法界一切供養雲海菩薩摩訶薩！
南謨一切如來勝莊嚴金剛花等盡虚空遍法界一切供養雲海菩薩摩訶薩[②]！
南謨一切如來常普照金剛燈等盡虚空遍法界一切供養雲海菩薩摩訶薩！
南謨一切如來常供養金剛塗香等盡虚空遍法界一切供養雲海菩薩摩訶薩！
南謨一切如來四攝智金剛鉤菩薩等盡虚空遍法界一切成辦菩薩摩訶薩！
南謨一切如來善巧智金剛索菩薩等盡虚空遍法界一切奉教菩薩摩訶薩！
南謨一切如來堅固智金剛鎖菩薩等盡虚空遍法界一切使者菩薩摩訶薩！
南謨一切如來歡樂智金剛鈴菩薩等盡虚空遍法界一切隨順菩薩摩訶薩！
如上金剛界大曼荼羅三十七尊，並是法佛現證菩提内眷屬，毗盧遮那互體。

南謨盡十方蓮花藏世界海不可説不可説微塵刹土海會中常住三世平等一切三寶！普爲五類諸天世主、九際出世父母、諸善知識、道場施主、盡無餘界有情並願斷除諸障！歸命懺悔！至心懺悔：

無始輪迴諸有中，身口意業所生罪，
如佛菩薩所懺悔，我今陳懺亦如是。

懺悔已，至心歸命頂禮大悲毗盧遮那佛，至心隨喜：

又應深發歡喜心，隨喜一切福智聚，

---

① 幢，原作"憧"，據《中華藏》校勘《石》改。
② "薩"後，原有"等"，據文意删，下二句同。

諸佛菩薩行願中，金剛三業所生福，

緣覺聲聞及有情，所集善根盡隨喜。

隨喜已，至心歸命頂禮大悲毗盧遮那佛，至心勸請：

復觀諸佛坐道樹，己身各請轉法輪，

一切世燈坐道場，覺眼開敷照三有。

所有如來三界主，臨般無餘涅槃者，

我皆勸請令久住，不捨悲願救世閒。

勸請已，至心歸命頂禮大悲毗盧遮那佛，至心迴向：

懺悔隨喜勸請福，願我不失菩提心，

諸佛菩薩妙衆中，常爲善友不猒捨。

遠離八難生無難，宿命住智相嚴身，

遠離愚迷具悲智，悉能滿足波羅蜜。

富樂豐饒生勝族，眷屬廣多恒熾盛，

四無㝵辯十自在，六通諸禪悉圓滿，

如金剛幢及普賢，願讚迴向亦如是。

迴向發願已，至心歸命頂禮大悲毗盧遮那佛。

已下次第如常。

白衆等各念此時清淨偈：

諸法如影像，清淨無瑕穢。

取説不可得，皆從因業生。

金剛頂經金剛界大道場毗盧遮那如來自受用身内證智眷屬法身異名佛最上乘祕密三摩地禮懺文亦名三十七尊禮懺文①

---

① 此句，原作正文另起行，此改注文。

翻譯經軌·密教經軌·瑜伽密教經軌·釋義

金剛頂經大瑜伽秘密心地法門義訣[①]

金剛頂經大瑜伽秘密心地法門義訣卷上

此《瑜伽經》大分爲二，初偈頌，總相歸讚；次長行等，自他利行。於初頌中復分爲二，初偈四句，普歸命三寶，應知。次下别歸聖會。於中復爲二，先十句歸命五方如來，後十句歸命[②]四大菩薩。初十句中金剛身語意等四句歸讚毗盧遮那佛，次雄猛阿閦，已下六句歸命四方如來，應知。後十句歸命四大菩薩。於中初二句讚禮金剛藏菩薩，次二句讚禮虚空藏菩薩，第三兩句讚禮觀世音菩薩，第四兩句讚禮毗首羯磨菩薩，第五兩句結德總歸。應知。此上兩句等，西方集瑜伽者大阿闍梨先以勝相讚禮，置之經首，一切經首皆隨彼門，先安讚禮偈，此方先德略而不譯。應知。

次我今於百千頌《金剛頂》等總四十字述經題目，此經有百千頌廣本，非此土所聞。竝是諸佛大菩薩等甚深祕密境界相，亦非聲聞、緣覺及人天小智之所聞知。此地《梵網經》兩卷，從此經中出，淺略之行相也，其中廣相根未有堪。此《略瑜伽》西國得灌頂者説授相付，而其廣本亦不傳之。其百千頌本，復是菩薩大藏經中次略也。其大經本，阿闍梨云，經夾廣長如床，厚四五尺，有無量頌，在南天竺界鐵塔之中。佛滅度後數百年間，無人能開此塔，以鐵扉、鐵鏁而封閉之。其中天竺國佛法漸衰，時有大德先誦持大毗盧遮那真言，得毗盧遮那佛而現其身，及現多身於虚空中，説此法門及文字章句，次第令寫訖即滅，即今《毗盧遮那念誦法[③]要》一卷。是時此大德持誦成就，願開此塔，於七日中遶塔念誦，以白芥子七粒打此塔門乃開。塔内諸神一時踊怒，不令得入，唯見塔内香燈光明一丈、二丈，名華寶蓋滿中懸列，又聞讚聲讚此經

---

① 底本，《卍續藏》第441號，第23册第679頁下—693頁上。校本，《大正藏》第1798號，第39册第808頁上—821頁上，原正應四年刊宫内省圖書寮藏本。底本、校本均僅存卷上。

② 歸命，原作“命”，據文意改，下同。

③ 法，原作“此”，據《大正藏》本改。

王。時此大德至心懺悔，發大誓願，然後得入此塔中，入已，其塔尋閉。經於多日讚此經王廣本一遍，謂如食頃。得諸佛、菩薩指授，所堪記持不忘，便令出塔，塔門還閉如故。爾時書寫所記，持法有百千頌，此經名《金剛頂經》者。菩薩大藏，塔内廣本，絶世所無，塔内燈光明等至今不滅。此經百千頌本，此國未有。此略本至此土者，於開元之初，金剛菩提三藏阿闍梨云："我從西國發來，度於南海，其有大船三十餘隻，一一皆有五六百人，一時同過大海。行至海中，逢於大風，諸船及人竝皆漂没，我所附船亦欲將没。爾時兩本經夾常近於身，受持供養。其時船主見船欲没，船上諸物皆擲海中。當時怖懼，忘收經夾，其百千頌亦擲海中，唯存略本。爾時我發心，念作除災法，大風便止，去船周迴可一里餘，風水不動，船上諸人皆歸於我。漸漸發來，得至此岸，來到此國。於開元七年中，至於西京。一行禪師求我灌頂，聞有此異希有法門，乃令伊舍羅譯爲漢文，一行等乃親自筆受，一依梵本次第而述，其意不失，句義未圓。"此以竊觀諸修行者，縱有尋讀，莫知所從，又淺智愚識亦爲難入。今以此承旨授，頗得其趣，祕密之旨，略在文言。屬法流行，强開方便分别門，標其旨歸，即此經長行。

自他利行中，復分爲二，初從"若修行者"下，乃至"修習瑜伽"結加已來總門，爲祕密莊嚴内證大智，見法成就，得如來處，自利也。第二從"修習瑜伽"下，至經末已來總門，爲善巧建立祕密智相，攝取衆生，令入佛位，利他行也。亦可通爲一門，竝皆俱有自他利行也。於前自利門中復分爲三，第一從初乃至"或大菩薩坐結加已"，乃至"隨意作之"等，總是三業四儀，淨除業障法。第二從"行者欲自清淨"下，乃至"復自思惟所持祕密明主"已來，總是入智三摩地，諸佛境界實相智印法。第三從"復自思惟"下，乃至"修習瑜伽"已來，總是融愚入智，成等正覺，住大菩提法。於第一門中而爲頌曰：

師資共受行，攝引勸修法。
次初起行住，加持語門法。
洗面嚼齒木，便易結護法。
漱①口洗浴法，并浴部尊法。
想嚴身内外，次入道場法。
普禮懺隨向，别歸獻願法。
隨樂四威儀，除增降壞法。

第一師資共行勸修等行法者，此中六段。第一簡器教授，經從"若修行"至"護摩"等法是。第二發心利益，經從"金剛弟子"至"一切罪障皆得消滅"等是。第三攝

① 漱，《大正藏》本作"嗽"，並疑當作"嗽"，下同。

取邪見，經從"或有衆生深入"至"離惡趣故"等是。第四勸修得益，經從"若善男子"至"所求者"等是。第五付囑所堪，經從"金剛阿闍梨若見有人"至"信令發其心"等是。第六示居勝處，經從"其作法處應在勝地"至"如法修行"等是。此之六段，釋述無量，恐繁不委。應知①。

頌初起②行"住法"者，經從"凡修瑜伽者每於眠寢"乃至"一切衆生應廣利益"等，此名初起法。釋曰：謂修習瑜伽者，常想自身常爲普賢金剛身。若寢息時想入金剛三昧，謂心寂静，如入涅槃，當想自身爲五智印相而有光焰圍繞，然後隨意寢息也，是名身三昧想應。若起時想從金剛三昧起故，此祕密義云金剛生起也。拔折羅者，金剛三昧相名。底瑟吒者生起義，唵者諸佛法界頂。此是祕説，而其玅觀唯以口傳。其印名金剛三昧，金剛三昧名爲覺者，了知諸法自性清淨，離於自性，因業所轉，種種變異，故令思惟伽陀義也。既知此義，行饒益行，故云應廣利益等。

經云"若起欲行"及真言等，此名行法。釋曰：所謂行三昧也，其祕密義，云金剛三昧行步也。

經云"若住止處"及真言等，此名住止法。釋曰：祕密義者止住金剛三昧也。唵義如上，下亦準之。

頌云"加持語門法"者，經云"欲共人語"及真言等。釋曰：以囕字法界心置於舌端，想放種種光明，復以真言而用加持言音。若聖人祕密義者，金剛三昧聖力聲也。

頌云"洗面嚼齒木"者，經曰"若洗面時"及真言乃至"皆生歡喜"等。釋曰：此水從金剛三昧出生，以用洗面，面如金剛，諸魔不敢正視也，一切如來皆悉歡喜。

次"嚼齒木法"者，經云"若嚼楊枝時"至"加持然後嚼之"等。釋曰：若如法作者，能令行人成就金剛微笑三昧。故祕密義者謂佛德金剛笑三昧加持，故云能破一切煩惱及隨煩惱。以觀羽作金剛拳者，以右手急握大指，并把楊枝即是。

頌云"便易結護法"者，經云"若欲往便易處，即以左右手作甲胄印"乃至"出洗淨訖"等。釋曰：此經闕金剛甲胄印也，今以敘之。其甲胄印者，先以二手合掌當心，即以二頭指附二中指背，二大指竝豎捻二中指中節文即是。真言曰：

唵拔折囉迦伐遮吽

祕密義者，被甲胄者佛德金剛三昧甲胄，以用加持。以此祕明印印身二肩、左右脇、腰、髀等，想之自身如被甲胄。復以印置於頂上，各分爲二金剛拳。拳者頭指已下四指各握大指，頂上竝拳以，即直豎二頭指如針鋒，頭相拄，想爲頭鋒，即復分手緣二肩下至心上，以頭指相拄，即以"唵啅吽二合"二字加二頭指，想二頭指出五色光，成

① 應知，原作正文，此據前例改。

② 起，原作"初"，據前頌及《大正藏》本改。

金剛帶，然後於身上下遍繞如繫甲狀，是名莊嚴甲冑法，如經所説。次加持土，復住法界心，左右金剛護，所謂此三字護身，放大光焰，赫爔外發。復以明印而用加持，印相如經，故云三界所有諸惡皆得消滅。若不能用前明印，唯誦後一切通用祕明亦得，若二俱最勝，後之真言兼用前印，一切處用結護。應知。

頌云"潄口洗浴法"者，經云"以此祕明加持金剛水"及真言至"潄口訖"等。釋曰：祕密義者，佛德金剛大悲三昧水淨持口穢，令口業清淨，寂智門開發也，是名潄口法。

次洗浴法者，經云"便當洗浴，洗浴者有四種，每日隨意"乃至"隨能任作"等。釋曰：一具持三種律儀者，謂令住三三昧，顯發三身故。二禮懺發露等者，謂淨除業障，得無礙智故。三結印供養言，謂令諸佛歡喜，增福壽命故。四以香水洗浴者，謂令支分柔耎，合法性故。隨此修行是洗浴義也，思之可解。三律儀義，廣如別經所明。

頌云"并浴部尊法"者，經云"若入池水浴時先想爲諸天歡喜池，於水中央想有如來最勝上輪壇"乃至"想彼輪漫荼羅盡入己身中"等。釋曰：想五字等爲種子，出生各各部會尊衆等，即以香水滿掬以爲供養等。其掬水法，經不具明，今以具述：先以竝兩手側著如掬物勢，以二大指入於掬中，三度向外撥水令至尊所，想灌尊儀一一別浴，或普想都浴之，餘文可解。

頌云"想嚴身内外"者，經云"如是想已出立岸上"乃至"祕明真實義理"等。釋曰：如常束帶者隨自莊嚴，又以頭冠等莊飾其身者。經無此印，今更敘之：以二手右押左向外相叉，二中指頭相跓，如蓮華葉舉安頂上，即便各爲金剛拳，分手從頭兩畔向下緣身散之，想成鬘帶及天衣等。結印時，復誦此真言曰：

唵拔折羅鉢踏摩阿毗詵者三漫多嚩日哩

祕密義者，謂佛德金剛蓮華冠於我心頂上也，作是法隨樂本尊想合一體，然後想執拔折羅等，乃至祕明真實義理等，隨自持者思之，餘文可解。

頌云"次入道場法"者，經云"然後往道場，所欲入之時"乃至"擗諸不祥"等。釋曰：如上潄口真言是，結止羽拳者，左手握大指爲拳，兼出金剛聲，以右拳闢門令開也。瞋怒眼者，慈心圓睛，左右傍視也。

頌云"普禮懺隨向"者，經云"入已正念十方常住"乃至"如法作已"等。釋曰：此初入時普皆想禮毗盧遮那法界常住會也，此合有懺悔、勸請、隨喜、迴向等法，闕者爲略。修瑜伽者常住金剛身語意，即旋入普賢遍一切行願身，此法滿故，故不廣列之。若有樂者，隨意所作，五體及跪跪等可解。

頌云"別歸獻願法"者，經云"即從座起，復以右膝著地"乃至"於四方如上作法禮已"等。釋曰：此有四義，一爲成就一切諸佛金剛普賢行位故，二爲成滿一切諸佛金剛灌頂位故，三爲速令成就一切如來轉法輪位故，四爲同得一切如來金剛善巧業用故。此四種三摩地或一時運入，或次第入，或隨樂入一。隨作之時，皆先結初金剛三昧耶已，然後合掌，隨方作禮。其真言祕密義者，謂佛德金剛三昧最勝也，故令先結其印，如經所説，尊重禮拜等，餘文可解。欲入四種三摩地門，先總舉，次别列。經“又應以身”至“各禮一拜”等，總舉也，其義可解。

第一金剛普賢三昧者，經云“於其東方全身著地”及真言乃至“哀愍加持”等。釋曰：其祕密義者，想於東方盡虚空界純以金剛而爲莊嚴，名曰金剛莊嚴藏世界。於中如來滿世界中，如一切世界微塵數，一一如來皆入金剛三昧，結加趺坐，展垂右手於右膝上，横仰左手於趺上，一一如來皆有執金剛等諸大菩薩而共圍繞。即運自身心於一一諸佛及諸菩薩前，承事供養。復想一一身中出生無量上玅香華及種種供具，復想己身成金剛座等而奉獻之。令心眼見，了了分明，佛菩薩等而爲納受。爾時行者於三昧中便作是願：願一切如來金剛薩埵守護於我，以此金剛三昧加持我身，所謂“吽”字。若能如是入者，速得金剛普賢三昧也。

第二灌頂位者，經云“又金剛合掌置於心上面向南方”及真言乃至“與我灌頂”等。釋曰，其祕密義者，作金剛合掌一心歸命，想於南方盡虚空界純以玅寶而爲莊嚴，名曰寶光明藏世界。其中如來遍滿世界，如一切世界微塵數。一一佛所皆想有虚空藏菩薩、寶幢等無量菩薩而共圍遶。其諸如來等皆入寶光明三摩地，所謂結跏趺坐，仰右手於臍上，現掌向外，於其掌中現玅寶相，左手横仰安加趺上。所居宫殿皆大寶莊嚴，諸菩薩等各執寶幢及雜寶供具，了了分明。復運想自身奉獻等，一一如前説。爾時於三昧中便作是願：願一切如來及金剛寶等菩薩，以寶三昧灌於我頂。爾時即便想見佛菩薩等，一時俱以寶性光明而爲灌頂，如是行者應時即滿灌頂之位。莫作是念：我是凡夫也，云何即是諸菩薩灌頂位耶？何以故？與寶光明三昧等一性故。

第三法輪位者，經云“又以金剛合掌置於頭上”及真言乃至“爲我轉金剛法輪”等。釋曰：其祕密義者合掌歸命，一心西向，想於西方盡虚空界純以淨玅金剛寶蓮華而爲莊嚴，復想一切如來及觀自在、文殊等大菩薩衆圍遶説法，想一一佛、菩薩等如一切世界微塵數，一一佛結加趺坐，入於三昧，諸菩薩衆各執蓮華，華中有法輪及法蠡①等，了了令見。復想自身供養，想承事等如上。爾時於三昧中便作是願：願諸如來及金剛法華輪菩薩等，以此三昧灌於我頂。是時行者即便想見佛、菩薩等法輪光明而爲灌頂。入是觀時，應時即授一切諸佛轉法輪位，便能轉於一切法輪，勿生疑念。

第四諸佛業用者，經云“又以金剛合掌從頭下，置於心上”及真言乃至“爲我作金

① 蠡，《大正藏》本作“螺”。

剛事業”等。釋曰：其祕密義者，合掌歸命，一心思惟北方種種玅莊嚴世界，盡虚空界種種雜色華鬘、瓔珞、音樂、歌讚奇玅佛事而爲嚴飾，復想一切如來及菩薩衆如一切世界微塵數，廣大衆會而爲説法，又想自身於一一如來等所承事供養等如上。爾時於三昧中，一一身口意當發是願：唯願一切如來、金剛業等諸菩薩衆，以種種業用佛智光明灌於我頂，應時想見佛、菩薩等以此光明而爲灌頂。是時行者入是觀時，便得無礙業用佛智光明三昧，能於十方一念一時廣作佛事。如上次第，如廣經所明，此經略故，隨義述之。應知此之法門入者甚難，若住初方及餘三方，隨一增上，餘方皆劣。若入如來部，一時圓滿，亦無勝劣。

頌云“隨樂四種儀，除增降壞法”者，經云“於四方如上作法禮已，隨行者所欲”乃至“或大菩薩半結跏趺，隨意作之”等。釋曰：此門有四種差别法，今廣料簡：

一爲除滅災害，謂行人修福，多被諸惡鬼神而作障惱，令其功德福業破壞不成，欲盛建立，先後俱作護摩等法。壇法者，壇爐皆圓，坐亦如之。壇相白色，身居華座。其心寂静，以誦真言。其柴用樹半已上者，横量十指或以八指，齊頭截之。木用甘菓、李子、牆微、迦耽婆木未詳。等，但有甘菓樹木皆充此用。有香之華，及白檀香、酥乳、麥麨、乳粥、茅牙，竝充火用。衣著茅服。其焰相者，先起赤焰，次如金色，復如融金色，或如燈明，時時變色。又如牛酥，焰色潤澤。或如辮索，條列相次。有此相者，當知作法所求之願皆得成就。又相者盛出香氣，熾焰無聲，或焰上重焰如赤金色，或焰頭分散如傘蓋形，是名第一相。又聲者如牛聲，又如蠡貝、雷鳴等聲，又人所樂聞之聲。餘諸聲色等，應知障礙，不得成就。

第二增益者，所謂行者成就三昧，開發智力，爾時多有内障，煩惱所覆，愚闇所遮，不能進修，縱經多時，勤苦不止，佛菩提智終不可得，是故應修增益護摩。壇爐俱方，而作黄色。結跏趺坐於茅草，此經坐蓮華坐，别耳。慈心念誦，歡喜顧視。衣以蒭麻，而作法事。其木相者，取樹中分肥枝，如生之柴。蘇、乳、酪、蜜，又乳粥、酪飯、胡麻、稻穀，及三白食、勝玅黄華、龍華香等，天木香、香附子、天門冬、尾盧婆果等而充火用，而作護摩。柴長十二指，齊頭截之。爐深一肘，四方作之，廣亦如是。起四重緣，如法泥飾。此滿大願解脱出離法，成就之相如上所説第一好相等是。

第三降伏法者，謂行道之人須有威勝，彼不降伏，愛樂歸依，法輪難轉，是故應修此護摩法。壇爐俱方，而作赤色。疊以雙膝，如賢之坐，亦可如經蹲坐，臀不著地也。衣以赤服，其心超踴，而誦真言。其所用木，於一樹中直上獨生，出過餘枝，無横生枝，横量十二指，齊頭截之。應用有乳汁者，謂桑穀之類。又以乳酪、酥蜜及三白食及七穀種子、胡麻、稻穀之屬，用紫檀香、赤色華、蘇合、安息、薰陸等，以充火用，其相如上。又説如上所不堪之木，樹上乾枯無皮、短曲瘦惡，經剥皮者，或太長太麤，曾被斧斫破有瘡病者，皆不堪用，若作第四法則得用之。又説如上火惡相者，其火氣冷，又無潤色,火星迸出,其焰如煙,或焰射入灰中。又出臭氣,或無煙焰,又焰和燼起,復入於地。有是相者,當知内外人鬼障礙,或是煩惱業等諸障不滅。得是相者,當須改修作前初法。若作第四法得此相者,是名成就,順惡法故。

第四破壞法者,或有人言,諸佛菩薩具大慈悲,云何教諸衆生作斯惡法?答:諸佛菩薩説此法者,爲智者説,不爲愚人。所以然者,佛滅度後,多有惡人,恃大勢力,順於邪道,不信正法,破滅三寶住持之相,令諸衆生失涅槃眼,悲哉可愍。以此法治,菩薩之心行此法者,爲利益故,有大功德。審觀無利,起於惡心,損害衆生,獲大重罪,佛所制之,不令輒作。若修三昧人,遠離憒閙,心常寂静,觀於三寶,性相常住。住三昧處,入佛境界,成就智用,作大佛事,摧壞之法自然成就。其此法者,壇爐俱黑,三角爲之,所用香華皆悉臭黑。柴用棘刺、屈曲之木,樹根傍生無枝,苦惡駝騾之糞,以爲燒香,爐土相和,充爲火食。白芥子油或用脂血,以爲燈明。用骨、髮、棺木等,長六七指,尖頭截之。著青黑衣或血塗衣,瞋怒蹲踞。如經所説,而作火食,惡相現時,法即成就。

又案瑜伽大祕密教中説,祕密火法相應有二十種。云何爲二十種?此二十種從三法出,所謂一者扇底迦,二者布瑟致迦,三者阿毗遮羅迦。

能除一切罪,圓滿功德身,
寂静不可壞,是名扇底迦。此中四法。
諸願力速成,增長財命等,
一切自調伏,見者皆敬念,
種種相端正,遊行虚空中,
成就雄黄等,是名布瑟致迦。此中九法。
禁縛摧滅等,降伏諸難調,
怨家及魔鬼,是名阿毗遮羅迦。此中七法。

是名二十種護摩法。此中更廣一百一十種火法,祕而不譯,應知。

復説二十種爐相,若欲攝一切,爐内作金剛杵相。若欲調伏惡人等,爐内作蓮華相。若欲除一切罪,其爐圓作,須作門,爐内作寶相,門亦如是。若欲種族得增長,爐内作羯磨印相,謂三股十字形。若爲長命色力,爐内置甲,周回牆渠等。若欲積聚一切財物,爐内作牙印。若欲一切善好成就處處安樂,爐内置輪形印,如車釭相,爐四邊亦如輪相。如是二十種印次第置,如後壇印等。是或置種種諸印,隨彼成就。又於爐外莊嚴相者,其爐先以繩量四肘,四邊安置界道色地,或方或圓,或如蓮華。四面平正,四門漸爲階級。門之八方,畫網及半月形。近門階級處,作金剛叉形,如法畫之。於爐外東面畫萬字、胡旋子、澡罐、鹿皮等,南面畫螺、捧月、刃刀、馬、師子、野猪等,西面畫半月形紗髮髻印、牛幢印等,北面畫銅磬子、幡孔雀、羊、鷄等。復於四門以金剛印等莊嚴，東門安金剛熱惱印，南門安金剛寶印，西門安金剛蓮華印，北門安金剛唬迦羅印。又置十六大印等，四角豎柱，莊嚴華樹，如法布置，供養於佛。

佛金剛智大方便法能除諸惡，若有見者，滅一切罪。作是法時，即想自身爲觀世音或執金剛。復自想戴頭冠，冠中有佛及金剛杵等，或復有寶，隨於本法令心堅固。觀世音者，即一切諸佛淨玅法身智也。執金剛者，即一切如來諸菩薩等堅固菩提心也。以六波羅蜜、諸佛淨戒大色而畫，六根清淨相應。面向東方，作如上法，是名最勝佛菩提扇底迦法。餘法思惟準可解，若布瑟致迦，用金剛寶法。若阿毗遮羅迦，用金剛瞋法。

復次以金剛鈎攝一切法，以金剛長命藥印命[①]行者長命足力，以金剛吉祥印積集一切財物，以金剛甲印護身，用金剛成就印乘空而行，以大蓮華藥印成就一切財物。成就一切法壇，用金剛壇印。成就一切吉祥，用金剛王印，以左手執印，右手燒火。

復次若欲家宅增長，以甘美木爲柴，及以粳米燒之。若欲一切資具圓滿，以七穀子或七寶等相和燒之。若欲最勝擁護，用甘美木及茅草莖塗油燒之。若欲長命，以甘美木及俱盧草和酥及菓子等，以左手執金剛[②]棒印，右手燒之。若欲調伏惡人，用苦楝、棘針、白芥子及鹽[③]土燒之。若以醋、苦菓子等燒之，一切怨者遠去。若欲一切歸信伏從，以紫檀木及赤華燒之。若欲所使者皆依命不敢違，用苦楝[④]木，極須瞋想爲之。若欲成就一切法，取白芥子燒火，即得吉祥最勝。

已上淨除業障内外光澤法竟。

次下第二入智三摩地諸佛境界實相智印法，而爲頌曰：

自他欲清淨，兼除垢障法。
次入三摩地，堅心通智法。
先持三摩耶，次結堅智法。
見法及極喜，字爲智門法。
祕印開心殿，攝入菩提法。
智印法身字，堅牢菩提法。
大力祕印明，護身摧障法。
結蓮華三昧，隨樂部尊法。
想依智種子，嚴成佛會法。

初頌云"自他欲清淨"者，經云"行者欲自求清淨"及真言乃至"亦自性清淨"等。

① "命"，《卍續藏》校勘疑當作"令"。
② 剛，原作"則"，據文意改。
③ 鹽，《大正藏》本作"墻"。
④ 楝，原作"棘"，據《卍續藏》校勘改。

釋曰:長行經可解其義,祕密義者,先以思惟佛功德身清淨境性,即了一切諸法自性清淨。了一切法自性清淨故,此一切清淨法性入我身中,我同法性,是故清淨餘可知。

頌云"兼除垢障法"者,經云"復應思惟是諸衆生"及真言乃至"息心攀緣,勿令散亂"等。釋曰:此中三段,初段長行可解,其祕密義者,佛智德藏一切如來各已成就,諸有情類皆有此藏,成就亦等,願諸如來遍皆建立,爲作加持,令諸有情皆得解脱,故云"作是思惟能除一切障礙"等。二經云"又作是念,凡所障者乃至憶念菩提之心"等。釋曰:三垢所纏,實難除斷,佛智菩提一念相應,即便滅盡。廣讚菩提心,如《華嚴》等。此經所説[1]直入直修,直滿直證,即於此生得如來地善巧智故。三經云"又諸世間一切衆生"乃至"無量差別"等。釋曰:衆生妄業所熏,邪網所覆,見善知識,翻成怨對;聞甘露法,謗讟俱興。造種種惡業,受種種苦身,猶如工巧能成衆相,自造自怖,不知自致其然。如是衆多,故云"種種妄想工巧所成無量差别"。

頌云"次入三摩地"者,經云"見諸衆生有如斯過"乃至"勿令散亂"等。釋曰:餘文可解,此中云"阿娑頗那伽"者,阿之言無,娑頗那者識也,三摩地平等持也,伽者身也,應云無識身平等持也。入此定者能治攀緣、散亂等障,故云"不應動心及身支節,脣齒俱合,兩目似閉,息心攀緣,勿令散亂也"。問曰:入此定者有何利益?答曰:若内識散亂,外塵所牽,識隨諸塵,起種種妄見,隨見隨念,即爲無量諸垢之所纏縛,以是因緣,淪溺生死,故以此定而止息之。又問曰:此定唯止識不起,不與世塵而相和合。如諸佛境界,出世實相,百千三昧,出入自在,動、不動等,入有不有,入無不無,有無常一,一即無量,無量即一,而復熾然廣大建立,常住其中,不礙不没。如是智用勝玅功德自他利行,云何得之?答曰:前之定門漸學,大乘及小乘等,及於外道,同由此定。小乘以之爲畢竟,外道不深,各各有異。漸學大乘者以爲方便,息攀緣故。若頓入者亦不由之,一切色塵爲佛事故,色相境界智所轉故,智性無礙無量用故。若怖於塵境,愛樂空寂,智無所用,愚拙之深網也。如此之徒其類非一,或作聲聞,或爲外道。悲哉可愍!痛惜之甚。是故佛説其智慧門難解難入,一切聲聞、辟支佛所不能知。若欲入者,如下經中廣宣説耳。

頌云"堅心通智法"者,經云"諦觀虚空無量諸佛"及真言等乃至"常得隨順"等。釋曰:欲入智門,當觀智相,欲成智用,加於智種,是以仰觀諸佛身加唵字,唵字者佛德藏也。又以眼置麼吒字,令智慧明發,智慧明發故,諸佛所讚,故云"常得隨順"等,於中可解其加持真言。祕密義者,所謂佛德金剛三昧智慧眼也,以此三昧通智慧門,能令智慧内外和合,誰不降伏、誰不隨順?故悉帝耶等尚得隨順,悉帝耶者無情物等,共祕此名,故不顯説也。

---

[1] 説,原作"脱",據《大正藏》本改。

頌"先持三昧耶"者,經云"作此法已即結三昧耶"及真言乃至"是名金剛合掌"等。釋曰:所以結此明印,謂自智器開發,與佛智同光,彼此和合,一味無二故,此明印能和合之。其祕密義者,名佛德金剛三昧合也,其印相如經所説可解。

頌"次結堅牢智"者,經云"又即此印諸度盡本"及真言等。釋曰:此明印者能成就智身,智雖和合,當令成就,是故以此而加持之。祕密義者,金剛三昧牢結縛也,欲令成就,不可壞故。

頌"見法及極喜"者,經云"又如金剛縛"及真言乃至"佛子等祕印"等。釋曰:佛我智合,復已堅牢,成法界宫,自性圓滿,即以明印而顯發之,由明印力了見實相,此名見法三昧耶印明也。其祕密義者,三昧耶者等引也,平等引發,令明了見故。薩怛梵三合者,入我等、我入等也,一性相故。下皆準此。佛以此明印加持有情,能令覺悟,故名佛子。

頌"見法及極喜"者,經云"又結極喜印"及真言乃至"度如針是"等也。釋曰:由前加持,了見智性,無與等故,念持希有,便入極喜三昧,即以明印而用加持,故名極喜三昧耶。祕密義者,薩怛梵三合者我入、入我,護者喜躍也,蘇囉多者玅極也,三昧耶者等引也,謂等引入我、我入,彼等喜躍玅極也。佛加持故,智印印之,印如經説可解。

頌"字爲智門法"者,經云"復結金剛縛印"乃至"爲心門户"等。釋曰:以法界智相,堅明無際,將嚴其德,非門不從,故以怛[①]羅二合吒字爲心門户。字性實體,光爲其門,若欲開者,加於智印,是故即結開門印也。

頌"祕印開心法"者,經云"三遍誦此祕明三摩心上"及真言乃至"有大殿堂"等。釋曰:印相可解,其祕密義者,佛德金剛堅智印能開智實門,怛羅吒者實門也。

頌"攝入菩提法"者,經云"復想面前有一闇字"及真言乃至"句義皆自悟了"等。釋曰:智門開已,當嚴智德,即便攝入菩提種子,所謂闇字也,故云諦觀字上遍有光明,輝赫照曜也。諦想成就,便當攝入,故云結金剛召入印。是印力故,佛德菩提安住心殿。既安住已,了了明見,猶如月輪,普照法界,是名智德菩提相。其祕密義者,謂佛德金剛三昧中安菩提種也,謂明見闇字變如月輪,住心殿中。其印如經所明也,猶智德菩提住心中故,故云"能了過去、未來、現在"乃至"皆自悟了"等也。

頌云"智印法身字,堅牢菩提法"者,經云"復結金剛拳"及印相乃至"意密以能執持故,名金剛拳"等。釋曰:印相法可解,其祕密義者,謂佛德金剛三昧法界智印,以印印之,由印力故,能令成就法界菩提身。鑁字法界種,相形如圓塔,名法身塔。金剛拳者,佛堅智相也,以佛堅智持於法身,印智菩提,能令成就堅牢德藏,故名封閉心

---

① 怛,原作"恒",據《大正藏》本改。

殿，乃至名金剛拳等。

頌“以大力印明，護身摧障法”者，經云“復分金剛拳爲二”及真言乃至“皆得清淨”等。釋曰：謂已上初淨身口，次住堅智，又與菩提和合，德藏圓成故，加大力明王護身摧難故，云以此印頭上右旋等，如經可知。

頌“即結三昧耶，隨樂部尊法”者，經云“復結金剛蓮華”及真言乃至“得爲尊主”等。釋曰：如上結護已，隨自樂爲部主三昧耶，印於心頂，然後念誦本部真言。經中唯有蓮華部三昧耶明印，餘四所無者，略故不列。若欲解者，唯改鉢頭摩句，安金剛句、寶句、羯磨句、法界句即是，餘句皆同，思之可解。印相亦隨句改之，如經下文具説其相也。若樂廣大觀察如來實相無盡莊嚴藏三摩地者，應當如後次第安立，善觀察之。

於此門下玅莊嚴相依智種建立佛會，而爲頌曰：

玅智淨内外，依種子建立。
世界玅相法，想諸佛所依。
成等正覺法，如來神變相，
祕密三昧相。

頌“玅智淨内外”者，經云“復次淨玅智慧”乃至“等同虚空”等。釋曰：六塵六識等，性空爲體，一切所有皆悉一如，衆生執心，於中對礙，欲建玅相，先智除之，故云觀察内外皆無所有也。自性平等，無初中後，故云又觀三世法等同虚空。入是空三摩地時，不見身之與心，内外寂，能觀所觀皆同一大空。若聲聞種姓多者，於中沈住，智不起動。外道於中起惡尋求，或見有邊，或見無邊，或見非有非無邊等，乃至各各[①]别生於見等。菩薩於中智慧善巧，建立種種微玅相用，入佛境界，得佛加持。佛加持故，於百千三昧出入無礙，即能遍至一切諸佛及諸菩薩大會之中，供養禮拜，諮問法義。而身心不動不没，即能遍入衆生界中，教化無盡諸衆生類，而其身心不著不礙。若能如是心不間斷、正修行者，一念一時，無前無後，與如來等，即於此生滿足佛地。法如下説，隨所樂爲。

頌“依種子建立，世界玅相法”者，經云“即於下方想有琰字”乃至“既想如上諸部座已”等。釋曰：如上入大空三摩地已，即以决定玅智於下方空際想有琰字，黑光流布，變爲風輪，風輪大力持於地輪，輪皆黑色，是名風地種也。此中與《毗盧遮那經》文安立世界别也，應如彼説，具足修行。如前想已於地輪際，布列劍字，放雜色光，成輪圍山，名爲甘露海岸也。以鑁字法界種子字，大白色悲光，想成如來毗盧遮那於虚空中，名法身種也。注雨相，如經。想鉢羅二合字，字放金色光，變爲金龜，廣大無際，吉

① 各，《卍續藏》校勘疑衍。

祥種也。想啖哩字，放黄色光，爲黄金蓮華，蓮華藏種也。其相如經。想鉢囉二合、吽、鑁等三字，放雜寶色光，成玅顯山，舊云妙高。名堅勝法界座種也。其相如經説。今人共號爲須彌座者，從此立名，非是須彌盧山四寶所成者。此玅座高顯，猶如彼山，故以喻之。山有八面，面各有門，於中空，同八大菩薩常所居宫也，而諸菩薩各據一面而演説法。於其室内乃有十方諸佛微塵大會，此經略故不列。三藏教授次第，具安立之，故云而有八面等。又想鑁等五字者，謂於臺上以此五字上隨位①而安布之。五字放光和合，共成四方大殿，於大殿中隨於字位，結成五峰樓閣，名爲五峰大殿也。其中莊嚴，如經廣明之，乃至莫呼羅伽等王奏妙歌儛等，各於樓閣下隨五字位，成金剛輪漫荼羅等。一一輪内各有三種子字，以爲佛座，如經所明。於五座中，鑁字輪中種子所變成師子座者，師子者諸獸中王，於諸獸中遊行無畏故。盧舍那佛亦復如是，諸法之王，於諸法中變化無礙故，是故據師子座也。於吽字輪中種子所變爲象座者，其象力用，諸獸力用無能過者，金剛部王共據其上，表以堅力無罣礙故。於怛羅字輪中種子所變爲馬座者，其諸世間尊貴吉祥莫先於馬，馬有慧用，世以爲寶，灌頂法王以之爲座，表以灌頂具吉祥故。於纈哩二合字輪中種子所變孔雀座者，其諸世間以孔雀鳥而爲瑞禽，此禽麗狀，具種種色，復有明慧，善應時宜，轉法輪王以之爲座，表以轉大法輪，不非器故。於阿字輪中種子所變加樓羅座者，此鳥威力能降諸龍，諸龍所居四大海中，迦樓羅鳥隨所向方，龍即降伏，不空業王以之爲座，表以智用隨方羯磨，攝引人天，一切諸龍無不歸者，謂佛菩薩隨攝隨歸，無有違者。如是次第應深知之，故云既想如上諸部座已等。

頌"想諸佛所依，成等正覺法"者，經云"次想諸部一切如來及十六大菩薩"乃至"無礙事業巧方便智"等。釋曰：此一段經文安立不次也，應云於前五部座上各想有月輪，於月輪中想有微玅蓮華，臺蘂圓具，即於師子座上月輪中想有四面毗盧遮那佛，以諸如來所持之身坐彼坐上，又想阿閦鞞等四方諸佛各據本座也。及十六大菩薩并四波羅蜜，施設四種内供養、四種外供養，及四攝菩薩等，及賢劫千佛、菩薩、諸大金剛、二十八部等諸神，皆以本三摩地，各各想彼差别記契等。此等事相皆從毗盧遮那佛法界身圓輪光内而現，如是阿閦鞞佛諸如來等坐此未久，成等正覺，悉得一切如來普賢之心，乃至獲四灌頂智等。如經廣説之。初云四面毗盧遮那者，釋曰，所謂鑁字輪中法身如來四面圓滿，向四方作三昧相也。

次下頌"如來神變相，祕密三昧相"者，謂已下諸門五方如來、十六菩薩、四波羅蜜及内外四供養、四攝諸菩薩等，一一皆有無量甚深智用、智門②，祕密境界、無礙神

① 上隨位，《卍續藏》校勘疑前後有脱文。
② 智門，《卍續藏》校勘云别本無。

變、三昧之相，廣如下明：

第一一切如來普賢金剛三昧門，頌曰：

諸佛普賢心，祕密神變相，

親承普教示，授五菩提智。不別釋之。

初頌“諸佛普賢心”者，經云“爾時金剛界”至“祕明”末，於中四門不同，一舉報，二顯體，三明行，四護念。

經“爾時毗盧遮那佛”，此舉報也。釋曰：所謂行大日如來事，遍滿法界，純以大金剛王而共圍遶以爲宫殿，毗盧遮那處中而住。梵云毗盧遮那，此翻最高顯廣眼藏如來，毗者最高顯也，盧遮那者廣眼也。先有翻爲遍照王如來也，又有翻爲大日如來，此竝略而名義闕也。又此如來亦名佛菩薩眼如來，亦名諸佛菩薩母，亦名諸佛菩薩最上廣博清淨藏也，所謂諸佛菩薩依之明見故，諸佛菩薩於中出生故，一切賢聖於中住故。又此大日如來常住滿虚空法界量微塵等諸佛，一一身相皆無中邊，又無增減，故《毗盧遮那大經》説爲無盡莊嚴藏三昧也。

經云“持一切如來身以爲其體”，第二顯體也。釋曰：無緣智明，遍滿虚空，一切佛身即一佛身也。

經“即入一切如來至三摩地”等，第三明行也。釋曰：此中云三昧耶者，正翻爲等持，三摩地者，正翻爲等念，舊云等至。謂遍一切處等持自智，即入一切如來智也，即入一切普賢智。持此智行，猶如金剛，入有情界平等攝受而護念之故。《華嚴經》云：

佛身普放大光明，色相無邊極清淨。

如雲充滿一切土，處處稱揚佛功德。

光明所照咸歡喜，衆生有苦悉除滅。

各令恭敬起慈心，此是如來自在用。如彼廣説。

經從“其至拔折羅薩埵”等，此第四護念也。釋曰：此中云阿毗三昧耶者，正翻爲無上等持，舊翻爲護念也。如《金剛般若》云善護念，是謂從諸佛一切普賢金剛智中出此祕明，故云無上。以此祕明加持有情，合最堅牢故。祕明義者，一切有情皆是金剛也，故稱拔折羅薩埵，謂修行者起大悲心，以一切智願入普賢海，住有情界，復以明心三業祕密加持，令諸有情住堅牢身。能如是入者，爾時行者身不至彼，亦不住此，心不住此，亦不著彼，滿法界量，無前無後，以明智觀察，令無障礙，入出相用，分明不滯。如是入者，是名得入普賢金剛最初行海。若展轉能入神變境界，不滯不礙，是名入於一切如來普賢功德無盡藏海也。

頌“祕密神變相”者，經説“祕明時”至“既示現已”等，此中智用境界不同，有十二門：一依因，二顯本，三應實，四顯相，五顯力，六還源，七顯智，八示相，九明德，十顯實，十一普現，十二感應。

經云“説祕明時從一切如來普賢之心”，此第一依因也。釋曰：一切諸佛現神變時，非無因故，謂從如來智入普賢心，若不爾者，礙而不遍，無智故有礙，無行故不遍。

經云“爲衆多月輪”至“菩提心已”，此第二顯本也。釋曰：謂菩提心者，萬德之源，衆行之本，是故如來先顯心相，清淨圓滿，猶如月輪，即大菩提相也。以此心相遍有情處，諸有情類數乃無量，故曰衆多。一切有情遇菩提光，皆得清淨，故云出現普淨一切衆生界也。發菩提心者應如是行，若越此者非菩提心也。

經云“於諸佛所圍繞而住”，此第三應實也。釋曰：諸佛菩提勝相圓滿，體性凝寂，離空不空，從佛心生，還依佛住，以智力故，不散不没也。又佛加持故，不出於彼有情之心，而復等於諸佛法界身輪，周圍而住。爾時諸佛菩提不增，有情菩提不減，入佛菩提應如是住。

經云“於月輪中”至“拔折羅”等者，此第四顯相也。釋曰：佛心菩提，依由智起，圓凝而住，表空不空，各於其中現差别智相也，故云出現一切如來種種智拔折羅也。所謂於諸輪中一一智相也，即普賢菩提輪内現五股相，不空菩提輪中金剛鉤相，第三弓相，第四歡喜相，乃至十六大菩薩等各各智相，及四波羅蜜、四攝、四供養等，一切眷屬差别之相也。如是之相，皆是法界菩提周圍月輪之所出現。如是智相於諸月輪所出現者，各欲顯有實相神變。又表如來智、菩提業身，無礙成就，令諸有情有勝修證，故如下門次第一一别明。

經云“以其普賢”至“堅牢故”等，此第五顯力也。釋曰：謂各一切如來智菩提心有無礙用者，謂由如來普賢行遍一切處，堅牢加持故，而能成就種種相用也，故云以其普賢故，金剛薩埵三摩地極堅牢故也。

經云“如來神力故入毗盧遮那佛心”至“一體”等，此第六還源也。釋曰：所謂如上佛心菩提及與智相，本從心起，還入佛心，以表相用一體性故，以佛神力出入無礙。爲欲成就一智相用遍一切處故，一切智相從此建立。應知一智即一切智，一切智即一智也，是故已下諸門皆云金剛薩埵三摩地極堅牢故。

經云“又從心流出滿虚空界，成立五峰光明”者，此第七顯智也。釋曰：謂如來一心一法界智遍一切處，常光照用，應世分位，現五峰光明。光明者智也，即五智門也，顯法次第，入有由故。五智門者，初金剛三昧智，次寶印灌頂智，三清淨法輪智，四羯磨紗業智，五如來法界智。此五智光即一切如來普賢藏相也，若有入者，從普賢心，起菩提行，入如來處，住五智相，念念遍法界光明，於四威儀念持不閒，是人名爲常住如來法界金剛三昧也。

經云“時彼光”至“住佛掌中”等，此第八示相也。釋曰：謂一切如來五峰光明如法界塵數，各各體無中邊，佛神力故，成就堅牢五股智相，住佛掌中。此五智相從三輪生，即此三輪有十行相，一一行相皆佛智菩提之所成就，是故五峰上下十住位，此十行相攝，諸有情常無動壞，是故令住如來掌中也。所以者何？欲令衆生所得堅牢等此無異故。若有有情見此相者，即見如來普賢菩提三業法界，常住五智祕密光明也，是人以爲一切如來共所護念者也。

經云"復從拔折羅"至"世界等"者，此第九明德也。釋曰：如來智德無量無邊差別，莊嚴遍一切刹，謂衆生無量故，諸佛智德亦復如是無量。從一心三業、五智光生起，令破有情種種五欲，成就有情無礙五眼、三身五智，故云種種色相及遍照等也。

經云"於光明五峰"至"如來身已"者，此第十顯實也。釋曰：此諸如來三業法界身輪，實智玅相，無量無邊，故以一切世界末爲微塵，此諸世界尚不知數，況復爲塵，一塵一佛如是衆多，一心智光遍照而住。如是觀者，是人得入一切諸佛現前三昧也。

經云"遍周法界"至"種種神變及成等正覺"者，此第十一普現也。釋曰：一切諸佛五智光明法界實相不共無礙，善巧智力普於有情等救度故，現此神變。神變者名爲普現一切色身三昧，謂衆生界無邊無量等雲海故，諸佛悲智亦遍衆生界如雲海，隨彼彼衆生類自在轉故，故云種種神變及成等正覺也。如是種種神變，皆是如來平等性智五峰光明法界實相之所成就也，佛子修行者亦如是入。

經云"能令衆生"至"悉地智"者，此第十二感應也。釋曰：由佛神力應衆生心，一切衆生感而自發也。

經云"能令衆生發菩提心"者，普賢菩提遍攝受故。"能令衆生成就普賢無量行願"者，普賢行海遍成就故。"能令衆生奉事一切如來眷屬"者，於善知識悉遍求故。"能令衆生趣向大菩提道場"者，於諸佛會念念入故。"復能摧伏一切諸魔"者，成就大智自在力故。"速悟一切平等性智證大菩提"者，佛功德藏悉圓滿故。"轉正法輪教化成就無量衆生"者，轉轉化化不斷絶故。"令入如來神通最上悉地智"者，一切衆生成就大智等佛力故。故云"最上悉地"，悉地者此云成就，成就如來最勝智故。所謂衆生性欲種種差别，如來示現最上神變成就之相，欲令衆生皆自覺知，具足已有諸佛普賢無盡功德莊嚴藏海。或有衆生，於佛法中見説諸法空無所有，不解佛意，即爲已得、已證、已滿。有因緣時聞佛説此實相寶藏，心懷怯怖，驚愕疾走。猶如窮子傭賃展轉，遇到父舍，住立門側，遥見其父踞師子床，寶几承足，諸婆羅門、刹利居士皆恭敬圍遶，以真珠、瓔珞價直千萬，莊嚴其身，吏民、僮僕手執白拂，侍立左右，覆以寶帳，出内取與，有如是等種種嚴飾，威德特尊。窮子見父有大力勢，即懷恐怖，悔來至此。竊作是念：此或是王，或是王等，非我傭力得物之處。或有衆生聞佛説有莊嚴智藏實相境界，雖知此説，不解佛意，由不欣樂。猶如長者語窮子言：我今多有金銀珍寶，倉庫盈溢，其中多少所應取與，汝悉知之，我心如是，當體此意。所以者何？今我與汝便爲不異，宜加用心，無令漏失。爾時窮子即授教勅，領知衆物，金銀珍寶及諸庫藏，而無希取一飡之意，然其所止故在本處，下劣之心亦未能捨。或有衆生聞佛説此無量智慧實相寶藏,便自思惟,作是念言:諸佛既有,我應可得。如經云父知子意,漸已通泰,成就大志,自鄙先心,乃至廣説。今我所有一切財物皆是子有,先所出内是子所知,如《法華經》廣説。或有衆生聞佛所説如是祕藏,更無疑念,日夜精懃,專心修習,一切諸佛祕密寶藏希有神變,念念觀察,無前無後,一時遍入佛普賢海,自在無礙,遊戲神通。如彼長者頓止一城,造立舍宅,五欲自娱,乃至廣説。如上四種衆生,初二謂二乘種姓,第三謂漸次迴心入大乘者,第四一門,謂從初發心便成正覺,常住佛乘,智用無礙,能於十方作大佛事,是人即名真住佛乘、入佛位者。故《梵網》云:

衆生受佛戒,即入諸佛位。

位同大覺已,真是諸佛子。

頌云"現受教指"者,經從"既示現已"至"悉地果故"等。此中智用,出入不同,義分爲六:一攝相,二還源,三現請,四念應,五現法,六顯益。

經"既示現已,爲普賢故,金剛薩埵"至"菩提薩埵身",此第一攝相也。釋曰:謂大日如來普賢身心三摩地輪遍空塵界,其中有情即與如來智光明相和合一味。故《梵網》云:一切衆生皆有佛性,一切諸意識色心,是情是心皆入佛性戒中。如是有情亦名爲佛,亦不名佛,功德智慧未明顯故。亦名普賢,亦非普賢,隨分行願未淳醲故。名爲有情,亦非有情,如來藏性生缺減故。又普賢神力合無量身爲一體相,一切衆生不出不没,住佛心時亦復如是,故云爲普賢故及薩埵身等。

經云"住毗盧遮那佛心"至偈末等,此第二還源也。釋曰:此普賢菩薩現住佛心者有二意,一表知普賢即是毗盧遮那,二令諸有情覺知自身不離佛心。如是覺已,當作此念:云何我等於佛心中造種種惡業?是故一切衆生皆是一切如來普賢神力而持攝之。乃至如經説偈,現薩埵身等,思之可解。

經云"爾時普賢"至"請教示"等,此第三現請也。釋曰:謂普賢菩薩住佛心中,得佛加持,佛加持故,從心出現,住月輪中。月輪者菩提心相也,表以菩提心即爲法界故,即一切有情,普賢菩提心之所攝持,爲諸有情請佛教示也。普賢授教一切有情亦復如是,故《梵網》云:"微塵菩薩衆,由是成正覺。"

經"爾時世尊毗盧遮那入"至"三摩地已"者,此第四念應也。釋曰:謂如來設教皆不非量,欲令普賢及諸有情具一切智故,先入此三昧,令其所應。故云入一切如來智三昧耶金剛三摩地,謂以諸佛等持之智護念有情,入是智三昧耶已,現調伏事。

經云"現一切如來尸羅"乃至"大智三摩地"等,此第五現法也。釋曰:所謂此現法者,是法名爲大方便力精進大智三摩地也,其中具有一切如來十波羅蜜諸力不共等。以諸行次第戒爲首,故先舉尸羅也。又此尸羅佛佛相授,故云現一切如來尸羅等持也。所謂一切如來等持此戒,此戒光明等持衆生,一切衆生即從此戒發生定慧。定慧發故,便能解脱,解脱知見。知見無礙故,轉正法輪,於是利益無盡衆生界,故云大智三摩地等。

經云“盡一切衆生界”至“悉地果故”等，第六顯益也。釋曰：謂一切衆生得利益者，皆是如來等持智力。普賢菩薩普現色身三昧之力，此三昧力故，盡衆生界隨彼彼類應現其身而得自在力用，故云盡一切衆生界爲自在救護主。皆令安住所樂之門故，云令得一切安樂悦意受用故。又令成就一切智果故，云乃至得一切如來平等性智神通摩訶衍那阿毗三昧耶，此具梵音，正翻應言大乘無上等持。所謂等持，無上大乘護念衆生，一切衆生如佛住，故云剋獲最上悉地果故等。

頌云“授五菩提智”者，經云“爾時一切如來”至“復持金剛”等。此一段意者，欲令衆生具足如來普賢菩提心金剛法界祕密神變實相智印無盡莊嚴藏故，以五智印三昧耶灌普賢頂及一切衆生，授以智印。五智印者，一金剛智三昧，二寶印智三昧，三法輪智三昧，四羯磨智三昧，五一切如來法界智三昧。

經“爾時一切如來爲欲授彼悉地拔折羅故，與普賢大菩薩”，此第一金剛智三昧也。釋曰：謂一切諸法自性清淨，無諸垢染，以此智印決定印之，滿法界相，圓凝堅牢，不可動壞。入此三昧者，名爲諸佛普賢菩提金剛智印淨法界輪。若先入此一切智業金剛三昧，一切所作隨所堪任。猶如白素，諸色之本，脩此三昧亦復如是，諸佛智用功德依之建立。

經云“受一切如來轉法輪位”，此位名轉法輪智三昧也。釋曰：從金剛三昧即授法輪位，此超勝也。但授此法輪位即具足一切法故，是故其次即云以一切如來寶冠、繒綵而授與灌頂，此即法身灌頂相也。據《實相般若經》次第，亦初金剛三昧，次即法輪，若不授與法輪三昧，不堪展轉爲教授主。若有菩薩具大乘見，通達方便善巧業用，不要次第一一別授，審察堪任，即應爲作傳法灌頂教示。猶如世尊教示普賢，當如是知。

經“既灌頂已”至偈末，此第四羯磨智也。釋曰：謂一切加持威德智用皆名羯磨，故云既灌頂已而授與之，乃至號爲執金剛，是名加持也。既加持已，威德智用出過一切，故云爾時執金剛菩薩屈其左臂，乃至唱偈，以我金剛復持金剛等。所謂普賢菩薩具足智力，能轉法輪，是故如來以五智印而授與之。此五智印具足五相，所謂五股也，其中一股如來法界，其餘四股各屬所部。如上所説五智印門，一一復別五相灌頂之法，一者光明灌頂，謂諸佛菩薩放光加持也。二者甘露灌頂，謂以教主真言加持香水也。三者種子灌頂，謂部尊字門想布身心。四者智印灌頂，謂部主所執持印契加持。五者句義灌頂，謂部尊真言及思中義理，想布身心。能解如是甚深次第，想念運用，加持自他，是人堪授大阿闍梨位也，如灌頂門所説。

題云“此是金剛薩埵三摩地一切如來菩提智第一”，釋曰：此題目也，梵本皆列於後，謂一切如來等持有情金剛菩提不動智輪也，具足正題，應如是説。第二金剛不空王大菩薩鉤召三昧門,述此意者,所謂一切諸法體性空寂,諸佛玅智依空而轉,自在無礙,一切建立及不建立,依空、不空智相當住,猶如虚空,遍一切處,照用無歇故,大空自在,無智無用,無緣無依,爲智所依。智唯實相,空非實相,空性唯空,無所得故,玅智不空,善巧用故。是以大日如來以一切智現其智相,名不空王也,極智玅相稱之爲王。此意者,欲令衆生具無礙智,而於空有不滯不礙。以五智相屈曲如鉤,能鉤衆生出空有海,能鉤諸佛聖智入衆生心。一切諸佛共加持故,若有菩薩作佛事時,執持此鉤往於十方界,諸佛菩薩如風疾至,無能違者。若人持者持如來智,若人見者見如來智。有能觀想此契相者,是人速得一切如來大自在智甚深三昧。此智印力隨心攝召,皆悉成就一切如來及菩薩等所有三昧。以此智印普用攝持,無前無後,一時滿足,是人即能受用諸佛及菩薩等無礙智力,是人即得無盡莊嚴祕密之藏。入此門者生決定心,無疑惑心,發希有心。何以故?一切如來智願加持所成就故。

次下隨文釋意,大分有四,而爲頌曰:

如來不空心,祕密神變相。

親承請教示,現授菩提鉤。

初頌"如來不空心"者,經云"爾時世尊"及祕明等。此中義分有四,一舉報,二顯體,三明行,四護念。經"爾時世尊毗盧遮那",此第一舉報及顯體也。此文略,具足應云爾時金剛界毗盧遮那佛持一切如來身以爲其體,如普賢觀所列。阿闍梨集此經意,務取行相,廣本重者皆略而不出。毗盧遮那佛如前已釋,後亦準之。

經"復入不空王大菩薩"至"三摩地已",第三明行也。釋曰:此中云三昧耶及三摩地,如前已釋,後亦如是。所謂如來先入普賢心,又入不空智,故云復入也。如來智相遍洽微塵身心,微塵身心一身心故,此一復入一切,一切皆入此一。顯發智用,自在無礙,故云所生。加持者,謂從不空王智現其鉤相,加持有情故。

經云"從其心出"及"拔折羅囉闍"等,此第四護念也。釋曰:謂從不空王大菩薩心現召請相,此召請相不離佛心,故云名一切如來心等。菩薩及鉤皆佛心故,而此佛心堅過金剛,故説祕明云金剛王。金剛王者,梵云拔折羅囉闍也,以此祕明護念有情,一切有情住堅牢心。

頌"祕密神變相"者,經從"説此祕明時"至"種種神變等事已",此中行相如普賢觀,出入相同,文略無者,準上可知,今如前建立,隨略而釋。

經説此祕明時,從"一切如來心即彼薄伽梵執金剛",此因本二段文也。釋曰:前觀中普賢菩薩從佛心出,成執金剛身,故此觀中以佛心金剛爲因本,故云即彼薄伽梵執金剛也。薄伽梵,此正翻爲世尊也,具足正翻應云:説祕明時從一切如來世尊執金剛心也,謂此不空王大菩薩從彼一切如來金剛心出故。

經云"爲一切如來衆多大鉤出已"者,此應實、顯相二段文也。此中無月輪圍遶住等者，前門已説，云於諸佛所圍遶而住，故此略而不具，但云從一切如來心即彼薄伽梵執金剛也。故前門云於月輪中出，即此執金剛即是普賢遍一切處菩提心輪執金剛也。種種智者，此中云一切如來衆多大鉤者，即種種智中之一智，一智即種種智也。應知此鉤亦在月輪中現，已下諸門準知。

經云“還同一體入毗盧遮那佛心”，此顯力還源也。釋曰：此中無以其普賢故、金剛薩埵三摩地極堅牢故者，略也，上門已説，此準知，下亦如是，皆有如來普賢金剛威神力也。還源者，謂此鉤本依佛心出，還入佛心，欲顯此鉤是如來心故。

經云“爲金剛鉤住佛掌中”，此示相也。釋曰：此段文略，應具足云：又從心出，滿虚空界，成金剛光明時，彼光明化爲一切如來金剛身、語、意所成金剛鉤，住佛掌中，唯有下句爲金剛鉤住佛掌中。滿虚空明等，準上門應知，下門亦如是。有能入此鉤三摩地者，應如上次第，還入佛心。又從心出，滿虚空界光明化如來三輪鉤，住佛掌中。如是觀者是名入鉤三摩地，即得如來召請，諸佛智印加持。

經云“復從鉤中出現一切世界”至“神變等事已”者，此段亦略，準上應知，義亦如上。入此觀者，普現色身也，已下諸門亦皆準知。若入此普現色身觀，能令衆生發菩提心等感應之行。略而不説，準如上門，皆悉具有，下門亦然。

頌曰“現授教旨相”者，經從“出不空王故”至“增上悉地果故”等。此中入出不同，義分爲五。經由“不空王故”及金剛薩埵乃至大菩薩身，此第一攝相也。釋曰：謂如來實相智印神變無礙，故曰不空。即此智印諸智中勝，故稱爲王。以此智王護念衆生，令諸衆生受勝安樂，是智至處無能壞者，故曰堅牢。以堅牢智攝諸衆生爲一身相，其中衆生入出不礙，住一身中各令所安，不覺不知，唯是菩薩了了知見。若有智者住此三昧亦復如是，即能攝受行利益事。

經云“住於毗盧遮那佛心”至偈末等，此第二還源也。釋曰：不空王住佛心時，一切衆生亦住佛心，此一不空王住佛心時，彼一切世界微塵等不空王皆住佛心中。如《梵網經》云“各接微塵衆，俱來至我所”，即其相也。説此偈言等，如經思之可解。

經“時彼不空王”至“復請教示”，此第三現請也。釋曰：謂不空王大菩薩住前所現普賢菩薩周圍月輪，爲諸有情請佛教示。此一不空王請時，彼彼一切世界微塵不空王亦如是請。此中闕感應文，如前門所説，更不復出，後亦準之。

經“爾時世尊入一切如來”至“爲一切如來鉤召三摩耶”等，此第四現法也。釋曰：所謂此法門名一切如來金剛加持鉤召，故云鉤召三昧耶。此鉤從普賢金剛五智印轉轉現，故能廣利益諸有情界也。

經“盡衆生界攝召一切”至“悉地果故”等，此第五顯益也。釋曰：謂五智印鉤召等持力，一切如來加持故，若有持念此三昧耶，一切如來及菩薩衆一時集會，隨彼彼念爲作利益，故云悦意受用等。若有衆生從初發心，與諸如來普賢菩薩等量發者，如是菩薩即是如來，由心等故，諸佛加持；由加持故，於佛法界五智印上更增玅智，廣大自在，故云增上悉地果。

頌“授智菩提鉤”者，經從“以金剛鉤授彼”乃至偈末等。釋曰：此中授灌頂法、具光明等五種，如前門所列。此中略有二相，餘三隱而不出，但作即具用爲之。二相者，所謂智印及鉤，即名號而與灌頂等也。時不空王受此鉤已，諸佛隨集，故云以彼金剛鉤召請一切如來已。衆生受者亦復如是，有見聞者，諸罪消滅，聖賢護念。若非授而輒受持求悉地者，於如來智自在力用即不成就，是故佛言是人盜法，被諸鬼神之所損壞。説此偈言等，如經可解。

經“此是不空王大菩薩三昧耶一切如來鉤召智第二”，此題目也，正翻應云一切如來鉤召智等持不空王大菩薩觀門，義如上釋。

第三一切如來摩羅大菩薩三昧耶智印實相門，述此意者，謂如來悲智甚深微密，亘無盡界違順染淨，是故如來現其智相，名曰摩羅，能令樂染淨者不得自在。摩羅者，具足梵音，云摩爤拏，此正翻爲殺者。如其智印，所謂弓箭，謂或有菩薩成等正覺，住清淨處，不樂隨於雜染世界成就衆生。以此智印力能擊射，攝之不令久住，故以染智攝彼淨智，故名殺者。或有菩薩發廣大心，作大佛事，有佛菩薩住於自宫，不助其力。而此菩薩即以此智印向彈擊之，彼佛菩薩便當隨喜而共加持，佛智神力無有違者，此即殺淨而順染也。又諸衆生恒爲一切煩惱堅牢染縛，而不信受佛清淨法，爾時菩薩以此智印而擊射之，彼所堅縛即便破壞，以清淨法而用染之，一切衆生以是因緣，開示悟入佛之知見，此即殺染而順淨也。是故如來以摩羅智，於染於淨皆能染淨也。又此次第者，謂入初普賢金剛三昧耶，遍能觀察一切如來，遍能了知諸佛境界，得不空智，爾時如來便以智印而用加持。得加持已，便能集會一切如來及諸如來無盡智藏，嚴自智界，作大佛事。便能承事一切如來，而諸如來護念不捨。是以染智據次而説，如是次第皆是如來普賢金剛三昧智用，一合實相，甚深境界。以聲字相次，故别轉耳，後後所説準應知之。

次下釋文頌曰：

如來奉事心，祕密神變相。
現請教旨者，授菩提弓箭。

“如來奉事心”者，經云“爾時世尊復入”及“拔折囉邏伽”等。釋曰：謂從普賢菩薩菩提金剛三昧入佛境界，加持衆生，相續便入不空王相而作佛事。轉住即入此奉事門，故云復入等，如上準知。言奉事及染愛者，謂奉事如來及以衆生，以奉事如來故，如來愛樂；以奉持衆生故，衆生離苦。又謂由染愛如來故，如來護念；由染愛衆生故，衆生解脱，是以名爲染愛之智。故説祕明云拔折囉邏伽也，祕密義者，謂金剛愛染奉持也。

頌曰“祕密神變相”者，經從“説此祕明時”至“神變佛事已”等。釋曰：此中神變入出合散，皆如普賢金剛行相耳。唯此中契相别者，所謂華器仗弓箭等，是如來彈擊智也。其契兩頭皆有蓮華，故云華器仗，華器仗即是弓箭也。此智猶如主立彈官，彈擊非法，謂二乘樂寂，自謂究竟，此非法也。菩薩住地悲智不等，此非法也。一切衆生常樂諸欲，習諸邪道，此非法也。乃至假使有佛及一切賢聖悲智不等，皆是非法也。是故大日如來現此智相，令諸菩薩習正行者持此智印，承事諸佛，攝受衆生，隨意無礙。

頌曰“現請教旨相”者，經從“由至極殺故”至“最勝悉地果故”等。釋曰：謂以諸佛境界入衆生界，和合爲一，成竗智相。在左月輪，爲諸衆生現請因緣，故云爲摩羅大菩薩身。而此大菩薩善巧智相，奉事如來，如來雖已離於愛染，由善巧故，諸佛愛念，如世恩愛，不相捨離，故攝爲一體。住於自心説調伏偈，如經可解。次第菩薩出現請教示相，如來復入，念其所應，乃至一切獲得勝益，故云最勝悉地果故等。此中句義已如上釋，更不繁詞也，依經思之可解耳。

頌“授菩提弓箭”者，經“彼金剛弓箭”乃至“一切安樂”等。釋曰：灌頂之法，略如前釋。授此智相而説偈等者，欲令菩薩及諸有情見聞此法，受持修行，不生疑礙。故云此是諸佛無垢染智，能以染愛染離染者，悉能授與一切安樂，是名彈擊智印，即弓箭之表也。乃至題目法義準知。

第四一切如來善哉智金剛踊躍大菩薩三昧門，述此意者，所謂諸法智性空寂清淨，一切如來以此智道綱紀有情。而諸聖賢未達源際，以爲差别，縱其入者太過，即空見之甚也；其未入者不及，即愚凡之極也。而此二輩行雖殊異，太過不及，皆未入故，於諸如來功德智藏不生忻樂，亦不稱歎。大智明見愍斯輩故，現此智相，名曰善哉。遇斯光者便生踊躍，故號此智名歡喜王。其次第者，謂成就如來普賢菩提金剛智藏鉤弓神變竗莊嚴相。彼無智住空者，縱令得見，皆不隨喜，亦不稱歎，故佛訶言如盲如聾。所以如來大智善巧力故，爲利斯輩，現善哉智，灌菩薩頂，及諸衆生。若入功德門者，持此法印而稱祕明，一切諸佛無不稱善者。佛稱善故，彼住空者雖不喜樂，亦皆稱善，以稱善因緣，漸當覺悟，由一切聖賢稱歎故，其修行者踊躍無量，故以漸次第四而説。即此第四智，即前普賢金剛三昧一切用智。其中祕密神變境界，更亦不别列，以一相故應知。

次下釋文，文有四門，而爲頌曰：

如來歡喜心，祕密神變相。
現請教旨故，授彼善哉智。

經“爾時世尊復入歡喜王”至“娑度”等者，此如來歡喜心也。釋曰：謂從前三昧出，又入此歡喜王三昧，故言復入也。三摩耶等持，義如上釋。祕明云拔折羅娑度，正翻爲金剛善哉。此聲句遍加持故，能破不善，入善品中，彼不歡喜者皆生歡喜，故稱金剛善哉，此善哉智極堅牢故。

經説“此祕明時”至“神變等事已”等者，此祕密神變相也，此中行相一如普賢觀法。

經“以極歡喜故，金剛薩埵”至“悉地果故”等者，此現請教旨故也，其中出入行相，皆如前已釋。此中云無上踊躍最勝味者，謂彼住空之類、愚下之徒，如來善巧現斯智相，隨彼彼類令生歡喜，由歡喜故，獲殊勝加持，以是因緣得入如來功德藏海，此是諸佛味故，故云無上踊躍最上味也。

經“以金剛歡喜授彼”至偈末等者，此授彼善哉智也。謂此菩薩以得灌頂智，此灌頂智者從佛普賢金剛心所出生，無退住相，故曰金剛踊躍也。佛加持故，便説偈言，如經所説可解。下所題目，準上應知。

次結云“已上四菩薩竝是金剛部中金剛方，阿閦佛眷屬，都號爲一切如來大三昧耶薩埵”，謂此四菩薩住東方金剛界不動如來所，前後左右，於菩提輪内現神變已，圍繞而住。此謂一切如來菩提四智相金剛輪，此菩提輪遍周法界，同而不同，純金剛相而爲嚴飾，内外供養及四攝等皆於其中嚴持而住。所以此經先東方者，謂起作之初門，應物之源序故，諸佛説法先照東方，次及餘方，如日初出，東方先明，次照餘方，一切皆明。又如四洲衆生，但日出處皆呼爲東，東者最初之義，非世方分之稱也。此金剛菩提三昧亦復如是，欲入佛法海者，皆從此入，便以智入如來境界。此金剛三昧能破壞非法，能成就正法，能除滅障礙，能堅牢法界，以無礙智運轉觀察，無前無後。入此金剛法界相妙莊嚴藏，如前所説令其成就。既成就已，復入如來虚空藏三昧。下次第説①。

① 底本以下缺文。

仁王般若陁羅尼釋[①]

開府儀同三司特進試鴻臚卿肅國公食邑三千户賜紫贈司空
謚大辨正號大廣智大興善寺三藏沙門不空奉詔譯[②]

金剛手者，《瑜伽經》釋云：手持金剛杵，表内心具大菩提，外表摧伏諸煩惱，故名金剛手。又釋云：不被三種魔破壞，菩提心自體堅固，成金剛智，一切如來之所建立，能破斷、常二邊。是故金剛智杵破邪見山，證金剛定，常持於掌中，故名金剛手。

云何菩提薩埵義？覺悟真實法，覺已住生死，令覺悟一切有情，故名菩提薩埵。又云菩提者能覺義，薩埵者有情義。亦云心，亦云勇健。摩賀者大義，薩埵者是勇健義，不怯弱。三大無數劫積集二種資粮，故名摩訶薩埵。

云何金剛摩尼？唐云是寶[③]。金剛如前釋，寶義有六：一者難得故，二者淨無垢故，三者有大威德故，四者莊嚴世間故，五者殊勝無比故，六者不變易故。一難得者，如來出現於世間，甚難逢遇故。二淨無垢者，依教修行，證得菩提淨無垢故。三大威德者，具六神通，變現自在，名大威德故。四莊嚴世間者，以三種菩薩律儀戒，嚴飾身心故。五殊勝無比者，證得無上菩提，三界特尊，殊勝無比故。六無變易者，證得究竟無上菩提，不變易故。金剛摩尼，顯名虛空藏菩薩，是故此菩薩手捧金剛寶。

金剛利者，般若波羅蜜金剛利劒能斷煩惱種。一切種金剛利者，顯名文殊師利菩薩，是故此菩薩手持金剛劒。

金剛藥叉菩薩者，金剛義如前釋，藥叉者威猛義，亦云盡義。十六金剛智普賢行中，第十五智名金剛盡智。以金剛藥叉智牙，食[④]啗一切煩惱、隨煩惱盡無餘。

金剛鈴者，表般若波羅蜜義，振鈴警悟愚昧異生，一聞鈴音，覺悟般若波羅蜜，顯名摧一切魔怨菩薩，是故此菩薩手持[⑤]金剛鈴。

---

① 底本，《中華藏》第1507號，第66册第312頁上—315頁中，原《麗藏》本。校本，《大正藏》第996號，第19册第522頁上—524頁中，原《麗藏》本。經名後，原有"一卷"，據《中華藏》校勘《磧》《南》《徑》《清》删。

② 譯名，《中華藏》校勘《石》作"特進試鴻臚卿大興善寺三藏沙門大廣智不空奉詔譯"，《磧》《南》作"大興善寺三藏沙門大廣智不空奉詔譯"，《徑》《清》作"唐北天竺三藏沙門大廣智不空奉詔譯"。

③ 唐云是寶，《中華藏》校勘《磧》《南》《徑》《清》作"此云寶"。

④ 食，《中華藏》校勘《石》作"令"。

⑤ 持，《中華藏》校勘《磧》《徑》作"執"。

金剛波[①]羅蜜多菩薩者，金剛義如前釋，波羅蜜多如先輩所釋，到彼岸義。今依聲明論分句釋。波藍伊上[②]多，波藍彼岸義，伊上多此岸義。此菩薩由持金剛輪，毗盧遮那佛於上界成佛已，此菩薩請如來轉金剛乘法輪，由乘此法輪般若舡，從此岸運載無量無邊有情，至無住涅槃岸，顯名纔發心轉法輪菩薩。

娜莫囉怛那怛囉夜耶，歸命三寶義。若持此經人歸命佛寶，即得五族金剛手菩薩，以無量眷屬侍衛，加持其人。此菩薩尊貴菩提心，佛從菩提心生故。歸命[③]法寶，則得天帝釋并眷屬四天王天加護，何以故？帝釋在危難，般若加持，現獲利益，是故天帝釋尊貴法寶。歸命僧寶者，則得阿迦尼吒天王并五淨居天并眷屬加護持經者，爲五淨居、菩薩僧并聲聞僧衆常居彼天，現法樂住，梵天等悉皆貴重。

娜莫阿哩夜吠嚕者娜野怛他孽[④]多夜囉訶諦三藐三没駄野。娜莫者歸命義，亦云稽首，亦云頂礼。阿哩夜，遠惡義，此方會釋云聖者。吠嚕者娜野，遍照義，亦云大日，義如世間日，照一邊不照一邊，照晝不照夜，照一世界不照餘世界，但得名日，不得名大日。毗盧遮那大日者，色身、法身普周法界，及盡[⑤]虚空界無邊十方世界，普皆照曜。若人知此佛功德利，歸命礼拜，則得盡虚空遍法界一切諸佛菩薩、諸賢聖八部悉共加持護念也。

怛他孽多夜囉訶諦三藐三没駄野，如來應供正遍知義，先已釋。娜莫阿哩野，已釋。三滿多跋捺囉野，三滿多者是普義，跋捺囉者賢義，野字者聲明中七例八轉聲中謂聲也，下同。此菩薩説三密門、普賢行願，一切諸佛若不修三密門，不行普賢行，得成佛者，無有是處。既成佛已，於三密門、普賢行休息者，亦無是處。

冒地薩怛嚩野，菩薩義。

摩賀薩怛嚩野，大菩薩義。

摩賀迦嚕抳迦野，大悲者。若歸命聖普賢菩薩，則十方諸佛、菩薩悉皆加護。一切諸佛、菩薩皆因修三密門，行普賢行，得證聖果，是故尊貴。

怛你也二合他，古云即説、所謂，已上文歸命三寶、毗盧遮那佛、普賢菩薩。

枳穰娜鉢囉你閉。顯句釋智燈義，密句釋智無所得以爲方便，無智無得，即成般若波羅蜜智燈，能照一切佛法。

惡[⑥]，此惡字梵本是婀字，爲隨文句，便作惡呼。

---

① “波”前，《中華藏》校勘《石》《磧》《南》《徑》《清》有“般若”。

② “上”後，《中華藏》校勘《徑》《清》有“聲”，下“上”字音注同。

③ 命，《中華藏》校勘《磧》《南》《徑》《清》作“依”。

④ 孽，《中華藏》校勘《磧》《南》《徑》《清》作“誐”，下一“孽”字同。

⑤ 盡，原脱，據《中華藏》校勘《磧》《南》《徑》《清》補。

⑥ “惡”後，原有“字”，據《中華藏》校勘《磧》《南》《徑》《清》删。

乞叉二合野句勢。顯釋無盡藏義，密句釋婀字一字爲種子。婀字者一切法本不生故，婀字是一切字之母，能生一切法。若能曉婀字門，瑜伽相應，則得佛法無盡藏，則悟一切法本不生。猶如虛空一相，清淨平等，即成無分别智也。

鉢囉二合底婆娜嚩底。顯句釋具辯才，密句釋於此句中取鉢囉二合一字爲種子。鉢囉字者，般若波羅蜜無所得故，以無所得爲方便。於後得智中悟一切法因緣生諸法故，由證一切法[①]本不生故，獲得無盡佛法藏。於後得智中得四無礙解，説法自在。

薩嚩没馱嚩嚕枳諦。顯句釋一切佛所觀察義，密句釋薩字一字爲種子。薩字者一切法平等義，能緣所緣平等平等，能取所取無所得故，則證真如，當於法流，無邊諸佛觀察護念。

喻誐跛哩你瀊跛二合寧。顯句釋瑜伽圓成義，密句釋喻字一字爲種子。喻字者一切乘無所得。若瑜伽觀智相應，證得圓成，於諸乘中教、理、行、果，悉皆證得一真如法性。

儼避引囉弩囉嚩誐引係。顯句釋甚深難測義，密句釋儼字一字爲種子。儼字者一切真如法無去無來，猶證真如海，實相般若不可以言詮，唯佛境界自覺聖智證。

底哩野三[②]合特嚩跛哩你瀊跛寧。顯句釋三世圓滿成就義，密句釋底哩野，三合，梵字是一字也。以此一字爲種子。底哩野者，一切法真如平等，自性成就，越恒河沙數功德真如中，無過去、未來、現在，妄分别不相應行蘊，堅執惑乱有爲之法。

冒地質多散惹娜你。顯句釋能生菩提心義，密句釋冒字一字爲種子。冒字者一切法無縛義，若知自身中菩提心，自性成就，三世平等，猶若虛空離諸萬像。則知一切有情心及諸佛心[③]，如自心清淨。則生大悲，深生矜[④]愍。則起種種方便，令一切有情至於究竟，離苦解脱，無解無縛。

薩嚩毗曬迦毗色訖諦。顯句釋一切灌灑得灌[⑤]頂義，密句釋薩字一字爲種子。薩字者一切法無染無[⑥]著義，由觀察自他及諸佛心同一真如，同體大悲，是故不染不著。則於空中一切如來法水灌頂，則獲三業加持，於無量修多羅藏説法自在。

達磨娑誐囉三步諦。顯句釋法海出生義，密句釋達字一字爲種子。達字者一切法界無所得義，由住無所得心，阿賴耶識中俱生我執，俱生法執種子。以文殊大聖金剛利劒，永截斷無餘義，則流出清淨法界等流教法，則成法海出生義。達字者，文殊

① 因緣生諸法故由證一切法，《中華藏》校勘《磧》《南》《徑》《清》無。

② 三，原作“二”，據《中華藏》校勘《磧》《南》《徑》《清》改。

③ 佛心，《中華藏》校勘《磧》《南》作“諸佛”，《徑》《清》作“佛”。

④ 矜，《中華藏》校勘《磧》《徑》《清》作“憐”。

⑤ 灌，原脱，據《大正藏》校勘乙本（黄檗版淨嚴等加筆本）補。

⑥ 無，《中華藏》校勘《石》《磧》《南》《徑》《清》無。

師利菩薩種子。

阿暮伽室囉嚩儜。顯句釋阿暮伽，古釋不空義，今依聲明論釋無間義。密句釋[①]阿字一字爲種子，阿字者一切法本來寂静，本來涅槃。由證此解脱法印，遍周法界，及諸佛刹大集會中，於佛前所聞教法，悉皆住持，永不忘失。

摩訶三滿多跋捺囉步弥涅哩野諦。顯句釋出大普賢地義，密句釋摩字一字爲種子。摩字者一切法無我義，無我有二種：人無我，法無我。瑜伽者若證二無我，則出大普賢地，證毗盧遮那百福莊嚴圓滿清淨法身。

尾野二合羯囉拏跛哩鉢囉跛你。顯句釋獲得記别義，古文受記義。密句釋尾野二合一字爲種子。尾野字者一切法遍滿不可得義，即知一切法自性寂静、自性涅槃，能證、所證皆同一性，不增不減，圓證法界。

薩嚩悉馱娜麽塞訖哩二[②]合諦。顯句釋一切成就者礼敬義，成就者菩薩之異名。密句釋薩字一字爲種子，薩字者一切法無堅固義，念念四相，遷流滅壞。薩字中有婀字，若證婀字門，本來不生不滅，亦常恒堅固，喻若金剛，心得自在，能現種種身。

薩嚩冒地薩怛嚩二合散惹娜你。顯句釋出生一切菩薩義，密句釋薩字一字爲種子。薩字者一切法無等義，由觀此字，心與般若平等平等，前刹那、後刹那一相清淨，能生一切波羅蜜、一切地，即名般若佛母。

婆誐嚩底没馱麽諦。顯句釋世尊佛母，婆伽梵，男聲；婆誐[③]嚩底，女聲。二俱會意，釋名世尊義。依聲明對敵，釋不如是。婆伽者破義，梵能義，能破四魔名婆伽梵。又一釋薄阿梵，依聲論分字釋"薄"名爲破，"阿梵"具知。阿字云不有，亦云不無，佛由悟一切法不生不滅、不來不去、不一不異、不常不斷、不增不減，佛有如是功德故，名薄伽梵。又釋云薄伽梵具福智二種資粮，二種資粮者，婆誐嚩底，女聲義，釋如前。密句釋婆字一字爲種子，婆字者一切法有不可得，有者三有義。是故三界唯心，由心雜染，有情雜染；由心清淨，有情清淨。若依顯教，觀行般若，作爲生因、顯因，能生一切佛菩薩，是故名佛母。從前即説已，後至佛母句，於瑜伽教中成普賢行十六行，如聲聞乘見道中十六行也。

阿囉婗迦囉婗阿囉拏迦囉婗。阿[④]字門一切法本不生，由知一切法本不生[⑤]，即入一切法離塵，是故囉字門一切法離塵義。由知一切法離塵故，即入一切法無諍，是故婗字門一切法無諍。由知一切法無諍故，即入一切法無造作，是故迦字門一切法

---

① 密句釋，原脱，據前後句式補。

② 二，《大正藏》本作"三"。

③ 誐，原作"伽"，據《中華藏》校勘《徑》《清》及前文改。

④ 阿，原作"婀"，據《中華藏》校勘《磧》《南》《徑》《清》及前文改，下同。

⑤ 由知一切法本不生，《中華藏》校勘《磧》《南》《徑》《清》無。

無造作。由知一切法無造作故,即入一切法清淨,是故囉字門一切法清淨。由知一切法清淨故,即入一切法無諍,是故妳字門一切法無諍。由知一切法無諍故,即入一切法本來寂静,是故阿字門一切法本來寂静。由知一切法本來寂静故,即入一切法無垢,是故囉字門一切法無垢義。由知一切法無垢故,即入一切法無諍,是故拏字門一切法無諍。由知一切法無諍故,即入一切法無造作,是故迦字門一切法無造作。由知一切法無造作故,即入無分别智,是故囉字門一切法無分别。由知一切法無分别故,即入一切法無動,是故妳字門一切法無動。由知一切法無動故,即證摩賀般若波羅蜜。

摩賀鉢囉枳孃播囉弭諦。顯句釋摩賀大慧到彼岸,證得大般若波羅蜜故,即依無住涅槃。娑嚩二合,引①賀引,顯句釋無住涅槃,則依無住涅槃,乃至盡未來際,廣利樂無邊有情。

仁王般若陁羅尼②釋一卷

① 引,《中華藏》校勘《磧》《南》《徑》《清》無。
② 陁羅尼,《中華藏》校勘《石》作“波羅蜜經真言”。

大樂金剛不空真實三昧邪經般若波羅蜜多理趣釋[①]

大樂金剛不空真實三昧邪經般若波羅蜜多理趣釋卷[②]上

大興善寺三藏沙門大廣智不空奉詔譯[③]

如是者，所謂結集之時所指是經也。

我聞者，蓋表親從佛聞也。

一時者，當説經之時，其地六種震動或天雨衆華，餘時則無此相。又三乘種性皆獲聖果，乃稱一時也。

婆伽梵者，能破義也，所破者，破四魔也。又有六義，如聲論所釋。

熾盛自在，與端嚴等也。

成就殊勝者，毗盧遮那自覺聖智也。

一切如來者，准瑜伽教中五佛是也。其五佛者，即盡虚空徧法界無盡無餘佛，聚成此五身也。

金剛加持者，表如來十真如、十法界、十如來地，以成上下十峯金剛大空智處。加持者，表如來於中道十六大菩薩普賢智，從此展轉流出，共成三十七位，以成解脱輪大曼荼羅。

三昧邪智者，誓也，亦曼荼羅也。

勿令將來最上乘者，不從師受而專意自受者[④]也，是故得知修最上乘[⑤]，必須師受三昧邪，然後可修行也。

---

① 底本，《中華藏》第1462號，第65册第851頁中—869頁中，原《金藏》廣勝寺本，其中第860頁中至次頁下及864頁下，原版或殘或缺，以《麗藏》本换補。

② 卷，原無，據《中華藏》校勘《石》《磧》《南》《徑》《清》《麗》補，卷末經名同。

③ 譯名，《中華藏》校勘《徑》《清》作"唐三藏沙門大廣智不空奉詔譯"，《麗》作"開府儀同三司特進試鴻臚卿肅國公食邑三千户賜紫贈司空謚大鑒正號大廣智大興善寺三藏沙門不空奉詔譯"。

④ 者，《中華藏》校勘《麗》無。

⑤ "乘"後，《中華藏》校勘《石》《麗》有"者"。

已得一切如來灌頂寶冠爲三界主者，如來在因地，從灌頂師入三昧耶智曼荼羅。阿闍梨加持弟子身中本有如來藏性，發金剛加持，以成修真言行菩薩法器，則堪任持明等乃至傳受印可等灌頂階位。以此爲初因，由三密、四智印相應，成究竟三界法王主以爲果。

已證一切如來一切智智瑜伽自在，已證[①]一切如來者，同上所説五佛也。一切智智者，唯佛自證之智。皆以瑜伽法相應，獲得於法自在。

一切印者，四智印也。一切如來一切印者，能作平等種種事業，於無盡無餘一切衆生界一切意願作業，皆悉圓滿[②]，由獲瑜伽自在故能作。

一切如來、五佛，亦如前釋。

一一佛皆有一切印平等羯磨處智，徧至無盡無餘佛刹衆生界，能作種種利益，究竟安樂一切有情界，悉令圓滿，上、中、下一一皆成九品悉地。

常恒三世一切時，身語意業金剛大毗盧遮那如來[③]常恒者，表如來清淨法界智，無始時來本有，處煩惱而不減，與淨法相應，證清淨而不增也。

三世者，爲過去、未來、現在是也。

一切時者，在於異生時，後證聖果時，三業清淨猶如虛空，身語意業不被虛妄分别所生煩惱所染故也。

金剛者，證得佛地一切法自在，得證身口意三密金剛，於藏識中修道煩惱習氣，堅若金剛難摧，用以大空金剛智三摩地，證得法身光明徧照毗盧遮那如來也。

經云：在於欲界佗化自在天王宫中一切如來常所遊處，吉祥稱歎大摩尼殿，種種閒錯，鈴鐸繒幡，微風摇擊，珠鬘、瓔珞、半滿月等而爲莊嚴。

佗化自在天宫者，名爲欲界頂，佗化自在天王宫殿，菩薩證得第六地住[④]。現前地菩薩位[⑤]，般若波羅蜜觀多作此天衆王，爲天人説般若波羅蜜。其天界五欲殊勝，超越諸天，是故毗盧遮那佛爲金剛薩埵説大樂大貪染，加持現證瑜伽理趣速疾，由是得聞不染世閒雜染諸煩惱，超越魔羅之境。其宫殿是大樂不空金剛薩埵大曼荼羅，皆從毗盧遮那佛福德資糧出生。大妙金剛五寶所成金剛峯寶樓閣，其曼荼羅四方八柱，列八位、四門，中位毗盧遮那徧照如來，内證之智解脱是也，其八位後當説。

---

① 證，《中華藏》校勘《磧》《南》《徑》《清》作“證者”。

② “一切印者，四智印也”至此，原文倒錯，作“能作一切如來一切印，平等種種事業於無盡無餘一切衆生界一切意願作業皆悉圓滿，一切印者四智印也，能作”，此據《中華藏》校勘《麗》改。

③ “如來”後，《中華藏》校勘《麗》有“也”。

④ 住，《中華藏》校勘《石》《麗》作“位”。

⑤ 位，《中華藏》校勘《石》《麗》作“住”。

經云：與八十俱胝菩薩衆俱，所謂金剛手菩薩摩訶薩、觀自在菩薩摩訶薩、虚空藏菩薩摩訶薩、金剛拳菩薩摩訶薩、文殊師利菩薩摩訶薩、纔發心轉法輪菩薩摩訶薩、虚空庫菩薩摩訶薩、摧一切魔菩薩摩訶薩，與如是等大菩薩衆恭敬圍遶而爲説法。一一菩薩同類種性，有十俱胝衆。

金剛手菩薩者，在毗盧遮那前月輪中，表一切如來菩提心，初發菩提心，由金剛薩埵加持，修證普賢行願，證如來地。

觀自在菩薩者，在毗盧遮那後月輪，表一切如來大悲，隨緣六趣，拔濟一切有情生死，雜染苦惱，速證清淨三摩地，不著生死，不證涅槃，皆由觀自在菩薩金剛法現證。

虚空藏菩薩者，在毗盧遮那右月輪，表一切如來真如恒沙功德福資糧聚，由修虚空藏菩薩行，行四種施，後當説。

三輪清淨，喻若虚空，無盡有爲無漏，成受用變化身資糧也。

金剛拳菩薩，在毗盧遮那左月輪，表一切如來三種祕密，在金剛拳菩薩掌，由真言行菩薩，以入輪壇得灌頂者，得聞如來三業密教修行，獲得世出世殊勝悉地，淨除無始十種不善惡業，證得無障礙究竟智。

文殊師利菩薩，在東南隅月輪，表一切如來般若波羅蜜多慧劒，住三解脱門，能顯真如法身，常樂我淨，由菩薩證此智，便成等正覺也。

纔發心轉法輪菩薩者，在西南隅月輪，表一切如來四種輪，金剛界輪、降三世輪、徧調伏輪、一切義成就輪，由修真言行菩薩，得入如是等[①]輪，依四種智印以成十六大菩薩生，便證無上菩提。

虚空庫菩薩者，在西北隅，表一切如來廣大供養儀，由修真言行菩薩修得虚空庫菩薩瑜伽三摩地，於一念頃，身生盡虚空徧法界一一佛前，於大衆會以種種雲海供養、奉獻如來，便從一切佛聞説妙法，速滿福德智慧資粮，以虚空爲庫藏，隨緣諸趣，拯濟利樂[②]諸有情，漸引致無上菩提，以爲巧便。

摧一切魔菩薩，在東北隅，表一切如來大悲方便，外示現[③]威怒，内懷悲愍，住加行位，護持修行，辟除諸障，成菩提時摧伏天魔及摩醯首羅，一切難調伏者令彼等受化，致於無上菩提，以忿怒智而成究竟。

如上所釋八大菩薩，攝三種法，所謂[④]菩提心、大悲、方便是也。如上所釋諸菩薩，包括一切佛法真言門及一切顯大乘，如是等大菩薩衆恭敬圍遶，八供養及四門菩

① 如是等，《中華藏》校勘《徑》作“如來是”。

② 樂，《中華藏》校勘《麗》作“益”。

③ 現，《中華藏》校勘《麗》無。

④ 謂，《中華藏》校勘《麗》作“爲”。

薩等以表如來三昧眷屬。

經云:“而爲說法初中後善者,所說何法? 諸大菩薩般若理趣。”

初善者,一切如來身密,一切契印身威儀也。中善者,一切如來語密,真言陀羅尼法王教勑不可違越也。後善者,本尊瑜伽,一切三摩地無量智解脱也。

又一釋:初善者增上戒學,中善者增上心學,後善者增上慧學。

文義巧妙者,文巧,依聲語[①]詞韻清雅,具六十四種梵音也;義妙者,依二諦,世俗、勝義諦也。

純一者,表如來瑜伽不與三乘同共教故,唯如來究竟内證不共佛法圓樂智。

圓滿者,由如上智能斷三界、九地、見道、修道一切煩惱及習氣,斷二種障,二種資糧圓滿也,清淨者表離垢清淨。由瑜伽法一念淨心相應,便證真如實際,不捨大悲,於淨穢土受用身、變化身成佛。

經云潔白者,清淨法界本來不染。與無量雜染覆蔽異生,無明住地,其性亦不減;預聖流證佛地,其性亦不增。

如[②]經云説一切法清淨句門者,爲修瑜伽行者於生死流轉不染故,廣作利樂有情事故,速證無量三摩地解脱智慧故,速集廣大福德資糧故,超越一切魔羅毗那夜迦衆,速疾得世出、世間勝願滿足故,説如來大悲,愍念最上乘種性者,説十七種清淨瑜伽三摩地。是故諸契經説三界唯心,由心清淨,有情清淨。由心雜染,有情雜染。又説有情界是菩薩淨妙佛國土,由修得十七清淨句門是也。

經云所謂妙適清淨句是菩薩位者,妙適者,即梵音蘇囉多也。蘇囉多者,如世間那羅那哩娱樂。金剛薩埵亦是蘇囉多,以無緣大悲,徧緣無盡衆生界,願得安樂利益,心曾無休息,自佗平等無二故,名蘇囉多耳。由修金剛薩埵瑜伽三摩地,得妙適清淨句,是故獲得普賢菩薩位。

欲箭清淨句是菩薩位者,由修欲金剛瑜伽三摩地,得欲箭清淨句,是故獲得欲金剛菩薩位。

觸清淨句是菩薩位者,由修金剛髻離吉羅瑜伽三摩地,得觸清淨句,是故獲得金剛髻離吉羅菩薩位。

愛縛清淨句是菩薩位者,由修愛縛金剛瑜伽三摩地,得愛縛清淨句,是故獲得愛金剛菩薩位。

一切自在主清淨句是菩薩位者,由修金剛慠瑜伽三摩地,得一切自在主清淨句,是故獲得金剛慠菩薩位。

---

① 語,《中華藏》校勘《石》《麗》作“論”。

② 如,《中華藏》校勘《石》《麗》作“加”。

見清淨句是菩薩位者，由修意生金剛瑜伽三摩地，得見清淨句，是故獲得意生金剛菩薩位。

適悦清淨句是菩薩位者，由修適悦金剛瑜伽三摩地，得適悦清淨句，是故獲得適悦金剛菩薩位。

愛清淨句是菩薩位者，由修貪金剛瑜伽三摩地，得愛清淨句，是故獲得貪金剛菩薩位。

慢清淨句是菩薩位者，由修金剛慢瑜伽三摩地，得慢清淨句，是故獲得金剛慢菩薩位。

莊嚴清淨句是菩薩位者，由修春金剛瑜伽三摩地，得莊嚴清淨句，是故獲得春金剛菩薩位。

意滋澤清淨句是菩薩位者，由修雲金剛瑜伽三摩地，得意滋澤清淨句，亦云喜悦清淨句，是故獲得雲金剛菩薩位。

光明清淨句是菩薩位者，由修秋金剛瑜伽三摩地，得光明清淨句，是故獲得秋金剛菩薩位。

身樂清淨句是菩薩位者，由修冬金剛瑜伽三摩地，得身樂清淨句，是故獲得冬金剛菩薩位。

色清淨句是菩薩位者，由修色金剛瑜伽三摩地，得色清淨句，是故獲得色金剛菩薩位。

聲清淨句是菩薩位者，由修聲金剛瑜伽三摩地，得聲清淨句，是故獲得聲金剛菩薩位。

香清淨句是菩薩位者，由修香金剛瑜伽三摩地，得香清淨句，是故獲得香金剛菩薩位。

味清淨句是菩薩位者，由修味金剛瑜伽三摩地，得味清淨句，是故獲得味金剛菩薩位。

何以故？一切法自性清淨故。般若波羅蜜多清淨者，雖一切法①本來清淨，由有客塵煩惱習氣覆蔽身心，輪迴六趣。由獲得瑜伽理趣四種智印，所謂大智印、三昧邪智印、法智印、羯磨智印，如前菩薩一一具四種印相應，方得離垢清淨，便證普賢大菩薩。設②使因緣不具，不得四智印。

如經所説“一聞於耳，獲得勝福，決定不異，疾證無上正等菩提以爲正因。金剛手，若有聞此清淨出生句般若理趣，乃至菩提道場，一切蓋障及煩惱障、法障、業障，

① 法，《中華藏》校勘《磧》《南》《徑》《清》無。

② 設，《中華藏》校勘《石》《麗》作“位設”。

設廣積集，必不墮於地獄等趣。設作重罪，消滅不難。若能受持，日日讀誦，作意思惟，即於現生證一切法平等金剛三摩地。於一切法皆得自在，受於無量適悦歡喜，以十六大菩薩生獲得如來及執金剛位”者：

釋[①]毗盧遮那佛在大衆中爲未來有情修瑜伽者，對諸十地菩薩，説受持、讀誦，具修行福利，速滅無始時來無量諸重業障，乃至未來際[②]，以悲愍廣大願力，周遊六趣，利樂有情。由聞及修，不染不受諸不善異熟業，獲得世間、出世間殊勝悉地。即於十六大生作金剛薩埵菩薩等，乃至金剛拳菩薩，最後身便成毗盧遮那身也。

“時婆伽梵一切如來大乘現證三昧邪，一切曼荼羅持金剛勝薩埵，於三界中調伏無餘，一切義成就，金剛手菩薩摩訶薩爲欲顯明此義故，熙怡微笑，左手作金剛慢印，右手抣擲[③]本初大金剛，作勇進勢，説大樂金剛不空三昧邪心”者：

婆伽梵義，如前所釋。一切如來，大曼荼羅中五方佛也。大乘有七義，一者法大，二者心大，三者勝解大，四者意樂大，五者資粮大，六者時大，七者究竟大。由諸菩薩承此大乘，證得無上正等菩提。

現證者，瑜伽師所證三摩地境也。

三昧邪者，名爲本誓，亦名時，亦名期契，亦爲曼荼羅之異名。

一切曼荼羅者，於本部四種曼荼羅，一大曼荼羅，二三昧邪曼荼羅，三法曼荼羅，四羯磨曼荼羅。以此四種曼荼羅攝瑜伽一切曼荼羅。

金剛勝薩埵者，金剛，義菩提心是也，勝謂最勝，薩埵名勇猛。

於三界中調伏者，三界謂欲界、色界、無色界，於中能調伏摩醯首羅等諸天難調伏者，令得受化無餘。

一切義成就者，普賢菩薩異名也。

金剛手菩薩摩訶薩者，此菩薩本是普賢，從毗盧遮那佛二手掌親受五智金剛杵，即與灌頂，名之爲金剛手。菩薩摩訶薩者，如前所釋。

爲欲顯明此義故者，所謂顯明大智印幖幟，首戴五佛寶冠，熙怡微笑，左手作金剛慢印，右手抣擲本初大金剛，作勇進勢。

本初者，本來清淨法界也，左手作金剛慢印者，爲降伏左道左行有情，令歸順道。右手抣擲五智金剛杵，作勇進勢者，令自佗甚深三摩地，順佛道念念昇進，獲得普賢菩薩之地。

即説大樂金剛不空三昧邪，本誓心真言吽字。吽字者，因義，因義者謂菩提心爲因，即一切如來菩提心，亦是一切如來不共真如妙體，恒沙功德皆從此生。此一字具

① 釋，《中華藏》校勘《石》《麗》無。

② 未來際，《中華藏》校勘《石》作“如來”，《麗》作“盡未來際”。

③ 抣擲，《中華藏》校勘《磧》《南》《徑》《清》《麗》作“抽擲”，下同。

四字義，且賀字以爲本體，賀字從阿字生，由阿字一切法本不生故，一切法因不可得。其字中有汙聲，汙聲者一切法損減不可得。其字頭上有圓點半月，即謂麽字者，一切法我義不可得。我有二種，所謂人我、法我。此二種皆是妄情所執，名爲增益邊。若離損減增益，即契中道。

(oṃ)[①]唵字者，金剛薩埵法智印明也。

(ma)麽字者，欲金剛法智印明也。

(hā)賀字者，金剛悦喜法智印明也。

(su)蘇字者，愛金剛法智印明也。

(kha)佉字者，慢金剛法智印明也。

(va)嚩字者，意生金剛法智印明也。

(jra)日囉字者，金剛髻離吉羅法智印明也。

(sa)娑字者，愛金剛法智印明也。

(tva)多嚩字者，金剛慠法智印明也。

(jaḥ)弱字者，春金剛法智印明也。

(hūṃ)吽字者，雲金剛法智印明也。

(vaṃ)鑁字者，秋金剛法智印明也。

(hoḥ)穀字者，冬金剛法智印明也。

(su)蘇字者，色金剛法智印明也。

(ra)囉字者，聲金剛法智印明也。

(ta)多字者，香金剛法智印明也。

(stvaṃ)薩多鑁字者，味金剛法智印明也。

此密言十七字，則爲十七菩薩種子，即成法曼荼羅。若畫一一菩薩本形，即成大曼荼羅。若畫本聖者所執持幖幟，即成三昧邪曼荼羅。如前種子字各書本位，即名法曼荼羅。各鑄本形，安於本位，即成羯磨曼荼羅。

次説安[②]立次第分曼荼羅位，中央九位，外院更加一重。中央安金剛薩埵，依薩埵菩薩前安欲金剛，右邊安髻離吉羅，後安愛樂金剛，左安金剛慢，右邊前隅安意生金剛，右邊後隅安髻離吉羅，左邊後隅安愛金剛，左邊前隅安慠金剛。以次外院如前，次第安布四隅，初安春金剛，次安雲金剛，次安秋金剛，次安冬金剛。外院前安色金剛，右安聲金剛，後安香金剛，左安味金剛。既安布已，則修行者結三昧邪等印，成本尊瑜伽，加持四處。五方佛灌頂被甲，誦[③]四字明，令召入，令縛，令歡喜。獻閼伽，

① 梵字及羅馬字母轉寫注文，據《大正藏》本加，下同。

② 安，《中華藏》校勘《徑》作“各”。

③ 誦，《中華藏》校勘《磧》《南》《徑》《清》作“謂”。

即與四智印相應，入三摩地念誦。或瑜伽師坐於中位三摩地中，如前布列，即誦十七字真言，心緣一一理趣清淨句，入一一理趣地[①]門，徧周法界，乃至第十七位周而復始，以心得三摩地爲限，即名爲大樂不空真實修行瑜伽儀軌。

已上名《大樂不空金剛薩埵初集會品》。

時婆伽梵毗盧遮那如來，婆伽梵者，如前所釋，毗盧遮那如來，名徧照，報身佛，於色界頂第四禪色究竟天成等正覺，爲諸菩薩説四種自證自覺聖智，説四智菩提。

所謂金剛平等現正等覺以大菩提金剛堅固故者，由如來淨阿賴邪，於大圓鏡智相應，證得堅固無漏之三摩地，能淨無始無明地微細煩惱。

義平等現等正覺以大菩提一義利故者，第七無漏末那與第八淨阿賴邪識中無漏種子，能緣、所緣平等平等，離能取、所取故，證得平等性智，流出隨其衆生愛樂身，猶如衆色摩尼，能作無邊有情義利。

法平等現等覺以大菩提自性清淨故者，由如來清淨意識與妙觀察智相應，證得一切法本性清淨，於淨妙佛國土爲諸菩薩能轉無上法輪[②]。

一切業平等現等覺以大菩提一切分別無分別性故者，由如來無漏五識與成所作智相應，現三業，化於淨妙國土及雜染世界，任運無功用、無分別作佛事、有情事。

"金剛手，若有聞此四出生法，讀誦受持，設使現行無量重罪，必能超越一切惡趣，乃至當坐菩提道場，速能剋證無上正覺者。"佛告金剛手菩薩："爲未來有情，聞此中修理趣福利，心不猶預，能發淨信修行，則現世惡報及來生能轉定業，疾證無上菩提也。"

"時婆伽梵如是説已，欲重顯明此義故，此句所以[③]意解可[④]釋。熙怡微笑，持智拳印，説一切法自性平等心"者：

熙怡微笑，持智拳印者，希奇於事，表修行者具一切結使諸煩惱，纔結毗盧遮那大智印，誦心真言，等同徧照尊，則應受一切世間殊勝供養，應受一切如來諸大菩薩禮敬，是故有此微笑也。

𑖁𑖾(āḥ)惡引字心真言者，具含四字爲一體。

𑖀(a)阿字菩提心義，如此字，一切字之爲先，於大乘法中趣向無上菩提[⑤]心

① 地，《中華藏》校勘《石》《麗》無。
② 輪，《中華藏》校勘《徑》作"轉"。
③ 所以，《中華藏》校勘《石》作"可"，《磧》《南》《徑》《清》《麗》作"可以"。
④ 可，《中華藏》校勘《石》《麗》作"不"。
⑤ 菩提，《中華藏》校勘《石》《麗》作"菩提菩提"。

爲先。

𑖁(ā)阿引字者行義，則四智印，瑜伽教中修行速疾方便，由集福德智慧資糧，證成無上菩提正因，第三字極長高聲。

𑖀𑖽(aṃ)阿字者等覺義，由證無邊智解脱三摩地陀羅尼門，摧伏四種魔羅，受十方一切如來三界法王灌頂，轉正法輪[1]。

第四惡字者涅槃義，由斷二種障，謂煩惱、所知之障，證得四種圓寂，所謂一者自性清淨涅槃，二者有餘依涅槃，三者無餘依涅槃，四者無住處[2]涅槃。前三通異生、聲聞緣覺，第四唯佛獨證，不同諸異乘，則此四字是毗盧遮那佛自覺聖智。四種智解脱，外現四大轉輪王菩薩，所謂第一金剛薩埵，其[3]二金剛寶菩薩，其三金剛法菩薩，第四金剛羯磨菩薩是也。

修行者應建立曼荼羅，中央毗盧遮那佛，背日輪，頭冠瓔珞，身著白縠[4]繒衣，結智拳印，坐師子座，身如月殿。毗盧遮那佛前金剛薩埵菩薩，背月輪，戴五佛冠，右手持金剛杵，左[5]持鈴，半加而坐。毗盧遮那佛右邊虚空藏菩薩，背月輪，右手持金剛寶，左手施願，半加而坐。毗盧遮那後觀自在菩薩，左手持蓮華，右手開敷華勢，亦半加而坐。於毗盧遮那佛左邊月輪金剛羯磨菩薩，二手作旋舞，置於頂上勢。内四隅安四内供養，各各如本形。外四隅置外四供養，各各持本供養具。四門置鉤、索、鎖、鈴菩薩，各住本威儀。毗盧遮那佛成等正覺，由四種瑜伽三摩地，所謂金剛薩埵、金剛寶、金剛法、金剛羯磨等瑜伽三摩地。從金剛薩埵至羯磨，次第流出嬉戲、鬘、歌、舞等菩薩。又從四内供養依次流出香華、燈、塗、香等四外供養菩薩。又從四大菩薩各流出四門，四門菩薩四種曼荼羅，大智、三昧邪、法、羯磨輪也。如前大樂中所説類同，若修瑜伽者，成就般若理趣，位於中位，即誦毗盧遮那佛真言：

嚩日囉二合馱都惡

自作本尊瑜伽，以四字明召請曼荼羅聖衆，誦四出生法，運心一一出生，徧周法界，周而復始，皆以五智相應。念念能滅諸宿障惡業，現生證菩薩地，後十六生證成毗盧遮那無邊法身，能現於無量淨穢諸刹土報化，現證無上菩提。

已上《毗盧遮那理趣會品》。

大樂金剛不空真實三昧邪經般若波羅蜜多理趣釋卷上

① 輪，《中華藏》校勘《徑》《清》作“轉”。

② 處，《中華藏》校勘《石》《麗》無。

③ 其，《中華藏》校勘《麗》作“第”。

④ 白縠，《中華藏》校勘《磧》《南》《徑》《清》作“輕”。

⑤ 左，《中華藏》校勘《麗》作“左手”。

大樂金剛不空真實三昧[①]經般若波羅蜜多理趣釋卷下

開府儀同三司特進試鴻臚卿肅國公食邑三千户賜紫贈司空
謚大辨正號大廣智大興善寺三藏沙門不空奉詔譯[②]

時調伏難調釋迦牟尼如來者，於閻浮提五濁末法，爲調伏九十五種異類外道，現八相成道，皆得受化，致於佛道。現生釋迦族姓[③]中，乃姓釋迦氏。牟尼者寂静義，身口意寂静，故稱牟尼。於須弥頂三十三天，金剛寶峰樓閣中毗盧遮那佛轉輪，輪有四種，所謂金剛輪、寶輪、法輪、羯磨輪。其四輪皆攝在二輪中，所謂正法輪、教令輪。即彼毗盧遮那於閻浮提化相成佛，度諸外道，即於須弥頂示現威猛忿怒形，降伏魔醯首羅等驕佚我慢、妄自恃具一切智，由貪瞋癡一切雜染，熏習藏識。爲令彼等清淨，離諸煩惱故，示現左右脚踏魔醯首羅及烏摩妃。由入慾無戲論性瑜伽三摩地故，獲得一切嗔無戲論性。由入瞋無戲論性瑜伽三摩地故，獲得一切癡無戲論性。由入癡無戲論性瑜伽三摩地故，獲得一切法無戲論性。由[④]一切法無戲論性瑜伽三摩地故，獲得般若波羅蜜多無戲論性。五種無戲論智，成降三世曼荼羅。中央安降三世，於降三世前安忿怒薩埵菩薩，後安忿怒善哉菩薩，右邊安忿怒王菩薩，左邊[⑤]安忿怒愛菩薩。四内隅安四忿怒内供養，於外四隅安四忿怒外供養。東門安弓箭、畫契，其南門安劍，西門輪，北門三股叉。一一皆如前四種曼荼羅，皆以降伏以爲三摩地。修行者欲降伏三界九地煩惱怨敵故，誦此當部中五種無戲論般若理趣。欲降諸天頻那夜迦及惡人危害佛法者，運心入五種無戲論瑜伽三摩地，自身作降三世瑜伽大智印，與四印相應，誦一字明。相應入實相理趣義同前，此忿怒吽字，金剛部攝，猛利故，速得成辦阿毗遮盧迦，如《廣瑜伽經》等所説。

是故釋迦牟尼佛告金剛手言“若有人聞此理趣，受持讀誦，設害三界一切有情不墮惡趣，爲調伏故，疾證無上正等菩提”者：害三界一切有情，一切有情者由貪、嗔、癡爲因，受三界中流轉。若與理趣相應，則滅三界輪迴因，是故害三界一切有情不墮惡趣，爲調伏貪等三毒也，故得速證無上菩提，是故如來密意作如是説。

---

① 三昧，《中華藏》校勘《磧》《南》《徑》《清》《麗》作“三昧邪”。

② 譯名，《中華藏》校勘《石》無，《磧》《南》作“大興善寺三藏沙門大廣智不空奉詔譯”，《徑》《清》作“唐三藏沙門大廣智不空奉詔譯”。

③ 姓，《中華藏》校勘《石》《磧》《南》《徑》《清》無。

④ “由”後，《中華藏》校勘《磧》《南》《徑》《清》有“入”。

⑤ 邊，《中華藏》校勘《磧》《南》《徑》《清》無。

"時金剛手大菩薩,欲重顯明此義故,持降三世印,以蓮花面微笑,而怒顰眉猛視,利牙出現,住降伏立相,説此金剛吽迦囉心。"

持降三世印者,三世,所謂摩醯首羅義,由此印得降伏淨信,引入佛道。

以蓮花面微笑而怒顰眉者,聖者住内心,與觀自在悲愍心相應,外示現忿怒也。

猛視者,於四種眼中第三忿怒眼義也。

利牙出現者,與金剛藥叉三摩地相應。

住降伏立相者,降三世立印,其二足相去可五搩[①],屈右膝,舒左膝,兩足右[②]踏摩醯首羅,左[③]踏烏摩。其修行者若與降伏法相應者,如前大智印,誦一字明,加前人名,想彼人在左足下。不經一七日,則彼人三毒及煩惱[④]悉皆散滅。

修行者作降伏[⑤]三世本尊瑜伽觀已,自住曼荼羅中央,運心布前右後左四忿怒、八供養、四門如本[⑥]教,口誦五無戲論般若理趣,運心遍法界,周而復始,由此修行,證得無量三摩地,頓集福德智慧,以爲成佛資粮。

此一品唯通修降三世修瑜伽者以爲儀軌,餘皆傛諸廣本。

已上《降三世品》[⑦]。

時婆伽梵者,如前所釋。得自性清淨法性如來者,是觀自在王如來異名,則此佛名無量壽如來[⑧],若於淨妙佛國土現成佛身,住雜染五濁世界,則爲觀自在菩薩。

復説者則至毗盧遮那佛,爲觀自在菩薩説一切法平等,觀自在智印出生般若理趣,説四種不染一切煩惱及隨煩惱三摩地法,所謂世間一切欲清淨[⑨]故,則一切瞋清淨,此則金剛法菩薩三摩地。所謂世間一切垢清淨故,則一切罪清淨,此則金剛利菩薩三摩地。所謂一切法清淨故,則一切有情清淨,此即金剛因菩薩三摩地。所謂世間一切智智清淨,則般若波羅蜜多清淨,此即金剛語菩薩三摩地。由瑜伽者得受四種清淨菩薩三摩地,於世間悲願,生於六趣,不被一切煩惱染汙,猶如蓮花,以此三摩地能淨諸雜染。是故佛告金剛手言:"若有聞此理趣,受持讀誦,作意思惟,設住諸欲,猶如蓮花,不爲客塵諸垢所染疾,證無上正等菩提。"

修行者持觀自在菩薩心真言,欲求成就般若理趣,應建立曼荼羅,中央畫觀自在

---

① 搩,《中華藏》校勘《磧》《南》《徑》《清》作"拆"。
② 右,《中華藏》校勘《磧》《南》《徑》《清》作"左"。
③ 左,《中華藏》校勘《磧》《南》《徑》《清》作"右"。
④ "煩惱"前,《中華藏》校勘《石》《磧》《南》《徑》《清》有"隨"。
⑤ 伏,《中華藏》校勘《磧》《南》《徑》《清》無。
⑥ 本,《中華藏》校勘《磧》《南》《徑》《清》作"來"。
⑦ 此句,原作夾注文,此改正文。
⑧ 如來,《中華藏》校勘《磧》《南》《徑》《清》無。
⑨ 清淨,《中華藏》校勘《石》《磧》《南》《徑》《清》作"清淨者"。

菩薩，如本儀形，前安金剛法，右安金剛利，左安金剛因[①]，後安金剛語。於四内外隅各安四内外供養，於東門畫天女形表貪慾，南門畫虵形表嗔[②]，西門畫猪表癡形，北門畫蓮花表涅槃形。得入此輪壇，至無上菩提，一切諸惑皆不得染汙。或時自住壇中，作本尊瑜伽，心布列聖衆圍遶，以四字明召請，誦心真言。誦持四種清淨般若理趣，入一一門，遍周法界，周而復始，成一法界，自他平等。或時想己身"紇利"字門，成八葉蓮花，胎中想金剛法，於八葉上想八佛。或時他身想"吽"字五股[③]金剛杵，中央把處想十六大菩薩，以自金剛與彼蓮花，二禮和合，成爲定慧。是故《瑜伽·廣品》中密意説二根交會，五塵成大佛事。以此三摩地奉[④]獻一切如來，亦能從妄心所起，雜染速滅，疾證本性清淨法門。是故觀自在菩薩手持蓮華，觀一切有情身中如來藏性，自性清淨光明，一切惑染所不能染。由觀自在菩薩加持，得離垢清淨，等同聖者。

"紇利"字具四字成一字[⑤]真言，賀字門者一切法因不可得義，囉字門者一切法離塵義。塵者所謂五塵，亦名能取、所取二種執著。伊字門者自在不可得。二點惡字義，惡字名爲涅槃，由覺悟諸法本不生故，二種執著皆遠離，證得法界清淨。紇利字亦云慙義，若具慙愧，不爲一切不善，即具一切無漏善法，是故蓮華部亦名法部。由此字加持，於極樂世界水鳥樹林皆演法音，如廣經中所説。若人持此一字真言，能除一切災禍疾病。命終已後，當生安樂國土，得上品上生。此一[⑥]通修觀自在心真言行者，亦能助餘部修瑜伽人也。

已上《觀自在菩薩般若理趣會品》。

時薄伽梵，如前釋已。一切三界主如來者，寶生佛也。寶生之變化，則虚空藏菩薩是也。

復説此菩薩理趣修行，一切如來灌頂智藏者，虚空藏菩薩之異名。般若理趣者，如前所釋。所謂以灌頂施故，能得三界法王位，此則金剛寶菩薩三摩地行。

所謂義利施故，得一切意願滿足，此則金剛光菩薩三摩地行[⑦]。

所謂以法施故，得圓滿一切法，此則金剛幢菩薩三摩地行。

所謂滋[⑧]生施故，得身口意一切安樂，此則金剛笑菩薩三摩地行。

---

① 因，《中華藏》校勘《磧》《南》《徑》《清》作"因止緣"。

② 形表嗔，《中華藏》校勘《石》《磧》《南》《徑》《清》作"表瞋形"。

③ 股，《中華藏》校勘《磧》《南》《徑》《清》作"鈷"。

④ 自卷首至此，《中華藏》原《金藏》本缺，以《麗藏》本改補。

⑤ 字，《中華藏》校勘《石》《麗》無。

⑥ 一，《中華藏》校勘《麗》作"一品"。

⑦ 行，《中華藏》校勘《磧》《南》《徑》《清》《麗》無。

⑧ 滋，《中華藏》校勘《磧》《南》《徑》《清》作"資"。

灌頂施與何類瑜伽者,想自[①]身虚空藏菩薩,以金剛寶灌頂一切如來。

義利施者,惠施沙門、婆羅門資緣具。

法施者,爲施不現形,與天龍八部等説法等。

慈生施者,施與傍生之類也。

修行者修虚空藏菩薩三摩地行,故應建立本菩薩曼荼羅。曼荼羅中央畫虚空藏菩薩如本形,前畫金剛寶,右畫金剛光,左畫金剛幢,後畫金剛笑,内外院四隅,各列内外四供養如本形。東門安金剛杵,南門寶,西門蓮華,北門鈴。修行者若入此曼荼羅,令佗人現生所求一切富貴階位悉得,滅一切貧窮業障。設盗一切有主所攝物者,六分之一不得,不與取罪,速疾獲得一切悉地。或時瑜伽師坐曼荼羅中,作本尊瑜伽觀,與諸聖衆圍遶。以四字明請召,即誦心真言。四種理趣門,運心徧法界。愍念[②]貧窮孤露,常行惠施,三輪清淨,心無慳悋,常與等虚空三摩地相應,不久獲得虚空藏菩薩身。

時虚空藏大菩薩,欲重顯明此義,故熙怡微笑,以金剛寶鬘自繫首,説一切灌頂三昧邪寶心者:

怛覽字者具四字,表四種理趣行門。多字,真如不可得義。囉字,離塵義。阿引字,一切法本來寂静,猶如虚空。莽字,一切法無我義。常與此心真言相應故,身心無礙,有如虚空。按怛馱那法,尤於此部中最速成就,所求一切伏藏皆得現前,真陀摩尼寶能滿一切衆生希求願故。

已上《虚空藏品》。

時婆伽梵,已如前釋。一切如來智印如來,不空成就之異名也。

復説亦如前釋,一切如來智印加持者,是三密門身口意金剛也。般若理趣,如前所釋,説四種印。

所謂持一切如來身印則爲一切如來身者,是金剛業菩薩三摩地身。真言者由得身加持,得無礙身,於無邊世界作廣大供養。

加[③]持一切如來語印則得一切如來法者,此名金剛護菩薩三摩地。由此三摩地能普護無邊有情界,常以大慈甲冑而自莊嚴,獲得如金剛薩埵[④]法身。

持一切如來心印則證一切如來三摩地,由真言者得金剛藥叉三摩地,能令盡藏識中殺害心雜染種子,得大方便大悲三摩地,爲調伏示現威猛忿怒金剛藥叉菩薩之身。

---

① 自,《中華藏》校勘《磧》《南》《徑》《清》無。

② “愍念”前,《中華藏》校勘《石》《麗》有“慈悲”。

③ 加,《中華藏》校勘《石》《麗》無。

④ 薩埵,《中華藏》校勘《麗》作“不壞”。

持一切如來金剛印即成就一切如來身口意業最勝悉地者，由修瑜伽者得金剛拳菩薩三摩地，能成就一切真言教中三密之門，是故《廣瑜伽》中説身口意金剛合成名爲拳，一切如來縛是爲金剛拳。是故佛告金剛手，若有聞此理趣，受持讀誦，作意思惟，由持身印得一切成就。此句梵本初功能，漢本在第四。由持語印，得一切口自在。由持心印，得一切智智。由持金剛印，得一切事業皆悉成就，疾證無上正等菩提。

修行者欲成就般若理趣瑜伽者，應建立金剛拳曼荼羅。中央畫一切如來拳菩薩，前畫金剛業，右畫金剛護，左畫金剛藥叉，後畫金剛拳。内外四隅，各安内外四供養。於四門安四菩薩，東門染金剛，南門金剛髻梨吉羅，西門愛金剛，北門金剛慢。或時瑜伽者住曼荼羅中，自作本尊瑜伽，想諸眷屬各住本位，以四字明召請一切聖衆，則誦一字真言，則誦四種金剛拳般若理趣印，運心一一理趣門，量同法界，周而復始，一切三摩地皆得現前。

惡字是涅槃義，四種涅槃攝一字中。四種者，如前所釋。

時婆伽梵爲欲顯明此義，故熙怡微笑，持金剛拳大三昧邪印，説此一切堅固金剛印，悉地三昧邪自真實心者：如上句義，表本菩薩大智印威儀，兼贊語密功能，此是金剛拳菩薩儀軌。

已上《金剛拳理趣會品》。

時薄伽梵一切無戲論如來者，是文殊師利菩薩之異名。

復説轉字輪般若理趣，轉字輪者，是五字輪三摩地也。所謂法[①]空與無自性相應故者，是金剛界曼荼羅中金剛利菩薩三摩地。

諸法無相與無相性相應故者，是降三世曼荼羅，忿怒金剛利三摩地。

諸法無願與無願相應故者，是徧調伏曼荼羅中蓮華利菩薩三摩地。

諸法光明般若波羅蜜多清淨故者，一切義成就曼荼羅中寶利菩薩三摩地。

修瑜伽者成就般若波羅蜜多，應立曼荼羅。曼荼羅者，布列八曼荼羅形。於中央畫文殊師利童子形，四方安四佛，以虚空智劒各繫四佛臂上。其四隅置四種般若波羅蜜印，外四隅安外四供養，四門安四種契印，東門畫劒，南門畫鑠底，西門鉢，北門梵夾[②]。或時瑜伽師坐於曼荼羅中，作本尊瑜伽。運心布列聖衆，以四字明召請，誦一字明，則誦四種般若理趣，與心相應，徧周法界，周而復始，乃至一月或六月、一年，不久當得無礙辯才，證得無量三摩地門，文殊師利菩薩現前。

時文殊師利童真，欲重顯明此義故，熙怡微笑，以自劒揮斫一切如來，以説此般若波羅蜜多最勝心者：一切有情無始輪迴，與四種識，積集無量虚妄煩惱，則爲凡夫。

① 法，《中華藏》校勘《石》《麗》作“諸法”。

② 夾，《中華藏》校勘《石》《麗》作“甲”，《徑》《清》作“筴”。

在凡夫位,名爲識。預聖流至如來地,名爲智。以四智菩提對治四種妄識。妄識既除,則成執法智。若不①妄執法,則成法執病。是故智增菩薩用四種文殊師利般若波羅蜜劒,斷四種成佛智、能取所取障礙,是故文殊師利現揮斫四佛臂也。

般若波羅②最勝心者,菴字者覺悟義。覺悟有四種,所謂聲聞覺悟、緣覺覺悟、菩薩覺悟、如來覺悟。覺悟名句雖同,淺深有異,自利、利佗,資糧小大不同,以四種覺悟總攝一切世間、出世間、出世間上上,是故文殊師利菩薩得法自在,故曰法王之子。

已上《文殊師利理趣品》。

時薄伽梵一切如來入大輪如來者,是纔發意菩薩之異名也。

復説入大輪般若理趣,大輪者是金剛界大曼荼羅也。所謂入金剛平等則入一切如來法輪者,由稱此般若理趣金剛輪三摩地,則成入金剛界,屬金剛界六種曼荼羅。六種曼荼羅《指歸》中已釋③訖。

入義平等則入大菩薩輪者,由稱此般若理趣忿怒輪,則成入降三世,屬降三世十種曼荼羅。此十種《指歸》中先已釋訖。

入一切法平等則入妙法輪者,由稱此般若理趣蓮華輪三摩地,則成入徧調伏,屬徧調伏六種曼荼羅者,大、密、微細、法業獻、四、一印及成六種壇。六種如前《指歸》中已説。

入一切業平等則入一切事業輪,由稱此般若理趣羯磨輪三摩地,則成入一切義成就,屬一切義成就六種曼荼羅。

是纔發心轉法輪大菩薩欲重顯明此義故,熙怡微笑,轉金剛輪,説一切金剛三昧邪心者,如前句義中説,金剛輪菩薩大智印形狀,金剛三昧邪心者,吽字是也,吽字具四輪義。

若修金剛輪菩薩三摩地,應建立曼荼羅,畫八輻輪形,當輪齊中畫金剛輪菩薩,形八輻間,畫八大菩薩,如前布列。八輪外四隅畫四波羅蜜菩薩,内院四隅安四内供養,外四隅安四外供養。内隅四門安四菩薩,東門金剛薩埵菩薩,南門降三世金剛,西門觀自在菩薩,北門虚空藏。瑜伽者破三昧耶或阿闍梨非法失師位,由建立此輪壇,則復本阿闍梨位。修一切三摩地真言,速得成就。若引弟子入,若自身入,則成入一切世間出世間曼荼羅。或時瑜伽阿闍梨自坐壇中,運心布列諸聖衆。以四字明請聖衆,則誦一字真言。次誦四種輪般若理趣,運心徧周法界,不久當得如毗盧遮那佛轉輪法王。

---

① 不,《中華藏》校勘《石》《麗》無。

② 波羅,《中華藏》校勘《麗》作"波羅蜜"。

③ 釋,《中華藏》校勘《徑》《清》作"説"。

已上《纔發意菩薩理趣品》[①]。

時婆伽梵一切如來種種供養藏廣大儀式如來者,是虚空庫菩薩之異名也。

復説一切供養㝡勝出生般若理趣,所謂發菩提心則爲於諸如來廣大供養者,此是金剛嬉戲菩薩三摩地菩提心義,一切如來以菩提心成佛增上緣,於菩提心法園樂與智波羅蜜自娱。

救濟一切衆生則爲於諸如來廣大供養也者[②],此是金剛鬘菩薩三摩地,由淨信心入於佛法大海,得七寶如意寶鬘,濟拔一切有情,滿一切所求希願,令一切有情受諸戒品,以自莊嚴。

受持妙典則爲於諸如來廣大供養者,此是金剛歌菩薩三摩地。由此三摩地,於佛集會中能問答一切大乘甚深般若波羅蜜也。

於般若波羅蜜多受持讀誦、自書、教佗書、思惟修習、種種供養,則爲於諸如來廣大供養者,此是金剛舞供養菩薩三摩地。由大精進以金剛毗首羯磨解脱智,徧遊無邊世界,於諸佛前以廣大供養,請説一切佛法般若波羅蜜等諸修多羅,以十種法行,頓積集福德智慧二種資糧,獲得三種身,此菩薩主一切供養門。供養門者有多種,依蘇悉地教有五種供養,又有二十種供養。於瑜伽教中有四種供養,所謂菩提心供養、資糧供養、法供養、羯磨供養,如前四種理趣門是。又有五種祕密供養,又有八種供養,又有十六種大供養,又有十七種雜供養,乃至一切供養,悉皆攝入虚空庫菩薩供養儀軌中。

若修行者欲求成就虚空庫菩薩者,應建立曼荼羅,中央畫虚空庫菩薩,右手持羯磨杵,左手作金剛拳,按於左胯,半加坐月輪中,八大菩薩圍遶。内外四隅安八供養,四門應置四種寶。東門置銀,南門置金,西門置摩尼寶,北門置真珠。或時修行者坐曼荼羅中,自作本尊瑜伽觀,以聖衆圍遶,以四字明召請,持一字真言,則誦四種般若理趣。運心徧法界,周而復始,乃至[③]三摩地現前。若自入令佗入[④]曼荼羅,然後受持一字真言。或加香華等種種供養具,若能運心供養佛菩薩,則供養具徧周法界,一一佛菩薩前成廣大供養。

時虚空庫大菩薩欲重顯明此義故,熙怡微笑,説此一切事業不空三昧邪一切金剛心者:如前已釋,心真言者,唵字是也。唵字三身義,亦名無見頂相[⑤]義,亦名本不生義,亦是如來毫相功德義。

---

① 此句,原作夾注文,此改正文。

② 也者,《中華藏》校勘《磧》《南》《徑》《清》作“者也”。

③ 至,《中華藏》校勘《磧》《南》《徑》《清》無。

④ 入,《中華藏》校勘《石》《麗》作“入此”。

⑤ 相,《中華藏》校勘《麗》作“上”。

已上《虚空庫菩薩理趣品》。

時婆伽梵者，如前所釋。能調伏[①]持智拳如來，摧一切魔菩薩之異名也。

或説一切調伏智藏般若理趣，所謂一切有情平等故忿怒平等者，是金剛降三世三摩地。由此定調伏佗化自在魔王，受化引入佛道，一切有情調伏故，忿怒調伏，此是寶部中寶金剛忿怒三摩地，由此定能調伏摩醯首羅，受化入於佛道也。

一切有情法性故忿怒法性者，此是蓮華部中馬頭忿怒觀自在三摩地。由此定調伏梵天，受化入於佛道。

一切有情金剛性故忿怒金剛性者，此是羯磨部中羯磨三摩地。由此定調伏那羅延，受化令入佛道也。何以故？一切有情調伏即爲菩提者，本是慈氏菩薩，由此菩薩内入慈定，深矜愍難調諸天，外示威猛，令得受化，引入菩提。

時摧一切魔大菩薩，欲重顯明此義故，熙怡微笑，以金剛藥叉形，持金剛牙，恐怖一切如來者：一切外道諸天悉具如來藏，是未來佛，令捨邪歸正故，名恐怖一切如來。如來者離五怖，得四無所畏，無能怖者也。今所恐怖，非在果位如來，乃在因佛[②]也。以説金剛忿怒大笑心者，此是金剛藥叉菩薩大智印也。郝字具四義，一切法本不生義，因義，二種我義。由迷一切法本不生理，爲一切煩惱因，煩惱因起二種我，所謂人我、法我，是故一切外道諸天執我、執法。令彼調伏入金剛藥叉三摩地，即思此菩薩一字心真言，入一切法本不生門，則離一切煩惱因。煩惱既離，即證二種無我，人空、法空，則顯真如恒沙功德，即超越三界九地、妄心所起諸惑雜[③]染，是故名爲摧一切魔大菩薩也。

若瑜伽者欲降伏一切世間出世間魔怨，應建立金剛藥叉曼荼羅，中央畫摧一切魔菩薩，前安魔王天主，右安魔醯首羅，後安梵天，左安那羅延天。内四隅應置四部中牙印，外四隅安四外供養。四門應置四種印契，東門畫三鈷[④]忿怒杵，南門畫金剛寶光焰熾盛，西門畫金剛蓮華具光明，北門畫羯磨金剛光明徧流。

建立此壇已，自入令佗入，則離一切怨敵，惡人所不能害。或時坐於輪中，作本尊瑜伽，想聖衆圍遶，則誦四字明，召請聖衆。次誦一字明，誦四種般若理趣，起大慈心於衆生界，運心徧法界，周而復始。由此三摩地修行，設三界中一切有情盡爲魔，雖作障難，不能傾[⑤]動。修行者所修一切世間出世間悉地皆得滿足。

已上《摧一切魔菩薩理趣品》。

---

① 伏，《中華藏》校勘《磧》《南》《徑》《清》無。

② 佛，《中華藏》校勘《石》《麗》作“位”。

③ 雜，《中華藏》校勘《磧》《南》《徑》《清》作“離”。

④ 鈷，《中華藏》校勘《石》《磧》《普》《南》《徑》《清》作“股”。

⑤ 傾，原作“項”，據《中華藏》校勘《石》改。

時婆伽梵一切平等建立如來者,是普賢菩薩之異名也。

復説一切法三昧邪最勝出生般若理趣,所謂一切平等性故般若波羅蜜多平等性者,是金剛部大曼荼羅。由入此曼荼羅,能悟一切有情皆有不壞。

如[①]金剛佛性一切義利性故般若波羅蜜多義利性者,此是寶部曼荼羅。由此入曼荼羅,證得如虚空真如恒河沙功德故。

一切法性故般若波羅蜜多法性者,此是蓮華部大曼荼羅。由入此曼荼羅,證悟清淨法界,如蓮華不染諸惑。

一切事業性故般若波羅蜜多事業性者,即是羯磨部大曼荼羅。由入此曼荼羅,獲得迅疾身口意至於十方一切世界佛集會,廣大供養也。

應知是金剛手入一切如來菩薩三昧邪,加持三摩地,説一切不空三昧邪心者:如前釋"吽"字義,初品[②]所釋。瑜伽者爲成就四種曼荼羅,教[③]外金剛部成辨一切世間悉地,故應建立曼荼羅。其壇輪形三重,中輪畫八輻,臍中先别畫金剛手菩薩,安其臍中。八輻中畫八大菩薩,各頭向外。又更一重畫五類外金剛部諸天,所謂上界天王那羅延等四種,又畫遊空日天等四種,又畫住虚空四種頻那夜迦,四方各配四門。又畫地居主藏等四種天,又畫地中猪頭等四神,如上等從東北隅,右旋布列令帀,頭皆向外。其第三重如前五種天之妃后,各配本天相對。

此曼荼羅前誦持一字心,兼修四種般若理趣,運心徧法界,周而復始,不久身得同降三世金剛。於中[④]臍輪中,移出金剛手菩薩,自居其内,想自身作降三世金剛三摩地,結彼等五類教勑。即誦金剛手一字明,稱彼等天真言相和誦,皆得使役,應成辨所求皆遂。

已上《降三世教令輪品》。

時婆伽梵如來者,是毗盧遮那佛也。

復説一切有情加持般若理趣,所謂一切有情如來藏,以普賢菩薩一切我故者,一切有情不離大圓鏡智性,是故如來説一切有情如來藏,以普賢菩薩同一體也。

一切有情金剛藏以金剛藏灌頂故者,一切有情不離平等性智性,是故如來説一切有情金剛藏。金剛藏者,即虚空藏也,以金剛寶獲得灌頂也。

一切有情妙法藏能轉一切語言故[⑤],一切有情不離妙觀察智性,是故如來説一切有情妙法藏,妙法藏者觀自在菩薩也,於佛大集會能轉法輪也。一切有情羯磨藏,羯

① 如,《中華藏》校勘《麗》無。

② "初品"前,《中華藏》校勘《麗》有"如"。

③ 教,《中華藏》校勘《石》《麗》作"教勑"。

④ 中,《中華藏》校勘《石》《麗》無。

⑤ "故"後,《中華藏》校勘《麗》有"者"。

磨藏者，即毗首羯磨菩薩也。

能作、所作性相應故者，一切有情不離成所作智性，能作[①]八相成道所作三業，化令諸有情調伏相應也。此四種智，即四大菩薩現轉輪王是也。

時外金剛部欲重顯明此義，故作歡喜聲，説金剛自在自真實心者：外金剛部者，摩醯首羅等二十五種類諸天也。心真言者，怛唎字，怛字真如義。真如有七種，所謂流轉真如、實相真如、唯識真如、安立真如、邪行真如、清淨真如、正行真如。唎字塵垢義，塵垢者五蓋義，能蓋覆真如。是故五趣輪迴生死輪中，爲對治彼等難調諸天，建立五種解脱輪。毗盧遮那佛爲世間同類攝化，説摩醯首羅曼荼羅。中央畫摩醯首羅如本形，以八種天圍遶，四供養四門各畫本形。若依世俗，是名外曼荼羅。若依勝義，則爲普賢曼荼羅。以事顯於理故，即事即理，理事不相礙故，即凡即聖。性相同一真如也。

已上《外金剛會品》。

尒時七母女天頂禮佛足，獻奉鉤召，攝入能殺能成三昧邪真實心者：

七母女天者，是摩訶迦羅天眷屬也。

獻奉鉤召者，以金剛鉤印，能召一切兩足多足等諸有情類。

攝入者，以金剛索印引入曼荼羅，及引入佛道。

能殺者，殺害毁壞正法，損害多有情者，殺害不善心也，能成者令修真言行，離世間障難，速得悉地也。

三昧邪者，是彼[②]天女本誓也。

真實心者，毗欲字，是毗[③]字一切法三有不可得，欲字一切乘不可得。由三有情種種愛樂勝解不同，是故如來出興于世説五乘，所謂天乘、梵乘、聲聞乘、緣覺乘、大乘。是故佛《楞伽經》中伽佗説：乃至心流轉，我説爲諸乘，若心得轉依，無乘及乘者。

此天等亦有曼荼羅，中央畫摩訶迦羅，以七母天圍遶，具如廣經所説。摩訶迦羅者，大時義，時謂三世無障礙義者，大是毗盧遮那法身無處不徧。七母天者并梵天母，表八供養菩薩，以事顯理也。

已上《七母天集會品》。

尒時麽度羯囉天三兄弟等親禮佛足，獻自心真言者，麽度羯囉三兄弟，是梵王那羅延摩醯首羅之異名也。薩嚩字者，薩字則一切法平等如虚空，嚩字一切法言説不可得也。

---

① 作，原脱，據《中華藏》校勘《石》《麗》補。

② 彼，《中華藏》校勘《磧》《南》《徑》《清》作“母”。

③ “毗”後，原有“欲”，據《中華藏》校勘《磧》《南》《徑》《清》《麗》删。

此天亦有曼荼羅，曼荼羅中書[①]如弓形，三天次第而畫，軌儀法則如廣經所説，爲文繁不復具引。此三天表佛法中三寶三身，佛寶者是金剛薩埵，法寶者是[②]觀自在菩薩，僧寶者是虛空藏菩薩。此三者皆從毗盧遮那心菩提心中流出，亦名三法兄弟，以事顯理也。

已上《三兄弟集會品》。

尒時四姊妹女天獻自心真言者，其第一名惹邪，第二名微[③]惹邪，第三阿尒多，第四阿波羅尒多。

此四天亦有曼荼羅，中央畫都牟盧天，此天四姊妹之兄也。東西南北各畫一天女，其軌則如廣經所説。四姊妹者，表瑜伽中四波羅蜜，所謂常波羅蜜、樂波羅蜜、我波羅蜜、淨波羅蜜是也。都牟盧，表毗盧遮那佛。峆字真言者，一切法因不可得。其真言中帶莽字，詮一切法我不可得，即成實相般若波羅蜜。若欲修此天法者，與此一字相應，亦契世間、出世間三摩地，威德自在，一切見者皆得歡喜，所出言詞、所求一切皆得從命。

已上《四姊妹集會品》。

尒時婆伽梵無量無邊究竟如來者，是毗盧遮那異名也。

爲欲加持此教令究竟圓滿故者，此教者指理趣般若教也。

復説平等金剛出生般若理趣，所謂般若波羅蜜多無量故一切如來無量者，此顯金剛部中曼荼羅皆具五部，一一聖衆具無量曼荼羅，四印等亦無量也。

般若波羅蜜多無邊故一切如來無邊者，顯寶部中具五部曼荼羅，四印等亦無邊也。

一切法一性故般若波羅蜜多一性，一性者，顯蓮華部中具五部曼荼羅，四印等同一清淨法界性也。

一切法究竟故般若波羅蜜多究竟者，顯羯磨部具五部曼荼羅，等四印得至究竟無住涅槃也。

金剛手，若有聞此理趣，受持讀誦，思惟其義，彼於佛菩薩行皆得究竟者：此中曼荼羅廣大，如《一切教集瑜伽經》所説。薦福大和尚“金泥瑜伽曼荼羅”是也。

所以不説心真言者，彼教中一一聖衆各有一字心真言，不可具載，今略指方隅。

時婆伽梵毗盧遮那得一切祕密法性無戲論者，得一切祕密法性無戲論[④]如來者，後當説五種祕密三摩地也。

---

① 中書，《中華藏》校勘《石》《麗》作“中畫”，《磧》《南》《徑》《清》作“畫”。

② 是，《中華藏》校勘《石》《麗》無。

③ 微，《中華藏》校勘《磧》《南》《徑》《清》作“徵”。

④ 者得一切祕密法性無戲論，《中華藏》校勘《石》《麗》無。

復説最勝無初中後大樂金剛不空三昧邪，金剛法性般若理趣者，後當廣釋。所謂菩薩摩訶薩大欲最勝成就故得大樂最勝成就者，此是欲金剛明妃菩薩三摩地也。

菩薩摩訶薩大樂最勝成就故即得一切如來大菩提最勝成就者，此是金剛髻梨吉羅明妃菩薩三摩地。

菩薩摩訶薩得一切如來大菩提最勝成就故即得一切如來摧大力魔最勝成就者，此是大樂金剛不[①]空三昧邪金剛薩埵菩薩三摩地[②]。

菩薩摩訶薩得一切如來摧大力魔最勝成就故即得徧三界自在王成就者，此是愛金剛明妃菩薩三摩地。

菩薩摩訶薩得徧三界自在王成就故，即得淨除無餘界一切有情，住著沈淪，以大精進常處生死，救攝一切利益安樂。

最勝究竟皆悉成就者，此是金剛慢明妃菩薩三摩地。此五種三摩地，祕密中最祕密。今説修行曼荼羅像，同一蓮華座，同一圓光，中央畫金剛薩埵菩薩，右邊畫二種明妃各本形，左邊亦畫二種，具如金泥曼荼羅像東南隅是也。修行者得阿闍梨灌頂，方可修此五密。所獲利大福廣[③]，不可具説，得廣經者自應尋見耳。

“菩薩勝慧者，乃至盡生死，恒作衆生利，而不湏[④]涅槃”者，此是金剛薩埵菩薩三摩地，行願義如上文應知耳。

“般若及方便，智度所加持，諸法及諸有，一切皆清淨”者，此是欲金剛明妃菩薩三摩地，行般若波羅蜜義攝也。

“欲等調世間，令[⑤]得淨除故，有頂及惡趣，調伏盡諸有”者，此是金剛髻梨吉羅明妃三摩地行，大静慮義攝也。

“如蓮體本淨，不爲垢所染，諸欲性亦然，不染離羣生”者，此是愛金剛明妃三摩地，行大悲所攝也。

“大欲得清淨，大安樂富饒，三界得自在，能作堅固利”者，此是金剛慢明妃三摩地行大精進所攝也。

成無上菩提要妙速疾法門，雖有多種，皆攝四種法。所謂大慧[⑥]，是般若波羅蜜也；二大静慮，是大三摩地也；三大悲，於生死苦不疲倦；四大精進，濟拔無邊有情，令證金剛薩埵。是故現自在位，同一蓮華，同一圓光。體不異故，輔翼悲智，不染生死，

---

① 不，原作“三”，據《中華藏》校勘《石》《徑》《清》《麗》改。

② “地”後，《中華藏》校勘《麗》有“也”。

③ 利大福廣，《中華藏》校勘《石》《麗》作“福利文廣”，“文”形訛，《磧》《南》《徑》《清》作“福利廣大”。

④ 湏，《中華藏》校勘《麗》作“取”。

⑤ 令，《中華藏》校勘《磧》《徑》《清》作“今”。

⑥ 大慧，《中華藏》校勘《徑》《清》作“一大慧”。

不住涅槃。是故：

大欲得清淨，金剛。大安樂富饒，寶。

三界得自在，蓮。能作堅固利。羯磨。

則成金剛薩埵毗盧遮那佛大悲行願①身也。金剛手等乃至十六大菩薩生得於如來執金剛位者，如前已釋可解，吽字亦如前釋。五種善哉句，從金剛部配，乃至佛部。金剛修多羅者，指瑜伽教金剛乘法也。餘句義，歡喜、信受、奉行②，囑累流通分也。

大樂金剛不空真實三昧邪經般若波羅蜜多理趣釋下卷③

---

① 行願，《中華藏》校勘《麗》作"願行"。

② "奉行"後，《中華藏》校勘《麗》有"者"。

③ 卷末經名，《中華藏》校勘《石》作"大樂金剛不空真實三昧邪經般若波羅蜜多理趣釋一卷"，《磧》《南》作"大樂金剛不空真實三昧邪經般若波羅蜜多理趣釋下"，《徑》《清》作"大樂金剛不空真實三昧耶經般若波羅蜜多理趣釋卷下"，《麗》作"大樂金剛不空真實三昧邪經般若理趣釋下卷"。

般若波羅蜜多理趣經大樂不空三昧真實金剛薩埵菩薩等一十七聖大曼荼羅義述[①]

開府儀同三司特進試鴻臚卿肅國公食邑三千户賜紫贈司空謚大辨正號大廣智大興善寺三藏沙門不空奉詔譯并依釋略序[②]

尒時[③]毗盧遮那如來於他化自在天王宫，爲諸大菩薩等説此般若波羅蜜[④]甚深理趣十七清淨句門，蓋是十七大菩薩三摩地之句義也。爲令能住持者疾至菩提故，遂演此十七聖位大曼荼羅如來與諸大士等所説密語。依此修行，速疾成就。

何者爲一十七聖？其一，所謂大樂[⑤]不空三昧真實金剛菩薩，蓋表諸佛普賢之身，周遍器世間及有情世間，以其無邊自在，理常體寂，不妄不壞故，有是名也。左持金剛鈴是適悦義，置腰之左表大我焉；右持五股[⑥]金剛杵[⑦]是五智義，轉拳向外示衆生也。於曼荼羅據其[⑧]中位，而摠其衆相，除是而有一十六位焉，蓋正覺之徑路。

其二，所謂意生金剛菩薩，以大悲欲箭害二乘心，所以手持是箭，而現其欲離俱幻平等智身。

其三，所謂髻利吉羅金剛菩薩，於中[⑨]國之言名觸。以不捨衆生必令解脱故，欲明觸性即菩提故，所以住抱持相，而現其觸淨俱幻平等智身。

---

① 底本，《中華藏》第1463號，第65册第873頁中—874頁中，原《金藏》廣勝寺本，其中第873頁中原版缺，以《麗藏》本補。經名後，原有"一卷"，此移尾題後。經名，《中華藏》校勘《石》作"般若波羅密多理趣經大樂不空三昧真實金剛薩埵菩薩等一十七大曼荼羅義述"，《磧》《南》《徑》《清》作"般若波羅蜜多理趣經大安樂不空三昧真實金剛菩薩等一十七聖大曼荼羅義述"。

② 譯名及注文，《中華藏》校勘《石》作"三藏沙門大廣智不空奉詔譯"，《磧》《南》作"大興善寺三藏阿目佉金剛依釋略序"，《徑》《清》作"唐大興善寺三藏阿目佉金剛依釋略序"。

③ 尒時，《中華藏》校勘《磧》《南》《徑》《清》作"昔"。

④ 波羅蜜，《中華藏》校勘《石》《磧》《南》《徑》《清》作"波羅蜜多"。

⑤ 大樂，《中華藏》校勘《石》《磧》《南》《徑》《清》作"大安樂"。

⑥ 股，《中華藏》校勘《磧》《南》《徑》《清》作"鈷"。

⑦ 杵，《中華藏》校勘《磧》《南》《徑》《清》無。

⑧ 其，《中華藏》校勘《磧》《南》《徑》《清》作"有"。

⑨ 自卷首至此，《金藏》原缺，《中華藏》據《麗藏》補。

其四，所謂悲愍金剛菩薩，以悲愍故，以愛念繩普縛衆生，未至菩提，終不放捨。亦如摩竭大魚吞啗所遇，一入口已，更無免者，所以持此摩竭魚幢，而現其愛縛捨離俱幻平等智身。

其五，所謂金剛慢菩薩，以無過上智，令一切衆生悉證毗盧遮那如來體，於世、出世間皆得自在，所以住傲誕威儀而現其我無我俱幻平等智身。

其六，所謂金剛見菩薩，以寂照大慧之眼，於雜染界[①]妙淨土乃至真諦俗諦，唯見一切法勝義真實之諦，不散不動，所以持意生之契而現其三昧之身。

其七，所謂金剛適悦菩薩，於身塵而得適悦清淨，於生死解脱不猒不住，所以持觸金剛相而現其三昧之身。

其八，所謂金剛貪菩薩，即貪愛而得清淨故，遂能以貪而積集功德[②]智慧，疾至[③]菩提，由住貪愛性故，所以持悲愍之契而現其三昧之身。

其九，所謂金剛自在菩薩，出入三界，自在無畏，於生死涅槃而得大我之體，所以住金剛慢相而現其三昧之身。

其十，所謂金剛春菩薩，能以菩提覺華起供養雲海，亦以方便授與衆生作功德利，以華是春事，遂以名之，故亦持華以爲其契。

其十一，所謂金剛雲菩薩，能以法澤慈雲，滋潤含識。亦以方便授諸身心，使無始無明臭穢不善，化成無量供養香雲，以鑪煙像雲，遂以爲號，故持焚香之器以爲契焉。

其十二，所謂金剛秋菩薩，常以智燈破諸黑暗，亦以方便授與衆生，起無量光明供養雲海，以其空色清爽莫[④]如秋時，衣[⑤]智光之體，遂以名之，故執燈明以爲其契。

其十三，所謂金剛霜雪菩薩，能以五無漏藴香，塗衆生心體，滅煩惱之熱[⑥]，成五分法身之香。亦以方便授與衆生，起塗香供養雲海，以旃檀塗香解諸毒熱，有似霜雪，遂以名之，故執塗香以爲其契。

其十四，所謂金剛色菩薩，以色清淨智，於淨妙界起受用色身，於雜染界起變化色身，而[⑦]攝來之事，故以持鉤爲契。

其十五，所謂金剛聲菩薩，以聲清淨智，能表六十四種梵音，普周法界，而爲引入

① 界，原作“果”，據《中華藏》校勘《石》《磧》《麗》改。

② “功德”前，《中華藏》校勘《石》《麗》有“一切”。

③ 至，《中華藏》校勘《石》《麗》作“證”。

④ 莫，原作“黄”，據《中華藏》校勘《麗》改。

⑤ 衣，《中華藏》校勘《徑》《清》作“依”，《石》《麗》作“欲表”。

⑥ 熱，《中華藏》校勘《石》《麗》作“穢熱”。

⑦ 而，《中華藏》校勘《石》《麗》作“而爲”。

之事,故持索以爲其契①。

其十六,所謂金剛香菩薩,以香清淨智,發金剛界自然名稱之香,入一切心②以爲止留之事,故以持鎖爲契。

其十七,所謂金剛味菩薩,以味清淨智,持瑜伽三摩地無上法味以爲歡樂之事,故持鈴爲契。

如是等大菩薩十七清淨三摩地智。依文廣述,有無量名義,體用理事,成證之門,今但粗舉綱目而已③。

般若波羅蜜多理趣經大安樂不空三昧真實金剛菩薩等一十七聖大曼荼羅義述一卷④

---

① 以爲其契,《中華藏》校勘《石》作"爲契",《麗》作"以爲契"。

② 心,《中華藏》校勘《石》《麗》作"散動心"。

③ "而已"後,《中華藏》校勘《石》《麗》有"出《金剛頂經》第十三會《大三昧耶真實瑜伽》,略鈔大意"。

④ 卷末經名,《中華藏》校勘《石》作"十七尊釋一卷",《麗》作"般若波羅蜜多理趣經大樂不空三昧真實金剛薩埵菩薩等一十七聖大曼荼羅義述一卷"。

瑜伽金剛頂經釋字母品[①]

大興善寺三藏沙門大廣智不空奉詔譯[②]

𑖀(a)[③] 遏[④]字門一切法本不生故。

𑖁(ā) 阿引[⑤]字門一切法寂静故。

𑖂(i) 壹[⑥]字門一切法根不可得故。

𑖃(ī) 翳引[⑦]字門一切法災禍不可得故。

𑖄(u) 嗢[⑧]字門一切法譬喻不可得故。

𑖅(ū) 污引[⑨]字門一切法損減不可得故。

𑖆(ṛ) 哩字門一切法神通不可得故。

𑖇(ṝ) 梨[⑩]字門一切法類例不可得故。

𑖈(ḷ) 魯[⑪]字門一切法染[⑫]不可得故。

𑖉(ḹ) 盧[⑬]字門一切法沈[⑭]不可得故。

---

① 底本,《中華藏》第1503號,第66册第297頁中—298頁上,原《金藏》廣勝寺本。經名後,原有"一卷",此删,《中華藏》校勘《磧》《南》《徑》《清》無。

② 譯名,《中華藏》校勘《石》作"特進試鴻臚卿大興善寺三藏沙門大廣智不空奉詔譯",《磧》《南》作"大興善寺三藏沙門廣智不空奉詔譯",《徑》《清》作"唐北天竺三藏沙門大廣智不空奉詔譯",《麗》作"開府儀同三司特進試鴻臚卿肅國公食邑三千户賜紫贈司空謚大鑒正號大廣智大興善寺三藏沙門不空奉詔譯"。

③ 梵字,原城體,此據《大正藏》還原爲悉曇體,並附羅馬字母轉寫,下同。

④ 遏,《中華藏》校勘《石》作"阿上"。

⑤ 阿引,《中華藏》校勘《石》作"阿去引"。

⑥ 壹,《中華藏》校勘《石》作"伊上"。

⑦ 翳引,《中華藏》校勘《石》作"伊去引"

⑧ 嗢,《中華藏》校勘《石》作"塢"。

⑨ 污引,《中華藏》校勘《石》作"汙"。

⑩ 梨,《中華藏》校勘《石》作"哩引"。

⑪ 魯,《中華藏》校勘《石》作"唱"。

⑫ 染,《中華藏》校勘《石》作"染汙"。

⑬ 盧,《中華藏》校勘《石》作"嚧"。

⑭ 沈,《中華藏》校勘《石》《麗》作"沉没"。

(e) 伊[1]字門一切法求不可得故。

(ai) 愛引[2]字門一切法自在不可得故。

(o) 鄔[3]字門一切法瀑流不可得故。

(au) 奥引[4]字門一切法化生不可得故。

(aṃ) 暗[5]字門一切法邊際不可得故。

(aḥ) 惡字門一切法遠離不可得故。

(ka) 葛[6]字門一切法離作業故。

(kha) 渴[7]字門一切法等虚空不可得故。

(ga) 哳五割切[8]字門一切法行不可得故。

(gha) 竭[9]字門一切法一合不可得故。

(ṅa) 誐迎可切[10]字門一切法支分不可得故。

(ca) 援左末切[11]字門一切法一切離[12]遷變故。

(cha) 攃七曷切[13]字門一切法影像不可得故。

(ja) 惹仁左切[14]字門一切法生不可得故。

(jha) 嵳昨何切[15]字門一切法戰敵不可得故。

(ña) 倪倪也切[16]字門一切法智不可得故。

(ṭa) 哳陟轄切[17]字門一切法慢不可得故。

(ṭha) 詫丑轄切[18]字門一切法長養不可得故。

---

① 伊,《中華藏》校勘《石》作“曀”。

② 引,《中華藏》校勘《石》無。

③ 鄔,《中華藏》校勘《石》作“汙”。

④ 引,《中華藏》校勘《石》作“去引”。

⑤ 暗,《中華藏》校勘《石》作“闇”。

⑥ 葛,《中華藏》校勘《石》作“迦上”。

⑦ 渴,《中華藏》校勘《石》作“佉上”。

⑧ 哳五割切,《中華藏》校勘《石》作“誐上”。

⑨ 竭,《中華藏》校勘《石》作“伽去引”。

⑩ 誐迎可切,《中華藏》校勘《石》作“仰鼻呼聲”。

⑪ 援左末切,《中華藏》校勘《石》作“左”。

⑫ 一切離,《中華藏》校勘《石》《麗》作“離一切”。

⑬ 攃七曷切,《中華藏》校勘《石》作“磋上”。

⑭ 仁左切,《中華藏》校勘《石》無。

⑮ 嵳昨何切,《中華藏》校勘《石》作“酇去”。

⑯ 倪倪也切,《中華藏》校勘《石》作“穰上”。

⑰ 哳陟轄切,《中華藏》校勘《石》作“吒上”。

⑱ 詫丑轄切,《中華藏》校勘《石》作“咤上”。

(ḍa) 痆尼轄切[1]字門一切法怨敵[2]不可得故。

(ḍha) 荼[3]字門一切法執持不可得故。

(ṇa) 拏[4]字門一切法諍不可得故。

(ta) 怛[5]字門一切法如如不可得故。

(tha) 撻他達切[6]字門一切法住處不可得故。

(da) 捺[7]字門一切法施不可得故。

(dha) 達[8]字門一切法法[9]界不可得故。

(na) 那[10]字門一切法名不可得故。

(pa) 鉢[11]字門一切法第一義諦不可得故。

(pha) 癹[12]字門一切法不堅如聚沫故。

(ba) 末[13]字門一切法縛不可得故。

(bha) 婆[14]字門一切法有不可得故。

(ma) 摩[15]字門一切法吾我不可得故。

(ya) 耶[16]字門一切法乘不可得故。

(ra) 囉歷加切[17]字門一切法離諸塵染故。

(la) 羅[18]字門一切法相不可得故。

(va) 嚩字門一切法語言道斷故。

(śa) 没[19]字門一切法本性寂故。

---

① 痆尼轄切,《中華藏》校勘《石》作"拏上"。

② 敵,《中華藏》校勘《石》作"對"。

③ 荼,《中華藏》校勘《石》作"荼去"。

④ 拏,《中華藏》校勘《石》作"孃尼爽反,鼻聲呼"。

⑤ 怛,《中華藏》校勘《石》作"多上"。

⑥ 撻他達切,《中華藏》校勘《石》作"他上"。

⑦ 捺,《中華藏》校勘《石》作"娜"。

⑧ 達,《中華藏》校勘《石》作"馱去"。

⑨ 法,《中華藏》校勘《石》《麗》無。

⑩ 那,《中華藏》校勘《石》作"曩"。

⑪ 鉢,《中華藏》校勘《石》作"跛"。

⑫ 癹,《中華藏》校勘《石》作"頗"。

⑬ 末,《中華藏》校勘《石》作"麽"。

⑭ "婆"後,《中華藏》校勘《石》有夾注"去重"。

⑮ 摩,《中華藏》校勘《石》作"莽"。

⑯ 耶,《中華藏》校勘《石》作"野"。

⑰ 歷加切,《中華藏》校勘《石》無。

⑱ 羅,《中華藏》校勘《石》作"攞"。

⑲ 没,《中華藏》校勘《石》作"捨"。

ष(ṣa) 沙[1]字門一切法性鈍故。

स(sa) 薩[2]字門一切法一切諦不可得故。

ह(ha) 訶[3]字門一切法因不可得故。

क्ष(kṣa) 刹[4]字門一切法盡不可得故。

瑜伽金剛頂經釋字母品一卷

① 沙,《中華藏》校勘《石》作"灑"。

② 薩,《中華藏》校勘《石》作"娑上"。

③ 訶,《中華藏》校勘《石》作"賀"。

④ 刹,《中華藏》校勘《石》作"乞灑二合"。

大日經略攝念誦隨行法[①] 亦名五支略念誦要行法一卷

開府儀同三司特進試鴻臚卿肅國公食邑三千户賜紫贈司空
謚大辨正號大廣智大興善寺三藏沙門不空奉詔譯[②]

稽首無礙智，密教意生子！
依彼蘇多羅，攝此隨行法。
真言行菩薩，先住平等誓，
語密身密俱，後作相應行。

三昧耶真言曰：

曩謨三曼多勃馱難唵阿三謎底哩二合三謎三摩曳娑嚩二合，引訶引

契謂齊輪合，並建於二空，
五處頂肩心，最後加胭位。
次以不動聖，辟障及除垢，
而能淨衆事，結護隨相應。

不動尊真言曰：

曩謨三曼多嚩日囉二合赧引，一戰拏摩賀引嚧灑拏二娑頗二合吒野三吽怛羅二合吒半音呼，四憾引鋡引，五

定空加地水，風火豎於心，
慧劒亦如是，出鞘[③]能成辦。
次説如來鉤，用請於本尊，

① 底本，《中華藏》第 1493 號，第 66 册第 226 頁上—227 頁上，原《麗藏》本。經名後小注"一卷"，《中華藏》校勘《磧》《南》《徑》《清》無。

② 譯名，《中華藏》校勘《磧》《南》作"大興善寺三藏沙門大廣智不空奉詔譯"，《徑》《清》作"唐北天竺三藏沙門大廣智不空奉詔譯"。

③ 鞘，原作"韜"，據《中華藏》校勘《磧》《南》《徑》《清》改。

一切衆聖[①]主，依本誓而來。

如來鉤真言曰：

曩謨三曼多勃馱南阿引薩嚩怛囉二合阿引鉢囉二合底賀多怛他薩儻引矩奢冒地拶哩耶二合婆唎布囉上迦半音娑嚩二合，引訶引

止觀内相叉，豎[②]合智風豎，
纔屈於初分，餘輪狀若環。
聖天悲願力，隨請咸來降，
奉現三昧耶，明契如前說。
既呈本誓已，發喜而無謬，
次當隨力分，供養表誠心。
閼伽香食燈，下至一花水，
或但心運想，殊勝最難量。
當以普通印，密語共加之，
有表無表俱，一時皆成就。

普通真言曰：

曩謨三曼多勃馱南薩嚩他欠平嗢娜孽二合諦薩頗二合囉係呬拴[③]伽伽那劍平聲呼娑嚩二合，引訶

禪智互相叉，齊輪頂上合，
運心普周遍，所念皆現前。
既施供養已，修常作持誦，
先擐金剛鎧，結護事相應。

金剛甲胄真言曰[④]：

曩謨三曼多嚩囉二合赦嚩日囉二合迦嚩者吽

先作虚心合，風輪糺持火，
大空依火本，遍觸後居心。
次結方隅界，如前不動尊，
左轉成辟除，右旋及上下。
脩[⑤]觸身支分，結護悉堅牢，

① 聖，《中華藏》校勘《磧》《南》《徑》《清》作“生”。
② 豎，《中華藏》校勘《磧》《南》《徑》《清》作“堅”。
③ 拴，《大正藏》本作“鉿”。
④ 曰，原脱，此據上下句式補。
⑤ 脩，《中華藏》校勘《磧》《南》《徑》《清》作“被”。

真言及本契，如前已分别。
既爲嚴備訖，當示根本契，
還加五位處，七轉或再三。
散印頂上開，半跏正身意，
或作相應坐，隨方如教説。
正面住身前，覩[①]一圓明像，
清淨無瑕玷，猶如滿月輪。
中有本尊形，如[②]色超三界，
紗縠嚴身服[③]，寶冠紺髮垂。
寂然三摩地，輝錟過衆電，
猶如淨鏡内，幽邃現真容。
喜怒顯顔色，操持與願等，
正受相應身，明了心無乱。
無相淨法體，應願濟群生，
專注而念持，限數既終畢。
懈極後方已[④]，復結普通印，
虔誠啓願等，慇重礼聖尊。
左轉無動力，解前所結護，
還呈本尊契，頂上散開之。
心送於聖天，五輪投地礼，
然起隨衆善，後會復如初。
一時與二三，或四皆如此，
餘分旋繞塔，浴像讚方廣。
塗餝[⑤]曼荼羅，布花讚佛德，
或復無雜念，專注於等引。
以此淨三業，悉地速現前，
聖力所加持，行願相應故。
諸有樂修習，隨師而受學，

① 覩，《中華藏》校勘《磧》《徑》《清》作“現”。
② 如，《中華藏》校勘《磧》《南》《徑》《清》作“妙”。
③ 紗縠嚴身服，《中華藏》校勘《磧》《南》《徑》《清》作“妙縠嚴身眼”。
④ “限數既終畢”與“懈極後方已”，《中華藏》校勘《磧》《南》《徑》《清》前後互置。
⑤ 餝，《中華藏》校勘《磧》《南》《徑》《清》作“拭”。

持明傳本教，無越三昧耶。
勤策無間斷，離盖及葷醉，
順行於學處，悉地隨力成。
我依大日教，略示瑜伽行，
修證殊勝福，普潤諸有情。

大日經略攝念誦隨行法一卷

大毗盧遮那成佛神變加持經略示七支念誦隨行法[①]

大興善寺三藏沙門大廣智不空奉詔譯[②]

稽首無礙智，密教意生子！
依彼蘇多羅，攝此隨行法。
真言行菩薩，無住無等誓，
語密身密俱[③]，後作相應行。

三昧邪真言曰：

娜莫三滿多母馱引南引，一唵引，二阿上三去銘底哩二合三去銘三三去麽鼻音曳引娑嚩二合，引賀引，四

契謂臍諸輪，密合建二空，
五處頂肩心，最後加咽位。
次結法界生，密慧之摽幟，
淨身口意業，徧轉於其身。

法界生真言曰：

娜莫三去滿多母馱引南引，一達麽上，引馱覩娑嚩二合，引婆去，引嚩句引憾二

般若三昧手，俱作金剛拳，
相逼建風幢，端直令相合，
是名爲法界，清淨之密印。
如法界自性，而觀於己身，
無垢同虚空，真言印威力。
次結轉法輪，金剛薩埵印，
此殊勝加持，令彼獲堅固。

① 底本，《中華藏》第1494號，第66册第228頁中—229頁中，原《金藏》廣勝寺本。

② 譯名，《中華藏》校勘《徑》《清》作“唐北天竺三藏沙門大廣智不空奉詔譯”，《麗》作“開府儀同三司特進試鴻臚卿肅國公食邑三千户賜紫贈司空謚大鑒正號大廣智大興善寺三藏沙門不空奉詔譯”。

③ 密俱，《中華藏》校勘《麗》作“俱密”。

止觀手相背，地水火風輪，
左右互相持，二空各旋轉，
合於慧掌内，名最勝法輪。

金剛薩埵真言曰：

娜莫三去滿多嚩日囉二合，引喃引，一嚩日囉二合怛麽二合句引憾二

正誦此密言，當住於等引，
諦觀自身像，即是執金剛。
無量衆大魔，諸有覩見者，
如金剛薩埵，勿生疑惑心。
次以無動聖，辟障及除垢，
而能淨衆事，結護隨相應。

不動尊真言曰：

娜莫三去滿多嚩日囉二合，引喃一戰拏摩賀引嚧引灑拏鼻音，二颯頗二合，引吒耶三吽引怛囉二合吒半音呼，四憾引給引，五

定空如[①]地水，風火豎於心，
慧劒亦如之[②]，出鞘能成辦。
次以如來鉤，請尊及聖衆，
密方便相應，依本誓而降。

如來鉤真言曰：

娜莫三去滿多母馱引喃引，一惡引薩嚩怛囉三合，引，二鉢囉二合底丁以反賀帝去怛佗去，引蘗黨引矩捨四冒引地拶哩耶二合跛哩布引囉迦娑嚩二合，引賀引，五

止觀内相叉，堅[③]合智風豎，
纔屈於初分，餘輪狀若環。
聖者悲願力，隨請咸來降，
奉現三昧邪，明契如前説。
既呈本誓已[④]，決定相應故，
次當隨力分，供養表誠心。
閼伽香食燈，下至一華水，
或但運心想，殊勝最難量。

---

① 如，《中華藏》校勘《麗》作“加”。
② 之，《中華藏》校勘《磧》《南》《徑》《清》《麗》作“是”。
③ 堅，《中華藏》校勘《徑》《麗》作“豎”。
④ 已，《中華藏》校勘《麗》作“日”。

當以普通印，觀行及真言，
有表無表俱，一切皆成就。

普通真言曰：

娜莫三去滿多母馱引喃引，一薩嚩佗去，引欠平，二唱娜孽帝二合，引，三颯頗二合囉吅聲異反鈐引，四誐誐曩劒平薩嚩二合，引賀引，五

定慧手齊合，右交於上節，
運心普周徧，所念皆現前。
即施供養已，修常作持誦，
先擐金剛鎧，結護事相應。

金剛甲冑真言曰：

娜莫三去滿多嚩日囉二合，引喃引，一嚩日囉二合，引迦嚩左吽引，二

先作虛心合，風輪糺持火，
大空依火本，徧觸後居心。
次結方隅界，用前不動尊，
左轉成辟除，右旋及上下。
備觸身肢分，結護悉堅牢，
真語母陀羅，如前已分別。
既爲嚴備訖，當示根本契，
還加於五處，七轉或再三。
散即[①]頂上開，半加正身意，
或作相應坐，隨方如教説。
正面住身前，覩一圓明像，
清淨無瑕玷，猶如滿月輪。
中有本尊形，妙色超三界，
紗縠嚴身服，寶冠紺髮垂。
寂然三摩地，輝焰過衆電，
猶如淨鏡内，幽邃現真容。
喜怒顯形貌[②]，操持與願等，
正受相應身，明了心無亂。
無相淨法體，應願濟羣生，

① 即，《中華藏》校勘《磧》《南》《徑》《清》《麗》作“印”。
② 貌，原作“免”，據《中華藏》校勘《磧》《南》《徑》《清》改。

專注而念持[①],限數既終畢。
懈極後方息,復結普通印,
虔誠啓願等,殷重禮聖[②]尊。
左轉無動力,解前所結護,
還呈本尊契,頂上散開之。
心送於聖天,五輪投地禮,
然起隨衆善,後會復如初。
一時與二三,或四皆如此,
餘分旋遶塔,浴像轉大乘。
塗拭[③]曼荼羅,布華讚佛德,
或復無雜念,專注於等引。
以此淨三業,悉地速現前,
聖力所加持,行願相應故。
諸有樂修習,隨師而受學,
持明傳本教,無越三昧邪。
勤策無閒修,離蓋及薰醉,
順行諸學處,悉地隨力成。
我依大日經,略示瑜祇[④]行,
修證殊勝福,普潤諸有情。

大毗盧遮那成佛神變加持經略示七支念誦隨行法[⑤]

① 念持,《中華藏》校勘《磧》《南》《徑》《清》作“持念”。
② 聖,《中華藏》校勘《徑》《清》作“世”。
③ 拭,《中華藏》校勘《麗》作“飾”。
④ 祇,《中華藏》校勘《麗》作“伽”。
⑤ 卷末經名,《中華藏》校勘《磧》《南》作“大毗盧遮那成佛神變加持略示七支念誦”,《麗》作“大毗盧遮那經略示七支念誦儀軌法一卷”。

聖觀自在菩薩心真言瑜伽觀行儀軌[①]

開府儀同三司特進試鴻臚卿肅國公食邑三千户賜紫贈司空
謚大辨正號大廣智大興善寺三藏沙門不空奉詔譯[②]

夫修瑜伽者，先於静處建立曼荼羅，以香水散灑，以種種時花散於壇上。行者先須澡浴，著新淨衣。次入道場，對尊像前，五輪投地，發慇重心，頂禮一切如來及諸菩薩。即結跏趺坐，觀想諸佛如在目前，然後至誠懺一切罪。作如是言："我某甲自從无始已來輪迴生死，乃至今日，所造衆罪无量无邊，不自覺知，自作教他，見作隨喜，我今懺悔，不復更造，唯願諸佛慈悲攝受，令我罪障速得消滅。"如是三説。復應自誓受三歸依戒，作如是言："諸佛菩薩哀愍護我！我某甲始從今日，乃至當坐菩提道場，歸依如來无上三身！歸依方廣大乘法藏！歸依僧伽諸菩薩衆！"如是三説。"我某甲歸依佛竟、歸依法竟、歸依僧竟，從今已往乃至成佛，更不歸餘二乘、外道，唯願諸佛慈悲攝受。"次應捨身供養，應作是言："諸佛菩薩願哀愍故！攝受於我，從今已往乃至成佛，我常捨身供養一切如來及諸菩薩，唯願慈悲哀愍加護。"如是三説。

次於寂下方空中，觀賀字黑色，其字變成風輪，其形半月。於風輪上，應觀嚩字白色，其字變成水輪，其形圓滿。於水輪上，應觀囉字金色，其字變成猛利金剛杵，流出金剛火焰，其形三角，從下向上至於地輪及以自身，火焰焚燒，唯有灰燼，即以此灰變成金剛輪。其輪白色堅密，隨量大小，其形正方。次於金剛輪上，觀想八葉大蓮花，具寶鬚蘂，於蓮花臺上想娑上字黄金色，其字具无量光明。變此娑字成聖觀自在菩薩，結跏趺坐，身如金色，圓光熾盛，身披輕縠繒綵衣，著赤色裙，左手當臍執未敷蓮花，右手當胷作開花葉勢，具頭冠瓔珞，首戴无量壽佛住於定相[③]。作是觀已，即結三昧耶印，以二手當心，密合掌並竪二大指，誦真言曰：

---

① 底本，《中華藏》第1455號，第65册第824頁上—826頁中，原《麗藏》本。經名，《中華藏》校勘《石》《磧》《普》《南》《徑》《清》後有夾注"出《大毗盧遮那成道經》"。

② 譯名，《中華藏》校勘《石》《磧》《普》《南》作"大興善寺三藏沙門大廣智不空奉詔譯"，《徑》《清》作"唐三藏沙門大廣智不空奉詔譯"。

③ 相，《中華藏》校勘《磧》《南》《徑》《清》無。

那莫三滿多母馱引南引阿上三去銘底哩二合三銘三去麽鼻曳引娑嚩二合,引賀引

誦真言三遍,以印印五處加持,所謂額、右肩、左肩、心、喉、頂上散之。由結此印,即能速滿十地行願、十波羅蜜,能見一切如來地,能超過法道界,所謂超過勝解地、淨心地、如來地。名超過法道界。

次結法界生印,以二手各作金剛拳側相著,豎二頭指頭側相拄,置於頂上。即於頂上想囕字,從字流出白色光,遍照自身及以内外,即觀自身等同法界。誦真言曰:

那莫三去滿多母馱引南引達磨馱引都娑嚩二合婆引,去嚩句引憾

誦真言三遍,以印從頂上便分,二拳兩邊徐徐下散。

次結轉法輪印,以二手當心,背相附,以右押左,四指互相鉤,左手大拇指秘於右手掌中,以右手大拇指頭相拄。觀自身如金剛薩埵菩薩,左手執金剛鈴置於左胯上,右手持五股杵當心,作跳躑勢,身如白月色,頂戴五佛冠,坐月輪中。誦真言曰:

娜莫三去滿多嚩日囉二合,引喃引嚩日囉二合怛麽二合句引憾

誦真言三遍已,即於頂上散印。

次結大日如來劒印,以二手當心合掌,屈二頭指中節横相跓,以二大拇指並押二頭指上節如劒形。結此印已,即觀自心中有八葉蓮花,於蓮花中想阿上字,放金色光,與印相應,想彼阿上字了一切法本來不生,即誦真言曰:

娜莫三去滿多母馱引南引惡引尾引囉吽欠

誦真言八遍,以印如前加持自身五處,於頂上散印。

次結普供養印,以二手合掌,右押左交上節即成,誦真言曰:

娜莫三去滿多母馱引南薩嚩他去,引欠嗢娜蘗二合帝颯頗二合囉呬引輪誐誐曩劒平娑嚩二合,引賀引

結印當心,誦真言五遍。想從印流出无量无邊香花、飲食,供養盡虚空遍法界一切賢聖,於頂上散印。

次觀行布字法,修瑜伽者應觀想自身眉間置吽字,赤金色變成白毫相①。於腦交縫内置暗字,白色光滿其腦中。於頂上置囕上字,作赤色光,分焰上掣。於佛頂上應想唵字,白色光照法界。於自右足掌置娑嚩二合字,左足掌置賀字。即觀自心爲菩提心,離一切我,離蘊處界、能取所取,於法平等,了知自心本來不生,空无自性。是故應當觀察自心非我、人、衆生、壽者等性,何以故?彼我、人等性无所造作、无所得故。我、人等本无,寧有自性!即得遠離一切我見,是心亦非蘊、處、界性,何以故?此蘊等性於勝義中實不可得故。蘊、處、界分别自性,即非彼心。是心亦非能取、所取,非彼能取妄想之心,非彼所取青黄等相故。世尊言:"心不住内,亦不住外,不住中間。"

① 相,《中華藏》校勘《磧》《普》《南》《徑》《清》作"相光"。

何以故？本來清淨，無分別故。如是觀察，則知自心无我平等，了一切法本來不生，離妄分別，皆无自性，猶如虛空。緣諸有情思惟愍念，彼无始來不知自心本來清淨，妄生分別、顛倒，鬼魅之所噉嚼，於生死中受種種苦。我今云何起大精進，令諸有情覺悟自心？了清淨法，令彼遠離虛妄分別。如是大悲爲菩提心，發是心已，於囉字上具圓點，即爲覽字，爲法界種子，想二囉字置二眼中，如盛燈光，普照一切。用此光明智慧之眼，觀自心中所置阿上字，了一切法本來不生，即於阿字流出白色光明，照无邊塵沙世界，除一切有情身中无明癡闇。即想自身轉成毗盧遮那如來，具頭冠、瓔珞，坐白蓮花，身如金色，光明照曜，作住三摩地相應如是觀①。

次結觀自在菩薩心印，以二手内相叉，翘豎二大拇指，印相即成，結印當心，誦觀自在菩薩心真言七遍，以印加持心、額、喉、頂，誦真言曰：

唵阿去，引嚧引力迦迦半音呼娑嚩二合，引賀引

隨誦真言，以右大拇指向身招之，即成召請。即觀本尊心上有圓滿寂静月輪，於月輪中右旋安布陁羅尼字，其字皆放白色光，遍周法界。其光還入行者頂，於修瑜伽者心月輪中，准前右旋布列，了了分明。其字復放光明，准前作觀。如是觀已，修瑜伽者自身與本尊觀自在菩薩身等无差别，如彼鏡像，不一不異。次應思惟字義，阿上字門者一切法本不生故，嚧字門者一切法遠離塵故，攞字門者一切法相不可得故。此攞字爲加聲，變成力字，從此力字中流出迦字，迦字門者一切法无造作故。應如是觀繫心於真言文字之上，即思字下所詮義門，謂本來不生等如上四義如是。作觀終而復始，名爲三摩地念誦。若作出聲念者，於真言中應作此句，誦真言曰：

唵阿去，引嚧引力迦力者中含迦字也枳引囉底二合，丁異反，下同喀乞灑弭去尾步底銘娜娜娑嚩二合，引賀

次應觀前阿嚧力迦等四字黄金色，誦前真言即得增益，法中所求皆得，前所觀心中阿上字及腦中暗字，體是一也，眼中囉字，頂上覽字，如是四字義，以成自身等覺句也。復觀菩提心，即結前三昧耶印，及結前法界生、轉法輪并劍印等，加持自身五處，各誦本真言，即礼佛、發願、迴向已，出道場，常轉大乘《花嚴》《般若》等教，及印佛印塔經行，旋遶窣堵波②，令速成就。

聖觀自在菩薩心真言瑜伽觀行儀軌一卷出《大毗盧遮那成道經》

---

① 觀，《中華藏》校勘《磧》《普》《南》《徑》《清》作"觀一切已"。

② 窣堵波，《中華藏》校勘《石》作"窣覩堵波"。

菩提場所説一字頂輪王經[①]

菩提場所説一字頂輪王經卷第一[②]

特進試鴻臚卿大興善寺三藏沙門大廣智不空奉詔譯[③]

菩提場所説一字頂輪王經序品第一[④]

如是我聞,一時薄伽梵住菩提樹下,與大菩薩衆,所謂金剛幢菩薩摩訶薩、觀自在菩薩摩訶薩、得大勢至菩薩摩訶薩、金剛手祕密主菩薩摩訶薩、寂静慧菩薩摩訶薩、金剛慧菩薩摩訶薩、堅固慧菩薩摩訶薩、虚空無垢菩薩摩訶薩、無垢慧菩薩摩訶薩、普賢菩薩摩訶薩、無盡意菩薩摩訶薩、虚空庫菩薩摩訶薩、超三界菩薩摩訶薩、持無能勝菩薩摩訶薩、持世間菩薩摩訶薩、天冠菩薩摩訶薩、文殊師利童真菩薩摩訶薩、月光童真菩薩摩訶薩、不思議慧菩薩摩訶薩、虚空藏菩薩摩訶薩、除一切蓋障菩薩摩訶薩、大精進菩薩摩訶薩、慈氏菩薩摩訶薩、寶髻菩薩摩訶薩、寶手菩薩摩訶薩、妙臂菩薩摩訶薩,如是等菩薩摩訶薩而爲上首。

復與大苾蒭衆,所謂具壽舍利子、具壽迦葉波、具壽那提迦葉波、具壽大迦葉波、具壽伽邪迦葉波、具壽目揵連、具壽大目揵連、具壽滿慈子、具壽難陀、具壽烏波難陀、具壽賢善、具壽阿泥樓馱、具壽迦旃延子、具壽俱郗羅、具壽驕梵波提、具壽大驕梵波提、具壽孫陀羅、具壽大孫陀羅、具壽須菩提、具壽耆宿驕陳如、具壽制底象、具壽羅睺羅,如是等大阿羅漢而爲上首。

---

① 底本,《中華藏》第1416號,第65册第480頁中—529頁中,原《金藏》廣勝寺本,卷二以《麗藏》本補。

② 卷第一,《中華藏》校勘《石》作"序品第一卷一"。

③ 譯名,《中華藏》校勘《徑》《清》作"唐特進試鴻臚卿三藏沙門大廣智不空奉詔譯",《麗》作"開府儀同三司特進試鴻臚卿肅國公食邑三千户賜紫贈司空謚大鑒正號大廣智大興善寺三藏沙門不空奉詔譯",卷第三至卷第五同。

④ 品名,《中華藏》校勘《石》無,"菩提場所説一字頂輪王經",《徑》《清》《麗》無。

復與無量諸天及諸天子，所謂帝釋、梵王、大梵王、夜摩天、水天、俱尾羅天、善界天子、佗化自在天，乃至光音、淨居天衆，如是等大威德天子而爲上首。

復有無量阿蘇羅、無量蘗路茶、無量緊那羅、無量羅刹娑、無量比舍遮、無量母天衆、無量部多衆、那羅延天、伊舍那天，與無量部多衆圍遶，難提自在爲上首，大[①]自在天爲上首。

與無量虐鬼衆圍遶，拏枳你毗紐天，亦與無量虐鬼衆圍遶。於彼衆會，天及天子、阿蘇羅、阿蘇羅子，如是一切天、龍、藥叉、乾闥婆、阿蘇羅、緊那羅、摩睺羅伽、羅刹衆等。

復有持明成就者，所謂輪成就者、劒成就者、金剛杵成就者、蓮華成就者、鉞斧成就者、如來部明成就者、蓮華部明成就者、金剛部明成就者、盧陀羅天成就者、毗紐天成就者、母天衆成就者、摩睺羅伽成就者、蘗路茶成就者、龍成就者、拏枳你成就者、藥叉成就者、摩尼跋捺羅成就者、俱尾羅成就者、水天成就者、梵王成就者，如是無量持明成就者爲上首，各與百千眷屬俱。

復有日月天子爲上首，與無量百千宿曜圍遶以爲眷屬俱。

復有無量如來族、蓮[②]華族、金剛族，無量明王使者、女使者衆，金剛毗那夜迦，盡無餘世間、出世間衆，一切山、河、池、園、菀、街道、四衢，林神、樹神、江神、城郭神、村神、屍林神、烏娑跢囉迦神、惡夢神、地底神、宫殿神，如是等上首，乃至於此三千大千世界中，天、龍、藥叉、羅刹娑、乾闥婆、阿蘇羅、蘗路茶、緊那羅、摩呼羅伽及諸母天、瘧、大虐、毗那夜迦、餓鬼、大餓鬼、必舍遮、藥叉、羅刹娑等大威德者，各與大威德眷屬俱。皆於菩提場而住於五百由旬内，大集會衆，以佛威神加持，互不相逼惱。

於是世尊住於如來莊嚴吉祥摩尼寶藏大寶樓閣，告慈氏等上首菩薩言："善男子，此菩提場莊嚴樹，我所坐處。我於此坐已，摧四魔證成無上佛智，汝等咸應坐於是處，一切智、佛智皆得生出。"世尊説是語已，默然而住。

尒時金剛手祕密主菩薩以佛威神及本願力，從座而起，偏袒右肩，右膝著地，合掌向佛世尊作禮，白佛言："世尊，我問世尊如來應正等覺，修佛頂真言異方便，一切如來所説真言明教，加行修習，曼荼羅、印契安布，易[③]成就事業。一字轉輪王佛頂入於大三摩地印曼荼羅成就處軌則，念誦印安布最勝事業，祕密畫像法，止魔息災、增益、調伏法。如是一切如來部真實，一切世間、出世間明真言最勝不被佗陵突，無盡衆生界菩薩真言行成就。由此一切有情獲得安樂，由此佛頂輪王於贍[④]部洲衆生修

① 大，原作"也"，據《中華藏》校勘《石》《磧》《南》《徑》《清》《麗》改。
② 蓮，原脱，據《中華藏》校勘《石》《磧》《南》《徑》《清》《麗》補。
③ 易，原作"異"，據《中華藏》校勘《磧》《南》《徑》《清》改。
④ 贍，原作"膽"，據《中華藏》校勘《石》《磧》《南》《徑》《清》《麗》改。

一切如來真言者，作大佛事故。由此世界贍部洲衆生獲一切安樂，能堪任成就故。一切天一切天族，一切藥叉一切藥叉族，一切緊那羅一切摩呼羅伽，一切龍一切龍族，一切天、龍、藥叉、乾闥婆、阿蘇羅、蘗路荼、緊那羅、摩呼羅伽、人，一切世間、出世間印真言，作利益故、成就故，不令欺陵，令安尊位故。一切有情修佛頂真言者，除一切苦惱，令我真言族成就故。觀自在等大菩薩真言行光顯故，一切如來説印曼荼羅法要成就故，無量如來所説真言印曼荼羅難成就者令易成故，理趣、法句、法要惟願如來應正等覺説。"啓白是已。

尒時世尊告金剛手祕密主言："善哉！善哉！祕密主，汝爲一切衆生利益安樂，輪王佛頂成就真言行，精進勤住持者，一切如來所説真言，汝能問如來如是事。是故金剛手，我爲汝説，先佛已説，未來當説。"尒時釋迦牟尼如來，以佛眼觀一切世界觀已，爲未來有情本願福力加持觀已，告一切菩薩大衆言："善男子，汝等憶念一切如來所説輪王一字入一切法三摩地，作不思議奇特神變，於一切世界作大佛事，一切三摩地中最勝句，咸皆作意。"時一切菩薩咸皆憶念一切佛頂輪王大真言王及三摩地句，唯除秘密主、觀自在大菩薩由如來加持故。時世尊坐大菩提樹下，於大福生地，如來入佛遊戲三摩地時，一切如來悉皆同入是三摩地。世尊彼時憶念、攝受一切衆生界，無量恒河沙數俱胝劫積集施、戒、忍、進等波羅蜜，無量難行苦行。從大丈夫相出光明，所謂從頂、從白毫相、從眉、從眼、從鼻、從耳、從脣、從頭，從袈裟、從膊、從手、從臍輪、從二乳、從二乳間、從項、從二髀、從二膝、從二脛、從二踝，如是從坐處、從二足如來法輪印處，如是真多摩尼寶處、如來鑠訖底三昧處、錫杖印處，從如是一切如來心印處，從無能勝忿怒轉輪王入三摩地無能勝印處，如是一切如來大慈處、大悲處、一切如來三摩地處，如是從無畏處、從記别處，如是一切如來明真言處放光，於一一光明、無量光明以爲眷屬。從佛頂出無量百千光明，種種色類，青、黄、赤、白、紫色，照無量佛刹，照此三千大千世界一切地獄、傍生，悉除息塵翳，息一切苦，建立一切真言行，於諸菩薩作一切義利，成就大福莊嚴，一切安樂易成就。於刹那頃作一切義利成就已，於恒河沙數佛世界魔宫殿咸令萎顇，映蔽一切魔光，乃至有頂下至無間大地獄邊際一切處，照曜光耀，警覺一切有情，復來旋遶世尊三匝已，各各没入本處。

菩提場所説一字頂輪王經[①]示現真言大威德品第二

尒時釋迦牟尼如來，從彼三摩地起，以佛眼觀一切佛刹彼一切天集會，如師子奮迅而顧視，告金剛手祕密主言："金剛手，汝今諦聽，一字佛頂大明王及四大佛頂及毫

① 菩提場所説一字頂輪王經，《中華藏》校勘《徑》《清》無。

相等，作大利益成就者明妃，如來手、如來鉢、如來脣、如來口、法輪等大明王，所有一切衆生界，於一切有情勤修佛頂真言行菩薩等，及一切有情菩薩乘受持者，苾蒭、苾蒭尼、塢波塞迦、塢波斯迦，不被一切天世間沮壞，獲得不退轉，一切皆獲安樂，一切處一切苦惱悉皆除滅，一切皆悉起大慈行，同一味相，不被火燒，不被水溺，不被刀傷，不被毒中，不被虵嚙，不被一切難。一切如來所説大真言明王受持菩薩，及餘淨信大乘菩薩乘有情，從此一切如來三摩地出生。大真言受持者及餘大明王受持者，應以牛黄於樺皮上寫此陀羅尼，安頭髻[①]中。若是苾蒭、苾蒭尼寫此陀羅尼繫在袈裟中，若塢波塞迦、塢波斯迦繫在手臂或在頸下，若國王帶，不被佗敵之所侵擾，晝夜卧安覺安，大威德賢聖諸天而常擁護。如是及餘有情若能持此者，勤修真言行者，一切處獲得無礙，一切人見悉皆歡喜，遠離一切苦，得一切安樂，一切人天供養恭敬，一切天、龍、乾闥婆、阿蘇羅、蘖路荼、緊那羅、摩呼羅伽、餓鬼、必舍遮，一切難調障毗那夜迦不敢逼近，離惡趣怖。祕密主，此大明王及明妃真言句，一切有情勤修菩薩行者及修佛頂真言者，以此作息災吉祥事，惡星淩逼皆得息滅。作一切衆生義利，鉤召一切天龍、藥叉。祕密主，我略説爲修佛頂真言者，速疾得悉地，令作一切事業。"世尊説是已，告金剛手："此一切如來所説大真言王，大佛頂、白傘蓋佛頂、高佛頂、勝佛頂、光聚佛頂，如是大佛頂真言王入一切如來三摩地，勤勇力等敵，皆殊勝三摩地成就。一字頂輪王佛眼、毫相、大慈大悲佛牙并無能勝，如來手、如來鉢、如來袈裟、如來法輪并明妃等説，從大悲奮迅大人相師子吼流出一切菩薩，不能摧壞，一切佛加持共隨喜，大慧照曜幽暗者令作光明，以甚深智作無塵垢令作吉祥，吉祥一切世間中冣勝尊貴，作最勝無塵無垢四無所畏。令作端嚴慧，令作廣大無量殊勝智，令作堅固勇猛金剛鉤鏁身，令作十力，令作大威德，令拂除愚暗，令作一切佛智，令作大護一切菩薩功德藏，能令一切智智，能令寂静句，令作無礙勇猛威德，令作最勝慧難調衆生種性，令生慈心，能作一切如來熾盛三摩地。"大真言明王一字佛頂輪王而説真言曰：

曩莫三滿多没馱南引，一句唵引，二步嚕二合，引，三

釋迦牟尼佛世尊纔説是真言，譬如贍部洲大風，吹一切樹林、叢林、藥草葉及華菓，悉皆振動。如是纔説是輪王一字真言，三千大千世界六種振動，須弥盧山亦皆大動，大海騰沸，及恒河沙數世界悉皆振動，山谷及海猶如草葉，一切山林河海皆悉振動，一切魔宫如一熾盛火聚，以佛威神加持力故，悉皆恐怖，魔衆諸天皆自不安，歸依於佛世尊，於一切世界中那洛迦趣有情，悉皆獲得安樂。尒時世尊作如是神力加持，爲令顯現輪王佛頂故，自身作轉輪王形，功德相莊嚴，七寶成就，一切光明熾盛，晃曜照曜，以無量法莊嚴間錯，嚴飾大輪王師子座而坐。熾盛照曜一切圓光，如輪周帀形

① 頭髻，《中華藏》校勘《磧》《南》《徑》《清》作"髻頭"。

成一聚光，无有一有情、有情衆當彼之際而敢不瞬目瞻睹，彼所有慈氏等大菩薩，彼皆刹那頃亦不能不瞬目而瞻視。尒時觀自在菩薩、金剛手祕密主菩薩，以佛神①力悶絶躃地。刹那謨呼律間，則彼大威德摩醯首羅天、帝釋天、毗鈕天、夜摩天、水天、俱尾羅天、風天、蘗路茶、緊那羅、摩呼羅伽等一切器仗悉皆墮落，摩醯首羅三戟叉墮落，帝釋金剛杵墮落，毗鈕天輪、俱尾羅棒、水天羂索，如是一切大威德天一切器仗墮落於地，精氣威力神通皆奪。由轉輪大真言明王加持故，一切菩薩憶念菩提，遊戲三摩地，一切天、龍、藥叉、乾闥婆、阿蘇羅、蘗路茶、緊那羅、摩呼羅伽等皆歸依佛世尊，悉皆戰掉，如芭蕉葉，身毛悚豎，不能堪忍觀大輪王真言色形。尒時世尊隱大輪王色形，刹那頃②説此一切如來所説大明妃，能息一切難調有情，能成就一切佛頂輪王，能息一切鬪諍言訟。一切如來部真言母，一切菩薩母，觀自在菩薩，金剛手祕密主，爲令起故，説此佛眼，一切佛所説，能成就一切義利，速疾成就輪王佛頂故，説真言曰：

曩莫薩嚩怛佗蘖底瓢一囉曷二合毗藥二合，二三藐三没第毗藥二合，三唵四，引嚕嚕塞普二合嚕五入嚩二合攞六底瑟姹二合，七悉馱魯左你八薩嚩囉佗二合娑怛你九娑嚩二合，引訶引，十

説是佛眼陀羅尼已，觀自在菩薩、金剛手祕密主等悉皆而起，乃至所有一切天等衆會，各各復得本神通，各還執本器仗，皆歸依佛世尊，心大歡喜。瞻視觀察如來，各作是讚言："嗚呼！奇哉！"觀自在菩薩、金剛手祕密主白釋迦牟尼應正等覺言："世尊，是何奇特？世尊，曾所未見如來持此頂輪王形光明聚，是何希奇？"佛言："善男子，持頂輪王色形三摩地，一切諸佛世尊佛遊戲神通，善男子，如於大曼荼羅集會，汝等作真言身變化，住不思議顯示大威德。如是如是，如來轉輪王真言色形身住而顯示。善男子，此佛頂轉輪王，一切如來真言身，住最勝三摩地，一切諸大菩薩及一切真言明王、明妃，一切諸天無能違越。善男子，有此真言轉輪王佛頂，若有人誦持處，五由旬内一切明，世間、出世間不流通，不成就。汝等所説清淨真言，所加持真言不成就，亦不往，亦不現威德。若纔憶念此真言，一切世間、出世間真言悉皆成就。汝等所説加持真言身，一切不可成就，不現應驗者，以此真言應成就之。五由旬内地方，天、龍、藥叉、乾闥婆、阿蘇羅、蘗路茶、迦婁羅、緊那羅、摩呼羅伽、菩薩住真言身者，於處不堪忍住，不遊行，不成就，不與現驗，不與悉地。何以故？由住此佛頂輪王三摩地，無能欺凌。除佛眼真言三昧邪，用此真言七徧誦之，則其身寂静。若不然者，其威德無能堪忍。其修真言者必須初後誦此佛眼真言，十地菩薩尚不能堪忍此輪王威德，何況餘天王小類有情。"

---

① 神，《中華藏》校勘《石》《磧》《南》《徑》《清》《麗》作"威"。

② 頃，原作"項"，據《中華藏》校勘《磧》《南》《徑》《清》《麗》改。

尒時世尊顯佛頂威德故，欲現佛傘蓋威德故，一切佛傘蓋加持故，是時住白傘蓋佛頂王，身如傘蓋形，蓋此三千大千世界，無一有情而作質礙，白傘蓋形悉皆覆於佛頂，其傘蓋頂當於如來頂中。觀自在菩薩、金剛手祕密主菩薩問佛世尊："世尊，此是何？傘蓋色形蓋覆三千大千世界而住，住於世尊頂上，不見其邊際，不可得以觀察瞻覩，不可往其邊際。"佛言："仁者，此名白傘蓋佛頂王，無量如來所共宣説，一切如來無量色寶，普徧音聲，一切真多摩尼寶閒錯，寶珠網普徧現前，不思議莊嚴而作影現。是諸佛世尊傘蓋，一切如來之傘蓋，成佛頂王傘蓋，作一切有情速疾成就，是一切諸佛傘蓋，名爲白傘蓋。大威德菩薩不得邊際，於千俱胝劫度量亦不得其邊際，亦不能見邊際。"時世尊釋迦牟尼觀佛頂王，以自神通威力加持，住真言身形而説真言曰：

曩莫三滿多没馱南引，一唵引，二怛佗蘗覩瑟抳二合，引沙三阿娜嚩路吉多四母嘌馱二合，五唵引，六摩摩摩摩吽匿你弋反，七

當彼之時，此三千大千世界皆動摇震，尒時世尊告諸菩薩言："諸菩薩，此白傘蓋佛頂真言，能成就一切真言，能鉤召，是大明王不空無礙勇猛。"

尒時世尊顯揚佛頂王威德故，作一切有情利益故，能息除一切災禍逼迫，能斷壞世閒、出世閒真言。以此真言句作加持，無量菩薩稱讚，無量俱胝佛説此佛頂王光聚，令現大威德故，是輪王佛頂之威光金剛句，而説真言曰：

曩莫三滿多没馱南引，一唵引，二怛佗蘗覩瑟抳二合，引沙三阿那嚩路枳帝四母嘌馱二合，五帝儒囉始六吽七入嚩二合攞入嚩二合攞八馱迦馱迦九娜囉娜囉十尾娜囉尾娜囉十一瞋那瞋那十二頻娜頻那十三吽吽泮吒泮吒十四娑嚩二合，引訶引，十五

説此真言已，三千大千世界如寶焰燈形，無量閒錯照曜，爲蓮華色，帝青寶蘂爲焰晃曜，而現一切虚空際。一切寶聚爲寶帳，閒錯鈴鐸，一切莊嚴光聚變化力爲門界道，種種令普徧。佛威德示現，徧覆虚空界，加持而住，令一切菩薩作歡喜，一切獲得安樂。從佛頂出光明，一切世閒、出世閒真言明，咸皆斷壞，令破奪其加持，令不成就。何以故？大威光藏故。

尒時世尊告金剛手祕密主言："祕密主，此一切如來光明照曜光聚佛頂，由此光明照曜三千大千世界，下至無閒地獄邊際乃至有頂，照曜一切魔宫悉皆萎悴，於虚空際作照曜。金剛手，此佛頂王能斷一切真言，纔誦此真言，修行者隨意，世閒、出世閒真言令斷、令破、令壞，唯除輪王佛頂、白傘蓋主佛頂、高佛頂、勝佛頂、佛眼、五字如來心。除此餘一切世閒、出世閒真言明斷壞，令打、令伏、令縛攝。修行者若纔稱名，纔誦，隨意難調鬼魅，令壞、令打、令馳走、令挫辱，金剛手，此光聚佛頂不應非處誦持，應於有舍利處誦持，賢聖諸尊所攝授①處。何以故？此威德光聚佛頂等同輪王威

① 授，《中華藏》校勘《石》《徑》《麗》作"受"。

德故。若不尒者,即被傷損,即聖衆不降臨,諸魔得先便。當知於清淨處及有舍利處,聖人得道處,以三昧邪加持,復以輪王三昧邪佛眼加持,若異此者即被傷損,雖久修行亦不成就。此光聚大真言王,於修餘真言者不得輒誦。何以故?彼真言王威德損故。當知於閑静密處,或於河側或於池邊,或於海岸或於山間,或於窟或於聖人作制底處,其修行者獲大威德,具力具大精進,具念具慧等同餘部得悉地者,威光威德猶如輪王真言成就。祕密主,此明王能生不思議威德,祕密主,此是如來威、如來光、如來加持,一切諸佛之光明威德、光明體、光明性,與一切有情威德,能生威光性。金剛手,能斷一切真言,能調難調者,能壞佗真言威,此是大威德大神通,能成辯一切事。

尒時世尊復觀無盡法界知已,衆生利益故,能令如來力三摩地等流,一切菩薩無邊力勇猛故,説一切佛所加持,修一切真言與安樂故,真言曰:

曩謨三滿多没馱南引,一唵引,二入嚩二合攞入嚩二合攞三你比也二合你庾二合那蘖二合都瑟尼二合沙四度那度那吽引,三

尒時一切世界悉皆振動,一切天、龍、藥叉、乾闥婆、阿蘇羅、蘖路荼、緊那羅、摩呼羅伽迷悶癡亂,皆失神通,難調者被燒,毗那夜迦出呵呵聲。尒時世尊告祕密主言:"祕密主,此名高佛頂王一切如來三摩地力,勇猛大精進大力。若有善男子、善女人修習輪王佛頂者及餘淨信者,所往處鬪戰、論理、諍訟,一切處若誦,所去處悉皆得勝。或餘有大國王淨信佛法者,用牛黄於樺皮上或素上書此真言,繫旗纛上,或於頸下則往,佗敵若見,則便破敗,佗軍消融,互不相救。何以故?以如來神力加持故。或餘塢波塞迦、塢波斯迦於頭上帶持,彼人吉祥,吉祥清淨威德,吉慶威光威力,不被佗凌踐,獲得吉祥辯才。祕密主,我略説菩薩持此者獲得無量力勇健,獲如來加持,一切魔無能沮壞,一切諸天不敢逼近。修此大真言者無有與等,威力皆得成就,若成就,等同轉輪王真言。何以故?一切如來神力所加持三摩地力故,是爲高頂王。"

尒時世尊釋迦牟尼如來現神通威德故,一切罪息滅故,一切惡趣摧壞故,一切那洛迦苦息除故,現不思議行神通故,現一切如來神通威德積集故。此佛頂真言王,一切佛之所宣説。真言曰:

曩謨三滿多没馱南引,一唵引,二入嚩二合攞三惹庾引瑟尼二合沙四入嚩二合攞入嚩二合攞五滿馱娜麼滿馱娜麼六弩嚕二合麼弩嚕二合麼弩嚕二合麼七郝賀吽引,八

纔説是真言,此世界及一切佛刹六種震動,無有一有情受飢渴苦。以一切佛威德力,現大威德故,一切地獄中一切飢渴悉皆止息,一切有情悉令獲得飲食。恒河沙數等如來同共宣説,爲大怖畏有情作利益故,示現大神通。"金剛手,有此佛頂王所流布處,一切魔不得其便,何況修行者。若有善男子、善女人,若能常憶念此真言王,復能持誦,彼獲得不思議神通成就,具大精進神通圓滿,一切諸天禮敬彼人,不久獲

不思議功德。若有成就真言王者，或有大乘淨信者，或修習輪王佛頂者，彼獲得不思議神通相應，於一切有情中爲最勝。不應疑惑，獲佛神通。所求欲願獲得無礙，一切神通平等真實無畏，一切時等同諸佛。金剛手，若修勝佛頂真言者，不久神通自在成就，於刹那頃諸難調有情見者，悉皆馳走；所有魔衆諸天見彼，皆失神通而悉馳走。若有修習此真言成就者，與轉輪王真言成就等無有異，於地獄中亦作神通，爲處地獄有情作利益故。如是一切有情息除飢苦，我略説少分佛頂王三摩地神通熾盛無量無邊，一劫不能説其福利功德，我少分説世尊所説。”

尒時世尊告一切菩薩衆：“善男子，佛頂王等住一切如來三摩地真言身者，千俱知[①]劫不能盡説其功德，矜愍一切有情故而説少分，是佛頂王族稱揚不思議功德，千俱知劫若如來説無能盡其邊際，如來親自佛頂真言王輪王大威德，若千佛於俱知劫讚歎，亦不能盡其邊際。若有善男子、善女人，若以飲食、衣服、湯藥、種種資具，供養百佛。若有人誦此輪王受持福聚，無能與等。”即説伽陀曰：

若復智修行，最勝真言王，
則成爲菩提，獲地位不疑。
爲不生不滅，持此佛頂者，
無有等威德，不思議色力。
三世無與等，衆生界異生，
成就佛頂人，無有等同者。
若帝釋自身，或餘威德天。
一切世界中，欲界大力者，
見修頂輪人，若不起承迎，
頭破作七分，猶如蘭香梢。
自在及帝釋，水天俱尾羅，
藥叉大威德，奪彼光萎悴，
千光而熾盛，照曜於諸天。

“若有大丈夫，成就大真言王，若讀、若誦、若受持乃至書寫經卷，或書於樺皮，或帶持、或供養、或塗壇、或香泥塗地，散華、燒香、粖香，以經卷置於壇中而作供養。此法要受持讀誦，爲佗演説，觀其衆生根性勝劣而爲宣説，勤修菩薩行者殷勤而敷演畢，獲得如來熾盛三摩地。淨信究竟大乘堅固者，應授與之如來言教，可爲敷演而爲説之，不應慳悋，常得宿命智，不墮於惡趣，超千劫生死流轉，證無上正等覺，一切天龍常當擁護，言音威肅，令人樂聞，一切有情愛樂憐愍，安樂捨壽，不爲諸魔之所侵

① 知，《中華藏》校勘《磧》《南》《徑》《清》《麗》作“胝”，下二“知”字同。

擾。若有善男子、善女人大有情堅固入大乘，由滿願故，修如來族真言，是人具福大威德，賢聖所攝受，不歸依餘類，唯歸趣佛、菩薩，超越一切魔道。意趣諸根不缺者，身色光潤黄白，生於勝族清淨處，生於吉宿，大勤勇身相圓滿，不太肥不太瘦，亦不乾悴，爪如赤銅，踝骨平滿，身形長大，肌膚潔白，不太團欒，齒不疏黑，眼目不睞亦不黄緑，不疥癩，不貪染，不被毗那夜迦所持，身相應頭圓平滿，筋脉平正，我今略説其相。生於大族，大福大威德有情説此法要，是善男子、善女人若得此佛頂真言，必當成就，爲彼有情而敷演之，而當敬礼，慎勿不與，必當與之。若得此佛頂真言，必當成就，若人得此堅固有情，輪王佛頂必當成就。此甚深法要，餘世界中甚難得聞，此由如來加持，於餘多世界中得聞。若有人一經於耳根，應知皆是轉①輪王三摩地之所加持，應如是知，若有人得此如來族法要，修行者得至於手中，皆是如來加持。何以故？皆是如來不思議真言三摩地頂輪真言身之所建立。此一切真言中取大真言句，頂王三摩地不思議法要，應當知，是故彼有情必當求如來真言成就。若此法要書寫經卷，或②誦所在之處，無量人天世閒皆作供養，獲得此三摩地熾盛法句，彼人無增上瞋恚之心③。”

菩提場所説一字頂輪王經卷第一

此經此卷，國本有三處文義斷絶，第七幅八、九行云“大福莊嚴一切安”之下便云“王身如傘蓋”等，第十三幅十九行云“神通熾盛無量”之下便云“樂易成就”等，第二十幅八行云“白傘佛頂”之下便云“無邊一劫不能説”等，今按丹本，則國本錯將“白傘蓋佛頂”之下“王身如傘蓋”乃至“神通熾盛無量”等凡一百四十九行之文，進而安于“一切安”之下，却將“一切安”之下“樂易成就”乃至“白傘蓋佛頂”等凡一百五十行之文，退而安于“神通熾盛無量”之下，致使如是三節文斷，今依丹本進退正之④。

菩提場所説一字頂輪王經卷第二

開府儀同三司特進試鴻臚卿肅國公食邑三千户賜紫贈司空
謚大辨正號大廣智大興善寺三藏沙門不空奉詔譯⑤

菩提場所説一字頂輪王經畫像儀軌品第三

尒時釋迦牟尼佛以佛眼觀一切衆生界，告金剛手祕密主言：“祕密主，爲有情利

① 轉，《中華藏》校勘《石》《麗》無。

② 或，《中華藏》校勘《磧》《南》《徑》《清》作“成”。

③ 之心，《中華藏》校勘《磧》《南》《徑》《清》無。

④ 此段附注原無，據《中華藏》校勘《麗》本跋文附載於後。

⑤ 譯名，《中華藏》校勘《石》作“特進試鴻臚卿大興善寺三藏沙門大廣智不空奉詔譯”，《磧》《南》作“三藏沙門大廣智不空譯”，《徑》《清》作“唐特進試鴻臚卿三藏沙門大廣智不空奉詔譯”。

益故，我今[①]說大明王儀軌，一切佛所説，一切世間、出世間真言明像中上上。佛頂輪王本身形狀，能滅一切罪，令一切有情得大涅槃，以殊勝三摩地，佛色身變化而現，我今説世尊佛頂輪王畫像法。”

修行者先應入曼荼羅，從師受得印契儀軌，曾入佛頂輪王壇，或無能勝忿怒壇，或勝佛頂壇，見三三昧耶，得受灌頂，得阿闍梨印可。無上涅槃道入修行，當依儀軌，應作先行，先行已，然後畫像。令婆羅門童女大族姓生者，受[②]與齋戒，綖縷令織，依教織絲[③]。或依餘教或如來部所説，長六肘横四肘，若不辦五肘亦得，或緣畫像要買物者，勇士不應酬價。其絲織已，以香水洗之，擇去毛髮。其畫像，應用佛神通三長齋月白分，取具諸根畫匠淨信三寶者，先令澡浴清淨著新淨衣，授與八戒然後令畫。應擇端嚴順吉祥宿曜時日，或於山間或[④]巖窟，或於牛欄或於佛堂精室，或聖賢得道處，離詭穢有虫水地處，置幨應畫。

先於中畫佛世尊，坐師子座，其座種種寶莊嚴，作説法相。普遍爛光，如輪圍遶，從頂流出種種光明。佛具大丈夫相，倚菩提樹，其菩提樹有種種葉，如真多摩尼樹，或於枝繫繒綵，或繫吠琉璃寶，或繫菓或繫鈴鐸，或繫天妙菓，或垂雲降雨，或種種花菓，或菩提樹牙，或真珠、吠琉璃、車璩、珊瑚、玉，皆畫於上。或樹上有吉祥鳥衆，坐於枝間，或作種種葉，雲電[⑤]降雨，枝葉相交。作如是大菩提劫樹，世尊兩肩後倚著其樹。

佛右邊轉輪大王，如輪王形，坐白蓮花，作觀佛勢。其身金色周遍光明，七寶成就，唯輪寶以光圍遶在蓮花上，釋迦牟尼佛復觀頂輪王。於佛左邊不遠，畫白傘蓋頂王，如大王形，其身金色坐在蓮花上，手持蓮花目觀輪王。去白傘蓋頂王不遠，畫高頂王形如大王坐白蓮花上，手持俱緣果瞻睹輪王。去頂輪王不遠不近，畫光聚頂王，坐白蓮花上種種光明圍遶，在熾盛光明中坐，身作金色，手持真多摩尼寶。於光聚佛頂王下，畫持誦者，蹲跪而坐瞻仰頂輪王，輪王舒手作施願印，顧視持誦者。近光聚頂王，圓光不相掩，應畫勝佛頂，身形金色，左手持寶，右手施願，目觀輪王。如是等悉皆是佛頂王，各各形如大王，各有熾盛光爛，悉皆金色，坐白蓮花上。

佛右邊應畫普賢菩薩，手持白犛拂。佛左邊畫慈氏菩薩，手執白拂。此二菩薩比佛身量稍小。佛前應畫聖觀自在菩薩，金剛手祕密主菩薩，各坐寶蓮花上，皆悉合掌作礼佛勢。近普賢菩薩，應畫文殊師利童真菩薩、無垢慧菩薩、寂静慧菩薩、無盡

① 今，原作“令”，據《中華藏》校勘《石》《磧》《南》《徑》《清》改。
② 受，《中華藏》校勘《磧》《南》《徑》《清》作“授”。
③ 絲，《中華藏》校勘《磧》《南》《徑》《清》作“氎”，下同。
④ “或”後，《中華藏》校勘《磧》《南》《徑》《清》有“於”。
⑤ 電，《中華藏》校勘《磧》《南》《徑》《清》作“雷”。

慧菩薩、虚空藏菩薩、虚空無垢菩薩、大慧菩薩。如是等大菩薩次第而畫，各各合掌坐蓮花上，作礼佛勢，已次漸小身形寂静，皆作金色種種莊嚴，以綃①縠爲裙衣。

次慈氏菩薩不遠不近，應畫佛眼明妃，形如女天，坐寶蓮花，種種莊嚴，身如金色，目觀衆會，著輕縠衣角絡而披，右手持如意寶，左手施願，圓光周遍，熾盛光明，身儀寂静。去佛眼聖尊不遠，應畫佛毫相尊，如女天形，有何差别？右手②持蓮花，左手施願，目觀輪王。近佛眼尊下，應畫孫那唎大明妃，形如天女，種種瓔珞莊嚴，其身青色，手執蓮花，坐於寶山，觀佛世尊。近金剛手畢，須畫甘露軍吒利。近彼尊畫金剛軍、蘇摩呼、頂行，此三聖者③各持童子形，種種瓔珞莊嚴其身，皆目瞻輪王作驚竦勢。

於觀自在菩薩右邊，畫賀耶仡哩二合嚩大明王，身如火色，作忿怒形，鼻如猿猴，以虵莊嚴，瓔珞、臂釧、髆釧，頭繫蓮花鬘，作瞻覩輪王勢。近彼應畫蓮花孫那利，四臂，右第一手持羂索，左第一手持鉞斧，右第二手施願，左第二手持菓，坐於蓮花。又近輪王佛頂，畫無能勝忿怒王，身白色，四面四臂，嚬眉面嗔怒，虎皮爲裙，蟒虵爲耳璫，得叉迦龍王以爲腰條，婆蘇枳龍王以爲神線，角絡披躭肚身形短，以毒虵莊嚴髻冠，咬下脣，遍身火燗，熾盛光明圓光。右第一手持金剛杵，第二手作期剋勢，左第一手持三戟叉，第二手鉞斧，正面作阿吒吒賀娑笑聲勢，從口出火焰種種色相，右邊面瞻觀輪王，左邊面觀持誦者，頭上面觀一切衆會，住於寶蓮花上，無能勝忿怒王應如是畫。於彼尊下畫地天，身白色，以二手捧寶花籠子，二膝跪地。近地天畫尼連禪河神，艶黑色如龍女形，七頭，合掌作禮佛勢。近尼連禪河神互相近，畫嚩里迦大龍王、母止鄰陁龍王，此二龍王曾見無量諸佛，皆七頭，合掌跪地。近地天畫阿難陁龍王、無熱惱龍王、娑竭羅龍王，持蓮花鬘，曲躬合掌。

大慧菩薩右邊，畫白衣觀自在，以蓮花鬘莊嚴其身，以寶繒角絡披，右手把真多摩尼寶，第二手施願，此菩薩是蓮花族母，應於蓮花上坐。近佛毫相應畫摩莫枳菩薩，淡紫青色種種瓔珞莊嚴，坐於蓮花，身儀寂静，住般若波羅蜜自性，右手持梵夾，左手持真多摩尼，作施願勢。是一切佛菩薩之母，大聖般若波羅蜜多，住摩莫枳形，則此尊是金剛族母，稍似童女，形不太高，顔極令悦意，應作如是相。畫此尊眷屬金剛鉤、金剛拳、金剛雹，此等皆是大明妃，以爲眷屬，各住本形。近白衣觀自在下，應畫多羅尊，種種嚴具莊嚴，著輕縠衣，其形不太麁不太細中庸形，右手持青蓮，左手施願，坐蓮花上，作淺緑色。近於彼尊畫毗俱胝，身白色，三目四臂，右第一手持杖，左第一手持瓶，右第二手持念珠，左第二手持蓮花，身儀寂静，於像二角作鼓音樂

① 綃，《中華藏》校勘《石》《磧》《南》《徑》《清》作“絹”。

② 手，《中華藏》校勘《磧》《南》《徑》《清》無。

③ 者，《中華藏》校勘《磧》《南》《徑》《清》作“行”。

天子。

於佛上畫淨居天子，在雲中湧出散花供養。各依方而畫護世四王，東方畫持國天王、南方夜摩天、西方水天、北方俱尾羅天。各隨方四邊畫，如是四隅東北方伊舍那、東南方火天、西南方羅刹主[①]、西北方風天，各依本形畫。近忿怒無能勝王下，畫持誦人，如本形跪地，手持香爐瞻仰輪王。

金剛手，此輪王佛頂大畫像儀軌，無量佛宣説，纔見一切罪悉皆消滅。金剛手，若得圓具依法畫，纔見衆生滅除五無閒罪，遠離一切罪。若見此微妙像，一切如來之所説，其人現世有報，今世及他世俱胝劫作一切罪，由見此像悉皆消滅。由見此最勝像，一切悉地皆得現前，一切如來大明真言，任運得成就，隨意念誦成辦一切事。諸餘部中真言難成者，對此像前决定得成。

尒時世尊誥金剛手祕密主言："祕密主，汝今復聽，説白傘蓋頂王畫像，能成辦一切事業，利益一切於生死流轉怖畏有情故，恒河沙數俱胝佛同共宣説。先當如輪王儀則所説，織可方三肘，不應截屈，不得用皮膠和色。畫人與授八戒，於緤中央應畫佛形，黄白色，坐師子座，具諸相好。佛左畫金剛手菩薩，左[②]手持白拂，右[③]手持金剛杵。金剛手左邊畫淨居天子衆，著天衣裙。於佛前應畫佛頂王，身金色，如鑄金像，具諸相好，手持蓮華。佛下畫持誦者，手持香爐。於像四邊應畫種種花。金剛手，此白傘蓋佛頂王畫像法，先佛所説。"

尒時世尊復告金剛手言："金剛手，諦聽！諦聽！極善聽！作意，吾當爲汝説光聚佛頂王畫像軌則，於一切世閒出世閒真言明教法上上。頂王光聚依輪王儀軌，香水洗緤，三肘或一肘，彩中不應用皮膠，受八戒畫匠令畫。應畫佛，坐於白蓮花上，作説法相，諸相具足。於像上應畫山峯，像下應畫蓮花池，從佛頂出種種光明。佛下右邊畫持誦者，蹦跪持香爐，畫彼本形。秘密主，此光聚佛頂王儀軌，一切如來之所宣説，爲令調伏諸有情故，此光聚佛頂王成辦一切事業最勝畫像法。"

尒時釋迦牟尼佛，復誥秘密主言："祕密主，我今説高佛頂王畫像法。依輪王儀軌，於三肘或一肘新緤上，擇去毛髮，受齋戒畫匠令畫。應畫佛世尊，坐七寶蓮花上，結跏趺坐，諸相具足，右手施願，左手在臍下仰掌，從佛頂出種種光明。於像上兩角，各畫淨居天子，佛右邊畫持誦者瞻仰如來。祕密主，此是高佛頂王畫像法，一切佛之所説，一切佛所稱讚，矜愍一切有情故説。"

尒時釋迦牟尼，復誥金剛手[④]祕密主言："祕密主，我今説勝佛頂王畫像儀軌，先

① 主，《中華藏》校勘《磧》《南》《徑》《清》作"王"。
② 左，《中華藏》校勘《磧》《南》《徑》《清》作"右"。
③ 右，《中華藏》校勘《磧》《南》《徑》《清》作"左"。
④ 金剛手，《中華藏》校勘《磧》《南》《徑》《清》無。

佛所稱讚。依輪王佛頂儀軌,作綵或三肘或一肘,離毛髮,受齋戒畫匠令畫。應畫佛形作金色相,坐師子座,持説法[①]印,具大丈夫相,從佛頂流出種種光明。像下畫持誦者,如本形蹰跪坐,手執香爐瞻仰如來。金剛手,此勝佛頂王畫像儀軌,一切如來宣説。金剛手,如來世尊,及大威德菩薩無量種色身,隨意而畫。或綵或素或於板上,或牆或壁亦無過失,或使畫匠或復自畫,或巧畫匠[②],隨自意形狀而畫之,或畫菩薩形或畫真言聖天,乃至於經夾上畫,或樺皮上畫,或畫最勝像,或一搩量或一小搩量,或一大指量或隨意樂處應畫,亦無過失。”尒時世尊説伽他曰:

隨意樂而畫,慧者起悲心,
利益諸有情,我成就思惟。
亦不爲愆過,攝受有情故,
是故當慇懃,常懷悲愍心,
恒行於捨施,及護持淨戒。
忍辱及精進,禪定與般若,
常應而修習,彼悉地不難。
若無有畫像,當住菩提心,
及持於大印,獲最上成就。

菩提場所説一字頂輪王經[③]行品第四

尒時金剛手祕密主白佛言:“世尊,唯願世尊爲勤修求成就者,略説修習佛頂王真言行威德功能熾盛方便,於衆生世尊求悉地者,由住如來佛頂王真言明,一切真言悉皆速疾令得成就。”佛言:“善哉! 善哉! 祕密主,汝能問如是義。祕密主,汝今諦聽,我爲汝説一切佛所説行行[④]方便法句伽他,極微妙此法眼,無量佛已修習,爲利益成就故。”尒時釋迦牟尼佛觀一切大衆,以梵音聲説此法理趣伽他一切法眼中最勝伽他曰:

無量菩提行自在,多種百苦逼惱者,
見諸有情多逼惱,釋師子尊而演説。
愛樂此法修行人,成佛當受天人供,
由修一法成大覺,成真言王衆所讚,
彼人不久佛菩提,廣度無量諸群品。

---

① 法,原脱,據《中華藏》校勘《磧》《南》《徑》《清》補。

② 巧畫匠,《中華藏》校勘《磧》《南》《徑》《清》作“工匠畫”。

③ 菩提場所説一字頂輪王經,《中華藏》校勘《徑》《清》無,下同。

④ 行,《中華藏》校勘《磧》《南》《徑》《清》無,疑衍。

空閑大制底，流泉及河側，
迥樹或巖窟，衆華及山間。
獨居堅固心，菩提心相應，
勝解於大乘，清淨勤修行。
及與身口意，食飲四儀中，
行者常勤結[①]，真言者勝趣。
解三摩地明，出生獲悉地，
成真言或明，隨意而修行。
常著三[②]種衣，善伴堅禁者，
彼悉地不難，彼人定獲得。
先應禮諸佛，智者應堅固，
真言者無伴，勤求利有情。
彼成就不難，現不思議色，
現世得成就，勤求悉地者。
常應作制底，勤護摩念誦，
即於此現生，速疾得成就。
謹慎而巧妙，勇健勤堅固，
大益真實心，此人堪稱讚。
諸根皆圓備，智慧常質直，
能忍於飢渴，是人可稱讚。
勤求成就者，若得是法要，
彼當不久時，獲最勝悉地。

"金剛手，我滅度後末法之時，愚癡塢波塞迦、塢波斯迦，披袈裟者愚丈夫，作種種無益言說，貪著滋味懈怠嬾墮。如斯小人，不深知如來三摩地力無所畏，於廣大大乘理趣壞乱勇猛精進者，於菩薩善巧律儀行不得灌頂者，不淨信諸佛、菩薩廣大三摩地不得成就，則生謗毀我及菩薩。作如是言：'此非佛説，是魔所説。'毀辱於菩薩。若住大乘善男子、善女人，勤求成就真言行者，調弄損害，作不饒益事，由此因緣積集無量罪障。是故金剛手，善男子、善女人欲行菩薩行者，應生淨信，堅固決定於菩提心，以廣大願常書寫大乘經典，讀誦受持，爲他敷[③]演。"説伽他曰：

依寶雲大經，修行我稱讚，

① 勤結，"勤"原作"謹"，據文意改；"結"，《中華藏》校勘《磧》《南》《徑》《清》作"誦"。
② 三，《中華藏》校勘《磧》《南》《徑》《清》作"二"。
③ 敷，《中華藏》校勘《磧》《南》《徑》《清》無。

由此加行故，本尊速現前。
以何成真言，慇懃成自身？
以施戒忍辱，勤定智慧得，
專注一心故，速疾成本尊。

菩提場所説一字頂輪王經儀軌品第五

尒時金剛手復白佛言："世尊，云何修佛頂真言行者住清淨軌則作本尊觀行？唯願世尊説以一支速疾成就佛頂等悉地。"佛言："是故持金剛，諦聽！衆生利益故，小衆生緩慢精進者，差别而説。"

一切真言教中，三時住清淨軌則，不放逸，常住觀佛三摩地，不應以散動心觀，不以貪染擾乱其心。應一心觀佛，常以慈三摩地遍緣十方一切有情，三時澡浴洗濯手足，依法澡灑。勇健智慧者，不應放逸損害生命。换内衣已，以此真言護身。真言曰：

唵麽麽吽匿你翼反

若用土，不應用和虫土。智者應用清淨香土，不太黑、不太黄、不太赤，如是土通一切成就法。若調伏法用黑土，赤土亦得。若作增益，應用黄土。消滅灾禍及諸罪障，應用白土。若求羅惹，應用不白不黑土。若求敬愛法，應用赤黄土。如是智者依教用土，以此真言先加持土，然後應用。土真言曰：

唵娜囉吽引

以此土真言，通諸成就用。
以此河真言，加持於河水。

唵入嚩二合攞吽引

此明加持河，一切處通用，
分土爲三聚，置於清淨處。
其地離涕唾，臭穢之地處，
女人蘽聚處，小兒戲劇處，
諸畜踐河[①]處，衆生攢聚處，
行者於是處，不應而澡浴。
阨迮及險阻，及與臭穢水，
智者應遠離，當别求勝河。
澄潔清流水，遠離泥滓穢，

① 河，《中華藏》校勘《磧》《南》《徑》《清》作"踏"。

於其河岸側，種種樹莊嚴。

於彼當澡浴，其水深潤滑，

常於如是處，水中諸鳥戲。

諸花悉莊嚴，行者應彼浴，

復以此真言，加持於淨土。

真言曰：

唵鉢囉二合入嚩二合攞吽引

即應自擐甲，大指置於心，真言誦七遍。甲胄真言曰：

唵入嚩二合攞帝惹吽引

以心甲胄明，修行者應用，

悉皆於遍身，即成大加護。

擐身甲真言曰：

唵入嚩二合攞跛跛囉羯羅二合麽吽引

此名身甲胄，智者常應作，

即應入於水，自腰或至胸。

毗那夜迦障，水中諸惡蟲，

由此加持故，不能爲損害。

真言曰：

唵吒囕二合滿馱娑嚩二合,引訶引

此辦事真言，一切佛頂心，

由憶念此故，水居諸障者，

所有欲損害，悉令禁其口。

以此護其土，分土作三分，

以用爲洗淨，從脚至膝胜，

以土揩令淨，離惡氣滓穢。

諸佛説爲淨，次用第二分，

從要至於頸，第三洗上分。

以土應洗之，離虫然可用，

先置第三土，復更慇懃洗。

以辦事真言，行者加持水，

三誦灑於頂，沉静而寂默，

澡洗潔淨已，輒不與人語。

復以辦事明，行者自加持，

以無能勝護，及以佛毫相，
摧壞佛頂明，普加護稱讚。
以佛眼真言，惟通佛部用，
純正諸佛頂，成就曼荼羅。
當結方隅界，并護於助伴，
許用摧毁頂，及成辦一切。
無蟲水澡灑，此明誦一遍。

清淨真言曰：

曩謨薩嚩没馱冒地薩怛嚩二合南奄戍入殿努戍引馱曩耶娑嚩二合訶引

此澡灑真言，通用如來部，
即往念誦室，住定不放逸。
當於身前觀，三尺之量地，
悲愍心相應，兼與慧而俱。
當往念誦室，應著清淨衣，
奴俱羅蒭麼，及與野麻衣。
智者應念誦，依於教儀軌，
應誦淨真言，次用辦事明。
加持茅薦座，敷置於像前，
應念誦本尊，次應迎聖衆。
真言印相應，數觀本尊像，
即結蓮花印，以座而奉獻。
諸佛持吉祥，佛足幖幟生，
諸菩薩蓮座，是座皆稱讚。
真言修行者，不應坐高床，
而觀本尊像，次應持念珠。

穿珠真言曰：

唵阿納部二合諦微惹曳悉地悉馱囉梯二合娑嚩二合訶引

菩提子念珠，决定得成就，
上中下悉地，通諸真言用。
金銀等作珠，增益應用之，
清淨頗胝迦，一切義成就。
童子線應穿，皆依具儀軌，
當用自密語，以此作加持。

加持珠真言曰：

曩謨薄誐嚩底丁以反，引悉地娑馱也娑馱也悉馱囉梯二合娑嚩二合，引訶引

當以此真言，加持於念珠，
應誦於七遍，持於二掌中，
坐於茅薦上，求成一切義。
吉祥密嚩樹，白檀及天木，
如是等樹類，念珠增益勝，
念誦護摩時，應用如是珠。
佉陁羅木樹，末[①]度俱那衛，
用此木爲珠，而作調伏法，
亦用此樹木，而作於床坐。
若木不能得，取葉離諸虫，
坐卧而藉之，及灌頂處坐，
燒瞿摩夷灰，濾水用洗淨，
密絹爲濾羅，審觀濾漉水。
依法持密言，若不得成就，
應用頂輪王，加持必成就。
復用心隨心，相共而和誦，
若如是不成，用佛眼真言，
相和而誦之，世尊佛眼明。
一切佛所説，先佛亦稱讚，
我今而宣説，求成佛頂者。
應當而誦持，與彼相和誦，
不久疾成就，設作五無間，
不久亦得成。若無有畫像，
運心作觀行，諸佛所稱讚，
即結禮佛掌，觀行誦此明。

真言曰：

曩謨囉怛曩二合怛囉二合夜引也阿左羅尾嚇娑嚩二合訶引

則結大印，想於彼印上，以無量寶所成山。於山上想七寶所成蓮花，其花無量千

① 末，《中華藏》校勘《磧》《南》《徑》《清》作“未”。

万[①]葉，其胎廣博大莖，於彼上有樓閣。於樓閣中想世尊坐，如真言身形，如所畫像説，世尊安隱，結跏趺坐，作説法印，具大人相，莊嚴其身，遍周圓光，應如是觀。餘亦如上所畫像，觀在於樓閣中，閣上有相輪橖[②]，心中想無量真珠寶網遍覆，乃至隨意而觀一由旬大，或百由旬乃至千由旬量應觀行。隨自意觀之，乃至有頂專注一心。智者不應放逸，心繫於本尊諸佛加持力，作是思惟，求成就者作如是觀行，以無垢海真言加持大海，真言曰：

唵 尾麼盧㮈地吽

以山真言加持於山，真言曰：

唵 阿左攞吽

以蓮花真言加持蓮花，真言曰：

唵 吽迦麼攞娑嚩二合訶引

一切寶樓閣真言加持樓閣，真言曰：

曩謨薩嚩怛他引蘖跢南薩嚩他欠平搵諾二合蘖帝薩叵二合囉呬輅誐誐曩劒娑嚩二合訶引

次應請佛世尊，以自真言，應想世尊如從忉利天下降閻浮至於道場，即獻閼伽作是頌言：

以自神通住，待我作供養。

然後以六字佛頂結上方界，即想如來澡浴及自本尊三部部主或依自教及諸尊，獻塗香、花、衣服、嚴具、飲食、香水。若無如上所説供具，應心中觀想而獻。如是供養儀軌已，即説罪隨喜、勸請、迴向、發願悉皆應作，即安心於鼻端，一心念誦乃至不疲倦，所念誦遍數而獻。復獻塗香、花、燒香、飲食、燈明等供養，獻閼伽而觀想東門奉送世尊，則禮一切佛、菩薩，禮已[③]而起，如是三時應作，爲無像故説是儀軌。

菩提場所説一字頂輪王經分別秘密相品第六

尒時釋迦牟尼佛復詔金剛手祕密主言："汝聽！金剛手，此佛頂王真言成就修行，一切如來之所説。成就佛頂故，以不壞伽他句行教。金剛手，略説一切如來所説成就次第。"説伽他曰：

屏處集聖衆，令獲威靈處，

---

① 千万，《中華藏》校勘《石》《磧》《南》《徑》《清》作"百千"。

② 橖，《中華藏》校勘《磧》《南》《徑》《清》作"根"。

③ 已，《中華藏》校勘《磧》《南》《徑》《清》作"足"。

於宅及天室[1],空舍與窟中,
迥樹或屍林,樹林於山谷,
成就或念誦,心在於本尊。
不清淨令淨,不清[2]淨遍淨,
於清淨成就,以二[3]成二種,
是名成就者,一切修悉地。
於食應節量,不飽亦不飢,
食飲應等量,甘甜及酸醋,
應捨如是貪,貪俱之有情。
於味生貪著,由貪念護摩,
不生於一心,初夜讀正典,
中夜然寢息,於淨茅薦上,
作護依儀軌,皆與印相應。
寢卧如師子,如師子驍勇,
東方及南方,枕手而眠卧,
息增於護摩,若有東南方。
左安於右上,足手亦如是,
累足然後寢,少分令端嚴,
頭若向西方,面觀於南方,
寢時應護身,與降伏相應。
若上白檀樹,吉祥尼俱陁,
優曇鉢等樹,夢上此等樹,
是爲成就相。鴈及迦陵伽,
鴛鴦與白鶴,孔雀等吉鳥,
夢乘此等鳥,若見如是相,
不久當悉地。若夢見於血,
此亦成就相。若於夢中見,
幢幡等交雜,或登於高樓,
若履及遊行,是則成就相。

① 室,《中華藏》校勘《磧》《南》《徑》《清》作“堂”。
② 清,《中華藏》校勘《石》《磧》《南》《徑》《清》作“淨”,下一“清”字同。
③ 二,《中華藏》校勘《南》《徑》《清》作“一”。

或夢乘舟舡，或執箏箜篌，
或見塔苾蒭，如是等善夢，
悉皆成就相。若於夢中見，
狗及旃陁羅，水蛭油塗身，
此皆不吉祥。駞驢及車等，
若見及觸彼，必壞於成就。
如是等夢相，善及不善相，
應知此二夢，知已求成就。
應作護摩法，燒粳米油麻，
得脱諸魔障，即見於本尊。
常得而警覺，聖者現是言，
當往於某處，至彼燒酥蜜，
則現於實事，去食盡是實，
於道亦爲實。若疑於本尊，
當寢於夢中，願尊示我身，
而現丈夫身。若見於女人，
能生貪染心，應爲不放逸。
欲眠時加持，念誦不應思，
過去之財寶，未來亦不應，
慎勿起思惟，不成念誦儀。
若心而散動，觀真言義理，
住定而念誦。心若緣貪染，
應作不淨觀，若心起嗔恚，
即與慈相應。於愚念緣生，
數數若心起，在於顛倒中。
即專注一心，住於本尊觀，
若未入輪壇，獻諸香花等，
爲諸魔食噉，由不依儀軌。
及不廣善解，遠離阿闍梨，
諸魔隨行者，如影而隨形。
念誦功被奪，譏魔食香等，
念誦及護摩，本尊不受得。
此真言主宰，成就頂真言，

當用作加持，護魔頂行等，
不能爲障礙，成就頂輪王，
是故作加護，一切成就處，
應誦無能勝，作自身加持，
菩薩種真言，輪王之眷屬。
用彼作加護，成就真言時，
念誦護摩等，先應作護身，
若離護身法，悉地必不成。
遊空大藥叉，成就鬼羅刹，
遊行破壞故，令彼心疑惑。
尾臘嚩之花，遏迦度度①囉，
悉皆不應用。一切佛頂部，
稱讚闍提花，青蓮俱勿頭，
蓮花庾體他以反花，及餘種種花，
極香陸地花。當知佛頂明，
一切時供養，修行者不成，
二三度作法，乃至於七遍。
次第作成就，當於入海河，
而作印塔法，或一二三四，
隨力而作之，念誦并作塔，
恭敬而讚歎，讀誦於妙典。
數數疲乏時，塔滿三洛叉，
先罪悉消滅。用以極香花，
燒香及塗香，供養窣堵波。
於一一塔前，用真言加持，
一一窣堵波，應誦千八遍。
真言若不成，由罪覆心故，
應作一肘量，一千窣堵波，
設造五無間，決定得成就。
由念誦滅罪，何況作制底，
當於入海河，獻蓮花十万，

① 度，《中華藏》校勘《磧》《南》《徑》《清》作“摩”。

獻限尒所數，速疾得成就。
於彼入[①]海河，何況過此量，
遲速得成就，皆由自己身。
成就於真言，由彼福無福，
若福德强盛，當於不久時，
速疾得悉地。無福德之人，
應作窣堵波，悉地念誦本，
是故以精進，成就得牢固。
真言在經書，不能除衆毒，
見如是道理，勤功念誦勝。
常爲父母師，受苦諸有情，
一分而念誦，爲彼皆迴向。
爲滅諸障難，應作常禮佛，
由禮佛念誦，速疾得成就。
説禮佛果報，無量福德聚，
當知是歸命，數數勤敬禮，
常恒獲悉地，不然末法時，
真言不成就。是故我釋迦，
説威德弟子，末世得解脱。
是故離疑心，發勤大精進，
修持諸悉地，不久得成就。
增勝福德人，速疾得悉地，
多分無福人，遲晚乃得成。
若悲智相應，獲殊勝悉地，
不以假琉璃，與紅頗梨等，
是佛頂真言，力用不思議。
乞得食令淨，應獻於本尊，
分作爲三分，愍念有情故，
先應取一分，當供養本尊，
又取於一分，施諸外來客，
餘一應自食。所獻本尊食，

① 入，《中華藏》校勘《磧》《南》《徑》《清》作“大”。

贖取而受用，若無有外客，
轉施諸禽獸，自己分之食，
盡不應施他，恐損壞身故，
減少分應施。面南應食之，
是則調伏法，不應面西食，
當作調伏事，北東許息增。
成就佛頂等，成寂東爲異，
應作悲愍心，三時應思惟，
誰在於苦惱，我今盡拔濟。
大悲心相應，出家及在家，
持杖并梵志，皆懷悲愍意。
念誦者遊行，無侶常謹慎，
是故常敬禮，諸佛之塔廟。
難成之真言，一切時等持，
常修三摩地，是人得自在。
種種調伏者，示現種種色，
是故常應作，念誦及護摩，
塗拭并灑淨，作淨如先說。
後應作護身，灰芥結方隅，
以辦事真言，或用摧壞頂，
加持縷纏橛，應釘於四角。
護已應供養，智者即啓請，
一切諸聖衆，念誦護摩處，
安置於座上，應作成就因。
瞿摩土相和，智者用作壇，
於此壇輪中，說供養爲[①]儀。
先爲如來勝，依儀軌而獻，
次則輪王頂，其次諸佛頂，
次第而供養。次及觀自在，
自族并眷屬，及與金剛手，
所獻同佛頂，所獻香花等，

① 供養爲，《中華藏》校勘《磧》《南》《徑》《清》作“爲供養”。

亦同於部類。如是爲三部，
而作供養儀，以此常警覺。
及一切世天，愚癡作是言，
一切真言人，悉皆是妄作。
若不説儀軌，則墮於毁謗，
油麻白芥子，而作於護摩，
能成敬愛事。燒油麻粳米[①]，
獲得於增益，毒藥羅蘖㖿，
相和而護摩，壞亂佛教者，
悉皆令除滅。尾臘嚩樹木，
無憂及白秦，波羅奢菩提，
及以白膠木，增益諸護摩，
用如是等木。尼瞿陁優曇，
阿説他乳木，活兒子等木，
若作息災法，用爲護摩柴。
佉陁羅木橛，及迦羅迦木，
迦羅尾羅木，如是等諸木，
調伏相憎用，面應向南坐，
稱吽字而燒，意思而口稱，
應作調伏法。面對於北方，
於真言句中，加娑嚩訶誦，
即成於息災，諸佛頂應修。
面向東而坐，護摩作增益，
結跏爲息災，吉祥坐增益，
蹲踞作調伏，除害[②]故護摩。
名爲調伏事，遮止諸障故。
名爲於息災，成就隨意故。
是名爲增益，如是一切處。
善思而修行，憎嫉佛教者，
令其遠離故，是名相憎法。

① 米，原作“未”，據《中華藏》校勘《石》《磧》《南》《徑》《清》改。
② 除害，《中華藏》校勘《磧》《南》《徑》《清》作“降怨”。

清淨持誦者，不應長爪髮，
在家淨行人，髮長不爲過。
護摩念誦時，皆有所妨礙，
貪事梳洗功，虚過於時分。
供養聖衆時，甲中停垢穢，
頭髮生蟣蝨，能生諸罪愆。
不觀日出時，不觀日蝕時，
亦不觀月蝕，不輕毁師尊。
供養聖衆時，不觀安樂事，
亦不觀鬪諍，是故修行者，
常與定相應，於飢儉國土，
及於鬪戰處，國主不和順，
不應求悉地。聖衆被罰處、
藥叉鬼神處、龍神雜乱處、
屍林穢汙處、弥綟車居處、
多饒蚉寅處、或於亢旱處、
如彼諸難處，不應求成就。
不調倡女處、多饒惡風處、
如是等之處，不獲於悉地。
是處若吉祥，念誦作護摩，
聖衆皆喜悦，如人食好食，
心意得適悦，此中護摩勝，
成辦諸事業。若王相不具，
不堪紹王位，隨力分應作，
念誦及護摩。下劣修行者，
果報亦下劣。若乞毒刀杖，
不應而施與，唯除敬愛法，
爲護命難故，爲除憂惱故，
除如是因緣，悉皆不應與。
清淨修行者，或誤觸不淨，
則應而澡浴，心誦結印契。
如是貪染類，應思淨真言，
誦明結印契，悉皆得清淨。

諸穢之鬼神，起屍及藥叉，
及羅刹成就，上中作法處，
智者不應疑。沉没殊勝河，
澡浴正法水，以慧而思惟，
念誦悉皆作，不應破結跏，
於事皆相違。若破結跏[①]坐，
即應起澡浴，或以心澡浴，
悉皆得成就。

菩提場所説一字頂輪王經卷第二

菩提場所説一字頂輪王經卷第三[②]

特進試鴻臚卿大興善寺三藏沙門大廣智不空奉詔譯[③]

菩提場所説一字頂輪王經末法成就品第七

尒時世尊復次爲利益説此事業成就，説伽佗曰：

當於未來世，劣慧之有情，
爲彼作利益，説此小悉地，
若具於儀則，必定而成就。
不擇時宿曜，不擇念誦處，
應當請本尊，而求諸悉地，
及鉤召於佗，或取於六分。
應如是加持，及説念誦相，
當於念誦時，若鬪加護故，
奪人精氣鬼，盜竊成就物，
并拏枳寧等，盜不思議物。
當於念誦時，一切悉皆作，
失物得無疑，取不壞攝縛。
殊勝自終者，剖割其莽娑，
和調薑椒等，除棄筋及骨。

① 跏，《中華藏》校勘《磧》《南》《徑》《清》作“趺”。
② 卷第三，《中華藏》校勘《石》作“末法成就品第七”。
③ 譯名，《中華藏》校勘《磧》《南》作“三藏沙門大廣智不空譯”。卷第四、五同。

真言者依法，即應施八方，
先定屍林處，彼住鬼羅刹，
真言者於彼，以稻華護摩，
即速現神驗。四衢及樹下，
山間大怖處，高聲而唱言。
屍林貿莽娑，鬼衆大歡喜，
所求皆與之，成就隱形法。
嚴具及眼藥，雄黄等悉與，
成就佛頂者。

尒時釋迦牟尼佛觀未來有情，説速疾成就法。復説伽佗曰：

即取彼攝縛，如前不壞者，
成就迷怛囉，逈樹大河側，
於屍林求成。清淨而洗塗，
香華以嚴飾，及餘真言明，
或以輪王頂，而用作加護。
求成如是事，若不如是者，
魔損害不疑，即應依儀軌。
善伴驍勇者，行者坐心上，
結拳打彼額，應誦真言王，
無間而多誦，彼踊躍而起，
名拳起屍法。當入於水中，
日出乃至夜，結拳誦真言，
成安怛但那。應取人莽娑，
割截而護摩，依儀作成就，
慧者不放逸，莽娑爲怛羅，
所求皆悉地，此諸佛所説。
貪著於女人，貪染之有情，
戒品無所堪，如是之有情，
歸依於三寶，六念以成器，
應作如是思，隨力而修行。
修行者應當，勤修菩提心，
設離彼修習，任運得成就。
行者而不應，食於青黑物，

於食生猒離，不坐卧高床。
不應鼓頰食，亦不慱唼食，
所食量多少，大如孔雀卵，
住威儀而食，如是等威儀，
修行者應食。寂默而念誦，
當住於語默，若住於修行，
應住於身默，而作於護摩，
應住於一默，悉地即成佛。
若不如是默，真言不成就，
於真言修行，寂默而迎請，
當誦真言明，不共佗同食，
乃至於親族，不應與同食。
衣服及卧具，鎚銅熟銅器，
以灰醋物洗，洗已而食用。
水中作念誦，皆説諸儀則，
不應與佗人，而共同寢處，
雜居生於過，貪染等攝受，
調弄戲笑等，由此生於過。
吉日齋戒處，須臾取時分，
應作諸成就，自身及爲佗，
咸皆於日宿，年月期限等，
善惡諸悉地，行者次第修。
於三神通分，此中成就勝，
於此勝悉地，成就佛頂法。
於二分八日，十四十五日，
應知如是節，尤加而供養，
以童女縒縷，復用香水洗。
住戒而造作，應作最勝像，
用以白檀等，更洗令清淨，
而不應截屈，然後而加持。
午時應修持，具戒令其淨，
使匠者令畫，然後修真言。
吉日宿齋戒，應成最勝像，

如是板等上，畫得亦稱讚。
普通所先説，佛頂等勝像，
當離毛髮過，於緤[①]或於板，
坐於師子座，而畫其本形。
應用殊勝色，而以香膠和，
支分皆圓具，其香離甲麝，
用水應淨濾，知已無過失。
智者應畫像，當於像中央，
畫佛師子座，皆以相莊嚴，
熾盛之光明，從頂而流出。
法輪之大印，應畫於佛前，
應畫如是佛，金色而晃曜。
右畫觀自在，虎皮以爲裙，
應畫忿怒形，持拂并念珠，
頂髻無量壽，肅然具三目，
著蓮華色衣，愍念諸有情。
左邊金剛手，身色如青蓮，
應畫忿怒形，以忿怒眷屬。
持明大女使，金剛賓蘖羅，
金剛笑師子，金剛拳聖者，
甘露軍吒利，近身而應畫。
難調令調尊，執持金剛拂，
馬頭尊明王，意樂成就尊，
白衣尊多羅，毗俱知[②]徧照，
如是之聖衆，持蓮左邊安。
一切皆應畫，如彼本形狀，
廣大畫像儀，如大曼荼羅，
略示畫像法，如來之所説。
於佛世尊所，兩邊應當畫，
無能勝大慈，毫相并佛眼。

① 緤，《中華藏》校勘《磧》《南》《徑》《清》《麗》作“氎”，下同。
② 知，《中華藏》校勘《磧》《南》《徑》《清》作“胝”。

此等本形畫,金色初日暉,
皆坐於蓮華,彼住真言身。
此勝微妙像,諸頂成就中,
以善軌則修,應畫如是像。
善閑教法者,清淨畫匠人,
犛牛毛作筆,應取吉祥樹,
用此木爲橙,是像依法畫。
應坐於茅薦,當畫此佛像,
得此普通像,一切皆成就。
乃於過去時,是妙音童真,
無比威德者,身中出光明,
猶如火聚光,種種寂意樂,
照曜於三有。如是種之光,
妙音身中出,是時獲三地,
五通大威德,則成爲菩薩,
作有情利益。佛頂不思議,
自身是如來,三摩地形相,
示現於衆生,變化於三有。
一切佛形相,以定現輪王,
説大真言王,能作衆生利,
猶如如意寶。

尒時世尊告曼殊室利童真菩薩言:“汝曼殊室利童真,利益有情披大甲冑,以善巧方便調伏有情,種種變化色身,佛、菩薩、緣覺、聲聞,攝受有情而爲説法,令其覺悟。”時曼殊室利童真菩薩白佛言:“世尊,以幾所名號佛頂真言三摩地行差别,世尊,於世界轉?”佛言:“所謂名俱摩羅、名印捺囉帝、名鑠羯囉、名壞宫、名梵王、名毗鈕、名大自在、名自然、名劫比羅、名部丹多、名牟尼、名底哩佗、名羯囉沙、名地、名部彌、名持寶、名彌也二合沙女、名一切去、名一切處面、名濕嚩、名寂静、名涅槃、名已化、名變化、名難摧、名天、名阿蘇羅、名主、名尊、名主宰、名最勝、名引導、名調伏者、名福、名吉祥、名一切義成就、名世尊、名商羯囉、名作寂、名空、名勝義、名不實、名感、名名稱、名與者、名悲者、名慧、名三摩地、名慈、名水天、名師子、名犛牛、名天、名龍、名藥叉、名仙、名大仙、名作者、名流出者、名世主、名毗摩質多羅、名三目、名千眼、名清淨、名威靈、名三摩地、名三摩地出生、名三摩地生、名才士、名囉惹、名丈夫師子、名丈夫主、名勝義、名勝義賔[①]、名證、名證賔、名三界主、名世尊、名無主、名主、名眼、名賔、名蓼蓮華、名光、名火、名鬼主、名離欲、名寂静欲、名遠離欲、名遠離過、名壞過、名盡過、名摧過、名健軍主、名大王、名護世、名持地、名翳囉棘[②]多、名香象、名白蓮華、名説空、名現空、名現悲、名現道、名有、名不有、名分别、名無分别、名離分别、名壞分别、名護世、名善國、名共許、名夜摩、名施財、名噂嚕拏、名俱尾羅、名持國、名善現、名蘇彌盧、名金剛、名如金剛、名天妙、名天妙趣、名勇猛、名大勇猛、名能生、名大能生、名常、名無常、名常無常、名轉輪王真言、名大真言、名大藥、名論師、名大論師、名勝、名無上、名白、名説白、名丈夫、名説丈夫、名娑竭羅、名大娑竭羅、名海、名大海、名烏娜地、名月、名日、名囉摩、名洛乞叉麽拏、名想莊嚴、名雲、名大雲、名聚、名大聚、名不相似、名羅侯、名軍、名大軍、名羣、名大羣、名人主、名大人主、名水藏、名大水藏、名龍象、名師子驍勇、名奇特、名希熙[③]、名大希熙、名財、名大財、名具財、名大財寳、名阿羅漢害煩惱、名幻化者、名持幻化、名變化、名作變化、名具義、名能鬪戰、名非異、名不異、名命、名非命、名山、名大山、名難壞、名安樂慈住、名神通、名具力、名具慧、名不相似光。又曼殊師利童子，於我作如是知，名不滅不生、名真如、名真性、名實際、名實性、名衆法、名法界、名涅槃、名賔、名無二、名有相、名純、名意成。又曼殊室利童子，於此娑訶世界知我名如來、名佛、名大師人天作，如是知我名離欲。童真，於此世界調伏有情行意趣中，成熟五阿僧祇百千，爲愚夫聲聞示現名。作如是言説，知我尒所名號，調伏成熟衆生故，於諸契經中説，如是童真，於恒河沙數佛世界中以種種名號，有情知我。童子，隨調伏成熟有情，如來説法，如來無所分别，無功用，無量種真言色身事相而轉。”

尒時世尊復告曼殊室利菩薩言，而説伽佗曰：

白分善時日，於端嚴宿曜，
澡洗著淨衣，齋戒住儀軌。
八日十三日，十四十五日，
或用於五日，依儀軌而作。
護摩及供養，應施於八方，
於如是等日，慇懃而供養。
諸佛及緣覺，大威德聲聞，
觀自在菩薩，金剛手大力，
常憶念此等。修行者慇懃，

① 賔，《中華藏》校勘《磧》《南》《徑》《清》《麗》作“賓”，下一“賔”字同。
② 棘，《中華藏》校勘《石》《麗》作“鞢”。
③ 希熙，《中華藏》校勘《磧》《南》《徑》《清》作“熙怡”，下同。

供養如是等，菩薩威德者，
聖天悉歡喜，明天威德者，
於此修行人，悉皆而歡喜。
行者於世天，供養不應禮，
一切諸真言，威力不思議。
新產及死家，殘食及祭食，
月經女作食，及以彼家食，
旃陀羅家食，臭穢陳宿食，
再經於烝煮，如上所説食，
行者不應食。及獻聖衆食，
亦不應食噉，如是等之家，
悉不往飲食，及不往止宿，
破壞悉地故。修行者當應，
三時歸三寶，應發菩提心，
而作三種淨，身淨及語淨，
意淨第三種。常觀於六念，
如是常修行，日日受八戒，
常住於律儀。應作如是言，
阿闍梨存念，稱名我某甲，
始從於今日，至明日出時，
而於其中間，不斷一切命，
不盜佗財物。梵行不婬慾，
不作於欺誑，不歌儛作樂，
不香鬘塗彩，不飲酒放逸，
不應非時食，不卧高大牀，
如羅漢已持，我今亦如是。

尒時釋迦牟尼世尊觀察金剛手菩薩，説輪王佛頂世間、出世間上上真言明教。應三肘或兩肘，隨意大小應作，取細縹去毛髮者，以香湯令淨洗，安於東面，於吉日宿直，如先所説[①]畫像法。畫人應授與八支戒，其畫人諸根圓具，成就十善業道者，於彩色中不應用皮膠。畫佛形像，身如金色作説法印，於白蓮華上結跏趺坐，如來徧身光明熾盛，從光中出衆多輪，從頂出光明。背後上應畫山峯，於下右邊應畫持誦者，如

① “説”後，原衍一“説”字，據《中華藏》校勘《石》《麗》删。

本形持香爐瞻仰世尊勢。祕密主,此是輪王佛最勝畫像法,一切如來之所略説,爲令愍念有情故説。尒時世尊説伽佗曰:

若見此佛像,一切佛所説,
略説微妙像,能滅諸罪業,
一切諸功德,悉皆到彼岸。
諸天龍供養,若見此勝像,
是人天供養,現世得成就,
由此真言力,由見此像故。
此則多佛説,悉皆而稱讚,
爲彼成就故,決定獲悉地,
功德皆增長,由見此像故,
諸罪悉皆滅,此像爲最勝。
獲四如意足,功德如大海,
獲得勝智慧,由修輪王明,
得清淨無垢,智慧皆殊勝。
成佛兩足尊,人天咸供養,
由持此真言,轉輪殊勝主。
是人清淨者,修真言行者,
此是諸佛體,威德無與等,
不思議最勝。天龍及藥叉,
羅刹與步多,必舍遮起屍,
是等威德者,見修頂輪王,
成就持明者,悉皆而消融。
帝釋大威德,若見成就者,
分座而同坐,及餘威德天,
三界無有比,與悉地者等,
若見彼不起,頭破作七分。
設於俱知劫,世尊若自説,
功德無有盡,頂王不思議。
若人修此者,彼成就最勝,
得爲忉利王,彼人終不死。
無量俱知衆,圍遶往餘刹,
變身如佛形,化諸有情類,

變身金剛手，利樂諸有情，
化作天帝釋，或現於梵王，
調伏諸有情。變現爲帝釋，
有大威神通，拔濟諸惡趣。
地獄夜摩界，餓鬼及傍生，
於城邑聚落，曠野及山林，
變化諸資具，飲食妙卧具，
愍念諸有情，悉皆而給施。
我略説頂輪，修行持明者，
獲得五神通，則成大菩薩，
人中最勝尊。

菩提場所説一字頂輪王經密印品第八

尒時釋迦牟尼佛告一切菩薩衆："善男子，汝等應受一切如來出生大三摩地，無比力超勝一切如來。住真言身一切如來族真實大印真言，無比威光神通，流出無邊奇特，現威神力①，能生一切菩薩，能摧一切俱知魔，攝伏一切菩薩，令難調之人起於慈心。善男子，能成辦一切事業，我今説大印。"尒時金剛手白佛言："世尊，世尊，惟願説從一切如來支分出生大印真言，爲衆生利益故，作易方便成就。"佛言："汝當諦聽！我爲汝説，我今分别解説。"

二手内相叉作拳，竪二大指，此是一切如來心印。即此印屈左大指入掌，是爲持蓮華者印。即前印屈右大指入掌，左大指直竪，是持金剛者印。真言曰：

曩莫薩嚩没馱冒地薩怛嚩二合，引南引，一阿引尾囉吽欠二

此是一切如來心印真言，祕密主，此名大勤勇心真言，一切如來真實法，能解脱地獄、傍生、夜摩惡趣，能令一切有情作如來事，攝召一切菩薩。金剛手，我略説，能召梵王、帝釋、夜摩、水天、俱尾羅等。住十地菩薩大自在者，尚能請召，何況餘類。如前二手作拳，舒二中指竪相合，屈上第三節，屈二頭指互安於二大指甲上，此名輪王根本大印。

恒河沙數量，如來之所説，
未來佛當説，此大輪王印。
此印名大印，説爲輪王頂，
此明即是佛，利益有情故。

① 力，原脱，據《中華藏》校勘《石》《麗》補。

智者成就人，若結此印處，
諸惡魔障等，是處不敢住。

祕密主，此輪王根本印，一切如來之所宣説，於百俱知劫，不能盡説其福利，設於千恒河沙數劫，亦不能説其功能福利讚揚威德。尒時如來説伽佗曰：

智者若受持，大威德菩薩，
俱知魔羅衆，常不被沮壞，
乃至百劫中，不墮於惡趣。
若持輪王印，并誦是真言，
由受持之福，如來大師説，
於百俱知劫，不能而讚歎。
若有持此明，持戒精進者，
應修此真言，輪王大力者，
彼人不失慧，及不失正念，
於千俱知劫，未嘗有忘失。

金剛手，此大印無比量力威德，准前根本印，二中指直竪合，是則高頂王印，以此於佛頂族中爲灌頂印。

以二手虚心合掌，屈二無名指入於掌中，以二大指面押二無名指甲上，屈二頭指相拄令圓，如傘蓋形，此名白傘蓋頂王印。准前印舒二頭指，則是光聚頂王印。准前印以二頭指，各安中指第三節，是勝頂王印。是則吉祥法輪大印，名十二行相法輪印，一切佛之所説，能壞一切煩惱。若見此印，如親見如來。即此印以二頭指，捻二中指背，即名煩惱雹印，亦名如來結跏印。

金剛手，此等五大印，如來族中名轉輪王大印。祕密主，此輪王大印等，煩惱雹、法輪、光聚頂、勝頂、高頂，并白傘蓋頂，如是等印，悉皆是[①]輪王印。

以二手虚心合掌，雙屈二大指[②]掌中，此印名如來心印，亦名如來大勇猛印。

以此印真言，七徧加持心，
先世流轉中，所作一切罪，
悉皆得除滅。即頂上解散，
通一切成就。

以此加持自身，即成一切如來之所加持身。真言曰：

曩莫三滿多没馱南引，一唵麌那嚟二尾嚟娑嚩二合，引訶引

① 是，原作“最”，據《中華藏》校勘《磧》《南》《徑》《清》《麗》改。
② “指”後，《中華藏》校勘《石》《麗》有“入”。

此大真言同五字真言，修行以此護身，常應加持於心，兼用五字，獲大威德力。

以二手虚心合掌，十指互相交，令虚其掌，此名一切辦事佛頂印。真言曰：

曩莫三滿多没駄南引，一唵引，二吒嚕二合，三滿駄娑嚩二合，引訶引，四

金剛手，此一切辦事真言於佛頂教中，此是一切佛頂心，於一切事業處當用，修行者以此應護身。

以右手握大拇指作拳，以左手執握袈裟角，此名錫杖印。真言曰：

曩莫三滿多没駄南引，一唵引，二度那引，三尒多囉拏吽引，四

此是錫杖明，能制難調者，
護身故應用，常於成就處。
應用錫杖印，印真言相應。

先以左手仰掌安於臍下，以右手覆左手上，右手小指與左手大指互相加其掌令虚，名如來鉢印。

當於恐怖處，飢渴障難時，
應誦是真言，諸苦悉無有。

真言曰：

唵引，一盧迦播攞引地瑟恥二合多駄囉二駄引囉也三摩訶引努婆去嚩没駄跛怛囉二合娑嚩二合，引訶引，三

鉢真言大力，諸佛所加持，
一切諸衆生，由念除飢渴。
險道曠野中，修行者憶念，
當加於自身，真言印相應。

以二手内相交仰掌，二頭指側相拄，二大指各捻頭指下節，倒安眉間，名如來毫相印。真言曰：

曩莫薩嚩怛佗去，引蘖帝瓢一囉囉曷二合毗藥二合，二三藐三没第毗藥二合，三係係四滿駄滿駄五底瑟姹二合底瑟姹二合，六駄引囉也駄引囉也七你論駄你論度引囉拏二合，八麽尼娑嚩二合，引訶引，九

此是毫相印，能具大人相，
能與諸悉地，是印大威德。
若人持此印，毫相威德者，
彼皆得成就，由結誦此明。

用前印加持於頸則成頸印，加持於鼻則成鼻印。如來鼻真言曰：

曩莫三滿多没駄南引，一唵引，二哩尼三吽引泮娑嚩二合，引訶引，三

行者加自鼻，彼終無鼻疾，

於百俱知劫，彼終不患鼻。

二手密合掌，屈二頭指，各安中指背上，大指屈入掌，名爲佛眼印。

一切佛頂中，應用此大印，
最勝滅諸罪，决定得成就。
修輪王佛頂，若常結此印，
清淨而受持，不久彼成就。
一切佛頂法，設積百劫福，
若得此印契，誦佛眼真言，
其福與彼等。此佛眼印明，
能成一切業。

即説真言曰：

曩莫薩嚩怛佗蘖帝瓢一囉曷二合毗藥二合，二三藐三没第毗藥二合，三唵引，四嚕嚕塞普二合嚕五入嚩二合攞底瑟姹二合，六悉馱魯左你七薩嚩囉佗二合娑但你娑嚩二合，引訶引，八

尒時世尊告金剛手菩薩言：“金剛手，此佛眼大明妃，我從十俱知如來所受得此陀羅尼。金剛手，由憶念此明，一切真言聖天現其修行者前，於一切真言教法悉皆成就。由誦持此真言，一切金剛族悉皆成就。是故，金剛手，修佛頂真言者先當誦①此明妃三徧，或七徧或二十一徧。金剛手，此佛眼大明妃，我今釋迦牟尼説爲利益諸有情故。金剛手，此陀羅尼暴惡瞋怒有情前應誦，皆得歡喜，難調暴惡鬼魅，降伏皆歡喜，於一切鬬諍、言訟、鬬戰，皆得寂静。祕密主，若修行佛頂真言者不得成就，彼應以此大明妃真言相和誦之，决定有大應驗，速疾成就。若未經一二三期限，不得和誦，乃至第四徧求悉地不得成就，然後加此大明妃真言和誦，當速疾現驗得成就。初一二三四所不應加，若加之則損持明者，則用前印，以二頭指各苾②中指背，是如來眉印。一切如來説，我今演説。”

設有訖哩二合底迦，及嚩薩蘇天，
祕密大威德，及慾天子等，
并及持犁天，如是諸天類，
若見是印契，怖畏而馳走，
何况地居者。

真言曰：

---

① 當誦，原作“常誦”，據《中華藏》校勘《石》《麗》改，《麗》“先當誦”後另有“持”字。

② 苾，《中華藏》校勘《磧》作“秘”，《石》《徑》《清》《麗》作“拯”。

曩莫三滿多没馱南引,一唵引,二紇哩二合,引,三吽引,四

即以前眉印,開豎二大指如口形,相去中指兩穬麥,常結此口印,置於自口上。真言曰:

曩謨三滿多没馱南引,一枳哩枳哩二

此明大威德,速疾作諸業,
若常加持口,修行成就人。
彼人語無礙,盡於三界中,
彼人常言音,顯現美妙音,
不患口疾病,無量俱知劫。
自在毗紐天,不伏人教令,
當於是人所,出言皆順伏。
天龍鍵達王,及餘大威德,
悉皆得調伏,何況諸凡愚。

以右膝著地,豎左膝,左手引向後作搭勢,以右手當心爲拳,豎頭指作期剋勢,凌身向前,名爲無能勝大印。

能摧一切魔,能除諸魔障,
大力慾自在,世間魔軍主。
波旬第二名,亦名欲自在,
世天大威德,若欲作障難,
無量俱知魔,於彼而共住。
當於尼連河,無量俱知魔,
現種種形狀,魔軍恐怖形。
我證無上智,世間中最勝,
梵魔及沙門,世中無所得。
當於晨朝時,得證無上句,
爲壞彼魔故,持種種形者。
當時我宣説,此明大威力,
變現天女形,於大師前住,
摧壞暴惡魔。持無量種形,
此中説真言:

曩莫三滿多没馱南引,一唵引,二户魯户魯三戰拏里摩鐙倪姸以反娑嚩二合訶引,四

復次祕密主,無能勝大明,
等正覺佛説,行者護身故,

一切時應護。於大障礙處，

鬼魅惡形怖，成就佛頂者，

大力能加護，常加持己身，

常得大加護。

先端身結跏，作勇健坐，以左手仰掌安臍下結跏上，舒右手竪掌向外，以大指捻無名指甲上，頭指屈在中指背，令不相著，名如來鑠訖底二合印。

若結此印者，不奪其威力。

今世及佗世，智者結此印，

獲得如來力。若誦此真言，

諸佛皆加持。

真言曰：

曩莫三滿多没馱南引,一唵引,二尾惹曳麽阿鑠訖底二合訥馱哩吽泮吒四尾惹以你泮吒五莽誐黎泮娑嚩二合,引訶引,六

三時若憶持，修持輪王頂，

速疾得悉地，三界中無礙。

准如前印，右手覆在左手上，相去一穬麥閒，名如來臍印。

此諸佛大力，若能常憶念，

共明而相應。腹中食不消，

懶惰於禪定，若患於寒熱，

小腹及兩脇，頭痛及諸疾，

除多種逼惱，常獲身無疾。

即説成就真言曰：

曩莫三滿多没馱南引,一唵引,二質置質置娑縛二合,引訶引,三

是諸如來臍，是則真言印。

令①現種種色，熙怡奇特事，

示現諸神通，種種無有盡。

菩提場所説一字頂輪王經卷第三

① 令，原作“今”，據《中華藏》校勘《麗》改。

菩提場所説一字頂輪王經卷第四[①]

特進試鴻臚卿大興善寺三藏沙門大廣智不空奉詔譯

菩提場所説一字頂輪王經密印真言品之餘[②]

以右手握大指作拳,加持五處,名如來甲印。

一切佛頂中,是印大威德。
若離於甲印,行[③]者不堅固,
如人而裸體,亦如舍無人,
如國無帝王,如林無青草,
如食無鹼鹽,如池無有水,
梵志無韋陁,如火祭無鹼,
如車無禦者。如是修行者,
若闕甲冑印,爲諸魔得便,
悉皆不成就,謹慎結甲冑,
諸魔不淩逼,速疾得悉地。

真言曰:

囊莫三滿多没馱南引,一唵引,二部引入嚩二合攞吽引,三

修行者以此,常加持自身,
辟如王在陣,被甲而驍勇。
如是修行者,被甲猶如王,
三時應護身,能成一切事。

如前甲印,舒中指,則名如來頂髻大印,能作一切事。真言曰:

囊莫三滿多没馱南引,一阿俱嚕二合吒半音呼之,上下皆同,二

准前頂髻印,中指却合,直豎頭指置於左右耳,是如來耳印。

若常加於耳,印真言相應,
彼人無耳病,乃至一百劫。

真言曰:

囊莫三滿多没馱南引,一斛引迦半音呼之,二

① 卷第四,《中華藏》校勘《石》作"印真言品之餘卷四"。
② 品名,《中華藏》校勘《石》無,《徑》《清》作"密印品第八之餘",《麗》作"密印品之餘"。
③ 行,《中華藏》校勘《磧》《南》《徑》《清》作"得"。

若有修行者，具儀修輪王，

彼人獲天耳，言音得最勝。

以左手如前甲印，竪臂向身，是如來牙大印，安於自口傍牙處。

佛牙大威德，印真言相應，

修行者成就。

真言曰：

唵引，一怛佗孽多能瑟吒嚟三合，二吽引泮娑嚩二合，引訶引，三

准前甲胄印，虚中指，屈臂垂拳向下，名爲授記印。

成辦一切事，由結此印故。

所有過去佛，未來諸如來，

皆悉與授記。是故修行者，

常結如是印，獲得大威力。

於彼佛菩提，常獲於授記，

彼常修得①者，當應不放逸，

結此授記印。

真言曰：

曩莫三滿多没馱南引，一唵引，二吽引，三持鑁二合

大威德成就②，惡人不沮壞，

具一切吉祥。戒軌則精進，

具念大勤勇，一切所生處，

堅禁具尸羅。

准前甲胄印，微縮頭指在掌，竪臂向上，是如來膊印，有大威力。真言曰：

曩莫三滿多没馱南引，一畔惹阿呬二泮吒娑嚩二合，引訶引，三

即前印安於二乳間，名如來妳印。真言曰：

曩莫三滿多没馱南引，一蓬補籠反誐枳禮二合樸二

右手以大指押中無名小指甲上，直竪頭指，引臂高竪，是如來幢印。真言曰：

曩莫三滿多没馱南引，一羯吒半音呼，二

即以前幢印，垂臂向下，是如來卧印。真言曰：

曩莫三滿多没馱南引，一阿俱嚕二合吒半音，二

准前印以臂横於胸，是如來行印。真言曰：

① 得，《中華藏》校勘《麗》作“行”。

② 大威德成就，《中華藏》校勘《石》《麗》作“大威成就故”。

曩莫三滿多没駄南引,一吽引誐夢上唵引,二

以此印安於頭中,是如來頭鉤印。真言曰:

唵引,一母囉駄二合曩你娑嚩二合,引訶引,二

以右手大指捻無名小指甲上,直豎中指頭指,是如來脅印。真言曰:

曩莫三滿多没駄南引,一唵引,二吽引卻三

以右手大指押頭指小指甲上,中指無名指直豎,是如來眼印。真言曰:

曩莫三滿多没駄南引,一唵引,二鉢囉二合悉地羯嚟娑嚩二合,引訶引,三

即前眼印微屈中指無名指,是如來光網印。真言曰:

曩莫三滿多没駄南引,一唵引,二入嚩二合里尼娑嚩二合,引訶引,三

以右手大指押頭指甲,餘三指豎微屈,是如來光焰印。真言曰:

曩莫三滿多没駄南引,一唵引,二吽引吽引,二麽麽泮吒娑嚩二合,引訶引,四

准前光焰印,申[①]中指令微屈,小指無名准前,是如來脣印。真言曰:

曩莫三滿多没駄南引,一阿阿二嚩嚩三撼四

以右手大拇指屈入掌中,餘四指並展,仰掌向前,名爲如來舌相印。真言曰:

曩莫三滿多没駄南引,一唵引,二曩囉尼畔惹三吽引泮吒娑嚩二合,引訶引,四

以左右二手仰掌,以右手押左手上安臍下,是如來三摩地印。真言曰:

曩莫三滿多没駄南引,一唵引,二阿底舍也尾羯囉二合彌娑嚩二合,引訶引,三

准前定印,安於當心,是一切如來過去未來現在金剛焰心印。真言曰:

曩莫三滿多没駄南引,一吽引,二入嚩二合擺嚩日囉二合緊吒鄰二合,三祖四

金剛手,此名金剛焰,一切如來三摩地明王無能違越,一切天、龍、藥叉、乾闥婆、得地位菩薩,亦無能違越,何況餘有情大威德者。

以左手展覆於臍下,展一右手仰押左手背[②],名如來馬陰藏密印。真言曰:

曩莫三滿多没駄南引,一唵努吒努吒二娑普二合吒娑普二合吒三尾捺羅二合跛你四鉢囉二合末娜你五親娜你六頻娜你七吽引泮吒娑嚩二合,引訶八

以右手作拳令甲不現,唯出中指甲令現,名如來坐處印。真言曰:

曩莫三滿多没駄南引,一縊迦嚟二曩迦嚟三孍駄枳怛嚧二合,四娜囉麽尼覩尼娑嚩二合訶引,五

准此前印,露出頭指甲,藏中指甲,是名如來胜印。真言曰:

曩莫三滿多没駄南引,一唵引,二都佗左娑嚩二合,引訶引,三

准此前印,藏頭指甲,露出無名指甲,是名佛慈三摩地印。

① 申,原作"甲",據《中華藏》校勘《石》《磧》《南》《徑》《清》《麗》改。

② 背,原作"輩",據《中華藏》校勘《南》《徑》《清》《麗》改。

能生大慈心，住慈定行者，
護持彼人故，是故如來説。
此大真言王，愍念諸有情，
師子賊怖等，鬭諍逼迫中，
鬭戰於大怖，應誦佛慈明。

真言曰：

曩莫三滿多没馱南摩訶每底哩耶三合尾賀哩喃一没馱每底臨二合，引曩麽寫銘二三母怛波二合寧婆耶曩雞三迦擺奚尾孽囉二合奚制嚩四捨咄嚕二合難者波囉惹曳五也耶麽囉末藍二合婆蘖喃六娑賽你也二合麽囉嚩賀喃七多娜含枳囉帶多二合以使也二合銘八尾淰薩嚩囉佗二合娑地劍九也娜麽二合末藍二合薩嚩没馱喃十囉曷二合單引者比也娜麽末藍二合，十一薩達麽寫者諦逝曩十二薩鑁那勢銘播引波劍十三怛你也二合佗引，十四倶蒸儗你十五倶蒸儗你十六盎倶哩十七莾倶哩十八摩唎制波囉曩十九捨嚩哩二十囉乞灑二合囉乞灑二合鉿二十一倶摩哩二十二室哩二合摩哩寧二十三娑嚩二合，引訶二十四，引

此是佛慈印，是諸佛自體，
若能常憶念，行者作善業。
一切難調者，欲害作障難，
疾起於慈心，由[①]此明威力。

即用前印，隱頭中無名三指甲，露出小指甲，是如來無垢印。真言曰：

曩莫三滿多没馱南引，一吽引，二母引囉馱寧户三魯四吽引泮吒娑嚩二合，引訶引，五

行者喫食時，以此明加持，
先誦然後食，身淨火力盛，
諸罪悉皆淨，獲得而无疑[②]。
於食時所有，所起諸障難，
悉皆而遣除，以佛無垢印。

准此前印，隱其小指甲，露出大指甲，名爲如來甘露印。

由結此印故，能獲明解脱。

如來甘露真言曰：

曩莫三滿多没馱南引，一唵引，二印儗寧部多寧娑嚩二合，引訶引，三

以二手各以大拇指入掌，緊握作拳，以二拳相合，名如來師子吼印。

種種奇特事，意求而皆作，

---

① 由，原作"遊"，據《中華藏》校勘《磧》《南》《徑》《清》《麗》改。

② 疑，《中華藏》校勘《石》《麗》作"礙"。

由持頂輪王，能成辨一切。

真言曰：

曩莫三滿多没馱南引，一唵二劫比羅惹置羅三吽引，四泮吒娑嚩二合，引訶引，五

以二手虚心合掌，十指右押左，互相交，名爲吉祥印。

名娑嚩二合娑底二合迦

如來吉祥印，能成大人相。

真言曰：

曩莫三滿多没馱南引，一慈稍上聲重呼，二

即以此前印，悉開於十指，

小指大指合，餘指皆微屈，

是印如蓮華，名爲蓮華印。

如來吉慶印，獲福德義利，

獲王福及餘，地居有情福，

成得大吉祥，行者不應疑。

真言曰：

曩莫三滿多没馱南引，一唵引，二蘇末咯二合憾彌二合，三攞乞瑟銘三合娑嚩二合，引訶引，四

成就福不虚，獲大王福德。

准前印，如未敷蓮華應結於當心，名般若波羅蜜印。

此明大威德，是一切佛母。

常説諸佛道，過現及未來，

一切諸佛母，是印大威力。

真言曰：

曩莫三滿多没馱南引，一唵引，二輪嚕底三娑蜜哩二合底四尾惹曳五娑嚩二合，引訶引，六

金剛手，此般若波羅蜜明過去、未來、現在，一切佛、菩薩、辟支、聲聞，一切悉皆修般若波羅蜜，得成佛世尊，皆從般若波羅蜜生，皆修習般若波羅蜜，悉皆證得大菩提①。

准此前印，雙屈大指入掌，是如來大悲印。真言曰：

曩莫三滿多没馱南引，一唵引，二怛楞二儗寧娑嚩二合，引訶引，三

即以前印，各屈大指入掌，各令拄著小指根下，是名如來膝印。真言曰：

曩莫三滿多没馱南引，一唵引，二娜部二合，引儗寧鉢囉二合捻跛跢二合娑嚩二合，引訶引，三

① 菩提，《中華藏》校勘《徑》作"菩薩身"。

准前膝印，以二大指各拄无[①]名指根，是名如來踝印。真言曰：

曩莫三滿多没馱南引，一阿二怛嚟二合怛嚟二合，三嗢怛嚟二合，四嚩日囉二合母乞史二合尼娑嚩二合，引訶引，五

准前踝印，以二大指拄中指根下，是[②]如來足印。真言曰：

曩莫三滿多没馱南引，一唵引，二嚩日囉二合商俱攞部史帝三娜囉入嚩二合攞吽引娑嚩二合，引訶引，四

尒時世尊告金剛手祕密主言："金剛手，此等大印一切如來從身分流出，大丈夫相莊嚴。善男子，是印等一切如來所說，一一印百千俱知印以爲眷屬，皆從如來支分生，於後末法劣慧小有情，不能盡知其福利。"説伽佗曰：

若成此明王，爲彼利益故，
我今而略説，汝當應受持。
令得廣流布，是印名大印，
有大威神力，令末法有情，
修持善品故。若善男女等，
常能結此印，加持於自身，
成就大真言，輪王佛頂等，
彼獲無量福，而得百千種，
一切罪皆滅。一切佛菩薩，
憐愍皆愛念，常得宿命智，
諸根皆圓具，心亦不誤失。
一切諸佛等，悉皆而攝受，
壽命得長遠，遠離諸疾病。
令作衆生明，拔濟諸惡趣，
聰慧具精進，威德常勤勇。
當生於勝族，具諸巧伎藝，
能療諸疾病，我今而略説，
一切佛加持，即成大丈夫。
若常持大印，常當於自身，
稱名而受持，遠離諸障難，
諸罪皆消滅，諸佛頂皆成，

① 无，原作"旡"，據文意改。

② 是，《中華藏》校勘《石》《磧》《南》《徑》《清》《麗》作"名"。

證得如來身。

金剛手，此一切如來族真實大印結印相法，利益佛頂部有情，我今釋迦牟尼宣説。

菩提場所説一字頂輪王經諸成就法品第九

尒時釋迦牟尼佛觀察大衆，爲未來世有情，告金剛手祕密主言："祕密主，當來後世懶惰懈怠，不精進於善法，無餘暇有情貪愛染著，不能於廣大願而求成就。愍念利益彼有情故，或婆羅門生於勝族，或刹利族姓者，有清信及發菩提心者，愛樂修真言行者，利益如是等有情。我爲略説真言明王佛頂轉輪王功德，能摧一切天龍、藥叉、阿蘇羅，調伏有情，亦能令死令枯，令驅擯令憎惡，令禁止令壞令摧。一切佛、菩薩之所稱讚，大威德神力令作無比等三摩地修行，令超越一切魔道示現天中天佛色形像，於無量劫不能説此大教王，無量百俱知劫不能盡其功德邊際。我今少分而説，金剛手，聽善，聽極善，聽極善作意。"尒時如來説伽佗曰：

我説異方便，一切佛所説，
利益諸有情，於百多無量，
是諸如來所，亦作如是説。

若有人纔誦此真言王，離一切怖畏。若能常持誦，一切諸魔悉皆遠離，一切罪一切惡作皆得消滅。如上所説畫像，隨於一像前，三時澡浴三時换衣，三時以儀軌相應。誦二十五落叉徧，徧數終後，從白月一日起首，日誦一千八徧，乃至月圓滿。取蘇摩那華結以爲帳，以檀香塗三肘曼荼羅，以種種塗香華燒香飲食。用蘇以爲燈，然一千八盞，當毗舍佉白分月圓滿日結金剛跏念誦，乃至現四種相，所謂雲雷聲、道場中幡華動、佛像出光明、佛像動摇，見如是相，於中所成就物則得成就。

若誦俱知徧則成先行，誦二俱知徧成大先行，誦三俱知徧能成辨一切事，誦四俱知徧一切龍、藥叉、乾闥婆、阿蘇羅、蘖路荼、緊那羅、摩呼囉伽等，皆得攝伏成大悉地。

於恒河側或於海岸作如來一磔量窣堵波，於一一窣堵波前，以香華而供養。誦七俱知徧，則末後塔放光，放光已，其光入行者身隱没，即於刹那頃，於一切世界，無有一有情藥叉等與彼等者。

帝釋尚速來，梵天與眷屬，
及樂變化天，及餘化自在，
淨居究竟天，并大威德者，
刹那而集來。於彼成就人，
所有諸天龍，化彼令調伏。

彼天刹那頃，悉雨種種華，

乃[①]至無間獄，悉皆得清涼。

尒時修行者刹那頃，如來制底放光，後自身成大威德，成大神通。於天中威德光明，如融金色，顔皃二八童子相，一切如來之所攝受，得大智慧，隨意身通如意，迅疾如風，身光映奪諸餘天衆。若有見彼成就者，或成就者見彼人，悉皆共彼騰空，作大持明仙王，以無量百千持明爲眷屬，遊歷無量世界。以身光照曜一切成就者，纔思惟一切悉皆成辨，所至帝釋處帝釋分與半座，無有與彼等。顔皃勇健，智慧威德，無有等同者，以此因緣獲得菩薩善巧方便，調伏有情獲得善巧，住於無量大劫，見無量佛出現於世。

於中佛出現，彼大不思議，

人天皆供養，獲得身精進。

智慧亦復然，神通救有情，

等同佛輪王，修持勝真言，

諸貪悉除滅，獲得人中尊。

祕密主，此修行方便。有如來名寶火，曾爲人身時，及寶幢如來、光明自在王如來，如是等無量如來，皆得成就。觀自在菩薩、不動步超越菩薩、曼殊室利菩薩，如是等無量大菩薩爲人身時，獲得成就求大菩提者。祕密主，如汝爲人身時，曾修此佛眼大明，以難行苦行，以大精進獲得成就，愍念世間故，金剛幢如來出興於世，正法末時大怖畏時，如是此真言王於無上菩提，堅固决定者得成就。

我今又説餘成就事業，隨取一像，前誦十落叉徧，念誦終時，於滿月一日一夜不食。以白芥子置於水中，誦一千八徧，散灑十方，則成結曼荼羅界，於像前種種食飲廣大供養。於荷葉上置牛黄或雄黄，結跏趺坐，護身加持藥念誦，乃至三相成就。若暖相現，一切衆生皆得調伏歸敬；煙相現，安怛但那成就；若光相現，取身上塗，身如初日暉，年二八相，髮拳旋如蠡紺青色，無量持明仙圍遶，即成大持明仙，住壽一大劫。

神通月白分，三時澡洗，三時换衣，依儀軌三時，發露懺悔，隨喜勸請，發願迴向。時別誦一千八徧，乃至月圓滿夜，一日一夜不食，則[②]取苾蒭毗奈邪所説應量，修造鉢、袈裟、錫杖，隨取一事，一千三波多護摩，於像前廣大種種供養。取所成就物置於壇中，護其物念誦乃至出光。若是袈裟及僧伽梨衣即披，鉢及錫杖即手持，便即飛騰虚空成持明仙，遊往餘佛刹土，能作大變化，住壽一大劫。

① 乃，原作“方”，據《中華藏》校勘《磧》《南》《徑》《清》《麗》改。

② 則，《中華藏》校勘《磧》《南》《徑》《清》作“别”。

又以如來磔量，造窣堵波十萬。取一劒無瘕[①]翳者，隨取一像前，於神通月白分，於八日或十四日，作三波多護摩，加持劒於像前廣大供養。坐於茆薦，其劒以右手而持念誦，乃至空中出聲，作是言成就矣。然後其像放光，其光照曜行者，然後鼓明，即阿蘇羅女來圍遶修行者，以爲眷屬。即飛騰虛空成大持明王仙，能現種種形狀，往來自在，能觀餘世界無礙，住壽大劫。

又於高山頂上安佛像，喫根莖果，誦二十一萬徧。然後以補沙鐵，爲輪或鉢置娑，應使諸根圓具匠造，造已則往於阿蘇羅宫，於宫[②]門安置佛像，并助伴對像前。之時燒佉陀羅木以然火，坐茆薦上，以右手持輪，芥子油和木槵葉護摩十萬，一切阿蘇羅關鍵破壞。又誦十萬徧護摩，即阿蘇羅宫中火然熾盛。第三誦十萬[③]，一切阿蘇羅女出窟外，祈求修行者："勤勇丈夫使我等何爲？"入此宫中受用微妙欲樂，并諸助伴同入，餘不入三昧邪壇者莫令入。忽然輒入，彼此損害而死，是故彼人不知三昧邪。入於宫中求成就劒、成就輪，或餘成就物，彼得是物爲大阿蘇羅持明仙王，所有阿蘇羅宫中成就物爲主，其持明仙無量阿蘇羅女以爲眷屬。遊歷此世界成大阿蘇羅身，管屬一切阿蘇羅，得大阿蘇羅王禮敬。彼能化大阿蘇羅種種身，住壽一大劫，所隨入者皆壽一劫，其成就人纔憶念誦輪王真言，其那羅延輪破壞，欲得其輪如故，隨意得成。

於迦葉波佛等學教法時，名持輪明王，得輪成就，持輪而出，以此因緣名持輪明王。今現在於世間，深生淨信爲佛優婆塞迦。尒時世尊説伽佗曰：

又説餘成就，先佛之所説，
我於往昔時，曾作於商估，
勤苦大精進，作微妙成就。
我今而宣説，我名爲護[④]摩，
成就中爲王，我昔本生時，
爲諸苾芻説，愍念有情故。

又如前軌儀，於大河岸側或於大海邊作一千八窣堵波，如來一磔量大。對此塔前，於一一塔前，以香華供養，誦真言十萬三千徧。

當作塔之時，吉相而得現，
補沙鐵作輪，令端嚴匠造。
緣利無瑕穢，六輻短磔量，

---

① 瘕，《中華藏》校勘《磧》《南》《徑》《清》《麗》作"瑕"。
② 宫，原作"官"，據《中華藏》校勘《磧》《南》《徑》《清》《麗》改。
③ "萬"後，《中華藏》校勘《麗》有"遍"。
④ 護，原作"路"，據《中華藏》校勘《磧》《南》《徑》《清》改。

置於五淨中，三波多護摩。
神通月白分，善伴戒行者，
應修如劒法，乃至出光焰。
吉祥持明者，即成諸嚴具，
大身遊自在，威德具神足。
善伴大丈夫，遊歷諸世界，
大力住一劫，作衆生導師。

又説大成就法，應作先行法，於大河側或海岸置佛像，對前誦俱知徧，然後作十萬六千窣堵波，則入成就。復説伽佗曰：

不擇日及宿，亦不限齋戒，
取不壞攞嚩，成就迷怛囉。
淨洗而嚴飾，華冠及衣[①]服，
依儀求悉地，彼攞嚩即起。
無怖依儀軌，善伴極作意，
應問善不善，長年伏水銀。
貴位隱形法，一切諸方便，
所問皆指示，念誦極功夫。
輪王大力明，則爲奉教使，
能與諸悉地，奉教既成已，
獲得諸悉地，常在於左右，
大力而遊行。或於彼口中，
當置細鐵末[②]，則便吐其舌，
漸長如青蓮，以利刀而割。
修行者慇懃，則成劒持明，
身色初日暉，則往須彌峯，
并伴大力者，天衆悉皆怖，
驚懼心忙然[③]，圍遶作眷屬。
帝釋與半座，如大威德耳，
六十千俱知，而爲作眷屬。
於彼衆爲主，彼皆大驍勇，

① 衣，原作“永”，據《中華藏》校勘《磧》《南》《徑》《清》《麗》改。
② 末，原作“未”，據《中華藏》校勘《磧》《徑》《麗》改。
③ 忙然，《中華藏》校勘《石》作“怖”。

大威大熾盛，大眷屬奇特，
如是等之類，威德諸天子，
行處常圍遶，威力如大王。
則往於千剎，以大神通力，
則動千彌盧，及動俱知山，
并千贍部洲，及動百天宫。
一切令動摇，以光悉照曜，
於諸地獄中，以大神通力，
施與諸飲食，獲得微妙智。
威德如天王，嚴身具吉祥，
天女皆圍遶，微妙身大威，
身色如青蓮，刹那悉遊歷。
無量諸世界，當住一千劫，
常供養諸佛，劫火不能燒，
并諸大眷屬，則往餘世界。
如是等種種，以功德莊嚴，
彼則成菩薩，救濟諸有情。
又持誦之人，倍加而念誦，
應作窣堵波，十万有六千，
准如來肘量，於攝嚩口中，
應置細寶粖[1]，無間而念誦。
當即於舌上，現真多摩尼，
熾盛大威德，慇勤作加護，
則取奇特寶，由得此寶故，
則成寶持明，自在爲大王。
執劒持明仙，常衛護彼人，
又於口中置，乳糜應和蘸，
欲起而吐出，行者不雜乱。
受取置瓦器，或銀熟銅器，
共伴而加護[2]，與伴而食之，

① 粖，《中華藏》校勘《石》作“末”。
② 護，《中華藏》校勘《麗》作“持”。

則成大威德，住壽一大劫，
則成持明仙。或手安於口，
行者而念誦，從口出香象①，
行者應作拳，如前求成就。
若得暖相現，以拳擬諸人，
有情及無情，悉皆得愛敬，
以拳不應疑②。或應是口中，
若得見於火，是彼修行者，
名爲拳持明。次説大成就，
則往蓮花池，應作先行法，
佛像幨於壁，行者不乱心，
爲大福故修。心懷常捨施，
蓮華搵酪蜜，及與搵蘇等，
護摩五落叉，是像眼手動，
當知得成就，即作爲邑主，
遠離一切事。護摩十萬徧，
則爲大福人，護二十一萬，
爲諸地囉惹。説正法度人，
常樂而捨施，倍加而持誦，
輪王大威德，成辨一切業，
决定勿生疑。我今而略説，
輪王成就法，古往已成就，
一切諸佛子，聖曼殊室利，
得大勢菩薩，虚空庫菩薩，
我亦持此明。得離生死怖，
得遇於善友，獲得諸成就。
此中作是説，佛頂勝真言，
當來成就者，所有三界中，
無有與彼等。過色相威力，
如佛於世間，成就頂真言，

① 象，《中華藏》校勘《石》《磧》《麗》作“篆”。
② 疑，《中華藏》校勘《石》《麗》作“擬”。

無有得過者。先説成就法，
如來勝經中，所有諸印契，
授與於世尊，爲成真言王。
是印無與等，大力大威德，
所説成就法，希有大奇特。
所有十自在，十力子所説，
若與此相應，能壞於帝釋，
何況餘有情。爲彼難調伏，
而作種種法，如是等種類，
如來況成就。以此教王儀，
修習[①]求悉地，不成者令成，
何況求成就。以此教王中，
攝入一切法，諸佛法眼中，
説爲最殊勝。

尒時世尊釋迦牟尼如來復觀一切大衆，以伽佗句告金剛手言：

先佛諸仙寶髻説，於是契經盡警覺。
娜囉彌拏攝嚩羅，凍誐摩蹬伽之明。
少分盡彼境界教，此非正教三昧邪。
我爲染衣而宣説，於彼愚昧及多聞，
慳悋瞋恚種種類，於諸真言諸教法。
邪見不平諸有情，世間出世之人故，
多分於此[②]世間者，聰哲匱財之人類。
末法作障求覺道，是故相應三昧邪[③]，
加行修習求成就，尚於夢中無塵染。
先知真言三昧邪，曼荼羅法等差別，
然後真言律儀中，身口意因而相應。
設説祕密真言教，仍假瑜伽觀行成，
應是佛頂常修習。真言教法成就中，
真言諸鑛地中財，所有諸地之方所。
諸餘所有占筭論，王法理論及書畫，

① 習，原作“昌”，據文意改。
② 此，原作“北”，據《中華藏》校勘《磧》《南》《徑》《清》《麗》改。
③ 邪，《中華藏》校勘《磧》《南》《徑》《清》作“聖”。

醫方工巧如是等，一切皆是世尊説。
調伏有情而示現，諸佛此中作是説，
悉地三種而分别，本來清淨真言法，
獲得儀軌與印契。誰於一切起憎嫉，
真言句義悉皆無，憎嫉感[①]招諸障難，
著於文字心猶豫，彼作真言多分别。
著於真言緣枝葉，不應與彼惡律儀。
於旃陀羅不應説，彼等之人不成就。
授與惡人惡律儀，法則不成壞己身，
是故於彼慎莫説，纏染貪慾必不成。
彼常忽遽不得成，於事忽速無審慮，
云何成就救有情。住阿蘭若及山藪，
五塵交雜必不成，當住淨念心流散，
彼等行者必不成，是故心應而制伏，
三種謗毁如來説，求法佗世之有情。
住法之人理相應，心作三種謗毁者，
世閒悉無作是説，自性而去亦不去，
自性若成真言王，一切悉皆何不成。
是故世閒有二論，精進共同由福因，
是故不應而誹謗，世閒有無作是思。
聖天種種設軌則，住世愍念有情故，
無知性劣過所染，我説獲得下悉地，
一切諸天應供養，不應致禮我先説。
是故不應而毁謗，亦不應起於譏嫌，
無量劫中不能説，真言最勝無比行。
我説三部儀次第，所説教中多種類，
應作次第而修行，真言教心輪王法。

菩提場所説一字頂輪王經世成就品第十

尒時釋迦牟尼如來入一切真言教照曜，入不思議佛境界力遊戲三摩地。由入是三摩地，恒河沙數佛世界諸佛、菩薩亦入是三摩地。尒時金剛手見釋迦牟尼如來應

① 感，《中華藏》校勘《磧》《南》《徑》《清》作“咸”。

等正覺入是三摩地，遶佛七帀，於佛前持金剛杵，不瞬目觀佛世尊。尒時世尊從三摩地而起，及彼一切佛亦從定出。尒時釋迦牟尼佛從定起已，告金剛手祕密主言："汝祕密主，汝聽！此大教一切如來之所宣説，五佛頂王普通而説，能作大奇特微妙。略説不廣，并真言若有成就修行者，彼人次第如教而得成就。"世尊作是説：金剛手，先應一切佛頂王普通真言句殊勝三摩地説真言身，我説奉請真言曰：

曩謨薄誐嚩覩瑟尼二合沙也一翳醯呬薄誐挽二達磨囉惹三鉢囉二合底掣麼麼囉伽二合，四巘馱五補澁波二合，六度波七末鏻左輅者毗八囉乞灑二合，引，九鉢囉二合底賀多十麼羅波囉二合訖囉二合麼也十一娑嚩二合，引訶引，十二

此是普通迎請真言，於閼伽中應置白華而迎請，次香等。真言曰：

曩謨薄誐嚩覩瑟尼二合沙也一伊輅二巘淡三蒲澁甘補甘反，三合，四度甘准上，五末臨六你半者七鉢囉二合底車八賀囉賀囉九薩嚩没馱十地瑟耻二合諦十一達磨囉引惹十二鉢囉二合底賀多也十三娑嚩二合，引訶引，十四

迎請火天真言曰：

曩謨婆誐嚩引覩瑟尼二合沙也一翳醯呬帝儒摩里寧引銀曩二合曳娑嚩二合，引訶引，二

若發遣火天，加"也呬也呬"句。

辨事真言曰：

曩謨薄誐嚩覩瑟尼二合沙也一唵吒嚕二合滿馱二娑嚩二合，引訶引，三

此真言作一切事業時，應用護身，是天[①]真言作大義利，亦名一切佛頂心真言。

摧壞真言曰：

曩謨薄誐嚩覩瑟尼二合沙也一唵引，二微枳囉拏合度曩度曩度引，入，三

此名摧壞大明王佛頂真言，爲除一切毗那也迦，若被侵惱時，以此真言加持水灌頂，亦用護身結方隅界，一切事業處應用。

摧毀佛頂真言曰：

曩謨薄誐嚩覩瑟尼二合沙也一薩嚩尾近曩二合尾特網二合娑曩迦囉也二吒嚕二合吒也三娑嚩二合，引訶引，四

以此真言，難調惡人能作治罰，兼護助伴守方隅者。以如是等大真言，於輪王曼荼羅修真言行大威德者作一切事業。修行者先應作是思惟：我今淨此念誦室，白芥子和護摩灰以摧碎，佛頂加持一百八徧，或以辨事佛頂應加持念誦，室散灰及芥子，即成淨室。即以此真言，於淨缾中盛水加持一百八徧，散灑四方，或以自真言心，或以隨心加持，即成攝受處所。以摧壞佛頂真言，加持四枚佉陀羅木橛一百八徧，於淨室中四方釘之，即成結曼荼羅界。

① 天，《中華藏》校勘《石》《磧》《南》《徑》《清》《麗》作"大"。

無能勝佛頂真言：

曩謨薄誐嚩覩瑟尼二合沙也一薩嚩怛囉二合波囉引尒多也二唵引,三奢麽也奢麽也四扇引諦五難引諦六達麽囉惹婆史諦七摩訶尾你也二合,八薩嚩囉佗二合娑馱寧娑嚩二合,引訶引,九

以賢缾盛香水，加持一百八徧，持誦者用自灌頂，離一切毗那也迦障。

此是無能勝，佛頂大真言，
能息諸障礙，常作於息災，
能除諸惡夢。

我今說一切頂王普通功能[①]修行法，少分而說。若纔憶念成自身護持，誦三徧結頂髻，以灰或白芥子加持七徧置於頭上成大加護。加持縷二十一徧，結二十一結，繫於臂上，一切災禍、寒熱病等，悉皆消滅。若住奢麽奢[②]那，誦一百八徧，於一切怖畏處得加護，隨意應作貿易摩訶莽娑。

又以蘇護摩，一切處、一切災，悉得消滅。取伏藏時，以蘇護摩一百八徧，離一切障難，能護助伴，或取白芥子護摩一百八徧，一切諸障悉皆息除。定知有伏藏處，以乳護摩一百八徧，恣意取用無有障難。

又於阿蘇羅窟門誦三十萬徧，一切關鍵悉皆破壞。或芥子和嚕地囉塩粖，誦一千八徧，護摩二十一日、日三時，窟中一切宫殿悉熾然火燒。阿蘇羅女被燒出窟門，請行者入窟，授與囉娑[③]藥、長年藥諸成就等物，或結輪王佛頂印[④]，擲於彼前，即彼倒地。

又喫麵麥飲乳，誦三十萬徧，得長年藥。又月蝕時勿觀月，加持乳一百八徧，成大長年藥。

又於山頂乞食，誦三十萬徧，徧數滿已三日三夜不食，燒胡麻[⑤]，酪酥蜜相和，然阿濕嚩二合佗木，以爲護摩。從晨朝起首乃至晝[⑥]夜作護摩，則得囉惹。又於山頂作緣生法身塔，或作舍利塔，於舍利塔前取百千蓮華。每一華誦一徧，一獻塔，則得摩訶滿拏里主。若不成就，得大邑主或鄉黨主。

又法取蓮華塗白檀香，入大河水至臍，每誦一徧，加持蓮華獻，獻已擲於水中，乃至百千數，獲得大伏藏，若捨施無有盡竭。

① 能，《中華藏》校勘《石》《麗》作“德”。
② 奢，《中華藏》校勘《石》《麗》無。
③ 娑，《中華藏》校勘《磧》《南》《徑》《清》作“安”。
④ 印，原作“即”，據《中華藏》校勘《石》《磧》《南》《徑》《清》《麗》改。
⑤ 胡麻，《中華藏》校勘《磧》《南》《徑》《清》《麗》作“油麻”，下同。
⑥ 晝，原作“盡”，據《中華藏》校勘《石》《麗》改。

又欲得敬愛成就者，白芥子和胡麻油，三時護摩滿一七日，則得囉惹，及次小王皆得敬愛。又欲令婆羅門[①]敬愛，取白華護摩、赤華刹利、黄華毗舍、黑華輸陀羅，以塩寡婦人，以麽沙婆羅門小豆。或油麻一切童女，取羯囉尾囉末敷華，七日、日三時護摩，一切人得敬愛。又糠和尾沙，和苦練葉作護摩，成驅逐設咄嚕。又以芥子護摩，摧設咄嚕。又以屍林灰護摩令殞。又以芥子油護摩，一切部多鬼敬愛。又以鬱金護摩，一切必舍支敬愛。

又結印誦真言加泮字，能除鬼魅。又以覩羅斯葉燒，鬼魅現下語。又真言中加弱字，令中毒者迷悶卻得蘇。又真言句中加匿你翼反字，毒不行。又真言句中加莫字，制毒蛇。又屍麽舍那炭畫作圓壇，召毒蛇及鬼魅來能禁止。又真言句中加摩摩，能禁口。又真言句中加息字，禁惡星。又真言句中加吒字摧利牙者，加速字令損支分，加底瑟姹二合底瑟姹二合縛鬼魅，加羯吒羯吒即被縛，加啰乞沙二合啰乞沙二合即令護持，加滿馱滿馱或加論馱論禁喉。

又日蝕時或月蝕時，孔雀尾對於像前，供養誦真言。加持孔雀尾，念誦乃至日月復，此孔雀尾以手把揮曜，能現種種幻化，被毒中者令穌，能成辨種種事業。

又塩和油麻護摩，令設咄嚕患鬼魅及虐。又以瞿摩夷捏彼人形，以刀斷其支，彼即隨所斷處便損。

又燒一切種柴、一切花、一切菓、一切種樹膠，令所求種種財寶皆得。又燒油麻護摩，所求財寶皆得。又燒屈屢草護摩，令得增壽。又護摩粳米，則得兒。又燒蜜，一切人皆得敬愛。又護摩穌，得威德。又護摩乳，得息灾。又護摩酪，得增益。

又七日三時和穌護摩，一切物獲大悉地。我説大成就法，如前先行法，於山頂有舍利塔前，誦卅万遍。然後對像前，以稻穀花和酪穌蜜護摩一千遍，則成先行法，此先行法通一切求成就用。

又入於大林不食，誦百千徧，徧數滿已，則結其頭髻即隱形，解其髻即現。又上於山頂面向日，常食乳麨麥，誦十萬徧，滿已則得隱形。

又法，以左手作拳，誦十萬徧，末後則得安怛但那。又當月[②]蝕時，取劫波羅，以摩努沙髮作篆，揾摩努沙脂燒，以薰劫波羅中，刮取黑粖，加持一百八徧，取點眼得安怛但那。又取摩努沙心，和牛黄作丸，以三金裹，或黑月分或白分加持念誦，藥有聲置於口中，安怛但那。又取牛黄加持塗身，得持明成就，亦得最上成就。又日月蝕時，取黄牛酥置於熟銅器中，以熟銅筯攪念誦，取三相現。若沸服，得聞持不忘，煙得

① 門，原脱，據《中華藏》校勘《石》《麗》補。

② 月，《中華藏》校勘《麗》作“日”。

安怛但那。焰飛騰虚空，如是雄黄、黄丹成就餘物等，皆現三種相成就。又蘇路丹惹那一千三波多護摩，或於黑白分求成就，若煙，安怛但那。

又劒輪像杖黑鹿皮一切成就物，皆三波多護摩。依教畫像前，或無像或有舍利塔前，離無益談話處，於河山寂静處，應修三種成就，於一切成就中得爲最勝成就。

又取不壞攞嚩，先與澡浴嚴飾，以佉羅橛釘繫，於白黑二月，隨取一分應用。黑月吉日并有助伴善作護身，坐彼胷上，迷怛羅口中寫乳糜，不閒斷念誦，即其迷怛羅欲起即吐，以熟銅器承取便食，自身得成就。

又取金粖置迷怛羅口中，即吐出嚴具即得持明仙，若以鐵粖置彼口中，即吐出劒。若置白芥子彼口中，即[①]吐出嚴具。若置胡麻彼口中，吐出本真言教經夾，皆得持明成就飛騰虚空。

又以手按彼迷怛羅口，念誦加持乃至三相現，動即諸[②]意所求事皆説，授與長年藥，若起即成使者，其持明者欲所去處，乘彼肩上隨意而往，得持明仙。尒時世尊復告金剛手菩薩祕密主言：

祕密主汝聽，不廣而略説，
普通修一切，佛頂等成就，
資少獲大利，諸佛之所説。
此中作是言，羯你迦囉華，
及取蓮華蘂，蘇嚕丹惹那，
三金而裹之，應作此丸藥。
當於日月蝕，得三種成就，
煖煙焰次第，煖必獲敬愛，
煙當而隱形，焰相成騰空。
吉祥大持明，如雷振作聲，
幡華而動摇，應知成就相，
及佛像動摇，若見不吉祥，
不應求成就。獻塗香華等，
數數應當作，息災護摩法，
乃至於七返，然後作勝法，
應作窣堵波，福加求成就。
蝪蜥及烏鳴，應觀成不成，

① 即，原脱，據《中華藏》校勘《石》《麗》補。
② 諸，原作"語"，據《中華藏》校勘《麗》改。

然後求成就，念誦以爲先，
并歸命獲果，作福爲有情，
真言必成就。爲少福愚夫，
多分爲是人，爲此增加福，
成佛悲爲本，利益諸世間。
故說真言教，天王帝釋等，
及餘大威德，纔誦於彼勝，
及居在王宫，由信獲應驗，
成就者當獲，端嚴而常作。
清淨修行者，不應强多事，
由此心雜亂，如世間之人。
劣慧無方便，於諸合練道，
闕緣不和合，諸藥及水銀，
由倒壞不成，三①種微細故。
施功不獲益，若取於伏藏，
必有王怖畏，占相必生疑。
微細生猶豫，醫術果增長，
攝受長年藥，由持真言故，
悉皆而獲得，長年等果報。
如是諸伎術，過患有無量，
以此無所獲，不獲最勝福。
彼亦不獲福，猶此心住著，
真言以爲首，必獲大福德。
菩提最勝果，聞思及修行，
獲得最勝果，是處諸賢聖，
恒常而往來。是故與瑜伽，
成就本所尊，仍於最勝集，
我已曾廣說，見今所說者，
亦廣亦復略。

菩提場所說一字頂輪王經卷第四

① 三，《中華藏》校勘《磧》作“二”。

菩提場所説一字頂輪王經卷第五[1]

特進試鴻臚卿大興善寺三藏沙門大廣智不空奉詔譯

菩提場所説一字頂輪王經無能勝加持品第十一[2]

尒時世尊觀金剛手祕密主，復以伽佗而告之曰：

當於未來世，有情劣精進，
我慢瞋恚癡，無慙嬌慳悋，
不能依儀軌，修習真言行。
是持誦之人，護摩所加持，
諸魔悉惑亂，悉無是思惟。
以明獲成就，虚受諸勤勞，
常作是思惟，愚夫常是説。
爲息彼障故，亦除諸魔羅，
今説此大明，先佛之所説，
利益諸有情，是無能勝明。
若人常憶念，隨時住等引，
彼諸魔障者，悉皆得除滅。
即説真言句，尒時金剛手，
祕密藥叉王[3]，心生大歡喜。
頂禮於世尊，大覺智莊嚴，
此大無能勝，是明我願聽。

尒時世尊即説大無能勝陀羅尼曰：

曩謨囉怛曩二合怛囉二合夜引也一曩莫薩嚩没馱冒地薩怛吠二合毗藥二合，二怛你也二合佗去，引，三尒寧尒寧四尒曩嚩嚟五怛佗去蘗多娑賀惹低六薩嚩没馱顊曬尾諦七阿目岐岐曳反，八阿鉢囉二合底丁以反賀低九阿波羅尒諦十尾囉而尾誐多婆去曳十一尾摩黎十二你捺囉二合娑囉二合吠婆嚩底曳二合，十三迦彌喍娜以諦十四奴囉地誐謎薩丁也二合顊囉俱黎十五摩囉嚩攞尾那設寧十六舍枳也二合母寧悉諦二合惹娑嚩鵌曩十七尾哩曳二合拏咯乞灑二合咯乞灑二合麽麽十八薩跛哩嚩覽去聲，十九薩嚩多入薩嚩迦覽二十囉惹主嚕娜迦

① 卷第五，《中華藏》校勘《石》作“無能勝加持品第十一五卷”。
② 品名，《中華藏》校勘《石》無，《徑》《清》《麗》作“無能勝加持品第十一”。
③ 王，《中華藏》校勘《石》《麗》作“主”。

虞哩也二合設寧二十一尾窟僧賀弭也二仡羅二合娑哩薩哩二合跛二十二祢嚩彦達嚩曩誐藥乞灑二合囉刹娑弭底哩二合,二十三比舍左步多阿鉢娑麽二合囉二十四布單曩二十五羯吒布單曩二十六迦區去嘌那二合,二十七塢娑多二合囉迦二十八謎怛羅訖哩二合丁也二合,二十九羯麽拏滿怛囉二合,三十庾誐祖嘌拏二合,三十一庾誐拏枳你庾二合,三十二烏祖賀囉三十三薩嚩婆也訥瑟跓二合,三十四鉢捺囉二合冒鉢薩俣波也細瓢三十五曩謨窣覩二合婆誐嚩底三十六烏捺囉鼻尒拏三十七你哩你哩三十八囉怛那二合俱攞娑摩失哩二合諦三十九弭里弭里四十阿迦捨馱覩虞左嶫四十一企里企里四十二薩嚩怛他蘖多哩也二合室囉二合迦櫻迦囉步諦四十三泥尾捻奴揖反尾也二合哩也二合没囉二合憾麽二合,四十四怛他蘖多努蘖諦四十五尾濕嚩二合進底也二合,四十六嚩囉皮羅訖囉二合謎四十七曩謨婆誐嚩底波囉尒諦四十八喀乞灑二合喀乞灑二合麽麽四十九薩嚩訥瑟跓二合鉢捺囉二合吠無計反波也細毗藥二合,五十娑嚩二合,引訶引,五十一

說是陁羅尼,世閒悉皆聞,
是大無能勝,能壞一切魔,
能增勤勇力。則住三昧形,
名爲無能勝,説彼大心明,
大力極勇猛,不易於前明,
是心世尊説。

真言曰:

曩莫颯跢喃三藐三没馱俱致喃引,一薩失囉二合嚩迦僧伽喃引,二薩嚩謎囉婆也底跢喃引,三尾波尸曩薩諦二合惹娑皸左始企曩四薩怛二合陀尾濕嚩二合步入,五鉢囉二合枳孃二合也制鏤訖囉二合俱孫那六嚩糅曩左羯諾迦牟尼七始乞灑二合也迦捨跛寫八俣囉比舍枳也二合僧賀寫九弭里曳二合拏塞嚩二合娑底二合婆嚩覩十摩摩薩嚩薩怛嚩二合難者十一薩嚩婆庾鉢捺囉二合吠同上毗藥二合,十二怛你也二合佗引,十三惹曳十四尾惹曳十五惹演底底十六尾惹演底十七阿尒單惹曳十八若演底十九阿尒諦二十阿鉢囉二合尒諦二十一摩囉枳孃二合鉢羅二合末娜寧曳娑嚩二合,引訶引,二十二

説此心真言,應等正覺説,
七佛之世尊,顯揚諸功德。
即説是大明,利益修行者,
普徧諸世界,六種而振動,
一切魔宫殿,悉皆大振動。

金剛手,此真言句一切諸佛所説,利益衆生故。祕密主,或持誦輪王真言者,或持餘真言者,以此真言加持結縷,或結袈裟角,或結頂髮,或樺皮上書帶頸臂,彼人速疾易得成就,本尊速現其前。念誦時若能憶持,金剛手,我不見天世、魔世、沙門、婆

羅門衆中，若此真言加護，若穢者若淨者前，若人若非人，或魔子或必舍遮，或毗那也迦或藥叉，或鳩槃荼或羅刹娑，或餘類有情欲來障難，作是思惟，於阿吒迦嚩底丁以反王宫不得入。若有違越此明清淨修行者，彼悉皆違逆金剛種族及自種族并親族朋友，不容住於彼。金剛手，此明真言有大威力，於一切事業應作加護，應供正遍知印可，一切諸菩薩印可。

菩提場所説一字頂輪王經證學法品第十二

尒時世尊知無盡法界已，除遣一切諸障。復告金剛手菩薩言："金剛手，若善男子善女人、苾蒭苾蒭尼，若欲修習佛頂不思議印三摩地。彼苾蒭住苾蒭律儀，慇懃而護持。苾蒭尼住苾蒭尼律儀，塢波塞迦住塢婆塞迦律儀，塢波斯迦住塢波斯迦律儀。若是彼善男子修真言行者，彼先應入曼荼羅，受三歸依，發菩提心。應成就十善業道，如説修真言行極善作意，親近承事善友，常修六念，應觀法界如虚空自性，應善修習入般若波羅蜜境界，此於[①]觀行不欺誑、不放逸。善應隨三世佛菩薩行行，住於阿蘭若，不顧戀一切身命，三時善應受三歸菩提心律儀戒，所聞甚深佛法憶持修行。善修四攝，於如來窣覩波前，常塗曼荼羅，於真言儀軌常精勤[②]。作窣覩波身口專精修行，不怒不躁不掉舉，口不多語不雜亂語不欺誑侘。於諸有情常行恭敬愛樂心，善知如來密意之説。我略説，修行者常懷勇猛大精進意，安立一切有情於佛菩薩道。若修佛頂王真言行者，若修餘真言行者，應如所説功德，善應修行成就。如方廣經典所説真言行，應當修習，各住自律儀善應護持。"

復告金剛手："如説修佛頂真言行者，已得成就身，如初出日輪，真金瓔珞臂釧，作閻浮檀金色，一切嚴具莊嚴其身。著天妙衣具諸相好，縱廣周停身相奇特，百千光明莊嚴，圓光一尋超過日輪，映奪一切色身。復次金剛手，成就持明仙，纔見令一切衆生喜悦，猶如如意樹令滿一切所求。復次金剛手，成就輪王佛頂菩薩，至於地獄雨種種天妙飲食，亦能滿一切衆生所須，有所希望者皆得滿足，我略説彼有大威德。金剛手，成就輪王真言者皆滿一切有情意樂，由心起念則令滿足。彼得輪王成就之人，住十地菩薩不敢違越其教令。金剛手，此一字輪王真言，一切真言中爲王，大明王主，若修行滅除一切業障，亦滅除一切惡趣之業。得成此真言，一切神通悉皆現前，纔瞬目頃往於色究竟天，一切佛、菩薩、緣覺、聲聞，稱讚歡[③]喜，得一切菩薩行，於餘世界自在遊行。於一切有情，隨其意趣，種種音聲而爲説法，乃至我略説，於無量無邊世界有情，希奇行色最勝廣大獲得成就。"尒時如來説

---

① 此於，《中華藏》校勘《石》《麗》作"於此"。

② 勤，《中華藏》校勘《麗》作"進"。

③ 歡，原作"歎"，據《中華藏》校勘《麗》改。

伽佗曰：

種種闘戰空自在，如栽寶性而照曜，
若青蓮華在池開，彼勝驍勇威光色，
彼人悉皆超世閒[①]，毗鈕真言不可及。

尒時世尊復告金剛手祕密主，復説伽佗曰：

略説普通法，祕密地居人，
明者先行後，指示相最勝。
地方説三種，卑濕及乾燥，
并以於高原，於明天所居。
名曰爲勝地，中方説三種，
求成就之地，皆通於三種，
智者應觀察，淨不淨兩[②]并。
天妙復三種，於此一一中，
各分爲三種，河池海山王，
稱最勝成就。淨不淨德俱，
名中成就處，若是屍林地，
是名不淨處。此教一切處，
成就處三種，惡王賊飢儉，
是處不應居。行者有障難，
彼地不應住，極寒熱雨處，
於此教悉制，三時應念誦，
長養意樂故，應攝三種時。

菩提場所説一字頂輪王經護摩品第十三

復告金剛手，遠離於祕密，
成就不可得。於此經教中，
成就故説密，護摩爐差别，
應祕密而作，息[③]災等三種，
一處不應作。若一處護摩，
護摩爐必謬，若於調伏爐，

① 超世閒，《中華藏》校勘《徑》作“起世間”，“起”形訛，《石》《麗》作“超世明”。
② 兩，原作“雨”，據《中華藏》校勘《石》《磧》《南》《徑》《清》《麗》改。
③ 息，原作“悉”，據《中華藏》校勘《石》《徑》《麗》改，下一“息”字同。

不應作息災，如器中有毒，
盛乳必當壞。審觀三種事，
故説三種爐，餘教亦説三，
爐作是分别，於此應用之，
是故不相違。明屈屨草牙，
許用於牛酥，優曇鉢天木，
及以於乳木，并用鬱金香，
三時作護摩，爲求息災故，
獲得種種利。若被竊藥物，
應用黑胡[1]麻，和蜜常用之，
及波羅奢木，及與天木等，
應用白芥子，護摩而稱讚，
於諸三種法，而用蘇護摩。

尒時世尊釋迦牟尼復告金剛手祕密主言："於此中修行教王，爲有情利益故。"復説伽佗曰：

說是真言明，種種大威德，
修習佛頂王，種種真言明。
無量大奇特，并佛眼等明，
成就諸義利，及與印契等。
我先已宣説，普通真言王，
爲求成就者，獲得果報故。
我今説印契，爲求悉地故。
一類説多種，次第我今説，
普通佛頂印。

以二手内相叉作拳，豎二中指相合屈上節，普通一切佛頂印，能成就一切義利。

由見此印契，如親覩諸佛，
難調諸藥叉，龍阿蘇羅衆，
一切諸羅刹，由此印威德，
悉融而驚怖。此是大真言，
一切佛頂心。

曩莫三滿多没馱南引，一唵引，二吒嚕二合，三滿馱四娑嚩二合，引訶引，五

① 胡，《中華藏》校勘《磧》《南》《徑》《清》《麗》作"油"。

復説伽佗曰：

若得此印契，能獲諸安樂，

國王等世間，於彼常利益。

欲求法利益，决定而獲得，

若得此印契，諸苦悉消滅。

由此一切佛頂根本印，作一切事業。修行者、護諸根者，以此根本印，用中指端來往，即名迎請印。一切普通先所説，以各自真言，用結此根本印，通一切處用。塗香華、燒香、飲食、燈明等，以此印用之，即用前印，二中指峯如環狀，是迎火天印，真言如先已説。若發遣火天時，以印向外掣，即成發遣火天印。又即此印准前辨事佛頂印，以右中指頭屈上節，拄蹙左中指面上節，是摧壞頂印。

能作奇特事，能作一切事，

護身結界處，應當而受用。

又移左中指，屈上節蹙[①]拄，

右中指上節，是摧毁頂印。

頂印[②]真言如先已説。

此名摧毁頂，能調難調者，

在於大障難，以此應護身。

准前普通印，屈右中指第三節，拄左中指第一節文。

能淨處所故，用此摧毁頂。

若求成就時，結此護處所，

移左指如前，以此印護處。

是諸佛頂心，應用摧毁頂，

用以自灌頂，以此印常用。

若人得此印，能淨念誦室，

常於澡洗時，修行者應用，

彼人無諸障，誦是真言故。

次第而用之，本部三昧邪，

常用如此印，修習真言者。

彼人無諸魔，於此佛頂教，佛作如是説，即前印二中指[③]手背上，相押如環。

此無能勝頂，能滅一切罪。

① 蹙，《中華藏》校勘《石》作“剌”。

② 頂印，《中華藏》校勘《石》《麗》無。

③ “指”後，《中華藏》校勘《石》《麗》有“於”。

真言已先説，能除諸惡夢，
能成吉祥事。應用此大印，
當欲寢卧時，自身若常誦，
能滅種種障。我今而略説，
廣説有無量，於此我略説。
爲修佛頂者，共佛眼真言，
而誦求悉地，一切諸會中，
我皆已先説。
修諸真言説解脱，一切如來及菩薩，
得諸安樂獲義利，增加精進及大力，
有情利益勤修習，悉除一切諸疑惑。
是故金剛祕密主，諦聽我爲汝宣説。
我已略説義相應，此是祕密修明者，
三時[①]護摩以天木，油麻及蘇乳相和。
以此歡喜真言王，當説成就真言主，
成就念誦及護摩，三種相資而演説。
於此一一修行中，念誦修行説三種，
身口及意次第説，以此希望增益事。
復説三種應當知，天上遊空及地居，
爲彼求成有三種，爲修三種之種類，
成就求欲及求財，并與求法而念誦，
隨其悉地發勤勇，爲求一切成就故[②]。
善應依法作[③]制底，正見大悲求成就，
彼人成就亦不難，現世獲得勝安樂，
佗世必獲於解脱。古昔多人得成就，
由修頂王大奇特，我曾修此佛頂王。

尒時世尊釋迦牟尼如來，以佛眼觀無量無邊世界，復告金剛手言，説伽佗曰：

諸教中已説，律儀與軌則，
能作及所作，於此教法中，
應當而修行。以彼聖甘露，

① 時，原作“昧”，據《中華藏》校勘《麗》改。
② 故，《中華藏》校勘《磧》作“法”。
③ 作，《中華藏》校勘《石》作“依”。

軍茶利明王，通修於三部。
我説儀軌法，常當而修行，
由彼真言威，一切障悉除。
明王經所説，忿怒王印契，
彼中諸儀軌，悉皆此中用。
不應食葱蒜，羅蔔及菌子，
不以油塗身，亦不應食油，
所有不淨物①，餘教中所制，
一切不應食。求悉地行者，
常求淨身故，以無能勝明，
應用於五淨，半月半月用。
所餘諸教説，悉皆而修行，
於此我略説，諸餘經教中，
於此不廣説。一切諸如來，
説真言法性，諸佛及菩薩，
曾修亦曾説，住彼真言形，
遊行於世間，廣作諸義利，
爲彼劣慧者，盡説其威德。
我今少分説，稱讚其功德，
而於百劫中，不能説輪王，
奇特之法性，此功德無盡。
無盡無所得，若得此教王，
彼人同如來，亦同於菩薩，
天蘇囉禮敬，心得不退轉。
常恒獲②如是，先世所積集，
菩提之資糧，皆由祕密主，
大威神之力。當③知彼有情，
常得清淨身，若得此教王④，
悉皆得一切，證成兩足尊。

① 物，《中華藏》校勘《麗》作“食”。
② 獲，《中華藏》校勘《石》作“懷”。
③ 當，原作“常”，據《中華藏》校勘《麗》改。
④ 王，原作“全”，據《中華藏》校勘《南》《徑》《清》《麗》改。

佛說是經已，金剛手祕密主，諸大菩薩等苾蒭，及一切世間天、龍、藥叉、乾闥婆等，聞佛所説歡喜奉行。

菩提場所説一字頂輪王經卷第五

一字頂輪王念誦儀軌[①]

開府儀同三司特進試鴻臚卿肅國公食邑三千户賜紫贈司空
謚大辨正號大廣智大興善寺三藏沙門不空奉詔譯[②]

我今依忉利天宫會釋迦牟尼如來所[③]説無比力超勝世間出世間真言、上上一切佛頂主宰[④]一字頂輪王念誦儀則，修行者先當入此頂輪王大曼荼羅，得阿闍梨灌頂印可，方受此法。須善明解，然後[⑤]於清淨處[⑥]安本尊像，面西稽首禮，受三歸捨身，説罪受戒。發菩提心，隨喜勸請，發願迴向已，應結佛部三昧耶印，以二手内相叉，雙並豎二大拇指即成[⑦]，是名一切如來心印。真言曰：

唵引，一[⑧]迩那匿二翼反，二[⑨]

次結蓮花部[⑩]三昧耶印，准前佛部心印，屈左大拇指入掌，右大指准前直豎即成[⑪]，是名蓮花部心印。真言曰：

唵引，一阿嚧力二

次結金剛部三昧耶印，准前佛部心印，屈右大指入掌，直豎左大拇指即成[⑫]，是名

---

① 底本，《中華藏》第1448號，第65册第783頁上—786頁下，原《麗藏》本。校本，《中華藏》别本，第1449號，第65册第789頁上—791頁中，原《磧砂藏》本。經名，《中華藏》校勘《石》作"一字頂輪王念誦儀軌一卷"，《磧》《普》《南》《徑》《清》作"一字佛頂輪王念誦儀軌"。别本經名後有"依忉利天宫所説經譯"，屬題注。

② 譯名，《中華藏》校勘《石》《磧》《普》《南》作"特進試鴻臚卿大興善寺三藏沙門大廣智不空奉詔譯"，《徑》《清》作"唐特進試鴻臚卿三藏沙門大廣智不空奉詔譯"。别本無譯名。

③ 依忉利天宫會釋迦牟尼如來所，别本無。

④ 主宰，别本作"王"。别本"王"，《中華藏》校勘《石》作"主"。

⑤ "修行者先當入此頂輪王大曼荼羅"至"然後"，别本無。

⑥ 於清淨處，别本作"清淨於淨處"，"清淨"衍。

⑦ "以二手内相叉"至"即成"，别本作"四頂互内交，二輪並合豎，前附於蓋"。

⑧ "引，一"，原無，據别本注音及斷句加，以下斷句注文均據别本加。

⑨ 匿二翼反二，原作"迩入聲，呼"，據别本改。

⑩ 部，别本無。

⑪ "准前佛部心印"至"即成"，别本作"即前印左輪屈入掌中，右輪如前豎"，其中"即前印"，《中華藏》校勘《石》作"即前印印"。

⑫ "准前佛部心印"至"即成"，别本作"即前蓮華部心印，右輪屈入掌中，左輪依前豎"。

金剛部心印。真言曰：

唵引,一嚩日囉二合地力二合,二

次結甲冑印,以二手内相叉,豎二中指各屈上節如劒[1]形,以二頭指各拄中指[2]背,以印加持[3]額、右肩、左肩、心、喉五處一遍。真言曰：

唵引,一斫羯囉二合韈嘌底二合,二鉢囉二合賒弭多三囉捺囉二[4]合,引囉捺囉二合,引,四婆去娑摩二合車盧瑟尼二合沙五畧[5]乞灑[6]二合畧乞灑二合軨[7]六吽發吒半音娑嚩二合,引訶引,七

次結佛眼印,以二手合掌,屈二頭指[8]各拄中指[9]背,並屈二大拇指[10]入掌,以印真言加持[11]五處。真言曰：

曩莫三滿多没馱引南引,一[12]唵引,二嚕嚕薩普[13]二合嚕三入嚩二合羅[14]底瑟咤[15]二合,四悉馱盧者寧五薩嚩囉他[16]二合娑引[17]達泥娑嚩二合,引訶引,六[18]

次結大海印,以二手内相叉合[19]掌,擘開二大指,以印[20]右旋三帀,想成大海水[21]。真言曰：

唵引,一微摩嚧娜地娑嚩二合,引訶引,二

次於大海中想須彌盧山,四寶所成,以二手内相叉,急握作[22]拳,合腕並豎即成[23]。

---

① 劒,《中華藏》校勘《磧》《普》《南》《徑》《清》作“鉤”。
② “以二手内相叉”至“中指”,别本作“准根本印,屈二蓋拄二光”。
③ 以印加持,别本作“印”。
④ 二,原作“三”,據别本改。
⑤ 畧,别本作“囉”,下一“畧”字同。
⑥ 灑,别本作“沙”,下一“灑”字同。
⑦ 軨,别本作“鈴”。
⑧ 頭指,别本作“蓋”,下同。
⑨ 中指,别本作“光”,下同。
⑩ 二大拇指,别本作“二輪”,下同。
⑪ 以印真言加持,别本作“印”。
⑫ 曩莫三滿多没馱引南引一,别本作“娜謨三漫多勃馱引南引,一”,下同。
⑬ 普,别本作“怖”。
⑭ 羅,别本作“攞”。
⑮ 咤,别本作“姹”。
⑯ 囉他,别本作“喇佗”。
⑰ 引,别本無。
⑱ 引六,原脱,據别本補。
⑲ 合,《中華藏》校勘《石》《磧》《普》《南》《徑》《清》作“仰”,别本同。
⑳ 以印,别本無,《中華藏》校勘《磧》《南》《徑》《清》作“以”。
㉑ 想成大海水,别本作“想大海”。
㉒ 作,别本作“豎”。
㉓ 合腕並豎即成,别本無。

真言曰：

唵引,一阿者羅吽二

次於須彌盧山上,想七寶樓閣,即結[①]加持寶樓閣印,以[②]二手金剛合掌,左右十指各交初分即成[③]。真言曰：

曩謨三滿多没馱引南引,一唵薩嚩他欠二嗢娜蘖[④]二合帝薩頗二合囉呬引鈝三誐誐曩劒平聲,呼[⑤]娑嚩二合,引訶引,四

次結佛頂輪王印,二手内相叉作拳,竪二中指屈上節如劒形,並竪二大指,屈二頭指,捻二大指頭上即成[⑥],印五處加護。真言曰：

曩謨三滿多没馱引南一步嚕唵三合,二

次結網橛[⑦]印,准前根本印,屈二頭指上節,背不相著,以二大拇指各壓上下,揮轉即成,結上下界。真言曰：

曩謨三滿多没馱引南引,一阿鉢囉二合底賀多舍娑娜南二唵引,三微枳囉拏微特防去[⑧],二合娑尼四迦比羅貳嚩里尼五怛囉二合娑耶六嚩日囉二合吠賒薩帝吸引囉特嚩二合,七能上瑟吒囉三[⑨]合嚕吃沙二合鈝登八

次結圍[⑩]墻印,准前根本印,屈二頭指兩節相逼,平竪二大拇[⑪]指,附二頭指,右旋三匝即成金剛墻界。真言曰：

噁引,一莫壑二,歸命同前[⑫]

次結車輅印,二手内相叉仰掌,申二頭指,令甲側相拄,屈二大指,各[⑬]柱頭指根下,想於他方世界,奉迎本尊。真言曰：

唵引,一覩嚕覩嚕吽二

次結迎車輅印,准前[⑭]車輅印,以二大指各撥中指頭,向身三招。真言曰：

---

① 即結,别本無。

② 以,别本作“印”。

③ 左右十指各交初分即成,别本無。

④ 嗢娜蘖,别本作“鄔娜哦”。

⑤ 曩劒平聲呼,别本作“那撿”。

⑥ 捻二大指頭上即成,别本作“兩節相拄於二輪上”。

⑦ 橛,别本作“橔”

⑧ 去,原無,據别本補。

⑨ 三,原作“二”,據别本改。

⑩ 圍,别本無。

⑪ 拇,《中華藏》校勘《磧》《南》《徑》《清》無。

⑫ 歸命同前,别本無。

⑬ 各,别本無。

⑭ 前,别本無。

發遣，除羯哩灑二合耶加尾薩哩惹耶①曩謨悉底哩也四合②地尾二合迦南一怛他蘖多③南二唵引嚩日囉二合儗妍以反④傜也二合羯哩沙二合⑤耶娑嚩二合，引訶引，四。若奉送，除羯哩沙二合耶迦尾薩若耶⑥

次結迎請印，准前根本印，屈右頭指於中指後，向前三招。真言曰：

曩謨婆誐嚩帝一⑦阿鉢囉二合底賀覩瑟尼二合沙耶二翳呬翳二合呬婆誐吻⑧三達麽囉惹平⑨鉢囉二合底掣⑩鴟奚反南四遏鉗嚩談補濫奔補甘反，二合⑪度奔上⑫末隣傜半者五滿遮避路吃沙⑬二合，六阿鉢囉二合底賀多七麽囉鉢囉二合，引⑭羯囉二合麽耶娑嚩二合，引訶引

次結一切辦事佛頂印，以二手内相叉，豎二中指屈上節如劒形⑮，諸供養物及浴水、洗淨土等，並用此真言加持⑯，辟除、去垢、結界皆用此真言，左旋辟除，右旋結界。真言曰：

曩謨三滿多没馱南一唵引，二吒嚕唵三合⑰，三滿馱娑嚩二合，引訶引，四

次重結前網橛⑱印，一⑲用結上方界。

次結阿娑莽倪倪枳反⑳尼印，側二手左掩右，豎二大指即成㉑，右轉一匝即成密縫。真言曰：

唵引，一阿娑莽倪尼吽登二

---

① 此句原無，據别本補，并改注文。

② 也四合，别本作"野二合"。

③ 多，别本作"哆"。

④ 妍以反，别本作"愚以反"。

⑤ 沙二合，别本作"灑"。

⑥ 若奉送除羯哩沙二合耶迦尾薩若耶，别本無。

⑦ 一，别本無，據《大正藏》别本補。

⑧ 吻，别本作"刎"。

⑨ 平，原脱，據别本補。

⑩ 掣，别本作"車"，下同。

⑪ 濫奔補甘反二合，别本作"瑟貶逋諳反"。

⑫ 奔上，别本作"貶同上"。

⑬ 吃沙，别本作"乞叉"。

⑭ 二合引，别本作"引"。

⑮ 屈上節如劒形，别本作"如幢"。

⑯ 加持，《中華藏》校勘《徑》作"左加"。

⑰ 唵三合，别本作"嚕二合"。

⑱ 橛，别本作"撅"。

⑲ 一，别本無。

⑳ 倪枳反，《中華藏》校勘《磧》《南》《徑》《清》無。倪，别本作"移"。

㉑ 豎二大指即成，别本作"堅二輪"，"堅"字形訛。

次結獻閼伽印，准前根本印，屈二頭指各[①]附中指，豎二大指，各附頭指根側。真言曰：

曩謨三滿多没馱南一唵引，二閼伽囉訶三閼伽必哩二合野四鉢囉二合底掣鴟奚反娜末鉗娑嚩二合，引訶引，五

次重結根本印。

次結獻師子座印，准前根本印，屈二頭指於二大指甲側。真言曰：

唵引阿者囉尾囉耶娑嚩二合，引訶引，二

次結塗香印，准前根本印，屈右頭指倚於左[②]中指下節。真言曰：

曩謨三滿多没馱南一唵引，二怛嚩[③]二合盧抧也二合巘馱蘖帝三吽吽發發娑嚩二合，引訶引，四

次結獻花印，准前塗香印，改左[④]頭指，倚左[⑤]中指下節。真言曰：

曩謨三滿多没馱南引唵薩嚩盧迦補澁波二合步多耶吽吽發發娑嚩二合，引訶引

次結燒香印，准前根本印，屈二頭指，各倚於中指中[⑥]節。真言曰：

曩莫三滿多没馱南唵尾囉蘗哆微蘗多度跛耶吽吽發發娑嚩二合，引訶引

次結獻食印，准前根本印，屈二頭指上節，各附於大指側。真言曰：

曩謨三滿多没馱南一唵引，二薩嚩盧迦麽里必哩二合夜引[⑦]，三吽吽發發娑嚩二合，引訶引，四

次結獻燈明印，准前根本印，屈二頭指兩節，令不相著，二大指各附於頭指上。真言曰：

曩謨三滿多没馱南一唵引，二薩嚩盧迦跚捺囉二合捨那耶三吽吽發發娑嚩二合訶引，四

次結普供養加持印，二手虚心合掌，上頂[⑧]各兩節相交。真言曰：

曩謨三滿多没馱南[⑨]冒地薩怛嚩二合南一唵引，二薩嚩怛囉二合僧俱蘇弭多三避枳[⑩]惹囉始寧[⑪]

---

① 各，别本作“相柱”。

② 左，别本及《中華藏》校勘《石》《磧》《普》《南》《徑》《清》作“右”。

③ 嚩，别本作“嚟”。

④ 左，《中華藏》校勘《磧》《南》《徑》《清》作“右”。

⑤ 左，别本作“右”。

⑥ 中，别本及《中華藏》校勘《磧》《普》《南》《徑》《清》作“下”。

⑦ 夜引，别本作“夜耶”。

⑧ 上頂，《中華藏》校勘《磧》《普》《南》《徑》《清》作“十指”。

⑨ 南，别本無。

⑩ 枳，别本作“吉”。

⑪ 寧，别本無。

曩謨薩覩二合諦[①]娑嚩二合訶引，四

次結遍照佛頂印，二手内相叉合[②]爲拳，令二中指節微起。真言曰：

曩謨三滿多没馱南一嗯引，二莫峆[③]

次結白傘蓋佛頂印，以二[④]大指，各捻二無名指[⑤]甲上側相合，二頭指屈如蓋形，二中指微屈相合，二小指[⑥]各竪相合。真言曰：

曩謨三滿多没馱南一阿鉢囉二合底賀多舍娑那南二唵引，三麽麽麽吽匿伱翼反，四

次結光聚佛頂印，准前白傘蓋印，坼[⑦]開二頭指即成。真言曰：

曩謨三滿多没馱南一阿鉢囉二合底賀多舍娑娜南二唵引，三怛他蘖都瑟尼二合娑[⑧]四阿那嚩盧枳多慕嚟馱二合，五帝儒囉始吽六入嚩二合攞入嚩二合攞七馱迦馱迦八娜囉娜囉微[⑨]娜囉微娜囉九嗔那嗔那頻那頻那[⑩]吽吽癹癹娑嚩二合，引訶引，十

次結高佛頂印，准前白傘蓋印，屈二頭指，各拄中指[⑪]中節背。真言曰：

曩謨三滿多没馱南一阿鉢囉二合底賀多舍娑娜南二唵引，三你䩙你䩙卑瑜[⑫]二合娜誐都瑟尼二合沙四吽吽癹癹娑嚩二合訶引，五

次結勝佛頂印，准高佛頂印，移二頭指，向上兩麰麥許。真言曰：

曩謨三滿多没馱南一阿鉢囉二合底賀多舍娑那南二唵引，三入嚩二合羅惹諭瑟尼二合沙四吽癹娑嚩二合，引訶引，五

次結摧毁佛頂尾枳囉拏印，二手内相叉作拳，竪二中指屈節，以右中指拄左中指面，令出半節許。真言曰：

曩謨三滿多没馱南一阿鉢囉二合底賀多舍娑娜南二唵引，三尾枳囉拏四度那度那犢引，五

次結摧碎佛頂印，准前改左中指，拄右中指面，亦出半節許。真言曰：

曩謨三滿多没馱南一阿鉢囉二合底賀多舍娑那喃二唵引，三阿鉢囉二合底賀都瑟尼二合沙耶四薩嚩尾伽曩二合尾特望二合娑那迦囉耶五怛嚧二合吒耶娑嚩二合，引訶引，六

---

① 曩謨薩覩二合諦，别本作"那慕薩低"。

② 合，《中華藏》校勘《磧》《普》《南》《徑》《清》無。

③ 莫峆，别本作"莫含呼頷反，三"，《大正藏》别本作"莫含呼頷切，三"。

④ "二"後，《中華藏》校勘《磧》《南》《徑》《清》有"手"。

⑤ 指，《中華藏》校勘《磧》《普》《南》《徑》《清》無。

⑥ 小指，别本作"勝"，下同。

⑦ 坼，别本及《中華藏》校勘《磧》《普》《南》《徑》《清》作"拆"。

⑧ 娑，别本作"沙"。

⑨ 娜囉娜囉微，别本無。

⑩ 嗔那嗔那頻那頻那，别本作"嗔那牝那"。

⑪ 各拄中指，别本作"柱二光"。

⑫ 䩙你䩙卑瑜，别本作"䩙你卑瑜"。

次結輪王佛頂心印，准前根本印，屈二頭指各拄中指上節[①]。真言曰：

囊莫三滿多没馱南一阿鉢囉二合底賀多舍娑娜南二唵引，三怛他孽都瑟尼二合沙阿那嚩盧枳多四没馱尼斫羯羅二合靺嘌二合底五[②]吽入嚩二合羅入嚩二合羅六馱迦馱迦七度那微度那八怛囉二合娑耶麽囉逾瑳囉耶九賀[③]那賀那十伴惹伴惹十一暗惡[④]牖鉢龍[⑤]二合，十二企尼君吒哩尼十三阿鉢囉二合尒多薩怛羅二合馱哩尼十四吽發娑嚩二合，引訶引，十五

次結心中心印[⑥]，准前根本印，屈二頭指各加於二中指上節上。真言曰：

囊莫三滿多没馱南一阿鉢囉二合底賀多舍娑那南二唵引，三阿鉢囉二合，引尒多特他[⑦]翼反，四

普通諸佛頂印，二手虚心，金剛合掌，如花在掌中，修行者若急[⑧]遽不能遍結諸佛頂印，但結此印，誦諸佛頂真言。

次結頂印，准前根本印，屈右頭指，豎於右中指後，令不相著。真言曰：

囊莫三滿多没馱南一阿鉢囉三合底賀多舍娑那南二唵引，三斫羯羅二合靺嘌二合底[⑨]唵吽四

次結頭印，准前根本印，開二頭指，各直豎於中指後，令不相著，微屈。真言曰歸命同上：

唵引，一斫羯囉二合靺嘌二合，二底[⑩]吽發娑嚩二合，引訶引

次又結根本印。

次結大三昧耶印，加護本尊，二手内相叉，豎二中指，屈二[⑪]頭指中指後如鉤，相去一穬麥許，二大指各附頭指根下，右旋三匝。真言曰：

唵引，一商羯哩二摩訶三昧延[⑫]娑嚩二合，引訶引，三

次誦一百八名讚讚[⑬]歎。

---

① “上節”後，别本有“節上”。

② 二合底五，别本作“底二合，五”。

③ 賀，别本作“呵”，下同。

④ 惡，别本作“音”。

⑤ 龍，别本作“嚨”。

⑥ 心中心印，别本作“心中印”。

⑦ 他，别本作“地”。

⑧ 急，别本及《中華藏》校勘《石》作“忩”，《磧》《普》《南》《徑》《清》作“怱”，别本校勘《南》作“忽”。

⑨ 二合底，别本作“底二合”。

⑩ 二合二底，别本作“底二合，二”。

⑪ 二，《中華藏》校勘《磧》《南》《徑》《清》作“三”。

⑫ 延，别本作“鹽”。

⑬ 讚，别本及《中華藏》校勘《磧》《普》《南》《徑》《清》無。

欲念誦，先以五支成本尊，或五相成本尊瑜伽，或於三①處頂、舌、心也想一字頂輪成本尊，坐八葉蓮花，於一一葉②上想③七寶，唯當④前蓮花葉上，想佛眼尊，次應持珠。此依《菩提道場所説經》。

次持珠，合掌捧珠，誦淨珠真言七遍。真言曰：

唵引，一阿娜步二合佉尾惹曳而奚反，二悉地悉馱囉梯娑嚩二合，引訶引，三

次結持珠印，二手各以大指捻無名指甲上，直豎二中指、二小指，屈二頭指於中指後，令不相著。如《毗盧遮那經》半金剛杵印。真言曰：

曩謨婆誐嚩底一蘇悉第娑馱耶二悉馱囉梯娑嚩二合，引訶引，三

次應淨其心，如法而念誦。

持珠令當心，繫心於鼻端。

字句分明呼，不緩亦不急，

不頻伸嚱嗌，咳嗽與唾涕。

染等心相應，及心緣苦受，

如是等過患，皆不得成就。

當念誦時，身心不得疲怠。若勞倦⑤，即應結五供養印，誦讚歎，獻閼伽。念誦畢，持珠頂上。

次結前密縫印，左轉一帀，即成解界。

次結奉送印，准前根本印，左頭指外擲，誦迎請真言，除翳呬翳呬，加蘖車蘖車句，即成奉送。

次應復結墻及網橛等印，加護處上下及所成就物。

次結計里枳里印，以左大指壓左小指甲上，餘三指頭坼開，直豎如三股⑥杵形，右⑦旋轉三匝，成結界。真言曰：

唵引，一枳里枳里嚩日囉二合吽發二

次結軍吒利印，二小指於掌中交，以二无名指小指上⑧，以二大指壓二无名指⑨上，豎二中指相合，屈二頭指於中指後，令一麥許，不相著，右旋三匝，即成結界。真

① 三，別本作“處”。

② 葉，《中華藏》校勘《磧》《南》《徑》《清》作“華”。

③ “想”後，《中華藏》校勘《磧》《普》《南》《徑》《清》有“相”。

④ 唯當，別本作“准”。

⑤ “倦”後，《中華藏》校勘《磧》《南》《徑》《清》有“時”。

⑥ 股，《中華藏》校勘《石》《磧》《南》作“鈷”。

⑦ 右，《中華藏》校勘《磧》《普》《南》《徑》《清》無。

⑧ 以二无名指小指上，別本作“屈二高壓”。

⑨ 指，《中華藏》校勘《磧》《普》《徑》《清》無。

言曰：

曩謨囉怛曩二合怛囉二合夜引也①一曩莫室戰二合拏嚩日囉二合跛拏曳二摩訶藥乞叉二合細曩跛②多曳三曩莫室③戰二合拏嚩日囉二合句路④馱耶四唵引，五虎嚕虎嚕六底瑟吒⑤二合底瑟吒二合滿馱滿馱八呵那呵那九阿蜜哩二合帝吽登娑嚩二合，引訶

從一字真言，至於十五字⑥，

每計於字數⑦，十⑧字一洛叉⑨，

乃至於三字⑩，應誦三洛叉。

應⑪作先事法，三十字已上，

應誦一萬遍。

一字頂輪王念誦儀軌一卷⑫

① 夜引也，别本作“夜耶”。

② 曩跛，别本作“那波”。

③ 室，别本作“窒”。

④ 路，别本作“𠳿”。

⑤ 吒，别本作“姹”，下同。

⑥ 至於十五字，《中華藏》校勘《磧》《南》《徑》《清》無。

⑦ 每計於字數，《中華藏》校勘《磧》《南》《徑》《清》無。

⑧ 十，别本作“一”。

⑨ 十字一洛叉，《中華藏》校勘《磧》《南》《徑》《清》無。

⑩ 於三字，别本及《中華藏》校勘《石》《磧》《普》《南》《徑》《清》作“三十字”。

⑪ “應”前，别本有“又”。

⑫ 卷末經名，《中華藏》校勘《磧》《普》《南》《徑》《清》作“一字佛頂輪王念誦儀軌”，别本校勘《徑》《清》無“一卷”。

一字奇特佛頂經[①]

一字奇特佛頂經卷上

開府儀同三司特進試鴻臚卿肅國公食邑三千户賜紫贈司空
謚大辨正號大廣智大興善寺三藏沙門不空奉詔譯[②]

現威德品第一

如是我聞，一時婆伽梵住三十三天，以如來加持無量福出生普遍光樓閣，大福俱胝莊嚴，大福佛資粮，普遍無量稱讚，無數功德衆，無量金剛堅固不壞處。清淨佛世界莊嚴，一切摩尼寶王莊飾開敷，莊嚴圓淨，於智愛樂，無垢光明熾盛摩尼寶善莊嚴，乃至世界三摩地圓清淨，一切法理趣説清淨，無量色廣博摩尼寶海間錯，示現於無盡如來三摩地。清淨無盡摩尼寶王變化間錯花旋流摩尼[③]樹枝莊嚴，善巧方便，示現佛智。一切花香摩尼寶光明交絡，普遍熾盛。佛加持所現遊戲神通普遍光，於大樓閣一切摩尼廣博旋轉，十方所觀察，吠瑠璃等種種寶莊嚴，無量寶王階道交絡圍[④]遶，種種摩尼真珠垂作端嚴，豎盖幢幡，珠網寶網覆以寶帳，龍堅旃檀塗飾。自在王鈿飾，摩尼寶網弥覆，龍勝建立，地徹嚴智，普遍光明，摩尼寶柱，寶網交絡。師子蘂摩尼寶王娑羅樹弥覆，師子幢勝摩尼寶門刹牕妙莊嚴，相映不壞。曼陁羅花、摩訶曼陁羅花、曼殊沙花、摩訶曼殊沙花、盧遮花、摩訶盧遮花、輪花、大輪花、蘇摩那花、鞞師迦花、多羅那花、末羅花、瞿達羅花、蘇件地花、陁弩色迦利花、天蘇摩那花、烏波羅花、蓮花、俱勿頭花、白蓮花、大花以散。坐無染智嚴藏師子座，妙清淨慧無二現行，説無相法，住佛住，得一切佛平等無礙，通達不退轉法，無奪境界不思議清淨，得三世平等

---

① 底本，《中華藏》第1399號，第65册第334頁上—368頁下，原《麗藏》本。

② 譯名，《中華藏》校勘《石》作“特進試鴻臚卿大興善寺三藏沙門不空奉詔譯”，《磧》《南》作“特進試鴻臚卿大興善寺三藏沙門大廣智不空奉詔譯”，《徑》《清》作“唐特進試鴻臚卿三藏沙門大廣智不空奉詔譯”。

③ 尼，《中華藏》校勘《磧》《南》《徑》《清》無。

④ 圍，《中華藏》校勘《磧》《南》《徑》《清》無。

遍一切世界身，無能觀頂相，於一切法無礙智，成就一切行慧，無惑覺智無分别身，無二慧住寂勝到彼岸。如來無壞智、解脱智，究竟證得平等無中邊盡虚空遍法界無功用智，獲得一切佛事未來際一切無數劫轉不退輪加持，往菩提場摧魔，證正[①]等覺，轉法輪，現無著智嚴藏，一切相圓俻，所加[②]無壞無依，善能頓現，廣於十方一切世界。住兜率天宫，現没生出家苦行加行，往菩提場摧魔，現證菩提轉法輪，般涅槃，住法隱法。與四万比丘、八万四千菩薩，皆從十方世界來集，皆住一生補處，得灌頂位，出生無量三摩地解脱，住金剛寂勝三摩地，得蓮花最勝三摩地，及得金剛喻三摩地，遊戲幢勝嚴具，一切佛法皆得現前。住功德藏莊嚴三摩地，善趣菩提場，安住入佛境界，得説無盡陁羅尼莊嚴一切魔境界最勝色相，得無盡句説不空劫受記，能摧他教惡衆，建立名稱，十方稱讚。出生無量檀、戒、忍、進、禪、慧方便，一切佛讚歎稱揚，無數那庾多百千俱胝劫，圓滿作業。遠離甚深難測緣生法，入顯邊常斷見，能施一切有情煩惱病，遍知隨應法藥。善遍淨[③]，清淨端嚴，無垢意樂，以勇猛堅固、金剛不壞慈善，於一切有情能攝受告[④]，教以平等慧，無量功德智，盡虚空際住十力陁羅尼辯才理趣。所謂觀自在菩薩摩訶薩、常觀自在菩薩、得大勢菩薩、勝慧菩薩、金剛慧菩薩、師子慧菩薩、師子勇健步菩薩、金剛勇健步菩薩、金剛將菩薩、金剛幢菩薩、無動步勇健菩薩、清淨眼[⑤]菩薩、三世步勇健菩薩、蓮花嚴菩薩、蓮花眼菩薩、寶嚴菩薩、金剛手菩薩、虚空無垢菩薩、妙臂菩薩、妙慧菩薩、大慧菩薩、寶藏菩薩、寶幢菩薩、寶印手菩薩、嚴王影像菩薩、功德王影像菩薩、嚴王菩薩、電光莊嚴菩薩、虚空庫藏菩薩、摧疑惑菩薩、雲音菩薩、清淨慧菩薩、雷音菩薩、曼殊室利童真菩薩，及慈氏菩薩爲上首，與一切賢劫菩薩摩訶薩俱。復有妙界分天子、勝魔天子、功德嚴天子、勝天子、寂調自在天子、勝慧天子、善思惟天子，如是等大威德天子與二萬天子俱，皆發菩提心種植善根。復有四天王天、衆天、天帝釋、商主天、摩醯首羅天、梵王娑訶世界主、魔天子。復有大聲聞衆，所謂舍利子、大目揵連、迦旃延子、富樓那、賓頭盧、憍梵波提、尊宿塔像、迦葉波、大迦葉波、伽耶迦葉波、羅睺羅，如是等爲上首。

復有五千大藥叉將，所謂滿賢藥叉將、珠賢藥叉將、蛩上婆去羅水帝藥叉將、那訶羅藥叉將、般志迦藥叉將，并訶哩底母五百子以爲眷屬。一切山及大河王，金翅爲上首，有無量百千迦樓羅王，及與樹緊那羅王有無量緊那羅以爲眷屬，及與群生主那羅

① 正，《中華藏》校勘《石》《磧》《南》《徑》《清》無。

② 加，《中華藏》校勘《磧》《南》《徑》《清》作"知"。

③ 淨，原脱，據《中華藏》校勘《石》《磧》《南》《徑》《清》補。

④ 告，《中華藏》校勘《磧》《南》《徑》《清》作"苦"。

⑤ 眼，《中華藏》校勘《南》《徑》《清》作"明"。

延天、伊舍那鬼生[①]無量百千眷屬，及與婆蘇吉龍王、蓮花龍王、大蓮花龍王、娑伽羅龍王爲上首，無量百千龍王以爲眷屬，及[②]餘天、龍、藥叉、迦樓羅、緊那羅、摩睺羅伽、人、非人等俱。

尒時世尊與無量百千衆前後圍遶，説如來頂真言行發起，坐大嚴師子座，吼如師子，光耀如日，照曜如月，遍照如帝釋，熾盛如炬，光[③]如梵王，高踊如須弥，大於海，佛頂真言行次第而説。

尒時世尊告菩薩等言："善男子，有一切如來、一切三摩地、最勝三摩地王，由住此三摩地一字輪王佛頂，汝當諦聽、善聽、極[④]善聽、慇懃作意受持。由受持故，菩薩不退轉於無上正等菩提。"時一切大菩薩合掌白佛言："唯願世尊説大明王一字。"尒時世尊入一切最勝三摩地王，説此明王：

南莫三漫多勃馱南步林吽三合

纔説此明王，三千大千世界爲[⑤]光明網普遍照耀，如恒河沙世界，照曜一切彼世界，震動一切彼世界。一切如來入一切三摩地最勝三摩地王，亦説此大明王，説時一切處皆得[⑥]聞，此三千大千世界六種震動，東踊西没，南涌[⑦]北没，上涌[⑧]下没，震動、大震動，一切天從座[⑨]而到如來前，乃至阿迦尼吒天衆，彼等悉皆思念如來。所有三千大千世界中有情，地獄、傍生、焰摩界，由照觸頂王光故，除一切苦受。彼時有情離嗔恚，互觀如父母想，所有彼中生有情互作如是見，於三千大千世界中，輪圍山、大輪圍山及餘黑山，由此明王佛頂光明照曜故，下至無間大地獄，上至阿迦尼吒天等，所有日月大神通、大威德、大自在，皆映蔽不能照耀，無有一處而不光明遍照。如是以世尊神通行作神通，癲狂者得念，盲者得視，瘂者得[⑩]言，跛者能行，聾者得聞，裸者得衣，所思求者皆得飲食[⑪]及資緣具，受苦者得安樂[⑫]，乃至懷胎者産生之時皆得安隱。

尒時彼等菩薩往詣世尊，皆生奇特，作是言："世尊，不思議，奇特！大奇特！此佛頂王。"世尊作如是，見此三千大千世界，寶網遍覆於上，虚空雨天、妙花天，妙花

① 生，《中華藏》校勘《石》《磧》《南》《徑》《清》作"主"。
② 及，《中華藏》校勘《磧》《南》《徑》《清》無。
③ "光"後，《中華藏》校勘《磧》《南》《徑》《清》有"耀"。
④ 極，《中華藏》校勘《磧》《南》《徑》《清》無。
⑤ 爲，《中華藏》校勘《磧》《南》《徑》《清》作"無量"。
⑥ 得，《中華藏》校勘《磧》《南》《徑》《清》作"能"。
⑦ 涌，《中華藏》校勘《石》《磧》《南》《徑》《清》作"踊"。
⑧ 涌，《中華藏》校勘《石》《磧》《南》《徑》《清》作"踊"。
⑨ 座，《中華藏》校勘《南》《徑》《清》作"空"。
⑩ 得，《中華藏》校勘《石》《磧》《徑》作"能"。
⑪ 飲食，《中華藏》校勘《石》《磧》《南》《徑》《清》作"食飲衣食"。
⑫ 樂，《中華藏》校勘《磧》《南》《徑》《清》作"隱"。

雲、末香雲、旃檀雲、衣服塗香雲、花鬘雲、天妙花鬘雲，一切菩薩、一切天、龍、藥叉、乾闥婆、阿修羅、迦樓羅、緊那羅、摩睺羅伽等，以天妙花而散佛上。又雨繒衣、寶[①]蓋、幢幡，天妙音樂，於空中而奏。從彼音樂出如是聲："奇哉！世尊，佛頂。"設住十地菩薩不能瞻覩，所有一切有情互得安樂，得念佛三摩地。彼時釋提桓因、一切盡欲界天子俱往詣世尊，白佛言："世尊，若有持此大明王，我等所有一切天見彼皆起分半座與坐。"時世尊告天帝釋言："天帝法尒，成就頂輪者，天帝釋等諸天見者必分座。天帝無有有情界攝，見成就頂輪者而不與半座，除得地位菩薩，住不思議解脱得三摩地者，及緣覺、離欲聲聞。天帝法尒，或有餘見成就頂輪，從座不起者，彼頭破百分。"時天帝釋作是言："世尊，我加護持明者，若修此明王，若讀[②]若供養，若書寫經卷，乃至受持，彼不墮惡趣，令彼得正念。"世尊讚歎天帝釋："如是如是，天帝，若有成就此明王者，讀[③]誦者必不墮惡趣，得宿命智，不諂曲，無離閒語，不矯不異，心具善巧方便。天帝釋，持頂輪者墮惡趣無有是處，常生婆羅門、刹利大王族，端正具色相好，成就文筆論工巧，不慳悋，得聞持不忘，父母不離[④]。法尒佛頂，威德不思議，無比量，佛頂族不思議。"時彼一切天衆菩薩皆生奇特，其有[⑤]供養無量佛，得至彼人手一切天世攝受，若至彼人手無沮壞，若得此者成就不思議功德。

一字奇特佛頂經[⑥]印契品第二

尒時金剛手菩薩，無量俱胝持明衆圍遶，往詣世尊，頭面禮足，白佛言："世尊，大有持明者於佛教真言行修行，彼不具方便，不善知儀則，爲彼有情利益，由此方便速得成就，唯願世尊演說佛頂真言教。"佛告執金剛："持明者先當受三歸，發菩提心，清淨澡浴，大悲愍念一切有情，於寂静處應結契印，親承稟而受。若異此結者，諸魅及毗那夜迦而作障難，死墮地獄。不灌頂者、不發菩提心者，彼人前不應結此等印。先應結三部心印，四頂互内結合，其二輪並竪，前附著指，是名一切如來心印。"

即前印左輪屈入掌中，右輪如前竪，是名蓮花部心。

即前蓮花部心印，右輪屈入掌中，左輪依前竪，是名金剛部心印。二手竪互交諸頂，虛心合掌，如花在掌中，是普通一切佛頂印。金剛藏先當結一切世間、出世間真言上上一切佛頂主轉輪王印相。

---

① 寶，《中華藏》校勘《磧》《南》《徑》《清》無。

② "讀"後，《中華藏》校勘《磧》《南》《徑》《清》有"誦"。

③ 讀，《中華藏》校勘《磧》《南》《徑》《清》作"讚"。

④ 離，《中華藏》校勘《石》《磧》《南》《徑》《清》作"雜"。

⑤ 有，《中華藏》校勘《石》《磧》《南》《徑》《清》作"有情"。

⑥ 一字奇特佛頂經，《中華藏》校勘《徑》《清》無，以下各品例同。

二手内相叉作拳，豎二光屈上節，二輪並豎，二盖屈兩節，相拄於二輪上，此是輪王根本印，一切印中最殊勝。

即前根本印，右盖於右光後，直豎令不著，是名頂印。

即前根本印，二盖各於光後，直豎令不相著，是名頭印。

即前根本印，二盖各屈，拄二光背，是甲胄印。

即前根本印，屈二盖二節。背相逼，二輪平豎附二盖，是墻印。持明者由結此印，設頂行等不能附近，何況餘作障毗那夜迦等。

即前根本印，二盖屈拄二光第三節，是名輪王心印。與真言相應，能作一切事業。

即前根本印，屈二盖附於二光第三節上，是名輪王心中心印。

即前根本印，屈右盖於右光後，向身三招，是迎請印。由此印請一切真言聖天，及召持金剛，何況餘菩薩等。

左盖向外三擲，是奉送印。

即前根本印，二盖屈相拄，附二光，二輪各各豎附盖側，是閼伽印。先於掌中安花，然後結此印，初迎請及奉送，各用此印奉獻閼伽。

即前根本印，二輪各屈入掌中，即成方隅界。

即前印二輪並豎，微不著盖，目上瞻視而結，是名上方印。

即前印二輪並豎，更互左右動招，是名摧諸開鍵印。

即前根本印，左右盖輪各相拄如環，各依光而住，是名縛一切有情及俱摩羅天、梵天、大自在天、那羅延天等，縛已句召令順伏印，盖輪解，即成解脱。

即前根本印，欲得斷壞他[①]真言，以二輪甲恰[②]二盖甲側，一切真言明成斷壞。

即前根本印，右盖屈倚右光下節，即[③]是塗香印。

即前根本印，屈左盖屈倚左光下節，即是花印。

即前根本印，二盖各屈倚二光下節，是燒香印。

即前根本印，屈二盖一節，各附於二輪側，是名獻食印。

即前根本印，屈二盖兩節，令背不相著，並豎二輪以捻盖側，是名燈印。修行者以此等印，念誦時結用。

即前根本印，二盖甲拄二輪甲上，是名能縛一切難調鬼魅、起屍荼吉尼及水行者，縛其口却，結如根本印[④]，成解。

---

① 他，《中華藏》校勘《磧》《南》《徑》《清》作“地”。

② 恰，《中華藏》校勘《磧》《南》《徑》《清》作“搯”。

③ 即，《中華藏》校勘《磧》《南》《徑》《清》無。

④ 印，《中華藏》校勘《磧》《南》《徑》《清》作“即”。

結根本印，即[①]以花菓安於印中，念誦與人，即得敬愛。

即前根本印，屈二盖一節相逼[②]，以二輪並壓，以忿怒誦根[③]本真言，能禁止象馬車輪。即此印乘象結遥擲，能禁止他敵。

結根本印，入軍陣，能禁一切刀兵所不能害。結根本印，忿怒擲於池井泉，一切龍宫火焰熾然，殺害一切那伽，擲於空中，一切持明仙乾闥婆、緊那羅能殺害。

尒時世尊復告金剛手菩薩言："此大曼荼羅名持三昧耶，能摧一切天、龍、藥叉、乾闥婆、阿修羅、迦樓羅、緊那羅、摩睺羅伽、人、非人等。一切菩薩不能違越，調伏一切難調伏有情，能壞一切真言明，句召一切菩薩。一切佛稱讚、稱譽，歡喜大師子吼，纔結設住十地菩薩，皆欲消融驚駭，何况餘梵天等。是故善男子，我爲汝及觀自在菩薩大師子吼。善男子，此一字轉輪王真言從無量如來受得，轉爲他説，一切天衆生奇特。善男子，此不思議一字輪王一切如來説。善男子，我過去世阿僧祇劫，當彼之時有佛，名轉輪聖王如來應供正遍知，以三摩地住轉輪王形。善男子，我於彼時曾爲長者，於彼如來所承事供養，諸佛設食。金剛手，時彼如來説此一字輪王真言，我於彼時捨家，趣於非家，以大精進求成就。不捨此身，得成持明轉輪聖王，得神通遊於阿迦尼吒天。善男子，我成就[④]無量百千俱胝有情，安立於無上正等菩提，調伏無量百千難調有情，次第皆得成等正覺。善男子，當知此不思議輪王佛頂大威德，大精進勇健，百劫不能具説，我今少分説。於後五濁世，應廣顯揚宣布，於堅固有情淨信大乘者，其人則持一切如來秘密。善男子，此一字輪王，一切如來秘密，一切如來堅實，一切如來最勝，一切如來加持三摩地爲真實，一切三摩地上上，等同如來最勝三摩地，令一切菩薩生奇特三摩地，顯示一切如來，令諸菩薩不能思惟校量。善男子，我略説如來自住此真言形。善男子，我於中説一切印加持大輪王廣大擲印相。"

並兩脚立，以左脚大指壓右脚大指，二手從右膝左右旋轉，如金剛儛，漸上至乳，又於兩頰旋轉，至頂上。結根本印，即住尾捨佉立。

纔擲梵天俱魔天，帝釋摩醯首羅天，
那羅延天及大衆，龍藥叉衆及脩[⑤]羅，
羅刹毗那夜迦等，一切隨族及鬼衆。
迷亂悶絶生恐怖，所有住者天羅刹，

① 即，《中華藏》校勘《石》《磧》《南》《徑》《清》無。
② 逼，原作"逼"，據《中華藏》校勘《石》《磧》《南》《徑》《清》改。
③ 根，《中華藏》校勘《磧》《南》《徑》《清》無。
④ 就，《中華藏》校勘《石》《磧》《南》《徑》《清》作"熟"。
⑤ 脩，原作"循"，據《中華藏》校勘《磧》《南》《徑》《清》改。

住於地下鬼神類，纔結此印皆馳散。

行者應起悲愍心，息灾念誦除苦惱，

誦心真言結心印，淨心彼等得安樂。

“如是，金剛手，擲印有二種，所謂共、不共，此是不共印，我今次説共印。”

平脚立，舉右足如儛勢旋轉。結根本印，安於頂上，此名害印。於天[①]魔障難處應用，纔結此印，一切諸魔十方馳散。“金剛手，此名共印。”夫結擲印，依事法五支成身，想自身如一字輪王，七珎圍遶，光明赫弈，難可瞻睹。左手拄右[②]跨，右手持輪，左右阿哩荼鉢羅二合哆哩荼按步，怒目左右顧視，如師子王奮迅。然後住擲印，結印安於頂，即想十二輻金輪隨魔所在方而擲其印。或畫彼魔形，以印向之而擲。後應起慈心，作息灾法，誦佛母真言，或誦心真言。息灾護摩，或作彼形，用牛乳誦佛母真言以灌沐之，令彼[③]安樂，不然累劫作障道因緣。

尒時金剛手菩薩白佛言：“願世尊説易方便，世尊，或有有情下劣精進無勤勇，世尊，彼不能修最勝成就，是故爲彼有情住大乘者，説作業易方便。世尊，由如來加持力故，於五濁末時，由此大明王以少方便治一切毒。”

佛告執金剛，即前根本印，二風竪合如針，以發動毒。

即前印，以二盖相拄，向下屈摇動，召迷悶毒，然開二盖，便成發遣，毒令散。

即前根本印，開竪二勝，是令語印[④]。

即前根本印，並竪二輪，不著盖頂，令阿尾捨互摇動令倒，互相繫[⑤]令語，互相纏令儛，各擲散，令無毒。“善男子，此明王能作一切事業，其於鬼魅等亦如是作。”

尒時金剛手秘密主白佛言：“云何持明者結印當於何處？”

佛告持金剛：“彼應淨澡浴，於閑静隱密有舍利處，對像前應結。若異此結，即被傷損。成就時結遍擲印，於大魔、大障難處用，天、修羅鬬戰及調伏、難調伏有情，若餘處用，傷損有情。”

一字奇特佛頂經曼荼羅儀軌品第三

尒時觀自在菩薩摩訶薩以佛威神之力，從座而起，偏袒右肩，右膝著地，於世尊前[⑥]合掌禮已，而白佛言：“我請世尊説真言不思議，世尊，諸佛世尊明王佛頂不思議，設住十地菩薩不能瞻覩，何況餘釋梵、護世天等。今請世尊應供正遍知唯願説三昧耶曼荼羅。過去先佛世尊已説，由入此曼荼羅，即成入一切曼荼羅，於此灌頂，於一

---

① 天，《中華藏》校勘《石》《磧》《南》《徑》《清》作“大”。

② 右，《中華藏》校勘《石》《磧》《南》《徑》《清》作“左”。

③ 彼，《中華藏》校勘《磧》《南》《徑》《清》無。

④ 印，《中華藏》校勘《磧》《南》《徑》《清》無。

⑤ 繫，《中華藏》校勘《磧》《南》《徑》作“擊”。

⑥ 前，《中華藏》校勘《石》《磧》《南》《徑》《清》無。

切曼荼羅得灌頂。於此得印可,於一切曼荼羅得印可。於此得入超越一切魔道,由見此得解脱一切魔道。由入此得不退轉,於此得灌頂,於一切真言印自在。由入此持金剛攝受,得離一切罪。由入此能堪任一切事業,由入此安樂易方便,能成大明王離一切障難。由入此或善男子或善女人成就無量功德。世尊,我曾爲人,修此一字明轉輪王,得無量菩薩三摩地,得不思議如來加持。世尊,我曾憶念超恒河沙數劫,當彼時有佛,名寶髻如來應供正遍知,世界名妙慧,我當彼之時貧匱,以賣柴方便活命。我聞寶髻如來應供正遍知彼成就無量功德,於[①]如來前發願,如來皆令成就。我於彼時在家作是思惟:我今請寶髻如來設飯食。早起賣柴,營辦食飲,往詣世尊請佛[②]飯食,如來受請。我於佛世尊發廣大淨信,奉獻食、禮佛已,作是願言:'一切衆生勿令貧匱。'彼如來知我信心猛利清淨,謂我言:'善男子,持此一字佛頂輪王,廣爲我説本教福利。'則彼世尊爲我説,我歡喜奉行,我以大精進勤勇,以此身得大明王,得無礙嚴三摩地。世尊,由此三摩地成就[③]無量百千持明,於無上正等菩提。世尊,我當知此如來佛頂不思議如是,佛三十二大人相中佛頂爲最勝,如是一切真言中此佛頂真言爲最勝。如是世尊天[④]中,佛爲無上大師。如是佛頂輪王,一切真言中明王如是廣大,唯願世尊如來應供正遍知爲我説曼荼羅。"

尒時世尊告觀自在菩薩摩訶薩言:"汝大悲者,大菩提薩埵,於有情大悲體生,無量大悲有情利益故,大薩埵,汝應諦聽,我略説曼荼羅。一切曼荼羅中王,一切天、龍、藥叉、乾闥婆、阿修羅、迦樓羅、緊那羅、摩睺羅伽於集會中,一切佛菩薩所遊戲,金剛手大菩薩輪王三昧耶所加持,爲諸菩薩三昧耶利益故。由持誦此[⑤]輪王,善男子,如來於有情作利益,捨末後身得安樂,無沮壞,得大曼荼羅佛頂輪王修行者,一切意願豐足。善男子,先應阿闍梨於大菩提心堅固,於大願决定,常念誦,平等戒梵行者、具大悲知恩多聞報恩者、護戒禁者,應畫輪王曼荼羅,異此而教畫者,墮於惡趣。彼應先淨其地,多有花菓處,於山頂金剛座轉法輪等處勝上成就,應畫於東北微下處,其地平正不鹹鹵,無棘剌骨毛髮爪甲處,離彊[⑥]石、髑髏、沙穢、黑泥處。若土色好及無如上穢惡,當掘出土却用填築,如地已堅土有餘即是上處,堪爲成就。如土不足,此處不堪,當改覓勝處。驗地已,於如是相皃地,於廣大悦意端嚴樹莊嚴處,具如是功德處,應畫曼荼羅。令童女合白絲縷作五色拼線,或用藕絲不斷續無結類者,或

① "於"前,《中華藏》校勘《石》《磧》《南》《徑》《清》有"所"。
② 佛,《中華藏》校勘《磧》《南》《徑》《清》無。
③ 就,《中華藏》校勘《石》《磧》《南》《徑》《清》作"熟"。
④ "天"後,《中華藏》校勘《石》《磧》《南》《徑》《清》有"世"。
⑤ "此"後,《中華藏》校勘《石》《磧》《南》《徑》《清》有"轉"。
⑥ 彊,《中華藏》校勘《石》《南》《徑》《清》作"礓"。

用野麻或用牧牛繩，應用拼地，初起首拼線，用心真言一百八遍，令護摩。”心真言曰：
南麽三漫多勃馱南阿鉢囉二合底呵多捨娑那南唵怛他孽覩瑟尼二合沙阿那嚩盧枳多没馱尼斫羯羅二合鞢噤底二合吽惹嚩二合羅惹嚩二合羅馱迦馱迦度那微度那怛囉娑野麽囉逾瑳囉耶訶那訶那伴惹伴惹暗惡牖牖鉢曨二合企尼君吒哩尼阿鉢囉二合尒多薩怛囉二合馱哩尼吽發娑嚩二合訶

此名輪王心，於曼荼羅中，以壇中先所置香花，加持一百八遍，於壇中獻閼伽已，然後拼一切色，皆用心真言加持。應畫先白、次赤、次黄、次緑、次黑，如是等粉或用珊瑚金、摩尼真珠、吠瑠璃等，應錯爲末，或用粳朱[①]粉，種種染爲色和香。如是名色次第，若不得如上色，取赤土、黄土、緑土等用。護自身，護曼荼羅處，護弟子，皆用心真言，一切應作誦持明王心真言。應拼曼荼羅，用隨心加持香水，散灑壇上。隨心真言曰：
南莫三漫多勃馱南阿鉢囉二合底呵多舍娑那南唵阿鉢囉二合尒多特地翼反

此名輪王隨心，以此真言一切方處，塗香、花、燒香、飲食、閼伽等一一加持而獻，則展線從伊舍那方起首。於中央安羯刺賒盛水，諸種子及藥盛滿，以繒繫項，於四隅，展線各兩道抨。若線斷、若亂、若結，用酥以六字辦事真言，護摩一百八遍，真言曰：
南莫三曼多勃馱南阿鉢囉二合底呵多舍娑那南唵吒嚧唵三合滿馱娑嚩二合訶

誦一百八遍，則得息灾。若拼不直，即身[②]乖和[③]。若線亂，即迷惑。執線之時不應超，若超，即身疾病。是故漬線之時，須良久，令粉汁潤徹。即抨道麁細得匀。四角橛[④]不太麁不太細，令與壇相稱，應釘之。如是等線四方四門，其中央安佛頂輪王，或以佛印，佛左右安煩惱雹法輪。又畫光聚、高二佛[⑤]頂王，亦右左安，及白傘盖佛頂、勝三佛頂、佛眼、佛毫相、爍吃底丁移反牙。應安佛慈、火[⑥]福德明及威德明、寂勝，及商羯梨三部母明、阿難、須菩提、鉢及錫杖等。於佛右左次第而畫。外四門左右各應畫佛使者，西門中畫無能勝，并於門界道中畫難陁、烏波難陁二龍王，四門畫持蓮華、持金剛，應佛右左畫摩醯首羅并妻，俱尾羅天持[⑦]持，於一切處門兩邊應置。第三院應取第二院之半，於第三院中畫梵王及諸天、迦樓羅、護世等，及餘天隨意而畫。

① 朱，《中華藏》校勘《石》《磧》《南》《徑》《清》作“米”。
② 身，《中華藏》校勘《磧》《南》《徑》《清》作“多”。
③ 和，《中華藏》校勘《磧》《南》《徑》《清》作“儀”。
④ 橛，《中華藏》校勘《磧》《南》作“栓”。
⑤ “佛”後，《中華藏》校勘《磧》《南》《徑》《清》有“印佛印佛”。
⑥ 火，《中華藏》校勘《石》《磧》《南》《徑》《清》作“大”。
⑦ 持，《中華藏》校勘《石》《磧》《南》《徑》《清》作“捧”。

彼三部本族眷屬亦應畫，一切皆依無能勝壇儀軌。金剛起[①]中說。畫壇已，應取新瓶底不黑者，令應量。取阿摩羅梢葉插其中，又取俱緣菓安於瓶口上，此土無，隨時取花菓枝葉相兼端正者。瓶中置諸寶及諸種子，并香水令滿，以細繒帛繫其項，安於壇四角及中央。門皆立刹柱，以時花爲鬘，莊嚴并懸幢幡，應置香爐，燒沉水香、檀香。即阿闍梨於壇側應作護摩，以根本真言，用酥護摩一百八遍，然後迎請。以明王頭頂甲冑，自加持身，於一切有情起大悲心，復發菩提心，取金銀或瓦器，盛諸種子及花香水，令滿。右膝著地，結根本印，應請明王，用心真言依次第，應請天、龍、藥叉等，即以明王心加持中瓶一百八遍。然後取菩提樹木此土用夜合木。然火，和三甜，用明[②]王真言護摩一百八遍，即一一真言各護摩一百八遍。頂真言曰：

南莫三漫多勃馱南阿鉢囉二合底訶多舍娑那南唵斫羯囉二合靺嘌底二合唵吽

頭真言曰[③]：

唵斫羯囉二合靺嘌底二合吽登娑嚩二合訶歸命同上

結下上方界真言曰[④]：

唵微枳囉拏微特防去，二合娑尼迦比羅貳嚩二合哩尼怛囉二合娑耶嚩日羅二合，引吠賒薩帝啾引羅特嚩二合能上瑟吒羅二合囉乞沙二合簳登歸命同頂真言

甲冑真言：歸命准前。

唵斫羯囉二合靺嘌底二合鉢囉二合賒弭多囉捺囉二合，引囉捺囉二合，引娑去薩摩二合車盧瑟尼二合沙囉乞沙二合囉乞沙二合簳吽登娑縛二合訶

墻真言：歸命准前。

噁引莫蟄

如是如前説印，隨事業應用之，一切真言天明，用根本真言安立，則於世尊聖衆作食飲，隨力供養。禮一切佛菩薩，五輪著地，以香泥塗手，結大三昧耶印示之，二手虛心合掌，諸度各微屈如芙蓉，名如來族三昧耶印。然後一一誦一百八遍，心真言亦誦，旋遶曼荼羅，啓白聖衆：我所不應作而作，所有過犯儀軌加減，唯願聖衆捨過。如是第二、第三亦如是説。弟子已受戒者，於真言法生淨信者，已發菩提心者，於三寶淨信者，弟子有如是德者，應令入。入者限七八，若欲入曼荼羅，淨澡浴，遍身塗香，令設誓：若越三昧耶或有愚癡者，墮於無間地獄，汝等善男子，應常護持三昧耶。如是爲弟子告三昧耶，以繒帛覆面，結三昧耶印，令稱心真言，令擲花，所於彼上花落，即定其部族。如是引弟子已，一一爲弟子誦根本真言，以酥護摩一百八遍。如是作

① 起，《中華藏》校勘《徑》《清》作“契”。

② 明，原作“頭”，據《中華藏》校勘《磧》《南》《徑》《清》改。

③ “曰”後，《中華藏》校勘《磧》《南》《徑》《清》有夾注“歸命准前”。

④ “曰”後，《中華藏》校勘《磧》《南》《徑》《清》有夾注“歸命准前”。

已，應告三昧耶：汝等於真言行當勤修，於大乘不應生疑惑，一切天不應輕賤，佛教中不應疑惑。弟子等於阿闍梨殊勝捨施供養，捨己身，應受轉輪王佛頂。阿闍梨於彼無悋心、悲愍心，印契及真言應教授。即從此已後成就者，一切天、龍、藥叉、乾闥婆、阿脩羅、迦樓羅、緊那羅、摩睺羅伽等，及一切有情不能惱害。於一切真言成就，必能堪任得不退轉，入一切菩薩位，一切天不能沮壞，則成入一切世間、出世間曼荼羅三昧耶。一切天皆知，如是善男子成就菩提者，則得悉地，持金剛之所加持，隨行安樂。

"我略說此儀則，次第應作一切曼荼羅王，一字頂輪王所稱説。"

尒時曼殊室利童真[①]菩薩白佛言："世尊，云何爲阿闍梨？云何灌頂？"時世尊讚歎："善哉！善哉妙聲！善哉妙音！若有欲受灌頂者，於阿闍梨比前兩倍應施，應施雙緤[②]，應施金、銀、熟銅器，滿盛諸種子及藥香水，則阿闍梨對曼荼羅前四方，塗作曼荼羅，以白粉三肘量畫蓮華，於上安師子座。受灌頂者坐已，持盖及拂[③]誦吉慶聲讚揚，取中瓶加持一百八遍，令弟子結佛頂印安於頭上。阿闍梨自令弟子灌頂，吹螺擊鼓，作諸音聲。如國王受灌頂，阿闍梨應以右手執弟子手，引入曼荼羅，於一切佛菩薩奉獻弟子，令弟子於佛菩薩請印可。阿闍梨爲弟子告諸佛，作如是言：'世尊，此弟子我灌頂已，此善男子從今已往，以無希望悲愍心，哀愍一切有情，應畫[④]一切世間出世間曼荼羅。'如說應作，如是一切曼荼羅儀軌應加行，如是灌頂者，即爲阿闍梨，入一切菩提道。如是於菩薩行行時，得無量功德果報。"

一字奇特佛頂經先行品第四

尒時金剛手祕密主菩薩摩訶薩從座而起，偏袒右肩，合掌禮佛白佛言："世尊，印可我，於一切真言得灌頂，於一切如來持秘密。世尊，於菩薩大集會，爲修真言行者，及爲我及一切有情，哀愍利益一切大衆，唯願説佛頂轉輪王教方便，或有當來後世人，利益安樂故。"時世尊告金剛手秘密主言："善哉！善哉！秘密主，汝能如是利益，作如是問，汝應諦聽，我今説。"

秘密主，此無障礙如來頂一切明真言王三昧耶隨入儀軌，灌頂儀已説，我今譬喻，秘密主，如如來於天世有情勝爲上上，善男子，此轉輪王佛頂，一切真言中爲寅勝，一切真言王中爲上上，如是先事儀軌，即成成就儀。先當説畫像儀，由纔見此像，修一切真言，於一切教成就堪任。由纔見此，解脱一切罪，一切世間、出世間真言皆得流通。由纔見此，持金剛攝受。由纔見此，遠離一切障毗那夜迦。由纔見此，十八

① 童真，《中華藏》校勘《磧》《南》《徑》《清》無。
② 緤，《中華藏》校勘《磧》《南》《徑》《清》作"氎"，下同。
③ 拂，原作"佛"，據《中華藏》校勘《磧》《南》《徑》《清》改。
④ 畫，《中華藏》校勘《磧》《南》《徑》《清》作"盡"。

大教王安樂,易得成就。由纔見此,一切天、龍、藥叉、乾闥婆、迦樓羅、緊那羅、摩睺羅伽、人、非人等咸禮敬,乃至略説。善男子,由纔見此,一切世間、出世間一切明教中所説句義皆得成就,見一切世間、出世間真言明上上,此佛頂一切佛頂中爲主宰。我今説畫像,童女撚線,不割截,如勇士交易,織師受齋戒,應織綵。頓方三肘,先以五淨洗,後以栴①檀香水洗,於壁塗香,振②所畫像綵。面向東對前,安瓶底不黑者,盛滿香水及一切寶藥,廣大供養於一切佛菩薩。三時燒沉水香,其畫師淨信三寶,不信餘天者,極嚴毅,受八戒,敷茅寢息,身著白衣,三時澡浴,三時换衣。如是畫人不放逸者,應畫聖者從大海踊起,須弥盧山王四寶所成,於上坐白蓮花,身白金色,正受一切三摩地寂勝王三摩地。結跏趺坐,從一切身遍滿出輪,熾盛光明。於上應畫山峯,其峯以種種寶成。持誦者在佛右邊,本色形,持香爐,觀如來面,右膝著地。下應畫蓮華池,從佛頂出光明,其光青黄赤白。則此像安於寂静處,不急躁,聖默節食。依真言、契經、毗尼等,不應放逸,於一切受苦有情生悲愍心,以智眼善攝諸根,心不散動,意常等引,遠離一切愆過及爲遮諸障難。不應食魚肉等,不異作意,淨信三寶,現前敬信,矜愍一切有情,於成就發大菩提願意。三時澡浴,著新淨衣,閑静無人,於大河或山,身、口、心不疲倦。一切時於佛世尊作廣大供養,於圓月晝夜不食,從白月一日起首,或食菜、或食穬麥、或乞食、或飲水、或食粆。誦八洛叉,作先事法,若欲成就安善那,勇士交易,買掃尾蘭,安善那一兩,令婆羅門童女以五淨洗,面向北斫③,以右指撚爲丸,用雨水和,撚時以蠟塗指面,帖④以竹膜⑤,撚之作丸,若丸有指文,即不成就。作四丸,以蓮花葉盛,覆之陰乾,然後安佛前。依護摩儀軌燃柴,作一千三波多,作已即於有舍利塔,或於像前廣大供養。燒波羅奢木,八日護摩,塗一小曼荼羅,四方安護,於第二重曼荼羅,以白芥子警⑥覺,於第三重曼荼羅,有伴無伴廣大供養。真言作加護,面向東,敷茅坐,於三菩提葉上安藥器,以四菩提葉覆。以右手按藥器念誦,乃至暖煙燄。若初位成就,用點眼,持誦者所見人及彼人見持誦者,皆得敬愛。第二位成就,力敵千鵨,行如風,壽命五百年,竊十分之一,諸持明不敢陵突。第三位成就,身如初日暉寶莊嚴,壽命中劫,餘類持明仙不敢輕慢倨傲於輪王,起⑦七風而行。如是素路旦善那、雌黄、雄黄等三種成就,所獲悉地皆同。

又法,若欲成就金剛杵,取霹靂木十六指,作金剛杵,圓月内三日三夜不食,於佛

① 栴,《中華藏》校勘《磧》《南》《徑》《清》無。
② 振,《中華藏》校勘《石》作"팅",《徑》《清》作"張"。
③ 斫,原作"研",據《中華藏》校勘《磧》《南》《徑》《清》改。
④ 帖,《中華藏》校勘《磧》《南》《徑》《清》作"怗"。
⑤ "膜"後,《中華藏》校勘《石》《磧》《南》《徑》《清》有"然"。
⑥ 警,《中華藏》校勘《磧》《南》《徑》《清》作"驚"。
⑦ 起,《中華藏》校勘《磧》《南》《徑》《清》作"超"。

菩薩作廣大供養，具杵獻佛，種種食飲供養佛。然後將金剛杵往於奢摩奢那，取東流河兩邊土，和以五淨，一肘量作窣堵波。對前依儀軌供養，取奢摩奢那灰，於塔前作金剛杵形，安金剛杵於上。以手按上念誦，乃至乞食時澡浴，取[①]彼杵入，乞食得已，分食供養佛。然後自食護身，或有伴或無伴，二手按其杵上念誦，乃至三種成就。初位成就，見彼及彼見持金剛杵者，皆得敬愛。第二位成就，如牛埃塵高飛騰而行，力敵九千爲，奔走如風，竊六分之一。所求自在，能鉤召，身有光耀，得大威德。第三位成就，身如初日暉，壽命一萬歲，倨傲於輪王，持金剛杵遊行。如是蓮華輪、三戟叉、鉞鉾等，所求悉地成就皆同。

又法，欲成就指，先作先事法[②]。取不滿晬[③]孩子頭指，如前法作窣堵波，就於奢摩奢那廣大供養，敷茅，面向東坐。其指獻佛已，以手按之，乃至放光，燈燄增盛，則如[④]意結護。盡一夜念誦，乃至晨朝，用其指招則敬愛。

又法，三日三夜不食念誦，對佛前作曼荼羅。然酥燈供養，燒香[⑤]敷茅而坐，取子母同色牛乳，盛以瓦器，加持一千八遍。以灰結壇界，晨朝澡浴，誦真言，抨乳取生酥，佛前廣供養，燒酥燈，誦真言。用前所抨之酥作人形像，安於七枚菩提葉上，對像前，加持念誦，乃至微動，取此酥所觸皆得敬愛。

又法，用前法取龍花蘂末，作人形，取香瓦器安之，加持一百八遍，所觸所思皆得敬愛。

又法，用前法燒牛膝苗莖護摩，所求財利皆得。

又法，於牛欄中對佛像前，作一窣堵波，高一肘，依法供養，燒安悉香，護摩十萬遍，得一千牛。

又法，用前法取白膠香和酥，護摩十萬遍，得十二最勝村。

又法，用前法取蓮花，塗檀香一千枚獻佛，即得城邑主。

又法，用前法燒安悉香，以十[⑥]萬瞻蔔花獻佛，得金一千兩。

又法，取有蘂花十萬獻佛，得白綵一十[⑦]張，如是一切花隨色得綵。

又法，取奢摩奢那灰，於滿月晝[⑧]夜不食，取無名指嚕地囉，和作彼人形，左脚踏，念誦一千遍，并種族皆得敬愛。

---

① 取，《中華藏》校勘《磧》《南》《徑》《清》作"擲"。
② "法"後，《中華藏》校勘《磧》《南》《徑》《清》有"事法"。
③ 晬，《中華藏》校勘《石》《磧》《南》《徑》《清》作"晬"。
④ 如，《中華藏》校勘《石》《磧》《南》《徑》《清》作"加"。
⑤ "香"，原脱，據《中華藏》校勘《磧》《南》《徑》《清》補。
⑥ 十，《中華藏》校勘《磧》《南》《徑》《清》作"千"。
⑦ 十，《中華藏》校勘《磧》《南》《徑》《清》作"千"。
⑧ 晝，《中華藏》校勘《磧》《南》《徑》作"盡"。

又法，欲求婚，取稻花，和酥、蜜、酪，護摩一千八遍，稱其女名念誦，即隨所願，如不隨，彼必[①]終。

又法，粳米粉作人形，以苦油於當心盛滿，以鐵籤刺，以芥子油塗，取賒摩賒那，火炙之，念誦一千八遍，一日閒即令男女敬愛，二日毗舍王，三日沙門、婆羅門皆敬愛。

我今說未成就事業，取牛黄，加持七遍洗面，若見者皆敬愛。若用點額，若見彼人及彼見者皆得敬愛。於賊中作意念誦，皆得解脱。若彼人作法，損壞自持真言者，用粳米、稻穀、白俱那衛花、白芥子，作本尊形，以左手按上，念誦一千遍，一切真言即不損壞。若欲除寒熱病，取山耳花，加持一百八遍燒，設鬼瘧亦得除差。

又法[②]，佉陁羅木，護摩一百八遍，除一切鬼魅。又加持灰七遍遮他，真言誦一遍，以水灑即解。

又蛇咬人，畫蛇形，把刀誦一遍割一下，其所咬人蛇即來，以其刀左旋，即成發遣。并歸命[③]，誦真言，加二吽字，即禁止蛇。並歸命，加吽字誦真言，即成解。加二發吒誦真言，以左大指畫地，所咬人蛇即來。去發吒字，誦二十一遍，以手觸額，其所被嚙人即起。加持二十一遍，以水灑頭上，如輪旋轉，兼發吒誦二十一遍，取水當鼻加持，散四方，即往於本居取水，依前加持，覆擲於地，復來。

又以俱那衛枝，并發吒字誦打地，鬼魅作聲，并歸命誦，右手觸，即得除愈。又除，歸命誦二十一遍，用摩奴沙骨作橛，稱彼人名，隨地釘之，其摩奴沙即病鬼魅壞亂。以髮作繩，繫其橛，誦一遍拔之，即得如故。又去發吒字，取安悉香，作丸燒，念誦一百八遍，稱彼名或囉惹類，即成鉤召。燒白膠香，誦二十一遍，即得解。

又一字佛頂輪王真言，兼發吒字書於絹素，又樺皮上，安於幢上，兩軍即以禁止於他，即以此幢引前，即其軍皆逼惱不安，掬水誦七遍，散四方，幢却引來，即得安隱。

又欲除箭，取油加持二十一遍塗上，箭即出。又除發吒字，難産婦人加持水或油，與飲及塗，即易産。

又加持土塊一遍，畫彼人形，安於口上，即禁其讒説。及論議得勝，欲解，并發吒字加持薑石，安於上，即解。

又加持白芥子一百八遍，即成鉤召。以掬水加持七遍散之，即成發遣。此一字佛頂輪王無障导依一切教相應作法。

又法，作先事法，於河岸或一樹或山間或池側，或有助伴或無助伴，乞食寂默，慈心相應。三時説罪，意常勇健，無怯弱，心常樂捨施，自作灌頂，作加護被甲，結方隅

① "必"後，《中華藏》校勘《磧》《南》《徑》《清》有"不"。

② 法，《中華藏》校勘《石》《磧》《南》《徑》《清》作"燒"。

③ 命，《中華藏》校勘《磧》《南》《徑》《清》無。

壇界。以真言水灑衣，塗香、花鬘、燒香、飲食、燈明真言，迎請奉送等一切時作，誦十萬遍則終竟。作先事之後，若忿怒視他，彼皆癲癇所持，則得狂亂，身不自在。若復念誦瞻視，則身上瘡疤[①]，被燒則至死，此是無礙。或以右脚頭指捺地而誦，則刹那頃從空雨火，一切處大燒，然起慈心念誦則解。如是忿怒誦，摧他軍，能生一切病，令駈擯殺害、枯竭、迷亂、狂惑、癲癇、魅瘧所持，支分斷及逼惱。若如此誦，一切不空皆得成就，若起淨意慈心誦，即皆得止息。

又法，若欲成就者，於神通月分於河交會處，作緣生胎藏窣堵波。於塔前安像，或飲水食耖，遏伽木搵酥，燒護摩十[②]萬遍，即地動，盡於其地主内，或流星或隱自在雲雨，得大伏藏，見光明，意樂轉依，壽命一劫，一切有情不能沮壞，爲大明王一切方熾盛，若見，能普遍入一切。此成就像法不應少勇志者作，不應少慧無悲者作，不應雜穢不積集資粮者作，不應輕毀尊師、麁惡語、欺誑[③]散動心及不見曼荼羅者，多營作務者，希望作事者作。若有離如是惡者，如是功德不久當成就。若異如前作者，則癲狂不成就。

又法，若欲麽囉謗毁菩薩藏及發菩提心加行，謗佛教者，於像前，或人髑髏前，以人髑髏末作彼人形，面向北於賒摩賒那，或於河或於池，乞食寂默，忿怒其形，以左脚踏，以小指剋，誦七日，日三時，即被大瘧所持，遍身瘡疱，至死受疼痛。即見吃哩爹，如大指節熾盛火燄，如金光明聚，以指期剋作欲吞勢，遍諸方以聲告：某甲使我來，爲令害汝。作如是語時，彼見已，即吐血而死。若於佛法生淨信，則息忿怒。若息[④]忿怒，生慈心，即持明者急達[⑤]。以香水灌沐佛像念誦，起慈心，須臾頃以水灑，其疼痛燒然皆得止息，復得如故。善男子，菩薩以方便於損三寶者應作。

又法，作先事法，思惟利益一切有情，離著無怖畏、不怯弱勇健，不下劣心，持八戒，得灌頂者，知三昧耶，常修念如來，并菩薩、聲聞，説罪隨喜者。安像於賒摩賒那，身著赤衣，以賒摩賒那花莊嚴身及頭。及食賒摩賒那食，住念無限，念誦不失，念護方隅、甲胄牆等儀軌。如是念誦初七日，見恐怖惡形牙齴，熾然竪髮，或一足、兩足、三足[⑥]，兩臂、三臂、四臂，或八臂，或兩頭、三頭、四頭，則持明者忿怒。誦其時，如大風吹大雲，即四方馳散，即起慈心。第二七日，即有女人現，悦意端正、瓔珞嚴身，示現可愛色。見已，念誦起慈心，作不淨觀，即滅不現。第三七日，即見毗那夜迦、惡形

① 疤，《中華藏》校勘《石》《磧》《南》《徑》《清》作“疱”。
② 十，《中華藏》校勘《磧》《南》《徑》《清》作“千”。
③ 誑，原作“訨”，據《中華藏》校勘《石》《磧》《清》改。
④ 息，《中華藏》校勘《磧》《南》《徑》《清》作“自”。
⑤ 達，《中華藏》校勘《石》《磧》《南》《徑》《清》作“速”。
⑥ “足”後，《中華藏》校勘《磧》《南》《徑》《清》有“或”。

羅刹,作寂静來。來已作是言:我作何爲? 修行者作是言:爲奉教。則爲使者,所使令皆依教成辦。其魔若作忿怒心觀修行者,則滅壞。失①作先事者,於河或蓮花池或一樹或大花園而作。

一字奇特佛頂經卷上②

一字奇特佛頂經卷中

開府儀同三司特進試鴻臚卿肅國公食邑三千户賜紫贈司空
謚大辨正號大廣智大興善寺三藏沙門不空奉詔譯

成就毗那夜迦品第五

於屏處安佛像,於一切有情起悲愍心。取神通月,三時澡浴,三時换衣,時别誦一千八遍,乃至月圓滿,其終日晝夜不食。作一僧伽梨衣,以新帛淨洗妙染,善縫應量,以一切香塗,以香埿塗一壇,安袈裟於壇中。然酥燈一千八盞,於一切佛菩薩全身作禮,作是言:我行菩薩行。發如是心,結跏趺坐,以左③手按袈裟,念誦了,至得飛騰虚空,身如初日暉。禮一切佛菩薩,稱一字頂輪王名,纔稱名,得無超勝力。往詣於金剛手菩薩,一切天、龍、藥叉、乾闥婆、阿修羅、迦樓羅、緊那羅、摩睺羅伽等皆作禮,作是言:我等作何爲? 若披僧伽梨衣,彼等倒於地,復以心令起。

又法,作先事法,於山及池側或餘處,或食菜、麦或食④乳或乞食,禮佛説罪,作隨喜功德,誦二十洛叉,所爲所作皆得成就。

又法,欲令禁止殺害,令彼昏睡,禁器仗。畫四印曼荼羅,或畫蓮花廣大曼荼羅,隨力供養飲食。於一髻羅刹尊處,對門作青幡,其幡作三股⑤金剛杵形,於幡上以自嚧地囉,畫三股⑥金剛杵,於中書⑦一字頂輪真言,并畫輪王形狀。繫於竹竿,於竿下取髑髏末作壇,如金剛杵形。於中作護摩爐,爐四邊獨股金剛杵相連圍遶,以遏伽木然火,用摩奴沙骨及嚕地囉并毒藥相和,加持一遍一燒,乃至一百八遍。對軍陣前,即彼軍衆如盲迷乱,一切器仗彼手而落並皆禁止。

---

① 失,《中華藏》校勘《磧》《南》《徑》《清》作“夫”。
② 卷末經名,《中華藏》校勘《石》作“一字奇特佛頂經卷第一”。
③ 左,《中華藏》校勘《磧》《南》《徑》《清》作“右”。
④ 食,《中華藏》校勘《石》《磧》《南》《徑》《清》作“飲”。
⑤ 股,《中華藏》校勘《磧》《南》《徑》《清》作“橛”。
⑥ 股,《中華藏》校勘《磧》《南》作“鈷”。
⑦ 書,原作“畫”,據《中華藏》校勘《磧》《南》改。

又法，欲令他軍墮落，令毉人五支①取血。於爐作②於護摩，瞬目頃彼軍皆得墮落，則隨意縛。若欲令息灾，取酥蜜和龍花護摩，即得安樂。

又法，欲摧他敵，念誦令他近來，既近，或作前曼荼羅及彼幡。於彼軍前躶體散髮，結被甲及牆印，三時各誦一百八遍，燒麽奴沙肉及嚕地囉和毒藥③護摩。行者夜眠牛皮，或隨意眠。如是作已，設④今彼事俱摩羅天、梵天、摩醯首羅及帝釋，加護彼營者，於七日中彼決定，更互相成鬪諍馳走，心生苦惱，彼互不相見，乃至十五日中間彼等被禁止，無有餘殘能動者。不依儀軌忿怒對軍陣前，隨意作法，或依餘教作護摩，皆得成就。

又法，取生牛酥，作摩尼形。對像前，以妙香花散壇上，以三菩提葉安酥珠念誦，乃至暖取珠，不著齒吞之，纔食已，心所思惟，皆一切發生，力敵千丈夫，隨欲現身，受⑤命一劫。纔稱吽字，山峯、城邑、天廟，皆得損壞。隨所有物護摩，百由旬内稱彼人名及囉惹悉底利，皆得鉤。

又法，驗知伏藏，取牛黄酥、虵脂、牛脂、雄黄、遏迦皮作燭，於近伏藏處一肘量地，然其燭，加持二十一遍，旋其燭。其焰隨大小，其藏亦如是。若有障難，亦以此真言遮制。

又法，於清閑處阿蘭若，於窣堵波前安佛像。三時澡浴，三時换衣，三時⑥别誦一千八遍。從日初分起首，乃至月圓，其日晝夜不食。以蘇末那花於像上作帳，以種種塗香、花鬘、燒香供養，然酥燈一百八盞，及種種飲食獻佛。結跏趺坐，有助伴及無伴，起大慈心，具大精進，念誦乃至相見雲聲道場中，幡鬘等動，燈焰增盛，從佛像出光，像動，若見如是相，一切所欲成皆得成就。

次説寂勝成就。入大阿蘭若，或於大河岸作無畏，於彼安佛像，常定意食根菓等，誦二十一洛叉遍，念誦已周，隨力作供養。於荷葉上牛黄作三波多護摩已，結跏趺坐，安於二手掌中，念誦乃至三相現。若暖，轉輪聖王尚作敬愛，何恐餘有情壽千年⑦。若烟，安達馱那成就中爲王，最勝日行千里復來，於一切成就中安達馱那，心念生一切飲食，作一切神變。於帝釋邊安達馱那，何恐餘有情。身有光耀，壽命千俱胝歲。若焰，纔塗身，自然紺青琉璃環髮，身如初日，色二八，六相難瞻覩。調伏難調

① 支，《中華藏》校勘《磧》《南》作“肢”。
② 作，原脱，據《中華藏》校勘《磧》《南》《徑》《清》補。
③ 藥，《中華藏》校勘《磧》《南》《徑》《清》無。
④ 設，《中華藏》校勘《磧》《南》《徑》《清》作“護”。
⑤ 受，《中華藏》校勘《磧》《南》《徑》《清》作“壽”。
⑥ 三時，《中華藏》校勘《石》作“三時時”，《磧》《南》《徑》《清》作“時時”。
⑦ 年，《中華藏》校勘《磧》《南》《徑》《清》作“歲”。

者，隨意欲現，身意迅疾，一切天、梵天等不能沮壞無疑①。周圍一由旬，身光照耀，得神通境智，壽命一大劫，無量百千持明以爲眷屬，有大威德。於天、阿脩羅鬪戰，得無能勝。往於帝釋，帝釋與半座，菩薩與位齊等。承事無量諸佛，心不於欲，傾倒無量佛世界，乃至隨次第得菩薩地。

又法，復説餘最勝成就法。作先事法，已見曼荼羅，從師得灌頂，持八戒，成就三歸菩提心。作成就於虚空室，或山曠野，或牛欄，其處有種種土水，離臭穢爛淫。於他前成就處，深掘齊膝，去瓦礫、炭石等，以一字頂輪心真言加持水，於彼等處灑，則取餘香土填滿其處，作緣起藏窣堵波。安像於彼前，夜澡浴，著新淨衣，以塗香、花、燒香作啓請。一切辟除等用一字②輪心，誦三十洛叉滿已，用三鐵作金剛杵，其匠令受八戒。作千三波多護摩已，於黑月八日、十四日，取白芥子，盛滿於瓦椀，安於彼上，坐茅草，作供養儀軌，一切意樂、飲食皆奉獻。以手按金剛杵念誦，乃至光焰，纔光已，并眷屬凌虚色相，如金剛手能調伏難調有情，一切成就中爲最勝。一切天、龍、藥叉等作禮，不避道，得映徹身，超過十佛刹土，遊無量世界，與千眷屬壽命大劫，命終生於金剛手宫。

又法，爲病者加持水七遍，送與彼飲，即得除荖。若患魅，白芥子護摩，其魅等皆馳散。

又法，於海岸邊安本尊像，依儀軌誦一洛叉。娑伽羅龍王令入自宫，於中求如意寶，得隨欲變現身，自恣而行。

又法，安本尊像於阿脩羅窟，誦一洛叉，阿脩羅女出現，引行者令③入。入已，求阿脩羅長年藥皆得，或住於彼。

又法，於一窣堵波乞食，作先事法，誦十万遍終畢，於黑月八日晝夜不食，隨力供養飲食念誦，乃至自影隱，得無超勝力，壽命一万歲。若初不成就，復作先事法，後當求成就，至第八遍，設作無閒罪者，亦得成就。

又法，以赤鬘著赤衣，手持佉吒網迦，於賒摩賒那取七蟻封，如來肘量作窣堵波。安緣起偈對前，飲乳食麦，或乞食，於塔前寢息，誦一洛叉，於彼見種種惡狀恐怖，不應怖畏。於黑月十四日，晝夜不食，於窣堵波廣大供養，一切鬼神皆施之，食佉吒網迦。以香花、燒香供養，被甲冑，結墻等界，結跏趺坐念誦，乃至從佉吒網迦出光明，即佉吒網迦成就。即持之，於賢衆得敬愛。彼等皆遵奉，其佉吒網迦於餘處，夜無人處，卓著地，自然成百柱宫殿。一切寶莊嚴天女承事，丈夫承旨，一千眷屬隨一切愛

① 疑，疑當作“礙”。

② “字”後，《中華藏》校勘《磧》《南》《徑》《清》有“頂”。

③ 令，《中華藏》校勘《磧》《南》《徑》《清》作“命”.

樂，壽命五千歲。拔却，即不現。

又法，補沙鐵作輪，量小圻刃令利，十二輻。作先事法於河岸、山頂有舍利塔處安本尊像，隨次第如前供養。青香等供養輪，施與諸鬼神食，結加趺坐，二手持輪，從黄昏起首念誦，乃至相現。有香風起空中，聞呵呵吉哩吉哩聲，一切山皆震動，一切海激動，不應怖畏。復更念誦，爲一光聚圍遶持誦者，彼持輪瞬目即到阿迦尼吒天，與菩薩齊等，住一大劫，於中劫見佛出世，即從此後次第超[①]菩薩地，身壞生於持金剛宫殿。若於無舍利塔處，誦一字頂輪真言者，及不清淨處不降雨。何以故？王難起，非處念誦故，身患有大災難。

又法，説劒成就，補沙鐵作劒，諸根不闕，匠作一肘量。無伴，堅固勇志，或有伴已，作先事法，上於山頂，作緣起藏窣堵波，作廣大供，發一切有情利益菩提心，對塔前作發露等，隨喜一切功[②]德。坐團茅薦，以右手持劒，從黄昏起首，乃至明相出時，則相現，手戰動，光如流星，乃至一千道，彼光照耀持明者。彼時大持明王皆來灌頂，彼行者并眷屬並凌虚，刹那頃遊於界無礙行，於五由旬内照耀。

又法，説賢瓶成就，由菩薩成就此，能息一切有情飢渴苦惱。於有舍利塔乞食，極嚴毅，安本尊像，寂默敷茅而寢。依持明經説禁忌善巧，一年念誦，於白黑月分，三日三夜不食，於像作廣大供養。取不黑底迦攞賒，盛一切種子、諸寶、藥等，對像前結跏趺坐，以右手按瓶，口念誦，乃至於中一切物隱。復念誦，乃至一切物復現。彼瓶羯拏羯拏作聲，當知即成就。即於此瓶所思惟，象馬車乘真多摩尼寶及諸物悉底利等，則於瓶中出生，隨意施藥與一切有情。

又法，其處有藥叉女現驗處，作先事法已，於彼處念誦，塗小曼荼羅，以佉陁羅木然火三夜，以白芥子護摩一千八遍。藥叉女即來，隨意告彼與我長年藥，得藥服已，壽命一劫。若不來取，白芥子和自嚧地囉燒一千遍，作呵呵聲即來，先不應作，若作，彼即損壞。

又法，飲乳食麦，於有舍利塔安本尊像，一年[③]念誦，於一黑月分八日，則於佛世尊供養飲食，依儀軌奉獻。對像前然火，燒尼瞿陁樹木、三甜，燒一千八遍。俱尾羅藥叉皆來，不應怖畏，先所置香水獻遏伽，彼藥叉等言："尊者有何事唤我等？"即告彼與我作爲。奉教作是已，隱而不現，即得藥叉衆成就，所樂求皆與，求天妙長年藥皆得，給百千眷屬，具六味飲食，所思所求皆得。

又法，欲令梵王、毗紐、摩醯首羅敬愛者，於黑月分對本尊像前，用無煙炭，以安悉香丸，三時和酥，護摩一千遍，中夜皆來，隨欲請，及求長年藥，所求皆得。

---

① 超，《中華藏》校勘《磧》《南》《徑》《清》作"起"。

② 功，原脱，據《中華藏》校勘《磧》《南》《徑》《清》補。

③ 年，《中華藏》校勘《磧》《南》《徑》《清》作"千"。

又法，令囉惹敬愛，於本尊像前乳木然火，白芥子和三甜，護摩一千八遍，七日三時，四洲主尚能來敬愛。

又法，欲囉惹類愛敬，遏伽木然火，七日三時用赤芥子護摩。

又法，令一切鬼神敬愛，塩和嚧地囉護摩即得。

又法，其處有梵、羅刹及餘類鬼神住處，至於彼，住禁戒，誦十万遍，即得大伏藏，或能令他駈擯。

又法，不簡日宿，亦不齋戒。先作先事法，取不壞没嘌多摩奴沙，淨洗浴，莊嚴，於賒摩賒那中安摩奴沙，頭向東，行人面向之而坐，以佉陁羅橛繫縛之，施一切鬼神食。四方著護持劒，行者坐摩奴沙心上，取鐵末加持，投其口中，乃至出舌，速持利刀截取，成青蓮花色劒。由持此劒，并眷屬凌虚，一切持明無能沮壞，於一切持明中爲王，壽命大劫，身壞生天。

計羅峯悦意，鬘峯具端嚴，
金峯於頂處，成就人所居。
彌盧之大峯，青赤蓮妙處，
頻陁山適悦，金剛帝寶巖。
圓會山悦意，麽賴仙山處，
及於大帝山，雪山與香觜，
如是悦意處，閑静豐安樂。
持明女與俱，樂天女歌詠，
同天女遊戲，最勝受娱樂。
遊行持明者，如帝釋舍支，
無人能敵對，彼得無礙趣，
一切處流轉。如是具功德，
持明常遊行。

若修真言明，若不成就，共此一字頂輪相和誦。對佛像前，供養於佛，念誦則於像前寢息，於夢中見真言增減，令真言充盛。對像前然乳木柴，用酥護摩一千八遍，其本尊即成就此法。第七番應用，不然即壞。

又法，欲作阿毗遮魯，往於賒摩賒那，以賒摩賒那柴木然火，以燒屍灰護摩一千八遍，帝釋尚從自處移轉。

又法，欲令囉惹類麽羅，著濕衣，以脚踏陵上哦，誦一字頂輪，乃至衣乾，如是彼寃家身即乾枯。

又法，取薑[①]石一一加持，對城及村邑前住，擲七夜，過七夜爲大麼梨。復令息災，對像前，乳護麽[②]一千八遍，以香水加持一百八遍，於彼城及村邑聚落四方灑，即得止息。

又法，若有損壞三寶者，令彼調伏，住善巧方便，爲彼往於賒摩賒那。以尸灰作彼人形，行人倮體散髮，依阿毗遮嚕迦儀，誦一字頂輪一千八遍。彼則被梵、羅刹所持，除自身，餘持誦者不能解，此是菩薩巧方便，菩薩種性者應作。

又法，取旃陁羅家火，往於賒摩賒那，取其中木然火，取苦瓠子，稱彼人名，或思憶，護摩一千八遍，則彼大瘧所持。欲令解，對像前浴佛像，誦真言，取浴像水灑彼身上。

又法，欲令摧滅，取摩奴沙骨，八指作橛，加持一千八遍，釘寃家門閫下，一切財物皆盡，除橛即解。

又法，於賒摩賒那燒紫鉚，和嚕地囉護摩一千八遍，彼即止息。

又法，若欲自他灌頂，取四不黑底瓶，取河流水，滿盛一切寶，及香并種子等安其中，加持一千八遍，令弟子或營事者令灌自頂，一切災障、鬬諍、言訟，一切障難，皆得解脱。

又法，於有舍利窣堵波前，安本尊像，飲乳麦，隨力供養，誦真言三洛叉，即能破[③]迷、亂、癡等事。

又法，三時説罪，隨喜勸請，發願樂作，或飲水食粆，於大河水至胷，誦三洛叉。欲令敬愛隱身成就，雄黄、雌黄等事，皆能成就。

又法，三夜不食，於賒摩賒那南邊而住，獨己無侶，誦一洛叉，則於一切事皆得堪任。

又法，若有難調惡龍壞佛法，損害有情。欲令調伏，三夜不食，於龍處取白芥[④]子，和毒及嚕地囉護摩。其龍從池中出，七日中閒所作皆成，所求皆得。若不出，念誦至二洛叉或三洛叉，彼龍即死，龍池中聞臭爛氣。

又法，加持左脚七遍，以忿怒踏地，誦一字頂輪，并加吽字誦，則禁止象、馬、車、步兵等。

又法，令怨家麽羅，往於賒摩賒那，取賒摩賒那灰，忿怒作彼人形。加持利刀，從脚段段截，於賒摩賒那火護摩，於第七日其命不存。

又法，若於軍陣於王宫，或言訟處，誦時得勝。

① 薑，《中華藏》校勘《石》《徑》《清》作“礓”。

② 麽，《中華藏》校勘《石》《磧》《南》《徑》作“摩”。

③ 破，《中華藏》校勘《磧》《南》《徑》《清》作“令彼”。

④ 芥，《中華藏》校勘《磧》《南》《徑》《清》作“氎”。

又法，油麻護摩，男女敬愛。

又法，加持右手頭指七遍，或囉惹[①]類或餘人擬，皆得敬愛，即以此指象水牛，彼等皆能禁止。

又法，欲自己成就，入賖摩賖那中，賣莽娑，用一字頂輪護身，七遍加持，召龍底利及持明底利，亦用此真言鉤召。

又法，取霹靂木十二指，作金剛杵，於賖摩賖那中，念誦三洛叉，阿修羅門關鍵，内外開摧。

又法，一字頂輪真言加吽字，能禁止他軍。未成就，忿怒誦，亦能禁止他軍。若成就，樹令倒，能損一切明，真言并吽字，誦於賖摩賖那中，得加護。

又法，補沙鐵匠受八戒者，作金剛杵，於賖摩賖那受八戒，心不散動，作先事法，手持金剛杵，誦十洛叉，於黑月十四日中夜時，一切香花、燒香、飲食、燈明，作儀軌供養於佛。左手持金剛杵，結跏趺坐，念誦於晨朝，時其杵千光晃耀。由持此杵，即得成就，纔發心，并眷屬凌虚，能持罰一切持明，威光無能與等，帝釋與半座，爲大持明王，住一大劫，持金剛杵，隨意遊行。

又法，瘧四日一發等，并蠱毒等，加持即得除遣。

又法，於賖摩賖那作奢覩嚕形，以左脚踏心，以右手頭指擬，并吽字，誦一字頂輪一千遍，即彼刹那頃滅壞，亦以此真言却，能令止息。

又法，取賖摩賖那灰，作奢覩嚕形，以佉陁羅橛誦真言，當頂釘之，應時滅壞。

又法，取白芥子，於賖摩賖那加持十万遍，能摧倒一切關鍵店[②]鏁等。

又法，於賖摩賖那，八日[③]取不壞損没嘌[④]多補嚕沙，依法洗浴莊嚴四方一切鬼神食。坐[⑤]於心上，於彼口中以白芥子一誦一擲，乃至大[⑥]舌出，以利刀截，即爲劒，由持此劒，一切持明中爲王，無比超勝力，隨意於此世界遊行。

又法，於有舍利窣堵波，香等及飲食供養。於滿月對於像前，燒沈水香，晝夜念誦，即於晨朝請僧，次應供養於彼，大衆乞悉地，則以此儀軌結跏趺坐念誦，即得成就不思議王，長壽聞持，皆得成就。

又法，作先事法，於舍利窣堵波，於清淨處，於滿月晝夜不食。發慇重心，取不墮地瞿摩夷塗壇，取八瓶滿盛水，及諸種子、諸藥等，種種花鬘繫頸，以種種燒香、薰陸、

① “惹”後，《中華藏》校勘《磧》《南》《徑》《清》有“囉惹”

② 店，《中華藏》校勘《石》《磧》《南》《徑》《清》作“店”。

③ 日，《中華藏》校勘《南》《徑》《清》作“百”。

④ 嘌，《中華藏》校勘《石》《磧》《南》《徑》《清》作“嘌”。

⑤ 坐，《中華藏》校勘《磧》《南》《徑》《清》作“生”。

⑥ 大，《中華藏》校勘《磧》《南》《徑》《清》作“待”。

沉水、檀香等，和所盛水，捨自身，奉獻於一切佛菩薩，結跏趺坐念誦，乃至從頂出光明，右旋遶持誦者，即隱入行者身，即得身成就。即其身光明，刹那頃即得環髪二八[①]年狀，五神通威光，如融金照耀，并眷屬凌虚，一切天、龍、藥叉、乾闥婆、迦樓羅、緊那羅成就，摩睺羅伽皆禮敬。刹那臘縛須臾頃，遊無量佛世界，爲梵行，欲心不傾動，所去處於彼，彼帝釋與半座。威德無比，於超思議佛世界見無量佛，從彼所聽聞法皆得勝解。如是次第修菩薩行時，於菩薩行得入調伏善巧方便行，不從彼三摩地力損減，隨意住，乃至[②]受生。

又法，入水，念誦一洛叉。作是功已，被瘧所持，欲令解脱，酥蜜相和護摩，即得除愈。若作息災，加薩嚩二合訶字。

又法，於静處安本尊像，以一千俱胝[③]衛花，擲像上，稱彼名，一誦一擲，爲彼并種族皆得敬愛。

又法，若息障難者[④]，濕衣忿怒念誦，油麻、白芥子和酥，燒一百八遍，三日，日三時，一切魔障皆得除滅。

又法，上山頂飲乳，以一切香，作十二指或六指金剛杵，左手持，念誦乃至暖烟光。若[⑤]烟，安怛馱那成就中爲王。若暖，持金剛杵所見彼皆敬愛。若光，即得持明仙。

又法，取素路多惹那，先以千三波多護摩。至太陽蝕時，加持一百八遍，安於口中念誦，乃至太陽復。令波羅門女研[⑥]，加持一千八遍，用點眼，即得安怛馱那。一切安怛馱那成就者，無能自[⑦]隱。

又法，求語成就。作先事法，於清淨處安本尊像，於一切天、龍、藥叉等次第施食。於像前作護摩爐，青蓮花和三甜護摩十万遍，即成就。右遶本尊像，對像前念誦，於餘日隨力設僧乞成就，從此已後所欲求，一切以語皆得順從。

又法，安悉香作丸，三時護摩，各一百八遍，意所樂皆得圓滿，鬼魅所加持呪線繫。

又法，油麻、白芥子和酥，七[⑧]日對像前護摩，所求皆得。

又法，令女男敬愛，蠟作彼人形，作時誦一字頂輪，以苦油滿其肚，以七摩那叝七

① 八，《中華藏》校勘《磧》《南》《徑》《清》作“十”。

② 至，《中華藏》校勘《磧》《南》《徑》《清》無。

③ 胝，原作“那”，據《中華藏》校勘《磧》《南》《徑》《清》改。

④ 者，原作“着”，據《中華藏》校勘《磧》《南》《徑》《清》改。

⑤ 若，《中華藏》校勘《磧》《南》《徑》《清》無。

⑥ 研，《中華藏》校勘《磧》《南》《徑》《清》作“斫”。

⑦ 自，《中華藏》校勘《磧》《南》《徑》《清》作“息”。

⑧ 七，《中華藏》校勘《磧》《徑》《清》作“一”。

關節處，刎佉陁羅火上炙，加持一百八遍，七夜即得所求。

又法，令他駈擯，赤芥子擣作末，作彼人①，從右脚截，於佉陁羅炭火②中誦真言，護摩七日，即得如願。

又法，令自身息灾，於有舍利塔安本尊像，香花等供養。取新瓶盛滿香水，并一切藥及諸寶等，加持一百八遍，以不截綵繫瓶項，灌沐自身，離一切罪、一切障難。

又法，加持青木香一百八遍，口中啥，共人語，皆得敬愛，於官府論理皆得語勝。

又法，取黄花，於佉陁羅火護摩一千花，得金千兩。

又法，以鹽作他形，於佉陁羅火加持一千遍護摩，所求彼③人皆得敬愛。秘密主，如是等一切世間、出世間輪王佛頂皆能作。

天龍藥叉王，餓鬼惡羅刹，
及餘諸部多，見持誦消融，
皆息諸天法。蠱毒部多那，
常在行人手，彼罪不可得，
一切求成就，相應者當得。
教至彼人手，速④疾作諸利。

尒時金剛手秘密主白佛言："彼有情以大福攝受此教，當得至彼人手。世尊，我亦攝受彼有情，令此教入彼人手。於一切有情界，此明王作一切事業，能滅一切怖畏，常作加護財穀，增長壽無病，八萬鬼魅族皆得除息。一切作壓⑤蠱法者，非時而死。毒火遍止，一切有情利益，能除一切病，得斷一切執曜。"勤勇師子爲矜愍一切有情故，作如是説。時世尊告金剛手秘密主言："我今説功能，令除一切罪，除一切病，汝當諦聽。金剛手，患一切鬼魅，加持五色線，繫手護身，以灰加持，結方隅界，加持水，一切瘧皆以線加持而繫，自他令除一切罪。白芥子和酥護摩，令增命故，以俱蘇摩花加持供養佛世尊。"

又法，以蘇摩那花加持一百八遍，擲於空中，即得天晴無雲。

又法，加持水，所爲彼人稱其名而飲，令彼得敬愛。

又法，以俱那衛枝，加持七遍，若雹下向之而打，其雹即移，惡雲亦用此法。

又法，結方隅界，用佉陁羅橛，以水或白芥子，縛毗那夜迦。

又法，一切病，加持五色線，令帶即差。一切鬼魅、一切病，護摩即止。加持花菓

① 人，《中華藏》校勘《磧》《南》《徑》《清》作"人形"。
② 火，《中華藏》校勘《磧》《南》《徑》《清》作"灰"。
③ 彼，《中華藏》校勘《磧》《南》《徑》《清》無。
④ 速，《中華藏》校勘《磧》《南》《徑》《清》作"造"。
⑤ 壓，《中華藏》校勘《磧》《南》《徑》《清》作"厭"。

與彼人得敬愛。

又法，食飲加持，所與人皆得敬愛。

又法，作鐵橛加持，一切怖畏、一切障難皆得加護，天及鬼神、羅刹橛故，不得附近違越，於一切怖畏得加護，一由旬結界。

又法，欲禁毒，加持線七遍，繫於乳木，一切毒皆消。所有毒以土或白芥子或水加持用之，皆得除差。一切病，五色線加持一百八遍，繫病者，即得除差。燒沉水香或薰陸香，能除一切瘧。一切怖畏處，誦此明王，皆得無畏。

又法，加持茅拂，除一切毒。於囚繫處誦，從縛得解脱。患瘧者，加持線，繫要即差。

又法，護自己身，以心誦，牛畜等疫，加持黑線，結繫頸即差。

又法，被以惡法印者，加持白線七遍，結繫身上即除。

又法，結方隅界，以白芥子。

又法，患風魅，加持油，與飲即差。

又法，患眼，加持水，與洗即差。

又法，藥叉所持，加持水散灑，即得解脱。

又法，餓鬼所持，及癲癇，加持線，與繫得愈。

又法，遮止龍，用俱那衛枝破諸印，以灰遮賊，加持土塊七遍，擲四方。

又法，所欲求，清淨澡浴，著新淨衣，對像前一日一夜不食，燒薰陸香，誦真言一百八遍，便像前寢息，夢中説善惡所求皆示。

又法，欲止霖雨，入水念誦，一切皆止。求雨，亦入水念誦，隨意多少。

又法，欲求食，於初日分，於村邑對城門住，加持蘇摩那花一[①]百八遍，向城門擲，然後入城，得不求食皆豐足。

又法，嬰孩爲魅所持，以樺皮上書一字頂輪真言，繫項下即愈。

又法，常念誦，一切人皆得敬愛。

又法，入王宫，加持水一百八遍，用塗面，囉惹并輔佐，皆敬愛。

又法，衣花香、纓絡等加持，或與彼，或自著，皆得敬愛。

又法，諸飲食加持一百八遍，稱彼人名，思念而食，即得敬愛。

又法，癰疰等加持泥七遍，塗之即愈。我略説所作，皆得成就。

世尊於彼時告金剛手秘密主言："善男子，如是一字輪王能作一切事業，一切佛所説無礙教令，無量那由他百千俱胝佛所説，我今亦説，我今説福利。秘密主，汝諦聽！諦聽！一切佛所説，一切菩薩隨喜。秘密主，若有此大明王輪王佛頂，若能受持

① 一，《中華藏》校勘《磧》《南》《徑》《清》無。

讀誦，若聞演説，乃至書寫經卷，供養念誦，彼必不墮惡趣，不爲餓鬼、藥叉，不貧匱，不爲一切罪，一切有情皆得敬愛，一切皆得隨順，所生處皆得宿命，一切鬼魅不著身，所謂天魅或龍魅，或嬰孩魅、羅刹魅，或緊那羅魅，或摩睺羅伽魅，或補怛那魅，或羯吒補怛那魅，或毗舍遮魅，或迦樓羅魅，或阿修羅魅，或諸母天魅，或鳩槃荼魅。刀杖不著，身不被毒、火、水所中，一切他敵飢儉，曠野如是處必不生，一切毒、瘡、腫、蠱、魅起屍作法不祥，皆得解脱，一切天、龍、藥叉、阿修羅、迦樓羅、緊那羅、摩睺羅伽皆禮敬。善男子，我今[①]略説，所有一切災難，彼一切皆不能爲害。何以故？佛境界無量，佛所行境無量，佛世尊無量三摩地遊戲。秘密主，此一切賢劫中如來説，過去、未來、現在佛説，我今亦説，恒河沙數同名如來説，皆隨喜。若有善男子、善女人，於後世後時，比丘、比丘尼、優婆塞、優婆夷，淨澡浴，對佛前作供養，誦持此明王真言。若成就，聞如是福利，生淨信，當生天趣，得天大威德。若生人中爲王，得宿命智。於此生中念誦，離一切疾病。若成就者，此人身已，末後身入菩薩境界，遊無量佛世界，如一切如來遊戲。”

一字奇特佛頂經説法品第六

尒時寂静慧菩薩摩訶薩，金剛手菩薩之弟，從彼大衆集會起，合掌禮佛，爲供養世尊故，從自頸脱無價大真珠鬘，以右手持獻於世尊，説報答妙故，説此伽他而讚於佛：

頂聲於三界，諸有情悅意，
佛此聲寂勝，現語得榮盛。
所有佛住法，調御彼説法，
所生等覺者，世尊得菩提，
轉妙法輪者，過往圓修者，
諸佛皆此坐，世間無比人。
於彼彼地所，皆成如金剛，
現對於世尊，得見爲吉祥。
過去爲吉祥，誰復聞妙法？
先是又吉祥，彼吉祥亦然。
彼聞教不壞，智慧者正住。
於彼常天想，亦觀父母想，
親教姊妹想，皆見無畏者。

① 今，《中華藏》校勘《石》《磧》《南》《徑》《清》無。

先修[①]順教令，於尸羅最勝，
由彼於法王，依附得供養。
如末利花鬘，風吹香悦意，
雜油麻成油，其香亦芬馥。
汝尊色無比，群品難筭量，
甚深及威德，名色及神通，
令[②]所於此地，我觀高廣想。
云何於女男，讚揚少功德？
若今[③]所聞者，聞法復生信。
若能捨施者，於世尊教中，
若趣於非家，於釋王教中。
我於彼一切，憐愍親族想，
如空中蚊蚋，如大海牛洼。
如是佛功德，所讚如寱言，
如我於天王，讚揚功德者，
或佛聲功德，隨力我讚歎。
恭敬持供養，珠鬘無價寶，
以此勝善根，有情皆如佛。

時寂静慧菩薩摩訶薩以伽他讚揚世尊已，白佛言："菩薩幾法成就修此佛頂輪王一切如來三摩地熾盛？"

尒時世尊以伽他答寂静慧菩薩摩訶薩：

若有慈心清淨心，不麁柔軟具念者，
護禁正直修梵行，彼人成就此明王。
所有離罪不爲惡，增長常寂離嗔恚，
如是之人成明王。嫌恨於他及調戲，
如是於他常不作，不窺於他之長短，
如是之人成明王。若於佛法功德具，
常作恭敬而供養，於他不打及不毁。
彼皆成就此明王，無悋嫉妬及無慢，

① 修，《中華藏》校勘《石》《磧》《南》《徑》《清》作"作"。
② 令，《中華藏》校勘《磧》《南》《徑》《清》作"今"。
③ 今，《中華藏》校勘《磧》《南》《徑》《清》作"令"。

於他不作不饒益，於他不作實過患，

如是成就真言王。

“善男子，我承事六十俱胝佛供養，於彼俱胝佛不修梵行，求法勤修行，從彼受大明王廣流布，由彼善根則得廣大功德威德如是。善男子，一切如來不思議三摩地殊勝，是故菩薩護身、口、意，修持一字輪王[①]。如是如是[②]，善男子，如來於一切有情真言形爲善友。”寂静慧作是言：“世尊，善男子善女人恭敬如善友想，應習大明王，應承事供養，何以故？”“寂静慧，若於善知識親近修習得成善法、聞善妙法，以善意樂，則得善加行，以善業趣於善，得善助伴，不爲罪業。作善加行，趣於善已，承事善助伴，不爲惡業。既不爲惡，於他護他意，圓滿菩提道，住道堪任有大力，於住惡道有情作義利，是故寂静慧，親近善友，一切功德皆得圓滿，皆稱讚。”時寂静慧菩薩摩訶薩白佛言：“世尊，菩薩摩訶薩幾法成就，疾證無上正等菩提，得甚深法忍？”佛告寂静慧菩薩摩訶薩：“有四法成就，疾證無上正等菩提，得甚深法忍。何者四法？入緣生法智，入無衆生、無人、無壽者，於空法性决定勝解境界，遠離斷常二見。如是四法前際清淨，後際不來，三世平等，以見在智，如是四法。又有四法，佛性應觀，佛色性説，猒僧如來，以慧眼則慧眼清淨，如是四法。又有四圓滿波羅蜜，不捨四攝法，以善巧方便，無人决定故，發生大悲清淨慧。如是四法[③]菩薩摩訶薩成就，速證無上正等菩提，於甚深法得忍。”世尊於此説四法時，無量菩薩得無生法忍，無量天、龍、藥叉、乾闥婆、阿修羅、迦樓羅、緊那羅、摩睺羅伽發無上正等菩提心。

尒時世尊説此伽他：

如是法理趣，正等覺所説，

由修此真言，一切爲如來。

若樂度生死，若欲斷諸結，

爲一切依止，久修於此行。

令起殊勝想，我趣於端嚴，

思惟轉此言，常修平等行，

不作不等行，則成菩薩位。

一字奇特佛頂經卷中

① 一字輪王，《中華藏》校勘《石》作“此一字頂輪王”，《磧》《南》《徑》《清》作“此一字轉輪王”。

② 如是，《中華藏》校勘《石》《磧》《南》《徑》《清》無。

③ 四法，《中華藏》校勘《磧》《南》《徑》《清》無。

一字奇特佛頂經卷下①

開府儀同三司特進試鴻臚卿肅國公食邑三千户賜紫贈司空
謚大辨正號大廣智大興善寺三藏沙門不空奉詔譯

調伏一切障毗那夜迦天王品第七下②

尒時曼殊室利童真菩薩摩訶薩於世尊説法知究竟已,合掌親近世尊,頭面禮足,右遶三匝,退坐一面。曼殊室利童真菩薩白佛言:"世尊,如是有情生於四生長養,無始生死於六道,世尊,此有情聚有情海,有情增減,盡不可得。云何世尊如來三摩地應見色相加持?如世尊説,持此真言王菩薩摩訶薩得不退轉乃至次第證無上正等菩提,世尊,云何入法門理趣?云何安立法功德?云何三摩地法界大威德爲廣博攝示現?"

尒時世尊微笑,作是言:"善哉!善哉!曼殊室利。"復言:"善哉!曼殊室利,汝問如來如是義,多人利益安樂,矜愍世間天人法。"尒時佛世尊作微笑,從口出種種色光,所謂青、黄、赤、白、紫、頗胝③銀色,照無量世界乃至梵世,暎蔽日月,光復來入佛口中。尒時曼殊室利童真菩薩摩訶薩知相者,知相已,以此義,以伽他讚揚世尊:

妙見能現色相者,八十隨形端嚴者,
尋光妙光圓滿光,如是爲我説笑因。
忍辱十力持進者,精進高踴無傾動。
眼目愛樂見四諦,爲我説此微笑因。
梵王天衆及一切,頭面頂禮於如來,
瞻仰恭敬而觀察,爲我説此微笑因。
如山善行行妙行,定慧踴起智光明,
解脱堅力真實見,爲我説此微笑因。
金剛身性堅難壞,那羅延志人中勝,
梵音妙音文殊音,爲我説此微笑因。
獲得光明離幽暗,普見眼目平等住,
功德殊勝得堅勇,爲我説此微笑因。

① 標題下,《中華藏》校勘《徑》《清》有夾注"念誦儀軌附"。
② 下,《中華藏》校勘《石》《磧》《南》《徑》《清》無。
③ 頗胝,《中華藏》校勘《南》《徑》《清》作"玻瓈"。

汝[①]尊已轉勝法輪，以佛頂聲於人天，

并龍藥叉及一切，爲我說此微笑因。

尒時頂行持童子形，垂髻爲上首，百千障者圍遶，以佛威神威怒加持，從座而起，偏袒右肩，於世尊合掌作禮已，白佛言："世尊，我一切障者毗那夜迦中主，世尊，一切障者遵[②]奉我，一切障者屬於我。觀彼一切障毗那夜迦告言：汝等障毗那夜迦諦聽，於一切世界作障者，於成就人不饒益者，罪忿怒惡鬼魅等，世尊從今已後成就頂輪者，此大忿怒真言晨朝若誦一[③]七遍。世尊，我等於彼一切作障毗那夜迦令遠離，若作成就，不令起魔障，不令身心散動。世尊，若以此大忿怒真言常作加護者，彼持明成就明王者，我等作加護，遮刑罰，爲作息灾，作吉祥，作一切利益。世尊，從今已後，於頂輪教王勤行者、修真言者，不應起障心。若此如來變化大忿怒王，必壞汝等，若憶念者，汝等以此加護，汝等從今已後，彼修真言行者，於真言行儀軌所說食蜜、油、麻、葱、菻、薤、蘿蔔、鉢跛吒等，真言行中所遮。修輪王佛頂真言成就者若食，汝不應執過，不應惱害，不應奪悉地，不應令心散動。以我教令修佛頂真言者，不應起惡心。汝等見彼修行者，應起慈心，勿令[④]汝等移動本處。若違我語，於彼起異心者，不得住於阿吒迦嚩底王宫、金剛手秘密主宫。違越我教令，我當損罰，及餘所有天、龍、藥叉、乾闥婆、阿修羅、迦樓羅、緊那羅、摩睺羅伽、一切餓鬼毗舍遮起屍作障，毗那夜迦、羯吒布單那、拏吉尼等，不應於修輪王佛頂真言者起惡心，令心散動。及彼等眷從若作障難，我以金剛杵碎彼頂，我語誠實。"時彼一切障將主，所謂金剛莊嚴、金剛索、金剛塵、金剛鉞斧、金剛極笑、金剛成莊嚴、金剛頂、金剛毗那夜迦能斷，如是及餘大障毗那夜迦將主，從座而起，至頂行所。到已，以一音聲作是言："如所教令，我等一切悉皆作，從今已後不違越汝尊教令，若違越者，頭破百分。"時頂行告彼大障毗那夜迦等作障將主："我今説成就佛頂真言王成就者，所有不饒益心者令百段，速疾馳散，所有天世毗那夜迦無能作障。"作如是語已，於彼一切大作障將主上首等，於一切世界作障者、奪悉地者、攪擾成就者，我說自己真言：

那謨囉怛那二合怛囉二合夜耶那謨室戰拏嚩日囉二合波拏上曳摩訶藥乞叉二合細那波多曳唵吽發吽吽發發娑嚩二合訶

復次，頂行説自真言，時一切彼金剛莊嚴等大障毗那夜迦，皆戰掉驚怖悶絶，秘密主加持子故，時頂行於大障毗那夜迦，以指端擬彼等，纔説此真言，一切皆起，作如是言："我及大障主，如來以此真言形，住輪王真言殊勝三摩地，從今已後，起惡心，修

① 汝，《中華藏》校勘《磧》《南》《徑》《清》作"世"。

② 遵，原作"導"，據《中華藏》校勘《石》《磧》《南》《徑》《清》改。

③ 一，《中華藏》校勘《石》《磧》《南》《徑》《清》無。

④ 令，原作"今"，據《中華藏》校勘《磧》《南》《徑》《清》改。

輪王真言道昇進者，我之真言日憶念者，汝等於彼成就者，不應起障難心，我等於彼作擁護，由我加護，不有障難親近。大障將主，我略説，不應作障難，若有作者，我以自杵摧汝等頂。”

尒時釋迦牟尼如來作如是加持，由加持故，金剛手秘密主從座而起。白佛言：“世尊，我説佛頂真言者及修餘真言者，大明王如來族、蓮花族及我族作先事法者，此大忿怒甘露軍荼利成三昧耶故，成就佛頂輪王者灌頂故，狂心有情爲令不狂，故畫此曼荼羅。於河岸邊或餘淨處，其地如先所説輪王曼荼羅儀則，應絣四肘曼荼羅，四門以五色畫曼荼羅。中央畫佛世尊，坐蓮花，從頂出光，左右畫八毗那夜迦衆，皆坐蓮花。彼等名所謂金剛莊嚴、金剛塵、金剛索、金剛鉞鉾、金剛極笑、金剛成莊嚴、金剛頂、金剛毗那夜迦能斷，皆如本形。”請佛以本真言，餘皆以此真言：

娜謨囉怛那二合怛羅一合夜耶娜謨室戰二合拏嚩日囉二合波拏上曳摩訶藥乞叉二合細那波多曳娜莫室戰二合拏嚩日囉二合句嚕馱耶唵虎嚕虎嚕底瑟姹二合底瑟姹二合滿馱滿馱呵那呵那阿蜜哩二合帝吽發娑嚩二合訶

以此大忿怒王真言，加持迦羅奢。供養種種飲食，懸蓋幢幡，然酥燈。以此真言應作一切加護，師應與灌頂。於聖捨施殊勝物，如先所説壇儀軌令入，作灌頂已，一切天、龍、藥叉、乾闥婆、阿修羅、迦樓羅、緊那羅、毗舍遮等，不爲障難。地下阿修羅女、持明天及餘皆隨順，一切毗那夜迦族見持明者，皆馳散。從此已後，諸毒、癲癇、蠱毒皆不得便，一切明真言聖衆皆隨順，此中纔灌頂，持明者所發起成就，一切皆獲得。彼有情果報所得聖甘露軍荼利法灌頂，如不淨信者，矯誑者，於師長不恭敬者，不應令入灌頂。令淨信者求囉惹愛敬者，求上上成就，由七番灌頂，其人所有殊勝寶物，施於聖衆及師，彼人福勝七輪王，遇此曼荼羅，由入此得灌頂，一心住禁具精進，不躭著具戒，令師歡喜，彼一切悉皆獲得無礙。

尒時觀自在菩薩摩訶薩，以佛威神之力從座而起，偏袒右肩，右膝著地，於蓮花臺於世尊①合掌禮已，白佛言：“世尊，修佛頂真言王者，我説護持，令一切作福報故，一切惡毗那夜迦等令作慈心。我族中堅實，從我蓮花生大真言王，我今説。”佛言：“汝今説之，爲利益有情，大悲一切增益，作成就故。汝自己蓮花所生大忿怒王，應當説之，修佛頂真言者，利益安樂天人故。”時觀自在菩薩摩訶薩，并得大勢菩薩，右遶釋迦牟尼佛七匝，入蓮花火②警覺，名大菩薩三摩地。説此大真言：

娜謨囉怛那二合怛囉二合夜耶娜莫阿哩野二合嚩盧吉帝濕嚩二合囉耶冒地薩怛嚩二合耶摩訶薩怛嚩二合耶摩訶冒地薩怛嚩二合奴枳娘二合多引耶度那度那馱囉馱囉冒地薩怛

① “世尊”後，《中華藏》校勘《磧》《南》《徑》《清》有“前”。

② 火，《中華藏》校勘《磧》《南》《徑》《清》作“大”。

嚩二合鉢囉二合底半寧娜呵娜呵跛遮跛遮阿羯哩灑二合沙耶阿羯哩灑二合沙耶吽發

大菩薩纔説忿怒王真言，摩醯首羅、帝釋、焰摩、水天、俱尾羅、那羅延等，及迦樓羅、緊那羅、摩睺羅伽一切集會，及餘天類、母天、部多、障毗那夜迦等，皆從座起，於佛世尊歸依："唯願世尊救濟我！唯願善逝救濟我！世尊，以大菩薩光明，逼惱我等，皆失自神通。"

尒時釋迦牟尼佛以彈指令觀自在菩薩摩訶薩起，即刹那頃觀自在菩薩摩訶薩從彼菩薩三摩地，不瞬目觀佛，觀已，告彼一切摩醯首羅、帝釋、梵王天等言："若有善男子、善女人修此輪王佛頂，若持此經，早起散花，作曼荼羅，以塗香、花等，以淨信讀，於菩薩真言行行。汝等人者於成就者，一切天王、一切阿修羅王、一切龍王、一切迦樓羅王、一切乾闥婆王、一切摩睺羅伽王、一切毗舍遮鬼神王等，皆於成就輪王佛頂者作擁護。當修之時，汝當供養等物，於彼人起障難。若修輪王佛頂真言者，我從蓮花所生忿怒王。若常誦者，我自當於彼作加護。何以故？如來即此輪王形住，是故善男子，如是修輪王佛頂真言者，住十地菩薩尚作加護。如是汝等天王，亦於彼勤修菩薩行，并營從眷屬，觀如佛想。"彼天等咸作是言："大菩薩，從今已後修此輪王佛頂真言者，若稱汝尊真言，此法教若讀若淨信，於彼皆作擁護。令彼有威力、念力、精進慧力、三摩地力，得果報。由汝尊真言作警覺，我等皆作，以佛加持，乃至作一切利益，皆奉教。"

一字奇特佛頂經最勝成就品第八

尒時釋迦牟尼如來，復告金剛手秘密主言："復次，秘密主，我今説輪王佛頂成就業，汝諦聽，眷屬真言心及隨心一切成就事業，依根本真言儀軌。已作先事法，於牛欄成就[①]者，以手按所成就物。"

牛黄或雌黄，或復一切寶，
鬼神敬愛故，智者誦百八。
勝儀清淨者，矜愍諸有情，
一心者決定，其物得光明。
若暖得空行，煙成爲最勝，
光乘空吉祥，彼時得輪王。
由煙得隱身，暖相成敬愛，
所成就等物，成就皆無礙。
礼敬大制底，及作窣堵波，

① 就，《中華藏》校勘《磧》《南》《徑》《清》無。

少福者成就，決定不應惑。
曼荼羅灌頂，慇懃應當入，
彼見曼荼羅，慇懃受灌頂，
過現二罪滅，憂怖及諸魅。
若作諸天等，鉤召諸几類，
應[①]供養佛像，後應以蓮花。
乳糜及酥蜜，千數應護摩，
誦終天赴召，帝釋及舍支。
何恐王類等，應作鉤召事，
所有天妙事，及諸人閒事。
能作一切事，由誦頂輪王，
諸毒暴惡形，諸魅峻威力，
諸疾難療者，善作諸事業，
定意誦千八。若作諸小事，
於諸降伏事，相應諸事業，
赤白芥油麻，毒苦楝大指，
一切應護摩。爲令護彼生，
大菩提妙樹，吉祥下天處，
及轉法輪處，示現神通處。
靈鷲吠舍離，并藍毗尼林，
拘尸城等處，速疾現成就。
乃至佛真言，一切成無疑，
於彼無障難，無有魔惱害。
是故於彼處，説速疾成就，
及餘寂静處，於山峯大河，
悦意池恒河，於彼殊勝處。
如是所説處，安像不乱意，
從師得灌頂，然後作成就。
先行如儀軌，應作如是事，
七月大勤勇，心及隨心明。
以甲慇懃護，當於神通分，

① 應，《中華藏》校勘《石》《磧》《南》《徑》《清》作“廣”。

慇懃作念誦，滿月起成就。

供養於佛像，應供三白食，

獻於一切佛，菩薩及聲聞。

隨力及緣覺，應獻金剛手，

飲食等供養。

即坐茅薦，或結跏趺坐，一心獻自身於佛菩薩。燒沉水香供養於佛，施與一切鬼神食，及餓鬼毗舍遮等，即結大忿怒無能勝印。於諸障難者真言相應，擲一切障者皆壞散。由此印相應，以二羽互交，二蓋面相合，各屈上節，右壓左，以二輪各壓餘三指甲。

夫結此印，先觀自身①爲無能勝忿怒王，加持作恐怖形，狗牙上出。種種頭眼光熾盛，種種龍以爲纓絡，身高八万四千由旬，無量臂持種種器仗，光明如劫盡時照曜，兩唇頰戰掉。觀已，應以本印加持自身五處，結印當心。想印爲金剛罥索，右足或餘噸②爹哩荼立，隨魔所在方而打，即一切障皆退散。

名忿怒王印，能壞一切障。

如帝釋成就，大天③那羅延，

及餘大威德，速疾壞諸天。

如是印大力，相應不久壞，

無有諸有情，所得衆生界。

以此印速疾，得調伏無疑，

能除一切毒，纔念除諸魔。

暴惡諸有情，及諸惡龍等，

諸魔大障主④，速疾皆滅除，

作諸事無疑。

如是此大印無能勝大忿怒王，於佛頂教修行者，一切大障處應用，成辦一切事業。即持明者對像前，然蘇燈一千八盞，有助伴爲有情利益起大悲，結輪王根本印念誦，乃至中夜即相現。即持真言者應知，我决定成就，像動或⑤地動。即取先所致香花等，供養佛菩薩及像，及一切金剛部。香花獻已，於金剛手燒沉水香，獻以頂輪王根本真言。復結印，結跏趺坐，專注一意念誦，乃至明相時。於中閒即見佛世尊，即

① 身，《中華藏》校勘《磧》《南》《徑》《清》無。

② 餘噸，《中華藏》校勘《石》作“餘喇”，《磧》《南》《徑》《清》作“鉢喇”。

③ 大天，原作“丈夫”，據《中華藏》校勘《石》《磧》《南》《徑》《清》改。

④ 主，《中華藏》校勘《磧》《南》《徑》《清》作“王”。

⑤ 或，原作“成”，據《中華藏》校勘《石》《磧》《南》《徑》《清》改。

得五神通，得地大菩薩，知一切有情語言威儀，得神境通，乃至身上出水，身下出火等。往詣於帝釋成就者，所見彼見成就者，共彼凌虚，無量持明圍遶，所樂去處皆隨即至，無量復來，獲得菩薩行，威德無比，一身爲多身，多身爲一身，作百千無量變化，石壁及水來去無礙，隨意所樂住世，如是等，由見如來得百千功德，得聞持陁羅尼，劫壞時移餘世界。

尒時釋迦牟尼如來觀金剛手秘密主，説大成就。先所説處作先事法，於清淨處安本尊像，於神通分滿月，有助伴或無助伴，堅固勤勇，一日一夜，對像前廣大供養，獻三白食，外施諸鬼神。有轉輪王曼荼羅，阿闍梨畫曼荼羅，或從師得印可者，自應畫無過。於曼荼羅中張像作護，結方隅界，如先所説真言，一切印契皆用。結加趺坐，本尊以本真言迎請，以一切白花及有香花，應供養一切佛、菩薩、聲聞、緣覺。隨有飲食等供養，則定意觀金剛手而作大供養，金剛鉤、金剛拳菩薩慇懃供養，餘[①]金剛部智者以花供養。即結跏趺坐對佛前，以無煙火燒沉水香[②]一千八遍，誦而護摩，即現障難種種惡形，以忿怒王印打，當即馳散四方。

真言印相應，當擲於四方，
設令是王天，及現是帝釋。
世間欲自在，魔王大波旬，
或自頂行尊，忿怒王當壞，
印真言威力。

尒時釋迦牟尼如來説此伽他：

大自在天王，或梵那羅延，
日天或火天，水月天焰魔。
住於曠野者，叉王俱尾羅，
印真言如教，刹那即滅壞。

即成就者，一切皆以大忿怒王無能勝，令息隨方所來障難。先加持白芥子等，令助伴擲散[③]或自擲。先别置花香，一一加持擲散。頂輪王心作念：觀金剛手秘密主，令警覺加持故，即魔障皆息，從佛頂王出光明，照耀三千大千世界，映蔽一切天宫。爲警覺金剛手故，光明警覺滋澤照耀，身從自宫無量百千持明明王尊上首，金剛將蘇摩呼頂行，與持明無量勝慧女使者上首明王妃俱，無量大菩薩前後圍遶，無量使者、

① 餘，《中華藏》校勘《石》《磧》《南》《徑》《清》無。
② 香，《中華藏》校勘《石》《磧》《南》《徑》《清》作“香末”。
③ 散，《中華藏》校勘《磧》《南》《徑》《清》無。

女使者制吒制知[①],奉教及女奉教、無數俱胝千印契、俱胝輪王,爲受[②]與成就者願故來。由先本願故,佛世尊不空言故,秘密主來時,於其中間一切三千大千世界六種振動,一切天、龍、藥叉、乾闥婆、迦樓羅、緊那羅等種種色類,於金剛手作供養,一切地獄有情刹那頃須臾[③]得安樂。當彼之時,無有一有情互相害者,一切世間、出世間修真言明者,以菩薩加持皆得成就。則行者先所置香水閼伽,金剛手摩行者頂,讚言:“善哉!善哉!大薩埵。善哉!大丈夫。”如是菩薩皆讚歎。由金剛手纔摩頂故,一切天、龍、藥叉等,及淨居天雨花,於上虚空皆奏音樂;一切草樹及山等,皆向金剛手菩薩佰靡,無有一有情能損壞者,則金剛手秘密主能調無量難調有情。以大菩薩慈加持行者,受[④]與金剛杵。大薩埵,此金剛杵爲令調伏難調伏有情,獲得菩薩地故。以慈加持三摩地金剛,善男子,以此汝作有情利益,於佛世尊持金拂,於佛世尊護持教令,於菩薩行慇懃作。秘密主如是語已,須臾隱不現。刹那其行者如金剛手,難睹與眷屬,乃至見人及人見彼,皆騰空遍滿光明,諸天讚揚雨花,所樂有情共騰空,得爲菩薩得神通,調伏難調無能對敵,爲大持明轉輪王,隨意住世,與百千眷屬騰空,往無量世界,見彼佛聞法,皆得勝解,知一切遊戲神通。與大菩薩住,乃至往極樂世界,見無量壽如來,及見曼殊室利菩薩,及餘菩薩共俱,以大人相莊嚴,頭爲頂髻,以種種真言教作衆生利益。我略説,乃至次第坐菩提場,證無上正等菩提,如是一切最勝成就,不受灌頂者,不應與惡人及不發菩提心者,弭[⑤]戾車不積集資糧者,於和尚、阿闍梨毁謗者。如説修行者,一切皆得成就。

一字奇特佛頂經菩薩藏品第九

尒時釋迦牟尼如來,入攝一切佛頂能催一切魔三摩地。由佛纔入此三摩地,於彼時此三千大千世界六種震動,出無邊光明,以彼光明照曜,乃至十方無量世界皆一切周遍。以大光明照曜,於東方金剛幢如來爲上首,恒河沙數等如來。如是西方無量壽如來爲上首,如是一切攝入佛頂王,由入能催一切魔三摩地故。如是北方光明王如來爲上首,如是南方帝釋幢如來爲上首,如是上方勝鬭戰如來爲上首,如是下方寶蓮花山王如來爲上首,如是十方一切如來[⑥]皆入頂輪王真言,彼等皆入能催一切魔三摩地,彼一切世界所有魔宫皆如一火聚,所有魔界衆天子,號叫驚怖,遍身汗流,皆

---

① 知,原脱,據《中華藏》校勘《石》《磧》《南》《徑》《清》補。

② 受,《中華藏》校勘《磧》《南》《徑》《清》作“授”。

③ 頃須臾,《中華藏》校勘《石》《磧》《南》《徑》《清》作“須臾頃”。

④ 受,《中華藏》校勘《磧》《南》《徑》《清》作“授”。

⑤ 弭,《中華藏》校勘《磧》《南》《徑》《清》作“彌”。

⑥ “如來”後,《中華藏》校勘《石》《磧》《南》《徑》《清》有“一切如來”。

失自神通。一切菩薩爲供養釋迦牟尼佛故，上從虚空雨花，或雨劫樹，覆雨蓮花、牛頭、栴檀、衣、繒雲等。所有地獄、傍生、餓鬼等趣所生有情，彼一切皆刹那頃得最勝安樂，離一切苦逼。

尒時釋迦牟尼如來，從彼三摩地起，告金剛手秘密主言："金剛手，汝今[①]受此大忿怒王一切如來所説，爲成就頂輪王真言者，令作加護。如是一切世界中，一切如來，皆從彼三摩地起，各各於世界中爲彼菩薩説。"尒時金剛手秘密主遶釋迦牟尼如來應供正遍知百千迊，還坐於寶蓮華座，不瞬目觀察而住。觀已白世尊言："世尊，唯願説大忿怒王，爲我成就故，成就佛[②]頂輪王真言菩薩摩訶薩故。"時釋迦牟尼如來以自意樂，如皷音顯暢，如海聲，如大雷[③]震，甚深善妙，種種廣美，如迦羅頻伽聲，健妙警告無邊世界，以如來吼滿一切意願，令一切菩薩歡悦。世尊釋迦牟尼如來平等住三千大千世界，説無能勝大忿怒王：

南謨三漫多没馱南阿鉢羅二合底呵多舍娑那南唵吽尒拏哩致吒吽吽發娑嚩二合訶

"金剛手，此名無能勝大忿怒，能摧一切障毗那夜迦，能超一切魔道，能調一切惡障毗那夜迦、天、龍、藥叉、乾闥婆、阿修羅、迦樓羅[④]、摩睺羅伽等。無量百千俱胝佛所説，能斷一切世間、出世間忿怒真言，能作利益修一切佛頂真言者[⑤]，能摧無量百千俱胝魔，能護修輪王[⑥]真言者，一切時調伏一切魔障，攝入頂輪王三摩地。"時世尊説是大忿怒王時，刹那頃字句言説閒以佛威神力，於此集會曼荼羅，出大恐怖師子吼，現暴怒形。世尊釋迦牟尼佛爲哀愍調伏難調有情故，作如來事故，變化大忿怒，利益勤修頂輪真言行菩薩摩訶薩故，示現薩婆若故，吼大師子吼。如來加持如是形像，恐怖形狗牙，上出種種頭，眼光熾盛，種種龍以爲瓔珞，身高八万四千由旬，無量臂持種種器仗，光明如劫盡時照耀，兩脣頰戰掉，一切星耀，天、龍、藥叉、乾闥婆、阿修羅等皆摧伏。於一切三千大千世界，以威光映蔽，除佛光明及住不思議解脱三摩地菩薩，餘光悉不照耀，何以故？加持故。時大忿怒王右遶釋迦牟尼佛，白世尊言："大精進示教令，我作何爲依如來教住？"佛告大忿怒："汝往於行一切佛菩薩加行者，作利益安樂，令獲得不退轉菩薩地故，令入一切如來教，安立如來教故。爲修一切佛菩薩行，入大乘，調伏惡有情暴怒難調罪心者，壞佛法難調障毗那夜迦，以如是身形令受三歸依故，令一切難調於無上正等菩提發心故，於一切世界作佛事，當成衆生利益安

① 今，《中華藏》校勘《磧》《南》《徑》《清》作"令"。
② 佛，原作"修"，據《中華藏》校勘《石》《磧》《南》《徑》《清》改。
③ 雷，《中華藏》校勘《磧》《南》《徑》《清》作"雲"。
④ "羅"後，《中華藏》校勘《磧》《南》《徑》《清》有"緊那羅"。
⑤ 者，《中華藏》校勘《石》《磧》《南》《徑》《清》無。
⑥ 輪王，《中華藏》校勘《磧》《南》《徑》《清》作"頂輪王"。

樂，得無上解脱道故。”時大忿怒王爲衆生利益故，變化大忿怒王，此三千大千世界以吽聲遍滿，一切如來所説成就真言，作一切佛菩薩行，以一切如來加持，復説此真言：

娜謨三漫多勃馱南阿鉢羅二合底呵多舍娑那南唵吽尒拏哩致上吒吽發娑嚩二合訶

彼時如來以得勝三摩地忿怒，於成就真言句。時見一切大地如劫燒時，一切三千大千世界，震、極震、遍震，動、極動、遍動，如是此世界六種震動，一切天、龍、藥叉、乾闥婆、阿修羅、迦樓羅、緊那羅等魔宫皆震動。熾[①]然遍光明，一切天失自神通，皆戰掉，一切難調毗那夜迦等悲惱。以光明逼，皆歸依佛法僧，皆作如是言：“世尊，從今已後，我等咸作一切有情利益。”一切障毗那夜迦及餘大威德難調鬼魅等往詣世尊，頭面禮足，以一音聲作是言：“世尊，所有於後末時，欲成就此頂輪王真言者，若誦，我等與成就。”尒時世尊爲彼障毗那夜迦讚歎：“善哉！善哉！大障毗那夜迦，善説此語，如來皆隨喜。”時彼一切障毗那夜迦以一音作是言：“世尊，爲彼善男子勤修頂輪真言者，作加護，加其念力。”尒時天帝釋頭面禮足，白佛言：“世尊，我從多如來聞真言行所説，世尊，若復得入轉輪王三摩地變化，於此頂輪王三摩地，得無疑有情，積集無量善根。世尊，若有修佛頂真言行得入，若受持讀誦廣爲他説。世尊，我等爲彼善男子作承事并諸營從。”時四大天王并眷屬白佛言：“所於村邑、聚落、王城，成就此佛頂輪王，若念誦所在處流行，世尊，我并眷屬軍營從五由旬作加護。世尊，若成就念誦明王，我等四天王并眷屬，往於彼，供侍彼行者，所修輪王真言者，一切障毗那夜迦求便者，不得其便。”時世尊告金剛手言：“秘密主，汝説自真言，爲修頂輪王真言者壞障故，守護息災吉祥故。”時金剛手得世尊教令，以佛威神力説自心四字真言明王：

娜謨三漫多勃馱南阿鉢囉二合底呵多舍娑那南嚩日囉二合吽嚩二合

時金剛手説大明王真言時，此三千大千世界六種震動，十方於空中，毗那夜迦作阿[②]呵聲。時金剛手作如是言：“世尊，若有成就輪王佛頂真言，善男子善女人、比丘比丘尼，發菩提心，三時誦我真言一遍，一切障毗那夜迦不得附近。我爲彼持明持金剛杵作加護，一切時與成就，彼行者真言明。”尒時世尊告金剛手言：“秘密主，若受持此輪王佛頂大明王，一切如來三昧寂勝，若讀若爲他廣説顯示，爲多有情長夜作利益安樂，爲證如來智故修行。若有善男子、善女人，若成就、若讀、若供養、若常念誦，其人不久速證無上正等菩提。”

尒時世尊告上首普賢菩薩等：“善男子，此阿僧祇俱胝劫積集正等菩提，我隨喜，於如是法要佛加持攝受。如來涅槃後末時，於瞻部洲積集善根有情，書寫經卷，經於

① 熾，《中華藏》校勘《石》《磧》《南》《徑》《清》無。

② 阿，《中華藏》校勘《石》《磧》《南》《徑》《清》作“吽”。

手者，若復善男子、善女人、天、龍、藥叉王、大羅刹王，積集善根，獲得無上正等菩提，隱身於衆生作加護。”時普賢等上首菩薩白佛言：“世尊，奇哉此法教！世尊，我等爲彼勤修頂輪善男子、善女人，此如來無數百千那由他劫所積集無上菩提，我等護持，於如是類若受持、若讀誦，乃至書寫經卷，我等加彼念力，由此念力聞如是類法教，若聞圓證，當受持讀誦書寫。”尒時世尊告天衆言：“天子，於此[①]法教流轉方所，汝等應作轉法輪想，如是善男子正法若供養，當知如供養於我。何以故？天子，法身者是如來身，若供養法，即爲供養如來。”尒時世尊而說伽他：

持戒住蘭若，城邑及聚落。
若欲上成就，不謗不矯誑，
常作於利益。

尒時世尊告曼殊室利菩薩童子：“如是修佛頂真言菩薩摩訶薩，獲得如是法，修真言行，滿一切菩薩法。童子，我略說得無量菩薩神通法，於此復說佛頂真言行善巧法。”時無量百千菩薩，於世尊種種金銀、真珠、瓔珞，從自頸脱，爲供養法故，捨施供養。尒時世尊告一切衆會作是言：“若有成就此明王，於彼菩薩行從此捨終，乃至坐菩提場，不墮惡趣，不生下族，不弊惡，不短壽，壽命長遠，善成就[②]有情，成就佛刹，不迷惑菩提心。所生之處憶宿命，得聞持不忘，無盡集會，常樂寂静，成就大辯自在大福。妙色不闕減語，威肅令人樂聞，善承事一切如來，善滿諸波羅蜜，善友之所攝受，遠離惡友，天、龍、藥叉、部多、魅母天、毗舍遮那羅、摩睺羅伽等，無能沮壞。離一切疾病，不非時夭死，一切明皆得成就，一切所發起皆善能作，以善妙方便能成就一切事業。善男子，我略說成就頂輪真言者，獲得無量功德福利，一切世閒書論工巧皆能知，乃至坐菩提場。”

世尊説是經已，彼大菩薩摩訶薩及聲聞，一切天、龍、藥叉、乾闥婆、阿修羅、緊那羅、摩睺羅伽、人、非人等，彼一切集會聞佛所説，皆大歡喜，信受奉行。

一字奇特佛頂經卷下

---

① 此，《中華藏》校勘《磧》《南》《徑》《清》無。

② 就，《中華藏》校勘《石》《磧》《南》《徑》《清》作“熟”。

一字金輪王佛頂要略念誦法通諸佛頂①

大興善寺三藏沙門大廣智不空奉詔譯②

諸供養儀軌，如餘③經中廣説，今但晨暮修行，或四時、三時常習不間故，略去重疊，簡其要略④。行者欲作諸佛頂念誦，先結三部心印及誦真言加持三業，佛部心印，二手右押左内相叉，二輪並竪。真言曰：

唵引，一尒惹以反，下同曩吽翼二合去迦半音，二

次結蓮華部心印，即前印以左輪屈入掌。真言曰：

唵引，一阿去，引嚕轉舌，引力迦半音，二

次結金剛部心印，即前佛部心印，屈右輪入掌。真言曰：

唵引，一嚩日囉二合，引地力二合迦半音，二

次結如來拳印，右手蓋光高勝四指，握拳竪左轉⑤，右手作金剛拳，握左輪甲。真言曰：

唵引，一僕引欠二入嚩二合囉吽引，胸喉中聲如牛吼，三

隨誦真言，以印加持自身五處，身器清淨，與法相應，便以印加持道場中地，誦真言七徧，其處變成金剛界宫，自然而有衆寶嚴飾，如佛淨土。

次結被金剛甲冑護身印，即前佛部心印，二光直竪頭相拄，屈上節如劍形，二蓋各附二光背，勿相著。以印加持額上、右肩、左肩、心、喉五處，各誦一徧。真言曰：

唵引，一斫羯囉二合襪轉舌嘌底二合，二鉢囉二合捨弭多三囉捺囉三合，引囉捺囉三合，引，四跋娑麽二合擦倉葛反路瑟抳二合灑五囉乞灑二合囉乞灑二合䶖引，六吽引發吒上普鉢反，下吒半音娑嚩二合賀引，七

---

① 底本，《中華藏》第1505號，第66册第306頁中—308頁上，原《金藏》廣勝寺本。經名，《中華藏》校勘《石》《麗》作"金輪王佛頂要略念誦法"，夾注"通諸佛頂"，《徑》《清》無。

② 譯名，《中華藏》校勘《徑》《清》作"唐北天竺三藏沙門大廣智不空奉詔譯"，《麗》作"開府儀同三司特進試鴻臚卿肅國公食邑三千户賜紫贈司空謚大鑒正號大廣智大興善寺三藏法師不空奉詔譯"。

③ 餘，原作"來"，據《中華藏》校勘《石》《麗》改。

④ 略，《中華藏》校勘《石》作"法"。

⑤ 轉，《中華藏》校勘《石》作"輪"。

次結迎請聖衆印，二手仰相叉，以二蓋頭相拄，如車輅，隨誦真言。以二輪各撥二光，向身招之，或三，或七，想諸聖衆乘此車輅來降道場迎請。真言曰：

娜麽娑怛嚛三合，轉舌，引野一地尾二合迦南二薩嚩怛佗去，引誐跢引南三唵引嚩囉二合，引儗霓以反孃四羯囉灑二合野娑嚩二合，引賀引，五

次結辨事佛頂印，辟除結界，即前佛部心印，直竪二光頭相柱，屈上節如蓋[①]，隨誦真言，以印頂上，左轉三帀，辟除一切不祥，諸作障者，便右旋三帀，即成結界辨事。真言曰：

娜莫三去滿多没馱引南一唵吒嚕唵三合，二滿馱娑嚩二合，引賀引，三

次結大三昧耶印，即前被甲印二蓋稍開，如杵形，以二輪各附二蓋下第一文。真言曰：

唵引，一餉商障反迦𥎞轉舌，二摩賀引，三去麽鼻音閻娑嚩二合，引賀引，三

隨誦真言，以印准前右旋三帀，隨行人意遠近，結爲大界。

次結部母佛眼尊印，二手合掌，以二蓋各捻二光背，令如眼形，雙屈二輪入掌。真言曰：

娜莫三去滿多没馱引南一唵引嚕嚕二字皆轉舌娑普二合嚕二入嚩二合羅底瑟姹二合，三悉馱路引左寧四薩嚩引囉佗二合，五娑去，引馱𩕳寧頂反娑嚩二合賀引，六

次結本尊頂輪王印，即前辨事佛頂印，以二輪並竪，二蓋平屈，兩[②]節頭相拄於二輪甲上。結印當心，誦真言七徧，或一百八徧。又加持身五處各一徧，加持力故，身與本尊合爲一體。一字輪王陀羅尼曰：

娜莫三去滿多母馱南一勃嚕唵三合，嚕字彈舌爲一音，又引聲從胸喉中出，其音如擊大鼓，古譯云步林者，訛略不正也

次結獻閼伽香水印，即前大三昧耶印，以二蓋附著二光背，二輪又安二蓋側下第一文，如商佉羸盃形，心想印中滿盛香水，舉印額齊，奉獻香水，澡浴本尊及諸聖衆。真言曰：

娜莫三滿多没馱引南一唵引，二遏轉舌伽去囉賀二合遏伽去必哩二合野三鉢囉二合底丁以反，引砌那沫轉舌儉娑嚩二合，引賀引，四

次結普通供養印，二手虛心合掌，左、右、五頂各交上節，想從印流出無量香華、飲食、宫殿、衣服供養及諸聖衆。真言曰：

娜莫薩嚩没馱冒引地娑怛嚩二合，引南二唵引薩嚩怛囉二合，三僧去矩蘇弭跢引，四毗吉孃二合囉引始𩕳五曩謨娑覩二合帝娑嚩二合，引賀引，六

---

① 蓋，《中華藏》校勘《石》《麗》作"鉤"。

② 兩，原作"雨"，據《中華藏》校勘《磧》《南》《徑》《清》《麗》改。

次結普通佛頂印，即前普供養印，稍深交至中節，如華在掌中，修行者若爲事緣忽速，不能徧結十佛頂印，但結此印，誦諸佛頂真言，普通於修行人，亦無過失。真言曰：

娜莫三去滿多母馱引南一麽鼻鉢囉二合底賀多舍引娑上囊引南二唵斫訖囉二合韈轉舌底唵吽引，三

次誦讚嘆：

滿寧寧定反，引史抳尼整反，引薩嚩惹日攞反孽言揭反地帶引史抳一拽延結反捨娑尾二合步引，轉舌囉步二合嚩乃鼻音，引迦二滿引馱吠敷閉反三去麽鼻娑多二合尾你也二合，引地跛作訖囉二合麽鼻，引里寧三囊謨娑覩二合帝怛囉二合，引怛哩作訖囉二合韈轉舌底丁以反寧四

每念誦，先以五支，或以五相、八相等觀智，成本尊瑜伽。此法並在《頂輪瑜伽》，極深密，一一皆須從灌頂阿闍梨親受。或於自身想布一字，安三處，頂、舌、心。以字威力能成佛頂輪王尊。又想曼荼羅中有香水大海，於海中心有妙高山，七重金山，周帀圍遶。於妙高頂上有八葉白色蓮華，於一一葉上右旋布列輪王七寶，所謂金輪、象、馬、珠、女、兵及主藏。當前第八葉想安佛眼尊，十佛頂眷屬前後圍遶。先住此觀已，然後持珠相應念誦，或百，或千，或至於萬。常功限畢，捧珠頂戴，誦部母尊，所有功業願尊守護。又結根本印，加身五處。又結普供養印，如前供養。又以悦喜心①歌讚本尊，無量悲願攝護我等，令得解脱，悉地相應，廣發弘願，利樂有情，誓成正覺。次捧閼伽，如前奉獻，又結辨事佛頂印，左旋解界。又結前迎②請印，向外撥立③中指，誦前真言，去羯羅灑野句，應云尾薩惹野，即成奉送。又結被甲印，誦前真言，加身五處。又結三部心印，虔誠作禮、發願，往④出道場，或旋繞經行，轉讀大乘經典，作諸善業，以助成就。

一字金輪王佛頂要略念誦法⑤

---

① 心，《中華藏》校勘《麗》無。

② 迎，原作“退”，據《中華藏》校勘《石》《磧》《南》《徑》《清》《麗》改。

③ 立，《中華藏》校勘《石》《磧》《南》《徑》《清》《麗》作“二”。

④ 往，原作“任”，據《中華藏》校勘《磧》《南》《徑》《清》改。

⑤ 卷末經名，《中華藏》校勘《石》《麗》無“一字”，《石》後有“一卷”。

佛頂尊勝陁羅尼念誦儀軌①

開府儀同三司特進試鴻臚卿肅國公食邑三千户賜紫贈司空
謚大辨正號大廣智大興善寺三藏沙門不空奉詔譯②

夫念誦陁羅尼法，先於三昧耶曼荼羅見聖衆，得灌頂，知本尊。從師受得三昧耶，即於山間空③閑處，或於淨室，畫本尊尊勝陁羅尼像，安於東壁上④，持誦者以面對之。其念誦處，掘地⑤深一肘半，地中若有瓦礫、骨灰、毛髮及諸穢物等，並須除之。若無，還取本土填滿，築令平正，土若有餘，其地吉祥。以瞿摩夷和好土，泥地面令平正。又取瞿摩夷和水，誦無能勝陁羅尼二十一遍，加持瞿摩夷。其無能勝真言曰：

曩莫三曼多没入馱引喃引，一唵引，二虎魯虎魯三戰拏理四摩蹬儗五，丁以反娑嚩二合，引賀引

加持已，後⑥從東北隅起首，右旋塗之。次⑦取蜀葵葉，或蓮子葉⑧，揩拭令其光淨。於上取白粉和水，以繩分九位拼⑨之，石上磨白檀香，用塗九位。其九位者，中央安毗盧遮那佛位，右邊安觀自在菩薩位，觀自在後安慈氏菩薩位，毗盧遮那佛位後安虚空藏菩薩位，此菩薩左邊安普賢菩薩位。毗盧遮那佛位左邊安金剛手菩薩位，金剛手菩薩位下安文殊師利菩薩位，毗盧遮那佛前⑩安除蓋障菩薩位，除蓋障菩薩位⑪

---

① 底本，《中華藏》第1440號，第65册第731頁上—735頁上，原《麗藏》本。經名後，原有“法一卷”，據《中華藏》校勘《磧》《普》《南》《徑》《清》删。

② 譯名，《中華藏》校勘《石》作“特進試鴻臚卿大興善寺三藏沙門大廣智不空奉詔譯”，《磧》《普》《南》作“大興善寺三藏沙門大廣智不空奉詔譯”，《徑》《清》作“唐三藏沙門大廣智不空奉詔譯”。

③ 空，原脱，據《中華藏》校勘《磧》《普》《南》《徑》《清》補。

④ 上，《中華藏》校勘《石》《磧》《普》《南》《徑》《清》無。

⑤ 掘地，《中華藏》校勘《石》《磧》《普》《南》《徑》《清》作“地掘”。

⑥ 後，《中華藏》校勘《石》《磧》《普》《南》《徑》《清》無。

⑦ 次，《中華藏》校勘《石》《磧》《普》《南》《徑》《清》作“塗已”。

⑧ 葉，《中華藏》校勘《石》作“草葉”。

⑨ 拼，《中華藏》校勘《徑》作“併”。

⑩ 毗盧遮那佛前，《中華藏》校勘《磧》《普》《南》《徑》《清》作“金剛手右邊”。

⑪ 菩薩位，《中華藏》校勘《石》《磧》《普》《南》《徑》《清》無。

右邊安地藏菩薩位，是名九位。並用白檀香塗之，以爲迎請賢聖之位。耳上安帳，蓋四面，懸幡道場四邊，晨、朝奉獻乳糜，齋時獻酪飯，並甜膩[①]食，及以諸漿，兼諸菓子。四門安四香爐，四隅安四淨瓶，盛香水，插花或青葉樹枝以爲供養，四角燃四盞酥燈。道場前於念誦者座前，安置閼伽香水兩椀，所盛供養，取金、銀、熟銅、瓷器，或新瓦器，或螺盃，或新淨葉，餘並不堪。欲盛食時，先淨洗器覆之，以香煙熏内。既盛食已，又須香烟熏之，以無能勝陁羅尼加持水灑之，則於壇中右旋布列。然後於壇前安卑[②]脚床子，去地半寸，或茅草薦，或藉以淨物，念誦者坐之。念誦人應淨澡浴，澡浴法如《蘇悉地》中説。或以法澡浴，觀法實相以爲澡浴；或以在家、出家，護持本律儀戒，無所毁犯，以爲澡浴；或每日三時，佛前礼佛，發露懺悔，隨喜勸請，發願迴向，以爲澡浴；或以清淨真言加持七遍，以爲[③]清淨澡浴。正誦之時，觀一切法本性清淨，我亦得清淨。如是作意，即誦澡浴真言曰：

唵引娑嚩二合婆引嚩秫馱引薩嚩達摩入娑嚩二合婆引嚩戍引度憾

每日入道場念誦，定其時節[④]。或二時，謂早朝、黄昏。或三時，加午時。或四時，依《瑜伽》加中夜。若於本教尊勝陁羅尼經，每於白月十五日，除滅業障，增福延命，要期誦一千遍，證出世三摩地，得不忘陁羅尼。其日一日一夜，不食爲上。或[⑤]食三白食，所謂乳、酪、粳米飯。或粥爲中，或如常齋食爲下。身著淨衣服，心應虔誠淨信，心不猶豫。若欲持誦，至道場，先雙膝著地，礼毗盧遮那佛及八大菩薩，發露懺悔，發五大願：一、衆生無邊誓願度；二、福智無邊誓願集；三、法門無邊誓願學；四、如來無邊誓願事；五、無上菩提誓願成。結加趺坐，以香塗手[⑥]，結三昧耶印，誦真言曰：

曩莫三曼多没馱喃一阿三冥二底哩二合三冥三三昧曳娑嚩二合，引賀引

其印[⑦]二手合掌，竪二大指印於五處：額、右肩、左肩、心、喉[⑧]。各誦真言一遍加持，頂上散。由三昧耶印真言威神力故，能淨如來地，地[⑨]波羅蜜圓滿，能成就世間、出世間悉地。

次結法界生印，誦真言曰：

---

① 膩，《中華藏》校勘《磧》《普》《南》《徑》《清》作“脆”。

② 卑，《中華藏》校勘《磧》《普》《南》《清》作“庳”，《徑》作“庫”

③ 加持七遍以爲，《中華藏》校勘《石》《磧》《普》《南》《徑》《清》作“誦三遍以爲殊勝”。

④ 節，《中華藏》校勘《石》《磧》《普》《南》《徑》《清》作“限”。

⑤ 或，《中華藏》校勘《磧》作“飲”。

⑥ 手，《中華藏》校勘《石》《磧》《普》《南》《徑》《清》作“兩手”。

⑦ 其印，《中華藏》校勘《石》《磧》《普》《南》《徑》《清》作“結印者”。

⑧ 額右肩左肩心喉，《中華藏》校勘《石》《磧》《普》《南》《徑》《清》作“一，額；二，右肩；三，左肩；四，心；五，咽喉”。

⑨ 地，《中華藏》校勘《石》《磧》《普》《南》《徑》《清》無。

曩莫三曼多没馱引南一達囉麽二合馱引睹二娑嚩二合娑嚩二合句憾

結印相[①],二手大指安於掌中,各作拳,豎二頭指側並合,安於頂上,從頂向下徐徐下散。誦真言三遍,即觀自身等同法界,離諸色相,猶如虚空。

次結金剛薩埵法輪印,誦真言曰:

曩莫三曼多嚩日囉二合喃引唵引嚩日囉二合,引怛摩二合句引憾

結印相,二手背相叉,以左大指安右手[②]掌中[③],與右手大指相拄。即[④]誦真言三遍,獲得自身如金剛薩埵。

次結金剛甲冑印,真言曰:

曩莫三曼多嚩日囉二合喃引唵引嚩日囉二合迦嚩者吽

其印相[⑤],二手虚心合掌,二頭指各安於中指背,二大指並合於中指中節上,成印同前[⑥]五處,各誦真言一遍。由此加持自身[⑦]成被金剛甲冑,一切天魔無能親近。

次結不動尊印,真言曰:

曩莫三曼多嚩日囉二合喃一,引戰拏摩賀嚧沙拏二句薩叵二合吒耶三吽怛囉二合吒憾引鈝引

結印[⑧],二手各以大指捻小指及無名指甲上,各豎中指、頭指[⑨]並之,左手爲鞘[⑩],右手爲刀,以刀入鞘狀。右刀手印[⑪]左[⑫]旋轉,辟除道場中諸魔作障者,右旋轉[⑬]八方,結上、下[⑭]方隅界。然後想道場中須弥山,於山頂上想七寶樓閣,於樓閣中,毗盧遮那佛與八十俱胝十地滿足菩薩摩訶薩以爲眷屬而自圍遶。四門、四隅各四菩薩及八供養,以内、外供養,觀想奉獻,了了分明。

次結奉請聖衆如來鉤印。誦真言曰[⑮]:

---

① 結印相,《中華藏》校勘《石》《磧》《普》《南》《徑》《清》作"結印者",下同。

② 手,《中華藏》校勘《石》《磧》《普》《南》《徑》《清》無。

③ 中,《中華藏》校勘《石》無。

④ 即,《中華藏》校勘《石》《磧》《普》《南》《徑》《清》作"即成"。

⑤ 其印相,《中華藏》校勘《石》無。

⑥ 成印同前,《中華藏》校勘《石》《磧》《普》《南》《徑》《清》作"印於"。

⑦ 由此加持自身,《中華藏》校勘《石》《磧》《普》《南》《徑》《清》作"五處如前説由加持故即"。

⑧ 結印,《中華藏》校勘《石》無。

⑨ "頭指"前,《中華藏》校勘《石》《磧》《普》《南》《徑》《清》有"及"。

⑩ 鞘,《中華藏》校勘《磧》《普》《南》《徑》《清》作"稍"。

⑪ 以刀入鞘狀右刀手印,《中華藏》校勘《石》《清》作"以右刀手印",《磧》《普》作"以右力印",《南》《徑》作"以右刀印"。

⑫ 左,《中華藏》校勘《磧》《普》《南》《徑》《清》作"右"。

⑬ 轉,《中華藏》校勘《磧》《普》《南》《徑》《清》無。

⑭ 結上下,《中華藏》校勘《石》《磧》《普》《南》《徑》《清》作"上下結"。

⑮ 次結奉請聖衆如來鉤印誦真言曰,《中華藏》校勘《徑》無。

囊莫上三去滿馱没馱南引,一嗯二,引薩嚩怛囉二合鉢囉二合底呵諦怛他引蘖當矩捨三冒地者囉哩耶二合跛哩布引囉迦四娑嚩二合,引賀引

印相[①]二手内相叉作拳,申右手頭指,屈如鈎形,誦三遍,由印真言威神力故,諸佛如來及以聖衆,不違本誓,皆悉集會。

次結奉獻座印,誦真言曰:

囊莫三曼多没馱喃引惡引,急呼

契相[②]二手虚心合掌,二小指、二大指相合,餘六指開舒微屈,如蓮華敷,誦三遍。由此印及[③]真言威力,流出一切微妙寶座,猶如雲海,奉獻如來一切聖衆。

次奉獻閼伽,誦真言曰:

囊莫三曼多没馱南一誐誐曩三摩三摩娑嚩二合賀引

即[④]以兩手捧器當額,跗[⑤]跪誦三遍,奉獻閼伽,沐浴聖衆。

次結奉獻塗香印,誦真言曰:

囊莫上三去曼多没馱南引,一微輸上馱巘引度上納婆嚩引耶娑嚩二合,引賀

契相右手豎掌向外,以左手握右手腕,誦[⑥]三遍。由此印真言威力[⑦]故,流出一切塗香雲海,供養一切如來及諸聖衆。

次結奉獻花鬘印,誦[⑧]真言曰:

囊莫三曼多没馱南引摩賀引昧怛哩夜三合毗庾二合那蘖帝娑嚩二合賀

契相二手内相叉仰掌,頭指相拄,誦三遍。由此印及真言威力,流出一切花鬘雲海,供養一切如來聖衆。

次結奉[⑨]獻燒香印,真言曰[⑩]:

囊莫三曼多没馱引南一達麽馱引怛嚩二合,引弩鼻音蘖帝引娑嚩二合賀

契相二手仰掌,以小指、中指、無名指屈豎相背,誦三遍。由此印真言威力,流出一切燒香雲海,供養一切如來及諸聖衆。

次結奉獻飲食印,誦真言曰:

---

① 印相,《中華藏》校勘《石》《磧》《普》《南》《徑》《清》作“結印者”。

② 契相,《中華藏》校勘《石》《磧》《普》《南》《徑》《清》作“結印者”,下五“契相”同。

③ 及,《中華藏》校勘《石》《磧》《普》《南》《徑》《清》無。

④ 即,《中華藏》校勘《石》《磧》《普》《南》《徑》《清》無。

⑤ 跗,《中華藏》校勘《石》《磧》《普》《南》《徑》《清》無。

⑥ 誦,《中華藏》校勘《磧》《普》《南》《徑》《清》作“誦真言”。

⑦ 威力,《中華藏》校勘《石》《磧》《普》《南》《徑》《清》作“威德力”。

⑧ 誦,《中華藏》校勘《石》《磧》《普》《南》《徑》《清》無。

⑨ 結奉,《中華藏》校勘《石》無。

⑩ 印真言曰,《中華藏》校勘《石》作“真言”。

曩莫三曼多没馱南引阿囉囉迦囉沫隣捺逕摩賀引沫履娑嚩二合賀

契相虚心密令[①]開掌如器，誦三遍。由此印真言威力，流出無邊飲食雲海，供養一切如來及諸聖衆。

次結奉獻燈明印，誦真言曰：

曩莫三曼多没馱引南引怛他引蘗怛紫娑叵二合羅寧二嚩婆去娑娜三誐誐猱娜哩野二合娑嚩二合賀

契相右手作拳竪中指，以大指捻中指中[②]節，誦三遍。由此印真言威力，流出一切燈明雲海，供養一切如來及諸聖衆。又復如來大乘經所[③]説：當觀想幢盖、幡網[④]、瓔珞、衣服、繒彩等物，諸供養雲海充遍法界。誠實言伽他而讚曰：

以我功[⑤]德力，如來加持力，

及以法界力，普供養而住。

次結虚空藏明妃印，真言曰：

曩莫三曼多没馱引南引薩嚩他欠烏娜蘗二合帝娑叵囉呬引鋡誐誐劒娑嚩二合，引賀引

其契相二手相叉合掌，右押左，誦七遍。次想自身於心中有圓明月輪，了了分明，於月輪上想“欠”字，白色放大光明，遍照十方一切世界。思“欠”字實相義，所謂一切法等同虚空，離諸色相，離諸障礙。則於真實理中觀自身作金剛波羅蜜佛母菩薩像，左手持蓮花，其蓮花上有五股金剛杵，右手作仰掌，垂手爲施願勢，具頭冠瓔珞，面貌慈愍，拔濟一切衆生勢。作是觀已，二手外相叉作拳，竪二中指，以此金剛波羅蜜印加持，印於四處，謂印心、額、喉、頂[⑥]。

印已便散手，誦金剛波羅蜜真言曰：

唵薩怛嚩二合嚩日哩二合吽

當印四處時，各誦一遍，即用前印安於額上，誦三遍以爲灌頂。灌頂[⑦]已，其印手分兩邊，以[⑧]金剛拳繫[⑨]頂後。誦真言曰：

唵嚩日囉二合，引鼻詵遮

誦三遍，即結被甲印，二手各作金剛拳，各竪頭指，當心相纏，如繫甲胄，即於背

---

① 虚心密令，《中華藏》校勘《石》《磧》《普》《南》《徑》《清》作“二手虚心密合”。

② 中，《中華藏》校勘《石》無。

③ 所，《中華藏》校勘《石》無。

④ 幢蓋幡網，《中華藏》校勘《石》《磧》《普》《南》《徑》《清》作“旛幢蓋網”。

⑤ 功，《中華藏》校勘《磧》《普》《南》《徑》《清》作“福”。

⑥ 額喉頂，《中華藏》校勘《石》《磧》《普》《南》《徑》《清》作“次印額，次喉，次頂”。

⑦ 灌頂，《中華藏》校勘《石》《磧》《普》《南》《徑》《清》無。

⑧ 以，《中華藏》校勘《石》無。

⑨ 繫，原作“継”，據《中華藏》校勘《磧》《普》《南》《徑》《清》改，下同。

後亦復如是，次齋，次兩膝，却[①]繞腰後漸當心，次兩肩，亦如是繫，次繫項[②]下、項後、額前，却於腦後，以兩[③]金剛拳繫，漸垂手兩邊徐徐[④]下，如垂帶勢，即以兩手掌相拍三聲。誦被甲真言曰：

唵引砧誅奄反

又拍掌，真言曰：

唵嚩日囉二合覩史耶二合觳

自想已身成本尊已，二手合掌，屈二頭指甲相背，以二大指壓二頭指頭，如彈指勢。即誦尊勝陁羅尼曰：

曩慕引婆誐嚩帝一怛嚩二合路引枳也二合，二鉢囉二合底丁以反，三尾始瑟吒二合，引也四勃馱引耶五婆誐嚩帝六怛你也二合他引，七唵八尾戍引馱也九三麼三滿多嚩婆娑十薩頗二合囉拏十一孽底丁異反誐賀曩十二薩嚩二合婆引嚩秫輸律反，下並同第十三阿鼻詵左輪十四，引素誐多嚩囉嚩左曩十五蜜哹二合多引鼻曬罽十六，入阿引賀囉阿引，上賀囉十七阿引，入欲散馱引囉抳十八戍引馱也戍馱也十九誐誐曩尾秫提二十鄔瑟抳二合沙二十一尾惹也尾秫提二十二娑賀娑囉二合，二十三囉濕弭二合散祖引祢帝二十四薩嚩怛他引孽多引，二十五地瑟侘引，二合曩引地瑟耻二合多二十六畝捺㘑二合，二十七嚩日囉二合迦引耶上，二十八僧去賀怛那秫第二十九薩嚩引嚩囉拏尾秫第三十鉢囉二合底你韈多也三十一阿引欲秫第三十二三麼耶引地瑟耻二合帝三十三麽抳麽抳三十四怛闥多引步多倶胝三十五跛哩秫第三十六尾娑怖二合吒三十七勃地秫第三十八惹也惹也三十九尾惹也尾惹也四十娑麽二合囉娑麽二合囉四十一薩嚩勃馱引地瑟耻二合多秫第四十二嚩日㘑二合嚩日囉二合孽鞞四十三嚩日覽二合婆嚩覩四十四麽麽四十五，某甲薩嚩薩怛嚩二合，引，四十六難上，引左迦上，引也尾秫第四十七薩嚩孽底四十八跛哩秫第四十九薩嚩怛他引孽多五十三摩引濕嚩二合，引娑引地瑟耻二合帝五十一勃駄勃駄五十二冒引馱也冒引馱也五十三三滿多跛哩秫第五十四薩嚩怛他引孽多引，五十五地瑟姹二合，引曩引，五十六地瑟耻二合多五十七摩賀引畝捺㘑二合，五十八娑嚩二合，引賀引，五十九

所誦之聲，不高不下，不緩不急，一心緣觀毗盧遮那佛，了了分明。誦七遍已，印頂上散，取菩提子念珠安於掌中，誦加持念珠真言曰：

唵尾嚧遮那麽羅娑嚩二合，引賀引

誦七遍已，安頂上[⑤]，以左手當心承珠，右手移珠，每與"娑嚩二合賀"齊聲移一珠，

① 却，《中華藏》校勘《磧》《普》《南》《徑》《清》作"即"。

② 項，《中華藏》校勘《磧》《普》《南》《徑》《清》作"頂"。

③ 兩，《中華藏》校勘《磧》《普》《南》《徑》《清》無。

④ 徐徐，《中華藏》校勘《石》《磧》《普》《南》《徑》《清》作"徐"。

⑤ 安頂上，《中華藏》校勘《石》作"安頂上發願"，《磧》《普》《南》《徑》《清》作"安珠頂上發願"。

念誦至一百八遍,乃至一千遍,取珠蟠於掌中,合掌安於頂上,而發所求清淨妙[①]願:願一切衆生皆悉獲得。復結本尊印,誦[②]七遍,或三遍。復結金剛波羅蜜印。

又復結五種供養印,並誦七種[③]真言而供養之,具如上說。即結不動尊印誦一遍,以印左轉,即成解界,執閼伽器,奉獻供養。即結前三昧耶印,當頂上奉送,誦三昧耶真言一遍。不解此印,便誦金剛解脱真言曰:

唵嚩日囉二合謨引訖叉二合穆

奉送諸佛聖衆,如前礼拜、發露、懺悔、隨喜、勸請、發願、迴向已,出道場後,即於静處,轉讀大乘經,觀第一義諦,以此妙福迴向所求,助成悉地。若作息災法,面向北,其壇圓,觀聖衆白色,道場中所供養物皆白,身著白衣,面向北坐,燒沉水香。若作增長法,面向東坐,本尊及供養並自身衣服悉皆黄色,燒白檀香。若作降伏法,面向南坐,本尊及供養並衣服並青色或黑色,燒安息香。若作敬愛法,面向西坐[④],觀本尊赤色,及飲食衣服皆赤,燒酥合香。

佛頂尊勝陁羅尼念誦儀軌一卷[⑤]

---

① 妙,《中華藏》校勘《石》無,《磧》《普》《南》《徑》《清》作"之"。

② 本尊印誦,《中華藏》校勘《石》《磧》《普》《南》《徑》《清》作"尊勝印或誦"。

③ 七種,《中華藏》校勘《磧》《普》《南》《徑》《清》作"五種"。

④ 坐,《中華藏》校勘《石》無。

⑤ "一卷"前,原有"法",據《中華藏》校勘《石》《磧》《普》《南》《徑》《清》刪。

蕤呬耶經[1]

蕤呬耶經卷上亦名《玉呬耶經》

大唐大興善寺開府儀同三司試鴻臚卿三藏和尚奉詔譯[2]

序品第一

我今當説通攝一切作曼荼羅祕密次第,廣略大小總在之經,於諸佛部曼荼羅中無能勝明王曼荼羅者而爲上首,於蓮華部曼荼羅中善住明王曼荼羅者而爲上首,於金剛部曼荼羅中除避明王曼荼羅者而爲上首。我今都説彼等三千五百曼荼羅中次第之法,是故應當要此經法而作一切諸曼荼羅門。

阿闍梨相品第二

我今當説阿闍梨相,廣解諸法,具戒正直,慈悲能忍,淨信正念,加有威德,不懼非人,辯才無礙,處衆無畏,聰明智惠,善解方法,調伏諸根,能覆歸者。復有善巧,深信大乘,愛慕經典,普學祕密真言行門,並明一切曼荼羅法,善知分量,及知弟子好惡之相。普誦真言及持都法,先蒙阿闍梨及與傳法二種灌頂,少欲知足,常行念誦,普於一切阿闍梨所皆請學問,於諸曼荼羅法決擇無疑,恒樂供養一切諸尊及與師僧,惠施一切貧窮困苦,明解大手印等一切諸印,及善解畫曼荼羅法,又明念誦及供養法。具如是等一切法事,學内外明已,作曼荼羅。

---

① 底本,《卍續藏》第 65 號,第 2 册第 278 頁中—291 頁下,原靈雲校本,原校黄檗本。校本,《大正藏》第 897 號,第 18 册第 760 頁下—773 頁上,[原]大日本縮刷大藏經,[甲]石山寺藏古寫本,[乙]保延四年寫高山寺藏本,[丙]黄檗板淨嚴等校訂加筆本。經名,《卍續藏》校勘黄檗本作"瞿醯壇哆羅經"。

② 譯名,"試鴻臚卿"前,《卍續藏》校勘黄檗本有"特進";"和尚",《卍續藏》校勘黄檗本作"不空"。

揀擇地相品第三

我今次説地相善惡,應作不應作曼荼羅處。謂於高下及有荊棘、碎髑髏片,近崖坑坎、枯井枯池,饒有樹根及有蟲窠、鹹鹺炭灰,饒石瓦礫、自然幹土并髮蟲,饒如是等地,應可遠離。於一切事諸曼荼羅,於平正地清淨潤澤,離如前過,於東北方其地少下,如是等處作曼荼羅,入爲吉祥。先掘其地,深量一肘,還以其土而填其處。土若餘剩,當知好處,必得成就。若反此者及有前過,即不應作。若强作者,非但不成,亦損己身。復有其地無有如前過,周邊有水,速得成就,無水不吉。或有處所,地無前過,周邊有樹,豐足花菓,枝葉鬱茂,足有乳樹,作曼荼羅亦爲吉祥。地具諸德,周邊有樹,近有流水,此地最勝。

若作息災,當白色地作曼荼羅。若作增益,於赤黄地作曼荼羅。若作降伏,於黑色地作曼荼羅。於山頂上或牛居之處,或於制底或有佛堂或有舍利者如是等處,即作息災曼荼羅法。於恒河邊或於蓮池,或於壇墠上或於海邊,應作增益曼荼羅事。於其塚間或於諸魔跢羅天祠,或空閑處或於空室,或於荒穢之處,應作降伏曼荼羅事。於八大塔及與聖迹,或意樂處或於清淨之處,或於山頂如是等處,應作上成就曼荼羅。或於開敷蓮華池中,鵝雁遊戲側近之處,應作求財及餘富貴諸吉祥成就曼荼羅。於高山上,或於山側或於山谷,或於山峯或於巖窟如是等處,爲成入修羅宫故,應作下等金剛曼荼羅。於龍池邊,或於山峯或於神廟如是之處,爲欲碎伏所著鬼魅之者,應作金剛鉤曼荼羅。於大道衢上,或於制底或於執金剛前如是等處,爲辟除著毗那夜迦者故,應作軍荼利忿怒曼荼羅。於八大塔及大聖迹,應作佛部中無能勝等諸勝上曼荼羅。於蓮華池邊,應作蓮華部中善住等諸勝上曼荼羅。於山頂上,應作金剛部避縛等諸勝上曼荼羅。

已廣分别如是等處,亦須分别三種差别。或若不獲如是勝處,即應隨得之處作曼荼羅,難得具足勝上之處。是故但應於平正潤澤,於東北賒側近水饒及有樹林意所樂處,離其地過,亦無障難,如是之處作曼荼羅,皆得成就。若於聖迹,牛所居處,於巖窟中及山頂上,先所淨地亦於窟上并與石上,或制底邊及於壇墠上,諸江河邊,如是之處作曼荼羅者,不須掘地及以治打,勿疑高下等過,隨其地勢掃治灑水,手按其地及誦真言,即成清淨。或於作曼荼羅處,有其地過不得除者,但以真言而作清淨,亦得成就。若作急速之事作曼荼羅,及作辟除鬼魅所著,并與自身灌頂曼荼羅者,勿須細揀其地,隨宜而作。

都以枳利枳利忿怒真言持誦,香水洗灑其地,及灑亦淨以爲淨地。若作佛部中無能勝等曼荼羅者,應以最勝佛頂真言作淨地法。若作蓮華部曼荼羅者,應以吉祥明或悉以濕嚩引縛上訶明作淨地法。若作金剛部曼荼羅者,應以軍荼利忿怒真言作淨地法。其最勝佛頂、濕縛去縛上訶及軍荼利，此等三尊各爲於本部呪，是其能辨諸事，是故於一切事用此真言。一切事者，謂淨地法及以護身，加被弟子辟除諸難。清淨香等，於此等事悉皆通用。或依本法所説，應當用之。

從迦唎提迦月、毗舍迦滿月，於其中間如法作曼荼羅。若欲作辟除鬼魅及避毗那夜迦，或得本尊進止，令作成就。如是等事，假使雨時，應作此等曼荼羅。若作灌頂弟子曼荼羅，許及傳法并三摩耶，及與增益最上成就如是等曼荼羅，即依彼時七箇月内而作法事。或觀其國及以時節并有利益，或觀其時無諸障難，具種種德，及弟子渴仰之心，縱於雨時，亦通許作曼荼羅。作法之時，塗香及[①]燒香、飲食、燈明、護摩如是六種，縱不獲辦自餘等物，必不應闕此六種物。若闕却損，相違上日及以惡時，并以惡國不依其法，必不應作曼荼羅法。若强作者，當損無疑。

如上所説七箇月中，當於黑白十五日及十三日，或白月十一日、十[②]日、一日、五日、七日、三日，於此十種吉祥之日應作勝上曼荼羅。縱於黑月十五日及十三日，亦通作勝上曼荼羅。若作佛部曼荼羅者，應用白月十五日。若作蓮華部曼荼羅者，應用白月五日、十[③]日及十五日。若作金剛部中入阿修羅宫及猛利事法，并諸忿怒曼荼羅者，當用前説黑月吉日。於誓跢羅月及毗舍迦月，於此二月應作摩訶曼荼羅。或若辨[④]須供養等具無闕少，或發大信之時，或欲作成就及作上事，即當應作摩訶曼荼羅。或觀其時無諸障難，豐足諸華及與供養，亦應作摩訶曼荼羅。或阿闍梨見其弟子堪爲法器，或久承仕[⑤]稱尊意，應作摩訶曼荼羅。或日月蝕時，或希奇異相現時，或於神通月内，如是等時皆悉通作大曼荼羅。若作息災曼荼羅者，於日没時，起首而作法。若作增益曼荼羅者，於日出時起首而作法。若作降伏曼荼羅者，於日午時起首而作法。然諸曼荼羅，皆於日没之時起首而作。明相未動，要須發遣，此名都作一切曼荼羅法。或須本尊進止，或於本法作訖，或事相應及日月蝕，并異相現，悉皆通作。若違此時作曼荼羅者，必不成就。但是一切大曼荼羅，勿於晝日起首而作。若晝日作，獲大苦惱。於日没時應作事者，勿中夜作。違本時故，種種難起。自餘諸時，准此應知。於夜分時，諸事寂静，作法有驗，是故於夜應作三摩耶等大曼荼羅。又於日没之時，諸天集會，觀視作法之處，加威彼人，是故於夜作曼荼羅。於日没時，如法起首，奉請諸尊，即來降赴，益於彼人。取其本時，依教而作，用好宿日，誠心奉請，諸尊即來降赴，成所求願。於其月宿直太白星，勿離訶娑婆羝，預直應作吉祥及增益事曼

① “及”後，《大正藏》校勘［甲］［乙］［丙］有“花”。

② 十，《卍續藏》校勘疑當作“九”。

③ 十，《卍續藏》校勘黄檗本作“七”。

④ 辨，通“辦”，下同。

⑤ 仕，《卍續藏》校勘黄檗本作“持”，《大正藏》校勘［甲］［乙］作“侍”。

荼羅法。若作猛害及降伏事曼荼羅者，還取自餘猛害曜直，作彼事法。於鬼宿直，取如是等吉祥宿直，還作吉祥增益曼荼羅法。若作猛害及降伏事，還取依彼損害宿直，於其娑尾跢利須庾、微誓夜須庾上、補瑟二合拏須庾、怛跛[①]二合裟跛須庾、皤嚕醯儞須庾、娑跛須庾、蘇波怛羅二合須庾、皤嚕拏須庾、皤羅二合訶摩須庾、蘇迷藥二合須庾、忙揭羅須庾、楞比計沙拏須庾、鉢羅二合闍鉢底須庾、阿反濕二合尼須庾、味跢唎二合須庾、輸羅須庾阿摩羅須庾，取如是等吉祥須庾，還作吉祥增益之事。若取惡直者必不成就，是故當取吉祥時日宿曜須庾。及觀徵祥，若善相現，方可起首，若不善者即不應作。假使作其猛畏及降伏事，還取好相，方可起首，何況吉祥事不看相。隨其先相，即知成就及不成就，是故慇懃觀其徵相，方可作法。

淨地品第四

次説淨地之法，作曼荼羅時，七日已前往於其地。如法護身及護弟子，供養地神及其地，方[②]起掘地，除去地過。若不去過而作法者，必不成就，是故當除其地骨石、炭灰、樹根、蟲窠及瓦礫等，盡去令淨。次當細擣其所堀土，還填其處，打令堅實。復以牛尿散灑令潤，灑已還打搥，令平正猶如手掌。次以牛糞和水，從東北角右旋而泥。復於中心穿以小坑，持誦五穀及五種寶、五種藥草，安於坑中，還令平正。如是置寶及淨治已，次應當作是受持地法。又三日已前，各用本部辨事真言，持誦香水，於日没時用灑其處。次以右手按其地上，持誦曼荼羅主真言，以心受持，此名受持地法。次復應以辨事真言受持弟子，用童女合線，以辨事真言各持誦七遍，以心觀念一一弟子及稱名號，更持誦七遍，一誦一結乃至七結，如是受持弟子無諸障難。

召請品第五

次應作召請法，一日已前，於晨朝看日出，方著衣而記以心，布置諸尊座位。依其本法所説，飲食如法淨潔，意所愛樂，自及弟子應喫其食。於日没時，澡浴清淨，著淨白衣，及與弟子持諸供具，詣前所淨曼荼羅處。次於中央以白檀塗香，作圓曼荼羅，量十二指，爲曼荼羅主座故。即以手按上，誦彼真言一遍，一誦一按乃至七遍。次復心念及稱名號，諸大尊等亦爲作如前香曼荼羅，各以部心真言奉請，加持諸香華乃至飲食而用供養，用部心真言而作召請。復取淨水和其塗香，亦散名華，以香薰持誦。先須備具優曇婆羅木，或阿修他木，取無病者、無蟲食而作齒木，量十二指，非麁

① 跛，《卍續藏》校勘黄檗本作“跢”，下一“跛”字同。

② 方，《卍續藏》校勘疑當作“已”。

非細。以香水洗已，於其木根頭以白線纏花。復以香塗及燒香薰，以手按木，持誦部心真言，誦數多遍或七遍。隨弟子數，木數亦然，皆須一向根頭齊置，嚼其小頭。應須如法護身，及護弟子并與其處，次第供養，然後用諸薪木，兩頭搵蘇及胡麻和蘇護摩。次中但用蘇作護摩，最後護摩酪飯。初杓[①]碎伏難故，應作降伏護摩。次爲自增益故，以部心真言作增益護摩，然後以寂静真言作息災護摩。

揀擇弟子品第六

初應揀擇弟子，然後方可受持。謂族姓家生，清淨無畏，深樂正法，具信能忍，勇猛精進，心求大乘，不懷我慢，顔貌有相，盛年端正。具解諸論，智惠具足，正真調伏，能攝歸者，善言懷德。其弟子等具此相者，方可攝受。不具法則，諂曲猛害，恒麁惡語，撥無因果，常樂不善，愚癡我慢，無智多言，下賤家生，諸相不具，或加支分，極長極短，極肥極瘦，心懷破具，眼目常赤，面貌可畏，越分形色，支分不祥。復無善相，外相不順，内無德行，生於穢族，作惡業事，病疥無信，婬男婬女，耽酒博戲，極惡性行。其諸弟子若有此相，必應遠離。深信三寶，具律儀戒，深信大乘，應可攝受。身無過患，内懷諸德，無病族姓，具信大乘，堅持大願，具足如是之相，甚難可得。是故但於三寶有敬信心，深樂大乘，復求福德，應當攝受如是弟子。若見渴仰此法，常勤念誦善逝真言，假使身無善相，及見内無福德，亦應攝受。但四部衆若具本戒及信大乘，亦應攝受。

凡入曼荼羅者，總有三種所求，一謂成就真言故，二謂滅罪獲福故，三謂來生求果故。若爲來生求果故，以起信心，入曼荼羅者，非但成就來世果報，亦於現在獲得安樂。若爲現在求安樂者，不如彼人求未來果。是故智者爲未來果入曼荼羅，即獲得二世安樂果報。應所受持弟子等數，或一或三或七乃至二十五隻，不得雙取，更不得已上。其諸弟子互相有諍及懷怨心，不應攝受，彼等皆悉互相歡喜。調伏寂静，於尊者所有敬愛心，生善因者，如是弟子方可攝取。

其召請日，遣弟子等令喫乳粥，皆爲一食。及受律儀，著新淨衣，皆令面向東坐，與弟子等作召請法。先作護身，次受三歸，發菩提心。若已發者，重更憶念，以忿怒真言持誦香水，各灑其頂。復以手按其頂上，各誦七遍，以香塗手復安心上，各持誦明王真言七遍。輪王佛頂一字真言是其佛部明王，馬頭大尊十字真言是蓮華部明王，啄婆忿怒其彼真言有吽發字是金剛部明王，其軍荼利尊通是三部明王。碎諸難故，密迹主説。次復手按頂上，持誦[②]辦事真言，還復灑水，以燒香薰。其欲灌頂，瓶置五穀等物，及著華枝，置少許水，以明王真言持誦其瓶，奉獻閼伽薰香召請。正作

① 杓，《卍續藏》校勘疑當作“爲”。

② 誦，原作“辦”，據《大正藏》本校勘[甲][乙]及文意改。

曼荼羅日，三時持誦其瓶，應用彼瓶持誦灌頂，其弟子等令面向北坐。次弟子受與前辨齒木，還面向東坐而嚼齒木。嚼已勿碎，莫擲左右側邊，直向前擲。其所嚼頭，或對向身及向上豎，應知得上成就。若嚼頭背身向東，應知中[①]成就。若向北者及餘方横墮，應知得世間及出世間成就。若嚼頭著地直豎者，應知入[②]修羅宫成就。知其相已，其諸弟子還如前坐。其阿闍梨用辨事真言持誦前所辨水，各取三掬，令與飲之，飲已，然後出外漱口。次即更復供養，手執香爐，以至誠心召請諸尊。初應持誦曼荼羅主真言，應如是真言而召請：歸命某甲明王大尊！我今明日以大慈悲作曼荼羅，爲愍弟子故，及爲供養諸大尊故，唯願諸尊照知我心而降加被。一切如來具諸佛大悲者，羅漢菩薩諸真言主，諸天善神及護世神大威補多，及歸依佛。有天眼者，悉皆憶念。我某甲明日作某甲曼荼羅，隨力供養，唯願諸尊等憐愍弟子及與我故，皆降於此曼荼羅處而作加被。如是三請，至誠禮拜，以妙伽陀讚嘆諸尊，然後發遣。

分别吉祥不吉祥相，次即爲諸弟子廣説願欲相應正法，然後教令頭面向東，敷茅草卧。天明起已，阿闍梨應問彼等善不善夢，所謂夢見如來具功德海制底尊容，及見供養，或於僧所聞法，或餘人處聞法，或聞决擇法義，或見轉讀經典，或見僧衆，或見一僧，或共住及語，或見自出家，或見僧伽藍，或見尼僧，或見菩薩衆，或見父母及諸兄弟，或見尊者，或見誦真言及見真言，或受得明，或見成就，或受律儀，或見樹林江河及海大山及島，或見敬信國王仙人及婆羅門，或見豪富宰相，或見牛馬犢子師子及鹿吉祥鳥，或見得金及諸珍寶，或見得地藏種種財物及淨衣服，或得諸穀器杖花果諸嚴身具，或食乳粥，或見童男童女端正婦人，或見交友，或見與共語，或蒙灌頂，或得軍持，或於陣得勝，殺害怨敵，或見親情眷屬集會合一處，見諸天神登山乘象及車輅，上高樓閣，見諸希奇異相之相，或作護摩及諸善事，或見渡河及超大坑，亦决惡賊相撲叫唤種種遊戲，作諸縱事及諸吉祥善夢，或聞真言法則，或見節日，又見善人，或蒙讚嘆，又見向起首作成就法，亦見他作。如是等夢應知吉祥，若反此相，即應棄捨。若見善夢，准知成就。若見惡相，應知不成就，是故應棄不善夢相。隨所見夢上中下品，獲得成就，准此應知。雖見是惡欲將入者，應以寂静真言護摩牛蘇，經以百遍，即除災障，便成清淨。以憐愍故，隨意將入。

蕤呬耶經卷上[③]

---

① 中，《卍續藏》校勘别本作“不”。

② “入”前，《卍續藏》校勘黄檗本有“得”字。

③ 卷末經名後，底本有校經題記，此略，卷中、卷下同。

蕤呬耶經卷中

大唐大興善寺開府儀同三司試鴻臚卿三藏和尚奉詔譯

摩訶曼荼羅品第七

次於晨朝時，自應念誦，著新淨衣，於曼荼羅所用真言先須熟誦。詣於彼處，先以辨事真言持誦香水散灑，還以此真言持誦五色繩，得好瑞相，方可合繩。其五色者，謂白、赤、黄、青、黑，如其繩色，彩色亦然。先應皈命三寶一切諸尊，及與供養，然後絣繩。從東起首，其阿闍梨於東南角手執其繩，面向北住，其執繩者於東北角而面向南，記取分量。復令彼人右遶往西南角，面向東住，其阿闍梨不移本處，但右迴身，面向西住，亦取分量。其阿闍梨自亦右遶，往於西北角，面向南住。其弟子者不移本處，但右迴身面向北住，亦取分量。又其弟子亦應右遶，往東北角面向西住。其阿闍梨不移本處，但右迴身面向東住，亦取分量。其阿闍梨住東南角及西北角而量二方，其東北角及西南角是彼弟子所住之處。四方定已，又角絡量等量正已，復中心量，其中心上打一橛子，於外四角各置一橛，其第二院及最内院各於四角亦置一橛，從内院量至於外院，半半而減，其繞院但用白色而界一道。

夫曼荼羅又有其三重，亦有四重，亦有多重。其最外院廣開一門，亦有如是開四門者，并有門曲。凡曼荼羅多分，唯開一門，然其中院定開四門，凡出入者用其西門，或依本法隨説出入，縱有如是開四門者，要以白色圍其三門。如是三重之院，一切曼荼羅應如是作，餘圍繞院，准此應知。一切本尊置於内院，其次諸尊置第二院，其諸護世天當置外院，此爲是都説曼荼羅法。或如本法，依彼安置。其界道繩，令童女搓，圓牢淨潔及以堅密，其繩五色，而用白氎及麻等作。取有乳木而作橛子，頭如金剛，真言持誦，向上小出頭，打下入地，於曼荼羅隨方應釘，次第應知。放繩之時，若惡相現，即不成就。其繩若斷，尊者必死。其繩麁細不圓，即有病患。忽若迷方而作法時，弟子皆狂，是故應當善知方所。如法界道，如安宅法所説次第。依彼作法，其阿闍梨先請僧衆隨力供養。又復處分，令諸弟子供養僧衆，或請僧次而作供養及供如來，施物大衆。然後過午，用菴摩勒等，尊及弟子持誦軍荼利真言，如法澡浴。澡浴畢已，著新淨衣，心念軍荼利尊。將諸供養具，以大慈心往曼荼羅，其所弁供如法具足。應諸要見其阿闍梨，緣曼荼羅所有法事先須純熟，以牛糞及尿塗曼荼羅。次以香水灑四面地，亦塗牛糞及以灑水，極令欣悦，散諸名華。次以其帳幕圍繞其所，建豎幢幡，遍圍作幔，及以種種吉祥資具莊嚴其處。漫荼羅北面一處，先以軍荼利真言辟除諸難，置諸供具，持誦而護，及以灑淨自作護身及護四方。正日没時，頂戴其繩，若得好相歡喜之心，起首作法。或若不得善惡之相，以無疑心皈命三部諸尊，徐徐作法。或若數數不善相現，必不成就，勿須起首。若强作者，以除難故，當作息災護摩之法，以蘇及柴各以百遍而作護摩。於佛部中用佛眼真言，於蓮華部用耶輸末底真言，於金剛部用莽摩計真言，皆作息災護摩。然其莽摩計通三部母，是故三部用通。護摩畢已，即獻閼伽，其器金作，或銀熟銅寶木石瓦如法而作，盛滿香水及以白華，持誦真言，手執閼伽，以燒香薰。右膝著地，當心而執，以深恭敬，誦根本真言而奉獻之。次獻白華及美好香，依於諸漫荼羅所用塗香燒香，勿用有情身分及以紫鑛，但用美香。凡所用水，皆須淨灑及以清淨，其所塗香及以燒香，用一色香，將爲最勝。其所獻華用水及陸白色及香，將爲最勝。次應呼弟子，與彼作護及香水灑，皆令一處次第而坐。其阿闍梨先轉《般若》，至誠歸命一切諸尊，及以心觀，然後方起而作畫之。

用其五鐵以爲彩色，最爲勝上，或用五寶。若無五鐵及五寶者，即用粳米粉，色數如前，極須微細，或用石末。所用彩色總有四種，謂鐵及寶粳米及石末。凡諸曼荼羅當用之色，或若不辨此等色者，應用燒土以爲赤色，炭爲黑色，大小麥末爲作餘色。若作速急之時，及碎伏鬼魅并作降伏法者，應用灰作曼荼羅。於諸彩色，五鐵五寶粳米粉三色，隨所用處各自爲上。若作三摩耶曼荼羅，應用五鐵。若作灌頂曼荼羅，應用五寶。若作息災，應用粳米粉。若作增益，當用石末色。若作降伏，當用其灰，此名彩色差别等相。從東北角而下彩色，極令端直，右繞而布，勿令隔斷。其色界道，若有麁細或復斷絶及不齊正，種種難起，是故應當慇懃布色。

凡諸方門，要當中開，謂量九分。其八分者，各取四分而爲兩邊，取中一分而開爲門。其出入門，稍應闊作，自餘諸門以白色末而作畫閉。其所閉者稍向外曲，或置門印而閉其門，或置護方契印，中台及内院應用五色而作界道。其第二院應用三色，第三外院唯用白色而作界道，其著食院及行道院但用白色而作界道。餘有用灰作曼荼羅，皆是一道。其三重院，一一各分而作三道，縱廣分量，極令平正，於三部中諸曼荼羅法，皆當如是。或依本法，所有分量當准彼作。

應置諸尊等院，更塗牛糞及灑五淨，以明王真言持誦香水，亦復灑淨，方可畫尊。其畫尊法總爲三種，隨取一處作曼荼羅，一者畫尊形像，二者畫作其印，三者但置其座。若畫像者，阿闍梨極須好能畫其形貌，一一如法，身分支節必應相稱，分明顯現，與院相稱。隨其本法作[①]形像，瞋喜坐立，一一相應具足而作，勿令闕少。其諸聖尊像貌安置，此名畫形像法。若不絶妙畫者，應置契印，假使能畫一切諸相，一一具足，難可得成。縱欲作者，淹滯時分，多作形像亦復不善。相貌不具，即無靈驗，及不成

① 作，原作“説”，據《卍續藏》校勘别本及文意改。

就，是故應當置其契印，或當唯畫三部主尊形像而置，餘作契印。天[①]尊契印即是佛頂，以心持誦彼真言，以白色畫觀世音自在契印，即是蓮華。其執金剛契印，即是五[②]股跋折羅二合，其諸餘尊各依本法，自説契印。或若不獲彼本印者，應置部主契印，悉皆通用。隨其諸尊等所執持器杖，即是彼印。如是略説諸尊契印，勿須懷疑，决定如是。其嚕怛羅二合契印即是利三股叉，其妃契印即是鉢置娑鍘，其那羅延契印即是輪印，其摩訶斯那契印即是娑惡二合底，其梵天王契印即是蓮華，其帝釋契印即是跋折羅二合，其火天契印即是火爐，其閻摩契印即是單馱棒，其泥利羝契印即是横大刀，其龍王契印即是羂索，其風神王契印是幢幡，其多聞天契印即是伽馱棒，摩醯首羅契印即是三股叉，其地神契印即是滿瓶，日月契印即是圓滿之相，諸尊契印即吉祥等是也，隨所其印一一而作。若畫形像者，契印及座三種應具，諸曼荼羅縱使不説，准此應作，此名契印之法。但置座者，其三部尊座皆作圓形，與院相應，誦其真言，中置一點。自餘諸尊或圓及方，各誦彼等真言，中置一點。其外院尊但呼名號，唯置一點，亦無方圓。如是畢已，方作奉請，此名第三安座之法。若作速急之事，力不及者，應作座曼荼羅。或作一及二三曼荼羅法，其三部主畫其形像，餘諸尊等但置契印，外院諸尊唯置其座，准此應知一二三法，此名殊勝廣略曼荼羅法。其先所説形像之法，若不具足，即有難起。最後第三處所總空，亦不爲吉，中間契印非過非空，最是微妙。如法供養皆有靈驗，亦復易作，能表其尊，是故慇懃應用契印作曼荼羅。

於佛座下置無能勝，右邊置本部母，假使於彼曼荼羅不説，必須安置於中，若有處空無尊位者，應置一瓶，瓶上置《般若經》甲及讀彼經。觀自在下置馬頭菩薩，右邊置本部母，縱彼不説，亦須安置。於執金剛下置軍荼利，右邊置莽摩計母，其西門邊置難陀跋難陀龍王。曼荼羅外西面一處對門廂，當置訶利羝母。於一切門置跋折羅，及置金剛羂索等，隨方契印極令可畏。於曼荼羅第三院北面，安置摩尼跋多羅將等及諸敬信藥叉。於曼荼羅外東面一處，别置佛法僧寶，如法供養，縱使彼不説，亦須安置。於曼荼羅第三院東面置文殊師利菩薩、大勢至菩薩、佛長子菩薩、虚空藏菩薩、成就義菩薩、無垢行菩薩、彌勒菩薩等賢劫千菩薩，如是等大菩薩縱使不説，亦須安置。其院南面置金剛將菩薩及蘇磨呼菩薩、頂行菩薩、摩醯首羅及妃、梵王及軍闍羅持明仙王、質怛羅二合迦陀持明仙王、枳利知持明仙王、嶓摩尊慕梨持明仙王、蘇盧者那持明仙王、只怛羅二合婆努持明仙王、成就義持明仙王，如是七仙縱使不説，亦須安置。其院西面置諸摩怛羅神、佉那鉢底神、諸羯羅訶神、羅睺阿修羅王、婆致嶓羅二合那陀及遍照阿修羅、婆素枳等龍王，如是諸神縱使不説，亦須安置。其院東面爲其

① 天，《大正藏》校勘[乙]作“在”，[丙]作“本”。

② 五，《卍續藏》校勘别本作“三”。

帝釋置拔折羅印，及與諸天眷屬并淨居天，其日月天東西二面安置其印相。作圓曼荼羅，其色日赤月白，於東南方置火神印及諸仙藥叉衆，於其南方置檀荼印，與諸餓鬼圍繞。於西南方置大刀印，與諸羅刹圍繞。於其西方置羂索印，與諸龍等圍繞。於西北方置旗幡印，與諸風神圍繞。於其北方置伽馱印，與諸藥叉圍繞。於東北方置輪羅印，與諸部哆眷屬圍繞。於西門北邊置其下方瓶印，與阿修羅圍繞。如是安置護方神已，各并眷屬如法供養。於第二院置如來毫相尊、如來舍惡二合底、輪王佛頂、超勝佛頂、如來眼尊及置如意寶幢印，并諸使者及無能勝，如是等尊皆悉安置於佛左右。耶輪末底尊、大白尊、槃坦羅二合皤絲泥尊、馬頭尊、一髻尊、多羅尊、徹去聲嘌尊、大吉祥尊、圓滿尊，如是等尊置於觀自在左右。金剛鉤尊、金剛拳尊、遜婆明王、軍荼利忿怒尊、般坦尼訖涅二合婆尊、金剛鑄鉢尊、金剛棒尊、不淨忿怒尊，如是等尊置於執金剛左右邊。凡作一切曼荼羅者，皆須安置如是等尊。其處若不滿者，即當安置，自餘不説三部諸尊，復意所樂諸尊，隨意安置。其第三院亦復如是，於曼荼羅外東方及南北方各置一座，以心觀察三部諸尊，各隨其方都請供養，及用閼伽而奉獻之，各誦彼部部主真言。其東方座安置佛部，其北方座安置蓮華部，其南方座安置金剛部，如是三部一切諸尊并諸使者都而奉請，如法供養，皆生歡喜。於其西方亦置一座，奉請一切天神，如前供養。若作息災曼荼羅者，當置三寶及諸菩薩淨居天等。若作增益曼荼羅者，當置明尊及真言尊、諸大威德等敬信藥叉。若作降伏曼荼羅者，應置忿怒諸尊及使者等諸猛害尊。凡曼荼羅皆須應作三事法，是故應當置三種尊。其最内院若無主者，當置般若印像，於内院門右邊置一淨篋，於上置《般若經》甲。於外門左邊置護摩火爐，用淨好木而爲燒柴。或東南方置其火爐，或隨事相應而置火爐，安置諸尊，准此應知。若於佛堂或於窟内及以室内，及或迮處所作曼荼羅者，隨意安置。若作成就曼荼羅者，不應窟内及與迮處而作，强作即損。凡作曼荼羅，於露地爲上，若於神廟及與大①室，通許而作。其處若有短樹及根、大石及樹，要須除却，若除不得，當作息災之法而除其過。又其樹瓦石等之物，若在第二第三之院，許作法除，若當内院，應棄其處。凡曼荼羅地，以香水灑爲淨。若山上作者，勿見不平之過。若平地作者，勿見右過。安置諸尊本位及方若差者，應作息災之法而除其過，然第二院必不得錯。是故畫位畢已，安心普視，若有錯處，即當復改。其自念誦之尊及與弟子念誦之尊，隨其本位，任意安置。若有弟子堪灌頂者，應作方階，灌頂之處以其白色而階其道。又以五色作一蓮華，甚令圓滿，以萬字等諸吉祥印圍繞其華，或作其形而安置之。其作食處，以白色界道，所有食飲皆置一處，所有幢幡瓶等諸供養具，亦以白色界道其處而安置。

① 大，《卍續藏》校勘疑當作“天”。

奉請供養品第八①

次説奉請及供養法。作曼荼羅畢，及觀視已，出外灑淨，面向東，禮一切諸尊而取好相，念誦曼荼羅主真言，或誦部心真言，勿令心散亂，乃至當見吉祥之相。得好相已，以心生歡喜，然後方作護身等法。用辨事真言，或先持誦有功真言，要用五尊真言而作護身，所謂枳利枳利尊、軍荼利尊、金剛橛尊、金剛墻尊、金剛鉤欄尊。普通諸部而作護身降伏諸難，或用曼荼羅主根本真言，或心真言而作護身。其諸弟子如前所説，及心作護。作護法已，入曼荼羅，執閼伽器真言持誦。其器用金而作，或銀、熟銅、寶及娑頗底迦，或白瑠璃，或用木石、商佉、樹葉、螺及新瓦而作其器，勿令闕損，如法而作。中盛香水及置名華，以真言瀉垢乃至清淨，後以曼荼羅主真言持誦七遍，安置内院以爲供養，餘處但灑即成供養。其應置瓶，勿黑及以赤色，端正新作，勿令闕損，輕及端圓，盛香水滿，及置五穀、五寶、五藥，繒綵纏頸及纏華鬘，并著華菓枝葉，亦著柑櫞散華，持誦七遍，四方及四角諸門安置以爲吉祥。或若不辨如是等瓶爲灌頂者，中置一瓶，及四門四角各置一瓶。於其出入三重之門，各於當邊一一置瓶，於外當門要置一瓶。假使不辨衆多瓶者，安置一瓶或安四瓶，其門外瓶必定勿闕。其五穀者，謂胡麻、小豆、大麥、小麥、稻穀，餘言一切穀者應知五穀。言五藥者，謂僧祇一毗夜二乞羅二合提婆三娑訶提婆四枳嚟羯上尼五，餘言一切藥者應知五藥。其五寶者，謂瑚頗、金、銀、商佉或珠或寶。餘言一切寶者應知五寶。其幡竿者，端直及長，各於八方去處不遠，如法安置。東著白幡，東南紅幡，正南黑幡，西南烟色幡，西方赤色幡，西北方青色幡，正北黄色幡，東北赤白幡，如是八色隨方而置。於竿頭上結絓鵁鶄鴟尾，極令端正。或若不辨，但於四門而置，或但東方置一白幡。其燒香爐，但用瓦坏②，勿令火燒，數至一十，四方四角各置一枚，於門及外各置一枚。或若不辨如是坏爐，瓦器亦得，若不得辨多，於其門前但置一爐。復於四面各豎一門，於上懸鈴、傘蓋及拂并與華鬘，亦以大麥、小麥、稻穀而作生蘖，於外四面而置供養。復於四面幔幕圍著，如前所塗四面之地，散諸名華及稻穀華，并散諸穀華，置萬字等諸吉祥印。

如是廣設供養諸具，或復隨力辨供養已，然後方作奉請之法。執持如前所辨閼伽，各以本真言奉請諸尊，或復都用曼荼羅主真言都請諸尊。或依本法所説，如是奉請。於佛部中用輪王佛頂明王及以部母真言而請本部諸尊，於蓮華部用濕縛婆訶明王及吉祥部母真言而請本部諸尊，於金剛部用遜婆明王及莽麽計部母真言而請本部諸尊。或復唯以曼荼羅主之根本真言或心真言用請一切内外諸尊，或以當部主根本

① 品名前，原有“瞿醯經”，據《卍續藏》校勘黄檗本及上下品名例略。

② 坏，同“胚”。

真言或心真言奉請本部諸尊，或以各各本真言奉請諸尊。若先誦得者，應一一請。如是次第，以其閼伽依法請已，即當奉獻般地夜二合香水，又數奉獻閼伽而作問訊之辭。次即禮拜，然後次第作法畢已，方作供養。初獻塗香，次即供養華、燒香、飲食，後獻燈明。其塗香者，用白檀香、沈水香、迦濕彌嘌香、苾唎二合曳應舊香、多迦羅香、優婆羅香、苾利二合迦香、甘松香、丁香、桂心香、龍華香、禹車香、宿澁蜜香、石南葉香、蘆根香、瑟莬二合遲去耶汁香、乾陀羅二合沙汁香、沙陀拂瑟婆香、云迴香。婆沙那羅跢迦香、勢去禮耶香、闍知皤怛羅二合香、云婆羅門荳蔻葉。香附子香、吉隱二合底香、隱摩豆唎迦香、胡荽香，諸樹汁類香，如合香，如法相和，隨所合香皆置龍腦，應用雨水未墮地者而作塗香。真言持誦，次第供養内外諸尊。其塗香中勿置有情身分及與紫鉚，勿用穢惡、蟲食、無香等者，當取好淨者，亦勿將①水而研其香。若供養諸佛塗香者，當用新好欝金香或黑沈香，和龍腦而作塗香。若作供養觀自在者，當用白檀以爲塗香。若供養執金剛及眷屬者，當用紫檀而爲塗香。自餘諸尊，隨意而合用供養之。其供養華者，取水陸華，謂摩里迦華、魔句華、群去馱華、摩羅底華、那縛摩里迦華、苫蔔迦華、阿輸迦華、奔馱迦華、拂利曳應二合舊華、歸夜迦華、舉地迦華、計娑羅華、底羅迦華、娑羅華、迦尼迦羅華、樹華、優波羅華、多迦羅華、迦羅毗羅華、迦曇婆華、阿輸那華、漫闍梨華、紛茶羅迦華、迦癡迦羅二合華、于遮那羅華、婆茶羅華、尸多乾地華、俱羅婆迦華、皤拏華、婆茶羅舍華，如是等陸地生華次第供養，勿用惡者。以乾多迦華、歸夜迦華、尸俱嚕華、遮婆華、阿底目得迦華、央句羅華、唧迦那華、尼婆華、鷄跢枳華、摩那延底迦華、句欄茶迦華、那摩迦華、句吒遮華、毗羅嚩二合華、摩利迦華，如是等不祥陸花於降伏事而用供養。忿陀利華、赤蓮華、諸類青蓮華，如是等諸水生華，通用供養。其赤句勿頭華、白蘇乾地迦華，如是等不祥水華於降伏事而用供養。取計婆羅華、迦尼迦羅華、摩羅底華等諸白香美諸華供養佛部，取蓮華等諸水生華供養蓮華部，取阿輸迦華、底羅迦華、群多華、那縛摩里迦華、拂利曳應二合舊華、婆句羅華、赤迦羅②毗羅華、優波羅華如是等華供養金剛部。其燒香者，用白檀、沈水相和供養佛部，用尸利稗、瑟多迦等諸樹汁香供養蓮華部，用黑沈水香及安悉香供養金剛部。次説普通和香，非有情身分之者，取白檀香、沈水香、龍腦香、蘇合香、薰陸香、尸利二合稗瑟吒二合迦香、薩闍羅二合沙香、安悉香、婆羅枳香、烏尸羅香、摩勒迦香、香附子香、甘松香、閼伽跢哩二合香、柏木香、天木香及鉢地夜二合等香，以沙糖相和，此名普通和香，次第供養諸尊。或隨意取如前之香而和供養，或復總和，或取香美者而和。如是隨辦塗香及花并以燒香，以誠心以供養。若置華鬘而供養者，縱有少分穢

① 將，《卍續藏》校勘黄檗本作“持”。

② “羅”後，《卍續藏》校勘黄檗本有“華”。

臭之花不妨供養。若多應棄香花等物所不識者，不應供養。其有情身分之香，所觸諸餘供養之具，皆悉成穢，是故勿用。其紫鉚香，於三部中總不許用，是故行者應當通解如是差别。其曼荼羅外四邊之地，普置香爐，或坏或瓦石者，皆置燒香，如法供養，縱用有情身分之香亦不妨用。第三院世間諸尊，隨意供養香華等物，其部主尊倍加供養，自餘諸尊各於本座隨應差别次第供養。於三部主尊前各置香爐，曼荼羅主前置一香爐，勿令香烟斷絶。或二院置以一香爐而用供養。若不辨者，但用一香爐普供養諸尊。然供養一尊已，即應香水灑淨，更供如前灑淨，准此應知。

如是奉獻塗香及華等并以燒香於曼荼羅中一切尊已，重奉閼伽畢已，次供養飲食，極令淨潔，生平等心，皆以真言持誦飲食，次第差别，隨應供養。三部主尊倍加飲食，曼荼羅主數倍而加，自餘諸尊次第差别，准此應知。寧增加食，不得闕少，是故以淨香美飲食種種而供養，悉皆歡喜。所行食類若不遍者，應以餘食充其闕數。或若不辨，但供部主，或但置於内院，表心供養一切諸尊。於一一院凡所行食，從頭一一遍布，行已更取餘類，遍行如前。其部主前若加供養，必無過失。正行食時，若錯闕少，即應補闕，便乞歡喜。應下食處，先布淨芭蕉葉，或布荷葉，或布波羅沙葉。先下莎悉地二合迦食，次行飲食，最後應下諸菓子類。其飲食者，用大小麥麪而作，及用粳米粉而造，極令淨潔及與香美。謂羅住迦食、皤羅皤尼迦食、脾那迦食、末度尸羅二合乞那二合食、阿輸迦伐底食、似菱角形食、餅噉鉢波拔吒迦食、鉢知食、似鵝形食、仇阿食、羯補迦唎迦食、布尸夜二合鉢多食、盛滿蘇食、盛沙糖食、烹煎餅塗沙糖食、婆羅門餡餘食、盻茶迦食、渴闍迦食、薩闍迦食、薄餅食、如鳥形食、胡摩脂餅、糯米揣如象耳形食、小豆烹煎餅等小豆所作之食。謂浦波食、輸瑟二合迦食、鉢那波浦迦餓[①]食、豆基食、著鹹豆基食、資跢羅浦二合波食、儞烏嚕比迦食、乳浮娑耶利迦食、珍荼浦波迦食，如是等類食。粳米、小豆、胡麻少分相和作粥，其小豆、胡麻，擣篩爲末，以粳米成糜，此名枳利娑羅粥。乳粥、淡水粥、酪粳米粥、酪漿水粳米粥、或赤或黄等粥，皆以淨器而盛供養，或置所布葉上。粳米飯及六十日熟稻粳米飯，而廣多獻。小豆羹等種種羹，香味淨潔而奉供養。粳米飯和乳酪，及和沙糖而奉供養，所有種種上妙飲食而奉供養。復依三白之食，部底迦食、廣多食、種種食、粳米飯和乳酪牛蘇者，此名三白食也。乳粥、枳利娑羅粥、小豆羹者，此名部底迦食。如前三食加粳米飯，色色加多，此名廣多食。如前四食更和酪粥，即名種種食。所有臭穢、辛苦、澁味、古殘宿不祥之食，不應供養。或若不辨種種羹者，但用小豆羹而供養亦得。凡所飯上皆應點酪，若不得辨者，必須供養六種飯食，所謂乳粥、小豆羹、沙瑟二合迦[②]等食、粳米飯酪、

① 餓，《卍續藏》校勘黄檗本作“鹹”，疑當作“鹹”。

② 沙瑟二合迦，《卍續藏》校勘黄檗本作“沙瑟迦二合”。

枳利娑羅粥，縱使極貧，不應闕少六種之食，若闕一者不成供養。凡乳粥上皆應著蜜，凡於酪上皆致沙糖，其小豆羹上應著牛蘇，若有薑者亦應著之。復應供養種種菓子及諸根食，此二種食菓，一切真言及與明尊皆悉愛樂。其菓子者，謂阿摩羅果、石榴果、麽路子果、蒲桃果、棗、柿子、迦必他果、毗闍補羅迦果、欗子波那娑果、吒應二合子果、羅句者果、暮止二合者果、木果、波羅曳迦果、乞瑟利迦果、阿麽羅果、侵止音反部果、勿㗚二合跢毗二合迦果、迦羅末多迦果等，種種好果而用供養。所有臭穢菓不應奉獻，謂穢果者，尸利頗羅果、椰子多羅果、波羅跢迦果，如是等穢果不應奉獻。亦應供養種種根藥，熟煮了以去皮，如法奉供養，謂毗多羅根、芋子根等。其諸穢根不應供養，其穢根者，謂輸羅拏根、羅蔔根、迦闕[①]迦乾陀根，如是等穢根不應供養。其菓子中石榴爲上，於諸根中毗多羅根爲上，是故應簡而用供養。其熟煮小豆，以和牛蘇并著胡麻而供養之。第三曼荼羅，於外四面地上布散白華，亦以胡麻、稻華遍散。最後出外，於諸方所祭祀部多諸非人類，用粳米飯以和稻華、胡麻及華。煮小豆，娑耶里迦飯以塗牛蘇。已上飯食總和一處，其阿闍梨以歡喜心，於一一方，各各三遍下食，以祀羅刹及毗舍闍等。及與部多諸食血噉肉者種種之類，或居地者，或居樹者，或居林者，及以心所念著者，皆須祭祀。於時忽然若聞大聲，以無畏心更應祭祀。或聞野干大叫[②]及大吼聲，或見其身，或見拔倒樹根及見樹折，或聞雷聲及種種希奇異相者，更復祭祀而作護身。其阿闍梨如聞如解如見如法，於諸方所祭祀畢已，洗手灑淨，於其門前燒香供養。次入於内，奉獻閼伽及燒香，供養前所置食。以心運供於第二院、第三院，所有諸尊一一奉施上妙新淨衣服，自餘諸尊各奉一匹。或若不辨，各奉三部主尊，用兩匹衣服。或若但以兩匹衣服，置於箱中而奉施内院，運心普施一切諸尊，然後各誦諸尊真言七遍。其曼荼羅主真言，持誦百遍已上。其三部心真言，各誦百遍。然後次第應作諸尊一一手印，持誦三遍。如是作已，悉皆歡喜，滿其所願。

蕤呬耶經卷中

蕤呬耶經卷下

大唐大興善寺開府儀同三司試鴻臚卿三藏和尚奉詔譯

分別相品第九

亦名三部三摩耶印，於一切曼荼羅[③]通用之印，其護身印及結方印、驚覺奉迎之

① 闕，《卍續藏》校勘疑當作"闍"。

② 野干大叫，《卍續藏》校勘黄檗本作"于大呼"。

③ 曼荼羅，原作"曼曼羅"，據《大正藏》本改，下同。

印及灌頂印、辟除障難印、奉獻香華等印、息災難印、碎伏難印、繫縛難印、解放難印，如是等印於《手印品》皆悉廣説。如前所説，淨治及護身法，其皆用手印相應而作。若欲碎伏難伏者，當用金剛母跢迦二合羅印，及於祕密曼荼羅中所説十八大印，皆應用之。若作呼召之法，當用金剛鉤印。若作結縛難法者，當用金剛鎖印。若作調伏法者，當用金剛棒印。若作怖魔法者，當用喫金剛印。若有越三摩耶者，當用受三摩耶忿怒印而作調伏，或用大力金剛棒印。若欲碎滅諸障難者，當用遜婆明王真言手印。作此法已，其諸難等皆被火燒，是故當用如上尊等諸印等法統[①]用，即知有大威力。是故應當於一切事皆順用之，或隨彼説，於彼而用。復次應當作護摩之法，面向東方，茅草端坐，燃火著已，灑淨其火。又用茅草，初應滿杓蘇護摩，最後亦然。次應以蘇及與柴等諸物，如法護摩。如念誦法護摩亦然，以寂靜真言爲一一尊七遍護摩。心念彼尊，爲其一尊護摩畢已，即須灑淨其火，方爲餘尊護摩。護摩畢已，都請諸尊，更作護摩滿百八遍，於諸尊所而乞歡喜，即懺悔一切罪障，隨喜功德，廣大發願[②]。數歸三寶及歸不退大菩薩衆、一切真言并與明尊，數數增發大菩提心。次應讚嘆三部尊及餘諸尊，次應誦經，然後志誠之心啓請諸尊深生珍重。所燒之香，勿令斷絶，數奉閼伽。作如是次第作法畢已，復以誠心頂禮諸尊，然後如法將其弟子一一令入。當喚一一弟子如前香水灑淨，以塗香等供養。用香塗手，按其心上，誦其真言。次以辨事真言持誦，新帛繫其面門。復作三摩耶印，置其頂上，誦彼真言三遍。次作曼荼羅主手印置於頂上，誦彼真言三遍，引將曼荼羅門前。其阿闍梨應如是言：我等某甲如法作此曼荼羅，將弟子入，隨其福德及與種姓并以成就，隨堪法器，於此曼荼羅中願視其相。次應散華，隨所墮處，即屬彼部族姓及尊。次應開面視曼荼羅，其阿闍梨以歡喜心爲彼弟子作如是言：汝今觀此妙曼荼羅，深生敬信，汝今乃至生諸佛家中，諸明真言已加被汝，一切吉祥及與成就皆悉現前，是故堅持三摩耶戒，於真言法勤加念誦。次令弟子以香華等普供養三部，及以讚嘆。其阿闍梨於曼荼羅所授與弟子，隨其所得於本真言，或令弟子坐第二院，持誦所得心真言。具看其散華，隨所墮處，准知上中下成就。謂隨諸尊上下差别，及以坐位次第，准知上下。華若墮於佛頭上者，當知成就佛頂真言及佛毫相等諸尊真言。華若墮於佛面上者，應知成就佛眼等尊諸明真言。華若墮於佛中身分，當知成就諸心真言。華若墮於佛下身分，當知成就使者真言。隨華所墮於身上中下分，當知成就上中下品。其執蓮華及執金剛，隨華墮處，准上應知。自餘諸尊，但知上中下品成就。若華墮處，去彼尊遠，當知久遠方可成就。華若墮於食院之上，隨所屬尊得彼真言。華若墮於兩尊中間，隨所近處

① 統，原作“繞”，據《大正藏》校勘[乙]改。

② 廣大發願，《卍續藏》校勘黄檗本作“發廣大願”。

得彼真言。花若先墮於内院中,即却超出於其外院中,當知彼人信心不具。若强持誦,得下成就。花若墮於諸界道上及行道院,當知彼人無决定心,不獲成就。花若墮於二尊中間,非近非遠及墮界道并行道院,若欲復擲,應爲彼人作護摩法,然後擲花。花若墮於内院,但隨其院,皆屬彼尊。凡作曼荼羅,皆置三部諸尊,復於本方更置一座,運心以表一部諸尊。其内院中,要復須安置《般若經》甲,於内院門必須安置守中門龍王。花若墮於飲食院上,當知成就增益等事。花若墮於部主尊上,當知成就作曼荼羅。花若墮於七佛世尊身上,决定成就三部真言。花若墮於執蓮華上,當知成就兩部真言。花若墮於執金剛上,當知成就本部真言。花若先墮於第三院内,却超出向行道院上,應棄彼人,後時將入餘曼荼羅。若欲强將入者,當作護摩,更與擲花。還若不著,更作護摩。如是三迴若不著者,則須擯出。其阿闍梨以如是法,將諸弟子一一令入。散華畢已,復獻閼伽及香華等,其弟子等各各應與布施。阿闍梨次將一一弟子於護摩處,於阿闍梨左邊坐,其阿闍梨應以左手執其弟子右手大指,用曼荼羅主真言,用牛蘇護摩七遍。復以寂静真言護摩牛蘇七遍,復以牛蘇於其弟子頭上右轉三遍而作護摩,復以神袋繫於右膊,復以香塗手按其胸上,隨意持誦而發遣了。自餘弟子皆如是作應[①]護摩,用蘇嚧婆杓而作護摩蘇。復以右手護摩諸穀,坐於茅座,其淨水中亦置茅草,先備茅環,於爐四面復布茅草。作護摩時皆應如是,先取乳汁乾柴置於爐中,以蘇灑上而生其火,後取乳汁柴濕而作護摩。如護摩蘇遍數多少,胡麻數量亦復如是,其餘穀等隨意護摩,最後以滿蘇護摩。其請火神及與發遣用彼真言,其灑淨等用前真言,或隨餘説,如有真言之於護摩用者,隨意而用。

分别護摩品第十[②]

次説息災、增益及降伏事三種護摩差别之法,依作彼曼荼羅,隨事而作護摩。若作息災護摩,面向北坐。若作增益護摩,面向東坐。若作降伏護摩,面向南坐。若作息災曼荼羅及與護摩,其爐圓作,若增益方,若作降伏三角。若作息災曼荼羅及護摩,應用白色,增益黄色,降伏黑色。若作息災事者,坐蓮華座。作增益事,坐草[③]座。作降伏事,以右脚押左脚蹲踞,勿著地坐。以寂静心作息災事,以歡喜心作增益事,以忿怒心作降伏事。或隨本法所説,依彼而作。若作息災事者,用樹最上枝而作護摩。若作增益事者,用樹中枝而作護摩。若作降伏事者,應以樹根而作護摩。若作息災事者,應著茅草之衣。若作增益事者,應著芻麻之衣。若作降伏事者,應著青色衣及血濕衣,或破穢衣或復裸形。若作息災事者,應以蘇、乳、稻穀、花、大麥、蜜及乳粥、茅

---

① 應,《卍續藏》校勘黄檗本在"護摩"後。

② 品名前,原有"瞿醯壇怛羅二合經",據《卍續藏》校勘黄檗本及上下品名例略。

③ 草,《卍續藏》校勘黄檗本作"茅草"。

草之牙，并桾那華、注多樹葉及白檀香、烏曇末羅樹木及菓，阿輸他木、苦練木、苦彌木、果波羅闍木及諸餘物而作護摩。若作增益事者，應以乳粥、酪飯、蜜乳及飯、酪粥、胡麻及三白食，天木、茴香及天門冬、龍華尾、盧婆果諸穀及柴自餘物等而作護摩。若作降伏事者，應以赤白芥子、血及芥子油、毒藥、骨灰、髮、荊棘、仇毗多羅木、句吒木、迦多羅木、有刺之樹而作護摩。如是三種護摩之事，於其本法縱不説者，應依此法。

次阿闍梨觀其弟子堪授法器應灌頂者，即當如法與彼灌頂。其弟子先應灌頂，請阿闍梨及與布施，先辨新淨座，以辨事真言持誦其座，置於灌頂曼荼羅中。又辨新淨白傘，於上懸花鬘，復懸白色綵帛，以曼荼羅主真言持誦其華等，又於曼荼羅内置諸吉祥之具。其阿闍梨與其弟子如法護身，令坐其中央。其阿闍梨當以牛蘇與香相和，用軍荼利真言持誦其香，薰其弟子，即將其傘當蓋於上。復令餘人執淨犛牛拂及扇香爐，箱中置衣，并盛商佉及筋諸吉祥物，令執其箱。復執酪椀，如是等物皆令人執。若得辨者，應作音聲①，又執四瓶令住傍邊，其阿闍梨與誦吉祥諸妙伽陀。如是次第，今且略説。若欲廣作，當依本法。其阿闍梨普應頂禮曼荼羅中一切諸尊，爲灌頂故，至誠啓請。即應奉持前所持誦百遍之瓶，徐徐當繞於曼荼羅。遶三匝已，復以三種真言持誦其瓶，於其頂上而作手印，并誦根本真言。還誦此真言，與彼灌頂。若作傳法灌頂，應面向西坐。若作息災灌頂，面向北坐。若作增益灌頂，面向東坐。若作降伏灌頂，面向南坐。灌頂畢已，次其阿闍梨自手執其衣，與彼令著，及以塗香塗彼身上，并與華等供養，亦以華鬘交絡兩肩，復與臂釧，令著其腕。阿闍梨自手執其傘，令彼弟子遶曼荼羅。遶三匝已，亦至西門前，即數禮拜，其傘隨身來去蓋頭。其阿闍梨啓請諸尊，作如是言，我某甲與某甲灌頂畢已，今付屬諸尊，令持明藏。作是語已，應放其傘，令彼起立對曼荼羅前，爲説三摩耶戒，汝今已成曼荼羅阿闍梨持明藏者，諸佛菩薩及真言主一切天神，已共知汝。若見有人堪作法器，怜愍彼故，與作曼荼羅教使持誦，其阿闍梨次應爲彼依如前法而作護摩。燃火著已，用曼荼羅主真言護摩牛蘇百遍，復以寂静真言，蘇蜜及酪與飯相和護摩百遍，復用胡麻護摩百遍。如是作已，用其淨水灌彼頂上。次當廣視其曼荼羅，解説諸尊，教視本手印相，復教明王真言。次教令②坐一處持誦所得真言。次教以諸香華供養本尊及與餘諸尊，次其弟子於護摩處，以至誠心禮拜阿闍梨。隨所須用應當布施，或隨所有物悉皆施與，所謂自助眷屬妻子錢財等物。或隨阿闍梨所歡喜者當施其物，或自愛樂者應當施與。若貧窮者，以力奉事，令尊歡喜，然於諸施中承事爲最。凡欲布施，先奉兩疋衣服，然後捨施餘物。求成就應如是施，若求三摩耶，即應布施衣服及金、牸牛并犢，及

① 聲，《卍續藏》校勘黄檗本作“樂”。

② 令，原作“今”，據《大正藏》校勘[甲]及文意改。

隨身有皆應布施，乃至自身。求三摩耶者，應如是施其阿闍梨。

次教諸弟子等次第令坐，自讀《般若經》，令彼等聽。次爲彼等都説三摩耶戒：汝等從今常於三寶及諸菩薩諸真言尊恭敬供養，於大乘經恒生勝解，凡見一切三寶亦見受三摩耶戒者，當生愛樂，於尊者所恒生恭敬，於諸天神不得嗔嫌，應須供養，於其外教不得信學，凡來求者隨有施與，於諸有情恒起慈悲，於諸功德勤求修習，常樂大乘，於明藏行恒勤精進，持誦真言，於經明藏所有祕密之法，無三摩耶者皆不應爲説真言及印，具學明藏祕密[①]護持。如是説三摩耶已，各各視彼所得本印及與真言，所屬之部并與説彼本曼荼羅。次阿闍梨當灑自身，更奉諸尊閼伽，次第供養一一諸尊。次以曼荼羅主真言護摩百八遍，復以寂静真言護摩百八遍，次以部心真言護摩二十一遍，次以一一諸尊真言用牛蘇各護摩七遍，然後以其本所持真言隨意護摩。次更如法護身，祭祀諸方。祭祀畢已，先洗手灑淨自及弟子，以香華等次第供養一切諸尊及與頂禮，所置供養以至誠心奉施，然後應用凡隨所作曼荼羅法。要須先成熟明了解已，然後方作曼荼羅法，猶傍置經，數數檢本，恐有失錯，何以不熟。凡作曼荼羅時，當令助成就者外護其處，每出外時，先其助人入於其所，令作守護，必勿令空。若無如是弟子堪執繩者，即先釘栓一頭，自捉而作界道。若無助成就者，一切諸事皆須自作。其助成者，若有病患及與無戒，亦不清淨，不明諸事，縱解明藏，亦不應取。若作曼荼羅畢已，忽有外道族姓家生心行爽善，有力正直，深信愛慕，自來欣求入曼荼羅者，其阿闍梨知彼有信。假使作曼荼羅畢已，令彼人入正法故，于時與彼作[②]召請法，令入曼荼羅。其弟子等或若不具其本善相，及與法闕，當作息災護摩。若作曼荼羅，先應啓彼國王令許，於其王所詣取壯士皆有威勢，各執器杖，以無畏心遶曼荼羅立。或有如是弟子堪爲法器受持，召請弟子之時，若不在者，應作彼形而作召請等法。或有弟子擬欲灌頂，若不在者，當與别弟子充數灌頂。或有弟子欲求其事作受持，若不在者，不得爲彼弟子充與别人。若爲弟子受持時，忽若不到，應知其阿闍梨着大重病乃至致死。若作召請法已，或有如是因緣，第二之日辦作曼荼羅，其日應作息災護摩，至於暮間更復召請，至第三日作曼荼羅。若正起作曼荼羅時，忽若闕少小小之具，不須相待。或若過時，即諸難起。若作曼荼羅時有難事起，當以真言避除，或以方便令息災。若不能除，所有供具以水灑淨，一時供養及奉閼伽，發遣諸尊，别日當作息災護摩，後作亦得。如七明妃曼荼羅者，應作七院，依彼本法而作安置，勿疑彼法此法相違。其藥叉曼荼羅法亦復如是，或有曼荼羅本法有闕，應依此法而作曼荼羅。或有如是曼荼羅别指餘法，還依彼法而作曼荼羅。或有本法雖云曼荼羅，

① 密，原作“蜜”，據《卍續藏》校勘改。

② 作，《卍續藏》校勘黄檗本後有“護”字。

不説次第，總依此法次第應作。如於持明藏廣説曼荼羅法，或依本法説曼荼羅，或如阿闍梨指授説曼荼羅，如是等所説次第，乃依彼法而作曼荼羅，勿生疑惑。若有本法説瓶分量或大或小，但依此法而作分量，縱違本法亦無過患。或若自餘諸尊之所欲加供養，亦無所妨。凡隨所説一切法事，非遮①增過，若闕不成。或有如是曼荼羅，説令諸弟子各執香爐及與燈明遶曼荼羅者，如是殊異之法必不應違，但依彼作。或有如是曼荼羅法，説是三摩耶時，作如是言，汝等今者得載法船，出離生死。或誠心散華者，必依彼説，不得違彼。如是等殊異之法，各依本法而作。若不説者，必不應作。凡入曼荼羅，必有四種灌頂，一者除難，二者成就，三者增益己身，四者得阿闍梨位。如是灌頂之法前已廣説，次今當成受明灌頂。入曼荼羅隨所得明欲成就者，以彼真言持誦其瓶三百遍已，與彼灌頂，還用彼真言所護摩物持誦七遍，然後一遍護摩，如是乃至三遍護摩，此名第二受明灌頂。若有被難所著，爲除難故作灌頂者，此名除難灌頂。爲求安樂及與富貴并求男女，除不祥故作灌頂者，此名增益灌頂。凡蒙灌頂，諸佛菩薩及與諸尊并持真言行菩薩等，皆悉證明，加被護念。聖觀自在及執金剛所有真言悉皆成就，一切天神不能損害，皆悉恭敬。在生死中不墮惡趣，不生貧窮家，及不具足之人所惡嫌。恒憶宿命，多饒資財，具戒端正，當生天人，恒遇佛世，於其菩提心曾不退轉，施諸尊并乞歡喜。復執閼伽，各各以本真言如法發遣。或依本法而作發遣，所有資具當泮大河。飲食施與貧兒，不應與狗及烏等下鳥。於曼荼羅所有財物，其阿闍梨並應收取，隨意受用，勿更與弟子。其弟子等若用其物，墮三摩耶，故其物阿闍梨用。若阿闍梨不用其物，當施三寶。其傘、釐拂等物，應施於佛。其座，塗香、燒香等物，應施與法。其衣，瓶器等物，應施僧伽。若無僧伽，應施苾芻、苾芻尼及優婆塞、優婆夷，其弟子乃至少分不得用之。其第二日爲滿所闕之法，并息災故，護摩百八遍。

補闕品第十一

次復更説如前，不説闕少之法。於諸曼荼羅法所未説者，其阿闍梨善解明藏及與真言，具戒清淨及有慈悲，妙解畫曼荼羅，真心清淨者。應作曼荼羅，或於舍上，廣淨其處，及令平正，以白土塗，亦應得作。或於神廟亦應得作，或於水上密布淨板，如法塗治於上而作。如水中行尊及鼓音尊曼荼羅者，應于水上作也。其婆羅門祭祀之地及②棄穢之地，前經所作曼荼羅地，並應棄之。或説但以一道真言作曼荼羅者，則依彼法而作，即彼多羅尊曼荼羅是也。或若有如是曼荼羅，具足自有眷屬真言者，還依彼法而

① 遮，《卍續藏》校勘黄檗本作“廣”。

② “及”後，《卍續藏》校勘黄檗本有“空村”。

作，即忿怒火尊曼荼羅是也。或若有如是曼荼羅，於其本法真言不具足者，當取都法通用真言作曼荼羅。夫其真言曼荼羅所應用者，先須各誦數滿千遍，具大福德，不久出離生死苦海，當得無上菩提之果。及其灌頂者，具如是等無量功德，具真言族行菩薩行，是故阿闍梨應解都法，及得灌頂，許爲傳法，然後方作曼荼羅法。若違此法作曼荼羅，即不成就，死墮地獄，其入彼者無利益。非但無益，諸障難起，所謂飢饉、疫病、亢旱，諸賊盜起，國王相諍，其諸弟子被魔所損，其阿闍梨必定致死。若不依法作曼荼羅，有如是等種種難起。若於佛部曼荼羅中得灌頂者，即應三部曼荼羅中得阿闍梨。若於觀自在曼荼羅中得灌頂者，即於二部曼荼羅中得阿闍梨。若於執金剛曼荼羅部中得灌頂者，即於一部及摩跢利迦神諸曼荼羅中得阿闍梨。大作曼荼羅時，唯與一人受阿闍梨灌頂。自餘灌頂或三或五，必不應雙，皆以各别供具而爲灌頂。其得受明灌頂之人，應教成就曼荼羅法。其得自餘灌頂者，應教所得真言本法及手印法。若有愚人不入曼荼羅持誦真言，雖滿遍數，終不成就，復起邪見，彼人命終墮於地獄。若有人與彼真言法者，彼亦墮三摩耶戒，命終之後墮於嚕羅婆地獄。若以失念及放逸故，墮三摩耶，即應持誦部心真言一洛叉遍，或誦阿那羅暮阿尼陀羅尼一千遍，或息災護摩，或復更入大曼荼羅。若有愚人不解教法，作曼荼羅，如犯五無間重罪，所墮之處彼亦如是。若有如法以求功德作曼荼羅，彼大菩薩生於淨土，其有入彼曼荼羅者，不被鬼魅所著，及諸蠱毒、毗舍遮、摩呼羅伽、羅刹、種種揭羅訶，并諸魔難悉不能傷，一切罪障悉皆消滅，不墮惡趣。所持誦真言皆得成就，不久即得成菩提果。其阿闍梨以慈悲故，應當慇懃教一弟子，通解都法，令持我明藏。我今已説一切曼荼羅都法，若作曼荼羅者，皆依此法而作。若以此法與弟子者，先教明王真言手印及大手印諸曼荼羅，然後方與此祕密法。

蕤呬耶經卷下終

不空羂索毗盧遮那佛大灌頂光真言[①] 出《不空羂索經》二十八卷

特進試鴻臚卿大興善寺三藏沙門大廣智不空奉詔譯[②]

(oṃ) (a) (mo) (gha) (vai) (ro) (ca) (na) (ma) (hā)
唵引,一[③]阿 謨 伽 尾 嚧 左 曩 摩 賀二
(pro) (ma) (ṇi) (pa) (dme) (jvā) (la) (pra)
母捺囉二合,三,麽 抳 鉢 納磨二合,三[④] 入嚩二合 攞 鉢囉二合
(va) (rda) (ya) (hūṃ)
韈 哆 野 吽引,四[⑤]

毗盧遮那如來爲授母陀羅尼印三昧邪神通法品,而最爲第一。若有過去一切十惡、五逆、四重諸罪,燼然除滅。若有衆生隨處得聞此大灌頂光真言二三七徧,經耳根者,即得除滅一切罪障。設[⑥]衆生具造十惡、五逆、四重諸罪,猶如微塵滿斯世界,身壞命殁,墮諸惡道。以是真言加持土沙一百八徧,尸陀林中散亡者屍骸上,或散墓上,遇皆散之。彼所亡者,若地獄中,若餓鬼中,若修羅中,若傍生中,以一切不空如來不空毗盧遮那如來真實本[⑦]願大灌頂光真言神通威力,加持沙土之力,應時即得光明,及身除諸罪報,捨所苦身。往於西方極樂國土,蓮華化生,乃至菩提,更不墮落。

---

① 底本,《中華藏》第 1483 號,第 66 册第 130 頁中—131 頁上,原《金藏》廣勝寺本。經名,《中華藏》校勘《徑》《清》作"不空羂索毗盧遮那佛大觀頂光真言經"。經名後,原附"一卷",此略。經題後小注,《中華藏》校勘《磧》《南》《徑》《清》無。校本,《大正藏》第 1002 號,第 19 册第 606 頁中—607 頁上。

② 譯名,《中華藏》校勘《徑》《清》作"唐特進試鴻臚卿北天竺三藏沙門大廣智不空奉詔譯",《麗》作"開府儀同三司特進試鴻臚卿肅國公食邑三千户賜紫贈司空謚大鑒正號大廣智大興善寺三藏沙門不空奉詔譯"。

③ 引一,原脱,據《大正藏》校勘明本補。

④ 三,原脱,據《大正藏》校勘明本補。

⑤ 引四,原脱,據《大正藏》校勘明本補。以上附羅馬字夾注的梵字真言據《大正藏》本補。

⑥ 設,《中華藏》校勘《石》《麗》作"若諸"。

⑦ 本,原作"大",據《中華藏》校勘《石》《麗》改。

復有衆生連年累月，痿黄疾[1]惱，苦楚萬端，是病人者先世業報。以是真言，於病者前一、二、三日，每日高聲誦此真言一千八十徧，則得除滅宿業病障。若爲鬼嬈，魂識悶亂，失音不語，持真言者加持手一百八徧，摩捫頭面，以手按於心上、額上，加持一千八十徧，則得除差。摩訶迦羅神作病惱者，亦能治遣。若諸鬼神、魍魎之病，加持五色線，索一百八結，繫其病者要、臂、項[2]上，則便除差。若諸瘧病，加持白線索一百八結，繫頭、項上及加持衣著，即令除差。若加持石菖蒲一千八十徧含之，與佗相對談論，則勝佗伏。若以胡椒、多誐囉香、青木香、小柏、檀[3]黄、囉娑惹娜唐言小栢汁等數末，治水丸如棗，加持十萬徧，便當陰乾。若患一切鬼神病，種種瘧病，或毒藥中，或失音者，當以藥和水研之，加持一百八徧，數點兩眼、額上、心上，當怒加持，則便除差。作病鬼神若不放捨，即當頭破，如阿梨樹枝，若諸毒蟲、蛇蝎螫者，以藥塗眼，即便除差。

又法，以新米彈羅，澡浴清淨，著淨衣服已，以藥和水研，加持一百八徧，點米彈羅眼中，奮怒加持一千八十徧，則便起坐，所問皆答。欲放者，加持白芥子水二十一徧，散米彈羅上，即便如舊。若爲貴人相請唤者，以藥點眼，當往見之，則相賓敬。

不空羂索毗盧遮那佛大灌頂光真言一卷

① 疾，《中華藏》校勘《麗》作"病"。

② 項，《中華藏》校勘《磧》《南》《徑》《清》作"頂"。

③ 檀，《中華藏》校勘《石》作"檑"。

大寶廣博樓閣善住祕密陀羅尼經①

大寶廣博樓閣善住祕密陀羅尼經卷上②

特進試鴻臚卿大興善寺三藏沙門大廣智不空奉詔譯③

序品第一

如是我聞，一時薄伽梵在④王舍大城，於初會時降伏俱知⑤魔軍及調伏一切外道，捨離生死，度諸瀑流。是時那由佗百千殑伽羅、頻婆羅魔軍徧贍部洲，于時世尊以佛神力，變此大地盡成金剛，令贍部洲有情之類不聞恐怖。時彼魔軍雨諸器仗皆變爲華，於王舍城四衢道中自然從地涌出大蓮華，其華千葉，七寶莊嚴，黄金爲臺，瑠璃爲莖，高至梵天，出種種光明，普徧十方。於其華中自然出聲，説陀羅尼，名爲警覺。陀羅尼曰：

曩莫薩嚩怛佗引蘖帝毗喻二合，一曳底瑟綻二合底娜捨你勢二唵麼抳上嚩日嚟二合紇哩二合娜也三嚩日嚟二合磨羅賽你也二合，上尾捺囉二合寧上，四賀曩賀曩五嚩羅二合孽陛六怛囉二合細也怛羅二合細也七娑嚩二合磨引囉娑上嚩曩引，八你入吽引吽引，九散馱囉散馱囉十没馱引昧上底唎二合，引，十一薩嚩怛陀引孽多十二嚩囉二合迦臘跛二合地瑟恥二合帝娑嚩二合，引訶引，十三

時彼蓮華中流出此陀羅尼已，復出妙聲，徧滿三千大千世界，讚言：善哉！釋迦牟尼如來已度生死大海，殄滅魔軍，離煩惱塵，破無明㲉，然大法炬。由此陀羅尼威

---

① 底本，《中華藏》第1424號，第65册第604頁中—631頁中，原《金藏》廣勝寺本。卷上末，《中華藏》據《徑》附“大寶廣博樓閣善住秘密陀羅尼輪”圖及其陀羅尼音譯和功德文，此移圖文於經末。

② 卷上，《中華藏》校勘《石》作“序品第一卷上”。

③ 譯名，《中華藏》校勘《徑》《清》作“唐特進試鴻臚卿三藏沙門大廣智不空奉詔譯”，《麗》作“開府儀同三司特進試鴻臚卿肅國公食邑三千户賜紫贈司空謚大鑒正號大廣智大興善寺三藏沙門不空奉詔譯”，卷中同。卷下譯名《金藏》本缺，據卷上、卷中文例補。

④ 在，《中華藏》校勘《麗》作“住”。

⑤ 俱知，《中華藏》校勘《徑》《清》作“俱胝”，下同。

德力故，令作大地變成金剛，降伏魔軍。尒時金剛手祕密主菩薩歡喜踊躍，身毛竦竪，頂禮佛足。白佛言："世尊，今此陀羅尼於何佛會最初而得？我從昔來於諸世間未曾聞見。"

尒時佛告金剛手祕密主菩薩："有陀羅尼名大麼尼廣博樓閣善住祕密，由此陀羅尼威德力故，能令三千大千世界變成金剛，一切魔軍所有器仗咸變爲華。由此陀羅尼威神力故，降諸魔衆及化俱知餘類有情悉令調伏。由此陀羅尼威神力，於四衢道涌出蓮華。"復告金剛手言："我若不因此陀羅尼，不能成等正覺，不能降伏俱知魔衆，不能枯竭煩惱大海，不能然大法炬。金剛手，我於無量俱知百千劫來，雖難行苦行，猶故不能成菩提果。由纔聞此大陀羅尼加行相應故，得成正覺。金剛手，此陀羅尼有大威力，有大殊勝，一切如來真實法性，令諸如來圓證法身。金剛手，由稱此陀羅尼名號，則爲已稱十方諸佛如來名號。若能纔念，則爲禮拜、供養一切如來。"尒時金剛手菩薩摩訶薩以種種華、種種香、塗香、末香供養於佛，既供養已，右遶三帀，頂禮佛足而白佛言："世尊，此陀羅尼有大威德，有大殊勝，惟願世尊普爲一切有情說彼世界現何殊勝功德，一切有情不以少善根得聞此陀羅尼，此陀羅尼等同如來身，同舍利法性。"

尒時世尊告金剛手菩薩言："金剛手，衆生下劣，不勤精進，心多惑亂，愚癡闇鈍，耽著諸欲，不信正法，不敬父母，不敬沙門、婆羅門，不敬尊者，是故此陀羅尼不入彼人之手，薄福、少智、少慧，如此衆生不能得聞，不能受持，不生淨信，此陀羅尼能滅一切罪，是諸如來祕密之藏。"

尒時世尊復告金剛手菩薩言："善男子，今爲汝說，從此世界，東方過無量恒河沙數俱胝那庾多佛世界，彼有世界名寶燈。其世界七寶所成，其城四面廣一由旬，多諸人民，安隱豐樂，彼諸男子及諸女人、童男童女，一切瓔珞莊嚴其身，上妙寶冠，嚴飾其首，容貌端嚴，有大威力，勇健精進，智慧具足，通達衆藝。城中有王名曰妙寶，有八十俱胝大臣輔佐圍遶。其王皇后名光明寶，有二萬宫人，皆如天女，前後侍奉。彼世界中所生華樹及諸香樹，皆是七寶所成，水生諸華亦是七寶所成，陸生諸華皆是閻浮檀金所成。其國人民壽八萬劫，彼皆成就十善業道，於佛、法、僧發大淨信。其王以正法養育，不以非法，於諸有情常作利益。彼世界中有佛名端嚴麼尼種種清淨建立如來應正等覺。於彼世界成佛，廣作佛事，與無量大菩薩摩訶薩衆及俱胝大持明仙衆以爲眷屬。彼如來身紫金色，具三十二相、八十隨形好，圓光一尋，其光周徧，猶如七寶熾盛照曜。諸菩薩身悉皆金色晃曜相好，嚴坐七寶蓮華，彼皆辯才無礙，智境通達明處，皆①思惟大寶麼尼廣博樓閣善住祕密陀羅尼。由此陀羅尼威神力故，出生

① 皆，《中華藏》校勘《麗》作"皆共"。

如是殊勝功德，彼佛世尊爲一切有情演説此陀羅尼法。彼諸有情由[①]聞此陀羅尼故，常獲安樂，彼一切有情離諸地獄、傍生及焰魔界阿修羅身，皆得解脱，諸惡趣門悉皆關閉，開諸天門及開諸善趣。彼世界有情悉皆安住無上菩提，彼一切有情悉住慈心，如水乳合。彼佛世尊往昔久遠行菩薩道時，修此陀羅尼法，作如是願：一切有情生我刹土者，彼皆决定不退轉無上正等菩提。若有衆生聞此陀羅尼，受持讀誦，精勤修習，憶念不捨，求大成就，乃至聞名或復手觸，或佩身上，或纔眼視，或書經卷，或書帛素，或書牆壁，一切衆生若有見者，五逆四重，誹謗正法，誹謗聖人，捕獵、屠兒、魁膾、喃婆、布羯娑、盲者、聾者、瘖者、傴者、人所惡者、瘂者、癩者、貧窮、下劣、不定業者、魔網縛者、墮邪見者、毗那夜迦觸者、惡星陵逼者、七曜害者，彼等諸人聞此陀羅尼，决定當證無上正覺。乃至傍生、鹿、鳥、蚊蝱、飛蛾、螻蟻及餘卵生[②]、胎生、化生、濕生等諸衆生，聞此陀羅尼名者，當[③]决定證得阿耨多羅三藐三菩提，不應疑惑。”

尒時世尊説是語已，一切大衆皆大歡喜，身毛聳豎。是時天雨波頭摩華、芬陀利華、曼陀羅華、摩訶曼陀羅華，於虚空中有種種微妙天樂，不鼓自鳴。尒時會中大衆各各皆見身有光明，於如來前自然涌出七寶樓閣，端嚴麗好，人所樂見。其寶樓閣四柱、四門及四堦道光明照曜，樓閣四角有四大寶，如日熾盛。復有無量摩尼寶珠，綴於羅網，無量寶鐸而懸其上，無量繒幡以爲莊嚴，種種妙華，間錯垂下。是時大地六種震動，所謂動摇、震吼、涌没之相，諸天宫殿光明照觸，光所到處皆悉覺悟，四大天王、持明仙等亦復如是。一切魔宫熾然焰起，一切障者毗那夜迦皆大驚怖，馳走十方，大聲號哭。

尒時世尊從眉間毫相放大光明，其光普照，警覺十方一切佛刹中諸佛。既警覺已，其光復收，却入佛頂。時十方佛咸皆同聲讚歎釋迦牟尼如來言：“善哉！善哉！釋迦牟尼如來，今可應往寶燈世界端嚴摩尼種種清淨建立如來所，令此大衆得相隨從，瞻禮供養。又得廣聞大寶廣博樓閣善住祕密陀羅尼法，何以故？此陀羅尼有大威德，有大功能，一切過去諸如來等共所加持。若有人得聞此陀羅尼者，乃至名字及手觸者，彼人决定得不退轉，證無上正覺。”

尒時釋迦如來聞彼十方世界中諸如來請已，復放無量俱知百千萬億光明，告諸大會諸人等言：“我今欲往寶燈世界，時將已至，汝等當共速嚴隨從。”

尒時如來從座而起，詣[④]昇七寶樓閣，以手觸之，其樓閣中忽然而出金剛師子妙座，其座七寶所成，莊嚴殊勝，見者悦意。又於座上生妙蓮華，七寶所成，黄金爲莖，

① 由，原作“暫”，據《中華藏》校勘《石》《磧》《普》《南》《徑》《清》《麗》改。

② 卵生，《中華藏》校勘《磧》《普》《南》《徑》《清》作“類”，《石》《麗》作“類卵生”。

③ 當，《中華藏》校勘《石》《麗》無。

④ 詣，《中華藏》校勘《磧》《普》《南》《徑》《清》作“即”。

紅寶爲臺，時佛世尊於蓮華上敷座而坐。

尒時世界皆大震動，如來即入大會①清淨三摩地，以三昧力安慰一切大衆，接詣虚空，與一切衆會，并諸眷屬及大菩薩眷屬大衆，天、龍、藥叉、彦達縛、阿蘇囉、誐嚕拏、緊娜囉、摩護囉誐、人及非人、無量俱知持明仙衆，金剛手祕密主與一切釋梵、護世四大天王等上昇虚空，往於東方，過無量恒河沙數俱知那庾多百千佛刹，於刹那頃至寶燈世界，從空而下，詣彼端嚴摩尼種種清淨建立如來所，恭敬問訊少病少惱，起居輕利。時釋迦牟尼如來，以千葉七寶所成蓮華，奉獻彼佛。時彼如來在大衆會處天妙宫殿，舒金色臂，安慰釋迦牟尼應正等覺。安慰已，坐於寶樓閣中。謂釋迦牟尼如來曰："婆伽梵已轉大法輪，降伏魔軍，然大法炬，建立法幢，擊大法鼓，吹大法螺，於彼世界已作佛事，證薩婆若智。婆伽梵今復轉第二法輪，當於閻浮提開正法藏。"纔作是語，彼諸佛刹十八種動，所謂動、極動、徧動，摇、極摇、徧摇，振、極振、徧振，吼、極吼、徧吼，擊、極擊、徧擊，涌、極涌、徧涌。尒時天雨妙華，現大神變，於虚空中有種種音樂，不鼓自鳴，其聲悦意。又諸天子奏諸音樂，所有天龍雨種種寶、種種香、種種旃檀香水、種種衣服、種種莊嚴具，雨天妙赤珠、瑪瑙、毗盧遮那大寶日藏、月愛日愛，雨吉祥藏大摩尼寶，雨天妙烏鉢羅蓮華、俱勿頭蓮華、芬陀利蓮華，雨曼陀羅華、大曼陀羅華，雨天妙閻浮檀金華，雨天妙銀華，雨天妙真珠。諸天子於虚空中出微妙音，歡悦讚歎，其音展轉相告："善哉！善哉！釋迦牟尼如來今於此時再轉法輪，於閻浮提建大妙寶如意法幢，所謂大寶廣博樓閣善住祕密陀羅尼大教法，今於閻浮提廣大流布。"尒時端嚴摩尼種種清淨建立如來應正等覺從眉間毫相出光，其光普照十方佛刹，警覺一切如來，其光復照三千大千世界及諸天宫、一切龍宫、一切地獄、傍生、閻摩羅界、阿蘇羅衆，普皆照曜警覺已。其光復收，右遶彼佛及釋迦牟尼如來三帀，便於頂没。

尒時十方世界無量恒河沙等②一切諸佛，各各於彼本土作大神變。現神變已，詣彼世界，各各以大神通變化七寶樓閣，於樓閣中出生閻浮檀金師子座，彼一切佛并諸眷屬於樓閣中坐。尒時端嚴摩尼種種清淨建立如來安慰彼等一切如來，以大神通作大供養。彼等諸佛供養已，還坐師子座。尒時摩尼藏菩薩摩訶薩詣端嚴摩尼種種清淨建立如來所，頭面禮足，白佛言："世尊，今現大集會諸佛、菩薩，并天、龍、藥叉、彦達嚩、阿蘇囉、蘗嚕拏、摩護囉誐、人、非人等，并大持明仙會，所謂金剛手菩薩爲上首，與大摩訶薩現大神變，惟願宣説大寶廣博樓閣善住祕密陀羅尼，今正是時，乃至第二、第三作如是請。"

① 會，《中華藏》校勘《麗》作"寶"。

② 等，《中華藏》校勘《麗》作"數"。

尒時端嚴摩尼種種清淨建立如來，告摩尼藏菩薩摩訶薩言：“汝往釋迦牟尼如來所，啓請彼佛，當爲汝説。”時摩尼藏菩薩，詣釋迦牟尼如來應正等覺所，遶佛三帀，合掌頂禮。前住白佛言：“世尊，我今請世尊説大寶廣博樓閣善住祕密陀羅尼，爲哀愍利益一切有情故。”

尒時釋迦牟尼如來受摩尼藏菩薩請已，即告金剛手祕密主菩薩言：“祕密主，汝往於大衆，以金剛杵扣擊於地。”時金剛手祕密主承佛聖旨，於大衆道場中以杵擊地。纔擊地已，其地四裂，時三千大千世界六種震動，於彼裂處涌出七寶樓閣。其樓閣四角、四柱、四門，嚴麗殊特，相好圓備，光明赫奕，有四階道，高三由旬，縱廣正等有五由旬。於樓閣中現閻浮檀金窣堵波，種種寶珠而爲嚴飾，七寶羅網而覆其上，無量寶鐸懸於四角，妙華繒綵而爲閒錯，彼窣堵波中有三如來身。尒時一切如來并諸菩薩大衆皆共供養寶樓閣窣堵波中三如來，所謂華鬘、燒香、塗香、末香、幢幡[①]、寶蓋，奏諸音樂，合掌禮敬。時諸天、龍、藥叉、彦達嚩、孽嚕拏、緊那囉、摩護囉誐、人、非人等，一切衆會咸悉瞻仰，皆生奇特希有之心，咸作是言：“此寶樓閣窣堵波從何而來？”高聲讚言奇哉希有，旋遶歌詠，華香、塗香、末香并諸音樂供養寶樓閣窣堵波，合掌頂禮，瞻仰而住。尒時於樓閣中出聲告言：“汝諸大衆可觀空中。”聞此聲已，咸觀空中，即見廣大吠瑠璃寶所成雲葉在於虚空，其寶雲葉上以金書此大寶廣博樓閣善住祕密陀羅尼。於虚空際復出聲曰：“汝等一切諸佛并菩薩大衆，咸可讀此寶雲葉上陀羅尼。”出此聲已，於十方所來諸佛一一佛前皆現吠瑠璃寶所成雲葉，上以金書此陀羅尼。復出是聲：“南謨釋迦牟尼如來！今可開此寶樓閣窣堵波門，於彼窣堵波中有三如來身。由此三如來威神力故，現大神變殊勝之相，彼三如來於此會中當具説此大寶廣博樓閣善住祕密陀羅尼，并曼荼羅成就明法。”

尒時十方同來諸佛咸作是言：“惟願釋迦牟尼如來應正等覺爲諸大衆開此窣堵波門，令諸大會見三如來，所謂摩尼寶華幢王如來、種種摩尼如來、金剛超涌王如來應正等覺。”

尒時釋迦牟尼如來現大神通，往詣寶樓閣窣堵波，舒百福莊嚴金色臂，開窣堵波門已，示三如來身。時三如來讚釋迦牟尼言：“善哉！善哉！釋迦牟尼如來，今於贍部洲再轉法輪，薄伽梵可於此坐。”尒時釋迦如來即昇寶塔，與三如來同座而坐。

尒時金剛手菩薩摩訶薩頂禮釋迦牟尼如來，白[②]言：“世尊，今此樓閣及窣堵波中三如來從何而來？”佛言：“乃往古昔不可思議無量無比過無數劫，於此閻浮提多諸人衆，安隱豐樂，香稻不種，自然成熟，人無彼我，亦無貯積。當彼之時，無佛出世。有

① 幢幡，原作“憧憣”，據《中華藏》校勘《磧》《普》《南》《徑》《清》《麗》改。

② “白”後，《中華藏》校勘《麗》有“佛”。

一寶山王，彼山王中有三仙居住，一名寶髻，二名金髻，三名金剛髻。彼三仙人決定思惟佛、法、僧寶，復作是念：我等何時成佛證無上等正覺，度諸有情？時彼仙等作是思惟已，須臾默然，復起前念故，即證於諸有情慈心歡喜種種樓閣三摩地，即獲天眼，觀於上方，見淨居天。復於空中有聲言：'善哉！善哉！正士能發勝心，所謂阿耨多羅三藐三菩提心，汝豈曾聞大寶廣博樓閣善住祕密陀羅尼邪？過去一切如來爲諸有情利益故，已曾演説，纔聞此陀羅尼者，當於無上菩提不[①]退轉。一切佛法當得現前，證得一切三摩地。一切陀羅尼法悉皆現前，善能降伏一切魔軍，然大法炬。一切善根當得現前，滿足六波羅蜜，能解一切地獄、餓鬼、傍生、焔魔界、阿蘇囉衆及生、老、病、死、憂悲苦惱，永得解脱。當於後世時，於此贍部洲有情不孝父母，不敬沙門、婆羅門，不敬耆舊，誹謗正法，毁謗聖人，應墮地獄，誹謗諸佛、菩薩，殺阿羅漢，作五無間罪，殺婆羅門及殺牛者，抄劫、竊盜、妄語者，不與取者，慾邪行者，離間和合者，雜染語者，輕稱小㪷者，强奪財物者，匿佗財物者，妄言背信者，先世惡業所持者，彼一切有情類由此陀羅尼威力，若讀若誦，受持若佩身上，若書衣中，若置幢上，若書經卷，若書素氎及牆壁牌板，乃至聞聲、手觸及影其身及轉觸餘人，決定當得不退轉無上菩提，能於現世獲無量百千功德，遠離諸罪，成就一切善根，摧伏諸魔，於諸世間皆得敬愛，於一切處皆得供養。一切國王、王子、宰官、後宫并諸眷屬皆得歡喜，一切沙門、婆羅門亦皆歡喜。言音威肅，人所樂聞；手脚柔軟，聲相和雅；離於貧窮，不受世苦[②]、毒藥、刀杖、水、火等難；諸惡獸怖，不能爲害；無諸賊怖，無劫盜怖，無旃陀羅怖，無喃摩怖；行大小路悉皆無怖，無鬼神怖，無羅刹、比舍遮怖，無拏吉你怖，無毒蛇怖，乃至一日、二日、三日、四日，寒虐[③]、常虐、一切虐病悉不著身。眼病、耳病、鼻病、舌病、齒病、脣病、喉病、項病、諸支分病、手病、背病、要病、齊病、痔病、淋病、痢病、瘻瘡病、髀病、脛脚痛病、丁病[④]、腫病、累[⑤]癧班病、肚痛疥病、疱跛癩癬，無如是等病。無頭痛，不盲、不瞎、不傴，無横災死，不聾、不瘂、不被輕欺，如是等類現世不受。得無礙辯，臨命終時，心不散動，一切諸佛現前安慰，亦不爲厭[⑥]禱、蠱毒、呪咀[⑦]著身，卧安覺安，於其夢中見百千佛刹及見諸佛，并諸菩薩圍遶。由此祕密陀羅尼威力故，獲如是殊勝功德。'時彼仙人得法歡喜，心生踊躍，於其住處便捨身命，所捨之身由如生

① 不，《中華藏》校勘《麗》作"得不"。
② 苦，《中華藏》校勘《麗》作"間"。
③ 虐，《中華藏》校勘《石》作"瘧"，下二"虐"字同。
④ 丁病，《中華藏》校勘《石》作"疔病"，《麗》作"丁瘡"。
⑤ 累，《中華藏》校勘《石》《磧》《普》《南》《徑》《清》《麗》作"瘰"。
⑥ 厭，《中華藏》校勘《麗》作"禰"，下同。
⑦ 咀，《中華藏》校勘《石》作"詛"。

酥，銷鎔[①]入地。即於没處而生三竹，金爲莖葉，七寶爲根，於枝梢上皆有真珠，香氣芬馥，常有光明，所有見者無不欣悦。其竹生長十月，便自剖裂，各於竹内生一童子，顔皃端正，令人樂見，最勝端嚴，光色殊麗，相好成就。時三童子即於是地竹下結跏趺坐，即入正定，至第七日，於其中夜皆成正覺。其身金色，三十二相，八十種好，圓光嚴飾。時彼三竹悉皆變成七寶樓閣，又於虚空中有大寶廣博樓閣善住祕密陀羅尼，以金爲字，忽然而現。時有四大天王，所謂寶髻龍主天王、寶藏鳩槃茶主天王、妙珠[②]光摩護囉誐主天王、摩尼金剛藥叉主天王，各持寶蓋而覆其上，唱佛功德。是四天王各有無量百千眷屬，悉持妙華而以供養，咸作是言：‘今佛世尊出現於世！’”

尒時世尊告金剛手菩薩摩訶薩言：“昔三仙人者[③]豈異人乎！今此寶樓閣窣堵波中三如來是。彼時三竹者，今妙樓閣是。彼時地者，今此地是。彼時世界者，今此世界是。彼三仙人由聞此陀羅尼，勤修習故，捨彼仙身，成等正覺。復次金剛手，彼時空中讚歎此陀羅尼淨居天子者豈異人乎？則我身是。是復有侍者名曰淨居，常勤承事彼三仙人。其三仙人成正覺已，亦復供養，爲彼淨居而授記曰：‘汝於來世當得作佛。’其淨居者豈異人乎？今此端嚴摩尼種種清淨建立如來是。”

尒時十方世界所來一切諸佛咸讚釋迦牟尼如來言：“善哉！善哉！能以如來神通加持，説此往昔因緣，示現如來祕密陀羅尼。此陀羅尼是一切如來祕密，是一切如來母，是一切如來心祕密陀羅尼，是一切如來轉法輪祕密陀羅尼，是一切如來往詣菩提道場祕密陀羅尼，是一切如來詣金剛師子座祕密陀羅尼，是一切如來神通遊戲祕密陀羅尼，是一切如來波羅蜜圓滿祕密陀羅尼，是一切如來般若波羅蜜攝受[④]祕密陀羅尼，是一切如來真言祕密陀羅尼，是一切如來曼荼羅祕密陀羅尼，是一切如來堅持印祕密陀羅尼，是一切如來放俱知光祕密陀羅尼，是一切如來實際祕密陀羅尼，是一切如來三摩地神變加持祕密陀羅尼，是一切菩薩菩提心莊嚴祕密陀羅尼，是一切菩薩安立如來地祕密陀羅尼，是一切三摩地通達祕密陀羅尼，是摧一切障祕密陀羅尼，汝今説耶。”

尒時釋迦牟尼如來應正等覺住正念智，觀察一切如來出大梵音。復放百千萬俱知那庾多種種光明，所謂青、黄、赤、白、紫，普徧十方諸佛世界照曜已，警覺一切如來，其光復收，遶佛三帀，没於佛頂。光既没已，尒時世尊以淨妙梵音於大衆中即説警覺陀羅尼曰：

唵引薩嚩怛他孽多一摩抳捨多你跛底二合，引，二入嚩二合攞入嚩二合攞三達麽馱覩孽鞞

① 銷鎔，《中華藏》校勘《石》作“消融”。

② 妙珠，《中華藏》校勘《石》《麗》作“殊妙”。

③ 者，《中華藏》校勘《石》《麗》無。

④ 受，《中華藏》校勘《石》《麗》作“授”。

四麼抳麼抳五摩訶摩抳六怛佗孽多紇哩二合怛野麼抳娑嚩二合,引阿引,七

說此警[①]覺大明陀羅尼已,山林大地六種震動。一切如來同聲讚言:"善哉!善哉!釋迦牟尼如來善說此最勝祕密陀羅尼。"於虚空中現贍部金雲,徧滿十方,於其雲中下七寶雨,復雨龍堅旃檀末,復雨優曇鉢華而以供養及餘種種妙華,復雨蓮華、俱物頭華、芬陀利華、蘇巘地迦華、曼陀羅華、摩訶曼陀羅華、嚧遮華、摩訶盧遮華、曼殊沙華、摩訶曼殊沙華、蘇摩那華、末利師華、瞻蔔華而供養佛。一切魔宫熾然火起,一切魔衆愁憂萎悴,皆大驚怖,一切障者毗那夜迦驚懼,身皆流汗[②],惡氣臭穢,十方馳走。所有諸天於佛教中生淨信者,及天、龍、藥叉、彦達嚩、阿蘇羅、蘖嚕拏、緊那羅、摩護羅誐、人、非人等各持供具,虔誠供養如來。復有摩尼照曜思惟菩薩而爲上首,與無量俱知那庾多百千菩薩,悉持種種妙寶而供養佛。時金剛手菩薩而爲上首,與無量百千持明仙各持種種百千天衣而供養佛。復有四大天王與無量百千萬億四天王衆,以種種香華、塗香、抹香、華鬘、衣服、幡蓋而供養佛。復有梵天與梵衆諸天而來供養,復有三十三天與百千萬億天子、帝釋而爲上首供養於佛。如是那羅延、大自在天、寶賢、滿賢、賢力天等同來供養。復有日、月天子在於空中而供養佛,復有大吉祥天女、大辯才天女、餉企尼天女、訶利底藥叉女與無量百千藥叉而爲眷屬,復有毗摩大天女、金剛迦離天女、華齒天女、使者、大天女百千萬億,各各以天宫殿供養於佛。復有無量彦達嚩衆,奏百千種天妙音樂而供養佛。復有無量百千龍王集會,所謂娑竭羅龍王、難陀龍王、鄔波難陀龍王、嚩魯拏龍王、善住龍王、寶髻龍王、普徧形圓滿龍王,以種種光味寶而供養佛。復有轉輪王,與無量百千萬億大臣、宫人、婇女及千子圍遶來供養佛。尒時大地變成金剛,於如來前從地涌出七寶蓮華,其華百葉,於其華中有贍部金剛千輻寶輪,光明赫弈如日,其光徧照三千大千世界。於輪齊[③]中出微妙聲,作如是言:"善哉!善哉!釋迦牟尼如來能說如是祕密陀羅尼,能轉無上大法輪,能詣大菩提場。此陀羅尼是諸如來祕密明心,是諸如來真實理趣明心,惟願世尊復更爲說此大寶廣博樓閣陀羅尼。世尊已說警覺心陀羅尼,由此陀羅尼警覺一切如來并其大衆,皆來集會。世尊,說此祕密陀羅尼今正是時。世尊,此陀羅尼是成佛根本,能除一切罪,能竭一切苦海,能遮止一切生死曠野,能越一切煩惱瀑流。若無此陀羅尼大明王,終不能成無上正覺。此陀羅尼是成佛種子,是轉大法輪,是燃大法炬,是建大法幢,是吹大法螺,是擊大法鼓,是法師子座。善哉!世尊,惟願廣爲大衆說此大陀羅尼王曼荼羅印法、畫像法。"尒時大會雲集,天、龍、藥叉、彦達嚩、蘖嚕拏、緊那羅、摩護囉誐、人、非人等,咸生希有奇特之心,皆禮世尊,瞻仰而住。尒時世

① 警,《中華藏》校勘《徑》作"驚"。

② 汗,《中華藏》校勘《磧》《南》《徑》《清》作"污"。

③ 輪齊,《中華藏》校勘《麗》作"齊輪"。

尊聞大衆虔誠請已，即爲廣説此陀羅尼大教王法。

根本陀羅尼品第二

尒時世尊告諸大衆，我今説此陀羅尼教王，此陀羅尼能成就無上菩提，若有受持，能除一切罪業，身得清淨。即説根本陀羅尼曰：

曩莫薩嚩怛佗引蘗多去南引，一唵二尾補攞蘗陛三麽抳鉢囉二合陛四怛佗多五你捺捨寧六摩抳摩抳七蘇上鉢囉二合陛八尾麽黎九娑引蘗囉十儼鼻嚹十一吽十二吽十三入嚩二合攞入嚩二合攞十四没馱尾盧枳帝十五麌呬夜二合地瑟恥二合多上蘗陛十六娑嚩二合，引訶引，十七

尒時世尊説此大寶廣博樓閣善住祕密根本陀羅尼已，於此大地六種震動，雨大寶雨及大妙華，一切所求①。大衆咸皆歡喜，歎未曾有，能令一切善法皆悉成就，證得十地。是時十方諸如來同聲讚歎釋迦牟尼如來言："善哉！釋迦牟尼如來，乃能説此入菩提道場陀羅尼。若纔聞此陀羅尼，除滅一切惡趣；纔憶念此陀羅尼者，則爲以諸微妙香華、塗香、抹香供養十方一切諸佛。若能纔誦，即得不退轉無上正覺，乃至百劫、千劫、百千劫一切如來不能讚歎盡其功能。此陀羅尼有大威力，一切諸魔終不能作其障礙，一切冤家、惡友、鬼神、藥叉、羅刹、人、非人等不得其便，增長無量善根。若纔念此陀羅尼者，獲福無量，何況久能誦持，其福不可校量！"

尒時執金剛手藥叉將及四大天王往詣佛所，恭敬合掌，頂禮佛足，供養而住。白佛言："世尊，我等擁護持此陀羅尼有情，加持養育，皆令歡喜。"尒時世尊舒金色手，摩執金剛手菩薩頂及安慰四大天王，作如是言："我以此陀羅尼付囑於汝，若有持此陀羅尼者，汝當擁護。"尒時執金剛手菩薩及四大天王白佛言："世尊，我等受②付囑已，以此大教王常當擁護彼有情受持陀羅尼者。"

心及隨心陀羅尼品第三

尒時世尊復説心陀羅尼曰：

唵一麽抳嚩日禮二合，二吽

尒時世尊復説隨心陀羅尼曰：

唵一麽抳尼軫反馱上禮二吽泮吒半音

若誦持根本陀羅尼者，不假簡擇時日、宿曜，不限齋戒，但誦滿一萬徧已，然後佛前或舍利塔前，於白月十五日潔淨洗浴，著鮮淨衣，隨力供養，然四盞燈，散諸香華。

① 求，原作"來"，據《中華藏》校勘《徑》《清》改。

② 受，原作"授"，據《中華藏》校勘《磧》《普》《南》《徑》《清》《麗》改。

受持陀羅尼者，食三白食，旋遶制底一百八帀，誦陀羅尼一百八徧，便於當處寢息，天欲曉時，如來即現其身，執金剛手菩薩亦現於前，所有願者皆得如意。若造五無間罪者，作如是法次第三徧，方得感現，勿生疑惑。常於清旦誦一百八徧，所求之事皆得成就，蠱毒、諸毒不能爲害，水不能漂，火不能燒，賊不能劫，病不能侵，無佗寃怖，常無重病，亦無眼病、耳病、鼻病、舌病、口病、齒病、脣病、頭痛、支節痛，一日虐、二日三日四日瘧悉不著身。諸惡毒蛇、虎、狼、禽獸不能爲害，厭禱、呪詛亦不著身。此陀羅尼威力如是，能息一切怖畏，能滅一切惡障，能生一切功德，能成就六波羅蜜，能成就如來境界。纔誦此陀羅尼者，皆能成辦一切事業。若有人登大高山頂誦此陀羅尼，盡眼所見處，所有衆生滅一切罪業，亦離一切地獄業，得免一切傍生身。若入天廟中誦此陀羅尼者，使諸天神皆悉奉教。若入龍池中誦此陀羅尼者，一切龍衆皆來歸命。若於日前誦此陀羅尼者，日天子即來現其人前，所求意願皆能與之。若有人於執金剛手菩薩前誦此陀羅尼者，金剛手菩薩現於其前，所求願者亦得隨意。若有人取昌蒲根誦此陀羅尼一千八徧，口中含之，入於王宫所有演説，妃后、彩女歡喜淨信。若加持胡椒含於口中，共佗人語，所出言辭皆悉信受，當生歡喜。若加持白芥子一千八徧，擲於虚空，一切惡風、雷雹皆得消散。若加持鹽一百八徧，與淨行婆羅門，皆來敬愛，食此鹽者皆得歡喜。若欲令刹利敬愛者，取白芥子護摩一千八徧，即得敬愛。若加持安悉香一千八徧，於一切鬼魅病人前燒，隨其所類[①]皆自下語，彼病即差。若亢旱時，先以瞿摩夷塗地，作四肘方壇，中心畫[②]一水池，方二肘，作青色，於池中取瞿摩夷，和土爲泥，捏作一龍。要已上爲菩薩身，作菩薩面，於其頭上出三蛇頭，要已下爲蛇身，於池中盤屈。其龍徧身以黄丹塗令作赤色，以金薄怗[③]龍心上，遶壇四邊，以白粉畫作蓮華，於壇四角插四隻箭，以五色線纏繞於箭，周圍其壇。又於線上懸五色小幡，四角安四水缾，四門安香爐。又用四箇小缾，一缾盛乳，一缾盛酪，一缾盛乳糜，一缾盛酥及沙糖，然四盞燈，燒四種香，所謂安悉、薰陸、白檀、蘇合。於壇上散七種穀子，大麥、小麥、稻穀、菉豆、油麻、芥子、白芥子。供養五色食飲，并諸華菓。念誦人面向東坐，取白芥子，先誦陀羅尼，加持一千八徧已，然後取白芥子一顆，誦陀羅尼一徧，打[④]龍頭上，滿一千八徧，其龍即降雨，一切龍皆降伏。若欲止雨，加持白芥子一百八徧，擲龍池中，其雨即止。若有惡風、雹[⑤]雨，取佉陀羅木作橛，釘龍池邊，即得霜雹不下，惡風即止。若欲縛毗那夜迦，取白芥子加持一百八徧，安毗那夜迦頭上，便不能作其

① 類，《中華藏》校勘《石》《麗》作"願"。
② 畫，原作"晝"，據《中華藏》校勘《石》改。
③ 怗，《中華藏》校勘《石》《徑》《清》《麗》作"貼"。
④ 打，《中華藏》校勘《麗》作"釘"。
⑤ 雹，《中華藏》校勘《石》《麗》作"霜雹"。

障礙。以乳洗毗那夜迦，即得解脱，所作事業皆得成就。其持誦者常須清潔，著鮮淨衣，此是根本陀羅尼法。

大寶廣博樓閣善住祕密陀羅尼經卷上

大寶廣博樓閣善住祕密陀羅尼經卷中

特進試鴻臚卿大興善寺三藏沙門大廣智不空奉詔譯

成就心陀羅尼法品第四

凡成就心陀羅尼事業者，誦十萬徧，即見一切如來；誦二十萬徧，得見一切佛土；若誦三十萬徧，得成入一切曼荼羅，一切真言法悉得成就；誦四十萬徧，得持明仙中轉輪王；誦五十萬徧，一切阿蘇囉及諸仙窟、龍宫窟門自開，悉皆得入；若誦六十萬徧，得見一切伏藏；若誦七十萬徧，即憶知過去無量生宿命事；若誦八十萬徧，即得寶印三摩地；若誦九十萬徧，得一切菩薩遊戲神通加持；若誦一百萬徧，得一切如來灌頂，與一切如來同會，福慧如是倍增，而獲無量殊勝功德。若造五無間罪，誹謗聖人、誹謗正法，應入阿鼻地獄者，由誦此陀羅尼十萬徧，一切業障悉皆消滅，得不退轉，獲宿命智，一切如來護念攝受，得眼清淨、耳清淨、鼻清淨、舌清淨、身清淨，更增勝無量殊勝功德，轉更增勝，身業清淨，兼獲世間種種事業，隨意成就。

復次説雄黄法，取好雄黄，置熟銅器中，從白月十三日，清淨洗浴，著鮮淨衣，喫三白食，所謂乳酪、粳米於佛前加持十萬徧，至十五日夜，所加持雄黄，現三種成就相，若煖、若烟、若光焰，即得成就。若暖，將用點額，即得安怛但[①]那成就，入阿蘇羅窟及一切神仙龍宫，得持明轉輪王位，意樂所作皆得成就。若煙出，用點眼中，當見一切菩薩宫殿住處，又見一切金剛族類菩薩，一切諸惡魔不能障礙，獲得一切法藏，隨所去處皆得通達。若現光焰，即騰虚空，證得然炬陀羅尼三摩地，得作三十三天中主宰，所須皆得。若於山頂上誦一萬徧，得一切衆生尊重，所求皆得，一切贍部人咸來恭敬。若入水池中誦一千八徧，一切諸龍皆悉降伏，取白芥子加持一千八徧，散擲虚空，應時注雨，降伏諸龍。若常日日誦持，獲大吉祥；若患一切病，取水一缾，以因陀羅呵悉多藥白及藥也。及鉢羅奢藥、赤及也。白芥子，并鬱金[②]、白檀香等各一分，内著缾中，加持一萬徧，取此香水淋灌於頂，一切大重病人皆得除差，及滅一切罪障，所有符書、厭禱皆悉消滅，獲得一切殊勝吉祥。若患癩病，澡浴灌頂，亦得除差。若患白

① 但，《中華藏》校勘《石》《麗》無。
② 鬱金，《中華藏》校勘《麗》作“鬱金香”。

癩風，以水灌頂，亦得除差。若有女人意欲求男，以水灌頂，即便生男。若有人久持誦無靈驗，悉地不見前者，作此灌頂法，速得悉地。如是等世間、出世間所求一切願，皆得成就。

成就隨心陀羅尼法品第五

誦隨心陀羅尼滿一萬徧，所有諸鬼神作障難者，悉來接足禮拜，白言："持明者救護我等，勿斷我命，所使我者决定得了，我皆成就。"若誦二萬一千徧者，得一切天龍敬伏，爲天中主，所出言辭，天皆奉行。若誦三萬徧，一切鬼神、藥叉等咸悉順伏。若誦四萬徧，意欲鉤召，隨意即成。若誦五萬徧，所欲鉤召追攝，若天，若龍，若藥叉，若蘖嚕拏，若緊那羅、阿蘇羅、摩護囉[①]及仙人、婇女、沙門、婆羅門、刹利國王[②]、王后、宰相、羣臣及餘種種人等皆得隨意。燒安悉香和白芥子，若誦六萬徧，得無垢三摩地。若誦七萬徧，得作持明仙中轉輪王。若誦八萬徧，執金剛手菩薩及與眷屬來現其前。若誦九萬徧，得諸菩薩施與無畏。若誦十萬徧，得見一切如來。彼等如來作是言："善男子，汝欲所往諸佛刹土，皆得隨意，無有障礙，通達一切真言，通達經論，一切如來加持，於三藐三菩提不退轉及得種種世間、出世間法，心所樂求，皆得成就，諸佛如來皆悉印可。"

諸儀軌陀羅尼品第六

坐真言曰：

唵引，一摩抳軍吒利吽吽二娑嚩二合，引訶引，三

誦七徧，然後坐，作餘護持法。

次結壇界真言曰：

唵引，一摩抳尾惹曳駄囉吽二娑嚩二合訶引，三

誦此真言，加持白芥子七徧，散於四向，便成結界。

次結十方界真言曰：

唵引，一入嚩合里多麽抳二嚧止囉室二合抳吽吽泮吒半音，三

誦此真言，加持香水和白芥子一百八徧，散於十方，即成結十方界。

辟毗那夜迦真言曰：

唵引，一摩抳鉢囉二合婆嚩底二賀囉賀囉三吽吽泮吒半音娑嚩二合訶引，四

誦此真言，加持灰水二十一徧，散於十方。

---

① "囉"後，《中華藏》校勘《磧》《普》《南》《徑》《清》有"誐"。

② 王，《中華藏》校勘《磧》作"主"。

頂髻真言曰：

唵引,一嚩囉二合摩抳二底瑟吒二合底瑟吒二合,三吽吽泮吒半音,四

誦此真言七徧加持,右手作拳舒大指,以摩頂右旋三帀,即成護身。

加持衣真言曰：

唵引,一摩抳微布黎二地里地里三吽泮吒半音,四

誦此真言七徧,加持衣服。

洗漱真言曰：

唵引,一尾你庾二合嚩底二訶囉訶囉三摩訶引摩抳吽吽泮吒半音,四

誦此真言加持水,洗手、漱口及用灑於身,能淨諸根。

洗浴真言曰：

唵引,一蘇涅摩囉嚩底二訶囉訶囉三播奔弭哩弭哩四吽娑嚩二合,引訶引,五

誦此真言,加持白芥子水一百八徧。

結身法護真言曰：

唵引,一摩抳達哩二吽吽泮吒半音,三

誦此真言,用灑一切香華、菓實、飲食及所用之物,皆用此真言加持而護之。

神線真言曰：

唵引,一地哩地哩二微麽羅迦哩三吽吽泮吒半音,四

獻華真言曰：

唵引,一薩嚩怛佗孽多二布惹麽抳吽吽

所有華皆誦此真言加持,散時亦誦。

塗香真言曰：

唵引,一薩嚩怛佗孽多二巘馱摩抳娑頗二合囉拏吽三

燒香真言曰：

唵引,一入嚩二合里多摩抳二阿没囉矩吒娑頗二合囉拏上尾孽底吽三

燈真言曰：

唵引,一入嚩二合里多始佉嚟二馱嚩哩三吽吽泮吒半音,四

獻食真言曰：

唵引,一鉢囉二合嚩囉引孽囉二合嚩底二娑囉娑囉三吽吽四

獻閼伽真言曰：

唵引,一摩訶末抳布囉二耶馱囉馱囉吽吽三

奉獻供養物及食等真言曰：

唵引,一摩訶微麽犁吽吽二婆囉婆囉吽三

護摩真言曰：

唵引,一入嚩二合羅薩普二合囉二誐誐那鉢囉二合多羅抳吽吽三

加持念珠真言曰：

唵引,一嚧止囉摩抳二鉢囉二合靺多耶吽三

以此真言加持念珠七徧,若念誦本真言,一[①]徧移一珠,即成誦一切如來所説真言一徧,一一真言,成無量百千那庾多徧。

念誦時真言曰：欲念誦本真言時先誦此真言。

唵引,一嚩囉二合摩你迦囉二緊迦哩吽吽泮三吒

結跏坐真言曰：

唵引,一蘇鉢囉二合靺底多吠藝二摩抳摩抳娑嚩二合,引訶引,三

警覺一切如來真言曰：

唵引,一薩嚩怛佗孽多二嚩庾平惹吠三多囉多囉四吽摩抳迦娜寧娑嚩二合訶引,五

請一切如來真言曰：

唵引,一蘇尾布羅嚩娜寧二訶囉訶囉吽三

請一切天龍真言曰[②]：

唵引,一阿鼻娑摩耶嚩日禮二合,二馱囉馱囉吽三

請四天王等真言曰：

唵引,一微布羅鉢囉二囉嚟一杜嚕杜嚕吽吽三

求願真言：

唵引,一薩嚩怛佗孽多二地瑟咤二合那質多僧咯訖叉二合拏三嚩日禮二合吽吽四

求菩薩願真言曰：

唵引,一摩抳尾誐薩底吽二

加持弟子真言曰：

唵引,一輸上娑摩抳二户盧户盧吽三

加持弟子令弟子入壇真言曰：

唵引,一薩嚩怛佗孽多二喝哩二合捺耶嚩日哩二合抳三達囉達囉吽吽四

獻一切佛、一切菩薩、諸天等食真言曰：

唵引,一尾囉尾囉逝二誐誐那嚩呬你三攞呼攞呼吽吽四

所有一切香華、飲食皆誦此真言,用持獻之。

護身真言曰：

唵引,一摩抳蘇唵二合婆抳二吠誐嚩底三囉訖叉二合囉訖叉二合鈴吽四

---

① 一,原作“二”,據《大正藏》本改。

② “請一切天龍真言曰”及真言,《中華藏》校勘《石》《磧》《普》《南》《徑》《清》《麗》與下“求願真言”互置。

奉送諸聖衆真言曰：

唵引,一薩嚩怛佗孽多二矩盧你底娑摩二合囉三尾誐底四入嚩二合羅入嚩二合羅五吽吽娑嚩二合訶引,六

誦此真言通一切處用,所謂本尊,獻閼伽華香、飲食等用。

已上一切心真言,先各誦一百八徧,然後作法時,纔誦滅一切罪,一切苦惱皆得解脱,諸佛如來決定授菩提記,當得作佛。先世惡業受持此真言,悉皆消散,獲無量恒河沙數功德,速證無上正等菩提,能轉法輪。

建立曼荼羅品第七

尒時世尊説曼荼羅儀軌,依時法[①],先擇勝地,然後作壇。其壇四肘、四門,以瞿摩夷和土徧塗拭之,壇上張一白蓋。稱壇大小,於壇中心取二肘,拼作一小方壇。先以白檀香塗拭,次用欝金香塗之,或以五色粉撚成,或畫亦得,於新器中和彩色用之。於小壇中畫七寶樓閣,於樓閣中畫[②]一佛形像,作説法相。佛前作一蓮華,七寶莊嚴。於蓮華胎中畫作一輪,其輪百輻,齊輞具足,以金莊嚴,輪外畫焰光,其蓮華莖吠瑠璃色。佛左邊畫金剛手菩薩而作忿怒形,右手執金剛杵,左手執白拂。右邊畫摩尼金剛菩薩,種種瓔珞莊嚴其身,左手執持寶珠,右手執白拂。四角各畫四天大王,身著甲冑,手執器仗,種種頭冠、瓔珞莊嚴其身,作瞋怒形。其小壇中畫七寶界道,於其壇上懸一傘蓋,可一肘量,於傘蓋四面周帀懸幡。其大壇東門懸五色繒幡,以四金缾滿盛香水,於缾中著七寶及諸香藥、五穀,於缾口插時華、有菓枝條,以繒帛繫缾項,置壇四角。又以四銀缾滿盛乳,安大壇四隅,若無金銀缾,以金銀塗[③]缾替之。於中壇南門中畫大吉祥天女,種種瓔珞莊嚴其身,北門中畫餉棄尼天女。壇西門中畫金剛使者天女,八臂,持種種器仗,以種種瓔珞莊嚴,上懸青繒幡。於中壇四邊,香華、飲食隨力供養,然三十二燈,種種華菓散其壇上。於佛像前置金香爐,燒蘇合香。金剛手菩薩前,以銀香爐燒安悉香。摩尼金剛菩薩前,亦以銀香爐燒蘇合香。於四天王前,燒薰陸、蘇,合白膠香和燒。於吉祥天女前,燒白檀香。於餉棄尼天女前,燒安悉香。於金剛女使者前,燒薩羅計香。是膠[④]香。於四天王等前,各各别以飲食而供養之。其中壇四門外,各立吉祥標門,其大壇東門中畫訶利帝母,七子圍遶。於南門中畫大自在天王。於西門中畫華齒羅刹女。於北門中畫毗摩天女,顔皃[⑤]美麗,有七婇

---

① 法,《中華藏》校勘《麗》作“依法”。

② 畫,原作“晝”,據《中華藏》校勘《磧》《普》《南》《徑》《清》《麗》改。

③ 塗,《中華藏》校勘《石》《麗》作“圖”。

④ 膠,《中華藏》校勘《石》《磧》《普》《南》《徑》《清》《麗》作“青膠”。

⑤ 皃,《中華藏》校勘《磧》《普》《南》《徑》《清》作“厚”。

女圍遶。於壇上四邊插三十二隻箭，其一一箭以五色加持線纏，周帀圍遶，於線上懸五色小幡以爲莊嚴。於大壇外食[①]界道上，置種種華、種種味飲食、種種菓，七種油餅，三十二椀[②]，三十二缾，三十二香爐，燒燈一百八盞，種種末香、種種燒香，所謂薰陸香、安悉香、必栗迦、苜蓿香。白檀、沈香、多孽羅香、蘇合薩羅計，青膠是也。應燒五石蜜香。又以龍腦[③]香、麝香、欝金、紫檀、白檀等，各各以爲塗香。次應獻食飲，乳酪、沙糖水、石蜜水，各盛八缾，乳粥八椀，又以粳米、菉豆、油麻相和，作粥八椀，粳米飯、歡喜團各八椀，又粳米粥八椀。復盛油四瓦椀、酥四瓦椀、沙糖四椀、石蜜四椀、油麻四椀、菓子四椀、七種穀子四梡。應以種種飲食供養，所謂天竺餅、煎餅、菉豆餅、油麻煎餅、無憂餅、妙味餅、酥餅、沙糖餅。已上飲食，隨所得營辨。當於引弟子入壇門中，兩邊置香水二缾，應爲弟子作入壇儀軌，其弟子入已，即爲弟子灌頂。誦此真言以用灌頂，真言曰：

唵引，一摩訶尾布羅二鉢囉二合底丁以反瑟恥二合多悉第三阿毗詵者捨四薩嚩怛佗孽多鼻曬厮五婆囉婆囉六三婆囉六吽吽

纔灌頂已，先世一切罪障、一切業障，悉皆清淨，得一切如來攝受，一切如來加持，一切如來灌頂，一切如來安慰，一切悉地現前，所思、所求，皆得滿願，即成入一切如來三昧耶曼荼羅，入一切如來法性，證甚深法忍，往詣菩提場，獲得如是等勝上功德，乃至獲得不退轉，證無上正等菩提。

畫像品第八

尒時世尊告諸大衆：我今説畫像法，而能成就一切事業，應取新白氎不割截者，或一肘，或二肘，令四方等。畫人應受八戒，其畫彩色於新器中盛，勿用皮膠。七寶莊嚴樓閣，於樓閣中畫如來，作説法相，坐師子座。佛右邊畫金剛手菩薩，十二臂，黄白色。其像四面，正面歡喜，右邊面忿怒相，左邊面開口，狗牙上出，當頭上面顰眉怒目。頭冠瓔珞，種種莊嚴，於蓮華上半跏而坐。左邊畫寶金剛菩薩，四面十六臂，正面歡喜，右面青色，作摩訶迦羅天面，左面緑色，作師子面。頭上面顰眉，露齒，忿怒相[④]，作淺緑色。右邊第一手持真多摩尼寶，作獻佛勢，左邊第一手持蓮華，右第二手作安慰手，左第二手持三戟叉，二手合掌。餘手皆執諸器仗，右第四手持輪，左第四手持劍，右第五手持金剛杵，左第五手持華篋，右第六手持念珠，左第六手持軍遲，右第七手持刀，左第七手持梵夾，右第八手持寶塔，左第八手持須彌山。於蓮華臺上半

① 食，《中華藏》校勘《磧》《普》《南》《徑》《清》作“金”。
② 椀，《中華藏》校勘《麗》作“梡”。
③ 腦，原作“惱”，據《中華藏》校勘《石》《磧》《普》《南》《徑》《清》《麗》改。
④ 相，《中華藏》校勘《磧》《普》《南》《徑》《清》無。

跏而坐。於其座下畫餉棄尼天女，有八臂，跪坐，合掌，作供養佛相。金剛手菩薩座[①]下，作吉祥天女，跪坐，持寶器，滿盛種種寶，供養如來。於吉祥天女後，畫金剛使者天女，作笑面，有四臂，種種瓔珞而爲嚴飾，手持種種器仗。餉棄尼天女後，畫華齒天女，身著素服，以手持華，瞻仰如來。於如來前，畫作七寶華，其華百葉，以金爲臺，吠瑠璃爲莖。其蓮華上畫作百輻輪，齊輪具足，輪外周帀皆有光焰。於蓮華根下，畫四大天[②]王，悉被甲冑，種種嚴飾，手執器仗。蓮華下畫作水池，以七寶莊嚴。於池岸上應畫持誦人，跪坐，手持香爐，并持華枝，又持念珠，跪坐瞻仰如來。於寶樓閣上，於虛空中畫梵天、毗紐天、大自在天，散華供養，應依如是儀則畫像。其持誦者著新淨衣，食三白食，從白月八日，在如來前如法念誦，至十五日，令滿十萬徧。其像動摇，及見自身熾然光明，獲得無障礙眼，證清淨摩尼行三摩地，於一切持明仙中爲轉輪王，親見一切如來。纔誦一徧，遠離一切地獄、傍生，能斷貪、瞋、癡等，離諸慳悋垢，成就一切功德，獲得一切安樂，攝受一切善根，一切如來之所加持，一切菩薩之所安慰，一切諸天悉皆擁護，一切藥叉、羅刹、畢舍多、比舍遮、阿蘇囉、彦達嚩、孽嚕拏、緊那囉、摩護囉誐、人、非人等悉來侍衛，於一切王宫皆得供養，令諸世間皆得順伏，一切功德波羅蜜皆悉[③]圓滿，如是等殊勝功德悉皆獲[④]得。若纔誦者，猶獲如上福利，況多增勝。受持者若有讀誦、受持、相應供養、求成就，并與印契、真言相應，對於像前，其人等同諸佛，應受天人、世間供養禮拜；其人等同諸佛，應見應知如來之所授[⑤]記；其人決定不退轉於無上菩提，不復生於母胎，所生世界蓮華化生，不離諸佛、菩薩所生之處，共諸如來集會，乃至坐菩提場。

護摩品第九

尒時如來復爲諸大衆説護摩法，先須清淨身心，然後作法，一一法速令成就，起廣大利益，爲諸有情發如是心，應作護摩，如法供養。護摩真言曰：

唵引，一娑嚩二合訶鉢底二部囉二合部囉入，三吽吽泮吒半音娑嚩二合，引訶引，四

以此真言加持油麻、白芥子和酥，一徧一燒，滿一百八徧，能令一切真言法速得成就，除遣一切障者毗那夜迦，一切罪、一切煩惱、一切冤家惡友皆得摧伏禁止，令其迷惑，一切惡夢、災怪、不祥之事自然消散。

又以安悉香、白芥子和酥誦真言，一徧一投，火中燒之，滿一千八徧，一切鬼魅頭

① 座，《中華藏》校勘《磧》《普》《南》《徑》《清》無。

② 大天，原作"天大"，據《中華藏》校勘《麗》改。

③ 皆悉，《中華藏》校勘《麗》作"悉皆"。

④ "獲"前，《中華藏》校勘《石》《麗》有"猶"。

⑤ 授，原作"受"，據《中華藏》校勘《磧》《南》《徑》《清》改。

自破裂，一切病患諸虐[①]速得除愈，一切鬼神變怪皆得遠離。又以酥和白芥子，一誦真言，一投火中，滿一千八徧，獲得一邑主。又以白芥子和酥，護摩一千八徧，一切諸[②]恐怖、冤家、他敵悉皆除滅。又以天木杉木是[③]。和酥，護摩一千八徧，得囉若[④]，并内宫眷屬歡喜敬愛，所求皆遂。若以白膠香和酥及白芥子，於山峯上護摩，如前徧數，一切諸宫窟門自然而開，即得入中，爲持明仙中王。又以香膠和芥子油，於龍池邊護摩一千八徧，一切諸龍皆得敬愛，所勅皆作之，依時降雨，不損苗稼。又以飲食護摩一千八徧，供養如來，即得五穀豐饒。又以鹽護摩一千八徧，一切藥叉女皆來禮足，作是言："大家勿斷[⑤]我命，任意驅使，皆得成辨。"又以酥和粳米，護摩一千八徧，獲大吉祥。又以胡椒對日，護摩一千八徧，常得諸天擁護，獲大吉祥。又於大吉祥天女前，以油麻和白芥子護摩，得大財豐饒。又以遏迦木護摩一千八徧，即成警覺，諸佛、菩薩悉知是人，離一切罪，於一切世間、出世間真言王悉皆現前，除一切病，於諸冤敵而得最勝，一切生死苦不能陵逼。由此真言力故，諸有善業皆易[⑥]成就，一切惡夢不祥之事皆得消散，一切厭禱、一切繫縛、一切煩惱不能侵擾。如是等護摩事業，能作息災，能獲安樂，獲得財利，設有墮諸惡見衆生，令得正見。

尒時婆伽梵告金剛手菩薩："此教王有大威德，是一切如來心，是諸如來母，是諸如來轉大法輪，是諸如來往詣菩提場，是諸如來建大法幢，是諸如來吹大法蠡，是諸如來坐金剛座，是諸如來降伏魔軍，是諸如來最勝祕密，是諸如來極大祕密。金剛手，此陀羅尼於贍部洲息一切有情煩惱，能除一切有情罪，能竭贍部洲有情地獄、餓鬼、傍生之業，能除有情生、老、病、死、愁歎、苦憂及諸熱惱。"尒時世尊復告金剛手菩薩："我以天眼觀諸如來，不能説此陀羅尼所生功德聚，此陀羅尼有如上最勝殊妙，如是廣大，如是甚深，如是等勝、最勝上、最上大神通。如是大寶廣博樓閣教王，薄福少德衆生必不聞此陀羅尼名字，況復得見受持讀誦。若有聞見此陀羅尼名者，是人已曾親近恒沙諸佛、菩薩。金剛手，此陀羅尼是如來心，難解難入，若有善男子、善女人於百千萬劫供養八十俱胝那庾多百千恒河沙諸佛菩薩飲食、衣服、房舍、卧具、百種湯藥、幡蓋、香華、塗香、末香，復以七寶滿三千大千世界，日日中奉施諸佛。金剛手，於汝意云何？是善男子、善女人功德多不？"金剛手菩薩白佛言："世尊，此人功德無量無邊，不可稱數。若有誦此陀羅尼一徧者，此人功德勝前功德，諸佛如來説不能

① 虐，《中華藏》校勘《石》《磧》《普》《南》《徑》《清》《麗》作"瘧"。
② 諸，《中華藏》校勘《石》《麗》作"諸魔"。
③ 是，《中華藏》校勘《石》《麗》作"是也"。
④ 若，《中華藏》校勘《麗》作"惹"。
⑤ 斷，《中華藏》校勘《石》《麗》作"傷"。
⑥ 易，原作"果"，據《中華藏》校勘《麗》改。

盡。若有善男子,善女人於一時頃作意思惟此陀羅尼,稱量比前供養如一切如來飲食、衣服、香華、七寶功德,倍勝於前,即成供養一切如來。”

尒時如來説是語已,衆中天、龍、藥叉、彦達嚩、阿蘇囉、孽嚕拏、緊那囉、摩護囉誐、人、非人等,一切大衆踊躍歡喜,發聲稱讚,五體投地,虔誠禮敬,合掌向佛。白言:“世尊,此陀羅尼等同如來出於世間,今佛世尊於贍部洲能善建立此祕密陀羅尼心法。”

尒時十方同會諸佛菩薩,咸讚釋迦如來言:“善哉! 善哉!”既讚歎已,各還本土。尒時釋迦牟尼世尊以佛神力還娑訶世界。

大寶廣博樓閣善住祕密陀羅尼經卷中

大寶廣博樓閣善住祕密陁羅尼經卷下

特進試鴻臚卿大興善寺三藏沙門大廣智不空奉詔譯

印品第十①

尒時金剛手祕密主菩薩面皃熙怡微笑,身毛聳豎,持金剛杵輪擲揮空,以種種香華、衣服、嚴具,諸持明仙衆歌讚歎詠,往詣佛所,以諸香華、衣服、嚴具而散佛上,遶佛三帀,頂禮佛足,漸進佛前,偏袒右肩,右膝著地,合掌白佛言:“世尊,如來今於世間然大法②炬,於贍部洲建立陀羅尼教王,若有見聞此陀羅尼者,等同見佛,出興於世,應如是知。世尊説是大寶廣博樓閣善住祕密大印曼荼羅教明王法,世尊,若有纔聞此陀羅尼者,於無上菩提決定得不退,疾證無上等覺菩提,解脱一切罪障,惟願世尊爲諸衆生説此陀羅尼印法。”即以伽陀而問於佛:

此之祕密印, 云何而輪結?
云何安於指? 云何復安臂?
云何手按手? 云何以印觸,
而作於加持? 云何印在心?
云何而舒臂? 云何三昧邪?
云何安慰印? 云何以神力,
加持速成就? 云何金剛座?
云何灌頂印? 云何法輪印?

---

① 印品第十,原作“護摩品第九之餘”,與經文内容不符,按《中華藏》校勘《石》《磧》《普》《南》《徑》《清》並無品題,此據經文内容擬補。

② 從經名至此,《金藏》廣勝寺原版缺,《中華藏》以《麗藏》本補。

云何持無上？無能勝密印？
云何轉輪印？及如意寶印？
云何四王印？云何吉祥天，
祕密之契印？云何餉棄尼，
及女使者印？云何持壇中，
一切聖衆印？云何迎請印？
云何根本印，心及隨心印？
如上之印法，惟願大牟尼，
而爲我解説。由結此印故，
一切業成就。纔見此印故，
諸罪皆清淨。若修真言法，
成無上悉地，願佛説真實，
由結此印故，世尊爲我説。

尒時釋迦牟尼如來於大衆中，舒金色如象王鼻百千福莊嚴臂，按金剛手祕密主菩薩頂而安慰之。作是言："金剛手，此《大寶廣博樓閣善住祕密陀羅尼印品》，如是印法，汝今聽[①]、善聽、極善聽，作意思惟，今委寄汝，汝應極生恭敬《印品》及曼荼羅成就法。當於後世敬重《印品》，知一切印等同如來，薄伽梵詣菩提場，如轉法輪，如佛舍利。於後世時不應授與下族類人、惡性有情、破戒有情、懈怠有情、不淨信者、躭嗜有情、我慢有情，如斯之類不須爲説。此陀羅尼等同如來舍利，勿令隱没。若有薄福有情聞我此法，便生毀謗，當知此等如毀謗佛無有異也。是故金剛手，善應執持此陀羅尼，所在之處如佛無異。"尒時金剛手菩薩頂禮佛足，白言："世尊！如是如是，世尊所説，我當專心受持，恭敬供養，以報佛恩，惟願世尊爲我演説，我當守護如來三昧耶，不敢違越，不敢棄捨，不敢疑惑，令持明者速得成就。"尒時薄伽梵作念正知，於大衆中以吉祥儀軌，説修行此《大寶廣博樓閣善住祕密陀羅尼大印品》。持明者善須依法澡浴及飲五淨，依法加持及自護身，著新淨衣，先以白檀香徧塗手臂，然後復用鬱金香塗繫於神線，臂釧、茅鐶安於右臂。離喧閙，密静處建立精室。或舍利塔前，對佛像，面向東方，作吉祥座及結跏坐。先於一切有情起大慈心，深生悲愍，即應誦根本陀羅尼，次誦心陀羅尼、隨心陀羅尼，以華鬘、燒香供養一切如來，并供養持金剛、觀自在、曼殊室利、慈氏等憐愍有情者，徧禮十方一切如來，所奉獻者二手合掌。

應作如是言：住在於十方，
諸佛攝受我。徧在於十方，

① 聽，《中華藏》校勘《磧》《普》《南》《徑》《清》作"諦聽"。

過去及現在，未來諸世尊，

菩薩威德者，我今悉皆禮！

唵引，一牟尼摩尼二鉢囉二合嚩囉三鉢囉二合嚩𪘨四麌呬耶二合鉢納銘二合，五摩訶鉢囉二合陛娑嚩二合，引訶引，六

次結普徧光明寶清淨如來心印。

先以右手拇指，捻頭指甲上如鐶，餘三指展之，次以左手展其頭指，屈大拇指押三指甲上，二手相對，置於心前。

應住寂静心，觀想佛形像，

身儀應寂静，復以寂静根[1]，

身不應動摇，不動於静慮，

結印誦密言，數限二十一。

唵引，一薩嚩怛他孽多紇哩二合捺耶二摩抳入嚩二合攞寧三阿去尾瑟吒二合也吽引，四

纔結此印，即持一切如來心印，積集廣大福聚，如恒河沙那庾多百千如微塵諸佛。若有善男子善女人、苾芻苾芻尼、優婆塞優婆夷，以滿三千大千世界七寶及天妙衣服、塗香、末香、燒香、華鬘、瓔珞諸莊嚴具，幢幡、寶蓋，供養一一佛滿百劫，如是供養一切佛已，若有人結此印，誦真言一徧，所生善根百分不及其一，如上恒河沙諸佛不能盡説其福聚。如是大威德有大神驗，纔結此印、誦真言，觀念地獄一切衆生，彼地獄衆生皆得解脱，由此觀行，皆得生極樂世界。如是等阿修羅及焰摩界、傍生，皆得解脱一切身垢，過、現生身得清淨，一切如來攝受護念，即成見一切如來，皆由結此普徧光明寶清淨如來印威力故。

次結一切如來心印，亦名安慰一切如來印。

先以左肘當膀平展仰掌，即屈無名指、小指，以大母指押之，右手准前印不改，顰眉羯吒訖叉[2]眼，自視其身，微屈身，齒咬下脣。應誦真言曰：

唵引，一薩嚩怛他孽多二鉢囉二合嚩囉引孽囉摩抳吽三

纔結此印，誦真言，即成入一切如來所有三昧耶曼荼羅，則成俱知三昧耶者。若人百千劫來宿障，由見此印即得消滅，閉一切惡趣門，即成結一萬四千俱胝那庾多百千佛大三昧印及誦真言。又同結一切如來部族印，一切夜叉、羅刹、部多、諸毗那夜迦等皆悉被燒，如一火聚，是諸障者面皆踣地，皆順三昧耶，不敢違越。一切諸天頂戴誦持者二足，皆住三昧耶。由纔見聞此印故，即成知一切三昧耶者，一切惡龍亦順住三昧耶，不敢違越。無有三昧耶，秘密曼荼羅教軌儀無不知者，悉皆成入。由結印

① 根，《中華藏》校勘《石》《麗》作“眼”。

② 叉，原作“又”，據《中華藏》校勘《石》《普》《徑》《麗》改。

誦真言故，諸有惡人不敬信者及外道、怨敵、不饒益有情者皆起慈心，深生恭敬。一切懷惡意諸煩惱者悉皆消滅，即成具三昧耶，即離一切罪障，即成歸依三寶，即成就大福德聚，遠離諸疾病，離一切慳悋煩惱垢。

次結一切如來普徧大寶三昧耶祕密大印。

先以右手置右膝上，以大拇指捻中指甲上，次以左手仰横安心上，拇指押中指無名指甲上，舒頭指及小指，發慈心開目而住。即誦真言曰：

唵引,一薩嚩怛佗孽多引毗三冒馱娜嚩嚟二合吽二

纔結此印，誦真言，即得一切如來之所安慰，皆稱善哉。舒手按頂，憐如愛子，則爲一切如來之子，千俱胝那庾多恒河沙諸佛所共安慰，其人一切罪障皆得清淨，一切煩惱悉皆消滅，一切菩薩悉皆禮敬，一切諸天悉皆侍衛，一切鬼神并一切夜叉、羅刹悉皆不敢侵倰，一切障礙毗那夜迦不敢惱害，馳散十方，一切皆起慈心，由見此印故，無有疑也。見持明者持此最勝印，當知佛、菩薩現前安慰。由誦此真言，當知是佛音聲等同諸佛。佛語甚深難聞，若有善男子善女人、苾蒭苾蒭尼、塢波索迦塢波斯迦，若持明者，結跏趺坐，結印誦真言，若得見持此真言人，則成見六十二恒河沙百千俱胝那庾多諸佛如來應正等覺。不應起疑惑，應當供養彼人，奉其衣服，應起恭敬如大師想，觀持明者等同諸佛，當知是人則同諸佛，一切希求、勝願皆得滿足。若一時間結印、誦真言，慈心徧緣，六趣輪迴諸有情，二足、四足、多足，思惟起悲[①]愍心，輪迴有情及傍生者皆獲安慰，獲佛菩提不久，諸天擁護，於一切曼荼羅成知三昧耶者印，即成誦一切真言，即成結一切印[②]。

次結一切如來莊嚴大寶光加持祕密大印。

以二手右押左背相叉，屈二頭指各如鉤，二小指各直竪，二大指各屈在掌中。結跏趺坐，以印當齊上，傾身向右，顰眉眼寂静而視。觀想諸佛住大慈心，應誦真言，矜愍一切有情。觀佛色相，置印於頂上，結印時誦唵字、吽字、泮字。結印已，由誦唵字成加持菩提場，由誦吽字加持轉法輪，由誦泮字加持菩提樹。如須彌山不傾動，一切如來所加持，一切佛皆與授記，一切處加持人天，是人身得清淨，如日光摩尼照曜，離一切罪，增長福德聚，是處猶如窣堵波。由結此印故，由如菩提場，諸佛所加持，加持於十地，亦加持不退轉處，能淨宿障，解脱諸惡趣，關閉諸地獄門，開諸天門。是人於七十二恒河沙數俱胝那庾[③]多百千諸佛所種植善根，獲得授記。一切鬼神、夜叉、羅刹及龍皆生恐怖，及諸障毗那夜迦踣面於地，如火聚焚燒，及諸餘類難調伏者，摧壞無疑。此印難見難聞，離一切罪及離八大地獄，成就一切真言教法，即成入一切曼荼

---

① 悲，《中華藏》校勘《麗》作"慈"。

② 印，原作"即"，據《中華藏》校勘《石》《磧》《麗》改。

③ 庾，原作"庚"，據《中華藏》校勘《磧》《普》《南》《徑》《清》《麗》改。

羅、一切三昧耶印，如來所説皆得加持，亦能加持一切印，成佛菩提最勝。纔結此印，一切處常得加持。真言曰：

唵引,一薩嚩怛佗蘖多引地瑟姹二合那二摩尼摩尼吽泮吒半音,三

次結如來寶大金剛安立金剛師子座印。

先應結金剛跏坐，即結金剛合掌印：想身爲金剛杵形，微屈身，觀想徧毛端徧觸，然後二手合掌，屈二頭指，捻二大指甲，豎二中指如金剛杵形，直豎二無名指，以二小指柲在無名指背，以印觸地及觸二膝，即安於齊，此名二金剛師子座印。其地猶若金剛，周帀十方，如金剛牆，亦成一切如來座。由一切如來加持故，成金剛座樓閣，一切難調伏者不能俎[①]壞，一切處得無畏，及障者毗那夜迦、一切諸魔類，由結此印，皆得超勝，彼皆一切馳散，及夜叉、羅刹、大力作障者悉皆遠離，難伏不見形者及諸不友冤敵、惡心衆生悉皆殄滅。由結此印故，一切有情，若男若女皆得敬愛，王及後宮皆得歡喜，及餘有情在於地上皆得敬伏，一切隨順，晝夜無閒斷。由諸佛加持成金剛寶殿，建立師子座，由佛神通加持故，如俱知[②]恒河沙數百千應供正徧知處成金剛師子座。由纔結此印，於如是等如來所成奉獻金剛座，則獲一切如來神力加持。由纔結如來寶大金剛建立金剛師子座印，一切地獄、傍生、焰魔界餓鬼、阿蘇囉身、一切地獄等，由先世業障，以此金剛牆令摧壞，令繫縛，皆令消滅，其身得清淨，成金剛不壞身。由誦真言、結印故，於諸惡趣皆得解脱，及解脱一切罪。真言曰：

唵引,一薩嚩怛佗孽多鉢囉二合嚩囉二摩尼嚧旨黎三吽吽泮吒半音,四

次結一切如來大寶出生灌頂大印。

二手合掌如金剛杵，二頭指傍舒，二中指屈節指面相合，直豎二無名指，如金剛杵，二大指押二小指甲上，結吉祥跏[③]座，置印於頂上。應誦此真言曰：

唵引,一薩嚩怛佗孽多尾麼羅三婆吠二吽吽三

纔結此印誦真言，其持明者於六十八百千恒河沙數微塵等如來應供正徧知，以一切如來神變加持，獲得灌頂。即彼乃至得如上如來繫無垢繒於其首，以一切曼荼羅印品明真言灌頂，成就無量阿僧衹福德聚，獲得無量善根。一切菩薩、金剛手於持明仙人，以百千徧灌其頂。一切天、龍、夜叉、乾闥婆、阿蘇囉、孽嚕拏、緊那囉、摩護囉誐、四天王，與成彼持明人灌頂。一切持明仙中輪王，與成彼灌頂，爲一切如來長子殊勝灌頂，成一切如來三昧耶祕密曼荼羅灌頂。以大寶廣博樓閣祕密成灌頂，一切不友冤敵、作障者毗那夜迦、惡藥叉、羅刹、部多鬼神不能見彼持明者。其持誦者身如虚空，隱形不現，普徧十方一切佛刹，一切如來應供正徧知，廣大衣服、繒綵、七

---

① 俎，《中華藏》校勘《磧》《普》《南》《徑》《清》《麗》作"沮"。

② 知，《中華藏》校勘《磧》《普》《南》《徑》《清》《麗》作"胝"。

③ 跏，《中華藏》校勘《清》作"趺"。

寶、瓔珞、莊嚴頭冠，於一切如來所作大供養雲海，成供養灌頂。由纔結此印，得如是神通自在善根，成就如是大威德大福利。

次結一切如來光明大寶摧魔熾然法輪神通加持大印。

二手合掌安於心，以右手大指頭指甲相捻，餘三指直舒掩於心，屈左手大指入掌中，捻中指甲上，餘三指微屈，二手背相著，其左手掌面向前。結跏趺坐，應誦真言，住慈三摩地，内心定寂静。由結此印，即轉清淨大法輪，三千大千世界六種震動無疑，諸佛、菩薩皆觀察持明者，金剛手歡喜，并諸天眷屬、持明轉輪王常來侍衛持明者，四大天王晝夜常護持四方，一切如來常加持。由轉法輪，於諸衆皆得超勝一切障、作障毗那夜迦。持明者若持此印，心得寂静，離諸障難，是人等同如來出興於世，轉大法輪，如坐菩提場轉大法輪。我見彼人等同諸佛，應當供養，所獲善福如供養佛。持誦者應清淨心，於諸有情常起悲愍，應結印、誦真言，少顰眉，脣齒俱合，觀想佛形如轉法輪，心作是思惟，降伏諸魔，制諸障難。由結此印、誦真言故，能然大法炬，建大法幢，擊大法鼓，吹大法蠡，作大師子吼，增長福德聚。由纔結此印，如結八十俱胝恒河沙諸佛真言密印，是諸如來亦加其威神，咸稱善哉善哉。授菩提記真言曰：

唵引，一薩嚩怛佗孽多三摩耶二摩抳嚩日黎二合吽吽三

次結無能勝印。

以右手大指，跓[①]頭指頭，屈如環，餘三指直竪，左手亦然，竪二手所舒指皆[②]相著，以印小指當於齊。顰眉向下觀身，以右脚押左脚，以羯吒訖叉眼顧視，意誦真言即舉右脚，以大拇指觸地。由纔結印、誦真言故，即能降伏諸魔并諸營從得勝，及降伏一切作障毗那夜迦及不現形者一切夜叉、羅刹。於諸冤敵通達無礙，及諸不友冤敵得勝，離[③]煩惱苦及諸鬼趣得勝，於其身中貪、瞋、癡及餘種種煩惱，彼皆寂静。由纔結印故，則解脱諸罪，一切所往處得勝，於真言法得無障礙，得成無障礙事，得離一切諸病，乃至證菩提。一切處諸天擁護於十方，無能勝真言曰：

唵引，一薩嚩怛佗孽多惹耶尾惹耶二阿介多嚩日㘑二合吽吽三

次結一切如來轉法輪印。

先以右手握大拇指作拳，左手亦然，以右拳安於左拳上。由結此印，一切如來之所印可，如恒河沙俱知百千如來咸皆歡喜，受與無上悉地，是諸如來決定現其身於一切持明仙衆中爲轉輪王，一切真言、印契教法悉皆通達如在心，於諸曼荼羅成就最勝，一切諸天十方擁護。轉法輪真言曰：

唵引，一薩嚩怛佗孽多達磨馱覩二摩訶麽抳試佉黎三喝囉喝囉四吽吽泮吒半音，五

---

① 跓，《中華藏》校勘《石》《麗》作“拄”。

② 皆，《中華藏》校勘《石》《麗》作“背”。

③ “離”後，《中華藏》校勘《石》《麗》有“諸”。

次結金剛手菩薩印。

先以二手合掌，二中指右押左内相叉，二頭指并二大指，如金剛形，豎二無名指，指面相著，二大指直豎，二小指搩開。舉其左肘，下其右肘，顧視左肘，右脚押左脚，半跏微展左脚。作颦眉怒目瞋相，以齒咬下脣，喉中稱吽聲，意誦真言，觀己身如金剛手。纔結印、誦真言故，三十三天皆大驚怖，一切天宫悉皆震動，一切夜叉、羅刹王及難調諸龍、鬼神、毗那夜迦及諸作障者悉踣面在地號哭，四方馳走，金剛手皆大歡喜，授與悉地真言教。

次結寶金剛菩薩印。

准前印惟搩開二頭指，安印當心。結跏趺坐，起慈心，眼寂静而視，端嚴柔軟。誦真言，隨其意思，所求满足，金剛手常歡喜，觀彼人如所愛子。真言曰：

唵引，一杜嚧二合杜嚧二合，二摩尼摩尼三

法悉皆成就，福聚增長，持明中爲主宰。若能三摩地相應，洗浴清淨，塗香塗身，著新淨衣服，諸佛如來觀察其人，一切曼荼羅聖衆皆大歡喜。真言曰：

唵引，一薩嚩怛佗孽多摩訶嚩日囉二合賀嚩耶二馱囉馱囉三吽吽泮吒音半，四[①]摩訶密你與二合怛末尼二合娑嚩二合訶引，五

次結四大天王印。

先以右手安於臍上，屈大指入掌，以頭指捻大指頭，餘三指直舒，左手安左胯上，直舒頭指，餘三指握大指爲拳，作擬勢。身向前微屈，眼視右手，作忿怒形，怒[②]目不轉睛。應誦真言曰：

唵引，一嚧迦播里低二惹耶惹耶吽三

次結吉祥天女印。

先以二手虚心合掌，二頭指、二中指以右手近右乳邊，頭指直豎，大指屈入掌中，以中指、無名、小指慢爲拳，左手覆右[③]膝觸膝上。曲身向前，怒目而視。應誦真言曰：

唵引，一能上瑟置哩三合抳平，二尾娑羅吽三

次結使者天女印。

二無名指散開微屈，如開敷蓮華形。由結印、誦真言，能满一切所希求願，是大威德者。真言曰：

唵引，一尾摩羅孽羅二合縛底二三婆囉吽三

---

① “法悉皆成就”至此，《中華藏》校勘《石》《磧》《普》《南》《徑》《清》《麗》與前“次結寶金剛菩薩印”至“摩尼摩尼三”前後互置。

② 怒，《中華藏》校勘《石》作“努”。

③ 右，《中華藏》校勘《石》作“左”。

次結餉棄尼天女印[1]。

先以右手仰掌，當心平展，下其肘。次以左[2]手平展覆掌，於右手下，二手背相背。舉其臂肘，引頭向前，微曲身。誦[3]真言曰：

唵引,一阿誐麽野二地囉門上者吒訶悉你吽三

次結曼荼羅中一切聖衆印。

以二手指相叉，鉤結安於齊，展左脚按地即成。誦真言曰：

唵引,一三曼多迦囉跛哩布囉抳二馱迦馱迦三吽泮四

次結華齒天女印。

先以右手屈五指，如蓮華形，安左耳上，左手准前安於心。真言曰：

唵引,一娑囉娑囉二尾娑囉吽吽三

尒時金剛手，復白世尊言：
云何根本印？云何是心印？
云何隨心印？牟尼爲我説。
世尊作是言：二手作合掌，
應置於心上，屈於二頭指，
及以二大指，相捻猶如環，
二中指蹙屈，猶如於寶形，
豎合二無名，擽開二小指，
是名根本印。智者結此印，
誦根本密言，即成先行法。
次説心印相，先以於右手，
仰掌安於心，大指與無名，
而以頭指[4]捻，餘三指平舒。
次以於左手，大指捻小甲，
餘三亦直舒，覆於左膝上，
是則名心印，亦名安慰印，
功德[5]如根本。次法隨心印，

① “二無名指”至此，《中華藏》校勘《石》《磧》《普》《南》《徑》《清》《麗》與前“以右手近右乳邊”至“次結使者天女印”前後互置。

② 左，原作“右”，據《中華藏》校勘《石》《麗》改。

③ 誦，《中華藏》校勘《徑》《清》無。

④ 指，《中華藏》校勘《石》《麗》作“相”。

⑤ 功德，《中華藏》校勘《石》作“功能”。

准前心印相，大拇與頭指，

相捻猶如環，依前左腳[①]上。

結此印能成辨一切事業，滅一切罪，除一切煩惱，不久決定當得佛菩提。若人結一一印，其福不可量。由結此印，於無量阿僧祇恒河沙數俱知那庾佗百千如來應正等覺，雨大供養雲海塗香、末香、華鬘、衣服、幢幡、瓔珞。其人樂見彼人，金剛手持明王并諸眷屬衆晝夜常擁護其人，四大天王決定擁護其處，等同窣堵波。由結此印故，其地如來説，如有舍利塔，皆得決定不退轉，是故金剛手，若善男子善女人、苾蒭苾蒭尼、優婆塞優婆夷嚴具七寶，於一切如來成供養種種百味飲食，隨如來所宜成出生供養，隨其意樂，醫藥資緣，於一一如來前成廣大供養。由結印誦真言，於一切如來平等，於十方即警覺，彼等如來稱善哉，悉皆授與記，一切如來安慰[②]、淨信持明者，應當極生恭敬，受持讀誦、供養。若自書寫，勸佗[③]書寫，應當結印，以大信心，以大恭敬，以種種物，應當供養。其善男子善女人、苾蒭苾蒭尼、鄔波索迦鄔波斯迦獲大福成就，一切戒成就，大精進、大忍辱成就，大禪定成就，檀那成就，大智慧成就，廣大功德成就，六波羅蜜圓滿。若有得此陀羅尼印、壇場法者，成就如是廣大功德。

佛説是經已，金剛手菩薩摩訶薩及一切大衆，天、龍、藥叉、彦達嚩、阿蘇囉、孽嚕拏、緊娜囉、摩護囉誐、人、非人等皆大歡喜，信受奉行。

大寶廣博樓閣善住祕密陀羅尼經卷下

大寶廣博樓閣善住秘密陀羅尼輪[④]

圖 1：

① 腳，《中華藏》校勘《石》《麗》作“膝”。

② “嚴具七寶”至此，《中華藏》校勘《石》《磧》《普》《南》《徑》《清》《麗》與前“其人樂見彼人”至“優婆夷”前後互置。

③ 佗，《中華藏》校勘《石》作“他人”。

④ 以下圖 1 據《中華藏》影《徑》本，輪内爲悉曇體梵字，輪外爲蘭劄體梵字。圖 2 據《大正藏》，文字爲明本蘭劄體梵字。

圖 2：

(na) (maḥ) (sa) (rva) (ta)(thā) (ga) (ta) (nāṃ)
曩 莫 薩 嚩 怛 佗引① 孽 多去 南一,引

(oṃ) (vi) (pu) (la) (ga) (rbhe) (ma) (ṇi) (pra) (bhe)
唵二 尾 補 攞 孽 陛三 麽 抳 鉢囉二合 陛四

(ta) (thā) (ga) (ta) (ni) (da) (rśa) (ne) (ma) (ṇi)
怛 佗 孽② 多五 你 捺 捨 寧六 摩 抳

(ma) (ṇi) (su) (pra) (bhe) (vi) (ma) (le) (sā) (ga)
摩 抳七 蘇上 鉢囉二合 陛八 尾 麽 黎引 娑 孽

(ra) (ga) (mbhī) (re) (hūṃ) (hūṃ) (jvā) (la) (jvā) (la)
囉十 儼 鼻 𠼝十一 吽十二 吽十三 入嚩二合攞 入嚩二合攞十四

(bu) (ddhā) (vi) (lo) (ki) (te) (gu) (hyā) (dhi) (ṣ ṭi)
没 馱 尾 盧十五 枳 帝 麌 呬夜二合 地 瑟恥二合

(ta) (ga) (rbhe) (svā) (hā)③
多上 孽 陛十六 娑縛二合,引 訶引,十七

經云：此陀羅尼有大威德，佛由此成道，由此降魔，能滅惡障，能成六度。若書紙、素、牌、壁、幢、閣之上，有人暫視讀誦、受持及聞聲、佩身，並轉觸餘人，是人五逆、四重、十惡等罪消滅，無有刀、毒、水、火、劫賊、邪魅、瘧疫、寒熱，一切病苦皆悉遠離。見獲福慶，所求遂意，臨命終時，諸佛安慰，得生淨土。所有禽、獸、飛蛾、蚉虻、蟲等遇影蒙塵，皆得解脱。

① 注音文字原脱，據卷上“根本陀羅尼”補，下同。
② 孽，原脱，據梵本對音補。
③ 梵字陀羅尼，據《大正藏》本補。

觀自在菩薩説普賢陀羅尼經[①]

特進試鴻臚卿大興善寺三藏沙門大廣智不空奉詔譯[②]

如是我聞，一時薄伽梵住王舍城靈鷲山，與大苾芻衆及大菩薩摩訶薩九十九俱胝衆俱。

尒時聖觀自在菩薩摩訶薩在彼衆會，從座而起，白佛言："世尊，我欲顯説普賢陀羅尼。世尊，此陀羅尼，我於月上光如來所受[③]得。若菩薩乘者，纔聞此陀羅尼，即得不退轉，速疾承事一切如來應供正遍知者，能銷滅一切業障，獲得安樂富饒，身得清淨，語業清淨，意得清淨，通達一切大智大秘密海[④]，能滿一切大願海，即見一切如來。我由聞此陀羅尼，便證無生法忍，獲得首楞嚴三摩地，證得寶印三摩地、焰炬三摩地、海印三摩地、普遍虚空三摩地。證得如是等恒河沙數三摩地門，復證得聞[⑤]無盡篋等八萬四千陀羅尼門，由此證得具慧具行，得如是智慧，成就所聞之法，於諸佛所聞法，無間承事供養，惟願世尊許我爲四部衆説。"

佛言："聽汝宣説。"

尒時觀自在菩薩摩訶薩，入金剛曼荼羅三摩地。即説陀羅尼曰：

曩莫囉怛曩二合怛囉二合野耶一曩莫阿引哩耶二合，二嚩盧枳帝濕嚩二合囉引耶三冒地薩怛嚩二合，引野四摩訶薩怛嚩二合，引野五摩訶引迦引嚕抳迦引野六怛你也二合佗七佉上誐吠佉上誐吠佉上誐吠八斫屈蒭二合佉九吠秫嚕二合怛囉二合佉十吠伽囉二合，引拏佉吠十一尒賀嚩二合，引佉吠十二迦引野佉吠十三麽娜佉吠十四娑囉佉吠十五吠麽佉吠十六戍穰上佉吠十七你弭多上佉吠十八鉢囉二合抳駄曩佉吠十九三摩引佗佉吠二十播引囉弭多去，

---

① 底本，《中華藏》第1434號，第65册第675頁中—677頁上，原《金藏》廣勝寺本。

② 譯名，《中華藏》校勘《磧》《南》作"大興善寺三藏沙門大廣智不空奉詔譯"，《徑》《清》作"唐三藏沙門大廣智不空奉詔譯"，《麗》作"開府儀同三司特進試鴻臚卿肅國公食邑三千户賜紫贈司空謚大鑒正號大廣智大興善寺三藏沙門不空奉詔譯"。

③ 受，原作"授"，據《中華藏》校勘《麗》改。

④ 大智大秘密海，"密"原作"蜜"，據《中華藏》校勘《石》《麗》《磧》《南》《徑》《清》改。《石》《麗》作"大秘密海"，《磧》《南》《徑》《清》作"大智大密海"。

⑤ 聞，《中華藏》校勘《石》《磧》《普》《南》《徑》《清》《麗》作"開"。

引佉吠二十一冒地佉吠二十二娑囉娑囉娑囉二十三薩嚩没馱引地瑟恥二合帝二十四婆囉婆囉婆囉達磨地瑟恥二合帝二十五迦囉迦囉迦囉僧去伽引地瑟恥二合帝二十六曩莫阿哩野二合嚩嚕枳帝濕嚩二合囉引野二十七冒地薩怛嚩二合野二十八摩訶薩怛嚩二合野二十九摩訶迦嚕抳迦引野三十曩慕捺嚩二合曩嚩底丁以反，引南冒引地薩怛嚩二合句引胝引南引，三十一阿地瑟恥二合帝覩輸引，三十二阿引聿嘌麼二合麼嬾者娜難上覩三十三怛你也二合佗三十四蘇囉鼻蘇囉鼻三十五母你母你摩訶母你三十六麽底麽底摩訶麽底三十七曩莫阿引哩野二合，引嚩盧枳帝濕嚩二合囉引野三十八冒地薩怛嚩二合，引野三十九摩訶引薩怛嚩二合，引野四十摩訶引迦引嚕抳迦引野四十一悉殿覩三滿多跛捺囉二合馱引囉抳娑嚩二合，引訶引，四十二

尒時觀自在菩薩説此陀羅尼時，九十二俱胝菩薩證得首楞嚴三摩地，恒河沙數菩薩證得微妙陀羅尼三摩地。我今説此陀羅尼功德，每於晨朝誦此陀羅尼一百八遍，滿二十[①]一日，觀自在菩薩即現其身，所求一切願皆得滿足。

若人囚禁枷鎖，七日誦持[②]，即得解脱。若人患瘧，於左耳邊誦，患者即愈。若人患風邪、魅病，酥油相和加持二十一遍令服，即得除差。若患齒痛，加持齒木二十一遍，令嚼即愈。若患耳痛，取疊華子油，並置於熟銅器中，加持七遍，滴於耳中即愈。若患頭痛、肚痛，加持手摩捫即愈。若患鬼魅，結呪索加持一百八遍，令帶即愈。若被拏吉你魅，加持油七遍，摩塗支節即愈。若患一切病，加持或手，或柳枝，摩拂即愈。如上諸法即未置功業，隨誦即効。若欲求見佛菩薩，證陀羅尼門、三摩地門，神通隱形，安膳那藥、雄黄成就者，行者於舍利塔，或佛像前，塗拭曼荼羅，懸繒幡蓋，散種種花，燒檀香、沈香、薰陸香，然燈一百盞，廣大供養。念誦者清淨澡浴，著淨衣服，身持梵行，即誦此陀羅尼。結方隅界陀羅尼曰：

曩謨囉怛曩二合怛囉二合，引野耶一曩莫阿引哩野二合，引嚩盧枳帝濕嚩二合囉引野二冒地薩怛嚩二合，引野三摩訶引薩怛嚩二合野四摩訶引迦引嚕抳迦引野五怛你也二合，引佗六止里滿馱銘上，七弭里滿馱引弭八止里弭里滿馱引弭九枲引摩引滿馱引弭十枲引摩引銘十一羯室旨二合娜底訖囉二合麽覩娑嚩二合，引訶引，十二

以此陀羅尼加持水二十一遍，於道場中散灑十方，即成結界。

我今説迎請陀羅尼真言，行者先誦此[③]陀羅尼迎請已，然後念誦陀羅尼曰：

曩謨囉怛曩二合怛囉二合野引耶一曩莫阿引哩野二合，引嚩盧枳帝濕嚩二合囉引野二冒地薩怛嚩二合野三摩訶去，引薩怛嚩二合，引野四摩訶迦引嚕抳迦引野五怛你也二合佗六止里止里七弭里弭里八止里鍅引，九翳呬婆誐挽十曩引哩野二合，引嚩盧枳帝濕嚩二合囉娑嚩

① 十，《中華藏》校勘《磧》《南》《徑》《清》作“日”。

② 持，《中華藏》校勘《磧》《普》《南》《徑》《清》作“此”。

③ 此，原作“北”，據《中華藏》校勘《石》《磧》《普》《南》《徑》《清》《麗》改。

二合,引訶引,十一

此陀羅尼是我心真言,誦真言即成請[①]召。行者從白月八日起首,乃至十五日,日[②]三時,時別誦一百八遍,三時澡浴,三時换衣。其十五日作廣大供養,無限念誦。其日中夜,觀自在菩薩來至道場,現金色身,相好端嚴,放百千光明。持誦者不應恐怖,生勇健心,纔見觀自在菩薩,即得地位證得陀羅尼三摩地,即見東方阿閦如來、南方寶幢[③]如來、西方無量壽如來、北方天鼓音王如來。見四如來,十方無量如來身,廣大威德。承於諸佛大悲願力,久住世間,從此命終,當生淨妙佛刹,於一切處供養、承事諸佛如來。

尒時世尊説是經已,菩薩摩訶薩,并天、龍、藥叉、乾闥婆、阿修羅、迦樓羅、緊那羅、摩睺羅伽、人、非人等,皆大歡喜,信受奉行。

觀自在菩薩説普賢陀羅尼經

---

① 請,《中華藏》校勘《石》作"誦"。

② 日,《中華藏》校勘《磧》《普》《南》《徑》《清》無。

③ 幢,原作"憧",據《中華藏》校勘《石》《磧》《普》《南》《徑》《清》《麗》改。

十一面觀自在菩薩心密言念誦儀軌經[①]

十一面觀自在菩薩心密言念誦[②]儀軌經卷上

特進試鴻臚卿大興善寺三藏沙門大廣智不空奉詔譯[③]

如是我聞，一時薄伽梵住補陀落山大聖觀自在宫殿中，其山無量娑羅、多麽羅、瞻蔔、無憂阿底目、多迦，種種花樹莊嚴。與大苾芻衆八千人俱，復有九十九俱胝那庾多百千菩薩俱，無量百千淨居天衆，自在、大自在、梵王天子而爲上首，前後圍遶而爲説法。時觀自在菩薩與無量持明仙圍遶，往詣世尊所。至佛所已，頭面禮足，右遶世尊三匝，退坐一面。白佛言："世尊，我有心密語名十一面，十一俱胝如來同共宣説，我今説之，利益安樂一切有情，能除一切疾病，止諸不吉祥惡夢及制非命，不淨信者令淨信，能除一切障尾曩夜迦，心所希望皆稱遂故。我不見於天世、魔世、梵世及沙門、婆羅門衆，以此心密語加護，救濟攝授[④]，息災吉祥，免治、罰、離、刀杖、毒藥故，若有能違越者，無有是處，唯除宿業。不決定心受持此密語，一切如來稱讚護念，一切如來隨喜。世尊，我念過去殑伽沙等數劫過後，有如來名百蓮花眼髻無障礙無染力光王如來，我於尒時爲大仙人，從彼如來受此心密語。纔受得已，十方一切如來現前，得見一切如來故，便獲得無生法忍。此密語有如是大功德藏，若有善男子、善女人，以淨信心、殷重心憶念作意，現世得十種勝利。何等爲十？一者離諸疾病，二者如來攝受，三者任運獲得金銀、財寶、諸穀米等，四者一切怨敵不能沮壞，五者國王、王子在於王宫先言慰問，六者不被毒藥、蠱毒，寒熱等病[⑤]皆不著身，七者一切刀杖所

① 底本，《中華藏》第1409號，第65册第446頁上—460頁上，卷上、卷下原《麗藏》本，卷中原《金藏》廣勝寺本。

② 念誦，原脱，據卷中標題及《中華藏》校勘《磧》《南》《徑》《清》補，卷末經名同。

③ 譯名，原作"開府儀同三司特進試鴻臚卿肅國公食邑三千户賜紫贈司空謚大鑒正號大廣智大興善寺三藏沙門不空奉詔譯"，此據《中華藏》校勘《石》《磧》《南》改，《中華藏》校勘《徑》《清》前有"唐"，卷中、卷下同。

④ 授，《中華藏》校勘《磧》《南》《徑》《清》作"受"。

⑤ 病，《中華藏》校勘《磧》《南》《徑》《清》作"疾"。

不能害,八者水不能溺,九者火不能燒,十者不非命中夭。又獲四種功德:一者臨命殁時得見如來,二者不生於惡趣,三者不非命殁,四者從此世界得生極樂國土。世尊,我念過去十殑伽沙劫過後,有佛名曼陀羅香如來,我於是時爲長者,從彼如來受此心密言,超四十万劫生死弃捨,我由此密言晝夜念誦作意,得一切佛住大悲智藏菩薩解脱法門,所有繫縛、臨當刑戮、水、火、風、賊、蠱毒、厭禱,人、非人等種種苦難,由此我於一切有情能作歸依,救護安慰。洲渚、室宅、勝趣,以此密言力收攝一切暴惡藥叉、羅刹等,先令發起慈心哀愍,然後安置,立於阿耨多羅三藐三菩提。世尊,我此密言有如是大威德,由誦一遍,滅除四重,皆得清淨,及犯五無間罪,蠲除悉皆無餘,何況諸罪而不除滅。彼人獲得一切無量俱胝那庾多佛積集善根。若聞此心密言,若誦若持,一切意願皆得滿足。若族姓男、族姓女,苾芻、苾芻尼,近仕[①]男、近仕女,婆羅門、刹利、毗舍、首陀及餘類,於白月十四日,或十五日,爲我不食一日一夜,清齋念誦,超四萬劫生死。一切有情纔稱念我名,超稱百千俱胝那庾多如來名號,皆得不退轉,離一切病患,免一切夭死災横,遠離身、口、意不善行。若能依教相應,作意觀行,佛菩提如在掌中。”時婆伽梵讚觀自在菩薩言:“善哉!善哉!佛子,汝於一切有情起大悲愍,汝能以此方便安立一切有情於無上正等菩提,我以授記深生隨喜,汝當説之。”

尒時觀自在菩薩摩訶薩從坐而起,整理衣服,偏袒右肩,頂禮佛足,説自根本密言曰[②]:

(na)	(mo)	(ra)	(tna)	(tra)	(yā)	(ya)	(na)	(maḥ)
曩	謨	囉	怛曩二合,下同	怛囉二合,下同	夜引	也	曩	莫

(ā)	(rya)	(jñā)	(na)	(sā)	(gra)	(vai)	(ro)	(ca)
阿引,下同	哩夜二合,下同	枳穰二合,引	曩	娑引	誐囉	吠	嚕	者

(na)	(bhyu)	(hā)	(ra)	(ja)	(ya)	(ta)	(thā)	(ga)	(tā)
曩	尾喻二合	訶	囉	惹引	也	怛	他引,下同	孽	多引

(yā)	(rha)	(te)	(sa)	(mya)	(ksaṃ)	(bu)	(ddhā)	(ya)
夜	囉訶二合,下同	帝	三	藐	三	没	馱引	也

(na)	(maḥ)	(sa)	(rva)	(ta)	(thā)	(ga)	(tā)[③]	(te)	(bhyo)
曩	莫	薩	嚩	怛	他	孽	多引	帝	毗庾二合

---

① 仕,《中華藏》校勘《石》作“侍”,《磧》《南》《徑》《清》作“事”,下一“仕”字同。

② 曰,《中華藏》校勘《磧》《南》《徑》《清》無。

③ (tā),原脱,據音譯補。

(rha) (te) (bhyaḥ) (sa) (mya) (kṣaṃ) (bu) (ddhe)
囉訶二合 帝[1] 毗藥二合,下同 三 藐 三 没 馱引
(bhyaḥ) (na) (maḥ) (ā) (ryā) (va) (lo) (ki) (te)
毗藥二合 曩 莫 阿引 哩夜二合 嚩 路 枳 帝
(śva) (rā) (ya) (bo) (dhi) (sa) (tvā) (ya)
溼嚩二合,下同 囉 也 冒 地 薩 怛嚩二合,引,下同 也
(ma) (hā) (sa) (tvā) (ya) (ma) (hā) (kā) (ru) (ṇi)
摩 訶 薩 怛嚩二合 也 摩 訶 迦引,下同 嚕 抳
(kā) (ya) (ta) (dya) (thā) (oṃ) (dha) (ra)
迦引,下同 也 怛 你也二合,下同 他引,下同 唵[2] 娜 囉 娜囉
(dhi) (ri) (dhu) (ru) (i) (te) (va) (te)
地 哩 地哩 度 嚕 度嚕 壹 知陟奚反,下同 嚩 知
(śa) (le) (pra) (śa) (le) (ku) (su) (me) (ku)
者 隸 者隸 鉢囉二合 者 隸 者隸[3] 矩 蘇 銘 矩
(su) (ma) (va) (le) (i) (ri) (vi) (ri) (ci) (ri) (ti)
蘇 摩 嚩 隸 壹 里 弭 里 止 里 止 致
(ja) (ra) (ma) (pa) (na) (ya) (pa) (ra) (ma) (śu)
惹引 羅 麽 跛 曩 也 跛 羅 麽 秫
(ddha) (sa) (tva) (ma) (hā) (kā) (ru) (ṇi) (ka)
馱 薩 怛嚩二合 摩 訶 迦引 嚕 尼 迦
(svā) (hā)[4]
娑嚩二合,引,下同 訶引,下同

次説澡浴、灌灑、淨衣密言:

曩謨囉怛曩二合怛囉二合夜引也曩莫阿引哩夜二合嚩路枳帝溼嚩二合囉也冒地薩怛嚩二合也摩訶薩怛嚩二合也摩訶迦嚕抳迦引也怛你也二合他訶訶訶訶壹里弭里止里尾里企隸徙隸娑嚩二合訶

以此密言加持水,沐浴、灌灑、潔身、淨服等,應誦七遍。

時觀自在菩薩復説獻焚香密言曰:

怛你也二合他柱陟古反,下同嚕柱嚕訶訶訶訶娑嚩二合,引訶引

---

① 帝,原脱,據梵字對音補。
② 唵,原脱,據梵字對音補。
③ 者隸,原脱,據梵字對音補。
④ 以上梵字真言,據《大正藏》本(原靈雲寺版普通真言藏)補,原附卷末,此對移音譯處。

以此密言加持香燒奉獻。

時觀自在大菩薩復説獻花密言曰：

怛你也二合，引他悉哩悉哩地里地里悉哩地哩娑嚩二合，引訶引

以此密言加持花及燈奉獻，當誦七遍。

時觀自在菩薩復説奉獻飲食密言曰：

怛你也二合他娑引，下同嚟娑嚟悉哩悉哩素嚕素嚕娑嚩二合，引訶引

以此密言加持飲食等奉獻，當誦二十一遍。

復次觀自在菩薩説護摩密言曰：

怛你也二合他訶徙麼達徙者隸虎嚕虎嚕祖嚕祖嚕蘓上嚕蘓上嚕母嚕母嚕娑嚩二合，引訶引

以此密言加持惹底木燃火，以惹底木搵酥、蜜、酪，搵兩頭擲火中燒，晝夜不食，二十一遍投火供養，然後求成就事。

時觀自在菩薩復説結方隅界密言曰：

怛你也二合他伊里弭里止里弭里底里呬里娑嚩二合，引訶引

以此密言加持木、白芥子，或灰，應用結界，當誦七遍。

時觀自在菩薩復説奉送聖衆還宫密言曰：

怛你也二合他弭致覩致止致孽瑳孽瑳婆誐挽引曩哩夜二合嚩路枳帝濕嚩二合囉娑嚩二合婆引嚩南娑嚩二合，引訶引

誦此密言想奉送聖者歸本宫殿。

我今説念誦福利，先不修持能成一切事業。若有人患寒熱病，若一日一發，或二日、三日、四日一發，若著鬼神弥怛拏、毗舍遮、癲癇、瘰癧、白癩及蛊毒、毒蟲等，加持土芥子和白檀香一七遍，塗即愈，一切業障皆得清淨。若患邪風，加持油塗即愈。若患耳痛，以青木香油和樺皮煎滰耳中，其痛即止。亦能治半頭痛，一切病患處，纔誦加持無不除愈，纔誦即成就。

若欲成就者，以堅好無隟白檀香，彫觀自在菩薩身，長一尺三寸，作十一面①、四臂，右邊第一手把念珠，第二手施無畏，左第一手持蓮花，第二手執君②持。其十一面當前三面作寂静相，左三面威怒相，右三面利牙出現相，後一面作笑怒容，最上一面作如來相，頭冠中各有化佛，觀自在菩薩身種種瓔珞莊嚴。像成已，於有佛舍利處安置。持誦者身著淨衣，若在家者持八戒，三時供養，無限數念誦，從白月一日乃至八日。後於淨處置此觀自在菩薩形像，面西喫乳，或穬麦，燒沉香、蘓合檀香，隨力乃至

① 面，《中華藏》校勘《石》《磧》《南》《徑》《清》作“頭”。

② 君，《中華藏》校勘《徑》《清》作“軍”。

十三日，其日食三白食，廣大供養。取菩提樹木燃火，更別取菩提樹木，長十指截，以蘇合香油搵兩頭，一千八遍投護摩爐中，地即震動，其像亦動。聞從像最上面口中出聲，讚修行者言："善哉！善哉！佛子，汝能勤苦求願，我皆令汝意願滿足，賜汝成就，騰空隱形，持明仙轉輪法王乃至與我無異，汝必現獲如是等成就。"

復次第二儀則，從白月十五日，於舍利塔中安像，晝夜不食，以一百八枚惹底花蘇末那花，廣府有。誦密言一遍，一擲擊像，即於像當前面出大吼聲，行者不應怖畏，則大地震動。念誦不應間斷，即求請願言：願我能與一切無主、無依衆生作大依怙，能滿一切有情一切意願皆令滿足，得無障礙。

復次密言者，於月蝕時，取酥一兩，置於銀器，對像前誦密言七遍，自喫及與他，一切疾病皆得除愈，況能從初蝕乃至月復盈滿念誦，無[①]不獲悉地。

復次密言者，先澡浴、清淨、潔服，取雄黄或牛黄，對像前誦心密言一千八遍，三種相現，然後點額，得三種成就，隨其功効上、中、下等。若以和水灌沐其身，除一切障難，遠離一切惡夢不祥，獲得吉祥榮盛，一切疾疫皆得除愈。

復次法，以香花奉獻聖觀自在，取烟脂[②]加持一百八遍，塗左微忿怒面額，降伏一切他敵軍陣。

復次法，若人疫、牛疫及餘畜疫，對觀自在菩薩，取苦練[③]木，搵芥子油，應作護摩，以緋縷右槎作綫，麁如銅著[④]，爲兩條，誦一遍作一結，乃至七結，繫於患者頸下或頭髻，則疫病除息解脱。

復次法，被拏枳你等諸魅所持者，取白綫如前加持，繫於寂静面，經宿然後取結二十一結，誦密言一遍一結，繫病者頸下，即得除愈。

復次法，若有他敵及疾疫災禍，不令入國界，欲結方隅界者，燒薰陸香作護摩，取五色綫加持，繫於寂静面，即成堅固大威德方隅界。

復次密言者欲共怨敵異論，欲得勝者，應供養觀自在菩薩。以嚩捨迦木燒芸臺子，加持白綫一百八遍，繫於忿怒面，一切鬪諍、言訟皆悉得勝除息，若繫於寂静面，能除一切障難。

復次以衆香和水，浴觀自在菩薩，又加持澡[⑤]浴觀自在，水一百八遍浴毗那夜迦像，一切障難皆悉殄滅。

十一面觀自在菩薩心密言念誦儀軌經卷上

---

① 無，原脱，據《中華藏》校勘《磧》《南》《徑》《清》補。

② 烟脂，《中華藏》校勘《磧》《南》《徑》《清》作"燃支"。

③ 練，《中華藏》校勘《磧》《南》《徑》《清》作"楝"。

④ 著，《中華藏》校勘《磧》《南》《徑》《清》作"箸"。

⑤ 澡，《中華藏》校勘《磧》《南》《徑》《清》無。

十一面觀自在菩薩心密言[①]念誦儀軌經卷中

特進試鴻臚卿大興善寺三藏沙門大廣智不空奉詔譯

此儀軌通蓮花部一切尊念誦。

我今説修行儀軌，通一切觀自在法，結護、迎請、供養等。修行者先應澡浴、潔身、淨服，於清淨處對尊像，當結本部三麽耶印，二手合蓮花掌，散餘六指如開敷蓮花。觀自在蓮花部三麽耶密言曰：

唵鉢納謨二合納婆二合嚩引也娑嚩二合，引訶引

次應加持水澡浴，或於河池，或於浴室。加持水密言曰：

曩謨囉怛曩二合，下同怛囉二合夜也曩莫阿引哩夜二合，下同嚩路枳帝濕嚩二合，下同囉也冒地薩怛嚩二合也摩訶薩怛嚩二合也唵三摩曳掃銘曳二合扇帝難去帝薩嚩三麽夜弩鉢囉二合，下同尾瑟致二合，下同怒囉引努俔娑嚩二合訶引

然後入池，或取水澡浴。結蓮花部辦事濕嚩嚩[②]訶印：二手右押左，内相叉作拳，中指相合，微屈初節，屈二頭指，附中指上節勿著。如金剛形密言曰：

曩謨摩訶室哩二合夜曳唵鑠討曳二合三摩曳掃去銘曳二合悉地悉地娑引馱也始吠帝商羯哩始鑁銘阿引嚩訶也薩嚩引囉他二合娑馱你娑嚩二合訶引[③]

以此印護身，辟除毗那夜迦，及香華、飲食等除穢令光顯。次結甘露軍荼利印，密言相應，澡浴時應用思惟，以二小指内相叉，雙屈無名指押叉間，豎合中指，屈二頭指附中指上節背，不著如金剛，大指並豎愽[④]中指側。密言曰：

曩謨囉怛曩二合怛囉二合夜引也曩麽室戰二合，下同拏嚩囉二合播拏曳摩訶藥乞叉二合細曩引跛多曳曩謨嚩囉二合俱嚕二合馱引也唵虎魯虎魯底瑟咤二合底瑟咤二合滿馱滿馱訶曩訶曩阿密哩二合帝吽發

次結加持土印：右手四指握大指爲拳，以印按土上，其土分作三分澡浴，以此密言加持。密言曰：

唵步引入嚩二合攞吽

入一切觸穢，加護自身，用觸身忿怒烏芻沙摩印，以右手作拳，翹大指印五處，所

① 密言，原無，據卷末經名補。

② 嚩，《中華藏》校勘《石》《磧》《南》《徑》《清》無。

③ 卷首至此，《金藏》原版殘，《中華藏》據《麗藏》本補。

④ 愽，《中華藏》校勘《磧》《南》《徑》《清》作“搏”。

謂額、兩肩[①]、心、喉各誦一徧，頂上散。密言曰：

唵俱嚕二合馱曩吽弱

洗手、漱口已訖，應作潔淨印，仰右手掌，屈無名指在掌中，大指頭指根相著。以此印承[②]水三飲，兩度拭脣，次印二目、兩鼻、兩耳、兩肩、心、齊，灑兩足，又取水灑身。密言曰：

唵跓跓𩕳矩嚕矩嚕娑嚩二合，引訶引

則於浴室，或河池側分土等作三聚，用一聚洗從脚至要，第二聚從胷至項，第三聚從項至頭。

澡浴已了，則運想佛、法、僧及本尊觀自在菩薩，以印掬水，運心沐浴聖衆，仰二手掌，以中指已下六指背合，頭指甲二頭指，欲相拄二大指附頭指側，此印通一切觀自在菩薩澡浴。密言曰：

曩謨囉怛曩二合怛囉二合夜引也曩莫阿引哩也二合嚩路枳帝濕嚩二合囉也冒地薩怛嚩二合，引也摩訶薩怛嚩二合也怛你也二合佗惹𩕳麽訶惹𩕳娑囉跛底娑嚩二合訶引

次結閼伽印，仰二手掌，二大指各捻頭指，掬水獻閼伽。密言曰：

唵帝囉𠸂没馱娑嚩二合，引訶引

然後以印掬水，自灌頂，觀想觀自在菩薩持甘露賢瓶，身出光明，衆聖圍遶，諸天奏妙音樂，想觀自在菩薩以甘露灌注密言者身。

軍荼利印，二頭指各住中指上節，背二大指，附頭指側。密言曰：

曩謨摩訶室哩二合夜曳二合唵訶囉訶囉摩訶尾你曳二合度那度那播跛麽跛曩也咄瑟訖哩二合擔覩嚕覩嚕尾特縒二合娑野攞乞廁泯三合你比也二合你比帝訶曩訶曩尾覲曩尾曩引也建麽佗攞具麽佗攞具薩嚩迦里迦魯數跛多引半引曩室哩二合曳秫陛秫朋去霓秫上婆惹曩你止哩弭哩抳鑠枳曳二合惹曩你成馱也娑嚩二合訶引

澡浴既了，則取淨衣，以此如來衣密言加持，所著衣服皆成如來衣。密言曰：

唵囉乞叉二合囉乞叉二合薩嚩没馱引地瑟恥二合多引答莽二合止引嚩囉娑嚩二合，引訶引

當誦七徧，著衣已，從澡浴處出、住淨室時，離貪、瞋、癡，不顧視穢惡、雜物、旃陀羅等弊惡人，當觀自身胷臆間有滿月輪，即此月輪是自性光明所成，菩提心圓滿，潔白如淨月輪。又於月輪面觀紇唎二合，引字，如紅頗黎色，放光照曜十方世界，於光明中自身成觀自在菩薩，等無差別。左手金剛拳，置左胯持蓮花，右手當自心，如開敷蓮華勢，觀一切法自性清淨，不染諸煩惱塵垢，猶若蓮華，身皆圓光，冠有無量壽如來，身被衆寶瓔珞，步踐八葉蓮華，至於精室門外，灌灑如前，則應加持頂，以右手作

① 兩肩，《中華藏》校勘《石》《麗》作“右左肩”。

② 承，《中華藏》校勘《石》作“盛”。

拳，以大指頭指相捻，即印頂。誦多羅菩薩心密言曰：

唵矩嚕矩鯠娑嚩二合，引訶引

則入淨[①]室，心念一切賢聖，慇懃五體投地作禮，右膝著地，徧觀十方一切如來、諸大菩薩，一切賢聖如對目前，發露懺悔、隨喜、勸請、發願，迴向無上菩提。則結跏趺坐，即結本部三麽耶，亦通諸觀自在菩薩念誦。先應用多羅菩薩護身，毗俱胝菩薩亦殊勝，或誦餘四明王，大威德者亦通。聖多羅菩薩印契者，二手內相叉作拳，豎合頭指，如未敷青蓮華。密言曰：歸命同上，加持水密言。

唵多引嚹咄多引鯠咄鯠娑嚩二合訶引

次說毗俱胝菩薩印，如上多羅印，少彎屈青蓮葉。密言曰：歸命如上。

唵娑囉娑囉惹曳娑嚩二合，引訶引

次說四明王印，即以二手內相叉，印項、頂。密言曰：

唵婆嚩阿引塞普二合囉

又平二手掌掩自口，口印密言曰：

惡引

次結蓮華印，如上開敷蓮華印，置於齊。齊印密言曰：

唵跛娜謨二合跛娜謨二合摩訶跛娜謨二合鉢納麽二合馱邏孽囉二合播捉誐多引也娑嚩二合，引訶引

次結馬頭明王印：先金剛合掌，豎合二中指，以二頭指各鉤無名指頭，頭指各押中指上節，小指並豎入掌中，二大指並豎與小指聚。密言曰：

唵阿蜜哩二合姤納婆二合無納婆二合嚩吽發

以此印密言辟除已，次結地界及曼荼羅界，以二大指相鉤，散開豎諸指，揚掌如鷹翅，結方隅界。密言曰：

曩謨囉怛曩二合怛囉二合夜引也曩謨枳穰二合，引曩娑引誐囉吠嚕左曩尾喻二合，下同賀囉惹也怛佗孽多引夜囉賀二合，下同帝三藐三没馱引也曩莫薩嚩怛佗引誐帝毗喻二合，下同囉賀二合毗藥二合，下同三藐三没第毗藥二合曩莫阿哩夜二合嚩路枳帝濕嚩二合囉也冒地薩怛嚩二合也摩訶薩怛嚩二合也摩訶迦嚕捉迦野怛你也二合佗伊里弭里企里弭里毗里呬里娑嚩二合訶引

以此密言加持香水，誦一徧，結方隅界。次結曼荼羅界，以二手內相叉，開掌豎合頭指，二大指極下垂相合。密言曰[②]：

阿引路力

---

① 淨，《中華藏》校勘《石》《麗》作“精”。

② 曰，《中華藏》校勘《磧》《南》無。

以此印、密言結曼荼羅界應用，又結辟除用。密言曰：

唵尒尒尒南引誐毗哩二合娑也陛你甯娑嚩二合訶引

次説淨空界密言曰：

唵鉢納冥二合，下同你婆誐嚩底慕賀也慕賀也惹孽慕賀你娑嚩二合，引訶引

以此密言加持香爐，向上旋轉誦七徧。先辦閼伽器，商佉或金銀、熟銅及淨葉、瓦與木器等。稱讚如是類，閼伽器中盛滿香水及華，隨求四種事，并置四色華安①於壇前，當觀曼荼羅爲大乳海。誦此密言曰：

唵尾麼路捺地吽

以二手内相叉，仰掌旋轉，即成甘露大海。復於大海中觀蘇彌盧山，其山四寶所成，無量衆寶閒錯莊嚴，以二手内相叉作拳。誦此密言曰：

唵阿者攞吽

結此印誦密言，思惟從大海中出生寶山已。復於山上想寶樓閣，其殿無量衆寶所成，處處懸列珠鬘瓔珞、鈴鐸、繒幡，微風揺激，出和雅音，閒錯種種摩尼、半滿月等而校飾之。復有無量諸供養具徧滿樓中，於其殿内觀大曼荼羅。作是觀時，以十指右押左，初分相交，誦後普供養密言，即送七寶車輅，送往聖者所。其印以二手内相叉，仰掌豎二頭指側相拄，大指各附頭指側。密言曰：

唵覩嚕覩嚕吽

次結軍荼利印，印相如前。説密言曰：

唵阿蜜哩二合帝吽發

行者觀想軍荼利金剛，駕御七寶車輅，至於極樂世界，想請無量壽如來昇七寶車，中央無量壽如來坐，左大勢至，右邊觀自在。想阿彌陀佛前本尊坐，則結奉請印，二手内相叉作拳，左大指入掌，右大指豎屈，向身招來去，奉送向外撥。用蓮華部觀自在菩薩心密言，曰：歸命同餘自在②密言。

怛你也二合佗鉢娜麽二合鉢納麽二合鉢納麽二合播抳娑囉娑囉曀係曳二合呬婆誐刎阿引哩也二合嚩略枳帝濕嚩二合囉曀迦引那捨目佉莾引嚩賀也此加句若請諸觀自在，隨稱彼名阿引略力

則誦自本所尊密言，獻閼伽，先想淨室寶樓閣，奉請聖衆入中，然後獻座，以前蓮華印諸指微相近。密言曰：

唵鉢納麽二合尾囉也娑嚩二合，引訶引

次誦此偈，敬謝聖衆。伽佗曰：

---

① 安，《中華藏》校勘《麗》無。

② 自在，《中華藏》校勘《麗》作“觀自在”。

娑嚩二合誐擔婆誐挽甯呬鉢囉二合娑那去那去寫多引弭訶仡哩二合訶拏布惹麽娑麽二合多入,引鉢羅娑引難者地夜矩嚕

此頌同真言,應誦三徧或七徧,應結部尊印警覺,以密言相應誦三徧,則成加護本尊,部尊印密言先以説,馬頭觀自在是也。

次結部母白衣觀自在菩薩印,印相如多羅菩薩,圓屈頭指,結此印亦護本尊,亦護自身,念誦速疾成就。密言曰:

唵溼吠二合帝惹致你半拏囉嚩引悉你惹吒引麽矩吒馱引哩抳娑嚩二合訶引

則結牆界印,二手内相叉,豎合二頭指微屈。密言曰:

紇唎二合,引度矩度矩鉢囉二合吉引囉拏二合嚩囉二合俱致羅句致入嚩二合,下同攞嚩囉嚩囉二合馱囉吽發

下方界先已説用之,則結大界印,徧結護。次應奉獻香等,彼印結上方界,此結大護二手内相叉,並豎中指如針,頭指各附中指上節,下①不著,二大指各附頭指側。密言曰:

曩謨婆誐嚩帝阿鉢囉二合底訶姤瑟膩二合沙引也唵商羯㘑摩訶三麽焰娑嚩二合訶引

由此大三麽邪護故,隣近頂輪王尚不能侵凌,況諸魔等。又以二手内相叉,豎合二頭指,二大指極下垂相合,結上方界。密言曰:

唵尒尒尒能引誐苾嚩二合婆也陛你甯娑嚩二合,引訶引

次説塗香,以青木香兩分、多誐羅等分、比哩孕愚四分、蘇合香八分,細擣篩和水再研,通一切蓮華部塗香,通四種法,華、燒香、飲食、燈明差别隨類應知。獻時各以密言加持,隨所求事,心請如上五種供養,二手捧當置於額,各以供養印而奉獻。普通供養印,二手合掌,諸指初分互相交,二頭指各安中指上節,誦真言五遍。密言曰:

曩莫薩嚩没馱引冒地薩怛嚩二合南引薩嚩免那誐二合,下同帝娑頗二合羅係輅誐誐曩劒娑嚩二合,引訶引

則誦祕密讚王,歌詠讚歎本尊。讚曰:

唵鉢納麽二合囉誐涅寧逸反麽攬迦引麽囉誐母答輅二合盧迦曩他滿馱銘薩嚩秫馱悉地者

誦讚歎已,隨意發廣大願,發露懺悔,發菩提心,先誦大②部母,然後誦部尊,由誦部母及部尊加護,則一切罪障皆得銷滅。智者誦七徧或三七徧,若見不祥惡夢,誦一百八徧,則得除滅,加持臂釧及茀③鐶,皆用部母密言,如上所説。部尊密言曰:

嚩日哩二合阿引嚕力

蓮華部念珠,用蓮華子或摩尼寶,童女縒綫,以此密言穿貫。密言曰:

唵阿蜜哩二合黨誐寘室哩二合曳室利二合摩引里你娑嚩二合,引訶引

---

① 下,《中華藏》校勘《石》無。

② 大,《中華藏》校勘《麗》作“本”。

③ 茀,《中華藏》校勘《石》《磧》《南》《徑》《清》《麗》作“茅”。

次結十一面觀自在根本印，二手右押左外相叉，合掌以印置頂上，即成本尊身。誦根本密言七徧，後取念珠念誦，念誦取珠蟠安手中，便芙蓉合掌當心，誦加持珠密言，又便頂戴。密言曰：

唵嚩蘇麼底室哩二合曳娑嚩二合，引訶引

以二手聚五指捻珠，是名念珠印。以此印念誦，不緩不急，乃至不疲懈。念誦時心不異緣，觀念本尊坐茅薦或瑜伽牀子，以密言文字，實理相應，或千或百數限畢已，又芙蓉合掌，頂戴念珠，瞻觀本尊慇懃心禮。復陳供養、讚歎，並如前法，奉獻閼伽。即結阿三㗭擬你印。解方隅界，以二手内相叉，二中小指並竪合，以二頭指各安中指甲。密言曰：

唵紇唎二合阿三莽擬你引吽

即以此印護身，又結本部三摩邪印，禮佛迴向等已，方出道場。於一淨處讀轉《摩訶般若波羅蜜》，積集福德聚，迴向無上菩提，隨意經行。復結無能勝印，一切時處加護，二手内相叉作拳，竪合二中指，名無能勝印。密言曰：

曩莫薩嚩没馱南唵虎魯虎魯贊拏里莽引蹬儗娑嚩二合訶引

修行者每朝嚼齒木，洗漱已訖，結淨灌灑，以右手掬水，誦此密言七徧加飲，或六月先行成就法，所有觸穢、不祥業障，皆得清淨。密言曰：

唵秫第訥輸馱曩也娑嚩二合，引訶引

十一面觀自在菩薩心密言念誦儀軌經卷中

十一面觀自在菩薩心密言念誦儀軌經卷下①

特進試鴻臚卿大興善寺三藏沙門大廣智不空奉詔譯

我今説成就處，依教擇得地，吉日、吉宿、吉曜，淨其地，離諸過患。晨朝歡喜心攝受②地，作辟除法，應作是言：所有於此地方障礙者，應遠離。午時面南，應作辟除法，燃佉陀羅木，以芥子油投白芥子護摩，用甘露軍荼利。

金剛心密言曰：

唵阿引蜜哩二合帝吽登

復以滛嚩嚩訶密言，加持水七徧灑地，夜應作息災護摩，面北③用心中心密言一百八徧。及用滛嚩嚩訶密言，以右手按地，誦淨地密言一百八徧。密言曰：

---

① 標題原作“十一面觀自在菩薩秘密心經建立道場儀軌”，此據卷中尾題改，本卷尾題同。

② 受，原作“授”，據《中華藏》校勘《磧》《南》《徑》《清》改。

③ “北”前，《中華藏》校勘《磧》《南》《徑》《清》有“向”。

唵步引欠平

取地隨意大小,或[①]九肘、十三肘,或[②]十六肘,深掘齊膝,除其地中過患,平治地分爲九分,於中央置七寶五穀藥等,好時日以印密言加持。則應結十方界,二手内相叉,二大指、頭指、小指各申相合,旋轉十方。密言曰:

唵入嚩二合里多路者你吽

以佉陀羅木作橛,加持一百八徧,釘四角佉陀羅木橛。密言曰:

唵虎魯唵虎魯吽泮

以波[③]羅捺木燃火,以本尊密言和三甜,護摩[④]一百八徧,則於道場中,全身舍利塔東面安本尊像,像面向西,應習先行法。念誦以了,欲出道場,加持處所,以右手作金剛拳,豎頭指旋轉十方,則成堅固精室。

護摩儀軌品

我今説護摩,密言諸儀則。
普通令歡喜,去念誦處所,
不近亦不遠,對彼道場前。
護摩如契經,先應獻部尊,
次供養本尊,供養火天已。
然後依所求,息災作圓爐,
增益應爲方,降伏應三角,
敬愛如蓮葉。爐中應安置,
輪金剛獨鈷[⑤],第四金剛鉤,
次第而建立。

觀自在菩薩通增益法,護摩之時,迎觀自在、大勢至、義成就大威德者,安置於爐東邊,并持明仙、一切藥叉及吉祥天,應置爐南邊。又於爐北邊安佛,并諸不退轉菩薩、梵王,并訶利底母。求增益成就者,應當供養。次應迎觀自在密言曰:

唵吠那勿微一反娑嚩二合,引訶

次大勢至密言曰:

唵底瑟吒二合底瑟吒二合,下同摩訶娑他二合,引麽吠誐三麽也麽努娑麽二合囉吽泮娑縛

① 或,《中華藏》校勘《石》《磧》《南》《徑》《清》無。
② 或,《中華藏》校勘《石》無。
③ 波,《中華藏》校勘《石》《磧》《南》《徑》《清》作“彼”。
④ 摩,《中華藏》校勘《磧》《南》《徑》《清》無。
⑤ 鈷,《中華藏》校勘《磧》《南》《徑》《清》作“股”。

二合訶引

次義成就密言曰：

唵悉𩏶悉𩏶娑引馱也娑嚩二合，引訶引

持明仙密言曰：

唵訖哩二合，下同拏尾訖哩二合拏尾訖哩二合尼多引也娑嚩二合，引訶引

藥叉衆密言曰：

藥乞叉多入

一切吉祥心密言曰：

曩謨摩訶室哩二合夜引也唵止哩弭哩膩曳娑嚩二合，引訶

梵王密言曰：

唵鉢納麽二合喻曩曳娑嚩二合，引訶引

一切佛菩薩密言曰：

曩莫薩嚩没馱冒地薩怛嚩二合，引南引阿引尾引囉吽欠平

西邊應置白衣觀自在，密言曰：

唵溼吠二合帝溼吠二合帝半拏囉嚩引悉你娑嚩二合，引訶引

訶唎底母密言曰：

唵努努摩引里迦呬帝娑嚩二合，引訶引

如上建立名爲增益儀軌。

息災面向北，南邊應置稍，
西安嚩素枳，北置金剛印，
爐東邊應置，三戟叉大印，
各以本密言，呼召及發遣。

召三戟叉，各以大指押小指甲，散餘三指如叉，便相合之。密言曰①：

曩謨囉怛曩二合怛囉二合夜也曩莫室戰二合拏嚩日囉二合播拏曳摩訶藥乞叉二合細曩跛多曳嘘係曳呬摩訶藥乞叉二合嚕捺囉二合，下同婆孕羯囉三麽焰鉢囉二合底播引攞也阿引孽縒嚕捺羅二合麽麽曼拏禮嚩日囉二合三麽也歷努播攞也伊只枳弭里枳弭里娑嚩二合，引訶

發遣密言曰：

孽縒孽縒嚕捺囉二合娑嚩二合娑嚩二合南補曩囉誐莽曩引夜引囉他二合悉馱曳止里枳娑嚩二合，引訶

---

① 密言曰，“密言”原在句首“召三戟叉”後，據文意移此，並加“曰”。

召嚩蘓枳龍王，如常拳，大指、頭指相捻如環，密言曰①：

嚩引蘓枳曩引誐囉惹嚩日囉二合三麽也麽努娑麽二合囉阿引孼縒答多嚩引魯迦引婆也避多麽曼荼覽勢典虎魯虎魯阿引孼縒娑嚩二合，引訶引

發遣密言曰：

孼縒孼縒娑嚩二合，引婆嚩南曩引誐囉惹枳孕二合迦哩麽麽迦引麽引娑密哩二合鞞覩娑嚩二合，引訶引

請金剛杵，二手内相叉，竪二中指相合，竪二大指二小指，屈二頭指各附二中指背，不相著。密言曰②：

阿演嚩日囉二合麽訶具囉薩嚩咄瑟吒二合娑夜跛赦阿嚩地也二合薩嚩泥嚩引南引嚩日囉二合訶娑多二合婆孕羯囉阿引孼縒施仡囕二合麽麽迦引哩焰娑蜜哩三合鞞覩印捺囉二合娑訶二合娑囉二合，引乞叉二合覩魯覩魯阿引孼縒娑嚩二合，引訶引

發遣金剛杵密言曰：

孼縛孼縒娑嚩二合婆嚩南嚩日囉二合訶娑多二合摩訶麽羅阿鉢囉二合地哩二合沙夜二合阿素上囕孼薩嚩引曩尾近曩二合覩娑那引婆嚩引跛羅尒你娑嚩二合，引訶引

請梵天，二手虚心合掌，開屈頭中名等六指，如蓮葉。密言曰③：

比多引摩訶嚩覽劒麽攞嚩曩你嚩引徙阿孼縒嚩日囉二合曼拏攞三麽也麽努播攞也鉢納弭二合你那鉢納麽二合嚩悉你二合娑嚩二合，引訶引

次用請毗紐天密言，加持茅爲環，安爐右，發遣時應解請毗紐天密言。二手反相叉，二大指頭相拄，安右掌中。

吠微愛反溼嚩二合泥嚩摩賀鉢囉二合訖禳二合摩訶尾哩也二合跛囉訖囉二合麽阿孼縒孼嚕拏莽引嚕呬也二合斫訖囃二合拏三麽也曼拏覽三麽也麽努播攞也娑嚩二合，引訶引

行者坐處右邊，應置護摩支分酪、酥、香、花等，一切器中滿置，種子應安右邊，以此水天密言加持水，散灑。密言曰：

阿演嚩嚕拏烏二合曩引誐跛哩嚩引嚹曩引誐麽攞三麽你庾二合底入寘你你引寧反，引信者也娑吠二合底薩嚩烏那迦目佉引尾近曩二合莽引婆挽覩

次取茅草密言曰：

伊寘矩鑠引你尾夜二合室者二合布多引室者二合没囉二合紇莽二合跛尾底囃二合拏没馱達磨僧伽囉多引北哩體丁以反尾散惹引多孼婆引莽引尾延南二合扇引蹉阿尾近南二合君入挽覩娑縛二合，引訶引

---

① 密言曰，原在句首“召嚩蘓枳龍王”後，據《中華藏》校勘《磧》《南》《徑》《清》移此。

② 密言曰，原在句首“請金剛杵”後，據文意移此。

③ 密言曰，原在句首“請梵天”後，據文意移此。

順敷吉祥茅，東方爲先首，
南西最後北。當以梢壓根，
勿以根壓梢。散布諸名花，
徧嚴於茅上，應用毗俱胝。

印密言加持曰：

曩莫薩嚩怛他孽帝毗庾二合囉賀二合毗藥二合三藐三没第毗藥二合唵婆也曩引捨你怛囉二合娑你怛囉二合細怛囉二合娑也毗唱二合矩致多致吠多致吠多致溼吠二合帝惹致你二合娑嚩二合，引訶引

印如前説，以辦事密言灑火，應然木，依教然火。密言曰：

唵入嚩二合攞吽

或用溼嚩二合嚩訶密言。

灑火或用軍荼利，依護摩儀則，初中應用[①]濕嚩嚩訶及軍荼利印密言。先以説，以本明密言加持花，觀想投於爐中，如教應思惟，先投三莖木，先應請火天以本印，然後作護摩。以右手作施無畏，微屈頭指招召，大指屈右掌中。密言曰：

三滿多入嚩二合，引攞摩訶入嚩二合，引攞阿引你底也二合三麽鉢囉二合婆娑惹引多吠那迦比羅慕引囉多曳阿孽縒曼拏覽没度步佉者囉三娑嚩二合，引訶引

請已，先以大杓三沃火，然後旋灑，與火天漱口，次灑淨，則應以小杓供養本尊。次以木兩頭揾酥投火中獻，次油麻[②]，次酪、乳蜜等，以後隨意，及諸香藥應燒。此中以油麻、粳米和酥燒爲勝，如上衆緣不具，但燒酥密言後安娑嚩訶，亦得一切成就。護摩已了，火以水澍灑，令聖衆漱口。爲令聖衆歡喜故，用本部心加持閼伽而獻之。定心合掌，慇重心求悉地，以閼伽奉送，依法灑以水火，用辦事密言，所有護摩殘物，隨意樂供養外諸天。

以前請火天印，頭、大指相捻，發遣火天。密言曰：

孽縒入嚩二合，引攞娑那嘮捺囉二合阿鉢囉二合地唱二合史也二合穐囉穐囉孽蹉娑嚩娑嚩南入嚩二合，引攞三莽扇引井婆嚩底娑那引底你枳抳嘮你哩二合抳娑嚩二合，引訶引

獻閼伽奉送聖衆，以前大護印密言左旋解界，及寶輅印密言奉送聖衆。

我今次第説，護摩焰色相，
密語者由知，速疾獲悉地。
如虹霓白色，珊瑚光莊嚴，
右旋妙滋潤，焕爛若虹霓。

---

① 用，《中華藏》校勘《磧》《南》《徑》《清》無。

② 油麻，《中華藏》校勘《石》作“胡麻”。

映赤吠瑠璃，如護摩杓形，
三叉杵吉子，商佉蓮拂形。
幢蓋羯囉捨，娑嚩悉底迦，
其聲如笛鼓，妙香極悦意。
若見如是焰，無垢離諸障，
行者應慇重，應當求成就。
焰若一峯勝，二峯爲中相，
三峯下成就，求成者應察。
次説不成相，弊惡障嚴飾，
左旋極臭氣，屍臭驢鳴聲。
數吐焰斷絶，烟聚令怖聲，
糞器形乾濕，焰散蚳掠形。
若見護摩相，智者應審知，
密言者速疾，辨事軍荼利。
以水散應灑，能除不吉祥，
是故一切時，應用甘露尊。

尒時觀自在菩薩摩訶薩説此法已，一切大衆咸共讚言："善哉！善哉！大士乃能爲欲利益安樂諸有情故，説此密語，我等隨喜，亦願受持。"尒時大衆歡喜踊躍，遶佛三迊，作禮而去。

十一面觀自在菩薩心密言念誦儀軌經卷下

阿唎多羅陁羅尼阿嚕力經[①]

開府儀同三司特進試鴻臚卿肅國公食邑三千户賜紫贈司空
謚大辨正號大廣智大興善寺三藏沙門不空奉詔譯[②]

如是我聞，一時婆伽梵在悉羅跋城給孤獨園，與無量菩薩衆俱。尒時觀自在菩薩於大衆中從座而起，正衣服已，偏袒右肩，右膝著地，合掌恭敬，頂禮佛足，而白佛言："世尊，我今欲説能成一切三世勝法，唯願世尊慈悲聽許。"尒時世尊讚言："善哉！善哉！摩訶薩埵，爲大利益一切有情故，欲説如是秘密法藏，我今聽許，任爲廣説。"

尒時，觀自在菩薩即説真言曰：

唵阿嚕力迦半音呼之娑嚩二合，引訶引

尒時觀自在菩薩説此真言已，而白佛言："世尊，此真言是一切蓮花部心，我今説是悉地法則。若每日晨朝於我像前作曼荼羅，散種種花，誦八千遍，復不與人語，更誦多少，漸爲强記。若依此法能滿六月，即大聰明，凡所聞言皆領不忘。若清淨洗浴，而於佛前造三圓壇，一佛，二法，第三爲僧，各作如法供養花香。若手執香鑪，燒香獻已，誦滿八千遍，應墮地獄、四重五逆、一切重罪無不消滅，必不疑也。若滿六月，每時[③]誦一千五百遍，所求悉地皆得成就。"

又法，淨洗浴已，坐三稜草座，誦三十五万遍，一切悉地無有不獲，仍離自身，一切病必無横疾。若於觀自在菩薩前連誦一万，所求善願皆得成就。

又法，白月八日或十五日，清淨洗浴，誦八千遍，能離一切世界横難，及諸魔障皆悉消滅。

又從白月一日至十五日，日[④]受八戒，日誦一万遍，能離一切毗那野迦所障礙難。

---

① 底本，《中華藏》第1403號，第65册第400頁上—410頁下，原《麗藏》本。經名，《中華藏》校勘《石》作"阿唎多羅陀羅尼阿嚕力品第十四"，《磧》作"阿唎多羅陁羅尼阿嚕力品"。

② 譯名，《中華藏》校勘《石》作"特進試鴻臚卿大興善寺三藏沙門不空奉詔譯"，《磧》《南》《徑》作"特進試鴻臚卿大興善寺三藏大廣智不空奉詔譯"，《清》作"唐特進試鴻臚卿三藏沙門大廣智不空奉詔譯"。

③ 時，《中華藏》校勘《磧》《南》《徑》《清》無。

④ 日，《中華藏》校勘《磧》《南》《徑》《清》無。

又正月一日起首至十五日，於佛前淨治曼荼羅，以香花供養，誦滿三万五千遍，能得悉地[①]一切所求。

又於晨朝香湯洗浴，誦三千五百遍，能令一切人所敬愛，凡所求事，皆得隨意。

又先於佛前誦一万遍，然從一日起首，乃至十四日誦十万遍，遠離一切惡障難事[②]。

又若有善男女[③]等，於佛前及觀自在等諸菩薩前作曼荼羅，以塗香、燒香、花燈供養，誦三千五百遍，捨身必生觀自在菩薩足下。

又先造十万塔，於一一塔前誦一万遍，如法供養者，所求悉地皆得，捨身已，任意往生極樂世界。

又以蟻封泥作十万小塔，一一塔前誦三千五百遍，所求悉地最上最勝，心所念處皆得，其人先造四重五逆大罪，依此無不滅，命殁任意往生極樂國土。

又以前泥於佛前作曼荼羅，燒沉水香，别取好花，每一誦一擲佛足，日三時乃至七日，能滅一切决定墮地獄罪，仍獲一切所求悉地。

又不問日月好惡，但取中夜香湯洗浴，著新淨衣，誦三千五百遍，一切惡夢悉得消滅，心所求事，夢中皆説，一一分明，必不錯謬。

又於我前作曼荼羅，如牛皮，法師云大小如牛皮[④]。或方或圓，二肘、三肘作之。然牛酥燈八盞，每一万遍乃至一月，每日如前，不與人語。一月已，即讀佛大乘經，得成不忘，極大聰明，仍見觀自在恒聞説法。

又欲得見觀自在菩薩者，於舍利塔中誦三[⑤]十五万遍，然作大供養，然牛酥燈，坐三稜草，一夜誦真言乃至中夜，聖者即現其身。行人見已，即從座起，供養恭敬。尒時菩薩即爲説法，得聞法已，此人常不離聖者，得不退菩薩地，乃至成佛。

又於直向海泉水岸，聚沙造一俱胝塔，每塔前誦一洛叉[⑥]，有難消[⑦]滅重罪，應墮地獄，悉滅無餘。仍見聖者，命殁生極樂國土，速得[⑧]成佛。

又每日造一百塔，乃至六月，日日持誦者，於其國土一切灾難消滅。

又若造俱胝塔，誦一俱胝遍，即見觀自在，聽聞説法，此人隨所行處有人見者，即得解脱一切苦海。

---

① 得悉地，《中華藏》校勘《石》作“成就”。

② 難事，《中華藏》校勘《磧》《南》《徑》《清》無。

③ 女，《中華藏》校勘《石》作“子”。

④ 法師云大小如牛皮，《中華藏》校勘《磧》《南》《徑》《清》無。

⑤ 三，《中華藏》校勘《石》《磧》《南》《徑》《清》作“二”。

⑥ 一洛叉，《中華藏》校勘《磧》《南》《徑》《清》作“多少”。

⑦ 消，《中華藏》校勘《磧》《南》《徑》《清》無。

⑧ 速得，《中華藏》校勘《磧》《南》《徑》《清》作“乃至”。

又不語造衆多塔，誦三十五万遍即得悉地，隨所言説，恒爲法音，無不稱意。

又每日造三千五百塔，一一塔前各誦七遍，以此功德迴施一切受苦有情，如是願言，應墮惡道、受苦業者，皆悉消滅，如是此人凡所見者，如僕隸恭敬，命終生安樂國。

又於塔中限十五日，無數密誦，以此功德迴施一切衆生者，此人所求大願皆得成就。

又先受八戒，不語誦一俱胝，得禪定[①]悉地。

又[②]法，於聖者足前誦，一切悉地皆得。

又恒起悲心，以檀香磨塗一圓壇，如荷葉，乃至一落叉，一一壇前誦三千五百遍，如是已，讀大乘經，即得聰明智慧。心所欲誦多少，皆得自在。

又不語於本尊前誦三十五万遍，即得聰明，冣上冣勝。

又不語起大慈悲，食大麥食[③]，或唯食菜，或乞飯[④]食，字[⑤]别誦十五万遍，心所求願皆得成就，唯除婬慾。若如法供養聖者已，含香誦一万遍，隨所行處，見聞皆喜。

又早起淨浴，著新淨衣，誦千遍者，忽有飢儉，無飯食時，此人在處恒爲豐足。

又半夜、晨朝掬水散身，隨分誦多少，得離一切怖畏。

又加持齒木千遍，然嚼用，即得辯才，令一切人敬愛。

又加持好花，先自嗅，隨與前人，悉珎敬隨意。又能端坐誦，隨分多少，常得安樂。

又於寢處端坐，誦八千遍，隨求何事，所願皆得，唯除色欲。

又凡誦八千遍，能護自他。

又取未墮地瞿摩夷，和水作泥，於佛、法、僧及本尊前磨作壇，以有香氣之花散上，然牛酥燈，面[⑥]東坐，誦一万遍已，便於其處三稜草上眠，心所求事，皆具説之，一不謬忘。又白月一日，如前取瞿摩夷作壇，以有香之花散上，然三盞燈，誦三千五百遍，明早得四箇迦利沙半那。

又於舍利塔中或佛前，以檀香末磨作四小壇，各置酥燈，誦三千五百遍，隨爲何人除厄難及惡事，皆得消滅。

又承取瞿摩夷，先和水塗地，即爲佛、法、僧及本尊，以白檀香水作四小圓壇，於上散花，日誦一万，乃至七日已，即得種種衣服。

---

① 定，《中華藏》校勘《磧》《南》《徑》《清》作“地”。

② “又”後，《中華藏》校勘《磧》《南》《徑》《清》有“如”。

③ 食，《中華藏》校勘《磧》《南》《徑》《清》作“飯”。

④ 飯，《中華藏》校勘《磧》《南》《徑》《清》作“飲”。

⑤ 字，《中華藏》校勘《磧》《南》《徑》《清》作“了”。

⑥ 面，《中華藏》校勘《磧》《南》《徑》《清》無。

又以香花供養本尊，然四盞酥燈，誦万遍，第二十一日如上。

又於直入海、河、泉水岸上，面西安本尊像，以瞿摩夷塗地，供養香花，行人面東，誦三十五万遍。從此已後，此國土風雨順時，五穀熟成[①]。更誦一万遍，燒涅摩落花，於此境界惡猛風雨停息。獻殘花也。

又隨在何國忽起厄難，將本尊於城門前如法安置，禮拜，供養種種香花、飲食，灾厄即息。

又以獻聖者殘花，加持八千遍，覆[②]蓋於彼極患[③]壯熱病人頭上，及[④]以和酥燒[⑤]熏其病者，即猛熱，即得除愈。

又於像前，然酥燈，加持八千遍，取其燈煙，點於眼中，能除一切眼病。

又於國内忽然起死災，於諸城門中門門[⑥]畫我像，奉獻水中所生諸花，即於半夜取杉迷夜樹葉，以栒[⑦]杞代。揾酥護摩，乃至十五日，一切死災停息。

又若種種毒蟲灾起，先於本尊前如法供養，往好泉水，無烏鳥汙處，水入及齊，取左置蘇末那花一千葉，每花加持一遍，一投泉中，乃至花盡，一切毒虫災滅。

又若起半夜，誦万遍，必無惡夢。

又於午時，入向海泉水中，誦万遍，一切惡夢消滅。

又加持手掌八百遍，以摩熱病者身，卧於淨處即愈。

我今説畫像之法，取淨氎未曾割截，童女織者𣪍上。中畫阿弥陁如來，長六圻[⑧]手，住[⑨]説法印，於蓮花臺結加趺坐，身純金色，作白焰光。佛右畫觀自在菩薩，左畫大勢至菩薩，皆純金色，作白焰光。二菩薩右手各執白拂，左手各執蓮花。大勢至身稍[⑩]小於觀自在，皆種種寶莊嚴其身，著寶瓔珞、手釧，皆衣白衣，髮並上結，不得披下。於自[⑪]在之右，畫聖者半拏羅婆悉你菩薩，白衣觀自在母也。髮亦上結寶冠，種種寶衣以爲莊嚴，著白色衣，天衣爲黑，左手持棒，或持羂索，右手執於《般若》梵夾。於大勢至近下應畫行人，手執花冠，或紅蓮、青蓮，瞻佛尊顔。佛座正下爲蓮花池，中畫寶蓮。蓮之右廂畫難陁龍王，左畫跋難陁龍王，皆立而半身出水，各出一手捧佛座，託

① 熟成，《中華藏》校勘《磧》《南》《徑》《清》作“成熟”。
② 覆，《中華藏》校勘《磧》《南》《徑》《清》無。
③ 患，《中華藏》校勘《磧》《南》《徑》《清》無。
④ 上及，《中華藏》校勘《磧》《南》《徑》《清》作“亦”。
⑤ 燒，《中華藏》校勘《磧》《南》《徑》《清》無。
⑥ 中門門，《中華藏》校勘《磧》《南》《徑》《清》作“門中”。
⑦ 栒，原作“狗”，據《中華藏》校勘《徑》改。
⑧ 圻，《中華藏》校勘《石》《磧》《南》《徑》《清》作“磔”。
⑨ 住，《中華藏》校勘《磧》《南》《徑》《清》作“作”。
⑩ 稍，原作“梢”，據《中華藏》校勘《石》《磧》《南》《徑》《清》改。
⑪ 自，原作“日”，據《中華藏》校勘《石》《磧》《南》《徑》《清》改。

蓮花，面皃忻悦，以寶嚴身，身作赤色。池之左右各爲天女，身服寶衣，二手執花，仰奉如來。佛後應畫如意寶樹，樹上挂種種寶衣及諸珎寶，乃至音樂作儛歌鳥，當於樹上畫諸天等，以手散花雨。於[①]佛上畫像畢，於淨處面西安置，每受八戒，於一切有情起大慈悲，猛發菩提心，至誠供養。每於佛前自作小塔，亦讀《般若經》。或白月八日，或十四日，布施衆僧，隨力多少，如不能辦，乃至極少一升麨[②]許。於此像前塗香、末香、燒香，種種飲食，如法供養，及獻花、燈、幡蓋、音樂。自常心念阿弥陁佛，誦其真言三十五万遍，即得悉地，已後任運心念皆成。

我今復説刻像法，取一白檀木，中央刻阿弥陁佛，右觀自在，左大勢至，各執白拂，衣裳、瓔珞等並如法，唯除池等。於此像前造護摩鑪，鑪中先下五穀及五寶，以阿説他木然火，以酥、蜜、乳、酪及種種花相和，安金、銀及銅器中，誦三[③]千五百遍，便作護摩。從白月一日起首，乃至七日，每日如是作三千五百遍護摩者，隨求何事，必稱本願，而得悉地，已後任所作法皆得自在。又以苾婆木然火，粳米三甜護摩二千五百遍，囉闍以下悦順。

又如上以波羅娑木然火，粳米、酪護摩二千五百遍，國内敬重。隨口即順，財寶任求。

又以阿拔唎末迦木牛膝也。然火，油麻三甜護摩，一切輸駄羅深敬順。

又以阿輸迦木，無憂木也。如上用三甜護摩，乃至七日，囉惹隨意。

又以囉闍伐唎二合枳沙二合，此云王樹，即婆羅門皂莢也。如上用阿輸伐馱以夜合代木[④]三甜護摩，七日亦如前。

又以乳汁木如上，亦以是木護摩至二十一日，一切重病皆遠離，於一生中更不復發。

又以波羅奢木如上，用五穀及蘇護摩，乃至三月，五穀豐熟足。已上皆[⑤]二千五百遍也。

又以烏曇跋羅木，如上用大麥酥，日三時護摩三千五百，乃至一月，得上乳牛。

又波羅奢木如上，用赤大豆煮爲羹，白粳米、酥蜜，日三時護摩三千五百，遍得財寶庫盈，所用無盡。

又伽陁羅木如上，用尾蠟麼果護摩，日[⑥]三千五百遍，乃至七日，得蘇伐唎二合那

---

① 於，《中華藏》校勘《磧》《南》《清》無。

② 麨，《中華藏》校勘《磧》《南》《徑》《清》作“炒”。

③ 三，《中華藏》校勘《石》《磧》《南》《徑》《清》作“二”，下“三千五百遍”之“三”同。

④ 以夜合代木，《中華藏》校勘《磧》《南》《徑》《清》作“木以夜合代”。

⑤ “皆”後，《中華藏》校勘《磧》《南》《徑》《清》有“日”。

⑥ 日，《中華藏》校勘《磧》《南》《徑》《清》無。

千兩。

又波羅賒木如上，用[①]亦以是木三甜護摩三千五百遍，隨所念人應時而至，珎重供養。

又烏曇跛羅如上，以粳米飯酥護摩三千五百，即財寶、五穀隨意無窮。

又波羅賒木如上，以黃米、黍[②]穀、油麻、大麦及酥，護摩三千五百，囉惹隨意所求皆得[③]。

又以乳木如上，粳米、酥護摩三千五百，即得辯才無礙，人中獨勝。

又阿摩羅如上，以阿輸鉢多二合三甜護摩，乃至七日，日八千遍，隨念即至，如僕隸見主。

又波羅賒木如上，以大麦三甜護摩，日三千五百，乃至三七日，隨念多少人如前。

又以上木如上，以粳米飯三甜，日護摩三千五百，乃至一月，即婆羅門隨念而至，不違所使。

又阿波末唎迦木如上，以油麻、大麦和酥，護摩三千五百，乃至三七日，得一切刹底利貴人來，珍敬如意。已上牛膝。

又伽陁羅木如上，以黃黍米、油麻和酥，護摩三千五百，毗舍等[④]種姓人如前。

又烏曇波羅木如上，大麦三甜准上數得，輸多羅性人如前。

又阿輸迦木如上，以波羅賒木三甜准上數，乃至七日，囉惹珎敬隨意。

又婆羅門皂莢木如上，以波羅賒木搵[⑤]三甜准上數，乃至七日，王子等隨念至而珎敬。

又阿輸伐馱木如上，油麻、粳米和酥酪准上，五穀任意無窮。

又閃弥木以苟杞代如上，准用阿輸伐馱木夜合代之，准上乃至二十一日，遠離一切横災重病。

又波羅賒木如上，油麻和酥准上乃至三月，得五穀無量。

又波羅賒木如上，以粳米、赤小豆、蘘黄、黍米、穀、大麦三甜相和，日時准上，得珎寶無數無盡。

又波勒乞沙木如上，以波羅賒木和三甜，准上乃[⑥]至三七日，得衣裳隨意無盡。

---

① 用，《中華藏》校勘《石》《磧》《南》《徑》《清》無。

② 米黍，《中華藏》校勘《磧》《南》《徑》《清》作"黍米"。

③ 皆得，《中華藏》校勘《磧》《南》《徑》《清》無。

④ 等，《中華藏》校勘《磧》《南》《徑》《清》無。

⑤ 搵，《中華藏》校勘《磧》《南》《徑》《清》作"和"。

⑥ 乃，原作"不"，據《中華藏》校勘《石》《磧》《南》《徑》《清》改。

又苾唎二合波木如上，以迴香菜[①]和粳米三甜，日三時准上乃至一月，得莊田五[②]所。

又迦唎二合尼迦囉木牡丹代之如上，臥多二合那安二合藥和酥，日三時准上乃至一月，無量蘇拔囉那。

又以波羅賒木如上，以伽陁羅木和蜜酪，准上乃至三七日，得名馬任乘[③]。

又阿輸伐馱木如上，以波羅賒木和二[④]甜，日三時，時別准上乃至一月，得富貴果[⑤]。

又波羅賒木如上，以三甜和安悉香，准上乃至三七日，得莊田。

又苾利婆木如上，以白芥子和酥，日三時，准上凡三七日，即得身與門徒遠離重病。

又微那地迦多迦木如上，以茴[⑥]香草和酥蜜，准上時數凡七日，離一切惡障難消滅。

又波勒乞沙木如上，以烏曇波羅木菓子和三甜，日三時，准上凡一月，得名莊一百八所。

又波羅賒木如上，以蓮花子和三甜，日三時，准上，隨所求皆如意。

又杉摩二合也木如上，以波羅娑果子和三甜，日三時，准上凡一月，隨所求願皆悉圓滿。

又秣多木如上，以石榴菓子，日三時和三甜，准上凡一月，得二十所田園。

又悉利娑三合，夜合也木如上，以犢子糞，日三時，准上凡一月，得一百上好牛[⑦]。

又遏迦木如上，以種種穀三甜[⑧]，日三時，准上凡一月，隨所求事皆得如意。但言准上即每[⑨]日三千五百遍有用，三時即時別三千五百遍。

我今更説別畫像法，令童女[⑩]受八戒，織氎廣狹大小，或二三肘，去毛髮護淨香熏，更作種種香水淨洗之。取巧上畫人，先受八戒，畫時以帛掩口鼻，勿令氣[⑪]觸。正

① 菜，《中華藏》校勘《磧》《南》《徑》《清》作"菓"。
② 五，《中華藏》校勘《清》作"三"。
③ 任乘，《中華藏》校勘《磧》《南》《徑》《清》無。
④ 二，《中華藏》校勘《石》《磧》《南》《徑》《清》作"三"。
⑤ 果，《中華藏》校勘《石》作"果報"。
⑥ 茴，原作"迴"，據《中華藏》校勘《磧》《南》《徑》《清》改。
⑦ 一百上好牛，《中華藏》校勘《磧》《南》《徑》《清》作"百上牛"。
⑧ "三甜"前，《中華藏》校勘《磧》《南》《徑》《清》有"和"。
⑨ 每，《中華藏》校勘《磧》《南》《徑》《清》無。
⑩ 女，《中華藏》校勘《磧》《南》《徑》《清》作"子"。
⑪ 氣，《中華藏》校勘《磧》《南》《徑》《清》無。

中畫阿弥陁如來，或坐蓮臺，或師子座，結跏而坐，作説法[①]印，右自在，左勢至，執拂嚴身等如上像法。但佛及菩薩等上各畫白傘蓋，以種種寶網[②]莊嚴，於蓋正上畫作明仙，持諸寶花散而供養，花下如雨脚[③]，亦作種種音樂奉獻。畫訖，安於舍利塔内，或於舍利瓶前，半夜、晨朝如法持誦，足滿[④]俱胝遍，即得悉地，於真言王最上斫訖囉底[⑤]囉惹。

又波羅賒木然火，以輸悉波羅二合拏藥和三甜，護摩二千五百，乃至七日，囉惹已下珎敬。

又阿師伐多二合木，如上沈香三甜，日時准上凡一月，貴人自來珎敬。

又遏迦木如上，以白檀木折切三指，時數准上凡一月，囉惹珎敬。

又伽陁羅木如上，以真酥合香准上時數月，大官如上。

又伐利二合駄木如上，安悉香和薰陸，以三甜准上時數月，諸近臣敬順，所求皆得。

又波羅賒木如上，以蓮花三甜護摩一万，得大官職[⑥]。

又伽陁羅木如上，以安悉香爲丸，如山棗許大[⑦]，和三甜護摩三洛叉半，得最大官職[⑧]。

又迦利二合毗羅木如上，以三甜二洛叉半，亦然如上。

又於本尊前不與人語，誦一俱胝，即如上。

又於此像前然千盞燈，用千蓮花、千拘勿駄花，更取水中生花，隨得一類五百莖已上，是三色花各加持八百遍，供養其像畢，即得如上。

又於像前每日誦二千五百[⑨]，如是滿六月，如上冣尊。

又阿利二合迦木然火，以荷葉搵三甜，日三時各二千五百，凡六月如上。

又波羅賒木如上，青蓮花和三甜，日二千五百，凡三月，得輔相之位。

又阿輸迦木如上，以万蓮万遍護摩[⑩]，獲冣大官位。

又秣駄木如上，以瞿摩夷和三甜，日二千五百如上。

---

① 法，《中華藏》校勘《石》作“法相”。
② 網，《中華藏》校勘《石》作“鈿”。
③ 雨脚，《中華藏》校勘《磧》《南》《徑》《清》作“兩足”。
④ 滿，《中華藏》校勘《磧》《南》《徑》《清》無。
⑤ 底，《中華藏》校勘《磧》《南》《徑》《清》無。
⑥ 職，《中華藏》校勘《磧》《南》《徑》《清》無。
⑦ 許大，《中華藏》校勘《磧》《南》《徑》《清》無。
⑧ 官職，《中華藏》校勘《磧》《南》《徑》《清》作“如上”。
⑨ “百”後，《中華藏》校勘《磧》《普》《徑》《清》有“徧”。
⑩ 護摩，《中華藏》校勘《磧》《南》《徑》《清》無。

又紫檀木如上，以迦二合[1]毗囉花和三甜，日如上，數凡一月，即得[2]阿地底羯囉訶不發。

又波羅賒木如上，以闍智婆[3]末二合那花，日三時，如上數一月已，即應迦利迦二合羯囉二合訶不發。

又伽陁羅木如上，用摩哩二合迦花，日三時，如上數月，布羅羯囉訶不得發。

又秣馱木如上，用波跢羅二合花和三甜，如上時數月，即伐利訶悉伐底羯囉訶不得發。

又阿伐哩二合摩哩二合迦木如上，用由底迦二合花三甜，如上時數月，即輸迦囉二合羯囉訶不得發。

又波勒乞沙木如上，用多迦羅二合花三甜，日如上數凡三七日，一切羯囉訶一切拏吃娑二合多囉皆不得發。

尒時觀自在菩薩重白佛言："我今更説别畫像法，取無毛髮、不割截白[4]氎，治護如前，畫人受八戒。中央觀自在菩薩，左手執紅蓮花，右手直下與餓鬼水，髮上結，身著白衣，如前珍寶瓔珞莊嚴，天衣爲黑[5]，於蓮花上結跏趺坐。左廂畫大勢至菩薩，右廂畫普賢菩薩，各執白拂。畫已，於舍利塔内安置，面應向西，隨得香花，任爲大小供養。中間不斷，誦一俱胝。行人所有横死及惡障難皆除，或爲現説辟除之法。

又此像前，用闍智娑末二合那花，各加持一遍供養已，便於像前卧三稜草上，即於夢中見聖者，一切所求、一切行事，一一具説。

又用一俱胝迦利二合毗囉如法供養，得大官位，隨所處分有大威力。梵本不云誦真言，准上法各一遍，應不失[6]。

又以闍智娑末那花，一俱胝供養，得見聖者，聽聞説法，仍離諸毒所害之難，凡一切毒皆不著身，命終生極樂國土。

又於三七日，用勿利二合迦花二十五莖供養，及用拘勿陁花二千五百供養，即獲上將位。

又以餘地迦花万枚葉，乃至七日，得大官位，親附國王。

又用屈利二合跛迦花二千五百葉，如是三七日，得最上職命。

---

① 二合，《中華藏》校勘《石》《磧》《南》《徑》《清》無。

② 得，《中華藏》校勘《磧》《南》《徑》《清》無。

③ 婆，《中華藏》校勘《石》《磧》《南》《徑》《清》作"娑"。

④ 白，《中華藏》校勘《磧》《南》《徑》無。

⑤ 黑，《中華藏》校勘《磧》《南》《徑》《清》作"異"。

⑥ "不失"後，《中華藏》校勘《磧》《南》《徑》《清》有"也"。

又日用二千五百葉遏迦花供養，如是一月，亦如上，又得主情。

又於夜中以闍智娑末那花二千五百葉，供養其像，於捔勝所必勝。

又至初夜，分於像前取瓦杯[①]椀，滿盛種種穀，用闍智娑末那花覆蓋之，加持二千五百遍。如是三時，謂[②]初中後夜。至平明時，淨漱口已，先加持楊枝八千遍然嚼。嚼已，取杯椀中穀口含，即得辯才，一切論議之處皆勝。

又於像前，以瓦杯椀滿盛胡椒，於初夜中加持八千遍，至平明時，以香水洗其椒，更加持一千即含之，隨所言語，一切人皆敬，不敢違。

又法，於此像前瓦杯椀盛牛黄，取有香氣花蓋之，至夜分加持一千遍，至明時先洗漱，取淨水加持八百，以洗牛黄，點自額上，一切人見，敬發善心。

又於像前以瓦杯椀，盛娑多二合布娑婆及伐唎二合孕迦，以有香之花蓋之，於夜三時，各加持二千五百遍，平明取塗身上，所至之處，皆得發善，忽有瞋人，見即歡喜。

又像前用那伽二合計薩二合，龍花蘂中有及昌蒲根、伐唎二合孕迦悉利二合弊娑多迦二合多揭。已上五味相和盛椀中，以有香之花蓋之，至夜分中加持二千五百遍，至平明時，別遣童女，純著白衣，於淨滑石上研其藥，即取塗身，自上及下，見行人者如前。

又於像前取欝金、沉香、白檀香、龍腦四物和，置瓦杯椀中，以闍智娑末那花蓋之，至夜分中加持二千五百遍，至平明取塗身上，即准前。

又像前以嘻利二合馱囉二合，欝金根及摩拏多二合、室羅雌黄也、牛黄[③]三物安椀中，至夜分中加持二千五百，平明取點額上，見皆敬愛。

我今更説別畫像法，取不割截無毛髮氈，如前治淨，或木板平淨治，於中央畫觀自在菩薩，坐蓮花臺，以七寶嚴身，或衣纈衣，或白衣。左邊畫作羂索，及畫怛跢迦悉二合地，右邊畫作須弥盧山，山根畫大海水遶之。菩薩上畫作彩雲，雲中畫諸仙天，雨種種花而以供養。畫已，於直入海石[④]泉岸上，面向西安之。如前誦一俱胝，即得一切明仙中囉惹。若更誦三俱胝，即成一切明仙中斫羯囉囉惹。

又於前但誦三洛叉半，得成尊位，誦一洛叉，得大將位。

又於前日日誦二千五百，每日得四枚迦利娑半那。

又於前，白月十二日，或十三日，受八戒齋，誦万遍，得近習大官。

又十字街中然四盞燈，以乳酪、飲食供養，誦二千五百遍已，即於比近樹下寢，夜

① 杯，原作“坏”，據《中華藏》校勘《磧》《南》《徑》《清》改，下同。

② 謂，《中華藏》校勘《磧》《徑》《清》作“誦”。

③ 雌黄也牛黄，《中華藏》校勘《石》無。

④ 石，《中華藏》校勘《磧》《南》《徑》《清》作“名”。

夢中有藥叉女來白言:“尊者有何要事? 遣我何所作?”行人應報言:“作母或姉妹等。”是女即隨處分。

又先受八戒,於阿師伐二合馱樹下張像,誦三洛叉半,然獻香、花、乳酪、粳米、飯、菓子等,布列訖,作無限念誦,不得停歇。

尒時有藥叉鬼,如一婆羅門,來白行人言:“今遣我欲作何事?”行人報言:“爲我使者,即奉受使。”從此已後,每於日西來取進止,即應令作事業。若行人不如法者,反爲所嗔,乃至致損,如不伏處分者,即爲降伏法,凡役使者以降伏法使之。又張像安於毗梨勒樹下,於前用葱滓、猫兒糞、糠油麻、黑豆、黄炒末已上五物和,燒誦萬遍,即一鬼來,行人不得驚怖,向云汝爲我使者,縱令作一切難事、苦事,必不敢違。

又張像於阿修羅窟門,如法誦一俱胝,即阿修羅女出請行人入。入已,於阿修羅王得自在位,壽一劫,見慈氏下生。

我今更説刻雕像法,或用金銀,或用香木,已六指量刻觀自在像,左手執蓮花,右手施無畏。刻畢安舍利塔中,於前先持二洛叉半然,取阿輸迦樹枝,作小筐子,取麽那多二合悉囉二合及取素伐利二合盞你二合,隨得一色安筐子中,於像前如法供養,結界護身,作無限念誦,乃至筐子中出聲。出聲已,即其藥點於眼中,即身淨壽一劫,於諸明仙中得囉惹[①]自在。

又先覓黄牛有犢[②]子者,取此牛酥,亦取其乳於銅器中盛,用嘻利二合多囉安闍都[③]摩那多二合尸羅,及用金末、鍮石末、銅末六物相和,擣篩便丸之,於銅器中盛,加持是藥,乃至火出,即出一丸安口中,便身淨吐出,乃見壽万年,一切事皆得自在,唯[④]除婬慾,命殁生極樂國土。

又以金銀或好鐵,如法作刀或輪,或瓔珞等寶具,或復作鉢,以是物等置阿師伐馱樹葉上,作無限念誦,乃至其物動摇。見動已,手執之,即成明仙,壽命一劫,即見聖者於彼聞法已,便得解脱。

又以牛黄安闍那二合共多利二合嚕訶相和爲丸口含,於像前無限念誦,乃至像眼睛動摇,即得人中自在,眼亦明淨。

又先於像前誦三洛叉,供養十万莖蓮花,然更誦一俱胝,即於念誦處眠,夢中得見阿弥陁佛及菩薩衆,聽説法音,得不退地菩薩位。

我今更説捏塑像法,以淨黄泥作觀自在像,或[⑤]一肘、二肘,像法如前。於像前作

① 惹,原作“若”,據《中華藏》校勘《石》《磧》《南》《徑》《清》改。
② 犢,原作“牘”,據《中華藏》校勘《石》《磧》《南》《徑》《清》改。
③ 都,《中華藏》校勘《石》《磧》《南》《徑》《清》作“那”。
④ 唯,《中華藏》校勘《磧》《南》《徑》《清》無。
⑤ 或,《中華藏》校勘《磧》《南》《徑》《清》作“若”。

圓鑪,鑪前以種種香作小圓壇子,取未墮地瞿摩夷作彼人形,持利刀割此糞人,一片一投火中護摩,乃至形盡,如是日三時,至一月,隨念何人,即得祢敬,如僕隸見主。

又以一切諸香作人形,然阿輸迦木火,男從右脚,女從左脚,以利刀片,片割護摩,如上時月,一切人見聞者皆得如意。

又以黄黍米糠作人形,用波羅多迦木然火,割護摩,日時月如上,即一切鬼神隨得應念,祢重供養,仍與一切財寶、五穀等,所索不違。

又以油麻滓作人形,然婆羅門皂莢木火,餘如上三七日已,一切囉乞沙二合娑隨念祢重。

又粳米作形[①],然秣駄木,餘如上三七日准前。

又生酥作形,然阿師伐木,餘如上一月已,一切准前。

又以粳米飯和酥作形,然波羅賒木,如上一月已,一切天准前。

又酪和飯作人形,然阿輸迦木如上,一月一切,迦嚕拏如上。

又黄黍穀和作人形,然伽陁羅木,如上一月一切,乾闥如上。

又豌豆、酪蜜和作人形,然杉摩夜木,如上一月,摩醯首羅并眷屬如上。

又油麻滓或油麻和喬麦麵作人形,一如上,一切猛惡損害鬼[②]神等皆降伏,不違教命。我今更説餘法,於舍利塔誦二千五百[③],得成伐嚕二合尸婆,如上所説法者,皆得具作成也。

又但心誦不出音,能滅一切前身中所作一切惡業罪障;出聲誦,滅現在一切罪障,即見好相。

又[④]直入海泉水中,至要下,誦二洛叉半,即聖者現,説一切功德諸善法門。

又如上以闍智素勿利二合那花二十五万莖,一誦一投泉中,即聖者爲説滅諸罪障法門。

又以日日供養聖者,心念二十一遍,一切罪障悉滅無餘。

又心念誦,觀想心作塔形,乃至八百,此人命歿生極樂國土。

又造一肘塔,塔前誦八百,一切罪障消滅,命歿如上。

又食前食後,若坐若卧,若行若住,但心念誦,即得菩薩不退地位,臨歿親見聖者。

又若不能造塔,但心念塔,於前各誦万遍已,亦以心念種種供養者,一切應墮地獄重罪悉滅無餘。

---

① 形,《中華藏》校勘《磧》《南》《徑》《清》作"人形"。

② 鬼,《中華藏》校勘《磧》《南》《徑》《清》無。

③ "百"後,《中華藏》校勘《磧》《南》《徑》《清》有"徧"。

④ "又"後,原有"入"字,據《中華藏》校勘《磧》《南》《徑》《清》删。

又若爲利益一切衆生故，念誦一切善法，隨身而集。

我今更説餘法，若於塔前或於山頭，大設供養於觀自在菩薩前，自受八戒，食大麦飯及乳食，誦三洛叉半，即成浮利婆二合尸婆法。

又正月一日或二月十五日，受八戒，供養聖者，誦八千[①]，即悉地，後所作事皆得自在。

又若正月一日供養聖者，燒沉香，以有香之花八千葉，每葉一誦一投，打菩薩心上，乃至花盡，一夜念誦，得見聖者，若不得見，即得五百兩素伐囉那。

又以牛酥八千，遍護摩七日已，囉惹[②]祢敬。

又摩那羅樹枝作小筐子，以種種寶莊嚴其筐，以婆羅門皂莢木然火，取摩羅那木八百遍護摩，隨唤何人，無問[③]遠近即到。

又以阿輸迦木長六指作骨摠[④]子，上山頂，喫大麦乳食，加持三洛叉，然自白月十五日，三日不食，以阿輸伐多樹葉蓋骨摠子，更誦多少，乃至其處有一仙女來已，行人即起問訊，便乞所願，或作姉妹、母、妻等，是仙女必不敢違，常爲供承十二人分，及與金釘[⑤]，仍延命千歲。

又月蝕之時，用上牛酥盛於淨器，取阿輸波多樹葉蓋之，加持不絶，比至月生如故已，現三種相，所謂沸、煙、火焰。若沸，服之壽五百歲，日行五百里，於不現形仙中爲尊。若煙出，服之即隱形去地二十四指，日行千由旬，壽千歲。火出而服，得大神力明[⑥]仙，壽三劫。

又以紅蓮花和三甜，護摩一萬，從此火中吉祥天現，姝妙殊特，手執蓮花，隨所求願即與，或與爲母、姉妹等事，亦與金釘。

又受八戒，用大麥食及和乳喫，坐三稜草席，誦八千遍，一切飢渴之苦皆消滅。

又入水至齊，誦一俱胝，能見地中一切伏藏，亦開一切阿修羅門，能破一切日月宫殿，任爲降伏，或任追召一切那識，亦能令死活，一切諸毒無不消滅，亦能作扇底迦，亦能取伏藏，亦能攝取一切衆生，亦能令本無男女者而有男女。

又誦八百遍，能護己身，捔勝之處而不墮負。

又於王宫之内，如上護身，一切怨家惡人所皆獲勝。

又塔前誦六洛叉，然以不割截白氈蓋覆像，作無限不間誦，比至氈上火出已，行

① “八千”後，《中華藏》校勘《磧》《南》《徑》《清》有“徧”。

② 囉惹，《中華藏》校勘《磧》《南》《徑》《清》無。

③ 問，《中華藏》校勘《磧》《南》《徑》《清》無。

④ 摠，《中華藏》校勘《磧》《南》《徑》《清》作“擿”。

⑤ 釘，《中華藏》校勘《石》作“鋌”，下一“釘”字同。

⑥ 明，原作“朋”，據《中華藏》校勘《石》《磧》《南》《徑》《清》改。

人得將三千人乘空,能作種種不思議事。

我今更説别法,准前像上加持摩訶棁門[①]二合馱像,作白檀色,珎寶瓔珞,種種如法莊嚴,其髮上結,不得披下,天衣白色。畫已,設大供養,如法誦三洛叉,得悉地。

我今更説别事法,先受八戒,於淨處或泉水邊,造一舍利塔,中安十二因緣偈。晨造一塔,持誦八千,日中亦然,日暮亦然[②],得一切明仙中輪王,恒與聖者同住,亦向西方見阿弥陁佛,延壽一劫,無量明仙前後圍遶,大梵天王自來供養,隨意自在。

又阿伐利二合末羅二合迦木然火,亦以此木和三甜,護摩八千,即與眷屬隨意珎敬。

又阿娑安二合戰那藥、摩那多二合悉羅藥,及取自身血,女人身血,波利二合多泥利[③]二合[④]摩羅花,已上藥皆等分,擣篩爲末,三日不食,入[⑤]海泉水中,至齊立,手執上藥,作無間斷念誦,比至火焰出此藥,一切天、龍、藥叉、囉乞娑娑等八部鬼神,皆來使喚,亦能令誑,亦能得一切真言悉地,及諸刀仗器具皆令誑惑,乃至過去、未來被誑,何況現在。

又獻聖者萎蓮花和己血及上酥,先像前作小壇子,設大供養,取遏迦木然火,用其藥護摩,如是三度,隨念何人,任意所使,如僕人見主,仍得一百錠金,必不敢違。

又任然雜木柴,以墓中土護摩,隨念何人,稱其名爲之八千遍,即得隨意敬重。

又以赤芥子油,并取芥根莖,及花和自身血,用遏迦木然火,護摩其藥,隨念何人,稱其名如上,若加持其七遍,其人火急即至。

又先受八戒,誦八千遍已,令好手畫[⑥]人,亦受八戒,先教持誦阿唎多囉真言,畫作弊羅娑像,像前安四枚阿悉伐二合多[⑦]樹葉,取象牙及豌豆。

又以摩那[⑧]悉羅藥,或取三兩,或取八兩,已上三味安前葉上。

又用三葉蓋其藥,或用八日、十五日,或月蝕時,加持其藥,中無間念誦,比現三相,隨得上、中、下悉地。

我今更别説法,先受八戒以爲乞食,日時香湯洗浴,著新淨衣,發大菩提心,斷除貪愛,於一切有情起慈悲心,或於塔中,或於佛前誦三洛叉。然淨氎上畫觀自在菩薩,手執蓮花,於蓮花上立,應爲黑色,以寶莊嚴,髮髻向上,以細白氎博著二肩。畫

① 門,《中華藏》校勘《石》《磧》《南》《徑》《清》作"閉"。
② 日暮亦然,《中華藏》校勘《磧》《南》《徑》《清》無。
③ 多泥利,《中華藏》校勘《磧》《南》《徑》《清》無。
④ 二合,《中華藏》校勘《磧》《南》《徑》《清》無。
⑤ 入,《中華藏》校勘《磧》《南》《徑》《清》無。
⑥ 畫,原作"盡",據《中華藏》校勘《石》《磧》《南》《徑》《清》改。
⑦ 多,《中華藏》校勘《磧》《南》《徑》《清》無。
⑧ 摩那,《中華藏》校勘《磧》《南》《徑》《清》作"摩那多"。

已，安舍利塔中，三日不食，像前設大供養，用體悉二合多木和酥蜜，護摩二万四千，即像放光，或地動，或聞鼓聲，或燈焰漸長，或花動。若見如是相，即知以悉地，能滅一切諸惡。已蒙本尊，恒爲護身[①]，所求大願皆得自在，此人所在見者愛敬。

又以阿師伐二合馱樹葉，著蘇嚕二合馱安闍那，於像前加持不閒[②]息，比現三相，得三悉地。

又日三時香湯洗浴，及換淨衣，乞食而食，如法供養，誦三洛叉，然或二十三日，或二十九日，以烏油麻和三甜，護摩八千，得一千迦利沙半那。

又口含昌蒲根，無限念誦，比現三相，得三悉地，煖聰明，煙隱身，火乘空，次第應知。

又以紫檀木，長六指或十二指作齒木，先持三洛叉，即白月十五日，像前無間念誦，比三相現，得三悉地。

又正月一日受八戒，日三洗浴，誦一洛叉，然畫阿唎馱囉像，色如檀木，坐蓮花，以種種寶莊嚴髮髻冠[③]，左手執蓮花[④]，右手把菓，著白天衣，戴花冠，以慈悲顔看行者。畫已，安舍利塔中，以白蓮花護摩一洛叉，即得一切明仙中王，常與聖者同住，亦能遊行極樂世界，亦能降伏。大梵天王從座而下，亦得爲四天下主，隨所念至，皆得自在，亦得親見一切諸佛，延壽一劫。

又欲得速悉地，乞食日時，洗浴香湯，如法洗已，誦五十洛叉，必得悉地，心所求事，皆得圓滿。

又以白牙作筒子，以金莊[⑤]其表，於内盛摩那多二合悉囉雄黄藥，安像前，無限念誦，加持此藥筒子，比現三相，得三悉地。

又先像前誦十六洛叉，即安像舍利塔中，以白氍覆，作無間誦，比像火然，得將千餘人乘空。

又不語於像前，坐三裬[⑥]草，誦十六洛叉，白月取烏曇婆羅木護摩八千，能療一切病無不愈。

又入水至齊，誦一洛叉，能見一切地中伏藏，能破一切阿修羅宫，能縛一切火神，能結界，能召諸龍，能令已死者更生，亦能作舍安二合馱，亦能作烏闍阿二合多那二合陁也[⑦]，亦能攝唤，亦能令諸毒消除，凡毒惡有情，皆得降伏。亦能與彼生男女，加持八

① 身，《中華藏》校勘《磧》《南》《徑》《清》作“持”。

② 閒，《中華藏》校勘《清》作“聞”。

③ 髻冠，《中華藏》校勘《磧》《南》《徑》《清》作“上結”。

④ 花，《中華藏》校勘《磧》《南》《徑》《清》無。

⑤ 莊，《中華藏》校勘《磧》《南》《徑》《清》作“裝”。

⑥ 裬，《中華藏》校勘《磧》《南》《徑》《清》作“稜”。

⑦ 陁也，《中華藏》校勘《磧》《南》《徑》《清》無。

千,一切戰陣皆勝,亦能令外賊降伏。

又以多唎二合路訶三金,即金銀銅。長六指許,作蓮花,日三時香湯洗浴,不與一切人語,於塔中誦五洛叉。然供養三日不食,持其蓮花,無間斷誦。比花火然,得將三千人乘空,得往生極樂國土,與一切聖者等,一切菩薩同住。

又食大麥,食日三浴,三换衣,誦一俱胝,得心中悉地。

又畫觀自在像如前法,右廂加畫阿唎多嚟菩薩,立於蓮花[①]臺上,身色如檀木,以寶莊嚴,髮向上結,戴蓮花冠,著白天衣,合掌恭敬,作禮自在狀。畫已,設大供養,誦三洛叉,得心中一切悉地。

尒時,觀自在菩薩摩訶薩説此微妙秘密甚深法已,於是會中大菩薩衆、天龍八部、一切金剛聞是法已,皆大歡喜,禮佛而退。

阿唎多羅阿嚕力經[②]

---

① 花,《中華藏》校勘《磧》《南》《徑》《清》無。

② 卷末經名,《中華藏》校勘《石》作“觀自在多利心成就法”,《徑》《清》作“阿唎多羅陀羅尼阿嚕力經”。

七俱胝佛母所説准提陁羅尼經[①]

開府儀同三司特進試鴻臚卿肅國公食邑三千户賜紫贈司空
謚大辨正號大廣智大興善寺三藏沙門不空奉詔譯[②]

如是我聞，一時薄伽梵在名稱大城逝多林給孤獨園，與大苾蒭衆并諸菩薩及諸天龍八部前後圍繞，愍念未來薄福惡業衆生，即入准提三摩地。説過去七俱胝佛所説陁羅尼曰：

娜莫颯多南引三藐三没馱引俱引胝南引怛你也二合他引唵者禮主禮准泥娑嚩二合，引賀引

若有修真言之行出家、在家菩薩，誦持此陁羅尼滿九十万遍，無量劫造十惡、四重[③]、五無間罪悉皆消滅，所生之處常遇諸佛、菩薩，豐饒財寶，常得出家。若是在家菩薩修持戒行，堅固不退，誦此陁羅尼，常生天趣，或於人間常作國王，不墮惡趣，親近賢聖，諸天愛敬，擁護加持。若營世務，無諸災横，儀容端正，言音威肅，心無憂惱。若出家菩薩具諸禁戒，三時念誦，依教修行，現生所求出世間悉地，定慧現前，證地波羅蜜，圓滿疾證無上正等菩提。

若誦滿一万遍，即於夢中見佛、菩薩，即吐黑物。其人若罪尤重，誦二万遍，即夢見諸天室[④]寺舍，或登高山，或見上樹，或於大池中澡浴，或見騰空，或見與諸天女娱樂，或見説法，或見拔髮剃髮，或食酪飯，飲白甘露，或度大海、江河，或昇師子座，或見菩提樹，或乘船，或見沙門，或見居士以白衣、黄衣覆頭，或見日月，或見童男、童女，或上有乳菓樹，或見黑丈夫口中吐火燄，共彼鬬得勝，或見惡馬、水牛欲來牴觸持誦者，或打或叱，怖走而去，或食乳粥、酪飲[⑤]，或見蘇摩那[⑥]花，或見國王。若不見如

---

① 底本，《中華藏》第1468號，第65册第898頁上—906頁中，原《麗藏》本。

② 譯名，《中華藏》校勘《磧》《南》《徑》《清》作“特進試鴻臚卿大興善寺三藏沙門大廣智不空奉詔譯”，《徑》《清》前有“唐”。

③ “四重”後，《中華藏》校勘《磧》《南》《徑》《清》有“五逆”。

④ 室，《中華藏》校勘《磧》《南》《徑》《清》作“堂”。

⑤ 飲，《中華藏》校勘《磧》《南》《徑》《清》作“飰”。

⑥ 那，《中華藏》校勘《磧》《清》作“耶”。

是境界者，當知此人前世造五無閒罪，應更誦滿七十万遍，即見如上境界，應知罪滅，即成先行。然後依法畫本像，或三時，或四時，或六時，依法供養，求世間、出世間悉地，乃[①]至無上菩提，皆悉獲得。

若有修持此陁羅尼，當知未來成就處所有難、無難、悉地遲疾，應於一淨室，以瞿摩夷塗一小壇，隨力供養。以結界真言結十方界，以香水一瓶置在壇中，一[②]念誦，其瓶動轉，當知所爲所求事成就。若不動轉，其事不成。

又法，取一瓦椀，以香塗置於壇中，專心念誦，椀若轉動，事即成就。若不動，事即不成。

又法，欲知未來之事，先塗一小壇，令一具相福德童子澡浴清潔，著新淨衣服，以七俱胝言加持香，塗童子手。又加持花七遍，置童子手中，令童子掩面立於壇中。又取别花，誦真言加持一遍，一打童子手背，乃至二十一枚，即問童子善惡之事，童子皆説。

又法，取一明鏡置於壇中，先誦真言加持花一百八遍已，然後又誦真言，一遍一擲打鏡面，於鏡面上即有文字現，説善惡事。

又法，欲知事善不善、成就不成就，取蘇摩那花香油，誦真言加持一百八遍，塗右手大母指面，誦真言聲不斷絶，令童子觀指上[③]，現諸佛、菩薩形像，或現文字，具説善惡。

又法，若人患鬼魅病，取楊柳枝或茅草，誦真言拂患者身，即得除愈。

又法，若患重病者，誦真言一百八遍，稱彼人名，以牛乳護摩即差。

又法，若孩子夜啼，令童女右搓線，誦真言加持，結二十一結，繫於頸下，孩子即不夜啼。

又法，先加持白芥子一百八遍，然後取芥子，誦真言一遍，一擲打彼鬼魅者，滿二十一遍，其鬼魅馳走，病者除愈。

又法，若有患鬼[④]，以瞿摩夷塗一小壇，以麩炭畫地作鬼魅形，誦真言，以石榴等鞭[⑤]之，彼鬼啼泣馳走而去。

又法，若人被鬼魅所著，或復病者，身在遠處，不能自來，或念誦人又不往彼，取楊柳枝，或桃枝，或花，加持一百八遍，使人將往病人所，以枝[⑥]拂病人，或以花使病人

① 乃，原作“刀”，據《中華藏》校勘《磧》《南》《徑》《清》改。
② 一，《中華藏》校勘《磧》《南》《徑》《清》作“一心”。
③ “上”前，《中華藏》校勘《磧》《南》《徑》《清》有“面”。
④ “鬼”後，《中華藏》校勘《磧》《南》《徑》《清》有“魅”。
⑤ “鞭”前，《中華藏》校勘《磧》《南》《徑》《清》有“杖”。
⑥ 枝，原作“杖”，據《中華藏》校勘《磧》《南》《徑》《清》改。

嗅，或以花打病人，是[①]魅即去，病者除差。

又法，若被虵所嚙，或拏吉你[②]女鬼所持，旋遶病人，誦真言，其病即愈。

又法，若人患癰腫等及諸毒蟲所嚙，取檀香汁和土爲埿，誦真言七遍，塗瘡上即愈。

又法，若在路行，誦此真言，不被賊劫傷損，亦離諸惡禽獸等難。

又法，若鬪諍、言訟、論理及談論求勝者，誦此真言强勝。

又法，若於江河中行，誦此真言不被漂休及水中惡龍、摩竭、黿鼉等傷害。

又法，若被囚禁繫閉者，誦此陁羅尼速得解脱。

又法，國中有疫[③]病，七[④]夜以油麻、粳先[⑤]和酥蜜作護摩，即得災滅，國土安寧。

又法，若求豐饒財寶者，每日以種種食護摩，得[⑥]財寶豐饒。

又法，欲令人敬愛歡喜者，真言句中稱彼人名，即得歡喜順伏。

又法，若無衣者，念誦即得衣。

又法，意中所求，念誦皆得如意。

又法，若人身體支節痛，加持手二十一遍，摩觸痛處即差。

又法，若患瘧及頭痛，以加持手二十一遍摩觸，亦得除差。

又法，塗一小壇，取一銅椀盛滿淨灰，令童子兩手按灰椀上，持誦者應誦真言，本尊使者入童子身，其椀即轉，即下語童子日[⑦]，自結三部三昧耶印，誦三部真言，即取滑石過與童子，童子即於地上書過去、未來事，吉凶、善惡及失脱經論、廢忘難義、真言印，即得知解。

又法，兩軍相敵，於樺皮上書此陁羅尼，懸於竹竿上，令人手把，誦真言，彼敵即破。

又法，若女人無男女，以牛黄於樺皮上書此真言令帶，不久當有男女。

又法，或有女人夫不重[⑧]，取一新瓶滿盛水，於瓶中著七寶及諸靈藥、五穀、白芥子，以繒帛繫瓶項，以真言加持一百八遍，令女人結根本印安頂上，以水灌頂，即得寵愛敬重，非但敬重，亦得有子息，在胎牢固。

---

① 是，《中華藏》校勘《磧》《南》《徑》《清》作“鬼”。

② 你，原脱，據《中華藏》校勘《磧》《南》《徑》《清》補。

③ 疫，《中華藏》校勘《磧》《南》《徑》《清》作“疾”。

④ 七，《中華藏》校勘《磧》《南》《清》作“十”。

⑤ 先，《中華藏》校勘《磧》《南》《徑》《清》作“米”。

⑥ “得”前，《中華藏》校勘《磧》《南》《徑》《清》有“即”。

⑦ 日，《中華藏》校勘《磧》《南》《徑》《清》作“即”。

⑧ 重，《中華藏》校勘《磧》《南》《徑》《清》作“敬重”。

又法，行者每念誦時，結大印，誦真言，印塔滿六十万遍，所求之事皆[①]得滿足。觀自在菩薩、金剛手菩薩、多羅菩薩即爲現身，所求如意，或作阿蘇羅宫中王，或得菩薩地，或得長年藥，或得敬愛法成就。

又法，於菩提道場，於大制底前誦此陁羅尼，得見聖僧共語與悉地成就，得共彼同行，即共[②]同彼聖僧。

又法，於高山頂上念誦一俱胝遍，金剛手菩薩將此人領五百六十人，同共[③]阿蘇羅宫，壽命一劫，得見弥勒菩薩聽聞正法，聞法已，獲菩薩地得不退轉。

又法，上毗補羅山，云但有高山，亦得有舍利塔像前念誦，隨力以香花供養，乞食以支身命，從月一日至十五日，誦陁羅尼滿三十万遍，取其滿日，一日一夜不食，倍加供養，至後夜即見金剛手菩薩，將行人往自宫中，爲行者則示阿蘇羅窟門，入窟中得天妙甘露，壽齊日月。

又法，於三道寶階從天下處寶塔，行者乞食，旋遶誦俱胝遍，即見無能勝菩薩，與願爲説妙法，示無上菩提道，或見訶利底母，將此人入自宫中，與長年藥，還童年少，端正可喜，獲得伏藏大人許可，應廣利益三寶，得一切菩薩安慰，示其正道，乃至菩提道場。

又法，若人無宿善根，無菩提種不修菩提行，纔誦一遍則生菩提法芽，何況常能念誦受持。

七俱胝准提陁羅尼念誦儀軌

若有修習此陁羅尼求成就者，先須澡浴，應著淨衣，嚴飾道場，安置本尊，隨力所辦。其道場法應擇勝地，作四肘壇，掘深三肘，除去瓦礫、惡土、髪毛及骨灰[④]、蟲蟻等，以好淨土填滿築平，掘無惡土，即取舊土填，土若有勝，當知其地是大吉祥，速疾成就。取未墮地瞿摩夷，以香水和沙好土爲逕，誦無能勝真言[⑤]，加持二十一遍，然後逕壇。逕已，復取五淨相和，五淨者瞿摩夷汁、牛尿、酪、乳、酥，以無能勝菩薩真言加持一百八遍右旋，遍塗其壇。若於山石上建立，或在樓閣，或居舩上，一切賢聖得道處，但以五淨塗拭。面向東坐，結無能勝印按地，誦真言七遍加持壇中心。又取諸藥七寶，并五穀各少分，掘中心[⑥]深一肘，安諸藥及七寶。復取舊土填滿平治，以右手

① 皆，《中華藏》校勘《磧》《南》《清》作“即”。
② 共，《中華藏》校勘《磧》《南》《徑》《清》作“得”。
③ “共”後，《中華藏》校勘《磧》《南》《徑》《清》有“入”。
④ “灰”後，《中華藏》校勘《磧》《南》《徑》《清》有“炭”。
⑤ “真言”前，《中華藏》校勘《磧》《南》《徑》《清》有“菩薩”。
⑥ “中心”前，《中華藏》校勘《磧》《南》《徑》《清》有“壇”。

按，誦地天偈三遍警覺。地天神偈言：

汝天親護者，於諸佛道師，

修行殊勝行，淨地波羅蜜。

如破魔軍衆，釋師子救世，

我亦降伏魔，我畫曼荼羅。

誦地天真言曰：

曩莫三漫多没馱引南引畢哩二合體他以反微曳二合娑嚩二合賀

誦偈加持已，然後以檀香塗九箇聖位如滿月，以新淨供具金、銀、熟銅、商佉[①]具玉、石、瓷、木等新器，盛諸飲食及好香花、燈燭、閼伽、香水，隨力所有布列供養。若在家、出家菩薩求成就者，每入道場，先應禮佛、懺悔、隨喜、勸請、發願已，應自誓受菩提心戒。真言曰：

唵没引地止多母怛跛二合，引娜野弭

菩提心者，離一切我執，遠離蘊、處、界及離能取、所取，於法平等，自心本不生，自性空故。如過一切佛菩薩發菩提心，我亦如是，此名自誓受菩提心戒。由誦一遍，思惟勝義諦，獲得無量、無邊、無爲功德，莊嚴三業，乃至菩提道場，其福無間斷，速滅一切業障，真言速得成就，本尊現前。如《花嚴·入法界品》慈氏菩薩爲善財童子説菩提心功德。自誓菩提心戒已，全跏、半跏隨意而坐，端身閇目，即結定印，想空中准提佛母與七俱胝佛圍遶，遍滿虚空，定中禮一切諸佛及准提佛母，然後以香[②]塗手，應結契印。佛部三摩耶印，二手虚心合掌，開二頭指屈，輔二中指甲下第一節側，二大指各附二頭指根下即成。當心誦真言七遍，想於如來三十二相、八十種好，相好分明，如對目前。真言曰：

唵怛他引蘖都納婆二合嚩引野娑嚩二合，引賀

由結此印、誦真言故，即警覺一切如來，悉當護念加持行者。以光明照觸，所有罪障皆得消滅，壽命長遠，福慧增長，佛部聖衆擁護歡喜，生生世世離諸惡趣，蓮花化生，速證無上正等菩提。

蓮花部三麽耶印

以二手虚心合掌，散開二頭指、二中指、二無名指，屈如蓮花形，安印當心。誦真言七遍，想觀自在菩薩，相好具足，於頂右散。真言曰：

唵跛娜謨二合，引納婆二合嚩引野娑嚩二合，引賀引

由結此印、誦真言故，即警覺觀自在菩薩等持蓮花者一切菩薩，光明照觸，所有

① 佉，原作“法”，據《中華藏》校勘《磧》《南》《徑》《清》改。

② 香，原脱，據《中華藏》校勘《磧》《南》《徑》《清》補。

業障皆悉除滅，一切菩薩常爲善友。

金剛部三麼耶印

以左手翻向外，以右手掌背安左手背，以左右大小指互相鉤如金剛杵形，安於當心。想金剛手菩薩，誦真言七遍，頂左散印。真言曰：

唵嚩日嚧二合納婆二合嚩引野娑嚩二合,引賀引

由結[1]此印及誦真言故，即警覺一切金剛聖衆加持擁護，所有罪障皆得除滅，一切痛苦終不著身，當得金剛堅固之體。

次結第二根本印用護身

二手外相叉，二頭指二大指並直竪即成。誦佛母心真言，印身五處，所謂額、次右肩、次左肩、次心、次喉，頂上散。真言曰：

唵迦麽黎尾麽黎准泥娑嚩二合,引賀引

結護身印時，起大悲[2]心，遍緣六道四生，願一切有情披大誓莊嚴堅固金剛甲冑，速證無上正等菩提。

次結地界橛印

二手内相叉，竪二大指、頭[3]指、二小指，各相合，屈左頭指如鉤，三掣大母指，指地印成，一掣誦真言一遍。真言曰：

唵准你你枳邏野娑嚩二合,引賀

由結此印、誦真言加持地界故，下至水際如金剛座，天魔及諸障者不爲惱害，少加[4]功力速得成就。持誦者次應於壇中[5]，想八葉大蓮花，上有師子座，座上有寶樓閣，垂諸瓔珞、繒幡、幢盖，寶柱行列，垂妙天衣，周布香雲，普雨雜花，奏諸音樂，寶瓶閼伽天妙飲食，摩尼爲燈，如無漫荼羅，但於空中觀想即成。作此觀已，應誦此偈：

以我功德力，如來加持力，
及以法界力，普供養而住。

誦此偈已，即誦大虚空藏菩薩真言曰：

唵誐誐曩三婆嚩嚩日囉二合斛引

由誦此真言加持故，所想供養具真實無異，一切聖衆皆得受用。

次結寶車輅印

二手内相叉仰掌，二頭指横相拄，以二大指各捻頭指根下。想七寶車輅，佛部使

---

① 結，原作“誦”，據《中華藏》校勘《磧》《南》《徑》《清》改。
② 悲，《中華藏》校勘《磧》《南》《徑》《清》作“慈”。
③ “頭”前，《中華藏》校勘《磧》《南》《徑》《清》有“二”。
④ 加，原作“如”，據《中華藏》校勘《磧》《南》《徑》《清》改。
⑤ 中，《中華藏》校勘《磧》《南》《徑》《清》作“中心”。

者駕御七寶車輅乘空而去，至於色界頂阿迦尼吒天毗盧遮那佛宫殿中。誦真言七遍，真言曰：

唵覩嚕覩嚕吽引

由誦真言結印加持故，七寶車輅至色界頂，准提佛母并八大菩薩及諸聖衆眷屬圍遶，乘七寶車輅。

次結請車輅印

准前印，以大指向身，撥中指即成。誦真言七遍，真言曰：

曩莫悉底哩二合野地尾二合迦南一，引怛他引蘖多引南二唵縛日囉二合擬伽以反羯哩灑二合也娑嚩二合，引賀

由誦真言加持故，聖衆從本土來至道場，空中而住，次結請本尊印，從車輅下降於道場，准前第一根本印，以二大指向身招，誦真言三遍。真言曰：

唵者禮主禮准泥翳醯曳二合呬婆誐嚩底丁以反娑嚩二合，引賀

次結無能勝菩薩印辟除障者

二手右押左内相叉作拳，豎二中指頭相合即成。遶身左旋三帀，作是思惟，所有障者毗那夜迦，諸惡鬼神遠走而去，所來聖衆不越本三麽耶大悲而住，願垂加護。

曩莫三滿多勃馱引南引唵户嚕户嚕戰拏里麽引蹬耆娑嚩二合，引賀

次結牆界印

准前地界印，屈右頭指，展左頭指，右旋三匝，隨心近遠即成金剛堅固之城。諸佛菩薩尚不違越，何況諸餘難調伏者毗那夜迦，及毒蟲、利牙爪者不能輔近。真言曰：

唵准你儜鉢囉二合迦囉耶娑嚩二合，引賀引

次結上方網界印

准前牆界印，展左頭指，右押左當中節相交即成。誦真言三遍，真言曰：

唵准你儜半惹囉娑嚩二合，引賀

由誦真言結印加持故，即成金剛堅固不壞之網。

次結火院密縫印

以左手掩右手背相重，直豎二大指即成，誦真言三遍，右旋三匝，想金剛牆外有金剛火①圍繞。真言曰：

唵阿三莽擬伽以反你吽引發吒半音

由結此印誦真言，成大結護密縫，不被諸魔入。

次結閼伽印

---

① 火，《中華藏》校勘《磧》《南》《徑》《清》作“火焰”。

二手内相叉，豎二中指頭相著，以二頭指捻二中指背，二大指側附二頭指根下，即成根本印。准前根本印，微屈二大指入掌，即成閼伽印。誦真言三遍，真言曰：

唵者禮主禮准泥遏鉗鉢羅二合底瑳婆誐嚩底丁曳反娑嚩二合，引賀引

行者思惟聖衆了了分明，想自身在諸佛聖衆足下，手持七寶閼伽器，盛香水浴聖衆足。由獻閼伽香水故，行者三業清淨，洗滌煩惱垢，業障消滅。

次結蓮花座印

准前根本印，並二大指向身豎，運想從此印流出無量師子座，奉獻一切聖衆，是諸聖衆各各皆坐。真言曰：

唵迦麼邏娑嚩二合，引賀

由結座印誦真言，奉獻聖衆故，行者當得十地滿足，得金剛之座。

次結澡浴印[①]

准前根本印，以二大母指頭，捻二中指中節即成，誦真言三遍，真言曰：

唵者娑嚩二合，引賀引

想從此印流出無量光明，一一光明道有無量七寶賢瓶，想滿天妙香水，灌注一切聖衆澡浴。復想空中有無量天樂，供養本尊諸佛菩薩、一切聖衆。由結此印、誦真言故，行者不久當證[②]法雲地。

次結塗香印

准前根本印，以二大指愽[③]著右頭指下節即成[④]。真言三遍，真言曰：

唵禮娑嚩二合，引賀引

想從此印流出無量光明，一一光明道有無量天妙塗香、粖香雲海，供養本尊、諸佛菩薩、一切聖衆。由結此印、誦真言故，當證一切如來戒、定、慧、解脱、解脱知見者[⑤]。

次結花印

准前根本印，以二大指愽著左頭指下節即成。誦真言三遍，真言曰：

唵主娑嚩二合，引賀引

想從此印流出無量光明，一一光明道有無量種種水陸天[⑥]花雲海，供養本尊、諸佛菩薩、一切聖衆。由結此印、誦真言故，當得大慈三摩地成就，能利樂無邊衆生，諸

---

① 次結澡浴印，原脱，據《中華藏》校勘《磧》《南》《徑》《清》補。

② 證，《中華藏》校勘《磧》《南》《徑》《清》作“得”。

③ 愽，《中華藏》校勘《磧》《南》《徑》《清》作“傅”。

④ 下節即成，《中華藏》校勘《磧》《南》《徑》《清》作“下節側即成誦”。

⑤ 者，《中華藏》校勘《磧》《南》《徑》《清》作“香”。

⑥ “天”後，《中華藏》校勘《磧》《南》《徑》《清》有“妙”。

災難不著身①。

次結燒香印

准②根本印，屈右頭指捻二大指頭即成。誦真言三遍，真言曰：

唵禮娑嚩二合賀

想從此印流出無量光明，一一光明道有無量和合俱生天妙燒香雲海，供養本尊、諸佛菩薩、一切聖衆。由結此印誦真言故，當得普遍法界三摩地成就。

次結飲食印

准前根本印，以左頭指捻二大指頭即成。誦真言三遍，真言曰：

唵准娑嚩二合，引賀引

想從此印流出無量光明，一一光明道有無量天妙種種飲食雲海，供養本尊、諸佛菩薩、一切聖衆，當得法喜禪悦食三解脱最勝味三摩地成就。

次結燈印

准前根本印，以二頭指各捻二大指頭即成。誦真言三遍，真言曰：

奄泥娑嚩二合，引賀

想從此印流出無量光明，一一光明道有無量種③七寶燈燭雲海，供養本尊、諸佛菩薩、一切聖衆，當得般若波羅蜜光明五眼清淨。

次誦讚歎：

阿嚩怛囉左覩囉娜二合舍引囉馱二合娑麽二合囉哩補句致鉢囉二合拏麽跛娜尾呬帝阿者禮怛穌娑哩素你祖禮悉駷思准泥薩囉二合悶底南引娑嚩捨麽你娑嚩二合，引罕引帝薩跛囉二合拏吠怛你也二合他引訖灑二合囉引拏蘖帝阿尾你多薩怛嚩二合娜麽顊跛囉二合梟那路引迦怛囉二合野引囉他二合迦唎囉訖多二合，引囉尾二合，引那戍引鼻顊播引怛囉二合迦囉鐸訖使二合顊娑普二合砧悉體二合怛嚩二合，引進底多麽囉貪二合，去瑟砧二合李佉惹曩顊尒慈以反，下同那你底薩帝知曳反曩跛囉二合曩跛囉二合庫舞二合地䙰囉始嚟野薩怛梵帝知曳反囉弭焰二合，引惹閉去怛母二合顊帽引你你夷反嚩日哩二合擔抧邏馱淰二合素囉哩補婆嚩南跛囉二合吠捨野底阿引哩野二合嚩路引抧帝皤悉駷底諾僧捨間薩怛多惹播引多半音，呼多諾反曩悉底二合薩怛梵三合，引曩那娜惹孽底緊旨你也二合羯底二合毗藥二合壹底娑迦羅播引跛曩引舍顊婆誐嚩底跛恥多麽引怛囉二合悉地迦哩布囉野麽努引囉貪寘梟娜底曩怛梵二合娑麽二合囕迦室子二合多半音

次説本尊陁羅尼布字法：

---

① “身”後，《中華藏》校勘《磧》《南》《徑》《清》有“故”。

② 准，《中華藏》校勘《磧》《南》《徑》《清》作“准前”。

③ 種，《中華藏》校勘《磧》《南》《徑》《清》作“種種”。

從頂至足，觀一一真言字屈曲分明，流出光明，照六道四生，輪迴有情，深起悲愍，施與安樂，用陁羅尼九字布列於行者身，即成以如來印、八大菩薩所加持身。若作息灾、增益、降伏、敬愛，隨四種法，所謂白、黄、黑、赤，成辦悉地。

即結布字印，二手内相叉，二大指、二頭指、二小指相合[1]即成。

想唵[2](oṃ)字安於頂，以大母指觸頭上。

次想左字[3]，兩目童人[4]上俱。

想者[5](ja)字，復以大母指觸右左眼上。

次想禮[6](le)字安於頸上，用大母指觸。

次想主[7](co)字當心，以大母指觸。

次想禮[8](le)字安左右肩，以大母指觸。

次想准[9](ca)字安齊上，以大母指觸。

次想泥(nde)字安右左兩髀上，以小指觸[10]。

次想娑嚩二合(svā)字安右左兩脞[11]上，以小指觸。

次想賀(hā)[12]字安右左二足掌，用小指觸[13]。

由想布真言結印加持故，行者身即成准泥佛母身，滅除一切業障，積集無量福德吉祥，其身成金剛不壞體。若能常專注觀行，一切悉地皆得見前，速證無上正等菩提。

次結根本印，誦根本真言七遍，頂上散印，即取菩提子念珠具一百八，依法貫穿，即以塗香塗其珠上，以二手掌中捧珠當心，誦真言七遍，加持念珠。真言曰：

唵尾嚧引遮那引麽羅娑嚩二合，引賀引

加持頂戴，心口作是願言：我今欲念誦，唯願本尊、諸佛菩薩加持護念，願令速得隨意，所求悉地圓滿。然後以左手無名指、大指承珠，右手以大指、無名指移珠，手如

① “合”後，《中華藏》校勘《磧》《南》《徑》《清》有“直竪”。

② 梵字，原作城體，此據《大正藏》本悉曇梵字復原。

③ 左字，原脱，據《中華藏》校勘《磧》《南》《徑》《清》補。

④ 童人，疑當作“瞳仁”。

⑤ 者，《中華藏》校勘《磧》《南》《徑》《清》作“禮”。

⑥ 禮，《中華藏》校勘《磧》《南》《徑》《清》作“祖”。

⑦ 主，《中華藏》校勘《磧》《南》《徑》《清》作“禮”。

⑧ 禮，《中華藏》校勘《磧》《南》《徑》《清》作“准”。

⑨ 准，《中華藏》校勘《磧》《南》《徑》《清》作“泥”。

⑩ “次想泥”至“小指觸”，《中華藏》校勘《磧》《南》《徑》《清》無。

⑪ 脞，《中華藏》校勘《磧》《南》《徑》《清》作“脛”

⑫ 以上九梵字，《中華藏》校勘《磧》《南》《徑》《清》無。

⑬ “次想賀”至“小指觸”，《中華藏》校勘《磧》《南》《徑》《清》作“次想訶字安右左兩脛上以小指觸”。

説法相，當於心前移[①]珠念誦，其聲不緩不急，心專注不異緣，觀自身同本尊身，相好具足。又於身前壇中觀想七俱胝佛母與眷屬圍遶，了了分明對坐，每稱娑嚩二合賀字同時移一珠，或[②]百八或一千八爲念誦遍數，常須限定。若不滿一百八，即不充求悉地遍數。念誦畢已，蟠珠於掌中頂戴發願，作是願言："以我念誦功德，一切衆生所修真言[③]行，求上、中、下悉地速得成就。"安珠於篋中，即結定印，端身閉目，澄心定[④]意，當於胷臆身内，炳現圓明，如滿月皎潔光明，起大精進，决定取證。若能不懈怠專功，必當得見本源清淨之心。於圓明中想唵字，餘八字右旋，於圓明上布列，於定中須見真言字分明，既不散動得定，即與般若波羅蜜相應，即畫圓明月輪。

次應思惟字母種子義：

唵(oṃ)字者，是三身義，亦是一切法本不生義。

者[⑤](ca)字者，一切法不生不滅義。

禮(le)字者，一切法相無所得義。

主[⑥](ja)字者，一切法無生滅義。

禮(le)字者，一切法無垢義。

准(cū)字者，一切法無等覺義。

泥(nde)字者，一切法無取捨義。

娑嚩二合(svā)字者，一切法平等無言説義。

賀[⑦](hā)字者，一切法無因義。

由一切法本不生故，即得不生不滅。由不生不滅故，即得相無所得。由相無所得故，即得無生滅。由無生滅故，即得無垢。由無垢故，即得無等覺。由無等覺故，即得無取捨。由無取捨故，即得平等無言説。由平等無言説故，即得無因無果。般若相應無所得以爲方便，入勝義實則證法界真如。

以此爲三摩地念誦，念誦[⑧]畢已，應結根本印，次結澡浴印，次結五供養印，次誦讚歎獻閼伽。

次結阿三麽擬你二合印，左轉一匝解界。

次結寶車輅印，以大母指向外撥中指頭，奉送聖者還本宫。奉送真言曰：

---

① 移，《中華藏》校勘《磧》《南》《徑》《清》作"持"。
② 或，《中華藏》校勘《磧》《南》《徑》《清》作"一"。
③ 言，《中華藏》校勘《磧》《南》《徑》《清》無。
④ 定，《中華藏》校勘《磧》《南》《徑》《清》作"静"。
⑤ 者，《中華藏》校勘《磧》《南》《徑》《清》作"左"。
⑥ 主，《中華藏》校勘《磧》《南》《徑》《清》作"祖"。
⑦ 賀，《中華藏》校勘《磧》《南》《徑》作"訶"。
⑧ 念誦，《中華藏》校勘《磧》《南》《徑》《清》無。

唵者禮主禮准泥孽車孽車婆誐嚩底娑嚩二合婆嚩南布娜囉引誐麽那野娑嚩二合,引賀

次結三部三麽耶印,各誦真言一遍,禮佛如前,懺悔、隨喜、勸請、發願、迴向無上菩提。隨意經行,轉讀大乘經典《花嚴》《大般若》等經。印塔像,浴舍利,右旋遶,思六念,以此福聚,迴向自所求悉地。次説息災、增益、敬愛、調伏四種法。扇底迦法者,求滅罪、轉障、除災害、鬼魅疾病、囚閉枷鏁、疫病國難、水旱不調、蟲損苗稼、五星淩逼本命,悉皆除滅,煩惱解脱,是名息災法。作此法時,著白衣面向北,交脚[①]豎膝,吉祥坐。觀本尊白色,供養飲食、菓子、香花、燈燭地等,悉皆白色。從月一日至八日,日三時念誦,夜作護摩。息災真言曰:

唵者禮主禮准泥令某甲,若爲他人念誦,稱彼名字扇底矩嚕娑嚩二合,引賀

布瑟置二合迦法者,求延命、官榮、伏藏、富饒、聰慧、聞持不忘、藥法成就、金剛杵等成就,或作師子、象、馬類。以真言加持,三[②]相現,隨上中下所求獲果,如《蘇[③]悉地》廣説。欲求持明仙、入阿蘇囉窟及諸八部鬼神窟,求入者皆得,及證地位、神通,求二種資糧圓滿,速成無上菩提,名[④]增益法。作此法時,身著黄衣,面向東,結跏趺坐,觀本尊黄色,所供養香花、飲食、菓子、燈燭地等並皆黄色。從月八日至十五日,日三時念誦,夜作護摩。真言曰:

唵者禮主禮准泥令某甲布瑟微二合矩嚕娑嚩二合賀

伐施迦囉拏法者,若欲令一切人見者發歡喜心,攝伏鉤召,若男若女、天龍八部、藥叉女及攝伏[⑤]鬼神,有諸怨敵作不饒益事,皆令迴心歡喜,諸佛護念加持,是名攝召敬愛法。作此法者,身著赤衣,面向西,豎二膝並脚,名普[⑥]賢坐,觀本尊及所供養香花、飲食、菓子、燈燭地等並皆赤色。從十六日至二十三日,日三時念誦,夜作護摩。攝召真言曰:

唵者禮主禮准泥令某甲嚩試矩嚕娑嚩二合賀引

阿毗遮嚕迦法者,犯五無間、謗方等[⑦]大乘、毁滅佛性、背逆君主、惑亂正法,於如是之人深起悲愍,應作降伏法。以驢糞或駝糞,或燒尸灰,以用塗壇。作此法時,身著黑衣或青衣,面向南,左脚押右脚,蹲踞坐。觀本尊黑色,取臭無香氣黑色或青色

① 脚,《中華藏》校勘《磧》《南》《徑》《清》作“脛”。
② 三,原作“二”,據《中華藏》校勘《磧》《南》《徑》《清》改。
③ 蘇,原脱,據《中華藏》校勘《磧》《南》《徑》《清》補。
④ “名”前,《中華藏》校勘《磧》《南》《徑》《清》有“是”。
⑤ “伏”後,《中華藏》校勘《磧》《南》《徑》《清》有“難調伏”。
⑥ 普,《中華藏》校勘《磧》《南》《徑》《清》作“爲”。
⑦ 等,《中華藏》校勘《磧》《南》《徑》《清》作“廣”。

花供養，所供[①]飲食、香花、菓子[②]、燈燭地等，並皆黑色或青色。從月二十三日至月盡日，取午時中夜二時念誦，夜作護摩。真言曰：

吽者禮主禮准泥令某甲跛囉二合喃伽多野吽發吒

次説准泥佛母畫像法：

取不截白疊去毛髮者，掝[③]於淨壁。先應塗壇，以閼伽、飲食隨力供養。畫師應受八戒齋，清淨畫像，其彩色中勿用皮膠，於新器中調色。應畫准提佛母像，身黄白色，結跏趺坐，坐蓮花上，身佩圓光，著輕縠，如十波羅蜜菩薩衣，上下皆作白色，復有天衣、角絡、瓔珞、頭冠、臂環[④]，皆著螺釧，檀、慧著寶環。其像面有三目、十八臂，上二手作説法相，右第二手作施無畏，第三手執劍，第四手持寶鬘，第五手掌俱緣菓，第六手持鉞斧，第七手執鉤，第八手執金剛杵，第九手持念珠；左第二手執如意寶幢，第三手持開敷紅蓮花，第四手軍持，第五手羂索，第六手持輪，第七手商佉，第八手賢瓶，第九手掌《般若》梵夾。蓮花下畫水池，池中難陁龍王、塢波難陁龍王，拓蓮花座。左邊畫持誦者，手執香爐，瞻仰聖者。准提佛母矜愍持誦人，眼下顧視。上畫二淨居天子，一名俱素陁天子，手持花鬘向下，承空而來，供養聖者。畫像已，隨力僧次請七僧供養，開[⑤]光明呪願讚歎。於像下應書《法身緣起偈》，將像於精室秘密供養。以帛覆像，念誦時去覆帛，瞻禮、供養、念誦畢，却以帛覆，慎勿令人見，何以故？從師受儀軌畫像法，若轉與人呈像，被魔得便，當須秘密。

七俱胝佛母所説准提陁羅尼經

---

① 供，《中華藏》校勘《磧》《南》《徑》《清》作“供養”。

② “子”後，《中華藏》校勘《磧》《南》《徑》《清》有“等”。

③ 掝，《中華藏》校勘《磧》《南》《徑》《清》作“幀”

④ 環，《中華藏》校勘《磧》《南》《徑》《清》無。

⑤ “開”前，《中華藏》校勘《磧》《南》《徑》《清》有“請”。